止水文集 上册

王纲怀 编著

上海书画出版社

止水文集

丁酉嘉平

謝辰生題

時年九十有六

[印章]

序言

    铜镜是我国最具特色的历史文物，其起源早，传流长，分布尤为广袤，而且对周边国家、地区有深远影响，兼有艺术价值与学术意义。铜镜见于著录，始于北宋晚期的《宣和博古图录》一书，但当时仅作为铜器的一个品类，和钟鼎彝器等并列，这种情形延续下来，直到近代。清朝学者虽有专书，如梁诗正的《西清古鉴》，钱坫的《浣花拜石轩镜铭集录》，梁廷枏的《藤花亭镜谱》，以及后来罗振玉的《古镜图录》，梁上椿的《岩窟藏镜》等，从学科来说，一般仍认为从属于铜器研究。一些对此有贡献的外国学者，如日本的富冈谦藏、梅原末治，瑞典的高本汉等，也视之为铜器研究的组成部分。

    建国以后，随着考古事业与工程建设的迅速发展，铜镜大量发现，这方面的研究才得到蓬勃发展，确可比喻为"小邦蔚为大国"。试看《中国考古学文献目录（1900-1949）》，铜镜只是处在"美术考古"项中，条数甚少，到了《中国考古学文献目录（1949-1966）》，便已列为"考古学专论"的子目。特别是改革开放三十年来，铜镜研究长足迈进，出现了许多有份量的图录和论著，逐渐形成了专门的学者队伍。

    上海王纲怀先生是近年铜镜研究领域中成果非常卓著的一位。他是我们清华大学的校友，1964 年毕业于土木建筑系，在工程设计、环境保护等方面殊多建树，而于退休后对铜镜情有独钟，自 2003 年起发表了·系列论作，在学术界引起广泛的注意和好评。王纲怀先生是中国文物学会青铜器专业委员会的理事，我有机会与之切磋，对其学识风度得以认识。现在他将近著论文汇集成编，题为《止水集——王纲怀铜镜研究论集》出版，让我写几句话，自然不容推辞。

    我认为，王纲怀先生这部论文集的内涵丰富，涉及铜镜研究的多角度、多方面，如果结合作者已经问世的几种铜镜专著同读，更足以概见他在研究中取得的成就，对其学术工作的特殊取向更能有所了解。这部论文集的内容，大致可分作汉镜、唐镜、唐后镜及和镜四个部分，王纲怀先生于此四个方面各有独到的贡献。

    汉镜是中国铜镜发展的高峰，历来受学者重视，而王纲怀先生尤重其铭文。他在 2004 年出版的《三槐堂藏镜》前言中说："文字乃人类文明的重要标志，汉字演变史是五千年华夏文明史的重要篇章。在秦始皇统一文字后的秦汉之际，铜镜上就出现了铭文。由标准的小篆起，依次是西汉的缪篆、简隶，新莽复古行悬针篆，东汉中晚期的标准隶书，桓灵之际开始流行楷书、行书、草书，魏晋南北朝则盛行各种书体。"从收入论文集的有关文章可知，王纲怀先生研索汉镜铭文着重其所蕴含的历史文化，如从镜铭论儒家思想及酒文化等，都能发前人所未发。

唐镜是铜镜发展的又一高峰，王纲怀先生另辟蹊径，与孙克让先生合撰《唐代铜镜与唐诗》一书，充分发挥他对"铜镜文化"的理念。他说："唐诗是唐代非物质文化的一个瑰宝，而唐镜亦是唐代物质文化的一个奇珍，唐诗与唐镜堪称唐代文化的双璧。笔者既热爱唐诗又喜欢唐镜，将唐诗和唐镜这两种精品文化加以综合比较与研究，力求从'边缘学科'这样一个互为交叉的新视角，对探索并弘扬中华传统文化作一次大胆的尝试。"读者由论文集中的几篇有关论文，也不难看到他的尝试是成功的。

唐以后镜的研究，带有开拓性质。过去我为程长新先生的《铜镜鉴赏》作序，曾谈及由于战国、汉、唐铜镜多有珍品，吸引了研究者的注意力，以致忽略了后世的大量铜镜，"结果是我们对古镜发展的后一半历史半明半暗，许多疑难说不清楚"。很希望王纲怀先生在论文集所收诸篇基础之上，在这方面再多有新作。

和镜即日本镜。1991 年，饶宗颐先生为拙作《比较考古学随笔》撰序，曾讲到"以某种特产在商业活动上来代表文化之交流"，"铜镜之路"和丝绸之路同样重要。中国铜镜传统对外国之传播影响，最显著的是在日本，日本学者因此对中国铜镜、在日本发现的中国铜镜，以及日本铜镜与中国铜镜的关系等学术问题，有非常众多而细致的研究。然而中国学术界，除了王仲殊先生等专家外，对日本铜镜可说罕有涉及，应该讲这是一个很大的欠缺。2008 年，王纲怀先生《日本蓬莱纹铜镜研究》一书问世，专门讨论了在日本称为"纯和式"的蓬莱纹镜，"期望通过和镜蓬莱纹这一专题，尝试探讨蓬莱纹和镜与唐诗宋词以及和歌俳句之间的文化关联，以了解并重温中日两国友好往来源远流长的历史进程"。这本论文集中关于和镜的文章，也自当作如是观。

中国铜镜著录和研究的历史虽长，真正在系统和规模上形成一个足以分立的学科分支，还是晚近的事，正有着许多工作需要承担，许多问题等待解决。热盼有更多学者，像王纲怀先生这样到这一领域中来，共同推动研究向深入前进。

李学勤

2009 年"五四"于清华园

前　言

2010 年 6 月，上海古籍出版社率先出版了拙著《止水集》，内有论文 25 篇，全书正文 271 页。2016 年 6 月，在前书的基础上，上海古籍出版社又出版了拙著《止水集》（增订本），内有论文 52 篇，全书正文计 467 页。2020 年 3 月，本书再次在上海书画出版社出版，全书正文计 854 页。本书在《止水集》（增订本）52 篇的内容中，增添了 66 篇新作，共计 118 篇论文。本书有少数文章系与他人合作，笔者皆为第一作者，合作者姓名已标注在该篇标题下方。

为便于读者检索，本书按大致的历史年代排序，全书有上下两册。上册：甲类、乙类、丙类，共 48 篇，其中甲类为早期至战国时期共 11 篇，乙类为西汉时期共 30 篇，丙类为新莽时期共 7 篇。下册：丁类、戊类、己类、庚类、辛类，共 70 篇，其中丁类为东汉三国时期共 24 篇，戊类为隋唐时期共 15 篇，己类为五代至明清时期共 7 篇，庚类为日本藏中国镜与和镜共 5 篇，辛类为其他（拙著之前言、总说）等共 19 篇。

2014 年 6 月 12 日，在拙著《汉镜铭文图集》的序言中，李学勤老师说："这些年我曾几次呼吁，应该把古代铜镜的研究，从一般的青铜器研究中分离出来，作为一个相对独立的学科来看待。其所以提出这样主张，是鉴于我国的铜镜自创生以来，就与其他青铜器有不同传统。不仅由工艺或美术等角度看是如此，即使谈到铜镜上的铭文，也和其他青铜器品类的铭文迥然有别。况且在改革开放后的这几十年，铜镜的发现层出不穷，公私收藏较之过去何止倍增。这已经为铜镜的专门集中研究准备了充分的条件。"老师高瞻远瞩，为开创"铜镜学"指明了方向。

在铜镜收藏研究的几十年生涯中，笔者尽了一些菲薄之力，连同本书在内，有 26 本铜镜专项的拙著出版。可谓是了却个人的一点心愿，为"铜镜学"的创建与发展，铺上一小段红地毯。这一路走来，得到了等许多前辈专家、学者、朋友的帮助与支持，一并表示诚挚的感谢。

2019 年 2 月 24 日，李学勤老师驾鹤仙去，提携栽培之恩，时刻铭记在心。此书出版在即，正可告慰老师的在天之灵。

王纲怀

2020 年 3 月

附：《止水集》（增订本）"增订版前言"

《止水集》在 2010 年 2 月出版时，笔者正入古稀之年，待到今夏《止水集》（增订本）出版，又过去了 6 年。上编已有 25 篇论文，下编是 27 篇论文为"增订本"新补。2014 年 4 月，《汉镜文化研究》出版，其上册"研究篇"论文 54 篇，其中拙文（单独或合作）32 篇。如将这三部分相加，合为 84 篇。概略而言，这些文章皆是笔者学习镜文化的心得，不惮粗陋，付梓问世。期盼为他人与后人的深入研究铺上一条红地毯。

李学勤老师说，中国铜镜有三大高峰：战国、两汉、隋唐。回顾本书下编全部拙文，战国镜几为空白，隋唐镜蜻蜓点水，重点放在了两汉（西汉、新莽、东汉）三国。原因有多个方面，关键在于文化内涵丰富的铭文镜主要集中在两汉。查看具体内容：表面上，从早期铜镜的太阳崇拜至明清吉语镜，其历史跨度很大。事实上，重点在两汉（有 18 篇之多），尤其是对于文化发达、工艺精湛的桓灵时期（147 ～ 184），给予了重点关注。

本书下编之二成余，得到了李学勤、张炳生、陈灿堂、李新城、鹏宇、邱龙升、展梦夏、陈学斌等专家、学者的大力支持乃至合作。为此，在每篇相关文章之结尾处，都表示了衷心的感谢！

回顾过去的整十年，上海古籍出版社厚爱笔者，给予了很多的帮助，十年间出版了 9 本（套）拙著。借此，笔者表示诚挚的谢意！

王纲怀

2016 年 6 月

目　录

序言 李学勤

前言 王纲怀

【上册】

甲类　早期至战国（11篇）

乙类　西汉（30篇）

【下册】

戊类　隋唐（15篇）

己类　五代至明清（7篇）

镜文化寻根

——探讨中国早期铜镜纹饰中的太阳崇拜

一

太阳崇拜可以说是早期人类社会中最为普遍的原始信仰。"凡是阳光照耀到的地方，皆有太阳崇拜的存在"。[1]宗教学奠基人麦克斯·缪勒通过比较语言学和比较神话学的方法分析后指出："一切神话均源于太阳，……很多民族的原始信仰无不与太阳或者与火有着千丝万缕的联系。"著名人类学家弗雷泽在其经典名著《金枝》中则记载了世界各地的太阳崇拜和祭祀仪式。

中国大地上的先民也曾秉持同样的信仰。考古学和人类学研究都指向类似的观点，从新石器时代至夏商，太阳崇拜都长久盛行，直到被更复杂的"上天"观念所取代。

距今约7200~6400年，北方的内蒙古赵宝沟文化遗址，出土了刻有鸟头对着太阳光芒的陶片。

距今约7000~5300年，南方的浙江河姆渡文化遗址，发现了装饰有二鸟负日纹的牙雕和骨匕。在之后的良渚文化中，则发展成鸟、日、神人相结合的复杂图像。

距今约6800年，在中原的河南郑州大河村仰韶文化晚期遗址出土的一件陶罐上，彩绘的十二个太阳十分引人注目。

距今约6300~4500年，东方的山东大汶口文化遗址，出土了刻画有日、月、山纹的陶尊。虽然对于它是文字、族徽或者图腾还有争议，但学者大多认为，它是东夷族太阳崇拜的印迹。

---

[1] （英）爱德华·泰勒著，连树声译：《原始文化》，上海文艺出版社，1992年。

　　距今约 5000~4000 年，在西北的甘青马家窑文化遗址中，写实和抽象的太阳纹在彩绘陶上随处可见。在柳湾出土 7500 件陶器中，与太阳有关的图案和纹饰几乎达到半数。

　　距今 4800~2800 年，西南的四川三星堆遗址，出土了大量反映太阳崇拜观念的器物与图像，如铸有太阳鸟的神树、饰有圆日图案的人面鸟身像和神殿屋盖、太阳轮形器、菱形眼形器等。

　　叶舒宪指出："在大多数脱离了以狩猎和采集为主要生活方式的文化区域中，都不约而同地产生了对太阳的崇拜。伴随着新石器时代向铜器时代过渡的文明史进程，先民们留下的早期精神遗产之中，与太阳崇拜相关的神话、传说、史诗、歌谣、仪式、礼俗、建筑、历法、象征文字、造型艺术、歌舞表演等等，几乎随处可见。"[2]

　　中国最早记载太阳神话的文献是《山海经》。《山海经·大荒南经》中有一段关于太阳神话的故事："东南海之外，甘水之间，有羲和之国，有女子名曰羲和，方日浴于甘渊。羲和者，帝俊之妻，生十日。"另有神话传说：尧时，十日并出，植物枯死，猛兽大鸟长蛇为害，夏代东夷首领后羿（又称夷羿）射去九日，射杀猛兽大鸟长蛇，为民除害，于是天下太平。

　　2001 年 2 月 25 日，成都金沙遗址出土了中心镂空的"太阳神鸟金箔"（详见图 A，直径 12.5 厘米，重量 20 克，含金量 94.2%），其年代在公元前 1300 年至公元前 1046 年（商代晚期）。图面纹饰分为内外两区，内区是十二条旋转的齿纹光芒，外区是四只逆时针方向飞行的太阳鸟。2005 年，此"太阳神鸟金箔"图案，正式成为中国文化遗产标志。

图 A　太阳神鸟金箔

---

〔2〕叶舒宪：《中国神话哲学》，中国社会科学出版社，1992 年。

中国早期铜镜中太阳崇拜纹饰也未能例外。尤其是在夏商之传世器物（本文图 B 直径 7.9 厘米）与商周之出土器物（本文图 C 直径 7.8 厘米）中，皆可见到十分具象的"太阳神"图案，其共同特点：内圈为一双大眼的人脸，外圈是星状纹或芒线纹。这些实物让我们清楚地认识到，中国早期铜镜中太阳崇拜的观念毋庸置疑。

图 B　　　　　　　　　　　　　　　　图 C

二

中国早期铜镜年代范围，被约定俗成地设定在公元前 2000 年的齐家文化晚期至公元前 500 年的春秋晚期，其时间跨度长达 1500 年之久。从存世中国早期铜镜来观察与分析，属于"太阳崇拜"的铜镜约有数十面之多，大致可分成具象（日纹）与抽象（星纹、芒纹、弦纹）的多种表现手法，本文择要统计成十八个图例，详见表一。

表一　喻意太阳崇拜的中国早期铜镜一览表

图号	表现手法	大致年代	直径（厘米）	重量（克）	主纹	资料来源
1	具象（日纹）	春秋	7.4	/	放射光芒之太阳	镜友供图
2		西周	9.9	120	镜缘上侧之日纹	《止水阁藏镜》图 2
3		春秋	9.0	96	本书图 2 多次重复	上海止水阁藏
4			7.9	45	本书图 2 居中放大	《止水阁藏镜》图 3
5			7.8	82	象征日纹之火焰纹	北京六盈堂藏
6	抽象（星纹）	齐家文化	8.9	/	七角星纹	《中国青铜器全集·铜镜》图 1
7			14.6	/	重圈多角星纹	《中国青铜器全集·铜镜》图 2
8			7.1	40	八角星纹	《金懋 2010 秋拍》图 1258
9			11.4	200	十二角星纹	上海博物馆藏

（续表）

图号	表现手法	大致年代	直径（厘米）	重量（克）	主纹	资料来源
10	抽象（星纹）	夏商	7.2	27	十角星纹	《止水阁藏镜》图1
11			5.8	37	变形星纹（一）	《嘉德2006秋拍》图3002
12			6.7	68	变形星纹（二）	《嘉德2010春拍》图7101
13			14.3	/	重叠线组星纹	日本兵库千石唯司藏
14	抽象（芒纹）	商代	8.5	47	放射式芒线纹	《镜涵春秋》图2
15			11.8	/	连续式芒线纹（一）	《中国青铜器全集·铜镜》图4
16			11.8	91	连续式芒线纹（二）	《华夏2010秋拍》图5001
17		商周	7.6	53	间断式芒线纹	台北庄静芬藏
18	抽象（弦纹）	春秋战国	10.9	99	本书图2居中放大	《汉铭斋藏镜》特1

　　由表一之十八个图例可以了解，中国早期铜镜纹饰所反映"太阳崇拜"观念的客观存在及其演变趋势。有人认为，中国道家文化的阴阳、乾坤、太极等哲学概念，皆源自于太阳崇拜。也有不同的观点认为，日纹、星纹、芒纹、弦纹等纹饰只是一种几何图案而已，如果真如此，那就完全排除了华夏祖先的思想、意识、文化、信仰。

　　夏代晚期百姓口中"时日曷丧"的诅咒就是针对自比为太阳的履癸（桀）而发。商代"以死日名神主"的做法可能就是继承的夏制。

　　商代将太阳崇拜与祖先崇拜结合在一起。商人卜辞中以"夋"为始祖，也就是古籍中常说的"帝俊"。《山海经·大荒南经》记载："有女子名曰羲和，方日浴于甘渊。羲和

图1

图2

图 3

图 4

图 5

图 6

图 7

图 8

图 9

图 10

图 11

图 12

图 13

图 14

图 15

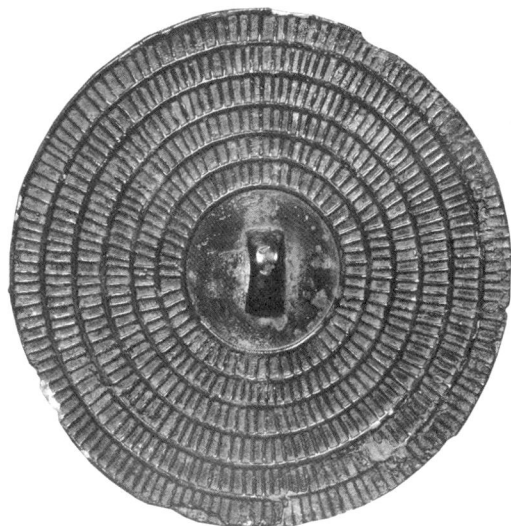

图 16

图 17

图 18

图 19

图 20

图 21

图 22

图 23

图 24

者，帝俊之妻，生十日。"《海外东经》："汤谷上有扶桑，十日所浴……九日居下枝，一日居上枝。"这样看来，"商人祖先与太阳之间存在一种图腾认同关系。"[3]

三

何新在《诸神的起源》中提出："日神信仰虽然在商周以后，逐渐沉没于较后兴起的对天神、地示、人鬼等多神系统的信仰中了，但是其痕迹与遗俗，同东、西方（包括美洲

---

[3]（美）艾兰：《龟之谜——商代神话、祭祀、艺术和宇宙观研究》，汪涛译，四川人民出版社，1992年。

在内）各大文明地区一样，却仍然比比皆是。"我们认同这个观点，将表一内容与之对照，在商周以后，太阳崇拜的确是"逐渐沉没于较后兴起的对天神、地示、人鬼等多神系统的信仰中了"。

可以看到，一方面太阳崇拜在夏商两代依然未曾衰落；另一方面，文化内涵也发生了重要变化。从原先单纯的自然崇拜，变成与帝王及其祖先结合起来。到了周代，以祖先为核心的新祭祀仪式发展起来，标志着太阳崇拜的正式衰落。太阳成为复杂祭祀体系中众多祭祀对象之一。与之相应的中国早期铜镜纹饰也发生了重要转变。

十分明显，中国早期铜镜的文化内涵起源于太阳崇拜，在商周以后，尤其是春秋战国之际的中国早期铜镜之晚期，出现了包括火焰纹、蛇纹、龟纹、龙纹、虎纹、货贝纹在内的多元文化，详见表二。

表二　中国早期铜镜多元文化纹饰一览表

图号	大致年代	主纹	直径（厘米）	重量（克）	资料来源
19	商周	图案化的火焰纹	6.1	51	《嘉德 2011 秋拍》图 20
20	春秋	蛇纹	8.9	130	台北一雅堂藏
21		龟纹	9.3	780	《中拍 2011 秋拍》图 5212
22	春秋战国之际	透雕龙纹	7.6	110	《止水阁藏镜》图 4
23		三虎七兽纹	7.7	75	北京赏心斋藏
24		货贝纹（残）	8.7	67	上海止水阁藏

四

由世界文明史可知，中国、印度、埃及、古巴比伦（今伊拉克两河流域）、希腊、南美（玛雅文化）是全世界太阳崇拜的六大发源地。从"以镜证史"的观点来看，中国早期铜镜证明了一个事实：包括草原文化在内，太阳崇拜是中华远古民族最重要的自然崇拜。

本文得到陈灿堂先生、展梦夏先生的帮助，谨致谢意。

（原载《大观》2014 年 3 月总 54 期，《中国收藏》2014 年第 11 期）

中国阳燧技术研究

一、概述

阳燧，又称"燧""火镜"，这是一种古代的取火用具，亦有人认为这是古代利用日光取火的一类特殊的"凹面铜镜"。两千余年来，历朝历代的文献给我们留下了诸多关于阳燧的文字记录。

《周礼·秋官·司烜氏》："司烜氏掌以夫遂取明火於日，以鉴。"汉郑玄注："夫遂，阳遂也。"贾公彦疏："以其日者，太阳之精，取火於日，故名阳遂。"孙诒让正义："古阳遂盖用窐镜，故《凫氏》注云：'隧在鼓中，窐而生光，有似夫隧。'"《周礼·考工记·辀人》："金有六齐……金锡半。[1]谓之鉴燧之齐。"郑玄注："鉴燧，取水火於日月之器也。"

《礼记·内则》："子事父母……左佩纷帨、刀、砺、小觿、金燧，右佩玦、捍、管、遰、大觿、木燧；妇事舅姑，如事父母……左佩纷帨、刀、砺、小觿、金燧，右佩……大觿、木燧。"

《淮南子·天文训》："阳燧见日则燃而为火，方诸[2]见月则津而为水。"

《论衡·率性》："阳遂取火於天，五月丙午日中之时，消鍊五石，铸以为器，磨砺生光，仰以向日，则火来至。"

《抱朴子·对俗》："抱朴子曰：……余数见人以方诸求水于夕月，阳燧引火于朝日。"

---

[1]"金锡半"的正确理解："金"即纯铜，占一份；"锡"是锡与铅的总和，占半份。也即"金一锡半"，两者之间大致是 66.6% 与 33.3% 的关系（杂质另当别论）。

[2]方诸，古代在月下承露取水的器具，今已很难见到。《淮南子·览冥训》："夫阳燧取火于日，方诸取露于月。"

同书"黄白篇"："水火在天，而取之以诸燧。"

《魏志》卷二九《管辂传》裴松之注："辂言，君不见阴阳燧在掌握之中，形不出于手，乃上引太阳之火，下引太阴之水。"晋干宝《搜神记》卷十三："夫金锡之性一也，以五月丙午日中铸，为阳燧；以十一月壬子夜半铸，为阴燧。"《晋书·天文志》："今火出于阳燧，阳燧圆而火不圆也。水出于方诸，方诸方而水不方也。"

《旧唐书》卷二二《礼仪志》："今司宰有阳燧，形如圆镜，以取明火；阴鉴形如方镜，以取明水。但比年祠祭皆用阳燧，取火应时得，以阴鉴取水未有得者。"同书又云："旧仪：光禄欲为祭馔，将阳燧望日取火，谓之明火。"

北宋沈括《梦溪笔谈》卷三："阳燧面窪，向日照之，光皆聚向内，离镜一二寸，光聚为一点，大如麻菽，著物则火发，此则腰鼓最细处也。"

高去寻先生认为："我国古镜之起源问题尚属一谜。"[3]何堂坤先生提出："我国的古镜起源于什么，它是怎样发展和演变来的，这是学术界甚为关心的事，也有不少学者作过研究，但我感到问题仍是没有解决。"[4]

在玻璃镜问世以前，中国的"镜"或"鉴"在宏观形态上，可统称其为"青铜具钮平板"。一般而言，将符合"金锡半"标准的青铜表面打磨并抛光后，才能成为镜或鉴的日常生活用品。依据目前的共识，由于"青铜具钮平板"表面曲率的不同，它们的功能、命名各不相同，详见表一。

表一 青铜具钮平板曲率、功能、命名一览表

照容面	科技功能		成俗命名	其他称谓	说明
外凸	照人面容	面容缩小	铜镜	青铜镜	自东汉桓灵始，铜镜照容面的凸度加大，且多在汉尺3尺（今69.3厘米）
平面		面容同大			表面纯平或微凸的铜镜存世量最大
内凹	向日取火		阳燧	火镜、凹面镜	几乎不存在古人用以照容之凹面镜

何堂坤先生提出："阳燧者，取火于太阳之器也。"笔者认为，这个提法既科学又简明。在我国的考古发掘（1997年统计数字）中，计有十余件的出土阳燧，[5]何堂坤《中国古代铜镜的技术研究》第280页："今见之凹面镜最早属西周时，计约5枚……春秋战国阳燧大家提到过的计约7枚……汉代的阳燧亦报导过多枚，西汉南越王墓出土2枚……"何先生统计了其中两例有曲率半径的数据，详见表二。

〔3〕高去寻：《评汉以前的古镜之研究并论"淮式"之时代问题》，《历史语言研究所集刊》第14本，1949年。
〔4〕何堂坤：《中国古代铜镜的技术研究·附录一》，北京：紫禁城出版社，1999年。
〔5〕张天恩：《略说"阳燧"》，《中国文物报》，1997年7月27日。

表二　出土阳燧曲率半径一览表

序	断代	直径（厘米）	曲率半径（厘米）	说明及资料来源
1	西周早期	9.9	31	宋尺1寸，北京昌平白浮出土，《考古》1976第4期
2	西周中期	8.8	20	中科院考古所《沣西发掘报告》，1962，文物出版社

二、曲率半径

阳燧承接太阳光线后，会反射并集聚至焦点（详见图A），以达到取火之目的。物理学原理告诉我们：焦距正是曲率半径的一半。阳燧表面越凹，表示其曲率半径越小。如果燧面过凹，曲率半径太小，会失去取火的目的；若是燧面的凹度不够，曲率半径太大，也会失去取火之功能。究竟怎样一个尺度才合适？有没有一个大致符合科学规律的成俗约定？因为需要实测与分析，我们在收藏家的支持下，归纳了包括一面凹面镜在内的十八个阳燧资料，并此十八件实物逐一进行了测量、计算，详见表三。

表三　中国早期阳燧表面曲率半径、焦距一览表

文本图号	阳燧名称		直径2B（毫米）	重量（克）	凹面弦高H（毫米）	曲率半径R（毫米）	焦距0.5R（毫米）	备注
1	连弧缘凹面镜		75	28	2.3	307	／	短矩照容
2	单钮蟠螭阳燧		53	21	4.1	88	44	中焦
3	架钮素背阳燧	（一）	47	41	4.7	61	32	小焦
4		（二）	58	36	2.9	146	73	大焦
5		（三）	54	30	4.7	80	40	中焦
6		（四）	57	41	4.3	97	48	大焦
7		（五）	54	30	4.8	78	39	中焦
8	双钮素背阳燧	（一）	66	51	8.1	71	36	中焦
9		（二）	90	93	7.0	148	74	最大不计
10		（三）	84	73	10.0	93	47	大焦
11		（四）	95	87	11.9	101	51	大焦
12	侧钮素背阳燧		85	77	8.9	95	48	大焦
13	单钮素背阳燧	（一）	49	22	7.3	45	23	最小不计
14		（二）	52	31	6.0	59	30	小焦
15		（三）	52	19	5.0	70	35	小焦
16		（四）	45	22	2.8	92	46	中焦
17		（五）	51	32	7.2	49	25	小焦
18		（六）	68	52	13.0	51	26	小焦

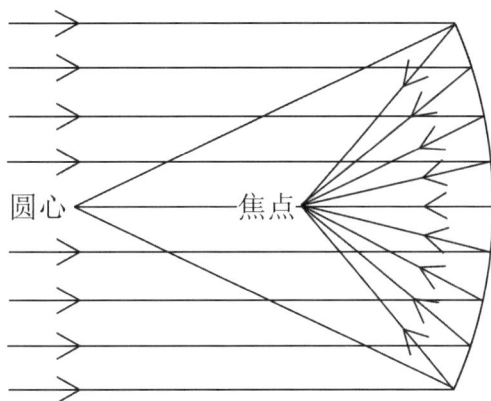

图 A　阳燧取火示意图

通过图 B，可以了解阳燧曲率半径的计算过程：

已知：按照阳燧曲率半径符号关系图（图 B），可知阳燧直径（即图 B 之弦长 2B），阳燧凹面（即向日取火面）高度 H。

求证：阳燧曲率半径 R。

证明：由图 B 设定斜边为 R，长直边为 R−H，短直边为 B，依据勾股弦定律。

因为：$R^2=(R-H)^2+B^2=R^2-2RH+H^2+B^2$

所以：$R=(H^2+B^2)/2H$

通过计算，我们就可以得到表一中曲率半径的数据。其中，图 1 之曲率半径为 307 毫米（焦距 15.4 厘米），似不可能作为阳燧之用。会不会是"凹面镜"呢？如是，迄今为止，仅知这一例与北京昌平白浮出土器相近而无从考证。今天，我们从商场买一面可以放大面容的凹面镜，在近距离照容时有作用，一旦远至约 90 厘米（即焦点）时，影像就模糊了，再远一些看又清晰了，然而呈现的却是"倒像"。凹面镜成像的这个现象，早在《墨经》中就曾提及。《梦溪笔谈》说得更为清楚："阳燧面注，以一指迫而照之则正，渐远则无所见，过此（按：即焦点）遂倒；其无所见处，正如窗隙，桌栌、腰鼓碍之。"

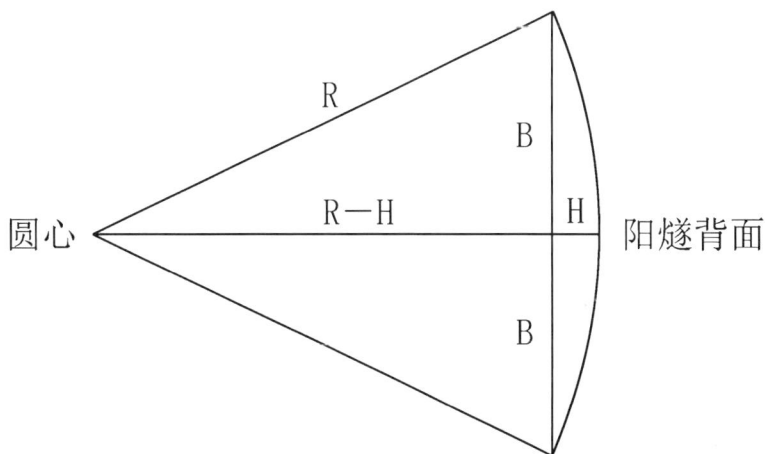

图 B　铜镜曲率半径符号关系示意图

根据表三，除了不计图 1 外，再排除 1 个最大值（图 9）与 1 个最小值（图 13），我们将所余之 15 个焦距，分成小焦、中焦、大焦等 3 个级别，并可得到表四：

表四　中国早期阳燧焦距分类表

序	焦距分档（毫米）	平均值（毫米）	理论值（厘米）	焦距平均值相当于古尺之数据		
				两汉尺（23.1厘米）	两宋尺（31.4厘米）	明清尺（32厘米）
1	小焦（25、26、30、31、35）	29	3	1.26 寸	0.92 寸	0.91 寸
2	中焦（36、39、40、44、46）	41	4	1.78 寸	1.31 寸	1.28 寸
3	大焦（47、48、49、51、73）	53	5	2.29 寸	1.69 寸	1.66 寸

　　在《梦溪笔谈》书中，沈括说："离镜（按：应为燧）一二寸，光聚为一点，大如麻菽，着物则火发。"沈括（1031-1095）是北宋嘉祐进士，时尺度标准为31.4厘米，其谓"离镜一二寸"即今 3.14 至 6.28 厘米。我们计算 15 个阳燧焦距，将其分为小焦、中焦、大焦三类，并再折合成两宋尺度的 0.91、1.28、1.66 寸，正合沈括所言"一二寸"之数。

图 1

缺钮，无侧面。

图 1A

图 2

图 2A

图 3

图 3A

图 4

图 4A

图 5

图 5A

图 6 图 6A

图 7 图 7A

图 8 图 8A

图 9

图 9A

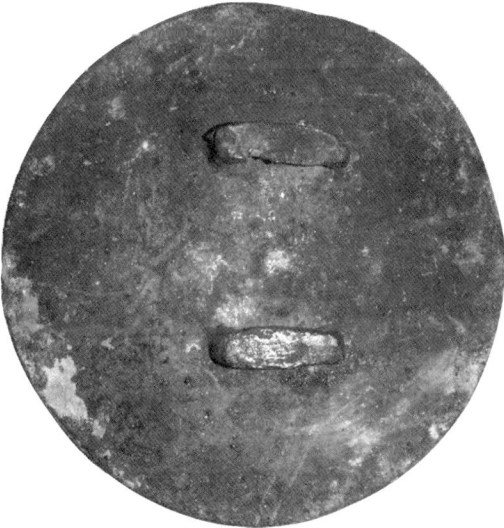

图 10

图 10A

图 11

图 11A

图 12　　　　　　　　　　　　　　　　图 12A

图 13　　　　　　　　　　　　　　　　图 13A

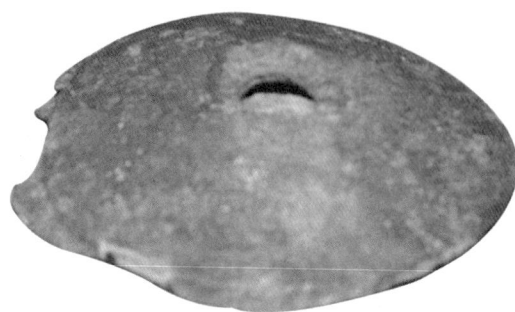

图 14　　　　　　　　　　　　　　　　图 14A

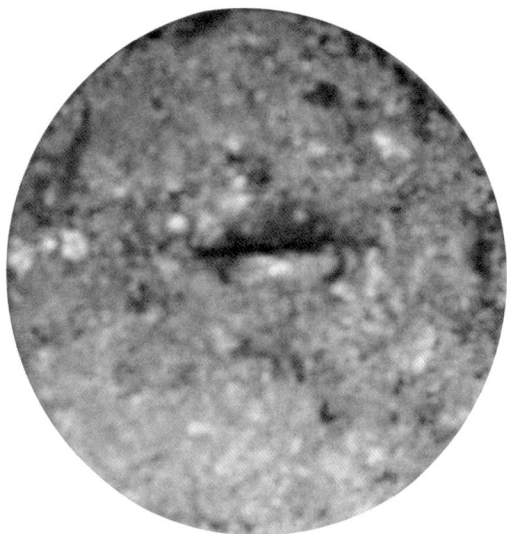

图 15

图 15A

图 16

图 16A

图 17

图 17A

图 18   图 18A

这里强调说明三点：其一，表三中的十八件实物全非出土器物，不可能具备准确的问世年代，笔者只能是根据考古常识进行判别，大致认为：这些器物早在周代，晚至汉代，多在春秋战国。其二，焦距越大，取火时间越长，焦距太大，就失去了取火的意义。其三，测量阳燧的凹面高度时，一定会有误差，只能是尽力而为之。

三、凹面镜讨论

"青铜具钮平板"之磨光面是平面或凸面时，当谓之镜。"青铜具钮平板"之磨光面是凹面时，有两种情况可供讨论：

1. 其焦距符合沈括"一二寸"之数，即 3~6 厘米者，当称阳燧。

2. 其焦距大于沈括"一二寸"，甚至超过了 10 厘米之数时，不能再作为阳燧之用，正如本文表二 1（出土器物）与表三 1（传世器物）。在理论上，它们应该可以照容并有放大面容的功能；而事实上，这种例子过于稀少，只能当作"偶然形成"。这类大曲率半径的中国早期凹面镜还会有什么功能？高西省《中国早期铜镜的发现与研究》中认为："刘学堂先生通过对……出土情况梳理，进一步认为，早期铜镜是巫师进行宗教活动的巫具。"此外，会不会是具有古代"方诸"的功能呢？有待进一步研讨。

四、合金成分

为了进一步的研究更加扎实，作为基础工作之一，我们还对部分阳燧的金属成分进行了测试，并汇总成表五。

表五　部分阳燧金属成分一览表

序号	图号	阳燧名称	直径（毫米）	重量（克）	测试部位	金属成分（%）				
						Cu	Sn	Pb	As	Fe
1	4	架钮（二）	58	36	背面基体	70.42	8.7	18.88	1.94	0.07
					正面光亮	50.86	14.65	33.1	1.14	0.24
2	5	架钮（三）	54	30	背面基体	64.49	14.88	18.53	1.05	1.06
					正面光亮	64.19	27.64	7.36	0.68	0.13
3	8	双钮（一）	66	51	背面基体	76.92	7.04	14.8	0.84	0.39
4	9	双钮（二）	90	93	背面基体	65.63	9.54	23.86	0.9	0.07
5	10	双钮（三）	84	73	背面基体	87.63	6.39	5.16	0.6	0.22
6	11	双钮（四）	95	87	背面基体	71.54	16.15	11.51	0.74	0.07
7	12	侧钮	85	77	背面基体	70.1	10.28	18.14	1.42	0.06

说明：1.Cu、Sn、Pb、As、Fe分别为铜、锡、铅、砷、铁。

2. 背面即凸面（器钮所在面），正面即凹面（亦阳燧之向日取火面）。

3. 基体表示测试部位为金属本体。

由表五可知，所有阳燧基体部分的金属成分，皆大体符合《周礼·考工记》中关于"金锡半"的说法。也有一小部分早期阳燧之合金成分不符合要求，甚至有红铜、黄铜的情况出现。

五、结语

1. 中国早期阳燧是与中国早期铜镜处于相同时代的孪生兄弟。

2. 阳燧正面是内凹的向日取火面；反面是装饰系钮面。作为日常生活用品，依据存世实物可知，阳燧形制主要有五个类别：单钮蟠螭阳燧（图2），架钮素背阳燧（图3～图7），双钮素背阳燧（图8～图11），侧钮素背阳燧（图12），单钮素背阳燧（图13～图18）。

3. 偶见两件"凹面镜"（本文图1与表二1），曲率半径皆在30厘米以上，应该都不是取火用的阳燧。其理论照容距离：在20厘米左右时，可以照容并放大；在30厘米左右（即焦点附近）时，影像模糊；在40厘米左右时，虽可照容，然成像颠倒。

4. 沈括《梦溪笔谈》："离镜一二寸，光聚为一点。"北宋2寸为3.14～6.28厘米。根据焦距的不同，本文将中国早期阳燧分成三个级别：小焦矩约为3厘米，中焦距约为4厘米，大焦距约为5厘米，这个尺寸范围正合沈括所言之数。

5. 凡曲率半径在20厘米以上（即焦距大于10厘米）之凹面"具钮青铜平板"，一般不再具有阳燧的功能，或为"凹面镜"作放大照容之用，或为巫师之巫具，有待深入研讨。

6. 中国早期阳燧之金属成分，皆大体符合《周礼·考工记》关于"金锡半"的说法。

本文得到陈灿堂先生帮助，谨致谢意。

（原载《中国收藏》2014年第9期）

中国早期铜镜上的"货贝"纹

一、背景

货币起源于商品的生产与交换，货贝是在我国最早出现的一种原始货币。货贝原是产于我国东海和南海的天然海贝，其背面有齿槽，故又名齿贝。因为来之不易，还有诸多特点：美观光洁，小巧玲珑，坚固耐磨，便于计数。故在远古时代，它们被作为可以充当等价交换的特殊商品——货币，当时计算货贝的单位是"朋"。1976 年，在安阳殷墟发掘的商王武丁妻妇好的墓葬中，出土了近七千枚货贝。

众所周知，货贝行用源于夏、盛于商、衰于周，到了春秋时期，由于金属铸币的出现，货贝逐渐失去货币的功能，又回到了装饰品或护身符的地位。与此同时，随着商品经济的不断发展，原始海贝供不应求，我们的祖先用陶、石、骨、蚌等天然材料制作"仿贝"，并进一步铸制了我国最早的金属货贝——铜贝，在河南安阳和山西保德等地的商代晚期墓葬中都出土有铜贝。铜贝始于商代中晚期，从周朝起开始流通于黄河与江淮各诸侯国家。春秋战国之际，在当时的王侯贵族中，还使用过包金铜贝以及金贝、银贝等高档次的金属货币。

彭信威在《中国货币史·序言》提出："中国最早的货币，的确是贝。这点由中国文字的结构上可以看出来：凡是同价值有关的字里，绝大部分是从贝：如贫、贱等，分贝成贫，贝少为贱。可见在中国文字形成的时候，贝壳已是体现价值的东西。后来由于真贝的数量不够，人们就用仿制品：用蚌壳仿制，用软石仿制，用兽骨仿制，最后用铜来铸造，这种铜贝就可以说是一种金属货币了。用真贝的时候，以朋为单位，一朋原是一串，后来大概是指一个固定的数目。古诗中有'既见君子，锡我百朋'的句子。"

在今天的汉字中，还保留了许多"贝"字的明显痕迹，与财产、流通、贸易、交换等内容有关的汉字多以"贝"字作为偏旁，如：贡、财、账、货、贩、贾、贿、赂、买、卖、贵、贱、资、赏、赐、赌、购、赠、赃等。由此可知，货贝的钱币功能对汉字与中国传统文化有着千丝万缕的联系。

二、实例

货贝的问世年代与中国早期铜镜的问世年代大致吻合，即处于距今约 4000 年至 2500 年的夏商、西周、春秋时期。一个饶有趣味的问题是，为什么货贝纹饰只出现在这问世有 1500 年之久的末尾，还有待深入探讨。本文收集了春秋战国之际的九面货贝纹铜镜，以供比对与研究，详见表一。

表一　春秋战国之际货贝纹铜镜一览表

图号	主纹	直径（厘米）	重量（克）	资料来源
1	兽钮兽面货贝星纹镜（　）	85	/	日本兵库千石唯司藏
2	兽钮兽面货贝星纹镜（二）	82	57	《翰海 2011 秋拍》图 2554
3	兽钮蟠虺货贝纹镜	106	139	《古镜今照》图 5
4	兽钮货贝纹镜	106	95	《金懋 2011 春拍》图 1157
5	蛇钮货贝七重纹镜	93	114	《嘉德 2011 秋拍》图 24
6	蛇钮货贝七重纹镜（残）	87	67	上海止水阁藏
7	蛇钮四鹿货贝纹镜	82	46	《翰海 2012 春拍》图 1803
8	蟠虺货贝纹镜（一）	101	98	《嘉德 2007 秋拍》图 4710
9	蟠虺货贝纹镜（二）	90	74	《嘉德 2009 春拍》图 4702

三、结语

"货贝"或"货"与"贝"，在历代文献中皆有记载，多指钱币，亦泛指财货。《礼记·少仪》："君将适他，臣如致金玉货贝于君，则曰致马资于有司。"《周礼·秋官·职金》："掌受士之金罚，货罚，入于司兵。"郑玄注："货，泉贝也。"《易·震》："亿丧贝。"王弼注："贝，资货粮用之属也。"《史记·平准书》："农工商交易之路通，而龟贝金钱刀布之币兴焉。"汉焦赣《易林·鼎之蛊》："商人行旅，资无所有，贪贝逐利，留连玉帛。"《汉书·食货志下》："百姓愦乱，其货不行，民私以五铢钱市买。"《隋书·食货志》："交广之域，全以金银为货。"宋李觏《上孙寺丞书》："则虽白昼解人之衣贝者，掩目而过矣。"明王士性《广志绎·西南诸省》："（云南）贸易用贝，俗谓贝以一为庄，四庄为手，四手为苗，五苗为索，盖八十贝也。"清龚自珍《乙丙之际塾议》之十六："其敝也，贝专车不得一匹麻，有金一斛不籴掬粟。"郭沫若《中国古代社会研究》第四篇六："贝在周初本来是一种原始的货币，所用的是海贝，学名为货贝，殷周民族的疆域离海尚远，可知贝的使用是起源于滨海民族。"

图 1

图 2

图 3

图 4

图 5

图 6

图7

图8

图9

依据上述文献可知，在我国中原地区由货贝改用金属铸币后，边远地区的少数民族（如云南），仍有长期使用货贝的习俗，两者（春秋末至明末）的年代相差竟有近2000年之久。换言之，货贝在中国大地上存在与流通的历史远超过任何一种钱币，而出现在铜镜纹饰之中，却只是春秋战国之际的一个"历史瞬间"。表一中的九个镜例，给我们保存了珍贵的历史记忆。

（原载《中国收藏》2014年第3期）

楚镜蜼纹镜研究

一、背景概况

战国镜是中国铜镜史三大高峰的第一座高峰。有存世实物可知，当时的楚（越已灭）、秦、晋、齐等地皆有铜镜生产。其中，楚地之镜尤为细致、轻巧、精美，可谓是战国镜名符其实之"翘楚"。在一个世纪前，被西方学者被之为"楚式镜"。

"楚式镜"存世量大且琳琅满目，其品种大致分为山字纹、龙凤纹、蟠螭纹、兽面（饕餮）纹、禽兽纹、几何纹、花叶纹、纯地纹等图案类品种。此外，还有多钮类、彩绘类、鎏金银类、镶嵌宝石类等工艺类品种。其中有一个品种，却是让西方学者感到辩认困惑，曾被称作兽类或熊类等，这正是战国镜让世人认为"神秘"之所在。直到本世纪初，才有中国学者刘艺、管维良、望龙、周偁等人，依次地解决了这个"困惑"[1]。将此类镜定名为"蜼纹镜"，蜼音"wei"，即长尾猴或长尾猿。十余年来，已逐步达成学界共识。

二、实物观察

本文有幸收集到十五面数据齐全的战国蜼纹镜资料，详见表一。

---

[1] 刘艺：《镜与中国古代文化》，巴蜀书社，2004 年 5 月。

管维良：《中国古代铜镜史》，《收藏》，2004 年 10 月。

望龙、周偁：《蜼为何物》，《中国收藏·钱币专刊》，2017 年 12 月。

表一　战国蚩纹镜一览表

图号	蚩数	直径	重量	m 值	资料来源	说明
1	3	19.5	440	1.47	林以彬藏	三蚩在钮区
2	4	24.0	730	1.59	《景星 2010 秋拍》1261	最大蚩镜
3	4	23.7	733	1.66	《实成 2011 秋拍》385	
4	4	21.2	632	1.79	林以彬藏	雄蚩暴牙霸气
5	4	19.2	367	1.27	林以彬藏	雌蚩温柔可爱
6	4	19.1	516	1.80	《正德 2006 春拍》263	
7	4	16.8	310	1.40	《上博藏铜镜精品》25	另藏一面大同小异
8	4	16.5	273	1.28	《泓盛 2011 秋拍》1121	色泽较深
9	4	16.0	250	1.24	《中拍 2011 秋拍》5051	
10	4	15.9	260	1.31	《泓盛 2012 秋拍》073	
11	4	14.6	222	1.33	《止水阁藏镜》22	
12	4	14.2	181	1.16	《翰海 2011 秋拍》2542	
13	5	14.2	186	1.17	《千石》33	
14	5	14.2	195	1.23	《瑞平 2014 春秋》1535	
15	8	18.5	443	1.65	《泓盛 2014 春拍》9468	一组四蚩变形较多

说明：表中数据单位：直径，厘米。重量，克。m 值，克 / 平方厘米。

依据表一可知：

1、战国蚩纹镜的形制大体相同：圆形，三弦钮，钮座外凹面圆框，主纹地纹并存，卷素缘（乚形缘）。

2、在主纹图案上，蚩的数量有 3、4、5、8 等不同的品种。其中以四蚩纹镜最多，占了总数的绝大部分。

3、经统计分析，此类镜的尺寸，以 6 寸（13.86 厘米）至 10 寸（23.10 厘米）皆有存世，其中 8 寸与 8 寸以下的中小镜偏多，9 寸与 10 寸的大镜较少。

4、此类镜的 m 值（单位面积重量），被严格地控制在 1.5±0.3 克 / 平方厘米。如此轻薄亦正是"楚式镜"的特点之一。

5、蚩纹有雌雄之分，雄蚩的身躯粗壮，暴牙突出，呈现霸气；雌蚩的体形修长，婀娜多姿，温柔可爱。

6、蚩纹镜应是战国楚地之特有品种，迄今所知，尚未发现其它地区有蚩纹镜。

三、"蚩"字考证

观察所有镜面蚩纹，蚩皆长尾且头部多有向上的姿态，这与长尾猴的习性吻合。其实，诸多古代文献，早就为此有过同样的认定。

自战国始，《十三经》之一的《尔雅·释兽》："蚩，卬鼻而长尾。"郭璞注："蚩似弥猴而大，黄黑色，尾长数尺。"《尔雅·注疏》卷十："蜼，亦猴类之兽，印鼻而尾长大。"

《尚书·周书·周官》："五冕中毳冕衣服画虎彝蜼彝，宗彝古宗庙彝尊，名以虎、蜼，画于宗彝，因号虎蜼为宗彝，虎取其严猛，蜼取其智，遇雨以尾塞鼻，是其智也。"《周礼·春官·司尊彝》："凡四时之间祀、追享、朝享，裸用虎彝、蜼彝，皆有舟。"郑锷注："先儒谓虎者，西方之义兽。蜼似猕猴而大，其鼻上勾，雨则自垂于树，以尾塞鼻，盖兽之智也。"

《山海经》中多有蜼的身影。郭璞注："蜼似猕猴，鼻露上向，尾四五尺，头有歧，苍黄色。雨则自悬树，以尾塞鼻孔，或以两指塞之。"

南宋时期，周去非《岭外代答》："深广山中有兽似豹，常仰视，天雨则以尾窒鼻，南人呼为倒鼻憋。捕得则寝处其皮，士夫珍之以藉胡牀，今冕服所画蜼是也。夫兽能以尾窒鼻御雨，斯亦智矣，其登于三代之服章，厥有由哉！"

四、祈雨考证

蜼（长尾猴）鼻上勾，遇雨时即将身躯悬挂树枝，用尾巴将鼻孔塞住或用两指塞之。古人在长期的观察中，掌握了长尾猿这一动物习性，而且将其移用到人文领域，将蜼看作是现现雨水的象征。在战国楚地，蜼即喻意雨水、祈雨、下雨。

中国农耕社会，完全是靠天吃饭，这个"天"更多地被集中在雨水上。几千年来，人们一直祈求风调雨顺。凡遇大旱之时，不论百姓还是帝王，都会焦虑不安，继而祭祀天地，祈求雨水。古代文献多有记载：

相传，商朝的建立者子履曾作《祈雨词》，最早见于《荀子·大略》，《诗记》亦录之。词曰："政不节与？使民疾与？何以不雨至斯极也！宫室荣与？妇谒盛与？何以不雨至斯极也！苞苴行与？谗夫兴与？何以不雨至斯极也！"

《左传·桓公五年》《公羊传·桓公五年》《后汉书·礼仪志》《春秋繁露·祈雨》……皆记载了古人祈求风调雨顺的习俗与故事。

华夏中原，久以龙为雨神、水神，在祈求雨水时，当以龙为图腾，展现龙崇拜。而在战国时期的南方楚地，由于多有蜼的生存（免赘述），在人们的求雨习俗中，除了龙崇拜外，必然地还有蜼崇拜。这就可以明白，战国楚地蜼纹镜存在的意义何在，此类镜亦将不再神秘。

图 1

图 2

图 3

图 4

图 5

图 6

图 7

图 8

图 9

图 10

图 11

图 12

图 13

图 14

图 15

秦镜钮式研究

——《秦镜文化研究》专题之二

一、概述

两千年前的古埃及、古希腊、古罗马等环地中海区域，使用的铜镜都是有柄系。同时代的中国铜镜却始终为具钮式。铜镜的持镜方式，决定着东西方重大差异之所在。铜镜与镜钮的哲学思想以及科学道理，何堂坤等学者多有讨论，[1] 本文免赘述。

中国铜镜制式有一个成长、发展的过程：距今四千年的齐家文化是婴儿诞生期，夏、商、周、春秋是幼儿成长期，两汉是青年发展期，隋唐是中年鼎盛期，两宋乃至以后就成了老年衰落期。包括秦国和秦代在内的秦镜，正处在中国铜镜从青少年成长期至发展期的关键时期。对于镜钮而言，秦镜的钮式变化最是多姿多彩。在这之前中国早期铜镜的展现粗糙、随意、率性；从西汉武帝时期开始，无论文字或纹饰怎样变化，其钮式却是万变不离其宗地保持着圆钮制式。

二、分期

为叙述方便，本文将拙著《秦镜文化研究》之216面秦镜分为五个时期：

第一期，秦镜出现期（秦国早期，即春秋秦），拙著《秦镜文化研究》展示10面，本文展示2面。

第二期，秦镜发展期（秦国早中期，即春秋秦至战国前期秦），拙著《秦镜文化研究》

---

[1] 2004年03月30日"央视国际"栏目曰："镜钮是中国古镜区别于其他古代文明有柄镜的主要地方，它不仅代表了一种中国文化，也体现了中国古代精湛的铸造技术，而镜钮的变迁也衍射出铜镜发展的几个不同阶段。"另有学者说："三弦钮在铜镜上的应用，从春秋一直沿用至西汉初，这之间经历了560年之久而没有变化，其原因是直接受到镜背纹饰艺术创作水平的限制。"

展示 19 面，本文展示 2 面。

第三期，秦镜繁荣期（秦国中晚期，即战国前期秦至变法秦），拙著《秦镜文化研究》展示 83 面，本文展示 5 面。

第四期，秦镜高峰期（秦国晚期至秦代，即变法秦至统一秦），拙著《秦镜文化研究》展示 82 面，本文展示 5 面。

第五期，秦镜衰落期（秦末汉初，即统一秦至西汉初），拙著《秦镜文化研究》展示 22 面，本文展示 4 面。

三、统计

依据拙著《秦镜文化研究》"图录"之 216 面秦镜图片，其钮式可谓多姿多彩，详见表一。

表一　秦镜钮式一览表

年代称谓	秦国早期	秦国早中期	秦国中晚期	秦国晚期至秦代	秦代至汉初
图号区间	001~010	011~029	030~112	113~194	195~216
铜镜数量	10	19	83	82	22
钮式	弓形 ×2 粗二弦 ×5 粗三弦 ×3	粗二弦 ×1 粗三弦 ×17 细三弦 ×1	粗二弦 ×1 粗三弦 ×60 细三弦 ×11 细四弦 ×3 叶座弦纹 ×1 金字塔三弦 ×1 兽纹 ×1 其他 ×6	粗三弦 ×1 细二弦 ×1 细三弦 ×69 细四、五弦 ×2 兽形、龙头 ×2 兽纹 ×3 圆粒 ×2 镂空 ×2	细三弦 ×1 半圆三弦 ×7 金字塔三弦 ×12 龙形 ×1 兽纹 ×1

由表一统计可知：

1. 拙著《秦镜文化研究》中 216 面秦镜的钮式有 15 种之多。

2. 弦纹钮是秦镜的主流，共有 199 面，占总数之 92.1%。

3. 在弦纹钮中，以粗三弦与细三弦为多数，其中粗三弦 88 面，占总数之 40.7%，且主要集中在秦国中晚期。其中细三弦 88 面，占总数 40.7%，且主要集中在秦国晚期至秦代。其中金字塔三弦 12 面，占总数 5.6%，且主要集中在秦代至汉初。

四、典型

拙著《秦镜文化研究》尽力挑选出属于大类范围的十八面弦钮秦镜，对其钮式分别进行了四个方向的拍摄。为此，在每个铜镜图片的右侧，都附上里这四个不同视角的小图。通过这 90 张图片的观察，可以清晰地了解到秦镜不同制式的演变概况，详见表二及图 1 至图 18。这十八组图片有若干精彩、有趣的内容，在此稍加描述。

1. 图 2-7，在一个小镜钮上，可以见到红铜、绿锈、"孔雀蓝"诸色。

2. 图 2-9，钮式特别高拱，钮部底角处还加饰小叶片，多了坚固精致之感。

3. 图 2-12，此钮壮实、高拱，与主纹的华美、飘逸堪称佳配。

4. 图 2-15，在版模一流、品相上好的前提下，金字塔三弦钮端庄大气。

5. 图 2-18，在版模一流、品相上好的前提下，半圆三弦钮规整华美。

表二　秦镜钮式称谓一览表

图号	总号	镜名	直径（厘米）	重量（克）	m 值（克/平方厘米）	钮式称谓
第一期　秦国早期（春秋秦）						
2-1	001	素地细弦纹镜	13.8	143	0.95	粗二弦
2-2	002	隼字铭素地细弦纹镜	13.6	208	1.84	粗二弦
第二期　秦国早中期（春秋秦～战国前期秦）						
2-3	018	涡云地宽弦纹镜	15.3	201	1.09	粗三弦
2-4	024	涡云地八连弧镜	18.2	314	1.16	粗三弦
第三期　秦国中晚期（战国前期秦～变法秦）						
2-5	030	龙字铭素地手绘三叶镜	17.2	262	1.13	粗三弦
2-6	031	涡云地四龙镜	15.2	178	0.98	粗三弦
2-7	038	涡云地三螭龙镜	18.0	290	1.14	粗三弦
2-8	060	涡云地四雷四螭龙镜	18.0	299	1.17	细三弦
2-9	110	云雷地八连弧镜	16.9	338	1.51	双叶高拱细弦
第四期　秦国晚至秦代（变法秦～统一秦）						
2-10	114	云雷地六雷九龙镜	23.5	853	1.96	高拱三弦
2-11	118	涡云地四雷螭龙镜	22.4	504	1.28	粗三弦
2-12	171	云雷地八连弧四凤镜	19.2	496	1.71	高拱三弦
2-13	187	涡云地四鸟镜	11.5	121	1.16	细四弦
2-14	189	云雷地三雷六燕三龙镜	23.3	881	2.07	粗三弦
第五期　秦末汉初（统一秦～西汉初）						
2-15	198	涡云地四乳双龙镜	10.4	133	1.57	金字塔三弦
2-16	200	涡云地六穗螭龙镜	16.0	265	1.32	坡形三弦
2-17	204	涡云地圈带蟠螭镜	17.5	404	1.68	半圆三弦
2-18	206	涡云地圈带四猴蟠螭镜	17.1	316	1.38	半圆三弦

五、结语

1. 从不同年代秦镜钮式的差异，可以了解到镜钮演变的过程。换言之，从秦镜钮式的不同可以判别其大致的问世年代。

2. 秦镜钮式的主流，关键是前后连续的两个大类，前者是粗三弦，后者为细三弦；其过渡期在秦国中晚期之际。秦末汉初，又出现了占多数的金字塔三弦与半圆三弦。

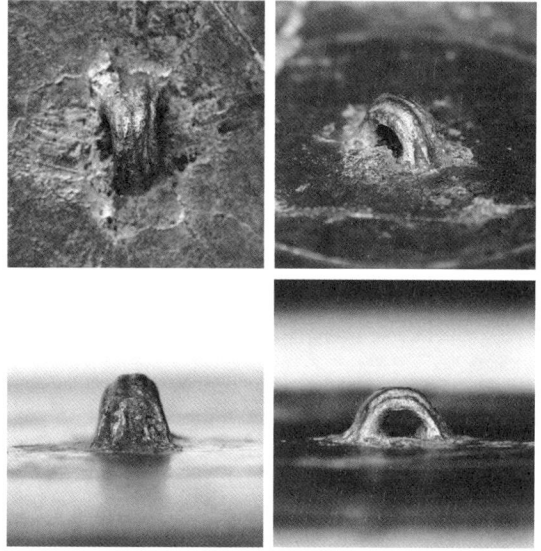

图 2-1

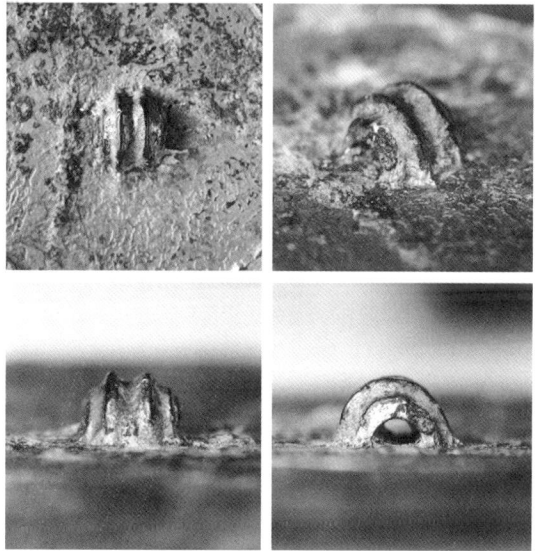

图 2-2

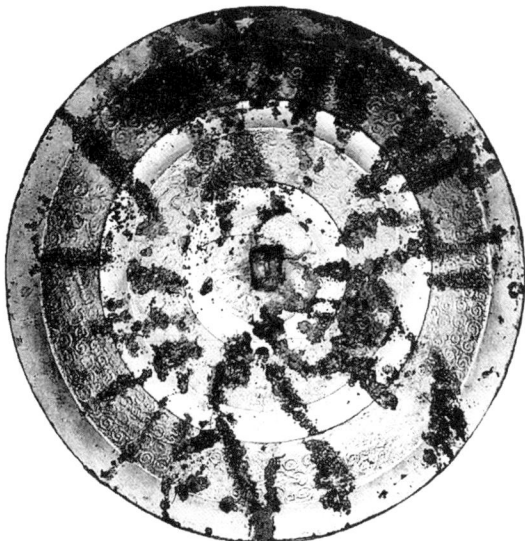
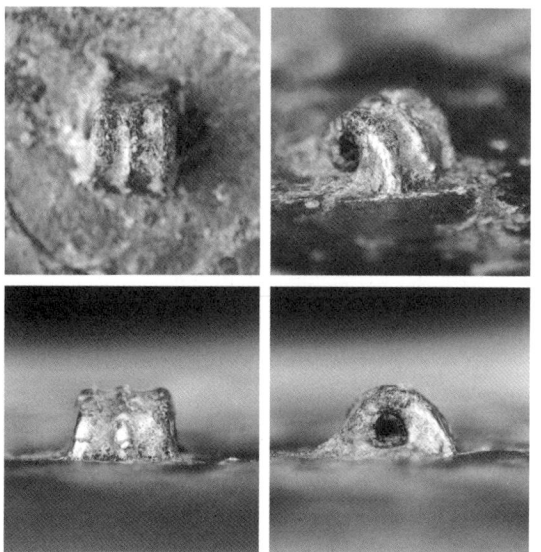

图 2-3

图 2-4

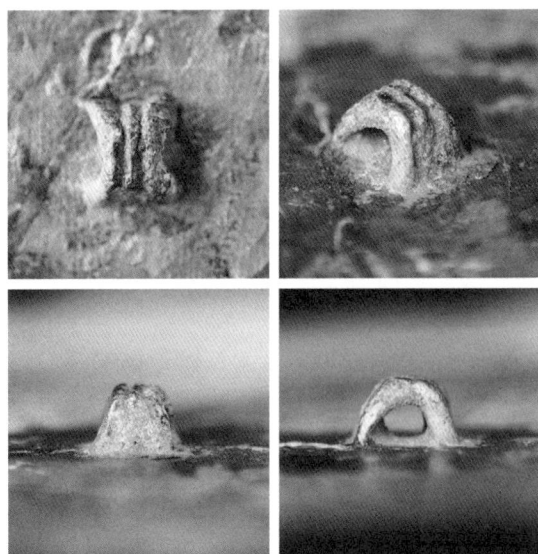

图 2-5

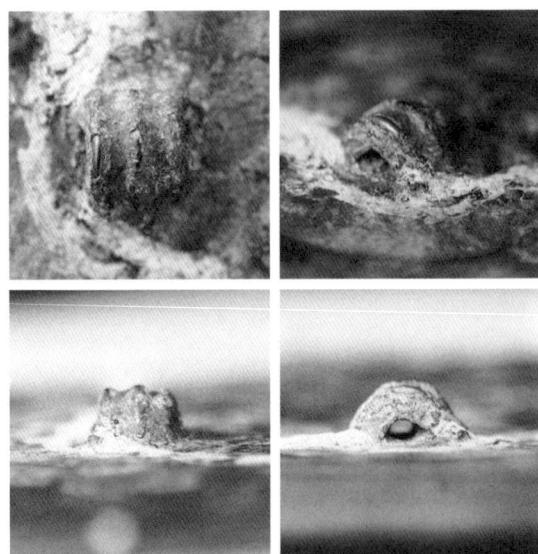

图 2-6

图 2-7

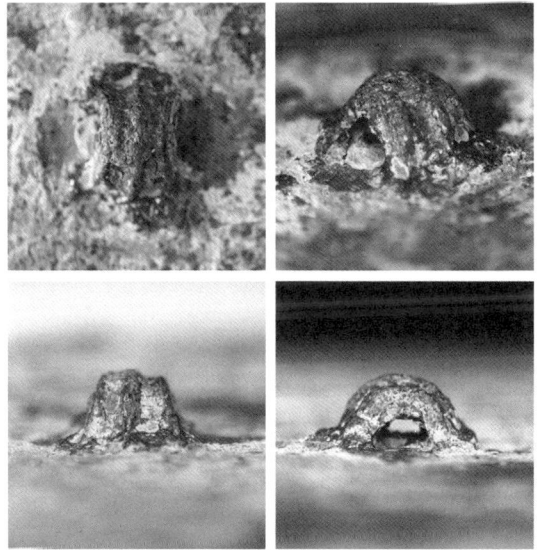

图 2-8

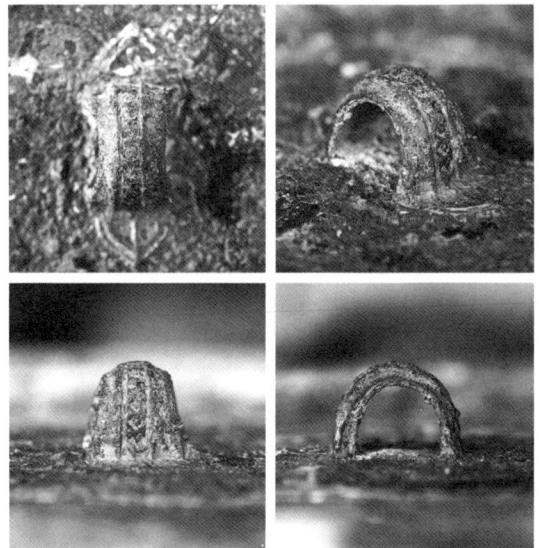

图 2-9

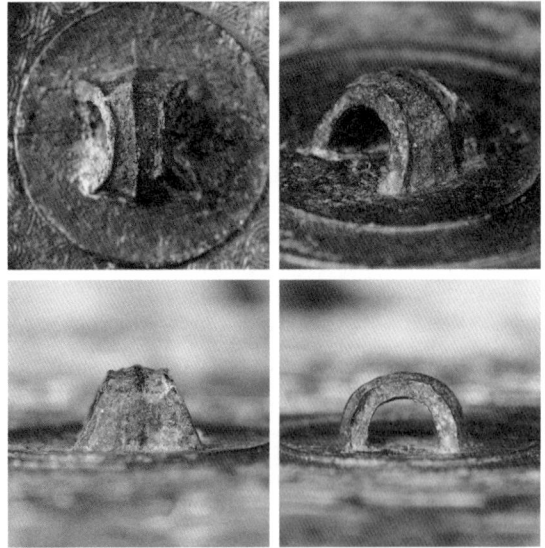

图 2-10

图 2-11

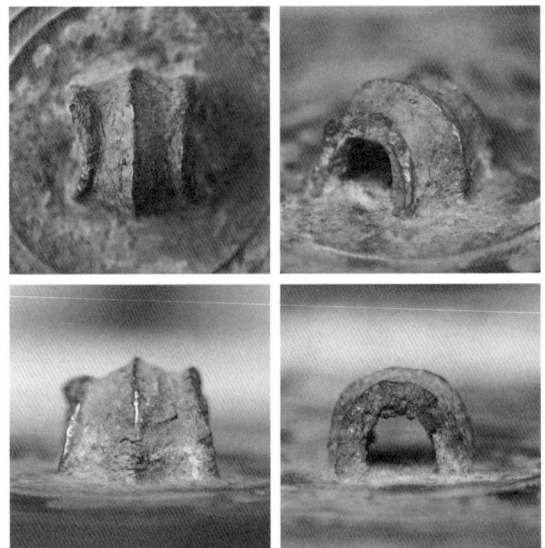

图 2-12

图 2-13

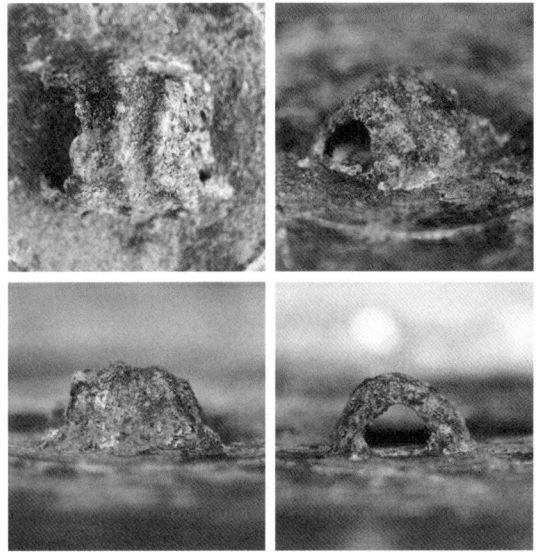

图 2-14

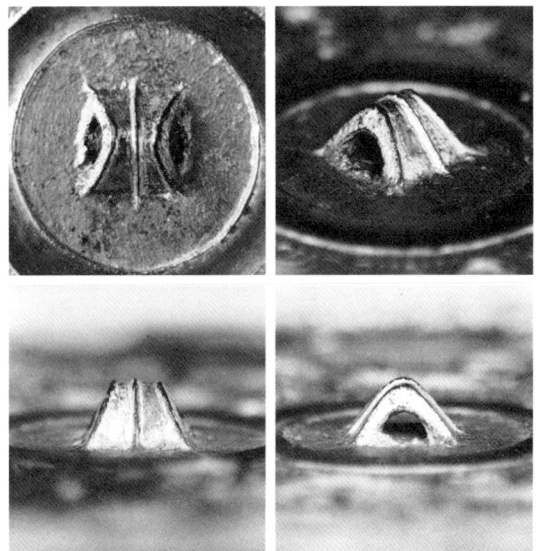

图 2-15

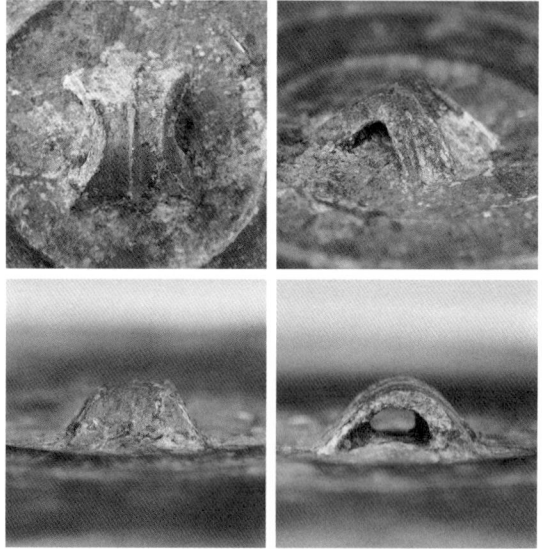

图 2–16

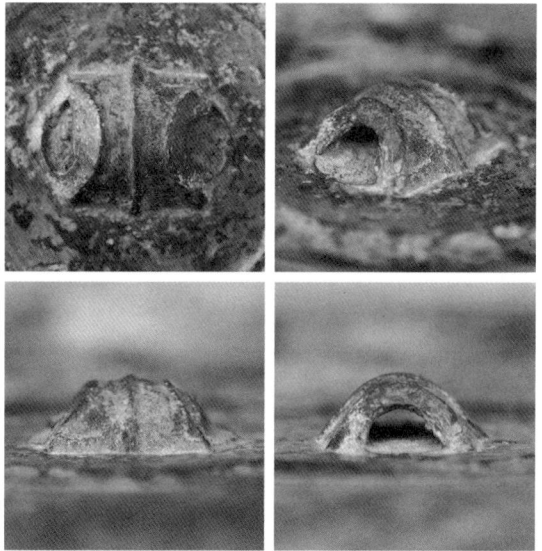

图 2–17

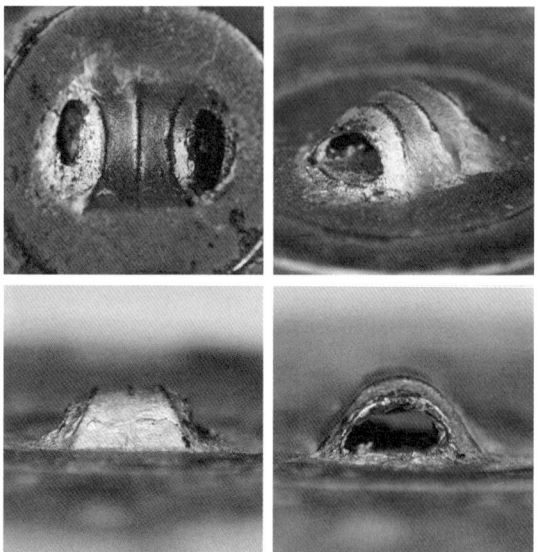

图 2–18

秦镜缘式研究

——《秦镜文化研究》专题之三

　　从二十世纪的上半段开始，世界各国学界对中国铜镜的研究掀起了一波高潮。在中国，其代表人物有：罗振玉、刘体智、陈介祺、梁上椿等人，[1] 在东瀛有梅原末治、后藤守一、樋口隆康等人，[2] 在欧美有加尔贝克、高本汉、艾兰等人。[3]

　　就研究的总体水平而言，可谓是不分伯仲，各有千秋。若以细节论，似东瀛稍胜一筹。例如，他们采用传统工艺思路，开发了一种专门测绘铜镜断面（名曰"真弧"）的专用工具，据此可以了解到以往所不知的镜面凹凸度、镜体深浅度等，从而由定性探讨延伸至定量研究。目前，清华大学艺术博物馆已经添置了该工具，拟对铜镜形制研究作更进一步的探索。

　　斗转星移，今天我们有了更多的研究手段，笔者尝试着从钮式（另文）、缘式（本文）等形制的角度，来做较为深入的研究，以求对铜镜的断代问题，提供一些新的思路。拙著《秦镜文化研究》共收 216 面秦镜，其中边缘纯平之连弧秦镜有 63 面，占总数之 29.2%；非连弧秦镜有 153 面，占总数之 70.8%。本文仅对通常不易辨别的非连弧秦镜进行讨论。

　　缘式研究首先需要一批可提供检测的实物。为此，在现有实物中，笔者精选出十八面

---

〔1〕罗振玉：《古镜图录》，1916 年。

　　刘体智：《小校经阁金文拓本》，1935 年。

　　梁上椿：《岩窟藏镜》，1942 年。

　　辛冠洁：《陈介祺藏镜》，文物出版社 2001 年。

〔2〕梅原末治：《汉三国六朝纪年镜图说》，京都桑名文星堂，1943 年。

　　后藤守一：《古镜聚英》，大塚巧艺社，1942 年。

　　樋口隆康：《古镜》，新潮社，1975 年。

〔3〕《中国古铜镜杂记》（选自瑞典《中国科学美术》），加尔贝克 1926 年版（中文版由张荫麟翻译，发表于北平考古学社《考古》1936 年第 4 期）。

　　高本汉：《早期中国铜镜》1941 年、*CHINESE BRONZES* 1946 年、*ARTIBUS ASIAE* 1959 年

　　李学勤、艾兰：《欧洲所藏中国青铜器遗珠》，1995 年。

有代表性的秦镜（详见表一以及图 3-1 至图 3-18），先对其边缘进行检测，依据实测数据再绘制出每一样品的断面图（详见图 3-1A 至图 3-18A）。为观察方便，本文将这些断面图放大了八倍，这样便可以一目了然地进行分析与研究。

由此，在拙著《秦镜文化研究》216 图的基础上，可以得出以下观点：

第一期：秦镜出现期

秦国早期，即春秋秦，本文图 3-1 至图 3-2。

本期秦镜缘式主要为纯平状、微凹状。

第二期：秦镜发展期

秦国早中期，即春秋秦至战国前期秦，本文图 3-3 至图 3-4。

本期秦镜缘式主要为微凹状，并呈现出向弧起状过渡的趋势，边缘弧起可以避免因秦镜太薄而发生变形或破损的不利情况。在经济水平低下的时代，应该说这是一种既能节省材料与降低成本，又可增加强度的先进工艺。这种技术手段不仅在整个秦国与秦代得到应用，还一直延续到西汉早中期。

第三期：秦镜繁荣期

秦国中晚期，即战国前期秦至变法秦，本文图 3-5 至图 3-10。

本期秦镜缘式主要为弧起状且缘口锐利。多数弧起状呈渐变趋势，少数在近边处突然弧起（如图 3-5、图 3-12）。在本期稍晚时，因镜形较大，弧起较高，缘口较锐，为安全（不致割手）或避免破损（不致碰碎），当时工匠采用了今日称之为"倒角"的工艺，即对锐利之缘口，进行了铸造后的打磨（如图 3-9、图 3-10）后加工。这里必须说明一点，晋式镜之素平缘口系先天铸造而成，与秦式镜的后天加工打磨相比，有着本质上的不同。此外，部分秦镜之边缘，有了"缘口内斜"的倾向。

第四期：秦镜高峰期

秦国晚期至秦代，即变法秦至统一秦，本文图 3-11 至图 3-14。

本期秦镜缘式主要为缘口内斜弧起状，这一时期秦地的国力大增，秦镜形制变大，边缘弧起状态必然变高，为避免缘口过于锐利而带来的不安全、易破损两大问题，除了采用打磨缘口的倒角工艺外，多数工匠还对边缘采取了"缘口内斜"的工艺手段，即铜镜照容面的直径要大于缘口尖端的直径。其目的是：其一，缘口虽尖，却不会过于锐利，这就可以改善不安全、易破损的两大隐患。其二，若用"倒角"工艺，虽可避免上述两大隐患，然让秦镜失去了那种原有的"挺括"风貌。缘口内斜工艺不仅避免了后加工打磨的多余手段，还会更受使用者的欢迎。数据表明，存世"缘口内斜"工艺的秦镜数量，远大于后加工打磨工艺的秦镜数量。

第五期：秦镜衰落期、传承期

秦末汉初即统一秦至西汉初，本文图 3-15 至图 3-18。

本期秦镜缘式主要为"缘口内斜"之弧起状，这一时期受到秦末战乱的影响，经济水平低下，必然致使铜镜尺寸变小。除此而外，本期缘式基本是延续此前秦镜的形制，并直至西汉中期。

表一　秦镜边缘断面一览表

图号	总号	镜名	直径	重量	m值	边缘宽度	边缘内高	边缘中高	缘口高度	缘口倒角	缘口内斜	弧起简况
第一期，秦镜出现期（秦国早期，即春秋秦）												
3-1	001	素地细弦纹镜	13.8	143	0.95	11.6	1.13	1.12	1.16	/	/	均匀
3-2	002	隼字铭素地细弦纹镜	13.6	203	1.84	16.0	2.10	1.50	2.45	/	/	均匀
第二期，秦镜发展期（秦国早中期，即春秋秦至战国前期秦）												
3-3	018	涡云地宽弦纹镜	15.3	201	1.09	11.2	1.50	1.40	1.70	/	/	均匀
3-4	024	涡云地八连弧镜	18.2	314	1.16	10.2	2.10	1.90	2.10	/	/	均匀
第三期，秦镜繁荣期（秦国中晚期，即战国前期秦至变法秦）												
3-5	030	龙字铭素地手绘三叶镜	17.2	262	1.13	13.8	1.45	1.25	2.80	/	/	1/4
3-6	031	涡云地四龙镜	15.2	178	0.98	10.3	1.80	1.50	2.80	/	/	均匀
3-7	038	涡云地三螭龙镜	18.0	290	1.14	13.1	1.90	1.80	2.60	/	/	均匀
3-8	060	涡云地四雷四螭龙镜	18.0	299	1.17	12.2	1.70	1.60	3.40	/	/	均匀
3-9	110	云雷地八连弧镜	16.9	338	1.51	14.0	2.00	1.70	6.80	多	少	均匀
3-10	114	云雷地六雷几龙镜	23.5	853	1.96	16.2	2.20	1.60	8.20	中	少	均匀
第四期，秦镜高峰期（秦国晚期至秦代，即变法秦至统一秦）												
3-11	118	涡云地四雷四龙镜	22.4	504	1.28	14.0	1.50	1.20	4.80	/	/	均匀
3-12	171	云雷地八连弧四凤镜	19.2	496	1.71	17.7	2.05	1.95	7.60	中	/	1/4
3-13	187	涡云地四鸟镜	11.5	121	1.16	11.0	1.90	1.40	3.20	/	多	均匀
3-14	189	云雷地三雷六燕三龙镜	23.3	881	2.07	17.6	3.40	3.20	11.80	少	少	均匀
第五期，秦镜衰落期（秦末汉初，即统一秦至西汉初）												
3-15	198	涡云地四乳双龙镜	10.4	133	1.57	13.8	1.80	1.30	4.5	多	多	均匀
3-16	200	涡云地六穗螭龙镜	16.0	265	1.32	15.2	1.60	1.40	4.20	/	/	均匀
3-17	204	涡云地圈带螭螭镜	17.5	404	1.68	17.6	2.10	1.70	6.00	/	多	均匀
3-18	206	涡云地圈带四猴螭螭镜	17.1	316	1.38	16.5	1.70	1.60	4.50	/	少	均匀

说明：1.直径单位采用厘米，重量单位采用克。2.m值（单位面积重量）采用克／平方厘米。3.边缘细部尺度单位采用毫米。

图 3-1

图 3-4

图 3-2

图 3-5

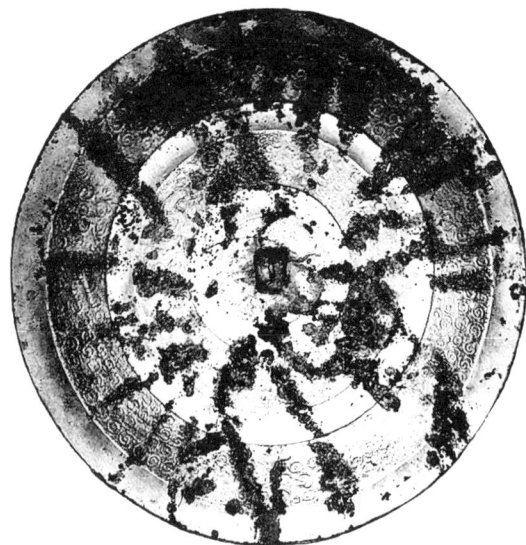

图 3-3

图 3-6

图 3-7

图 3-10

图 3-8

图 3-11

图 3-9

图 3-12

图 3-13

图 3-16

图 3-14

图 3-17

图 3-15

图 3-18

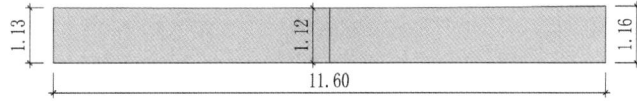

图 3-1A（001） 素地细弦纹镜边缘断面图（左内右边）

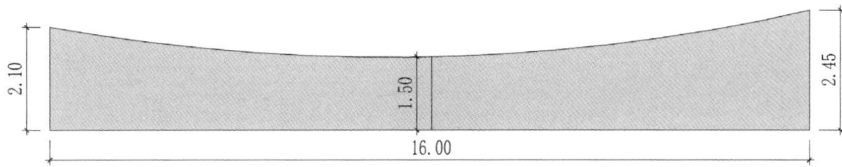

1.13　1.12　1.16　11.60

图 3-2A（002） 隼字铭素地细弦纹镜边缘断面图（左内右外）

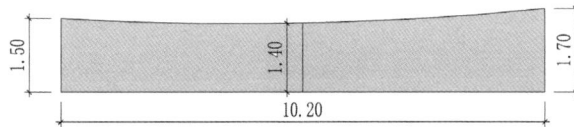

2.10　1.50　2.45　16.00

图 3-3A（018） 涡云地宽弦纹镜边缘断面图（左内右外）

1.50　1.40　1.70　10.20

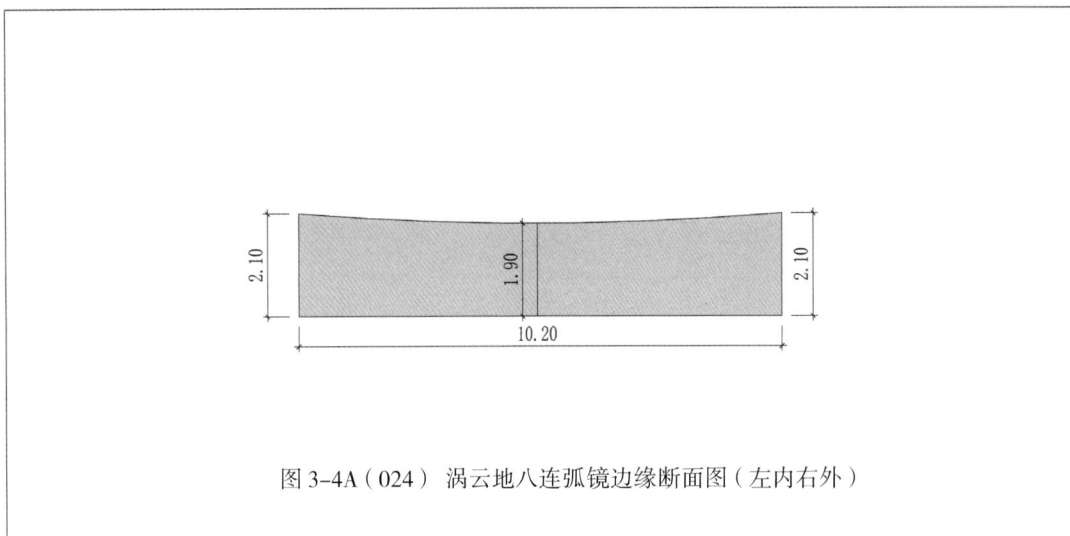

图 3-4A（024）　涡云地八连弧镜边缘断面图（左内右外）

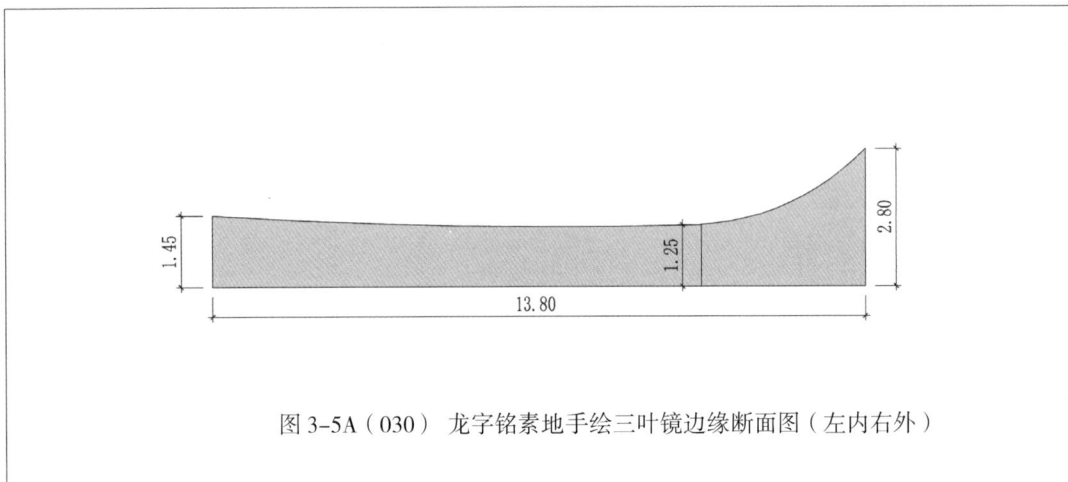

图 3-5A（030）　龙字铭素地手绘三叶镜边缘断面图（左内右外）

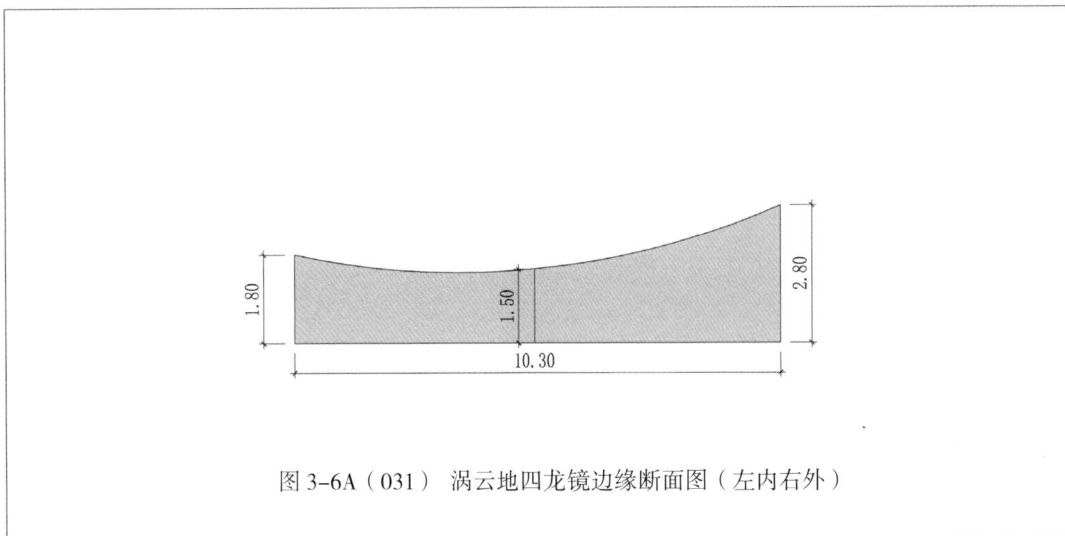

图 3-6A（031）　涡云地四龙镜边缘断面图（左内右外）

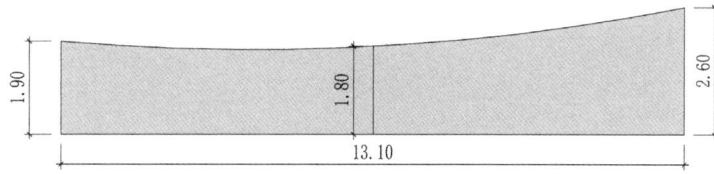

图 3-7A（038） 涡云地三螭龙镜边缘断面图（左内右外）

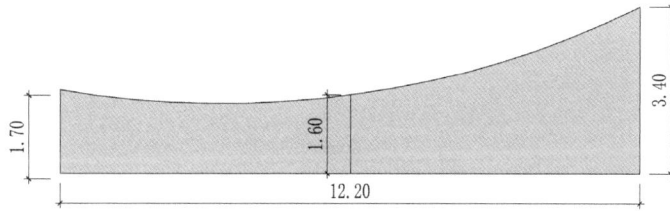

图 3-8A（060） 涡云地四雷四螭龙镜边缘断面图（左内右外）

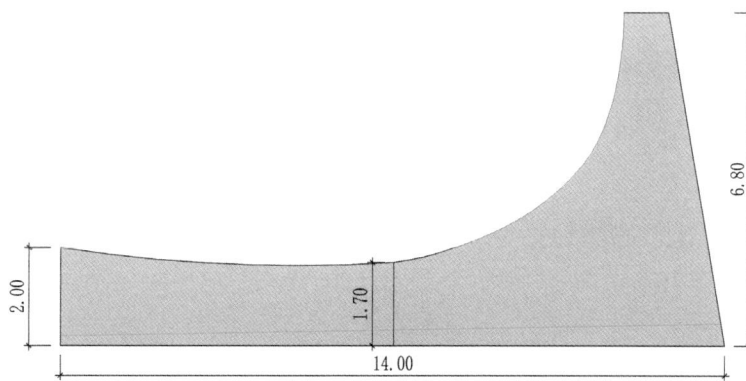

图 3-9A（110） 云雷地八连弧镜边缘断面图（左内右外）

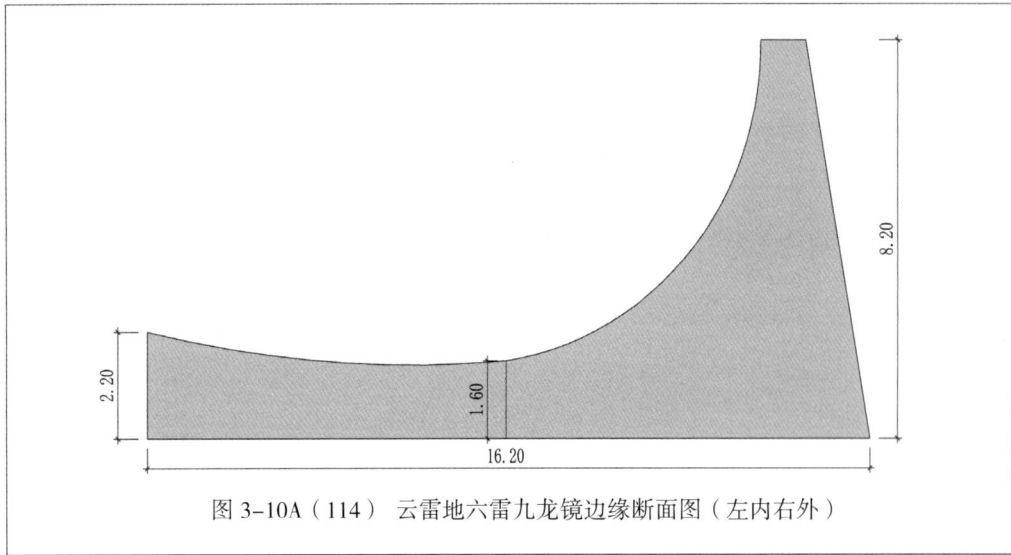

图 3-10A（114）　云雷地六雷九龙镜边缘断面图（左内右外）

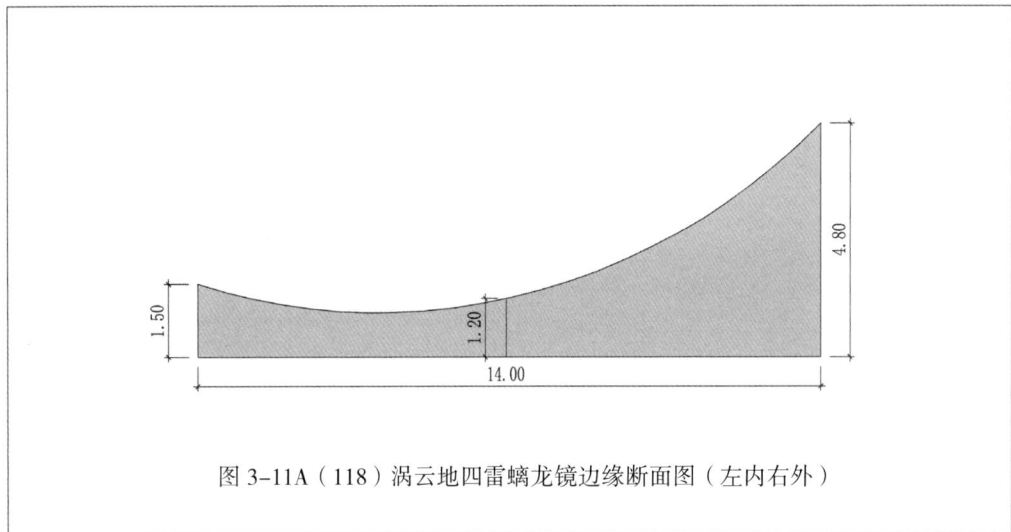

图 3-11A（118）涡云地四雷螭龙镜边缘断面图（左内右外）

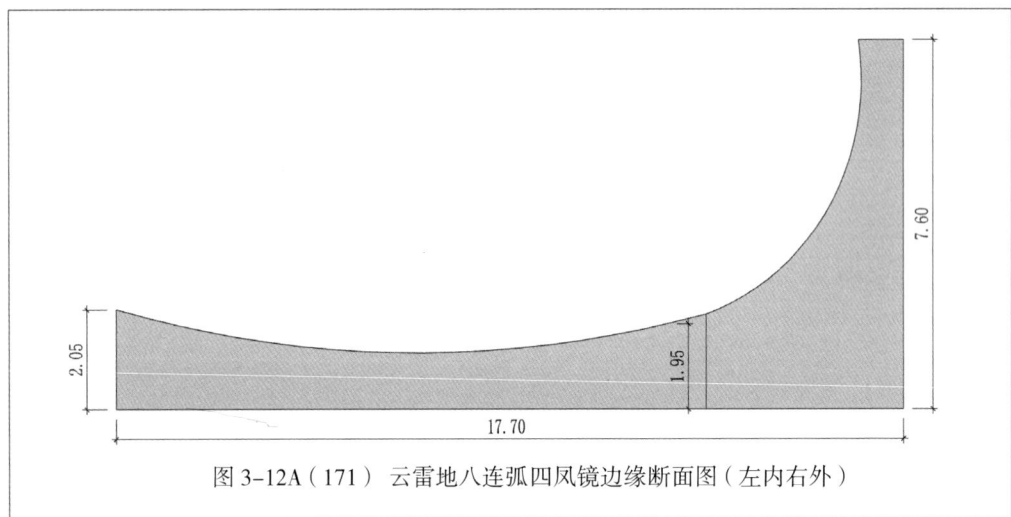

图 3-12A（171）　云雷地八连弧四凤镜边缘断面图（左内右外）

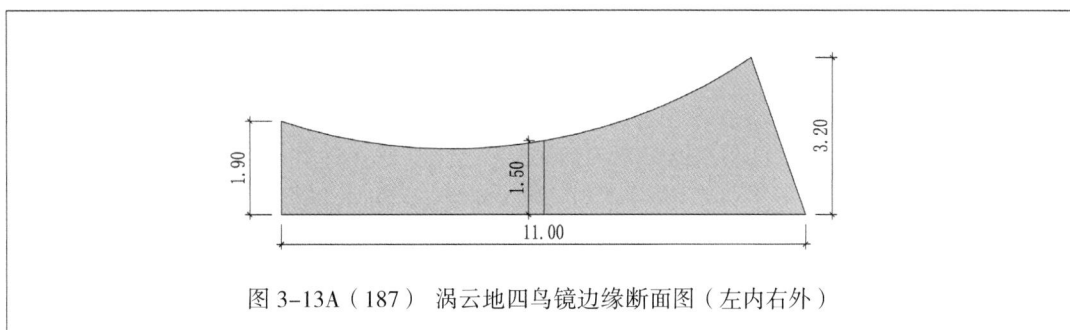

图 3-13A（187） 涡云地四鸟镜边缘断面图（左内右外）

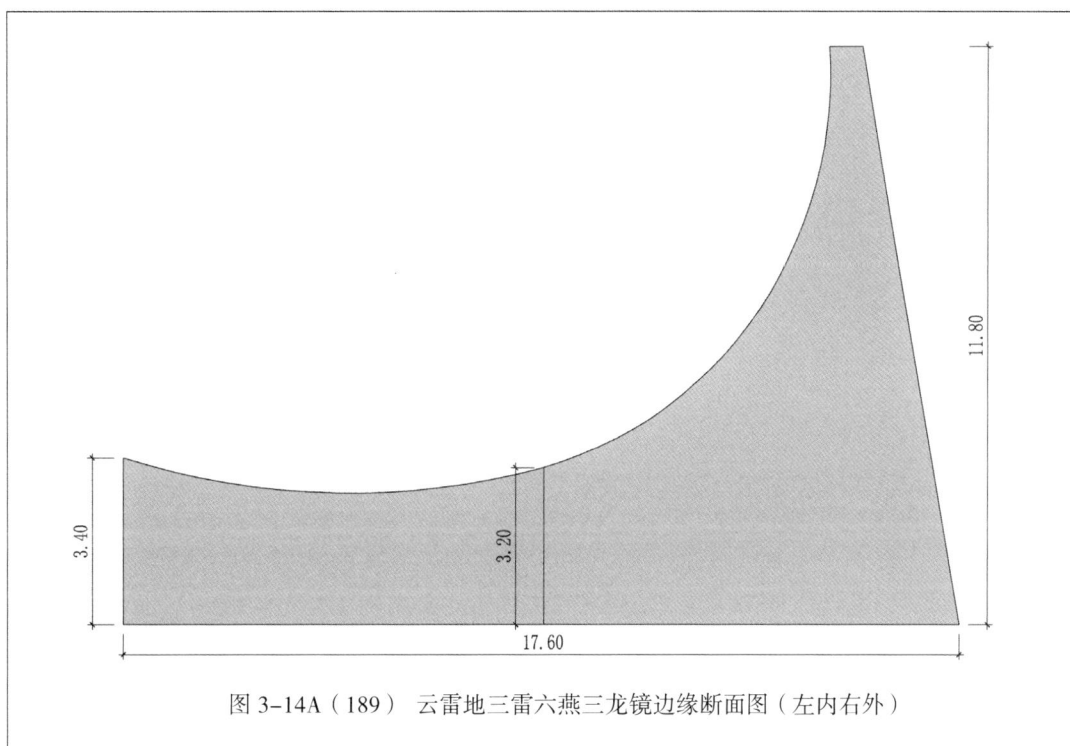

图 3-14A（189） 云雷地三雷六燕三龙镜边缘断面图（左内右外）

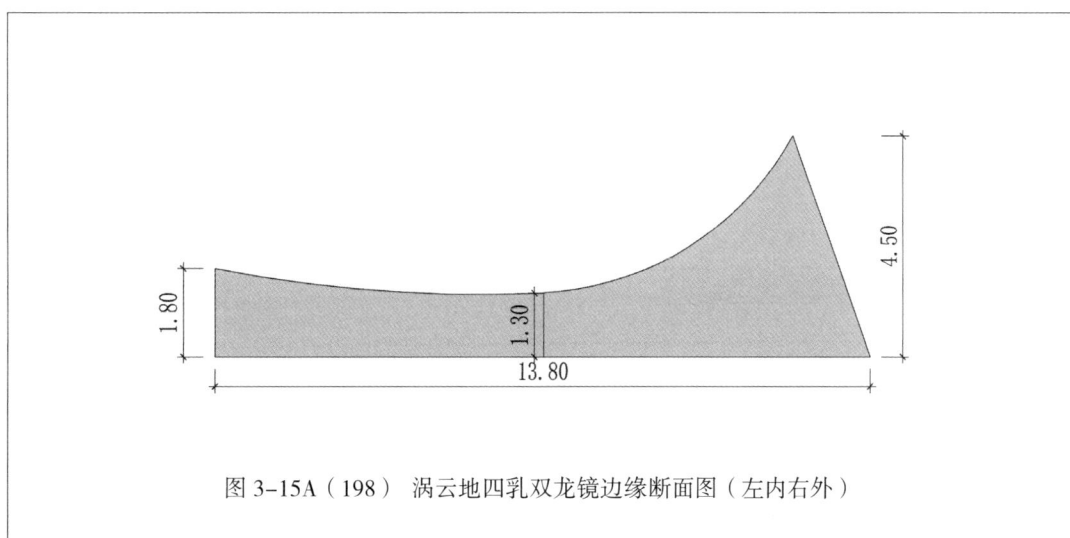

图 3-15A（198） 涡云地四乳双龙镜边缘断面图（左内右外）

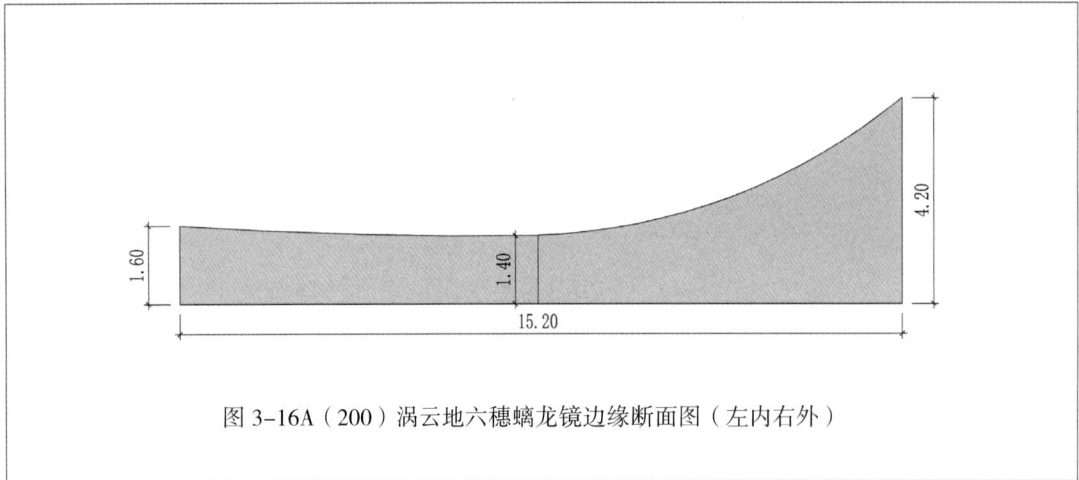

图 3-16A（200）涡云地六穗螭龙镜边缘断面图（左内右外）

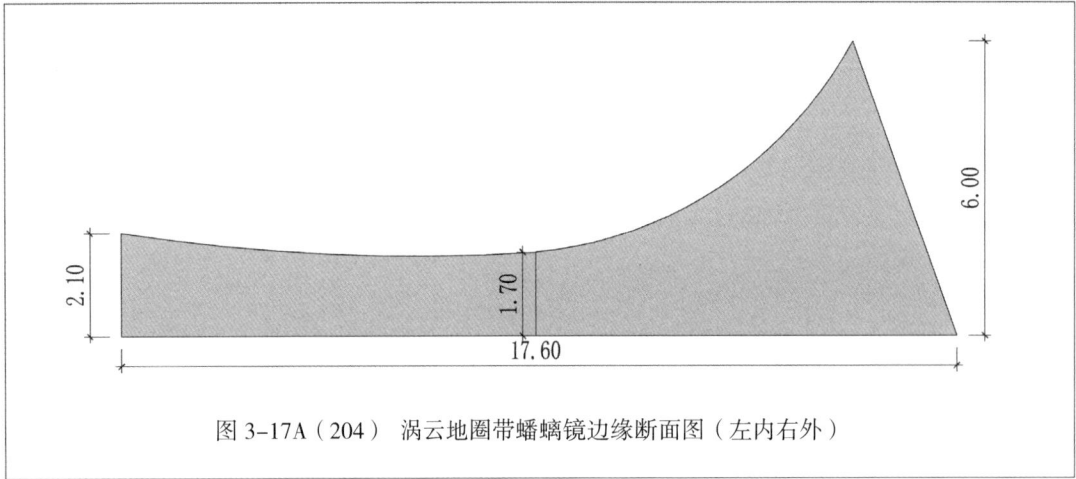

图 3-17A（204） 涡云地圈带蟠螭镜边缘断面图（左内右外）

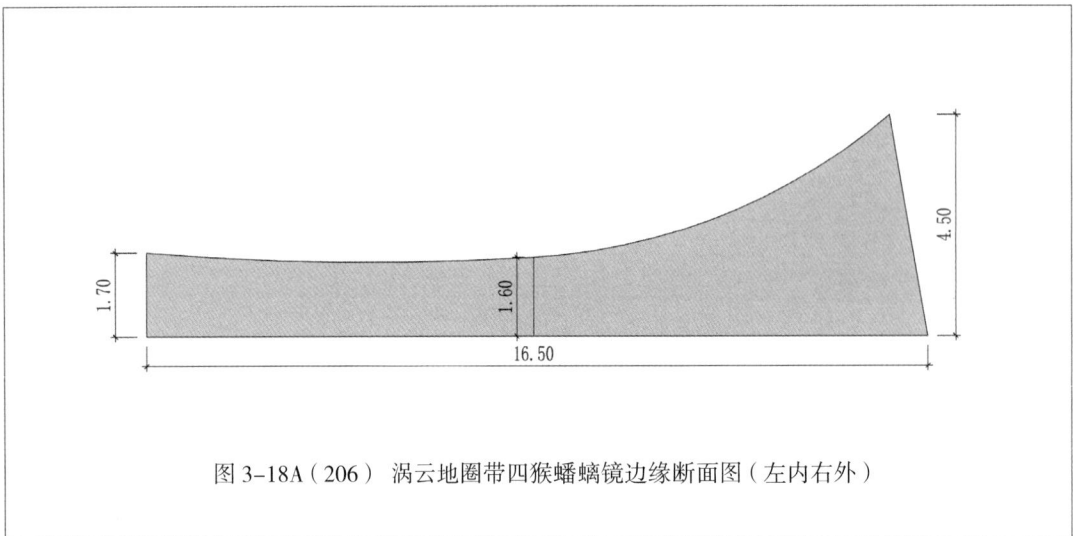

图 3-18A（206） 涡云地圈带四猴蟠螭镜边缘断面图（左内右外）

秦镜菱雷纹研究

——《秦镜文化研究》专题之五

王纲怀　安夙

一、概述

说到菱雷纹，我们不得不从云雷纹开始讲起。云雷纹起源于新石器时代晚期，距今已有四千年以上的历史，从商代开始，至西周、春秋，在青铜器上普遍可见。多年来，人们对其内涵的讨论，虽存在分歧，然大体一致。即：圆转形涡态状寓意为"云"，方折形（含三角形）回字状寓意为"雷"，两者组合在一起成为云雷纹。总体而言，云雷纹多作为陪衬主纹的地纹出现。

自战国早中期始，秦镜上出现了菱雷纹。笔者认为，菱雷纹当由云雷纹中的三角雷纹演变而来，其身份已完全不是配角，而是升格为与龙纹、凤纹、谷穗纹等地位相当的主角。在秦镜主纹中，菱雷纹具备不可替代与有利协调的双重特性。菱雷纹运用直线、折线的开放式构图，其性刚强，在与其性柔顺之龙凤纹、涡云纹协调的配置过程中，两者形成对比，方圆同器，刚柔相济，丰富了视觉感受。

在拙著《秦镜文化研究》216 份秦镜图片资料中，有一种常见纹饰，即由曲折线条组成的开放（非封闭）式菱形图案，而且这种菱形图案多是或伴随或交叉地与龙纹、凤纹组合在一起。《秦镜龙纹图集》一书收录龙纹镜 108 面，占此书总数之 50.0%（半数）。拙著《秦镜文化研究》有菱雷纹镜 76 面，占全书总数之 35.2%（三分之一多）；其中龙雷组合纹镜 35 面，占全书总数之 16.2%（近六分之一）。

我们先将其作为形状的"菱形"与表达概念的"雷形"合在一起，称为"菱雷纹"，再进一步分析研究。陈佩芬《中国青铜器辞典》（上海辞书出版社，2013 年 8 月）第 135 页解释了"雷纹"："形式比较拘谨，将凸起的线条组成方折形内卷。结构有对称式、连续式、上下相连式不等……"由此书可知，占秦镜三分之一以上的菱雷纹镜却只有一种，其特点是：

1、相对于"涡云纹"的圆转形态，"菱雷纹"取方折形态。

2、通常而言，在图案学上，封闭表示静态，开放表示动态。云与雷都是事实上的动态图形，必然地要取开放式。

3、菱形纹饰的直线段上有曲折形态出现，这正是闪电的表示方式，可参阅拙著《中国早期铜镜》（上海古籍出版社，2015 年 4 月）图 73 "闪电纹镜"。

二、文献

云雷纹虽起源于新石器时代晚期，然其纹样基本定型于商周时期，那个巫觋之风盛行、"如火烈烈"（《诗经·商颂·长发》）的年代，大量青铜器上的云雷纹除了作为主纹饰（如饕餮纹、兽纹等）的辅助纹样——地纹的作用之外，在其精神层面上还承载了沟通天地神巫的功能。商代云雷纹带有明显的方折"回路"，而到了东周至战国，在"礼崩乐坏"的社会文化大背景下，"狞厉之美"逐渐被"如翼斯飞"的灵动之美所取代；先秦以降，一改之前的宗教束缚，转而为一种舒朗、飞扬、流畅的纹样表现形式。仅就秦镜上的云雷纹或菱雷纹为例，可看出秦人独有的审美风度，既上承商周的庄严、典丽，又下启楚汉的浪漫、华美，从而自成一派。

云与雷本是自然之物，但在古时生产力及自然科学并不发达的年代，先民们认为云霓、雷电皆是神物，是上苍（神）用于表达意愿的媒介。在农耕社会中，"风调雨顺"是氏族延续的保证，同样也是王权的基础，雷与雨就此变得密不可分。将自然之物神化的第一步，就是要为他们找到一个超自然的载体，于是龙便华丽地登场了。《周易·说卦》载："震为雷，为龙。"[1]可知，先民很早就有将龙唤作雷神、雨神的传统。《山海经·海内东经》曰："雷泽有雷神，龙身人头，鼓其腹则雷也。"[2]《淮南子·地形训》云："雷泽有神，龙身人头，鼓其腹而熙。"[3]《诗经·大雅》言："鼍鼓逢逢，矇瞍奏公。"[4]这其中"鼍鼓"指的是扬子鳄的皮所蒙之鼓，而"逢逢"则是拟声词，取其与"隆隆"之雷声相似。古人将电闪雷鸣想象为"雷神鼓腹"，继而施降甘霖。依文献可知，上古时期"隆"与"龙"同音。《史记》张守节正义："轩辕十七星，在七星北，黄龙之体，主雷雨之神。"[5]从"正月启蛰"的地气萌发之时，到"雩祭祈雨"，龙、雨、雷便形成了三位一体的完美结合，

〔1〕（明）来知德集注：《周易集注》，民主与建设出版社，2015 年，第 451 页。

〔2〕周明初校注：《山海经》，浙江文艺出版社，2016 年，第 140 页。

〔3〕《文白对照传世藏书·第十卷》，吉林摄影出版社，第 131 页。

〔4〕夏传才主编：《诗经学大辞典·下卷》，河北教育出版社，第 1280 页。

〔5〕中华书局编辑部：《历代天文律历等志汇编·一至十》，中华书局，1976 年，第 15 页。

共同在农耕社会的体系中担当着"风调雨
顺"的神祇角色。东汉许慎《说文解字》说：
"雷，阴阳薄动，雷雨生万物也。从雨畾声。
象回转形……间有回，回，雷声也。"[6]
故而，我们看到的云雷纹主体便是由"回"
纹组成，以象征雷声隆隆。再回到纹样中
去找寻，在先秦以降的龙纹中，确实存在
以菱雷纹与龙纹相结合的样式，这就与文
献中所言的"震为雷，为龙"及王充《论衡·龙
虚》中所讲的暗合一处："盛夏之时，雷
电击折破树木，发坏屋室，俗谓天取龙……
雷电击折树木，发坏屋室，则龙见（现）于外。
龙见（现），雷取以升天。"

　　首先，从造型结构上来看，秦镜中的
龙纹与菱雷纹有着共同的基础造型，日本
学者海野弘所写的《装饰空间论》中曾说：
"雷纹与龙纹都能简化分解为 C 或 S 型，
这正说明龙纹与雷纹具有共同的基本纹或
称基调。"在东汉皇甫谧《帝王世纪》中，
记载着黄帝的母亲附宝"见大电光绕北斗"
而诞下黄帝的传说，不难看出这其中的"大
电光"就是自然界中的电闪雷鸣。又如，《论
衡·龙虚》："见雷电发时，龙随而起……
雷电去，龙随而上。"[7]龙与雷在古人观
念中的紧密不分可见一斑。

　　其次，《说文解字》载："龙，春分
而登天，秋分而潜渊。"[8]这里的"龙"
从春到秋的运行轨迹恰好是农耕的需要，
并且与水息息相关。《管子·水地篇》："龙
生于水，被五色而游，故神。欲小则化如

图 5-1（066）　素地四雷四螭龙镜

图 5-2

图 5-2A

---

〔6〕（清）王筠著，沈薇薇、邵长霞、萧义等编：《文字蒙求·外一种》，黑龙江人民出版社，2009 年，
　　第 578 页。

〔7〕（东汉）王充：《论衡》，上海人民出版社，1974 年，第 95 页。

〔8〕段玉裁编：《说文解字注》，上海古籍出版社，1980 年。

蚕蠋，欲大则藏于天下，遇上则凌于云气，欲下则入于深泉；变化无日，上下无时，谓之神。"[9]这些都说明了龙与水的关系。龙、雨、雷这三者在中华文化的传统体系中成为了一系列特殊的符号，共同构架了农耕文明中对天时的崇拜与对其驾驭的渴望。对超自然力的顶礼膜拜，自然而然地体现到了纹样的表现形式上。仅就秦镜中的菱雷纹为例，不仅给人一种玄妙神秘的感觉，同时在深度的文化心理层面上，也体现了人们沟通上苍、顺应天地的诉求，这是一种积极向上的力量。以拙著《秦镜文化研究》图 5-1（066）为例，象征着雨的涡云主纹，与龙纹、菱雷纹连续不断地组合在一起，成为一种让人们顶礼膜拜的特殊符号。

三、探讨

菱雷纹存在于镜面上的意义，可以说完全是与龙纹伴生，几乎成为不可替代的纹样，且在画面上更是有利协调，两者互为依托、相辅相成。本文精选四个龙雷组合的图例，探讨如下。

龙雷连体

图 5-2 即拙著《秦镜文化研究》图 158 之龙纹秦镜，直径 19.0 厘米，重量 426 克。此镜与拙著《秦镜文化研究》图 155、156、157 三镜均有相似之处，皆被八连弧的宽弦分割，然此组龙纹头部有上视和侧视两种不同姿态的龙纹同处一镜，均有粗壮的肢爪支撑龙身，详见图 5-2A（拙著《秦镜文化研究》封底）。上视龙纹头部可见清晰的面部轮廓，回首似作龙吟，龙身之

图 5-3

图 5-3A

上有飘扬的龙翼；侧视头部龙纹从结构上看，龙颈与龙身作 C 形状，似与上视龙纹形成呼应之势，一者如"呼朋"一者若"引伴"，着实情趣盎然。此纹尤为罕见之处，在于龙身之外皆与对应的一组菱雷纹连结，似有龙纹飞出雷区之势，富有动感及刚柔相济的视觉效果。纵观此纹，满镜生机勃勃、灵动自然，如龙行寰宇，遨游天际。镜中菱雷纹的"方折"与龙纹的"圆转"相映生趣；再辅以云雷地纹，形成了独特的审美情趣，不禁令人想起南宋陆游的《龙湫歌》："隆隆之雷浩浩风，倒卷江水倾虚空。鳞间出火作飞电，金蛇

[9]滕新才，荣挺进译注：《管子白话今译》，中国书店，1994 年，第 350 页。

图 5-4

图 5-4A

佼掣屠云中。"

镜上的纹样采用浅浮雕的处理手法，精妙之处在于，运用深深浅浅的不同层次进行雕琢，在不同的光线、角度下形成微妙且丰富的视觉变化。此镜当为此类"云雷地八连弧"系列的佳品。

龙雷合形

图 5-3 即拙著《秦镜文化研究》图 091 之龙纹秦镜，直径 15.9 厘米。一般情况下，龙纹与菱雷纹的互动方式多为相伴、穿越、隐没（局部），此镜却为罕见的合体。可以这样理解，图案中的龙形大，雷区小，飞龙在已穿越雷区却还未全部穿出时，即被工匠定格，故而龙头、龙尾、龙爪在外，而雷区却被停留在龙身之中，详见图 5-3A。

"龙雷合形"之龙纹罕见，粗看这种图案有些怪异，如在了解拙著《秦镜文化研究》总体后即可理解。在古代有"龙星纪时"之说，就是将六个星宿（角、亢、氐、房、心、尾）组成一组龙星，从春到夏，由黄昏的地平线依次升起，在天空中仿佛一条闪耀的巨腾一般。《左传》记载桓公五年"龙见而雩"，杜预注曰："龙见建巳之月（按：即夏历四月），苍龙宿之体昏见东方，万物始盛，待雨而大，故祭天，远为百谷祈膏雨。"始知，农历四月是"龙星"升天可以进行"雩祭祈雨"的日

图 5-5

图 5-5A

子。这些文献将龙纹与雷纹相结合，无疑说明先民赋予了龙求雨的功能。

龙穿雷区

图5-4是拙著《秦镜文化研究》封面镜，亦即拙著《秦镜文化研究》图116之龙纹秦镜，直径23.2厘米，重量793克。图5-4A系其局部。一条巨龙从右侧雷区穿出，呈8字飞行，继从左侧雷区下方穿入，上方穿出，再呈8字飞回，最终在左右雷区的中间位置定格、亮相。此龙纹穿越云雷，英姿勃发，纵横万里，气吞山河，可谓壮观。

在龙纹与雷纹交叉的图形中，龙纹在穿越菱雷纹时，有若干表示龙纹与雷纹上下关系的细节，可以让一个平面图案产生立体的动态的效果。当用涡云纹表示天空以后，再在天空中出现可以让龙穿入穿出的图案，毋庸置疑，只有"菱雷纹"才可以担当起这个重要角色。

龙身隐雷

图5-5即拙著《秦镜文化研究》图036之龙纹秦镜，直径20.2厘米，重量349克。图5-5A为其局部图。图5-5之龙由上至下，龙身与龙头全部隐没在雷区之中，只剩下后肢与尖爪露在外面。秦人对秦镜龙纹与菱雷纹的处理，不能不让人叹为观止。

"龙身隐雷"之龙纹罕见。这种情况恰好说明，菱形状的雷区正是龙纹穿越隐没的地所，"菱雷纹"的命名可谓引证有据。查阅中国铜镜史，西汉、东汉、隋唐、辽金等历朝历代的铜镜龙纹，皆没有这种龙头龙身隐没的图案出现，我们不得不钦佩秦国工匠所具备的创新思维：当龙纹与雷纹组合时，龙纹在雷纹中，既能穿越，还可隐身。

此图最可谓与俗语"神龙见首不见尾"相合，在前文中有云，龙为上古神物被奉为雨神或者雷神，在"雷取龙升天"的传说中，观此镜龙雷合于一处，龙身不见首尾，增添了无穷遐想。

四、结语

1. 在秦镜中，边缘有曲折（闪电）形态的菱形图案，应该是也只能是代表着"雷"的雷区。将其称作"菱雷纹"当是引证有据。

2. 菱雷纹源自云雷纹，并由在云雷纹中居从属地位的局部地纹，升格为与龙纹作伴的主纹，应为秦镜专有。

3. 秦镜中多见龙纹，拙著《秦镜文化研究》的216面秦镜中，140面龙纹镜占总数之64.8%。在秦镜图案设计上，如仅见龙纹，就会显得过于单调。秦人以涡云地纹作衬托，再加上菱雷纹的伴随或穿越，这就更为丰富多彩。同时，这也印证了诸多文献的论述。

4. 秦镜纹饰中的龙雷组合可谓千变万化、争奇斗艳，拙著《秦镜文化研究》仅挑选了四个经典图例（龙雷连体、龙雷合形、龙穿雷区、龙身隐雷），其余内容有待继续探索。

5. 少数秦镜中，还有作为主纹的涡云纹呈现，更与菱雷纹一起烘托龙纹（如本文图5-1），形成相得益彰的强烈对比，另见拙著《秦镜文化研究》《秦镜涡云纹研究》一文。

（原载《中国收藏》2018年8月）

秦镜谷穗纹研究

——《秦镜文化研究》专题之六

王纲怀　倪葭

　　"秦镜是指秦人铜镜。秦人历史悠久……秦朝建立后，确定了铜镜名称，不再称'鉴'。"[1]本文讨论的是在秦地由秦地工匠所制作并且备秦地特色的铜镜。秦镜的纹样丰富多彩，而通过对纹样的种类划分，可对铜镜进行年代分期和地域区分等。在铜镜的种种纹样之中，有一类"草叶纹"值得深究。草叶纹属于植物纹之一，相较于具体的动物纹、植物纹而言，其指向宽泛。植物纹包括树纹、叶纹和花卉纹。过去铜镜植物纹中的花叶纹、草叶纹甚至是花瓣纹的命名方式，都只是表形而不表意，即各种纹样具体来源于何种植物，迄今似乎少有专家学者研究，此类植物纹样所代表的内涵也有待发掘。

　　由河南安阳殷墟妇好墓出土的叶脉纹铜镜，可见原始先民对植物的崇拜。如其中一面铜镜，以镜钮为中心，划分为四个区域，每个区域内均有呈对称状的叶脉纹（见图 A）。

　　"面对依托生存的大自然，人类作为拥有独立思考能力的高级动物，不仅学会了从自然界获取衣食，还创造了各种有意味的形式。这些形式大多是从对自然形态的模仿开始的，而模拟的对

图 A　河南殷墟妇好墓出土铜镜
（直径 12.5 厘米，重 250 克）

---

[1]　杨瑾：《秦镜的特点与识别》，《收藏界》，2005 年第 2 期，第 75 页。

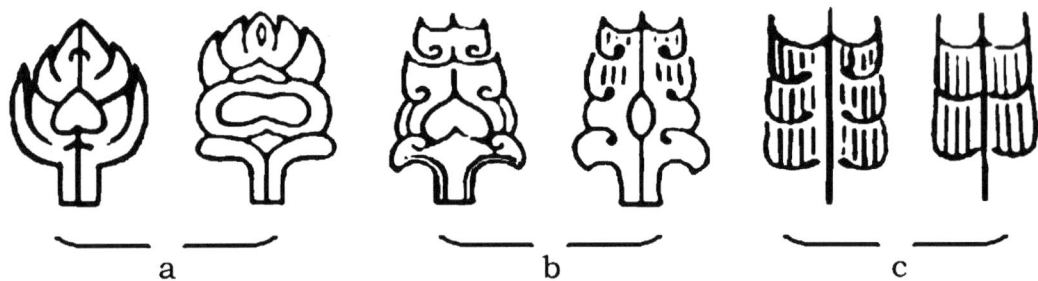

图 6B　草叶纹的变迁

象，则是人类不断观察和实践后作出的选择。在充满未知危险的原始社会，植物是早期人类最可以充饥解渴的食物、是可以疗伤的神奇药物，植物是早期人类最可信赖并随处可见的忠实朋友。可以想象，是人类对植物的需要和崇拜促使其成为模拟对象，这种需要是食物的需要、药物的需要甚至是精神的需要。"[2]最先研讨草叶纹变化的是日本京都大学的冈村秀典教授，他在《蟠螭纹镜的文化史》一文中谈到："从蟠螭纹镜与草叶纹镜与其单位纹样的共有关系作为若干补充。我的方案表示为，从蕾形图案（a），成长为麦穗状的芽（b），最后成为前端有麦穗状部分的图案（c）。这样的一系列变化从形状上称作草叶纹，但最初阶段并不是呈现为草叶。"[3]冈村秀典在论文中绘制了"草叶纹的变迁"（见图 6B），认为穗状草叶纹系由蕾形纹样演变而来。

　　笔者将此类穗状草叶纹的演变发展过程归纳如下，详见表一。

表一　秦镜谷穗纹及其演变一览表

图号	大致年代	镜名	直径	重量	纹样状态	资料来源
6-1	秦国中晚期	涡云地三叶蟠螭镜	11.8	96	蕾	《秦镜文化研究》图 077
6-2	秦晚至秦代	云雷地三雷三叶三龙镜	15.1	256	蕾	《秦镜文化研究》图 049
6-3	秦代至西汉	素地十二连弧四乳四凤镜	11.3	108	蕾	《秦镜文化研究》图 213
6-4	秦代至西汉	涡云地六穗螭龙纹	16.0	265	结实	《秦镜文化研究》图 200
6-5	秦代至西汉	四龙四叶镜	14.2	144	结实	《必忠必信》图 38
6-6	西汉早中期	日光铭穗纹连弧镜	20.2	730	穗	《必忠必信》图 96
6-7	西汉中期	日光铭穗纹镜	11.4	122	穗	《必忠必信》图 98
6-8	西汉中期	必忠必信铭穗纹镜	18.2	529	穗	《必忠必信》图 84
6-9	西汉中期	日光铭穗纹镜	11.5	142	穗	《止水阁藏镜》图 77

　　其演变过程一如植物的孕育过程：从开始类于桃形的勾线花蕾状，到花蕾内部满籽的结实状，最后演变为一叠、二叠或三叠的穗状。此种纹样的形态由扁变长，线条由简单而繁复、由繁复而简单，最后取而代之的是并列的类似于麦芒的竖线。纹样的发展过程类似

---

〔2〕　王静：《浅议经久不衰的中国传统植物纹饰》，《大众文艺》2012 年第 22 期，第 70 页。
〔3〕　冈村秀典：《蟠螭纹镜的文化史》，《泉屋博物馆纪要》第十四卷，1998 年 3 月 10 日，第 11 页。

于植物的发育、结实、成熟过程。

横向比较，草叶纹在青铜器物中较为少见，而在陶器、漆器中多作为辅纹。陶瓷器的植物纹有稻麦纹、叶纹、花瓣纹等。出现稍晚的漆器，则借鉴了陶瓷器以及青铜器的纹样。铜镜的草叶纹自出现之日起，不论是早期近于花蕾的形态，还是后期谷穗形态，均作为铜镜中的主纹出现，从未处于从属地位，有着独立的含义。此种纹样至西汉武帝时达到高峰，且与龙纹、蟠螭、蟠虺纹并置，可见青铜镜中此种谷穗状草叶纹的重要性。至汉昭帝、宣帝时，谷穗状草叶纹逐渐淡出铜镜纹样舞台。

1957年，陕西神木县纳林高兔村出土了秦代右游银盒，通高12.1厘米，腹径14.8厘米，重572.6克。此盒子母口，圆底矮圈足。"盖沿和器沿均装饰麦穗纹，盖上和器腹饰正反相错的浮雕状水滴纹。秦居关中，八百里秦川盛产麦子，故以麦穗为纹饰。"[4]秦时期农业的发展，使曾经花蕾状的草叶纹开始发生了变化，逐步演变为"谷穗纹"。

考古证明，从五帝时代起，华夏先祖就致力于中原农业的开发。秦孝公时的"商鞅变法"中就包括农业"耕织致粟帛多者，复其身"，百姓生产的粮食和布匹多，就可以免除徭役。因对农业的发展与推崇，秦国由此强大起来。曹操在《置屯田令》中也谈到"秦以急农兼天下，孝武以屯田定西域，此先代之良式也。"战国七雄中，为什么是秦国完成了统一大业？"秦以急农兼天下"，秦人将农业放在了首要发展的位置，以农业为定国之术，强兵足食，最后才一统天下。秦人由对宽泛的自然植物崇拜转至对粮食作物的重视，将草叶纹演化为代表生活与丰收的谷穗纹。这其间的认识转变，通过铜镜和文前提及之右游银盒，皆可得到证明。

在战国镜中，围绕镜钮的方格较小。此时期的方格还未被赋予更深的含义，似乎因镜钮的布局安排而出现。"从草叶纹镜开始，镜钮开始突出，钮外置一个很显著的大方格，围绕方格排列铭文，自方格外侧由内而外地放射出'草叶纹'，置四乳钉，16内向连弧纹缘（大多数），整体布局和谐对称，具有几何形态的美。"

铜镜形制的重大变革之一是引入了"天圆地方"的古天文概念。《淮南子·天文训》云："天道曰圆，地道曰方，方者主幽，圆者主明。"古人仰观天象，由太阳周而复始的运行，推测天形是圆的；俯视地平线是直的，推测地形是方的，因此以铜镜圆形外廓喻天，中心方框喻地，由此形成诸多铜镜的"天圆地方"形制。

谷穗纹与铜镜"天圆地方"的形制密切相关。在象征大地的方形框栏周边布置谷穗状的"草叶纹"，有何深意？方框加麦穗的组合，喻示了大地与谷物（谷神）的结合，形成了特定的指向——社稷坛，社稷坛就是历代帝王祭祀土神与谷神的场所。《荀子·礼论》云："故社，祭社也；稷，祭稷也。"在"社坛"周围"欣欣向荣"的多叠草叶纹与带花苞的花卉纹，表达了百姓对丰收的追求与渴望，这也符合秦人将农业发展作为国之根本的意识形态。

依据拙著《秦镜文化研究》中铜镜资料及相关文献可知，铜镜中"谷穗纹"出现于秦国中期，以往铜镜及其他器物中的草叶纹多属广义的泛指，而秦镜中的谷穗纹当为狭义的专指，其确切含义及其演变值得深入探究。

---

[4] 王烨：《中国古代金银器》，商业出版社，2015年，第122页。

图 6-1

图 6-2

图 6-3

图 6-4

图 6-5

 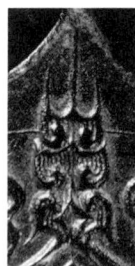

图 6-6

图 6-7

 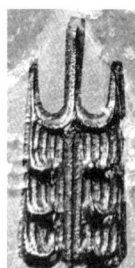

图 6-8

 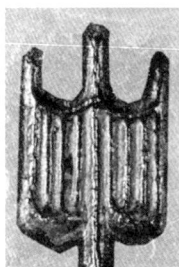

图 6-9

（原载《大观》2018 年 6 月总 105 期）

秦镜奇异龙纹研究

——《秦镜文化研究》专题之七

王纲怀　安夙

　　龙是人们赋予了诸多理念与功能的一种神物，龙在中华大地上无疑是最具特色的人文符号之一。无论是在文学创作中还是在艺术形象里，人们对于它的描绘永远充满着无尽想象，试图用各种手段烘托这一奇幻符号的色彩与氛围。《淮南子·地形训》："羽嘉生飞龙，飞龙生凤凰，凤凰生鸾鸟，鸾鸟生庶鸟，凡羽者生于庶鸟；毛犊生应龙，应龙生建（健）马，建马生麒麟，麒麟生庶兽，凡毛者生于庶兽；介鳞生蛟龙，蛟龙生鲲鲠，鲲鲠生建邪，建邪生庶鱼，凡鳞者生于庶鱼；介潭生先龙，先龙生玄鼋，玄鼋生灵龟，灵龟生庶龟，凡介潭者生于庶龟。"[1]不难看出，中国传统文化的万物生成理论，充分展现出了先民的哲学思辨。在宇宙万物的生成进行推演过程中，龙的角色首当其冲，"羽嘉生飞龙，飞龙生凤凰"。"飞天"之龙是先民们首先对龙的想象，故而将龙绘有两翼能飞天潜渊者，并非难事矣。常言道："龙生九子，各有不同"。其语出自明代徐应秋《玉芝堂谈荟·龙生九子》："龙生九子不成龙，各有所好。"[2]人们以"九"喻"多"，将龙的多样性特征概括出来，既直观又生动。

　　秦人有崇龙传统，《史记·封禅书》云："秦始皇既并天下为帝，或曰：'黄帝得土德，黄龙地蟥见。夏得木德，青龙止于郊。草木畅茂。殷得金德，银白山溢。周得火德，有赤乌之符。今秦变周，水德之时。昔秦文公出猎，获黑龙，此其水德之瑞。'"[3]马王堆汉墓帛书《二三子问》又云："曰：龙大矣。龙既能云变，又能蛇变，又能鱼变，飞鸟昆虫，唯所欲化而不失本形，神能之至也。"[4]贾谊《容经》再云："龙之神也，其惟飞龙乎？

---

〔1〕《文白对照传世藏书·第十卷》，吉林摄影出版社，第134页。

〔2〕（明）徐应秋编：《王芝堂谈荟·龙生九子》，台湾商务书馆，1986年影印。

〔3〕（汉）司马迁：《史记·封禅书》，中华书局1959年。

〔4〕朱伯昆主编：《国际易学研究·第一编辑·二三子问》，华夏出版社，1995年，第8页。

能与细细，能与巨巨，能与高高，能与下下。吾故曰：龙变无常，能幽能章。"[5]如此这般，用以喻指龙之变幻的文献数不胜数，充分将龙的神秘性与多变性阐释出来。由拙著《秦镜文化研究》而知，秦镜毫不吝惜地使用各种形态来表现龙的变化，亦能印证文献之述。

上古神话中，龙为雨神。对于早期农耕社会的华夏民族来说，龙无疑是至关重要的神物。神龙在腾云致雨的过程中常常会伴有雷电，先民们通过观察自然，同时赋予龙纹另一个具象的组成部分，那便是"云雷纹"或"菱雷纹"（菱纹边折线喻意闪电）。《山海经·海内东经》："雷泽中有雷神，龙身而人头，鼓其腹则雷。"[6]我们认为，所谓的"雷神"只是赋予了某种神性的形象，但是龙与雷的关系就此变得紧密不分。汉代王充《论衡·龙虚》："盛夏之时，雷电击折破树木，发坏室屋，俗谓天取龙……雷电击折树木，发坏屋室，则龙见（现）于外，龙见（现），雷取以升天。"[7]西晋傅玄《龙铭》："丽哉神龙，诞应阳精。潜景九渊，飞曜天庭。屈伸从时，变化无形。偃伏汙泥，上凌太清。"[8]东晋堪舆学家郭璞《烛龙赞》："天缺西土，龙衔火精。气为寒暑，眼作昏明。身长千里，可谓至灵。"[9]神龙之变在乎人之灵，在方寸之间的秦镜中，先民思想的变化无际悉数得以体现。

秦镜中有相当多的龙纹与雷纹共处：有的是龙雷连体，有的是龙雷共形，有的是穿雷而过，有的是将穿未穿。这些图形皆将龙与雷的密切关系加以具象化，使之能够通过画面得到清晰的感知。

在拙著《秦镜文化研究》216面秦镜中有140面龙纹镜，占全书总数之64.8%。由此可见，龙纹乃是秦镜最大的一个主题纹饰。我们在其中挑选了108面，另刊于《秦镜龙纹图集》一书。秦镜龙纹如此之多，让人感叹。为此，本文又精挑细选了题材独特的七面龙纹镜，呈现于此，以飨读者，详见表一以及图1至图7。

表一　秦镜奇异龙纹一览表

本文图号	本书图号	镜名	奇异称谓	直径（厘米）	重量（克）
7-1	031	涡云地四龙镜	手绘有翼	15.2	178
7-2	035	素地八龙镜	绝代双蛟	22.3	356
7-3	039	涡云地宽弦八龙镜	巨爪似蜥	17.8	247
7-4	122	云雷地三雷三龙镜	龙尾穿雷	19.7	512
7-5	129	云雷地三雷三龙镜	龙身越雷	17.3	353
7-6	199	涡云地圈带四龙镜	怒目腾飞	10.2	残69
7-7	201	涡云地四乳螭龙镜	云中娇客	13.8	175

〔5〕（汉）贾谊著，于智荣译注：《贾谊新书译注》。

〔6〕周明初校注：《山海经》，浙江文艺出版社，2016年，第140页。

〔7〕（东汉）王充著：《论衡·龙虚》，上海人民出版社，1974年，第93页。

〔8〕欧清煜编：《中华龙文化词典》，中国文史出版社2002年，第211页。

〔9〕欧清煜编：《中华龙文化词典》，中国文史出版社2002年，第599页。

图 7-1（031）手绘有翼

"手绘有翼"之龙纹仅见于此镜，其图案有远古岩画之风，四个龙纹风采各异，因徒手绘之，而呈现随意、自由、活泼的形态，与众不同的是在龙纹身上加上了一对翅膀，尽管有翼龙在本书仅见于两面（另为图090）铜镜，然可说明，秦人最早所制的作为图腾崇拜的龙纹应有翅膀，这样会利于龙的飞、跃、翻、腾。从自然科学的角度看，有翅膀才能飞。这也与前文提到的"羽嘉生飞龙"相暗合，体现了早期秦镜龙形象的表现思路。此镜纹饰虽与后期纹样化、模块化的龙纹相比略显稚拙，但却难掩一种率性与天真。

在出土的秦镜中，似乎只有在早期出现了手绘的有翼龙纹，后世大量的龙纹没有了翅膀，则是更多地赋予了神化的概念。这似乎是一种创作思想上的进化，犹如《庄子·逍遥游》所云："夫列子御风而行，泠然善也……此虽免乎行，犹有所待者也。若夫乘天地之正，而御六气之辩，以游无穷者，彼且恶乎待哉？故曰：至人无己，神人无功，圣人无名。"[10]这其中所指出的列子虽然可以"御风而行"，但是，"犹有所待者"，就如同初期之龙形带有双翼，而后期免去龙翼，反而更添几分神力。

图 7-1（031）手绘有翼

图 7-2（035）绝代双蛟

此镜主纹饰为四组，每组两龙。左龙头部侧视，张口做长吟状，豁然可见龙牙尖锐，较之右龙，左龙造型虽稍简洁却更加舒展。比较可知：右者如寻觅同伴，左者若回首召唤；右者（似蜥蜴）虬曲匍匐取其态，左者简洁舒朗取其势。两龙交相辉映，可见秦镜纹样之美轮美奂，皆在于毫厘之间的匠心运作。

秦人将具象演化成抽象的龙形象，无疑是纹样造型法上的突破与贡献，如此精美的龙纹，堪称"绝代双蛟"。有观点认为，龙分雌雄，此镜或有此意。

[10]（清）纪昀著，鸿雁注解：《图解四库全书精华》，中国华侨出版社，2016年，第498页。

图 7-2（035）绝代双蛟

图 7-3（039）巨爪似蜥

　　此组龙纹线条遒劲粗壮，龙头、龙身均上视，龙肢之上的龙爪线条刚健、分明，与卷曲的龙身之间的涡纹的处理方式相呼应，既有装饰效果又起到了调和画面气氛的作用。在本书中，上视角度之龙纹镜有多面。有趣的是，这类上视纹饰只是出现在秦镜问世的初始时期或末尾的秦汉之际。

　　《淮南子》将龙之衍生万物者——道来，龙邪，蛇邪，蜥邪？统统为秦人所用，所创造出的便是似龙似蜥的形象，用巧妙的造型手法，呈现一种抽象的"不似"之美。

图 7-3（039）巨爪似蜥

图 7-4（122）龙尾穿雷

　　明代周是修《画龙歌》："云如车轮风如马，雷鼓砰訇电旗参。其中踊跃何尔为，无乃蜿蜒作霖者。"[11]观此组龙纹，龙首在右，龙尾在左，整体造型犹如升腾之龙。龙首侧视，以阴刻线绘出龙目；龙口张开，露出数颗龙牙，下颌绘有成束的龙须；龙首后方有三角状

---

〔11〕（清）陈邦彦选编：《康熙御定·历代题画诗下》，北京古籍出版社，1996 年，第 586 页。

龙耳，并辅以小涡卷纹，显得活泼可爱；龙颈之下的龙躯以状如藤蔓的线条组成，其上可见龙肢、龙爪。此龙纹中部可见一组菱雷纹，龙尾仿佛在雷区下方穿行而过，若诗中所写"雷鼓砰訇电旗参"，将人们崇龙心态——期盼施雨降霖的愿望，通过具体的形象表现出来。

此图与《秦镜龙纹图集》图036比较，龙雷穿越处之主纹几乎一致，然有五处有明显差异：其一，此镜有龙头，彼镜无龙头。其二，钮式为细三弦，彼为粗三弦。其三，钮座为凤鸟纹，彼为素地。其四，此镜稍小，彼镜较大。其五，此镜比彼镜重了163克。由此可知，两镜年代完全不同。

图 7-4（122）龙尾穿雷

图 7-5（129）龙身越雷

此组龙纹的布局有对角线构图的思维，龙首在左，龙尾居右，龙躯中部自右向左翻越"雷区"而过，两侧龙下雷上，中间龙上雷下。龙首回顾，张口似作龙吟；龙躯以抽象的涡纹、盘曲的线条构成；其上可见以不同形态、方向描绘之龙肢，仿佛神龙腾空飞入云雷之中，旋即穿行而出，龙肢、龙爪动态各异，具有飞动之感兼奔放之姿。

图 7-5（129）龙身越雷

图 7-6（199）怒目腾飞

图 7-6（199）怒目腾飞

尽管这是一个残镜，却因其龙纹图案的"上视角度"而显得珍贵。镜中龙头上视，总体呈现"怒目腾飞"之状。龙身简洁，图中只显示了右前肢与右前爪。在问世年代上，四乳与叠压圈带为西汉早期镜特征，而涡云地纹与金字塔三弦钮却又是秦镜遗风。

图 7-7（201）云中娇客

此镜形制特征皆与图 7-6 大致相近，仅主纹龙头形态采用了与图 7-2、图 7-3、图 7-6 相似的"上视角度"。原该威猛的龙纹，这里竟出现了娇柔之态，当可谓"云中娇客"也。

东汉刘琬《神龙赋》云："大哉龙之为德，变化屈伸，隐则黄泉，出则升云，圣贤其似之乎！"赋中所言尽是龙之德行，将其变化与姿态与圣贤的德行相比，给龙赋予了圣德之性。可见，古人崇龙，既崇威严，又崇德性。此外，龙之性中，尚有灵动、美好的一面，此镜可见一斑。

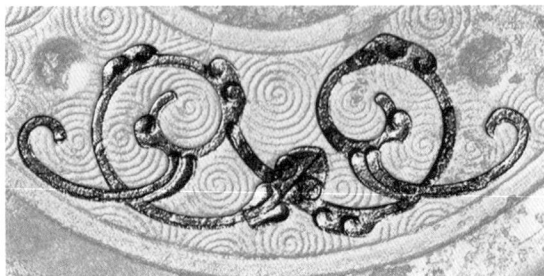

图 7-7（201）云中娇客

（原载《中国收藏》2018 年 5 月、《大观》2018 年 6 月总 105 期）

秦国工匠挑战数学难题

一、背景

举世公认的"数学王子"只有一个，就是著名的德国数学家、物理学家、天文学家、大地测量学家卡尔·弗里德里希·高斯。他在 19 岁那年（1796）发现了正十七边形的尺规作图法，创造了数学史上的奇迹，这是他对科学的伟大贡献之一。

早在公元前一世纪的西汉中期，《周髀算经》就提出了用尺规进行几何作图的问题，其《卷上》载："万物周事而圆方用焉，大匠造制而规矩设焉。或毁方而为圆，或破圆而为方。"查四百余年两汉连弧镜的圆周等分，从 3 至 33，包括素数在内，有序不缺。

拙著《秦镜文化研究》（上海书画出版社，2018 年 8 月）完全证明了汉承秦制的论断。在书中的 216 个图例中，有连弧镜 63 面，占全书 29.2%，其中包括了 20 以内的所有素数。素数的定义为：一个大于 1 的正整数，除了 1 和它本身以外，不能被其他正整数整除，即为素数，又可称质数。迄今所知，除数字 17 外，凡素数皆不能用尺规来进行几何作图。今天我们仍然做不到的事，秦国工匠却早已在挑战这些数学方面的世界难题，我们不能不表示钦佩。

我们在中国古代郊祀歌词中，经常会看到一些具有特殊含义的数字，而且多与帝王及其天命结合在一起。如魏晋时期（无名氏）的《帝临》曰："帝临中坛，四方承宇。绳绳意变，备得其所。清和六合，制数以五。海内安宁，兴文匽武。后土雷媪，昭明三光。穆穆优游，嘉服上黄。"

本文取《秦镜文化研究》中的五个图例，来具体了解秦国工匠进行数学挑战的实例，详见表一以及图 1 至图 5。

表一 秦镜圆周等分（连弧）素数一览表

本文图号	等分数字	书中图号	大致年代	镜名	直径厘米	重量克	m 值（克/平方厘米）
1	7	025	秦国早中	涡云地七连弧镜	17.8	272	1.09
2	11	091	秦国中晚	勾连地十一连弧三龙雷合形镜	15.9	/	/
3	13	082	秦国中晚	云雷地十三连弧四叶四龙镜	19.3	476	1.63
4	17	166	秦国晚至秦代	素地十七连弧方花纹四凤龙虎镜	27.4	1272	2.16
5	19	162	秦国晚至秦代	涡云地十九连弧方花纹四凤镜	25.5	878	1.72

图 1 涡云地七连弧镜

有一块涡云纹的秦瓦当（详见《秦镜文化研究·秦镜涡云纹研究》图1），其涡云纹定名，为秦镜地纹的命名提供了重要依据，可以一改过去作"云纹""卷云纹""勾云纹"等不统一的称谓。秦镜连弧纹数字，以七、八为多，且其存世量不分伯仲，这种情况一直传承至西汉早期。到了景武之际的花瓣镜与草叶镜，就成了一统天下的十六连弧，这是后话。

图 2 勾连地十一连弧三龙雷合形镜

观此龙纹异常华美，且呈"龙雷合形"之状，详见本书《秦镜菱雷纹研究》。龙躯下方可见一足，着力于钮座外缘之弦纹上，富有韵律和动感。龙首造型简洁、龙目细长、龙口开张，唯有龙的上下颌用状如灵芝的纹样装饰；依同样的装饰手法，龙尾同样以花草的藤蔓和花叶等进行构图，线条饱满灵动。龙躯的菱雷纹之上有状如鳞羽或是龙翼的纹样飘扬，给整体增加了飞扬、灵动之感。龙躯之下有一足鼎立，似撑起全部龙身，却毫无负重之感。纹样整体犹如神龙在飞动之中穿越雷纹而过之一瞬间，动静、

图 1

图 2

虚实相结合，美轮美奂。

《止水阁藏镜》图25系为同类镜，直径20.5厘米，重量430克。

图3　云雷地十三连弧四叶四龙镜

此组龙纹可见龙躯居中而设，龙首侧视、上昂，似仰天长啸作龙吟状，可见上下龙颌大张，露出尖锐的龙牙；龙颈反转呈C形；龙肢并龙爪左右分开，一肢朝上，一肢朝下，粗壮且有力，起到了稳定画面重心的作用。龙翼向龙身两侧张开，末端向内弯曲形成涡卷结构，龙翼其上有龙羽飞扬，似有腾挪飞动之感。此镜与陕西历史博物馆所藏之十三连弧镜为同类器物。

图3

图4　素地十七连弧方花纹四凤龙虎镜

此镜方花纹外四凤皆身形硕大，展翅翱翔。奇特之处在于凤头甚小，眼珠突出。方花纹内四兽实为三龙一兽，左、右、下方三龙均呈龙行虎步状，上方一兽显为虎豹之形。此镜有三个明显特点。其一，在诸多方花纹镜系列的地纹中，唯此镜为素地。其二，直径是东周尺（23.10厘米）的标准12寸（误差 −0.8%）。其三，17等分圆周问题在数学史上非常著名，德国大数学家高斯于1796年3月30日发现了正十七边形的尺规作图方法，从而使他下定决心终身从事数学研究工作。此镜挑战作图17连弧的年代，比高斯的伟大创造要早了两千多年。《汉广陵国铜镜》图1系为十七连弧圈带镜，直径18.5厘米。

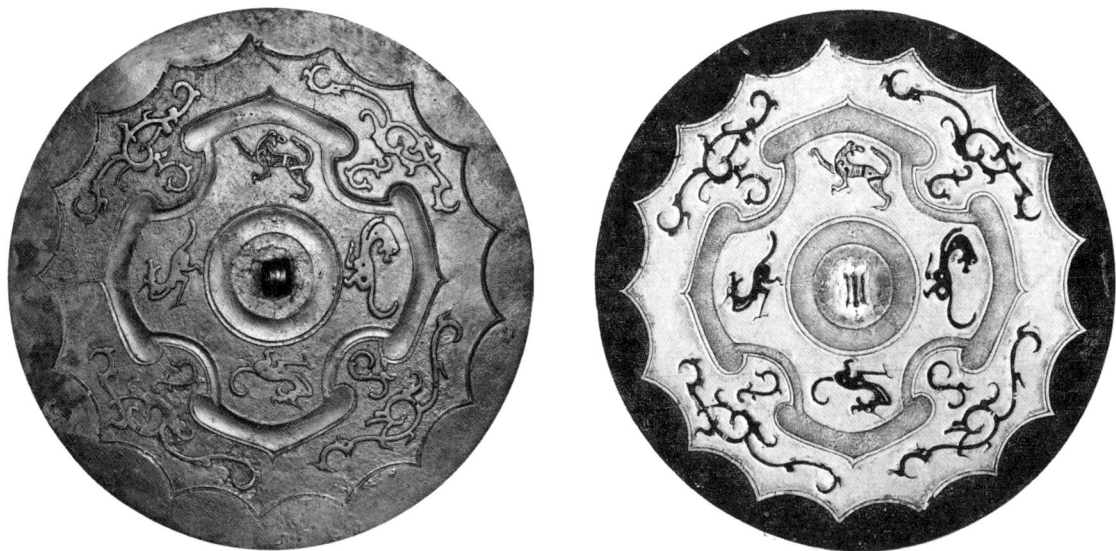

图4

图 5

图 5　涡云地十九连弧方花纹四凤镜

此镜两组凤鸟主纹，内区较大，外区稍小。《史记·秦本纪》曰："秦之先，帝颛顼之苗裔孙曰女修。女修织，玄鸟陨卵，女修吞之，生子大业。……大费拜受，佐舜调训鸟兽，鸟兽多驯服，是为柏翳。舜赐姓嬴氏。"

此镜有着秦镜烙印之涡云纹地，由此可知，此器属秦镜当是毋庸置疑。此镜直径为东周尺之整 11 寸（误差＋0.4%），在二十年前，由台北藏家购于甘肃天水，这里正是秦国的发祥之地。

寻觅多年，有等分数字为素数的秦汉连弧镜，皆见之不易。分析其原因，必是铸制难度较大。除了表一以外，经不完全统计，其有依据的存世量仅在十面左右，详见表二。

数学是一门并非人见人爱的学科。然而，两千多年前的秦国工匠们，却将有关的数学知识实践于铜镜文化之中，使数学贴近生活，让数学变得有趣。笔者期盼通过本文，推进人们对中国传统文化的了解、关爱、赞美、传播。

表二　其他战国镜、汉镜圆周等分（连弧）素数一览表

序号	等分数字	大致年代	镜名	直径厘米	重量克	m 值（克/平方厘米）	资料来源
1	11	战国中晚	云雷地十一连弧龙雷合形镜	20.5	430	1.30	《止水阁藏镜》图 25
2	11	战晚汉初	素地十一连弧镜	16.3	241	1.16	《止水阁藏镜》图 26
3	11	西汉	涡云地十一连弧蟠虺镜	11.3	110	1.10	《止水阁藏镜》图 58
4	13	西汉	涡云地十三连弧蟠虺镜	11.9	121	1.09	《止水阁藏镜》图 60
5	17	西汉	素地十七连弧圈带镜	18.5	/	/	《汉广陵国铜镜》图 1
6	17	西汉	涡云地十七连弧蟠虺镜	14.3	206	1.28	《止水阁藏镜》图 63
7	19	三国魏	甘露五年铭变形四叶兽首镜	16.6	467	2.16	《汉铭斋藏镜》图 124

（原载《大观》2018 年 8 月总 107 期、《中国收藏》2019 年 2 月）

汉承秦制古镜考

——西汉早期后段涡云地四龙镜研究

一、概述

何谓汉承秦制？首先，这是一个政治制度的概念。秦亡汉立后，处于高祖、文帝、景帝在位之西汉早期（前206～前141），其官制、礼制、监察、法律等方面，皆不同程度地沿用了秦代的体制，即使有变化亦属大同小异。直到汉武帝（前140）即位，才开始有了较大的改观。"窥一斑而知全豹"，本文以四面罕见的铜镜实物为例，试图描述在百姓生活方面，西汉早期"汉承秦制"的社会现实。

戊戌中秋刚过，笔者有幸同时见到两面奇妙的铜镜（见图1、图1A、图2、图2A）。何谓奇妙？乃"似秦非秦，疑汉亦汉"也！加上笔者原藏之镜（见图3、图3A）其同样的称谓应是"具铭涡云地四龙镜"。此外，在存世器物中，还罕见同时代之未具铭文的同类镜（见图4、图4A）。为作比较，笔者将此四镜一并列入本文，其相关资料详见表一。

表一　本文4面涡云地四龙镜一览表

图号	直径（厘米）	汉尺（寸）	重量（克）	m值（克/平方厘米）	镜名	边缘
1	18.1	8	679	2.64	日光铭涡云地谷穗纹四龙镜	弧状高起
2	23.1	10	1215	2.90	镜气铭涡云地四乳纹四龙镜	20连弧
3	18.5	8	490	1.82	大乐贵富铭涡云地四叶四龙镜	弧状高起
4	19.2	8	433	1.50	涡云地十二连弧四乳四龙镜	弧状＋连弧

图 1

图 1-1

图 1A

图 1-2

图 2

图 2-1

图 2A-1

图 2A

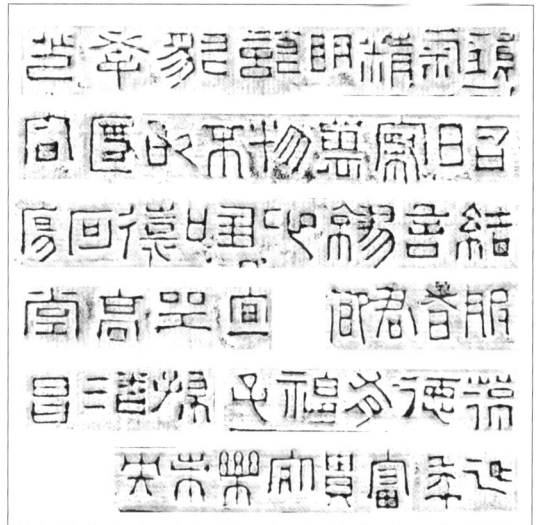

图 2A-2

图 3

图 3-1

图 3A

图 3-2

　　直面图片，这是四面保留了若干秦制（龙纹主纹、涡云地纹、边缘制式），又问世于西汉早期的大镜。为探究竟，笔者拟从尺度、m 值、钮座、钮式、缘式、龙纹主纹、谷穗主纹、涡云地纹、铭文内容、书体特征等十个方面进行考证。

二、研究

（一）尺度

　　从东周始直至东汉末的七个世纪中，历朝历代度量衡制度中的尺度标准（一尺即为23.1 厘米）始终维系不变，这是华夏民族的自豪。秦末汉初，天下大乱，经济凋敝，民生艰难，作为百姓生活必须品的铜镜，必然不可能太大、太重。通过《汉镜铭文图集》一书可知，在西汉早期的 109 面铜镜中，时间越早的尺寸越小，其尺度分布，详见表二。

表二　西汉早期铜镜尺度分布一览表

汉尺	10	9	8	7	6	5	4	3
今之厘米	23.1	20.79	18.48	16.17	13.86	11.55	9.24	6.93
数量（个）	2	1	11	7	21	24	23	20
占比（%）	1.8	0.9	10.1	6.4	19.3	22.0	21.1	18.4

　　我们不妨将汉尺7寸（含7寸）以上者称为大镜，汉尺6寸（含6寸）以下者称为小镜。由表二可知，西汉早期的大镜占总数之 19.2%（不足五分之一），本文四图之镜当在大镜之列。充分证明，这些铜镜的问世年代，应在经济得到恢复与发展的"文景之治"后期。有关同时代的大镜，还可参见《汉镜铭文图集》图80、86、98、99，《西汉龙纹镜》图 20 等。

（二）m 值

m 值是单位面积重量（克 / 平方厘米），用以比较铜镜的厚薄、轻重时，有一定的科学性，进而可以了解不同时期的用铜量标准。《秦镜文化研究》一书对此有详尽说明，在正常情况下，秦汉之际为 1.0 ~ 2.0，西汉中期是 1.5 ~ 2.5，西汉晚期系 2.0 ~ 3.0，新莽官制镜被严格地控制在 2.95，盛唐海兽葡萄镜多在 5.5 ~ 7.5。

本文图 1、图 2 镜 m 值（2.64、2.90）皆大于 2.50，应属超重者。可以认为，当时镜主身份的"非富即贵"。我们再以《汉镜铭文图集》一书中西汉早期的 8 寸大镜来作比较，详见表三。

表三　西汉早期 8 寸大镜 m 值一览表

图号	《汉镜铭文图集》						
	16	23	24	38	86	98	99
m 值	1.82	2.03	1.58	2.11	2.51	1.86	1.88

对照表三可知，m 值超过 2.50 的本文图 1、图 2 镜皆非比寻常，应是问世在西汉早期末尾的景帝后段。同时，可以印证其时社会稳定、经济繁荣的现实状况。

（三）钮座

综合《秦镜文化研究》《汉镜文化研究》《汉镜铭文图集》等书，经过统计，铜镜钮座在西汉早期发生了哲学概念上的变化，即"由圆变方"，详见表四。

圆的镜形加上方的钮座，乃当时阴阳学说的一种体现，即为"天圆地方"。《尚书·虞书·尧典》："曰若稽古帝尧，曰放勋……光被四表，格于上下。""四表"即为"四方极远的地方"。铜镜中表示天圆地方的哲学概念是从西汉文帝时期开始，景帝时期推广，武帝时期普及，详见表四。

表四　秦汉铜镜钮座形状变化一览表

时期	不见钮座	圆形为主	圆方兼有	方形居多	方形为主
春秋以前	√				
秦早期	√	√			
秦晚秦代		√			
汉高祖		√			
汉文帝			√		
汉景帝				√	
汉武帝					√

本文图 1、图 2、图 3 之镜皆为方形钮座，唯图 4 镜是圆形钮座。按常规分析：因直径的标准度较差、m 值的数值偏低等缘由，可知图 4 镜的问世年代或略早于其他三镜。

图 4

图 4-1

图 4A

（四）钮式

历四千年的中国铜镜史表明：在总体上，中国铜镜的具钮式，完全不同于环地中海地区（埃及、希腊、两河流域等）的有柄式。因此，镜钮的制式对认识中国铜镜特别重要，值得我们进行探索。同样，根据"钮座"部分依据的资料，经过统计，从汉武帝（西汉中期）开始，被正式定为圆钮以前，镜钮式样曾经过逐步推进的演变，详见表五。

表五　镜钮主要式样演变一览表

时期	弓形钮及其他	粗三弦钮	细三弦钮	半圆三弦钮金字塔三弦钮	出现圆钮与龙纹钮	完全圆钮与龙纹钮
春秋以前	√					
春秋战国早	√	√				
秦国早中期		√				
秦国晚秦代			√			
汉高祖				√		
汉文帝				√		
汉景帝				√	√	
汉武帝						√

秦汉之际的镜钮，还有兽形、兽纹、龙头、镂空等特殊式样，因其数量稀少，代表性差，本文皆未列入。由表五可知，中国铜镜的钮式如同钮座，其演变过程主要发生在西汉

早期文景之际的后半段。图 3 镜比较奇特，钮身作龙头，钮区系展开的龙身、龙爪，在秦汉镜的钮式中别具一格。

（五）缘式

据前所述，本文图 1、图 2 镜不仅尺寸大，m 值高（即比较厚重），而且还是问世在西汉景帝后段的特殊铜镜，何谓特殊？其镜边缘式、龙纹主纹、涡云地纹皆保留了秦镜的风格。依据《秦镜文化研究》总说之"汇总表"可知，书中共计收录 216 面秦镜，其中边缘纯平之连弧秦镜有 63 面，占总数之 29.2%；非连弧秦镜有 153 面，占总数之 70.8%。

1、图 1 镜，据《秦镜文化研究》专题研究之三"秦镜缘式研究"（图 3-17），其名"涡云地圈带蟠螭镜"，直径 17.5 厘米，重量 404 克，m 值 1.68 克 / 平方厘米，半圆三弦钮。比较两镜可知，本文图 1 镜缘式特点如下：

（1）直观上，此缘式样有气势且不易破损（详见图 1-2）。

（2）缘端内斜角度约为 75°，致使缘高仅为 6.8 毫米，使用上较为合理。

（3）边缘弧起均匀，虽缘口锐利，却不致易断且安全可靠。

2、图 2 镜，据《秦镜文化研究》图 162，其名"涡云地十九连弧方花纹凤鸟镜"，直径 25.5 厘米，重量 878 克，m 值 1.72 克 / 平方厘米。比较两镜可知，本文图 2 镜缘式特点如下：

（1）虽连弧数有异（分别为 19、20），然连弧皆带细线平台。

（2）西汉早中期以连弧镜为主要特色，可知对秦镜的传承与发展（汉承秦制）。

（3）秦汉铜镜边缘的连弧数字偶有素数（11、13、17、19 等），皆表明了古代工匠挑战数学难题的兴趣与能力。

3、图 3 镜，与图 1 镜相比，同为弧状高起，免赘述。

4、图 4 镜，将秦镜的两大类缘式合并在一起，即"十二连弧"在内，"弧状高起"在外。这类组合缘式可在《汉镜铭文图集》之图 49、50、53、54、62、79、80、81、91、92、94、97、99、104、109 等镜中，找到其相同情况。可以认为，其存世时间主要在西汉的景帝时期，换言之，"问世在公元前 140 前后"。进一步探讨可以发现，这类组合缘式的铜镜且留有涡云地纹者，存世稀罕，目前可见《秦镜龙纹图集》附 3（直径 15.0 厘米，重量 190 克）。

（六）主纹——龙纹

本文 4 镜皆为汉代景武时期（图 4 镜或稍早）所铸之镜，其铜镜主纹除图 3、图 4 系上视龙纹外，图 1、图 2 镜皆为侧视四龙纹，并辅以涡云纹为底纹的图案构成，且龙纹皆以细线的雕刻技法为表现形式。头部侧视之龙皆以等分形式，分布在镜缘与镜钮之间。所绘之龙：龙口大张作"龙吟"状；设计者采取了"打散式"的构图方式，以蟠曲、扭结的线条，构绘龙身、龙爪；龙尾、龙翼、龙羽等都用抽象的线条表达。汉代王充《论衡·龙虚》："《山海经》言：四海之外，有乘龙蛇之人。世俗画龙之象，马首蛇尾。由此言之，马蛇之类也。慎子曰：蜚龙乘云，腾蛇游雾，云罢雨霁，与螾、蚁同矣。韩子曰：龙之为虫也柔，可狎而骑也。然喉下有逆鳞尺余，人或婴之，必杀人矣。"由此可见，汉代对于龙这种神秘"生物"已经有了具体的"认识"，其首尾状貌，眉目形态，逆鳞之不可触，腾云乘雾之身形，施云布雨之功能……纵观汉镜之龙纹，后人总结出几点较为显著的特征：杏眼马首，龙额有凸出的尖角或龙首的后方有云形耳或状如飘带形的长形耳，龙唇卷翘，口露龙牙、龙舌、龙涎等。此三镜年代均为景武时期（后段），尚属西汉早期，与西汉中后期乃至东汉流行的四足走兽式龙形有着较大差别。相较前朝龙纹之造型法则而言，当属承前启后之作。依图可知，在造型上，图1镜之上的龙纹较图2镜来得更为简约。前者，可见龙唇之上有皱起纹样，龙颈之上有状如龙羽之细纹；龙胸之下有一状如鸟爪之龙足，龙尾、龙翼卷曲飞扬，与涡云地纹相得益彰。后者，在造型上较为繁复，装饰意味似更强烈。龙头之上，可见突出的龙目，微鼓的龙腮以及其下方的龙须；龙唇略有夸张的上翘，尖利的龙牙外露；龙首可见三角形的龙耳以及龙额之上如牛角般弯曲的龙角；龙身、龙肢、龙翼、龙尾皆以蟠曲、交绕的优美线条装饰而成，繁而不乱，密而透风。

本文图3、图4镜龙头取上视角度，有别出心裁之感。对照《秦镜龙纹图集》一书可知，该书上视角度值龙头有图003、006、103、106、107等5面，其图107之龙纹与本文图4有着异曲同工之妙，似乎让人看到"汉承秦制"的步步脚印。

这些龙纹在方寸之间、在四周围绕谷穗纹、乳钉纹的封闭平面布局中，以线条之美兼顾了与周边纹样的互补"穿插"与合理"避让"，形成统一的视觉效果。同时，以浅浮雕的造型手法，突破了平面的"二维"表现，达到了立体的"三维"效果。本文这四镜龙纹，当属"汉承秦制"的一个重要缩影。

（七）主纹——谷穗纹、乳钉纹、博局纹

《秦镜文化研究》专题研究之六《秦镜谷穗纹研究》有言："（谷穗纹）演变过程一如植物的孕育过程：从开始类于桃形的花蕾状，到花蕾内部满籽的结实状，最后演变为一叠、二叠或三叠的穗状。此种纹样的形态由扁变长，线条由简单而繁复、由繁复而简单，最后取而代之的是并列的类似于麦芒的竖线。"本文图1谷穗纹即为"花蕾内部满籽的结实状"，这种形态到了武帝时期（西汉中期）以后就完全不见了。仅此而言，本文图1问世在武帝以前的西汉早期，其谷穗纹较为典型，且图案偏大，似可成为一种认定的标准器物。

图2镜四龙之间取四乳钉制式，其龙纹较大，乳钉简单。图3镜四龙之间取四线式博局纹，成为本文四镜之独特主纹。

总体而言，乳钉纹出现于西汉早期，既有"单纯四乳钉"，亦有"花式四乳钉"。所谓花式系指每个乳钉外侧环绕之纹饰，常见有"四桃瓣""并蒂四叶"等。本文图4四乳钉外侧纹饰具有数学概念，似可称"四个底边开口的正三角形（三个内角为60°）"。

（八）地纹——涡云纹

涡云纹应是本文主题镜之最大特色！常理分析，涡云纹在西汉早期出现是一种自然传承，《秦镜文化研究》专题研究之四"秦镜涡云纹研究"有言："（涡云纹）秦早期未见，秦早中期始见且偏于粗犷（以涡圈2-3周之手绘风格图案为主），秦中晚期多见且逐渐规整，秦晚期至秦代少见，秦末汉初又复多见且明显规整（以涡圈3～5周之模具图案为主，多者有6～9周）。"本文四镜涡圈数明显增多，最多至15周。从断代研究的角度来看，我们可以得到这样一个结论，涡云纹可谓秦镜之烙印：

1. 在战国镜中，秦镜是唯一饰有涡云纹的地域性器物。

2. 秦镜地纹有多种，涡云纹当为最重要的组成内容。

3. 在秦镜、秦瓦中，涡云纹都曾作为主纹展现于世。

4. 判断秦镜有色泽、钮式、缘式、m值等诸多因素，若再现涡云纹时，即可在断代上一锤定音。

5. 涡云纹上承商周，下传汉代。涡云纹作为具有哲学理念的器物纹样，在中国传统文化中，占有重要的一席之地。

本文四镜涡云纹在图案上作出了最充分的展现，既强调说明了秦镜文化的传承力度，又明确表达了秦镜文化的圆满句号。事实上，在2008年北京奥运会火炬传递中，火炬上的图案就是涡云纹。应该让每个人都知道，秦镜上的涡云纹不仅传承到两汉景帝时期，还又传承到两千多年后今天的现实生活之中。

（九）铭文内容

1、图1镜，铭文："见日之光，长毋相忘，天下大明"。其内容"见日之光"在整个西汉时期都得到社会的承认、百姓的欢迎。《汉镜文化研究》中2.5《西汉日光镜铭文释考与研讨》有言："日光镜铭文是以'见日之光，天下大明'作为主题内容。这样一个简单而又直白的字句，其意义何在？笔者认为，这个'日'不是自然界的'日（太阳）'，而是人们心目中的太阳。大家都知道，人类在远古时期都崇拜太阳，因为它给人们带来光明和温暖，人们热爱和依赖太阳，'日'被人们供奉为神。远古人们认为，世上万物都由神来主宰。在长期生活当中，人们将太阳的大恩大德转化为对远古先哲的赞美，称帝王、天子为日（太阳）的代表。"

笔者对此镜评价：其一，铭文内容综合了西汉铭文镜的多种常规用语。其二，连同图2镜，直径规范，镜体厚重，m值较大，既展示汉镜特色，又保留秦镜韵味，可谓汉承秦制之经典。

2、图2镜，此镜钮座外有双圈十二句四言计48字之铭文。通常而言，多种释读皆有其理由，然依据《汉镜铭文图集》图51之"镜生物明"，图99、100、179之"镜以此行"等内容。笔者认为，镜铭以"镜"字为首，符合镜铭释读惯例，如此以"未央"为结尾也就更适合规律，加之阳部音韵的大体吻合。故而，在释读时，应从外圈至内圈（见图2A-1、图2A-2），其铭释读如下：

镜气精明，说貌孝光。昭察万物，不以匿容。

结言缪心，虽远何伤。服者君卿，宜坐高堂。

葆德有福，子孙潘昌。延年富贵，安乐未央。

若用今天的白话，对图2镜铭，可试述如下：

如镜气者至精至明，面貌愉悦孝道增光。

佳镜鉴照世间万物，昭昭灼灼不隐容样。

约订此言虔诚此心，纵使远离又有何妨。

用此镜者当为君卿，高贵人生宜坐高堂。

永葆德行必得福报，荫庇子孙持续蕃昌。

延年益寿富贵有加，安定生活长乐未央。

笔者对此镜评价：尺寸硕大，图案精美。铭文双圈，字数甚多。涡云地纹，画上句号。汉承秦制，百世流芳。

3、图3镜，铭文"大乐贵富得所好，千秋万岁，延年益寿"。此铭内容在西汉早期较为流行，存世多见，详见本书012《西汉铭文镜》。

（十）书体特征

中国汉字从古文字秦篆（小篆）演变成今文字汉隶的过程，称为"隶变"，学界共识：汉字隶变应主要发生在西汉早、中期的一个世纪之中。

1、图1镜，从铭文12字的书体来看，可谓是隶变的"前后共存"。其一，文中的"下"字完全还保持着秦篆的风韵，而其他11字都已在演变的过程之中，可称为"汉篆与汉隶之间"。其二，这11个文字都已脱离"圆转"而成"方折"。其三，字形仍保留着秦篆的"长"形（既不正方，更不扁方）。

2、图2镜，从铭文48字书体的总体来看，此镜工匠留下了"加快"隶变的痕迹。全部文字基本上不取圆转，皆为方折。与此同时，应该承认，此镜铭文字留下了诸多文字缺陷，尤以通假为著（如"虽"作"唯"、"蕃"作"潘"等），以致造成部分文字难以释读。今经几位专家学者的帮助与支持，才得以顺利完成。

3、图3镜，查看河北满城中山国靖王刘胜墓出土之镜，比较可知，两者多有相似之处，"所得"二字，几成翻版之作。

以上考证与随后西汉中期的镜铭书体形成了明显的反差。在汉字隶变中，图1、图2、图3镜铭文书体，呈现出一种承前启后的状态，对研究汉字隶变有重要的参考价值。

三、结语

1、本文图1、图2镜尺寸大，m值大，皆问世于西汉景帝时期后段。图3、图4镜尺寸大，m值小，其问世年代可能在稍早的文帝时期。

2、综合本文四镜可知，一方面，钮座、钮式、谷穗纹、四乳纹以及方框铭文等，俱展现了西汉镜的风格。另一方面，镜边缘式、龙纹主纹、涡云地纹又保留了秦镜的遗韵，充分展现出秦汉之际文化传承的特色。

3、镜铭文字内容记录了时代风尚，其铭文书体则体现了汉字隶变的特色。

4、这是四面突出"汉承秦制"的、文化内涵丰富的奇妙之镜。

5、此类镜存世甚少，日本兵库县考古博物馆加西分馆有藏，直径18.4厘米，重量870克，铭文："长相思，毋相忘，常贵富，乐未央"。

本文得到杜鹏飞、李新城、时润民、张炳生、邱龙升、高文静等专家学者的帮助和支持，一并致以谢意！

（原载《大观》2019年2月总113期）

西汉铭文镜

　　记录人类文明史的最重要手段当属文字。在纸张使用之前，汉字的主要载体是甲骨、钟鼎、刻石、砖陶、竹简、木牍、绢帛等。然而，长期以来在研究古文字变迁中，人们较多地将钟鼎、刻石和简牍作为研究对象，而对铜镜铭文研究的关注似有不足。中国青铜器的发展史表明，鼎铭衰落之际恰为镜铭兴起之时，这里有一个"断口"或"接口"的问题。铜镜始于四千年前的齐家文化，在经历漫长两千年后的西汉初期，才在铜镜上出现了足以征史的文字，用以表达当时社会的求福、祈祥、风土、人情等内容。西汉铭文镜对历史语言的理念及其发展，对文字书体的结构及其变迁，对图案纹饰的特点及其演化等，均可供研究者藉以作诸多深入探讨。铜镜是青铜器的特殊门类，铜镜史是青铜史的重要分支，在中华文明史乃至世界文明史上有着不容轻视的地位。

　　西汉铭文镜问世后的镜铭内容与文字书体，皆呈现出争奇斗妍、绚丽多姿的繁荣景象，将当时人们的精神与文化活动充分地展现在世人面前。参考《广州汉墓》一书的分期标尺，结合铜镜自身特点，本文将西汉的铜镜历史大致分为三期：西汉早期共66年，由秦亡（前206）至景帝后元三年（前141）；西汉中期共54年，由武帝建元元年（前140）至武帝后元二年（前87）；西汉晚期共79年，由昭帝始元元年（前86）至王莽居摄三年（8）。

一、西汉早期铭文镜

　　根据大致的年代顺序，西汉早期铭文镜主要分为四类，即：一、带地纹蟠螭铭文镜；二、带地纹蟠虺铭文镜；三、花瓣铭文镜；四、其他铭文镜。草叶铭文镜问世于西汉早期，由于其年代还跨越到西汉中晚期，又因其系统庞大、数量众多，本文将其单列成篇。

（一）带地纹蟠螭铭文镜

　　战国山字镜的"山"字应是以符号或图案的身份出现，还不能作为文字镜的镜铭。在《秦镜文化研究》一书的216面秦镜中，有5面铜镜铸有文字，分别是"隼"（图002）、"赍"（图

004）、"龙"（图 030）、"朱"（图 060）、"方华蔓长，名此曰昌"（图 162）。可以说，这些凤毛麟角的文字是中国铜镜史上最早出现的文字。李学勤先生认为这些文字是"偶然形成"，故而也不能作为文字镜的镜铭内容。第一批有铭文的铜镜是在秦末汉初带有云雷状地纹的螭凤镜与蟠螭镜。对其问世年代的判断不尽相同。从战国末经秦王朝至西汉初，一共才数十年，在缺乏可靠的出土资料时，很难硬性作出年代判断，本文暂认定为西汉早期。此类镜所见到镜铭文字的排列有圆形和方形两种，它们仅是文字镜的一种原始形式，而且文字只是纹饰的附属。当时铜镜的文字书体均为笔画圆转的秦篆（即小篆，或有细微变化，但基本上还是秦篆），这是中国最早的铭文镜。此类铭文镜品种较少，存世不多，详见表一。带地纹蟠螭铭文镜的基本特征是文字所占面积较小，其铭文框内面积（扣除钮座）与整个铜镜面积相比，一般皆小于 10%。后来的方格蟠虺铭文镜、花瓣花叶铭文镜、草叶铭文镜，这个比例通常要超过 15%。

1. 修相思铭蟠螭博局镜（表一图 1-1）

此类镜应问世在西汉初年。与众不同的是，在此镜的铭文方框与 T 纹之间的空档中，加设"蒯伯"二字，当属镜主姓名，毫无疑问"蒯伯"有着"非贵即富"的身份。

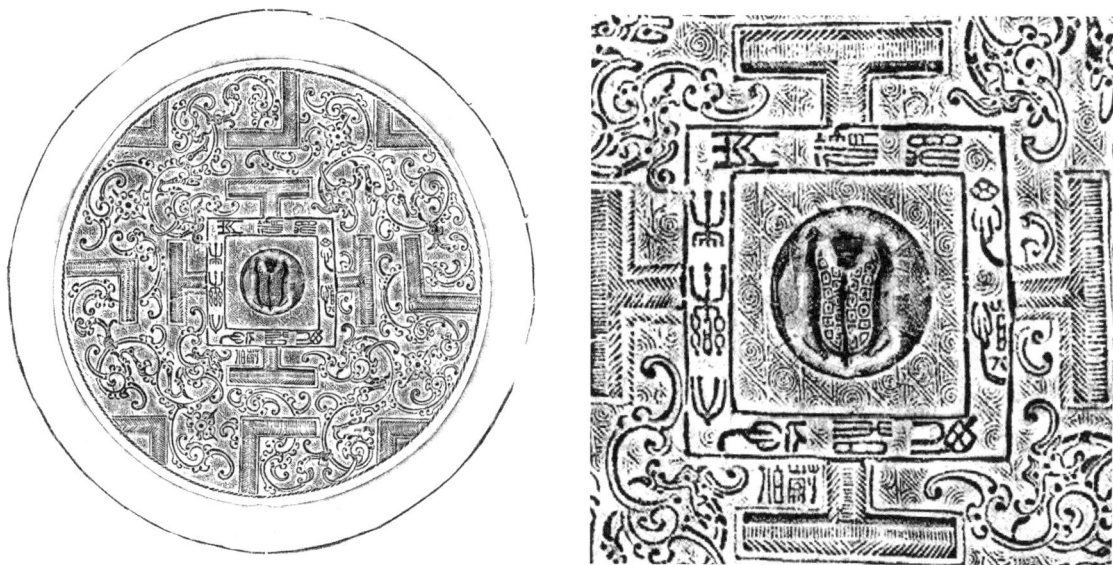

1.修相思铭蟠螭博局镜（表一　图 1-1）

2. 缠绕式三凤螭龙镜（表一图 1-2）

在战国镜中，多见螭纹镜或凤纹镜。此镜明显地传承了战国镜的纹饰要素，继而进行组合，再加以铭文内容，此铭即体现了典型的汉初相思文化。存世另有："修相思，慎毋相忘，大乐未央。"更有多了"长"字（表一序 4）、缺了"忘"字（表一序 5）之铭文。

秦末劳役繁重、烽火遍地，百姓离乡背井、妻离子散，引发了陈胜、吴广大起义；紧接着"楚汉之争"；汉朝建立后又面临吕氏篡位、匈奴入侵等内外矛盾。经过文景之治，到了汉武帝时，形势渐趋平稳，国力逐步增强，解决长期威胁中原的匈奴之患，成为现实，

表一　带地纹蟠螭铭文镜一览表

序	图号	镜名	直径（厘米）	重量（克）	铭文内容	资料来源
1	1-1	博局蟠螭镜	24.0	865	修相思 慎毋相忘 大乐未央 蒯伯	《汉镜铭文图集》图5
2	/	博局蟠螭镜	22.9	/	修相思 慎毋相忘 常乐未央	《六安出土铜镜》图34
3	1-2	缠绕式三凤螭龙镜	13.8	186	修相思 毋相忘 常乐未央	《清华铭文镜》图3
4	/	缠绕式三菱螭龙镜	11.3	81	修相思 毋相忘 常长乐未央	《汉铭斋藏镜》图1
5	/	缠绕式蟠龙镜	11.4	148	修相思 毋相 大乐未央	《止水阁藏镜》图65
6	/	间隔式三凤螭龙镜	13.7	232	修相思 毋相忘 常乐未央（两镜似为同器）	《岩窟藏镜》图49《故宫藏镜》图24
7	/	缠绕式三凤螭龙镜	12.0	265	安乐未央 修相思 慎毋相忘	陕西宏鸣斋藏
8	/	缠绕式四叶螭龙镜	12.8	246	愬思悲 愿见忠 君不说 相思愿毋绝	《汉铭斋藏镜》图7
9	1-3	缠绕式四凤螭龙镜	11.6	152	愬思甚 悲欲见 毋说 相思愿毋绝	《清华铭文镜》图4
10	/	缠绕式四叶螭龙镜	10.5	100	愬思悲 愿见忠 君不说 相思愿毋绝	中国国家博物馆
11	/	缠绕式四叶螭龙镜	18.3	/	大乐贵富 千秋万岁 宜酒食	长沙子弹库出土
12	1-4	缠绕式四叶螭龙镜	18.2	474	大乐贵富 千秋万岁 宜酒食	《清华铭文镜》图5
13	1-5	博局蟠螭镜	23.2	808	大乐贵富 得所好 千秋万岁 宜酒食	上海止水阁
14	1-6	博局蟠螭镜	18.4	/	大乐贵富 得所好 千秋万岁 延年益寿	河北满城窦绾墓出土
15	/	博局蟠螭镜	18.8	/	大乐贵富 得所好 千秋万岁 延年益寿	樋口隆康《古镜》25
16	1-7	涡云地博局四龙镜	18.5	490	大乐贵富 得所好 千秋万岁 延年益寿	上海止水阁
17	/	缠绕式三凤蟠螭镜	9.3	85	与天地相翼 大乐贵富 毋极	《汉铭斋藏镜》图3
18	1-8	缠绕式三叶三菱镜	11.3	81	千金 千金宜主	《汉铭斋藏镜》图22
19	/	缠绕式三叶龙纹镜（重圈铭文共72字）	17.3	382	内圈：内清质以昭明 光辉象夫日月 心忽穆而愿忠 然壅塞而不彻外圈：絜精白而事君 怨忿驩之弇明 微玄锡之流泽 恐疏远而日忘怀靡美之穷體 外承欢之可说 慕窈窕于灵景 愿永思而毋绝	西安郑王庄出土《长安汉镜》图7
20	1-9	缠绕式三叶龙纹镜（重圈铭文共72字）	16.2	442	（同上镜）	上海止水阁
21	1-10	缠绕式三叶龙纹镜（重圈铭文共72字）	16.2	410	内圈：内清质以昭明 光辉象夫日月 心忽穆而愿忠 然壅塞而不泄外圈：絜精白而事君 怨忿驩之弇明 微玄锡之流泽 恐疏远而日忘 怀靡美之穷體 外承欢之可说 慕窈窕于灵景 愿永思而毋绝	上海止水阁
22	1-11	缠绕式三叶龙纹镜（单圈铭文共24字）	16.5	300	内清质以昭明 光辉象夫日月 心忽穆而愿忠 然壅塞而不彻	中国国家博物馆
23	1-12	缠绕式三叶龙纹镜（单圈铭文共24字）	16.7	410	内清质以昭明 光辉象夫日月 心忽穆而愿忠 然壅塞而不泄	北京赏心斋
24	1-13	缠绕式四叶螭龙镜（重圈铭文共48字）	14.0	283	内圈：内清质以昭明 光辉象夫日月 心忽外圈：穆而愿忠 然壅塞而不泄 怀靡美之穷體 外承欢之可说 慕窈窕于灵景 愿永思而毋绝	《故宫藏镜》图22《汉铭斋藏镜》图16
25	1-14	镜气铭涡云地四乳四龙镜	23.1	1215	镜气精明 说貌孝光 昭察万物 不以匿容 结言缪心 虽远何伤 服者君卿 宜坐高堂 葆德有福 子孙潘昌 延年富贵 安乐未央	毛军亮供稿

2.缠绕式三凤螭龙镜（表一　图1-2）

于是，国家派出大量军队出征边陲。无论是将军还是士兵，都会面对离别的境遇，每次战争的准备，前方兵役加上后方劳役，皆有数十万之众。因为战争频繁以及修筑宫殿、皇陵、道路等浩大工程的需要，成千上万个家庭，都出现了"爷娘妻子走相送"的告别情景，无数个壮丁抛妻别子，外出服役（兵役、劳役、差役等）。所以，汉初的时代背景，造就了这种特定历史条件下所产生的相思文化。此外，还有因爱情与友情而离别的相思背景。"修相思"铭蟠螭镜之出土器物仅见《六安出土铜镜》图34，传世器物除表一外，瑞典高本汉《早期中国铜镜》F5、F12皆为此类镜，另在日本梅原末治《汉以前的古镜研究》的书中亦见踪迹。《淮南子·叙》："以父讳长，故其所著诸长字皆曰修。"李学勤《缀古集》第164页载："'修相思'即'长相思'，系避淮南王刘长（前196～前174）的名讳。"

3.缠绕式四凤螭龙镜（表一图1-3）

从纹饰分类看，该类可认为是属于缠绕式蟠螭镜。从铭文内容看，皆属于相思文化的范畴。司马相如《长门赋》序："孝武皇帝（刘彻）陈皇后（阿娇）时得幸，颇妒。别在长门宫，愁闷悲思。"两者对照，镜铭用词与汉赋内容有同属一个时代的文风。此类镜有一定存世量。中国国家博物馆有4面，直径在10.5～11.3厘米；陈学斌藏1面，直径10.5厘米，重量112克；张宏林藏1面，直径11.0厘米，重量125克；湖南长沙、上海福泉山、浙江安吉皆有出土器物。此镜与《六安出土铜镜》封面（图36）似为同模，直径11.6厘米恰是汉尺5寸。此类镜铭文多见"感思悲，愿见忠，君不说相思愿毋绝"；少见"感思甚，悲欲见，毋说，相思愿毋绝"。

4.缠绕式四叶螭龙镜（表一图1-4）

此类镜存世量大，有较多的出土器物与存世器物。社会生活的安定致使人们追求"大乐贵富"，期盼"千秋万岁"。"宜酒食"三字出现在距今约2100余年前的西汉早期，可以想象当时中国酒文化的概貌。"宜酒食"铭文还更多地延续到以后的草叶铭文镜、圈带铭文镜以及新莽时的四灵博局铭文镜。（见本书052《两汉镜铭中的酒文化》）

3.缠绕式四凤螭龙镜(表一　图 1-3)

4.缠绕式四叶螭龙镜(表一　图 1-4)

5. 博局蟠螭镜（表一图 1-5 ）

　　中国度量衡制度有着悠久的历史，从东周始至东汉末的七个世纪中，1 尺即今 23.10 厘米的尺度标准始终未变。铸造和打磨工艺会有误差，我们认可，误差在 ±2% 应属合理。从 1 尺至 3 寸的理论值为（厘米）：23.10（10 寸）、20.79（9 寸）、18.48（8 寸）、16.17（7 寸）、13.86（6 寸）、11.55（5 寸）、9.24（4 寸）、6.93（3 寸）。

　　6. 博局蟠螭镜（表一图 1-6 ）

　　此类镜与图 1-4 类尽管构图有别，但因其铭文首句都是"大乐贵富"，而且文字同为标准小篆书体，长期以来人们都认为他们属于同一时代，在各种书籍中都把它们归在一起。这两类镜的问世年代似比图 1-2 与图 1-3 镜稍晚，已脱离了汉初由大乱到太平这一过渡

5.博局蟠螭镜（表一　图1-5）

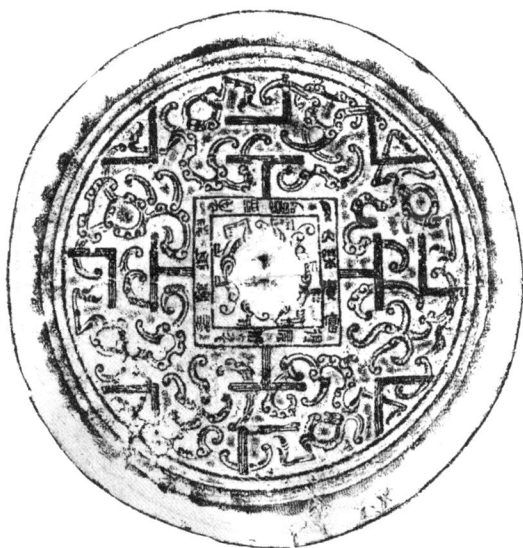

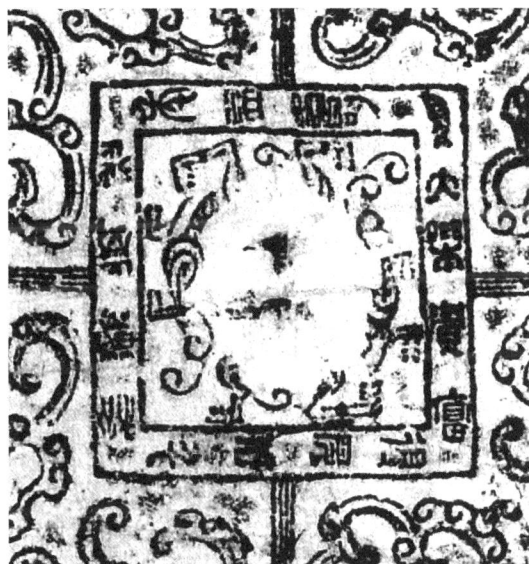

6.博局蟠螭镜（表一　图1-6）

阶段的时代背景（"相思文化"）。这两种镜的合计存世量超过两位数，在西汉早期铭文镜中，占有数量优势的地位。相同内容之铭文一直延续到武帝时期，在存世器物中，还有带地纹的八龙博局纹镜、草叶纹镜等。此镜系出土之器，对铜镜研究有重大参考价值。

7.涡云地博局四龙镜（表一图1-7）

这是一面问世在西汉初年的"汉承秦制"镜。其一，钮区有龙，龙身在钮座，龙头在钮身，系汉镜首创。其二，主纹博局与成句铭文已是汉镜风貌。其三，镜缘呈弧起状以及上视龙头保留了秦镜韵味。其四，涡云地纹更是秦镜烙印，但又有小差别，在大片的涡云中夹杂了少许雷纹。此镜年代极具过渡特色。详见本书011《汉承秦制古镜考》一文。

7. 涡云地博局四龙镜（表一　图1-7）

8. 缠绕式三叶三菱镜（表一图1-8）

此类镜曾多次被考古部门和收藏家认为是战国镜。2005 年 6 月 22 日《中国文物报》发表了祁普实《再评"千金"铭文镜的产生年代》一文，从形制、纹饰、书体等诸多方面，认定这是一种西汉早期铭文镜。笔者赞同这个观点，而且认为其具体年代，应在汉初由大乱转向太平的过渡时期（"相思文化"以后），"千金"铭文"反映出商贾百姓追求安居乐业的心态"（祁文）。洛阳有出土器物，不少收藏家手中亦有藏品，其直径皆在 8 至 9 厘米之间，或类似同模，或纹饰大致相近。本文图 4-4 亦系"千金"铭镜，其纹饰布局特殊，另有说明。

8. 缠绕式三叶三菱镜（表一　图1-8）

9. 缠绕式 72 字（彻）三叶龙纹镜（表一图 1-9）

10. 缠绕式 72 字（泄）四叶螭龙镜（表一图 1-10）

图 1-9、图 1-10 是一对尺寸完全相同的汉尺 7 寸（16.2 厘米）镜，其 72 字铭文看似一样，实差一字。此两镜同处西汉景帝时期，图 1-9（含"彻"）刚问世不久，前元七年（前 150）"丁巳，立胶东王彻为皇太子"（《汉书·卷五》），在刘彻身份从皇太子成为皇帝的九年中，镜铭所具有的"彻"字必须避讳，故而，出现了将"彻"改"泄"的图 1-10 镜。这一对铜镜为我们留下了当年避讳帝王的重要历史资料，详见本书 026《西汉景武之际昭明清白铭镜研究》一文。

9. 缠绕式 72 字（彻）三叶龙纹镜（表一 图 1-9）

10. 缠绕式 72 字（泄）四叶螭龙镜（表一 图 1-10）

11. 缠绕式 24 字（彻）三叶龙纹镜（表一图 1-11）

12. 缠绕式 24 字（泄）三叶龙纹镜（表一图 1-12）

11. 缠绕式 24 字（彻）三叶龙纹镜（表一 图 1-11）

12. 缠绕式 24 字（泄）三叶龙纹镜（表一 图 1-12）

这一对铜镜与上一对铜镜（图 1-9、1-10）有着异曲同工之妙，其余皆同。免赘述。

13. 缠绕式四叶螭龙镜（表一图 1-13）

此类镜（图 1-9~13）在西汉早期铭文镜中，文字数量最多，如表一所示，大致可分为圈带与重圈两种。其内圈为"昭明"镜内容，外圈是"清白"镜全部或部分的内容。详见本文第三节"圈带铭文镜"与第四节"重圈铭文镜"部分。此类镜问世年代曾受到许多人的质疑，认为在断代上不属于西汉早期的器物，为此，多种书籍

13. 缠绕式四叶螭龙镜（表一　图 1-13）

未予列入。分析其主要疑点在于：①重圈铭文镜是在西汉中晚期才开始流行的一种形制，不应该在西汉早期有此类器物出现；②铭文内容"昭明"与"清白"两种铭文内容只是在西汉中晚之际才开始普及，同样不应该在西汉早期出现；③文字中含有隶书韵味之书体与时代不相符合，因为西汉早期铭文镜的书体主要是秦篆（小篆）与缪篆或者是这两者之间的变体。镜铭中隶书的出现，开始于西汉中期，成熟于西汉晚期；④昭明镜文字在西汉中晚期时，多见省偏旁、减笔、反书、通假、错别等情况，这在西汉早期的镜铭文字中，难以出现；⑤此类镜缺少西汉早期蟠螭铭文镜皆有之地纹。

在缺乏出土资料的二十世纪，人们推测此类镜的问世年代，或战国，或秦汉之际，或西汉早期，都没有什么大的原则问题。2002 年，《长安汉镜》一书出版，其中使用了1100 多个墓葬的 336 面铜镜资料。全书仅有一面缠绕式三叶龙纹镜（即表一序 19），翻开此书第 195 页，此镜的墓葬时代赫然标为"西汉早期"。对于出土资料当是毋庸置疑的，但为什么研究者还要对此类镜提出这个曾经让许多人迷惑的问题呢？在反复查阅《长安汉镜》一书后，终于发现症结所在。此书附录二"西安地区出土铜镜统计表"中，这唯一有72 字铭文的缠绕式三叶龙纹镜（墓号 M95：4），系在 1999 年出土于西安郑王庄的雅荷城市花园工地。郑王庄是一个两汉墓葬的集中地，曾出土 58 面铜镜，其墓葬时代经历了由西汉早期至东汉中期之间约三百年的岁月。表中墓号 M155：11 出土星云镜的墓葬时代据载为"西汉早期（武帝时期）"。因为汉武帝末年距西汉初有 120 年，而离西汉末才95 年，所以汉武帝后期已完全进入了西汉中晚期。是否可以这样理解：墓号 M95：4 缠绕式三叶龙纹铭文镜的问世年代，表面上看是"西汉早期"，事实上已经进入了西汉中晚期。为此，有以下两种猜测：其一，墓葬中 58 面出土铜镜的墓葬时代存在年代提前的误区或差异，这种推测几率不大；其二，M95：4 的墓葬时代表述为西汉早期，实际上已是西汉中期，这种推测符合 M155：11 的实际情况。综上所述，缠绕式三叶龙纹铭文镜的问世年代处于西汉早中期之际，既可能又合理。西汉晚期出现的昭明清白铭重圈镜虽其铸制动机是复西汉早期之古，然在器物上却留下了西汉晚期镜的诸多特征："昭明"镜铭文问世，"清白"镜铭文问世，文字书体开始"隶变"，文字结构出现减笔、省偏旁等缺陷，地纹

消失等。笔者认为，图1-9~13的此类镜问世年代似应在西汉早中期之际，很有可能是在汉景帝平息七国之乱以后。详见本书026《西汉景武之际昭明清白铭镜研究》一文。

14. 镜气铭涡云地四乳四龙镜（表一 图1-14）

此镜钮座外有双圈12句四言计48字之铭文。通常而言，多种释读皆有其理由，然依据《汉镜铭文图集》图51之"镜生物明"，图99、100、179之"镜以此行"等内容，笔者认为，镜铭以"镜"字为首，符合镜铭释读惯例，如此以"未央"为结尾也就更适应规律，加之阳部音韵的大体吻合，故而在释读时，应从外圈至内圈（见图1-14），释读其铭如下：

镜气精明，说貌孝光。昭察万物，不以匿容。
结言缪心，虽远何伤。服者君卿，宜坐高堂。
葆德有福，子孙潘昌。延年富贵，安乐未央。

14. 镜气铭涡云地四乳四龙镜（表一 图1-14）

若用今天的白话，此铭可试述如下：
如镜气者至精至明，面貌愉悦孝道增光。
佳镜鉴照世间万物，昭昭灼灼不隐容样。
约订此言虔诚此心，纵使远离又有何妨。
用此镜者当为君卿，高贵人生宜坐高堂。
永葆德行必得福报，荫庇子孙持续蕃昌。
延年益寿富贵有加，安定生活长乐未央。

表一 图1-14a

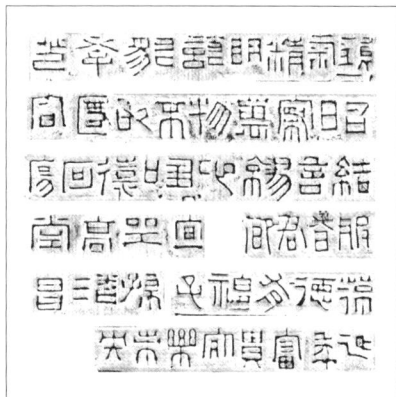

表一 图1-14b

笔者对此镜评价：尺寸硕大，图案精美。铭文双圈，字数甚多。涡云地纹，画上句号。汉承秦制，百世流芳。

（二）带地纹蟠魑铭文镜

如同中国古钱一样，带地纹蟠魑铭文镜几乎都是天圆地方的形制。此类镜的直径一般皆小，文字书体已由蟠螭铭文镜的秦篆（小篆）过渡到还带有秦篆韵味的缪篆。可以说，蟠魑铭文镜开始跨出了汉字"隶变"的第一步。在以后的草叶铭文镜中，我们还可以看到正规的缪篆。蟠魑铭文镜品种较少，存世不多，详见表二。

表二　带地纹蟠虺铭文镜一览表

序	图号	直径（厘米）	重量（克）	铭文内容	资料来源
1	2-1	9.3	45	见日之光	《汉铭斋藏镜》图 26
2	/	9.5	59	见之日光	《汉铭斋藏镜》图 27
3	/	8.1	32	见日之光 所言必当	《汉铭斋藏镜》图 29
4	2-2	7.3	19	见日之光 天下大明	《汉铭斋藏镜》图 28
5	2-3	8.9	50	见日之光 明者君王	《汉铭斋藏镜》图 30
6	2-4	9.5	/	见日之光 服者君卿 所言必当	《息斋藏镜》图 31
7	/	/	/	见日之光 常毋相忘	辽宁西丰汉墓出土
8	2-5	8.6	41	常贵 乐未央 毋相忘（顺时针向）	《三槐堂藏镜》图 16
9	/	8.9	/	常贵 乐未央 毋相忘（逆时针向）	樋口隆康《古镜（图录）》图 28
10	/	/	/	常贵 乐未央 毋相忘（逆时针向）	《中国铜镜图典》图 176
11	/	8.5	/	常贵 乐未央 毋相忘（顺时针向）	陕西《中国古代铜镜》
12	/	8.8	43	常贵富 乐毋事（顺时针向）	《汉铭斋藏镜》图 33
13	2-6	8.8	/	常与君 相欢幸 毋相忘 莫远望	《广州汉墓》图 92-1
14	/	12.6	63	贵富 乐未央 常幸至	《千秋金鉴》图 42
15	/	8.6	/	富乐未央 长毋相忘	《鉴耀齐鲁》图 50-2

　　带地纹蟠虺铭文镜的主要特征如下：多见 8 字，少见 12 字，罕见 4 字与 6 字。主要分为两类：其一，以"见日之光"为首句，第二句的铭文有五种以上，如"天下大明""天下大阳""所言必当""明者君王""服者君卿，所言必当"等。其二，以"常贵""常贵富"等为首句，随后主要是"乐未央、毋相忘"。图 2-6"常与君，相欢幸，毋相忘，莫远望"是一种比较特殊的铭文内容。此类镜铭文连续多取顺时针方向，少见逆时针方向；形制与纹饰大同小异，其显著特点是钮外大方格将每组一大二小的 C 形蟠虺纹分隔置于四方；铭文方格面积占全镜的比例较大，以图 2-3 镜为例，其比例已达 15%，文字已成为纹饰主体。可以这样认为，蟠螭铭文镜的确出现了文字，但文字不是纹饰主体；蟠虺铭文镜因文字成为纹饰主体，才是真正的铭文镜。

　　在蟠虺铭文镜以后，中国铜镜走上了一条似有明确分工的道路，或者是没有铭文的纯纹饰镜，或是铭文占有足够面积（可以看得清楚）的铭文镜。《长安汉镜》第 52 页载："蟠螭（虺）纹镜的年代演进特点是镜体由薄向厚，汉初（文景）在保持战国蟠螭纹的基础上，不断翻新和变革，整体呈两个极端发展，一是纹饰粗放简化，二是螭龙化明显。后者直接发展成为螭龙纹镜，并成为星云纹镜的前身。另外，它和草叶、博局、铭文组成一体，成为镜型演进和艺术发展的典型。"在西汉早期铭文镜中，带地纹的品种除了蟠螭纹与蟠虺纹以外，还有一种兼带博局纹的螭龙纹，本文将其归入"其他铭文镜"类。

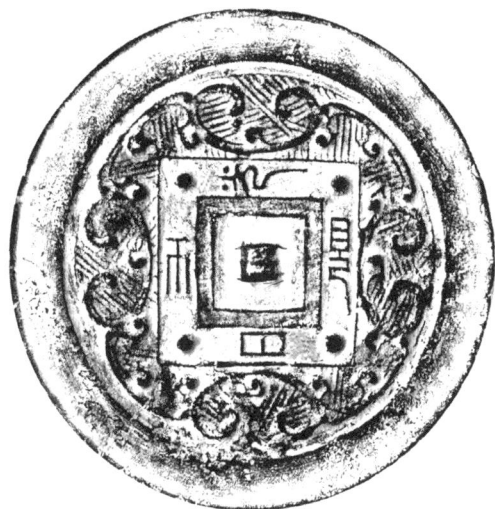

表二　图 2-1

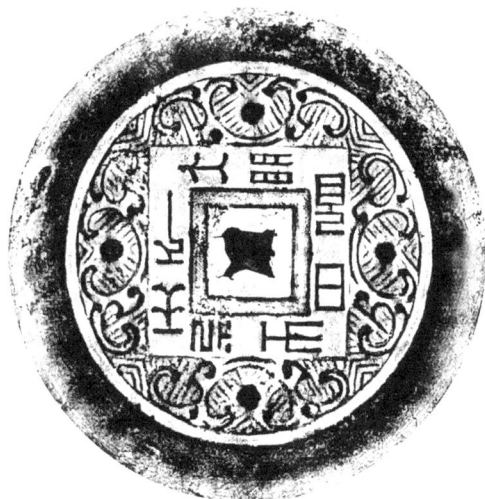

表二　图 2-2

表二　图 2-3

表二　图 2-4

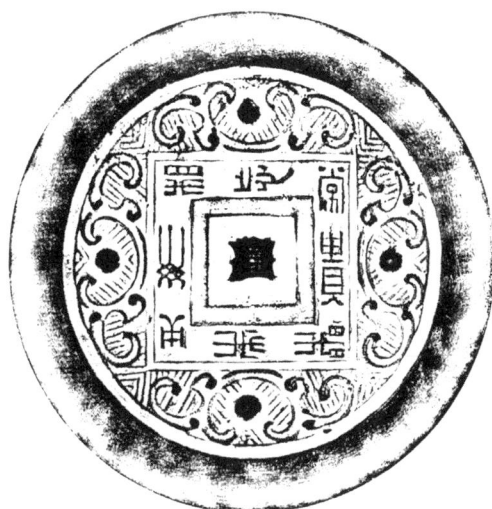

表二　图 2-5

表二　图 2-6

（三）花瓣铭文镜

西汉文景之治后期至汉武帝初期，正是西汉经济最繁荣的时代，铜镜制作出现了一个飞跃：工艺精良，图案清晰，地纹消失，主纹突出，包括部分花瓣纹镜与多数草叶纹镜是这个时代的代表作品。其中，镜铭书体由笔画圆转的秦篆（小篆）演变成笔画方折且易于认读的汉篆、缪篆，而且文字成为镜面纹饰主体，这是一个根本的变化。花瓣铭文镜与草叶铭文镜的书体，充分体现了这一重大历史演变的进程。何应辉先生在《论秦汉刻石的书法艺术》中说到："西汉风尚质朴求实，不似东汉之浮饰好名。"花瓣铭文镜与草叶铭文镜朴实大方、规整华美，确是西汉质朴求实之风的代表作品，无论铸造、工艺、布局、纹饰，均具大家风范。花瓣镜的问世年代早于草叶镜是共识，然因有一定数量兼具花瓣与草叶纹饰的存世器物，而很难截然区分。在西汉早期铭文镜中，花瓣铭文镜的品种多、数量大，本文挑选有代表性的典型器物列入，详见表三。

表三　花瓣铭文镜一览表

序	图号	直径（厘米）	重量（克）	铭文内容	资料来源
1	3-1	13.5	413	有君子之方 视父如帝 视母如王 爱其弟 敬其兄 忠信以为高	张铁山
2	3-2	13.9	260	与天无极 与美相长 骓乐如志 长毋相忘（两镜似同模）	《清华铭文镜》图16
		13.8	245		《长安汉镜》图10-2
3	3-3	11.2	194	与天无极 与地相长 骓乐如言 长毋相忘	《三槐堂藏镜》图25
4	/	13.7	222	与天无极 与地相长 骓乐如言 长毋相忘（直读）	《止水阁藏镜》图70
5	/	12.6	174	与天相寿 与地相长 富贵如言 长毋相忘	《故宫藏镜》图26
6	3-4	11.5	196	请誏金华以为镜 昭察衣服观容貌 结组中身可取信 光宜美人	《汉铭斋藏镜》图52
7	/	13.6	242	太上富贵 君毋相忘	《长安汉镜》图10-1
8	/	11.5	/	见日之光 天下大阳 服者君卿 羊至未央	山东省博物馆
9	/	12.5	172	见日之光 天下大阳 服者君卿	《三槐堂藏镜》图21
10	/	22.3	711	日有憙 宜酒食 常贵富 乐毋事	张铁山
11	/	18.4	667	居毋宗出游 欲见君毋油 禂私思憔忧	《止水阁藏镜》图70
12	/	14.0	328	心与心 亦诚亲 终不去 子从沱人 所与子言 不可不信	赵亚弟
13	3-5	/	/	时来何伤 君毋相忘	孙小龙
14	3-6	9.8	58	服者君王 幸至未央（带单瓣草叶）	《清华铭文镜》图14
15	/	9.6	81	长相思 毋相忘 千万岁 乐未央	张铁山
16		7.8		安行徐步 新人如故	《尊古斋古镜集景》

表三　图 3-1

表三　图 3-2

表三　图 3-3

表三　图 3-4

表三　图 3-5

表三　图 3-6

本文大致依据两种纹饰的主次地位来区分：花瓣多草叶少，即列在花瓣镜之列；草叶多花瓣少，则纳入草叶镜之中。花瓣铭文镜在西汉早期镜中占有重要的地位，镜铭反映的文化内涵尤为突出。图 3-1 镜文字内容体现了典型的儒家文化，本书 051《两汉儒家思想铭文镜》有详尽探讨。图 3-1、3-2、3-3 三镜的文字书体精美，值得再作专题研究。序11、12 两镜系"妾之语"一类特殊铭文镜，读来生动、有趣，详见《汉镜铭文图集》。图 3-5镜铭文有西汉早期铭文镜"相思文化"的特征，《汉铭斋藏镜》图 34、35 两镜铭文皆为"君来何伤，慎毋相忘"，唯乳钉凹凸不同。本文表六序 6-13 镜的内容与之完全相同。图 3-6镜铭文"羊（祥）至未央"具有西汉先民祈盼吉祥的时代特色。《长安汉镜》第 58 页载："花卉（即花瓣、花叶）镜在武帝初年以后基本不见，而草叶纹和花卉纹组合而成的草叶镜依然流行。因此，可以认为在西汉中期，两种纹饰走向复合的道路。"

（四）其他铭文镜

西汉早期铭文镜，除了上述蟠螭、蟠虺与花瓣三个品种外，还有多种形制：四乳式、四乳草叶式、四乳龙纹式、龙纹博局式、简化博局式、文字式、博局式、羽状地纹式、四花圈带式等，详见表四。

表四　西汉早期其他铭文镜一览表

序	图号	名称	直径（厘米）	重量（克）	铭文内容	资料来源
1	/	连弧式	14.4	202	与天相寿　与地相长　富贵如言　长毋相忘	《止水阁藏镜》图 72
2	/	四乳式	9.6	81	诸君卿　壹行觞　上东相　入曲房	徐也力
3	4-1	四乳草叶式	8.3	60	见日之光　天下大明	《三槐堂藏镜》图 23
4	4-2	四乳式	6.9	38	常乐未央　长毋相忘	《清华铭文镜》图 13
5	4-3	四乳式	7.6	45	长相思　毋相忘　富贵昌　乐未央	上海止水阁
6	4-4	四乳草叶式	9.0	/	千金　长乐未央　长毋相忘	孙小龙
7	/	四乳龙纹式	17.3	/	长相思　毋相忘　常富昌　乐未央	《汉以前的古镜研究》
8	/	龙纹博局式	16.2	476	长相思　毋相忘　常富贵　乐未央（八龙）	张铁山
9	/	龙纹博局式	/	/	□□□明　服者君卿　千秋万岁　常乐未央	《汉以前的古镜研究》
10	4-5	龙纹博局式	13.8	274	愿长相思　幸毋见忘	张铁山
11	4-6	简化博局式	9.8	90	见日之光　天下大明	上海止水阁
12	4-7	文字式	6.6	32	见日之光　长毋相忘　镜生物明	上海止水阁
13	/	博局式	8.0	/	时来何伤　君毋相忘	《小校经阁金文拓本》
14	4-8	羽状地纹式	18.3	555	见日之光　天下天（大）明	《清华铭文镜》图 10
15	4-9	四花圈带式	14.1	237	长乐未央	《清华铭文镜》图 12
16	4-10	涡云地四叶四龙式	18.1	679	见日之光　长毋相忘　天下大明	上海止水阁

　　表四依据纹饰分类不能尽善尽美，图 4-1、图 4-5 有草叶。这里同样贯彻一个"主次"原则，对于草叶纹在镜上不是主角的情况时，本文暂不将其称为草叶纹镜。图 4-1 与图 4-2 是两种四乳纹镜，有一定存世量。图 4-4 镜是一面罕见的四乳铭文镜，与图 4-2 镜相比，制式与内容基本相同，主要差别在于：其一，双线凹面方框的四角，布置了单叠草叶，与图 4-1 镜相似；其二，在三弦钮的两侧，有"千金"两字，这是迄今为止所见若干"千金"镜（见本文表一图 1-8）的一种特殊形式。可知，"千金"镜的问世不在战国或秦，而应在西汉早期。四乳镜以西汉早期为主，亦有部分器物延续至西汉中晚期。图 4-5 镜可谓是一种龙纹博局镜的经典之作，有三个特点：其一，在四对龙纹中，龙头形象清晰可见；其二，博局纹在全镜纹饰中的所占比重较大；其三，8 字铭文利用了 LV 纹的空档，构思奇特，存世少见。图 4-6 镜文字被巧妙地安排在 T 纹两侧，文字形体较大。图 4-7 镜系完全以文字为主的铭文镜。图 4-8 是一种较为罕见且难以归类的制式，大面积羽状地纹多出现在战国，此镜可谓是一种复古纹饰。图 4-9 在日本有同类器物，樋口隆康《古镜（图录）》图 43，直径 19.3 厘米，有 24 字铭文（见本书 069《汉镜十二地支与唐镜十二生肖》图 1-1）。图 4-10 是一面汉承秦制的经典器物，详见本书 011《汉承秦制古镜考》一文。

表四　图 4-1

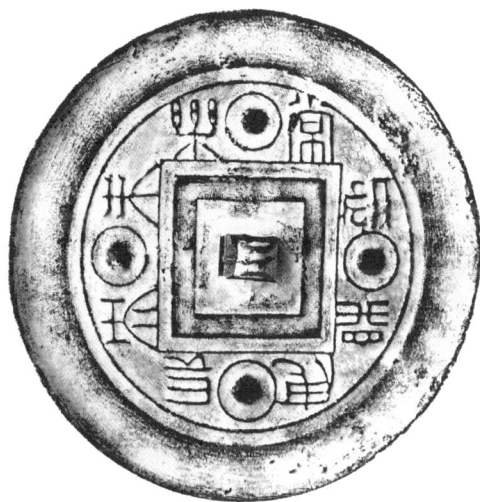

表四　图 4-2

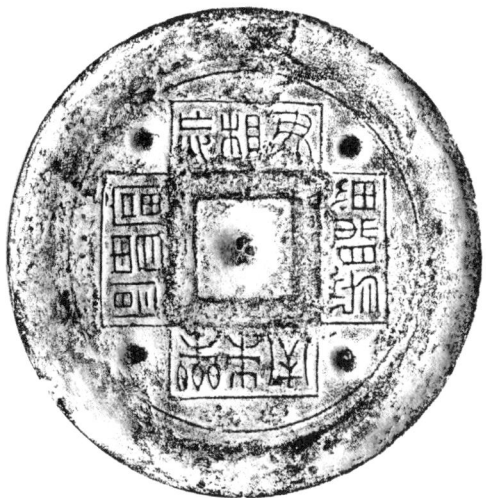

表四　图 4-3

表四　图 4-4

表四 图4-5

表四 图4-6

表四 图4-7

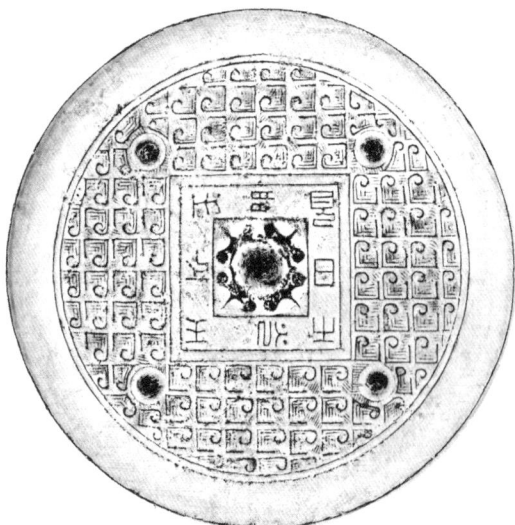

表四 图4-8

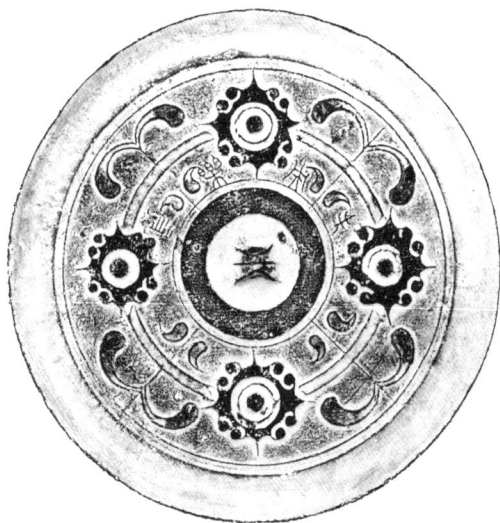

表四 图4-9

表四 图4-10

二、西汉中期草叶铭文镜

标准草叶纹镜的主要特点是有连迭草叶纹和带叶苞的花枝纹，镜边主要是内向十六连弧纹缘。草叶纹镜是一个大系统，粗分有图案镜和铭文镜两个大类。在观察了大量不带铭文的草叶纹镜后，可以知道，这个镜类还具有图案变化、纹饰丰富、钮式差异的多样化特点。限于篇幅，本文仅从铭文镜的角度，挑选文字多的品种进行探讨。草叶铭文镜在钮座外有镜铭方框，镜铭句式以四言为主，镜铭字数主要有 4、8、12、16、20、24 字六种，为研究铭文的书体和文化，笔者对二十面 16 字以上的多字镜铭进行汇总，详见表五。

表五　西汉多字草叶铭文镜一览表

序	图号	直径（厘米）	汉尺（寸）	重量（克）	铭文内容	资料来源
1	5-1	27.5	12	1760	长贵富 乐毋事 日有憙 得所喜 常宜酒食	嘉德 2006 春拍图录
2	5-2	23.1	10	1197	见日之光天下大阳服者君王千秋万岁长毋相忘	《止水阁藏镜》图 81
3	5-3	23.0	10	1501	长贵富 乐毋事 日有憙 得所喜 常宜酒食	上海止水阁
4	5-4	21.0	9	1191	长贵富 乐毋事 日有憙 常得所喜 宜酒食	《古镜拓片集》图 46
5	5-5	20.9	9	/	结心相思 幸毋见忘 千秋万岁 长乐未央	日本五岛美术馆
6	5-6	20.7	9	945	长贵富 乐毋事 日有憙 常得所喜 宜酒食	河北满城刘胜墓出土
7	5-7	20.2	9	730	见日之光 服者君卿 千秋万岁 愿毋相忘	《清华铭文镜》图 19
8	/	19.0	8	/	人得之志平心服之櫨与美食夆子有年眹心蕊之	崇源 2008 拍卖图录
9	5-8	18.8	8	515	见日之光 天下大阳 服者君卿 延年千岁 幸至未央 常以行	《清华铭文镜》图 18
10	5-9	18.2	8	529	必忠必信，久而必亲，不信不忠，久而自穷	《汉铭斋藏镜》图 /5
11	5-10	18.4	8	630	长毋相忘旖久相思 伏念所驪旖无穷时	《青铜器入门》248 页
12	5-11	18.2	8	507	与天无极 身无窹则 归日服者 乐寿志得	嘉德 2008 秋拍图录
13	/	18.2	8	/	太上富贵 长乐未央 延年益寿 幸毋见忘	罗振玉《古镜图录》
14	5-12	18.2	8	430	日有憙 宜酒食 长富贵 愿相思 久毋见忘	《三槐堂藏镜》封面
15	5-13	16.1	7	538	日有憙 幸酒食 服此镜 贵富昌 宜君卿 乐未央 毋相忘 久而长	张铁山
16	/	16.1	7	420	道路辽远 中有关梁 鉴不隐请 修毋相忘	上海博物馆
17	5-14	16.0	7	597	日有憙 宜酒食 长贵富 乐毋事 身无窹则	张铁山
18	/	13.6	6	265	见日光 天下大阳 服者君卿 延年益寿 敬毋相忘 幸至未央	张铁山
19	/	13.5	6	221	坂锡有齐 与众异容 为静精实 谓质清明	《长安汉镜》图版 10-2
20	5-15	13.3	6	/	见日光 天下大阳 服者君卿 延年益寿 敬毋相忘 幸至未央	日本五岛美术馆

从表五可知，多字草叶铭文镜的铭文书体以缪篆为主，少量为小篆或是小篆向缪篆过渡的变体。由文字内容所集中反映的历史语言来看，大部分镜铭中除了一般的求福、祈祥内容外，有几个常用词义涉及到两千年前中华民族的风土、人情。"日有熹，宜酒食"昭示人们在欢乐的时候应该做的事，"酒食"的提法则表明，在西汉，酒比食排位在前已是事实。"长富贵"是炎黄子孙始终追求的生活目标。"长相思，毋相忘""长毋相忘""久毋见忘"等铭文意味着中华民族是一个重感情的民族。相传司马相如（前179~前118）和卓文君之间的千古爱情名句"长相知，不相疑。不相疑，长相思"，比较其与草叶纹镜的铭文，在词义和年代上都十分相近。因为秦始皇、汉武帝盼寻不死药，秦汉之际兴起炼丹术追求长生不老，加之社会生活的逐渐安定等诸多因素，西汉镜铭还出现了"千秋万岁""与天相寿""延年益寿"等长寿文化的内容。而"服者君卿"与"罸锡有齐"（按，《长安汉镜》"罸"字作"瑕"字）可说是在铜镜上较早出现的广告用语。"道路辽远"（图5-16）、"君有远行"（图8-7）、"君行卒"（图6-2）等是表示对亲人（多系妻子对丈夫）的思念。

《长安汉镜》一书对草叶纹镜研究有更多的可靠依据，该书内容定位于西安地区出土的秦汉镜（重点在西汉与新莽），共计334面。其中，草叶纹镜17面，占铜镜总数的5%；有铭文的计9面，占草叶纹镜总数的53%。从墓葬出土资料的时间序列，可以得出这样的结论，草叶纹镜历史，有一个产生、发展、结束的过程，其问世年代应该主要在西汉早期与中期之间。因为刘邦执政的西汉初年没有出土资料的证明，吕氏篡权时间不长也难以确定墓葬年代属于此期，暂且可将《长安汉镜》中六个西汉早期墓葬出土铜镜的问世年代定在文景之初。日本学者冈村秀典在《蟠螭纹镜的文化史》一文中，从研究长沙马王堆汉墓出土资料，提出了草叶纹镜演变过程的观点：先为花蕾纹，继而麦穗芽纹，再是麦穗纹。草叶纹其实就是麦穗纹，这也与西汉文景之治重视农业、发展生产的史实相吻合。仔细审视，与其说是草叶纹，不如说更像麦穗纹或稷纹，命名问题建议学术界再作讨论。

据《中国科学技术史·度量衡卷》，西汉长度标准的一尺相当于现在公制的23.1厘米。铜镜制作过程有刻模、浇铸、整理、打磨等多道工序，成品与设计一定会产生误差，在允许误差小于2%的前提下，查表五所列这十九面多字的草叶铭文镜，其尺寸都是整数。一个合乎规律的发现是：汉尺8寸的标准值为18.48厘米，±2%的范围是18.12~18.85厘米。查表五中的七面（序6~12）汉尺8寸镜，基本上都在这个范围之内。这个整数倍规律，在一批8字和12字草叶铭文镜中亦得到证实。通过对四本书籍的统计可知：6寸镜最多，5寸、7寸、8寸镜较多，4.5寸、5.5寸、9寸较少，4寸以下与10寸以上最少。从铭文书法来看，主要是小篆、汉篆、缪篆与缪篆变体四种，从中可见西汉早期书法演变的大致过程。

草叶铭文镜是一个多样性与标准性共存的镜种。在铜镜制作中，出现如此大量的整数尺寸，在别的铜镜品种中并不多见，可以推断，西汉早中期问世的草叶纹镜制作有着严格管理的时代背景。铜镜直径取汉尺6寸（即13.86厘米）这个数字，在以后的朝代中屡有出现。分析其原因有二：其一，对于人体尺度而言恰到好处，太小不能满足使用要求；太大则既增加开支又不便携带。其二，唐、宋、明、清历代铸镜多以汉镜这个"祖制"为经典。

一个重要问题：西汉初年，被封"中山国王"的刘胜死后配享9寸铜镜（表五序6、图5-6），9寸以下是不是按身份划分等级？虽然目前没有更多的资料可以证明，但据实物统计可知，草叶纹镜所处的西汉早中期，铜镜尺寸（特别是大尺寸）不可以随便选用，必须按规定的标准尺寸来制作。而紧随草叶铭文镜之后的文字镜尺寸则比较随意。西汉中晚期，虽然清白镜和铜华镜缺少小镜，日光镜和昭明镜难见大镜，却也形成一个从大到小的尺寸系列，但汉尺的整数倍规律已明显不见。

　　不言而喻，文字是研究文化的最重要依据，文字多依据就多。遗憾的是，16字及16字以上的草叶铭文镜存世较少。台北市一位大收藏家曾收藏了约七十面草叶纹镜，在其中的23面铭文镜中，4字2面、8字15面、12字6面，惟缺16字镜。为使研究尽量充分，笔者尽量收集16字及16字以上的铭文镜资料和实物。山西太原出土直径18.2厘米的"见日之光"16字铜镜残缺太多，《小校经阁金文拓本》另有一个直径18.2厘米的"太上富贵"16字铜镜文字又太模糊，所以汇总时又撇开了这些铜镜。表五收录了二十面完整无缺、文字清晰、有16字（含）以上的草叶铭文镜。综合分析可知，这些铜镜尺寸较大、制作精良，总体上体现了当时官方制作的工艺水平，基本上反映了西汉草叶铭文镜的时代特征。从历史语言、文字隶变、度量标准、镜铭征史等多个视角来看，这二十面西汉草叶铭文镜的文化内涵十分丰富，现依次简述如下：

　　序1镜（见表五图5-1），直径为汉代度量衡标准的整1尺2寸，在草叶铭文镜中数尺寸最大。若认可西汉早期用镜尺寸有等级这一假设的话，此镜当属最高等级的皇家器物。此镜尺寸超大，为防止意外断裂，在制作时适当增加了厚度，致使单位面积重量（m值）高达2.96克/平方厘米，故而序1号镜又是最重的草叶铭文镜之一。大尺寸草叶铭文镜的"日有憙"内容，在西汉中晚期的单圈铭文镜和新莽四灵博局镜中，已成为一种铭文系列的固定格式。通过"宜酒食"的镜铭内容可知，"无酒不成礼，无酒不成宴"的中国酒文化，早在西汉之初就已得到证实（见本书052《两汉镜铭中的酒文化》一文）。

表五　图5-1

序 2 镜（见表五图 5-2），在表五的铭文中，除了序 1、3、4、6 镜同为"长富贵"起首外，这是难得一见以"见日之光"为首句的汉尺 10 寸镜，此镜铜质精良（m 值较高），华美大气，可谓"雄汉"时期之经典器物。

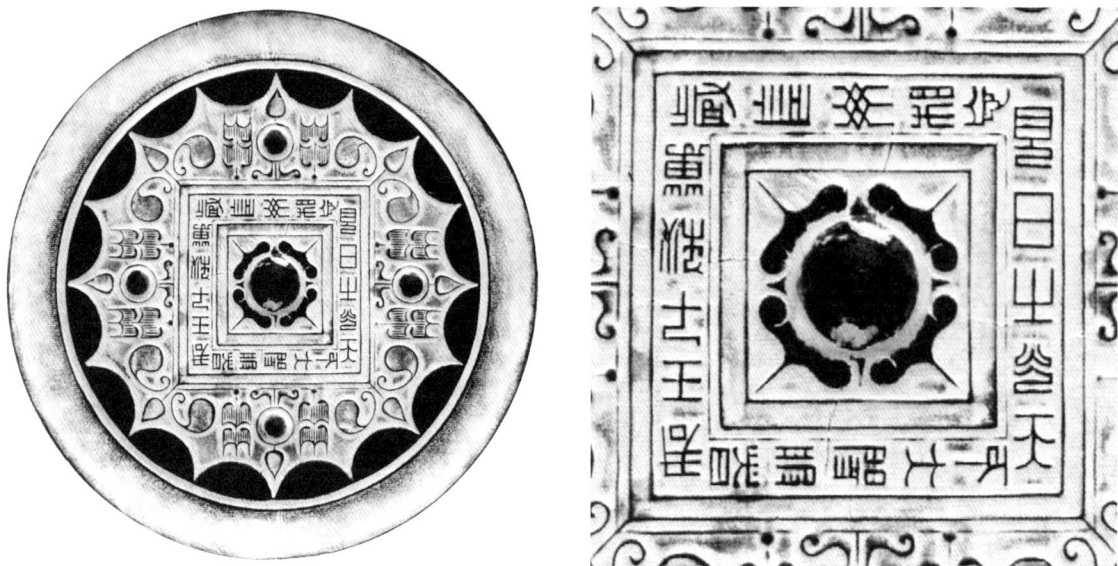

表五　图 5-2

序 3 镜（见表五图 5-3），直径为汉尺整 1 尺，铭文内容与序 1 镜相同，末句都为"常宜酒食"。汉尺 10 寸与 12 寸这两种规格在草叶铭文镜中皆罕见。此镜边缘有汉承秦制的特征，详见本书 011《汉承秦制古镜考》、040《西汉中期草叶纹镜形制考》两文。再比较《洛镜铜华》图 39 可知，两镜似为同模。

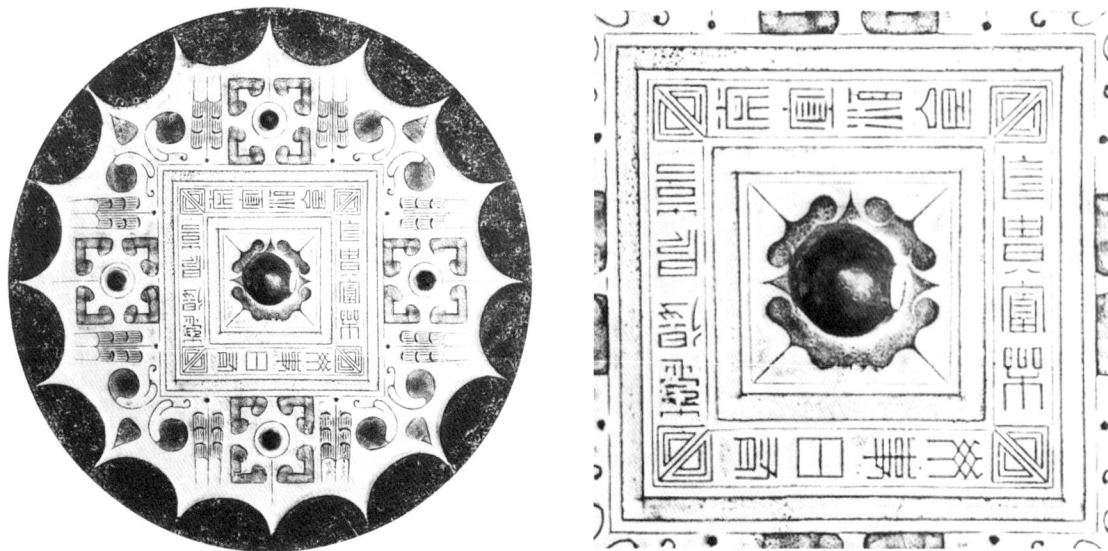

表五　图 5-3

序4镜（见表五图5-4），此镜与6号镜堪称同模。比较序1、3、6等三镜之总体形制，可谓一致。比较铭文内容，可知图1、图3与图4、图6两两不同。依据序6镜可知，此镜的问世年代也应该在公元前113年之前，这是一个消除匈奴后患、始造郡国五铢、享受国泰民安的强盛时代。综观存世的草叶纹镜，在此类镜之后，这类属王侯配享的形制似绝迹于世。

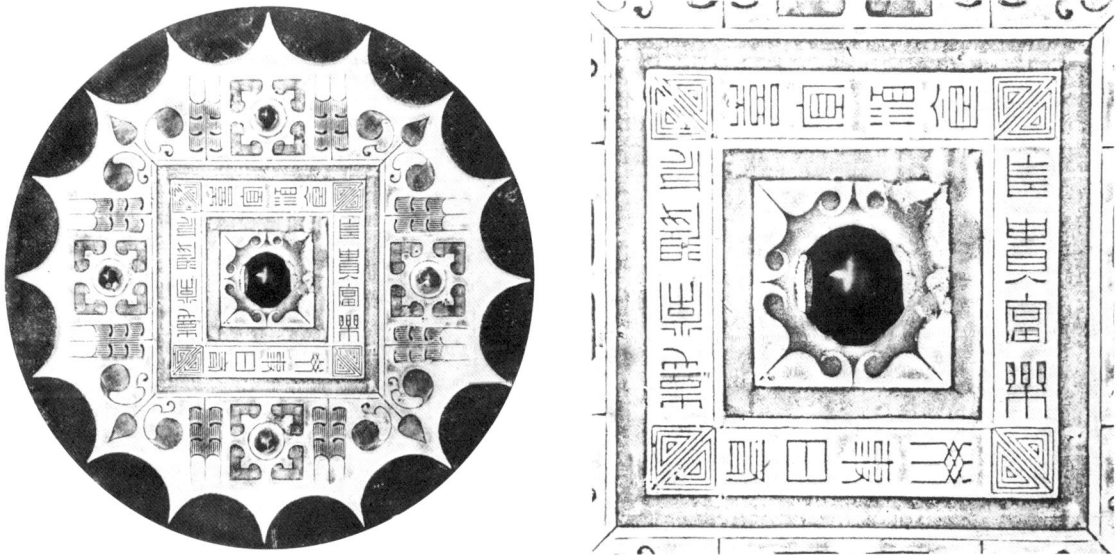

表五　图5-4

序5镜（见表五图5-5），铭文内容兼含相思文化与长寿文化，其尺寸、纹饰皆与序6镜相当，应属诸侯所用之重器。"结心"可释为积聚心中、存于心中，有刻骨铭心之意。汉袁康《越绝书·外传计倪》："（伍子胥）三年自咎，不亲妻子，饥不饱食，寒不重彩，结心于越，欲复其仇。"

表五　图5-5

序 6 镜（见表五图 5-6），此镜是明白无误的诸侯重器，形制规整，尺寸较大，断代可靠，虽其中心处有缺（"乐"字丢失，"贵"和"富"两字有残），并破碎成二十余块，仍不愧是草叶纹镜的精品。《中国书法全集 9·秦汉金文陶文》图版目录中，将此镜列入范铸金文的首席，也印证了该镜的突出地位。此镜出土墓主刘胜死于公元前 113 年的元鼎四年，而公元前 118 年是一个重要年代——汉武帝废半两钱，始造五铢钱。毫无疑问，经济繁荣、文化昌盛、铸造精良是草叶纹镜闻名于世的历史背景。

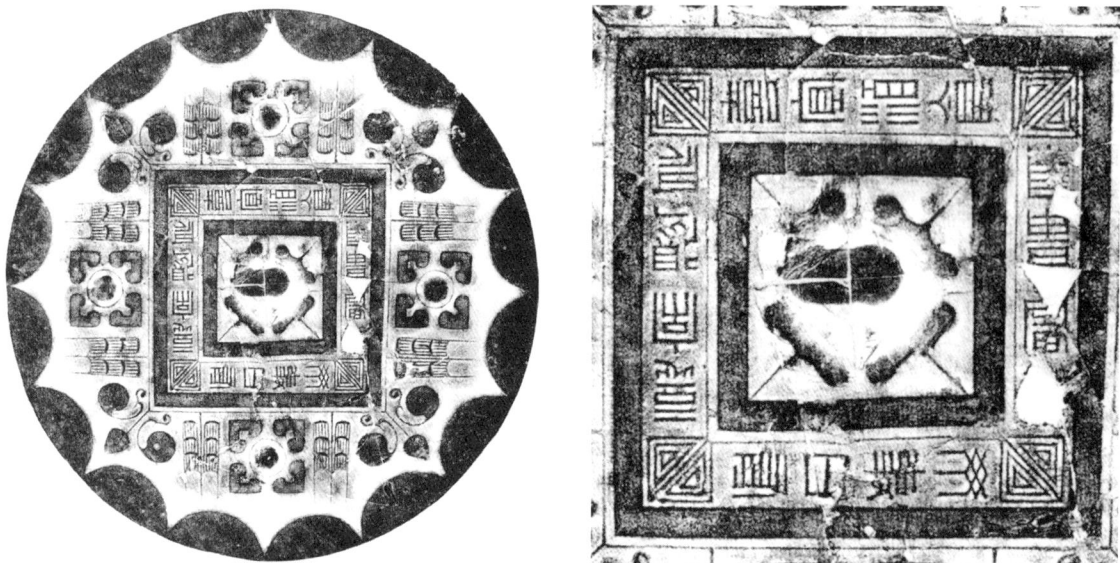

表五　图 5-6

序 7 镜（见表五图 5-7），系草叶纹镜中少见的伏兽钮形制，铭文方框中心外为四乳钉围以四桃瓣，铭文方框四角外系双龙纹围护的三叠草叶，从纹饰而言，属于草叶镜的早期品种。结合铭文排列与内容可知，此镜应问世在花瓣纹与草叶纹的过渡时期（主要应在武帝前期）。在 16 字草叶纹镜中，少有"见日之光"作为首句。

表五　图 5-7

序**8镜**，内容在本书028《西汉镜农政铭考释》中已有专述，文中对草叶纹的称谓提出建议："与其叫草叶纹镜，还不如称谓与农耕文明息息相关的稷纹镜或社稷纹镜为好。"

序**9镜（详见图5-8）**，属于分类困难的品种，在标准花瓣镜凹面方框的四角外，加饰细小的双迭草叶。可以认为，此镜是草叶纹镜的早期器物。此镜与表五序18镜、序20镜一样，铭文都有"幸至未央"的内容。在花瓣镜系列中，少见有汉尺8寸的大型器物。

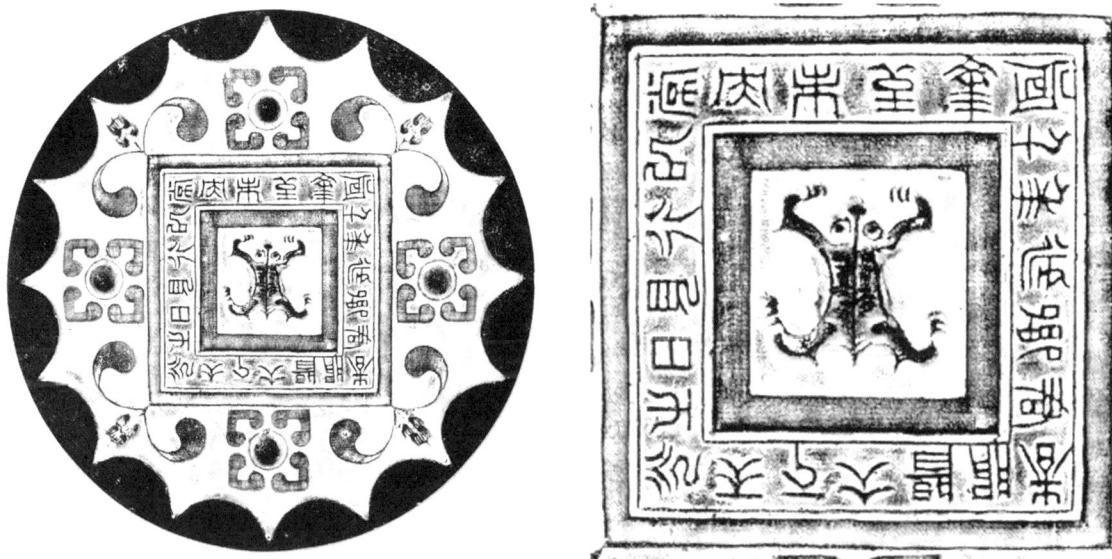

表五　图5-8

序**10镜（见表五图5-9）**，的纹饰既有草叶又有龙纹，亦应是草叶铭文镜的早期器物，或者说是花瓣镜与草叶纹镜之间的过渡器物。出土资料表明，此类镜问世于西汉初期的方格蟠螭镜和花瓣镜之后。此铭集中展现儒家文化，阐述做人道理，其问世年代与汉武帝即位之初的"独尊儒术"相吻合（详见《汉镜文化研究·上册》）。

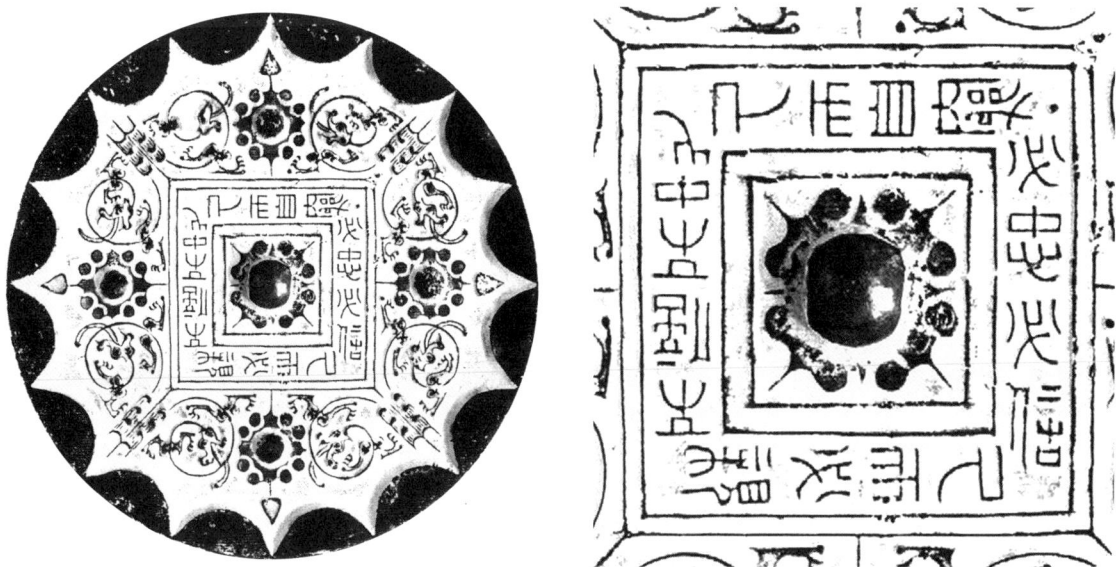

表五　图5-9

　　序 11 镜（见表五图 5-10），"长毋相忘旖久相思，伏念所骥旖无穷时"的铭文内容罕见，经李学勤先生按汉赋句式释读，方得以明白，文中"旖"字可同音通假为"兮"。"伏念"两字有退而自省之意，汉东方朔《七谏·初放》："王不察其长利兮，卒见弃乎原野。伏念思过兮，无可改省。"这篇短赋当是汉初相思文化的经典之作，生动地表达了妻子对丈夫的缠绵思念。

表五　图 5-10

　　序 12 镜（见表五图 5-11），查其草叶纹饰、花瓣座乳钉与小篆铭文，可知应为草叶铭文镜的早期品种。铭文第一句"与天无极"源自花瓣纹镜，《三槐堂藏镜》图 24 铭文："与天无极，与地相长，骥乐如言，长毋相忘。"上海博局山房所藏与《长安汉镜》图 10-2 似为同模，铭文："与天无极，与美相长，骥乐如志，长毋相忘。"《浙江省出土铜镜》页 34 所列："与天无极，与地相长，骥乐未央，长毋相忘。"第二句"身无愆则（恻）"，

表五　图 5-11

这里的"则"字既反书又省偏旁；第三句"归日服者"中的关键字为"归"（镜铭反书），归通假"馈"字，即赠送之意。《仪礼·聘礼》："君使卿韦弁归饔饩五牢。"郑玄注："今文归或为馈。"第四句"乐寿志得"，"志得"者，志得意满也，意为长寿而满足。

序 13 镜，文字书体在缪篆中略带圆转之意，唯镜钮奇特且无钮座。从拓片看，应为战国镜所用之兽钮。镜铭中"年"字与秦"两诏椭量"中的年字类同，但一个字的上下两部分离得太开，似成两字，应是工匠铸镜时的败笔，其他镜无此情况。张铁山另藏直径23.2 厘米（汉尺 10 寸）的相同铭文镜，惜残有补。

序 14 镜（见表五图 5-12），品相上乘，总体上与图 1、3、4、6 镜接近，图案和文字的清晰度很高。表面多为水银古，有少量硬质绿锈和红锈。在正反两面的锈斑上，用放大镜可见布纹。此镜应该说较为轻薄，其平均单位面积重量（m 值）为 1.65 克 / 平方厘米。

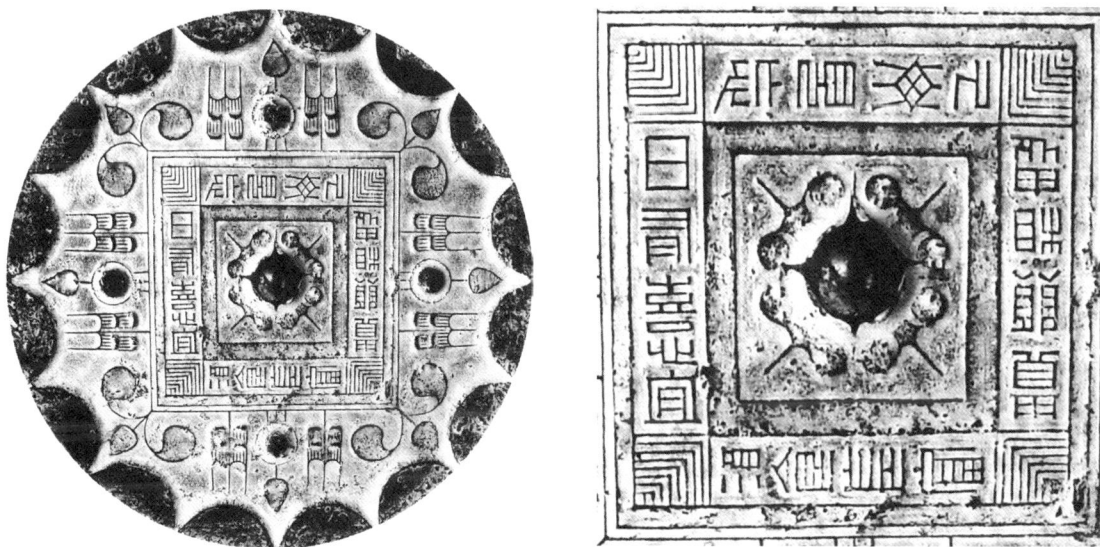

表五　图 5-12

这说明两个问题：其一，汉初采矿、冶炼、铸制的总体能力有限；其二，"文景之治"的节俭风尚在汉武帝前期还有一个自然延续过程。相对而言，这是中国铜镜（特别是直径在16 厘米以上大镜）由薄变厚之前的一个转折点。除了特大镜（≥ 10 寸）和特小镜（≤ 4.5寸）以外，通常民间所用之草叶纹镜及其以前铜镜的 m 值一般均小于 2.5（民间口语谓之"轻薄"），而在此后的千余年（直至唐末）间，多数铜镜的 m 值一般均大于 3（民间口语谓之"厚重"）。

序 15 镜（见表五图 5-13），系花瓣与草叶的复合镜，为草叶铭文镜早期品种。草叶由单叠与双叠组合，布局在铭文方框的四角，比较少见。铭文句式为草叶铭文镜中少见之三言。

序 16 镜，表面为通体黑漆古包浆。此镜铭文亦属"相思文化"之内容，推测在当时乃是因特殊需要而制作，镜铭中"情"字错刻成"请"字。西汉镜铭由"行"和"路"开始，还有一些典型例子。如张铁山藏："君行卒，予志悲，久不见，侍前俙。"《浙江省出土铜镜》载："君有行，妾有忧，行有日，反（返）毋期。"本文表九图 9-15 镜为"君行有日反（返）毋时"（内圈）与"君有远行，妾（敢）私喜"（外圈）的重圈铭文镜。

表五 图 5-13

序 17 镜（见表五图 5-14），制式符合盛行期的一般规律，末句四言"身无窓则（恻）"
罕见。"恻"意忧伤、悲痛，《易·井》："井渫不食，为我心恻。""身无窓则"是说，
人身不会遭遇忧伤与悲痛。

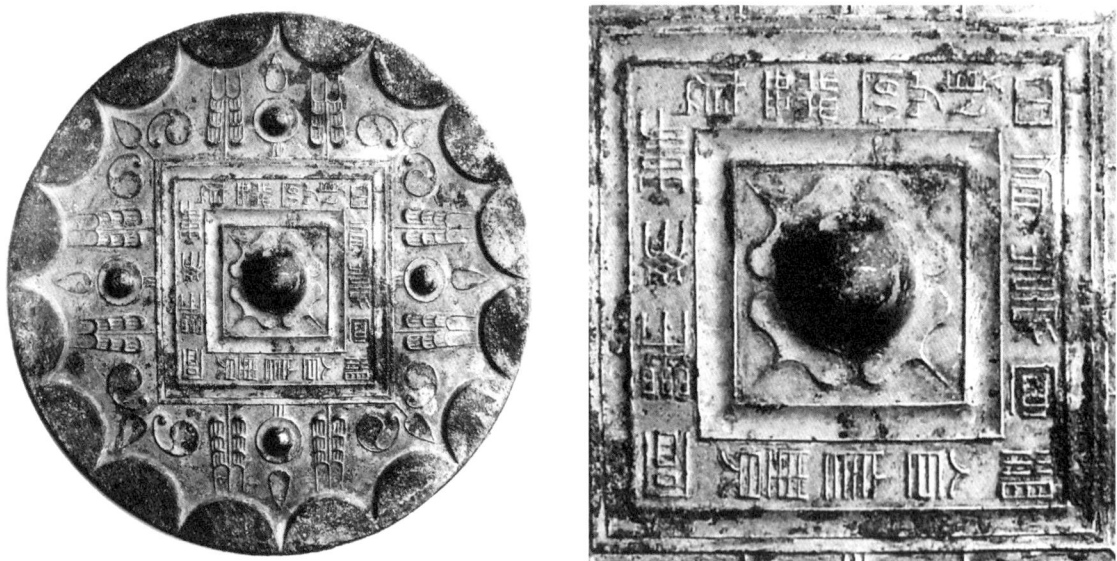

表五 图 5-14

序 18 镜，此镜草叶如文前所述是原始状态的花蕾纹，属于草叶纹镜的早期品种，亦
可说是从花瓣镜到草叶镜的过渡器物。铭文句式为六句四言，字数同在最多之列。铭文内
容基本上符合常规，带有与序 9 镜相同的"幸至未央"。此镜之 m 值为 1.83 克 / 平方厘米，
同样符合小于 2.5 的规律。

序 19 镜，在二十面多字草叶纹镜中其尺寸属最小之列，在 16 字镜中汉尺 6 寸的等级
也比较低。m 值为 1.55 克 / 平方厘米，完全符合规律。镜铭文字特殊，书体在篆隶之间

却不够方正。镜铭内容既说了铜镜成份中含锡，又夸奖铜镜的清明质量，这应是带有商业广告性质的最早镜铭之一。

　　序 20 镜（见表五图 5-15），与 18 号镜大致类同。另查，此镜与《尊古斋古镜集景》图 120 似为同一器物，目前仅见序 9、15、18、20 这四面 24 字镜的资料。西汉铜镜铭文最典型句例"长毋相忘"的第一字，除了"长"字以外，还多见"幸"字，少见"修"字、"久"字，此镜与表五 18 号镜的"敬"字以及表六 13 号镜的"君"字同属罕见。

表五　图 5-15

　　分析表五二十面多字铜镜的纹饰内容，经统计后可知：草叶数量，以二连叠与三连叠居多，四连叠为少，单叠罕见；四乳钉纹，大尺寸镜多围以桃瓣，少量镜为并蒂四叶乳；镜铭方框，以双线格为主，单线条仅一面，内双外单少量；线条似皆规整；框角纹饰，情况多种，标准线条组者居多，其书体也正好是标准缪篆；铭文方向，多为顺时针向，少为逆时针向。西汉草叶铭文镜是一个大系统，铭文字数在十六字以下者存世更多。就铭文内容而言，亦可说是繁花似锦。笔者对铭文内容比较少见的草叶纹镜，再挑选了十八面，按大致的年代顺序列表如下，详见表六。

　　由表六所列铜镜的纹饰可知，草叶铭文镜的单叠草叶主要分布在直径较小、字数较少（少于 16 字）的铜镜中，就铭文内容而言，多见者有"见日之光，天下大明""见日之光，天下大阳""日有憙，宜酒食""长相思，毋相忘""常贵富，乐未央"等；少见者有"见日之光，天下久长""见日之光，天下大昌""结以组，照美人，无私亲，可取信""寿如山，西王母，毅光憙，宜係子""美宜之，上君卿，富贵昌，寿未央""此镜甚明，股者君卿，万岁未央""镜以此行，服者君卿，所言必当，千秋万岁，长毋相忘""日不可曾，而日可思""上高堂，临东相，芊瑟会，酒食芳""从酒东相，长乐未央""入东厢，上曲房，诸君飨，壹行觞"等。

表六　铭文内容较为少见的西汉草叶铭文镜

序	图号	直径（厘米）	重量（克）	铭文内容	资料来源
1	/	11.4	122	见日之光　天下久长	《汉铭斋藏镜》图 57
2	/	10.2	102	天上见长　心思君王	《三槐堂藏镜》图 34
3	6-1	14.0	266	常富贵　安乐未央　羊至毋相忘（鸟篆）	《故宫藏镜》图 29
4	/	8.8	60	明视刑容　巧拙夬兮	《汉镜铭文图集》图 136
5	/	13.6	250	太息倚　吾左房　长毋忘　忘俳徊	《汉镜铭文图集》图 139
6	/	20.7	709	投博至朋　直（置）酒高堂	北京赏心斋
7	/	13.7	260	见日之光　美人在旁	北京赏心斋
8	/	16.1	375	与君相欢　长乐无亟	《汉铭斋藏镜》图 71
9	/	13.8	226	太上富贵　长乐未央　愿毋见忘	《嘉德 2007 秋拍》4705
10	6-2	13.5	221	君行卒　予志悲　久不见　侍前俙	张铁山
11	/	13.8	283	日有事　宜酒食　长贵富　美人侍	《清华铭文镜》图 21
12	6-3	13.8	381	投博至明　置酒高堂	《清华铭文镜》图 23
13	/	13.8	235	时来何伤　君毋相忘	《清华铭文镜》图 22
14	/	13.5	/	秋风起　予志悲　久不见　侍前俙	《陈介祺藏镜》图 13
15	/	10.4	96	日出大明　天下益昌	张铁山
16	6-4	15.7	385	悲秋华之不实兮　守空名分之不口兮 虽疏远兮而希仙兮　言信白而不可信兮	张铁山
17	6-5	13.7	223	久不相见　长毋相忘	上海止水阁
18	6-6	15.6	295	久游何伤　长毋相忘	上海止水阁

综上所述，西汉早中期草叶铭文镜是一个具有划时代意义的铜镜品种，其丰富的文化内涵可大致归纳如下：

1. 诸多镜铭内容集中地反映了西汉早中期的历史语言；

2. 文字作为纹饰主体的草叶铭文镜，是两千年来中国正规文字镜的大河源头；

3. 草叶铭文镜书体经方格蟠虺镜的过渡，已从圆转的小篆"隶变"成方折的汉篆与缪篆，比小篆易于认读。这是历史的进步，可借以了解汉字由古变今的关键第一步；

4. 在甲骨文、大篆、小篆因普遍圆转而不能被认为是"方块字"的前提下，草叶铭文镜中出现的汉篆与缪篆应是开创了中国"方块字"的先河。草叶铭文镜制作精致且文字正规，不论字数多寡，少有通假、错别、减笔、省偏旁和反书（少有例外）；

5. 镜径多为汉寸（2.31 厘米）之整数倍，反映出草叶铭文镜制作的规整性和等级制，尤其是汉尺 6 寸（13.86 厘米）成为历代多被援据的一个"祖制"；

6. 草叶铭文镜是古代铜镜由薄变厚、由轻变重的转折点，其盛行期器物（多在汉尺 5寸至 8 寸）的单位面积重量（m 值）通常为 1.5~2.5 克 / 平方厘米；

7. 表五中之图 1、3、4、6 等四镜都是汉尺 9 寸以上的官制镜，皆问世在公元前 113 年（汉武帝元鼎四年）以前，年代可靠，铜质精良，形制规整，厚重大气，可谓是西汉草叶纹镜的代表器物。草叶铭文镜出现在西汉盛世，有其历史的必然性及划时代之重大意义。

表六　图 6-1

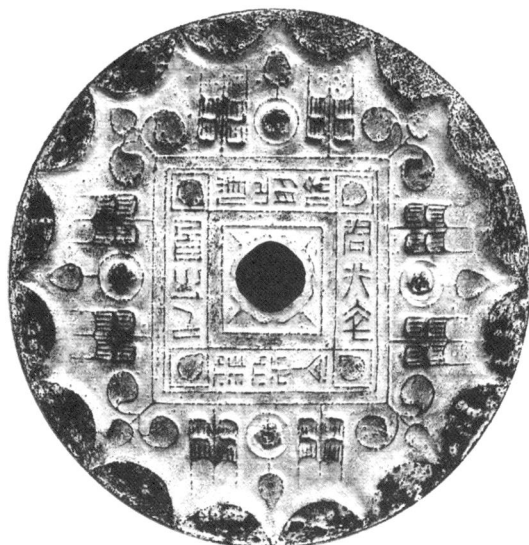

表六　图 6-2

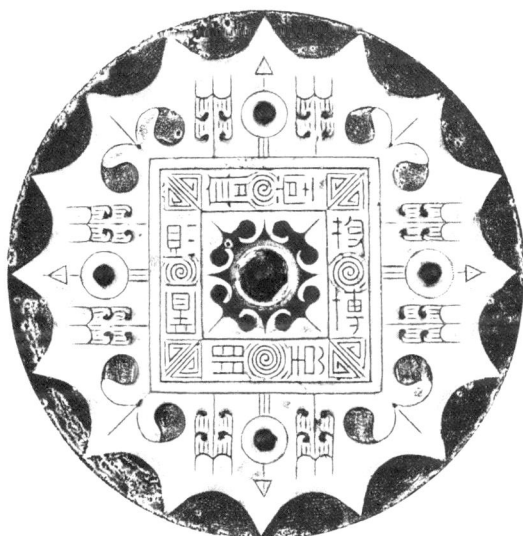

表六　图 6-3

表六　图 6-4

表六　图 6-5

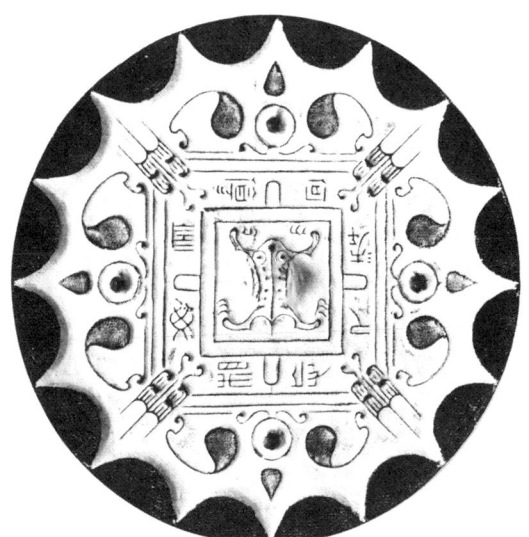

表六　图 6-6

三、西汉晚期圈带铭文镜

圈带铭文镜主要问世在西汉晚期[1]，依铭文内容划分，属日光镜与昭明镜的，多为直径在汉尺6寸（13.86厘米）以下的中小型镜；属清白镜、铜华镜、日有憙镜、皎光镜、君忘忘镜的，多为直径在汉尺6寸以上的大型镜。

（一）中小型镜

《长安汉镜》载："日光镜（以'见日之光，天下大明'为主）出现于武帝初年，流行于西汉中、晚期及王莽时期，个别可晚到东汉早期，东汉中期以后消失。"此书依据发掘整理的两汉墓葬1100余座，累计出土铜镜336面，日光镜就有92面之多，占出土铜镜数量的四分之一还多。充分说明日光镜在汉代被普遍使用的程度。同书载："昭明镜的数量少于日光镜，但相对于其他镜类，数量最多，约占出土两汉铜镜总数的九分之一。"日光镜与昭明镜的总和占去了同时期铜镜的大多数，其主要原因应是铭文中的吉祥语正好迎合了当时人们的心理。昭明镜铭文的标准内容为四句六言共24字，在存世的诸多器物中，昭明镜有着明显的两重性：一方面是"粗制滥造"，缺字、减笔、通假、别体、反书、省偏旁等文字缺陷比比皆是。究其原因，当时的铜镜铸制及使用趋于平民化和大众化，民间铸镜的随意性以及铭文的高浮雕工艺导致了良莠不齐。另一方面是昭明镜的存世数量大、跨越时间长，其文字书体亦最为丰富，有小篆变体、篆隶变体、装饰隶书、简化隶书、美术篆体等。以下列举若干较为少见品种，详见表七。

表七　铭文内容较为罕见的西汉草叶铭文镜

序	图号	直径厘米	重量克	铭文内容	资料来源
1	7-1	10.8	231	见日之光　长毋相忘	《长安汉镜》图版36
2	7-2	7.3	81	久不相见　长毋相忘	《清华铭文镜》图26
3	7-3	7.1	52	见日之光　见月之明	上海止水阁
4	7-4	10.7	174	见日之光　天下大明　富贵番昌 长乐未央　佳人毋相忘	《清华铭文镜》图27
5	7-5	约10	/	宣王　见日之光　天下大明　乐未央 千秋万世毋相忘　时来何伤	徐州市博物馆
6	7-6	9.0	72	内清以昭明　光象日月（字间有"而"）	《三槐堂藏镜》图42
7	7-7	12.5	312	内清质以昭明　光辉象夫日月 心忽穆而愿忠　然壅塞而不泄	《汉铭斋藏镜》图87
8	7-8	11.2	232	君行有日毋反时　端政心行如妾在 时心不端行不政　妾亦为之　君何能治	《汉镜铭文图集》图224

---

[1] 江西海昏侯刘贺墓出土之两面清白镜，为西汉圈带镜断代提供了实证。

1. 日光镜（见表七图 7-1），铭文为 8 字的标准日光镜存世量最大，直径多汉尺 2 寸至 4 寸之间，《长安汉镜》图版 36-2 直径有 10.8 厘米，最大者约汉尺 5 寸。此类镜在镜面光亮的情况下，偶有"透光镜"现象。

2. 久不相见镜（见表七图 7-2），此类镜是日光镜的一个特殊品种，其制式、尺寸、书体等皆与日光镜相似，唯铭文内容不同而已。《长安汉镜》的 92 面日光镜中，未见此类镜。存世更少的品种为"见日之光，天下久长"等。

表七　图 7-1

表七　图 7-2

3. 见月之明镜（见表七图 7-3），"见日""见月"两词在同一镜中，可谓罕见。因为"月"的出现，对应之"日"，当指自然中的太阳。此铭明白无误的告诉人们："日""月"的重要性。

4. 佳人毋相忘镜（见表七图 7-4），此镜形制保留了星云镜的连峰钮，其问世年代应与星云镜相近。《长安汉镜》第 76 页载："基本上可以认为，（星云镜）出现于汉武帝时期，流行于昭、宣时期。"此镜铭文书体是一种力求简洁的篆隶变体，铭文内容完全反映了汉人的心态与习俗。

表七　图 7-3

表七　图 7-4

5.时来何伤镜（见表七图 7-5），此镜形制一般而其内容特殊。历史上只有周宣王与汉宣帝这两个帝王以及孔子被称"宣王"。有一种推测，这是表示纪年的一种方式。迄今所知，中国最早纪年镜是永始二年（前15）的四灵博局镜（详见本文表十图 10-9 镜），汉宣帝在位是初元元年（前48）至景宁元年（前33）。若是这个推测成立的话，那么图 7-4 镜的问世年代比已知的永始二年镜还要早二三十年。

6.单圈昭明镜（见表七图 7-6），单圈昭明镜的直径多在汉尺 3 寸至 5 寸之间，偶见汉尺 5 寸至 6 寸者。此镜与《上海博物馆藏铜镜精品》图 136 同为西汉著名的"透光镜"，同书第 145 至 146 页有论述。此镜书体奇特，如"以""昭""明""夫"等字，可谓"美术篆隶"。

表七　图 7-5

表七　图 7-6

7.单圈昭明镜（见表七图 7-7），单圈昭明镜的文字基本上都不完整，难得此镜文字齐全。通常而言，完整的四句六言 24 字多在重圈铭文的"昭明"内容中才有出现。

8.端正心行镜（见表七图 7-8），此铭末两句的"女权思想"令人叫绝！以今之白话解读全铭："夫君远行有时日，何时返家难猜测。在外务必心行正，好比妾身在君边。有朝一日心不端，行为出格缺承担。我也学你这个样，看你把我怎么办？"

表七　图 7-7

表七　图 7-8

（二）大型镜

　　两汉中晚期时，直径在汉尺6寸以上的大型铭文镜品种较多，每个品种的制式与书体亦有变化。有关"妾之语"类铭文，将在本书035《妾负君分万不疑》中专题叙述。本文挑选一些有代表性的，文字较为齐全的器物列入，为深入探讨提供依据，详见表八。

表八　大型西汉圈带铭文镜一览表

序	图号	直径（厘米）	重量（克）	铭文内容	资料来源
1	/	17.4	720	絜清白而事君 志沄之弇明 玄锡之流泽 恐疏而日忘 美人外承可兑 愿思毋绝	《三槐堂藏镜》图44（文字不全）
2	8-1	17.2	732	絜精白而事君 志欢之合明 焕玄之泽 恐疏远日忘 怀美之穷皑 承欢之可说 之绝	北京赏心斋（文字不全）
3	8-2	23.6	1280	涷治铜华青而明 以之为镜宜文章 延年益寿而去不羊 与天无极而日月之光 年秋万岁 长乐未央	《清华铭文镜》图31
4	/	17.5	751	清浪铜华以为镜 昭察衣服观容貌 丝组杂逻以为信 清光乎宜佳人	《汉铭斋藏镜》图102
5	8-3	10.1	194	清治铜华以为镜 昭察衣服观容貌 丝组杂逻以为信 清光分宜佳人	《长安汉镜》图版47-1
6	8-4	15.6	443	日有憙 月有富 乐毋事 常得（意） 美人会 竽瑟侍 贾市程 万物正。老复丁 死复生 醉不知 醒旦醒	《汉铭斋藏镜》图97
7	/	18.1	795	日有憙 月有富 乐毋事 常得（意） 美人会 竽瑟侍 贾市程 万物平 老复丁 死复生 醉不知 醒	北京赏心斋
8	/	17.7	761	日有憙 月有富 乐毋事 宜酒食 居而必安母忧患 竽瑟侍分心志欢 乐已哉分固常然	《长安汉镜》图版47-2
9	/	14.6	481	日有憙 月有富 乐毋事 宜酒食 居而必安无忧患 竽瑟侍分心志欢 乐已哉分固常然	《三槐堂藏镜》图54
10	8-5	17.1	572	君忘忘而失志分 忧（忧）使心臾者 臾不可尽行 心沄（郁）结而独愁 明知非不可久处 志所欢不能已	北京赏心斋
11	8-6	17.0	615	君忘忘而失志分 忧（忧）使心臾者 臾不可尽行 心沄（郁）结而独愁 明知非不可久处已	《三槐堂藏镜》图56
12	/	18.9	786	君忘忘而失志分 忧（忧）使心臾者 臾不可尽行 心沄（郁）结而独愁 明知非不可久处 志所骧不能已 日有憙	北京宝鉴斋
13	8-7	17.8	460	君有远行 妾（敢）私喜 饶自次具某止 君旋行来 何以为信 祝父母耳 何木毋疵 何人毋友 相惠有常可长久	《上海博物馆藏铜镜精品》图37
13	8-8	18.0	701	姚皎光而晌（曜）美分 挟佳都而承闲。怀骧（欢）察而恚（窥）予分 爱存神而不偲（仙） 得并埶（设）而不衰分 精惽（昭）瞕（晢）而侍君	《汉镜铭文图集》图217

1. 清白镜（见表八图 8-1）

《长安汉镜》第 120 页载："清白镜出现在西汉中期偏晚，多见于西汉晚期。"今逢盛世，资料甚多，加之中外学者的努力探讨，可知清白镜确有八句六言 48 字之标准版本。目前，清白镜铭文得到普遍认可的释读："絜清白而事君，㤪泫（污）驦（秒）之弇明，微玄锡之流泽，恐疏远而日忘，怀糜（靡）美之穷（躬）軆（体），外承驦之可说，慕窈窕于灵景（影），愿永思而毋绝。""清白"镜首字为"絜"，《说文解字》讲得明白："俗作潔，经典作絜。"今天用"洁"是"潔"的简化字，可以说没有问题。较大的不同在于，第二句首字或"㤪"或"志"，"㤪"意同"怨"。第五句"穷軆"即躬体，指自己的身体。第七句末字"灵泉"，在仔细认读辨别后，有专家提出应为"灵景"，"景"同"影"，可读为"羡慕窈窕淑女之灵动身影"，表八序 1 镜在末句之前有"美人"的文字可互为印证。昭明镜的四句六言 24 字以及清白镜的八句六言 48 字都有标准读法，但其较低的出现几率只发生在重圈铭文镜的器物上，对于单圈铭文镜而言，难以找到完整的 24 字的昭明镜或 48 字的清白镜。

2. 铜华镜（见表八图 8-2、图 8-3）

《长安汉镜》载："铜华镜的时代多在西汉晚期。"铜华镜形制主要有两类。第一类，以"涷治铜华"为首句，文字较多，前二句内容比较固定，以后有变化，文字书体以方正汉隶为主，至此汉字隶变大局已定；第二类，以"清浪铜华"为首句，此类镜书体有个特点，铭文外有双凸线，文字部分笔划时而与双凸线重叠，粗看以为缺少笔画，事实上是"共用一线"所致。图 8-2 镜在第一类形制中，其 39 字铭文可谓完整（难

表八　图 8-1

表八　图 8-2

表八　图 8-3

说标准）；图8-3镜在第二类形制中，其26字铭文："清浼铜华以为镜，昭察衣服观容貌，丝组杂逯以为信，清光兮宜佳人。"堪称标准。

本书038《西汉铜华镜铭文释义》对铜华镜有详尽研讨，免赘述。

3. 日有憙镜（见表八图8-4）

《长安汉镜》第121页载："（日有憙镜的）时代下限应在西汉晚期。"表八中列出了四面日有憙镜，前两面铭文较为一致，有"美人会""贾市程""老复丁""醉不知"等内容；后两面铭文很是接近，有"宜酒食""母忧患""心志骧""固常然"等内容。此类镜铭文书体皆为隶变大局已定的方正汉隶。

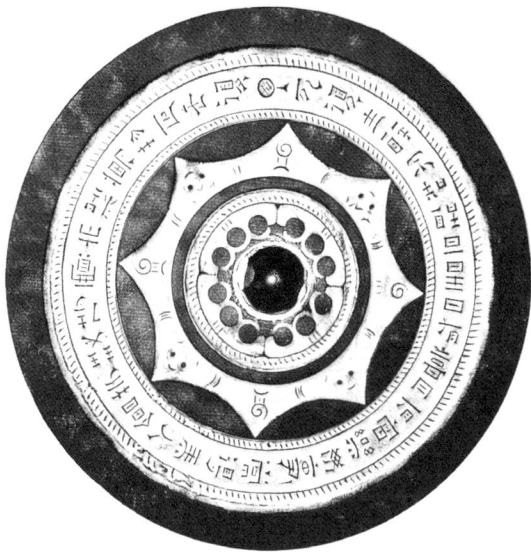

表八　图8-4

图8-4镜铭文容易理解，关键在这最后两句"醉不知，醒旦醒"。铭文虽未出现"酒"字，却将饮酒的过程与状态描绘得栩栩如生。"醒"字起源很早，意为酒醉后神志不清的状态。《诗·小雅·节南山》："忧心如醒，谁秉国成。""醉不知，醒旦醒"可释读为：醉酒以后竟浑然不知，这种神志恍惚的状态（醒），一直到第二天早上（旦）才恢复过来（醒）。今天人们都认为过量饮酒将有碍健康，而在古代，人们却认为大量饮酒是一种享受，有一股豪气。李白《将进酒》诗："五花马，千金裘，呼儿将出换美酒，与尔同销万古愁。"是对古代酒文化的一种典型注释。表八序8、序9镜铭文的最大特色在于，前四句维持了三言句式，以后的每两句三言皆添加一字而成为七言，此外，还见首句为"日日有憙月有富"的七言句式。这种诗体变化的情况，在新莽时期"上大山"（二言）铭的莽式镜中亦有出现，当是后话。

4. 君忘忘镜（见表八图8-5、图8-6）

君忘忘镜存世量较小，在《岩窟藏镜》《中国铜镜图典》《中国青铜器全集·16铜镜》《长安汉镜》《上海博物馆藏铜镜精品》等专著中，皆未发现此类器物。迄今为此，观察在国内外已经发现的近十面此类镜的铭文可知：其一，西汉中晚期，仍有采用先秦时期的"楚辞"文体；其二，铭文前四句完全相同，之后的字数略有差异，只是在组句上大同小异，个别镜虽在结尾处缺字，却对铭文内容没有大的影响；其三，铭文书体皆为方正汉隶，说明其问世年代应在与铜华镜、日有憙镜相同的西汉中晚期。1978年，在阿富汗北部席巴尔甘发掘了一批墓葬，曾出土同类镜，李学勤《缀古集》有专文论述。1992年9月三门峡市西汉墓也出土了直径16.5厘米的君忘忘镜。

表八　图8-5

表八　图8-6

5. 君有远行镜（见表八图8-7）

西汉早期镜铭中，多有相思文化的内容（详见本书068《汉唐铜镜寄相思》），铭文内容多为"长相思，毋相忘""久不相见，长毋相忘""久毋见忘""心与心，亦成亲""秋风起，予志悲"等。而到了西汉中晚期，相思文化的内容更是丰富，图8-7镜与图9-15镜的铭文虽都罕见，然"窥一斑而知全貌"。

6. 姚皎光镜（见表八图8-8）

在同类镜中，唯此铭有罕见之扁形大字，实测每个字宽约10毫米，字高在6～8毫米。语句、文字皆工整，可谓"标准器"。

表八　图8-7

表八　图8-8

在圈带铭文镜中，还见一些罕见的"妾之语"实例。如"君有行，妾有忧，行有日，返毋时，愿君强饭多勉之，仰天息""毋弃故而娶新，亦成亲，心与心，长毋相忘，俱死葬何伤""君行有日兮反毋时，结中带兮长相思，妾负君兮万不疑，君负妾兮天知之""姚皎光而耀美，得并执而不衰，精昭晰而侍君"等（详见本书035《"妾负君兮万不疑"——从西汉镜铭"妾之语"看汉代女性婚姻观》）。

四、西汉晚期重圈铭文镜

在中国两千余年的铜镜铭文史中，西汉重圈铭文镜占有一席重要的地位。此类镜有着以下特点：

1. 文字量大。一个时代，文化的最重要依据就是文字，文字量大，信息量亦大。对于文字齐全的"昭明—清白"重圈铭文镜而言，其文字数量可达 72 字（最多 78 字）。

2. 书体丰富。观察存世的大量西汉单圈铭文镜与重圈铭文镜后可知，西汉中晚期是中国文字发生剧变的时代。方格蟠虺镜、花瓣铭文镜与草叶铭文镜等镜类的书体以缪篆为主，可算从古文字发展到今文字的"隶变"之始。紧接着的圈带铭文镜，迎来了"隶变"大潮，出现了一个文字书体"百花齐放"的春天。在圈带铭文中，除留有少量的小篆和缪篆外，大量出现各种各样的变体，目前很难用准确的文字来表达它们的多姿多彩。一部分变体，则可以用美术体来称谓。以西汉晚期的铜华镜（见图 8-2）为例，可说是基本上已经完成了"隶变"，铭文已成为容易释读的今文字。

3. 文字正规。单圈昭明镜与清白镜等镜类的诸多文字缺陷，为部分学者"贬低"铜镜提供了"工匠粗制滥造"的借口。相对而言，西汉重圈铭文镜的文字比单圈昭明镜、清白镜要正规一些，少有缺字、减笔、通假、别体、反书、省偏旁等文字缺陷。事物的发展不可能尽善尽美，可以认为，西汉草叶铭文镜和西汉重圈铭文镜为汉字隶变作出了突出的贡献。

本书收集了二十一面有代表性的重圈铭文镜资料，汇列成表九。

1. 表九图 9-1 镜为内圈"日光"、外圈"昭明"的组合方式，文字数量是 8+24=32，可说齐全。《长安汉镜》图版 48、北京赏心斋等处亦多有这类文字齐全的器物。

2. 表九图 9-2、图 9-3、图 9-4 三镜都为内圈"日光"、外圈"清浪铜华"的组合方式，皆属存世少见的品种。

表九　图 9-1

表九　图 9-2

表九　大型西汉圈带铭文镜一览表

序	图号	组合方式	直径（厘米）	字数		铭文内容	资料来源
1	/	日光—昭明	13.2	32	内 8	见日之光　长毋相忘	《长安汉镜》图版 48
					外 24	内清质以昭明　光辉象夫日月　心忽穆而愿忠　然壅塞而不泄	
2	9-1	日光—昭明	11.1	32	内 8	见日之光　长毋相忘	《汉铭斋藏镜》图 83
					外 24	内清质以昭明　光辉象夫日月　心忽穆而愿忠　然壅塞而不泄	
3	9-2	日光—清浼铜华	15.6	62	内 24	见日之光　天下大明　服者君卿　镜辟不羊　富于侯王　钱金满堂	《岩窟藏镜》
					外 38	清浼铜华以为镜　丝组为纪以为信　清光明　服者富贵番昌　乐未央　千秋万世　长毋相忘　时来何伤	
4	9-3	日光—清浼铜华	15.3	61	内 26	见日之光天大明　服者君卿宜侯王　千秋万世　长毋相忘　时来何伤	《尊古斋古镜集景》图 128
					外 35	清浼铜华以为镜　丝组为纪以为信　清光明　服者富贵番昌　镜辟不羊　千秋万世　长乐未央	
5	9-4	日光—清浼铜华	10.8	33	内 8	见日之光　天下大明	上海博局山房
					外 25	清浼铜华以为镜　丝组为纪以为信，清光明乎　服者富贵番昌　□江	
6	9-5	日光—皎光	13.8	41	内 8	见日之光　长毋相忘	《清华铭文镜》图 38
					外 33	姚皎光而耀美　挟佳都而承闲　怀驩察而性予　爱存神而不迁　得并执而不衰　精昭折	
7	9-6	昭明—清白	15.4	72	内 24	内清质以昭明　光辉象夫日月　心忽穆而愿忠　然壅塞而不泄	上海止水阁
					外 48	絜清白而事君　惌汍驩之弇明　微玄锡之流泽　恐疏远而日忘　怀糜美之穷皵　外承驩之可说　慕窈窕于灵景　愿永思而毋绝	
8	9-7	昭明—清白	16.2	72	内 24	内清质以昭明　光辉象夫日月　心忽穆而愿忠　然壅塞而不泄	云南晋宁石寨山出土
					外 48	絜清白而事君　惌汍驩之弇明　微玄锡之流泽　恐疏远而日忘　怀糜美之穷皵　外承驩之可说　慕窈窕于灵景　愿永思而毋绝	
9	/	昭明—清白	17.3	72	内 24	内清质以昭明　光辉象夫日月　心忽穆而愿忠　然壅塞而不泄	《长安汉镜》图 7-2
					外 48	絜精白而事君　惌汍驩之弇明　微玄锡之流泽　恐疏远而日忘　怀糜美之穷皵　外承驩之可说　慕窈窕于灵泉　愿永思而毋绝	

（续表）

序	图号	组合方式	直径（厘米）	字数		铭文内容	资料来源
10	/	昭明—清白	17.8	70	内23	内清质以昭明　光辉象夫日月　心忽穆而愿　然壅塞而不泄	樋口隆康《古镜》图录 57
					外47	絜精白而事君　愬沄驩之弇明　微玄锡之流泽　恐远而日忘　怀糜美之穷體　外承驩之可说　慕窈窕于灵景　愿永思而毋绝	
11	9–7	昭明—清白	15.5	71	内24	内清质以昭明　光辉象夫日月　心忽穆而愿忠　然壅塞而不泄	李迪玲
					外47	絜精白而事君　愬沄驩之弇明　微玄锡之流泽　恐疏远而日忘　怀糜美之穷體　外承驩之可说　慕窈窕于灵景　愿永思而绝	
12	/	昭明—清白（半）	14.0	48	内14	内清质以昭明　光辉象夫日月　心忽	《故宫藏镜》图 22
					外34	穆而愿忠　然壅塞而不泄　怀糜美之穷體　外承驩之可说　慕窈窕于灵景　愿永思而毋绝	
13	9–8	昭明—皎光	19.2	60	内24	内清质以昭明　光辉象夫日月　心忽穆而愿忠　然壅塞而不泄	《中国青铜器全集 –16》图 49　山西朔州出土
					外36	姚皎光而耀美　挟佳都而承间　怀驩察而性予　爱存神而不迁　得并执而不衰　精昭折而伴君	
14	9–9	昭明—涷治铜华	19.0	50	内15	内清质以昭明　光辉象夫日月　心不泄□　（字间皆有而）	《长安汉镜》图 34
					外35	涷治铜华清而明　以之为镜因宜文章　延年益寿去不羊　与天无极而日月之光　长乐未央	
15	/	昭明—涷治铜华	14.8	52	内16	内清质可以昭明　光夫象日月　□□日　（字间皆有而）	《尊古斋古镜集景》图 131
					外36	涷治铜华清而明　以之为镜因宜文章　延年益寿去不羊　与天无极而日月无光　千秋万世长未央	
16	9–10	昭明—清浪铜华	13.4	50	内23	内清质以昭　光辉象夫日月　心忽穆而愿忠　然壅塞而不泄	张铁山
					外27	清浪铜华以为镜　照察衣服观容貌　丝组杂逻以为信　清光乎宜佳人	
17	9–11	清浪铜华—清白	13.7	68	内25	清浪铜华以为镜　照察衣服观容　丝组杂逻以为信　清乎宜佳人	《尊古斋古镜集景》图 127　樋口隆康《古镜》图录 58
					外43	絜精白而事君　愬汙驩之弇明　微玄锡流泽　远而日忘　怀糜美之穷體　外承驩之可说　慕窈窕于灵　愿永思而毋绝	

（续表）

序	图号	组合方式	直径（厘米）	字数		铭文内容	资料来源
18	9–12	清浪铜华—皎光	15.5	61	内24	清浪铜华以为镜　照察衣服观容貌　丝组杂遝以为信　宜佳人	台北历史博物馆（8336）
					外37	姚皎光而耀美兮　挟佳都而承闲，怀驩察而性予兮　爱存神而不迁　得并执而不衰　精昭折伴君	
19	9–13	清浪铜华—皎光	15.4	57	内20	清浪铜华以为镜　照察衣服观容貌，清光乎宜佳人	北京赏心斋
					外37	姚皎光而耀美兮　挟佳都而承闲　怀驩察而性予兮　爱存神而不迁　得并执而不衰　精昭折伴君	
20	9–14	居必忠—清浪铜华	13.2	50	内18	居必忠必信　久而益亲而不信不忠女久而自穷	《三槐堂藏镜》图58
					外32	清浪铜华以为镜　丝组杂遝以为信　清光明乎服君卿　千秋万世　长毋相忘　镜辟羊	
21	9–15	君行有日—君有远行	15.6	60	内20	君行有日返毋时　思简念　尚可治　人两心成不足思	北京赏心斋
					外40	君有远行　妾（敢）私喜　饶自次具某止　君旋行来　何以为信　祝父母耳　何木毋疵　何人毋友　相惠有常可长久	

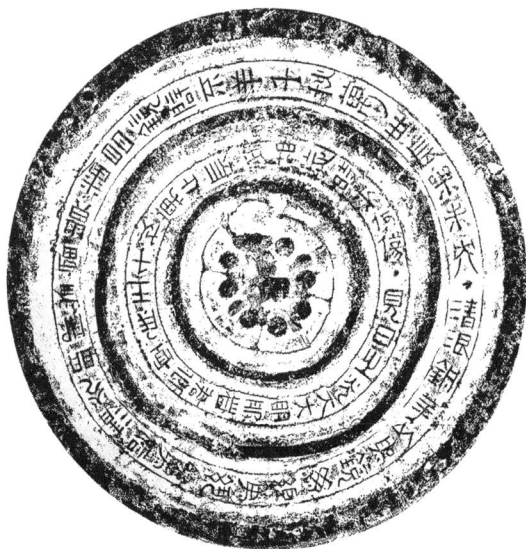

表九　图9–3

表九　图9–4

3. 表九图 9-5 镜为内圈"日光"、外圈"皎光"的组合方式。在存世器物中，"皎光"铭文多出现在重圈铭文镜的外圈，单圈铭文的存世器物罕见。

4. 表九图 9-6 镜为内圈"昭明"、外圈"清白"的组合方式。此类组合的器物存世量不算少，然要找到 24+48=72 字的完整器物，却是很难，表八列入三面，《汉铭斋藏镜》图 84 亦为同类镜。对于《故宫藏镜》图 22 与《长安汉镜》图 7-2 等重圈铭文蟠螭镜的问世年代，在本文《缠绕式三叶蟠螭镜》一节已有详尽论述。

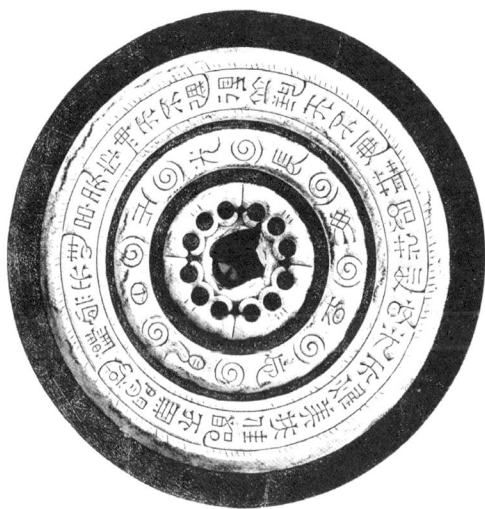

表九　图 9-5

表九　图 9-6

5. 表九图 9-7 镜的文字组合方式与图 9-5 镜相同，虽外圈末句缺了一个"毋"字，然此镜内圈铭文方向为与众不同的逆时针向，成为内外圈铭文互为反向的布局，这是此类镜中的一个特殊品种。

6. 表九图 9-8 镜为内圈"昭明"、外圈"皎光"的组合方式。比较而言，在带"皎光"内容的西汉重圈铭文镜中，"昭明—皎光"的组合方式稍多。1959 年，在日本立岩崛田瓮棺墓群出土的十面西汉镜中，其 6 号镜（直径 15.9 厘米）即为此类器物，此外，陕西西安出土（直径 15.5 厘米）、北京赏心斋（直径 13.2 厘米，重量 369 克）等处的器物皆有踪迹。

表九　图 9-7

表九　图 9-8

7. 表九图 9-9 镜为内圈"昭明"、外圈"涷治铜华"的组合方式。此镜文字的总体质量较差,尤其是内圈"昭明"部分,缺字、加"而"、减笔、别体、省偏旁等情况严重。不熟悉铜镜铭文者,对此完全不能释读,好在这种情况不多,无损西汉重圈铭文镜的美誉。

8. 表九图 9-10 镜为内圈"昭明"、外圈"清浼铜华"的组合方式。此镜仅内圈首句缺一"明"字,留下了文字完整性的唯一遗憾。

表九　图 9-9

表九　图 9-10

9. 表九图 9-11 镜为内圈"清浼铜华"、外圈"清白"的组合方式。此镜文字是典型的一种"省两边竖笔"形式,其实是利用了文字外的两圈凸线,为"共用一线"所致。个别字少了两边竖笔几乎不成字形,看上去很不规范,亦算是西汉工匠在设计镜铭上的一种"创造"。此镜原载《尊古斋古镜集景》书中,惜此书之藏品散入民间已久。今发现日本五岛美术馆所藏一镜,与图 9-11 镜铭文完全重叠,尺寸一致,似为同器,疑是东渡扶桑之物。

表九　图 9-11

10. 表九图 9-12 镜、图 9-13 镜皆为内圈"清浪铜华"、外圈"皎光"的组合方式。两镜内圈后半稍有不同，外圈铭文完全一致，"皎光"铭部分比常规内容多了两个"兮"字。

表九　图 9-12　　　　　　　　　　　　　　表九　图 9-13

11. 表九图 9-14 镜为内圈"君必忠必信"、外圈"清浪铜华"的组合方式。此镜铭文内容比较特殊，内圈完全是儒家文化（详见本书 051《两汉儒家思想铭文镜》，又见 2007 年《收藏家》第 7 期）。

12. 表九图 9-15 镜为内圈"君行"、外圈"君有远行"的组合方式。此镜内圈首句既可读成五言"君行有日返"，亦可读成七言"君行有日返卅时"。外圈铭文与图 8-7 镜大致相同，现完全释读此镜铭文还有困难，留待专题探讨。

表九　图 9-14　　　　　　　　　　　　　　表九　图 9-15

在存世器物中，还见"日光—君有行""昭明—昭明""久不—常宜"等多种重圈组合铭文。

五、西汉晚期其他铭文镜

镜类划分难以求全，除了上述各类镜种的有序归纳以外，还有一些铜镜很有特色。特别是接近西汉末年时，在纹饰中分别出现了四灵博局以及十二地支，这两种纹饰与铭文正是组成"莽式镜"的核心元素。关注这方面的内容，方能对"莽式镜"的由来与发展，有进一步的了解，详见表十。

表十 西汉晚期其他铭文镜一览表

序	图号	直径（厘米）	重量（克）	铭文内容	资料来源
1	10-1	28.0	/	君忘忘而失志兮 忧使心臾者 臾不可尽行 心沄结而独愁 明知非不可久处 志所驩不能已之	张君文
2	10-2	23.6	1183	涑治铜华清而明 以之为镜宜文章 延年益寿去不羊 与天无极如日月光 千秋万兮 （逆时针向）	张铁山
3	10-3	23.6	1135	涑治铜华清而明 以之为镜宜文章 延年益寿辟不羊 与天无极如日之光 长乐口 （顺时针向）	张铁山
4	/	18.9	705	涑治铜华清而明 以之为镜宜文章 延年益寿去不羊 与天无极如日之光 千秋长乐 （顺时针向）	中国嘉德 2009 春季拍卖会图 4778
5	10-4	/	/	日有憙 月有富 乐毋事 宜酒食 居必安 母忧患 竽瑟侍 心志驩 乐已哉 常然 （顺时针向）	《尊古斋古镜集景》图 97
6	/	18.6	782	日有憙 月有富 乐毋事 宜酒食 居必安 母忧患 竽瑟侍，心志驩，乐已哉，固然。（顺时针向）	中国嘉德 2009 春季拍卖会图 4757
7	/	17.4	821	日有憙，月有富，乐毋有事宜酒食，居而必安母忧患，竽瑟侍兮，心志驩，乐已哉兮，固常然。（三言改七言）	《汉铭斋藏镜》图 96
8	10-5	14.0	454	见日之光，天下大明，而（尔）昭侯王，长乐未央	《清华铭文镜》图 42
9	10-6	14.1	490	子、丑、寅、卯、辰、巳、午、未、申、酉、戌、亥	北京赏心斋藏
10	10-7	18.8	940	内清以昭明，光象夫日月（字间有"而"）	《上海博物馆藏铜镜精品》图 39
11	10-8	12.3	308	千秋万岁	《清华铭文镜》图 36
12	/	10.8	/	忽以觉，寤不得，寰自欺，私大（太）息	《青铜器入门》248 页
13	10-9	18.5	/	永始二年五月丙午漏上五工丰造。景公之象兮，吴娃之悦。作精明镜兮，好如日月。长相思兮，世不绝。见朱颜，心中欢。常宜子孙。	1996 年洛阳五女冢新莽墓葬出土，洛阳博物馆。

1. 表十图 10-1、图 10-2、图 10-3、图 10-4 四镜的形制相同，皆为宽大素缘的四灵博局镜，问世在西汉晚期，存世量不大，未见《长安汉镜》等专著有载。四镜铭文各不相同，图 10-1 镜为"君忘忘"铭，图 10-2 镜为逆时针向的"铜华"铭，图 10-3 镜为顺时

针向的"铜华"铭，图10-4镜为顺时针向的"日有憙"铭（由表十可知，亦有两种方向）。此类镜是中国铜镜史上最早出现的四灵博局镜，问世年代当在西汉晚期。可以认为，无伴兽之四灵纹（图10-1、图10-2、图10-3）似稍早些，有伴兽之四灵纹（图10-4）似稍晚些。此类镜的重要性在于，开创了"莽式铭文镜"的先河。换言之，"四灵博局"并不是新莽的专利。莽式铭文镜的出现只是将十二地支与四灵博局组合在一起。一个时代有一种文化，莽式镜的铭文内涵相对更加丰富，本书042《莽式铭文镜》有详尽探讨。序7镜

表十　图10-1

表十　图10-2

表十　图10-3

表十　图10-4

是铭文由三言改七言的一种经典实例。

2. 表十图10-5镜是同类器物中的特殊品种。其一，铭文内容，"而（尔）昭侯王"之"尔"即"你"，以第二人称称呼铜镜少有出现；其二，文字书体，在莽式铭文镜之前几十年就出现这种潇洒俊逸的悬针篆似难理解；其三，纹饰图案，玄武位羽人"驾龟追龙（龙头蛇

身）"甚为罕见。

3. 表十图 10-6 镜为纯十二地支的 12 个文字。虽然在西汉早期亦出现过地支铭文（详见本书 069《汉镜十二地支与唐镜十二生肖》），但是并不完善（只有八个地支）。此类镜的重要性在于，其纹饰中的纯十二地支与同时代的纯四灵博局相组合，为莽式镜的诞生

表十　图 10-5

表十　图 10-6

提供了必要条件。

4. 表十图 10-7 可称四乳四灵镜，此镜主要因内圈铭文的存在而被认定问世在西汉晚期，其四乳四灵制式在东汉早期时有所见，其双线波折纹缘在西汉晚、新莽、东汉早亦屡有出现。此镜纹饰的特点在于有杂耍（转碟），羽人在"北"方位戏弄玄武、在"西"方

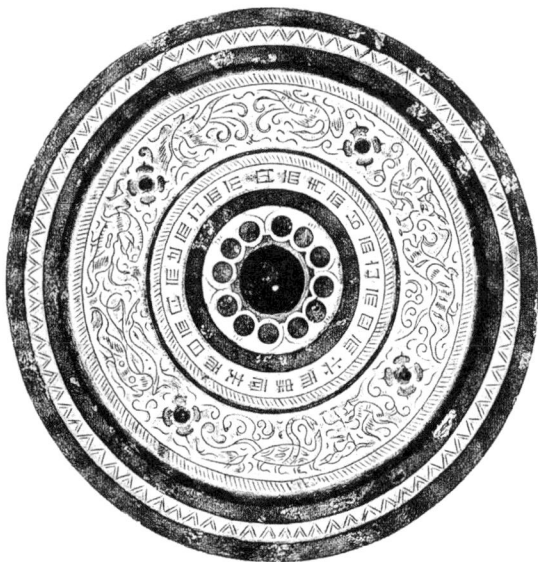

表十　图 10-7

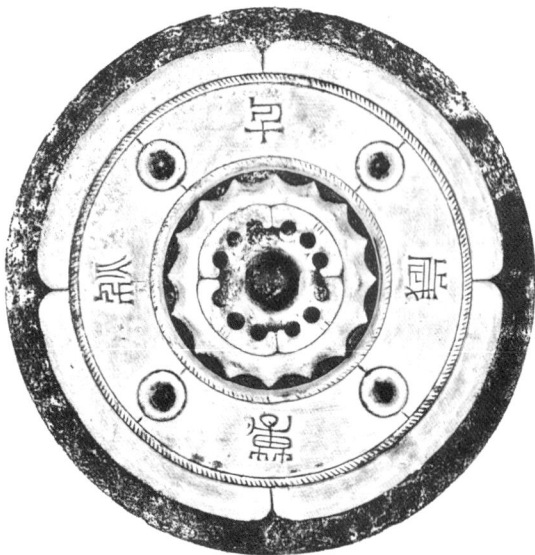

表十　图 10-8

位戏弄白虎。此镜与本文图 8-2 镜构图有异曲同工之妙，差别在于铭文圈带的位置不同。

5. 表十图 10-8 镜是西汉晚期常见形制"家常富贵"镜之特殊品种，其铭文内容"千秋万岁"及其小篆书体都展现了此镜的特殊性。

6. 表十序 12 号镜有连峰钮（或称博山钮），年代应在西汉昭宣时期。其铭系典型的相思文化，原书《青铜器入门》有曰："咏思而不露'相思'字样，别出心裁，颇有文学价值。"依李学勤老师在书中之释考与提示，此铭似可用白话释读："梦中晤君面，觉醒难成真，幻景欺妄甚，窃叹情益深。"

7. 表十图 10-9 镜是迄今所知最早出现纪年的中国铜镜。1996 年元月，洛阳市第二文化工作队在洛阳五女冢发掘了一座新莽时期的墓葬，出土了一面（编号：96HM267）四灵博局铭文镜，此镜铭文有年号"永始二年"。此年乃公元前 15 年，比现存日本的居摄元年（6）纪年镜要早 21 年，比国内较早的始建国二年（11）纪年镜要早 26 年。此镜为四灵博局，直径 18.5 厘米（汉尺 8 寸）。其主纹饰没有出现居摄以后正规莽式镜所具有的十二地支，正好说明图 10-9 镜是正规莽式镜的一种雏形。此镜的出现既给典型的西汉铭文镜画上了一个圆满句号，又为莽式铭文镜的问世铺垫了一条康庄大道。

表十　图 10-9

（《大观》杂志从 2020 年 1 月开始连载，共计约 7 期）

西汉铭文镜问世年代探讨

在前人悉心研究的基础上，尤其是依赖于近百年来的大量考古出土资料（包括十余本出土铜镜专著及《文物》《考古》等杂志）与传世资料，使得我们可以对多个西汉铭文镜类的问世年代作出大致判断。关于昭明镜与清白镜的问世年代，在本书多篇文章中已有探讨，本文不赘述。现加以综合，详见表一。

表一　五个西汉铭文镜类一览表

图号	镜类首句铭文	主纹	问世年代	直径（厘米）	重量（克）	资料来源
1	修相思	缠绕式蟠螭	西汉早期	13.8	186	《汉镜铭文图集》图 1
2		博局蟠螭	西汉早期	24.0	865	《汉镜铭文图集》图 5
3	大乐贵富得所好	博局蟠螭	西汉早期	15.4	289	《汉镜铭文图集》图 19
4		龙纹博局	西汉早中期	16.5	350	《汉镜铭文图集》图 42
5		草叶	西汉中期	15.6	567	《汉铭斋藏镜》图 82
6	见日之光	四乳蟠虺	西汉早期	7.3	19	《清华铭文镜》图 8
7		博局框铭	西汉末期	14.0	454	《清华铭文镜》图 42
8	日有憙月有富	单圈铭	西汉中晚期	17.4	821	《汉镜铭文图集》图 219
9		博局框铭	西汉晚期	18.6	残 457	《汉铭斋藏镜》图 103
10		博局圈带	西汉末新莽	12.1	403	《汉镜铭文图集》图 263
11	涑治铜华清而明	圈带铭	西汉中晚期	18.7	910	《清华铭文镜》图 32
12		博局圈带	西汉末新莽	16.2	556	《泓盛 2012 秋拍》图 58

一、"修相思"铭镜类

这是中国铜镜史上最早出现的铭文镜类。本书下册图 1 至图 4 的四面修相思铭镜类，具汉尺 5 寸、6 寸（图 1）、10 寸（图 2）的三个规格；有间隔式蟠螭（《故宫藏镜》图 24）、缠绕式蟠螭、博局蟠螭三类主纹。此类镜问世年代不长，当是西汉早期避淮南王刘长的"长"字讳而出现，其问世年代大致在汉高祖十一年（前 196）至汉文帝前元六年（前 174）的 22 年间。刘长未做淮南王时（前 196）不可能避讳，叛乱而亡之时（前 174）不值得避讳。刘长死后又可能会有一段习惯延续的时间，当无关大局。此外，刘长之子刘安被继封淮南王后，依避家讳的规制，亦避其父名讳，仍言"长"皆曰"修"，见于《淮南子》记载。在《六安出土铜镜》一书中，亦见避讳的例证。详见本书 024《西汉早期蟠螭纹铭文镜研究》。

二、"大乐贵富得所好"铭镜类

大乐贵富铭博局纹镜类的标准铭文："大乐贵富得所好，千秋万岁，延年益寿。"最早应出现在汉文帝时期（图 3）。多年来，只知道仅存世这一品种，而新资料表明：这一镜类还有带地纹的八龙博局纹（图 4）与草叶纹（图 5，仅铭文起首处加了一个"常"字）。图 4 镜大致在景帝前后，图 5 镜主要在武帝时期。综合判断可知，此铭镜类问世于西汉早期，历经西汉早中期之际，直至西汉中期，其存世时间约有半个世纪之多。

图 1

图 2

图 3

图 4

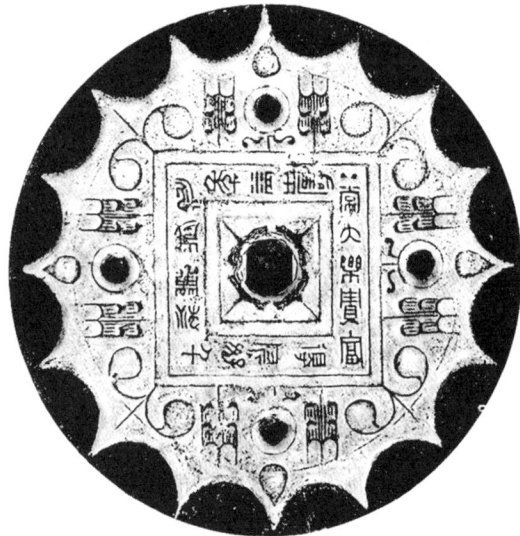

图 5

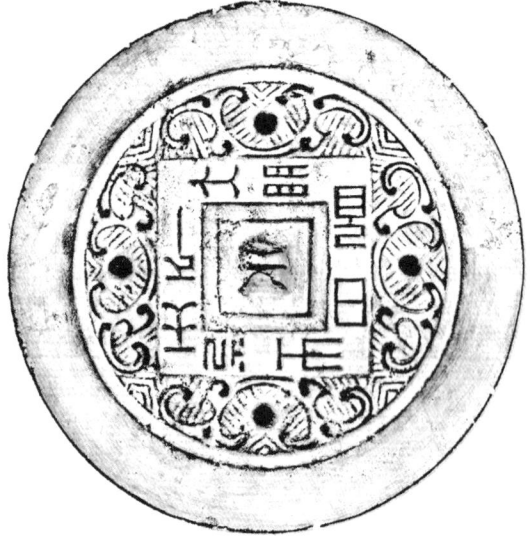

图 6

图 7

图 8

三、"见日之光"铭镜类

从《汉镜文化研究——西汉日光镜铭文释考与研讨》之表一可知，日光镜由西汉早期的蟠螭地纹类（图6）开始，历经西汉早期的纯文类与四乳纹类、西汉早中期的花瓣纹类、西汉中期的草叶纹类、西汉中晚期的单圈纹与重圈纹类，直至西汉晚期的四灵博局纹类（图7），再结合上文所附之二十四幅图片，我们可以看到日光镜一路走来的清晰足迹，它们几乎贯穿了整个西汉的两个世纪。

四、"日有憙月有富"铭镜类

这一镜类大多问世在西汉晚期，事实上是开始于西汉晚期的单圈铭（图8），经历西汉晚期的宽素缘博局方框铭（图9），结束于西汉末至新莽初的四灵博局圈带铭（图10）。其问世年代主要应在西汉晚期的半个多世纪内。《湖南出土铜镜图录》《洛阳出土铜镜》《长安汉镜》等书的资料，皆表明"日有憙"铭镜类的问世年代主要在西汉晚期。

五、"涷治铜华清而明"铭镜类

这一镜类简称"铜华镜"（图11），存世器物数量应是数以百计，其问世年代完全与"日有憙月有富"铭镜类相同，主要应在西汉晚期的半个多世纪内。这个镜类的铭文内容多有变化，本书038《西汉铜华镜铭文释义》包括了"寿敝金石""与天长久""福嗣未央""游中国""五色尽具"五种与众不同的铭文内容，它们在纹饰分类上，皆属于铭文圈带镜系列。铜华镜的重圈类存世甚少，如《尊古斋古镜集景》图131、《长安汉镜》图34、《保

图9 　　　　　　　　　　　　　　　　　　图10

图 11

图 12

利 2012 秋拍》图 10036 等；铜华镜的四灵博局圈带类更少，迄今所知，仅见本文图 12 一面。《长安汉镜》第 121 页载："（铜华镜）时代多在西汉晚期。"

六、小结

综上所述，西汉铭文镜类的问世年代有以下几个特点。

（1）问世年代最短者。"修相思"铭镜类大多问世在汉惠帝至汉文帝初的 1/4 个世纪左右。

（2）问世年代最长者。"见日之光"铭镜类，从汉文帝之初的蟠虺纹（图 6）直至西汉末期的四灵博局纹（图 7），这个镜类几乎贯穿了整个西汉的两个世纪。

（3）共性中的个性。图 4、图 5 是西汉"大乐贵富得所好"铭文镜的两个特例，展现出铭文与主纹不在一个时代的鲜明个性，亦表明"复古"现象历代皆有。

（4）一个时代映射一种文化。"日有熹月有富"铭镜类与"涑治铜华清而明"铭镜类，大多问世在西汉晚期。这些铭文在四灵博局纹上出现的实例（图 10、图 12），既说明西汉末王莽篡位（改制）以前之思想体系在西汉各个领域的扩展；亦表示在居摄初年的前后，西汉文化画上了句号。这两个镜例可谓是一种承前（西汉）启后（新莽）的经典器物。

（原载《汉镜文化研究》之"1.3"）

西汉中期镜铭之儒家思想

先秦时期，诸子蜂起，百家争鸣，打破了"庶人不议"的传统观念，取而代之的是"处士横议"的活跃风气。其中儒、道、墨、法等学说的影响尤为深远，特别是后来在封建社会长期处于主导地位的儒家思想，成了两千多年来中国文化的精神支柱。

从汉初到武帝刘彻即位前，西汉统治者在政治上奉行无为而治，在经济上实行轻徭薄赋，在思想上信奉黄老学说。这一统治策略对解除秦代苛政、促进休养生息、恢复并发展生产、安定社会秩序，无疑起了重要作用。然而，反映在对内对外的统治政策上，不免有其姑息、妥协的一面，由此而造成了农民脱离户籍、地方势力膨胀、匈奴野心扩大等不良后果。显然，主张"无为而治"的安邦之策已不能适应加强中央集权的需要。同时，经过"文景之治"的经济恢复，西汉王朝已积累起足够的财富，具备了一定的实力，为加强中央集权奠定了坚实的经济基础。巩固政权需要有统一持久的思想理论，西汉统治者从信"黄老"到尊"儒学"的这种变化，自汉景帝时期就已逐渐酝酿，而在汉武帝即位以后最终完成。《汉书·武帝纪》载：建元元年（前140）冬十月，汉武帝"诏丞相、御史、列侯、中二千石、二千石、诸侯相举贤良方正直言极谏之士"。而此时身为丞相的卫绾上奏"所举贤良，或治申、商、韩非、苏秦、张仪之言，乱国政，请皆罢"。这就是后来被称为"罢黜百家"的动议。卫绾的主张得到汉武帝的强力支持。当然，这时的儒家思想是掺杂了道家、法家、阴阳五行家的一些思想。这种与时俱进的新思想，神化了专制王权，维护了封建统治秩序，自然受到统治者的推崇。

儒学被用来作为统治思想，一方面是由于其本身包含着有利于加强中央集权所需要的思想因素，如"天道观"及"大一统"等，更重要的是西汉大儒董仲舒（前179～前104）等对先秦儒学的补充完善，使其成为维护封建统治的完整理论。后虽有窦太后等的阻挠，但儒学最终被推上了俯视其他学说的高位。这种地位不仅反映在统治者的思想上，而且表现在行动上。汉武帝时期为提倡儒学，先后不断提出各种具体措施，如置五经博士、兴办太学、行封禅礼、太初改制（修订礼制和历法）、建立年号等。更重要的在于通过这些措施，将儒家思想渗透到礼制、教育、法律等各个领域之中。

一个时代造就一种文化，一种文化印证一个时代。铜镜作为一种文化载体，在西汉中期之花瓣镜和草叶镜的铭文上，出现了儒家思想内容，印证了"罢黜百家，独尊儒术"那个时代的历史。现对以下三面铜镜铭文作逐一释考。

一、"与人无极"铭花瓣镜（图1、图1A）

资料来源：《汉铭斋藏镜》图51

直径：11.5厘米；重量：196克

铭文：与人无极，天必利之；富贵安乐，幸毋相忘。

同类镜铭常见"与天无极""与天相寿""与地相长""与美相长"等内容，此铭"与人无极"甚是罕见。董仲舒的"人"与"民"及其"顺命"的统治思想是中国古代统治者实施统治的重要依据和基础内容，认为人是由君、民、臣所构成，都受上天控制。"与人"即合乎民意、取得人心。此铭前两句可谓董仲舒"天人感应"说之经典句例，意即人的行为能感应上天。这则铭文表达的是，努力使君与民处于一个统一体中，构建一种让君与民密切联系、命运相关的政治局面。董仲舒新儒家学说除重视天道之外，还重视人情，更富有人情味，具有近人近俗的特点。因而儒家的教义很容易深入到老百姓的日常生活中去，发挥一民心、齐民俗的教化作用。另有观点认为，"人"通假儒家思想核心之"仁"，免赘述。此镜问世年代比本文图2镜明显要早，应是西汉宣扬新儒家思想的早期器物。

此铭字体扁形、笔画圆转，既特殊又俊美。与《山东省博物馆·铜镜卷》图10

图1　"与人无极"铭花瓣镜（西汉早中期）

图1A

比较，直径相同（皆为汉尺5寸），书体一致，好似出于同一工匠之手，唯钮式有别。

二、"必忠必信"铭草叶镜（图 2，图 2A）

资料来源：《汉铭斋藏镜》图 75

直径：18.2 厘米，重量：529 克

铭文：必忠必信，久而必亲，不信不忠，久而自穷。

《清华铭文镜》图 41 是西汉晚期的铭重圈镜，其内圈铭文："居必忠必信，久而益亲，而不信不忠，久而自穷。"此镜与之相比，少了"居"与"而"两字，另将"益"字换成"必"字。

董仲舒对为人处世标准，提出"三纲五常"，就是"君为臣纲""父为子纲""夫为妻纲"，以及"仁、义、礼、智、信"五种为人处世的道德标准。"三纲五常"被董仲舒论证为"天意"安排的永恒不变的信条，他说"道之大原出于天，天不变道亦不变"。在这里，他所说的"道"就是指"三纲五常"的道德信条，这些道德是作为"百神之君"的"天"安排给人世间的，只要是"天意"不变，人间就永远不能改变，董仲舒的思想为中国封建社会的政权、君权、神权、父权、夫权、族权的统治提供了理论依据。忠信风行，则君臣、君民团结，反之则国家危矣！这段铭文正贴切地体现了董仲舒的这一思想，五常之道是处理君臣、父子、夫妻、上下、尊卑关系的基本法则，治国者应该给予足够的重视。坚持五常之道，就能维持社会的稳定和人际关系的和谐。三纲五常等观念，为统治和等级秩序的神圣性与合理性而辩护，成为中国封建专制统治的基本理论。1968 年，河北满城中山国靖王刘胜墓出土了一面汉尺 9 寸的草叶纹镜，刘胜殁于元鼎四年（前 113），说明草叶纹镜在汉武帝时期的前半段已经盛行。

图 2 "必忠必信"铭草叶镜（西汉中期）

图 2A

三、"有君子之方"铭花瓣镜（图3、图3A）

图3　"有君子之方"铭花瓣镜（西汉早中期）

图3A

资料来源：《汉镜铭文图集》图106

直径：13.5厘米；重量：413克

铭文：有君子之方；视父如帝，视母如王；爱其弟，敬其兄；忠信以为商（常）。

忠孝合一的孝道思想是儒家思想学说的重要组成部分。"方"即规律、道理。这则铭文以直白的语言宣扬儒家的这一伦理观念。无论先秦儒家还是西汉新儒家，皆十分重视以君臣、父子、夫妇、兄弟、朋友为"五伦"的伦理关系。孔子认为：为政首先要"正名"，做到"君君、臣臣、父父、子子"。孟子也认为"使契为司徒，教以人伦：君臣有义，父子有亲，夫妇有别，长幼有序，朋友有信"（《孟子·滕文公上》）。董仲舒则强调"立义以明尊卑之分"（《春秋繁露·盟会要》）。汉武帝时，把符合封建统治利益的政治观念、道德规范等立为名分，定为名目，号为名节，制为功名，用它对百姓进行教化，称"以名为教"，其内容主要就是三纲五常。"商"字通"常"，意为伦常、纲常。汉蔡琰《悲愤诗》："汉季失权柄，董卓乱天常。"

在董仲舒的思想体系中，忠道和孝道是统一的，甚至可以说，孝道就是忠道，忠道就是孝道。不难看出，这也是一种"家国同构"的思想，就是把国和家统一，把君王和父亲的角色合二为一。这样君王既具有至高无上的政治权威，同时又成为天下所有人都必须孝敬的父母一样的角色。向君王尽忠，也就是最大的孝行。因而，如果能在家庭中做到孝亲，那就必然会在朝廷里尽忠。可以说，这段铭文就是董仲舒所代表的西汉统治者推行明孝理、行教化，以融合家庭、报国敬业、凝聚社会，维持社会稳定的真实写照。

除了上述三镜外，另见若干直径稍小的具铭四乳镜，其内容借镜喻人，表达了在西汉人际关系中，儒家思想"诚"与"信"的重要性。即使在两千年后的今天，仍具有教育意义，详见表一。

表一　存世"诚""信"铭文镜汇总一览表

序号	直径（厘米）	重量（克）	铭文内容	资料来源
1	7.7	43	玄金之清，可以取诚。	《汉镜铭文图集》图 73
2	/	/	玄金之清，可见信诚。	《考古与文物》2006 年第 4 期
3	9.3	62	金清阴光，可以取信。	《汉镜铭文图集》图 71
4	7.5	/	金清阴光，可以取信。	陕西历史博物馆《千秋金鉴》第 43 页

四、小结

第一，本文三镜当是汉武帝"罢黜百家，独尊儒术"的历史产物，问世在与董仲舒同一时代的西汉中期之初。

第二，图 1 与图 3 镜应是存世最早的儒家思想铭文镜，相对比图 2 要稍早些。

第三，图 1 与图 3 镜为花瓣镜的断代提供了依据，即花瓣镜的问世年代最晚应在汉武帝即位以后。

（原载《收藏家》2007 年第 7 期）

忠为衣兮信为裳

——面深具儒家思想的西汉镜

王纲怀　倪葭

清华大学艺术博物馆收藏有一面"必忠必信铭八龙草叶镜"，镜边为十六连弧纹缘，纹饰为八螭龙、四草叶、四花瓣，铭文："必忠必信，久而必亲，不信不忠，久而自穷"。铭文镜图文并重，互为补充，本文拟对此镜的文化内涵及纹饰含义作粗浅探讨。

一、器物描述

清华大学艺术博物馆收藏有一面"必忠必信铭八龙草叶镜"（详见图1，图1A），铭文："必忠必信，久而必亲，不信不忠，久而自穷"。此铭文深具儒家思想。此镜直径18.2厘米（汉尺8寸），重量529克，m值（单位面积重量）2.04克/平方厘米，厚重大气。

1968年，河北满城中山国靖王刘胜墓出土了一面汉尺9寸的草叶纹镜，刘胜殁于元鼎四年（前113年），说明草叶纹镜在汉武帝时期的前半段已经盛行。

根据《长安汉镜》一书可知，大量出土器物，凡形制标准（主纹在成熟期）的草叶纹镜，其墓葬年代皆在西汉中期或中晚期。又依《洛阳烧沟汉墓》《广州汉墓》《罗州城汉墓》《洛阳西郊汉墓发掘报告》等文献资料，所得结论大体一致。

西汉草叶镜主纹有一个发展、成熟的过程：发展期形似谷穗状（偶见或纳入单叠麦芒状），其主要年代在景帝时期。成熟期形似麦芒状（多见二至四叠），其主要年代在武帝时期。加之此镜有经典儒家思想的铭文，笔者认为，此镜应问世在汉武帝初年"罢黜百家，独尊儒术"[1]的相应年代。

图1

图1A

二、儒家思想——忠信文化

同样收藏于清华大学艺术博物馆的另一面"居必忠铜华重圈铭文镜"（图2），其镜铭为："居必忠必信，久而益亲，而不信不忠，久而自穷"。与本文之镜铭文大同小异，只是多了"居""而"两字。两铭内容深具儒家思想，正如初唐诗人卢照邻《中和采九章·总歌第九》："若有人兮天一方，忠为衣兮信为裳。"用今天

图2

的白话解读：为人相处，要做到忠诚无私，言而有信，可使亲情和友谊日益俱增；反之，就会自食其果，逐渐走上穷途末路。

"忠"字通常有三解：其一，忠诚无私；尽心竭力。《左传·成公九年》："无私，忠也。"其二，特指事上忠诚。《尚书·伊训》："居上克明，为下克忠。"孔传："事上竭诚也。"其三，忠厚。《楚辞·九歌·湘君》："交不忠兮怨长，其不信兮告余以不闲。"王逸注："忠，厚也。"

"信"字主要有两解：其一，诚实不欺。《论语·学而》："为人谋而不忠乎？与朋友交而不信乎？"其二，守信用，实践诺言。《左传·宣公二年》："贼民之主，不忠；

---

〔1〕《汉书·武帝纪第六》："建元元年（前140年）冬十月…丞相绾奏：'所举贤良或治申、商、韩非、苏秦、张仪之言，乱国政，请皆罢'。奏可。"

弃君之命，不信。"《国语·晋语二》："吾闻之，申生甚好信而强，又失言于众矣，虽欲有退，众将责焉。"韦昭注："信，言必行之。"

西汉董仲舒提出"道之大原出于天，天不变，道亦不变"。他说"道"就是"天"安排给人世间的，只要"天意"不变，人间就永远不能改变。这里的"道"就是指"三纲五常"的道德信条，"三纲"是"君为臣纲、父为子纲、夫为妻纲"，"五常"为"仁、义、礼、智、信"五种为人处世的道德标准。董仲舒的思想是处理君臣、父子、夫妻，各种人伦关系、上下尊卑关系的基本法则，三纲五常和名教观念，为封建阶级统治和等级秩序的神圣性与合理性而辩护，成为中国封建专制统治的基本理论。"必忠必信铭八龙草叶镜"铭文贴切地体现了董仲舒的这一思想。

三、谷穗纹与社稷坛

此镜直径 18.2 厘米（汉尺整 8 寸），可称为当时官制的标准器，既具备实用功能，也是精美的工艺品。镜边为十六连弧纹缘，纹饰为八螭龙、四草叶、四花瓣，十六字铭文为"必忠必信，久而必亲，不信不忠，久而自穷"。对于铭文镜，要图文并重，互为补充，才能真正理解每面镜子的文化内涵，以及铜镜形制和纹饰之间特定组合的深蕴所在。

此面铜镜的草叶纹，值得深究。草叶纹属于植物纹之一，相较于具体的动物纹，植物纹的指向宽泛，包括树纹、叶纹和花卉纹。过去铜镜植物纹中的花叶纹、草叶纹甚至是花瓣纹的命名方式，都是表形不表意，即各种纹样具体来源于何种植物，迄今似乎鲜有专家学者研究，此类植物纹样所代表的内涵也有待发掘。

人类首先从自然界获取衣食，并创造了各种有意味的形式[2]。由河南安阳殷墟妇好墓出土的叶脉纹铜镜，便可见到原始先民对植物的崇拜。如其中的一面铜镜，主区以镜钮为中心，划分为四个区域，每个区域内均有呈对称状的叶脉纹。

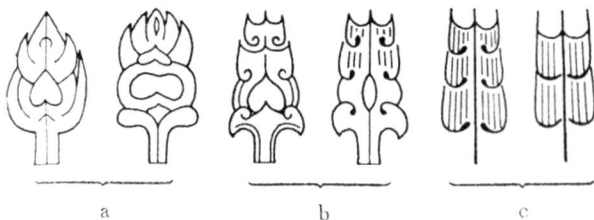

图 3　草叶纹的变迁

---

〔2〕　"面对依托生存的大自然，人类作为拥有独立思考能力的高级动物，不仅学会了从自然界获取衣食，还创造了各种有意味的形式。这些形式大多是从对自然形态的模仿开始的，而模拟的对象，则是人类不断观察和实践后作出的选择。在充满未知危险的原始社会，植物是早期人类最可以充饥解渴的食物、是可以疗伤的神奇药物，植物是早期人类最可信赖并随处可见的忠实朋友。可以想象，是人类对植物的需要和崇拜促使其成为模拟对象，这种需要是食物的需要、药物的需要甚至是精神的需要。"详见王静：《浅议经久不衰的中国传统植物纹饰》，《大众文艺》，2012 年第 22 期，第 70 页。

最先提出草叶纹变化的是日本学者冈村秀典，他在《蟠螭纹镜的文化史》一文中谈到"从蟠螭纹镜与草叶纹镜与其单位纹样的共有关系作为若干补充。我的方案表示为，从蕾形图案（a），成长为谷穗状的芽（b），最后成为前端有谷穗状部分的图案（c）。这样的一系列变化从形状上称作草叶纹，但最初阶段并不是呈现为草叶。"[3]冈村秀典在论文中绘制了《草叶纹的变迁》（图3），认为穗状草叶纹由蕾形纹样演变而来。

其演变过程一如植物的孕育过程：从开始类于桃形的钩线花蕾状，到花蕾内部结满籽的结实状，至最后演变为一叠、二叠或三叠的穗状。此种纹样的形态由扁变长，内部繁复的线条先由简单而繁复，再由繁复而简单，最后取而代之的是并列的类于麦芒的竖线。此种纹样的发展过程类似于植物的结实、成熟过程。

再横向比较青铜器、陶器、漆器中的草叶纹。草叶纹在青铜器物中较为少见，在陶器、漆器中多作为辅纹。陶瓷的植物纹有稻麦纹、叶纹、花瓣纹等。出现稍晚的漆器，借鉴了陶器以及青铜器的纹样。铜镜的草叶纹自出现之日起，不论是早期近于花蕾的形态，还是后期谷穗形态，均作为铜镜中的主纹出现，不属于从属的地位，有着独立的含义。此种纹样至西汉武帝时达到高峰，且与龙纹、蟠螭、蟠虺纹并置，可见青铜镜中此种穗状草叶纹的重要，至汉昭帝、宣帝时，穗状草叶纹才逐渐淡出铜镜纹样舞台。

1957年，陕西神木县纳林高兔村出土秦代右游银盒，此盒通高12.1厘米，腹径14.8厘米，重572.6克。此盒子母口，圆底矮圈足。"盖沿和器沿均装饰谷穗纹，盖上和器腹饰正反相错的浮雕状水滴纹。秦居关中，八百里秦川盛产麦子，故以麦穗为纹饰。"[4]是否因秦时期农业的发展[5]，使曾经花蕾状的草叶纹开始发生了变化，而逐步演变为"穗纹"？

汉承秦制，经过战乱，地广人稀，汉初统治者积极恢复农业生产，此时对农业的重视程度可想而知。因此汉镜中常见此种谷物（草叶纹），在铜镜中汉代先民表达了对农业的重视，及对丰收的渴望。

战国镜中围绕镜钮的方格较小，此时期的方格还未赋予更深地含义，似乎为安排镜钮的布局而出现。"从草叶纹镜开始，镜钮开始突出，钮外置一个很显著的大方格，围绕方格排列铭文，自方格内外放射出'草叶纹'，置四乳钉，16内向连弧纹缘（大多数），整体布局和谐对称，具有几何形态的美。"[6]

---

〔3〕冈村秀典：《蟠螭纹镜的文化史》，《泉屋博物馆纪要》第十四卷，1998年3月10日，第11页。

〔4〕徐潜主编：《中国古代艺术珍品》，吉林文史出版社，2014年，第123页。

〔5〕从五帝时代起，秦就与夏商周的先祖致力于中原农业的开发。根据考古出土实物也可证明此点。秦孝公时的"商鞅变法"中就包括农业 "耕织致粟帛多者，复其身"，百姓生产的粮食和布匹多，就可以免除徭役。因对农业的发展与推崇，秦国由此强大起来。曹操在《置屯田令》中即谈到"秦以急农兼天下，孝武以屯田定西域，此先代之良式也。"战国七雄中，为什么是秦国完成了统一大业？ "秦以急农兼天下"将农业放在了首要发展的位置，有了稳固的农业基础，为定国之术，强兵足食，最后才能一统天下。秦人也由对宽泛的自然植物崇拜转至对粮食作物的重视，将草叶纹演化为代表生活与丰收的谷穗。这其间的认识的转变，不仅通过铜镜，和前文中提到的右游银盒也可以得到证明。

〔6〕梁鉴：《也谈西汉草叶纹镜》，《收藏家》，2004年第4期，第40页。

　　西汉早期，人们将铜镜认为是浑圆之天体，镜背纹饰多见以龙为主的螭龙纹、蟠螭纹、蟠虺纹等。铜镜形制的重大变革之一是引入了"天圆地方"古天文概念。《淮南子·天文训》"天道曰方，地道曰圆，方者主幽，圆者主明。"古人仰观天象，由太阳周而复始的运行，推测天形是圆的；俯视地平线是直的，推测地形是方的，因此以铜镜圆形外廓喻天，中心方框喻地，由此形成铭文镜"天圆地方"的形制。

　　在象征大地的方形框栏周边布置形似谷穗的"草叶纹"有何深意？方框加谷穗的组合，喻示了大地与谷物（谷神）的结合，形成了特定的指向——社稷坛。《说文解字》中对于"社"的解释是"社，地主也。《春秋传》曰：功工之子句龙为社神。《周礼》二十五家为社，各树其土所宜之木。"社就是土地之主，地神。《说文解字》中对于"稷"的解释是"稷，斋也。五谷之上。"稷是五谷，也就是代表粮食。先秦时期"社稷"的地位很高，如《周礼》所载"小宗伯之职，掌建国之神位，右社稷，左宗庙。"历朝历代建国之初即先立社稷坛和宗庙，宗庙代表的是血缘，社稷坛代表土地和粮食，是帝王祭祀土神与谷神的场所。"社稷"慢慢变成了国家的代名词，足见"社稷"的重要性。

　　在表示"社稷坛"的方形框栏周围安排上"欣欣向荣"的三叠草叶纹与带花苞的花卉纹，表达了西汉先民对丰收的追求与渴望。

四、以古鉴今

　　"忠"与"信"是德育之核心，是立身处世、人际交往、经济交往的基础，还是从政、创业之必须。试想，一个官员、一个政权如果不讲诚信，哪来什么凝聚力和感召力？战国时的张仪口是心非，以六里地欺骗楚怀王，致使楚国大败；春秋时的晋惠公背信弃义，与秦国为敌，结果招致秦国征伐。这就是不诚不信的可悲结局。人们要审慎待之。

　　"必忠必信铭八龙草叶镜"铭文"必忠必信，久而必亲，不信不忠，久而自穷"说明：每个人做人处事，以及人与人之间，只要做到讲求忠诚无私和言而有信，时间长了彼此间就会更加亲密和谐；反之，若不忠不信，则必然离心离德，孤立无援，久而久之必然走向穷途末路。忠信文化一直为古人所衷，对于当今构建和谐社会和发扬诚信风尚，仍具有重要的现实意义。

（原载《水木清华》）

导民以孝　则天下顺

——从汉镜看汉代孝文化

中华民族的"孝"文化源远流长，在公元前十一世纪以前，甲骨文中就已经出现了"孝"字。中国最早一部解释词义的著作《尔雅》对"孝"给出的定义是："善事父母为孝。"汉代贾谊的《新书》则界定为"子爱利亲谓之孝"。

汉代是中国帝制社会政治、经济、文化全面定型的时期，也是孝文化发展历程中的一个重要阶段。为实现"以孝治天下"的目标，从汉惠帝开始，汉朝统治者不遗余力地对民众进行孝道教化，并且推行了多种政策措施：

皇帝以身作则。倡导孝道，皇帝必须亲自做出示范，起到引领作用。汉朝开国君主刘邦在其父生时尽力侍奉，死后立庙，岁时祭祀。汉惠帝、汉文帝也以"仁孝闻于天下"。文帝母亲卧病三年，他常常目不交睫，衣不解带，亲尝汤药。其事列入元人所编《二十四孝》之第二位，仅次于舜。以孝作谥亦是汉代皇帝以身作则的另一表现。除汉高祖刘邦、光武帝刘秀以外，西汉自惠帝以下，东汉自明帝以下，所有帝王的谥号都标以"孝"字，如孝文皇帝、孝武皇帝、孝章皇帝、孝桓皇帝等。汉代帝王虽多次改元，但谥号上的"孝"字却一以贯之。

《孝经》家诵户习。《孝经》并不在儒家六艺之列，汉时确立了其经学地位。武帝时设五经博士，不久即增《论语》为六经，再增《孝经》为七经。孝道教育就以《孝经》的教授为主要途径，各级学校广布孝道。京城太学生课本主要内容是《孝经》在内的儒家经典；地方上的官学也置经师讲授《孝经》。孝道不仅是学校教育的基础课程，而且是社会教化的核心内容。《孝经》一时被"家诵户习"。

以孝举人选官。汉代选拔官吏的科目之一就是"孝廉"，"孝廉"即孝顺父母、办事廉正之意，始于董仲舒贤良对策之奏请，由各郡国在所属吏民中荐举孝、廉各一人，后合称为"孝廉"。如果乡里有人以孝出名，地方长官有责任向上推荐，可以直接任用。武帝以后的许多重要官员，如温舒、王吉、鲍宣等，皆由举孝廉而入仕。汉镜铭文"郡举孝廉州博士"（《汉镜铭文图集》图451）即是重要例证。

引孝道入法律。 采用法律手段保证孝道实施。在《汉律》中，把"不孝"定为大罪，处罚相当严厉，因不孝而被处以弃市、枭首、罢官的事例屡有记载。景帝三年，哀平侯刘嘉之子刘恢因不孝谋反而被处死。西汉成帝、哀帝时的宰相薛宣，为官期间因为孝行有亏而多次受到斥责、弹劾，最终"免为庶人，归故郡，卒于家。"（《汉书·薛宣传》）

由于汉代推行的政策措施行之有效，所以第一个以孝治天下的汉王朝，也最是名副其实。若论对孝道的重视程度和实施力度，恐后世王朝无出其右者。《二十四孝》中有九例为汉代人故事，即是明证。

这种深入人心的文化现象，必然在当时的艺术上得到反映，两汉三国镜铭与东汉中期的镜图（图1至图5），就是观察与研究汉代孝文化的绝佳窗口。

本文汇集了从西汉中期至三国吴期间的二十个镜铭（图）资料，详见表一。

表一　汉镜孝文化一览表

序号	图号	大致年代	直径（厘米）	重量（克）	镜铭主题词	主纹	资料来源
1	/	西汉中	13.5	413	视父如帝视母如王。	花瓣	《汉镜文化研究·图录》图64
2	/	西汉晚	17.8	460	祝父母耳。	圈带	《汉镜文化研究·图录》图115
3	1	西汉晚	11.8	420	利贰亲，宜弟兄。	圈带	《汉镜文化研究·图录》图120
4	2	西汉晚	18.7	955	利贰亲，宜弟兄。	重圈	《汉镜文化研究·图录》图126
5	/	西汉末	21.5	/	长保二亲乐富昌。	四灵博局	《止水集·莽式铭文镜》表A1-2
6	/	西汉末	27.5	/	常葆父母利弟兄。	四灵博局	《止水集·莽式铭文镜》表E-3
7	/	新莽	23.0	/	长保二亲如侯王。	四灵博局	《止水集·莽式铭文镜》表B-3
8	/	新莽	20.9	1020	长保二亲受大福。	四灵博局	《故宫藏镜》图32
9	/	新莽	13.7	457	长保二亲乐富昌。	四灵博局	《清华铭文镜》图47
10	/	新莽	18.5	621	长保二亲得孙力。	四灵博局	《清华铭文镜》图50
11	/	新莽	18.5	635	长保二亲子孙力。	四灵博局	《清华铭文镜》图51
12	/	新莽	21.1	1055	长保二亲得天力。	四灵博局	《清华铭文镜》图52
13	/	新莽	16.3	728	古有便父又利母。	四灵博局	《清华铭文镜》图62
14	/	新莽东汉	17.1	560	长保二亲宜酒食。	四灵博局	《清华铭文镜》图63
15	/	新莽东汉	16.3	770	二亲有疾身常在。	四灵博局	《清华铭文镜》图65

（续表）

序号	图号	大致年代	直径（厘米）	重量（克）	镜铭主题词	主纹	资料来源
16	/	东汉初	13.9	411	长葆二亲利孙子。	四灵博局	《汉铭斋藏镜》图115
17	/	东汉中晚	10.4	155	天神集会，佑父宜兄。	环状乳神兽	《汉镜文化研究·图录》图189
18	3	三国吴	14.9	461	长保二亲得天力。	对置式神兽	《汉铭斋藏镜》图123
19	4	新莽东汉	16.9	728	夵言之纪孝为右，古有便父又利母，	瑞兽博局	《清华铭文镜》图62
20	5	东汉早中	20.2	924	曾子、曾子母、闵骞父	画像	《开明堂英华》图49

图1

图1A

图2

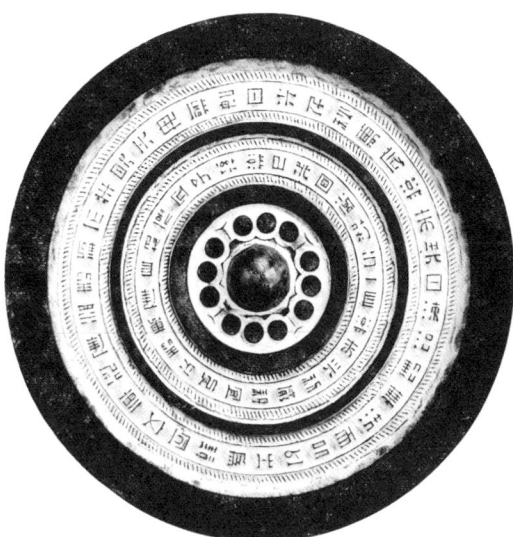

图2A

图 3

图 3A

图4另设局部放大(详见图4A、图4B),其铭全文:"淶言之纪孝为右,古有便父又利母,鲜人王侨赤诵子,乘云日露越江海,徘徊名山。"

图 4

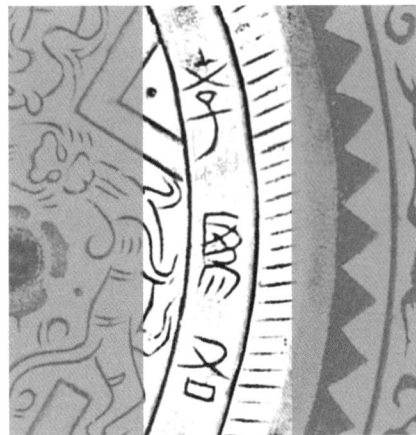

图 4A

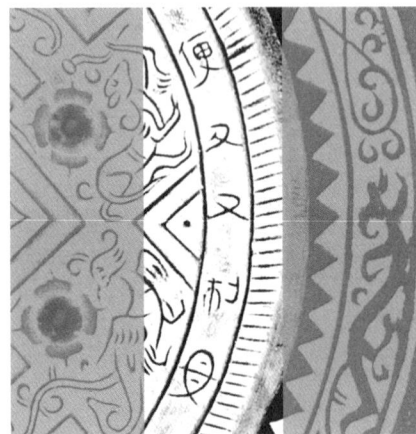

图 4B

图5另设局部放大（详见图5A、图5B），此镜图案及榜题说了古代两个大孝子曾子（图5A"曾母投杼"）与闵子（图5B"芦衣顺母"）的故事。

图5

图5A

图5B

由以上镜铭（20例）、镜图（图1至图5）中，我们可以了解其涉及汉代孝文化的如下特征：广为普及，形成时尚。图4"孝为右"铭文说明，汉人将孔子"孝弟（悌）也者，其为仁之本"（《论语·学而》）奉为至理名言，"孝悌忠信、礼义廉耻"是做人的基本道德，孝顺为先理所当然。在两汉三国的四百多年间，孝文化始终不断地以图文形式出现在铜镜上，足以说明此观念的深入人心，形成了一种主流文化与社会共识。汉人视孝道为

"天之经，地之义，德之本，民之行"。（班固《汉书·艺文志》）上自帝王、下至百姓，人人以"孝"为美德的最高标准，整个社会形成了"孝"的大环境，"孝"已是绝大多数人的价值取向和人生追求，恪守孝道、争做孝子贤孙成为一种社会时尚。

移孝作忠，融入政治。表一序1镜"视父如帝视母如王"铭文是极好的佐证。在汉代，孝文化已突破家庭伦理，成为社会、政治伦理，成为封建社会政治制度、政治行为和政治稳定的基础。统治者提倡"移孝作忠"，即在家庭内部，"孝"主要体现在"父父子子"上，而融入政治，上升到国家的层面就是"君君臣臣"。强调"以孝治天下"，就是要在维护家长和皇帝的权威以外，在全社会范围内，形成一种为人们所普遍接受的服从精神。要求人们无论是在日常生活之中，还是在国家政治事务中，处处顺从权威，做父母的"孝子"，做皇帝的"忠臣""顺民"，形成稳定的政治局面，从而维护国家的长治久安。统治者都能明白推行孝道理念与维护政治稳定的密切关系，汉宣帝就曾明确地指出："导民以孝，则天下顺"。（《汉书·宣帝纪》）

切身实践，贯穿生活。《说文解字》对"孝"的解释为："善事父母者，从老省、从子，子承老也。"许慎认为，"孝"就是子女对父母的一种善行和美德，是必须遵守的行为规范。这是汉人孝道实践的总结。按照《孝经》规范，尽孝道有以下内容：敬亲，奉养，侍疾，立身，谏诤，善终。这些行为规范的许多方面在镜铭（图）中得以体现。序17"天神集会，佑父宜兄"、序12"长保二亲得天力"，认为要像敬天遵神那样敬爱父母，心地虔诚地对待父母。序14"长保二亲宜酒食"、序9"长保二亲乐富昌"，说明汉人赡养父母时，在物质生活上要优先老人。序15"二亲有疾身常在"，表现老年父母生病时，能给予精心照料，多方关怀。序16"长保二亲利孙子"铭文和图5A"曾母投杼"的故事是说，做子女的"身要正"，让父母感到放心，不可终日无所事事，庸庸碌碌，更不可作奸犯科，为非作歹。而图5B闵子"芦衣顺母"的故事表明，父母有不义之举时，应谏诤促使其改正，以防陷于不义。当然，出于忌讳，不便将"善终"内容铸于镜面。山东嘉祥武氏祠系东汉武氏的家祠墓群，在其石刻中，有董永"卖身葬父"的故事，也从另一个侧面反映了为父母尽送终之孝行，在汉代为百姓所遵循。

铜镜作为一种商品的载体，印证着社会需要和审美心理，把孝文化当成一个主题纳入其中，这是那个时代社会风貌的真实记录，也为后人考察并研究汉代，留下了珍贵资料。

本文得到张炳生先生的支持，谨致谢意。

（原载《大观》2015年2月总65期）

西汉镜铭中的"信"字

汉景帝后元三年（前141）正月甲子，汉武帝刘彻登基，开启了华夏民族的第一个盛世。在此前后的西汉统治思想与执政理念有着重大的变化、发展。

西汉统治者为了帝国的利益，从信"黄老"到尊"儒学"，这种变化自汉景帝时期就已逐渐酝酿，而在汉武帝即位以后最终完成。《汉书·武帝纪》载：建元元年（前140）冬十月，汉武帝"诏丞相、御史、列侯、中二千石、二千石、诸侯相举贤良方正直言极谏之士。"而此时身为丞相的卫绾上奏"所举贤良，或治申、商、韩非、苏秦、张仪之言，乱国政，请皆罢"。这就是后来被称为"罢黜百家"的动议。卫绾的主张得到汉武帝的强力支持。当然，这时的儒家思想是掺杂了道家、法家、阴阳五行家的一些思想。这种与时俱进的新思想，神化了专制王权，维护了封建统治秩序，自然就受到了统治者的推崇。

一、镜铭展现

铜镜作为一种文化载体，在西汉早中期之四乳镜、花瓣镜和草叶镜的铭文上，出现了突出"信"字的新儒家思想内容，印证了"罢黜百家，独尊儒术"那个时代的历史。在西汉镜铭中，还大量出现与"可以取信"喻意相近之"所言必当"一词。这个"当"字，应释承当、担当之意，《庄子·让王》："大王反国，非臣之功，故不敢当其赏"。所说的话一定要兑现，这就是"信"，所言必当即是言而有信。现对十二面有"信"（个别"诚"）字的汉镜铭文作一归纳，详见表一：

表一 西汉镜铭中的"信"字一览表

图号	年代	主纹	直径（厘米）	重量（克）	镜铭内容	资料来源
1	西汉早期	变形花瓣	9.7	73	结以组，昭美人，无私亲，可取信。	《汉铭斋藏镜》图 25
2	西汉早期	花叶四乳	9.4	62	金清阴光，可以取信。	《止水阁藏镜》图 69
3	西汉早期	花叶四乳	7.4	44	玄金之清，可以取诚。	《止水阁藏镜》图 68
4	西汉早期	花叶四乳	/	/	玄金之清，可取信诚。	《考古与文物》2006 年第 4 期第 19 页
5	西汉早中	多字花瓣	11.5	196	请誢金华以为镜，昭察衣服观容貌，结组中身可取信，光宜美人。	《汉铭斋藏镜》图 52
6	西汉早中	多字花瓣	11.4	155	清誢金华以为鉴，昭察衣服观容貌，结组中身，於勿毋私可取信，遂阴光，宜美人。	《汉铭斋藏镜》图 53
7	西汉早中	多字花瓣	18.3	/	有君子之方，视父如帝，视母如王，爱其弟，敬其兄，忠信以为常。	《汉广陵国铜镜》图 21
8	西汉早中	多字花瓣	13.5	413	有君子之方，视父如帝，视母如王，爱其弟，敬其兄，忠信以为常。	《止水集·西汉铭文镜》图 3-1
9	西汉中期	八龙草叶	18.2	529	必忠必信，久而必亲，不信不忠，久而自穷。	《汉铭斋藏镜》图 75
10	西汉中晚	纯文	6.9	75	立信结约。	朱军强先生
11	西汉晚期	草叶圈带	16.1	550	清誢铜华兮以为鉴，昭察衣服兮观容貌，丝组杂遝兮以为信。	日本药照寺藏《中国的古镜》图 7
12	西汉晚期	重圈	13.2	310	居必忠必信，久而益亲，而不信不忠，久而自穷。	《清华铭文镜》图 41

图 1

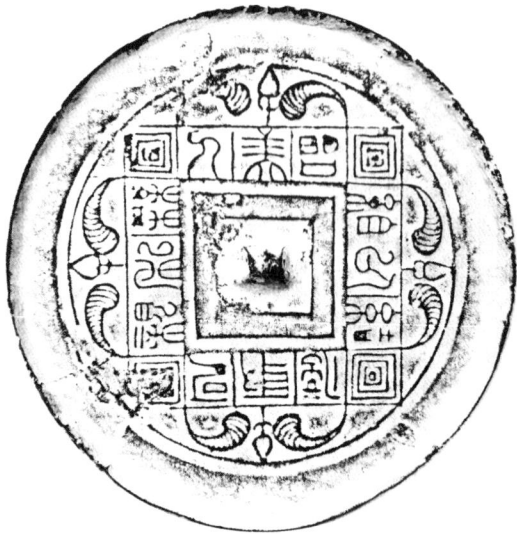

图 1A

图 2

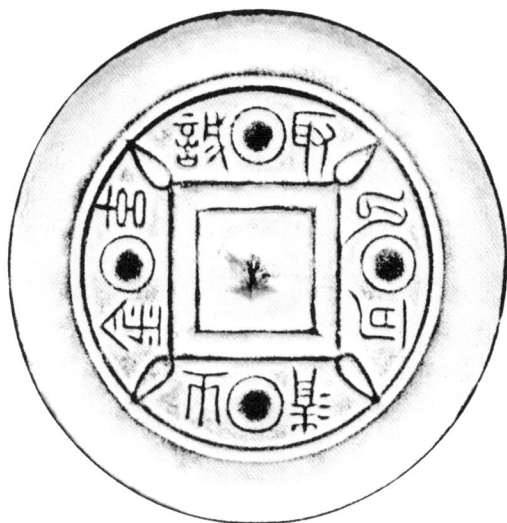

图 3

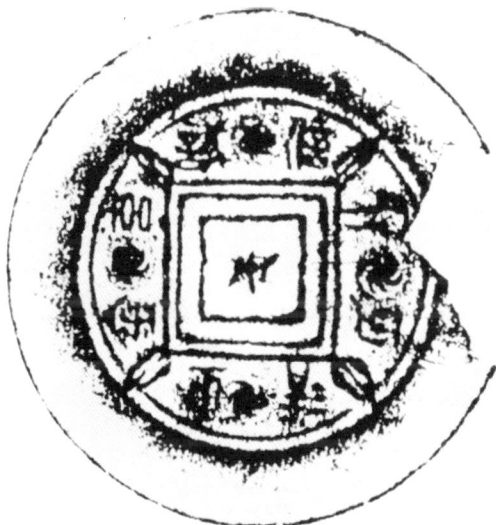

图 4

图 5

图 6

图 7

图 8

图 9

图 9 A

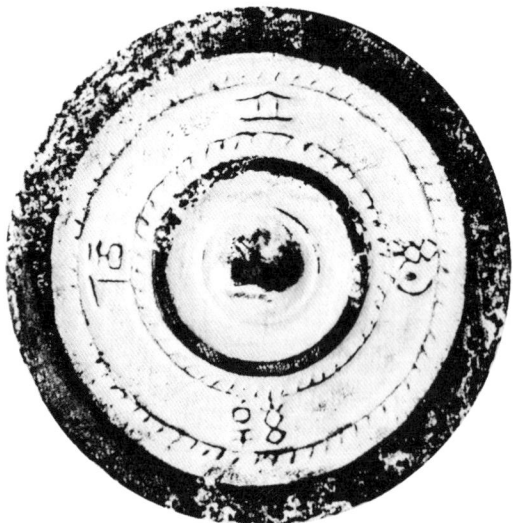

图 10

图 11

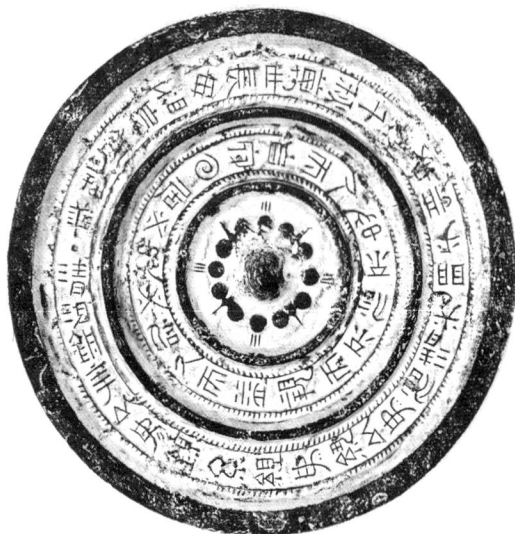

图 12

二、文献参考

先秦至汉，对"信"字的若干文献论述主要是：

1. 无信人之言，人实不信。（《诗经·郑风·扬之水》）

2. 君子之言，信而有规，故怨远于其身；小人之言，僭而无征，故怨咎及之。（左丘明《左传·昭公八年》）

3. 与朋友交，言而有信。（孔子《论语·学而》）

4. 以四教：文、行、忠、信。（孔子《论语·述而》）

5. 儒有不宝金石，而忠信以为宝。（戴圣编《礼记·儒行》）

6. 古者禹汤本义务信而天下大治，桀纣弃义背信而天下大乱。故为人上者，必将慎礼义、务忠信然后可，此君人者之大本也。（荀子《荀子·强国》）

7. 或问信，曰：不食其言。（扬雄《法言·重黎》）

8. 信者，诚也，专一不移也。（班固《白虎通义·性情·论五性六情》）

三、伦理演变

孔子曾将"智仁勇"称为"三达德"，又将"仁义礼"组成一个系统，仁以爱人为核心，义以尊贤为核心，礼就是对仁和义的具体规定。孟子在仁义礼之外加入"智"，构成四德或四端。

董仲舒又加入"信"，并将仁义礼智信说成是与天地长久的经常法则（"常道"），号"正常"，曰："仁义礼智信五常之道"（《贤良对策》）。这"五常"贯穿于中华伦理的发展中，成为中国价值体系中的最核心因素。

董仲舒的"五常"，也就是在大人感应的星空之卜，把儒家的道德教条形而上化和宗教化了。"仁、义、礼、智、信"在孔孟那里，不过是世俗的道德，与头上的星空无关。在董仲舒手中，这才获得了本源，成为体现"天意""天志"的自然法则。

四、"信"字理解

"信"与"诚"最早见于《尚书》，但在当时并不都具有道德意义。孔子既是儒家的创始人，也是首位系统阐述"信"德的思想家。在孔子看来，"信"首先是讲信用、守承诺，所谓"信近于义，言可复也"。孟子虽然也讲"信"，但重在论"诚"，他将信与诚、善相结合，认为通过"诚身"能达到"至诚"，最终取信于人、取悦于亲；认为信具有善德，所谓"善人也，信人也"。荀子则集孔孟诚信思想之大成，首次将诚与信连用，并赋予"诚信"以真正的道德意义，使儒家诚信思想日趋完善和成熟。在儒家的眼中，诚信在安身立命、交朋结友、治国安邦等方面具有特殊意义。

首先，诚信是个人安身立命之本。孔子特别强调诚信在个人成长中的作用，认为诚信是个人最基本的道德品质，所谓"人而无信，不知其可也""自古皆有死，民无信不立"。在他看来，信不仅是一个人立身处世的前提，而且是人生路上的"通行证"。所谓"言忠信，行笃敬，虽蛮貊之邦行矣。言不忠信，行不笃敬，虽州里行乎哉？"孟子认为诚不仅是自然界的规律，而且是做人的根本道德原则。他特别提出"思诚"命题，认为思诚的目的在于实现人道与天道的统一，在于取信于他人，所谓"诚者，天之道也；思诚者，人之道也"。荀子发展了孔孟的诚信理论，认为诚信是对每个人提出的基本要求，并将是否诚信作为区分君子与小人的一个根本标准。

其次，诚信也是交朋结友、进德修业之术。孔子主张要把信放在首位，认为信是维系人际交往的道德底线，人只有先取信于人才能与人合作交往，只有不失信于人才能得到别人的尊重信任，所谓"与朋友交，言而有信"。他还主张诚信是君子进德修业的基本要务，认为"忠信，所以进德也；修辞立其诚，所以居业也"。孟子进一步提出诚信是人们交朋处友的基本准则，认为交友不要计较亲属势位，而要唯德以求。他还创造性地提出人际关系"五伦"说，将"朋友有信"与"父子有亲，君臣有义，夫妇有别，长幼有序"一起，作为处理人际关系的五种基本道德规范，成为中国封建社会道德评价的基本标准。荀子则认为社会的各行各业都应以诚信为本，并主张诚信不仅是职业道德的基本要求，而且是所有人际交往都应遵循的一条基本准则。

第三，诚信还是治国安邦之道，社会信任之基。对于国家、社会来说，诚信尤其重要，它是国家、社会良性运行的基石和保证。《论语·颜渊》：子贡问政。子曰：'足食，足兵，民信之矣。'子贡曰：'必不得已而去，于斯三者何先？'曰：'去兵。'子贡曰：'必不得已而去，于期二者何先？'曰：'去食。自古皆有死，民无信不立。'孔子着重论述了诚信在治国安邦中的重要作用，认为诚信是治国、立民之本，一个国家和政府可以"去兵""去食"，但不能无信，只有取信于民才能得到民众的支持，而社会一旦形成诚信之风，国家的政令就会畅通无阻。所谓"上好信，则民莫感不用情"。孔子还高度重视诚信在国家交往中的作用，认为诚信既是政府或国家的行为准则，也是国家交往的道德标准，所谓"道千乘之国，敬事而信"。荀子则认为诚是能"化万物""化万民"的"政事之本"。在荀子看来，当政者个人带头讲诚信，既是实现社会诚信的关键和前提，也是称霸天下的重要条件，所谓"诚信生神""信立而霸"就是这个道理。荀子还特别提出建立政治诚信的主张，强调当政者必须要具有诚信的品德。所谓"政令信者强，政令不信者弱""制号政令，欲严以威，庆赏刑罚，欲必以信"。

儒家关于诚信的这诸多重要论述，今天对于我们仍然具有很强的借鉴意义和启示作用。

本文得到张炳生先生的支持，谨致谢意。

（原载《收藏家》2014 年第 12 期、《大观》2015 年 6 月总 70 期）

西汉镜铭相思文化

西汉铜镜有一个铭文带有相思内容的镜种，它自汉初面世以来，绵延二百年，伴着西汉王朝的建立而兴起，随着王朝的壮大而流行，又随着王朝的衰落而式微。这个镜种的跨度时间较长，铭文内容丰富，是西汉铜镜文化的闪亮一章。

一

相思镜铭的产生有着特定的社会经济文化背景。古代交通不便，信息闭塞，天各一方，一别经年，相思相念是自然之事。汉朝亲人离散，主要有以下几种情况：

其一，经济发展，人口流动。汉初实行"与民休息"之策，后经41年的"文景之治"，国力逐渐强大。武帝于晚年亦大力发展农业，使经济继续向前发展。武帝之子昭帝继承其父的富民政策，使用仁政，休养生息，与宣帝两朝合称"昭宣中兴"，使西汉极盛期达到顶点。农业经济发达，工商业的发展，使自由流动的农民、手工业工人和商人遍布东南西北。

其二，对外用兵，征战戍边。高祖立国之初便遭白登之围。匈奴始终是汉王朝的心腹之患。武帝刘彻即位后，对匈奴展开三次大规模战役（前127年河南之战、前121年河西之战和前119年漠北之战），每次战役皆动用10万以上兵力，加之戍边的边防军（包括边郡兵、将屯兵、屯田兵和属国兵），如此大规模的用兵，关系千家万户。

其三，躲灾避难，流落他乡。兵燹战乱，天灾人祸迫使一部分人背井离乡远走边陲。汉朝在西北和西南边塞，多年聚集着数量众多的流动人口。成千上万的僦人（承雇服役者）、亡人、流民在此艰难谋生，对家乡自然是梦牵魂绕。

家是游子的归宿，亲人是旅者的牵挂。可以想见，身不由己的宦游人、养士、选士制度下驱使的士子、追逐利益的商家、常年戍边的征卒、远赴劳役的差夫、漂泊在外的流浪者……如此庞大的流动群体会做着同一个相思梦。这些人群便为相思文化扎根提供了肥沃的土壤，这种氛围便为相思文化传播开辟了广阔的空间。而一面小小的铜镜，在汉代逐渐由富家大户走向普通人家。作为日常生活用品，映照之时，把玩之中，常常会使人产生"花好月圆"的联想，寄托着圆满、团圆、吉祥之意愿；同时作为一种工艺品，其纹饰、铭文亦往往凝结着古代工匠的审美意趣。睹镜念亲人，铭文寄相思。借助一件恰当的媒介传递这种的情愫，是社会共同的需求；把握一句摄取眼球的广告词推销商品，是商家聪明的抉择。此时此情，铜镜担当起相思文化传递者的角色，可谓顺理成章、水到渠成。

相思铭文是西汉铜镜中出现最早的铭文。这种镜种有以下几个特点：其一，跨度大，存世时间长。约从公元前200年前后到公元元年，延续约200年。其二，问世时间比较集中。汉初是第一个高峰，武帝时期是第二个高峰。其三，铭文内容丰富，形式多样。

根据铭文内容的不同，可将它们列为三种类型，详见表一、表二、表三。表中之"资料图号"除写明外，皆取自《汉镜铭文图集》。

表一　西汉相思镜铭文一览表（通用语类）

图号	年代	镜铭	直径（厘米）	重量（克）	资料图号
1	西汉初	修相思，毋相忘，常乐未央	13.8	186	1
2	西汉初	修相思，慎毋相忘，大乐未央	24.0	865	5
3	西汉早	相思，愿毋相忘，大乐未央	13.3	212	11
4	西汉早	长相思，慎毋相忘，大乐未央	13.1	194	12
5	西汉早	感思甚，悲欲见，毋说相思愿毋绝	11.6	152	13
6	西汉早	感思悲，愿见忠，君不说，相思愿毋绝	12.8	246	14
7	西汉早	常贵，乐未央，毋相忘	8.9	52	31
8	西汉初	常与君，相欢幸，毋相忘，莫远望	8.8	/	35
9	西汉早	常贵富，乐未央，长相思，毋相忘	10.3	110	镜友
10	西汉早中	常毋相忘，长乐未央（凹乳）	9.1	74	66
11	西汉早中	君来何伤，慎毋相忘	9.8	70	68
12	西汉早中	长毋相忘	9.4	94	镜友
13	西汉早中	长毋相忘，常乐未央	9.8	85	镜友
14	西汉早中	见日之光，所言必当，幸毋见忘	11.6	178	88
15	西汉中	时来何伤，君毋相忘	13.8	235	156
16	西汉中	愿长相思，长毋相忘	13.6	237	159
17	西汉中	愿长相思，幸毋相忘	11.2	129	161
18	西汉中晚	久不相见，长毋相忘	7.3	81	201

表二　西汉相思镜铭文一览表（企盼语类）

图号	年代	镜铭	直径（厘米）	重量（克）	资料图号
19	西汉早	与天相寿，与地相长，富贵如言，长毋相忘	12.5	159	镜友
20	西汉早中	与天无极，与地相长。富贵安，乐未央，长相思，毋相忘	11.6	224	93
21	西汉早中	与天无极，与美相长，驩（欢）乐如志，长毋相忘	13.9	260	95
22	西汉早中	与天无极，与地相长，驩（欢）乐如言，长毋相忘	11.2	194	96
23	西汉早中	镜以此行，服者君卿，所言必当，千秋万岁，长毋相忘	19.2	544	99
24	西汉早中	与人无极，天必利之，富贵安乐，幸毋相忘	11.5	196	103
25	西汉中	见口之光，服者君卿，千秋万岁，愿毋相忘	20.2	/30	119
26	西汉中	天上见长，心思君王	10.2	102	133
27	西汉中	天上见长，心思君王	7.1	34	镜友
28	西汉中	日有憙，宜酒食，长富贵，愿相思，久毋见忘	18.2	430	143

表三　西汉相思镜铭文一览表（情愫语类）

图号	年代	镜铭	直径（厘米）	重量（克）	资料图号
29	西汉中	道路辽远，中有关梁。鉴不隐请（情），修毋相忘	16.1	420	167
30	西汉中	秋风起，使心悲，道路远，侍前希	18.5	727	169
31	西汉中晚	君有远行妾私喜。饶自次，具某止。君征行来，何以为信？祝父母耳。何木毋疵？何人毋友？相思有常可长	17.8	460	226
32	西汉中晚	君有行日毋反时，端正心行如妾在，时心不端行不正，妾亦为之，君能何治	11.2	232	224
/	西汉中晚	君有行，妾有忧，行有日，反毋期，愿君强饭多勉之，仰天大息长相思	/	/	古镜图录
/	西汉中晚	行有日兮反毋时，结中带兮长相思，妾负君兮万不疑，君负妾兮天知之	/	/	西安出土
33	西汉中晚	毋弃故而娶新，亦成亲心与心，长毋相忘，俱死葬何伤	/	/	223
34	西汉早中晚	心与心，亦诚亲，终不去，子从他人，所与予言，不可不信	14.0	328	107

二

纵观以上三表，其铭文内容皆为抒发思念之情，然细加分析，却是浅深有度，对象有别，大体抒发了几种情感。

（一）恋情之苦

爱情是人类永恒的话题。不论何种原因，爱侣化离，劳燕分飞，天长日久，愁痕恨缕总会油然而生。尤其在夜阑人静之时，孤女思妇把镜照影，触景伤情，怨聚哀思，郁结愁肠，满腔话语便脱口而出。

表三铭文："君有行，妾有忧，行有日，反毋期，愿君强饭多勉之，仰天大息长相思。"大意是：不知你何时返回，忧心忡忡；愿你在外多吃饭照顾好自己，我在家只有仰天长叹想念你了。——这是朴素的表白。

表三铭文："行有日兮反毋时，结巾带兮长相思，妾负君兮万不疑，君负妾兮天知之。"后两句意为：万勿疑心我负你，可你若负我老天会知道。——这是真诚的告诫。

图31铭文："何木毋疵（枝）？何人毋友？相思有常可长（久）。"图32铭文："君有行日毋反时，端正心行如妾在，时心不端行不正，妾行为之，君能何治？"原意是：树有枝，人有友，你要不把我放在心上，我也不在乎你。你要心端行正啊，否则，我如果行为放浪，你又有何法？——这是调侃的警示。

图33铭文："毋弃故而娶新，亦成亲心与心，长毋相忘，俱死葬何伤。"图34铭文："心与心，亦诚亲，终不去，子从他人，所与予言，不可不信。"表达的是：心心相印，不弃不离，生死相依。——这是决绝的誓言。

这些铭文，或缠绵相思，或由爱生怨，或浅笑薄嗔，极写相思怀人之苦，表达了渴求有爱情、家庭的温馨，以慰藉孤独心灵的心声，唱出了一首首动人心弦的悲喜之歌。

（二）亲情之痛

人自降生的那一刻起，亲情就不可抗拒地成为其生活的一部分。长期客居在外，滞留他乡，或漂泊异地，或谋求仕途，或被贬赴任途中，或游历名山大川，都不免饱尝羁旅行役之苦。在尊儒术、重教化的汉代，倡导"以孝治天下"。"胡马依北风，越鸟巢南枝"——游子们身在他乡心系故里，最放不下的还是养育自己的亲人，眷眷亲情自然深埋心底。这类镜铭抒发客居他乡的艰难，漂泊无定的辛苦，对家乡亲人的思念，以及对安定幸福生活的期盼与向往。这些同胞骨肉感情是人类亘古相通的。

图29铭文："道路辽远，中有关梁。鉴不隐请（情），修毋相忘。"意是说：云遮望眼，山割愁肠，关隘重重，路途遥远，多多保重。明镜显现我们的思念，但愿你不要忘记这深沉的亲情。——深深的牵挂，殷殷的叮嘱动人心扉。

图30铭文："秋风起，使心悲，道路远，侍前稀。"译成的白话即为：七月流火凉风起，

羁旅之人心头悲。远在他乡隔千里，无暇膝下奉双亲。——绵绵的乡愁，无尽的思念溢于言表。

（三）家国情之殇

个人与家庭的苦痛，缘于国家社会的动乱。尤其是在战乱饥馑、灾难深重的岁月，只能抛家去业，流离失所，天各一方；兵燹后的故乡田园，也只有寥落凄清，家园荒残，田园荒芜。时难年荒、手足离散、顾影自怜不只是一人之苦一家之痛，而是家国之殇。如图5铭文："感思甚，悲欲见，毋说相思愿毋绝。"图6铭文"感思悲，愿见忠，君不说，相思愿毋绝。"看作个人私情的咏叹固无不可，但如果把它视为世事沧桑的感慨亦无不妥。

流离转徙、饱经忧患、苦苦相思的人们，相濡于穷苦，相期于富贵，他们企盼岁月永恒，福祉绵长。于是，在相思镜铭中把普通百姓对国泰民安的愿望也作了尽情的展现。

"日有熹，宜酒食，长富贵，愿相思，久毋见忘""富贵安乐，幸毋相忘"是对美好物质生活的向往；"与天无极，与地相长。长相思，毋相忘"是对长寿的追求；"服者君卿，千秋万岁，愿毋相忘"是对美好前程的希冀；而"见日之光，天下久长"（《汉镜铭文图集》图111），"见日之光，天下大昌"（《汉镜铭文图集》图112），就是对天下安定、四海承平的热切期待。

"家国情怀"是一个人对自己国家和人民所表现出来的深情大爱，是对国家富强、人民幸福所展现出来的理想追求，是对自己国家一种高度认同感和归属感、责任感和使命感的体现，是一种深层次的文化心理密码。将汉人的相思文化提高到这一层次似乎有拔高之嫌，但当我们把普通百姓国泰民安的愿望也列入相思情怀的话，说从中反映了汉人的家国意识恐怕并不为过。

三

综观相思铭文，我们会自然联想到汉乐府。汉乐府民歌中大量的游子诗、思妇诗是与此类镜铭唱和的佳作。如《悲歌》以朴素的语言、沉痛的感情，真切地展示了人们生离死别、颠沛流离的画面；如《十五从军征》中描写一位时刻念家妻子、亲人的老兵，八十岁复员后只能沦为流浪者的悲惨；如《饮马长城窟行》中表现一位妇人对外出的丈夫日思夜想，竟成梦寐，梦中固然甜蜜，但梦后更添一层相思之苦的凄凉；如《古绝句》写闺中思妇对行役在外的丈夫的思念盼归之情，揭示了当时兵役给千家万户带来的家人离散之苦。汉乐府与铜镜相思铭文为同一时代文学作品，粗粗考察，就不难发现，无论从思想内容还是艺术手法上，汉乐府对于相思铭文的确有着深刻的濡染和熏陶。

将汉乐府中的一些民歌歌词与相思镜铭对照，可以发现有许多相似点："秋风萧萧愁杀人……谁不怀忧？令我白头"（《古歌》）与镜铭"愁思甚，悲欲见，毋说相思愿毋绝"角度完全一致；"远道不可思，宿昔梦见之。梦见在我傍，忽觉在他乡"（《饮马长城窟行》）与镜铭"道路辽远，中有关梁。鉴不隐请（情），慎毋相忘"异曲同工；"书中意何如？上言加餐饭，下言长相忆"（《饮马长城窟行》）与镜铭"愿君强饭多勉之，仰天大息长相思"如出一辙；"上邪，我欲与君相知，长命无绝衰"（《上邪》）与镜铭"毋弃故而娶新，亦成亲心与心，长毋相忘，俱死葬何伤"高度互补；"闻君有他心……东方须臾高知之"（《有所思》）与镜铭"妾负君兮万不疑，君负妾兮天知之"强烈吻合。这说明，在相思文化的传播上，作为汉乐府的辅助者，铜镜铭文无疑是合格的。

在艺术表现上，汉乐府对赋比兴各种手法运用得比较全面，而铜镜铭文则较多地使用赋法。但表三所列的几段铭文完全可与汉乐府民歌媲美。形象鲜明，感情强烈，相思别离的表达，或显、或寓、或直、或曲、或托物比兴，手法各有区别。相思镜铭文体有三言、四言、六言、七言或杂言，呈参差错落、不拘一格之态。语言质朴直白，多第一人称，清新自然，富有生活气息。

本文得到张炳生先生的支持，谨致谢意。

（原载《汉镜文化研究》之"7.1"）

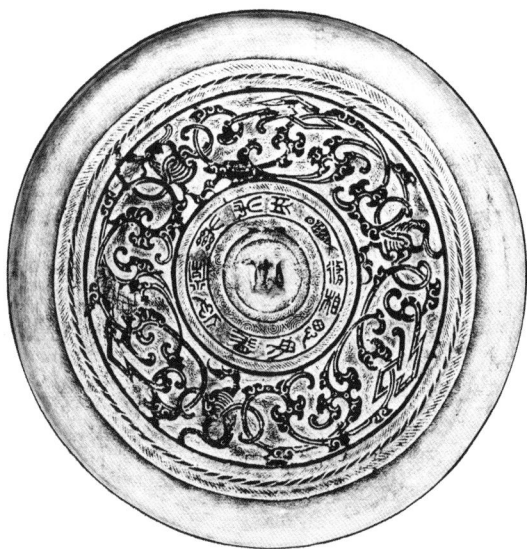

图1

图2

图3

图4

图 5

图 6

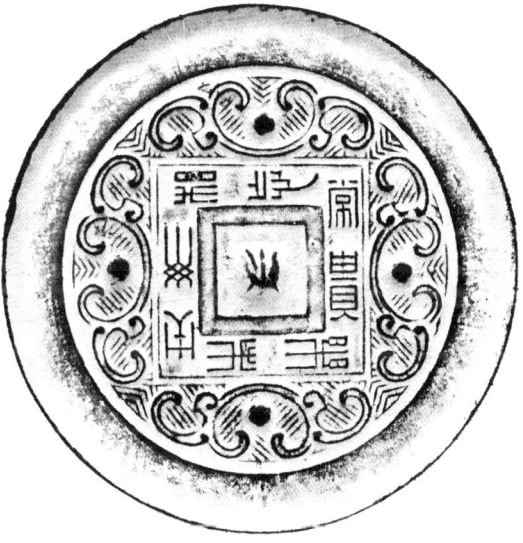

图 7

图 8

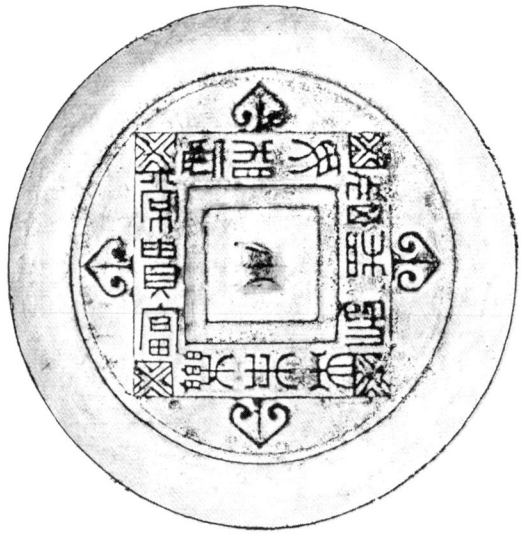

图 9

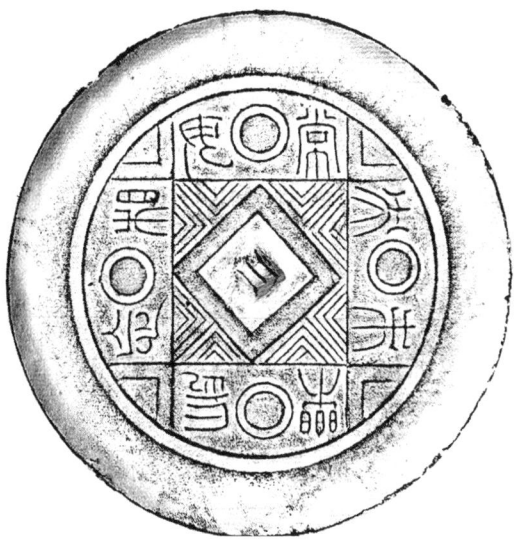

图 10

图 11

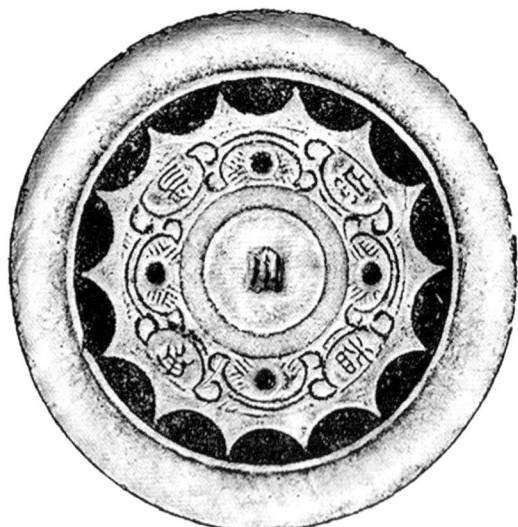

图 12

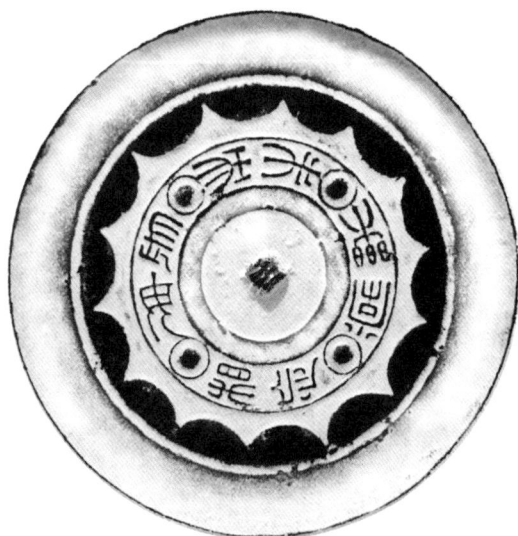

图 13

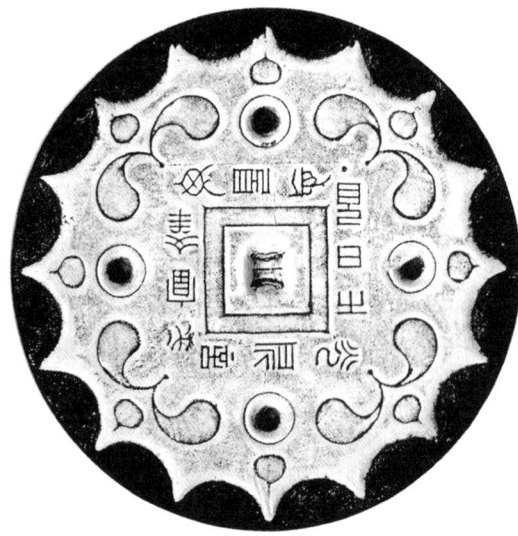

图 14

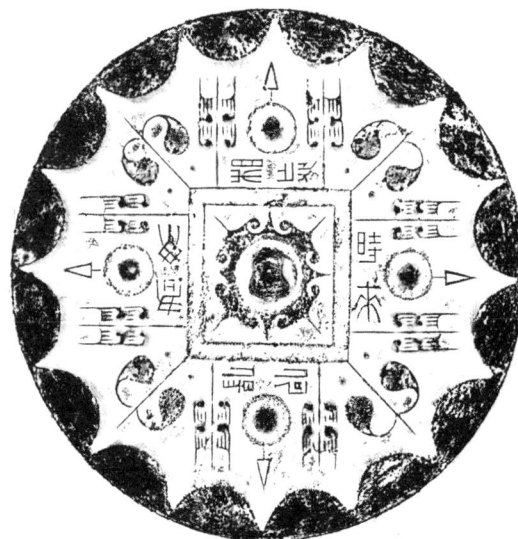

图 15

图 16

图17

图18

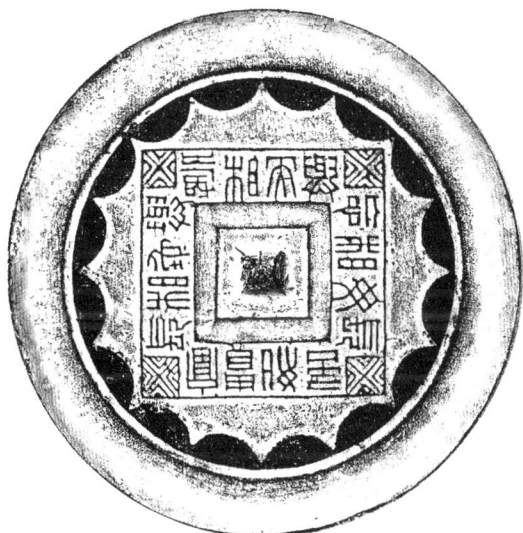

图19

图20

图21

图22

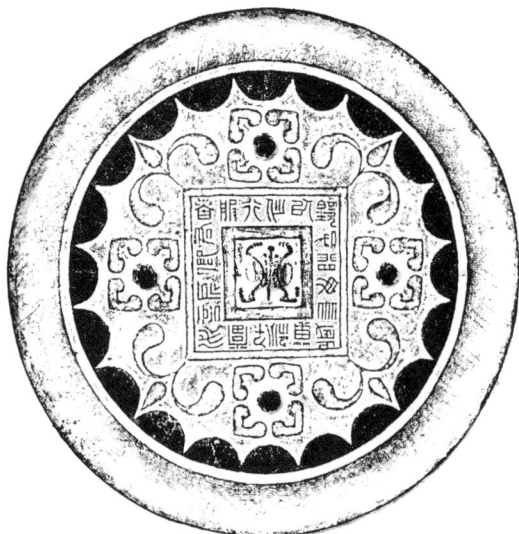

图 23

图 24

图 25

图 26

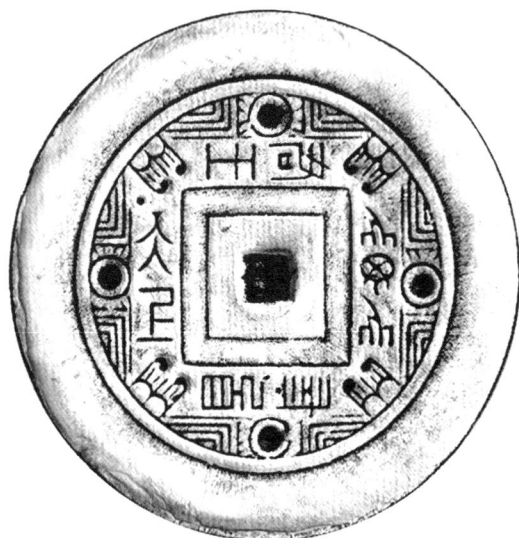

图 27

图 28

图 29

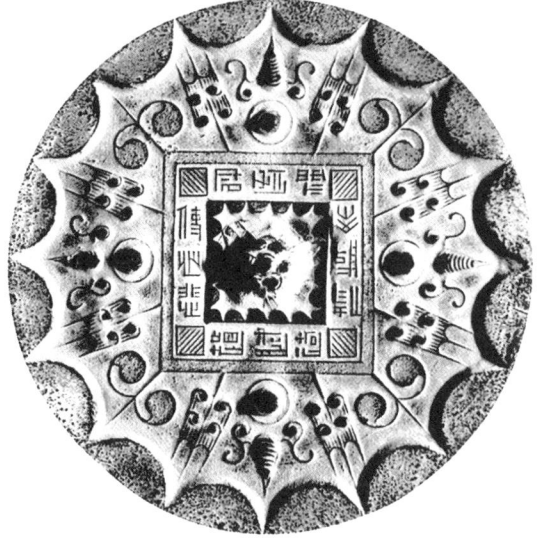

图 30

图 31

图 32

图 33

图 34

西汉镜铭喻示的人与自然

人与自然的关系也就是"天人合一""天地生人"[1]的理念，其历史性、科学性、可靠性，正在社会科学界、自然科学界、国学界进行着热烈的讨论。殊不知，早在两千年前的西汉早期，这个理念就已经被我们的祖先采纳并重视。本文试从汉代铜镜的文物角度，来发现与了解"天地生人"的历史记载。铜镜是中国传统文化的奇葩，从齐家文化算起，已有四千年的历史。然而，正式出现镜铭，[2]却是西汉早期的事。镜铭刚问世，就映射了汉人对"天地生人"理念的重视，详见表一。

表一　从西汉镜铭看"天地生人"一览表

图号	年代	主纹	直径（厘米）	重量（克）	铭文内容	资料来源
1	西汉早期	兽钮、花瓣、连弧	11.6	224	与天无极，与地相长，贵安乐未央，长相思，毋相忘	《汉铭斋藏镜》图50
2		四乳、花瓣、连弧	13.9	260	与天无极，与美相长，欢乐如志，长毋相忘	《清华铭文镜》图16
3		直排、花瓣、连弧	13.7	222	与天无极，与地相长，欢乐如言，长毋相忘	《止水阁藏镜》图73
4		素缘、连弧	10.4	118	与天相寿，与地相长，富贵如言，长乐未央	《清华铭文镜》图16
5			12.5	159	与天相寿，与地相长，富贵如言，长毋相忘	《汉铭斋藏镜》图24
6			12.6	145	与天相寿，与地相长，富贵如言，长毋相忘	《止水阁藏镜》图73
7			12.6	174	与天相寿，与地相长，富贵如言，长毋相忘	《故宫藏镜》图26
8	西汉早中	草叶、连弧	15.9	/	与天相寿，与地相长	《广州汉墓》图92-3
9		花瓣、连弧	11.5	196	与人无极，天必利之，富贵安乐，幸毋相忘	《汉铭斋藏镜》图51

在表一中，图 1～图 8 为"与天""与地"铭内容，图 9 是"与人"铭内容。其中图 1 有 20 字，图 2 至图 7 皆 16 字，图 8 是 8 字。这里，对图 2 至图 7 之 16 字铭文的内容差异作一比较，详见表二。

表二　图 2～图 7 差异一览表

图号	首句	次句	第 3 句	第 4 句	说明
2	与天无极	与美相长	欢乐如志	长毋相忘	尺寸最大，与众不同
3			欢乐如言		铭文直排，形制规范
4	与天相寿	与地相长	富贵如言	长乐未央	直径最小，末句有别
5				长毋相忘	书体偏长，地字差异
6					似为同模
7					

通过表一的九个实例，可以清晰地看到汉人对"天人合一""天地生人"理念的重视程度。在西汉瓦当的陶文中，亦可见到"与天无极"（图 10、图 11）、"千秋万岁、与地毋极"（图 12）等实例。此外，泰山刻石亦见，《汉书·武帝纪》："（元封元年）夏四月癸卯，上还，登封泰山。"孟康曰："刻石，纪绩也，立石三丈一尺，其辞曰：'四守之内莫不为郡县，四夷八蛮咸来贡职，与天无极。'"

"与天"谓凡合乎天道者，则得天助。《国语·越语下》："持盈者与天。"韦昭注："与天，法天也。"《管子·形势》："持满者与天。"尹知章注："能持满者，则与天合。"《史记·越王勾践世家》："持满者与天。"唐司马贞索隐："与天，天与也。言持满不溢，与天同道，故天与之。"

"与地"谓凡合乎地道者，则得地利。《国语·越语下》："持盈者与天，定倾者与人，节事者与地。"韦昭注："与地，法地也。"《史记·越王勾践世家》："节事者以地。"唐司马贞索隐："《国语》'以'作'与'，此作'以'，亦'与'义也。言地能财成万物，人主宜节用以法地，故地与之。"

"与人"谓合乎民意取得人心。《国语·越语下》："持盈者与天，定倾者与人，节事者与地。"韦昭注："与人，取人之心也。"《管子·形势》："持满者与天，发危者与人。"尹知章注："能安危者，则与人合。"

---

〔1〕"天地生人"即天（宇宙）、地（地球）、生（生物）、人（人类社会）的综合研究，包括自然的综合、人与自然的协调发展等。

〔2〕李学勤《清华铭文镜·序》："现在新发现多了，确有个别较早的镜子背面有字，但可能是范铸时偶然形成，不合于镜铭的标准。"

在表一的前八个铭例中，首句或"与天无极"或"与天相寿"喻义类同，都是说天；次句或"与地相长"或"与美相长"喻义相近，都是说地。再对后续语句加以综合，可知其主旨即是人在合乎、顺应天地以后，就可以实现富贵、平安、欢欣、快乐、相思、重情等人生目标，就能够健康永驻、生命长久。镜铭文字虽极为简洁，然其内涵却十分深刻，可谓言简意赅。如若用这些语句来剖析、探讨、研究今天人类的生存环境，应该都有很大的启示。

"与天同道，故天与之。""人主宜节用以法地，故地与之。"司马贞精准地解读并阐述了"天地生人"的理念。这八个镜铭实例的问世时间应在公元前一个半世纪左右的景帝期间，正值西汉经济恢复、社会安定之时，老庄学说在朝野都占有统治地位。道家思想追求出世并注重审美的浪漫主义自然观，与儒家理念有较大差异。对于自然，道家自然观有着比儒家更多形而上的思考。老子曰"物我同一"，认为天地万物是一个整体，主张"道法自然"而不是"征服自然"，认为"天道"与"人道"一致，人是自然的一部分，道、天、地、人都是自然的客观存在；它生化万物，且又使万物成长；人不去主宰万物，一切听其自然，并主张"知常日明"，要尊重自然规律。老子认为，具有了解和把握事物生长变化之内在规律的能力，才是真正的智慧。在道家看来，自然作为循环往复的开放系统，和谐乃是维系这个开放系统所应当遵循的法则。

图9镜铭"与人无极"甚是罕见，董仲舒的"人"与"民"及其"顺命"的统治思想是中国古代统治者实施统治的重要依据和基础内容，认为人是由君、民、臣所构成，都受上天控制。此铭前两句可谓董仲舒"天人感应"说之经典句例，意即人的行为能感应上天。这则铭文表达的是，努力使君与民处于一个统一体中，构建一种让君与民密切联系、命运相关的政治局面。董仲舒新儒家除重视天道之外，还重视人情，更富有人情味，具有近人近俗的特点。因而儒家的教义很容易深入到老百姓的日常生活中去，发挥一民心、齐民俗的教化作用。

图1

图2

图 3

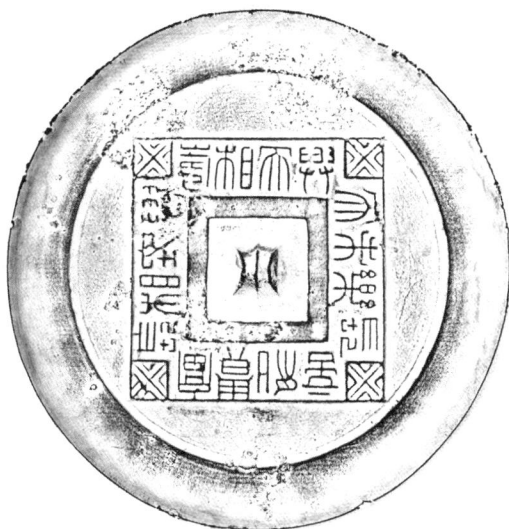

图 4

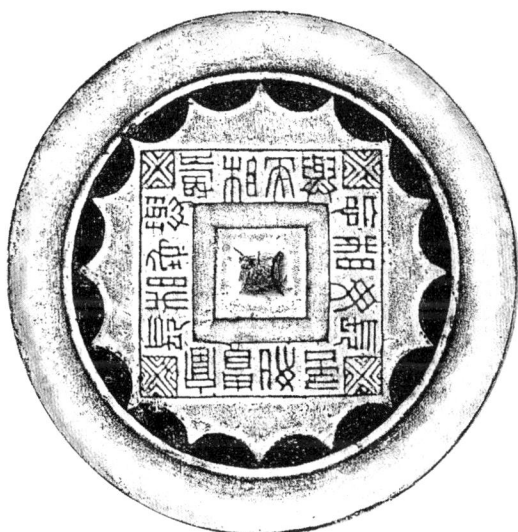

图 5

图 6

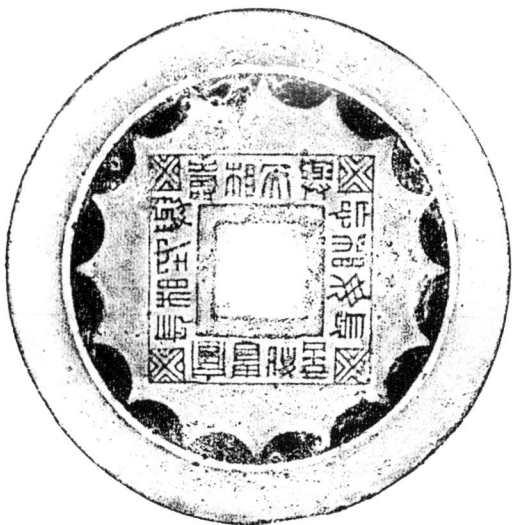

图 7

图 8

图9

图10

图11

图12

　　"天人合一"的儒家自然观代表着中国哲学的根本精神和最高境界。孔子曾说："天何言哉？四时行焉，百物生焉，天何言哉？"（《论语·阳货》）儒家认为，天不是超自然的上帝，而是现实的自然界。四时运行、万物生长，是天之"生"，人类亦属万物的一分子。天、地、山、石等自然万物，都会千秋万代永存不灭。对人而言，只要顺应自然规律，合乎天地法则，就是遵行天道，就能够健康长寿，个体生命就能追求天人合一的境界。因此，人类与万物都是同源同根于自然界的花朵，而不是自然界之上的主宰。儒家伦理思想的核心价值是"仁"。孔子主张"仁者爱人"，孟子则进一步提出"仁民而爱物"，将仁爱精神和情感由对人扩大到对待万物，用仁爱之心将人与万物连成了一个整体。人在为自己确定了"天地之心"的价值定位的同时，不是拥有了主宰万物的权力，而是承担起了自然万物的"主持者"的责任和义务。"天人合一"思想从根源性角度来审视人与自然的关系，将人的"仁爱"本性推及宇宙万物，给后人在如何看待人与自然的关系提供了诸多启示。

汉代，儒家提倡的"天人合一"，道家提倡的"道法自然"，两者都把人与自然的"和谐"作为其核心思想。这些理念不仅为汉武帝即位后的"大汉雄风"[3]打下了坚实的基础，而且在两千多年来的华夏大地上，始终释放着其固有的正能量。

（原载《汉镜文化研究》之"1.4"，《中国收藏》2013年第12期）

---

［3］建元元年（前140）汉武帝即位后，以"罢黜百家，独尊儒术"为指导思想，加强了中央集权，在抗击匈奴的战争中屡屡取得胜利……这一切主要是文景之治执行"天地生人"理念的结果。

西汉早期镜道家文化

王纲怀　业露华

　　铭文与图像反映出儒家文化与佛家文化的汉镜，存世数量有限，皆在较小的十位数[1]；而包括出土品与传世品在内之道家文化镜的存世量，则是数以千计[2]。

　　以老子和庄子为代表的道家文化源于先秦。据《汉书·艺文志》载，道家思想主要来源于史官，古时史官历代相承，他们在记录历代的兴亡成败中，体悟到天道自然运行的道理。因此，道家思想崇尚自然，主张清静无为，在此思想指导下的道家文化，多寄情于自然山水，表现出空灵清虚，潇洒飘逸的特点。

　　西汉早期，以道家的无为而治作为政治主导思想，使民众得以休养生息的机会，社会经济有了极大的发展，终于取得了"文景之治"的赞誉。与此同时，道家思想和道家文化也得以繁荣发展。其后虽有董仲舒"罢黜百家，独尊儒术"之说，但实际上在整个西汉社会上影响最大的还是黄老思想，这一时期反映道家文化的铜镜大量出现。反映道家文化的汉镜，始见于西汉早期[3]，经过逐年发展，在西汉末期王莽掌权，摄政之时，汉镜中的道家文化大量涌现，到了东汉桓灵之际，铜镜中的道家文化几乎是一统天下。

　　汉镜道家文化的重点是在西汉晚期至东汉晚期，而其初创时的西汉早期则因资料缺乏而较少有人关注。本文尝试着对此作粗浅的探讨。

---

〔1〕见本书014《西汉中期镜铭之儒家思想》、067《三国吴佛字铭佛像镜研究》。

〔2〕见《汉镜文化研究》之文《汉镜神仙思想研究》《汉镜中的西王母神话》。

〔3〕本文暂且将西汉早期定位于汉高祖刘邦开国（前206）至汉武帝即位（前140）的66年之间。

一、西汉早期镜铭中的道家文化

对西汉早期镜铭进行梳理，列出八个镜例，它们有着不同主纹与不同铭文的道家文化内容，详见表一。表中资料图号皆为《汉镜文化研究》下册"图录部分"。

表一 西汉早期镜铭道家文化一览表

图号	主纹	镜铭主题词	直径（厘米）	重量（克）	全铭	资料图号
1	三凤蟠螭	与天地相翼	11.2	132	与天地相翼，大乐贵富毋极	6
2	博局蟠螭	千秋万岁，延年益寿	15.4	289	大乐贵富得所好，千秋万岁，延年益寿	14
3	龙纹博局		16.5	350		32
4	纯文	寿如山，西王母	9.6	78	寿如山，西王母，谷光熹，宜系子	37
5	四乳	寿如山，西王母	9.6	84	寿如山，西王母，谷光熹，宜系子	41
6	纯文	与天相寿，与地相长	10.4	118	与天相寿，与地相长，富贵如言，长乐未央	38
7	纯文连弧	与天相寿，与地相长	12.5	159	与天相寿，与地相长，富贵如言，长毋相忘	39
8	花瓣连弧	与天无极，与美相长	13.9	260	与天无极，与美相长，骅乐如志，长毋相忘	58

由表一可知，由于汉武帝采纳董仲舒"独尊儒术"的统治策略，本来以崇尚清静无为的黄老思想，开始吸收阴阳、方术以及养生、成仙等内容，成为道家文化的重要组成部分以及当时社会上层所乐此不疲的生活方式。此类铭文的出现，应是当时社会意识形态的历史记录。

图 1 镜铭文有另一种读法："大乐贵富毋极，与天地相翼。"然在分类上不易与主纹为四叶（另有博局纹）蟠螭的大乐贵富铭文镜相区别。相翼，当为奉戴、恭敬之意。《尚书·皋陶谟》："庶明励翼。"孔颖达疏："各自勉励，翼戴上命。言如鸟之羽翼而奉戴之。"《尔雅·释诂》："翼，敬也。"此类镜铭每见"与天相翼"之类的文字，显现了汉人敬畏天地鬼神的思想观念。此镜铭文内容应列汉镜道家文化开创器物之一。

图 2、图 3 两面镜铭文中，"千秋万岁"可释岁月长久，也可释作帝王之死。这里当是道家文化中的祝寿之辞，延年益寿即延长寿命，增加岁数。战国宋玉《高唐赋》："九窍通郁，精神察滞，延年益寿千万岁。"《史记·商君列传》："君之危若朝露，尚将欲延年益寿乎？"《云笈七签》卷一一六："举世之人，皆愿长生不死，延年益寿。"文前有述，追求长寿、成仙等思想被道家吸收，成为道家文化的重要组成部分，这些镜铭正是汉代道家思想和道家文化的反映。

图 1　与天地相翼铭三凤蟠螭镜

图 2　大乐贵富铭博局蟠螭镜

图 3　大乐贵富铭龙纹博局连弧镜

图 4　西王母铭纯文镜

图 5　西王母铭四乳镜

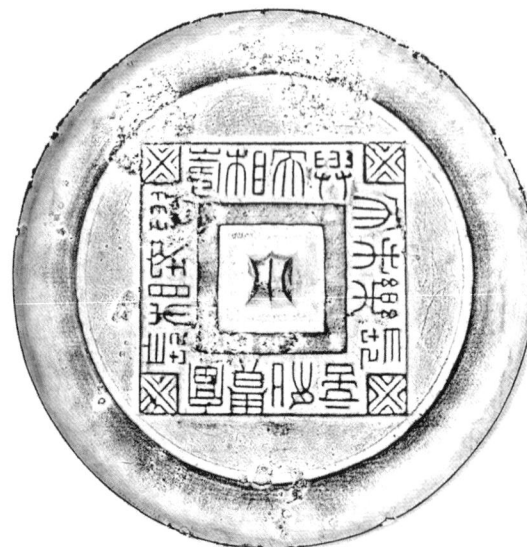

图 6　与天相寿铭纯文镜

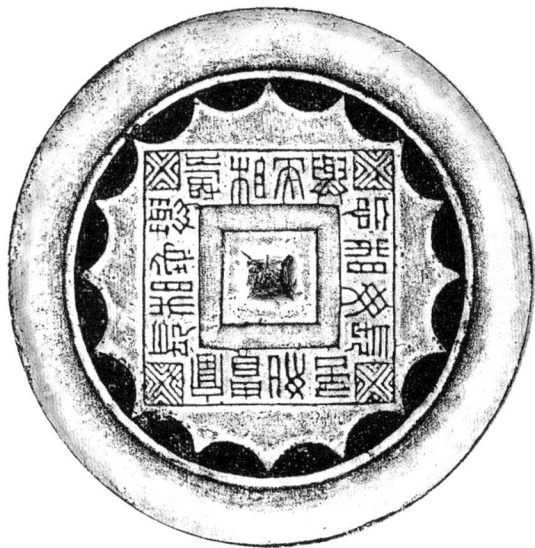

图7　与天相寿铭纯文镜

图8　与天无极铭花瓣连弧镜

图4、图5两面镜铭中，西王母是中国古代的女神仙，古时以为长生不老的象征，铭文"寿如山"正是此意。据《穆天子传》卷三："乙丑，天子觞西王母于瑶池之上，西王母为天子谣。"人世间天子竟能与昆仑山上的神仙西王母对饮欢歌，除了说明汉人对神仙的痴迷外，实在是一件令人费解的事。好在《穆天子传》一书的虚妄成分颇多，人仙对饮也权作神话故事看看而已。迄今所知，此两铭文镜系汉镜道家文化中关于西王母内容的最早器物。《汉镜文化研究》另有专题文章《汉镜神仙思想研究》与《汉镜中的西王母研究》可供参考、比较。

图6、图7、图8三镜铭文的"与天"内容，正是汉代天人合一思想的具体反映。凡合乎天道者，则得天助。《国语·越语下》"持盈者与天"韦昭注："与天，法天也。"《管子·形势》："持满者与天。"尹知章注："能持满者，则与天合。"《史记·越王勾践世家》："持满者与天。"司马贞索隐："与天，天与也。言持满不溢，与天同道，故天与之。"

二、西汉早期镜图中的道家文化

在西汉早期镜图中，罕见有道家文化者，本文有幸找到两例。详见表二。

表二　西汉早期道家文化镜图一览表

图号	镜图	直径（厘米）	重量（克）	钮式	主纹	地纹	资料来源
9	全镜拓片	10.0	88	三弦	蟾蜍，蟠虺	涡状	《止水阁藏镜》28
9A	局部放大图						
10	全镜拓片	8.9	60	三弦	猿猴，蟠虺	涡状	《止水阁藏镜》39
10A	局部放大图						

图 9　蟾蜍纹蟠螭镜

图 9A　蟾蜍纹蟠螭镜（局部）

图 10　猿猴纹蟠螭镜

图 10A　猿猴纹蟠螭镜（局部）

图 9 是一面有蟾蜍纹蟠螭镜。我们知道，蟠螭纹早在商代的青铜器中就已出现，先秦时也有蟠螭纹铜镜出现。但有蟾蜍纹的蟠螭镜，在西汉早期镜中十分罕见，说明当时的道家文化还未普及。

蟾蜍亦作"蟾蜍""蟾诸"，俗称癞蛤蟆，属两栖类动物。其形似蛙，身形稍大。背部多黑绿色的大小疙瘩，耳后腺与皮肤腺分泌白色黏液，即可入药之蟾酥。

蟾蜍具有冬眠的生物习性，古人以为蟾蜍入冬长眠地下不饮不食，如同生命的休止或死亡，春天则复苏，如同生命由死复生。如此反复轮回，完成了生命的再生与永恒，因而蟾蜍具有生命不死的神性。汉代蟾蜍神话多与月神及不死药有关。《淮南子·览冥训》："羿请不死之药与西王母，姮娥窃以奔月，托身于月，是为蟾蜍，而为月精。"《乐府诗集·董逃行》："采取神药若木端，白兔长跪捣药蛤蟆丸。"稍后的神仙说将蟾蜍长寿不死的神性说得更为直白，如《玄中记》："蟾蜍头生角，得而食之，寿千岁。"《抱朴子》："肉芝者，谓万岁蟾蜍，头上有角……（食之）令人寿千岁。"在阴阳五行说中，蟾蜍还被视为月精，属水，属阴，位在北方。这种思想在古代文献与汉镜实物中多有体现，免赘述。

图10是一面有猿猴纹的蟠螭镜。猿（猨）是道家文化中的一种重要物像，在古代被认为是一类有聪慧、善变化、能攀援、长生不死等属性的神秘灵兽，它既生活在世俗人间中，又出入于神仙世界。《吕氏春秋》："荆王有神白猨，王自射之，则博树而熙。使养由基射之，始调弓矫矢，未发，猨拥树而号。"《淮南子》："楚王亡其猿，而林木为之残。"是说猿不仅聪伶绝顶、还属于神灵一类的动物范畴。此外猿作为神兽还见于《山海经》："堂庭之山，发爽之山，其上多白猨。"《吴越春秋》中记载有一个名叫猿公的神人与越女技击而化作白猿的奇异传说。《抱朴子》："周穆王南征，一军皆化。君子为猨为鹤，小人为虫为沙。"可见猿成为神兽后，的确具备了善于变化的神通。汉镜将猿的物象题材融入神话图式中，还缘于汉人迷信猿擅长行气导引、具备长寿不死的特性，《春秋繁露》："暖以猴，大而黑，长前臂，寿八百，好引其气也。"稍后《抱朴子》："猿寿五百岁则变为玃，千岁则变为老人。"猿的这种生命不死神性，与西汉迷信神仙的不死说、渴望实现生命无限延长与再生愿望的思想体系十分契合。

三、小结

本文列举西汉早期铜镜所具有的道家文化内容，涉及几个方面：一是崇尚天地自然永固不死的思想，如图1三凤蟠螭镜铭文"与天地相翼"，图8连弧花瓣镜铭文"与天无极"等；二是表达人们期盼长寿的愿望，如"千秋万岁""寿如山""与天相寿"等；三是折射神仙思想的影响，如"西王母"铭文、"蟾蜍"镜图等；四是反映出对美好生活的向往，如"富贵如言""欢乐如志""大乐贵富""长毋相忘"等。

从春秋时期老子创建道家思想学说，到东汉中晚期张道陵创建中国本土宗教道教，前后相距有七个世纪之多。西汉早期镜所反映道家文化的时代，正处于这两者之间，对于道家至道教的这段漫长发展史而言，本文所展示的镜铭与镜图，有着承前启后、继往开来的历史地位。

道家文化的发展传播，必然会在社会思潮和人们的日常生活中表现出来。西汉早期铜镜中道家文化之镜铭和镜图的出现，正是这一时期社会思潮在铜镜上的客观反映。

（原载《汉镜文化研究》之"3.3"）

西汉昭明镜铭文释考与研讨

　　昭明镜与日光镜、清白镜、铜华镜等镜种流行于西汉中晚期及新莽时期，因其铭文有"内清质以昭明，光辉象夫日月"句而得名。常见昭明镜完整的铭文第三句第三字，以前皆认读作"扬"字。近年来，诸多专家学者一致认为"扬"应为"穆"字。为此，昭明镜铭文内容应读为："内清质以昭明，光辉象夫日月，心忽穆而愿忠，然雍塞而不彻（泄）。"（见图1、图2）

图1　避讳"彻"字前的昭明镜（国家博物馆藏）

图2　避讳"彻"字后的昭明镜

此类主纹是"三叶蟠螭纹"与"博局蟠螭纹"，其铭文组成有单图24字与重图（24+48）72字两种。详见拙文《西汉早期蟠螭纹铭文镜研究》。蟠螭纹是战国镜的特色，在西汉铭文镜中仍然出现，当是一种承前启后的过渡状态。

此类主纹昭明镜先是带"四叶蟠螭纹"的铭文，以后取消蟠螭主纹，成为纯文镜类；有蟠螭主纹的铭文组成仅重图（14+34）48字一种。蟠螭纹是战国镜的特色，在西汉铭文镜中仍然出现，当是一种承前启后的过渡状态。

此四句六言24字的铭文如何确切解读？在对昭明镜的长期研究中，这是个始终令人困惑的问题。近期，笔者边查阅资料，边研读汉史，期许在两者间探蛛丝马迹，寻因果渊源，以求破解难题。寅卯交替，终有所获。

昭明镜铭文解读按传统有四说：工艺说、养生说、敬夫说、忠君说。

工艺说主要依据是铭文前两句，指铜镜净无杂质，镜面日月般光亮。养生说依据第四句"不泄"，谓此与陆贾"养气治性，思通精神，延寿命者，则志不流于外"相通，是养生健体思想在镜铭中的反映。敬夫说则联系常见的昭明—清白铭重圈镜中有"絜清白而事君"语，认为是为人妻妾的持镜者的表白。忠君说称，"愿忠""事君"乃忠君之意。

四种解读，于镜铭全文既无连贯统一的思维，又缺高屋建瓴的剖析，局部演绎似顺理成章，通观全篇则语焉不详，故皆如隔靴搔痒，雾里看花。

对于此铭解读，笔者有三点思考似可作启锁之钥。

其一，汉王逸在《离骚序》中曾说："离骚之文，依诗取兴，引类譬喻。故善鸟香草以配忠贞，恶禽臭物以比谗佞，灵修美人以媲于君，宓妃佚女以譬贤臣，虬龙鸾凤以托君子，飘风云霓以为小人。"可见从《诗经》《楚辞》等中国古典文学来看，传统以香草美人比喻忠君之意。

其二，西汉镜铭内容的涉及面甚广，相思文化、长寿文化、祈祥文化、情爱文化等都不必隐晦。常识可知，只有站在对立面的角度讽喻时政时，才需要隐晦。

其三，昭明镜问世于景帝时期，终止于新莽时期，先后经历一个半世纪，其存世时间之长和存世数量之多（数以千计）说明，这个历史重担完全不是敬夫说所能担当。

"内清质以昭明"——"昭明"即"显明之意"。《国语·周语下》："夫礼之立成者为饫，昭明大节而已。""光辉象夫日月"——《新书·道德说》："明者，神气在内则无光而为知，明则有辉于外矣。""心忽穆而愿忠"——"忽"古字有"草"字头，今已不见。"忽""汤"通假，"忽穆"即为"汤穆"。《史记·屈原贾生列传》："汤穆无穷兮，胡可胜言。"唐司马贞《史记索隐》曰："汤穆，深微貌，以言其理深微，不可尽言也。""然壅塞而不彻（泄）"——壅塞原意阻塞，不彻（泄）即不通畅。如果仅到此止步，把四句铭文译作：内无杂念品质高尚，形象光辉日清月朗，心愿尽忠深微难言，水流阻塞沟通不畅。读罢这种"迢迢牛奶路"式的译文，读者可能仍是一头雾水。

铜镜铭文兴盛于汉代，并逐渐成为铜镜纹饰的重要组成部分，是汉代铜镜的一个显著特征，也是了解这一历史时期的社会思想变化、书体演变规律和鉴别铜镜年代的重要依据之一。言简意赅、不歌而诵的铭文既可状物，亦可言情，既可咏志，当然也可喻人。如果跳出惯性思维而从借镜喻人的思路解读昭明镜铭文，其文义可能就畅达无碍了。

"昭明"句，若据班固《典引》中"臣固常伏刻诵圣论，昭明好恶，不遗微细"理解，是不是描述了一位臣子在向皇上诉说自己的主张，而且好恶分明、微细不遗呢？"日月"句对镜而言似有夸大之感，如喻指一种人的心理及生理状态是否更为恰当？"忽穆"句中之"忠"字，指对铜镜主人固无不可，《史记·屈原贾生列传》所云"汤穆无穷兮，胡可胜言！祸兮福所倚，福兮祸所伏"，若把它看作是臣子表白对君王的忠心而又不能尽言的心态是否更为贴切？"壅塞"句若仅就字面解作水流阻塞显然于意不通，但据《晏子春秋·谏上》"君疏辅远弼，忠臣壅塞"、《左传·昭公元年》"距违君命，而有所壅塞不行是惧"和曹操《上书理窦武陈蕃》"武等正直，而见陷害，奸邪盈朝，善人壅塞"来看，理解为君臣不和、难以沟通之意是否更加可信？根据"信达雅"的原则，我们现在似可将昭明镜铭文译为：

> 品质高尚而清白坦荡，忠贞不二堪与日月同光。
>
> 虽满怀忠直恭谨之心，却因君臣隔阂难以通畅。

至此，似乎可见一位历史人物在向我们招手，一个重大事件在向我们靠近。然而，要彻底解读这段铭文，让这位呼之欲出的人物走到幕前，让这个若明若暗的事件重现舞台，还有一个不可或缺的条件：昭明镜的问世时间。

对于蟠螭主纹不同的昭明镜，其间有一细微差别，即"三叶蟠螭纹"与"博局蟠螭纹"镜中的铭文末字皆为"彻"字，而其后之"四叶蟠螭纹"却已改成"泄"字。24 字铭文中的 23 字皆沿袭不变，唯独将"彻"字更改为"泄"字，别无他由，唯一的解释是刻意为之。"彻"字是汉武帝的大名，按例不可不予避讳。如汉初辩士蒯彻，史书即一律改称"蒯通"。镜铭带"彻"，自然要避讳改作为"泄"。1995 年，李学勤、艾兰《欧洲所藏中国青铜器遗珠》图 199，首先提出了镜铭"泄"字当是"彻"之避讳字，为汉镜铭文解读指点迷津。

据此，笔者以为，最早昭明镜应问世于汉武帝即位（建元元年，前 140）前的汉景帝时期（前 156～前 141）。

"文景之治"约四十年间，对皇上赤胆忠心、耿直尽忠，却未能善终而让后人扼腕叹息、深切怀念的重臣，遍检汉史，可说是只有两位：贾谊和晁错。

贾谊（前 200～前 168），洛阳（今河南洛阳）人。18 岁即有才名，由河南郡守吴公推荐，20 余岁被文帝召为博士，后被破格提为太中大夫。23 岁时，因遭群臣忌恨，被贬为长沙王太傅。后被召回长安，为梁怀王太傅。梁怀王坠马身亡，贾谊深感歉疚，33 岁忧伤而死。

晁错（前 200 年～前 154），颖川（今河南禹县）人。文帝时，因文才出众任太常掌故，后历任太子舍人、博士、太子家令后举贤良文学，对策高第，迁中大夫。为人峭直刻深，辩才非凡，被太子刘启（即后来的景帝）尊为"智囊"。景帝即位，以错为内史，迁御史大夫，位列三公。景帝前元三年（前 154）因建言削藩，于七国之乱时被腰斩，时年 46 岁。

贾谊、晁错同为西汉前期不可多得的英才，他们都力主削藩，同时重视积粮对立国的重要作用。贾谊的《论积贮疏》和晁错的《论贵粟疏》，被鲁迅先生誉为"沾溉后人，其泽甚远"的"西汉鸿文"。但纵观二人的一生，贾谊只是引导文帝勾画王朝发展的蓝图，晁错却在辅佐景帝驾驶帝国前行的航船；贾谊多半是空灵地在文学中徜徉，晁错更为踏实地在政坛上驰骋；观察贾谊多在辞赋散文中，认识晁错多在典籍史册里；感受贾谊升腾的是浪漫，如天马行空，品评晁错沉淀的是平实，似老骥伏枥；贾谊英年早逝，可谓悲苦悲凉，使人悲伤，晁错壮年罹难，可叹悲哀悲壮，令人悲愤。再对照铭文内涵，镜铭映射的那件历史事件，至此可以拉开大幕了，七国之乱是正选剧目；镜铭呼唤的那位臣子，如今应该揭去面纱了，直臣晁错是不二人选！

晁错学贯儒法，知识渊博，且能言善辩。他针对西汉王朝的社会问题，鞭辟入里地向景帝提出三个方面的治国策略：劝农固本，大力发展农业；移民戍边，抵御匈奴入侵；削藩去权，对付诸王挑战。然而在削藩问题上，他过于书生意气，其心有余，其力不足。身为国家股肱之臣，预料到藩国坐大之害，却行事不密，只知一味削权，不做防叛筹谋。他为人"峭直刻深"。"峭直"，言辞不拐弯抹角，直来直去，不算什么大的毛病；但是"刻深"，即处事待人苛刻严酷，得理不饶人，又犯官场大忌。这种政治失误和性格缺陷，为以后的事变埋下了不幸的种子，同时国家和他自己亦付出了惨痛的代价。《汉书》说晁错"锐于为国远虑，而不见身害"，实在切中肯綮。七国之乱，外有大兵压境，内有袁盎僭言，在"请诛晁错，以清君侧"的呐喊声下，景帝方寸大乱，一句"吾不爱一人而谢天下"迟疑糊涂，便使晁错期待的"尊天子、安宗庙"的愿望瞬间烟灭云散，化为一段历史遗憾。

晁错之死是西汉一大政治悲剧，也是一大冤案。晁错为自己的政治理想和政治抱负而被冤杀，当时就有人为之鸣不平。谒者仆射邓公曾当着景帝的面发泄不满："夫晁错患诸侯强大不可制，故请削之，以尊京师，万世之利也。计画始行，卒受大戮，内杜忠臣之口，外为诸侯报仇，臣窃为陛下不取也。"——晁错主张削藩，是大汉王朝的千秋大业，但计划刚刚实行，自己却被冤杀，以后还有忠臣敢说真话吗？这是亲者痛、仇者快的事。陛下你真不该这么做啊。景帝默然良久，曰"公言善，吾亦恨之"，深表悔恨之意。

汉代铜镜铭文属于一种民间通俗文学，文字乃各地镜师创作，为大众所共同传播和拥有，因此带着强烈的民意。邓公的话可以说是当时民意的体现，反映了人民对晁错的景仰和怀念。一些镜师推出昭明镜，把这种感情记录在铭文中，当在情理之中。其时，官方未曾公开平反晁错冤案，民间自然不便明言。于是，便有了这篇微言大义、耐人寻味的昭明镜铭。晁错身后一千两百余年，苏轼写了一篇《晁错论》，批评晁错因主政缺少"前知其当然，事至不惧，而徐为之图"三个条件，以致招来杀身之祸。此乃一家之言，正确与否姑且不论。和《留侯论》《贾谊论》一样，一生坎坷、怀才不遇的东坡先生写《晁错论》，旨在把历史的杯盏，借文学的杜康，浇心中的块垒而已。可以说，昭明镜铭某种意义上乃是一篇汉代微型版的《晁错论》。与苏论不同的是，它从正面肯定了这位政治家的功劳。"删繁就简三秋树"，在这短短四句六言24字的西汉谣谚里，有歌颂，有追思，有感叹，有惋惜，有愤慨，真是七情交织，五味杂陈。"领异标新二月花"，昭明昭明，用镜铭为一缕冤魂平反昭雪，为一位直臣彰显清明，可谓蹊径独辟，用心良苦。

昭明镜铭是镜铭中的一个另类，亦是镜铭中的一朵奇葩！

本文得到张炳生先生的支持，谨致谢意。

（原载《汉镜文化研究》之"2.6"，《大观》2015年6月总69期）

西汉清白镜铭文释考与研讨

2011 年 3 月，江西南昌海昏侯刘贺墓出土了两面清白铭圈带镜，为此类镜的问世年代提供了可靠的断代依据。2018 年 6 月，拙著《汉镜铭文图集》（第二次印刷），其中图 21、22 又为此类镜新增了研究资料。

与昭明镜同时问世的清白镜（图 1、图 2）[1]，因其镜铭首句"絜清白而事君"而得名。近百年来，诸多专家学者对其铭文进行过反复研讨。目前大致认定，其八句六言 48 字的齐全铭文辨读应为：

絜清白而事君，恕沄骓（欢）之弇（合）明，微玄锡之流泽，恐疏远而日忘，怀糜（靡）美之窈（穷礼），外承骓（欢）之可说，慕窈宛于（之）灵景（影），愿永思而毋绝。

如何确切解读这段铭文，与昭明镜铭同样长期令人困惑。这段铭文与昭明镜相似，也是骚体，而且同样文字优美，同样晦涩难解。以"微玄锡之流泽"为依托的"工艺说"，以"絜清白而事君""愿永思而毋绝"为佐证的"敬夫说"，与昭明镜铭的传统解读同出一辙，于言不顺，于理不通。关于昭明镜铭文释考，笔者有初步结论：是对西汉直臣晁错的隐晦纪念。与昭明镜同处一器的清白镜，其铭文是否可顺着这一思路解读？在其他释考山重水复的形势下，或许可迎来柳暗花明。

昭明镜非敬夫说，同时代多用与其组合在一起的清白镜自然亦非敬夫说。这里，我们

---

[1]《西汉昭明镜铭文释考与研讨》一文图 1 为汉景帝中晚期的昭明镜铭四句六言 24 字，昭明末字系未避讳之"彻"字，图 2 为汉武帝初年昭明镜铭全部 24 字加上清白镜铭后半之 24 字，共 48 字，昭明末字系已避讳之"泄"字。本文两图皆为汉景帝中晚期之完整的昭明镜铭（24 字）与清白镜铭（48 字）的铭重圈镜，共 72 字，昭明末字亦系未避讳之"彻"字。统计并了解已有的资料可知，本文清白铭的文字最为完整、最是规范，几乎没有通假、错别、反书、省偏旁等文字缺陷。拙著《汉铭斋藏镜》中有详尽的判读，于此不复赘述。

图1　《古镜今照》图44

图2　高本汉《早朝中国铜镜》图F8

对清白镜铭文逐试作解释。

第一句：絜清白而事君。

絜：通"洁"，纯洁。"事"即"侍奉"。《易·蛊》："不事王侯，志可则也。"《资治通鉴》卷一五："太子家令颍川晁错上言兵事。"此年为公元前169年，晁错30岁，至公元前154年被腰斩时晁错46岁，侍奉汉文帝十三年以上，侍奉汉景帝三年，一共侍奉两代君王十六年以上，可谓赤胆忠心，劳苦功高。

第二句：恕沄骥（欢）之弇（合）明。

恕：同"怨"，怨恨，《晋书·陆云传》："非兰恕而桂亲，岂涂害而釐利。"沄：通"蕴"，即蓄藏、积聚之意，《左传·昭公十年》："蕴利生孽。"骥：在此专指关系密切的人，《墨子·明鬼下》："今絜为酒醴粢盛……虽使鬼神请亡，此犹可以合骥聚众。"弇：遮盖。《说文》："弇，盖也。明：圣明。贾谊《过秦论》："明智而忠信。"《汉书·晁错传》："错为人峭直刻深。"如此言属实，则一定会因其性格而得罪于人、结怨于人，若遇小人定遭祸害。据《汉书·晁错传》，同朝大臣袁盎在私下与景帝交谈时称晁错为"贼臣"，在七国之乱时竟说："方今计，独有斩错，发使赦吴楚七国，复其故地，则兵可毋血刃而俱罢。"这正如《汉书·晁错传》所说，晁错"锐于为国远虑，而不见身害"，只问国事而不顾自身，壮年罹难。

第三句：微玄锡之流泽。

微：无，没有。《左传·僖公三十年》："微夫人之力不及此。""玄锡"指主要成分为锡与汞的铜镜研磨材料，《淮南子·修务训》："明镜之始下型，朦然而未见形容，及其粉以玄锡、摩以白旃，鬓眉微毫可得而察。"《吕氏春秋·召类篇》高诱注："明镜见人之丑，而不推破之；而挖以玄锡，摩以白旃。"简言之，玄锡即为铜镜开光所用之抛光粉（详见何堂坤《中国古代铜镜的技术研究》）。"流泽"即流布光泽。泽：光泽。《素问·玉机真藏论》："色沃不泽。"此句的意思是：没有玄锡擦拭让镜子清明光亮。

第四句：恐疏远而日忘。

恐：担心、害怕。此句的意思是：担心日渐疏远而被遗忘。

第五句：怀糜（靡）美之窮（穷礼）。

怀：心里存有。《九章·怀沙》："怀瑾握玉兮。""糜"通"靡"，华丽之意，《庄子·天下篇》："不靡于万物。"成玄英疏："靡，丽也。"穷礼：即"躬体"，恭敬弯腰。穷（窮）通躬。《仪礼·聘礼》："执圭入门鞠躬焉。"校注："魏氏曰温本作'鞠穷焉'。"礼（禮）：通体（體）。此句的意思是：心怀美好的品德又恭敬有礼。《汉书·晁错传》载："错衣朝衣斩东市。"朝廷重臣身着宽袍大袖、褒衣博带的朝服被突然腰斩，具有极大的悲壮性，此铭突出写明"怀糜美"——胸前华服似有讽喻之意。"穷（穷礼）"，指的是晁错洁身自好，人品清廉。这句铭文使得晁错的形象愈加高大。

第六句：外承驩（欢）之可说。

承欢：即谓迎合人意，求取欢心。《楚辞·九章·哀郢》："外承欢之汋约兮，谌荏弱而难持。"王逸注："言佞人承君欢颜，好其谄言，令之汋汋然。""说"通"悦"，即喜悦、高兴。《诗·召南·草虫》："亦既见止，亦既觏止，我心则说。"此铭应是对晁错"峭直深刻"性格的正面肯定之意。封建时代的大臣对帝王态度多是迎合，而晁错敢于直言、坚持真理，确属难能可贵。这种观点具有挑战性和针对性，在一定程度上反映了当时的民意。

第七句：慕窈窕于（之）灵景（影）。

景：即"影"，影子。这里指镜中的影像。此句的意思是：怜惜镜中灵动的身影。在24字昭明镜铭与48字清白镜铭中，此句文学色彩最为浓烈。同时，也可透视出铭文作者对"腰斩"一事的深恶痛绝，故特别提出"窈窕"一说，或许是一种暗讽。

第八句：愿永思而毋绝。

绝：可作停止之意。《礼记·杂记下》："当祖，大夫至，虽当踊，绝诵而拜之。"中国的三代青铜器铭文，在末句多有"子子孙孙永宝之"的内容，此铭与之相比，不仅有异曲同工之妙，还多了"永思"之意。镜铭作者将晁错定位到了值得永远纪念之国家英雄的高度。

至此，"清白镜"八句六言48字铭文可译为：

以贞洁清白之身侍奉君王，怨恨谄佞掩蔽了圣明之光。
惜无玄锡将镜面擦拭明亮，担心日渐疏远而渐遭遗忘。
礼敬折腰心怀着美好愿望，然君王被媚惑而享乐迷惘。
看镜中窈窕身影心生爱怜，愿君王长久思念永不相忘。

昭明镜与清白镜同时流行于西汉中后期，而铭文又都是以表现"错虽不终，世哀其忠"（《汉书·晁错传》）为主旨。但细细考察，二者相互关联而又有些微差别。

昭明镜铭文"内清质以昭明，光辉象夫日月，心忽穆而愿忠，然壅塞而不彻（泄）——品质高尚而清白坦荡，忠贞不二堪与日月同光，虽满怀忠直恭谨之心，却因君臣隔阂难以通畅"，这像一篇记叙短文，如一幅大致轮廓的写意画，较为曲折隐晦地道出了晁错之死的悲剧和冤案，表达了同情和缅怀之意。而清白镜铭则是对昭明镜铭作了细化与补充，它像一篇抒情散文，如一幅细部勾勒的工笔画，描绘了主人公的形象，展现了他的品格，歌颂了他的功绩，抒发了百姓崇敬、怀念的感情。较之昭明镜铭，清白镜铭有叙述，有描写，有抒情，文学手法更丰富，迫近事件更直接，呼唤人物更大胆，抒发感情也更强烈。利用铭文为直臣晁错冤案鼓与呼，如果说昭明镜是滥觞逶迤，清白镜则是水流汩汩。两者联袂呼应，互为印证，珠联璧合，相得益彰，是西汉不可多得的镜铭佳作。

（原载《汉镜文化研究》之"2.7"）

西汉 72 字铭三叶三龙蟠螭镜研究纪事

好事总是成双。近些年来，若干少见的西汉铭文镜接连被发现，如"见日之光，天下大昌"铭草叶镜、"见日之光，天下久长"铭草叶镜、"投博至明，置（从）酒高堂"铭草叶镜、"君忘忘而先志"铭圈带镜等。还有个别在历史上未见刊载者，一经发现就是两面：其一，"日不可曾，而日可思"铭草叶镜[1]；其二，包括"寿敝金石，与天为常"铭内容在内的铜华圈带镜[2]……更让人感兴趣的是，十余年来未见到的新资料——带"彻"字昭明清白重圈铭三叶三龙镜，在壬辰龙年的上半年，一下子就出现了两面，真可谓龙年出龙镜，盛世多祥瑞也！

此类存世不超过十面的 72 字铭文镜，不仅铭文字数最多[3]而且在西汉镜中的龙纹最大[4]。就其尺寸而言，可分三类：A 类，直径 16.2 厘米（汉尺 7 寸）；B 类，直径 17.3厘米（汉尺 7 寸半）；C 类，直径 18.5 厘米（汉尺 8 寸）。有关此类镜的身世与考证，已有断断续续的百年历史，本文特将所知之大事记录如下。

1. 20 世纪初

瑞典工程师加尔贝克在参与修建淮河铁路大桥（1911 年建成）时，以及 1923 年专程"旧

---

[1]《汉镜斋藏镜》图 63。

[2]《崇源 2011 秋拍》图 5029。

[3] 图 2 镜至图 5 镜，内圈 24 字铭文："内请质以昭明，光辉象夫日月，心忽穆而愿忠，然壅塞而不彻。"外圈 48 字铭文："絜精白而事君，惌汛雅（欢）之弁明，微玄锡之流泽，恐疏远而日忘，怀糜美之穷礼，外承雅（欢）之可说，慕窈窕之灵景，愿永思而毋绝。"图 7 镜 78 字系在上述铭文中加入六个"兮"字。

[4]《西汉龙纹镜》图 31。

地重游"时，皆在安徽寿县地区收罗了包括此类镜在内的大量楚汉文物[5]。

2. 1926 年

加尔贝克在瑞典《中国科学美术》杂志发表《中国古铜镜杂记》。

3. 1936 年

张荫麟将上文译于北平考古学社《考古》第 4 期。

4. 1941 年

瑞典汉学家高本汉《早期中国铜镜》图 F8（属 B 类，图 1），即当年加尔贝克在安徽寿县购买之物。此镜的"昭明，光辉象夫日月"八字模糊，然其关键字"彻"字清晰。

5. 1949 年

《历史语言研究所集刊》第 14 本，刊载高去寻论文《评汉以前的古镜之研究并论"淮式"之时代问题》。

6. 1992 年

《中国历史博物馆》总第18、19 期图 7，发表了国内仅见之末字为"彻"的 24 字昭明镜（直径 16.5 厘米，图 2）。

7. 1995 年

李学勤、艾兰《欧洲所藏中国青铜器遗珠》图 199 为带"彻"字之镜，文中提及以后避讳成"泄"字一事。

8. 1996 年

《故宫藏镜》一书出版，其图 22（14+34=48 字）系将"彻"字避讳成"泄"字的昭明清白铭重圈镜，原书将其年代定为战国。在以后的几年中，笔者与孙克让、陈学斌等镜友曾多次讨论后认为，这只能是一面西汉镜，然究竟何时问世，为何问世？却谁也说不清楚。从此，这些早期的昭明镜与昭明清白铭重圈镜，就成了大家特别关注的问题，这些器物亦理所当然地引起了重视。

图 1

图 2

---

[5]《中国收藏》2012 年第 5 期之拙文《瑞典藏西汉蟠螭纹铭文镜》。

图3

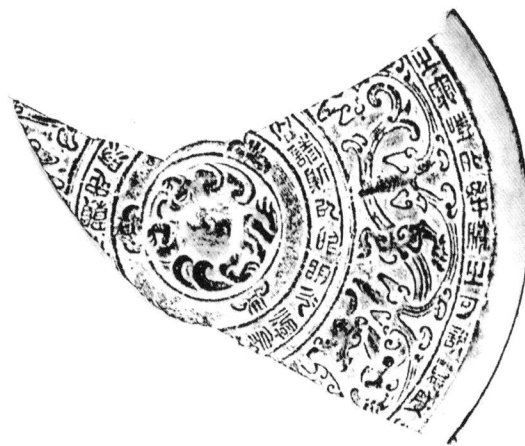

图4

图5

9. 1999 年

在西安郑王庄（今雅荷城市花园）出土了一面属 B 类（汉尺 7.5 寸）的此类镜（图3）。此镜版模、品相一般，然全镜缺失了两小块。

10. 2002 年

《长安汉镜》一书出版，其图 7-2（图版 6-2）即本文图 3 镜。书载"墓葬时代"为西汉早期，需要再深入讨论。

11. 2006 年

西安有署"丙戌三月于古长安"的朱砂拓原拓本《古镜藏珍》问世，笔者有缘有幸寻觅到一本，其第 7 页即本文图 3 镜。

12. 2008 年

笔者在西安镜友处觅得属 A 类（汉尺 7 寸）之残片（图 4），此镜虽恰好缺失了"彻"字，然基本信息大体保留，可知直径、形制、龙纹、书体等。

13. 2008 年 3 月

《云梦学刊》第 29 卷第 2 期第 50 页，刊载日本学者石川三佐男《蟠螭纹精白镜和楚辞》一文，惜此文关于"怀糜"二字的释读与东汉中期的断代等皆有不当。

14. 2009 年

日本京都大学东方学报第 84 册《前汉镜铭集释》第 204 条（如同《故宫藏镜》图 22，即 48 字昭明清白铭重圈镜），冈村秀典教授在此条释文中，言及汉武帝即位后，镜铭"彻"字被避讳成"泄"字的内容。

15. 2010 年

（1）2 月，拙著《止水集》出版，书中第 7、8 页对 48 字昭明清白铭重圈镜的问世年代曾有分析与探讨。

（2）笔者有幸拜读了冈村秀典教授《前汉镜铭集释》之大作。读后有感，并与镜友交谈：其一，他山之石正在攻玉；其二，国人理应加倍努力。

（3）经过多年的寻觅，笔者终于得到了与《故宫藏镜》图 22、冈村秀典《前汉镜铭集释》第 204 条之相同器物——48 字昭明清白铭重圈镜，因拓片效果较好，故而被多次采用（图 5）。

16. 2011 年 4 月 13 日

《中国文物报》第 7 版刊载了酝酿多年之拙文：《铭文铸民意明镜鉴直臣——西汉昭明镜铭文释考》，文中对"彻"字避讳有涉及，对昭明镜的由来、身世、断代、考证等问题有详尽探讨。

17. 2011 年 4 月 18 日

在北京清华大学的《西汉铭文镜暨古镜文化交流会》上，笔者曾与冈村秀典教授分别在自己的论文中提及"彻"字避讳问题（见本文 19 条）。

18. 2011 年 7 月 6 日

《中国文物报》第 8 版刊载拙文：《珠联璧合相得益彰——西汉清白镜铭文释考兼说与昭明镜铭文的关联》，文中对"彻"字避讳亦有涉及。

19. 2011 年 11 月

笔者与台北史语所林素清研究员，同赴京都大学人文科学研究所讨论汉镜学术问题。届时方知，关于西汉镜铭"彻"字的避讳问题并非古籍所载，而是 1995 年由李学勤、艾兰提出，2009 年再由冈村秀典教授提出。

20. 2012 年 1 月

《收藏家》杂志第 1 期全文刊载笔者在 2011 年 4 月 18 日发表的论文《西汉蟠螭纹铭文镜研究》。

21. 2012 年 3 月

文物出版社出版《古镜今照》，其图 44 属 C 类（汉尺 8 寸），即为新发现之此类镜（图 6）。此镜龙纹清晰，本文特取其局部放大（图 6A），以供读者鉴赏。

图 6

图 6A

22. 2012 年 5 月

《中国收藏》杂志第 5 期刊载拙文《瑞典藏西汉蟠螭纹铭文镜》，此文重点放在高本汉《早期中国铜镜》图 F19（即 78 字昭明清白铭重圈镜）的释读上。

23. 2012 年 6 月 4 日

在"汉镜文化研究"课题启动会上，笔者以课题组组长身份，将本文 2011 年 11 月知悉一事（即"彻"避讳成"泄"），再次以口头方式公之于众。

24. 2012 年 6 月 24 日

《泓盛 2012 春拍》图 900，同属 C 类，亦系新发现之此类镜（图 7）。

此类铭文镜有着重要的历史文化价值，小结如下。

（1）西汉早期铭文镜之主纹多见四叶蟠螭，少见三叶蟠螭。此类镜之龙头明显、"具象"，当又可称作三叶蟠龙纹或三叶龙纹。

（2）在西汉早中期之际，带"彻"字的昭明镜与昭明清白重圈镜类可分为 24 字、72 字、78 字三种。迄今所知，24 字（图 2）与 78 字（图 8）的两镜皆为孤品；72 字之镜又可分为汉尺 7 寸（图 4）、7.5 寸（图 1、图 3）、8 寸（图 6、图 7）三个规格，其存世量应不超过十面。[6]

（3）镜铭可以证史：此类镜是昭明铭与清白铭的最早器物，问世在汉景帝时期，应该是追忆并纪念一位伟大的历史人物——晁错。[7]

（4）镜铭可以断代：建元元年（前 140），汉武帝刘彻即位，昭明镜铭末字之"彻"必然地被避讳成"泄"字。此类镜的出现，为昭明镜的身世与考证提供了可靠依据。

图 7

图 8

（原载《汉镜文化研究》之"8.2"）

---

[6]《汉镜铭文图集》（第二次印刷）图 21、22 系新资料，另北京收藏家手中还有另外的一面。

[7] 详见《中国文物报》2011 年 4 月 13 日与 2011 年 7 月 6 日之两篇拙文。

西汉早期蟠螭纹铭文镜研究

一、概述

有四千年历史的中国铜镜兴盛于战国、繁荣于两汉、辉煌于隋唐。带地纹的蟠螭纹铭文镜是中国最早的铭文镜。估计其问世年代，起始在汉惠帝末年，终止于汉武帝早期，大致持续了半个世纪稍多的时间。本文列有此类镜的 40 幅图片及其相关资料（表一），并对其形制、主纹、铭文、避讳、隶变、释字等问题进行粗浅的探讨。

（一）形制：此类镜继承了战国蟠螭纹镜的诸多形制特点

（1）尺度：汉尺基本上沿用了东周—战国—秦的标准尺度，即 1 尺等于现代公制的 23.1 厘米。如图 3（Aa-3）为汉尺整 6 寸、图 13（Ca-1）为汉尺整 5 寸。

（2）镜体：普遍较薄，其单位面积之重量 m 值（克 / 平方厘米）多在 1.0 ～ 1.5 之间，如图 3（Aa-3）为 1.24，图 13（Ca-1）为 1.42。后期镜 m 值稍有偏高。

（3）钮式：多见三弦钮式，少见"鬼脸钱"（楚国货贝）钮式等。

（4）边缘：基本上保持了战国镜的特色，或称素卷缘，或称匕形缘。

（5）地纹：多见云雷纹，少见圆涡纹或圆涡纹与三角纹组合等。

（二）主纹：主要分为 8 类（详见表一）

（1）缠绕式三螭三凤纹：图 1（Aa-1）至图 5（Aa-5），其中图 2（Aa-2），可谓三龙三凤。

（2）缠绕式三螭三凤连弧纹：如高本汉《早期中国铜镜》图 F31。

（3）缠绕式四螭四凤纹：图 10（Ba-1）至图 12（Ba-3），图 13（Ca-1）至图 15（Ca-3）。

（4）间断式三螭三凤纹：图 6（Ab-1），图 7（Ab-2），图 27（Dd-1）。

表一 西汉蟠螭纹铭文镜一览表

图号	铭文首句	主纹	分类号	铭文内容	直径（厘米）	重量（克）	资料来源
1	A. 修相思	a. 缠绕式三螭三凤三龙三凤	Aa–1	长相思，慎毋相忘	11.4	140	《泉屋博古·镜鉴编》图18
2			Aa–2	修相思，毋相忘，常长乐未央	11.3	81	《汉铭斋藏镜》图1
3			Aa–3	修相思，毋相忘，常乐未央	13.8	186	《清华铭文镜》图3
4			Aa–4		14.2	247	《岩窟藏镜》图54
5			Aa–5		14.3	/	《汉以前的古镜研究》图版26–3
6		b. 间断式三螭三凤	Ab–1		13.7	232	《故宫藏镜》图24
7			Ab–2		13.7	230	《岩窟藏镜》图49 高本汉《早期中国铜镜》图F12
8		c. 博局蟠螭	Ac–1	修相思，慎毋相忘，常乐未央	22.9	/	《六安出土铜镜》图24
9		d. 四叶蟠螭	Ad–1	相思，愿毋相忘，大乐未央	13.1	213	《汉铭斋藏镜》图5
10	B. 感思悲	a. 缠绕式四螭四凤	Ba–1	感思悲，愿见忠，君不说，相思愿毋绝	10.5	110	《汉铭斋藏镜》图8
11			Ba–2		11.3	159	《岩窟藏镜》图74
12			Ba–3		10.5	/	《浙江出土铜镜》（修订本）彩版1
13	C. 感思甚	a. 缠绕式四螭四凤	Ca–1	感思甚，悲欲见，毋说相思愿毋绝	11.6	152	《清华铭文镜》图4
14			Ca–2		11.6	/	《六安出土铜镜》图36
15			Ca–3		11.6	/	《陈介祺藏镜》图57
16	D. 大乐贵富	a. 博局蟠螭	Da–1	大乐贵富得所好，千秋万岁，延年益寿	18.8	/	赵春安赠拓
17			Da–2		18.4	/	满城中山国靖王刘胜妻窦绾墓出土
18			Da–3		18.8	/	樋口隆康《古镜（图录）》图26
19			Da–4		15.0	199	《岩窟藏镜》图82
20			Da–5		11.3	142	《汉铭斋藏镜》图10
21		b. 四叶蟠螭	Db–1	大乐贵富，千秋万岁，宜酒食	18.8	590	《岩窟藏镜》图73
22			Db–2		18.2	474	《清华铭文镜》图5
23			Db–3		16.1	350	《汉铭斋藏镜》图11
24			Db–4		18.3	/	《湖南出土铜镜图录》图46
25		c. 四叶蟠螭	Dc–1	大乐贵富得所喜，千秋万岁宜酒食	13.4	149	《汉铭斋藏镜》图13
26			Dc–2	长富贵，常得所喜，千秋万岁宜酒食	18.7	607	《汉铭斋藏镜》图14
27		d. 三螭三凤	Dd–1	大乐贵富毋极，与天地相翼。	9.3	85	《汉铭斋藏镜》图3
28		d. 四叶蟠螭	Dd–2		13.3	209	《故宫藏镜》图23

（续表）

图号	铭文首句	主纹	分类号	铭文内容	直径（厘米）	重量（克）	资料来源
29	E. 宗乐贵富	a. 四叶蟠螭	Ea-1	宗乐贵富得所喜，千秋万岁宜酒食	14.0	250	《中国历史博物馆馆刊》总18期图7
30		a. 三叶三龙	Fa-1	单圈（24字）：内请质以昭明，光辉象夫日月，心忽穆而愿忠，然壅塞而不彻	16.5	300	《中国历史博物馆馆刊》总18期图7
31		b. 三叶三龙	Fb-1	内圈（24字）：内请质以昭明，光辉象夫日月，心忽穆而愿忠，然壅塞而不彻　外圈（48字）：絜精白而事君，惄氾驩之弇明，微玄锡之流泽，恐疏远而日忘，怀糜美之穷体，外承驩之可说，慕窈窕之灵景，愿永思而毋绝	16.2	残片	《汉铭斋藏镜》图15
32	F. 彻		Fb-2		17.3	382	《长安汉镜》图7-2
33			Fb-3		/	/	高本汉《早期中国铜镜》图F8
34			Fb-4		18.6	594	《泓盛2012春拍》图900
35			Fb-5		18.5	424	《古镜今照》图44
36		c. 博局蟠螭	Fc-1	内图（28字）内请质以昭明兮，光辉象夫日月，心忽穆而愿忠兮，然壅塞而不彻。怀糜　外圈（50字）：絜精白而事君兮，惄氾驩之弇明，微玄锡之流泽兮，恐疏远而日忘，美之穷体兮，外承驩之可说，慕窈窕之灵景兮，愿永思而毋绝	/	/	高本汉《早期中国铜镜》图F19
37			Ga-1	内圈(14字）内请质以昭明，光辉象夫日月，心忽外圈(34字）：穆而愿忠，然壅塞而不泄。怀糜美之穷体，外承驩之可说，慕窈窕之灵景，愿永思而毋绝	14.0	283	《故宫藏镜》图22
38	G. 泄	a. 四叶蟠螭	Ga-2 三图为同一器		13.9	312	《尊古斋古镜集景》图92　《岩窟藏镜》图76　《泉屋博古·镜鉴编》图17
39			Ga-3		14.1	283	《汉以前的古镜研究》图版23-2　《泉屋博古·镜鉴编》图16
40			Ga-4		13.9	205	《汉铭斋藏镜》图16

图 1 （Aa-1）　　　　　　　　　　　　图 2 （Aa-2）

（5）单圈铭博局蟠螭纹：图 8（Ac-1），图 16（Da-1）至图 20（Da-5）。

（6）重圈铭博局蟠螭纹：图 36（Fc-1）。

（7）三叶三龙纹：图 30（Fa-1）至图 35（Fb-5）。

（8）四叶蟠螭纹：图 9（Ad-1），图 21（Db-1）至图 24（Db-4），图 25（Dc-1），图 26（Dc-2），图 28（Dd-2），图 29（Ea-1），图 37（Ga-1）至图 40（Ga-4）。

（三）铭文：主要分为七类（详见表一）

（1）A 类。首句"修相思"，经典铭文"修相思、毋相忘，常乐未央"，见图 3（Aa-3）。偶见个别字的变化，如"大乐未央"（徐州博物馆藏、《岩窟藏镜·先汉式》图 70）等。还见多一个字，如"慎毋相忘"，见图 9（Ac-1）；如"常长乐未央"，见图 2（Aa-2）等。此外，还罕见首句"长相思"，经典铭文"长相思，慎毋相忘"，如图 1（Aa-1）。存世的间断式三螭三凤镜仅见三面，似为同模。图 9（Ad-1）难以归类，暂时置于 A 类之中。

（2）B 类。首句"感思悲"，经典铭文"感思悲，愿见忠，君不说，相思愿毋绝"。此类镜有一定的存世量，如图 10（Ba-1）至图 12（Ba-3）。

（3）C 类。首句"感思甚"，经典铭文"感思甚，悲欲见，毋说相思，愿毋绝"。迄今所知存世三面，即图 13（Ca-1）至图 15（Ca-3），此三镜似为同模。

（4）D 类，分为四个小类。

第一小类，主纹为博局蟠螭纹，首句"大乐贵富"，末句"延年益寿"，经典铭文"大乐贵富得所好，千秋万岁，延年益寿"，如图 16（Da-1）至图 20（Da-5）。此类镜有较大的存世量，铭文呈方形分布，其直径（汉尺）大小不等，大有 1 尺，小仅 5 寸。

第二小类，首句"大乐贵富"，末句"宜酒食"，经典铭文"大乐贵富，千秋万岁，宜酒食"。此类镜亦有较大的存世量，如图 21（Db-1）至图 24（Db-4），铭文多呈圆形分布。

　　第三小类，图 25（Dc-1）铭文"大乐贵富得所喜，千秋万岁宜酒食"。此外，由《中国嘉德 2005 秋拍图录》图 46 可知，其铭文与图 25（Dc-1）相同，主纹皆为四叶蟠螭。图 26（Dc-2）亦系四叶蟠螭纹，铭文稍有不同，首句是不同于"大乐贵富"的"长富贵"。从存世实物来看，此类镜字形偏方，有隶书韵味。

　　第四小类，铭文"大乐贵富毋极，与天地相翼"。迄今所知存世 2 面，即图 27（Dd-1），图 28（Dd-2），其主纹却有不同，前者三螭三凤，后者四叶蟠螭。

　　（5）E 类，首句"宗（众）乐贵富"，存世仅见一面，即图 29（Ea-1）。

　　（6）F 类，分为三个小类。

　　第一小类，铭圈带镜。昭明铭末字为"彻"字的 24 字昭明铭圈带镜。经典铭文："内请（清）质以昭明，光辉象夫日月，心忽穆而愿忠，然壅塞而不彻。"迄今所知，存世仅 1 面，即图 30（Fa-1）。

　　第二小类，铭重圈镜。昭明铭末字为"彻"字的 72 字昭明‐清白铭重圈镜。经典铭文：内圈 24 字为"内请（清）质以昭明，光辉象夫日月，心忽穆而愿忠，然壅塞而不彻"。外圈 48 字为"絜精白而事君，恕沄驩之弇明，微玄锡之流泽，恐疏远而日忘，怀糜美之穷体，外承驩之可说，慕窈窕之灵景，愿永思而毋绝"。迄今所知，资料所载的全镜仅存世五面，即图 31（Fb-1）至图 35（Fb-5）。其中图 31（Fb-1）为残片，内圈剩 12 字，外圈余 11 字。

　　高本汉《早期中国铜镜》图 F19，即本文图 36（Fc-1），亦为相同内容之 78 字昭明清白铭重圈镜，只是在每一单数句与双数句之间加上了一个"兮"字（详见表一）。其主纹系博局蟠螭纹，惜图片清晰度较差。迄今所知，存世仅一面。

　　（7）G 类。昭明镜末字为"泄"字，48 字昭明清白铭重圈镜，即图 37（Ga-1）至图 40（Ga-4）。经典铭文，内圈 14 字为"内请（清）质以昭明，光辉象夫日月，心忽"，外圈 34 字为"穆而愿忠，然壅塞而不泄。怀糜美之穷体，外承驩之可说，慕窈窕之灵景，愿永思而毋绝"。此类镜有一定的存世量，迄今所知，其直径皆为汉尺 6 寸。

图 3　（Aa-3）　　　　　　　　　　　　　　　图 4　（Aa-4）

图5　（Aa-5）

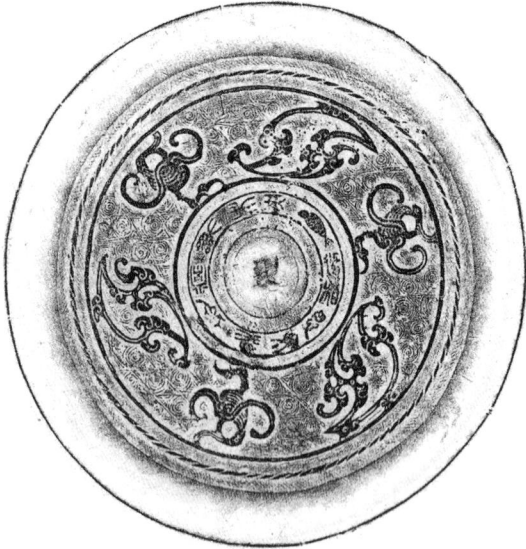

图6　（Ab-1）

图7　（Ab-2）

图8　（Ac-1）

图9　（Ad-1）

图10　（Ba-1）

图 11 （Ba-2）

图 12 （Ba-3）

图 13 （Ca-1）

图 14 （Ca-2）

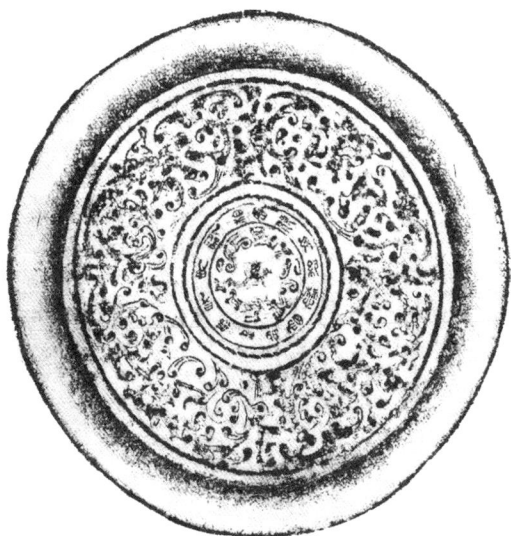

图 15 （Ca-3）

图 16 （Da-1）

图 14 （Da-2）

图 18 （Da-3）

图 19 （Da-4）

图 20 （Da-5）

图 21 （Db-1）

图 22 （Db-2）

图23 （Db-3）

图24 （Db-4）

图25 （Dc-1）

图26 （Dc-2）

图27 （Dd-1）

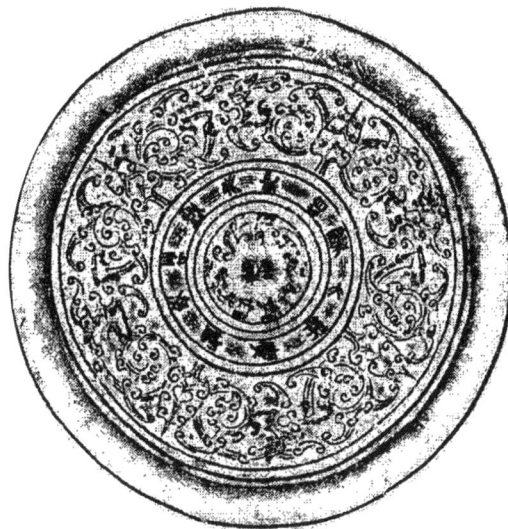

图28 （Dd-2）

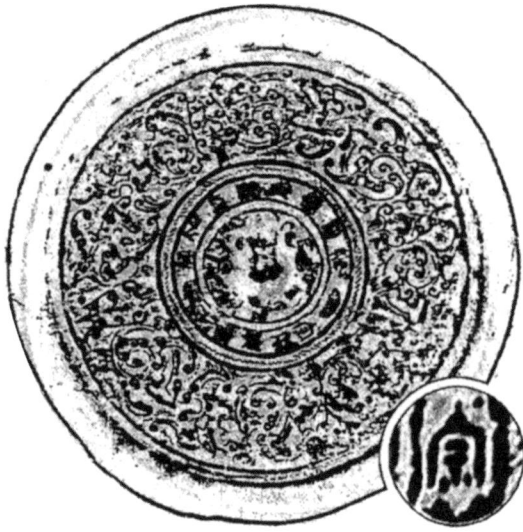

图 29 （Ea-1）

图 30 （Fa-1）

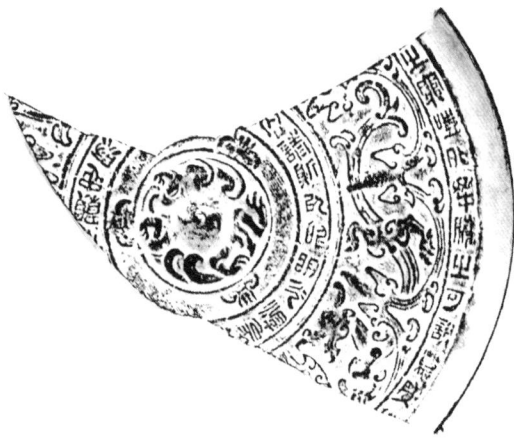

图 31 （Fb-1）

图 32 （Fb-2）

图 33 （Fb-3）

图 34 （Fb-4）

图 35 （Fb-5）

图 36 （Fc-1）

图 37 （Ga-1）

图 38 （Ga-3）

图 39 （Ga-2）

图 40 （Ga-4）

二、避讳

古时，对于君主或尊长的名字，必须避免直接说出或写出，这就是避讳。在中国传统文化中，避讳的起源很早，清顾炎武《庙讳御名议》："臣闻讳名之礼，始自周人。"铜镜铭文几乎是从一开始的西汉早期就有了避讳现象。

（一）以"修"字避淮南王刘长之"长"字讳

《汉书》卷一下载，高祖十一年（前196），"秋七月，淮南王布反……群臣请立子长为王"。汉文帝即位（前179）后，刚满20岁的淮南厉王刘长（前198～前174）"骄横不法，藏匿亡命"。文帝前元六年（前174），刘长叛乱事发，召至长安，"谪徙严道（今四川荥经），途中绝食而亡"。

避"长"之讳，史料早有记载，北齐颜之推《颜氏家训·风操》："凡避讳者，皆须得其训以代换之：桓公名白，博有五皓之称；厉王名长，琴有修短之目。"《诗·小雅·六月》："四牡修广，其大有颙。"毛传："修，长。"镜铭避讳恰好处在镜铭诞生之初的西汉早期，据上分析推测，避"长"之讳应在汉文帝即位前后的不长时间内，较大的可能是在汉惠帝末年（前188，时刘长13岁）至文帝前元六年（前174，时刘长已亡）的15年间。年龄太小应该是管理不严，叛乱而亡再无须严格避讳。

迄今所知此类镜存世器物的铭文内容有五种：

（1）图1（Aa-1）镜，铭文"长相思，慎毋相忘"，其文字书体随意，似为工匠手书，其年代应在避讳之前或避讳不严的避讳之初，另有一种可能是出自于淮南王管辖以外的地区。镜铭"慎"字的左偏旁漶漫不清，原释"愿"字，对照图8（Ac-1）可知，其左偏旁为"心"字，似应释作"慎"字为宜。

（2）图2（Aa-2），铭文"修相思，毋相忘，常长乐未央"，首句"长"字明明已经避讳，末句却又多了一个"长"字，可知在当时的确存在避讳不严的情况。避讳以前与之后都会有一个"不严"的过渡时期，根据此镜的主纹与钮式似应偏早，故此镜之问世年代，较大的可能是在管理还不严的避讳之初。

（3）图3（Aa-3）至图7（Ab-2）五镜，铭文内容皆为标准格式的"修相思，毋相忘，常乐未央"。首句"长"字避讳至"修"字，末句"长"字避讳至"常"字。在存世器物中，此类镜有一定的数量，比较主纹可知，缠绕式三螭三凤稍多，间断式三螭三凤偏少。此类镜文字书体是较为规整的小篆，似应先由文化人定稿，再交工匠铸制。

（4）图8（Ac-1）镜，原释有误，"慎"字左偏旁的"心"字十分清晰，本文特作局部放大，以明辨是非。笔者曾在坊间见过一张此类镜的拓片，说明此镜并非孤品。此镜直径汉尺10寸，其出现打破了西汉早期铭文镜皆小（多见汉尺5寸、6寸）的惯例。

（5）图9（Ad-1）铭文别具情趣，铸镜者似嫌避讳麻烦，首字删除了原应避讳的"长"字，后又改"常乐未央"为"大乐未央"，成为这个镜类的罕见镜例。

（二）以"泄"字避汉武帝刘彻之"彻"字讳

长期以来，人们多知避淮南王刘长之"长"字讳，而鲜知（或不知）避汉武帝刘彻之"彻"字讳，镜铭实例给了明确的回答。1995 年，李学勤、艾兰《欧洲所藏中国青铜器遗珠》图 199 的文字说明中，首先提出了这个问题。在带地纹蟠螭铭文镜中，有昭明单圈或昭明 – 清白重圈的两类特殊品种：表一 F 类，昭明铭末字均为避讳前的"彻"字，其主纹都是三叶三龙；表一 G 类，昭明铭末字均为避讳后的"泄"字，其主纹都是四叶蟠螭。毋庸置疑，F 类镜应处汉武帝即位的建元元年（前 140 年）之前，G 类镜当在汉武帝即位的建元元年以后。至此，我们可以准确地推断此类镜的大致年代，为西汉早期铭文镜的断代问题提供重要依据。

F 类镜存世有三种版式：其一，中国国家博物馆所藏（似系孤品），即本文图 30（Fa-1），知为 24 字齐全的昭明单圈铭文。其二，目前国内国外共有五面，即本书图 31（Fb-1）至图 35（Fb-5），计有汉尺 7 寸、7 寸半、8 寸的三种规格，皆系 72（24+48）字齐全的昭明 – 清白重圈铭文。其三，高本汉《早期中国铜镜》图 F19（似系孤品），即本文图 36（Fc-1），铭文数字是在齐全的昭明清白重圈铭文中加了 6 个"兮"，总共 78 字，成为铭文之最。

G 类镜存世有一定数量，主要是一种版式：主纹为四叶蟠螭；铭文重圈，内圈为"昭明"铭的前 14 字，其后十字移入外圈，并紧接"清白"铭（齐全为八句）的后四句 24 字，全镜 48（14+34）字。与 F 类镜相比：其一，G 类镜尺度被严格地控制在汉尺 6 寸；其二，"彻"字已避讳成"泄"字，《说文解字》："彻，通也。"《淮南子·本经训》："精泄于目，则其视明。"高诱注："泄犹通也。"其三，书体（特别是昭明圈）似更扁些，意味着隶韵较多，下节有专述。

G 类镜中的图 38（Ga-2）镜是一件形象突出且流通性很强的器物，其关键字"泄"字的右上方有铸造缺失，形成特殊印记。二十世纪初先由黄浚收藏（见《尊古斋古镜集景》图 92），二十世纪四十年代初又出现在梁上椿《岩窟藏镜·汉式镜》图 76，2004 年（平成十六年）再次出现在日本京都泉屋博古馆《泉屋博古·镜鉴编》图 17。此镜身世颠沛流离，亦可说是中日镜文化交流中的一段轶闻。

三、隶变

《清华铭文镜·前言》："今人生疏的甲骨文、金文、籀文、秦篆、秦隶等（古文字）书体流行在汉代以前，而经隶变易认的汉隶、楷书、行书等（今文字）书体面世于武帝以后。在此百余年间过渡时期的文字非古非今，属隶变文字，其变化引人瞩目。"汉字隶变在简帛文字的研究中，已经取得了大量的重要学术成果，给中国传统文化留下了一笔宝贵财富。然而，对镜铭文字进行汉字隶变研究才刚开始。研究镜铭文字的关键难点在于文字量太少，其总数应不及简帛文字总数的百分之一，而其突出优点是连贯性好、系统性强。大体而言，汉字隶变是一个渐进的过程，如能进一步了解到这个过程中的每一节点，就可以由点到面地把握住汉字隶变的大局。

隶变即由篆变隶，归根到底，重在研讨其逐渐变化的过程。篆书的主要特点是字形长圆、笔画圆转、书写较难；隶书的主要特点是字形扁方、笔画方折、书写较易。在整理这40幅图片的过程中，发现了两个与汉字隶变密切相关的"突变"现象，即在比较相同铭文内容的不同器物中，字形由长圆变为扁方，笔画由圆转变为方折。属于形制相仿、主纹类同、m值接近（1.0～1.5克／平方厘米）的蟠螭纹铭文镜，其问世年代不应该相差许多，在文字书体发生明显变化时，似可称为"突变"。

（一）一样铭文，两种书体

取图27（Dd-1）与图28（Dd-2）两镜进行比较可知，铭文内容同为："大乐贵富毋极，与天地相翼。"此类镜的问世年代，大致是在"文景之治"后期。其铭文内容带有楚风，《楚辞·九章·涉江》："与天地兮同寿，与日月兮齐光。"图27（Dd-1）主纹系三螭三凤纹，图28（Dd-2）主纹为四叶蟠螭纹，在问世年代上，显然前者要早于后者。从"乐""富""与""天""极""天""翼"等字来看，前者字形长圆、笔画圆转，后者字形扁方、笔画方折。其间尤以"毋"字差别较大，前者系典型篆体，后者为明显隶书（图41、图42）。

图41　图27（Dd-1）镜"毋"字　　　　　图42　图28（Dd-2）镜"毋"字

（二）一个镜种，两类风格

汉武帝即位前后问世之蟠螭镜，已由三叶纹向四叶纹发展，其铭文或"昭明"单圈，或"昭明－清白"重圈。仔细观察，可发现F、G两类年代相接的蟠螭铭文镜，存在若干差异，详见表二。

表二　昭明清白铭蟠螭镜隶变前后差异比较

镜类	问世年代 建元元年	昭明铭 末字	主纹	文字组合			内、象、夫、月等字		直径（汉尺）
				内圈	外圈	合计	字形	笔画	
F	前	彻	三叶三龙	24	0	24	长圆	圆转	7寸、7.5寸、8寸三种规格
				24	48	72			
G	后	泄	四叶蟠螭	14	34	48	扁方	方折	6寸

进一步比较这两类镜的文字，F 类镜之字显见篆意，G 类镜之字明现隶韵，文字避讳及其汉字隶变一目了然（图 43、图 44）。

 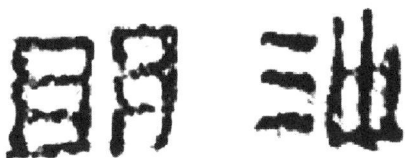

图 43　图 30（Fa-4）镜"明""彻"字　　　　图 44　图 40（Ga-4）镜"明""泄"字

至此，可以大致判断：在汉武帝刘彻即位（建元元年，公元前 140 年）前后，此类镜不仅镜铭文字有所避讳、主要纹饰发生变化，更重要的是汉字隶变呈现出"突变"趋势。这应该是"镜铭证史"的又一个重要实例。

四、释字

图 45

这个镜种的文字缺陷较少、清晰可读，为西汉镜铭特别是清白镜铭文的正确释读提供了有利条件。二十世纪四十年代初，梁上椿在《岩窟藏镜·汉式镜》图 63 说明中，对清白镜铭文第五句第一字释为"慎"字，第七句第六句释为"泉"字。半个多世纪以来，这种释读始终被奉为经典而不可更改。若从本文图 40（Ga-4）中取出这两字并作放大，即可明辨是非（图 45）。

由图 45 可知，清白铭第五句第一字的"心"字偏旁无误，右侧上方之"四"字被转向，其下一竖四点清晰，原字右侧最下部分因排字太挤而被工匠省略。应释"怀"字才是正确。

由图 45 可知，清白铭第七句第六字只能读"景"，而非"泉"字。古字"景"与"影"通假，"灵景"即"灵影"，似可释为"灵动的身影"。这样读全句铭文"慕窈窕于灵景"才含义清楚。

五、结语

（1）西汉蟠螭纹铭文镜不仅开创了中国铭文镜之先河，而且其形制与纹饰还承担着战国镜向西汉镜过渡的历史重任。如果说战国镜的重大特点是有地纹，那么，此类镜正是地纹镜的终结。

（2）这个镜种的镜铭少有通假、错别、反书、省偏旁等文字缺陷，与其后西汉中晚期文字多缺陷的昭明镜相比，形成鲜明对照。

（3）尺度标准：多见汉尺5寸或6寸，少见汉尺10寸。重量标准：其m值多为1.0～1.5克/平方厘米。后期镜m值稍有偏高。

（4）此类铭文镜有多个品种，最早的"修相思"铭似应问世在汉文帝即位（前179）之前，最晚的"昭明-清白"铭当是问世在汉武帝即位（前140）前后。总共持续了包括"文景之治"在内的半个多世纪。按年代顺序，大致可分为四类，即"修相思""感思悲"（含"感思甚"）、"大乐贵富"（粗分叶纹蟠螭与博局蟠螭）、"昭明"（或"昭明-清白"）。

（5）这个最早的铭文镜种，在其起始与终止的两个关键时段，涵盖了中国铜镜史上两次重大的文字避讳，在中国传统文化研究中，占有不可或缺的一席之地。

（6）"修相思"与"感思悲"这两种前期镜类还没有隶变征兆，从"大乐贵富"与"昭明"这两种后期镜类开始，西汉早期镜铭中出现了隶变现象。大体而言，汉字隶变是一个渐变的过程。在研究本文"大乐贵富无极"类镜以及"昭明"类镜由"彻"字至"泄"字的"避讳"问题时，可以知道，在西汉早期还曾发生过某些汉字隶变的"突变"现象，值得进一步探讨。

（7）镜种文字清晰，对昭明镜与清白镜铭文的释读与考证提供了有利条件。

（8）汉字隶变发生在西汉早中期的一百余年间（详见《清华铭文镜》），这个镜种的出现，拉开了汉字隶变的大幕，为汉字隶变研究提供了重要的研究素材。

（本文系作者在2011年4月"清华大学百年校庆"捐赠仪式上的主题发言，
原载《汉镜文化研究》之"8.1"）

瑞典藏西汉蟠螭纹铭文镜研究

　　辛卯仲冬，访问京都，红叶遍野，银杏黄透。笔者赴京都大学人文科学研究所，与冈村秀典教授讨论汉镜文化，有幸在梅原末治工作过的资料室，查阅到1941年出版的高本汉《早期中国铜镜》原版本。[1]在向井佑介先生的帮助下，多年来辨识不清的此书若干文字得以确切释读。书中带铭文之F类镜好似一个宝藏，其间弥足珍贵的是F8、F19、F31三镜，让人眼前闪亮。释考以后，感悟颇多，特此成文。

　　二十世纪初，为在安徽蚌埠修建京沪铁路上的淮河大桥（1911年建成），清政府从海外聘请了诸多技术人员，其中有一位名为加尔贝克的瑞典工程师。此君特别喜好中国文物，无论工作之余，还是1923年的专程访华，他都会在以寿县[2]为中心的淮河两岸等地区，收罗大量楚汉文物运回瑞典（现存瑞典国立博物馆东洋美术部）。1926年，加尔贝克在瑞典《中国科学美术》杂志发表了《一些早期中国青铜镜的笔记》一文。1941年，瑞典汉学家高本汉在此文基础上又编著成《早期中国铜镜》一书。书中对涵盖从春秋至新莽时期的324面铜镜作了详细介绍，其中A类10面，B类5面，C类84面，D类54面，E类45面，F类48面，G类19面，H类12面，J类25面，K类18面，L类4面。因这些铜镜主要源自于淮河流域，故在数十年前被国外学者命名"淮式镜"的称谓即由此而来。

---

[1] 承岳洪彬研究员的大力支持，笔者曾得到过高本汉《早期中国铜镜》的若干翻录资料，在本文中已有部分使用，借此表示感谢。

[2] 今寿县西南之古寿春是楚国的最后一个都城（命名"郢"）。自公元前241年楚考烈王迁都于此，至公元前223年秦灭楚，寿春作为都城，共18年。寿春一直是先秦时期的文化荟萃之地，其文化影响延及秦汉。

图 1

图 2

图 3

在 F 类的全部 48 面蟠螭镜中，带铭文者有 15 面，占 31.3%，其中一些是年代稍后的大乐贵富铭蟠螭镜（含圈带式与博局式两类），因国内外存世较多而免予赘述。本文重点是西汉早期一头一尾有关两次避讳文化的以下七面铜镜。

一、以"修"字避淮南王刘长之"长"字讳

拙文《西汉蟠螭纹铭文镜研究》："避'长'之讳应在汉文帝即位前后的不长时间内，较大可能是在汉惠帝末年（前188 年左右，时刘长 13 岁）至文帝前元六年（前 174 年，时刘长已亡）的十五年间。年龄太小应该是管理不严，叛乱而亡又不值得严格避讳。"如果"修相思"类镜延续时间较长的话，那么，亦可能仅是一种"文化习惯"而已。

1.F12——间断式三凤蟠螭纹铭文镜（图 1）

铭文：修相思，毋相忘，常乐未央。

此镜形制与《岩窟藏镜》图 49、《故宫藏镜》图 24 相近。间断式蟠螭纹在战国镜中，可以找到相似的镜例，战国时期对西汉的文化传承可见一斑。首字由"长"字避讳成"修"字，第七字不用"长"而用"常"。其与图 2（F42）之差异在于主纹的间断或缠绕。

2.F42——缠绕式三凤蟠螭纹铭文镜（图 2）

铭文：修相思，毋相忘，常乐未央。

此镜形制与《岩窟藏镜》图 54，《清华铭文镜》图 3 相近，属于中国最早铭文镜的经典器物。一书兼具 F12、F42 两镜已

属不易。《淮南子·叙》："以父讳长，故其所著诸长字皆曰修。""慎"字原意谨慎、小心，与"毋""无""勿"等字连用时，表示警戒，千万不要。《史记·高祖本纪》："若汉挑战，慎勿与战，无令得东而已。"

3.F5——四叶蟠螭纹铭文镜（图3）

铭文：修相思，慎毋相忘，大乐未央。

此镜问世年代值得探讨：其一，镜铭"修相思"表明应在西汉早期之前半；其二，主纹四叶蟠螭与大乐贵富镜的年代大致相近，应处西汉早期之后半；两者如何协调有待研究。一种猜测：此类镜尽管问世较早，但其存世时间却不短，虽当时并不强调必须避讳，然由于"习惯"的原因，还是自然地延续了一个时间区段。铭文一共三句11字，每一句的首字皆可使用"长"字，然因避讳之故，分别改成了"修""慎""大"等三字。

"大乐"即极大的快乐。《二程语录》卷二："孟子言万物皆备于我，须反身而诚，乃为大乐。"《汉铭斋藏镜》图4（直径13.3厘米，重量212克）之铭文："相思，原毋相忘，大乐未央。"

4.F31——缠绕式三龙蟠螭纹二十连弧铭文镜（图4）

铭文：道路辽远，中有关梁。鉴不隐请（情），修毋相忘。

《上海博物馆藏青铜镜》图30（直径16.1厘米，重量420克）是一面铭文与之完全相同的草叶纹镜。根据图4（F31）镜的主纹、地纹及形制判断这是"修相思"镜类以外的又一个避"长"字讳的经典镜例，同属相思文化范畴，应在汉初的汉惠帝时期问世。而上博镜主纹草纹，最早应在汉武帝早中期问世。两镜年代差距有半个多世纪，值得进一步探讨。

汉字从圆转的古文字演变至方折的今文字，经历了从秦始皇到汉武帝的百余年时间，其第一步即由秦篆演变至汉篆。此镜方正汉篆的书体表明，汉篆的问世时间很早。换言之，此镜可说是一面最早出现方正汉篆的镜例。第三句"鉴不隐请"应

图4

是"鉴不隐情"之通假。《列子·说符》："发于此而应于外者唯请。"张注："请当作情。"《释文》："徐广曰：'古情字或假借作请。'"在战国镜中，可找到连弧数为10、11、12、13、14、15的各种镜例。到了汉武帝时期，又广为流行十六连弧纹缘的花瓣镜或草叶镜。为什么在西汉早期，又突然出现一面二十连弧缘的蟠螭纹铭文镜，这亦是需要再作研讨的问题。

二、以"泄"字避汉武帝之"彻"字讳

长期以来，人们都以为昭明镜与清白镜皆问世于西汉中晚期[3]，或是更晚的东汉中期[4]。孰不知，这对差不多同时出生的"兄弟"，早在汉武帝即位的建元元年（前140）之前就已问世，且用"楚辞"文体来表达明确的同一主题思想。详见拙文《西汉昭明镜铭文释考与研讨》[5]《西汉清白镜铭文释考与研讨》[6]。

昭明镜与清白镜同时问世在解决了"七王之乱"的汉景帝后期，昭明镜铭文末句最初是"然壅塞而不彻"，在汉武帝刘彻即位后，因避"彻"字讳[7]而改成了"然壅塞而不泄"，"彻"字避讳前后的昭明镜（连同清白镜）实物，确凿地证明了这一段不被人们所熟悉的历史。

（一）避讳前（当在汉景帝后期）

1.F8——三叶三龙蟠螭纹铭文镜（图5）

铭文：内圈（24字）：内请质以昭明，光辉象夫日月。

心忽穆而愿忠，然壅塞而不彻。

外圈（48字）：絜精白而事君，怨污驩之弇明。

微玄锡之流泽，恐疏远而日忘。

怀糜美之穷礼，外承驩之可说。

慕窈窕于灵景，愿永思而毋绝。

高本汉《早期中国铜镜》F8镜恰好是少见之拓片，以致可以方便地认读与研讨。迄今所知，唯此镜为"全品"，而极其有限的其他资料（如《长安汉镜》图7-2）与实物，皆多为修复件、残件或残片。

中国国家博物馆藏藏有"彻"字还未被避讳24字的单圈"昭明"铭文（本文图8），与72字的图5（F8）镜形成了一对可以证史的稀世珍宝。本书《西汉早期蟠螭纹铭文镜研究》已有详尽研讨，本文免赘述。

2.F19——四叶博局蟠螭纹铭文镜（图6、图6a、图6b）

铭文：内圈28字：内请质以昭明兮，光辉象夫日月。

心忽穆而愿忠兮，然壅塞而不彻。

怀糜

〔3〕程林泉、韩国河《长安汉镜》第116页："总之，昭明镜出现于西汉中期的晚段（昭宣时期），流行于西汉晚期及王莽时期，东汉早期后消失。"第120页："清白镜出现西汉中期偏晚，多见于西汉晚期。"

〔4〕《云梦学刊》2008年3月第29卷第2期第50页，石川三佐男《蟠螭纹精白镜铭文和楚辞》："从（昭明清白重圈铭文）镜的类型来分析，应出自后汉中期。"

〔5〕《中国文物报》2011年4月13日第7版《铭文铸民意明镜鉴直臣——西汉昭明镜铭文释考》。

〔6〕《中国文物报》2011年7月6日第8版《珠联璧合相得益彰——西汉清白镜铭文释考兼说其与昭明镜铭文的关联》。

〔7〕1995年，李学勤、艾兰《欧洲所藏中国青铜器遗珠》图199文字说明。

外圈50字：絜精白而事君兮，窕湵驪之弇明。

微玄锡之流泽兮，恐疏远而日忘。

美之穷礼兮，外承驩之可说。

慕窈窕之灵景兮，愿永思而毋绝。

高本汉《早期中国铜镜》有言："F组在中心圈带刻制铭文司空见惯……这个F组还有TLV图形特点，然而这种图形在所有前汉的A～E组，均都没有出现过。"的确，此镜既为奇品又是孤品：

（1）主纹：在四线式博局纹中，此镜铭文方框四角罕见地伸出四叶（图6a清晰可见），而未见其他的相同镜例。

（2）字数：在一般的昭明清白重圈铭文中，难有文字齐全者，即使齐全者亦为24+48=72字，此镜多达78字，当是孤品。

图5

图6

图6a

图6b

（3）避讳：此镜与图5（F8）镜一样，内圈昭明铭末字皆为避讳之前的"彻"字（详见图6a）。

（4）文体：正规的昭明镜皆四句六言，正规的清白镜皆八句六言。此镜在十二句72字的单数（即1、3、5、7、9、11）句末尾，加上了一个"兮"字，成为典型的楚辞文体，难得一见。[8]

（5）排列：内圈原来应该是24字，加上了两个"兮"字后，又在句末加上了外圈清白铭第五句的头二个字"怀糜"。故其字数成了24＋2＋2=28字。外圈原来应该是48字，加上了四个"兮"字后，又将第五句的头二个字"怀糜"移入内圈昭明铭的句尾，并使外圈清白铭中缺了这二个字（详见图6b），故其字数成为48＋4-2=50字。

（6）书体：与同时代的多数镜相同，仍为秦篆（小篆）。

在图5（F8）与图6（F19）镜中，清白铭之"清"字，皆有通假，内圈常作"请"字，外圈多作"精"字。查《古字通假会典》可知，精与请、精与清、请与清皆可通假。《淮南子·精神》："而立至清之中。"《文子·九守》："清作精。"《礼记·缁衣》："精知略而行之。"郑注："精或为清。"《集解》："《汉书·爰盎传》清室作请室。"《老子》四十五章："清静为天下正。"《汉帛书·甲本》："清作请。"由此可知，早期清白镜铭文中的"请"或"精"，按今人理解，皆应读作"清"。

《西汉昭明镜铭文释考》《西汉清白镜铭文释考》两篇拙文认为，昭明镜与清白镜同时出现在前元四年（前153）汉景帝平定七王之乱以后，这是用楚辞文体来纪念晁错被冤杀的短篇悼文，并长时间地流传于人间。中国国家博物馆藏镜与F8、F19（即本文图8、图5、图6）三镜铭文中皆有还未避讳之"彻"字，最迟问世时间当是汉景帝末年的后元三年（前141）。故可认定，此三镜的问世时间，应该是在公元前153至前141年的12年间。在没有出土资料的情况下，依据镜铭内容，考证历史事件，推断问世年代，这是铜镜对中国传统文化的最大贡献。

（二）避讳后（当在汉武帝初期）

F7——四叶蟠螭纹铭文镜（图7）

铭文：内圈（14字）：内请质以昭明，光辉象夫日月。

心忽

外圈（34字）： 穆而愿忠，然壅塞而不泄。

怀糜美之穷礼，外承驩之可说。

慕窈窕之灵景，愿永思而毋绝。

此类镜应是具蟠螭地纹的最后一个镜类，在国内外有数面存世，如《故宫藏镜》图

---

[8]《汉镜铭文图集》图217之铭："姚皎光而美兮，挟佳而承间。怀驩察而惠予兮，爱存神而不迁。得并执而不衰兮，精昭而侍君。"

图7

图8

22,《泉屋博古·镜鉴编》图16、图17,《汉铭斋藏镜》图16（图9）。对此类镜比较可知,镜体尺寸基本一致、汉隶书体几乎相同。其文字排列有标新立异之感,全文14＋34=48字。内圈用了昭明铭的前二句,再加上第三句的头二个字"心忽",字数为2×6＋2=14。外圈先续完昭明铭所余十字,再加上清白铭的后四句,字数成10＋4×6=34。因为汉武帝大名刘彻,凡有"彻"字者必须避讳,此镜铭末句"然壅塞而不彻"就被更改成"然壅塞而不泄"。

图9

细察铭文书体可知,避讳前图5（F8）与图6（F19）两镜的文字偏圆转,避讳后图7（F7）镜的文字偏方折。显而易见,在汉武帝即位前后,汉字隶变出现了"突变"的趋势。

三、结语

（1）西汉昭明铭蟠螭镜与昭明清白重圈铭蟠螭镜为蟠螭纹镜之绝唱,应问世在汉景帝后期与汉武帝初期的短短十余年间。这是一篇用楚辞文体的纪念悼文,有明确的主题思想。

（2）高本汉《早期中国铜镜》一书的汉镜实例证明,在淮南王刘长时期与汉武帝刘彻时期,中国历史上有过两次重大的文字避讳,对"修相思"铭镜以及末字为"彻"之昭明镜的断代，提供了重要依据。

（3）在汉武帝即位之建元元年（前140）前后的十余年中，汉字由篆（古文字）变隶（今文字）的"隶变"进程出现了"突变"趋势。

（4）依据蟠螭纹终止、文字避讳、汉字隶变等三个重要标志，汉武帝即位的建元元年（前140），应可作为汉镜分期的一个明确界限。

（原载《汉镜文化研究》之"8.3"）

西汉景武之际昭明清白铭镜研究

——兼考镜铭避讳之文化与蟠螭主纹之结束

王纲怀　李新城

一、概述

所谓昭明镜，即首句为"内清质以昭明"的四句六言 24 字镜铭内容之代称。所谓清白镜，即首句为"絜清白而事君"的八句六言 48 字镜铭内容之代称。大量的单圈昭明镜、单圈清白镜或重圈昭明清白镜，皆问世在西汉中晚期（如江苏盱眙西汉中晚期墓曾有出土），此类镜单位面积重量之 m 值多在 2.5～4.0 克/平方厘米。乙未仲秋，江西南昌海昏侯刘贺墓出土了两面同为西汉中晚期的清白铭镜，这就将此类镜的上限年代推至了昭帝时期。殊不知，在更早的景武之际（即公元前 140 年前后），就已经出现了铭文内容相同、文化背景深厚（后文有述）的昭明清白铭镜。其单位面积重量 m 值多在 1.3～2.0 克/平方厘米，比西汉晚期同类器物的统计数正好小了一半。加之形制、书体等区别，充分说明，尽管铭文内容相同，却是两个时代、两类形制、两类主纹、两类书体的铜镜。

本文研究对象仅限于西汉景武之际的昭明清白铭镜。笔者认为，"昭明"铭率先出现，有可能时人意犹未满，后又增加了"清白"铭。前铭（24 字）字数不多，作单圈（如图 1、图 5）排列即可，增加了后铭（48 字）字数多了，只能作重圈（如图 2、图 3、图 6）排列。长期以来，对此铭的释读与理解，屡有差异。直至近年，经学界多方努力，才逐渐达成共识。[1]现将有

---

〔1〕作为清华大学人文社科振兴基金研究项目（批准号 2012WKZD 005），2014 年 4 月，北京大学出版社出版了《汉镜文化研究》一书，其中有拙文 5 篇：《汉镜文化研究·证史篇》"2.6 西汉昭明镜铭文释考与研讨"、"2.7 西汉清白镜铭文释考与研讨"，《汉镜文化研究·专题篇》"8.1 西汉早期蟠螭纹铭文镜研究"、"8.2 西汉 72 铭三叶三龙蟠螭镜研究纪事"、"8.3 瑞典藏西汉蟠螭纹铭文镜研究"。这些文章对此类镜文化以及汉武帝刘彻的"彻"字避讳等问题皆有涉及。

72 字的昭明清白铭原文与释文整理如下。

原文：内清质以昭明，光辉象夫日月，

　　　心忽穆而愿忠，然壅塞而不徹。

　　　絜清白而事君，怨汙驩之弇明，

　　　微玄锡之流泽，恐疏远而日忘。

　　　怀糜美之穷皑，外承驩之可说，

　　　慕窈宨于灵景，愿永思而毋绝。

释文：品质高尚而清白坦荡，忠贞不二堪与日月同光。

　　　虽满怀忠直恭谨之心，却因君臣隔阂难以通畅。

　　　以清白之身侍奉君王，怨恨谄佞掩蔽圣明之光。

　　　惜无玄锡将镜面擦亮，担忧日久疏远渐遭遗忘。

　　　礼敬折腰怀美好愿望，然君王被媚惑陷入迷惘。

　　　看窈宨身影心生爱怜，愿君王久思念永不相忘。

二、镜铭文化

此类镜铭内容，传统上有四说：工艺说、养生说、敬夫说和忠君说。多年过去，随着新资料的出现（如本文图 2、图 5、图 6），有必要对此类铭文镜，再一次进行研究。这个时期的昭明清白镜铭不仅有追忆文化，还有一个避讳文化。

第一，此类镜铭内容应该与纪念被汉景帝冤杀的晁错有关。

主要理由有以下几点：

（一）此镜铭产生的时间在西汉的景武之际，时间上与晁错被冤杀时间吻合。景帝三年（公元前 154）晁错被冤杀，形成了西汉的一大政治悲剧。据《汉书·晁错传》记载，当时谒者仆射邓公曾对景帝说："夫晁错患诸侯之强大不可制，故请削之，以尊京师，万世之利也。计画始行，卒受大戮，内杜忠臣之口，外为诸侯报仇，臣窃为陛下不取也。"于是景帝喟然长息，曰："公言善，吾亦恨之。"《汉书·晁错传》之"赞"也说："悲夫！错虽不终，世哀其忠。"

（二）中国文学有以香草美人比喻忠臣的传统，《楚辞》即典型的代表。汉王逸在《离骚·序》中曾说："《离骚》之文，依诗取兴，引类譬喻。故善鸟香草以配忠贞，恶禽臭物以比谗佞，灵修美人以媲于君，虑妃佚女以譬贤臣，虬龙鸾凤以托君子，飘风云霓以为小人。"此类铜镜铭文"然壅塞而不徹""恐疏远而日忘"等内容与《楚辞》内容多有相似之处。

（三）昭明清白镜问世于景帝时期，终止于西汉晚期，出现了两个高峰期，其间恰好有半个世纪的汉武帝时期，完全不存在这种文化内容。笔者分析，或为汉武帝时期不允许这种纪念晁错内容的镜铭出现，而到了昭帝时期又开放了这个禁锢。[2]

第二，此类镜铭中的避讳文化。

避讳帝王或其尊亲之名，乃是中国古代社会所特有的一种历史文化现象，又是所有臣民不可不知晓的一门政治学问，不能不遵从的一项处世法规。传世文献中多有相关记载：

《左传·桓公六年》："周人以讳事神，名，终将讳之。"

《公羊传·闵公元年》："春秋为尊者讳，为亲者讳，为贤者讳。"

颜之推《颜氏家训·风操》："凡避讳者，皆须得其同训以代换之：桓公名白，博有五皓之称；历王名长，琴有修短之目。"

蔡邕《独断》："群臣异姓有功封者，称曰彻侯。避武帝讳，改曰通侯。或曰列侯也。"

避讳现象最多的就是皇帝的避讳。例如西汉因避汉文帝刘恒的讳，改神话传说中的"姮娥"为"嫦娥"；避汉景帝刘启的讳，改"启"为"开"；东汉避光武帝刘秀的讳，改"秀才"为"茂才"等。镜铭中也有此类现象，最典型者即此类镜铭，前期铭文写为"然壅塞而不彻"，后因避汉武帝刘彻的讳，改作"然壅塞而不泄"。[3]

三、经典镜种

本文收集了纪念晁错以及避汉武帝刘彻名讳的七类（图2与图3形制相同，尺寸有异）主纹之镜铭，详见表一。

表一　汉武帝刘彻"彻"字避讳镜铭一览表

图号		避讳前后	铭文字数	直径	标准汉尺	重量	形制主纹	地纹	资料来源
照片	拓片								
1	1A	前用"彻"	24	16.5	7寸（＋）	/	单圈铭文三叶三龙	有	中国国家博物馆藏
2	2A		72	16.2	7寸	442	双圈铭文三叶三龙	有	上海止水阁藏
3	3A		72	18.5	8寸	424			《古镜今照》图44
/	4A		78	19.0	8寸（＋）	/	内方外圆四叶博局	有	《ARTIBUS ASIAE》图9
5	5A	后用"泄"	24	16.7	6寸（＋）	410	单圈铭文三叶三龙	有	北京赏心斋藏
6	6A		72	16.2	7寸	410	双圈铭文四叶蟠螭	无	上海止水阁藏
7	7A		48	13.9	6寸	205	双圈铭文四叶蟠螭	无	上海止水阁藏

说明：表中尺寸以厘米计，重量以克计。

---

〔2〕长期以来，有人认为，铜镜铭文不正规，其原因就是西汉晚期的昭明清白镜铭有诸多文字缺陷（如缺字、反书、省偏旁、错别字）。恰恰正是这个观点证明了此类镜有一定的存世数量。其实，西汉铭文镜文字的正规者还是主流，占了极大多数。

〔3〕1995年，李学勤、艾兰《欧洲所藏中国青铜器遗珠》图199，首先提出了镜铭"泄"字当是"彻"之避讳字，为汉镜铭文解读指点迷津。

此七类镜之避讳与否、铭文字数、直径重量、主纹差异、地纹变化等情况，在表一中皆已一览无遗，免赘述。

四、归纳

第一，西汉景武之际的昭明清白铭镜（尤其是图1镜）当问世在晁错被杀的景帝三年（前154）以后。又，因必须避帝王之名讳，其最迟时间应不迟于汉武帝即位第二年的建元二年（前139）。故而，此类镜尽管有多种类别，其问世时间却只能是在景武之际的约15年间。

第二，图1镜存世罕见。迄今所知，有另一面在国外。估计其问世最早，应在晁错被冤杀（前154）以后不久，可能当时与"犯上"有关，故而数量不多。

第三，图2、图3类镜存世稍多。迄今所知，存世不超过十面，有出土器物（表二序号2），详见表二。

表二　72字重圈铭三叶三龙镜一览表

序号	直径	重量	m值	资料来源与说明
1	/	/	/	高本汉《早期中国铜镜》F8，传寿县大墓出土。
2	17.3	382	1.63	《长安汉镜》图7-21，999年西安郑王庄出土。
3	16.2	/	/	《汉镜文化研究》图21
4	18.0	517	2.03	《汉镜文化研究》图23
5	18.5	424	1.58	本文图3，尺寸最大。
6	16.2	442	2.14	本文图2，"彻"字未避讳，系新发现。
7	16.2	410	2.01	本文图5，"彻"字已避讳，系新发现。

第四，图4镜似为仅见。问世时间应与图2、图3镜相近，两者比较可知，除了形制不同外，铭文字数系在"标准的"72字铭文中，加入了六个语气词的"兮"字。

第五，图5镜似为仅见，其形制主纹与图1镜类同，仅改"彻"为"泄"，此类镜应为改"彻"为"泄"的最早器物，其问世年代应与图6镜大致相同。

第六，图6镜似为仅见，与图7镜的四叶蟠螭主纹相比，并无太大变化，问世年代当在汉武帝即位（前140）之前后。

第七，图7镜存世较多，日本泉屋博古馆即藏两面。此类镜形制有变、字数减少、地纹取消，问世年代当紧接在图6镜之后。前文已述，或许武帝时期不允许这类追忆文化的存在，故而，图7镜存世时间亦仅限于武帝之初。

第八，四叶蟠螭主纹问世于战国晚期，盛行于西汉初年。本文图6、图7两类镜表明，四叶蟠螭主纹在武帝之初终于划上了句号。

第九，汉武帝刘彻在书写"雄汉"历史新篇章的同时，也开启了铜镜主纹之新的一页——

象征着（江山）社稷的"草叶"纹。

图 1

图 1A

图 2

图 2A

图 3

图 3A

图 4A

图 5

图 5A

图 6

图 6A

图 7

图 7A

（原载《大观》2017 年 11 月总 98 期、《中国收藏》2017 年 12 月）

从镜铭"天下久长"等看
西汉百姓期盼的长治久安

　　西汉镜铭是反映西汉社会现实生活的重要载体。以铭文首句"见日之光"而得名的"日光镜"成为西汉铭文镜存世量最大的一个品种。其次句及次句以下的类型有数十个之多。按句式分，有二句、三句、四句、五句、六句等；按主纹分，有蟠螭、四乳、花瓣、草叶、圈带等；按内容分，有相思说、情爱说、长寿说、祈祥说、广告说等。在这类镜中，我们找到两面镜例，其铭分别为"见日之光，天下久长"（图1，即拙著《汉镜铭文图集》上册图111）"见日之光，天下大昌"（图2，即拙著《汉镜铭文图集》上册图112）。将它们归入上述哪种内容的题材似乎都不妥当，只能作为"日光镜"的领衔类看待。此两例镜铭浅白如话，毋庸多加解释，所反映的就是百姓期盼长治久安的迫切心情。与其他同类诸多日光镜铭文相比，它们的视野更宽，格局更高。

　　此两镜之草叶纹皆为双叠草叶，属图案比较经典的器物，其问世年代应与河北满城中山靖王刘胜墓出土之镜相近，刘胜的入葬时间为元鼎三年（前114）。再以考古资料为依据的《长安汉镜》一书作比对，可知与书中墓葬年代在西汉中期的图11–5最是接近。由此，图1与图2两镜的问世年代在西汉中期（主要是武帝中期）应确切无疑。

　　为什么在这一时期会出现此类铭文镜，它有着怎样的社会文化背景？

　　公元前221年，秦建立了中国历史上第一个统一的封建国家，"车同轨，书同文，行同伦"，俨然有千秋帝国的气象。但横征暴敛、酷刑苛政，二世而亡。多年战乱之后，刘邦于公元前206年建立起汉帝国。

　　一个百废待兴的王朝，面对着成堆的难题：人口锐减，财物耗竭，民生凋敝。秦末大战七十，小战四十，"拨乱诛暴，平定海内，卒践帝祚，成于汉家。五年之间，号令三嬗。

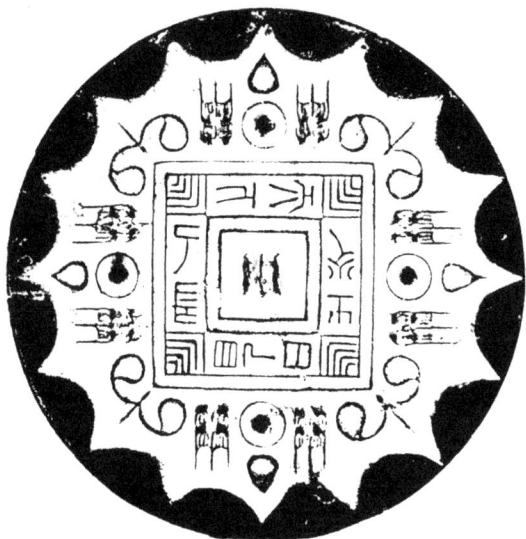

图1

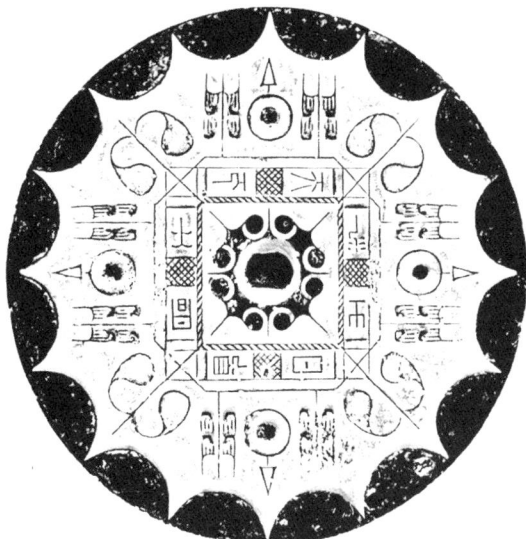

图2

自生民以来，未始有受命若斯之亟也"（《史记·秦楚之际月表》）；"大城名都散亡，户口可得数十二三"（《史记·高祖功臣侯者年表》）；"自天子不能具醇驷，而将相或乘牛车"（《汉书·食货志》）。

政权不稳，内忧外患，危机四伏。高祖五年（前202），燕王臧荼反；七年，韩王信降匈奴，攻太原；十年，陈豨与王黄、曼丘臣反，自立为代王，叛乱波及华北全境；十一年三月，梁王彭越反，同年七月，淮南王英布反；十二年，又有燕王卢绾反。北方匈奴的强大武装，接近中原汉政权的中心。在刘邦率军平息韩王信的叛乱时，被匈奴冒顿单于四十万精骑围于白登，狼狈不堪，七日之后才得以解围。

意识形态混沌，皇位合法性不确。刘邦既非帝王苗裔，亦非天命玄鸟，母体附龙，乃穿凿附会；手下功臣大将，大多出身卑微，或刀笔小吏，或无业游民，或小商小贩，或屠夫盗贼。司马迁为此曾替刘氏政权的合法性振臂疾呼："然王迹之兴，起于闾巷……安在无土不王？此乃传之所谓大圣乎？岂非天哉，岂非天哉！非大圣孰能当此受命而帝者乎？"（《史记·秦楚之际月表》）

"大风起兮云飞扬，威加海内兮归故乡，安得猛士兮守四方！"当汉高祖高唱《大风歌》之时，我们既能感触到这位开国帝王的踌躇满志，也能体味到他的忡忡忧心。旧王朝短寿夭折的幽灵在未央宫中久久徘徊，新王朝长治久安的梦想在长乐宫里绵绵萦绕。政权的稳固基石安在？什么又是国家长治久安的根本？不管流氓无赖出身的刘邦多么讨厌儒学儒生，但《论语》所载："子贡问政。子曰：足食，足兵，民信之矣。"并非治世的迂阔之论。——有足够的粮食养活人民；有足够的兵力保卫社稷，政府在民众中还要享有深厚的信誉，有强大的凝聚力，如何落实这些经世准则、治国方略，需要汉代统治者给出明确的答案。

其实，对这一问题洞若观火者，是他的继任者汉文帝的一位得力大臣贾谊。文帝前元七年（前173），贾谊向文帝上奏《治安策》。在这篇被后人称之为"西汉第一雄文"的奏折中，贾谊以政治家特有的敏锐感和为国为民的责任感，清醒地看到太平景象之下潜伏的种种隐患与深刻危机，第一次发出"建久安之势，成长治之业"的呐喊。他直面时代的挑战，一痛哭、二流涕、六叹息，痛陈藩国尾大不掉、汉匈关系、民本、太子教育及礼治等九大问题的利害，几乎涵盖了中国封建社会治国安邦的所有军国大计，明白无误地告诫文帝，必须居安思危，对以上问题切实加以重视和解决。

然而，鉴于国情的文景之治，以"黄老之术，清静无为"为基策，"韬光养晦"为主旨，并未将贾谊的意见完全实施。经过四十年的统一和治理，虽然政治上比较稳定，经济也不断得到恢复和发展，但就总体而言，汉朝仍然是国策未明，内忧未除，外患未消。距立国已六十余年，帝国依旧在探索长治久安的道路上踟蹰徘徊。

公元前141年，景帝第十子、文帝之孙、高祖曾孙刘彻继位，时代的重任历史性地落到了这位16岁年轻人（也就是54年以后谥号孝武皇帝）的肩上。建元六年（前135），其祖母窦太后病逝，22岁的刘彻经过六年的韬光养晦，开始了真正意义上的大权在握。在政治上和经济上进一步强化中央集权已成为这位王朝新统治者的迫切需要，将父辈祖辈的夙愿化为现实提上议事日程，将一代名臣贾谊的治国韬略付诸实施的条件业已成熟，他要在这一方政治舞台上大显身手，大展宏图了。

元光元年（前134），汉武帝召集各地贤良方正、文学之士到长安，亲自策问。儒家代表人物董仲舒献《天人三策》：天人感应，实现大一统就要尊君，君权神授，代天牧民；文德与刑名兼治天下；罢黜百家，独尊儒术，"诸不在六艺之科，孔子之术者，皆绝其道，勿使并进。"——刘家君临天下顺理成章；政治大一统理所当然；内法外儒，对百姓示柔，以酷刑制官，实为良策。这种经过改造的新儒正中刘彻下怀，董氏奏折大受武帝赏识。自此始，儒家确立了其在国家中的正统与主导地位，成为整个宗法制国家的基础，也从此确定了中国大一统的政治格局。

选官制度改革，他采纳董仲舒对策中的建议，于元光元年十一月下诏令郡国每年举孝者、廉吏各一人，以此为定制。察举制完成了由"功臣政治"向"贤臣政治"或"能臣政治"的转变。察举各科的设置，体现选贤任能的原则，选拔出不少济世之材，班固就曾惊叹地说："汉之得人，于此为盛！"同时极大地促进了讲习儒经风气的形成和教育的发展。

元朔二年（前127），他采纳主父偃的建议，颁布"推恩令"，规定诸侯王除以嫡长子继承王位外，可以推恩将自己封地分给子弟，由皇帝制定封号。使诸侯王多分封子弟为侯，使王国封地被分割，以进一步削弱诸侯王国势力；同时建立中朝削弱相权，设立刺史，监察地方，巩固了皇权的神圣地位。

元朔五年（前124），在他的力主下在长安设立太学。太学之中由博士任教授，初设五经博士专门讲授儒家经典《诗》《书》《礼》《易》《春秋》。还下令天下郡国设立学校官，初步建立起地方教育系统。太学和郡国学主要是培养封建官僚，但是在传播文化方面，也起了重要作用。

与政治改革相适应，汉武帝调整了经济政策，一方面坚持"以农为本"的既定国策，一方面又加强对国家经济的宏观调节和控制，发展国有工商矿业，以繁荣经济。元狩四年（前119），他根据御史大夫张汤和侍中桑弘羊的建议，颁布了算缗令和告缗令，征收商人资产税，大力打击奸商；元鼎四年（前113），为了彻底整顿货币，采纳了桑弘羊的意见，取消郡国铸钱的权利，废除过去铸的一切钱币，而以五铢钱为全国唯一通行的货币。此后又采取桑弘羊建议，将冶铁、煮盐收归官营；设置平准官、均输官，由官府经营运输和贸易，大大增强了国家经济实力。同时从以下几个方面对农业的繁荣发展做出了战略调整：大力推广先进的生产工具和生产耕作方式、技术；兴修水利，大力发展灌溉事业；设置田官，移民屯垦，发展屯田制度；抑制豪强，遏制土地兼并。经过上述一系列措施的应用，汉代的农业在汉武帝时代达到了鼎盛阶段。

为了保障边民的生产生活和国家安全，汉武帝于元光六年（前129）开始了反击匈奴的战争。

元朔二年（前127），汉军收复了部分黄河以南地界，抽掉了匈奴进犯中原的跳板，解除了其对长安的威胁，并为汉军建立了一个战略进攻的基地。元狩二年（前121），大将军霍去病从陇西（今甘肃临洮）进击，越过焉支山（今甘肃胭脂山）500公里，打了一个漂亮的大胜仗。同年，霍去病再从陇西进击，越过居延海（今内蒙古额济纳旗），深入1000余公里，使浑邪王投降。之后，匈奴单于虽率部远徙漠北，仍不断攻掠汉朝北部边郡。元狩四年(前119)春，汉武帝遣大将军卫青、骠骑将军霍去病各率五万骑兵分两路深入漠北，彻底歼灭了匈奴主力，严重地削弱了匈奴的势力，使其从此无力大举南下，形成了"是后匈奴远遁，而漠南无王庭"的大好局面。至此，汉武帝从根本上摧毁了匈奴赖以发动骚扰战争的军事实力，使匈奴再也无力对汉王朝构成实际的军事威胁。

元朔三年（前126）张骞出使西域归来。历时十三年艰苦卓绝的跋涉，促进了汉夷之间的第一次文化交流。元狩四年（前119）张骞二使西域。从新疆连接中亚细亚的一条横贯东西的通道，再次畅通无阻。这条后世闻名的"丝绸之路"把汉朝同中亚许多国家联系起来，促进了它们之间的政治，经济和军事，文化的交流，促进了人类文明的发展。

经过对东北方和南方用兵，中央政府直辖的郡县东北至朝鲜半岛（有真番、临屯、乐浪、玄菟四郡），西南至黔、滇，南方至越南北部（有交趾、九真、日南三郡）。西北在河西走廊打通以后，将西域也正式划入汉朝的版图。汉朝的疆界以秦土为基础，向四方展拓了近一倍。汉朝建国以来，经过近一个世纪的寻觅、徘徊、奋斗，进入了中国封建时代的第一个鼎盛时期：边疆安定，四邻睦好，内政已修，民富国强。此时，大概刘彻觉得才有资格和时间行报天告地之大礼，遂于元封元年（前110）三月启程东巡，先到嵩山祭中岳，而后兴致勃勃地东往泰山，立石于泰之巅，又转往海边巡游。四月，返至泰山行封祀礼，建九尺坛，埋玉牒书，植松柏树，立无字碑，以显示其"受命于天""功德贯世"。当封禅结束后，汉武帝在泰山脚下明堂接受群臣朝贺，志满意得之时，必定在默默告慰刘姓列祖列宗，同时必定在深深感念前朝重臣贾谊。敕命修缮长沙贾谊故居，提拔贾谊两个孙子为郡守，便是这种感念结出的果实。

此时的汉帝国建立了一个国家前所未有的尊严，也给了一个族群挺立千秋的自信，这个国号又成了一个伟大民族永远的名字。对于这个疆域辽阔、军威远播、经济繁荣、社会稳定、人民有耻有格的帝国盛世，后人自然毫不吝啬地送上赞美和称颂：

汉武帝身后半个世纪的元帝时，黄门令史游所作的一本学童识字书《急就篇》赞曰："汉地广大，无不容盛。万方来朝，臣妾使令。边境无事，中国安宁。百姓承德，阴阳和平，风雨时节，莫不滋荣。灾蝗不起，五谷孰成。贤圣并进，博士先生。长乐无极老复丁。"这实在是"天下久长""天下大昌"通俗而形象的注脚。

在汉武帝辞世 220 年后成书的《汉书》中，班固在《武帝纪赞》中颂道："孝武初立，卓然罢黜百家，表章《六经》，遂畴咨海内，举其俊茂，与之立功。兴太学，修郊祀，改正朔，定历数，协音律，作诗乐，建封禅，礼百神，绍周后，号令文章，焕焉可述，后嗣得遵洪业而有三代之风。如武帝之雄才大略，不改文景之恭俭以济斯民，虽《诗》《书》所称何有加焉！""见日之光、天下久长""见日之光、天下大昌"镜铭，正是西汉中期人们期盼社会安定、经济繁荣、国防巩固、生活幸福的心理反映，亦是对汉武帝继承大业、推进盛世的肯定和称颂，这应是情理中事。"镜铭证史"可谓确也！作为一个全然由华夏文明自身孕育出来的伟大王朝，"雄汉"在最深的层面影响了此后中国两千年封建社会的历史。

汉王朝在历代统一王朝中是享有最长的国祚。历史上每当群雄割据、军阀混战的时候，它总是一个具有强号召力的旗号。从公元 221 年刘备建"蜀汉"，到公元 1360 年陈友谅建"大汉"，其间 1100 年，共有八个政权以"汉"为国号，其中既有汉人也有胡人。这岂不是对汉朝最直接的追思和最深情的眷顾？

一种汉朝情结在后世生成延续，唐人尤甚。唐太宗对汉朝历史表现出异乎寻常的关注，具有深厚文学素养的他，常常"览前贤""寻既往"，心有所悟，将自己对汉朝人事的评价借助诗歌的形式表达出来，从而在客观上成为唐代诗人汉朝情结形成的诱因。"奉天竭诚敬，临民思惠养；纳善察忠谏，明科慎刑赏。"诗言志，从《帝京篇》诗句中，我们是不是明白无误地读出了一位伟大帝王对另一位伟大帝王的惺惺相惜？一个强大帝国对另一个强大帝国的心慕手追？

的确，为了国泰民安，为了长治久安，中国封建社会历代明君贤相，志士仁人都曾从盛汉汲取了治理国家、安定社会、发展经济和文化的丰富思想营养：

儒家思想作为维系封建社会的统治思想，从唐宋到明清，历代皆奉若定海神针，从董仲舒、朱熹到王阳明，丰富发展。它像一根红线，贯穿着华夏民族两千余年的思想史，政治史、文化史，成为中国封建社会始终不可违抗的主流意识形态。

武帝后的中国封建社会，虽然天下大势分久必合、合久必分，但是天下"定于一"的"大一统"却始终是历史发展的主旋律，"国家统一"始终是常态，是不可逆的大趋势，是中华各民族共同的政治理想和道德观、价值观。

汉朝劝农桑、重粮食、盐铁官营等根本经济思想和重大经济政策，得到后世充分的肯定和借鉴。它们在不同历史时期，都成为制定经济政策的参照和蓝本，展现其持久的生命力。

　　汉朝对于匈奴和其他周边游牧民族采取的和亲、征伐、迁居、编籍、同化政策，亦被视为行之有效的安边手段，为后世各朝不断效法和复制。唐代大诗人王昌龄《出塞》："秦时明月汉时关，万里长征人未还。但使龙城飞将在，不教胡马度阴山。"这首著名的边塞诗，代表了汉代以后华夏民族对那段历史的回顾与赞美。

　　再从西汉以后存世的新莽铭与东汉镜铭来看。新莽前后有："中国大宁，子孙益昌""中国大宁宜子孙""中国安宁兵不打扰""胡虏殄灭天下复""单于举士列侯王"等内容。东汉时期有"单于来臣至汉强""羌胡尽退四夷服"（《后汉书》"灵帝建宁三年，烧当羌奉使贡献"）"黄贼破尽海众昌"（中平元年破黄巾军，中平二年纪年铭）等内容。这些镜铭都反映着汉代百姓期盼长治久安的迫切心情。

　　镜铭"见日之光，天下久长""见日之光，天下大昌"简短的16个字所包含的深刻含义，在它面世以后两千多年的历史中，始终释放着自己的正能量。

本文得到张炳生先生的支持，谨致谢意！

（原载《汉镜文化研究》之"2.1"）

西汉镜农政铭释考

——文景之治重视农政为"雄汉"打下了坚实基础

华夏祖先以农为本，以农立国，古人称之谓农政。在两千多年的古代社会中，留下了许多有关农政的宝贵资料，让我们引以为自豪与骄傲。殊不知，早在西汉早期与中晚期的铜镜铭文上，亦曾留下过有关重视农政的内容。这是镜铭对中国传统文化的一大贡献。

一、农政镜铭

戊子初夏，镜友拿了一张照片（详见图1）让我释读，我说："没有见过，要慢慢啃。"谁知几天下来，竟毫无进展，不得已而四处请教。无意之中，得到了一位熟悉竹简与镜铭的专家指点，让我将铭文方框四个角上的四个字单独吊出来试读，于是，难题即刻迎刃而解。真是"踏破铁鞋无觅处，得来全不费功夫"。

图1镜（直径19厘米）可称"蟠龙草叶铭文镜"，应是西汉文景之治后期的器物，纹饰特点看图便知，免赘述。铭文方框共有20个字，先跳开四角之字，从"人"字开始可逆时针向连读为："人得之志，平心服之，樯与美食，子有年。"再接上方框四角之字："眿心蕊之。"此铭文的关键字是"眿"（详见图1A），中国古文字偏旁或在上或在左可以互换，而形成不同

图1

图 1 A

的字形，然喻意与读音皆不变。"畎心"即为"耕田之心"。蕊，从聚貌，李善注："《仓颉篇》曰：蕊，聚也。"用今天的语言来释读这段铭文："天下百姓都要懂得一个道理，上天赐给我们蜜糕与美食已有多年。在志向与意愿（如吃饱饭）得到满足的时候，绝对不能自满，一定要重视努力耕耘（即发展农业）的农政方针。"从其内容来看，图1镜时代背景应在经济开始好转的文景之际。铭文告诫人们，即使今天已经过上了好日子，仍应居安思危，还要重视农政。

到了西汉中晚期，"以农为本"的农政方针，同样在铜镜铭文中有所体现。张铁山先生所藏之镜（详见图2，直径15.7厘米），可称"螭纹草叶圈带铭文镜"，其31字铭文可顺时针向连读为："悲秋华之不实兮，守空名之不鞕兮，虽疏远兮而希僊兮，言信白而不可信兮。"本文只探讨其涉及农政的第一句"悲秋华之不实兮"（详见图2A），这是告诫人们："如果没有'以农为本'的思想、缺乏'科学务农'的态度，或遇自然灾害的侵袭，那么在秋天收藏季节得不到足够饱满的谷穗，这是很可悲的事情（粮食不足就要饿肚子）。"

图1与图2铭文内容说的都是一个重视农政的道理。有趣的是，图1从正面说，图2从反面说，一正一反，相辅相成。虽然只是两个镜例，却清晰地反映出西汉重视农政的时代背景。

图 2

图 2 A

二、命名刍议

图 1 与图 2 两镜命名，业内人士习惯都称之谓"草叶"，对此，多年以来始终有着不同的看法与认识。一些专家以及日本学者冈村秀典等人曾提出，"草叶"纹就是麦穗纹。丙戌夏，在北京东方博物拍卖公司的《图录》上（图 294），此类镜被称作麦穗纹镜。笔者亦谈点看法以抛砖引玉。

每个民族都有其自己的文明史。两千年前，华夏大地上就存在着许多不同的民族及其文明。概括而言，主要分为以肉食为主的游牧文明与以粮食为主的农耕文明。古代中国的游牧民族主要生活在以阴山（即今之大青山）为界的中国北部（含西北部）地区，他们为了让羊群吃到丰盛的草叶，逐水而居，随遇而安。图 3 镜（直径 5.4 厘米）与图 4 镜（直径 9.9 厘米）是典型游牧文明的器物。图 3 镜以羊头为钮，图 4 镜以羊头为柄。尽管只有两件器物，却反映出三个重要的信息：折射了游牧民族以羊为"图腾"的主题理念；包含了中国古代镜文化的"具钮系"；体现了中东、埃及古代镜文化的"具柄系"。这两面铜镜对东西方文明的交汇，提供了实例，有待深入研究。对于图 3 镜与图 4 镜的"出生地点"，曾在小范围里进行过探讨，有说是鄂尔多斯古文明的器物，有说是匈奴古文明的器物。总之，图 3、图 4 镜属于游牧文明，即俗称草原文化。

距今约有 2200 年的西汉早期，在铜镜纹饰上出现过两项大的变革：先是引入了"天圆地方"的古天文概念。《淮南子·天文训》："天道曰圆，地道曰方。"镜体外廓皆取圆形喻为天，中心位置都设方框象征地。最早的器物应属于一批方格蟠螭镜。接着，大概

图 3

图 4

在汉文帝时期，铜镜的纹饰中又引入了"草叶"，这是一项大的变革。"草叶"纹镜尺度有序（正常误差约为1%），规整华美，形式多样，琳琅满目，其流行时间又长，在一些西汉中晚期的器物上还保留着"草叶"的身影。

"草叶"究竟代表着什么概念？首先，需要探讨的是"地道曰方"。从古至今，重视农耕文明的汉民族都要祭祀土神与谷神。古人封地为社，祭祀社神的所在，即称社坛。《公羊传·哀公四年》："社者，封也。"何休注："封土为社。"唐鲍溶《白露》诗曰："迎社促燕心，助风劳雁翼。"简而言之，土神就是社。古人将五谷之神统称为谷神，《礼记·祭法》、《庄子·庚桑楚》等许多古籍对祭祀谷神皆有记载。《荀子·礼论》："故社，祭社也；稷，祭稷也。"历代帝王祭祀土神与谷神之所，被称为社稷坛，并在此举行国家级的典礼。久之，社稷成为国家的代称，《孟子·尽心下》："民为贵，社稷次之，君为轻。"汉代，上至帝王下至百姓，几乎是每个人的一生都会用到铜镜这样一种必备的器物，因为"视死如生"的观念，死后还会作为陪葬。在铜镜纹饰上，必然会折射出这个时代的文化。在社坛四周布置似"草叶"的图案说明什么？笔者认为，只能是代表谷神的稷纹，当为汉文帝重视农政的直接反映。若称其麦穗纹，亦未尚不可，只是喻意还欠确切。其实，广义的"稷"即为包含了"麦"在内的五谷，《孟子·滕文公上》："树艺五谷。"赵岐注："五谷，谓稻、黍、稷、麦、菽也。"一面"草叶"纹镜在手，就喻意着江山社稷都在每个人的维系之中。从这个角度来讲，与其叫"草叶"纹镜，还不如称之为与农耕文明息息相关的"稷纹"镜或"社稷纹"镜为好。

图5镜（直径18.3厘米）与图6镜（直径18.3厘米）是典型的农耕文明器物，图5镜的纹饰较为传统，存世数量较大，在已知的10寸（23.10厘米）、9寸（20.79厘米）、8寸（18.48厘米）、7寸（16.17厘米）、6寸（13.86厘米）、5寸（11.55厘米）等各种规格中，都能找到它们的踪迹。图6镜的纹饰则较为特殊，在"社坛"四周，从丛叠叠、

图5

图6

多多少少地布满了"稷纹",明显地增加了"五谷丰登"的喻意。如果对"草叶"纹镜感兴趣并稍加注意,就会对我们西汉祖先的想像力和创造力大加赞赏。

2003 年第 4 期《收藏家》杂志载有拙文《西汉草叶铭文镜》,2004 年第 4 期《收藏家》杂志梁鉴《也谈西汉草叶纹镜》,均曾有论述。另悉,郑州市与台北市也都有人在专题研讨西汉草叶纹镜。确实,反映了农耕文明的"社稷"理念出现在西汉文景之际,有着深厚的历史文化背景,值得我们进行继续探讨。

三、农政略考

(一)西汉农政

《资治通鉴》卷十三载:汉文帝即位后的第二年(前 178)十一月,"癸卯晦,日有食之。诏:'群臣悉思朕之过失及知见之所不及,匄以启告朕。及举贤良、方正、能直言极谏者,以匡朕之不逮。'"为此,太中大夫贾谊谏曰:"汉之为汉,几四十年矣,公私之积,犹可哀痛。失时不雨,民且狼顾;岁恶不入,请卖爵子;既闻耳矣。……今驱民而归之农,皆著于本;使天下各食其力,……可以为富安天下,而直为此廪廪也,窃为陛下惜之!"汉文帝感其言,"春正月丁亥,诏开籍田,上亲耕以率天下之民。"

《汉书·文帝纪第四》载:文帝前元三年(前 177)"春正月丁亥,诏曰:'夫农,天下之本也,其开籍田,朕亲率耕,以给宗庙粢盛。'"同年九月"诏曰:'农,天下之大本也,民所恃以生也,而民或不务本而事末,故生不遂。朕忧其然,故今兹亲率群臣农以劝之。其赐天下民今年田租之半。'"同书又载:前元十三年(前 167)"春二月甲庚,诏曰:'朕亲率天下农耕以供粢盛,皇后亲桑以奉祭服,其具礼仪。'……六月,诏曰:'农天下之本,务莫大焉。今勤身从事,而有租税之赋,是谓本末者无以异也。其于劝农之道未备。其除田之租税。'"

《汉书·景帝纪第五》载:景帝后元三年(前 141)"春正月,诏曰:'农,天下之本也。黄金珠玉,饥不可食,寒不可衣,以为币用,不识其始终。间岁或不登,意为末者众,农民寡也。其令郡国务劝农桑,益种树,可得衣食物。'"

《史记·平准书第八》载:"至今上(景帝)即位数岁,汉兴七十余年之间。国家无事,非遇水旱之灾,民则人给家足,都鄙廪庾皆满,而府库余货财。京师之钱累巨万,贯朽而不可校。太仓之粟陈陈相因,充溢露积于外,至腐败不可食。"文、景两代帝王以农为本,连续下诏"劝农桑",可谓三令五申。经过文景之治的重视农政,终于大大增强了西汉国力,为"雄汉"打下了坚实的经济基础。

(二)历代专著

自古以来,中国就是一个以农为本的大国,历代皆有涉农之佳作问世,西周有《诗经》《禹贡》,战国有《管子》《吕氏春秋》等。真正意义上的农业专著是从西汉开始:西汉晚期有《氾胜之书》,约 3500 字;东汉崔寔《四民月令》,约 3700 字;后魏贾思勰著《齐民要术》，约9万字，共分十卷92篇，这部空前完备的农书留传至今，名扬中外。以后历代的农书还有唐初的《兆民本业》（国内失传）、唐代韩鄂的《四时纂要》、陆羽的《茶经》及陆龟蒙的《耒耜经》。此外，两宋之际有陈旉《农书》、元代有《农桑辑要》、明晚期有徐光启《农政全书》、清中期有《授时通考》……《齐民要术》有载："古之圣人，畴（即谁）不重农政哉？"明徐光启在《农政全书》言及："自今以往，国所患者贫，而盗未易平也。中原之民，在耕久矣；不耕之民，易与为非，难与为善。"

　　在中国两千多年的古代社会，自始至终重视农政，以其为立国之本。炎黄子孙都应牢记这个数千年积累下来的优良传统。"畎（耕田）心"之教不能忘，"畎心"之志不可丢！

（原载《中国文物报》2009年4月8日）

藏在深闺人未识

——新近入藏清华的一面西汉镜之研讨

罗振玉《古镜图录·前言》云："乃颇搜集古镜鉴，然也不能多得也！居恒摩挲赏玩，以为刻画之精巧、文字之瑰奇、辞旨之温雅，一器而三善备焉者，莫镜若也。"

乙未仲秋，清华大学艺术博物馆入藏了一面西汉早期的铭文镜（见图1、图1A、图1B），因"藏在深闺人未识"，故暂命名为"居毋宗铭花瓣镜"。其直径18.4厘米，重量667克。经再三释考，窃以为此镜不仅符合罗振玉前辈之言，而且还有若干文化可供研讨。

一、年代可考

拙著《汉镜铭文图集》图83~109的27面花瓣镜年代皆出自西汉早期。此镜尺寸偏大、重量较重，只有花瓣，不见草叶，且因其四个乳钉皆围以四桃瓣，而与河北满城中山靖王刘胜墓出土之镜有相近之处，故可将此镜年代定为西汉早期末段之汉景帝（刘启）时期。在考古资料[1]中，亦能找到可靠依据。

图1

二、构图大气

花瓣纹镜是草叶纹镜（盛行于汉武帝时期）的早期形式。《淮南子·天文训》："天道曰圆，地道曰方。"镜体外廓皆取圆形喻为天，中心位置都设方框意为地。所谓花瓣或草叶不仅是一种植物的图案，更应理解为"社（地）稷"之"稷"。（详见《西汉农政铭释考》）

对于中国铜镜纹饰，学界有一个共识：战国镜纹饰神秘巧妙，东汉镜纹饰精细缜密，隋唐镜纹饰辉煌夺目，而西汉镜纹饰可谓是华美大气，此镜即为一个典型实例。

图 1 A

三、铸制精良

对于中国传统文化而言，青铜铸制精良系科技水平发展的结果，更是华夏民族值得自豪的一个重要方面。青铜器当是重器，青铜镜亦不例外。[2] 此镜表面光滑平整，呈现水银沁包浆，正是古人按"金锡半"配比而铸制之精品。

四、尺度规范

中国最早的尺度标准（1尺为今 23.1 厘米），从东周至东汉有着漫长的历史。此镜直径 18.4 厘米，正是汉尺 8 寸（18.48 厘米），几乎没有误差。查《汉镜铭文图集》的 27 面花瓣纹铜镜可知，皆尺度规范，属汉尺 8 寸者仅 3 面（占总数九分之一），余皆汉尺 7 寸、6 寸、5 寸。

花瓣镜与草叶镜的单位面积重量 m 值（克／平方厘米）一般都在 1.5~2.0，此镜高达 2.51。大体而言，文景时期是一个节俭的时代，此镜 m 值高，说明用铜量大，有可能当时使用者的身份较为特殊。

---

〔1〕《长安汉镜》第 58 页："毫无疑问，（花瓣镜）时代为西汉早期。"
〔2〕何堂坤《中国古代铜镜的技术研究》第 338 页："（铜镜的）各项操作工艺异常精致，其合金技术、铸造和表面处理技术，都表现了相当高的技术水平。"

五、五言句式

此铭释读,历尽艰难,最终由李学勤老师定夺为五言句式。众所周知,汉代诗文多见三言、四言、六言、七言、杂言,《辞海》说："（五言诗）起于汉代。"此铭三句五言,因句末文字"游、由、忧"皆押幽部音韵,故当可称五言诗。由此铭可以确认,汉代五言诗起于西汉早期,这是此镜在中国文学体裁上的一个贡献。

六、内容独特

依据李学勤老师的释考,此镜铭文可读为："居毋宗出游,欲见君毋由,襡私思憔忧。"这里,我们将此镜含有"妾之语"的独特铭文内容解读如下："（与公婆）同住一起不能随君出游,想念丈夫没有什么理由,只能独自思念而且忧愁。"

因为古人理念"父母在,不远游",所以不能随同夫君一起出行。原铭中,第3字"宗"字可与"从"字混用；第11字"襡"字参照何琳仪《战国古文字典》（第377、378页）,暂可试释"獨"字；第14字"憔"字参照裴学海《古书虚字集释》（第194页）,可读成"惟"字,即"而"字。（李学勤语）

图 1 B

七、书体精美

本文图1B将此铭15个字放大排列,其精美程度一目了然,可谓是人见人爱。拙著《汉镜文字编》中有88个"毋"字,比较可知,此镜的2个"毋"字十分突出。"忧"（繁体为"憂"）字中间之"心"移至下部,十分有趣。在《汉镜铭文图集》的封面上,可找到这些字的踪迹。

八、隶变初现

由圆转古文字秦篆（小篆）逐渐演变到方折今文字汉隶的过程，学界称之为"隶变"，从镜铭实例可知，这个过程经历了西汉早期至中晚期之际的一百多年，这是中国传统文化的一个重要内容。

镜铭文字出现在汉文帝时期，开始时皆为秦篆。在四十年的时间内，秦篆就很快地变成了汉篆，正如《汉字五千年》所言："秦篆从诞生的那一天起，就已经注定了走向灭亡的命运。"此铭"居、宗、出、君、由、褐"等字，皆为典型的方折汉篆，作为隶变的初期形式，由图1B可见，奇妙地呈现在了人们的眼前。

北京大学竹简书体是明显的汉隶，且发现有汉景帝（刘启）的年号，故其年代主要在景、武时期。《汉铭斋藏镜》《汉镜文化研究》《汉镜铭文书法》（附《汉镜铭文字形表》）等书告诉我们，镜铭隶变最终完成在汉武帝以后。这些事实表明：金文（西汉以镜铭为主）在汉字隶变上要滞后于简牍帛书。

（本文原载《大观》2016年5月总80期）

汉代铜镜铭文中的第一人称

王纲怀　李新城

汉语人称代词及其发展变化，是汉语语法研究中一个重要的内容。根据王力的《汉语史稿》[1]和杨伯峻、何乐士的《古汉语语法及其发展》[2]可知，上古汉语文献语言中曾经出现过六个第一人称代词：我、吾、余（予）、朕、卬、台，其中使用频率最高的是"我"和"吾"。根据朱庆之[3]对两汉26部文献的研究，两汉时代，"卬""台"不再用为第一人称代词；在战国后期文献中消失了的"朕"虽然重新出现，但成为帝王的专属第一人称代词；"我""吾""予／余"三个词仍然大量使用。

汉代铜镜铭文作为出土文献资料，忠实地保留了当时第一人称代词的使用情况。我们主要依据《汉镜铭文图集》[4]对两汉铜镜铭文中第一人称代词使用情况研究发现，用为第一人称代词的有"吾""予""余"。

（一）吾

"吾"作为第一人称代词共51例，除一例出现在西汉中期外，其余50例均出现在东汉晚期。本文选取四例：

---

〔1〕王力：《汉语史稿》，中华书局，1980年6月新1版。

〔2〕杨伯峻、何乐士：《古汉语语法及其发展》，语文出版社，2001年8月。

〔3〕朱庆之：《上古汉语"吾""予／余"等第一人称代词在口语中消失的时代》，《中国语文》，2012年第3期。

〔4〕拙著《汉镜铭文图集》，中西书局，2016年4月。

序号	图号	时代	铭文
1	139	西汉中期	太息倚（兮），吾左房，长毋忘，忘俳（徘）佪（徊）。
2	388	东汉晚期	吾作明竟（镜），幽涑三冈，巧工刻之成文章，上有四守（兽）辟不祥，服者万年，子孙益昌，夫妇相宜，其师命长，女当为主，男当为王，位至公侯，乐未央，富年益寿。
3	471	东汉	延熹七年正月壬午，吾造作尚方明竟（镜），幽涑三冈，买人大富，师命长。
4	478	东汉	熹平三年正月丙午，吾造作尚方明竟（镜），广汉西蜀，合涑白黄，舟（周）刻无呕（极），世得光明，买人大富长子孙，延年益受（寿），长乐未央兮。

（二）予

"予"作为第一人称代词，均出现在西汉中期。本文选取四例：

序号	图号	时代	铭文
1	170	西汉中期	秋风起，予志悲，久不见，侍前希（稀）。
2	171	西汉中期	君行卒，予志悲，久不见，侍前希（稀）。
3	172	西汉中期	君行卒，予心悲，久不见，侍前俙（稀）。
4	174	西汉中期	昔同起，予志悲，道路远，侍前希（稀）。

（三）余

"余"作为第一人称代词，均出现在东汉晚期和三国时期。本文选取四例：

序号	图号	时代	铭文
1	439	东汉三国	余造明镜，九子作容，翠羽秘盖，灵鹅（鳌）台（抬）杠，调（雕）刻神圣，西母东公，尧帝赐舜二女，天下泰平，风雨时节，五谷孰（熟）成，其师命长。
2	440	东汉三国	余造明□（镜），□□作容，翠羽秘盖，灵鹅（鳌）台（抬）杠，仓颉作书，以教后生，遂（燧）人造火，五味。
3	邛崃市文物所	东汉三国	余造明镜，九子作，上刻神圣。西母东王。尧赐舜二女，天下泰平。禾谷熟成。
4	西雅图美术馆	东汉三国	余作铜镜大毋伤，巧工刻之成文章，左龙右虎辟不祥，朱鸟玄武顺阴阳，子孙备具居中央，长保二亲宜侯王。乐兮。

（四）妾

在讨论中国古代人称代词时，有一种"人称代词的礼貌式"的现象，即"古人对于称呼有一种礼貌式，就是不用人称代词，而用名词。称人则用一种尊称，自称则用一种谦称。"[5]

---

[5] 王力：《汉语史稿》，中华书局，1980年6月新1版，273页。

这种现象在两汉铜镜铭文中的体现，便是"妾"的使用。本文选取四例：

序号	图号	时代	铭文
1	224	西汉晚期	君行有日毋反（返）时，端政（正）心行如妾在。时心不端行不政（正），妾亦为之，君能何治？
2	226	西汉晚期	君有远行妾私喜，饶自次某止。君征行来，何以为信。祝父母耳。何木毋疵（枝）？何人毋友？相思有常可长（久）。
3	227	西汉晚期	行有日兮反（返）毋时，结中带兮长相思，而不疑，君负妾兮天知之，妾负君。
4	229	西汉晚期	外圈铭文：君有行，妾有忧，行有日，反（返）毋期。愿君强饭多勉之，卬（仰）天大息长相思，毋久。

结语

从以上内容我们可以看出，汉代铜镜铭文作为一种出土文献，在第一人称代词使用上，既有与大时代相一致的地方，也有其自己的特点。

（一）两汉铜镜铭文中，第一人称代词有"吾""予""余"，但是没有出现当时普遍使用的"我"。

（二）不同的第一人称代词出现时间较为集中，西汉中期有"予""吾"，东汉后期有"吾""余"。

（三）通常我们认为"余"和"予"是可以互换使用的，前引朱庆之调查了26部两汉文献，在其大部分典籍中，"予"和"余"虽出现频率会有差别，然基本都会同时出现。例如"予"和"余"在《史记》中出现的次数分别是59次和109次，在《前汉纪》中出现的次数分别是6次和2次。汉代镜铭中"予"和"余"不仅未同时出现，而且出现时间相距甚远。这也是一个值得进一步探讨的问题。

本文选取一些上述人称代词的经典图片，以供读者参考。详见图1～图8及其附表。

图 1

图 2

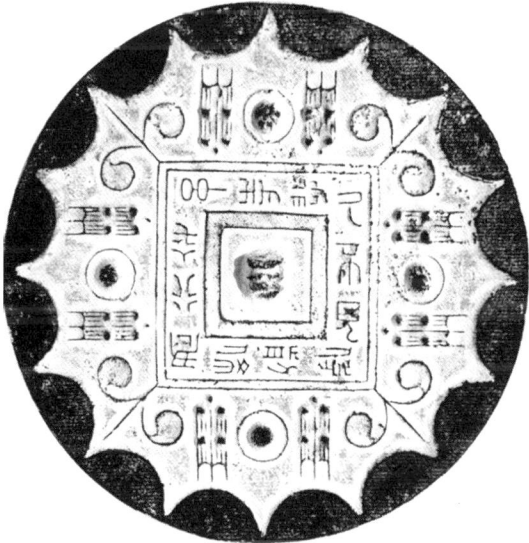

图 3

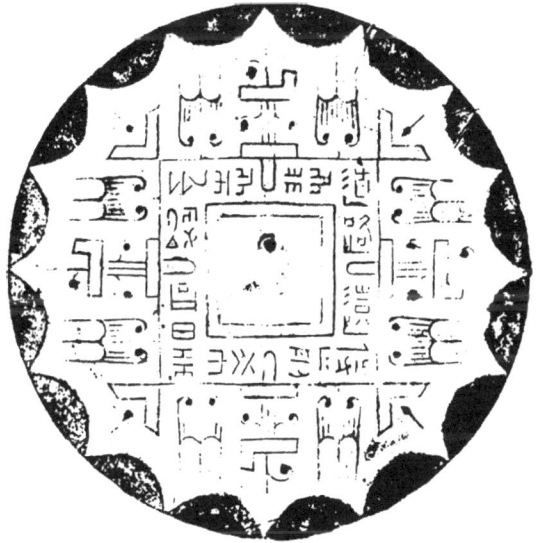

图 4

图 5

图 6

图7

图8

附表：图1～图8相关信息一览表

图号	人称用词	直径（厘米）	重量（克）	镜铭年代	镜铭内容	资料来源
1	吾	13.6	250	西汉中期	太息兮、吾左房、长毋忘、忘徘徊。	《图集》139
2		10.0	300	西汉晚期	秋风起、吾志悲、道路远、侍前希。	上海止水阁
3	予	13.6	235	西汉中期	君行卒、予志悲、久不见、侍前俙。	《图集》171
4		/	/	西汉中期	昔同起、予志悲、道路远、侍前希。	《图集》174
5	余	11.2	232	东汉晚期	余作明竟，九子作容，翠羽秘盖，灵鹅（鳌）台杠，调刻神圣，西母东王，尧帝赐舜二女，天下泰平，风雨时节，五谷孰成，其师命长。	《止水集》（增订本）P384 图1
6		/	/	东汉晚期	余造明竟，三王作容，翠羽秘盖，灵鹅（鳌）台杠，仓颉作书，以教后生，燧人造火，五味。	《止水集》（增订本）P386 图2
7	妾	18.3	/	西汉晚期	君行有日毋反（返）时，端政（正）心，行如妾在。時心不端行不政（正），妾亦爲之，君能何治？	《图集》224
8		16.7	660	西汉晚期	君有行，妾有憂，行有日，反（返）毋期。願君强饭多勉之，卬（仰）天大（叹）息長相思，毋久。	《图集》229

（原载《中国收藏》2017年4月、《大观》2017年4月总91期）

从西汉镜铭书体看汉字隶变

一、概述

公元前 221 年，秦始皇下令规定，以小篆为统一书体在全国推行，并"罢其不与秦文合者"的各种文字。为推行小篆，秦始皇命令李斯、赵高等人编写了《仓颉篇》《爱历篇》《博学篇》等书文，作为标准的文字范本。由于皇帝的高度重视以及皇权巨大的影响，小篆迅速在全国推行开来，而纷繁复杂的"六国文字"也很快消失。在小篆通行的同时，一种比小篆更为简便、更为定型的新书体"隶书"一直在民间使用。隶书来源于篆书的草率写法，这两种书体自战国晚期到西汉中后期，有过很长的共存时期。随着秦王朝的覆灭，小篆逐渐退出历史舞台，隶书成为社会首要书写方式和书法的典范。其后不久，出现了更为规范的楷书字体。汉朝以后楷书占据了正统地位。

晋人卫恒《四体书势》一书说："隶书者，篆之捷也。"说明隶书是篆书的快写，由篆书变为隶书，前人称之为"隶变"。隶书改篆书一味圆转的线条为方折的笔画，顺应了社会对书写方便和规范的需要。隶书以前的汉字是用绘画式的线条书写的，而隶书以后的汉字是用横竖撇点折等笔画构成的。隶变是汉字发展史上一个里程碑，是古今汉字的分水岭。此后，汉字的结构基本固定，两千年间没有太大的变化。

2010 年，笔者曾在《清华铭文镜·前言》中说："包括隶变在内的汉字演变研究，乃是一项大工程，作为重要分支之一的镜铭文字，本应占据一席之地，然长期起来，因资料稀缺，导致研究工作流于皮相，孤寂冷落。"因此，这促使我们对这一课题研究加大力度。

本文研究素材主要源自《清华铭文镜》与《汉铭斋藏镜》两书。汉字隶变主要发生于西汉，即由圆转的古文字秦篆过渡到方折的今文字汉隶。西汉中晚期就已经大致完成了汉字的隶变，虽还不彻底，然大局已定。《汉铭斋藏镜》一书从镜铭书法的角度，罗列了按年代排序的 131 面铭文镜，再加上 30 幅附图，让我们从中看到，汉镜铭文书体从圆转古文字秦篆到方折今文字汉隶，一路走来的清晰足迹。尽管隶变发生得很早，在简帛中已多有体现，但其演变趋势难见规律，汉镜铭文书体正好填补这个空缺。

二、实例

仔细观察《清华铭文镜》与《汉铭斋藏镜》两书的二百余面汉镜铭文的素材，为汉字隶变提供了大量的书体信息，这是一个逐渐演变的完整过程。本文从中寻找了九组有代表性的典型案例，特别是若干同一镜类或同一时代的突变现象，有助于进一步了解汉字隶变的关键节点。详见表一。

表一　汉字隶变实例一览表（一）

序	铭文	隶变前——秦篆	隶变中——汉篆	隶变后——汉隶
1	相思	 《清华铭文镜》图 4	 《清华铭文镜》图 11	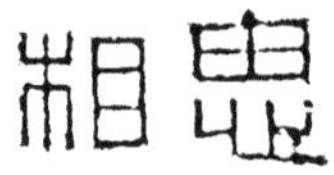 《清华铭文镜》图 20
2	长毋相忘	 《汉铭斋藏镜》图 31	 《清华铭文镜》图 22 	 《清华铭文镜》图 32
3	毋	 《汉铭斋》图 2 　《汉铭斋》图 8 　《汉雅堂藏镜》图 54	 《汉铭斋》图 41 　《故宫》图 23 　《汉铭斋藏镜》图 46	
4	常乐未央	 《清华铭文镜》图 3	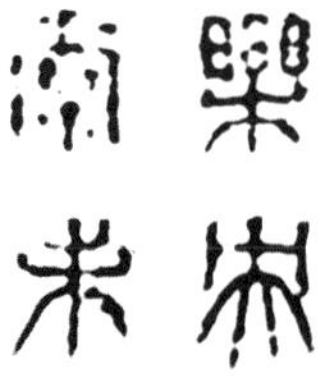 《汉铭斋藏镜》图 21	 《汉铭斋藏镜》图 90
5	宜酒食	 《汉铭斋藏镜》图 11	 《清华铭文镜》图 21	 《清华铭文镜》图 34

表一　汉字隶变实例一览表（二）

序	铭文	隶变前——秦篆	隶变后——汉隶
6	千秋万岁	 《清华铭文镜》图32	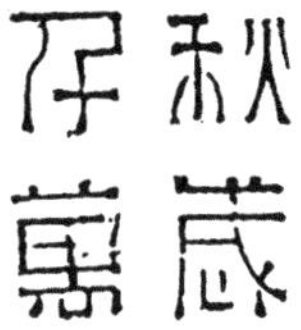 《清华铭文镜》图32
7	延年益寿	 《清华铭文镜》图32	 《清华铭文镜》图32
8	内明穆彻（泄）	 《清华铭文镜》图32	 《清华铭文镜》图32
9	至	 《清华铭文镜》图3	 《汉铭斋藏镜》图21 　　《汉铭斋藏镜》图90

三、研讨

从汉初惠、文之际的"修相思"铭开始，直至西汉中晚期的"铜华"铭为止，汉字隶变经历了一百余年的时间，为两千年来的今文字奠定了基础。

1. 循序渐进

"修相思"铭、"感思甚"铭、"感思悲"铭、"大乐富贵"铭等蟠螭纹铭文镜，是中国铜镜史上最早出现的一批镜类。加上"长毋相忘"铭等四乳纹铭文镜，其文字书体皆为秦篆（小篆）。

从蟠虺纹铭文镜开始，经历四乳纹、花瓣纹、草叶纹等铭文镜类，文字书体一改秦篆（小篆）的圆转，而出现了方折的形态。其大部分文字（如表一序4）应称作汉篆，小部分文字曾加以"美术设计"，可谓之缪篆。

以"铜华"铭、"日有憙"铭、"君忘忘"铭为代表的一批西汉中晚期铭文镜，免去了汉篆中的多余环绕，增加了文字中的横平竖直，使笔画更加简练并便于书写，因而称谓汉隶。这些汉隶初现人间，与今文字相比虽还有距离，然就汉文字演变的趋势言，乃是大局已定。

2. 个别突变

在表一的九个隶变实例中，序3、序8、序9等三组，可说是"突变"。

序3——同铭"毋"字之变

此铭全文："与天地相翼，大乐富贵毋极。"其存世量很小，想再在其中找到隶变实例，殊属不易。惜只知其处于西汉早期，还不能考证较为具体的问世年代。

本书下册图35至50，还共计列举了八个"毋"字的实例，可供汉字演变过程的参考。

序8——紧接着的"突变"

问世在汉景帝后期的昭明镜，存世有三种，[1]已避讳武帝之名"彻"字而问世在汉武帝初年的昭明镜存世仅一种。[2]这两类镜紧接在一起，其相距时间在12年左右。[3]仔细观察"内""明""月""穆"四字书体，明显可知前者偏圆转而"篆"意重，后者偏方折而"隶"味浓。特别是此铭之关键字"彻"字在前镜上表现的是圆转，至后镜避讳的"泄"字竟完全成方折。

序9——同铭"至"字之变

此铭全文："投博至明，置酒高堂"，此镜存世量不大，在两书之五个镜例中，能找到多圆转、少圆转、全方折第一笔有波磔的三种书体，也属天赐良缘！

3. 复古与创新

在一百余年汉字隶变的进程中，除了"大势所趋"的隶变外，还有复古思潮与创新理念。

复古思潮：

（1）鸟篆：仅见《故宫藏镜》图29，直径14.0厘米，重量266克。铭文："常富贵，安乐未央，羊至毋相忘。"

（2）大篆（金文）：此类镜多四句四言16字，铭文大同小异，皆以"与天"起首。《清华铭文镜》有三面，即图15、16、17。《汉铭斋藏镜》有四面，即图24、50、51、54。亦有少量其他镜例，如《清华铭文镜》图36铭文"千秋万岁"等，出现创新理念：

（1）悬针篆：这种流行于新莽的俊逸潇洒之书体，在西汉晚期就已出现。《清华铭文镜》

---

[1] 其一，24字单圈铭文类，由中国国家博物馆收藏；其二，24+48=72字重圈铭文类存世多面，《长安汉镜》图7-2、《早期中国铜镜》图F8，《丹阳铜镜青瓷博物馆一千镜堂》图20，《古镜今照》图44，《泓盛2012春拍》图900等；其三，28+50=78字重圈铭文类，仅见一面，《早期中国铜镜》图F19。

[2] 14+34=48字重圈铭文类，存世多面，如：《早期中国铜镜》图F7，《故宫藏镜》图22、《泉屋博古·镜鉴篇》图16和图17、《汉铭斋藏镜》图16等。

[3] 详见本书《西汉早期蟠螭纹铭文镜研究》《瑞典藏西汉蟠螭纹铭文镜研究》。

图42，直径14.0厘米，重量454克。《汉铭斋藏镜》图101，直径14.1厘米，重量588克。

（2）美术体：汉镜铭文书体常见加以美术设计，我们称为美化的缪篆。典型镜例是《清华铭文镜》图28。

四、小结

通过表一的对照与以上分析，我们可以明显观察到汉代镜铭文字隶变的主要特点：

1. 解散篆体，改曲为直：隶书不再顾及象形原则，把古字"随体诘诎"的线条分解或改变成平直的笔画，以便书写。如序1"相思"秦篆与汉隶的曲直之变十分显著。

2. 偏旁分化：在隶书里，独立成字和用作偏旁的写法明显不同。序6"千秋万岁"中"秋"字"禾"旁，在秦篆中尚与"火"字连绵未断，而在汉隶中已明显独立。

3. 偏旁混同：隶书以求简便，把某些生僻的或笔画较多的偏旁，改成形状相近、笔画较少，又比较常见的偏旁。序5"宜酒食"中"酒"字的"水"偏旁即是典型，由象形的字形演变为二点水，的确由繁趋简。

4. 结构简省：隶书往往把篆文的两笔并为一笔，或是把两个以上的偏旁或偏旁所包含的部分合并起来，改成较简单的笔画结构。序6"千秋万岁"中"万"字的草字头即是例证。

5. 圆转不断的线条变为方折的断笔：隶书为提高书写速度，形成点、横、竖、捺、钩、折等笔画。序2"长毋相忘"和序7"延年益寿"铭文十分典型。

6. 横笔出现"波磔"；序9第三字"至"的第一笔"波磔"十分明显。

（原载《汉镜文化研究》之"6.3"）

出为世用自有时

——汉镜铭文"毋"字考

一、概述

　　"毋"字起源很早，在甲骨文中已见于世（详见表一 A02），东周（春秋战国）时期偶有出现，传承至今已有三千年以上历史。历史进入西汉，"毋"字被大量使用。在陈建贡、徐敏《简牍帛书字典》一书所统计的近六万个简帛汉字中，"毋"字有 136 个[1]，比例为 0.3%；在西汉镜铭中的使用率更高，由拙著《汉镜铭文书法》（附《汉镜铭文字形表》）可知，在全书中，竟有 88 个"毋"字（表二），比例高达 1.8%。其语句的典型实例是："长相思，毋相忘""常贵富，乐毋事""久不相见，长毋相忘""愿长相思，久毋见忘""所见必当，幸毋见忘""居毋宗出游，欲见君毋由"等。自东汉以来，"毋"字在两千多年的华夏文化中逐渐淡出，时至今日只在少数成语中可见踪影，如"毋望之福""毋翼而飞""毋庸置疑"等。

　　古时，"毋"字即为"没有""无"之意，亦作副词、代词、语气助词之用。在战国至两汉时期，镜铭"毋"字主要作副词之用，释为莫、不可，表示禁止之意。《诗·小雅·角弓》："毋教猱升木，如涂涂附。"郑玄笺："毋，禁辞。"《礼记·曲礼上》："毋不敬。"陆德明释文："古人云'毋'，犹今人言'莫'也。"

---

　　[1]这 136 个汉字书体大同小异皆属古隶，秦代至西汉通用之隶书称古隶。其体仍多篆意。明陆深《书辑》："自程邈以降，谓之秦隶，贾舫《三仓》、蔡邕《石经》诸作，谓之汉隶；钟王变体，谓之今隶；合秦、汉谓之古隶。"

表一　先秦"毋"字一览表

年代	字形	资料来源	年代	字形	资料来源
东汉	A01	《说文解字》示范标准字	秦	A13	《中国篆刻大字典》秦量
商周	A02	《说文解字》示范甲骨文	秦	A14	《中国篆刻大字典》秦诏版
东周	A03	《说文解字》示范金文		A15	《信阳楚简》
东周	A04	《说文解字》示范金文		A16	《望山简》
东周	A05	《中国篆刻大字典》诅楚文		A17	《汗简》
东周	A06	《中国篆刻大字典》井人残钟		A18	《汗简》
东周	A07	《中国篆刻大字典》金文		A19	《故四声韵》
战国	A08	《中国篆刻大字典》齐侯镈		A20	《集韵古文韵海》
战国	A09	《中国篆刻大字典》齐侯镈		A21	《集韵古文韵海》
秦	A10	《中国篆刻大字典》秦权		A22	《集韵古文韵海》
秦	A11	《中国篆刻大字典》秦斤		A23	《集韵古文韵海》
秦	A12	《中国篆刻大字典》秦量			

二、由来

西汉文化理所当然地传承着秦乃至先秦的文化。从表一可知，西汉镜铭毋字之由来很是复杂，若是需要解析表一这 23 个"毋"字的来龙去脉、相互关联，绝非笔者能力所及。本文只作铺路之想：列出这些实例，完全是留给他人与后人深入研讨之用。

三、镜铭

前人为研究镜铭做过大量的统计工作，然查阅古今中外的文献资料，皆不见图片，未知年代，更无从知晓其文字书体。笔者在十余年的收藏、搜集、研讨后，即将出版的拙著《汉镜铭文图集》有 542 个镜例，经过精选后的拙著《汉镜铭文书法》有 200 个镜例，继而形成的《汉镜铭文字形表》有 568 个文字约 3800 个字形，这一切为汉字隶变的深入研讨提供了有利条件。在《汉镜铭文字形表》中的字形变化最多者，以 88 个"毋"字为例，本文按大致的存世年代[2]将其分成 8 个历史时期，以供读者参考使用。详见表二：

依据表二可知：

1. 文帝时期，共有 17 例，铜镜皆以蟠螭蟠虺主纹为主体。除了图 006 毋字特殊外，前 7 例全是圆转修长的秦篆，其次 2 例（如图 008、012）属过渡性质，后 7 例已是方折之汉篆。

2. 文景期间，共有 7 例。就铜镜主纹而言，首先是不好区分年代，其次可能多在文景两代交接之际，主纹是四乳（少量四叶）。书体特征是兼具秦篆与汉篆的特色。

3. 景帝时期，共有 16 例，铜镜以花瓣纹为主体。书体过渡较为明显，总体上是方折的汉篆（图 051 书体尤为优美），也不排除少量的复古书体（如图 069 之鸟篆）。

4. 武帝时期，即西汉中期，共有 10 例，铜镜以草叶（稷）纹为主体。书体大势为更趋方折的汉篆，若干字例亦出现了美术化倾向，学界称作"缪篆"（如图 081）。

5. 昭宣时期，即西汉中期之后段，共有 12 例，铜镜同样以草叶（稷）纹为主体。因为星云镜的影响，个别器物的钮式，由圆钮变为博山炉钮，并初现圈带铭文的形制。这一时期的铭文书体变化明显，以图 131 为例，其"至"字首笔出现了清晰的波磔，在汉镜铭文的书体上初现汉隶。

6. 西汉晚期（后半），共有 14 例，铜镜以单圈或重圈的圈带铭文为主体。表中之前

---

[2] 表二中的大致年代是相对的、比较的。这里摘引《长安汉镜》一书中的关键语句：

① "（蟠螭镜）可能只流行于西汉前期，具体说就是文景时期，武帝以后基本不见此类铜镜。"（第 51 页）

② "花卉（瓣）镜在武帝初年以后基本不见。"（第 58 页）

③ "（草叶镜）年代可定在西汉中期或稍晚。"（第 64 页）

④ "铜华镜的时代多在西汉晚期。"（第 121 页）

⑤ "日光重圈铭带镜出现于西汉中期，常见于西汉晚期。"（第 126 页）

4 面实例表明，文字完全是横平竖直的"方块字"。拙著《清华铭文镜》曾言，此时镜铭汉字隶变的"大局已定"。此外，这个时期，已有悬针篆（如图 153）出现。

表二　汉镜 88 "毋" 字一览表（一）

大致年代		字形与出处
西汉早期	文帝时期	001　002　003　004　005　006 007　008　008　012　018　019 020　023　026　027　032
	文景期间	033　037　038　040　044　045 046
	景帝时期	051　051　053　056　057　058 059　060　061　063　064　066 069　070　075　076
西汉中期	武帝时期	079　081　084　088　092　094 095　096　097　098
西汉晚期	昭宣时期	102　104　105　106　109　111 118　120　121　123　126　133

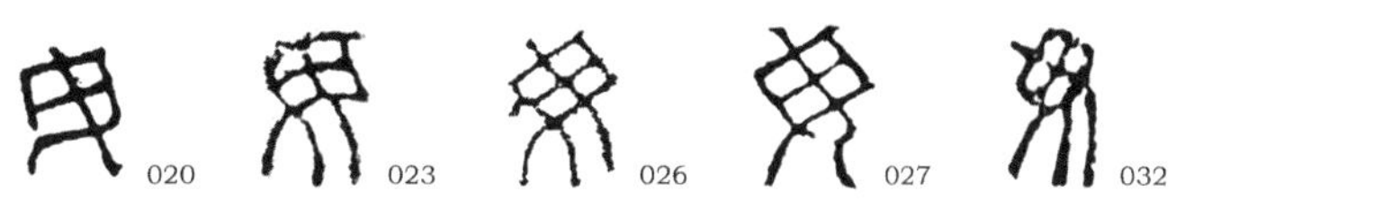

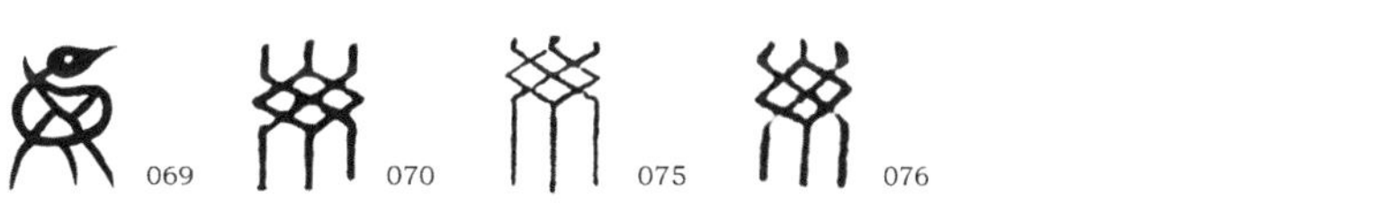

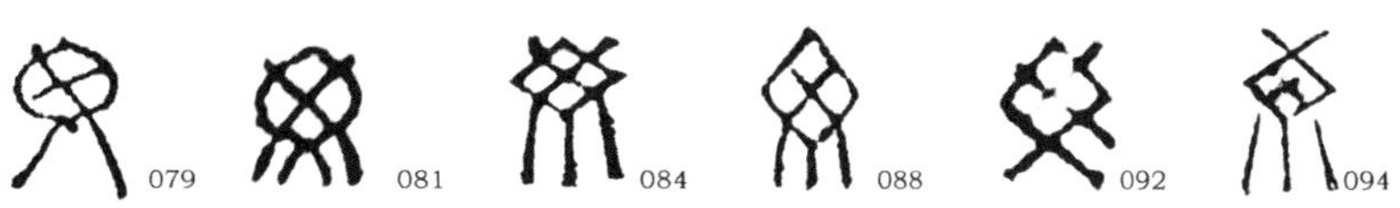

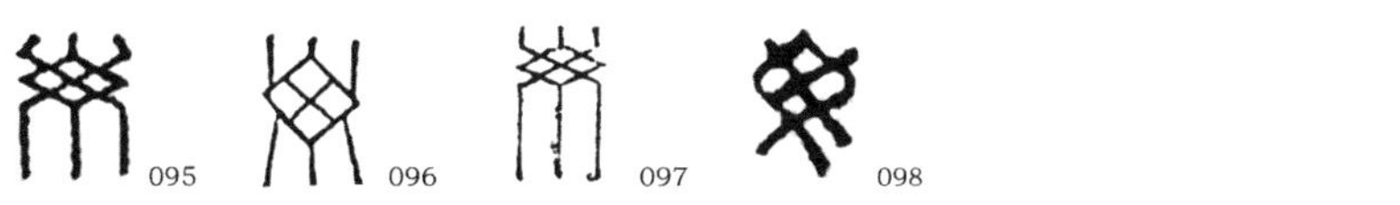

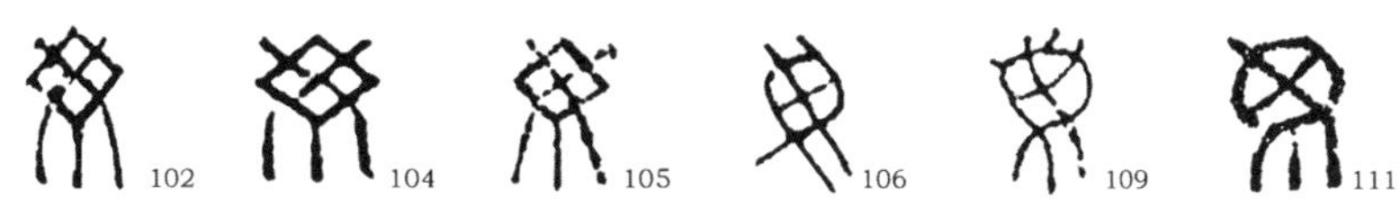

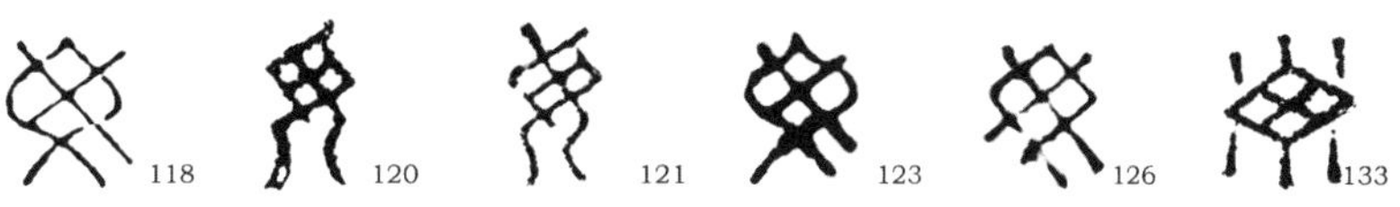

表二　汉镜 88 毋字一览表（二）

大致年代	字形与出处
西汉晚期 （后半）	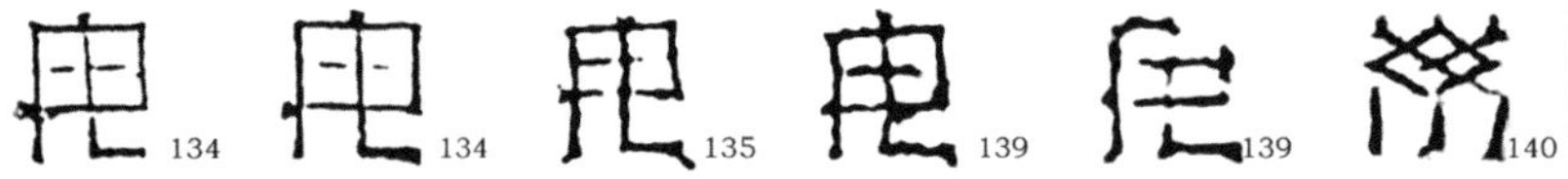
新莽时期	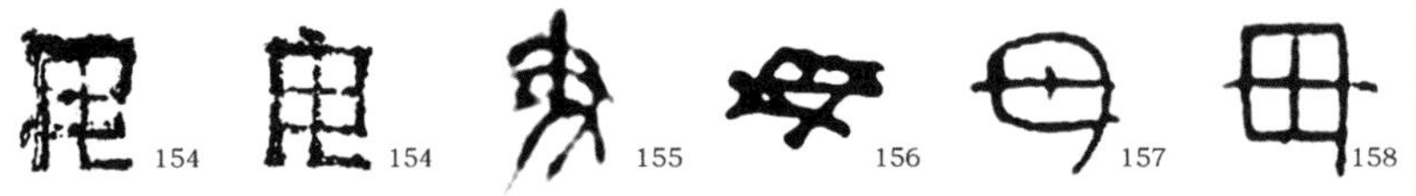
东汉时期	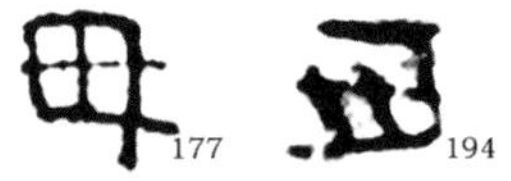

7. 新莽时期，共有 10 例，铜镜主纹当以四灵博局为主体。王莽在复古改制中，镜铭书体变化很大，既有莽式汉隶（指横笔两端出尖者），悬针篆等，亦有汉篆、汉隶等。多变可谓是新莽镜铭书体的一大特色。

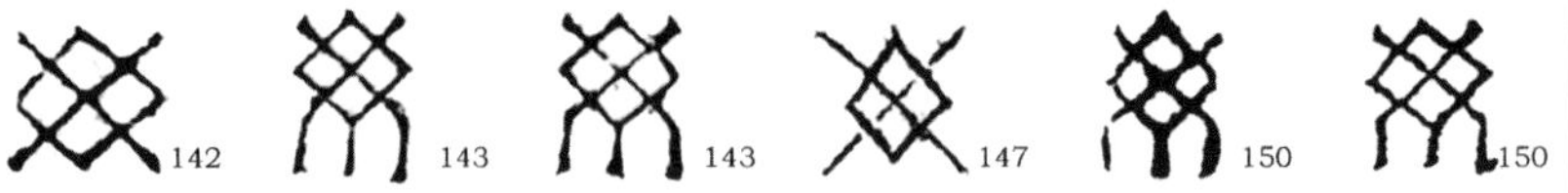

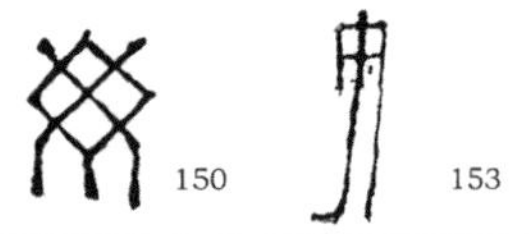

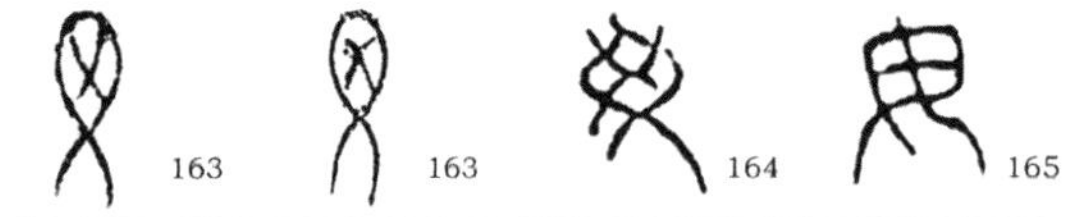

8. 东汉时期，共有 2 例。这一时期的毋字使用明显变得很少，《汉镜铭文书法》图 177 语句为"乐毋已"，图 194 语句为"乐毋极"。所举 2 例铭文书体皆为汉隶。

四、结语

1. 历史发展总是在传承与创新两个观念之间携手向前，汉字演变也毫无例外。

2. "毋"字存世三千年，只是在公元前两百年间的西汉镜铭中得到广泛使用，正如宋代诗人王之道诗句所云："出为世用自有时。"

3. 实例证明，西汉镜铭书体的汉字隶变，发生在西汉晚期之前半段（昭宣时期）。比较而言，镜铭汉字隶变的这一过程落后于简牍帛书。

4. 表二 88 个"毋"字实例，既为我们研讨汉字隶变铺上了一条红地毯，同时还可印证"量变到质变"的哲学理念。

（原载《中国文物报》2015 年 9 月 15 日，《大观》2015 年 10 月总 73 期）

汉镜上的"大泉五十"纹

一、背景

《汉书·王莽传》："（居摄二年）五月，更造货：错刀，一直五千；契刀，一直五百；大钱，一直五十。与五铢钱并用。"《汉书·食货志》："王莽居摄，变汉制，以周钱有子母相权，于是更造大钱，径寸二分，重十二铢，文曰'大钱五十'。又造契刀、错刀。契刀，其环如大钱，身形如刀，长二寸，文曰'契刀五百'。错刀，以黄金错其文，曰'一刀直五千'。与五铢钱凡四品，并行。"

彭信威《中国货币史》："王莽对内相建立他自己的王朝，对外想要扩张成一个大帝国。然而要实现这样大的野心，是要很大的本钱的。……这是他在居摄二年（7）实行的第一次改革币制的背景。在这次币制改革中，王莽发行三种新的货币，第一是大泉五十，第二是契刀五百，第三是一刀平五千，普通称为错刀或金错刀。大泉重十二铢，等于当时流通的五铢钱的二点四倍，但作价等于五铢的五十倍，等于贬值成二十分之一以下。这种钱的作用在于剥削小生产者的物资和劳动。"

王莽迷信风水，相信谶纬之学。在其取了刘氏的西汉王朝后，刻意避开组成"劉"字中的"金"字。"钱"字因有"金"的偏旁而不可再用，故以"泉"字替代。高汉铭《简明古钱辞典》："（大泉五十是）王莽居摄二年（7）货币改制时与金错刀、契刀同时铸行的方孔圆钱。'大泉'意大钱，'五十'即值五十与五铢钱并行。初铸大泉五十径约2.8厘米，重7克上下。钱体坚挺浑厚，内外轮廓精致，垂针篆文秀美。"

二、实例

在中国的历史长河中，王莽是一个褒贬不一、争议不断的重要历史人物。两千年来，王莽的度量衡制度与币制改革却是对中国历史产生过重大影响，直到今天还可以看到不少宝贵的历史遗存。

铜镜作为一个文化载体，自然也保留了历史信息。本文有幸收集到王莽实行第一次币制改革时期，反映"大泉五十"等钱币的六个铜镜实例，详见表一。

表一 铜镜纹饰中的钱币要素一览表

图号	直径厘米	相当汉寸	重量克	铭文、纹饰要点	资料来源
1	21.0	9	1040	镜铭"铸成错刀天下喜"	《止水集·莽式铭文镜》图 1
2	19.1	8	817	钮座有铭"大泉宜利"	《汉镜文化研究·图录》图 142
3	16.6	7	700	以"大泉五十"纹取代朱雀、玄武	《汉镜文化研究·图录》图 143
4	13.0	6	404	以"大泉五十"纹取代朱雀、玄武	《泓盛 2012 春拍》图 845
5	/	/	/	花边镜缘处饰"大泉五十"纹	《小校经阁金文拓本》图 3324
6	11.3	5	219	龙虎头部间饰"大泉五十"纹	《止水阁藏镜》图 111

图 1

图 2

图 3

图 4

图5

图6

三、讨论

这六面铜镜折射出诸多的历史信息：

1. 宣传文档

王莽推行币制改革的同时，进行了大量的"宣传"活动。扬州博物馆与北京赏心斋等处藏有："铸成错刀天下喜，安汉保真世毋有。"（图1）金错刀系王莽第一次货币改革的产物，其法定流通年代当是王莽摄政的居摄年间。"安汉"即指王莽，西汉王朝在元始元年(1)给已是大司马的王莽再次加官晋爵，"拜为太傅，赐号安汉公"（《汉书·王莽传》）。此镜年代理应划在西汉末年，但其文化却与而后的新莽时期一脉相传。本文图2"大泉宜利"同样是一面带有宣传性铭文的铜镜：使用"大泉五十"钱币，会给你带来利益。

2. 断代依据

图4镜有铭："汉有善铜出丹阳……"铭文首字系"汉"而非"新"；再从官方政令来看，东汉已完全不用"大泉五十"钱币。为此，可以推断，图4镜的年代，主要应在王莽居摄二年、三年的两年之间。图2、图3镜的钱币主纹与图4镜相仿，其问世年代也应相近。这三镜的问世年代当在公元7~8年或是稍后的时间。图6镜依据其形制与花边，问世年代应在东汉早期。

3. 尺寸系列

由表可知，虽然图1至图5的5面镜直径与标准尺度（汉尺1尺为23.1厘米）之间，有着一定的误差（分别是：+0.1%、+3.3%、+2.6%、−6.7%、−2.2%），但是都还靠近汉尺8寸、7寸、6寸、5寸的尺寸系列。说明一个问题：在新莽币制改革期间，王莽为推广"大泉五十"等钱币所作的宣传活动，可谓不遗余力。

4. 文化传承

图5、图6镜的年代明显到了东汉早中期，说明朝代可以替换，文化传承依旧。

（原载《中国收藏》2014年第4期）

西汉镜铭"君"字释

王纲怀　张炳生

距今两千年前的西汉镜铭，充满多姿多彩的生活气息和深刻细微的文化内涵，为后人研究汉代社会提供了翔实的资料。其"相思""长寿""祈祥""忠君"等主题内容，深深地影响着中国的传统文化。在种类数以百计的存世镜铭中，"君"字多有出现，这种现象值得重视和研究。

在古汉语中，"君"的基本含义有四种：第一，君主，国家的最高统治者。《尚书·大禹谟》："皇天眷命，奄有四海，为天下君。"第二，大夫以上据有土地的各级统治者的通称，《说文》曰："君，尊也。"郑玄注："天子、诸侯及卿大夫有地者，皆为君。"第三，君子之"君"，泛指德行与才华出众的人。王安石《君子斋记》："故天下之有德，通谓之君子。"第四，夫妇之间的尊称，如"君行虽不远，守边赴河阳"（杜甫《新婚别》）；"君问归期未有期，巴山夜雨涨秋池"（李商隐《夜雨寄北》）。这四种含义，在汉镜铭文中都早有出现。

一、盛世感恩奉君王

释"君王"之镜铭实例：

（1）见日之光，明者君王。（《清华铭文镜》图7，本文图1）

（2）天上见长，心思君王。（《清华铭文镜》图24，本文图2）

（3）富长见，君王美，□□□，□□□。（《汉铭斋藏镜》图67）

（4）君王美人，心思可忘。（《汉铭斋藏镜》图66，本文图3）

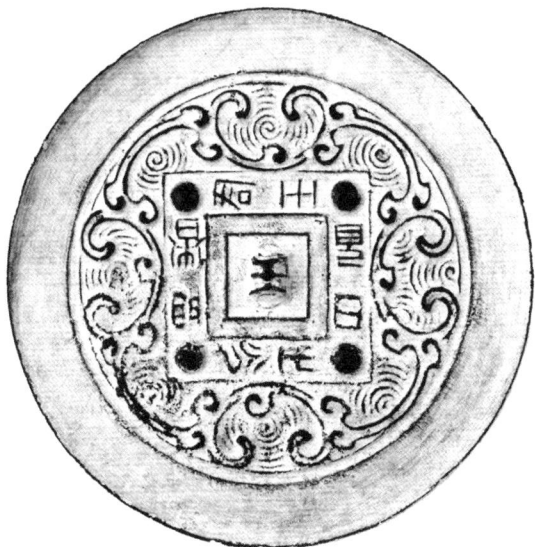

图1

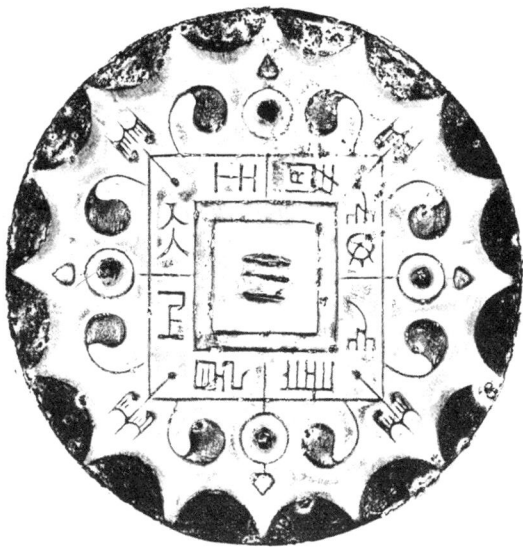

图2

　　镜铭是时代的晴雨表，世道好，则时人自有反映。古时，"天、太阳（日）、君王"是可以转换称呼的。这里"见日之光"的"日"字不单指自然界的太阳，更喻指最高统治者，应是当时人们对明君治国在情感上和理性上的共同感悟，是歌颂明君恩德，赞美国运昌盛。

　　西汉时意喻君王的"君"字铭，主要应指文景两代帝王。他们在位期间，实行轻徭薄赋，减轻人民负担；劝课农桑，重视农业；厉行节约，禁止浪费；集权与分权结合，加强中央集权。在以德化民、与民休息的政策指导下，经过40年的治理，迎来了西汉前期"文景之治"的太平盛世。当时社会比较安定，百姓无内外之徭，得息肩于田亩，天下殷富，社会安定。百姓安居乐业，制镜文人、工匠歌颂明君治世，当在情理之中。

　　"清白"镜铭中的"絜清白而事君""皎光"镜铭中的"精昭晢而待君"等句中的"君"字，皆应释为"君王"之意。

二、镜之服者非世俗

　　释"尊称"之镜铭实例：

　　（1）服者君王，寿至未央。（《清华铭文镜》图14，直径9.8厘米，本文图4）

　　（2）见日之光，天下大阳，服者君卿，延年千岁，幸至未央，常以行。（《清华铭文镜》图18，直径18.8厘米，本文图5）

　　（3）见日之光，服者君王，幸毋见忘。（《鉴耀齐鲁》图51）

　　（4）见日之光，服者君卿，所言必当。

　　在四个镜铭实例中皆有"服"字，古

图3

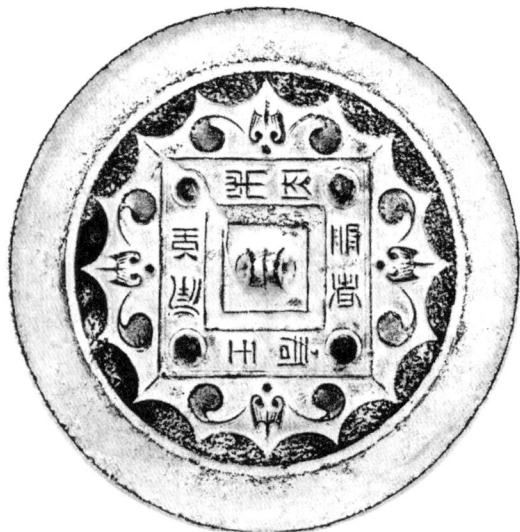

图 4

图 5

时多作"使用"之意。屈原《离骚》："謇吾法夫前修兮，非世俗之所服。"吕向注："服，用也。"《荀子·赋》："忠臣危殆，谗人服矣。"杨倞注："服，用也。"铭文中的"服者"当可释为"用镜者"。

这些镜铭中的"君王""君卿"称谓，应理解为铸镜者的夸张、溢美之词，是说用镜者可以大富大贵、长命千年，能够高官显爵、位至君王、君卿。其实，这不过是一种汉镜的广告词，说几句吉利话，送一顶高帽子，利用人们的虚荣心理，推销自己的产品。古今中外，此风皆然，只是在逗你多撒银子，心里过把瘾而已。

三、人间长存君子风

释"君子"之镜铭实例：

（1）有君子之方，视父如帝，视母如王，爱其弟，敬其兄，忠信以为商（常）。（《汉

图 6

忠	乘	爱	视	视	有
信	其	其	母	父	君
以	兄	弟	如	如	子
為			王	帝	之
商					方

图 6-1 西汉镜铭"君"字释

镜铭文图集》图 106，直径 13.5 厘米，重量 413 克，本文图 6）

（2）贤者戒已仁为右，怠忘毋以象君子，二亲有疾身常在，时时。（《汉镜铭文图集》图 352，直径 16.3 厘米，重量 770 克，本文图 7）

经过"文景之治"，西汉王朝已积累起足够的财富，具备了一定的实力，为加强中央集权奠定了经济基础。巩固政权需要有统一持久的理论思想，西汉统治者从信奉黄老到独尊儒术，由景帝发轫，至武帝完成。教化民生，为朝廷要务，事关天下盛衰。世有教化，百姓守廉知耻，民风止、民性善，自然长治久安。君子好德、重义、谦让、博学、笃行，当为世人楷模。这一较普遍的、完美的人格典范，受到了儒家的特别推崇。将"忠、孝、仁、义、信"的儒家思想，以镜铭的形式广为传播，可见汉时儒家思想浸淫世风之盛。

图 7

四、仰天太（叹）息长相思

铜镜作为人类情感的投射物，映照出人性的美善与丑恶、完满与残缺，它是人类自我完善的良好媒介。在西汉镜铭中，以"妾"赠"夫君"的内容最为出彩，它从一个侧面真切地抒发了相爱相思的人间真情，以及对美好生活的向往和憧憬；反映出明显的时代特色，表现了西汉已婚女子对远在他乡丈夫的相思、期盼、劝诫。在汉代众多镜铭题材中，相思镜占有较大的比例，饱含着浓浓的人间真情。

（一）释相思"夫君"之镜铭实例

（1）愁思悲，愿见忠，君不说，相思愿毋绝。（有一定存世量）

（2）常与君，相驩幸，毋相忘，莫远望。（《广州汉墓》图 92–1，直径 8.8 厘米）

（3）君行卒，予志悲，久不见，侍前俙。（《汉铭斋藏镜》图 68，直径 13.6 厘米，本文图 8）

（4）与君相驩，长乐无极。（《汉铭斋藏镜》图 71，直径 16.1 厘米，本文图 9）

秦末劳役繁重、烽火遍地，百姓离乡背井、妻离子散，导致了陈胜、吴广起义；紧接着"楚汉之争"；汉朝建立后又面临吕氏篡位、匈奴入侵等内外矛盾。经过"文景之治"，到了汉武帝时，形势渐趋平稳，国力逐步增强，解决长期威胁中原的匈奴之患，才能成为现实，于是，派出大量军队出征边陲。无论是将军还是士兵，都会面对离别的境遇。不管是何种原因，出现亲人的离别，才有彼此的相思。汉初，国家所面临最大的事情，就是要彻底解

图 8

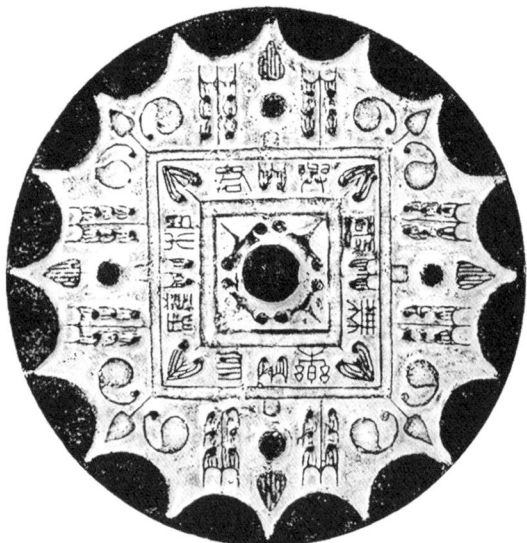

图 9

图 10

决匈奴之患，为此而发动了多次大战。每次战争的准备，前方兵役加上后方劳役，皆有数十万之众。因为战争频繁以及修筑宫殿、皇陵等浩大工程的需要，成千上万家庭出现了"耶娘妻子走相送"的告别情景，无数个壮丁抛妻别子，外出服役（兵役、劳役、差役等）。所以，这一时代背景，造就了这种特定历史条件下所产生的相思文化。

从西汉初年开始，社会动荡持续一个半世纪之久，中国铭文镜可说是诞生在相思文化的襁褓之中。汉宣帝神爵二年（前60）秋，匈奴日逐王来降后，西汉王朝才正式进入一段前所未有的和平时期。大量存世镜铭表示，在这个时期前后的铭文内容有着较大的变化：之前的镜铭以相思文化为主，更多见者"长相思，毋相忘""久不相见，长毋相忘"等内容。所有这些铭文，字里行间都流露出人们伤别离、愁难见、盼安定、望团聚的真情实感。"人生自古伤别离"。这种"相思"并不仅仅是男欢女爱的情愫，其实包含了更深层次的社会含义。

（二）释期盼"夫君"之镜铭实例

（1）君有行，妾有忧，行有日，反毋期，愿君强饭多勉之，仰天大息长相思，毋久。（罗振玉《古镜图录》中三，直径15.3厘米，本书图10）"大"为"太"之古字，应同音通假为"叹"。

（2）行有日兮反无时，结中带兮长相思，妾负君兮万不疑，君负妾兮天知之。（西安南郊市三爻村6号墓出土，直径13.0厘米）

相思相望而不得相见，只有在心底默默地祝福、期盼。第一例中，那位妻子只愿丈夫多多进食，保重身体。第二例中妻子向丈夫表明不变的忠心，同时期盼对方同样如此。无论是物质层面还是精神层面，这种温馨中透射着凄凉，无奈中流露着期待，都艺术地再现了汉代社会的真实面貌。

（三）释劝诫"夫君"之镜铭实例

（1）君行有日反毋时，端正心行如妾在，时心不端行不正，妾亦为之，君能何治？《汉镜铭文图集》图224，直径11.2厘米，重量232克。此铭末两句的"女权思想"令人叫绝，以今日之白话释读全铭：夫君远行有时日，何时返家难猜测。在外务必心行正，好比妾身在君侧。有朝一日心不端，行为出格缺承担。我也学你这个样，看你把我怎么办？。

（2）毋弃故而娶新，亦成亲心与心，长毋相忘，俱死葬何伤？（罗振玉《古镜图录》中七）镜主人每日空守闺房，轻启玉匣，开奁即见"相思"之语，摩挲"勿忘"之铭，顾镜自怜，那种折磨，那份痛苦不言而喻，同时对其婚姻的牢固度也不免流露出些许担忧。如果说第一例是以调侃的口吻向丈夫发出的萧娘断肠、红杏出墙的警告，那么第二例就是以决绝的语言对丈夫宣示不弃不离、生死相守的决心。劝诫警示也好，海誓山盟也罢，这背后又折射出多少家庭的悲欢离合，多少人生的酸甜苦辣！

（原载《汉镜文化研究》之"6.4"）

"妾负君兮万不疑"

——从西汉镜铭"妾之语"看汉代女性婚姻观

王纲怀　张炳生

秦亡天下大乱，汉立百废待兴。自文景时期开始，西汉的经济不断恢复，社会逐渐安定。尤其是汉武帝以其雄才大略，彻底解决了"匈奴之患"以后，使得昭、宣、元、成几代的西汉社会走向了文化繁荣、百姓安居的太平盛世。

在西汉镜铭中，出现了若干以相思文化为基调，以女性口吻表述、类似于私房话的文字，笔者姑且称之为"妾之语"。两千多年过去了，岁月湮沉，并不曾遮掩它耀眼的光彩。我们将这些被保存下来的实物文档归纳在一起（详见表一），从中得以窥探汉代女性的婚姻观，这的确是件颇有意义又充满情趣的事情。

表一　西汉镜铭"妾之语"一览表

图号	主纹	直径（厘米）	铭文内容	资料来源
1	花瓣	18.4	居毋宗出游，欲见君毋由，褐私思憔忧。	《止水阁藏镜》图70
比对	连峰钮	10.8	忽以觉，寤不得，宣自欺，私大（太）息。	《青铜器入门》第248页
2	花瓣	14.0	心与心，亦诚（成）亲，终不去，子从沱（他）人，所与子言，不可不信。	赵亚弟
3	草叶	18.5	秋风起，使心悲，道路远，侍前希（稀）。	徐也力
4	草叶	13.6	君行卒，予志悲，久不见，侍前俙（稀）。	《汉铭斋藏镜》图68
5	草叶	16.1	与君相驩（欢），长乐无亟（极）。	《汉铭斋藏镜》图71
6	草叶	12.4	久不见君，心思不忘。	海鸣

（续表）

图号	主纹	直径（厘米）	铭文内容	资料来源
7	草叶	16.1	道路辽远，中有关梁（梁）。鉴不隐请（情），修毋相忘。	《上海博物馆藏青铜镜》图30
8	圈带	13.1	行有日兮反（返）毋时，结中带兮长相思，而不疑，君负妾兮天知之，妾负君。	《莹质神工光耀阳羡》图28
比对	圈带	/	行有日兮反无时，结中带兮长相思，妾负君兮万不疑，君负妾兮天知之。	西安市三爻村6号墓出土
9	圈带	/	君有行，妾有忧，行有日，反毋期，愿君强饭多勉之，仰天大（叹）息长相思。	《古镜图录》中三
10	圈带	/	毋弃故而娶新，亦成亲，心与心，长毋相忘，俱死葬何伤。	《古镜图录》中七上
11	圈带	/	日清月明想见君，光天□富庆，长乐未央，常不相忘，以辟不羊（祥）。	《小校经阁金文拓本》图3160
12	圈带	11.2	君行有日反（返）毋时，端政（正）心行如妾在，时心不端行不政（正），妾亦为之，君能何治？	海鸣

由表一之12图铭文内容可知，西汉镜铭"妾之语"包含着诸多委婉凄感的相思之苦，镜铭中想念（图1"欲见君"、图11"想见君"）、怀旧（图3、图4"侍前稀"）、叮咛（图9"愿君强饭"）、担忧（图1"思憔忧"、图9"妾有忧"）、哀愁（图9"仰天叹息"）、劝说（图10"毋弃故而娶新"）、训诫（图12"时心不端行不政，妾亦为之，君能何治"）的心态处处可见，引人注目，本文选出四例（图1、8、10、12）试作释读与剖析，从中观察西汉妇女的婚姻观（包括爱情观、家庭观、贞洁观）。

1. 图1[1]

居毋宗[2]出游，　　　　（与公婆）同住一起不能随君出游，

欲见君毋由[3]，　　　　想见丈夫没有什么理由，

襡[4]私思憔[5]忧[6]。　　　只能独自思念而且忧愁。

[1] 此铭个别文字难以认读，经李学勤教授指教后，方迎刃而解。全文15字为3句五言，3句末字皆押幽部韵。其文化背景应是"父母在，不远游"。

[2] 宗与从同属"东部第一"，因声系相近而混用。

[3] 由即原由、缘故之意。《史记·孝文本纪》："盖闻古者祖有功而宗有德，制礼乐各有由。"

[4] 仅此字暂作推测，释襡而通假独（繁体"獨"）。在同为汉景帝时期之镜铭"怀靡美之穷軆"句中，繁体"怀"字中间之"四"转向而写为"目"，可作释读借鉴。另参何琳仪《战国古文字典》第377～378页的"蜀"字。

[5] 李学勤教授认为："憔字未见有单用者，此字宜释惟，只是隹下部鸟爪形伪作火字状而已。惟训为而，见裴学海《古书虚字集释》第194页。"

[6] "忧"字繁体书写有趣，原来中间的"心"移到了下面，详见本书第324页图1B。

2. 图 1（比对）

原书释考，寤通"悟"，意为觉醒；亶通"但"，训为"空也，徒也。"；大即"太"，通"叹"。此镜有连峰钮（或称博山钮），年代应在西汉晚期的昭宣时期。其铭系典型的相思文化，原书曰："咏思而不露'相思'字样，别出心裁，颇有文学价值。"依李学勤老师在书中之释考与提示，此铭似可用白话释读。

忽以觉，　　　梦中晤见君，

寤不得，　　　觉醒难成真，

亶自欺，　　　幻景欺妄甚，

私大息。　　　窃叹情益深。

图 1

图 2

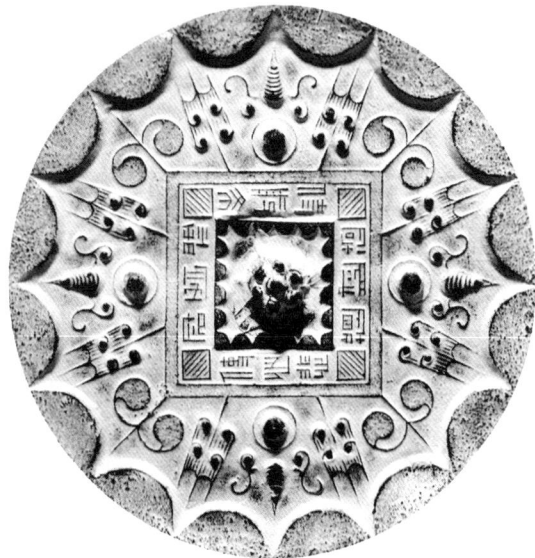

图 3

图 4

图 5

图 6

图 7

图 8

图 9

图 10

图 11　　　　　　　　　　　　　　　图 12

3.图 8（比对）

行有日兮反无时，　　　　　　夫君远行有时日，何时返家难猜测。

结中带[7]兮长相思，　　　　　　系我内衣在眼前，长久相思心挂牵。

妾负[8]君兮万不疑，　　　　　　若说我会负夫君，千万不要乱猜疑。

君负妾[9]兮天知之。　　　　　　如是夫君有负我，上天知情难相容。

4.图 10

毋弃故而娶新[10]，　　　　　　夫君不能弃原配，另娶新人作准备。

亦成亲，心与心，　　　　　　咱们早已成了家，心心相印有感情。

长毋相忘，　　　　　　　　　你我同屋长相处，不能忘记存亲近。

俱死葬何伤。　　　　　　　　只求同年同日死，葬在一起永不离。

5.图 12

君行有日反毋时，　　　　　　夫君远行有时日，何时返家难猜测。

端政心行如妾在，　　　　　　在外务必心行正，好比妾身在君侧。

时心不端行不政，　　　　　　有朝一日心不端，行为出格缺承担。

妾亦为之，君能何治[11]？　　我也学你这个样，看你把我怎么办？

---

〔7〕"中带"是古代妇女的内衣带。《仪礼·既夕礼》："设明衣，妇人则设中带。"

〔8〕"负"即背弃；辜负。《战国策·秦策五》："负秦之日，太子为粪矣！"《汉书·田儋传》："荣以负项梁，不肯助楚攻秦，故不得王。"

〔9〕《盘中诗》："君负妾，天知之。妾负君，罪当治。"此铭与之相比十分贴切。

〔10〕《后汉书·卷四十三》："……孔甲有盘盂之诫。《太公阴谋》曰，武王衣之铭曰：'桑蚕苦，女工难，得新捐故后必寒。'"

〔11〕"治"即惩处。《书·胤征》："歼厥渠魁，胁从罔治。"《史记·李斯列传》："赵高治斯，榜掠千余。"

生活是艺术的源泉，艺术是生活的写照。汉镜铭文是附属于制镜工艺的实用文字，作为草根艺术，它兴起于民间、传播于民众，更接近普通百姓的生活，因此就更有代表性和广泛性。可以说，镜铭"妾之语"最为直接真实地表现了汉代百姓普遍的婚恋观念。汉代镜铭与诗歌、辞赋、谣谚等韵文体有着密切的联系，特别受到楚辞、乐府的浸润、熏陶和影响。因此，我们选取汉乐府中反映妇女爱情题材的一些诗作与汉镜铭"妾之语"同时进行探讨，互为佐证，亦颇有意义。

那么，我们从镜铭"妾之语"，可以观察到汉代女性怎样的婚姻观呢？

一、自主而不放纵

在上述多款文字中，女主人公都深情地向丈夫表白，你放心地出远门去吧，我当坚守我们的爱情，即便死也如此！这种明志式的语言大胆、热烈、奔放，可以说明，汉代女子具有追求爱情的自主意识，男女在情感方面，地位尚不至于悬殊，女子在情感的心理层面上有自觉的意识，在行动上有选择的自由。然而，这种自由并不是意识的放任，行动的放纵。与"妾负君兮万不疑"相似，在《乐府·何尝行》里，"各各相自爱，道远归还难。妾当守空房，闭门下重关"的诗句明确表达了：看镜依楼，独守空房，洁身自好，不愧不怍。即使是"时心不端行不政，妾亦为之，君能何治"的训诫语，也只是夫妻间的浅笑薄嗔，戏谑调侃，绝非红杏出墙的托词、移情别恋的借口。

二、专情而不拘忌

"结中带兮长相思""长毋相忘，俱死葬何伤"等镜铭透射出的缠绵之意，专一之情，何等真切深刻！汉代女子这种对爱情的专一，在《乐府》中亦不乏其例："上邪！我欲与君相知，长命无绝衰。山无陵，江水为竭，冬雷震，夏雨雪，天地合，乃敢与君绝。"（《乐府·上邪》）汉朝女子追求相知相爱的情感深挚而强烈。这种对男女相爱尊严的重视，对两情相悦纯洁的珍爱，是女性合理情感心声的表露。当然，一旦丈夫移情别恋时，也表现出难得的清醒和理智："君负妾兮天知之""毋弃故而娶新"，警戒在先；"闻君有两意，故来相决绝"（《乐府·白头吟》），行动在后。专注的爱和果决的分，同样令人感动钦佩。

三、自律而不自卑

"结中带兮长相思""端政心行如妾在"，这些"妾之语"镜铭，还透露出另一种信息：汉代女子认为，道德节操，需要夫妻共同坚守，感情纯洁，得凭双方自约自律。"妾负君兮万不疑"是宣示严格自律的誓言；"君负妾兮天知之"是提醒对方自律的警语：这完全是对等的，平等的。然而，一旦对方背弃，汉代女子并非愁花病酒、自怨自艾。"君负妾兮天知之""妾亦为之，君能何治"，就透着一种傲然四视的高贵气概，一种不苟且忍辱的自立精神。《乐府·有所思》一诗，把汉代女子这种气概和精神推到了极致："闻君有他心，拉杂摧烧之。摧烧之，当风扬其灰。从今以往，勿复相思。"听闻男人变心之后，便抽刀断水，优雅转身。汉代女子真个率性果决，气势万千。

一般认为，在专制的封建社会里，由于父权和夫权的双重压迫，古代女性丧失了婚姻自主权。事实上，汉代女性在婚姻中拥有高于后代妇女的权力和自由。汉代女子的爱情观、婚姻观、家庭观、贞洁观并不愚昧落后，颇有现代之风。观念是社会的产物。汉代女子之所以具有这样的爱情观，应与当时社会密切相关。

汉时，妇女在婚姻上虽有父母之命、媒妁之言的印记，但尚可以自选婚姻对象。平阳公主钟情卫青，屈身下嫁；富家女卓文君违拗父命，与穷才子司马相如月夜私奔；东汉时孟光羡梁鸿之贤，父母遂从其愿，三十岁始嫁。同时，女子也有解除婚姻关系的主动权。如朱买臣的妻子因买臣家贫，在他四十岁时请求离异；淮南王刘安太子刘迁之妃以太子长期不跟自己同房而"求去"。还有值得注意的一个现象是，社会不轻贱再醮之妇，寡女改嫁一如处子初婚，人们视若寻常。卓文君结识司马相如之前就寡居在家。宰相陈平之妻嫁给陈平前已有五婚经历。就连皇族也不嫌弃已嫁之女，如高祖的薄姬原是魏豹之妾；景帝王皇后先嫁金氏，已生一女而又入太子宫；平阳公主先嫁曹寿再嫁卫青。可见，汉代社会对于妇女再嫁表现了出了相当程度的认可。

汉代是儒家礼教形成的重要时代，自汉武帝"罢黜百家，独尊儒术"始，政治制度以及社会风习均发生变化。但是以"礼"化民乃至风习约之，绝非一朝一夕之事。汉代是封建婚姻的确立时期，礼教也处在逐渐渗透的阶段，婚姻制度和习俗远没有后代严密。汉代统治者和儒生虽然也提倡贞节观念，但不过将之作为一种品德来宣传，还没有形成强大的舆论约束。加之诸子百家的学说影响余绪尚存，思想的混杂，观念的差异，不同风习的相互影响，势必造成宽泛的氛围。且少数民族和汉民族的杂居混合，异域风习和观念的影响，开放的社会导致开放的情怀。因而，妇女在许多方面享有较高的权利和自由，当在情理之中。

"妾之语"镜铭之所以珍贵，在于透过它洗练而多彩的文字，我们真真切切地感触到：两千年前中国的那个时代那个社会，有那样一群值得尊敬的女性，她们追逐着爱情的理想，把握着离合的自由，抒发着真情的呼喊，展示着高雅的风姿。——这便是两千多年前骨傲心高、自尊自立、敢爱敢恨的大汉帝国女子们！

（原载《中国文物报》2014 年 11 月 18 日、

《大观》2015 年 1 月总 64 期、

《中国收藏》2016 年 10 月）

西汉铭文镜度量标准研究

一、尺度

中国出现度量衡概念的时间，可以追溯到公元前两千年左右。《史记·夏本纪》载："（禹）声为律，身为度，称以出。"《大戴礼记·主言》云："布手[1]知尺。"从殷墟出土的商代骨尺上有"分""寸"的十进位刻度，说明我国的长度单位很早就已采用了十进位制。《中国科学技术史·度量衡卷》告诉我们，在战国（前475～前221）时，就已经有了长度的统一标准，即一尺等于今天的公制23.1厘米。这个标准又历经秦、西汉、新莽、东汉，一直延续了五百余年的历史。公元前221年，秦始皇统一中国后，用政令对计量器具、文字、货币、道路、兵器等进行了全国规模的统一，同时颁布各种律令，如《工律》中规定："与器同物者，其大小短长广必等。"

铜镜是一种上至帝王、下及百姓都会用到的生活用品，其尺度标准必然地被纳入了国家管理的体系。统计可知，在长期使用此项标准的岁月中，一部分战国镜、一部分西汉早期镜、大部分西汉草叶纹镜、大部分莽式四灵博局镜等，都比较严格地遵循着1尺等于今天公制23.1厘米的标准制度。大量数据表明，汉镜的尺度主要在3寸（6.93厘米）至12寸（27.22厘米）的十个尺寸等级，太小或太大都不方便使用。粗略而言，3寸与4寸两个规格，主要在西汉早期的蟠螭镜、蟠虺镜、四乳镜或是西汉中期的日光镜、昭明镜中才出现；11寸与12寸两个规格只是偶尔出现在个别的镜类之中；可以说，汉镜绝大部分尺度

---

[1] 即将拇指与食指尽量张开，用以丈量。

都在 5 ~ 10 寸的六个最为方便使用的等级规格。东汉（尤其是中晚期）铜镜的铸造技术与造型艺术得到高度发展，加之一部分低水平民间仿西汉、仿莽式镜的出现，致使这个时期执行度量标准的情况较差，本文暂不列入。

　　从古至今，度量衡标准都允许误差的存在。笔者认为，产生误差的实际情况比较复杂。对于历代铜镜而言，误差 ±0.5% 可认为是制作精准；误差 ±1% 属于一个合理范围；某些"宽松"情况会允许到 ±2%。原因多种：其一，铸制作坊的身份差异（官炉严格、民炉宽松）；其二，器物的重要性差异（重要严格、次要宽松）；其三，执行度量衡标准后，同一时代的时间差异（开始严格、后来宽松）；其四，同一时代的地点差异（京城严格、地方宽松）；其五，对铸件精加工时，刮削打磨的数量差异（师傅严格、徒弟宽松）；其六，度量衡器（特别是竹木材质时）本身的磨损误差；其七，温、湿度变化的误差；其八，铜镜盛行期以后的当代仿制品；其九，实际丈量中的误差。这些情况说明，长度标准有一个绝对性，还有一个相对性，亦就是产生误差的必然性。以河北满城中山国靖王刘胜墓出土的草叶铭文镜为例，直径 20.7 厘米（即为汉尺 9 寸镜），与标准 20.79 厘米相比较，其误差仅为 −0.4%，应属制作精准之器物。大量镜例表明，西汉铭文镜的标准尺度存在着明显的有序规律（可参见拙文《止水集·西汉铭文镜》《止水集·莽式铭文镜》）。汉镜标准尺度详见表一。

表一　汉镜标准尺度一览表[2]

铜镜直径（汉寸）			3	4	5	6	7	8	9	10	11	12
换算公制（厘米）			6.93	9.20	11.55	13.86	16.17	18.48	20.79	23.10	25.41	27.72
误差	精准	− 0.5%	6.89	9.15	11.50	13.79	16.09	18.39	20.68	22.99	25.28	27.58
		+ 0.5%	6.96	9.24	11.61	13.97	16.25	18.57	20.90	23.22	25.54	27.86
	合理	− 1%	6.86	9.11	11.44	13.72	16.01	18.30	20.58	22.87	25.16	27.44
		+ 1%	6.99	9.29	11.67	14.00	16.33	18.67	21.00	23.33	25.66	28.00
	允许	− 2%	6.79	9.02	11.32	13.58	15.85	18.11	20.37	22.64	24.90	27.17
		+ 2%	7.07	9.38	11.78	14.14	16.49	18.85	21.20	23.56	25.92	28.27

---

〔2〕在实际使用时，小数点后只取一位即满足要求，其后一位可四舍五入。

二、重量—m 值

（一）方法

在电子秤发明以前，秤重时必须有砝码，因为使用或携带的不便，致使长期以来对文物的研究，多关注尺度而少关注重量。在进行铜镜考察时，对同尺寸的器物还可以进行比较，对不同尺寸的器物就无法进行比较。目前，有不少值得重视的资料，因只有尺寸而没有重量，给学术研究带来了困惑。本文在此提出一个单位面积重量（克／平方厘米）的概念，用英文字母 m 来表示。此举有以下几种意义：

（1）由此可作比较研究，m 值大小的关系，就是厚重与轻薄的关系。

（2）归根到底，m 值就是用铜量指标。以河北满城中山靖王刘胜墓出土之日有憙铭草叶纹镜为例，直径 20.7 厘米，重量 945 克，m 值为 2.81。换一种说法，若要制作一面汉尺 9 寸（20.79 厘米）镜，确定用铜量指标 m 值为 2.81 时，那么制作所需的原料用量就是 945 克（损耗量另加）。

（3）在官制莽式镜中，对于 6 寸、7 寸、8 寸、9 寸这四种规格，实践证明其 m 值被严格地控制在 2.95 ～ 3.0 克／平方厘米的范围，不同尺寸的标准重量十分明显：6 寸镜约为 445 克，7 寸镜约为 606 克，8 寸镜约为 791 克，9 寸镜约为 1001 克。因为实际生产时的条件一定会产生变化，出现误差属于必然。如果这面铜镜的重量误差在 ±5% 以内，就可以认为是符合标准。

（4）对于不同镜类比较其标准度时：m 值的浮动率较小时，说明此类镜的标准度较高，管理较为严格；m 值的浮动率较大时，说明该镜类的标准度较低，管理较为松弛。

此外，西汉早期铭文镜距今已有近 2200 年的历史，因为出土地点的特殊条件（湿度、pH 值、电介质、腐殖质等），致使小部分器物会有失重（亦称"脱胎"）现象。其现实情况是器物失去了原来应该有的重量且容易断裂，严重者用手指按压的力量即可使其粉碎。对于这类失重器物，我们不作为数据采集对象。

（二）汇总

根据需要与可能，我们采集了有代表性的镜类数据，汇总成表二。以西汉（包括新莽）铭文镜为例，有蟠螭镜（小型）、蟠虺镜、蟠螭镜（大型）、四乳镜、花瓣镜、草叶镜、圈带镜、莽式镜八个镜类，其他诸如纯文字镜、龙纹镜等，因缺乏代表性与系列性而未予列入。对于数据采集，我们确定了四个前提条件。

（1）为确保代表性，尽量随机取样，并不取残缺镜例。

（2）为确保可靠性，尽量数据准确（精确度为 1 克）。

（3）每个镜种各取 8 ～ 12 个镜例，并在删除其最高值与最低值后，再取得 m 的算术平均值。

（4）对不同镜种的 m 平均值进行排列，并对每个镜种间 m 值的浮动率进行排序后，方可对重量研究进行评估。

表二　汉镜 m 值分类表

序	分类	铭文首句	资料来源	直径（厘米）	重量（克）	m 值	说明
A 类：西汉蟠螭（小型、稍早）							
1	A1	修相思	《清华铭文镜》图 3	13.8	186	1.24	缠绕式
2	A2	修相思	《故宫藏镜》图 24	13.7	232	1.58	间隔式
3	A3	感思甚	《清华铭文镜》图 4	11.6	152	1.43	
4	A4	与天地相翼	《故宫藏镜》图 23	13.3	209	1.50	
5	A5	与天地相翼	《汉铭斋藏镜》图 2	11.2	130	1.31	
6	A6	与天地相翼	《汉铭斋藏镜》图 3	9.3	85	1.25	
7	A7	感思悲	《汉铭斋藏镜》图 7	12.8	246	1.90	
8	A8	感思悲	上海博局山房	11.5	127	1.22	
9	A9	感思悲	上海博局山房	11.0	105	1.11	
10	A10	感思悲	《汉铭斋藏镜》图 8	10.5	110	1.27	
A 类 m 平均值 m_0 为 1.35 克 / 平方厘米							
B 类：西汉蟠虺							
11	B1	见日（4 字）	《清华铭文镜》图 6	9.3	45	0.66	
12	B2	见日（8 字）	《清华铭文镜》图 7	8.9	50	0.81	
13	B3	见日（8 字）	《清华铭文镜》图 8	7.3	19	0.45	
14	B4	常贵（8 字）	《清华铭文镜》图 9	8.6	41	0.71	
15	B5	见日（4 字）	《汉铭斋藏镜》图 17	9.5	59	0.83	
16	B6	见日（8 字）	《汉铭斋藏镜》图 18	8.1	32	0.62	
17	B7	常贵（6 字）	《汉铭斋藏镜》图 19	8.8	43	0.71	
18	B8	常贵（8 字）	《汉铭斋藏镜》图 20	8.9	52	0.84	
B 类 m 平均值 m_0 为 0.72 克 / 平方厘米							
C 类：西汉蟠螭（大型、稍晚）							
19	C1	大乐富贵	《上海博物馆藏铜镜精品》图 31	19.0	430	1.52	博局方框
20	C2	长富贵	《汉铭斋藏镜》图 14	18.7	607	2.21	四叶圈带
21	C3	大乐贵富	《汉铭斋藏镜》图 12	18.5	415	1.54	四叶圈带
22	C4	大乐贵富	《清华铭文镜》图 5	18.2	474	1.82	四叶圈带
23	C5	大乐贵富	《汉铭斋藏镜》图 11	16.1	350	1.72	四叶圈带
24	C6	大乐贵富	《汉铭斋藏镜》图 9	15.4	289	1.55	博局方框
25	C7	大乐贵富	《越地范金》第 123 页	14.0	332	2.16	博局方框
26	C8	大乐贵富	《汉铭斋藏镜》图 13	13.4	149	1.06	四叶圈带
27	C9	大乐贵富	《汉铭斋藏镜》图 10	11.3	142	1.42	博局方框
28	C10	相思（大乐）	《汉铭斋藏镜》图 4	13.3	212	1.53	四叶圈带
C 类 m 平均值 m_0 为 1.73 克 / 平方厘米							
D 类：西汉四乳							
29	D1	常乐未央	《清华铭文镜》图 13	6.9	38	1.02	
30	D2	时来何伤	《汉铭斋藏镜》图 30	6.9	36	0.96	
31	D3	长毋相忘	《汉铭斋藏镜》图 31	8.8	63	1.04	
32	D4	常毋相忘	《汉铭斋藏镜》图 32	9.1	74	1.14	
33	D5	君来何伤	《汉铭斋藏镜》图 34	9.6	78	1.08	

序	分类	铭文首句	资料来源	直径（厘米）	重量（克）	m 值	说明
34	D6	君来何伤	《汉铭斋藏镜》图 35	9.8	70	0.92	
35	D7	长毋相忘	《汉铭斋藏镜》图 40	9.4	94	1.36	
36	D8	西王母	《汉铭斋藏镜》图 29	9.6	84	1.16	
37	D9	美宜之	《汉铭斋藏镜》图 43	11.6	113	1.07	
38	D10	与众异	《汉铭斋藏镜》图 44	11.4	100	0.98	

D 类 m 平均值 m_0 为 1.06 克 / 平方厘米

E 类：西汉花瓣

序	分类	铭文首句	资料来源	直径（厘米）	重量（克）	m 值	说明
39	E1	见日（23 字）	《清华铭文镜》图 18	18.8	515	1.85	
40	E2	此镜甚明	《汉铭斋藏镜》图 46	13.9	309	2.16	
41	E3	见日（君王）	《汉铭斋藏镜》图 47	13.6	260	1.79	
42	E4	君毋相忘	《汉铭斋藏镜》图 48	13.4	220	1.56	
43	E5	见日（所言）	《汉铭斋藏镜》图 49	11.6	178	1.68	
44	E6	与天（20 字）	《汉铭斋藏镜》图 50	11.6	224	2.11	
45	E7	与人（16 字）	《汉铭斋藏镜》图 51	11.5	196	1.89	
46	E8	请浪（25 字）	《汉铭斋藏镜》图 52	11.5	196	1.89	
47	E9	请浪（32 字）	《汉铭斋藏镜》图 53	11.4	155	1.52	
48	E10	与天（16 字）	《汉铭斋藏镜》图 54	14.1	239	1.53	
49	E11	长相思	《汉铭斋藏镜》图 55	12.4	178	1.48	
50	E12	镜以此行	《汉铭斋藏镜》图 56	19.2	544	1.88	

E 类 m 平均值 m_0 为 1.77 克 / 平方厘米

F 类：西汉草叶

序	分类	铭文首句	资料来源	直径（厘米）	重量（克）	m 值	说明
51	F1	见日（16 字）	《清华铭文镜》图 19	20.2	730	2.28	
52	F2	日有憙	《清华铭文镜》图 20	18.2	430	1.65	
53	F3	日有事	《清华铭文镜》图 21	13.8	283	1.89	
54	F4	时来何伤	《清华铭文镜》图 22	13.8	235	1.57	
55	F5	必忠必信	《汉铭斋藏镜》图 75	18.2	529	2.04	
56	F6	与君相欢	《汉铭斋藏镜》图 71	16.0	375	1.87	
57	F7	上高堂	《汉铭斋藏镜》图 76	16.2	322	1.56	
58	F8	久洓何伤	《汉铭斋藏镜》图 72	15.9	318	1.60	
59	F9	君行卒	《汉铭斋藏镜》图 68	13.6	237	1.63	
60	F10	投薄衍酒	《汉铭斋藏镜》图 79	13.7	223	1.52	
61	F11	见日（所言）	《汉铭斋藏镜》图 59	11.5	131	1.26	
62	F12	日出之光	《汉铭斋藏镜》图 61	11.4	202	1.98	

F 类 m 平均值 m_0 为 1.74 克 / 平方厘米

G 类：西汉圈带

序	分类	铭文首句	资料来源	直径（厘米）	重量（克）	m 值	说明
63	G1	君有远行	《上海博物馆藏铜镜精品》图 37	17.8	460	1.86	
64	G2	絜清白而事君	《清华铭文镜》图 29	17.4	720	3.03	
65	G3	絜清白而事君	《汉铭斋藏镜》图 88	17.6	764	3.14	
66	G4	絜清白而事君	《汉铭斋藏镜》图 89	15.5	508	2.68	
67	G5	涷治铜华	《清华铭文镜》图 31	23.6	1280	2.93	
68	G6	涷治铜华	《清华铭文镜》图 32	18.7	910	3.31	
69	G7	清练铜华	《汉铭斋藏镜》图 90	18.9	873	3.11	

序	分类	铭文首句	资料来源	直径（厘米）	重量（克）	m 值	说明
70	G8	涑治铜华	《汉铭斋藏镜》图 91	17.5	806	3.34	
71	G9	练治铜华	《汉铭斋藏镜》图 92	16.5	614	2.87	
72	G10	皎光（单圈）	《汉铭斋藏镜》图 95	18.0	701	2.76	
73	G11	日有熹	《汉铭斋藏镜》图 96	17.4	821	3.45	
74	G12	君忘忘	《汉铭斋藏镜》图 99	16.3	528	2.52	
				G 类 m 平均值 m_0 为 2.95 克 / 平方厘米			
H 类：莽式四灵博局（西汉末—新莽—东汉初）							
75	H1	尚方御竟	《岩窟藏镜》二中 1	21.0	1020	2.95	
76	H2	尚方御竟	《清华铭文镜》图 44	20.9	1000	2.92	
77	H3	尚方作竟	《清华铭文镜》图 45	18.6	791	2.91	
78	H4	尚方作竟	《清华铭文镜》图 46	16.1	560	2.75	
79	H5	尚方佳竟	《清华铭文镜》图 48	13.7	428	2.91	
80	H6	王氏昭竟	中国国家博物馆藏	21.1	1100	3.15	
81	H7	王氏昭竟	《故宫藏镜》图 32	21.0	1021	2.95	
82	H8	王氏昭竟	《上海博物馆藏铜镜精品》图 42	18.5	867	3.22	
83	H9	王氏作竟	《清华铭文镜》图 49	18.1	740	2.88	
84	H10	新有善铜	中国国家博物馆藏	23.0	1200	2.89	
85	H11	新有善铜	《清华铭文镜》图 55	18.7	830	3.02	
86	H12	昭匈胁	《汉铭斋藏镜》图 106	16.6	632	2.92	
				H 类 m 平均值 m_0 为 2.96 克 / 平方厘米			

（三）评估

在对表二数据进行汇总、计算与排序，可得到表三的评估依据。

表三　西汉镜 m 值汇总表

序	镜种	m 值					浮动率（标准程度）		
		低值 m_1	高值 m_2	浮动值 $m_3=m_2-m_1$	平均值 m_0	排序	m_3/m_0	排序	评价
1	蟠螭（小型）	1.22	1.58	0.34	1.35	3	25%	3	差别较小
2	蟠虺	0.62	0.83	0.21	0.72	1	29%	5	最为轻薄
3	蟠螭（大型）	1.42	2.16	0.74	1.73	4	43%	8	差别最大
4	四乳（前期）	0.96	1.16	0.20	1.06	2	19%	2	差别较小
5	花瓣	1.48	2.11	0.63	1.77	5	36%	6	差别较大
6	草叶	1.52	2.28	0.76	1.74	4	42%	7	差别较大
7	圈带（大型）	2.52	3.34	0.82	2.95	6	28%	4	最为厚重
8	莽式（官制）	2.91	3.15	0.24	2.96	6	8%	1	最为标准

根据表三可知：

（1）西汉蟠螭铭文镜（小型）——差别较小。此类镜前期尺寸偏小，主要是修相思铭（个别镜有 10 寸）、感思甚铭、与天地相翼铭、感思悲铭等镜类，直径多为 5 寸（11.55 厘米）、

6 寸（13.86 厘米），其 m 平均值 1.35 克／平方厘米，m 值浮动率（标准度）属中下水平。

（2）西汉蟠虺铭文镜——最为轻薄。此类镜品种不多（以日光铭、常贵富铭为主），直径偏小，多在 3.5 寸（8.09 厘米）至 4 寸（9.24 厘米）之间。m 平均值为 0.72 克／平方厘米，几乎是蟠螭纹镜的一半，其问世年代有可能在汉文帝即位不久的"节俭"时期。此类镜可说是中国铜镜史上最为轻薄的器物，极限最低之 m 值仅 0.45 克／平方厘米（《清华铭文镜》图 8）。此类镜的标准化程度较差。

（3）西汉蟠螭铭文镜（大型）——差别最大。此类镜后期尺寸偏大，主要是大乐贵富铭（分为博局与圈带两种）等镜类，直径多为 6 寸（13.86 厘米）、7 寸（16.17 厘米）、8 寸（18.48 厘米），其 m 平均值为 1.73 克／平方厘米，其 m 值浮动率（标准度）属最差水平。分析原因，蟠螭（大型）镜类问世的持续时间较长，并经历了汉文帝初年的"节俭"时期，一直延续至汉武帝之初。故而此类镜亦是西汉镜由较低 m 值（1.35）向较高 m 值（1.73）过渡的一个镜类。由此中国铜镜结束了饰有地纹的早期时代，开始在镜背纹饰突出铭文或主纹。

（4）西汉四乳铭文镜——差别较小。问世时间大致分为两个阶段，前一阶段主要在文景时期，存世器物较多，代表性较强，表二中的数据全部来自这个阶段。此类镜直径较小，多为 3 寸、4 寸、5 寸，m 值较低，标准化程度较好。西汉晚期又出现一些四乳铭文镜，如《三槐堂藏镜》图 64 的"家常贵富"镜，《清华铭文镜》图 36 的千秋万岁镜，因其品种较少，代表性不强，而没有被列入表二的数据采集范围。

（5）西汉花瓣铭文镜——差别较大。此类镜的问世年代似与四乳镜相近，且略早于草叶铭文镜，其存世量不算大，m 平均值居中等，标准化程度较差。此类镜的直径以 5 寸、6 寸为主，迄今未见大镜，仍属西汉早期的中小镜系列。

（6）西汉草叶铭文镜——差别较大。这是一个西汉的著名镜种：存世数量较大，尺寸系列齐全（有 5～12 寸的七个规格），铭文内容丰富，纹饰千变万化。此类镜的尺寸标准度较好，然其 m 值标准度都不高，m 值的浮动率接近 50%。m 平均值为 1.74 克／平方厘米，这是一个偏高的数字，符合西汉铭文镜 m 值由低走高的大趋势。汉武帝平定匈奴以后，社会生产得到发展，人民生活逐步安定。铜镜太小了使用不便，铜镜太薄了容易破碎，生活必需品的制造与使用，开始走上了一条符合自然规律之路。

（7）西汉圈带铭文镜——最为厚重。此类镜分为小型（直径通常小于 6 寸）与大型（直径多在 7 寸以上）两个大类：小型镜主要是日光镜和昭明镜，因其多由民间作坊生产，尺寸变化很大，重量情况复杂，本文对此类小型镜不作数据采集。表二中的全部数据皆来自于此类大型镜，主要是清白镜、皎光镜、日有熹镜、君忘忘镜、铜华镜等。这个镜种布满了文字，几乎没有纹饰。此类镜的 m 平均值为 2.95 克／平方厘米，达到了西汉镜的最高值。换言之，以相同直径为例，圈带铭文镜在西汉铭文镜系列中的用铜量最大。m 值浮动率（标准化程度）位居中等。

在圈带铭文镜中，还有一个重圈系列，直径以 6 寸、7 寸为多，m 值情况大致接近。如《清华铭文镜》图 38，直径 13.8 厘米，重量 427 克，m 值 2.85 克／平方厘米；《清华铭文镜》图 39，直径 16.3 厘米，重量 546 克，m 值 2.61 克／平方厘米。由此可知，与表二数据相差不多。总体而言，其存世量偏少一些，本文不再列入。

（8）莽式铭文镜——最为标准。新莽时期的度量衡制度与秦始皇时期一样，在中国历史上留下了光辉的篇章。新莽是一个非常特殊的时期，政权上属于"和平过渡"，文化上与西汉一脉相承。有一些西汉末期的铜镜铭文与纹饰（如尚方铭四灵博局），称西汉镜却不是西汉文化，谓新莽镜又不到新莽年代。笔者认为，这是打上了王莽思想印记的西汉末期镜，姑且将其命名为"莽式镜"似较为恰当。同样，到了新莽灭亡以后的东汉初年，因为文化的延续性，也还有新莽镜式样的莽式镜出现。一个相同的镜种，跨越了西汉—新莽—东汉三个时期，这在中国铜镜史上，几乎是一个特例，详见《本书 042《莽式铭文镜》。

根据表三可知，莽式镜的 m 平均值为 2.96，完全继承了西汉晚期圈带铭文镜（大型）的 m 平均值 2.95。其 m 值浮动率仅是 8%，充分说明此类镜的标值化程度很高。这在中国铜镜史上，又是另一个特例。

值得强调一点，东汉时期对莽式镜的仿制品很多。比较而言，这些仿制品：m 值较低，镜体偏薄，缘口稍斜，镜面略凸，书体甚差。在进行研究时，必须将这些不标准不规整的仿制品删除。

（原载《汉镜文化研究》之"4.8"）

汉镜铭文关于铜质与熔炼的探讨

一、概述

早在汉代以前，古人对金属铸造就有了自己的正确认识。《考工记》："天有时，地有气，工有巧，材有美，合此四者然后可以为良。"《荀子》："刑范正，金锡美，工治巧，火齐得。"顾名思义，铜镜就是铜质的镜子。使用者对照容的要求越高时，铸镜者对铜镜材质的要求也就越高。自古以来，对铜镜合金的配比、熔炼、"去恶宰"（去除不良杂质）、浇铸、打磨等工艺都有诸多研究成果。在汉镜铭文上，可以时常见到关于铜质与熔炼的内容。为方便探讨，按汉镜的年代序列，我们分别选取了关于铜质（A类）与关于熔炼（B类）的各 6 个镜例，详见表一、表二。表中资料图号皆为《汉镜文化研究》下册之图号。

表一　汉镜铭文关于铜质内容一览表（图号 A）

图号	年代	直径（厘米）	重量（克）	铭文内容	资料图号
A1	西汉早中	7.7	43	玄金之清，可以取诚	47
A2	西汉早中	13.9	309	此镜甚明，服者君卿，万岁未央	51
A3	西汉早中	13.5	200	曰：鉴物象状兮明日审，外光内景兮辉荡渊	52
A4	西汉中期	18.1	502	镜清明，铜必良，宜大王，毋相忘	89
A5	西汉中期	18.9	873	清练铜华，杂锡银黄，以成明镜，令名文章，延年益寿，长乐未央，寿敝金石，与天为常，善哉毋伤	104
A6	西汉中晚	18.0	701	姚皎光而美兮，挟佳而承间，怀欢察而惟予兮，爱存神而不迁，得并执而不衰兮，精照而侍君	109

表二 汉镜铭文关于熔炼内容一览表（图号B）

图号	年代	直径（厘米）	重量（克）	铭文内容	资料图号
B1	西汉早中	11.4	155	请涺金华以为监，昭察衣服观容貌，结组中身，於勿毋相可取信，遂阴光，宜美人	56
B2	西汉中晚	14.2	500	湅治铜华尽具清，以之为镜昭身刑，五色尽具正赤青，毕长生	108
B3	西汉中晚	17.5	751	清涺铜华以为镜，昭察衣服兮观容貌，丝组杂沓兮以为信，清光乎宜佳人	119
B4	新莽	19.2	937	作佳镜哉真大兰，上有禽守相因连，湅治铜锡自生文，昭君面目白黑分，大夫欲市入臣门，不争价值贵其恩	166
B5	东汉早期	13.9	411	桼言之纪从竟始，湅治铜锡去恶宰，长葆二亲利孙子	171
B6	东汉晚期	12.5	232	建安四年，玄象命真，盖作明竟，宫必巧治工，破山采锡，仗石索同，翼火炉冶，幽湅三商，如□日耀，合象月明，五□昔□	汉雅堂

二、铜质（A）类镜铭文释考

A1. 镜铭“玄金之清”

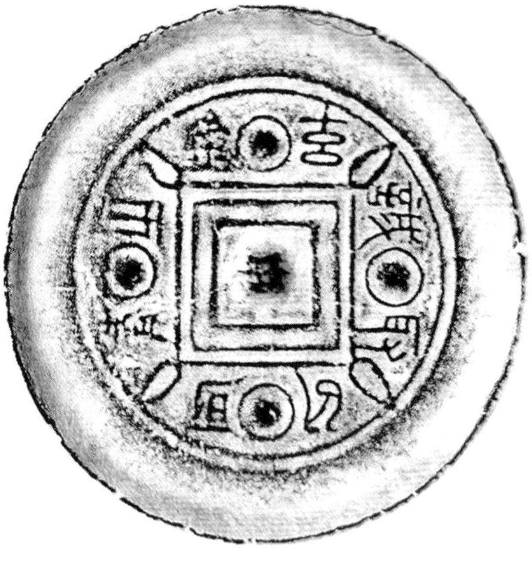

图 A1

玄金原为铁的别名，《说文》：“铁，黑金也。”笔者认为，这里的“玄”应是玄妙、深奥之意，《老子》：“玄之又玄，众妙之门。”汉及汉代以前，“金”又作“铜”的别称。如夏、商、周时期的精美铜器称为“三代吉金”；春秋曾侯簠铜器铭“克狄（获）繁阳，金道锡（易）行”；战国铜锭、青铜、剑铭文“繁阳之金”等。镜铭中的“玄金”意指奇妙的铜质。铭文首句可释为：“巧妙的铜质，可使镜清明。”西汉镜铭多有借镜喻人之用意，“可以取诚”“可见信诚”都是教育用镜者，要像铜镜清白可鉴、无可遁形那样地以“诚”待人。“诚”即诚实、真诚、忠诚。《易·乾·文言》：“闲邪存其诚。”孔颖达疏：“言防闲邪恶，当自存其诚实也。”《礼记·学记》：使人不由其诚，教人不尽其材。”孔颖达疏：“诚，忠诚。”

A2. 镜铭“此镜甚明”

在出土器物中亦见一例，即《鉴耀齐鲁》图 64-2，直径 11.6 厘米（汉尺 5 寸），重

图 A2

图 A3

图 A4

量200克，铭文云："此镜其明，服者君卿。"可知，本镜铭文末句"万岁未央"的使用较为少见。此类镜铭内容完全是铸镜作坊的自许之词。事实上，真要做到"此镜甚明"，需有合金、熔炼等诸多的技术要求。一面好镜，来之不易。

A3. 镜铭"外光内景兮辉荡渊"

李学勤老师将上方左侧第一字之"日"字拈出而单独成句，可谓迷宫之"路标"也！"审"字在此可释明白、清楚之意，《公孙龙子·白马》："是白马之非马，审矣。"司马迁《报任少卿书》："由此言之，勇怯，势也；强弱，形也；审矣！"铭文中"景"通"影"，如清白镜铭文"慕窈窕于灵景"，"灵景"即用作"灵影"解。"荡渊"，意谓物象显于清光明亮的镜面，犹如深潭照影、光摇云天一般。

A4. 镜铭"镜清明，铜必良"

此镜铭文前两句当是说铸镜对铜质的要求，表明若使铜镜清明，必须采用优质青铜铸制，既表示客观规律，也带有自夸自诩之商业广告性质。一般说来，西汉镜铭中自我夸奖铜镜质量的广告词不少，如"服者君卿""服者君王""此镜甚明""镜以此行""涑治铜华清而明"等，可谓成了一种时代特色。

A5. 镜铭"清练铜华，杂锡银黄"

"银黄"指白银与黄金。《韩非子·解老》："隋侯之珠，不饰以银黄。"铭文起首两句，详尽描述铸制过程对铜质纯净与配比组成的要求。在科技层面上，中国铜镜本体没

图 A5

图 A6

有含银与含金的实例，白银与黄金只是在鎏银或鎏金时所用之材料。此铭"杂锡银黄"的本意当指青铜镜材料的合金成分，《考工记》："金有六齐。六分其金而锡居一，谓之钟鼎之齐……金锡半谓之鉴燧之齐。"

A6. 镜铭"姚皎光"

屈原《离骚》，借香草美人而喻明君。此镜有异曲同工之妙，借铜镜的清明来比喻月亮的皎洁。镜铭通篇内容大意谓忠君，托言美人在镜用情专一而不迁，言"侍君"如待美人。"姚"读"眺"。李零先生将此铭释读为：眺望星空，月光皎洁，明亮又美丽，何不乘此良宵美景，带美人来赏月。哪怕你暗自观察百般挑剔怨恨我，我会把我的爱深藏心底，永不变心。但愿与你携手，白头到老，请让我像这轮明月，明亮皎洁，陪伴你。

三、熔炼（B）类镜铭文释考

B1. 镜铭"清浪金华"

此镜铭文起首二字"请浪"疑即"清朖"。请，据《汉书·贾谊传》颜师古注，通"清"；浪，当为"朖"之省笔（镜铭中每多见此类文字，或因工匠铸模之"偷懒"所致，或因铭文空间有限而成）。据《龙龛手镜》卷一："朖，音朗，明也。"是"请浪"即清明之谓也。此镜首句末字监为"鉴"字的省偏旁，"鉴"通假"鑑"，即古代的青铜大口盆，盛水后可用以照容，镜之原义即始源于此。《诗·邶风·柏舟》："我

图 B1

图 B2

图 B3

图 B4

心匪鉴。"毛传："所以察形也。"《庄子·德充符》："鉴明则尘垢不止，止则不明也。"成玄英疏："鉴，镜也。"

B2. 镜铭"五色尽具"

"五色"即青、赤、白、黑、黄五种颜色，古代以此五者为正色。此铭之"五色尽具"应指古代炼铜掌握火候时的技术手段，《考工记》："凡铸金之状，金与锡：黑浊之气竭黄白次之，黄白之气竭青白次之，青白之气竭青气次之，然后可铸也。"古人铸造青铜时，完全依照熔炼时气体的颜色来掌握火候，火候到了就是炉温到了，"炉火纯青"时方可浇铸。遍检存世约十种铜华镜的铭文内容，大多涉及对冶涑与铸造的技术要求，故铜华镜的"科技含量"可谓高矣！

B3. 镜铭"清浪铜华"

此类镜铭文内容和书体特征，在西汉早期的花瓣镜中已有出现，于西汉中期又偶尔露面。其一，《汉镜文化研究》下册图 55，属连弧纹草叶圈带铭文镜，顺时针向 30 字铭文连读为："清浪铜华兮以为鉴，昭察衣服兮观容貌，丝组杂沓兮以为信，清光兮宜佳人。"其二，《汉镜文化研究》下册图 107，属连弧纹圈带铭文镜，顺时针向 42 字铭文连读为："清浪铜华以为鉴乎，照察衣服观容貌乎。丝组绶，秋风起，心甚悲。时念君，立辈（褱）迴，常客君思不可为。游中国，侍来盟。"

B4. 镜铭"涑治铜锡"

此铭释读曾得李学勤老师之指点。"兰"即"烂"，本意为明亮、有光芒。《诗经·女曰鸡鸣》："明星有烂"，《观沧海》："星汉灿烂，若出其里。"镜铭"作佳镜哉真大兰"即夸耀佳镜映面明亮清晰，与"□

氏作镜清而明"含义相近。另，"兰"作"难"，意谓铸制精美铜镜十分困难。"市"，即购买。《国语·齐语》："以其所有，易其所无，市贱鬻贵。""臣"，古人表示谦卑的自称，多见于秦汉以前。《史记·高祖本纪》："臣少好相人。"裴骃《集解》引张晏曰："古人相与语多自称臣，自卑下之道，若今人相与语皆自称仆。"恩，即"德泽"。《孟子·梁惠王下》："今恩足以及禽兽，而功不至于百姓者，独何与？"这里试用现代汉语解释，大致如下："铸制一面好镜，确有不少困难；镜纹饰以禽兽，形成一组图案。除了冶炼铜锡，还要自编铭文；照着你的面目，脸上有污清楚。大人若想购买，可来我的作坊；若不必讨价还价，我将感你恩德。"

图 B5

图 B6

B5. 镜铭"涑治铜锡去恶宰"

铭文首字"柒"，历来有不同的解读，或作"黍"，或作"来"。这里应为"漆"字的省偏旁，与"七"谐音。当时的重要镜铭大多七言，铭文句首之"柒（七）"乃系新莽风尚。本类铭辞是研究汉代七言诗渊源流变的重要材料。"宰"当为"滓"之省偏旁，"去恶宰"即谓去除不良杂质。由此可见，镜铭虽明言铸镜工艺，却暗喻着做人的修养。

B6. 镜铭"破山采锡，仗石索同，翼火炉治，幽涑三商"

此镜铭文在冶炼上的关键句是"破山采锡，仗石索同，翼火炉治，幽涑三商。"破为动词，意即剖开；分开。《庄子·天地》："百年之木，破为牺尊，青黄而文之。"仗亦动词，可释凭借；依靠。《史记·春申君列传》："王若负人徒之众，仗兵革之强……臣恐其有后患也。"翼系动词，借助，凭借。《汉书·扬雄传下》："不阶浮云，翼疾风，虚举而上升，则不能撆胶葛，腾九阂。"这前三句内容也可读成：开山采锡，依石取铜，借火炉治。铭文将采矿石、取铜锡、炼合金的过程说得十分清楚。商应释作金。《白虎通·礼乐》："金谓商。"《汉书·食货志上》："商为金。"《吕氏春秋·孟春纪》高诱注："商，金也，其位在西方。"《汉书·郊祀志下》师古注："商，金也，于序在秋，古谓西方之庭。"何堂坤《中国古代铜镜的技术研究》第97页载：

"所以总的来看，此'三商'应指铜、锡、铅，'幽涷三商'便应是隐蔽地、神秘地、巧妙地熔炼铜锡铅意；古人用此四字铭，既反映了当时的一种习俗，也反映了人们对铸镜合金熔炼操作的一些认识。"

在东汉中晚期，关于熔炼铜锡铅的"幽涷三商"一词及其同类铭文，延续了约有一个世纪，并成为东汉镜铭的一种主要特色。我们对内容有异的主题铭文进行统计，列出了按年代排序的系列，详见表三。表中《研究》皆为《汉镜文化研究》。

<h3>表三　"幽涷三商"及其同类铭文年代排序一览表</h3>

序号	公元纪年	铭文纪年	主题铭文	资料来源	说明
1	87、88	章和	龙氏作竟涷治同，合会银易得和中。	《六安出土铜镜》图135	"幽涷三商"尚未问世
2	105	元兴元年	幽涷三商	南阳市博物馆藏	"幽涷三商"出现最早
3	160	延熹三年	幽涷三商	《研究》下册图177	安帝至顺帝的半个世纪中纪年镜甚少
4	164	延熹七年	幽涷三冈	《研究》下册图178	"商"改"冈"
5	167	永康元年	合涷黄白周刻兮	湖北鄂州西山出土	"幽"改"合"，"三商"改"黄白"
6	167	永康元年	幽涷黄白	《研究》下册图179	"三商"改"黄白"
7	175	熹平四年	合涷白黄	《研究》下册图181	"幽"改"合"，"三商"改"白黄"
8	187	中平四年	幽涷白同	《研究》下册图183	"三商"改"白同"
9	／	／	幽涷三刚	《研究》下册图185	"三商"改"三刚"
10	202	建安七年	百涷青同	梅原末治《汉三国六朝纪年镜图说》图版15－2	首次出现"涷数"概念
11	205	建安十年	幽涷宫商	《研究》下册图191	"三商"改"宫商"
12	／	三国蜀	幽涷金冈	《研究》下册图193	"三商"改"金冈"

由表三可知诸多关于当时冶炼的概念与信息。

（1）"幽涷"可用"合涷"代替，即证明"三商"为代表铜锡铅之"三金"，而非代表时辰之"三刻"。

（2）序7镜中出现了"涷数"的概念，涷数多表示除渣越多，即铜质更好。

（3）"三商"可用"黄白"或"白黄"代替，黄即铜，白即锡，"三商"为"三金"。从而，亦进一步证实何堂坤先生观点之毋庸置疑。

（4）"宫商"之"宫"可释为"土"，《白虎通·礼乐》："土谓宫，金谓商。"说明古人对冶炼过程之目的性十分明白：去除非金属杂质，提高金属的纯度。

（5）"冈"应是"刚"的省偏旁。"刚"当作坚硬之释，可理解为代表金属的矿石。《诗·小雅·采薇》："采薇采薇，薇亦刚止。"

四、小结

综上所述，此两类汉镜铭文阐述了一种理念：若想得到一面上好的铜镜，必须从铜质（合金）与熔炼这两个方面提出严格要求。铭文内容："三商"为合金成分（铜锡铅）；"幽涷"可谓巧妙熔炼；"五色"乃指火候（温度）变化；"去恶宰"就是去除杂质。中国古代镜铭多有以镜喻人的情况，汉代铜镜在延伸一种理念——"此镜甚明"，来之不易。

（原载《汉镜文化研究》之"4.6"）

西汉铜华镜铭文释义

一、分类

西汉中晚期有一种首句以"涷（炼）治铜华清而明"为主的大尺寸铭文镜，其约定成俗的简称是铜华镜。根据其首句、主纹、制式的不同，可大致分为12类，详见表一。表中"资料图号"中之《研究》皆为《汉镜文化研究》下册的图号。

表一　铜华镜分类一览表

序	首句铭文（镜铭布局）	主纹	边缘	资料图号	字数	直径（厘米）	汉尺（寸）	重量（克）	铭文
1 图1	涷治铜华清而明（圈带）	内向八连弧	宽素缘	《清华铭文镜》图32	40	18.7	8	910	典型
2 图2		四乳禽兽	宽素缘中嵌双线波折纹	《清华铭文镜》图31	39	23.6	10	1280	少见
3 图3		内向八连弧		《研究》下册图105	36	17.5	7.5	806	少见
4 图4				《研究》下册图108	24	14.2	6	500	罕见
5 图5	练治铜华（圈带）	四乳四虺	宽素缘	《研究》下册图106	39	16.5	7	614	罕见
6 图6	清练铜华，杂锡银黄（圈带）		宽素缘	《研究》下册图104	36	18.9	8	872	罕见
7	涷治铜华清而明（方框）		宽素缘	《止水集》西汉铭文镜图10-3	32	23.6	10	1135	常规
8	清浪铜华以为镜（圈带）		窄素缘	本书下册图102	27	17.5	7.5	751	常规
9	日光—清浪铜华（重圈）		窄素缘	《尊古斋古镜集景》图128	内：26 外：35	15.3	6.5	/	少见

（续表）

序	首句铭文 （镜铭布局）	主纹	边缘	资料图号	字数	直径 （厘米）	汉尺 （寸）	重量 （克）	铭文
10	昭明—涑治铜华（重圈）	窄素缘	《尊古斋古镜集景》图 131	内：16 外：36	14.8	6.5	/	常规
11	清浪铜华—清白（重圈）	窄素缘	《尊古斋古镜集景》图 127	内：25 外：43	13.7	6	/	常规
12	清浪铜华—皎光（重圈）	窄素缘	台北历史博物馆藏（8336）	内：24 外：37	15.5	6.5	/	常规
13	居必忠—清浪铜华（重圈）	窄素缘	《清华铭文镜》图 41	内：18 外：32	13.2	/	310	少见
14	清浪铜华兮以为镜	十六内向连弧缘	日本药照寺《中国的古镜》图 7	30	16.7	7	550	罕见

二、铭文

由大量存世实物可知，以"涑治铜华以为镜"为首句的铜华镜是这一镜种的主流器物。其尺寸系列跨度较大，大至汉尺 10 寸（图 2），小仅汉尺 6.5 寸（《三槐堂藏镜》图 53）。其铭文内容的前两句变化不大，基本上是"涑治铜华清而明，以之为镜宜文章"。

每一个品种的单个铜镜，都会因为源自于不同的作坊或是不同的工匠，而必然地出现差异，特别是在管理不严的西汉晚期，铭文镜中的多字或少字都属正常情况。此外，在西汉中晚期铭文镜中，还有通假、错别、缺字、反书、省偏旁等文字缺陷。比较而言，以"昭明镜"与"清白镜"等镜种多见文字缺陷。而同一时期的"铜华镜""日有熹镜""君忘忘镜"等镜种则少见文字缺陷。

（1）图 1 镜铭文："涑治铜华清而明，以之为镜宜文章，延年益寿辟不羊，与天毋极如日光，千秋万岁，长乐未央，长毋相忘。"内容堪称典型与标准，全文七句 40 字没有文字缺陷，前二句七言计 14 字主要是广告用语；再二句七言 14 字既是广告用语亦为吉祥用语；后三句四言 12 字主要是吉祥用语。

图 1

图 2

图3

诸多存世器物表明，大多数铜华镜的形制皆与图1镜相近，差异在于铭文字数略有增删。

（2）图2镜铭文："涷治铜华清而明，以之为镜宜文章，延年益寿而去不羊，与天毋极而日月之光，年秋万岁，长乐未央。"其直径10寸可谓同类镜之最大者，铭文第三句多"而"字且改"辟"为"去"，第四句多"而""月"两字，第五句改"千"为"年"，与图1镜比较，第七句皆删。

（3）图3镜铭文："涷治铜华清而明，以之为镜宜文章，长年益寿去不羊，与天长久而日月之光，千万旦，而未央。"其铭文特殊之处在第四句，改"与大毋极"为"与大长久"。"长久"即"持久"。《国语·越语下》："其君臣上下皆知其资财之不足支长久也。""与天毋极"是西汉长寿文化中最为常见的词组，在镜铭文字与瓦当文字多有出现。《清华铭文镜》图17有言："西汉镜铭内容多见长寿文化，主要有'千秋万岁''延年益寿''延年千岁''寿至未央''与天毋极''与天相寿''与地相长'等。"镜铭"与天长久"当属少见，此镜第五句缺"秋"且改"岁"为"旦"，古时"旦"有"生日"之说，故可理解为通"岁"之意。与图1镜比较，此镜第六句改"长乐"为"而"。

（4）图4镜铭文："涷治铜华尽具清，以之为镜昭身刑（形），五色尽具正赤青，毕（必）长生。"此铭乃铜华镜类中的罕见品种。1934年，刘体智在《小校经阁金文拓本》与《善斋吉金录》两书中，同时刊载了应为同一器物之铭重圈镜。其铭内圈："长宜子孙。"外圈："涷治铜华得其清，以之为镜昭身刑，五色尽具正赤青，与君无亟毕长生，如日月光兮。"此镜与之相比大同小异，只因直径较小，尽管是单圈铭文，还是少了文字。

"五色"即青、赤、白、黑、黄五种颜色，古代以此五者为正色。《书·益稷》："以五采彰施于五色，作服，汝明。"

图4

孙星衍疏："五色，东方谓之青，南方谓之赤，西方谓之白，北方谓之黑，天谓之玄，地谓之黄，玄出于黑，故六者有黄无玄为五也。"此铭第三句既明指古代炼铜时的技术关键，又暗喻铸造铜镜时要符合五行。存世十余种铜华镜的

图5

铭文内容，皆涉及对治炼与铸造的技术要求，故铜华镜的科技含量可谓高矣！

（5）图5镜铭文："练治铜华清而明，以之为镜宜文章，与天毋极心不忘，义思平回仁集常，元理增秩寿日光，福嗣未央。"镜铭共有六句，铭文内容兼具儒家与道家的两种思想，在铜华镜中可说罕见。

义，即符合正义或道德规范。《论语·述而》："不义而富且贵，于我如浮云。"亦指善良或善良的行为。《书·皋陶谟》："强而义。"王引之《经义述闻·尚书上》："义，善也。谓性发强而又良善也。""义"字在西汉镜铭中几乎不见。

仁，是古代一种含义极广的道德观念。其核心指人与人相互亲爱，孔子以之作为最高的道德标准。《礼记·中庸》："仁者人也，亲亲为人。"《论语·颜渊》："樊迟问仁。子曰：'爱人。'""元理"即玄理，奥妙的道理。

此镜之关键句当在末句之"福嗣未央"，意即"福及子孙无尽"。福，幸福，福气，凡富贵寿考、康健安宁、吉庆如意、全备圆满皆谓之福。《书·洪范》："五福：一曰寿，二曰富，三曰康宁，四曰攸好德，五曰考终命。"嗣，子孙，后代。《书·大禹谟》："罚弗及嗣，赏延后世。"《晋书·王浚传》："昔汉高定业，求乐毅之嗣。"《楚辞·离骚》："及年岁之未晏兮，时亦犹其未央。"王逸注："未央，未尽也。"

（6）图6镜铭文："清练铜华，杂锡银黄，以成明镜，令名文章，延年益寿，长乐未央，寿敝金石，与天为常，善哉毋伤。""银黄"喻义白银与黄金。《韩非子·解老》："隋侯之珠，不饰以银黄。""令名"喻义美好的声誉。《左传·襄公二十四年》："侨闻君子长国家者，非无贿之患，而无令名之难。"末句"善哉"为赞叹之词，《左传·昭公十六年》："宣子曰：'善哉，子之言是。'"

此镜铭文，有几个特点：

第一，文体四言，一改西汉中晚期圈带铭文镜多以三言、六言、七言为主的习惯，致使文体更加多样化。

第二，起首两句，详尽描述铸制过程对铜质纯净与配比组成的要求。白银与黄

图6

金当指鎏银或鎏金时所用之材料，中国铜镜本体找不到含银与含金的实例。

第三，若干在西汉末至新莽才常见的镜铭用词，如"令名""寿敝金石"等，提前在此镜铭文中已有出现，可见文化传承之一斑。

第四，末尾两句"与天为常，善哉毋伤"，与众不同，别有情趣。"与天"四言多见者为："与天无极""与天毋极""与天相寿""与地相长""与美相长"等。"毋伤"四言多见者为"时来何伤""君来何伤""侍来何伤""久浐何伤"等。

（7）序7镜铭文："涷治铜华清而明，以之为镜宜文章，延年延寿辟不详，与天无极如日之光，长乐□。"

（8）序8镜铭文："清浪铜华以为镜，昭察衣服观容貌，丝组杂沓，清光宜佳人。"

（9）序9镜铭文内圈："见日之光天大明，服者君卿宜侯王，千秋万世，长毋相忘，时来何伤。"外圈："清浪铜华以为镜，丝组为纪以为信，清光明，服者富贵番昌，镜辟不羊，千秋万世，长乐未央。"

（10）序10镜铭文内圈："内清质可以昭明，光夫象日月，□□日（字间有而）。"外圈："涷治铜华清而明，以之为镜因宜文章，延年益寿去不羊，与天无极而日月□光，千秋万世长未央。"

（11）序11镜铭文内圈："清浪铜华以为镜，照察衣服观容，丝组杂沓以为信，清乎宜佳人。"外圈："絜清白而事君，怨污欢之弇明，微玄锡流泽，远而日忘，怀靡美之穷礼，外承欢之可说，慕窈窕于灵，愿永思毋绝。"

（12）序12镜铭文内圈："清浪铜华以为镜，昭察衣服观容貌，丝组杂沓以为信，宜佳人。"外圈："如皎光而耀美兮，挟佳都而承间，怀欢察而性予兮，爱存神而不迁，得并埶（势）而不衰，精昭晰伴君。"

（13）序13镜铭文内圈："居必忠必信，久而益亲，而不信不忠，久而日穷。"外圈："清浪铜华以为镜，丝组杂沓以为信，清光明乎服君卿，千秋万世，长毋相忘，镜辟羊。"

（14）序14镜铭文："清浪铜华兮以为鉴，照察衣服兮观容貌，丝组杂沓兮以为信，清光兮宜佳人。"在十六内向连弧缘的草叶纹镜类中，出现此镜可谓罕见。且在七言中加入"兮"字而成为骚体，亦称奇特。

《汉镜铭文图集》图246是一面铜华铭铭重圈镜，直径18.8厘米，重量955克，外圈是"涷治铜华清而明"的常规内容，内圈为："长乐未央，利贰亲，宜弟兄，寿万年，长相葆，宜子孙，乐已，固常然兮。"特公示于书，以飨读者。

三、其他

1. 铜质

"涷"就是"熔炼"，其含义包括青铜配比、熔化温度、熔炼次数等要素。图5铭文"清练铜华，杂锡银黄……"说的最是明白。春秋战国《考工记》："金有六齐……金锡半，谓之鉴燧之齐。"即青铜镜的金属配比是"金（纯铜）一锡（含铅）半"，即"金"（纯铜）66.6%、锡（含铅）33.3%。中国铜镜在战国、两汉、隋唐的三大高峰期，几乎是都沿用了这一配比数字。熔炼次数的多少决定着铜材的"纯净度"。"治"就是"铸制"，其含义包括镜范泥模、造型技术、浇注工艺、热处理技术、打磨工艺等内容。只有以诸多精湛高超的工艺技术作为后盾，才能让一面高质量的铜镜问世。

"铜华"就是"青铜精华"之意，即为高质量青铜。要让铜镜"清而明"，必须首先做到"涑治铜华"。"涑治铜华清而明"的要求与过程得讲清楚，才能"以之为镜宜文章"。1999年紫禁城出版社出版了何堂坤《中国古代铜镜的技术研究》一书，本文免赘述。

2．文风

西汉铭文镜内容多受楚风影响，直到西汉中晚期所流行的"清白镜"与"君忘忘镜"等铭文内容还都保留着浓郁的楚风。同一时期的"铜华镜"与"日有熹镜"等镜种，却率先摆脱了楚风之"阳春白雪"，其通俗易懂的铭文内容，让铜镜文化进入了一个与平民生活更为贴近的新时代。仅此而言，这是"铜华镜"对中国传统文化的一个重大贡献。

3．书体

《清华铭文镜》图32"铜华铭圈带镜"有言："汉字隶变从西汉初圆转的古文字秦篆（小篆）开始，经过汉篆、缪篆、篆隶互用、美术篆书、简笔篆隶、方折简隶等曲折且反复的演变，在约一百余年以后的武帝后期或昭宣之际，终于迎来了方折的今文字汉隶问世，虽还不够彻底，然而大局已定。"铜华镜铭文字略带篆意的方正汉隶，似可认为是今文字的开始。应该说，这是"铜华镜"对中国传统文化的又一个重大贡献。

（原载《汉镜文化研究》之"8.4"）

乱花渐欲迷人眼

——西汉鸟虫篆铭彩绘镜刍议

一、概况

乙未仲春，托同好挚友转让之福，喜获一面已成六块碎片的西汉彩绘镜。[1]因在原物上可见若干清晰图案以及鸟虫篆铭文，顿生"千载难逢"之感。正如白居易《钱塘湖春行》所言："乱花渐欲迷人眼，浅草才能没马蹄。"此镜碎片断口有锈，说明破碎已久，在经高手黏合修复后，终于以较完整面貌见诸世上（见图1）。此镜直径28.3厘米，重量1102克，三弦钮，柿蒂纹钮座。

1963年，西安北郊红土坡曾出土一面尺寸（28.2厘米）相同之彩绘镜（详见图2），两者相比，差别在于内区展现和边缘形制。经向考古专家请教得知，凡照容面带有水银沁包浆的同类器物，主要出自陕西西安地区的龙首原（今西安地区）。《长安汉镜》载："全国发现的总数量可谓寥寥无几，这大概是彩绘不易保存的缘故。"

统计可知，西汉彩绘镜较画像石流行的东汉中期早了约有三个世纪，这对中国美术史有重要意义。从存世实物数量看，东汉画像石数以千计，而西汉彩绘镜仅十余计，两者相差数

图1

〔1〕谈晟广主编：《与天久长》，上海书画出版社，2019年12月，第348～355页有大图。

百倍之多，愈显后者之珍贵。从形制来分析问世年代，西汉彩绘镜有以下几个特色：其一，三弦钮是西汉早期镜"汉承秦制"的特征，而西汉中期以后的镜钮多为圆钮；其二，柿蒂纹钮座多出现在西汉晚期的四灵博局镜中，故此彩绘镜不可能早于文景时期；其三，从《故宫藏镜》图29之鸟虫篆铭文镜主纹的花瓣、草叶推测，应在景帝前后，此镜铭文书体与之相近，似应属同一时期；其四，如此硕大厚重之器，必与经济发展、国力强盛相匹配，而景帝时期恰恰具备这个条件。为此，彩绘镜的问世年代定在汉景帝前后当无大讹。

《长安汉镜》一书统计"西安地区共发现彩绘镜四面[2]，广东南越王汉墓出土四面，云南晋宁石寨山汉墓出土一面"。同年，罗黎在《考古与文物》上介绍了陕西历史博物馆1992年征集的一面汉代彩绘镜。2005年，李学勤先生补充了法国和日本收藏的两面，并对河南永城出土的一面连弧纹彩绘镜做了详细介绍和研究。2009年，陕北历史文化博物馆从府谷县征集到一面彩绘镜，并于2011年刊于《文物》期刊。现将已知汉代彩绘镜统计如下（按发现年代排序），近年日本收藏家又展现出三面，详见表一。

表一　汉代彩绘镜统计一览表

序号	原编号	钮式	铸纹	彩绘	直径（厘米）	重量（克）	铜镜来源	资料出处
1	无	不详	不详	漆绘人物、树木等	不详	不详	1954年西安西北郊某大方坑墓出土	陕西省文物管理委员会编：《陕西省出土铜镜》，北京：文物出版社，1959年，第1页。
2	1963 HMP采:1	三弦	内两道凹弦纹，外十六内向连弧纹	人物、车马、树木、花卉、几何纹等	28.2	不详	1963年西安北郊红庙坡采集	程林泉、韩国河：《长安汉镜》，西安：陕西人民出版社，2002年，第52~56页。
3	71B M3:701（三片）	残缺	内一道凹弦纹，外十九（推测）内向连弧纹	折线、菱形、三角形花纹带	46.0	不详	1971年河南省永城市保安山M3出土	李学勤：《谈大型连弧纹彩绘镜》，《故宫博物院院刊》2005年第1期，第90~94页。
4	C145-73	三弦	内一道凹弦纹，外十五内向连弧纹	内区绘卷云纹，外区绘人物4组	41.0	不详	1983年广州南越王墓西耳室出土	广州市文物管理委员会、中国社会科学院考古研究所、广东省博物馆：《西汉南越王墓》，北京：文物出版社，1991年，第84页、图五八、彩版二一。
5	C213	三弦	一道凹弦纹	卷云纹，外区4枚花蕾纹	28.0	不详	1983年广州南越王墓西耳室出土	同上：第84页、图版四一3。

〔2〕书中仅描述了其中出土的三面。另有1954年西安西北郊方坑墓中出土过一面绘有人物、树木等的铜镜，见《陕西省出土铜镜》一书序言。因无照片或线描图，书中从略。

（续表）

序号	原编号	钮式	铸纹	彩绘	直径（厘米）	重量（克）	铜镜来源	资料出处
6	C171	三弦	内两道凹弦纹，外十六内向连弧纹	痕迹	34.8	不详	1983年广州南越王墓西耳室出土	同上：第84页、图版四一4。
7	E117-1	三弦	内一道凹弦纹，外十六内向连弧纹	人物	27.0	不详	1983年广州南越王墓东侧室出土	同上：第228页、图版一三5 3。
8	1991 XYL M120:64	桥形	一道凹弦纹	用白彩在钮座区绘卷云纹	10.1	不详	1991年西北医疗设备厂出土	程林泉、韩国河：《长安汉镜》，西安：陕西人民出版社，2002年，第52~56页。
9	1991 XYL M170:27	三弦	两道凹弦纹	内区红色彩绘；中区四组红色连珠纹	23.2	923.0	1991年西北医疗设备厂出土	同上
10	无	三弦	两道凹弦纹	车马、树木等	25.4	100	1992年征集	罗黎：《汉代彩绘铜镜的绘制工艺及颜料研究》，《考古与文物》2002年第4期，第82~84页。
11	无	三弦	内一道弦纹，外八内向连弧纹	人物、仙鹤等	15.8	224.0	2009年陕西省榆林市府谷县王家墩乡征集	吕静：《榆林学院陕北历史文化博物馆藏西汉彩绘铜镜》，《文物》2011年第9期，第79页。
12	无	/	/	/	/	/	1991年云南晋宁石寨山出土	云南省博物馆：《云南晋宁石寨山古墓群发掘报告》，文物出版社，1991年。
13	无	/	/	/	/	/	李学勤、艾兰：《欧洲所藏中国青铜器遗珠》，文物出版社，1995年，图版201。
14	无	三弦	与图1相近，内区没有文字，纹饰清晰		23.1	774.0	传世品	难波纯子：《中国王朝之粹》，大阪美术俱乐部，2004年，图版49。
15	无	三弦	无文字，22连弧		32.5	2010	传世品	《千石藏镜》图77
16	无	三弦	无文字，14连弧		25.5	841	传世品	《千石藏镜》图78

二、研讨

（一）纹饰

图 1 镜外区一周彩绘人物车马（详见图 1A），四枚柿蒂纹将画面等分。柿蒂纹内涂以青紫色，其上加以白色圆圈，圈中再布点；柿蒂外以青紫色、绿色描绘云气。

第一组，一人策马而来，一臂前伸，一臂上扬，头部贴向马首，似在策马追赶。人与马仅存上部。马前似仍有图像，已漫漶不清。复前，四马拉一辂车正飞速驱驰，车上御者低首观马，右臂高举，紧握缰绳；御者身后一人面向后方。

第二组，正中树下一人正躬身揖让，面前当另有人物，已不可见；树后两人相随，姿态恭谨，与前人同。

第三组，一人骑马，马的后蹄高高扬起；前方有两棵树，两树间图像不清，前面一棵树下有一人回首站立，望向前方；前方复有一骑，骑手一臂在前，紧握缰绳，一臂在后，持策刺马；白马四蹄腾空，头贴向胸部，身上流苏随风飘拂。

第四组，两棵大树下，四人席地而坐，中似有物，可能是正在进行汉代流行之博戏。博局左侧两人并排而坐，近处之人低头笼袖，扭头向后，一人向他走来；后方之人压低身体，右手高高扬起，显出激动之势。博局右侧一人着绿衣，低头注视博局；其后一人与他相背而坐，仰首面对前方站立之两人。两人均拱手侍立，前面一人着紫衣，回首望着后面穿白衣者。

此镜彩绘应是先以红色颜料打底，然后用白、青紫、绿、黑等色加以描绘。其画法似是先用各色平涂出物象，然后以墨线勾画细节，即相当于后世"没骨"的画法。虽然受制于镜背面积，物象无法得到充分再现，然

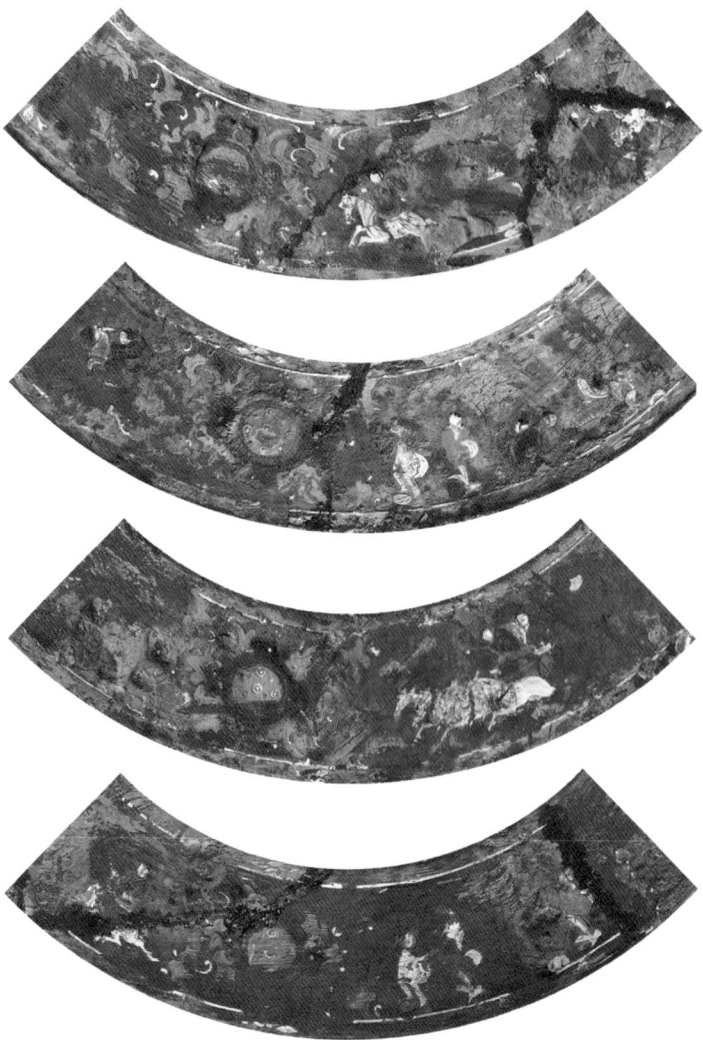

图 1A

于方寸之间，画匠高超的技艺水准还是展露无遗。人、马、车形象准确，比例合宜，特别是神情、动态抓取得非常到位。例如，第一组轺车御者低头仰手的姿势，将其专注、激动表现得淋漓尽致。第三组最前方的一马一人动态也很精彩。更值得注意的是，这匹白马的马具和马饰刻画细致，如络头、攀胸、鞦等，虽然寥寥几道墨线，却十分清晰，甚至攀胸上还能看到饰物，大概就是汉人说的"珂"，而马身侧飘拂的流苏，应该就是所谓的"鞘"。这种饰物在河北定县与古乐浪出土的汉代铜器纹饰中，及沂南画像石上均可以见到。第四组博戏的四人，姿态各异，最左侧一人已被身后来者分心，转过身去，不再关注局面。右侧一个听到有人近前，尚未及转身，仅回首相望。其余两人则显得十分专注，左侧一个性格沉静，垂首而坐的姿势淡定，右侧那个甚是激动，右手高扬，大袖飘拂，观者仿佛都能听到他的呼喊。画匠抓住描绘对象典型的瞬间，用简练的手法传神写意，这正是汉代的艺术特色与精彩所在。如果我们把它置于更广阔的绘画史视野中，更能显出其独特的价值。

通常，我们研究汉代绘画，所据材料不外乎文献与实物两类。根据文献，汉代绘画为时人所重者有二。从载体形式讲是壁画。从题材内容讲是人物。然而实物的对应情况却很不理想。现在，进入绘画史的材料主要有墓室壁画、帛画、画像砖、画像石、漆绘以及其他器物上的绘画。前面四类数量最大、表现对象丰富，是研究者最看重的部分。它们共同的先天缺陷是纯粹为死者准备，与日常现实中的绘画存在某种程度的差异，而其中材料最多的墓室壁画、画像石、画像砖，已知最早者不过西汉中期。漆绘以及其他器物上的绘画多出自随葬的实用品，然而存在的问题是，它们中的绝大多数都属于"装饰性"绘画，向来不被纳入纯粹的绘画史范畴。其中若有具象的描绘，自然被敏感的学者们珍若拱璧。惜乎这样的例子少而又少，屈指可数。图1与图2这两面彩绘镜恰好就属于这最后一类。从时代看，文景时期的绘画材料实属凤毛麟角。从内容看，人物、车马这类现实性的题材更受汉人看重。此两镜则是兼而有之，再加上内区的鸟虫篆书体铭文，更令图1镜成为见所未见的珍罕资料。

那么，西汉彩绘镜到底是实用器还是明器呢？《长安汉镜》的作者认为是明器，因为彩绘颜色极易脱落，李学勤先生对此却有所怀疑。因为红庙坡那件原有丝织品包裹，南越王墓的镜子更是贮在漆盒中，均不似明器做法。另外，陕西历史博物馆征集的那面，外有织物包裹残痕，钮孔中尚残存一截织物，加之内区颜色脱落甚于外区，符合日常使用中磨损的情况。从已有实物来看，照容面上有着明显的水银沁包浆，这是实用器的关键所在。还可以补充的是，这些铜镜绘制的内容均来自现实，缺少明器上常见的神怪形象，故而，西汉彩绘镜以实用器解释更为合理。

再来横向比较一下。汉代彩绘镜本就屈指可数，不幸的是，除极个别者外，它们或模糊不清、或残缺不全、或内容简单。这更凸显了图1彩绘镜的稀缺价值。虽然曾经破碎，但彩绘基本完整，且内容丰富。能与之媲美的，现今只有图2镜一面。首先，它们尺寸相当，都在28厘米以上。最主要的是，它们描绘内容的相似程度很高。四组画面也非常接近，顺序也完全一致：第一组是一骑、一驷，第二组是拜谒，第三组是两骑，第四组是博戏。

还有更多的细节可以比较，如轺车御者仰手握缰的姿态，博戏右侧一人揎腕攘臂的样子，如出一辙。此外，镜背中间凹弦纹两侧的辅纹装饰带上，白色四点构成的菱形和红色的 M 形折线独特而醒目。李学勤先生曾据以判断，保安山残镜与红庙坡镜纹饰类同。这样看来，图 1 彩绘镜与红庙坡所出者之图 2 镜，应有同一粉本。图 1 镜彩绘残缺的部分，可以从图 2 镜上得到补充，如第一组中间缺失的部分，大概就是一只猛兽；骑马者追逐的是它，乘车者回望的也是它。

图 2

对于分隔主纹之四个圆形纹饰，图 1 与图 2 铭文镜类同，其图像含义有着不同的猜测：其一，《长安汉镜》第 55 页："画面由四瓣花叶形饰（仿莲蓬状）分为四区。"其二，或为由古埃及经古波斯传入中国之"蜻蜓眼琉璃珠"。其三，或为象征"四柱"之四乳钉，《博物志》与《河图括地象》有载"四柱"："地下有四柱，柱广十万里。地有三千六百轴，互相牵制。"众说纷纭，莫衷一是，有待进一步研究讨论。

总之，图 1 与图 2 两镜可称"绝代双骄"。若论保存状况，红庙坡镜显然更完整；若论绘画艺术，两镜当在伯仲间；若论研究价值，图 1 镜因内区鸟虫篆铭文之存在，恐怕还要略胜一筹。这两面彩绘镜的主要差异在于，其一，图 1 镜内圈为鸟虫篆，图 2 镜则为花朵和卷云；其二，图 1 镜为卷边缘，图 2 镜则是十六个内向连弧缘。这种卷边缘在彩绘镜中也并非孤例，表中序号 14 镜系卷边缘。1992 年陕西历史博物馆征集的一件（表中序号 10 镜）亦是如此，其直径和重量皆稍小，内区红底，中区蓝底，外区红底的装饰方式却是一致，外区残存一些纹样，"其上可清楚地看到两匹白色的马，从其周围残留的白色颜料，可推断出为四马拉车的形象，且隐约可见一驭手形象。以黑色树干和绿色树叶组成的树木形象在外区均匀分布，但形象已不完整。还有四个对称的梅花状图案分布，蓝色花芯，花瓣处用蓝色白色点缀"。由此可见，当为同一类型，原本可能更是接近。

（二）铭文

在西汉彩绘镜中，图 1 镜内圈鸟虫篆书体铭文应为迄今所仅见者。就存世成千上万的一般铜镜而言，鸟虫篆亦只是在《故宫藏镜》图 29 镜才有所见。

鸟虫篆又名鸟虫书，它是春秋中后期至战国时代盛行于吴、越、楚、蔡、徐、宋等南方诸国的一种特殊文字书体。作为篆书的一种变体，亦为王莽所定的六体书之一，以其像鸟虫之形，故名。鸟虫篆变化莫测，难以辨识，富有装饰效果。秦书八体之鸟虫书，施用于旗帜和符信，也有采用作印章文字。

从文物方面看，源于春秋时代的五柄越王勾践剑手柄处，皆饰错金之鸟虫篆八字铭文。秦传国玉玺有鸟虫篆印文："受命于天，既寿永昌。"西汉早期镜铭（《故宫藏镜》图29）之鸟虫篆书体："常富贵，安乐未央，羊至毋相忘。"1968 年，河北满城中山国靖王刘胜墓出土了大量珍贵文物，其中有两件铜壶，周身皆以纤细的金银丝错就鸟虫篆书体之吉祥语："盛兄盛味，於心佳都，充闰血肤，延寿却病，万年有余"。

从文献方面看，东汉许慎《说文解字·叙》："六曰鸟虫书，所以书幡信也。"段玉裁注："上文四曰虫书，此曰鸟虫书，谓其或像鸟，或像虫，鸟亦称羽虫也。"《后汉书·酷吏传·阳球》："或献赋一篇，或鸟篆楹简，而位升郎中，形图丹青。"李贤注："八体书有鸟篆，象形以为字也。"《晋书·索靖传》："仓颉既生，书契是为科斗鸟篆，类物象形。"

图 1 镜鸟虫篆铭文（详见图 1B）共四组，每组有黑白相间之八字，计 32 字。其每组末字皆为"猗"，通语气词"兮"，是"镜铭罕见的楚歌体的诗"（李学勤《青铜器入门》第 149 页）。现按黑白连读方式，可知其铭文内容如下：

制察美恶无私亲猗（兮），□流阴光□□□□，

□之□□阑其真猗（兮），□彼□诤□取□猗（兮）。

第一句首字"制"依高亨《古字通假会典》可通"折"，据《易·大有·象传》"哲"作"折"。《说文》："哲，昭明也。""恶"即丑陋之意，《书·洪范》："五曰恶。"孔传："恶，丑陋。""无私亲"在拙著《汉镜铭文图集》（下称《图集》）图 52、53 中可找到例证。

第二句"阴光"原意月光，这里当指铜镜之明亮。三国阮籍《采薪歌者》；"阳精蔽不见，阴光代为雄。""阴光"在《图集》图 53、71、72、90 四镜中可找到例证。

第三句"阑其真"之"阑"字通斓，意为色彩斑斓。《文选·陆机〈答贾长渊诗〉》："蔚彼高藻，如玉之阑。"李善注："《楚辞》曰：'文彩耀于玉石。'王逸曰：'言发文舒词，斓然成章，如玉石之有彩也。'"在西汉铭镜中，"阑其真"语似为仅见，应有夸耀彩绘镜图案色彩斑斓之意。

第四句"取□"在西汉早中期之铜镜铭文中，同类铭文句末词组有"取信"（《图集》图 52、71、72、89、90），"取诚"（《图集》图 73），"取信诚"（《图集》74）等例证，故可认为"取□"之缺字应为"信"或"诚"也。

这四句铭文之例证皆处西汉早中期之际，铭文内容借镜喻人，符合当时的时代风尚。此镜问世年代又一次被准确地认定在西汉景帝或其前后时期。

三、结语

1. 西汉彩绘镜不是明器，应该是作为随葬品的墓主生前所持之实用器。

2. 西汉彩绘镜图案多有类似，纹饰表达题材相近，或为同一地区（似长安地区）制作。

3. 迄今所知，图 1 镜其楚风文体之鸟虫篆铭文，似为存世仅见。

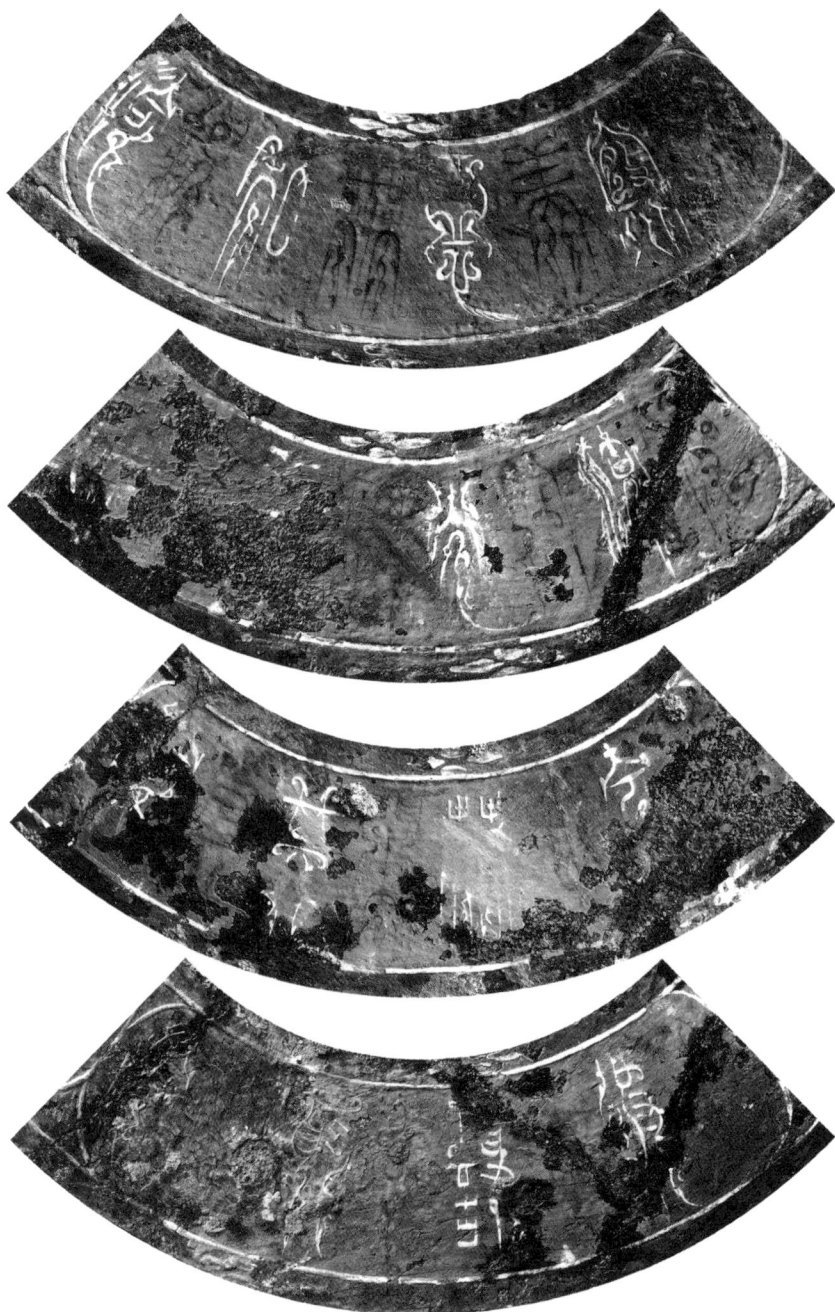

图 1B

4. 西汉彩绘镜的问世年代，主要在汉景帝前后的汉文帝后期至汉武帝前期，历时约有半个世纪。

5. 综上所述，图 1 镜在铸造工艺、美术表现、文字书体、文学内涵、时代风尚、教育理念等诸多方面，皆有高水准的展示。

本文得到李学勤老师与展梦夏、李新城、鹏宇等专家的支持，一并致以谢意。

（原载《大观》2016 年 2 月刊、7 月刊，《中国收藏》2016 年第 2 期、第 8 期）

西汉中期草叶纹镜形制考

——从河北满城中山国靖干刘胜墓出土镜说起

一、概述

1968 年，河北满城中山国靖王刘胜墓出土了大量文物，其中刘胜的 1 号墓内出土一面铜镜（见本文图 5），《满城汉墓》第 164 页载："铜镜，两墓共出土四件。刘胜墓出一件，1：5224 为草叶纹镜，圆钮，四叶座，方栏间布列铭文十六字：'长富贵，口毋事，日有憙，常得所喜，宜酒食。'栏外为四乳草叶纹，外周为连弧。径 20.7 厘米。"刘胜死于汉武帝元鼎四年（即公元前 113 年），墓葬年代确切，墓主身份高贵，这就使此出土之镜成了铜镜断代研究的重要依据。

公元前 118 年（汉武帝元狩五年），汉武帝废弃"半两"，始造"五铢"。五铢钱是中国最早有"轮""廓"的正规古钱，铸造精良，闻名遐迩，传承 738 年。图 5 镜正是问世在这个五铢钱初创的重要年代，铜质上乘，图案大气，可谓是西汉武帝时期科学技术的杰出展现、时代宠儿。盛世多祥瑞，在此镜出土问世已有整整半个世纪后，近年，又找到相似的、目前仅见的另外 4 面（见图 1，图 2，图 3，图 4）尺寸相同或更大的铜镜。为此，已有条件对此 5 面"王侯等级"的铜镜作出比较研究。

首先，观察这四面大草叶纹镜的外观形制，具有高度的同一性，由内而外分别是：圆钮，柿蒂纹钮座，座外有 16 个文字的铭文方框，其内容同是"长贵富"起首，铭文书体同为方正的篆隶变体，框边外设围以四桃瓣的乳钉，框角外置两叶一苞的花瓣纹，乳钉与花瓣之间皆具状如麦穗纹的三叠草叶，外侧十六连弧纹缘。在汉武帝解决了匈奴之患以后，西汉的国力日益增强，有理由认为，这一组大尺寸铜镜的形制，应是当时高规格官制铜镜的一种标准形制。

　　进一步观察这 5 面大草叶纹镜，在形制上还有着极其微小的差异，详见表一。

表一　本文图 1 ~ 4 差异一览表

图号	常字所处位置	常字上端两点表现	乳钉花座与铭文框	草叶纹形状比较	花瓣纹尾部	铭文方框端部三角	宜字横线	铭文方框外侧线条	酒字左侧形态
1	第 13 字	短横	连接	上窄下宽	有尖枝	3 组	5 条	2 组	上下不变
2	第 10 字	"长"字	连接	上窄下宽	有尖枝	3 组	5 条	2 组	上下不变
3	第 13 字	短横	连接	上窄下宽	有尖枝	3 组	6 条	1 组	上窄下宽
4	第 10 字	折线	有间距	上下一致	无尖枝	4 组	4 条	1 组	上下不变
5	第 10 字	丢失	有间距	上下一致	有尖枝	3 组	4 条	1 组	上下不变

　　通过表一分析，除图 2 铭文第 10 字与众不同外，本文图 1、图 3、图 4、图 5 之四图，粗看很是相似，然从表中九个方面仔细比较可知，四镜各有不同，完全不是一个"版本"，疑有意而为之。西汉中期经济繁荣，国泰民安，整个社会对铜镜的需求量很大。依据存世的大量实物证明，在汉武帝时期，草叶纹镜是最大数量的流行品种，虽多见的尺度都在汉尺 9 寸（今 20.79 厘米）以下，然 9 寸及 9 寸以上者显然弥足珍贵，可谓凤毛麟角。

二、尺度

　　从东周到东汉，七个世纪的中国度量衡制度维系不变，乃 1 尺等于今天的 23.10 厘米。通过计算，我们可以知道不同尺度标准的数值，详见表二。

表二　标准尺度数值一览表

汉尺（寸）	12	11	10	9	8	7	6	5	4	3
公制（厘米）	27.72	25.41	23.10	20.79	18.48	16.12	13.86	11.55	9.24	6.93

　　通过表二数据，比对所有草叶纹镜可知，西汉中期严格地执行着尺度标准。因为铜镜在铸造、加工等诸多生产环节中，都会产生误差。我们认为：误差在 ±2% 之间，皆属合理范围；误差在 ±1% 之间，就是精确范围。本文以汉尺 10 寸至 5 寸为例，作出草叶纹镜标准尺度的合理误差范围与精确误差范围（为使用方便采用四舍五入，小数点后只取一位数），详见表三。

表三　铜镜标准尺寸误差范围一览表

汉尺（寸）	10（23.10）	9（20.79）	8（18.48）	7（16.12）	6（13.86）	5（11.55）
合理（±2.0%）	22.6 ~ 23.6	20.4 ~ 21.2	18.1 ~ 18.9	15.6 ~ 16.4	13.6 ~ 14.1	11.3 ~ 11.8
精确（±1.0%）	22.9 ~ 23.3	20.6 ~ 21.0	18.3 ~ 18.7	16.0 ~ 16.3	13.7 ~ 14.0	11.4 ~ 11.7

通过表三数据，比对已知存世的草叶纹镜可知，此类镜中规中矩，尺度的精确范围者多，合理范围者少，其9寸以上之大尺寸者应为官制。为尽可能详尽地研究西汉中期草叶纹镜尺度系列，在图1～图5的基础上，本文进一步挑选出图6～15的10面铜镜来作为研究对象。其间汉尺8寸、7寸、6寸、5寸的存世量较大，本文各选两面进行比对，又因为汉尺4寸镜与3寸镜存世甚少，所以本文仅各选1面进行比对，详见表四。

表四　西汉中期草叶纹镜形制一览表

图号	镜名	直径（厘米）	汉尺（寸）	误差（%）	重量（克）	m值（克/平方厘米）	资料来源
1	长贵富（得所喜常）铭草叶镜	27.6	12	+1.0	1760	2.94	《汉镜铭文图集》图140
2	长贵富（长得所喜）铭草叶镜	23.5	10	+2.0	1350	3.11	《洛镜铜华》图39
3	长贵富（得所喜常）铭草叶镜	23.0	10	−1.0	1501	3.62	上海止水阁
4	长贵富（常得所喜）铭草叶镜	21.0	9	+2.0	1191	3.44	《古镜拓片集》图46
5	长贵富（常得所喜）铭草叶镜	20.7	9	0	/	/	河北满城刘胜墓出土
6	日光（长毋相忘）铭草叶镜	18.4	8	0	531	2.00	上海止水阁
7	日有熹（长富贵）铭草叶镜	18.3	8	−1.0	837	3.18	《古镜拓片集》图108
8	长相思（毋相忘）铭草叶镜	16.2	7	0	312	1.52	上海止水阁
9	太上富贵长乐未央铭草叶镜	16.2	7	0	348	1.69	《古镜拓片集》图109
10	投博至明置酒高堂铭草叶镜	13.8	6	0	381	2.55	《汉镜铭文图集》图190
11	君王美人心思可忘铭草叶镜	13.7	6	−1.0	223	1.37	《汉镜铭文图集》图138
12	见日之光天下大明铭草叶镜	11.6	5	0	158	1.50	《汉镜铭文图集》图110
13	愿长思君王毋相忘铭草叶镜	11.4	5	−1.0	126	1.24	《汉镜铭文图集》图158
14	天上见长心思君王铭草叶镜	9.0	4	−1.0	61	0.96	《汉镜铭文图集》图134
15	见日之光天下大阳铭草叶镜	6.8	3	−1.0	107	2.97	镜友供图

通过表四内容，我们可以清晰地知道：

1、草叶纹镜有着完整无误的尺度系列，大到汉尺12寸，[1]小至汉尺3寸。

---

〔1〕迄今为止，仅发现1例汉尺12寸者，详见本书012《西汉铭文镜》图5-1。

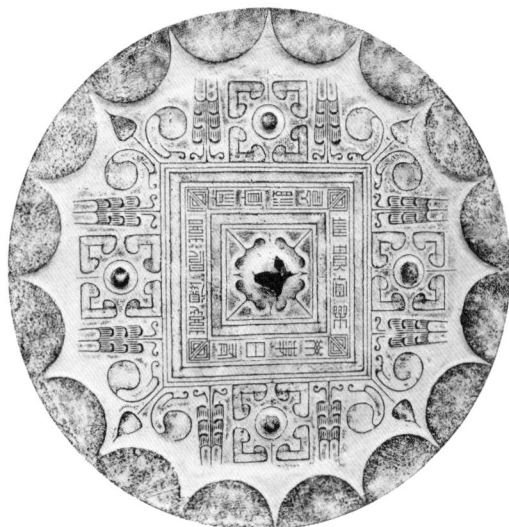

图 1A

图 2A

图 3

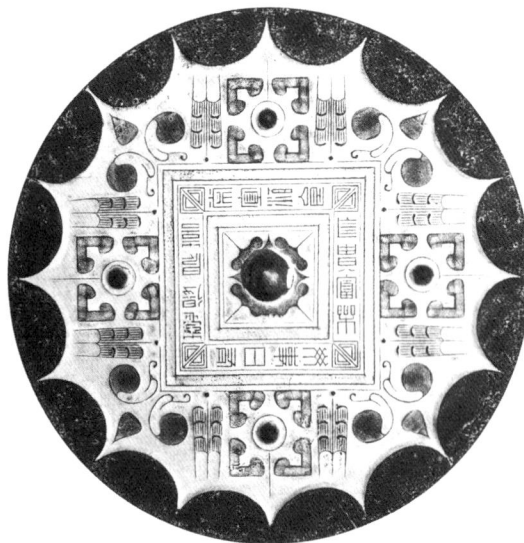

图 3A

图 4

图 4A

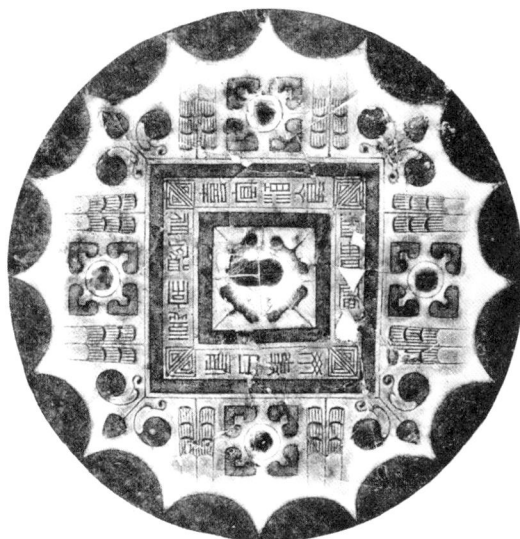

图 5A

图 6

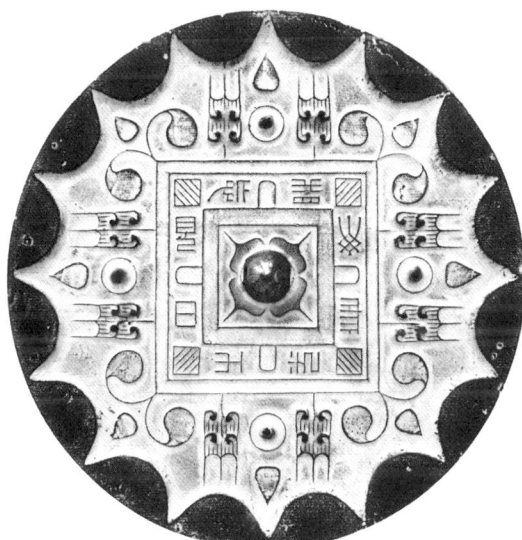

图 6A

图 7

图 7A

图 8

图 8A

图 9A

图 10A

图 11A

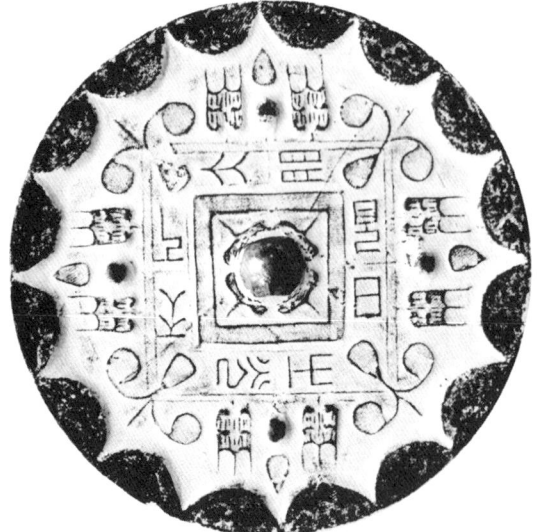

图 12A

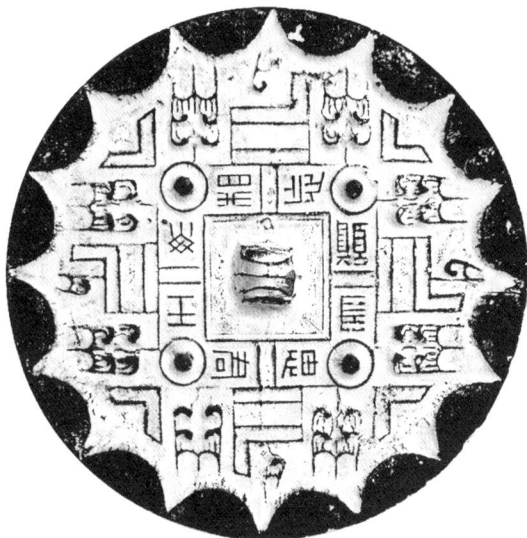
图 13A

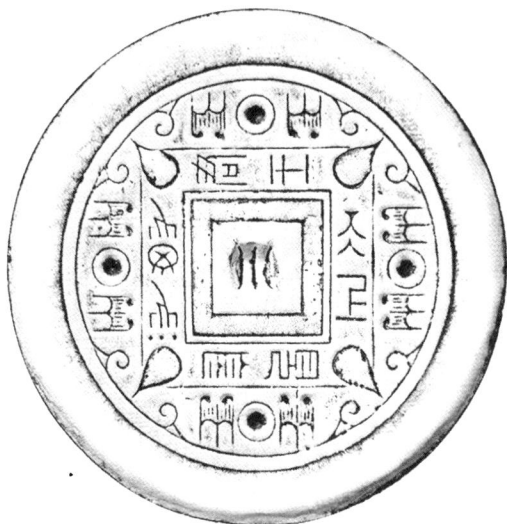
图 14A

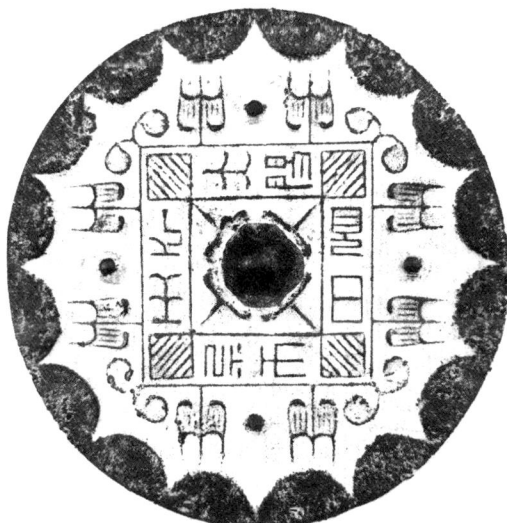
图 15A

2、此类镜按度量标准铸制，精度较高，误差有限，多见 ±1.0%，少在 ±2.0%。

3、大量统计（结合《汉镜铭文图集》）表明，汉尺 12 寸、10 寸、9 寸、4 寸、3 寸等 5 种规格的存世均少见，汉尺 8 寸、7 寸、6 寸、5 寸皆多见。其中汉尺 6 寸尤为多见，因为在照容时，汉尺 6 寸正好可以照满常人之面容，可谓性价比高也！后世唐宋铜镜亦多见约为 13.86 厘米的尺度，故而，汉尺 6 寸已成为中国铜镜尺寸的"祖制"。

三、m 值

m 值即为考察与比较铜镜标准的一个厚重系数，在固定尺度下，m 值大说明用铜量多，m 值小说明用铜量少。本文着重指出，新莽时期的官制大镜（如"王氏昭镜"），其 m 值被严格地控制在 2.95 克 / 平方厘米。标准莽尺同汉尺，新莽 9 寸镜的重量约是 1001 克、8 寸镜的重量约为 793 克，7 寸镜的重量约在 606 克。在正常情况（无缺损，非后仿等）下，它们的误差都会小于 ±1%。西汉草叶纹镜的存世量虽远大于新莽官制镜，然严格执行度量制度的实际情况，同样令人钦佩。本文将汉尺 12 寸、10 寸、9 寸的三种规格称为大型镜，汉尺 8 寸、7 寸、6 寸、5 寸的四种规格称为中型镜，汉尺 4 寸、3 寸的两种规格称为小型镜。

1、大型镜（本文图 1 至图 5）

迄今为止，汉尺 12 寸仅见一面，汉尺 10 寸、9 寸的存世量皆在较小的个位数。因尺度偏大，为防止破损，其 m 值当稍高。对于本文图 1、图 2、图 3、图 4、图 5 所示官制镜而言，m 值通常都在 3.0 ～ 3.5 克 / 平方厘米。对于尺度规范差、误差大的非官制镜而言，m 值通常都在 2.2 ～ 2.8 克 / 平方厘米。这里提供一组其他镜的数据以供参考，详见表五。

表五　大型草叶纹镜 m 值一览表

《汉镜铭文图集》图号	118	119	135	141	179	196
直径（厘米）	22.8	20.2	23.1	23.1	20.5	23.3
重量（克）	951	730	1270	1197	769	1175
m 值（克 / 平方厘米）	2.33	2.28	3.03	2.86	2.33	2.76

2、中型镜（本文图 6 至图 13）

这是存世量最大的一个草叶纹镜规格，依据《汉镜铭文图集》（第二次印刷）可知，在全书 86 面草叶纹镜中，中型镜有 61 面，占总数 71%，可谓占据了大半数，其中尤以汉尺 6 寸，有 22 面，应为最多，占总数 26%。统计可知，中型镜 m 值的大致情况如下。

（1）汉尺 8 寸，这是一个与大型镜最接近的镜类，其 m 值多在 2.0 克 / 平方厘米上下，有少数铜镜的 m 值大至 2.5 ～ 3.5 克 / 平方厘米（见《汉镜铭文图集》图 115、152、169）。

（2）汉尺 7 寸，大部分铜镜的 m 值在 1.5 ～ 2.0 克 / 平方厘米，有少数铜镜的 m 值大至 2.5 ～ 3.5 克 / 平方厘米（见《汉镜铭文图集》144、145、195、197）。

（3）汉尺 6 寸，大部分铜镜的 m 值在 1.2 ～ 1.8 克 / 平方厘米，有少数铜镜的 m 值大至 2.0 ～ 2.5 克 / 平方厘米（见《汉镜铭文图集》121、190）。

（4）汉尺 5 寸，几乎是所有铜镜的 m 值皆 1.2 ～ 1.8 克 / 平方厘米，偶见少数铜镜的 m 值大至 2.0 克 / 平方厘米（见《汉镜铭文图集》184）。

3、小型镜（见本文图 14、图 15）

尺度在汉尺 4 寸、3 寸的小型镜，存世稀少。这种规格在秦镜中似乎不见，在唐镜中较为多见。这样小规格的唐镜被称作"怀镜"或"手镜"，这是人们（主要是女性）可以随身携带的日常用品。小型草叶纹镜的 m 值无规律可寻，小者仅为 1.0 克 / 平方厘米（图 14），大者达到 3.0 克 / 平方厘米（图 15）。

（原载《大观》2019 年 5 月总 116 期）

西汉镜抽象龙纹研讨

王纲怀　傅军

　　龙是中华民族的图腾，也是中国古代传说中一种神异动物，为鳞虫之长。它既善变化，又能兴云雨，还会利万物，事实上，这种不存在于自然界的虚拟生物，从它诞生的那时起，就是许多不同动物部件组合而成的一种图腾综合体。在一定程度上，亦为后世再现它形象的人们，预留了很多想象和创造的空间。

　　龙的雏形在新石器时代晚期就已萌芽，[1]但对它形象记述的古籍大多不一，解释也众说纷纭。而根据考古资料，目前发现年代最早的龙纹镜，是在春秋时期。在中国铜镜史上，不同的历史阶段，都曾出现为数众多的龙纹镜，其间尤以西汉时期的龙纹镜最具特色，最为耐人寻味。更为难得的是，还出现了若干抽象形式的龙纹镜，以及从具象到意象再到抽象，这样一条相对清晰完整的龙纹形态的发展脉络。[2]

　　在2000年前的西汉时期，为什么会在铜镜上出现这种抽象龙纹？

　　众所周知，中国铜镜有着悠久的历史，在玻璃制镜流行之前，铜镜是人们照面饰容的用具。铜镜正面平滑光亮，可以清晰地照出人面，背面通常铸有精致的花纹和铭文。而这些纹饰和铭文的产生及流行常常与当时的思想文化、社会生活有着密切的关系。一个时代有一个时代的精神，一个时代有一个时代的审美特征，因此各个历史时期的铜镜有着各自不同的时代特征和审美情趣，形成了我国铜镜完整的发展演变系统。代秦而兴的西汉王朝，创造了中华文明史上极为灿烂的一页，雄壮豪放成为这个时代的精神主旋律和审美特征。

---

〔1〕《西汉龙纹镜·序言》载：中国龙文化源远流长，自河南濮阳新石器晚期仰韶文化的蚌塑龙算起，距今已有七千年的历史。

〔2〕详见陈灿堂《西汉龙纹镜》，上海古籍出版社，2012年。

这种雄壮豪放的精神气质，一扫先秦时代的小心谨慎的萎靡气象，大胆越过了礼乐的雷池而向传统挑战，人们不自觉地从以往的思维方式中解放出来，在礼乐之外，发现了更广阔、更振奋人心的新天地。汉代是我国铜镜发展的重要时期，不仅在数量上比战国时期有了显著的增长，而且在制作形式和艺术表现上也有了很大的发展。豪迈、昂扬、开放、自信的时代环境和独特氛围，无疑为新颖大胆的艺术形式的产生和发展提供了肥沃的土壤与适宜的气候。因此，在这种时代背景下产生抽象龙纹，当在情理之中。西汉镜抽象龙纹有一个酝酿（可见龙身）、发展（只见龙头）、成熟（点线展示）的演变过程，本文选取10个镜例（图1至图10）作为展示，详见表一。

表一　西汉镜抽象龙纹一览表

图号	镜号	演变分类	直径（厘米）	重量（克）	纹饰特征					资料来源
					对称	四乳	草叶	十六连弧	地纹	
1	A1	A类：可见龙身	8.1	60	×	○	×	×	○	《止水阁藏镜》图53
2	A2		8.5	62	○	○	×	×	×	《西汉龙纹镜》图8
3	A3		8.4	59	○	○	×	○	×	《西汉龙纹镜》图19
4	A4		11.5	178	○	○	○	○	×	《西汉龙纹镜》图59
5	B1	B类：只现龙头	9.9	104	○	×	○	○	×	《西汉龙纹镜》图60
6	B2		11.5	138	○	○	○	○	×	《翰海2012春拍》图1815
7	B3		10.1	80	○	×	花瓣	○	×	《西汉龙纹镜》图61
8	C1	C类：点线展示	9.6	79	○	○	○	○	×	《西汉龙纹镜》图63
9	C2		9.6	76	○	○	○	○	×	《止水阁藏镜》图54
10	C3		10.2	92	○	○	○	○	×	《西汉龙纹镜》图62

图1

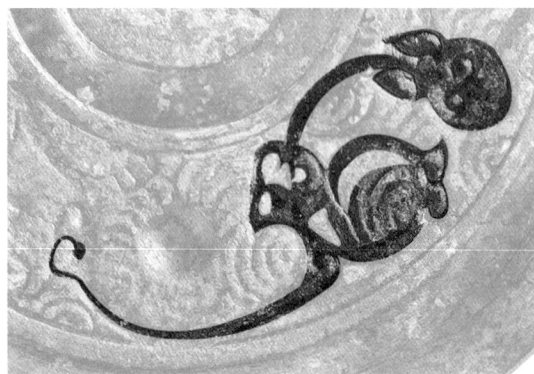

图1A

图 2　　　　　　　　　　　　　　　　　图 2A

图 3　　　　　　　　　　　　　　　　　图 3A

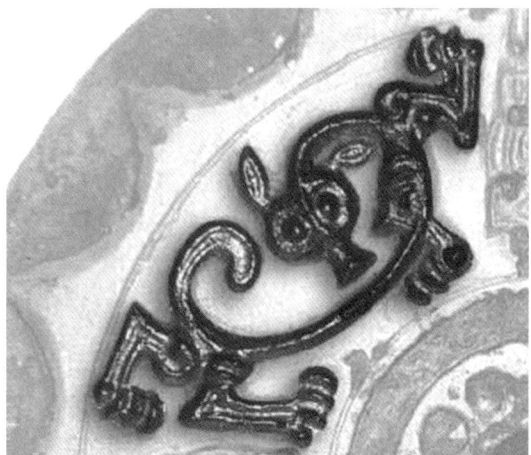

图 4　　　　　　　　　　　　　　　　　图 4A

图 5

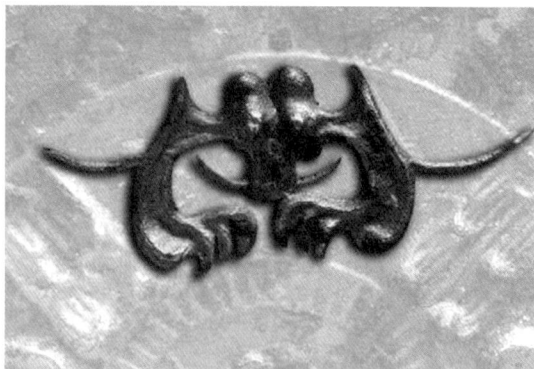

图 5A

图 6

图 6A

图 7

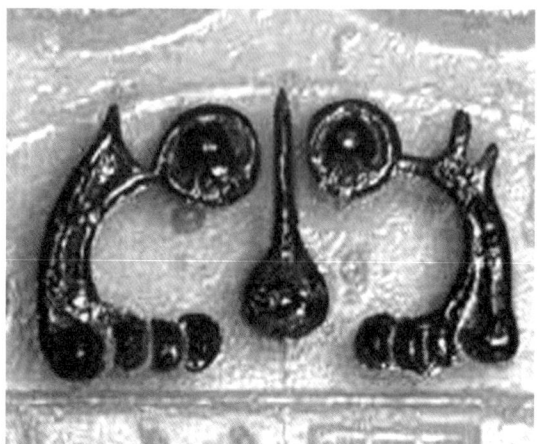

图 7A

图 8

图 8A

图 9

图 9A

图 10

图 10A

西汉时期铜镜上的龙纹，总体而言是在继承秦以来的写实艺术的基础上，更加注重内心精神气质的表达。它们造型夸张，经常为抒情而省略大部分细节，用高度概括的手法取大势、去繁缛，追求神似，形成简练、明快而又古拙的风格。事实上，这种充满生命活力的艺术格调，正是中国封建社会上升期大气磅礴的精神写照，也是汉代人生命价值的表征。

形象如此，构图亦然。与后代的巧、细、轻相比，它显得分外的拙、粗、重。然而，它不华丽却单纯，它无细部而洗练。它由于不以自身形象为自足目的，就反而显得开放而不封闭。它由于以简化的轮廓为形象，就使粗犷的气势不受束缚而更带有抽象的浪漫风格。从而也使这类铜镜超越了日常生活中照面饰容的用途，而是浓缩了一个时代的社会生活、文化意识和思想观念。

其实，我们可以从汉代其他艺术形式上得到同样的印证。比如汉代的陶俑为追求神情韵致，不讲究细节，对五官、衣纹等只作简单交代，进退俯仰、节奏感强，这与秦俑的一丝不苟的写实形成强烈对比。又比如汉代的雕塑，运用夸张乃至变形来强调人与动物的神韵，用简练明快、以少胜多的表现手法，达到了雕塑语言的多变性和雕塑空间的自由性，给人一种淋漓尽致、一气呵成的艺术享受。鲁迅曾云："遥想汉人多少闳放，新来的动植物，即毫不拘忌妒，来充装饰的花纹……凡取用外来事物的时候，就如将彼俘来一样，自由驱使，绝不介怀。"

因此，西汉时期的艺术除了思想观念层面的天真狂放之外，简约几乎成为这个时代形式追求中普遍的共识，西汉铜镜中这种抽象龙纹便是其中一例。从最初的简化细节，用龙的主干，比如头、身体、四肢来表现一条龙，逐渐过渡到仅用龙角、龙珠、龙爪三个象征性的符号来代表一条龙。

那么，这种抽象龙纹到底算不算抽象艺术？要想搞清楚这个问题，我们有必要将抽象艺术和艺术中的抽象性区别开来。应该说，但凡构成艺术的东西，都有一定的抽象性。如果没有某种意义上的抽象，艺术就不能成立。因为，艺术毕竟不同于照片，不能事无巨细地将所有的细节都展示出来，即便是超级写实，为了达到某种效果，必定会省去其中的某些方面，而突出另一些方面，这个过程就是抽象。抽象是人的一种思维方式，是思维的一种天性。

作为自觉的艺术思潮的抽象艺术，在二十世纪兴起于欧美。自康定斯基1910年画出了世界上第一张抽象水彩画之后，抽象主义就诞生了。抽象主义有一个明确的界定，它是现代视觉革命的产物。如果我们按艺术史的文脉来谈的话，可以比较清晰地追溯到印象派特别是后期印象派，像塞尚就直接影响了立体主义，而立体主义则启发了第一批抽象画家。抽象主义在以康定斯基和蒙德里安为代表的现代主义阶段，已经有了一些明确的特点，这些特点在后来的发展中并没有失去。

抽象一词的原意，即人类对事物非本质因素的舍弃与对本质因素的抽取。现代抽象主义艺术也因此分成两种不同的类型：一种是从自然现象出发加以简约或抽取其富有表现特征的因素，形成简单的、极其概括的形象；另一种是不以自然物象为基础的几何构成。而多数现代抽象主义作品着眼点在于艺术形式的独特创造。

　　抽象艺术并不是仅仅以简约概括的手段，来反映现实世界的一面镜子，还有更为重要的是图式语言所构成的创作动机，即抽象艺术家们所要营造的且与现实世界平行存在的精神空间。抽象艺术的出现使视觉艺术彻底摆脱了为记录现实而存在的命运，是实现艺术自我表达权利的里程碑式胜利，是真正的"为艺术而艺术"。因此，对照上述的要求，西汉镜抽象龙纹只是风格简约，但却不失形象，目的是为了形象鲜明悦目，是不舍具象的抽象，与西方抽象艺术中的无对象艺术（non-objective）和非具象艺术（non-figurative）有着本质上的不同。

　　另外，需要特别说明的是，在西方抽象这个概念进入中国之前，中国文字记载中一直没有出现过"抽象"这两个字，抽象两个字的汉字翻译是从日文转过来，是一个外来语。在中国文字历史上，有"意""象""意象"和"超象"的词义和抽象最接近。另外还有"道""气""气韵""心象""神""禅"等字和抽象有关。中国是世界上抽象文化相对发达的国家，在漫长的历史发展过程中，抽象的符号、抽象的形式、抽象的审美比比皆是。从早期的彩陶，到稍后青铜器，再到篆刻书法，以及后来的庭院设计、山石摆设，无不展现出抽象形式与抽象审美深入完美的交织。所以，中国古代文学艺术中，存在悠久而又深厚的对于抽象美感的欣赏传统。这种特殊的审美行为、心理和文字记载很多，比如书法中的草书、园林里的太湖石、家具上镶嵌的大理石屏以及西汉铜镜上的抽象龙纹等，都是很好的例证。

　　国人对抽象美的欣赏，都建立在具象审美的基础之上，那些草书法、太湖石、大理石、龙纹等"抽象"形式的美感，或多或少都是有着现实的依据，也就是说，这种审美模式是象征主义的，与抽象主义无关。这种对现实生活中具体事物的简化和提炼，与其说是"抽象"，还不如说是"暗示"或"象征"。但是，《道德经》中"大音希声""大象无形""大成若缺""大盈若冲""唯道集虚"等论述，又充分表达出中国式审美崇尚简约、概括、象征、隐喻甚至虚幻的倾向，也奠定了中国传统抽象审美的心理基础。

　　我们还可以尝试运用现代格式塔心理学，来解释为什么西汉时期会出现这种抽象形式的龙纹。美国当代学者鲁道夫·阿恩海姆曾在《艺术与视知觉》一书，运用格式塔心理学原理，解释许多艺术问题特别是简化问题。他认为：简化有两种意思，一是"简单"，这是从量的角度说的，"它是指某一个样式中只包含着很少几个成分，而成分与成分之间的关系很简单"。二是指把丰富的意义和多样化的形式组织在一个统一的结构中，"当某一件艺术品具有简化性时，人们总是指这件作品把丰富的意义和多样化的形式组织在统一的结构中。在这个结构中，所有的细节不仅各得其所，而且各有分工"。也就是说，简化性从作品本身的美感心理特征看，其符号和结构具有十分饱满的情绪张力；从读者的主观反应看，这种结构具有强烈的美感生发之力。简化性不但不排斥丰富性，而且恰恰是以后者为必要条件的。简化必须是多样的统一。因此，简化是质的概念而不是量的概念。

　　那么，怎么才能达到简化的效果呢？阿恩海姆说："当再现过程不再拘泥于事物本身的形状时，向简单的形象生成的趋势就获得了自由运动的机会。"这可谓是一语中的！简化实际上是一种抽象，即超越对象的形似，而通过主观精神的自由运作把握对象的结构，简化出对象的结构本质。因此，艺术的抽象，是一种以具体可感而又极度简练的形式结构传达丰富的美感经验。这种形式结构必须具有极大的美感凝聚力和包容性，这是与拘于形似相对的。

如果用克莱夫·贝尔的简化理论来看，简化是造成有意味的形式的必要手段。贝尔说："简化对于整个艺术来说都是必要的。没有简化，艺术不能存在，因为艺术家创造的是有意味的形式，而只有简化才能把有意味的东西从大量无意味的东西中提取出来。"但贝尔补充说："一个艺术家为了使他的构图有把握，他想到的第一件事就是简化。但是简化并不仅仅是去掉细节，还要把剩下的再现形式加以改造，使它具有意味。"贝尔的理论与阿恩海姆不谋而合，简化不是数量上的增减，而是一种凝聚，是对对象的结构特性的把握。这个观点基于格式塔理论中的同构对应说之上，是物的又是心的，因而是有意味的。

综上所述，抽象龙纹在西汉时期的铜镜上出现，有着时代、审美、心理等多方面的深层根源。虽然，我们不完全赞同西人丹纳早在十九世纪就为我们构筑的"种族、环境、时代"这样的决定论关系，但我们相信，历史上某一种艺术形式的出现，必定有其深刻的内在逻辑，并且可以从上述这些因素上找到潜在影响。

（原载《汉镜文化研究》之"5.4"）

莽式铭文镜

一、总述

一面铜镜可以折射一个时代的文化，一种文化又是反映一段历史的镜子。作为两汉之际铜镜文化主流的莽式铭文镜，归根结底就是带铭文的四灵博局镜。在这短暂的三十余年时间[1]，此类镜涵盖了西汉末、新莽、东汉初三个历史时期，涉及到政治、经济、文化、教育、风俗、人情、儒学、道家等各个领域的重大变化。如果能结合存世丰富的新莽钱币和度量衡器物，再通过史籍，我们就可以比较全面地把握两汉之际的文化脉息，本文期盼可以有一个初步的探讨。对于数量并不少的无铭文莽式镜而言，在出土品或传世品中，亦都有精美绝伦之作[2]，因受篇幅所限，只能割舍讨论。

（一）命名由来

王莽是两汉之际的特殊人物，受到了褒贬两重天的历史评价，从元始元年（1）的"安汉公"至居摄年间（6~8）的"摄皇帝"期间，虽西汉朝野对他的歌功颂德[3]可说是登峰

---

[1] 西汉元寿二年（前1）六月，王莽"以新都侯引入未央宫，拜为大司马"，元始元年（公元元年）正月，再"拜为太傅，赐号安汉公"。元始五年（5）十二月丙子，"平帝崩，大赦天下。"元后下诏，令王莽"如周公故事"居摄，臣民则称莽为"摄皇帝"，次年改为"居摄"。居摄三年（8）十二月，王莽废汉登基，建立新朝，次年改元始建国，史称"新莽"。事实上，在废汉前有九年的时间，王莽已经大权在握。从居摄开始，王莽就完全主宰了西汉王朝。加上新莽立国15年，王莽执掌天下的时间约为24年。再考虑到文化延续有一个过渡期，我们把这段时间估计在10～15年。这样，总的"莽式镜"文化约有34至39年。

[2] 如《中国青铜器全集·16铜镜》图57为西汉末鎏金博局纹镜，图69为东汉初描金四灵博局纹镜。

[3] 《汉书·王莽传》载："（莽二子）获杀奴，莽切责获，令自杀。"又，元始二年（2）王莽将女儿嫁给汉平帝为皇后，有司奏"请以新野田二万五千六百顷益封莽，满百里"，王莽辞谢不受；再，"聘皇后黄金二万金，为钱二万万……莽深辞让……复以千万分予九族贫者"。当时，这些"大义灭亲"、"克己奉公"的事情轰动朝野，为此而上书要求加赏于安汉公的人，竟达487,572人（本文"四.（二）单于、然于"已有详述）。北宋王安石的《众人》诗曰："颂声交作莽其贤，四海流言旦犹圣。"

造极，然却一直被自东汉始两千年来的儒家正统视为篡汉逆贼。事实上早在西汉末的近十年间，王莽及其家族就已经独揽了整个西汉王朝的大权，不少长期被认为是新莽时期的器物，亦早在西汉末年就已经出现。铜镜是一个时代的文化载体，这些烙上王莽思想印记的四灵博局铭文镜，跨越了西汉和新莽两个时期（事实上还包括东汉初），就年代命名而言，有着两难的困惑。

从典型实例来看，图1镜（详见表八E-8）在其主纹外围有一周顺时针向的35字汉隶铭文："令名之纪七言止，涑治铜华去恶宰，铸成错刀天下喜，安汉保真世毋有，长乐日进宜孙子。"金错刀系王莽第一次货币改革的产物，其法定流通年代当是王莽摄政的居摄年间。"安汉"即指王莽，西汉王朝在元始元年（1）给已是大司马的王莽再次加官晋爵，"拜为太傅，赐号安汉公"（《汉书·王莽传》）。此镜年代理应划在西汉末年，但其文化却与而后的新莽时期"一脉相传"。此类镜称西汉镜却不是西汉文化，谓新莽镜又不到新莽年代，笔者认为，这是打上了王莽思想印记的西汉末年镜，姑且将其命名为"莽式镜"似较为恰当。此镜应是不带年号的"纪年镜"，其年代当在居摄二年（7）至居摄三年（8）的两年之间，这显然比收藏在国家博

图1

物馆和上海博物馆的两面国宝级始建国纪年镜（表八E-11、E-12）要早。因此，早在王莽掌权后篡位前的西汉末年就有了如同新莽镜式样的"莽式镜"，这在中国铜镜史上，几乎是一个特例。同样，到了新莽灭亡以后的东汉初年，因为文化的连续性，也还有新莽镜式样的莽式镜出现，其典型例子就是一部分"汉有善铜出丹阳"镜（表八E-34、E-35），因为改朝换代的需要，只是将"新"字改成了"汉"字，其制式与铭文仍全部照搬原来的新莽镜。

（二）标准体系

秦始皇统一中国后，用政令对计量器具、文字、货币、道路、兵器等进行了全国规模的统一化，同时还颁布了各种律令，如秦代《工律》规定："与器同物者，其大小短长广必等。"很显然，就是明令要求同类器物的外形尺寸应一致。这些措施，对当时经济、文化的发展，起到了重要促进作用。秦代尺度标准继承了先秦的23.1厘米；西汉至东汉有426年，依旧保持了前朝留下的传统；新莽处于两汉之间，实际存世仅短短的15年，不

但维系了这个数百年不变的尺度标准[4]，而且还在度量衡历史上留下了光辉的篇章。在存世国宝中有新莽铜卡尺与新莽铜嘉量等。在二十世纪二十年代，故宫博物院还从北京琉璃厂古玩市场同时收购了两件都带有"始建国"（9～13）年号的青铜器——权（秤锤）和衡（秤杆）。

图 2

莽式镜铭文的种类很多，镜铭首句常见的是："尚方御竟（镜）大毋伤""尚方作竟真大好"（下简称"尚方"铭），"新有善铜出丹阳"（下简称"新有"铭），"新兴辟雍建明堂"（下简称"新兴"铭），"王氏作竟四夷服"（下简称"王氏"铭）等。莽式镜的标准体系要先从"尚方"铭文镜说起。"尚方"是秦代开始设置的官署名，汉代分左、中、右三尚方，皆由九卿之一的少府管辖，执掌帝王所用器物的制作，主造并储藏皇室所用刀剑等兵器以及包括铜镜在内的各种玩好器物。"御"字在此有两说，一说为管辖与治理，《国语·周语上》云："百官御事。"二说为对帝王所用器物的敬称，如御用。盛行期各种规格"尚方"镜的存世数量并不少，其中一些应是皇室所用，另一些也许是皇亲国戚与达官贵人所用。从存世数量和完美程度来分析，此类镜亦不可能全部都在帝王之家。比较"尚方御镜"和"尚方作镜"的总体形制，找不到明显的差距，在"尚方御镜"的铭文结尾处，多有"如侯王"之句，若"御镜"是专供皇室所用，则"如侯王"的语意就说不通。因此，笔者认为，这里的"御"字主要是"管辖""治理"之意。表一 A1-3 镜与 A1-9 镜（详见图 2）是一种特殊情况，作为罕见的鎏金尚方御镜，理应是皇室成员所用。将盛行期的"尚方"镜与新莽度量衡之标准相对照，可知此类镜是一种王莽时期度量衡严格管理的标准器。根据 12 面"尚方御竟"和 12 面"尚方作竟"而作的统计数据，见表一。

---

〔4〕尺度标准见下表

铜镜直径（莽寸）		3	4	5	6	7	8	9	10	11	12
换算公制（厘米）		6.93	9.20	11.55	13.86	16.17	18.48	20.79	23.10	25.41	27.72
合理误差	－ 1%	6.86	9.11	11.44	13.72	16.01	18.30	20.58	22.87	25.16	27.44
	＋ 1%	6.99	9.29	11.67	14.00	16.33	18.67	21.00	23.33	25.66	28.00
允许误差	－ 2%	6.79	9.02	11.32	13.58	15.85	18.11	20.37	22.64	24.90	27.17
	＋ 2%	7.07	9.38	11.78	14.14	16.49	18.85	21.20	23.56	25.92	28.27

表一 （一）尚方御竟铭莽式镜一览表

编号	直径重量	汉寸m值	铭文内容	资料来源
A1−1 图 8	23.2 1219	10 2.88	尚方御镜哉真大好，左龙右虎辟徐道，上有神鲜不知老，渴饮玉泉饥食枣，浮游天下敖四海，寿如金石为国保，传之后世乐毋。	张宏林
A1−2	23.2 1107	10 2.62	汉有善铜出丹阳，涷治银锡清而明，尚方御竟大毋伤，巧工刻之成文章，左龙右虎辟不详，朱鸟玄武调阴阳，子孙备具居中央，长保二亲乐富昌，寿敝金石如侯王，四夷来服国家强。	唐勤彪
A1−3	21.5 /	9.5 /	尚方御竟大毋伤，巧工刻娄成文章，左龙右虎辟不详，朱鸟玄武调阴阳，子孙备居具中央，长保二亲乐富昌，寿敝金石如侯王。	日本奈良天理参考馆藏（鎏金）
A1−4	21.0 1020	9 2.95	尚方御竟大毋伤，巧工刻娄成文章，左龙右虎辟不详，朱鸟玄武调阴阳，子孙备具居中央，长保二亲乐富昌，寿敝金石如矦王兮。（经比对，两图似为同一器物）	《岩窟藏镜》二中1、日本《泉屋博古·镜鉴编》图37（重1007克）
A1−5 图 4	20.9 1000	9 2.92	尚方御竟大毋伤，左龙右虎辟不详，朱鸟玄武调阴阳，子孙备具居中央，长保二亲乐富昌，上有仙人高敖详，寿敝金石如侯王兮。	《清华铭文镜》图44
A1−6	20.7 /	9 /	尚方御竟真毋伤，巧工刻之成文章，左龙右虎辟不详，朱鸟玄武调阴阳，子孙备具居中央，上有仙人以为常，长保二亲乐富昌，寿敝金石侯王。（似为同一器物）	《尊古斋古镜集景》、《陈介祺藏镜》图80
A1−7	18.6 823	8 3.03	尚方御竟大毋伤，名工为之成文章，左龙右虎辟不详，朱鸟玄武顺阴阳，子孙备具居中央，长保二亲乐富昌，寿敝今石如矦王。	浙江止水斋
A1−8	18.4 /	8 /	新有吉铜出丹阳，涷治银锡清且明，尚方御竟大毋伤，巧工刻之成文章，子孙备具居中央，长保二亲乐富昌兮。	《陈介祺藏镜》图61
A1−9 图 2	16.4 624	7 2.96	尚方御竟大毋伤，左龙右虎辟不羊，朱鸟玄武顺阴阳，子孙备具居中央，长保二亲乐富昌，寿敝今石如矦王。	日本千石唯司藏（鎏金）
A1−10	16.1 560	7 2.75	尚方御竟大毋伤，左龙右虎辟不羊，朱鸟玄武顺阴阳，子孙备具居中央，长保二亲乐富昌，寿敝今石如矦王。	《清华铭文镜》图46（双重锯齿纹缘）
A1−11	13.7 430	6 2.93	尚方御竟真大好，上有仙人不知老，渴饮玉泉饥食，浮游天下敖四海，徘徊名山采芝草，寿敝金石为国保。	《岩窟藏镜》二中7
A1−12 图 9	13.7 457	6 3.11	尚方御竟大毋伤，巧工刻之文章，朱鸟玄武顺阴阳，子孙备具居中央，长保二亲乐富昌。（无十二地支）	《清华铭文镜》图47

表一　（二）尚方作竟铭莽式镜一览表

编号	直径 重量	汉寸 m 值	铭文内容	资料来源
A2-1 图 7	23.2 1144	10 2.17	尚方作竟真大巧，上有仙人不知老，渴饮玉泉饥食枣，非回名山采草，浮由天下放四海，寿如今石得天道，子孙长相保兮。	《清华铭文镜》图 43
A2-2	23.0 1080	10 2.60	尚方作竟真大巧，上有仙人不知老，徘徊名山采芝草，渴饮玉泉饥食枣，浮由天下放四海，风雨和调子孙好，二亲具夫妻相保。	中国嘉德 2005 春季拍卖会图 5764
A2-3	22.9 /	10 /	尚方作竟佳精绝，巧工刻字成雕文，请□说少舌诸君。上大山，见神人，□驾交龙乘浮云。寒□崩，引大凤，□去名山奏昆仑。过□□，入金门，上玉堂，何□□，葆子孙。	《陈介祺藏镜》图 87
A2-4	22.5 /	10 /	尚方作竟四夷服，多贺人民□□复，胡虏殄灭天下富，风雨时节五谷熟，官位尊显蒙禄食，长保二亲子孙力，传告后世乐毋极。	《息斋藏镜》图 57
A2-5	20.2 850	9 2.66	尚方作竟真大巧，上有仙人不知老，渴饮玉泉饥食枣，浮由天下放四海，佳兮。	中国国家博物馆
A2-6	20.0 /	9 /	尚方作竟真大巧，上有仙人不知老，渴饮玉泉饥食枣，寿而金石天之保兮。	河南洛阳烧沟东汉墓出土
A2-7	18.8 826	8 2.98	尚方作竟真大好，上有仙人不知老，渴饮玉泉饥食枣，浮游天下放四海，寿比今石为国保，大富昌，宜侯王。	张宏林
A2-8	18.6 840	8 3.09	尚方作竟哉真大好，上有仙人不知老，渴饮玉泉饥食枣，浮游天下放四海，寿如金石为国保。	《汉铭斋藏镜》图 105
A2-9	18.5 /	8 /	尚方作竟真大好，上有仙人不知老，渴饮玉泉饥食枣，寿而今石天之保兮。（河南洛阳同乐寨十五号墓出土）	《中国青铜器全集·16》图 61
A2-10	16.1 578	7 2.84	尚方作竟真大好，上有仙人不知老，渴饮玉泉饥食枣，浮游天下放四海，徘回名山采神草，寿如今石之国保。	《岩窟藏镜》二中 3
A2-11	13.7 429	6 2.92	尚方佳竟真大好，上有仙人不知老，渴饮玉泉饥食枣，浮游天下放四海，寿今石。（无十二地支）	《清华铭文镜》图 48
A2-12	13.6 326	6 2.25	尚方作竟真大好，上有仙人不知老，渴饮玉泉饥食枣，浮游天下放四海，寿如今石之天保。（无十二地支）	上海博局山房

尚方铭莽式镜作为一个标准体系，有着以下 11 个特点：

1. 尺寸：根据《中国科学技术史·度量衡卷》，以西汉和新莽的长度单位一尺相当于现在公制 23.1 厘米，进行换算可知：尚方铭镜的直径多见 9 寸、8 寸、7 寸，少见 10 寸、6 寸。有一些器物虽稍有误差，然通常皆不超过 2%。迄今为止的统计数字表明，"尚方"铭、"新有"铭和"新兴"铭三类皆有 10 寸镜和 6 寸镜，而"王氏"铭最大只有 9 寸镜。

2. 重量：对于汉尺 9 寸、8 寸、7 寸的标准器物而言，其平均的单位面积重量 m 值[5]，被严格地控制在 2.9~3.0 的标准范围：千石唯司的鎏金尚方御镜（A1-9）m 值为 2.96，上海博局山房的尚方御镜（A1-5）m 值为 2.92，《岩窟藏镜》二中 1 尚方御镜（A1-4）m 值为 2.95，上海博局山房的尚方作镜（A2-11）m 值为 2.92，张宏林的尚方作镜（A2-7）m 值为 2.98……以 m 值之中间数 2.95 为例，即 9 寸镜的（成品）用铜量（含锡铅在内）在 1001 克左右（A1-5 镜恰为 1000 克）。依此类推，8 寸镜的用铜量在 793 克左右，7 寸镜的用铜量在 606 克左右。对于 10 寸镜而言，m 值会稍低一些[6]；对于 6 寸镜而言，m 值会稍高一些[7]。比较莽式镜而言，东汉早中期的所谓"尚方"镜，有着文字甚差、减笔过多、四灵错位、子午转向、镜面较凸等变化，其 m 值亦明显偏低，不在本文讨论之列。

3. 文字：尚方镜铭已是容易认读的"今文字"，亦证明了汉字从古文字向今文字演化的"隶变"早在西汉晚期已经完成。此类镜特别是尚方御镜，其文字比较规范，难以找到反书或别体字，少见通假（如"今"即"金"）与省偏旁（如"竟"即"镜"），对于笔划多的文字偶有减笔。语句多为七言，呈圆周排列且按顺时针方向旋读，有起迄符号，首字多位于青龙头前的东北方位。

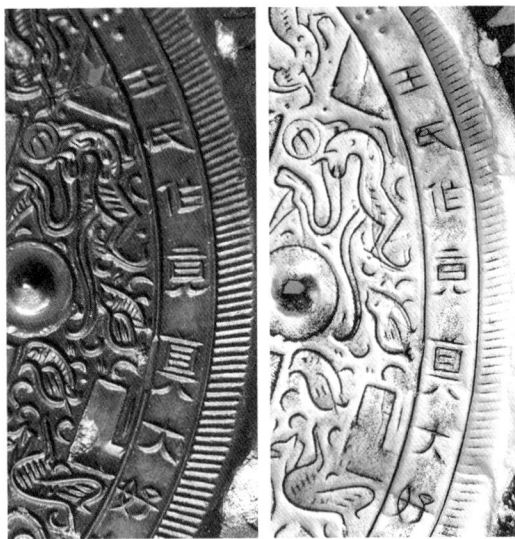

图 3

4. 书体：在有金乌和蟾蜍纹饰的"尚方"镜（特别是尚方御镜）中，镜铭书法多是一种笔端出尖、如同柳叶的特殊书体，因其结构近似隶书，姑且可称"莽式汉隶"（图 3 镜，详见表四 D-13），比西晋卫瓘所创之"柳叶篆"，要早 200 多年。在正规的"王氏"镜中，铭文书体亦皆为莽式汉隶。在其他的各种莽式铭文镜中，除了鎏金镜之外，几乎不见这种似被控制使用的特种书体。表一 A1-5 镜（图 4）有待另议。

5. 主纹：布局正确无误的四灵纹饰：北（下）玄武，南（上）朱雀，东（左）青龙，西（右）白虎。中心十二地支的"子"在下（北方玄武位），"午"在上（南方朱雀位），子午线穿钮孔而过。

6. 伴兽：四灵主纹饰的布局，通常皆处于每一方位的 TL 纹右侧，在其左侧为伴兽（或羽人骑鹿，或独角兽，或羽人等）。纹饰空隙处多饰以禽鸟为主的动物，纹饰总约为十数个（王氏莽式镜最多有 35 个，详见表五 D-2 镜）。青龙头前多有"金乌"（喻示太阳），白虎头前多有蟾蜍（喻示月亮）。有学者提出，没有"金乌"和"蟾蜍"的尚方御镜系列，

---

[5] m 值（厚重系数）的单位是克 / 平方厘米，有两个重要前提，其一无残缺，其二不失重（脱胎）。

[6] 分析当时制订铜镜的用铜量标准时，曾兼顾了人性化的因素？即越大越重，但太重了又不便使用。

[7] 似乎当时对 6 寸镜的管理不怎么严格？或许因为越小越薄，但太薄了又容易破碎。

可能由会稽（古绍兴）等地方作坊制作。

7.边缘：边缘纹饰皆系水波纹（俗名流云纹，应称辟雍纹[8]），在9寸、8寸、7寸三个规格中，不见其他莽式镜边缘所有的变形禽兽纹或多重锯齿纹。个别7寸、6寸镜中偶见多重锯齿纹。比较新莽和东汉两个时期的边缘断面，前者呈现等高状，后者呈现外高内低的斜坡状。再比较缘口斜坡处，新莽时稍直，东汉时偏斜。

8.边宽：边缘宽度与直径之比（边宽系数）n值[9]：表一A1–9（图2）的鎏金尚方御镜，其边缘特别宽，n值大于

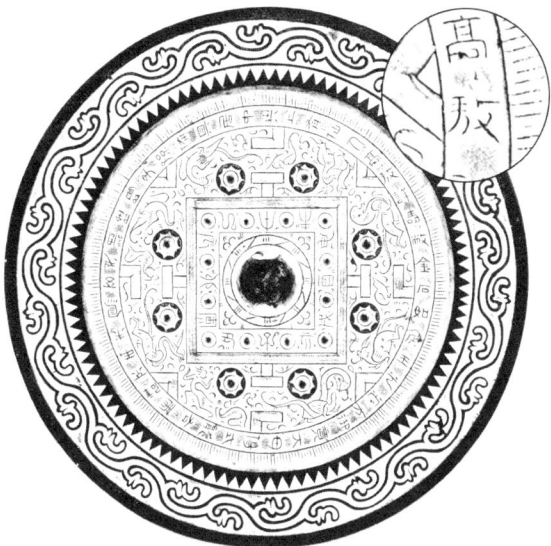

图4

15%；"工氏"镜n值约在13~15%；7寸、8寸、9寸"尚方镜"的n值多为12~14%；其他新莽镜种的n值一般都小于这个范围。

9.镜钮：莽式镜之镜钮多是一种下半部带圆锥状的半圆球体，其镜钮大小适当，比较而言，东汉时镜钮偏高偏大，三国魏晋时更大（钮径极限值约为镜径之三分之一）。

10.钮座：大致分两种情况，西汉晚期主要是四叶纹（亦称柿蒂纹）；西汉末期与新莽时期主要是变形（叶内部分雕空）四叶纹并在其叶间加上四片小叶。还有一种情况，即十二地支方框较小时，不出现叶纹钮座，另当别论。

11.镜面：比较正面(照容面)弧度，西汉镜微凸、新莽镜稍凸、东汉镜较凸，魏晋镜更凸，可知两汉魏晋时期镜面凸度呈现一种逐渐加大的变化，说明当时人们对照容时脸部被放大的要求有逐渐增大之趋势。

（三）十二地支

十二地支是标准莽式镜中一个固定制式，位于内外凹面方框之中，且与十二乳钉相间。十二地支是"子、丑、寅、卯、辰、巳、午、未、申、酉、戌、亥"的总称，古代用以记时，其起源于先秦时代的华夏文明。《睡虎地秦简》一书告诉我们，早在秦代以前就已经将地支配以动物，作为人的相属。在镜铭中，西汉早期镜偶有不完全的十二地支出现（另见本书069《汉镜十二地支与唐镜十二生肖》图1–1），完全的十二地支则源自于西汉末的纯十二地支镜与十二地支四灵博局镜。在汉尺6寸（即13.86厘米）莽式镜中，多因镜面太小而在纹饰布局时省略了十二地支。存世器物表明，莽式镜中出现十二地支最早在西

---

〔8〕一种猜想：王莽居摄至新莽始建国期间，正规的四灵博局镜问世，四灵或博局的纹饰源由，都是为了辟去不祥。延续这个思路，俗称流云纹的边缘纹饰，实为象征着礼制建筑外围的水波纹，名曰辟雍，喻意"行礼乐、宣教化"。可参见文物出版社《西汉礼制建筑遗址》一书。

〔9〕自天凤年间始，随着新莽政权的逐渐不稳定，管理开始放松，无人关注"行礼乐、宣教化"的重要性，于是n值变小，边缘变窄，最终导致了"辟雍"概念的消失，继而形成多样化的边缘纹饰。

汉末的居摄前后，最晚至东汉早期。一个奇怪的现象是，东汉中期以后的长时间里再不见十二地支在铜镜上出现，直到六百年后的北朝末至隋唐两代，才又看到十二地支以十二生肖的形象重现人间。

（四）四灵博局

除了极个别的多乳式形制外，四灵纹与博局纹的组合出现于西汉晚期，亦是王莽思想印记在莽式镜中的典型标志，而且断断续续地一直沿用到六百年后的隋唐之际。包括新兴铭莽式镜在内的若干镜例表明，在带十二地支的标准莽式镜出现之前，就有了不带十二地支的"前期莽式镜"（如图14）。换言之，在西汉晚期的各类四灵博局镜中，只有到了居摄时或稍前的西汉末出现十二地支纹后，标准莽式镜才算是基本定型。

标准莽式镜对四灵、博局及总体形制有着严格的要求：

1. 读图方向坐北朝南（北方玄武在下，南方朱雀在上），"左（东）青龙，右（西）白虎"。置图时不可颠倒或转向，如果上下变位、左右不对，古代"方术"的概念就全错了。

2. 每个方位的四灵之一，通常皆在 TL 纹的右侧。更为复杂的纹饰，在青龙头前饰有金乌（喻示太阳），在白虎头前饰有蟾蜍（喻示月亮）。迄今为此，仅见 2~3 面 10 寸尚方御镜，有金乌蟾蜍者应为中原铸制，无金乌蟾蜍者当系会稽铸制（A1-1）镜。作为特例，图4（表一 A1-5）应非会稽镜却亦不见金乌与蟾蜍。

3. 在方术学中，TL 纹处"四正"位，V 纹处"四维"位。TLV 纹仅大小粗细允许差异，其布局却不可任意变化。除了西汉初有四线式外，几乎所有莽式镜的 TLV 纹皆为凹面式。

4. 多数情况系 TLV 纹与边缘之间嵌一周铭文带，少数情况为 T 纹与 LV 纹之间嵌一周铭文带，个别情况是铭文带分成 8 段，均匀分布在 L 纹与 V 纹之间。

（五）铭文制式

莽式铭文镜是莽式镜的主流，铭文内容多有历史价值和文化内涵。为此，莽式铭文镜的内容经常可以用来征史、补史（本文新兴铭莽式镜、王氏铭莽式镜处另有专述），使其在中国铜镜史中，占有一个不容忽视的地位，受到人们的高度重视。为此，这里将有关"共性"的问题阐述如下：

1. 铭文与十二地支的读法绝大多数为顺时针方向；

2. 铭文多为七言句式，个别镜的个别区多一个"哉"或"兮"的语气词，还有个别镜在末尾出现少量三言句的情况。三言句式的主要内容是"上大山，见神人"铭，亦有将此类三言改为七言的个别情况，其一，本书图5镜（详见表八 E-17），系在两个三言中加一"兮"字成为七言，如：

图5

"上大山兮见神人，食玉英兮饮澧泉，驾蛟龙兮乘浮云，宜官秩，保子孙"；其二，是添加一字而成七言，如《三槐堂藏镜》附录12字铭文："上此大山见神人，久宜官秩葆子孙，君食玉英饮礼泉，参驾蜚龙乘浮云。"

3. 早期文字书体多为略带减笔的无波磔隶书，少见精美汉隶，作为盛行期标准器物的尚方镜铭文，多见横向笔端出尖的"莽式汉隶"。由于悬针篆被普遍使用在天凤年间，故而，有一种猜测："尚方""王氏"两个系列的莽式铭文镜，多出自西汉末与新莽前期。

4. 每句铭文结尾的音韵一致，句中"伤""章""羊""阳""昌""堂""王""行""方""央""长""皇""黄""强""详（翔）"等字的音韵皆为"阳（ang）韵"，在文学体裁上算是一部"佳作"。有学者提出，某些尾字音韵在用普通话唸读不协调时，若以陕西方言唸读或许就不会有问题。

莽式镜既承上古之风，又具"新"朝新意，这是一个将继承和创新相结合的成功范例。

（六）边缘纹饰

大量莽式镜的边缘纹饰，长期以来被约定俗成地称为"云气纹缘"。1979年日本学者樋山隆康在《古镜》一书中，将博局镜的边缘纹饰分为七种，同样称这种纹饰为"流云文（纹）"。有学者认为，四灵纹之间充满的是"道气"，《西王母传》："在昔道气凝寂，湛体无为，将欲启迪玄功，化生万物。"笔者认为，在博局纹和四灵纹之间的空间内充满了道气纹或云气纹，已经喻示了四灵在天空之中（故亦被称作四神）。莽式镜边缘的连续曲线纹饰，再称作"气"似没有格外的意义。这里提出一个以供探讨的观点，即此边缘的连续曲线纹饰表示为水波。图6镜（表八E-26）边缘是一种完全连贯的平滑曲线，只能是水波纹。比照《西汉礼制建筑遗址》一书可知，应该就是在古代礼制建筑周边用于"行礼乐、宣教化"的辟雍（水渠）。

1956至1960年，中国社会科学院考古研究所在西安汉长安城南郊，发掘了一大批西汉末至新莽的礼制建筑遗址，历尽近半个世纪的艰辛和曲折，终于在2003年出版了《西汉礼制建筑遗址》。书中提到："这些遗址属于文献记载中所见的圜丘、明堂、辟雍、太学、灵台、社稷坛和王莽九庙等建筑物中的一部分。"书内图172大土门遗址中心建筑复原图，清晰地表达了古人"天圆地方"观念在建筑规划中的实际运用，周边"天圆"处为辟雍，中心"地方"处为明堂。自战国始，铜镜纹饰已有了"天圆地方"的观念，西汉镜和新莽镜的制式大部分皆为"天圆地方"，亦应是这种观念的直接反映。西汉末，王莽在居摄年间大力推行复古改制，在各类文化领域中，这种思想印记无所不

图6

在，具有强烈的时代特征。庞大的礼制建筑如此，小小的铜镜亦是如此。作为莽式镜典型器物之一的"新兴辟雍建明堂"镜，其铭文开门见山地表示了"新"朝对"兴辟雍、建明堂"的重视程度，由此亦可佐证"辟雍"概念在当时的社会化倾向。故而笔者提出"辟雍缘"一说，以求抛砖引玉。可以认为，博局镜的辟雍纹缘始于西汉末，盛于新莽朝，衰于东汉初。此外，当大部分四灵博局镜的边缘纹饰从"辟雍缘"发展到多重锯齿纹缘时，整个铜镜的形制也逐渐有所变化：镜面弧度加凸、边缘断面呈外大内小的坡形、缘口更加倾斜等，此时的铜镜形制完全从新莽跨入了东汉。在标准的四灵博局镜中，多重锯齿纹缘等其他纹缘，在西汉晚与新莽时就已有出现，进入东汉增多。

（七）总体分类

综上所述，我们对带铭文莽式镜总体概貌有了一定的了解。因为莽式镜种类多、制式繁，怎样分类，各有千秋。本书主要根据具时代特征、有一定数量、成标准系列这三个指标，大致分为：尚方铭莽式镜（见表一）、新有铭莽式镜（见表二）、新兴铭莽式镜（见表三）和王氏铭莽式镜（见表四）等四个大类。凡不符合以上三个指标的莽式镜存世量亦不少，本书挑选了36面有代表性的器物，将其列入其他铭莽式镜（见表八）。根据问世年代的顺序，表八可大致分为西汉晚期、西汉末年（主要指居摄年间）、新莽、新莽后东汉初、东汉初期、东汉早期等六个时期。

二、尚方铭莽式镜

尚方铭莽式镜作为首要的标准体系，在本文"总述"部分已有较多讨论。表一两类尚方镜铭文格式虽有不同，但铭文内容的主题思想基本一致，先是定位铜镜由来和夸奖铜镜质量，而后主要是祈福求祥，其顺序通常是先子孙，后父母，再自己。全部铭文内容比较简单，容易释读，本文着重对其铭文内容的释读与区别作些相关补充。

（一）语句组合

1. 由表一（一）可知，尚方御镜铭首句的后三字多数为"大（或'真'）毋伤"，少数是"真大好"；次句大致是半数有"巧工刻之（或'娄'）成文章"；往下多是两个组合在一起的句子："左龙右虎辟不羊（祥），朱鸟（或'雀'或'爵'）玄武顺（或'调'）阴阳"；再后也多系两个组合在一起的句子："子孙备具居（或'治'）中央，长保二亲乐富昌"；在允许布局的前提下，尾句通常为"寿敝（比）今（金）石如侯王"。

2. 由表一（二）可知，尚方作镜铭首句的后三字约半数为"真大巧"，另半数是"真大好"；次两句多是组合在一起的句子："上有仙人不知老，渴饮玉泉[10]饥食枣[11]"；

---

〔10〕《本草经》载："玉泉一名玉澧，味平，生山谷，治藏百病，柔筋强骨，安魂长肌。久服能耐寒暑，不饥渴，不老神仙，人临死服五斤，死三年色不变。"

〔11〕《史记·封禅书》载：汉武帝尊李少君，少君上曰："臣尝游海上，见安朝生，安朝生食巨枣，大如瓜。安期生仙者，通蓬莱中，合则见人，不合则隐。"

第四句变化较大，或"徘回名山采芝（或'神'）草"，或"浮游天下放（即"遨"）四海"或"寿如金石为国保"，有时这些句子亦经常前后互换；以后句式的规律多变，然主要为吉祥用语。

表一A1-1、A2-8镜之首句分别为"尚方御竟哉真大好""尚方作竟哉真大好"，皆在七言中多了一个语气词"哉"。

（二）居中央考

尚方镜铭文多有"子孙复具居中央"（及其他镜的"八子九孙治中央"等）内容，反映了一段决非虚言的历史事实。《汉书·王莽传》载："二子（莽长子宇、莽次子获）前诛死，乃以临（莽四子）为皇太子，安（莽三子）为新嘉辟（师古曰：取为国君之义），封宇（莽长子）子六人：千为功隆公，寿为功明公，吉为功成公，安为功崇公，世为功昭公，利为功著公。大赦天下……又按金匮，辅臣皆封拜……安阳侯王舜（莽之堂弟）为太师，封安新公；……丕进侯王寻为大司徒、章新公；……成都侯王邑（莽之堂弟）为大司空、隆新公；……京兆王兴为卫将军、奉新公；……京兆王盛为前将军、崇新公。凡十一公。……封王氏齐縗（即五服之一）之属为侯，大功为伯，小功为子，缌麻（五服中最轻的一种）为男……"

（三）得天道考

图7镜（见表一A2-1）第六句铭文"寿如金石得天道"、表八E-16镜首句铭文"德（同音通假即"得"）天道，物自然"，皆是借口建立"新"朝是奉上天之命，"得天道"就是正统。王莽从居摄三年的"假皇帝"当上真皇帝时，曾下诏宣布："……皇天上帝隆显大佑，成命统序，符契图文，金匮策书，神明诏告，属予以天下兆民，赤帝汉氏高皇帝之灵，承天命，传国金策之书，予甚祗畏，敢不钦受！"镜铭"得天道"与史料"承天命"完全吻合，这是铜镜证史的一大贡献。

图7

（四）称谓互换

1.个别"尚方作竟"（表一A2-4）的铭文与常见的"王氏作竟"类似，只是将"王氏"改成了"尚方"；个别"王氏作竟"（表四D-5、D-13）的铭文又与"尚方作竟"相同，只是将"尚方"改成了"王氏"。长期以来，探讨新莽镜中较多见的"王氏"，究竟是镜主姓氏还是工匠姓氏？众说纷纭。这些镜种的标准化皆无可挑剔，其铭文又告诉我们"尚方"与"王氏"可以互换。特别是在图案复杂、纹饰繁多的大尺寸情况，王氏铭镜与尚方铭镜的制式、书体等极其雷同，可知莽式镜铭文中的王氏就是新朝尚方主人王莽的"王氏"。

2. 个别"尚方御竟大毋伤"的铭文内容，嵌在"新有善铜出丹阳"镜的铭文之中（表二 B-1、B-3、B-11）；亦有个别"新家作竟真毋伤"（E-23）的铭文内容与"尚方御镜"铭完全相同。带国号新字的新有铭镜与尚方铭镜明显是互为一体。

3. 表二 B-5 镜 56 字铭文为："新有善铜出丹阳，湅治银锡清而明，巧工刻娄成文章，左龙右虎掌四彭，朱鸟玄武顺阴阳，子孙备具居中央，长保二亲如侯王，千秋万岁乐未央"。全部铭文只是前两句为"新有善铜"系列，后六句多为"尚方御镜"格式。再以"标准化"考核，此镜的标准化程度很高，说明至少有一部分"新有铭莽式镜"亦应列入"尚方"的官制范围。

（五）文字通假

通假也叫"通借"，系用同音或近音的字来代替本字。王士伦《浙江省出土铜镜》有言："汉代镜铭文字的通假、错别、减笔、省偏旁和反写是经常有的，掉字漏句的现象也屡见不鲜。"只有充分掌握了这些情况，才能既容易又方便地释读铭文。如铭文"桼言之纪从镜始"，"桼言"的"桼"通"七"，桼言，即七言。"尚方御镜"和"尚方作镜"两类镜铭，大致有以下文字是通假或省偏旁（前字系镜铭字、后为释读字）：竟—镜，羊—祥，详—祥，娄—镂，敝—比，今—金，鲜—仙，非—徘，回—徊，由—游，敖—遨，敖—翱，详—翔。考证铜镜必然重视"镜"字，在表一中，除了 A1-1 镜没有省偏旁外，其他 23 面皆省偏旁而成"竟"字。图 8 镜（详见表一 A1-1）文字正规，书法精美，可作为 24 面尚方铭莽式镜的"楷模"；图 9 镜（详见表一 A1-12）是尺寸最小的"尚方御镜"。

（六）特殊铭文

1. 表一 A1-5 镜（图 4）铭文第 5 句为"上有仙人高敖详"，后两字为同音连绵字，同"翱翔"。结合尚方作竟类中的铭文"浮由（游）天下敖（遨）四海"，可知西汉末新莽初时，人们爱用"遨"字，西汉司马相如《琴歌》之一："凤兮凤兮归故乡，遨游四海求其凰。"

图 8

图 9

镜铭"高敖翔"映射出当时社会的崇天思想（天上是神仙居住的地方）。

2.表一 A2-3 镜的铭文多达62字，内容特殊而多显道家文化，从第一句开始就与众不同。文体系由"七言"与"三言"交替组合使用，形成了777，337，337，33333的排列。因原件不清而致使个别文字释读困难。有学者认为，表一 A2-3 镜有可能在东汉时铸造，惜未见实物而无法用"标准化"体系来考核。

三、新有铭莽式镜

带国号"新"字铭文的镜种是莽式镜之重要组成部分，根据其存世量的多少，可大致分为大、中、小三类。统计典型器物可知：大类是"新有善铜出丹阳"铭莽式镜（见表二）可说多见，其存世量应在较大的两位数；中类为"新兴辟雍建明堂"铭莽式镜（见表三）可说少见，其存世量应在偏小的两位数；小类系各种特殊的"新"字铭文镜可说罕见，其每一种的存世量都只是较小的个位数，如"新朝治竟子孙息"（E-13）"新有善铜出南乡"（B-4、D-3）"新家作竟真毋伤"（E-23）"新家作竟出尚方"（E-24）等。

"新有善铜出丹阳"镜是带国号"新"字莽式镜的主力阵容，一直得到国内外博物馆和收藏家的普遍重视，《小校经阁金文拓本》集藏了七面，《岩窟藏镜》纳入了四面，《中国铜镜图典》展示了四面。甲申仲夏，北京大学赛克勒博物馆布展了两面铜镜，其中就有一面（表二 B-8）。1968年，欧洲著名学者高本汉在瑞典《远东古物博物馆馆刊》第40期上，发表了长篇文章《早期中国铜镜》，全文共有297面中国早期铜镜，最后收尾四面新莽镜中有三面新有善铜镜，书中"L1"镜（本文表二 B-2）是以"尚方作竟大毋伤"为首句，外圈铭文字数多达64个。新有铭莽式镜的存世量不算少，然铭文句数多少不一，本文选择四句及四句以上者列入，共有16面，见表二。

表二　新有铭莽式镜一览表

编号	直径重量	字数 m 值	铭文内容	资料来源
B-1	23.0 1200	64 2.89	新有善铜出丹阳，涑治银锡清而明，尚方御竟大毋伤，巧工刻之成文章，左龙右虎辟不羊，朱雀玄武顺阴阳，子孙备具居中央，长保二亲乐富昌，寿比金石如侯王兮。	中国国家博物馆，汉尺10寸
B-2	23.0 /	64 /	尚方作竟大毋伤，新有善铜出丹阳，涑治银锡清且明，巧工刻之成文章，左龙右虎辟不羊，朱鸟玄武顺阴阳，子孙备具居中央，长保二亲乐富昌，□□□□如侯王兮。	高本汉《早期中国铜镜》L1镜，汉尺10寸
B-3	23.0 /	63 /	新有善铜出丹阳，涑治银锡清而明，尚方御竟大毋伤，巧工刻之成文章，左龙右虎掌四彭，朱爵玄武顺阴阳，子孙备具居中央，长保二亲如侯王，千秋万岁乐未央。	《广西铜镜》图18，汉尺10寸

（续表）

编号	直径 重量	字数 m 值	铭文内容	资料来源
B-4 D-3	20.9 1066	56 3.11	新有善铜出南乡，巧工调涷青黄色，尚方用镜四夷服，多贺王氏天下复，官位尊显蒙禄食，幸逢时年五谷熟，长保二亲子孙力，传之后世乐毋亟。	陈学斌，汉尺 9 寸
B-5 图 10	20.8 /	56 /	新有善铜出丹阳，涷治银锡清而明，巧工刻娄成文章，左龙右虎掌四彭，朱鸟玄武顺阴阳，子孙备具居中央，长保二亲如侯王，千秋万岁乐未央。	日本京都国立博物馆，汉尺 9 寸
B-6	20.5 /	49 /	新有善铜出丹阳，和以银锡清且明，左龙右虎掌四彭，朱爵玄武顺阴阳，八子九孙治中央，刻娄博局去不羊，家常大富宜君王。	中国国家博物馆。（唐兰旧藏）。汉尺 9 寸。水波纹缘
B-7	19.1 /	56 /	新有善铜出丹阳，和以银锡清且明，左龙右虎掌四彭，朱爵玄武顺阴阳，八子九孙治中央，刻娄博局去不羊，家常大富宜君王，千秋万岁乐未央。	河南省博物院藏，新莽后期之镜（双锯齿纹间双线波折纹缘）
B-8	18.7/	28/	新有善铜出丹阳，和以银锡清且明，长保二亲利弟兄，八子九孙治中央。	北京大学赛克勒博物馆，汉尺 8 寸
B-9 图 11	18.7 830	56 3.02	新有善铜出丹阳，和以银锡清且明，左龙右虎掌四彭，朱爵玄武顺阴阳，八子九孙治中央，刻娄博局去不羊，家常大富宜君王，千秋万岁乐未央。	《清华铭文镜》图 55，汉尺 8 寸。四灵纹缘
B-10	18.5 943	35 3.51	新有善铜出丹阳，和以银锡清且明，左龙右虎掌四方，朱雀玄武顺阴阳，八子九孙治中央。	《洛阳出土铜镜》图 29，同乐寨 15 号墓出土
B-11	18.4 /	42 /	新有善铜出丹阳，涷治银锡清而明，尚方御竟大毋伤，巧工刻之成文章，子孙备具居中央，长保二亲乐富昌。	《陈介祺藏镜》图 61，汉尺 8 寸
B-12	17.1 716	26 3.11	新有善铜出丹阳，和以银锡清且明，左龙右虎主四彭，朱爵玄武顺。（新莽后期，白虎朱雀互错位）	上海博局山房，汉尺 7 寸
B-13	16.8 /	28 /	新有善铜出丹阳，和以银锡清而明，左龙右虎主四彭，八子九孙治中央。	《广西铜镜》图 65，汉尺 7 寸
B-14 图 12	16.6 654	48 3.03	新有善铜出丹阳，和以银锡清且，左龙右虎掌四彭，朱爵玄武顺阴阳，八子九孙治中央，真尚安作出阳方，刻娄博局去不羊。	张宏林藏，汉尺 7 寸。第二句漏"明"字。四灵纹缘
B-15	16.5 650	25 3.04	新有善铜出丹阳，用之为镜青且明，八子九孙治中央，朱爵玄武。	《岩窟藏镜》二集中 14，汉尺 7 寸
B-16	14.0 515	21 3.34	新有善铜出丹阳，和以银锡清且明，左龙右虎掌四彭。（边缘为此类镜中少见的双锯齿纹缘）	上海博局山房，新莽后期之镜

　　由表二可知，图 10 镜（见表二 B-5）、B-6 镜、图 11 镜（见表二 B-9）等大部分尺寸规范，布局标准。再看 B-1、B-3 与 B-11 三镜，铭文中还插入了"尚方御镜大毋伤"的内容。可以认为：一些制作正规的"新有善铜出丹阳"镜亦是"尚方"官制。此类镜重点之处在于，为学术界所重视并能给 TLV 纹饰镜定名起决定作用的"刻娄博局去不羊"铭文，即出自于"新有善铜出丹阳"镜（表二 B-6、B-7、B-9、B-14）。这四面"刻娄"铭镜边缘有三种情况：B-6 为水波纹缘，B-7 为锯齿纹缘，B-9、B-14 为四灵纹缘。就镜铭可以证史而言，B-4 镜的意义最为突出，其铭文内容多处变换新莽镜词组的习惯用法，将"王

氏作竟"改成"尚方用镜"；将"多贺新家"变作"多贺王氏"。说明"新家""尚方""王氏"三个词组不仅共存一镜，而且能任意更替。在图12镜（表二B-14）中，另有"真尚安作出阳方"之铭文（古时"阳方"即"东方"），有待再作探讨，此镜"刻娄博局去不羊"内容在铭文末尾，呈现一种新的布局。此外，有小部分此类镜不怎么正规，通常或偏重（m值大于3），或四灵纹饰错位（表二B-12），或边缘纹饰改变（表二B-16），可说应在新莽后期问世。天凤年间，各地起义，匈奴再反，

图10

兵戈竞起，社会混乱，分析是由于乱世时"尚方"失去了监控作用，因为管理不严而因工匠随意所致。

关于"新有善铜出丹阳"莽式镜的铭文内容，还有几个问题需要专题讨论。

（一）铜料产地

《神异志》载："丹阳铜似金，可锻以作器。"《汉书·食货志》载："从建元（前140～前135）以来……有司言曰：……金有三等，……赤金为下。"注曰："孟康：赤金，丹阳铜也。"镜铭中铜镜原料出自"丹阳"之说，经查考可知，此"丹阳"既非春秋时"丹水之阳"的丹阳或湖北秭归东南的丹阳；亦非今日江苏镇江东南的丹阳，而是安徽境内长江南侧的古丹阳（郡）。《汉书·地理志》载：汉武帝元封二年（109）"改故鄣为丹阳郡，郡治宛陵（今安徽宣州市）"。其地理位置相当于今安徽长江以南，江苏大茅山及浙江天目山以西，浙江新安江支流武强溪以北区域。其行政范围包括今皖南全部并延伸至江苏南

图11

图12

京、句容和浙江吴兴一带。《安徽通志》称："铜陵县，汉丹阳郡春谷县（今繁昌），陵阳县（今青阳）。"从二十世纪八十年代开始，大量的考古发现证实：汉丹阳郡正是古"丹阳铜"的主要产地，具体位置即为今日安徽之铜陵。

在镜铭中另有产地的个别情况。其一，"新有善铜出南山"之"南山"，据《越绝书》载："越国都城（大城）以南为山区，统称南山。"《水经注》曰："练塘，勾践炼治锡铜之处，采炭南山。"其二，"新有善铜出南乡"（表二 B-4）之南乡，本意应作"南方"之解。汉时唯丹阳一地设铜官，故"南乡"亦可认为是"丹阳"。另一种解释应是"南山之乡"，即同其一的"南山"之解；其三，"汉有善铜出堂浪"，堂浪，即堂琅，今云南会泽与四川会理的交接地区。《汉书·地理志上》："犍为郡[12]有堂琅县，出铜，当时有"堂琅铜，朱提银"的说法。

（二）汉有善铜

在带国号"新"字的四灵博局镜中，仅"新有善铜出丹阳"镜的铭文格式可说是"传承有序"，既上承西汉又下传东汉，这两个时间区段与新莽的重大区别是铭文国号皆用"汉"字。"下传东汉"的时间不长，主要在东汉初期（如表八 E-34、E-35 两镜），亦易辨识（特别是书体有悬针篆韵味时），一般而言，没有什么争议，有些东汉早期镜中的"四"字已不用四横笔代替。"上承西汉"因为缺乏资料，长期不能定论。直到 1993 年春，在江苏省连云港市所辖东海县温泉镇尹湾村西南 2 公里处，发现了汉墓群落。1996 年《文物》第 8 期尹湾汉墓群发掘简报载："尹湾汉墓群的时代可定在西汉中晚期到王莽时期。"尹湾 4 号墓出土一面"八乳神兽规矩镜"（表八 E-3），86 字铭文为："汉有善铜出丹阳……"此镜首字是"汉"，故年代肯定不到新莽，再比较西汉中晚期铜华镜书体的方折汉隶，两者又甚相似。因此，既可认为此镜是西汉镜演变到新莽镜的过渡器物，亦可将此镜看成是"新有善铜出丹阳"镜形制的源头器物。进一步从铭文中有"八子九孙治中央"的内容来看，还可判定此类镜（包括铭文"四夷来服国家强"之 A1-2 镜）的具体年代，应是在王莽家族全面掌控大权的西汉末年。

（三）每镜不同

对表二铭文内容进行仔细释读，可知每镜皆有不同。以最高等级汉尺 10 寸的 B-1、B-2、B-3 三镜为例，若将 B-1 镜作标准来比较，B-2 镜只是将 B-1 镜第三句的位置换到了第一句，且用"尚方作竟"代替了"尚方御竟"，其他内容完全相同；B-3 镜只是将 B-1 镜第五句的"辟不羊"换成了"掌四彭"，且末句省略了"兮"字，其他内容基本一致。继以汉尺 9 寸的 B-4、B-5、B-6 三镜为例，B-4 镜铭文具莽式镜三个主要品种（"尚方""新有""王氏"）的内容，这是一个孤例；B-5 镜（56 字）与 B-6 镜（49 字）在字数上就存在差异。再以汉尺 8 寸的 B-7、B-8、B-9、B-10、B-11 五镜来看，更是有明显区别。联系莽式镜的其他三个主要品种来看，似乎存在一个难见同模的规律。对于战国镜、西汉

---

〔12〕谭其骧《简明中国历史地图集》："犍为郡，治武阳，今四川彭山东。"

镜、东汉镜、隋唐镜而言，同模现象比比皆是，为什么莽式镜会特殊呢？或许有人要说："掌握资料不够充分。"可能今后会有同模莽式镜问世，故而目前只能作为一种猜想：莽式镜（尤其是大尺寸的品种）每镜不同。

（四）七乳制式

有个别新有铭莽式镜为七乳格式，打破了"新"字镜由四灵博局形制一统天下的常规。赵力光、李文英《中国古代铜镜》图 106，直径 21 厘米（汉尺 9 寸），名为"七乳宜子孙鸟兽纹镜"，有 3 圈铭文共 85 字。外圈铭文 55 字："新有善铜出丹阳，涷治银锡清而明，巧工刻之成文章，左龙右虎辟不羊，朱鸟玄武顺阴阳，子孙服具居中央，长保二（缺"亲"字）乐富昌，寿如金石之侯王"；中圈铭文 27 字："角王巨虚日得喜，延年益寿去恶事，长乐万世宜酒食，子孙具，家大富"；内圈铭文 3 字："宜子孙"。再看《长安汉镜》图 41，3 面七乳镜的墓葬年代皆在新莽或西汉晚期（事实上应是西汉末年）。因此可以认定，早在东汉以前，就已有了多乳（主要是七乳）镜的制式。

（五）博局探讨

莽式镜中的 TLV 纹最早出现于日晷与六博，多年以来一直被称作规矩纹。孙机《汉代物质文化资料图说》言及："汉代盛行博戏，博局更为人所习见，故规矩纹或被称作博局纹。"进一步查考可知，博局纹有着深厚的历史文化内涵：其一，博局本身有娱乐性质，其博弈程序与方法至今未被破译，从考古出土资料来看，河北平山战国墓、湖北云梦睡虎地秦墓、湖南马王堆三号汉墓、广州象岗山汉墓皆出土有用于博戏的棋盘、棋子等博具；其二，博局被用于祭神仪式，《后汉书·五行志》载："京师郡国民聚会里巷阡陌，设张博具、歌舞，祠西王母。"其三，史书记录的博局典故，《汉书·荆燕吴传》载："孝文时，吴太子（吴王刘濞之子）入见，得侍皇太子饮博。吴太子师傅皆楚人，轻悍，又素骄。博争道，不恭，皇太子引博局提吴太子，杀之。"

这类带 TLV 纹饰规矩镜的长期称谓，今天终于有了变化，因为陆续发现了有"刻娄博局去不羊（祥）"铭文的莽式镜问世，目前知道其总数是 7 面。[13]多数专家学者认为，长期被称作规矩纹的 TLV 纹还是称作博局纹为好。

四、新兴铭莽式镜

莽式镜铭文内容丰富，深具历史价值，多有文化内涵。以阜阳市博物馆所藏"刘氏去"镜（图 20 镜，详见表八 E-10）为例，铭文："刘氏去，王氏持，天下安宁乐可喜，井田平贫广其志。"内容通俗易懂，此镜证实了王莽掌握政权后推行"井田"制的一段真实历史，然此镜不带国号。既带国号又具历史价值的是一批"新兴辟雍建明堂"镜，本文列出

---

[13] 初步查明，此类铭文镜除了 B-6、B-7、B-9、B-14、E-28 等 5 面外，在浙江止水斋另有一面，日本西田狩夫处还有一面（拓本），总共是 7 面。其首句形式除了 E-28 镜不同外，余 6 面皆为新有铭莽式镜。

四句以上的 10 面"新兴辟雍建明堂"镜，见表三。

表三　新兴铭莽式镜一览表

编号	直径 重量	字数 m 值	铭文内容	资料来源
C-1	23.3 1384	56 3.24	新兴辟雍建明堂，然于举土列侯王，将军令尹民户行，□□□□□□□，诸生万舍在北方，郊祀星宿并共皇，左龙右虎主四彭，子孙复具治中央。	丙戌春上海拍卖行《图录》图 169（残补）
C-2	19.2 984	50 3.40	新起辟雍建明堂，单于去土□侯王，黄金为席，璧玉□床，千秋万岁，乐巨央孙。柰言之纪从镜始，青龙左在白东虎，长□亲，宜孙子。	李经谋 减笔篆隶书体
C-3 图 13	18.8 812	42 2.94	新兴辟雍建明堂，然于举土列侯王，将军令尹民户行，诸生万舍在北方，郊祀星宿并共皇，子孙复具治中央。	江苏聚珍阁 汉尺 8 寸，六句七言
C-4	18.8 1070	35 3.85	新兴辟雍建明堂，然于举土列侯王，将军令尹民户行，诸生万舍在北方，子孙复具治中央。	安徽阜阳市博物馆 汉尺 8 寸，五句七言
C-5	18.7 1082	28 3.92	新兴辟雍建明堂，然于举土列侯王，将军令尹民户行，郊祀星宿并共皇。	张铁山 汉尺 8 寸，八乳制式
C-6	18.1 775	42 3.01	新兴辟雍建明堂，然于举土列侯王，将军令尹民户行，诸生万舍在北方，郊祀星宿并共皇，子孙复具治中央。	《清华铭文镜》图 53 汉尺 8 寸，六句七言
C-7	16.6 585	49 2.71	新兴辟雍建明堂，虏胡殄灭见青黄，然于举土列侯王，将军令尹民户行，诸生万舍在北方，郊祀星宿并共皇，子孙复具居中央。	张宏林 浙江止水斋 汉尺 7 寸，七句七言
C-8 图 14	14.4 476	35 2.92	新兴辟雍建明堂，单于举土列侯王，将军大尹民户行，八子九孙治中央，常服此镜寿命长。	《清华铭文镜》图 54 五句七言
C-9	14.0 437	28 2.84	新兴辟雍建明堂，然于举土列侯王，将军令尹民户行，诸生万舍在北方。	张宏林 汉尺 6 寸，四句七言
C-10	13.5 380	31 2.66	新兴辟雍建明堂，然于举土列侯王，将军令尹民户行，诸生万舍在北方，乐未央。	《上海博物馆青铜镜》图 39， 汉尺 6 寸

此类镜为王莽歌功颂德的铭文内容大同小异，主要是记载王莽进行一系列复古改制时，在建筑上恢复周代礼制与规划长安布局的一段史实。铭文的基本格式为四句七言："新兴辟雍建明堂，然于举土列侯王，将军令尹民户行，诸生万舍在北方。"这些内容与历史记载完全吻合。

新兴铭莽式镜铭文的主要特点在于：

C-1 镜直径 23.3 厘米，即汉尺整一尺，名列此类镜榜首。铭文八句七言亦最为完整。惜修补甚多，以致缺失第四句内容。C-1、C-3（图 13）、C-5、C-6、C-7 等 5 镜中，皆有与礼制相关的铭文"郊祀星宿并共皇"，《汉书·郊祀志》有载。唯 C-3、C-5、C-6

三镜铭文圈带在 LV 纹与 T 纹之间；

C-2 镜铭文中"黄金为席，璧玉□床"的内容十分特殊，"□"处原文简化太过，几不可辨，上部两点为双口，查东汉许慎《说文解字》叩部"㙂"，字音 níng，曰："乱也。"有"交构"之意，这里可意释为"镶嵌"。

C-4、C-5 两镜的 m 值皆接近 4，说明此两镜属此类镜中的"厚重型"，其年代应在新莽后期的管理放松时期；C-5 镜可说是"新兴辟雍建明堂"莽式镜中的"另类"制式，形制奇特，呈多乳式中的八乳型，

图 13

铭文圈带在主纹饰之内，故只能纳入四句七言。结合"新有善铜山丹阳"铭文的七乳镜，故似可认为：四灵博局虽是新莽镜的主体形制，但对于一些非四灵博局的东汉镜常见形制，如多乳重圈式、局部浅浮雕、珍禽异兽缘等，应是从莽式镜而始，有待再考。

C-6 镜的铭文内容与 C-3 镜完全相同，形制纹饰与 C-3 镜基本相近。

C-7 镜与 C-3 镜相比，虽尺寸上小了一个档次，然铭文又多了一句少见的"虏胡殄灭见青黄"。"虏胡"即"胡虏"，"胡虏殄灭"系指汉武帝时，大将军卫青与霍去病领军大战匈奴的几场胜仗，然在以后的很长时间已成了国泰民安的代名词。"青黄"有两种释读，其一，有的学者认为是天边彩霞，喻意吉祥。其二，《汉书·礼乐志二》载：郊祀歌十九章，其诗曰："练时日，候有望……灵安留，吟青黄。"颜师古注："青黄，谓四时之乐也。"这一句是说在演奏郊祀乐曲时祈祷国泰民安，应与第六句"郊祀星宿并共皇"遥相呼应。

C-2、C-8（详见图 14）两镜第二句中的"单"字成为其他镜"然"字的参照标准

图 14

（下文另有专述）。C-8 镜第三句中的"大尹"，还见日本京都国立博物馆所藏汉尺 7 寸镜同样有"大尹"铭文。《汉书·王莽传》有多处提及"大尹"，如天凤元年，"益州蛮夷杀大尹程隆，三边尽反。遣平蛮将军冯茂将兵击之。"

关于"新兴辟雍建明堂"的铭文内容，还有几个问题需要专题讨论。

（一）铭文概述

《汉书·王莽传》载：元始四年（4），"是岁，莽奏起明堂、辟雍、灵台，为学

者筑舍万区，作市、常满仓，制度甚盛。"《西汉礼制建筑遗址》一书还说道："本遗址（即辟雍明堂）距离长安城南城墙约 1 公里许，位于安门南大道东侧。……西汉元始年间（1~5）修建的明堂、辟雍、太学正分布在这一带。"这一切都毫无疑问地说明了一个事实，新兴铭莽式镜标准制式的四句铭文，就是描绘王莽从元始元年掌握大权的"安汉公"开始，在西汉末年就制订了王朝都城的宏伟蓝图：其一，主要用于祭祀的礼制建筑（辟雍与明堂）终于建成，然在新莽灭亡的同时被毁于战火，这就是铭文所谓的"新兴辟雍建明堂"。其二，经过近 200 年的岁月后，西汉末年时的汉长安城已显得陈旧破烂，在重新规划建设时，需要为文武百官及广大百姓建造住宅，具体地点亦应在遗址不远的地方，规划中一行行的建筑排列得整齐有序，这应是铭文所谓的"将军令尹民户行"。其三，西汉武帝时太学生仅 500 人，到了东汉桓灵之际的太学生已扩大到三万人（教育普及可见一斑，三国时期人才辈出或可从这里找到历史原因）。可以猜想，两汉时太学生人数呈较大的发展趋势，估计不错的话，在这两者之间的西汉末年约有数千人之多，为太学生住所规划的规模号称"万舍"，没有什么不妥，具体地点又明确在辟雍明堂的南面（古代四灵方位，南在上、北在下），这当是铭文所谓的"诸生万舍在北方"。通过新兴铭莽式镜铭文，可管窥西汉末年与新莽期间的城市规划情形，值得引起广泛重视与深入研讨。

东汉具铭镜有"盛如长安南"之句，说明在一个半世纪后的东汉晚期，还是执行了新莽时期想完成却未实现的规划。详见本书 064《一面图文并茂的画像镜——镜铭"盛如长安南，贤如鲁孔子"传递的文化信息》。

（二）单于、然于

表三刊载了十面存世铭文在四句以上的新兴铭莽式镜，其中八面为"然于"，两面为"单于"。笔者认为，这两面"单于"镜应问世在居摄元年（6）之前匈奴与汉和平友好的时期。因从此年起"二方始怨，（匈奴）侵犯边境"。（《汉书·食货志》）在这种情况下，绝不会再有什么"单于举土列侯王"可言。参见本书 044《新莽镜单于举土铭释考》、045《新莽镜单于举土续考》。

（三）举土考释

表三所有镜铭第二句，皆有"举土"内容。广义而言，"举土"一词顾名思义为"上献土地"，意通"臣服"，就是记载了一段和平历史。作为和平史主角之一的呼韩邪单于，在《汉书》中屡屡得到肯定。经 24 年的和平相处后，公元前 33 年（竟宁元年）三月，"呼韩邪单于来朝，……诏曰：'愿保塞传之无穷，边垂长无兵革之事。其改元为竟宁，赐单于侍诏掖庭王嫱（即名载史册的王昭君）为阏氏。'"具体来讲，在和平的大环境下，西汉王朝在当时对匈奴确实还有一段索求土地的历史。详尽考证参见本书 044《新莽镜单于举土铭释考》、045《新莽镜单于举土铭续考》。

由表三可知，新兴铭莽式镜与新有铭莽式镜一样，亦有"每镜不同"的客观现象。新兴铭莽式镜的铭文内容可说是征史最多，以上浅释"举土"仅系一例，其他诸如"新兴辟雍建明堂""将军令尹民户行""诸生万舍在北方""子孙复具治中央""虏胡殄灭见青黄""郊祀星宿并共皇"等都深具历史文化内涵，有待我们进一步挖掘与探索。

（四）治中央考

新莽时期，王氏家族占据高位要职前面已有叙述。事实上，早在王莽登上皇位约四十年前的元成之际，王氏子孙就已在西汉王朝中占据了许多的高位要职。《汉书·王莽传》载："元后父及兄弟皆以元、成世封侯，位居辅政，家凡九侯，五大司马，语在元后传。"《汉书·元后传》载：竟宁元年（前 33）"元帝崩，太子立，是为孝成帝。……以凤为大司马大将军令尚书事。益封五千户。……又封太后同母弟崇为安成侯，食邑万户。凤庶弟谭等皆赐爵关内侯，食邑。"《汉书·元后传》载：河平二年（前 27）"上悉封舅谭为平阿侯，商成都侯，立红阳侯，根曲阳侯，逢时高平侯。"《资治通鉴·汉纪二十二》载：阳朔元年（前 24）"王氏子弟皆卿、大夫、侍中、诸曹，分据势官，满朝廷。"为此，"八子九孙治中央"的铭文，无论放在新莽时期还是 40 年前的元成之际，都能找到可靠的历史依据。

（五）寿命长考

图 14 镜铭文"八子九孙治中央"后面还有一句"常服此镜寿命长"，这是与当时的习俗有关。从《列子·汤问》《楚辞·天问》《史记·封禅书》《史记·秦始皇本纪》《史记·孝武本纪》等古籍可知，早在战国和西汉，华夏大地就延续着具有道家思想的长寿文化，集中反映在三神山——不死药——徐福东渡这一文化踪迹[14]。通过《西汉礼制建筑遗址》等书的图片资料可知，王莽九庙废墟以及各地出土的大量瓦当，其中带铭文之器物多有"延年益寿""千秋万岁""延寿万岁""长生无极""延寿长久"等吉语。在西汉镜铭中，更是多见"延年益寿""千秋万岁""与天无极""与天相寿""与地相长"等内容。"常服此镜寿命长"，表示了对于长寿文化的祈祥愿望，"服"字应释为使用，《周易·系辞下传》载："服牛乘马，引重致远。"

五、王氏铭莽式镜

"王氏"镜既是典型的莽式镜，亦是最早的姓氏镜，出现在与中国最早纪年（居摄、始建国）镜同步的年代。中国铭文镜系列中有许多姓氏镜，大都是指工匠姓氏（东汉魏晋镜多现）或私家作坊主姓氏（南宋镜常见），有时亦为镜主姓氏（明代镜有例），而对于莽式镜铭文中的"王氏"则是众说不一[15]。盛行期"王氏"镜的存世量并不多，就其总体而言，大类是"王氏作竟四夷服"，少量为"王氏昭竟四夷服"和"王氏作竟真大好"等。现将收集到的十五面"王氏"铭莽式镜资料列表如下，详见表四。

---

［14］详见拙著《日本蓬莱纹铜镜研究》，上海古籍出版社，2008 年 11 月。

［15］《亚洲文明》第三集 P118，黄茂琳《铜镜、六博局所谓 TLV/ 规矩纹与博局曲道破译及相关问题》提及：（铜镜）"如为私家所作，则多记其氏，如'王氏作镜真大好'。"该文认为，"王氏"镜是私家镜。

表四　王氏铭莽式镜一览表

编号	直径 重量	字数 m 值	铭文内容	资料来源
D-1	21.1 1100	49 3.15	王氏昭竟四夷服，多贺新家人民息，胡虏殄灭天下复，风雨时节五谷熟，官位尊显蒙禄食，长保二亲子孙力，传告后世乐毋极。	中国国家博物馆
D-2 图 15	21.0 1021	56 2.95	王氏昭竟四夷服，多贺新家人民息，胡虏殄灭天下复，风雨时节五谷熟，百姓宽喜得佳德，长保二亲受大福，传告后世子孙力，千秋万年乐毋亟。	《故宫藏镜》 图 32
D-3 B-4	20.9 1066	56 3.11	新有善铜出南乡，巧工调涷青黄色，尚方用镜四夷服，多贺王氏天下复，官位尊显蒙禄食，幸逢时年五谷熟，长保二亲子孙力，传之后世乐毋亟。	陈学斌
D-4	20.7 /	55 /	王氏作竟四夷服，多贺新家人民息，胡虏殄灭天下复，风雨时节五谷熟，官位尊显蒙禄食，长保二亲子孙力，传告后世乐毋亟，日月光，大富昌。	《小校经阁金文拓本》图 70B
D-5	20.6 916	56 2.75	王氏作竟真大好，上有仙人不知老，渴饮玉泉饥食枣，浮由天下放四海，徘徊名山采芝草，寿如王母家万倍，中国安宁兵不扰，乐富央兮为国保。	《嘉德 2006 春拍》图 2750《嘉德 2011 春拍》图 853
D-6	20.5 /	50 /	王氏作竟四夷服，多贺新家人民息，胡虏殄灭天下复，风雨时节五谷熟，官位尊显蒙禄食，千秋万年受大福，传告后世乐毋亟兮。	《莽镜考》
D-7	20.2 /	42 /	王氏作竟四夷服，多贺新家人民息，官位尊显天下复，风雨时节五谷熟，长保二亲子孙力，传告后世乐毋极。	《中国古代铜镜》（陕西）图 85
D-8	18.7 650	48 2.36	王氏作竟四夷服，多贺新家人民息，胡虏殄灭天下复，风雨时节五谷熟，长保二亲子孙力，官位尊显蒙禄食，传告后世毋亟。	《三槐堂藏镜》图 88
D-9 图 16	18.5 866	50 3.22	王氏昭竟四夷服，多贺新家人民息，胡虏殄灭天下复，风雨时节五谷熟，长保二亲子孙力，传告后世乐毋亟，日月光大富贵昌兮。	《上海博物馆藏青铜镜》图 41
D-10 图 17	18.5 621	49 2.32	王氏作竟四夷服，多贺新家人民息，胡虏殄灭天下复，风雨时节五谷熟，长保二亲得孙力，官位尊显蒙禄食，传告后世乐毋亟。	《清华铭文镜》图 50
D-11	18.4 /	52 /	王氏作竟四夷服，多贺新家人民息，胡虏殄灭天下复，风雨时节五谷熟，长保二亲子孙力，官位尊显蒙禄食，传告后世乐毋亟，大利兮。	《古镜图录》卷中 23
D-12	18.3 /	36 /	王氏昭竟四夷服，多贺新家人民息，风雨时节五谷熟，长保二亲子孙力，传告后世乐毋亟兮。	《陈介祺藏镜》图 58
D-13 图 3	18.1 740	43 2.94	王氏作竟真大好，上有仙人不知老，渴饮玉泉饥食枣，浮由天下放四海，徘徊名山采芝草，寿如今石之天保兮。	《清华铭文镜》图 49
D-14 图 18	16.6 635	29 2.94	王氏作竟四夷服，多贺官家人民息，长保二亲得天力，传之后世乐毋极兮。（鎏金）	周永平
D-15	15.7 /	49 /	王氏作竟四夷服，多贺新家人民息，胡虏殄灭天下复，风雨时节五谷熟，长保二亲有大福，传告后世子孙力，千秋万岁乐毋亟。	《陈介祺藏镜》图 88

　　表中 D-2 镜直径在最大之列，m 值最标准（2.95），语句最完整（八句七言），文字最多（56 字），纹饰最复杂（35 个），末句又有"千秋万年"，似为供皇室所用之官制器物。

　　根据本文总述"标准体系"部分的十一类特点，将"王氏"镜与堪作参照标准的"尚方"镜进行逐一对照。"王氏"镜与"尚方"镜几乎没有什么明显的不同，在整体形制和铭文书体等方面都极其相似。这里，对有关问题讨论如下：

（一）镜种特征

　　1. 铭文内容。莽式镜中的首字"王氏"与"尚方"可以互换（表一 A2-4、表四 D-5、D-13）；D-5 镜铭文中有"中国安宁兵不扰"之句，反映了广大百姓祈盼和平安宁的心愿；D-3 镜铭文中，"新有""尚方""王氏"三种称谓同处一镜。

　　2. 文字书体。"王氏"铭和"尚方"铭莽式镜的铭文书体皆为"莽式汉隶"（参见图 3 与本文总述"标准体系"），几乎没有例外，其他镜种少用。由此引起猜想，当时这种特殊的书体是否被控制在尚方官炉专用。比较而言，"王氏"镜铭文字的减笔、通假、别体、省偏旁等不正规现象，比"尚方"镜要少一些。

　　3. 度量情况。全今未发现有莽尺 10 寸标准的"王氏"镜。"王氏"镜的直径可说是完全符合整数倍规律，然其 m 值却有两种情况：一部分与"尚方"镜的标准相同，如 D-2 镜（图 15）为 2.95、D-13 镜与 D14 镜皆为 2.94；另一部分镜存在较大的差距，如 D-1 镜重达 3.15，D-9 镜（图 16）重达 3.22，D-10 镜（图 17）却轻至 2.32，原因何在？有待进一步查考。猜想某些"王氏"镜使用人的身份明显高于尚方机构，因为只有皇亲国戚才可以不遵守官府的规矩。

　　4. 镜钮形制。"四维"向有镂空大四叶，"四正"向有小四叶，这是正规莽式镜的一个典型标志。图 1 与图 21 的镜钮皆为纯四叶（即柿蒂纹），年代应在稍早的居摄年间。

（二）两个镜类

　　"尚方"镜分为两大系列（"御竟"与"作竟"），"王氏"镜亦有两大系列（"昭

图 15　　　　　　　　　　　　　　　　　　　　图 16

竟"与"作竟")。"昭竟"类皆藏国家级的大博物馆，表四中一共有四面：D-1、D-2（图15）、D-9（图16）、D-12。在"王氏作竟"中多有"官位尊显蒙禄食"之句（表八E-14镜中亦有此句），反之"王氏昭竟"（D-2、D-9、D-12）中却难见此句，疑"昭竟"类为王氏皇室所用，因为此类镜使用者无需"蒙禄食"（若是王莽篡位前的居摄年间，仍需"蒙禄食"）。

（三）新字探讨

在各类莽式铭文镜中，出现"新"字有多种情况：其一，新有铭和新兴铭两类，因为在起首处已有新字，故不再重复；其二，王氏铭类的通常情况是，"新"字出现在第2句第4字，即"多贺新家人民息"；其三，其他铭类，E-11镜有"新家尊"，E-13镜有"新朝治竟"，E-23、E-24镜有"新家作竟"。此外，E-13镜还出现与"新家"同义的"君家"。D-14镜（图18）作为有特殊地位的鎏金品种，却用"官家"代替"新家"，可说颇有研讨之趣。史料有载，"官家"意为皇帝源于晋代，《晋书·石季龙传载记上》："官家称难，吾欲行冒顿之事，卿从我乎！"另，"官家"意为官府始于三国，《三国志·魏书·张既传》注引三国魏鱼豢《魏略》："牢狱之中，非养亲之处，且又官家亦不能久为人养老也。"新莽比魏晋要早二百余年，新莽王氏镜中出现"官家"两字，当引起学术界关注。此镜纹饰鎏金以及铭文有"官家"内容，清晰地表明了王氏铭镜的身份与地位。

（四）纹饰内容

"王氏"镜的纹饰内容比"尚方"镜约多三分之一，其总数可达30左右，见表五：

纹饰内容越多，制作时就越复杂。盛行期的"王氏"镜和"尚方"镜都是官制镜，[16]纹饰越多成本越大，只能说明使用者的级别越高。

图17　　　　　　　　　　　　　　　　图18

---

〔16〕根据存世器物的整体形制和铭文内容，还可知道在等级森严的封建社会，每个镜种有不同的称谓时，即有不同的身份。在"尚方"镜系列中，"御竟"使用者的身份高于"作竟"；在"王氏"镜系列中，"昭竟"使用者的身份高于"作竟"。

表五　王氏铭莽式镜纹饰一览表

编号	直径	北方（玄武）	东方（青龙）	南方（朱雀）	西方（白虎）	总数
D-2	21.0	9（5禽2兽）	9（3禽3羽人）	8（6禽羽人骑鹿）	9（4禽3兽）	35
D-4	20.7	9（6禽1兽）	8（5禽1羽人）	8（6禽羽人骑鹿）	9（6禽2兽）	34
D-5	20.6	9（7禽1兽）	7（3禽2羽人）	7（5禽羽人骑鹿）	7（5禽2兽）	30
D-8	18.7	9（羽人骑兽）	7（4禽1羽人）	7（5禽羽人骑鹿）	8（4禽2兽）	31
D-10	18.5	5（2禽2兽）	6（3禽1羽人）	6（3禽羽人骑鹿）	6（2禽2兽）	23
D-11	18.4	8（羽人骑兽）	7（4禽1羽人）	7（4禽羽人骑鹿）	7（4禽2兽）	29

说明：总数中包括了四灵以及青龙头前的金乌和白虎头前的蟾蜍。调查可知，两汉著名作坊地之一的会稽郡（古绍兴），至今未发现有"王氏"镜；再看表五，诸镜的青龙头前皆有金乌，白虎头前都带蟾蜍；推测当时管理甚严，不准私家作坊生产"王氏"镜。"王氏"镜的形制规范亦算是事出有因。

（五）姓氏镜考

"王氏"镜问世后，同时期出现的姓氏镜还有"张氏"镜（1995年秋中国嘉德拍卖图录）和"朱氏"镜（表八 E-20）。"张氏"镜形制规范，铭文即"尚方"镜内容，纹饰仅四灵及伴兽，应为常规莽式镜，"张氏"由来有待另考。目前仅见到二份"朱氏"镜资料，《三槐堂藏镜》图85的铭文内容为："朱氏作竟快人意，上有龙虎四时宜，常保二亲宜酒食，君宜高官家大富，乐未央，贵富昌，宜牛羊。""朱氏"镜有着尺寸不规范、重量偏轻、龙虎反向等情况，说明其问世年代已经离开了管理严格的新莽前期，似应在新莽后期至东汉早期。"王氏"镜不仅开创了姓氏镜的先河，其铭文内容还一直影响到东汉中晚期。这里以王士伦《浙江出土铜镜》的九面东汉镜为例，与"王氏"镜铭文进行比较，见表六。

表六　东汉镜铭文与王氏镜铭文的内容比较

镜种	东汉画像镜					东汉龙虎镜			
《浙江出土铜镜》	图26	图28	图33	图34	图36	图92	图93	图96	图97
"王氏"变换	石氏	尚方	驹氏	吴向里柏氏	田氏	□□	石氏	青盖	吴向里柏师

由表六可知，上述九面东汉镜的铭文内容都是"□□作竟四夷服，多贺□□人民息，胡虏殄灭天下复，风雨时节五谷熟……"。仅两处有异：其一，原莽式镜"王氏"两字变换了以姓氏居多的不同名称；其二，"新家"两字毫无例外地被取代成"国家"。地皇四年（23），新莽随王莽被杀而灭亡，虽"王氏"和"新家"两词在当时断不可再用，然"王氏"镜的铭文内容还是充分表达了人民的心愿：渴望太平，期盼安定，祈求丰收，向往幸福。

"王氏"镜铭文内容在百年以后，仍得到了当时社会的认可。在东汉中晚期的铜镜铭文中，由于年代久远，"忌讳"减弱，还有莽式"王氏""尚方"镜铭文内容的不断问世。有镜例表明，一些不太正规的镜种，甚至将"王氏""尚方"镜铭文内容延续到了三国乃至魏晋，可说是流传久远。1994年，在日本京都府竹野郡弥荣町大田南古坟群5号坟，出土了一面三国魏时的纪年铭四灵博局镜，[17]直径17.4厘米，一周39字铭文："青龙三年（235），颜氏作竟成文章，左龙右虎辟不详，朱爵玄武顺阴阳，八子九孙治中央，寿如金石宜侯王。"

（六）每镜不同

从表四可知，王氏铭莽式镜亦有如同新有铭莽式镜一样的"每镜不同"。以D-8与D-10镜为例，直径与重量都相近，在其几乎相似的铭文中只有两个小差别：其一，第五句第五字，前者为"子"，后者为"得"；其二，第七句第五字，前者缺失"乐"字、后者有"乐"。其实，尚方铭莽式镜与新兴铭莽式镜亦是如此，只是尚方铭莽式镜的存世量较大，在信息量不够充分时，不能主观评说。用留有余地的表述，或许可以有这样一个猜测性的说法：莽式镜的同模情况几乎不存在。"同模"就是批量铸制的器物，亦即俗称之"一母多胞"。笔者在日本《和泉市久保惣纪念美术馆藏品选集》一书中，发现了几乎与D-11镜同模的"错版"镜（直径18.5厘米），此器版模、品相堪称一流，唯比D-11镜少了一个"人"字，其第二句铭文成了"多贺新家民息"，说明"王氏"铭莽式镜亦并非尽善尽美。为什么莽式镜没有（或罕见）同模情况？期盼有朝一日能破解这个"每镜不同"之谜。

（七）史料对照

"王氏"镜铭文内容还印证了《汉书·王莽传》的一些历史记载，见下页表七：

关于铭文末句"传告后世乐毋亟"中的第二字，《莽镜考》[18]一文认为"案铭文吉字或为告字，不定。"笔者有幸在此告慰作者何士骥前辈，通过多个"王氏"镜铭实例考证可知，此字第一横笔之左端多有上折，皆应为"告"字。如此，在抗战期间所写《莽镜考》一文的结尾就更加意味深长："（王莽）自以为子孙开帝王万世之照，其乐诚无极矣。然篡汉十六年而自杀其身，与铭辞适得其反……'食人者而为人食'……秦室，千古暴戾，食报如同一辙，亦可为今之侵略者戒矣！"何士骥前辈借"王氏"镜铭文，告诫人们要"以史为鉴"。"王氏"镜征史有据，不仅突出了自身的文化品位，还提高了铜镜在文物中的历史地位。

---

〔17〕中日两国皆有专家认定，此镜当是景初二年（238）魏明帝曹叡赠送倭女王卑弥呼"铜镜百枚"（《三国志》卷三十）之一，极具历史价值。

〔18〕《说文月刊》1944年第4期。

表七　王氏镜铭与《汉书》等的相互印证

镜铭语句	《汉书·王莽传》等对照语句
四夷服	（莽上书）"念中国已平，四夷未有异，乃遣使者赍黄金币帛重赂匈奴单于，使上书慕从圣制而改二名。" 《汉书》："莽志方盛，以为四夷不足吞灭。" 《汉书》："莽北化匈奴，东致海外，南怀黄支，惟西方未有加，迺遣中郎将平宪等，外持金币，诱塞外羌使献地，愿内属。" 表一 A1-2 镜铭文："四夷来服国家强"与之吻合。
人民息	（莽上书）"莽受太傅安汉公号……云愿须百姓家给，然而加赏。" （莽上书）"莽因上书，愿出钱百万，献地三十顷，付大司农助给贫民。" （莽下诏）"百姓安土，岁以有年。" 表四 D-5 镜铭文"中国安宁兵不扰"与之意同。 表八 E-10 镜铭文"井田平贫广其志"亦相贴切。
胡虏殄灭	何士骥《莽镜考》："总观莽传，凡言胡虏，自指北匈奴及西域等国而言……又于出征之人，或封定胡将军，或封伐虏侯，其胡虏殄灭者，实盖如此。" 《汉书》："有奇士，长丈，大十围，未至臣府，曰欲奋击胡虏。" （莽下诏）"今胡虏未灭诛……盗贼未被破殄。"
天下复	何士骥《莽镜考》："（王莽为）达成其目的，以消灭其篡窃之痕迹，以为天下后世庶知昔之得王，为出于天授与命定，特由刘氏之手恢复吾王氏之旧有物耳。故镜铭曰'复'，岂普通虚文云尔哉。一字之力，是以网盖全身，古器物之有功史学，此为最著者也。"
风雨时节	（莽上书）"今幸赖陛下德泽，间者风雨时，甘露降，神芝生。"
五谷孰	《汉书》羌豪良愿对曰："太皇太后圣明，安汉公至仁，天下太平，五谷成熟。" 表八 E-11 镜铭文"五谷成熟天下大安"与之吻合。

六、其他铭莽式镜

在中国历史上，王莽虽然是一个不得善终的典型人物，他却对西汉文化进行了一场翻天覆地的"大革命"。以几乎是每镜不同的莽式镜为例，除了最主要的又常见的"尚方"铭、"新有"铭、"新兴"铭、"王氏"铭之外，还有许多其他品种。年代向前推，莽式铭文镜虽主要在新莽问世，然的确早在西汉的最后十年中就已经出现。年代往后看，地皇四年（23）王莽被杀后，虽在政治上是改天换地，但在文化上还来不及"一刀两断"，故东汉初年时，莽式镜文化还被或多或少地保留了一小段时间（估计 10 至 15 年）。本文收集了从西汉末到东汉初共 36 面其他铭文的莽式镜，汇总如下，见表八。

表八　其他铭莽式镜一览表

编号	年代	直径重量	铭文内容	字数书体	资料来源
E-1	西汉晚期	18.5/	永始二年五月丙午漏上五工丰造。景公之象兮，吴娃之悦。作精明镜兮，好如日月。长相思兮，世不绝。见朱颜，心中欢。常宜子孙。	49篆隶	1996年洛阳五女冢新莽墓葬出土
E-2	西汉晚期	18.6/	金之青，视吾形，见至框，长思君，时来游，宜子孙，乐无忧。	21篆隶	江苏盱眙出土
E-3	西汉晚期	27.5/	汉有善铜出丹阳，卒以银锡清而明，刻娄六博中兼方，左龙右虎游四彭，朱爵玄武顺阴阳，八子九孙治中央，常葆父母利弟兄，应随四时合五行，浩如天地日月光，照神明镜相俟王，众真美好如玉英，千秋万世长乐未央兮。	86汉隶	江苏尹湾汉墓出土
E-4	西汉晚期	20.7989	汉有善铜出丹阳，卒以银锡清而明，刻治六博显文章，左龙右虎去不羊，千秋万世，长乐未央。	40汉隶	2006年中国嘉德春季拍卖图录
E-5	西汉晚期	20.3/	目哉□□思也，高哉毛□偪也，莒哉□此字也，大哉孔子志也，美哉宜易负也，乐哉居毋事也，奸哉澳人异也，急哉下□记也。	48简隶	洛阳墓葬出土
E-6 图19	西汉晚期	18.6/	圣人之作镜兮，取气于五行。生于道康兮，咸有文章。光象日月，其质清刚。以视玉容兮，辟去不祥。中国大宁，子孙益昌。黄裳元吉，有纪纲。（似同一镜，湖南长沙有出土）	51汉隶	中国国家博物馆日本樋口隆康《古镜》图录71
E-7	西汉晚期	18.4/	视容正己镜为□，得气五行有□纪，□□公于终须始，中国大宁宜子孙。	28篆隶	《广西铜镜》图71
E-8 图1	西汉末年	21.01042	令名之纪七言止，湅治铜华去恶宰，铸成错刀天下喜，安汉保真世毋有，长乐日进宜孙子。（王莽居摄年间）	35汉隶	1.扬州遗址出土 2.北京赏心斋
E-9	西汉末年	19.1817	秦中作镜居咸阳，当法天地日月光，上有仙人予凤皇，吮珠持璧食玉英，崔文王侨骑鹿行，昭此镜者家富昌。（在柿蒂纹钮座间另有四字"大泉宜利"）	46汉隶	陈学斌
E-10 图20	新莽	15.0856	刘氏去，王氏持，天下安宁乐可喜，井田平贫广其志。	20简隶	阜阳博物馆
E-11	新莽	15.6/	唯始建国二年新家尊，诏书数下大多恩。贾人事市，不躬啬田。更作辟雍治校官，五谷成熟天下大安。有知之士得蒙恩，宜官秩，葆子孙。	52莽隶	中国国家博物馆
E-12	新莽	16.6690	始建国天凤二年作好镜，常乐富贵庄君上，长保二亲及妻子，为吏高迁位公卿，世世封传于无穷。	38莽隶	上海博物馆

（续表）

编号	年代	直径重量	铭文内容	字数书体	资料来源
E-13	新莽	19.7 828	新朝治竟子孙息，多贺君家受大福，位至公卿蒙禄食，幸得时年获嘉德，传之后世乐无叹，大吉。	37 篆隶	《三槐堂藏镜》图84《清华铭文镜》图57
E-14 图21	新莽	21.1 1055	凤皇翼翼在镜则，致贺君家受大福，官位尊显蒙禄食，幸达时年获嘉德，长保二亲得天力，传之后世乐毋已。	42 悬针篆	《三槐堂藏镜》图66《清华铭文镜》图52
E-15	新莽	20.7 1142	上华山，凤皇矣，见神鲜，保长命，寿万年，周复始，传子孙，福禄祚，日以前，食玉英，饮澧泉，驾青龙，乘浮云，白虎引。	42 悬针篆	《三槐堂藏镜》图68《清华铭文镜》图58
E-16	新莽	21.3 980	德天道，物自然，食玉英，饮澧泉，驾非龙，乘浮云，白虎引，上大山，凤皇矣，见神鲜，赐长命，寿万年，宜官秩，保子孙。	42 悬针篆	江苏望溪楼
E-17 图5	新莽	16.5 676	上大山兮见仙人，食玉英兮饮澧泉，驾交龙兮乘浮云，宜官秩，保子孙。	27 悬针篆	《清华铭文镜》图59
E-18	新莽	18.7 898	昭见明镜知人请，左龙右虎辟天菁，朱爵玄武法列皇，八子十二孙居安宁，常宜酒食乐长生，非有鬼神物自成。	43 悬针篆	1. 张铁山 2. 张宏林
E-19 图22	新莽	19.2 823	角王钜虚辟不详，七子九孙治中央，仓龙白虎神而明，朱爵玄武顺阴阳。	28 悬针篆	张宏林藏
E-20	新莽	17.1 560	朱氏明竟快人意，上有龙虎四时宜，常保二亲宜酒食，君宜官秩家大富，乐未央，贵富昌，宜牛羊。	37 简隶	《三槐堂藏镜》图85《清华铭文镜》图63
E-21	新莽	18.8	雕刻治镜日月精，岁考五德商羽声，天地和合子孙显，寿主毋极永以宁，长相保有富贵荣。	35 悬针篆	浙江止水斋
E-22	新莽	16.6 /	幽涷神石取其清，金银锡合以相成，区治作镜世安宁，官秩高迁贾市宜，赢长乐，毋相忘，而复丁兮。	38 篆隶	张铁山
E-23	新莽	20.7 1045	新家作竟真毋伤，巧工刻之成文章，左龙右虎辟不羊，朱鸟玄武顺阴阳，子孙备具居中央，上有仙人以为常，长保二亲乐富昌，寿敝金石如矦王，宜马牛羊。	60 篆隶	黄洪彬
E-24	新莽	18.7 678	新家作竟出尚方，鲁谷刻画成文章，涷治铜华清而明，长保二亲利弟兄，为吏高迁乐未央，富如侯王。	39 篆隶	张宏林
E-25	新莽后东汉初	23.2 1118	枲言之纪从镜始，调铜锡，去恶宰，刻镂均好宜孙子，长保二亲乐毋已，辟如乾终周复始，寿敝金石先王母。	41 汉隶	唐勤彪（边窄，钮孔转向）
E-26 图6	新莽后东汉初	16.5 /	昭明镜，好如月，进朱颜，得所欲，象日月，金为局，心相思，长毋绝。	24 悬针篆	江苏平镜斋（连续水波纹缘）

（续表）

编号	年代	直径重量	铭文内容	字数书体	资料来源
E-27	新莽后东汉初	20.9 1147	作佳镜哉真无伤，左龙右虎卫四旁，朱爵玄武顺阴阳，子孙贵富为侯王，传称万岁乐未央。	35 悬针篆	浙江止水斋藏
E-28	新莽后东汉初	15.7 606	作佳镜，清且明，葆子孙，乐未央，车当传驾骑趣莊，出乘四马自有行，男则□□（封矦）女嫁王，刻娄博局去不羊，服此镜，为上卿。	44 篆隶	《三槐堂藏镜》图 74《清华铭文镜》图 56
E-29	新莽后东汉初	14.2 384	日见出光，天下大明，□□矦王，长乐未央。	16 悬针篆	孙小龙藏
E-30 图 23	新莽后东汉初	16.6 588	日有憙，乐毋事，宜酒食，居必安，毋忧患，竽瑟侍，心志欢，乐以哉，故常然，月内。	31 悬针篆	《三槐堂藏镜》图 79《清华铭文镜》图 64
E-31 图 24	新莽后东汉初	16.3 770	贤者戒己仁为右，怠忘[19]毋以象君子，二亲有疾身常在，时时（侍侍）。	23 简隶	《三槐堂藏镜》图 78《清华铭文镜》图 65
E-32	东汉初期	16.7 /	福喜进兮日以前，食玉英兮饮澧泉，驾交龙兮乘浮云，白虎引兮上泰山，凤凰舞兮见神仙，保长命兮寿万年，周复始兮八子十二孙。	49 悬针隶	《图典》图 293 洛阳东汉早期墓葬出土
E-33	东汉初期	25.4 2700	维镜之旧生兮质刚坚，处于名山兮矦工人，涷取精华兮光耀增，升高官兮进近亲，昭兆焕兮见躬身。福喜进兮日以前，食玉英兮饮澧泉，倡乐陈兮见神仙，葆长命兮寿万年，周复始兮传子孙。	74 悬针隶	《长安汉镜》图 42、图版 56
E-34	东汉早期	23.2	汉有善铜出丹阳，和以银锡清且明，左龙右虎主四旁，八子九孙治中央，朱鸟玄武顺阴阳，千秋万世乐未央。	42 汉隶	浙江止水斋藏
			召容貌，身万全，象衣服，好可驾，宜佳人，心意欢，长裳（尚、上）志，固常然，食玉英，饮禮泉，驾非龙，乘浮云。上华山，见神人，葆长命，寿万年，周复□始传子孙。	54 悬针篆	
E-35	东汉初期	16.7 /	汉有善同出丹阳，涷已银黄清而明，左龙右虎辟五兵，朱爵龟蛇顺阴阳，神人王□□持□，庶人□造奏矦王，月民服之，延年寿长。	50 篆隶	江苏平镜斋藏
E-36	东汉早期	16.3 720	棽言之始孝为右，古有便父又利母，鲜人王侨赤诵子，乘云日露越江海，徘徊名山。	32 简隶	《清华铭文镜》图 62

[19] 经李学勤先生指点，"怠忘"通"怠荒"，意为懒惰放荡。

E-1镜是迄今所知中国最早的纪年镜。1996年元月，洛阳市第二文化工作队在洛阳五女冢发掘了一座新莽时期的墓葬，出土了一面四灵博局铭文镜（编号：96HM267），此镜（直径18.5厘米）铭文有年号"永始二年"（前15）。从形制上看，钮座柿蒂纹与图1相近，说明这部分纹饰的一脉相承。此镜主纹饰为四灵博局，没有出现从居摄开始正规莽式镜所具有的十二地支，正好说明其是正规莽式镜的一种雏形。

E-2镜的铭文内容很特殊，此镜当是西汉镜向莽式镜演变时的过渡器物。

E-3镜尺寸硕大，为汉尺整1尺2寸，这是西汉晚期罕见的镜例。历史进入新莽以后，最大的尺寸仅为1尺整。铭文内容中"刻娄六博中兼方"，亦是重要的研究资料。

E-4镜形制标准，内容齐整，应为官制镜的典型器物。E-3、E-4两镜铭文中皆有"六博"字样，历史进入新莽后，只见"博局"而不见"六博"，有待另考。

E-5镜铭文中的"大哉孔子志也"，使后人从镜铭内容对西汉末的儒家思想可有一定的了解。在国内收藏家处，铭文"大哉孔子志也"镜见有多面。E-4、E-6镜的汉隶书体与西汉中晚期"铜华"镜、"日有熹"镜的铭文接近，当是汉字隶变大局已定时的书体。如果了解西汉铭义镜，对莽式镜文铭书体可以一目了然。

E-6（图19）、E-7镜与"王氏"镜中的D-5镜，皆有"中国大宁"或"中国安宁"的字样，为炎黄子孙研究铜镜铭文增加了"动力"。E-6镜作为珍稀的鎏金品种，此镜系湖南长沙伍家岭第211号墓出土器物，日本樋口隆康《古镜》图录71亦予以刊载。

E-8镜（见图1）是一面虽没有年号然可推断年代的"纪年"镜，尤为可贵的是，在扬州汉唐古城遗址出土了相同资料，使得这一历史、文化的考证成为确凿无疑的史实。

图19

E-9镜与E-8镜类似，除了铭文内容非同一般外，"大泉宜利"四字可考纪年。居摄二年（7）王莽第一次货币改制时铸行了与金错刀、契刀同时的方孔圆钱"大泉五十"，"大泉"即大钱。"大泉"的镜铭书法与钱币书法一致，这在其他情况下比较少见。铭文首句"秦中作镜居咸阳"，标注出作镜地点在咸阳，可为铜镜作坊地的深入研究提供宝贵资料。

E-10镜（图20）是一面历史价值很高的"证史"镜（参见本文结语"身份认定"的内容）。

E-11、E-12乃两面皆由国家级的大博物馆收藏且深具历史价值的纪年镜，民间收藏至今未见。国外仅见一面在朝鲜出土且由日本收藏的"居摄元年"铭纪年镜。

E-13"新朝治竟子孙息"镜是带国号"新"字莽式镜中的罕见品种。在李雪梅、晓冰著《铜镜》第六章"镜铭辑录"第39条的内容与之完全一致。另在刘体智《小校经阁金文拓本》

中亦见一面，直径 16.2 厘米，内容与字数皆同，唯将"蒙禄食"改成了"修禄食"。这几面此类镜的铭文书体明显不同。

E-14 镜（图 21）是一面存世罕见、书体精美的莽式镜。比较 E-13 镜，可知第二句基本相同，其"新"家皆改成了"君"家。用"新家""君家"或"官家"来代替"国家"，"二"字用双鱼（亦见双鸟）纹展现，"四"字用四横笔表示，"七"字用"桼"通假，都是新莽朝在文字上标新立异的一种时代特色，已成为认识莽式镜的重要标志。

图 20   图 21

E-15、E-16、E-17 三镜皆为较特殊的镜种，E-15 镜与《陈介祺藏镜》图 103 似为同模。E-16 镜甚少见，尤其首句"德天道"，可知原意即"得天道"。E-17 镜（见图 5）是在典型的三言句的相邻两句中，加入一个"兮"字而成为七言句。[20]《三槐堂藏镜》附录 12 铭文："上此大山见神人，久宜官秩葆子孙，君食玉英饮澧泉，参驾蚩龙乘浮云。"有异曲同工之妙。两千年前，古人改三言句式为七言句式的"文字游戏"可见一斑。有趣的是，这种"文字游戏"镜的铭文书体都是精美的悬针篆。依据铭文的句式与书体可知，当时的文化人应是参与了铜镜的设计与制作。

E-18、E-19 镜（图 22）皆具道家文化，其铭文书体当在精美之列。

E-20 镜是除了王氏镜以外，属于莽式姓氏镜中的稀有品种，其同类镜可参见《陈介祺藏镜》图 91。

E-21 镜的关键句是"岁考五德商羽声"，说明当时对仕途之人的要求很严，每年不仅要考查"五德"（或谓"温、良、恭、俭、让"，或谓"智、信、仁、勇、严"），还

---

〔20〕《泉屋博古·镜鉴编》图 36，直径 18.9 厘米，37 字悬针篆铭文顺时针向连读为："上大山，见仙人，食玉英，饮澧泉，驾交龙，乘浮云，白虎引兮直上天，为长命，寿万年，宜官秩，保子孙。"同书图 38，直径 19.0 厘米，31 字悬针篆铭文顺时针向连读为："上大山，见神人，食玉英，饮澧泉，驾非龙兮乘浮云，白虎引，直上天，赐长命，保子孙。"

要考查"商羽"（即古时音律"宫、商、角、徵、羽"的简称）。这句铭文短短七个字，将两汉之际的文化氛围，充分地展现在我们面前。

E-22镜铭文前半内容重点表述冶炼铸制，后半主要为吉祥用语。"复丁"意为保持强壮，《急就篇》卷四："长乐无极老复丁。"王应麟补注《参同契》："老年复丁壮。"

E-23镜除了开头三字不同与末尾多了四字外，全部铭文与A1-6的"尚方御竟"内容相同。再一次表明：在莽式镜铭文中，"尚方""新家""王氏"这三个词组可任意替

图 22

图 23

换。此镜末尾四字"宜马牛羊"与E-20镜末尾"宜牛羊"有相似之处。

E-24镜系又一面铭文带国号"新"字的罕见品种，重要之处在于首句"新家作竟出尚方"，句意直接点明主题：新莽官家的铜镜皆由"尚方"制作。

E-25镜铭义"调铜锡，去恶宰"与图1（E-8）镜铭文有同义，"恶宰（滓）"是指炼铜过程中的杂质。铭文内容将铸镜的关键工序讲得很明白，先要调好铜锡比例通常是2:1，即古称之"金锡半"（事实上在锡的成分中还包括了10%左右的铅），而后要多炼，多一次熔炼，就会多除去一次杂质。"炼"的次数多，材质的纯净度就高。

E-26镜（图6）之亮点在于其边缘纹饰为连续的水波（辟雍）纹。

E-27镜铭文的特殊内容是第四句中的"传称万岁"，字面上是吉祥用语，实际成为讽刺之言，新朝存世仅15年。

E-28镜铭文不仅出现了学术界所关心的"刻娄博局去不羊"，而且突破了这种内容仅在"新有"铭莽式镜中的局限。其余铭文内容，亦具一定的文化价值。"男则封侯女嫁王"表达了当时人"攀龙附凤"的一种心态，"车当传驾骑趣庄，出乘四马自有行"。主要是讲当时人的身份与排场。详见《三槐堂藏镜》图74~77。

E-26、E-29、E-30（详见图23）三镜铭文书体皆为典型的悬针篆，具有秀美、俊逸、潇洒的书体特点，其问世年代似主要是在新莽后期。"日有憙"铭文内容源自西汉草叶铭

图 24

文镜，在东汉镜铭中亦时有出现，说明一个问题：朝代更替可在一朝一夕，而文化特质在政权的迅速更替以后，总还会有千丝万缕的联系。

E-31 镜（图 24）有着典型的儒家思想，前两句告诫人们要"克己复礼"，以"仁"为重（右为上），后两句注重孝道。参见《三槐堂藏镜》图 78 与本书《两汉儒家思想铭文镜》。

E-32、E-33、E-34 三镜由于其悬针篆书体特点等因素，说明其年代不应在西汉末，而是在东汉初。强调说明，"新有"铭在新莽毋庸置疑，而"汉有"铭则存在两种可能：一在西汉末，二在东汉初。仔细辨别，不难区分。

E-35 镜是一面典型的道家镜，铭文内容宣传道家的宗旨与功能以及炼丹的要求与目的。

E-36 镜为又一面儒家文化镜，教育人们"万事孝为先"。值得关注的是，铭文后半段融入了道家文化。这个镜例又说明：东汉初年汉王朝对"儒""道"两种文化的包容性。

七、结语

（一）问世年代

对于"新有"铭和"新兴"铭等带有国号"新"字的莽式镜，将其问世年代断为新莽毋庸置疑（"新兴"铭还有王莽执掌中央以前任新都侯之"新"的个别例外）。而对于"尚方"铭和"王氏"铭，则需要再进行一些研讨。

1. 尚方铭莽式镜

从 A1-8 镜和 B-1、B-3、B-4、B-11 等镜的铭文内容来看，"新有"和"尚方"同处一镜，将其年代定新莽确属无疑。由 E-8 镜（图 1）"铸成错刀天下喜"的铭文可知，具四灵博局纹形制莽式镜的问世年代，至少可上推至新莽建国前的居摄年间。王莽实行过 4 次币制改制，钱铭上出现悬针篆书体是在始建国二年（10）的第三次币制改制。镜铭书法不是悬针篆的莽式镜，其问世年代一般应在西汉末期至新莽前期。

《中国古代铜镜》书载："从具有这种图纹的镜铭中往往出现十二地支，出现'左龙右虎主四方，朱鸟玄武顺阴阳''上有仙人不知老，渴饮玉泉饥食枣'铭文等几个因素考虑，似乎应该与西汉末年王莽时期谶纬学说、神仙思想、阴阳五行说的盛行有关……"《洛阳烧沟汉墓·第三篇》器物类型中说："这样看来四神规矩镜的最早出现或许在王莽之前，最盛期应是王莽时，其下限一直可能到东汉中叶。"

据此可以大致推断，"尚方"铭莽式镜的问世年代：最小范围是在居摄元年（6）至天凤年间（14~19）的约十年之间；最大范围，上推一般不应超过五年（公元 1 年王莽被赐号安汉公，开始大权在握），考虑到东汉初的文化连续性，下延通常不会多于二十年（公元 23 年新莽灭亡）：故而，猜测此类镜的问世年代至多在四十年左右。需要强调说明一点：如果出现辟雍缘纹改变，十二地支偏转，四灵布局错位以及总体形制（m值、缘口、凸度……）有异等情况，无论哪一种尚方镜，都不会是盛行期标准器的莽式镜，其问世年代也将另当别论。镜例事实说明，东汉时期曾大量仿制新莽之"尚方作竟"，仔细观察不难区别。

2. 新兴铭莽式镜

史料明确告诉我们，永始元年（前 16）王莽被赐封为新都侯，其封地在"南阳新野之都乡"。无论其以后的地位怎样变化：大司马、太傅、安汉公、宰衡、假皇帝（居摄）、真皇帝；然其皆是发迹于新都侯，根据地在"新野之都乡"。王莽立国称号为"新"，说明在王莽心里，新朝的"新"就是新都侯的"新"。在王莽逐步地夺取皇位的过程中，他早就把"新"字当成了未来的国号。这个过程中，即使提前用了"新"字，因为他是新都侯，也不存在"犯上作乱"的嫌疑。新兴铭莽式镜是一个有着两个阶段的镜例：居摄前就有器物问世，虽然所用"单于"是正规的，但其形制是不正规的；居摄后仍有器物问世，虽然所用"然于"是不正规的，但其形制是正规的。表四中的八面"然于"铭莽式镜都有标准尺度，而且分别是汉尺 10 寸、8 寸、7 寸、6 寸的四种系列规格。似可认为，新莽的"新"字有狭义与广义两个概念：狭义理解，仅是始建国元年成立的新朝之"新"；广义理解，还包括着封地为"新野之都乡"的新都侯之"新"，"单于"铭莽式镜应属于广义理解的范围。笔者认为，"单于"铭莽式镜（其"新"字应该是新都侯的新）问世在居摄元年以前匈奴与汉的和平友好时期；"然于"铭莽式镜（其"新"字主要是新朝的新）问世在居摄元年（6）之后匈奴与汉的再次交恶时期（7~23），这两类新兴铭莽式镜的年代区分，当可明确在居摄之初（6~7）。"单于"铭莽式镜应是在特定历史条件下，专为王莽歌功颂德而铸制的"纪念性"器物，见证了 61 年间汉与匈奴的一段和平历史。此类莽式镜有着深厚的历史价值与文化价值。

3. 王氏铭莽式镜

若干镜例（如 D-14、E-11、E-13、E-14、E-23、E-24 等镜）证明，莽式镜铭文多用"新家""君家"或"官家"代替"国家"。此外，多数"王氏"镜铭文第二句中都有"新家"二字，故"王氏"镜的下限年代断新莽无疑。

继而探讨"王氏"镜的上限年代：居摄年间（6~8）王莽大权独揽，图谋废汉立"新"是王莽朝思暮想的一件大事，会不会先制造一些舆论为夺取政权做准备？在未建新莽王朝时，因王莽摄政而出现王莽的"王氏"没有什么不正常。又，永始元年（前 16）王莽袭其父王曼之爵为新都侯，"新都"即今河南南阳之新野，被认为是王莽的发祥之地，所以，居摄年间就有"王氏"镜并非不可能。实践证明，有一些莽式镜确实是在新莽之前就已制作。

按传统观念，王莽因篡位而遭后世唾弃。东汉之初，绝对不会再用"王氏"和"新家"的字样（伪制者另说），故"王氏"铭莽式镜只可能问世在新莽或是新莽之前的西汉末年。至今未发现有形制不规范的大尺寸"王氏"镜（后世仿制了少量不规范的小尺寸"王氏"镜另说），这表明，正规的"王氏"镜的制作不可能在社会动乱、缺乏管理的新莽后期。[21]

"王氏"镜连同大部分"尚方"镜的书体（前称"莽式汉隶"）独特，说明此类镜是处于特定时代的官制器物，亦都是深深地烙上了王莽思想印记的标准镜种，既伴王莽掌权而生，又随王莽被杀而亡。再次简要回顾新莽王朝孕育、建立、灭亡的历史过程：元始元年（公元元年）正月，王莽从半年前的大司马而再次加官晋爵，被"拜为太傅，赐号安汉公"，开始了大权独揽；居摄元年（6）王莽摄政，成为"摄皇帝"，实际上统治了西汉王朝；居摄三年（8）十二月王莽废汉登基，当上真皇帝；始建国元年（9）正月新莽王朝成立；天凤二年（15）各地起义，匈奴再反，新莽开始败落；地皇四年（23）王莽被杀，新莽灭亡。

据此，推测"王氏"镜问世年代主要应在公元 6 年至公元 15 年的 10 年之间，希望今后有可靠的出土资料予以完善及更正。总之，可以认定"王氏"镜的确切问世年代：跨越了西汉末年至新莽的两个时期，这亦是将"王氏"镜谓作莽式镜而不称新莽镜的缘由。

（二）身份认定

"尚方"铭，"新有"铭，"新兴"铭等莽式镜的身份不言而喻。这里再对"王氏"铭莽式镜的身份作一认定。

E-10 镜（图 20）铭文"刘氏去，王氏持"的含义容易理解，将王莽的"壮志已酬"说得明明白白：刘氏皇帝的西汉王朝已一去不复返，王氏把持的新莽王朝正统一着天下。《汉书·王莽传》载：始建国元年……（莽）又曰："皇天明威，黄德当兴，隆显大命，属予以天下。今百姓咸言皇天革汉而立新，废刘而兴王。"王莽在成为真皇帝以后，将其王氏家族子弟皆分封到"公、侯、伯、子、男"的爵位之中，足见镜铭"刘氏去，王氏持"的有史可据。可以认定，这里的"王氏"完全就是王莽的王氏家族，即新莽王朝的皇族。同时，亦印证了"王氏"镜铭文"官位尊显蒙禄食"以及各类莽式镜铭文中常见的"八子九孙治中央""八子十二孙治中央""子孙复具治中央"等内容并非虚言。

何士骥《莽镜考》对"王氏"镜铭文内容作了释读，此文认为："王氏"镜"为历来著家所未录，诚为珍品……言王莽或王莽家人作此镜也。……足见此镜之作，方当莽及家人得意成功之日，盖在始建国、天凤之间也。……（此镜）今作于王氏，实不啻为《汉书·王莽传》三篇、及《元后传》《外戚传》诸篇之缩写也。"转眼六十年，弹指一挥间，"王氏"镜及其资料又多显现在今日之盛世。这里，再提供部分实例如下：

1.《中国古代铜镜》第 77 页载：""王氏"铭："王氏作镜真大好，上有仙人不知老，渴饮玉泉饥食枣，浮游天下敖四海，寿如金石之国保。"很明显，这仍然是属于尚方铭类

---

[21] 新莽后期，"王氏"镜和"尚方"镜应不再制作，东汉早中期仿制的"尚方"镜，已是"差之毫厘，失之千里"（形制变化、钮孔转向、子午颠倒、龙虎错位等）。

系统，只是将'尚方'改为'王氏'而已。"

2. 表一 A2-4 镜仅是"尚方"两字开头，其余铭文则系常规"王氏"镜所有。

3. 文前对表二（B-4，即表四 D-3）镜的讨论有言："'新家''尚方''王氏'三个词组不仅共存一镜，而且能任意更替。"

4. 表四 D-5、D-13 镜皆只是"王氏"两字开头而已，其余铭文内容则系常规的"尚方作竟"镜所有。

5. 表四 D-14 鎏金镜铭文"王氏作竟四夷服，多贺官家人民息"，清晰地表明了此类王氏镜的身份与地位。

6. 表八 E-23 镜"新家作竟真毋伤"与 E-24 镜"新家作竟出尚方"的铭文内容又一次证明，王莽以家代国（"家天下"应由此始），首句铭文表示，新莽朝王氏天下的铜镜必出自于尚方官制。

通过以上镜例之考证可知，莽式镜铭文开头两字"王氏"和"尚方""新家"皆可任意更替互换。"王氏"的身份已经十分明确："工氏"即为工莽家族的"王氏"，就是"尚方"与"新家"的同义词，亦系"官制"或"官家"的代名词。存世有限的"王氏"镜（特别是"王氏昭竟"与鎏金"王氏作竟"）和少数制作精良的"尚方"镜（尤其是鎏金品种），当为王莽家族所使用的"御制"镜种。

（原载《收藏家》2008 年第 5、6、7、8 期）

新莽镜"单于举土"铭研究

说明：本篇原载《汉镜文化研究》之"2.3"，内容系后续两篇（044、045）之综合篇、浓缩篇，为读者方便而实录于此。

一、问题提出

距今已有整两千年的新莽镜，问世在一个特定年代，造就了诸多特定元素：纹饰基本固定[1]；尺寸重量规范[2]；文字书法多元[3]；镜铭折射历史（在"镜铭证史"方面可谓首屈一指）；年号国号突出[4]。

带国号"新"字的新莽镜铭文皆为七言，一般可分四类。甲类，首句"新有善铜出丹阳"镜为"新"字镜中的大类；乙类，首句"新朝治镜子孙息"镜在"新"字镜中属罕见；丙类，系"王氏昭（或"作"）镜四夷服"镜的第二句"多贺新家人民息"，乃是"新"字镜中的少数；丁类，首句"新兴辟雍建明堂"镜，亦是"新"字镜中的少数。丁类镜的句式多见四句以下而少见四句以上，以常见的四句式为例，前两句固定为"新兴辟雍建明堂，然于举土列侯王"，后两句主要是"将军令尹民户行，诸生万舍在北方"，少数有例外。

1935年刘体智《小校经阁金文拓本》中，收录了七面甲类镜、一面乙类镜、五面丙类镜（就

---

〔1〕四灵、博局、十二地支。
〔2〕详见本书046《新莽官制镜的标准与制式》。
〔3〕汉隶、多隶少篆变体、悬针篆、多篆少隶变体、简隶等。
〔4〕详见《汉镜文化研究》下册图录部分图137、图138、图139。

私人收藏而言，应属数量最多），仅见一面四句的丁类镜；1935 年梁上椿《岩窟藏镜》中，只收录了四面甲类镜，却不见丁类镜；1984 年孔祥星、刘一曼《中国古代铜镜》中，亦不见有丁类镜；1987 年陈佩芬《上海博物馆藏青铜镜》中，才见两面丁类镜，分别为四句和三句；1992 年孔祥星、刘一曼《中国铜镜图典》中，虽有不少新莽镜，然丁类镜才见一面（图374），其铭文仅有三句。

近些年来，在各地博物馆和收藏家处，又陆续发现了十余面铭文为"新兴辟雍建明堂"的丁类镜。本文汇集 10 面铭文在四句以上者，详见表一。

表一　新兴辟雍建明堂铭文镜一览表

序号	直径（厘米）	重量（克）	铭文内容	备注
1	23.3	1384	新兴辟雍建明堂，然于举土列侯王，将军令尹民户行，□□□□□，诸生万舍在北方，郊祀星宿并共皇，左龙右虎主四彭，子孙复具治中央。	陕西私人藏，汉尺 10 寸
2	18.8	812	新兴辟雍建明堂，然于举土列侯土，将军令尹民户行，诸生万舍在北方，郊祀星宿并共皇，子孙复具治中央。	江苏聚珍阁藏，汉尺 8 寸
3	18.8	1070	新兴辟雍建明堂，然于举土列侯王，将军令尹民户行，诸生万舍在北方，子孙复具治中央。	阜阳市博物馆藏，汉尺 8 寸
4	18.7	1082	新兴辟雍建明堂，然于举土列侯王，将军令尹民户行，郊祀星宿并共皇。	张铁山先生藏，汉尺 8 寸，八乳制式
5	18.8	755	新兴辟雍建明堂，虏胡殄灭见青黄，然于举土列侯王，将军令尹民户行，诸生万舍在北方，郊祀星宿并共皇，子孙复具治中央。	引自《清华铭文镜》图 53，汉尺 8 寸
6	16.7	/	新兴辟雍建明堂，然于举土列侯王，将军令尹民户行，诸生万舍在北方，子孙复具居中央，左龙右虎主四彭，家常大富宜君王，大富昌，宜君王，乐未央。	京都国立博物馆藏，汉尺 7 寸
7	15.4	565	新兴辟雍建明堂，单于举土列侯王，将军大尹民户行，八子九孙治中央，常服此镜寿命长。	引自《清华铭文镜》图 54
8	14.0	437	新兴辟雍建明堂，然于举土列侯王，将军令尹民户行，诸生万舍在北方。	陈学斌先生藏，汉尺 6 寸
9	13.5	380	新兴辟雍建明堂，然于举土列侯王，将军令尹民户行，诸生万舍在北方，乐未央。	引自《上海博物馆藏青铜镜》图 39，汉尺 6 寸
10	19.2	984	新起辟雍建明堂，单于去土□侯王，黄金为席，璧玉□床，千秋万岁，乐巨央孙。黍言之纪从镜始，青龙左在白东虎，长□亲，官孙子。	李经谋先生藏，减笔篆隶书体

"新兴辟雍建明堂"铭镜的存世量并不大，然品种却有多样，其历史文化的内涵相当丰富。本文主要是对铭文第二句"单于举土列侯王"，进行一些力所能及的释读与考证，试着探讨其实际内容以及历史依据。从目前存世的此类镜来看，第二句的开头两字几乎都是"然于"。一种观点认为，"然"是"单"的通假字，"然于"应该就是"单于"。另

图1

图1A

一种观点认为，"然于"是全部铭文中的转折词语，不含具体内容。今看到表一序号7号镜（图1），才证实了第一种观点的正确。而后，在李经谋先生处，又发现了另一面形制完全不同的"单于"铭新莽镜（表一序号10），至此，对于第一种观点再也毋庸置疑。

《史记·匈奴列传》注："单于者，广大之貌，言其象天单于然。""单于"就是匈奴对其天子的称谓。为什么新莽镜铭文上多不用正规的"单于"，而用带语气词"然"的"然于"？《汉书·食货志》载，居摄元年（6）王莽开始贬低匈奴（详见后文）。有一种可能是用语气词"然"字代替匈奴天子正式称谓单于中的"单"字，同样有贬低之意。唯《汉书》中说的贬低词是"善于"，而镜铭中却用"然于"，是否还有别的什么历史典故？

二、主题释考

整部西汉史的"外事"中，笔墨最重、震撼最大的就是，从汉高祖刘邦立国（前206）到昭君出塞（前33）的173年间，汉匈关系时弛时张的"战争与和平"史。我们简要回顾这段历史。

公元前三世纪，冒顿单于统治了匈奴，国力逐渐强大，多次侵犯汉朝边境。公元前200年冬，刘邦亲率大军北上，匈奴军队佯装后退，诱其深入，刘邦轻骑突进到平城白登山，却被冒顿单于的四十万精锐骑兵包围。刘邦与汉军被围七天七夜，最后刘邦用了贿赂匈奴阏氏的方法，才得以逃出重围。由于长年战乱，国家初定，经济残破，汉朝采取和亲政策，力求与匈奴暂时维持和平。到了景帝时期，汉朝一方面继续和亲，另外也在边境进行屯田移民，在国内则实行复马令来增加马匹，加强士卒训练并大量制造兵器，做好了抗击匈奴的准备。汉武帝年间，派以卫青、霍去病为首的将领对匈奴进行三次大规模战争。汉朝控制了河西走廊，切断了匈奴与西羌的联系，为汉朝与西域之间开辟通道，而匈奴则北徙漠北。汉朝虽一举将匈奴击溃，但自身也元气大伤，武帝"轮台悔过"，下令休养生息。

西汉王朝与匈奴的和平史要从汉宣帝时代说起，《汉书·宣帝纪》载：神爵二年（前60）秋，"匈奴日逐王先贤掸将众万余来降"。《汉书·匈奴传》又载："汉封日逐王为归德侯。"从此开始，匈奴不断地以"称臣""入侍""来朝""朝贺"等方式向西汉王朝表示友好。同样西汉王朝亦以"客礼待之""赐以……（厚礼）""赐礼如初"以及用"和亲""封侯"等方式向匈奴转达了期盼和平的渴望。直至天凤初年，新莽王朝亦还在持续这种外交政策。《汉书·匈奴传》载：天凤二年（15）五月，"……封骨都侯留为后安公，留子男奢为后安侯。单于贪莽金币，故曲听之，然寇盗如故"。由上可知，西汉与新莽两朝对匈奴的封侯政策，持续了约有 75 年的历史。镜铭内容"列侯王"完全符合这些史实。

我们还可简略地从有关史料来佐证汉与匈奴的和平历史，继而进一步确认"单于"和"然于"这两个不同用词的问世年代。

《汉书·宣帝纪》载："（五凤二年，即前 56）冬十一月，匈奴呼速累单于帅众来降，封为列侯。"

同书载："（五凤四年，即前 54）匈奴单于称臣，遣弟谷蠡王入侍。"

同书载："（甘露元年，即前 53）匈奴呼韩邪单于遣子右贤王铢娄渠堂入侍……冬，匈奴单于遣弟左贤王来朝贺。"

同书载："（甘露二年，即前 52）匈奴呼韩邪单于款五原塞，愿奉国珍朝三年正月。"

同书载："（甘露三年，即前 51）春正月，匈奴呼韩邪单于稽侯狦来朝，赞谒称藩而不名……二月，单于罢归……郅支单于远遁，匈奴遂定。"

同书载："（黄龙元年，即前 49）匈奴呼韩邪单于来朝，赐礼如初。二月，单于归国。"

《汉书·元帝纪》载："（建昭四年，即前 35）春正月，以诛郅支单于告祠郊庙。赦天下。"

同书载："（竟宁元年，即前 33）春正月，匈奴呼韩邪单于来朝。诏曰："匈奴郅支单于背叛礼义，既伏其辜，呼韩邪单于不忘恩德，乡慕礼义，复修朝贺之礼，愿保塞传之无穷，边陲长无兵革之事。其改元为竟宁，赐单于侍诏掖庭王嫱为阏氏。"

同书载："（建始四年，即前 29）春正月，匈奴单于来朝。"

《汉书·成帝纪》载："（河平四年，即前 25）春正月，匈奴单于来朝。"

《资治通鉴·汉纪二十六》载："（建平四年，即前 3）匈奴单于上书愿朝五年。"

《资治通鉴·汉纪二十七》载："（元寿二年，即前 1）春，正月，匈奴单于及乌孙大昆弥伊秩靡皆来朝汉以为荣。"

《汉书·王莽传》载："（元始二年，即 2）莽念中国已平，唯四夷未有异，乃遣使者赍黄金币帛，重赂匈奴单于，使上书言：'闻中国讥二名，故名囊知牙斯今更名知，慕从圣制'。"

《汉书·食货志》载："（居摄元年，即 6）王莽因汉承平之业，匈奴称藩……莽乃遣使易单于印，贬钩町王为侯。二方始怨，侵犯边境。"

以上史料说明，自西汉神爵二年（前 60）至居摄元年（6）的 65 年间，汉王朝与匈奴始终保持着和平关系。镜铭"单于举土列侯王"的主旨是，只要匈奴友好，汉王朝可以赐封单于为侯为王。居摄元年，自作"聪明"的王莽大权在握，强制推行"易单于印（改"玺"字为"章"），贬（匈奴）钩町王为侯"的愚昧政策，激化了匈奴与汉的矛盾，终于使延续了65年的一段和平历史宣告结束。充分说明无贬低之意的"单于"铭镜（详见图1镜）问世在居摄元年之前，而多数有贬低匈奴之意的"然于"镜则应问世在居摄元年以后。"然于"铭镜是"单于"铭镜的自然延续。

鉴于长期的战争，人民渴望和平。从大的概念看，新莽镜铭中"举土"一词意通"臣服"，就是对这段"和平"历史的肯定。作为和平史主角之一的呼韩邪单于，在汉史中亦屡屡得到肯定。

从具体的范围讲，当时汉王朝对匈奴确实还有一段索求土地的历史。绥和元年（前8），匈奴乌珠留单于新立。《汉书·匈奴传》载：

> 汉遣中郎将夏侯藩、副校尉韩言使匈奴。时帝舅大司马骠骑将军王根领尚书事，或说根曰："匈奴有斗入汉地，直张掖郡，生奇材木，箭杆就羽，如得之，于边甚饶，国家有广地之灵，将军显功，垂于无穷。"根为上言其利，上直欲从单于求之，为有不得，伤命损威。根即但以上指晓藩，令从藩所说而求之。藩至匈奴，以语次说匈奴曰："窃见匈奴斗入汉地，直张掖郡。汉三都尉居塞上，士卒数百人寒苦，候望久劳。单于宜上书献此地，直断阏之，省两都尉士卒数百人，以复天之厚恩，其报必大。"……单于曰："父兄传五世，汉不求此地，至知（乌珠留单于名囊知牙斯）独求，何也？……匈奴两边诸侯作穹庐及车，皆仰此山材木，且先父地，不敢失也。"

从西汉和东汉的历史地图看，此入汉地之"斗"，的确始终没有划归汉王朝。匈奴单于回答中的"此山"，即今张掖市东北方的龙首山，位于甘肃西部和内蒙古西部的交界处。龙首山沿西北至东南的走向，与合黎山合称为走廊北山。想不到在两千年前的冷兵器时代，这片荒僻之地竟是一块出产箭杆的战略要地！同年，"根因乞骸骨，荐莽自代，上遂擢为大司马"（《汉书·王莽传》）。当时，王莽即将上任大司马，对此事必定了然于胸。虽然《汉书》对这块土地的以后发展再也没有记录，但当时的汉王朝和随后的新莽王朝决不会置之不理。这件政治、外交、军事、领土交织在一起的大事，亦必然会反映到文化上来。可以这样假设，"举土"一词还具有特殊的概念，即是一种期盼：希望这块战略要地能通过和平的方式，从匈奴那里转归新莽王朝的版图。当时若能如愿，新莽王朝不仅可以得到重要的战略物资，还可以确保河西走廊的安全，使从长安通往西域的大道更加平坦。

三、标准探讨

再从形制变迁来考察"单于举土"铭莽式镜的问世年代。

图1镜直径14.4厘米，前文表中10号镜直径19.2厘米，两镜直径都不是标准尺寸（1尺即23.1厘米）的整数倍（或谓误差较大），其问世年代明显与王莽"制度甚盛"的时期不符，

甚至可以认为，此两镜并非由"尚方"的官炉所铸。众所周知，王莽是一个极其"集权"的"理想主义"者，大权在握伊始，就实行了一系列"制度甚盛"的管理措施。《汉书·平帝纪》载："（元始三年，即3）夏，安汉公奏车服制度，吏民养生、送终、嫁娶、奴婢、田宅、器械之品。"

《汉书·王莽传》载："（元始四年，即4）是岁，莽奏起明堂、辟雍、灵台，为学者筑舍万区，作市、常满仓，制度甚盛。"

《汉书·食货志第四下》载："（居摄二年，即7）王莽居摄，变汉制，以周钱有子母相权，于是更造大钱，径寸二分，重十二铢，文曰'大钱五十'。"

除了上述史载的内容外，王莽实施的改制还包括改官名，易官制，推行古代的井田制，实行五均赊贷和"六筦"，对货币制度进行四次改革，改变州、郡县的名称和区划，对首都及宫殿与城门进行改名等。在这样的历史背景下，对铜镜这样的生活工艺品，亦必然会实施改革与规范。居摄年间问世的"铸成错刀天下喜，安汉保真世毋有"莽式镜[5]，应是最早问世并初少定型的器物，可称之为十二地支四灵博局镜。图1镜没有十二地支铭义方框，却有西汉晚期镜中的钮外重圈与圈间环形九乳的纹饰。说明还没有被标准规范的"单于举土"铭莽式镜，应问世在已经有了标准规范的居摄年间之前。此外，前文表一10号镜的文字多错别、通假与省偏旁，尤其是"单于"中"单"字的上面的两个"口"字被简化为两个点，这种情况绝对不会在正规的莽式镜中出现。合理的解释，"单于"铭莽式镜只能是问世在"制度甚盛"的居摄年间之前。

四、相关问题

若能肯定上述考证，则还有三个相关问题需要进行连带探讨。

首先，新兴铭莽式镜如何会出现在新朝建立之前？

《汉书·成帝纪》载："（永始元年，即前16）五月，封舅曼子侍中骑都尉光禄大夫王莽为新都侯。"

《汉书·王莽传》载："（永始元年，即前16）封莽为新都侯，国南阳新野之都乡，千五百户。"

《资治通鉴·汉纪二十三》载："（永始元年，即前16）五月，乙未，封莽为新都侯。"

---

[5]《汉镜文化研究》下册图141。直径21厘米，重量1042克。在其主纹外围有一周顺时针向的35字汉隶铭文："令名之纪七言止，涷冶铜华去恶宰，铸成错刀天下喜，安汉保真世毋有，长乐日进宜孙子。"金错刀系王莽在居摄二年（7）第一次货币改革的产物，其法定流通年代当是王莽摄政的居摄年间。"安汉"即指王莽，西汉王朝在元始元年（1）给已是大司马的王莽再次加官晋爵，"拜为太傅，赐号安汉公"（《汉书·王莽传》）。此镜年代理应划在王莽还是安汉公的西汉末年，但其文化却与而后的新莽时期一脉相传。此类镜称西汉镜却不是西汉文化，谓新莽又不到新莽年代，笔者认为，这是打上了王莽思想印记的西汉末年镜，姑且将其命名为"莽式镜"似较为恰当。此镜是不带年号的"纪年镜"，其年代当在居摄二年（7）至居摄三年（8）的两年之间。

以上多份史料告诉我们，王莽的封地在"南阳新野之都乡"。无论其以后的地位怎样变化：大司马、太傅、安汉公、宰衡、摄皇帝（居摄）、真皇帝，然其皆是发迹于新都侯，根据地在"新野之都乡"。王莽立国称号为"新"，说明这个"新"字对他有着刻骨铭心的影响，王莽心里新朝的"新"就是新都侯的"新"。在王莽逐步夺取皇位的过程中，他早就把"新"字当成了未来的国号。这个过程之中，即使提前使用了"新"字，亦因为他是新都侯，而不存在"犯上作乱"的嫌疑。

笔者认为，新兴铭莽式镜是一个有着两个阶段的镜例：居摄前就有这类器物问世，虽然所用"单于"称谓是正规的，但其形制是不正规的；居摄后仍有同类器物问世，虽然所用"然于"称谓是不正规的（有贬义），但其形制是正规的。前文表一中的八面"然于"铭莽式镜都有标准尺度，而且分别是汉尺10寸、8寸、7寸、6寸的四种系列规格。似可认为，新莽的"新"字有狭义与广义两个概念：狭义理解，仅是始建国元年（9）成立的新朝之"新"；广义理解，还包括封地为"新野之都乡"的新都侯之"新"。"单于"铭莽式镜应属于广义理解的范围。

其次，铭文"八子九孙治中央"所处年代。

包括图1镜在内的诸多莽式镜铭文皆有"八子九孙治中央"与"子孙备具居中央"的内容。王莽在始建国元年（9）登上皇位以后，的确有一段绝非虚言的"八子九孙治中央"历史。《汉书·王莽传》载："二子（指莽长子、莽次子）前诛死，乃以（指莽四子）临为皇太子，（指莽三子）安为新嘉辟（师古曰：'取为国君之父。'），封（指莽长子）宇子六人：千为功隆公，寿为功明公，吉为功成公，安为功崇公，世为功昭公，利为功著公。大赦天下……又按金匮，辅臣皆封拜……安阳侯王舜（莽之堂弟）为太师，封安新公……丕进侯王寻为大司徒，章新公……成都侯王邑（莽之堂弟）为大司空，隆新公……京兆王兴为卫将军，奉新公……京兆王盛为前将军，崇新公。凡十一公……封王氏齐缞（即五服之一）之属为侯，大功为伯，小功为子，缌麻（五服中最轻的一种）为男。"

事实上，早在王莽登上皇位约四十年前的元成之际，王氏子孙就已在西汉王朝中占据了许多的高位要职。

《汉书·王莽传》载："元后父及兄弟皆以元、成世封侯，位居辅政，家凡九侯，五大司马，语在元后传。"

《汉书·元后传》载："（竟宁元年，即前33）元帝崩，太子立，是为孝成帝……以凤为大司马大将军令尚书事。益封五千户……又封太后同母弟崇为安成侯，食邑万户。凤庶弟谭等皆赐爵关内侯，食邑。"

《汉书·元后传》载："（河平二年，即前27）上悉封舅谭为平阿侯，商成都侯，立红阳侯，根曲阳侯，逢时高平侯。"

《资治通鉴·汉纪二十二》载："（阳朔元年，即前24）王氏子弟皆卿、大夫、侍中、诸曹，分据势官，满朝廷。"

为此，"八子九孙治中央"的铭文，无论放在新莽时期还是四十年前的元成之际，都能找到可靠的历史依据。

图1镜铭文"八子九孙治中央"后面还有一句"常服此镜寿命长"，这是与当时的习俗有关。从《列子·汤问》《楚辞·天问》《史记·封禅书》《史记·秦始皇本纪》《史记·孝武本纪》等文献可知，早在战国和西汉，华夏大地就延续着具有道家思想的长寿文化，集中反映在三神山—不死药—徐福东渡这一文化踪迹。[6] 从《西汉礼制建筑》一书的图片资料可知，王莽九庙的废墟中出土了大量的瓦当，其中带铭文的器物多有"延年益寿""千秋万岁"之语。在西汉镜铭中，更是多见"延年益寿""千秋万岁""与天无极""与天相寿""与地相长"等内容。

再次，单于铭新莽镜（似称莽式镜更为贴切）问世年代的上限。

图1镜问世年代下限在"制度甚盛"的居摄年间之始。年代上推，这是一个王莽步步高升的时代，亦是朝野对他歌功颂德的时代。元始五年(5)可说是到了登峰造极的地步。《汉书·王莽传》载："是时，吏民以莽不受新野田[7]而上书者前后四十八万七千五百七十二人，及诸侯王、公、列侯、宗室见者皆叩头言，宜亟加赏于安汉公。"单于铭莽式镜铭义不完全是歌功颂德的内容，其问世年代的上限应在元始年间后期（4～5）。

居摄年间，匈奴与汉再次交恶，"然于"铭莽式镜铭文虽然保留了对王莽歌功颂德的基本内容，却将其中关键词的"单于"更改成了带有贬义的"然于"。给世人留下了怎么也看不明白的"然于举土列侯王"。因为此类镜铭中的"新"字就是"篡汉"的代名词，地皇四年（23），随着新朝的灭亡，所有带"新"字铭的莽式镜就完全地消失在历史的长河之中。

五、小结

"单于"铭莽式镜（其"新"字应该是新都侯的新）问世于居摄元年（6）以前，在匈奴与汉的和平友好大前提下，百姓拥戴王莽的时期（4~6）；"然于"铭莽式镜（其"新"字主要是新朝的新）问世在居摄元年之后匈奴与汉的再次交恶时期（7~23）。这两类都不属于莽式镜代表性器物[8]的新兴铭莽式镜，其年代区分当可明确在居摄之初（6~7）。"单于"铭莽式镜应是在特定历史条件下，为王莽歌功颂德而铸制的"纪念性"器物，见证了65年间汉与匈奴的一段和平历史。另外，在东汉早期的龙虎镜中，还见有"单于来臣至汉强"之铭文，此类莽式镜有着深厚的历史价值与文化价值。《中国书法全集·9秦汉金文陶文》图163砖刻铭文："单于和亲，千秋万岁，安乐未央。"同样亦是重要的证史实物之一，

---

〔6〕详见拙著《日本蓬莱纹铜镜研究》，上海古籍出版社，2008年出版。

〔7〕《汉书·王莽传》：元始二年（2年）"莽既尊重，欲以女配帝为皇后，以固其权……事下有司，皆曰：'请以新野田二万五千六百钦益封莽，满百里。'（王莽推辞后）太后许之。有司奏：'故事，聘皇后黄金二万斤，为钱二万万。'莽深辞让，受四千万……莽复以其千万分予九族贫者"。

〔8〕同本文注〔2〕。

两者可互为佐证。

综上所述，莽式镜铭文中出现"单于举土列侯王"内容，既是一个实实在在的历史过程，亦是一段汉王朝与匈奴间和平历史的回顾。在东汉镜铭中，还见"羌胡尽退四夷服"等内容。镜铭可以证史，新莽镜铭"单于举土列侯王"算得上是一个佳例。

新莽镜单于举土铭释考

——证实西汉末新莽与匈奴之间的一段和平历史

距今已有整 2000 年的新莽镜，问世在一个特定年代，造就了一种特殊文化：纹饰基本固定（博局、四灵、十二地支）；尺寸重量规范（直径多为当时标准寸 2.31 厘米的整数倍、同一级尺寸的重量相近）；文字书法多元（莽式汉隶、悬针篆、多隶少篆变体、多篆少隶变体、简隶等）；镜铭折射历史（在历代铜镜中首屈一指）；年号国号突出（三面较早的纪年镜皆在王莽摄政和执政时期，"新"字国号镜在新莽镜中占有重要的比例）。

带国号"新"字的新莽镜铭文皆为七言，一般可分四种。第一种，首句"新有善铜出丹阳"镜为"新"字镜中的人类；第二种，首句"新朝治镜子孙息"或"新家作竟真毋伤"或"新家作竟出尚方"镜在"新"字镜中皆属罕见；第三种，系"王氏昭（或"作"）镜四夷服"镜的第二句"多贺新家人民息"乃是"新"字镜中的少数（市场多有仿制）；第四种，首句"新兴辟雍建明堂"镜，亦是"新"字镜中的少数。第四种镜的句式多见四句以下而少见四句以上，以常见的四句式为例，前两句固定为"新兴辟雍建明堂，然于举土列侯王"，后两句主要是"将军令尹民户行，诸生万舍在北方"少数有例外。

1935 年的《小校经阁金文拓本》中，收录了七面第一种镜，一面第二种镜，五面第三种镜（就私人收藏而言，应属数量最多），仅见一面四句的第四种镜；1935 年的《岩窟藏镜》中，只收录了四面第一种镜，却不见第四种镜；1984 年的《中国古代铜镜》中，亦不见有第四种镜；1987 年的《上海博物馆藏青铜镜》中，才见两面，分别为四句和三句；1992 年的《中国铜镜图典》中，虽有不少新莽镜，然这第四种镜只见一面（图 374），其铭文仅有三句。

近些年来，各地博物馆和收藏家处，陆续发现了十余面铭文在四句以上的"新兴辟雍建明堂"镜，本文重点介绍其中有十面，见表一。

表一　新兴辟雍建明堂铭文镜一览表

序	直径	重量	铭文内容	资料来源
1	23.3（汉尺10寸）	1384	新兴辟雍建明堂，然于举土列侯王，将军令尹民户行，□□□□□□□，诸生万舍在北方，郊祀星宿并共皇，左龙右虎主四彭，子孙复具治中央。	陕西私人（严重缺损后修复）
2	18.8（汉尺8寸）	812	新兴辟雍建明堂，然于举土列侯王，将军令尹民户行，诸生万舍在北方，郊祀星宿并共皇，子孙复具治中央。	江苏聚珍阁
3	18.8（汉尺8寸）	1070	新兴辟雍建明堂，然于举土列侯王，将军令尹民户行，诸生万舍在北方，子孙复具治中央。	安徽阜阳市博物馆
4	18.7（汉尺8寸）	1082	新兴辟雍建明堂，然于举土列侯王，将军令尹民户行，郊祀星宿并共皇。	张铁山，八乳制式
5	18.1（汉尺8寸）	775	新兴辟雍建明堂，然于举土列侯王，将军令尹民户行，诸生万舍在北方，郊祀星宿并共皇，子孙复具治中央。	《清华铭文镜》图53
6	16.7（汉尺7寸）	/	新兴辟雍建明堂，虏胡殄灭见青黄，然于举土列侯王，将军令尹民户行，诸生万舍在北方，郊祀星宿并共皇，子孙复具居中央。	张宏林
7	14.4	476	新兴辟雍建明堂，单于举土列侯王，将军大尹民户行，八子九孙治中央，常服此镜寿命长。	《清华铭文镜》图54
8	14.0（汉尺6寸）	437	新兴辟雍建明堂，然于举土列侯王，将军令尹民户行，诸生万舍在北方。	张宏林
9	13.5（汉尺6寸）	380	新兴辟雍建明堂，然于举土列侯王，将军令尹民户行，诸生万舍在北方，乐未央。	《上海博物馆青铜镜》图39
10	19.2	984	新兴辟雍建明堂，单于去土□侯王，黄金为席，璧玉□床，千秋万岁，乐巨央孙。黍言之纪从镜始，青龙左在白东虎，长□亲，官孙子。	李经谋，减笔篆隶书体（疑民间仿制）

　　"新兴辟雍建明堂"镜的存世量并不大，然品种却有多样，其历史文化的内涵相当丰富。本文仅对铭文第二句"单于举土列侯王"，进行一些力所能及的释读与考证。

一

　　从目前存世的此类镜来看，第二句的开头两字几乎都是"然于"。一种观点认为，"然"是"单"的通假字，"然于"应该就是"单于"。另一种观点认为，"然于"是全部铭文

中的转折词语，不含具体内容。今看到表
一7号镜（图1），才证实了第一种观点
的正确。近日，李经谋先生处又发现了另
一面形制完全不同的"单于"铭新莽镜（表
一10），对于第一种观点再也毋庸置疑。

《史记·匈奴列传》注："单于者，
广大之貌，言其象天单于然。"《玄晏春秋》
云："此胡所谓天子。"史籍已说得十分
明白，"单于"就是匈奴对其天子的称谓。
为什么新莽镜铭文上多不用正规的"单于"，
而用"然于"？《汉书·食货志》载：居
摄元年（6）"二方始怨，（匈奴）侵犯边境"。
《汉书·匈奴传》天凤二年（15）五月，（新
莽为贬低匈奴）"因喻说改其号，号匈奴
曰'恭奴'，单于曰'善于'，赐印绶"。
当时，新莽还将西汉王朝发给匈奴单于大
印中的"玺"字改为"章"字。有一种可
能是用"然"代替匈奴天子正式称谓单于
中的"单"，同样有贬低之意。唯《汉书》
中说的贬低词是"善于"，而镜铭中却用"然
于"，是否还有别的什么历史典故，有待
再考。

若是"然于"称谓对匈奴确有贬低之
意，那么用词"单于"显然在"然于"之

图 1

前，这面"单于举土列侯王"镜就应该在最早的"新兴辟雍建明堂"镜之列。或者说，
大多署有含贬低之意用词"然于"的"新兴辟雍建明堂"镜，很可能出自居摄元年（6）
以后，主要出自天凤二年（15）五月以后。期盼以后有确切的出土资料，可对这种说法
来加以证实。

二

整部西汉史的"外事"中，笔墨最重、震撼最大的就是西汉王朝与匈奴之间的"战争
与和平"史。为节约篇幅，这里不妨引用一段古籍。《汉书·匈奴传》中黄门郎扬雄的上
书对这段"战争与和平"史的描绘极其精彩：

以秦始皇之强，蒙恬之威，带甲四十余万，然不敢窥西河，乃筑长城以界之。会汉初

兴，以高祖之威灵，三十万众困于平城，士或七日不食。……及孝文时，匈奴侵暴北边，候骑至雍甘泉，京师大骇，发三将军屯细柳、棘门、霸上以备之，数月乃罢。孝武即位，设马邑之权，欲诱匈奴……其后深惟社稷之计，规恢万载之策，乃大兴师数十万，使卫青、霍去病操兵，前后十余年。于是浮西河，绝大幕，破寘颜，袭王庭，穷极其地，追奔逐北，封狼居胥山，禅于姑衍，以临翰海，虏名王贵人以百数。自是之后，匈奴震怖，益求和亲，然而未肯称臣也。……逮至元康、神爵之间，大化神明，鸿恩薄洽，而匈奴内乱，五单于争立，日逐、呼韩邪携国归化，扶伏称臣。

《后汉书·匈奴传》"论曰"对汉王朝与匈奴的和平史的叙述比较简练："宣帝值虏庭分争，呼韩邪来臣，乃权纳怀柔，因为边卫，罢关徼之儌，息兵民之劳。龙驾帝服，鸣钟传鼓于清渭之上，南面而朝单于，朔、易无复匹马之踪，六十余年矣。"鉴于长期的战争，人民渴望和平。从大的概念看，新莽镜铭中"举土"一词意通"臣服"，就是对这段"和平"历史的肯定。作为和平史主角之一的呼韩邪单于，在汉史中亦屡屡得到肯定。经过20年的和平相处后，竟宁元年（前33）三月，"呼韩邪单于来朝……诏曰：'愿保塞传之无穷，边陲长无兵革之事。其改元为竟宁，赐单于待诏掖庭王嫱（即名载史册的王昭君）为阏氏。'"《中国书法全集·9秦汉金文陶文》图163砖刻铭文："单于和亲，千秋万岁，安乐未央。"亦是重要的证史实物之一。

从具体的范围讲，当时汉王朝对匈奴确实还有一段索求土地的历史。绥和元年（前8），匈奴乌珠留单于新立。《汉书·匈奴传》载：

汉遣中郎将夏侯藩、副校尉韩言使匈奴。时帝舅大司马骠骑将军王根领尚书事，或说根曰："匈奴有斗入汉地，直张掖郡，生奇材木，箭杆就羽，如得之，于边甚饶，国家有广地之实，将军显功，垂于无穷。"根为上言其利，上直欲从单于求之，为有不得，伤命损威。根即但以上指晓藩，令从藩所说而求之。藩至匈奴，以语次说匈奴曰："窃见匈奴斗入汉地，直张掖郡。汉三都尉居塞上，士卒数百人寒苦，候望久劳。单于宜上书献此地，直断阙之，省两都尉士卒数百人，以复天之厚恩，其报必大。"……单于曰："父兄传五世，汉不求此地，至知（乌珠留单于名囊知牙斯）独求，何也？……匈奴两边诸侯作穹庐及车，皆仰此山材木，且先父地，不敢失也。"

从西汉和东汉的历史地图看，此入汉地之"斗"始终没有划归汉王朝。匈奴单于回答中的"此山"即今张掖市东北方的龙首山，位于甘肃西部和内蒙古西部的交界处。龙首山沿西北至东南的走向，与合黎山合称为走廊北山。想不到在2000年前的冷兵器时代，这个荒僻之地竟是一块出产箭杆的战略要地！同年，"根因乞骸骨，荐莽自代，上遂擢为大司马"（《汉书·王莽传》）。当时，王莽即将上任大司马，对此事必定了然于胸。虽然《汉书》对这块土地的以后发展再也没有记录，但当时的汉王朝和随后的新莽王朝绝不会置之不理。这件政治、外交、军事、领土交织在一起的大事，亦必然会反映到文化上来。可以这样猜测，"举土"一词还具有特殊的概念，即是一种期盼，希望这块战略要地能通过和平的方式，从匈奴那里转归新莽王朝版图。当时若能如愿，新莽王朝不仅可以得到重要的战略物资，还可以疏通河西走廊，使从长安通往西域的大道更加平坦与安全。

三

西汉王朝与匈奴的和平史要从汉宣帝时代说起，《汉书·宣帝纪第八》载：神爵二年（前60）秋，"匈奴日逐王先贤掸将众万余来降"。《汉书·匈奴传》又载："汉封日逐王为归德侯。"从此开始，匈奴不断地以"称臣""入侍""来朝""朝贺"等方式向西汉王朝表示友好。同样西汉王朝亦以"客礼待之""赐以……（厚礼）""赐礼如初"以及用和亲、封侯等方式向匈奴转达了期盼和平的渴望。直至天凤年间，新莽王朝亦还在持续这种外交政策。《汉书·匈奴传》载：天凤二年（15）五月，"封骨都侯留为后安公，留子男奢为后安侯。单于贪莽金币，故曲听之，然寇盗如故"。由上可知，西汉与新莽两朝对匈奴的封侯政策，持续了至少有 75 年的历史。镜铭内容"列侯王"完全符合这些史实。

综上所述，新莽镜铭文中出现"单于举土列侯王"是实实在在的一段历史过程，亦是对汉王朝以至新莽与匈奴和平史的一种呈现。

镜铭可以证史，新莽镜铭"单于举土列侯王"算得上是一个佳例。

（原载《中国文物报》2008 年 6 月 25 日）

新莽镜单于举土铭续考

本书 044《新莽镜单于举土铭考释》在 2008 年 6 月 25 日的《中国文物报》发表以后，引起了同好的关注与建言。事实上，前文中还留下若干没有说清楚的内容，如此两面"单于"铭镜的尺寸不合标准寸整数倍的规律等。

前文表一刊载了十面存世铭文在四句以上的新兴铭莽式镜，其中八面为带有贬意之名的"然于"，只有两面是正规称谓的"单于"。经过考证，这两面"单于"镜应问世在居摄元年（6）之前汉与匈奴和平友好的时期。因从该年起"二方始怨，（匈奴）侵犯边境"（《汉书·食货志》），对于这样的历史背景，事实上不会再有什么"单于举土列侯王"可言。

一

首先，从有关史料来补充前文中汉与匈奴和平历史的不足，进而探讨"单于"和"然于"这两个不同用词的问世年代。

《汉书·宣帝纪》：

五凤二年（前 56），"冬十一月，匈奴呼速累单于帅众来降，封为列侯"。

五凤四年（前 54），"匈奴单于称臣，遣弟谷蠡王入侍"。

甘露元年（前 52），"匈奴呼韩邪单于遣子右贤王铢娄渠堂入侍。……冬，匈奴单于遣弟左贤王来朝贺"。

甘露二年（前 51），"匈奴呼韩邪单于款五原塞，愿奉国珍朝三年正月"。

甘露三年（前 50），"春正月，匈奴呼韩邪单于稽侯狦来朝，赞谒称藩而不名。……二月，单于罢归。……郅支单于远遁，匈奴遂定"。

黄龙元年（前 49），"匈奴呼韩邪单于来朝，赐礼如初。二月，单于归国"。

《汉书·元帝纪》：

建昭四年（前35），"春正月，以诛郅支单于告祠郊庙。赦天下"。

竟宁元年（前33），"春正月，匈奴呼韩邪单于来朝。诏曰：'匈奴郅支单于背叛礼义，既伏其辜，呼韩邪单于不忘恩德，乡慕礼义，复修朝贺之礼，愿保塞传之无穷，边陲长无兵革之事。其改元为竟宁，赐单于侍诏掖庭王嫱为阏氏。'"

建始四年（前29），"春正月，匈奴单于来朝"。

《汉书·成帝纪》：

河平四年（前25），"春正月，匈奴单于来朝"。

《资治通鉴·汉纪二十六》：

建平四年（前3），"匈奴单于上书愿朝五年"。

《资治通鉴·汉纪二十七》：

元寿二年（前1），"春，正月，匈奴单于及乌孙大昆弥伊秩靡皆来朝，汉以为荣"。

《汉书·王莽传》：

元始二年（2），"莽念中国已平，唯四夷未有异，乃遣使者赍黄金币帛，重赂匈奴单于，使上书言：'闻中国讥二名，故名囊知牙斯今更名知，慕从圣制'"。

《资治通鉴·汉纪二十八》：

元始四年（4），"莽自以北化匈奴。"

《汉书·食货志》：

居摄元年（6），"王莽因汉承平之业，匈奴称藩……莽乃遣使易单于印，贬钩町王为侯。二方始怨，侵犯边境"。

以上史料说明，自西汉五凤二年（前56）至居摄元年（6）的61年间，汉王朝与匈奴始终保持着和平友好的关系。镜铭"单于举土列侯王"的主旨是，只要匈奴友好（前文已载，的确还有"有斗入汉地"的土地问题），汉王朝可以赐封单于为侯为王。居摄元年，自作聪明的王莽大权在握，强制推行"易单于印（改"玺"字为"印"），贬（匈奴）钩町王为侯"的愚昧政策，激化了匈奴与汉的矛盾，终于使延续了61年的一段和平历史宣告结束。充分说明无贬低之意的两面"单于"铭镜（图1）问世在居摄元年之前，而多数有贬低匈奴之意的"然于"镜则应问世在居摄元年以后。"然于"镜铭文内容是"单于"铭镜的自然延续。

二

再从形制变迁来考察"单于举土"铭莽式镜的问世年代。图1镜直径14.4厘米，前文表中10号镜直径19.2厘米，两镜直径都不是标准尺寸（1尺即23.1厘米）的整数倍，其问世年代明显与王莽"制度甚盛"的时期不符，甚至可以认为，此两镜并非由王莽的"尚方"官炉所铸。

图1   图2

众所周知，王莽是一个极其"集权"的"理想主义"者，大权在握伊始，就实行了一系列"制度甚盛"的管理措施。

《汉书·平帝纪》：

元始三年（3），"夏，安汉公奏车服制度，吏民养生、送终、嫁娶、奴婢、田宅、器械之品"。

《汉书·王莽传》：

元始四年（4），"是岁，莽奏起明堂、辟雍、灵台，为学者筑舍万区，作市、常满仓，制度甚盛"。

《汉书·食货志第四下》：

居摄二年（7），"王莽居摄，变汉制，以周钱有子母相权，于是更造大钱，径寸二分，重十二铢，文曰'大钱五十'"。

除了上述史载外，王莽实施的改制还包括：改官名，易官制，推行古代的井田制，实行五均赊贷和"六筦"，对货币制度进行四次改革，改变州、郡县的名称和区划，对首都及宫殿与城门进行改名等。在这样的历史背景下，对铜镜这样的重要工艺品，亦必然会实施改革与规范。居摄年间问世的"铸成错刀天下喜，安汉保真世毋有"莽式镜[1]（图2），应是最早问世并初步定型的器物，可称之为十二地支四灵博局镜。图1镜没有十二地支铭文方框，却有西汉晚期镜中的钮外重圈与圈间环形九乳的纹饰，说明还没有标准规范的"单

---

[1] 图2镜（北京赏心斋藏）直径21厘米，重量1042克。在其主纹外围有一周顺时针向的35字汉隶铭文："令名之纪七言止，涷治铜华去恶宰，铸成错刀天下喜，安汉保真世毋有，长乐日进宜孙子。"金错刀系王莽在居摄二年第一次货币改革的产物，其法定流通年代当是王莽摄政的居摄年间。"安汉"即指王莽，西汉王朝在元始元年给已是大司马的王莽再次加官晋爵，"拜为太傅，赐号安汉公"（《汉书·王莽传》）。此镜年代理应划在王莽还是安汉公的西汉末年，但其文化却与而后的新莽时期一脉相传。此类镜称西汉镜却不是西汉文化，谓新莽镜又不到新莽年代。笔者认为，这是打上了王莽思想印记的西汉末年镜，姑且将其命名为"莽式镜"似较为恰当。此镜的问世年代当在居摄二年（7）至居摄三年（8）的两年之间。

于举土"铭莽式镜，问世在已经有了标准规范的居摄年间之前。此外，前文表一 10 号镜的文字多错别、通假与省偏旁，尤其是"单于"中"单"字的上面的两个"口"竟简化为两个点，这种情况绝对不会在正规的莽式镜中出现。可以说，"单于"铭莽式镜当问世在"制度甚盛"的居摄年间之前。

<h1 style="text-align:center">三</h1>

若能肯定上述两项考证，则还有四个问题需要进行探讨。

（一）新兴铭莽式镜怎么会出现在新朝建立之前？

《汉书·成帝纪》：

永始元年（前 16），"五月，封舅曼子侍中骑都尉光禄大夫王莽为新都侯"。

《汉书·王莽传》：

永始元午，"封莽为新都侯，国南阳新野之都乡，千五百户"。

《资治通鉴·汉纪二十三》：

永始元年，"五月，乙末，封莽为新都侯"。

史料明确告诉我们，王莽的封地在"南阳新野之都乡"。无论其以后的地位怎样变化——大司马、太傅、安汉公、宰衡、摄皇帝（居摄）、真皇帝——皆发迹于新都侯，其根据地在"新野之都乡"。王莽立国称号为"新"，说明这个"新"字对他有着刻骨铭心的影响，王莽的心里，新朝的"新"一直就是新都侯的"新"。在王莽逐步地夺取皇位的过程中，他早就把"新"字当成了未来的国号。这个过程中，即使提前用了"新"字，因为他是新都侯，也不存在"犯上作乱"的嫌疑。笔者认为，新兴铭莽式镜是一个有着两个阶段的镜例：居摄前就有这类器物问世，虽然所用"单于"是正规的，但其形制是不正规的；居摄后仍有同类器物问世，虽然所用"然于"是不正规的（有贬意），但其形制是正规的。前文表一中的八面"然于"铭莽式镜都有标准尺度，而且分别是汉尺 10 寸、8 寸、7 寸、6 寸的四种系列规格。似可认为，新莽的"新"字有狭义与广义两个概念：狭义理解，仅是始建国元年成立的新朝之"新"；广义理解，还包括着封地为"新野之都乡"的新都侯之"新"。"单于"铭莽式镜应属于广义理解的范围。

（二）铭文"将军大尹民户行，诸生万舍在北方"的依据与年代

2003 年，北京文物出版社出版了一本近半个世纪前的考古成果《西汉礼制建筑遗址》，系统地介绍了 1958~1960 年在西安西北郊（汉长安城南郊），发掘出的以"王莽九庙"为主的一大批西汉礼制建筑。通过此书第 210 页图 168 的"见于史籍的汉长安城南郊礼制建筑位置示意图"可知，汉长安城南面有三个城门，从左起依次为西安门、安门与覆盎门，如果我们画一个倒置的等边三角形，以西安门与安门为上边的两个角，那末等边三角形下方的尖点，就是王莽九庙的中心位置。通过此书第 223 页图 171 的"顾颉刚先生手绘'王莽九庙'庙号位序"可知，在汉长安城安门的正南方、王莽九庙的东侧，"为学者筑舍万

区当在此"。《汉书·王莽传》载：元始四年（4），"是岁，莽奏起明堂、辟雍、灵台，为学者筑舍万区，作市、常满仓，制度甚盛"。"群臣奏言：'……夫明堂、辟雍，堕废千载莫能兴，今安汉公起于第家，辅翼陛下，四年于兹，功德烂然。……诸生、庶民大和会，十万众并集，平作二旬，大功毕成。'"

史料写得十分明白，如果全部建成文武百官与京城百姓的住宅以及为广大学者（诸生）建造大批的宿舍以后，汉长安城南郊就能出现一个容纳数万人的居住区，这在两千年前的中国，将是何等壮观的规模！笔者认为，这项浩大的工程建设并没有全部按规划完成，因为已是兵荒马乱的地皇元年还在建设。地皇四年（23），"众兵发掘（王莽）妻子父祖冢，烧其棺椁及九庙、明堂、辟雍，火照城中。"于是，王莽的一切梦想与期盼都走进了历史。

（三）"八子九孙治中央"的所处年代？

包括图 1 镜在内的诸多莽式镜铭文皆有"八子九孙治中央"与"子孙备具居中央"的内容。王莽在始建国元年（9）登上皇位以后，的确有一段绝非虚言的"八子九孙治中央"历史。《汉书·王莽传》载："二子（莽长子、莽次子）前诛死，乃以临（莽四子）为皇太子，安（莽三子）为新嘉辟（师古曰：取为国君之父），封宇（莽长子）子六人：千为功隆公，寿为功明公，吉为功成公，安为功崇公，世为功昭公，利为功著公。大赦天下……又按金匮，辅臣皆封拜……安阳侯王舜（莽之堂弟）为太师，封安新公……丕进侯王寻为大司徒，章新公……成都侯王邑（莽之堂弟）为大司空，隆新公……京兆王兴为卫将军，奉新公……京兆王盛为前将军，崇新公。凡十一公。……封王氏齐缞（即五服之一）之属为侯，大功为伯，小功为子，缌麻（五服中最轻的一种）为男。"

事实上，早在王莽登上皇位约 40 年前的元成之际，王氏子孙就已在西汉王朝中占据了许多的高位要职。

《汉书·王莽传》："元后父及兄弟皆以元、成世封侯，位居辅政，家凡九侯，五大司马，语在元后传。"

《汉书·元后传》：竟宁元年（前 33），"元帝崩，太子立，是为孝成帝……以凤为大司马大将军令尚书事。益封五千户……又封太后同母弟崇为安成侯，食邑万户。凤庶弟谭等皆赐爵关内侯，食邑"。

《汉书·元后传》：河平二年（前 27），"上悉封舅谭为平阿侯，商成都侯，立红阳侯，根曲阳侯，逢时高平侯"。

《资治通鉴·汉纪二十二》：阳朔元年（前 24），"王氏子弟皆卿、大夫、侍中、诸曹，分据势官，满朝廷"。

为此，"八子九孙治中央"的铭文，无论放在新莽时期还是 40 年前的元成之际，都能找到可靠的历史依据。

图 1 镜铭文"八子九孙治中央"后面还有一句"常服此镜寿命长"，这与在战国和西汉具有道家思想的长寿文化有关，集中反映在三神山——不死药——徐福东渡这一文化踪迹。[2]从《西汉礼制建筑遗址》一书的图片资料可知，王莽九庙的废墟中出土了大量的瓦当，

其中带铭文的器物多有"延年益寿""千秋万岁""延寿万岁""长生无极""延寿长久"之语。在西汉镜铭中，更是多见"延年益寿""千秋万岁""与天无极""与天相寿""与地相长"等内容，铜镜存世的最大价值就是镜铭可以证史。

（四）单于铭新莽镜（似称莽式镜更为贴切）问世年代的上限

图1镜问世年代下限在"制度甚盛"的居摄年间之始，这是一个王莽步步高升的时代，亦是朝野对他歌功颂德的时代。元始五年（5）可说是到了登峰造极的地步。《汉书·王莽传》载："是时，吏民以莽不受新野田〔3〕而上书者前后四十八万七千五百七十二人，及诸侯王、公、列侯、宗室见者皆叩头言，宜亟加赏于安汉公。"单于铭莽式镜铭文亦完全是歌功颂德的内容，其问世年代的上限应在元始年间后期（约4~5）。

居摄年间，匈奴与汉再次交恶，"然于"铭莽式镜铭文虽然保留了对王莽歌功颂德的基本内容，却将其中关键词的"单于"更改成了带有贬意的"然于"。给世人留下了看不明白的"然于举土列侯王"。此类镜因为"新"字就是"篡汉"的代名词，地皇四年（23），随着新朝的灭亡，所有带"新"字铭的莽式镜从此消失在历史的长河之中。

综上所述，"单于"铭莽式镜（其"新"字应该是新都侯的新）问世在居摄元年以前匈奴与汉的和平友好时期（4~6）；"然于"铭莽式镜（其"新"字主要是新朝的新）问世在居摄元年之后匈奴与汉的再次交恶时期（7~23）。这两类新兴铭莽式镜的年代区分当可明确在居摄之初（6~7）。"单于"铭莽式镜应是在特定历史条件下，专为王莽歌功颂德而铸制的"纪念性"器物，见证了61年间汉与匈奴的一段和平历史。此类莽式镜有着深厚的历史价值与文化价值。

（原载《中国文物报》2008年12月17日）

---

〔2〕详见拙著《日本蓬莱纹铜镜研究》（上海古籍出版社，2008年出版）中《蓬莱源流考》。

〔3〕《汉书·王莽传》：元始二年（2）"莽既尊重，欲以女配帝为皇后，以固其权……事下有司，皆曰：'……请以新野田二万五千六百顷益封莽，满百里。'（王莽推辞后）太后许之。有司奏：'故事，聘皇后黄金二万斤，为钱二万万。'莽深辞让，受四千万……莽复以其千万分予九族贫者"。

新莽官制镜的标准与制式

作为两汉之际铜镜文化主流的莽式铭文镜（实际上就是带铭文的四灵博局镜），流行于西汉末—新莽—东汉初时期，大约有 30 年的时间里，浏览莽式镜铭文，可以从中窥见当时政治、经济、文化等各个领域变化的蛛丝马迹。如果再结合存世丰富的新莽钱币和度量衡器物，并通过史籍，我们就可以比较全面地把握两汉之际的文化脉息。

王莽是两汉之际的特殊人物，受到了褒贬两重天的历史评价，从元始元年（1）的"安汉公"至居摄年间（6～8）的"摄皇帝"期间，虽西汉朝野对他的歌功颂德可说是登峰造极，然却一直被自东汉始两千年来的儒家正统视为篡汉逆贼。事实上早在西汉末的近 10 年间，王莽及其家族就已经独揽了整个西汉王朝的大权，不少长期被认为是新莽时期的器物，亦早在西汉末年就已经出现。铜镜是一个时代的文化载体，这些烙上王莽思想印记的四灵博局铭文镜，跨越了西汉和新莽两个时期（事实上还包括东汉初），就年代命名而言，有着两难的困惑。

从典型实例来看，可见扬州出土铜镜，其铭："令名之纪七言止，涷治铜华去恶宰，铸成错刀天下喜，安汉保真世毋有，长乐日进宜孙子。"金错刀系王莽第一次货币改革的产物，其法定流通年代当是王莽摄政的居摄年间。"安汉"即指安汉公王莽，西汉王朝在元始元年给已是大司马的王莽再次加官晋爵，"拜为太傅，赐号安汉公"（《汉书·王莽传》）。此镜年代理应划在西汉末年，但其文化却与而后的新莽时期"一脉相传"。此类镜称西汉镜却不是西汉文化，谓新莽镜又不到新莽年代，笔者认为，这是打上了王莽思想印记的西汉末期镜，姑且将其命名为"莽式镜"似较为恰当。此镜应是不带年号的"纪年镜"，其年代当在居摄二年（7）至居摄三年（8）的两年之间，这显然比收藏在中国国家博物馆和上海博物馆的两面国宝级始建国纪年镜要早。因此，早在王莽掌权后篡位前的西汉末年，就有了如同新莽镜式样的"莽式镜"，这在中国铜镜史上，几乎是一个特例。同样，到了新莽灭亡以后的东汉初年，因为文化的连续性，也还有新莽镜式样的莽式镜出现，其典型例子就是一部分"汉有善铜出丹阳"镜。因为改朝换代的需要，只是将"新"字改成了"汉"字，其制式与铭文仍全部照搬原来的新莽镜。

秦始皇统一中国后，用政令对计量器具、文字、货币、道路、兵器等进行了全国规模的统一，同时还颁发了各种律令。秦代尺度标准继承了先秦的 23.1 厘米；西汉至东汉的 426 年间，依旧保持了前朝留下的传统；新莽处于两汉之间，仅存世短短的 15 年，不但维系了这个数百年不变的尺度标准（另见拙文《西汉铭文镜度量研究》），而且还在度量衡历史上留下了光辉的篇章。在存世国宝中有新莽铜嘉量与新莽铜卡尺，以及新莽铜量、始建国铜方斗、始建国龠、始建国撮、始建国铜升和漯仓铜斛等。在二十世纪二十年代，故宫博物院还从北京琉璃厂古玩市场同时收购了两件都带有"始建国"（9～13）年号的青铜器——权（秤锤）和衡（秤杆）。现存台北故宫博物院的新莽嘉量是刘歆（前 50～前 23）主持研制的集斛、斗、升、合、龠五量为一器的法定标准量器（详见本书 048《惊鸿一瞥悬针篆》图 1），制作的十分精致，反映了相当高的科学水平。新莽铜卡尺结构和功能与现代的游标卡尺十分相近，是较为先进的测量工具。

莽式镜铭文的种类很多，镜铭首句常见的是："尚方御竟（镜）大毋伤"（下简称"尚方"铭，见表一），"尚方作竟真大好"（下简称"尚方"铭，见表二），"新有善铜出丹阳"（下简称"新有"铭，见表三），"新兴辟雍建明堂"（下简称"新兴"铭，见表四），"王氏作竟四夷服"（下简称"王氏"铭，见表五）等。莽式镜的标准体系要先从"尚方"铭文镜说起。"尚方"是秦代开始设置的官署名，汉代分左、中、右三尚方，皆由九卿之一的少府管辖，执掌帝王所用器物的制作，主造并储藏皇室所用刀剑等兵器以及包括铜镜在内的各种玩好器物。《汉书》："少府属官，有钩盾、尚方、御府。""御"字在此有两说，一说为管辖与治理，《国语·周语上》载"百官御事"；二说为对帝王所用器物的敬称，如御用。盛行期各种规格"尚方"镜的存世数量并不少，其中一些应是皇室所用，另一些也许是皇亲国戚与高层官吏所用。从存世数量和完美程度来分析，此类镜亦不可能全部都在帝王之家。比较"尚方御镜"和"尚方作镜"的总体形制，找不到明显的差距，在"尚方御镜"的铭文结尾处，多有"如侯王"之句，若"御镜"是专供皇室所用，则"如侯王"就说不通。因此，笔者认为，这里的"御"字主要是"管辖""治理"之意。表一 A5 镜与表五 E8 镜是一种特殊情况，作为罕见的鎏金尚方御镜，理应是皇室成员所用。将盛行期的"尚方"镜与新莽度量衡之标准相对照，可知新莽时期"尚方"铭镜是质量控制水平很高的一种官制标准制品。

表一　尚方御竟铭莽式镜一览表

序号	直径（厘米）	汉尺（寸）	重量（克）	m值（克/平方厘米）	字数	铭文首句	资料来源
A1	23.2	10	1219	2.88	49	尚方御镜哉真大好	《止水集·莽式铭文镜》图 8
A2	21.0	9	1020	2.95	49	尚方御竟大毋伤	《岩窟藏镜》二中 1
A3	20.8	9	1000	2.95	50	尚方御竟大毋伤	《清华铭文镜》图 44
A4	18.6	8	823	3.03	49	尚方御竟大毋伤	《止水集·莽式铭文镜》表一 A1-7
A5	16.4	7	624	2.95	42	尚方御竟大毋伤	日本千石唯司藏（鎏金）
A6	16.1	7	560	2.75	42	尚方御竟大毋伤	《清华铭文镜》图 46
A7	13.7	6	430	2.93	41	尚方御竟真大好	《岩窟藏镜》二中 7
A8	13.7	6	457	3.11	34	尚方御竟大毋伤	《清华铭文镜》图 47

表二　尚方作竟铭莽式镜一览表

序号	直径（厘米）	汉尺（寸）	重量（克）	m值（克/平方厘米）	字数	铭文首句	资料来源
B1	23.2	10	1144	2.17	40	尚方作竟真大巧	《清华铭文镜》图 43
B2	23.2	10	1080	2.60	49	尚方作竟真大巧	嘉德 2005 春拍 5764
B3	20.2	9	850	2.66	30	尚方作竟真大巧	中国国家博物馆
B4	18.8	8	791	2.85	51	尚方作竟真大好	《清华铭文镜》图 45
B5	18.6	8	840	3.09	36	尚方作竟哉真大好	《汉铭斋藏镜》图 105
B6	16.1	7	578	2.84	42	尚方作竟真大好	《止水集·莽式铭文镜》表一 A2-10
B7	13.7	6	429	2.92	45	尚方佳竟真大好	《清华铭文镜》图 48
B8	13.6	6	326	2.25	35	尚方作竟真大好	《止水集·莽式铭文镜》表一 A2-12

表三　新有善铜铭莽式镜一览表

序号	直径（厘米）	汉尺（寸）	重量（克）	m值（克/平方厘米）	字数	铭文首句	资料来源
C1	23.0	10	1200	2.89	64	新有善铜出丹阳	中国国家博物馆
C2	20.9	9	1066	3.11	56	新有善铜出南乡	《止水集·莽式铭文镜》表二 B-4
C3	18.7	8	830	3.02	56	新有善铜出丹阳	《清华铭文镜》图 55
C4	18.5	8	943	3.51	35	新有善铜出丹阳	《洛阳出土铜镜》图 29
C5	16.6	7	654	3.03	48	新有善铜出丹阳	《止水集·莽式铭文镜》图 12
C6	16.5	7	650	3.04	25	新有善铜出丹阳	《岩窟藏镜》二中 14
C7	14.0	6	515	3.34	21	新有善铜出丹阳	《止水集·莽式铭文镜》表二 B-16
C8	13.8	6	454	3.03	15	新有善铜出丹阳	《汉铭斋藏镜》图 111

表四　新兴辟雍铭莽式镜一览表

序号	直径（厘米）	汉尺（寸）	重量（克）	m值（克/平方厘米）	字数	铭文首句	资料来源
D1	23.3	10	1384	3.24	56	新兴辟雍建明堂	《止水集·莽式铭文镜》表三 C-1
D2	18.8	8	812	2.94	42	新兴辟雍建明堂	《止水集·莽式铭文镜》图 13
D3	18.8	8	1070	3.85	35	新兴辟雍建明堂	《止水集·莽式铭文镜》表三 C-4
D4	18.7	8	1082	3.92	28	新兴辟雍建明堂	《止水集·莽式铭文镜》表三 C-5
D5	181	8	775	3.01	42	新兴辟雍建明堂	《清华铭文镜》图 53
D6	16.6	7	585	2.71	49	新兴辟雍建明堂	《止水集·莽式铭文镜》表三 C-7
D7	14.4	6	476	2.92	35	新兴辟雍建明堂	《清华铭文镜》图 54
D8	13.5	6	380	2.66	31	新兴辟雍建明堂	《上海博物馆藏青铜镜》图 39

表五　王氏昭（作）竟铭莽式镜一览表

序号	直径（厘米）	汉尺（寸）	重量（克）	m值（克/平方厘米）	字数	铭文首句	资料来源
E1	21.1	9	1100	3.15	49	王氏昭竟四夷服	中国国家博物馆
E2	21.0	9	1021	2.95	56	王氏昭竟四夷服	《故宫藏镜》图 32
E3	20.6	9	916	2.75	56	王氏作竟真大好	《止水集·莽式铭文镜》表四 D-5
E4	18.6	8	635	2.33	48	王氏作竟四夷服	《清华铭文镜》图 51
E5	18.6	8	866	3.22	50	王氏昭竟四夷服	《上海博物馆藏青铜镜》图 41
E6	18.5	8	621	2.32	49	王氏作竟四夷服	《清华铭文镜》图 50
E7	18.1	8	740	2.88	43	王氏作竟真大好	《清华铭文镜》图 49
E8	16.6	7	635	2.94	29	王氏作竟四夷服	《止水集·莽式铭文镜》图 18

　　尚方铭莽式镜作为一个标准化系列产品体系，我们可从以下 10 个方面加以考察和认识其质量控制标准和规范。

　　（1）尺寸规格：根据《中国科学技术史·度量衡卷》，以西汉和新莽的长度单位 1 尺，相当于现在公制 23.1 厘米进行换算可知：尚方铭镜的直径多见 9 寸、8 寸、7 寸，少见 10 寸、6 寸。有一些器物虽稍有误差，然通常皆不超过 2%。迄今为止的统计数字表明，"尚方"铭、"新有"铭和"新兴"铭三类皆有 10 寸镜和 6 寸镜，而"王氏"铭最大只有 9 寸镜，最小只有 7 寸镜。

　　新莽官制镜以汉尺 8 寸、9 寸、10 寸为多，且执行标准严格。本文以背纹图测量的 9 组数据作比对，试举了序号 1、序号 2、序号 3（即《清华铭文镜》图 50、图 44、图 43）为例。详见表六。

表六　新莽官制镜背纹测量数据表

序号	尺度标准	1	2	3	4	5	6	7	8	9
		尺寸						凹面方框		
		外缘直径	锯齿纹外缘径	锯齿纹内缘径	周铭外径	周铭内径	乳心距	外框边长	铭文外边长	铭文内边长
1	公制（厘米）	18.5	14.6	13.3	12.0	10.7	7.6	5.8	5.1	3.8
	汉尺（寸）	8.0	6.3	5.7	5.2	4.6	3.3	3.1	2.2	1.62
2	公制（厘米）	20.9	16.4	14.9	13.4	11.8	8.4	6.4	5.6	3.7
	汉尺（寸）	9.0	7.1	6.4	5.8	5.1	3.6	2.8	2.4	1.63
3	公制（厘米）	23.2	19.4	17.7	15.9	14.4	9.7	7.2	6.4	4.6
	汉尺（寸）	10.0	8.4	7.6	6.9	6.2	4.2	2.5	2.8	2.0

比对表六之序 2 镜（《清华铭文镜》图 44）与序 1 镜（《清华铭文镜》图 50）相关直径的数据：以 16.4 : 14.6 为例，两者之比基本满足 9 : 8 之约数（1.18）。再比对序 3 镜（《清华铭文镜》图 43）与序 2 镜的数据，两者之锯齿纹内、外缘径和周铭外径之比亦为 1.18，即：19.4 : 16.4 ≈ 17.7 : 14.9 ≈ 15.9 : 13.4 ≈ 1.18。由此可知，新莽官制镜除了有严格的标准与制式外，在不同规格的图案作比对时可看到，其直径之间，亦有相应的严格比例。

（2）重量：对于汉尺 9 寸、8 寸、7 寸的标准器物而言，其平均的单位面积重量 m（m=g/A，g 为铜镜重量，A 为其外圆面积）值，被严格地控制在 2.9 ~ 3.0 的标准范围：千石唯司的鎏金尚方御镜（表一 A5）m 值为 2.95，《清华铭文镜》图 44 的尚方御镜（表一 A3）m 值为 2.95，《岩窟藏镜》二中 1 尚方作镜（表一 A2）m 值为 2.95。以 m 值 2.95 为例，即 9 寸镜的（成品）用铜量（含锡铅在内）在 1001 克左右（A3 镜恰为 1000 克），8 寸镜的用铜量在 791 克左右，7 寸镜的用铜量在 606 克左右。对于 10 寸镜而言，需避免过重而不便使用，其 m 值会稍低一些；对于 6 寸镜而言，因避免过薄而容易破碎，其 m 值会稍高一些。比较莽式镜而言，东汉早中期的仿制"尚方"镜，有着文字甚差、减笔过多、四灵错位、子午转向、镜面较凸等变化，其 m 值亦明显偏低，不在本文讨论之列。

（3）文字：尚方镜铭已是容易认读的"今文字"，亦证明了汉字从古文字向今文字演化的"隶变"早在西汉末已经完成。此类镜特别是尚方御镜，其文字比较规范，难以找到反书或别体字，少见通假（如"今"即"金"）与省偏旁（如"竟"即"镜"），对于笔画多的文字偶有减笔。语句多为七言，呈圆周排列且按顺时针方向旋读，有起讫符号，首字多位于青龙头前的东北方位。

（4）书体：在有龙头前饰金乌和虎头前饰蟾蜍纹饰的"尚方"镜（特别是尚方御镜）中，镜铭书法多是一种笔端出尖、如同柳叶的特殊书体，因其结构近似隶书，姑且可称"莽隶"，比西晋卫瓘所创之"柳叶篆"要早二百多年。在正规的"王氏"镜中，铭文亦皆为莽隶书体。在其他的各种莽式镜中，除了鎏金镜之外，几乎不见这种似被控制使用的特种书体。

（5）主纹：四灵纹与博局纹的组合出现于西汉晚期，亦是王莽思想印记在官制莽式镜中的典型标志。包括新兴铭莽式镜在内的若干镜例表明，在带十二地支的标准莽式镜出现之前，就有了不带十二地支的"前莽式镜"。换言之，在西汉晚期的各类四灵博局镜中，只有到居摄前后的西汉末出现十二地支纹时，标准莽式镜才算是基本定型。

十二地支是标准莽式镜中一个固定制式，位于内外凹面方框之间，且与十二乳钉相间，呈顺时针向排列。十二地支是"子、丑、寅、卯、辰、巳、午、未、申、酉、戌、亥"的总称，古代用以计时，其起源于先秦时代的华夏文明。《睡虎地秦简》一书告诉我们，早在秦代以前就已经将十二支配以动物，作为人的相属。在镜铭中，西汉早期镜偶有不完全的十二地支出现，完全的十二地支则源自于西汉末的纯十二地支镜与十二地支四灵博局镜，图中排序和配置也更为精准、规范。在6寸（即13.8厘米）莽式镜中，多因镜面太小而在纹饰布局时省略了十二地支。存世器物表明，莽式镜中出现十二支最早在西汉末的居摄前后，最晚至东汉早期。一个奇怪的现象是，东汉中期以后的长时间里再不见十二地支在铜镜上出现，直到六百年后的北朝末至隋唐两代，才又看到十二地支以十二生肖的形象重现人间。

标准莽式镜对四灵、博局及总体形制有着严格的要求。其设计思想反映了几何作图与艺术和文化的完美结合。

第一，读图方向坐北朝南（北方玄武在下，南方朱雀在上），"左（东）青龙，右（西）白虎"。中心十二地支的"子"在下、"午"在上，子午线穿钮孔而过。置图时不可颠倒或转向，如果上下变位、左右不对，古代"方术"的概念就错了。

第二，每个方位的四灵之一，通常皆在TL纹的右侧。更为复杂的纹饰，在青龙头前饰有金乌（喻示太阳），在白虎头前饰有蟾蜍（喻示月亮）。

第三，在方术学中，TL纹处"四正"位，V纹处"四维"位。TLV纹仅大小粗细允许差异，其布局却不可任意变化。除了西汉早期蟠螭博局镜的TLV纹用四线式外，几乎所有莽式镜的TLV纹皆为凹面式。

第四，多数情况系TLV纹与边缘之间嵌一周铭文带，少数情况为T纹与LV纹之间嵌一周铭文带，个别情况是铭文带分成八段，均匀分布在L纹与V纹之间。

（6）伴兽：四灵主纹饰的布局，通常皆处于每一方位的TL纹右侧，在其左侧为伴兽（或羽人骑鹿，或独角兽，或羽人等）。纹饰空隙处多饰以禽鸟为主的动物，纹饰总约为十数个（王氏昭竟铭莽式镜最多有35个，详见表五E2镜）。青龙头前多有"金乌"（喻示太阳），白虎头前多有蟾蜍（喻示月亮）。有学者提出，没有"金乌"和"蟾蜍"的尚方御镜系列，可能由会稽（古绍兴）等地作坊制作。

（7）边缘：边缘纹饰皆系水波纹（俗名流云纹，应称辟雍纹[1]），在9寸、8寸、7寸三个规格中，不见其他莽式镜边缘所有的变形禽兽纹或多重锯齿纹。个别7寸、6寸镜

---

〔1〕一种猜想：王莽居摄至新莽始建国期间，正规的四灵博局镜问世，四灵或博局的纹饰源由，都是为了"辟去不祥"。延续这个思路，俗称流云纹的边缘纹饰，实为象征着礼制建筑外围的水波纹，名曰辟雍，喻义"行礼乐、宣教化"。可参见《西汉礼制建筑遗址》（文物出版社2003年）一书。

图 1

图 1A

图 2

中偶见多重锯齿纹，应是在离开了盛行期的新莽后期制作。比较新莽和东汉两个时期的边缘断面，前者呈现等高状，后者呈现外高内低的斜坡状。再比较缘口斜坡处，新莽时稍直，东汉时偏斜。

（8）边宽：边缘宽度与直径之比（边宽系数）n 值：表一 A5 鎏金尚方御镜的边缘特别宽，n 值大于 15%；"王氏"镜 n 值为 13% ～ 15%；7 寸、8 寸、9 寸的"尚方镜"的 n 值多为 12% ～ 14%；其他新莽镜种的 n 值一般都小于这个范围。

（9）镜钮：莽式镜之镜钮多是一种下半部带圆锥状的半圆球体，其镜钮大小适当，比较而言，东汉时镜钮偏高偏大，魏晋时更大。钮座大致分两种情况，西汉晚期主要是四叶纹（亦称柿蒂纹）；西汉末期与新莽时期主要是变形(叶内部分雕空)四叶纹并在其叶间加上四片小叶。还有一种情况，即十二地支方框较小时，不出现叶纹钮座，另当别论。

（10）镜面：比较正面（照容面）弧度，西汉镜微凸、新莽镜稍凸、东汉早期镜较凸，东汉三国镜更凸，可知两汉时期镜面凸度呈现一种逐渐加大的变化，说明当时人们在照容时，对照容面积放大之要求有与日俱增的趋势。详见本书 063《东汉三国高凸镜面曲率半径研究》。

新有善铜铭莽式铭文镜（表三），新兴辟雍铭莽式铭文镜（表四）、王氏昭（作）竟铭莽式铭文镜(表五)这三类镜的大多数，皆符合尚方铭莽式镜的标准体系。似可认为，表一至表五所列实物，大体上都属于新莽官制镜的范围。本文列举表一 A3（图1）、表五 E2（图 2）的二镜图片，以供读者鉴赏。此二镜之 m 值皆为 2.95 克 / 平方厘米，可当作比对标准。

综上所述，从对现存新莽官制镜的分析看，王莽时期铜镜的设计达到相当高的水平，在尺寸规格、图案格局、重量控制等方面都相当规范或统一，铜镜的生产也达到了系列化、规范化与批量化生产阶段。

（原载《汉镜文化研究》之 "4.9"）

居摄、新莽镜花边纹研讨

王纲怀　傅军

　　古人观容，始映像于静止水体，曰"止水"，后取各类贮水之器代之。用于止水映像的青铜器，名为"鉴"。青铜镜问世传与人文始祖同步，古人云："帝（黄帝）因铸镜以像之。"铜镜之正面观容，背面则饰以精美图案与证史铭文，既是古人不可或缺的生活用品，又是雅俗共赏的工艺品。古代铜镜的青铜材料由铜、锡、铅按比例组成，其锻造与打磨工序繁复，镜面照容效果之优劣，体现了当时的工艺技术水准。铜镜作为青铜器的一个特殊门类，蕴涵诸多特色。其一，铸制历史连贯；其二，考古断代便捷；其三，文化内涵博大；其四，彰显审美情趣；其五，证史直观翔实；其六，书体映照生辉。

　　罗振玉《古镜图录·序》："予年逾冠即嗜吉金文字……颇搜集古铜鉴，然不能多得也……以为刻划之精巧，文字之瑰奇，辞旨之温雅，一器而三善备焉者莫若镜也。"

　　李学勤《清华铭文镜·序言》："铜镜是我国古代历时最久、传播最广的文物种类之一。从考古发现来说，铜镜已可追溯到铜石并用时代的齐家文化，也就是说比夏朝还要早。自殷商以至春秋，是铜镜的滥觞期，已获标本不多。其后铜镜工艺迅速发展，出现了三个高峰时期。第一个高峰系在战国，当时列国铜镜各异，而以楚国最为突出。汉代是铜镜的第二个高峰，影响所及远达境外。经过魏晋以下的一段衰退，在隋唐又形成第三个高峰。"

　　古代的一面铜镜如同今天的一张名片，它是一个民族、一个时代的文化缩影。仅此而言，汉镜即是汉代的一张名片。汉族、汉人、汉字、汉语、汉文化等"汉"字，皆源自于汉代的"汉"，研究汉镜文化在今天有着重要的意义。

　　汉镜星空灿烂、包罗万象，其中写意手法花边镜是其中分外耀眼的一组星座，它们多以珍禽奇兽或是植物纹样作装饰。看到这些花边镜以后，会让人高山仰止，赞叹不已，我

们的祖先，竟会有如此高超的艺术才华与想象力！《楚风汉韵——长沙市博物馆藏镜》图
87、图 99 即为典型的实例。为让读者一睹为快，笔者力所能及地将它们汇集在一起，详
见表一。

表一　汉代写意花边镜一览表

图号	大致年代	直径（厘米）	重量（克）	铭文首句	资料来源	说明
1	西汉晚	11.9	253	无铭（四乳制式）	《江苏实成 2011 秋拍》图 282	典型西汉器物
2	西汉末	16.5	687	汉有善铜出丹阳	《江苏实成 2011 秋拍》图 195	
3		14.8	531	汉有善铜出丹阳	《汉铭斋藏镜》图 104	有"宜子孙"三字
4		14.3	478	汉有善铜出丹阳	《江苏实成 2011 秋拍》图 344	
5	新莽	18.5	879	新有善铜出丹阳	《汉铭斋藏镜》图 110	
6		16.5	692	新有善铜出丹阳	《江苏实成 2012 春拍》图 660	
7		14.0	484	新有善铜出丹阳	《江苏实成 2011 秋拍》图 382	
8		14.0	438	新有善铜出丹阳	《江苏实成 2012 春拍》图 687	
9	新莽东汉	16.6	588	日有憙，宜酒食	《清华铭文镜》图 64	飘逸悬针篆
10	东汉早中	21.3	1158	（无铭）	《江苏实成 2012 春拍》图 625	典型东汉器物
11	两汉之际	16.6	700	（无铭）	《古镜今照》图 66	有大泉五十钱纹
12		14.2	490	（无铭）	《古镜今照》图 84	
13		14.0	467	（无铭）	《古镜今照》图 83	如同剪纸
14		13.1	364	（无铭）	《江苏实成 2012 春拍》图 664	如同剪纸
15		13.1	352	（无铭）	《江苏实成 2012 春拍》图 702	
16		12.8	418	陈氏作竟与众异	《古镜今照》图 92	举例之植物纹

图 1

图 2

图 3

图 4

图 5

图 6

图 7

图 8

图 9

图 10

图 11

图 12

图 13

图 14

图 15　　　　　　　　　　　　图 16

　　由表一可知，此类镜的问世年代大致发生在西汉晚期，繁荣在西汉末与新莽、东汉早期，东汉中期以后渐趋式微，前后经历了约有一个世纪。从其美妙的器物纹饰，可以知道汉人的伟大创造力，此类镜是"汉承楚制"的最好证明。众所周知，战国时期的楚文化独领风骚，楚镜工艺一枝独秀。秦灭楚以后，人杰地灵的楚地依然保留了楚文化的基因和土壤。汉武帝时期，在社会经济大发展的背景下，楚地文化又得到了迅速发展。据初步调查，在全国的出土资料中，此类镜主要是在楚地有发现。在花边镜的诸多纹饰中，本文着重观察并探讨其间的龙纹图案。

　　龙是华夏图腾。中国龙文化源远流长，自河南濮阳新石器晚期仰韶文化的蚌塑龙算起，距今已有七千年的历史。在中国铜镜史上，有战国、两汉、隋唐三座高峰。概括而言，战国镜龙纹抽象神秘，隋唐镜龙纹具象辉煌。而处于战国与隋唐之间的两汉，其龙纹以简洁

图 2A

图 7A

图 4A

图 9A

图 5A

图 11A

写意为特色，尤以突出主题的西汉龙纹镜为代表，出现一种明快粗犷的表现手法。打开上海古籍出版社出版的《西汉龙纹镜》一书，其间81幅精美的龙纹图扑面而来。看其外形，弯曲、环绕、勾连、纠结，可称千姿百态；观其动作，舒展、摇摆、匍匐、腾飞，可谓争奇斗艳；视其表述，整体、局部、夸张、省略，可言琳琅满目；察其手法，具象、抽象、幼态、童趣，可说异彩纷呈。

由于花边镜龙纹的写意更加明显，故本文挑选了表一中六个器物的局部龙纹，并加以勾勒、放大，详见图2A、图4A、图5A、图7A、图9A、图11A，亦算是对《西汉龙纹镜》的一个补充。《湖南出土铜镜图录》有五面同类花边镜，因图片质量欠佳而未列本文，本文仅作资料汇总，详见表二。

表二　湖南出土同类镜一览表

《湖南出土铜镜图录》	直径	铭文首句	出土概况	说明
图69	22.2	汉有善铜出丹阳	1956年长沙砚瓦池出土	同类镜属最大者
图74	13.5	侯氏作	1955年长沙丝茅冲出土	
图76	14.0	杜氏作	1955年长沙窑岭出土	杜氏是著名工匠
图81	13.5	/	1953年长沙月亮山出土	
图82	14.0	/	1954年长沙扫把塘出土	花边中有五铢钱纹

《六安出土铜镜》一书中的花边镜，多见花卉纹缘，如图82、图83、图99、图101、图104等。似可认为，此类花边镜（如图16）主要诞生在原是楚国的长沙地区及其周边（如六安）地区。由于花卉纹缘存世较多以及本文篇幅所限，不得已在此省略了诸多花卉纹缘的图片资料。

在中国传统装饰中，植物仿生纹样一直是主流。这不仅因为植物是自然形态，具有强大的亲和力，更在于植物纹样介于抽象与具象之间，保留了具象形态的特点。在写意手法花边镜中，我们可以看到，大量的植物纹样通过夸张、变形和概括，使之规律化、秩序化、程式化。这种经过"风格化"的自然形态，运用条理和反复这一构成法则的处理，使得纹饰变得洗练而有节奏感，产生有序、生动、流畅、稳定、完整、平衡的视觉美感。

汉代花边镜的表现手法，虽然是先秦艺术风格的继承和延续，但一扫之前神秘的宗教含义，主题纹饰素朴，构造丰满，寓动于静，图案结构简单，改变了战国时期严谨细密的风格。不求工细形似，只求以精练之笔来勾勒景物的神态，达到形简却意丰的审美效果。这从一个侧面，反映出汉代造型语言的特色：单纯、洗练、硬朗、挺拔、大气、华美。

此类镜边缘纹饰除了龙纹与植物以外，还包括羽人、凤、鹿、羊、斗兽、建鼓舞、蛇缠鱼、大螺化龙、仙人娱乐、灵魂升天、太一出行等各种珍禽异兽。以本文列图为例，一眼望去，琳琅满目、风姿绰约，本来是"具象"的羽人与动物，都采用了尽情写意的创作手法。即便有再多的美好语言，也不能表述完全，还是让读者自己来鉴赏、品味、交流、研讨。

（原载《汉镜文化研究》之"5.5"）

惊鸿一瞥悬针篆

王纲怀　张拴柱

一、概述

文字是记录语言的符号。汉字的进化是从甲骨文、金文、大篆、小篆、隶书、楷书等几种主要字体发展而来。自战国以后,汉字便在人们的书写应用中,不断改变图画式的线条结构,以右手握笔的方式,顺应从左到右、从上到下,有节奏地用笔的写字要求,特别是经过隶变以后,有些字减去了原字的部分形体,文字结构由复杂变得简单。有些字把曲线、弧线、半圆,拉成直线、准直线或折线;有些字运用"连的手段把本不相连的线连在一起";有些字把本来连着的字拆散,这样一来,简化、疏浚、改造了原字的笔划,使汉字书写性能有了长足的发展。

心理学试验证明,每一个汉字都是一个"格式塔"(由德国心理学家专家韦特海默最早提出),人们面对那些不尽完善,不尽美观的"格式塔"时,往往会产生一种改变它的强烈愿望,即所谓的"完形压强",这是人们改变"格式塔"的根本动力。事实上,有一些汉字,为求匀称美观,它们的形体确实发生了一系列变化。

悬针篆出现于西汉末王莽掌控朝政之时,繁荣于短命的新莽王朝,而后,随着新莽政权的覆灭,在东汉初年又自然传承一段时间,前后经历了三五十年。新莽始立,逆流复古,苛政百出,币制繁杂,盘夺民利,政命短促。然其政权主导创改下的"悬针篆",承法度之善,尽书艺之能,虽其命运苦短,却是惊鸿一瞥。

二、实例

（一）新莽青铜器

继秦国统一度量衡以后，新莽王朝再一次用国家政令加强了对度量衡的统一。目前，从以两岸故宫为重点的存世藏品来看，有着诸多的新莽遗物。尤其是在其中的一部分青铜器中，铸有悬针篆书体。诸如：台北故宫博物院藏"新莽嘉量"[1]（见图1）、"新莽铜丈"，上海博物馆藏"新莽诏版"（见图2），邻国故城出土"新莽诏版""新莽衡杆"，国家博物馆藏（端方旧藏）"新莽嘉量"残器等。在这些青铜器物中，最重要的悬针篆铭文当数本文图1所示之新莽嘉量。王莽继承秦制，"嘉"为美好和标准之意，嘉量即标准量器。此器高25.6厘米，外径34.6厘米，重13414克，铸造于始建国元年（9）。量壁正面刻有新莽统一度量衡的总铭，叙述王莽自托为黄帝、虞舜苗裔及制定合于古制的度量衡制度等内容。本文将其内容标释如下：

黄帝初祖，德币于虞。虞帝始祖，德币于新。

岁在大梁，龙集戊辰。戊辰直定，天命有民。

图1

图1-1

图1a

---

[1] 经故宫博物院相关专家指点，此新莽嘉量之原物为仅剩器身之残件，其盖系后人所加设。器身铭文没有问题。

图 2

图 2a

据土德受，正号既真。改正建丑，长寿隆崇。

同律度量衡，稽当前人。龙在己巳，岁次实沈。

初班天下，万国永遵。子子孙孙，享传亿年。

（二）新莽钱币

古今中外，无论哪个国家，钱币皆由国家统一发行，其权威性、严肃性不言而喻。新莽时期，王莽实行复古改制，对钱币发行进行了四次大的改制。天凤二年（14）第四次改

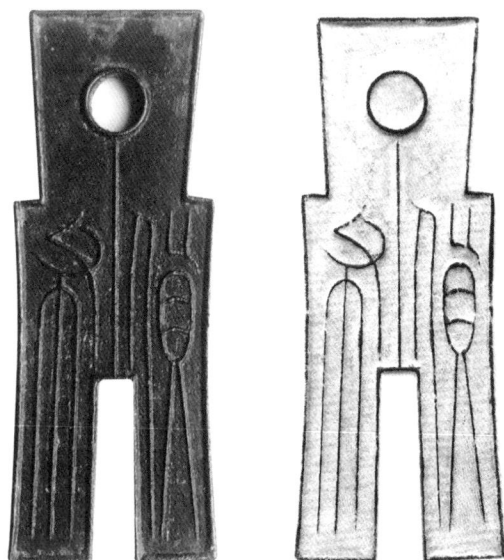

图 3

图 4

图 5

制时，同时发行"货布"（见图3）、"货泉"（见图4）两钱，一货布当货泉二十五。以后，又铸"布泉"（见图5）。此三钱书体皆取潇洒俊逸的悬针篆，因为书体精美，仍受到现今诸多钱币爱好者、书法爱好者的喜爱，中国传统文化的连绵传承可见一斑。

（三）"新莽"铜镜

作为一个国家的新莽王朝，存世仅15年（9～23）。而本文这里所指的"新莽"是一个广义概念，包括西汉末与东汉初的些许年，即既受王莽复古思想影响又包括自然传承在内的时期，估计应该不超过半个世纪。

依据拙著《汉镜铭文书法》图159至图180，其间包括了22幅有悬针篆的铜镜图片，而实际存世量应在较大的百位数。对比青铜器和钱币可知，铜镜上的悬针篆，与它们不分伯仲。观察本文列举之三镜，同样可以得到美的享受，详见表一。

表一　悬针篆书体铜镜一览表

图号	大致年代	镜名	直径（厘米）	重量（克）	资料来源
6	西汉末新莽	新有善铜铭四灵镜	13.3	400	《汉镜铭文书法》图159
7	新莽	日有憙铭四灵博局镜	18.5	/	《汉镜铭文书法》图164
8	新莽东汉初	日有憙铭四灵镜	16.5	615	《古镜拓片集》内封

图6

图6a

图 7

图 7a

图 8

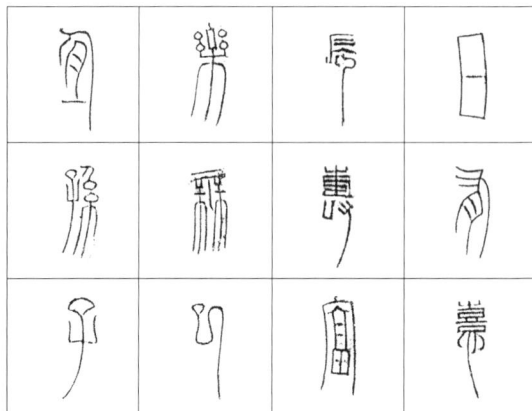

图 8a

三、研讨

　　方形是汉字规范化的特征，若是文字在方形基础上成竖向长方形，有顶天立地、上下伸展之意。悬针篆沿用了秦代玉箸篆的长方形体势，线条粗细一致，字形大小相同，每字独立如画，表现了悬针篆的统一性、规范性及美术化、艺术化的趋势。让人们在鉴赏中，不知不觉地感受到了秩序美。悬针篆外方内圆，结构中多用弧形线条，向下有悬针之笔，以示扎根之意，体现了力度和重心之美。另外，其用多曲多弧的线条组合，使每个字颇具动势，呈现出灵动潇洒的书法艺术，因为有弧形线条，比直线更利于变化，便于字形内外组合。悬针篆采取了对称等距分割的原则，从字的偏旁部首到内部空间，都采取了对称均分的原则。

悬针篆线条生动，富于表现力，美如工笔画。其线条既美观大方、灵动飘逸又不失规范原则。悬针篆的线条讲求平均、平衡、对称与重心一致。悬针篆借鉴秦篆，用曲直取势，以婀娜立意，行巧妙组联，造潇洒之势，立唯美之相，传深得东汉章帝之喜爱。

悬针篆的创建对书法艺术的发展进步贡献很大，有观点认为，悬针篆可以尊为书艺之奠基者。隶变中蚕头雁尾，一波三磔，起笔藏锋，收笔出锋，以及后来进一步发展为"提、按、疾、涩"等书法艺术的行笔方法，都应与悬针篆的线条创造有直接关系。

中国书法是表形、表音、表意高度抽象化的艺术，写好汉字不仅是书法家的一生追求，而且是每个中国人的重要文化选项。悬针篆字美如画，能媚迷章帝弃美人而不顾，在其书体结构美之外，究竟还有哪些深刻的含意？笔者认为，悬针似有扎根之意，根深叶茂可保政权永固。在字体创作思想上，悬针篆有一种书体艺术的升华之感。

悬针篆遵循了两大造字趋势，一是美术化，二是艺术化。美术化就是书写时的规范性、统一性。艺术化就是书写时的线条灵动，组合变化，以及力度和态势。在书体艺术中，小及一个字的美感，大到一幅作品的成功，都离不开这些基本规律，都是规范性、统一性、艺术性的巧妙结合。体方势长，形态统一，字美如画，飘逸灵动，潇洒大气，这些就是悬针篆的主要特点。

为进一步了解悬针篆的书体特征，笔者从上述八图中挑选出带"有"字的五个图例（图 1b、图 2b、图 6b、图 7b、图 8b），详见图 9 各类新莽器物铭文"有"字比较图。其中的笔画线条略有不同，图 2b、图 7b 为全部弧线，图 1b、图 8b 是曲直相间，两者虽有差异，然皆如轻风拂柳，呈现出风姿绰约、婀娜艳丽之态；又似杂耍表演，反映出弯曲扭动、寻求平衡之势。这些图例将悬针篆的结构美、力度美、重心美、对称美表现得淋漓尽致、一览无遗。图 6b 则是特例，仔细观察其全铭文字，可知是一种兼有隶书笔韵的悬针篆，充

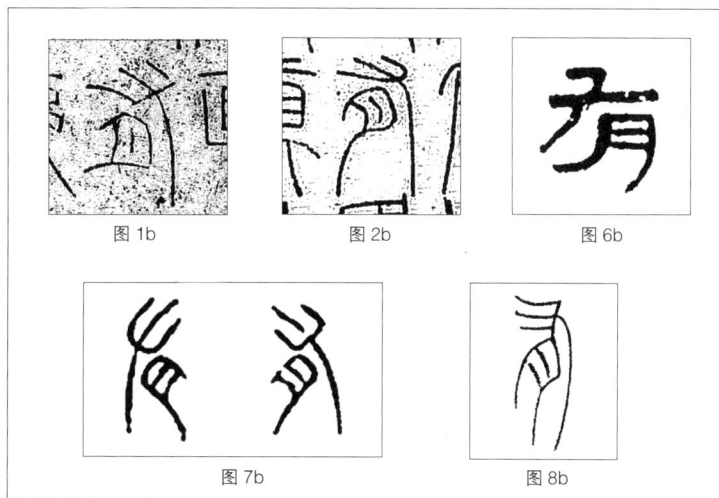

图 9　各类新莽器物铭文"有"字比较图

满着过渡色彩，此图列入本文，可作参考比较。

四、结语

悬针篆作为一种书法艺术及完整的文字体系，能给历史、书法艺术以及爱好书法艺术的人们留下什么？简而言之，一是规范性的方形结构，代表着文字改革的发展趋势；二是唯美的造字思想，体现了书法艺术的灵魂；三是悬针篆的创造性成果，对书法艺术的发展带来了重要机遇和深远意义。

我们在收藏、学习、研究悬针篆的过程中，深感所知有限，但愿抛砖引玉，祈请方家指正。最后，谨以下面这篇《悬针篆赋》献给读者。

悬针篆赋

于史逆动，于艺复古。两汉沾边，新莽据主。

秦篆借势，篆隶兼顾。以方为形，悬针下著。

左右匀称，曲直相补。弧线奇妙，上密下疏。

变化各殊，重心稳固。婀娜多姿，潇洒飘忽。

优雅华贵，超凡脱俗。献媚章帝，书史铭注。

唯美添繁，逝若驹速。惊鸿一瞥，后世叹服。

本书得到熊长云先生的帮助，谨致谢意。

（原载《大观》2019 年 6 月总 117 期、《中国收藏》2019 年 7 月）

止水文集 下册

王纲怀 编著

上海书画出版社

止水文集

丁酉嘉平

謝辰生題

時年九十有六

目录

两汉三国纪年镜概说

中国纪年镜是中国铜镜的一个特殊种类，在历史学、考古学、类型学、民俗学以及比较研究等方面有着重要的文化价值。从西汉成帝刘骜在位的第十九年（永始二年，即前15）算起，直至清德宗载湉在位的第四年（光绪四年，即1878）为止，中国纪年镜经历了1893年，其间没有大的间断，这在世界文化史上是值得骄傲的一个历史事实。或许是年代久远的原因，也可能是存世数量的稀少。世人对两汉三国的纪年镜尤其表现出兴趣，各地的博物馆、美术馆乃至收藏家，都以收藏有中国纪年镜为荣。某些纪年镜的存世量仅是一面或数面而已，更显珍贵。纪年镜的文物级别很高，若干大博物馆仅将其所藏之纪年镜定为"一级文物"。

本文列举了两汉三国时代的二十五面纪年镜（详见表一），纪年时间相差297年。其中包括西汉（含新莽）镜四面，东汉镜十二面，三国镜八面，西晋镜一面；其中中国收藏十九面，日本收藏六面，详见表一。

表一　两汉三国纪年镜一览表

图号	公元纪年	年号	时代	直径（厘米）	主纹	资料来源
1	前15	永始二年	西汉成帝刘骜第19年	18.5	四灵博局	1996年洛阳五女冢新莽墓出土，洛阳博物馆
2	6	居摄元年	西汉孺子婴，王莽摄政	13.2	连弧	1924年朝鲜大同江汉乐浪郡出土
3	10	始建国二年	新莽第2年	16.1	瑞兽博局	中国国家博物馆
4	15	始建国天凤二年	新莽第7年	16.6	四灵博局	上海博物馆
5	59	永平二年	东汉明帝刘庄第2年	23.2	四灵	《中原古镜聚英》图135

图号	公元纪年	年号	时代	直径（厘米）	主纹	资料来源
6	91	永元三年	东汉和帝刘肇第 3 年	24.3	神人神兽	《古镜今照》图 141
7	105	元兴元年	东汉和帝刘肇第 17 年	15.8	变形四叶兽首	南阳市博物馆
8	114	元初元年	东汉安帝刘祜第 8 年	14.7	神兽	《古镜今照》图 129
9	156	永寿二年	东汉桓帝刘志第 11 年	18.1	变形四叶兽首	《前汉至元时代的纪年镜》图 2
10	160	延熹三年	东汉桓帝刘志第 16 年	16.9	变形四叶兽首	《汉铭斋藏镜》图 116
11	167	永康元年	东汉桓帝刘志第 23 年	16.3	对置式神人神兽	上海博物馆
12	174	熹平四年	东汉灵帝刘宏第 8 年	17.8	变形四叶兽首	重庆市博物馆
13	183	光和五年	东汉灵帝刘宏第 17 年	15.9	神人神兽	《止水阁藏镜》图 96
14	187	中平四年	东汉灵帝刘宏第 23 年	19.2	对置式神人神兽	上海博物馆
15	203	建安八年	东汉献帝刘协第 15 年	13.6	重列式神人神兽	上海汉雅堂
16	205	建安十年	东汉献帝刘协第 17 年	14.7	重列式神人神兽	绍兴市博物馆
17	227	黄武六年	三国吴孙权第 6 年	11.6	重列式神人神兽	日本大阪和泉市久保惣纪念美术馆
18	235	嘉禾四年	三国吴孙权第 15 年	11.7	重列式神人神兽	《前汉至元时代的纪年镜》图 34
19	235	青龙三年	三国魏曹叡第 9 年	17.4	四灵博局	1994 年京都府大田南 5 号坟出土
20	252	太元二年	三国吴孙权第 31 年	14.9	对置式神人神兽	《汉铭斋藏镜》图 123
21	260	甘露五年	三国魏曹髦第 8 年	16.6	变形四叶兽首	《汉铭斋藏镜》图 124
22	260	永安三年	三国吴孙休第 3 年	14.3	重列式神人神兽	《汉铭斋藏镜》图 125
23	278	天纪二年	三国吴末帝孙皓第 16 年	11.4	重列式神人神兽	《前汉至元时代的纪年镜》图 36
24	279	天纪三年	三国吴末帝孙皓第 17 年	14.0	对置式神人神兽	《汉铭斋藏镜》图 128
25	282	太康三年	西晋武帝司马炎第 3 年	16.7	对置式神人神兽	上海止水阁

一、西汉（含新莽）

这个时期的纪年镜，目前仅见四面，这些器物开创了中国纪年镜的新纪元，件件皆能证实历史。同时，亦为我们留下了一些真实的故事。

1. 永始二年镜（图1、《汉镜文化研究》下册图136）

铭文：永始二年五月丙午漏上五工丰造。景公之象兮吴娃之兑（悦），作睐明镜兮好如日月，长相思兮世不绝。见朱颜，心中欢。常宜子孙。

1996年，洛阳市第二文物工作队，在洛阳五女冢发掘了一座新莽时期的墓葬，出土了这面永始二年（前15年）铭的四灵博局镜。依据年号可知，此镜是目前所知最早的纪年镜，较居摄元年镜之纪年要早出21年。值得一提的是，图1、图2两镜皆为出土器物，无疑其可靠性与证史价值皆比传世器物要高。

2. 居摄元年镜（图2、《汉镜文化研究》下册图137）

铭文：居摄元年自有真，家当大富，耀常有陈。昭之治吏为贵人，夫妻相喜，日益亲善。

1924年，在朝鲜大同江石岩里汉乐浪郡遗址，出土了这面居摄元年（6）铭的连弧镜。大半个世纪以来，一直被认为是"目前所知最早之纪年镜"。此镜先由日本守屋孝藏氏收藏，1942年见著于梅原末治《汉三国六朝纪年镜图说》之图版一，现由日本东京五岛美术馆收藏。

3. 始建国二年镜（图3、《汉镜文化研究》下册图138）

铭文：唯始建国二年新家尊，诏书数下大多恩。贾人事市，不躬啬田。更作辟雍治校官，五谷成熟天下安。有知之士得蒙恩，宜官秩，葆子孙。

中国国家博物馆收藏了这面始建国二年（10）铭的瑞兽博局纹镜。1897年（光绪二十三年），宛平黄浚在北京琉璃厂开

图1

图2

图3

图 4

图 5

古玩铺，此镜乃其最早收藏品（《尊古斋古镜集景》图 1）。1916 年，罗振玉《古镜图录》有云：“（此镜原由）祥符周藏，今归如皋昌氏。”1959 年，由上海博物馆调拨给中国历史博物馆（即今中国国家博物馆）。

4. 始建国天凤二年镜（图 4、《汉镜文化研究》下册图 139）

铭文：始建国天凤二年作好镜，常乐富贵庄君上，长保二亲及妻子，为吏高迁位公卿，世世封传于无穷。

上海博物馆收藏了这面始建国天凤二年（15）铭的四灵博局镜。是在二十世纪六十年代初，上海徐士浩先生将包括此镜在内的一批青铜器捐赠上海博物馆，从此，此镜安身于艺术殿堂。比较图 1、图 2、图 3 三面著名的纪年镜可知，此镜与标准的新莽官制镜最是接近。其边缘纹饰可以证明，当时的铸造地点有可能在淮河以南地区。在《六安出土铜镜》一书中，多见类似之花边纹饰。

二、东汉

东汉是中国纪年镜开始繁荣的时代。除了光武帝刘秀在位的 34 年中还没有发现纪年镜外，其后诸帝在位皆有纪年镜存世。其年号包括汉明帝刘庄的永平，汉章帝刘炟的章和，汉和帝刘肇的永元、元兴，汉安帝刘祜的元初，汉顺帝刘保的永和，汉冲帝刘炳的永熹，汉桓帝刘志的永寿、延熹、永康，汉灵帝刘宏的建宁、熹平、光和、中平，汉献帝刘协的建安等。统计可知，东汉纪年镜历九个皇帝，涉 15 个年号。本文挑选了 12 面东汉镜作为镜例。

1. 永平二年镜（图 5）

铭文：尚方作竟大毋伤，巧工刻之成文章，左龙右虎辟不羊，朱爵玄武顺阴阳，子孙备具居中央，长保二亲乐未央，四□三□□□□，富贵昌，长安巧工刻。永平二年八月二八日刻之成文。

此镜为所知最早的东汉纪年镜，其年号永平二年（59）与图 4 镜相距已有 44 年，在这近半个世纪中，光武帝刘秀推翻新莽、平息战乱、发展经济、恢复民生，为存在近两个世纪的东汉社会打下了坚实的基础。迄今所知，刘秀所在的建武年间，未见纪年镜问世，或许是一种巧合，直至东汉第二个皇帝刘庄在位的第二年，纪年镜再现人世。

2. 永元三年镜（图6、《汉镜文化研究》下册图174）

铭文：内区：永元三年。

周圈：石氏作竟世少有，东王公，西王母，人有三仙侍左右，后常侍，名玉女。云中工昌□□鼓，白虎喜怒夘央□，男为公侯女□□，千秋万岁生长久。

长期以来，人们仅知东汉早期纪年镜为两面永平七年（64）的器物，其一是《岩窟藏镜》的尚方铭七乳镜，其二是美国纽约私人收藏的八连弧云雷纹镜。其余东汉纪年镜皆在东汉的中晚期。此镜问世有两个意义：其一，在画像镜类中，出现了罕见的纪年铭永元三年（91）；其二，铭文年代填补了东汉早中期画像镜的稀缺。详见《汉镜文化研究》下册图174之文字说明。

图6

图7

此镜书体还保留了新莽官制镜的莽式汉隶（横笔两端出尖），这是一个颇具意味的问题。事实上，新莽书体对东汉的影响可至章帝，文化延续比较漫长，此镜亦为一例。

3. 元兴元年镜（图7、《汉镜文化研究》下册图175）

铭文：四叶：富且昌，乐未央，师命长，宜侯王。周圈：元兴元（二）年五月丙午日，天大赦，广汉西蜀造作。尚方明竟，幽涑三商，长乐未（央），宜侯王，富且昌，位至三公，位师命长。

此镜问世在东汉早中期之际，可谓是变形四叶兽首镜的早期器物，同时也从此开始了这类器物的新时代。由镜铭实例看，凡"广汉西蜀"造作的此类镜形制规整、铸造精湛、纹饰清晰、图文并茂，在东汉中晚期存在了约有一个世纪的时间，它们给中国铜镜史添上了浓墨重彩的一笔。

此镜铭文元兴元年（105）有几处须引起注意的内容。其一，首句"元兴元年"的"元"

图 8

图 9

图 10

字之后，多了一个"二"字，不解其意；其二，"天大赦"少见；其三，末句"位师命长"，在其他镜例中多见"其师命长"。

日本东京五岛美术馆另藏元兴元年（105）铭环状乳神兽镜，直径 8.9 厘米，重量 211 克。

4. 元初元年镜（图 8）

铭文：元初元年正月癸酉朔日。

此镜甚为特殊：其一，纪年年号元初元年（114）似为孤例；其二，东汉安帝刘祜在位 22 年，仅见此例；其三，年号铭文十字被等分地镶嵌在镜缘的菱形画纹带之间；其四，主纹四分、神兽衔矩的图案出现之年代似为最早。

5. 永寿二年镜（图 9、《汉镜文化研究》下册图 176）

铭文：永寿二年正月□□□□□□□作尚方明□竟（力），□□□□长王□□□□□□□□□。

桓灵之际是东汉文化昌盛的一个标志时间，仅太学生就有五万人，为西汉武帝时期的百倍。此镜属变形四叶兽首纹，其纪年时间永寿二年（156）应为此类铜镜之较早者。作为一个在东汉晚期的独立镜种，变形四叶兽首镜有着诸多与众不同、标新立异的特色。

（1）铭文——突出纪年，标注产地。

（2）问世——持续百年，多在桓、灵。

（3）产地——多出广汉，少见南阳。

（4）连弧——数字缤纷，展现素数。

6. 延熹三年镜（图 10、《汉镜文化研究》下册图 177）

铭文：延熹三年五月丙午日造作。尚方明竟，广汉西蜀，幽涷三商，天王日月，位至三公兮，山人。

东汉之广汉在今广汉市北，古称雒县，曾为益州刺史部与所属广汉郡治之所在地。中国新石器时代至商周时期的早期蜀文化遗存——三星堆遗址，即在今广汉市的南兴镇三星村。毋庸置疑，这个地区从人文之初直至东汉魏晋，始终是华夏青铜器（包括铜镜）的一个铸造重镇。东汉镜纪年、记地并不少见，此铭结尾二字"山人"似为工匠留名。

作为一个在东汉晚期盛行的独立镜种，变形四叶兽首镜有着诸多与众不同、标新立异的特色。其最大特色在于相对集中的纪年铭文与几何等分的连弧数字。变形四叶兽首镜最为流行的时间是在东汉桓、灵之际，亦正是汉代教育最为发达的年代。

此镜铭文延熹三年（160）正与东汉碑文盛行期的"桓灵之际"（共42年）同一时代。汉碑是国人顶礼膜拜的重器，其早期拓本如今都十分珍贵。《清华铭文镜》图69（残片）为同时代器物，其残存十字之汉碑书体似更规整华美。

7. 永康元年镜（图11、《汉镜文化研究》下册图179）

铭文：方枚：永康元年，正月午日，幽涷黄白，早作明镜，买者人富，延寿命长，上如王父，西王母兮，君宜高位，位至公侯，长生大吉，太师命长。

半圆方枚神兽镜的铸制水平在汉代属最高之列，其边缘图案的精细程度在汉镜铸造史上，堪称一流。此镜（一级文物）尺寸较大，品相完美，可称为同类镜之翘楚。此镜铭文永康元年（167）十分著名，已有诸多文字说明，在此不复赘述。此镜纹饰的每个方枚之中，皆排布四字。此类镜的共性是铸制精湛，版模上乘。

图11

8. 熹平四年镜（图12、《汉镜文化研究》下册图181）

铭文：熹平四年正月丙午，吾造作尚方明镜，广汉西蜀，合涷白黄，舟（周）刻无丞，世得光明。买人大富长子孙，延年益受（寿），长乐未央兮。

东汉纪年镜铭文中多有"丙午日"（或简称"丙午"）的字样，此镜即为一例。中国古代历法，用天干地支来规划年、月、日、时，预测学称为"四柱"。丙午日是日柱循环的六十分之一日。在六十天干地支中，丙午日的顺序是第43位。论阴阳五

图12

行，天干之丙属阳之火，地支之午亦属阳之火，故而丙午日的"阳气"最旺，"火气"最盛。

　　此镜铭文熹平四年（175）连弧数 23 是典型的素数。汉镜的客观存在证实，在公元前二世纪时，素数问题就已被应用于生活实践之中。以连弧纹为主体的汉镜纹饰，在圆形几何等分的构图中，除了偶数外，经常可看到 3、5、9、15、21、25、27 等便于几何作图的数字。偶尔又见着 7、11、13、17、19、23、29 等难以几何作图的数字，这些数字被称为素数或质数。其定义是：大于 1 的整数，除了它本身和 1 以外，不能被其他正整数所整除的数字。素数等分不能用圆规与直尺的几何制图方法来完成，汉人怎么解决的，需要我们进一步探讨。存世另见熹平元年（《止水阁藏镜》图 95）、熹平三年（*ARTIBUS ASIAE* 第 76 页）之双龙钮纪年镜。

　　9. 光和五年镜（图 13、《汉镜文化研究》下册图 182）

　　铭文：方枚：吾作明竟自有□，□□□□□。周圈：光和五年正月十三日午丙，广汉西蜀造作。尚方明竟，世得光明。天王日月，位至三公。宜侯王，乐未央。生如山石富且昌，□□富贵受命长。受（寿）如东王公西王母，仙人王乔赤□。

图 13

　　此镜铭文既纪年又记地，有着重要的文化内涵。汉灵帝在位共 25 年，有四个年号，多见熹平，少见中平，罕见建宁、光和。此镜铭文光和五年（182），"广汉西蜀"之铭多在变形四叶兽首镜中出现，这类纪年铭的兽首镜存世二十余面，其中七面有记地"广汉西蜀"。神兽镜记地多见"吴郡"（应是东汉会稽郡所属），此镜的出现表明：在吴郡西去一千余公里的西蜀（四川）广汉，亦有铸制神兽镜的作坊。此镜铭文的奇特之处：其一，工匠粗心，误将"丙午"铸成"午丙"；其二，"世得光明"之词在同类中少见，或许有其地方性、时间性的特色；其三，铭文中的两个"寿"字，均皆通假"受"字。惜此镜多处遭锈蚀，致使部分铭文不清，留下些许遗憾。

　　10. 中平四年镜（图 14、《汉镜文化研究》下册图 183）

　　铭文：方枚：中平四年，五月午日，幽湅白同，早作明竟，买者大富，长宜子

图 14

孙延年命长。上如王父，西王母兮，大乐未央。长生大吉，天王日月，太师命长。

此镜（一级文物）与图 11 两镜铭文皆置于"方枚"之中，为中平四年（187）且每一方枚都是一分为四而纳入四字。两镜的总体形制、纹饰布局、铭文内容、文字书体等皆同一风格，主要不同之处在于此镜为 13（素数）等分，而图 11 镜是 12（非素数）等分。两镜的具体铸制年代只相差二十年，有理由认为：此两镜很可能出自同一地区（河南？），或是出自同一作坊甚至同一工匠。

存世另见"中平二年"（台北一雅堂）、"中平六年"（东京五岛美术馆）之罕见纪年镜。

11. 建安八年镜（图 15）

铭文：建安八年作，吾作明竟，幽涷宫商，周罗容象，五帝天皇，白牙单（弹）琴，黄竟（帝）除凶，朱鸟玄武，白虎青龙，君宜高官，位至三公，子孙番昌。

"建安"铭纪年镜的存世较多，按年号看，有元年（196）、四年（199）、五年（200）、六年（201）、七年（202）、九年（204）、十年（205）、十九年（214）、二十年（215）、二十一年（216）、二十二年（217）、二十四年（219）、二十六年（221）等。其中，以建安十年镜之存世量最大，且以重列式神兽镜为主体。

图 15

12. 建安十年镜（图 16、《汉镜文化研究》下册图 191）

铭文：建安十年造，吾作明竟，幽涷宫商，周罗客象，五帝天皇，白牙单（弹）琴，黄帝除凶，朱鸟玄武，白虎青龙，服者豪贵，延寿益年，子孙番（昌）。

此镜铭文建安十年（205），与图 15 大同小异：说明诞生于同一时代的镜铭文化，其内容应该相差不大。

长期以来，人们都认为硕大之扁钮问世于三国，流行于西晋。此镜的出现无疑将改变这种观点，即早在建安中期就有硕大扁钮问世。此镜钮径为 4.9 厘米，正好是镜径 14.7 厘米的 1/3。

图 16

图 17

图 18

图 19

三、三国

三国虽是一段仅有 45 年的"乱世"，却给我们留下了史上最多的纪年镜。按存世数量统计，三国吴之存世量较大（应在百位数），三国魏之存世量一般（当在十位数），三国蜀之存世量较小（似在个位数）。与东汉镜相比，大多数三国纪年镜的版模粗劣、品相较差、字迹模糊，本文挑选了九面三国镜（含一面西晋镜）作为镜例。

1. 黄武六年镜（图 17）

铭文：黄武六年五月壬子四月癸丑，造作三□之，宜王宜侯，服竟之人皆寿岁，子孙众多，悉为公卿，收取数百牛羊，□□□□□（镜钮阴刻铭文：上大将军士张光竟）。此镜铭文黄武六年（227）问世在三国早期，其重列式神人神兽主纹与铭文祈祥内容，还都保留着东汉镜之遗风。在同类镜中，其版模与品相皆属上乘。

2. 嘉禾四年镜（图 18）

铭文：嘉禾四年二月□作吾明竟，服者万年，延年子孙，仙镜宜用□□，□□□□朱鸟武。

《三国志·吴书》记载："（黄龙三年冬）会稽南始平言嘉禾生。十二月丁卯，大赦，改明年元也。"三国吴镜铭"帝道始平"即由此而来。嘉禾年号镜存世有多面，然有关资料多见自日本。

3. 青龙三年镜（图 19）

铭文：青龙三年，颜氏作竟成文章，左龙右虎辟不详，朱爵玄武顺阴阳，八子九孙治中央，寿如金石宜侯王。

1994 年 3 月 17 日，此镜在日本京都府竹野郡弥荣町大田南古故群五号坟出土，曾引起中日两国的格外重视，1994年5月8日《中国文物报》亦有报道。在景初二年（238）六月，魏明帝曹叡在赐给倭女王卑弥呼的一大批礼品清单中，有"铜镜百枚"；正始元年（240），魏齐王曹芳又"赍诏赐金、帛、锦、罽、刀、镜、采物……"有关专家认为，此青龙三年镜（235）极有可能是当年的"铜镜百枚"之一。因而，此镜亦成为中日两国友好交往史上一件十分有价值的实物。此镜四灵博局的主纹与尚方作竟的铭文，仍保留了两百多年前新莽时代的文化传统。

4. 太元二年镜（图20、《汉镜文化研究》下册图195）

铭文：太元二年二月□，风雨时节五谷孰，三上公□□多寿，长保二亲得天力。

迄今所知，此镜年号为目前之仅见者。

"太元"年号在历史上有三个，依据形制规格、版模特征、构图类型，可知此纪年铭为三国吴大帝孙权之年号"太元"，而并非十六国前凉张骏或东晋孝武帝司马曜之"太元"。《三国志·吴书》载："（赤乌十四年）太元元年夏五月，立皇后潘氏，大赦，改年。""（太元二年）二月，大赦，改元为神凤。""太元元年夏……明年四月，权薨，太子即尊号，大赦，改元。是岁，于魏嘉平四年也。"将此三段史料连贯起来，即赤乌十四年（251）五月改元太元元年——

图20

（经九个月）至太元二年（252）二月，同月改元神凤——（经两个月）孙权驾崩，孙亮即位，改元建兴。这些史料说明孙权在位的最后11月中，共经历了赤乌、太元、神凤三个年号：赤乌十四年（五月）、太元元年（存世仅七个月）、太元二年（存世仅两个月）、神凤元年（存世仅两个月）。当可谓中国历史纪年变动频繁之最也！

统计可知，孙权在位从黄武元年（222年）至赤乌九年（246年）的25年中，计四个年号有存世器物，差不多是连年或隔年就有。从赤乌十年（247年）至孙权驾崩的六年中，过去从未见存世器物。这面太元二年铭纪年镜的出现，为孙权在位年号的纪年镜填补了四项空白：其一，孙权在位最后六年的空白；其二，太元年号的空白；其三，三国吴年号变动最频繁（十一个月中三个年号）时期的空白；其四，虽纪月不足三十天，然保存了这段既短暂又宝贵的历史记录。

5. 甘露五年镜（图21、《汉镜文化研究》下册图196）

铭文：甘露五年四月十六日，左尚方师作竟青且明，君宜高官，位至三公，利子宜孙，延年益寿。

日本东京五岛美术馆《前汉至元时代的纪年镜》图9、图10为一对同模兽首镜，分别由东京道博物馆（直径16.6厘米，重量350克）与兵库黑川古文化研究所（直径16.6厘米，

图 21

图 22

图 23

重量402克）收藏，其铭："甘露五年二月四日，右尚方师作竟清且明，君宜高官，位至三公，保宜子孙。"比较可知：其一，三镜直径一致，纹饰几乎相同，而此镜最重；其二，年号相同皆在公元260年，月份与日期不同；其三，日本两镜系"右尚方师"，此镜为"左尚方师"；其四，日本两镜系"保宜子孙"，此镜为"利子宜孙"；其五，此镜末句比日本两镜多了"延年益寿"四字。

《三国志》卷四："（甘露）五年（260年）春正月朔，日有蚀之。夏四月，诏有司率遵前命，复进大将军司马文王（即司马昭）位为相国，封晋公，加九锡。"晋朝之晋由此始。魏帝高贵乡公曹髦在此铭之年月，留下千古名言："司马昭之心，路人所知也。"

6. 永安三年镜（图22、《汉镜文化研究》下册图197）

铭文：永安三年六月一日造兮，位至三公，子孙万年，□□王，□□□。

三国吴永安三年与三国魏甘露五年同在公元260年。此二面镜当属同一年问世。可见，同时代南方的吴国与北方的魏国分别铸造了不同类型、异样风情的铜镜。此镜主纹五兽四禽24神人。其神人数量在同类镜中应属最多之列，此镜最下一排神人之左侧一人似吹竽，同排自左而右，第五人似吹管，第六人似鼓瑟。

7. 天纪二年镜（图23）

铭文：天纪二年七月七日日中，九湅甘七商□镜，青□□，吏人仕，患（官）高迁，位三公，□□□，延年。

此镜是一个"重列不明显"的重列式神人神兽镜。镜铭为天纪二年（278年）。《清华铭文镜》图67有铭："五月五日丙午日中时"，此镜与之相比，皆突出了"日中"的概念，根据道家理念，铸镜时辰选在"日中"，当是"火"气最旺，最有利于"火克金"的要求。

8.天纪三年镜（图 24、《汉镜文化研究》下册图 200）

铭文：天纪三年王氏作，延年益寿，宜子宜孙。

三国吴末帝孙皓在位十六年（264～280），历八个年号，"天纪"是最后一个年号。"天纪四年"（280），三国吴被晋武帝司马炎所灭。从完整的年号

图 24

来看，天纪三年（279）才是三国末年即中国从汉末以来的分裂由此画上了句号。从太康元年（280）即天纪四年始，中国再次走向统一。

统计可知，此类镜所等分的半圆方枚数字，最多者 16 个，最少者 6 个。存世多见 12 个，也见有 8、9、10、13、14 个不等。此镜等分数为 15 个，应在少见之列。汉代工匠对数字等分，有着丰富的知识和精到的技艺。

在梅原末治《汉三国六朝纪年镜图说》一书中，有天纪元年镜三面、天纪二年镜一面，天纪四年镜一面，唯缺天纪三年。在日本五岛美术馆《前汉至元时代的纪年镜》一书中，有天纪二年镜与太康元年（即天纪四年）镜各一面，亦无天纪三年镜。此镜之问世可谓填补三国吴最后一个完整年号天纪之空缺，其历史和文化价值不言自明。

9.太康三年镜（图 25,《汉镜文化研究》下册图特 3）

图 25

铭文：太康三年岁壬寅二月廿日，吾作竟，幽涑三商四夷服，多贺国（缺"家"）人民息，胡虏殄灭天下复，雨风时节五穀孰（熟）兮。

在存世器物中，只见太康元年至四年的四个年号，而不见五年至十年的六个年号。第三句铭文似有"胡乱拼凑"之嫌。

（原载《汉镜文化研究》之"1.2"）

由纪年镜主纹对铜镜断代的研讨

一个时代造就一种文化，一种文化折射一个时代。对于中国铜镜而言，纪年镜可以最直接、最准确地辨明这面铜镜所处的年代。中国纪年铜镜既是存世稀罕的珍贵文物，又是中国铜镜的特殊种类，在历史学、考古学、类型学、民俗学以及比较研究等方面有着重要的文化价值。二十世纪中期，铜镜收藏家梁上椿在其《岩窟藏镜·汉式镜·概说》中称："汉式镜中足供研究之重大资料，厥为纪年镜"。此书代表了当时在金石学框架内铜镜研究的最高水平，此言当谓不虚。傅举有先生亦说："纪年镜是判断各类镜子年代的标尺"。

从西汉成帝永始二年（前15）迄今所知的第一面纪年镜面世，至清代光绪末年为止纪年镜绝迹，在近两千年的漫长岁月中，纪年镜没有出现大的间断，在世界文化史上，这值得中国人引以为傲。由于年代久远加之存世数量稀少，世人对两汉三国的纪年镜表现出特别的兴趣与关注：海内外的博物馆、美术馆乃至收藏家，都以收藏有中国纪年镜为荣。值得一提的是，东邻扶桑对这个专题，曾进行过探索与研究，如：梅原末治《汉三国六朝纪年镜图说》（1943年出版）、樋口隆康《古镜》（1979年出版）、东京五岛美术馆《前汉至元时代的纪年镜》（1992年出版）等专著即是代表。

通过文物来印证文献的"证史"过程，是一种比较科学的研究方法，然却机会难得。而纪年镜的铭文内容，恰巧具备了这个条件。这里仅举一例"中平二年铭六乳神兽镜"（图4）。此镜铭文："中平二年正月十二壬午日，造作此尚方明竟，士至公侯车生耳，五男四女长相守，黄贼波尽海众昌。"《后汉书·孝灵帝纪》载："（光和七年即中平元年）冬十月，皇甫嵩与黄巾贼战于广宗，获张角弟梁。角先死，乃戮其尸。以皇甫嵩为左车骑将军。十一月，皇甫嵩又破黄巾军于下曲阳，斩张角弟宝……十二月己巳，大赦天下，改元中平。"铭文"黄贼波（破）尽海众昌"清晰地表明了中平年黄巾军被灭的历史故事。

迄今所知，两汉至六朝纪年铜镜的存世量最多在三百面左右。在缺乏墓志铭的情况下，一面铜镜的出现，对考证一个出土墓葬的年代有着重要的参考作用。这个问题的解决，通常有两个途径：其一，凭借经验。其二，依据纪年镜的统计与归纳来做出判断。

事实上，对于铜镜断代，纪年镜有着举足轻重的作用。笔者试图用纪年镜这把尺子，对非纪年铜镜的断代问题作出一些衡量和探索，以期进一步对汉镜断代问题的研究作出铺垫。作为《中国纪年铜镜》（以下简称《纪年》）附件的《两汉至六朝纪年镜索引》，共有 228 条铜镜纪年内容。这些统计数据，为我们的研究工作提供了广阔天地。

再通过《汉镜铭文图集》（以下简称《图集》）等书，我们即可由纪年镜主纹对铜镜断代进行研讨。

一、常见主纹

本文主要对以下九类常见主纹作出归纳与说明，详见表一以及图 1 至图 15。

表一　常见主纹之纪年镜一览表

本文图号	公元	年号	主纹	直径厘米	《纪年》图号	《纪年》索引	资料来源
1	前 15	永始二年	四灵博局	18.5	1	1	《洛镜铜华》封面
2	15	始建国天凤二年	四灵博局	16.6	4	4	上海博物馆
3	59	永平二年	七乳神兽	23.2	5	5	台北私人
4	185	中平二年	六乳神兽	19.2	45	53	台北一雅堂
5	105	元兴元年	变形四叶兽首	15.8	15	18	《故宫藏镜》图 62
6	172	熹平元年	变形四叶兽首	13.8	36	42	《止水阁藏镜》图 95
7	167	永康元年	环状乳神兽	16.3	31	35	上海博物馆
8	182	光和五年	环状乳神兽	15.9	44	52	《止水阁藏镜》图 96
9	187	中平四年	环状乳神兽	19.2	46	54	上海博物馆
10	209	建安十四年	同向式神兽	12.1	63	83	《汉三国六朝纪年镜图说》图 18-2
11	280	太康元年	同向式神兽	12.1	136	208	《小校经阁金文拓本》卷 16 图 78
12	196	建安元年	重列式神兽	13.6	51	61	《鄂州铜镜》图 139
13	255	五凤二年	重列式神兽	13.4	101	147	《止水阁藏镜》图 99
14	256	太平元年	对置式神兽	12.3	104	153	《止水阁藏镜》图 100
15	282	太康三年	对置式神兽	16.7	139	213	《汉铭斋藏镜》特 3

图 1

图 2

图 3

图 4

一、四灵博局主纹

比较而言,此类主纹难以准确断代。《纪年》一书有二份资料（见图1、图2），然由《图集》一书可知，其主要存世年代包括西汉晚期（16面）、新莽时期（50面）、东汉早期（14面）这三个历史时期，跨越了约近百年的时间。如何区别这三个时期，还要观察诸多细节。本书046《新莽官制镜的标准与制式》一文，对四灵博局主纹的官制镜有详尽研讨，本文免赘述。一九九三年江苏连云港市尹湾汉墓出土之

图 5

镜（《图集》图273）尤其值得参考、借鉴。

二、多乳神兽主纹

此类镜乳钉数有五至九个不等，存世多见者为七乳。从《纪年·索引》看，共有四面。最早在永平二年（图3），最晚在中平二年（图4），经历了126年。其存世年代主要在东汉早中期之际，东汉晚期偶有所见。《图集》一书显示非纪年之此类镜有十余面。

三、龙虎主纹

从《纪年·索引》看共有年代相近的四面，《图集》一书显示非纪年之此类镜有九面。结合《东汉龙虎铜镜》一书可知，其存世年代主要在东汉早期后段至东汉晚期前段。直至两晋六朝时期，还有简易图案的龙虎镜断续出现。

四、画像主纹

有纪年铭文的画像镜存世很少，《纪年·索引》仅记录两面，且皆在东汉中期之初的永元年间（89～105）。然而，没有纪年铭文的画像镜存世不少。

五、变形四叶兽首主纹

此类镜纹饰精美整饬、豪放大气，在《纪年》中有24面之多，从元兴元年（图5）至熹平元年（图6）经历了68年，存世年代主要在东汉中晚期之际。三国魏甘露五年（260）又现多面，相距近百年，应属"仿汉"者。在此类镜中，纪地"广汉西蜀"镜有十面之多。可以认为，此类主纹主要在"广汉西蜀"铸制，《南阳出土铜镜》图版116有铭："子孙千人出南阳"，该

图6

图7

图8

图 9

镜当为河南南阳铸制。就边缘形制而言，此类镜多见大锐角的直立缘（常见正面虎首），少见小锐角的三角缘（常见侧向龙首）。《图集》一书显示非纪年之此类镜有十三面之多，且大都是直径在汉尺六寸（即 13.86 公分）以上的大镜，其照容面皆外凸，曲率半径多在汉尺三尺（即 69.30 公分）左右，此时照容可纳入人体的上半身。《纪年》一书有六面桓灵时期的此类纪年镜（该书图 19、27、28、36、37、40），其钮式都是双龙高钮。

图 10

六、环状乳式神兽主纹

在东汉神兽镜中，主要有环状乳式、同向式、重列式、对置式四种，仅就铸制精细而言，以环状乳式为最。此类镜在《纪年》一书有十余面之多，主要是从永康元年（图 8）、光和五年（图 9）至中平四年（图 7），经历 20 年，其存世年代主要在东汉晚期前段的桓灵时期。《图集》一书显示非纪年之此类镜亦有十余面之多。西晋泰始年间有仿制镜，已是百年之后。此类镜铸制地主要在东汉会稽郡。

七、同向式神兽主纹

同向式神兽镜虽存世有限，在东汉晚期可见铸制精美之大镜，而三国西晋则铸制较差。《纪年》一书显示此类镜有十五面，主要是从建安十四年(图 10)至太康元年(图 11)，经历 66 年之久，其后少见。《图集》一书显示非纪年之此类镜有六面。从问世年代来看，同向式的问世年代似要稍晚于环状乳式。

图 11

图 12

图 13

图 14

图 15

八、重列式神兽主纹

从《纪年·索引》可知，此类镜主纹几乎就是东汉献帝建安年间（196～220）的"专有"图案（见图 12），而且多有纪年铭文。"建安"年号共为 25 年，《纪年》一书的建安纪年镜计有四十面，其中重列式三十面（占 75%）、对置式六面（占 15%）、同向式四面（占10%）。

历史进入三国，除了少数例外（图 13），铜镜主纹几乎是对置式一统天下。

九、对置式神兽主纹

此类镜在《纪年》一书中有八十五面之多，成为中国纪年镜存世最多的品种。起初是出现在东汉晚期的延熹三年、建安五年。对置式神兽主纹在三国时期普遍流行，直至西晋还有出现，《纪年》一书最晚者是永康元年（300），其存世时间长达一个半世纪。此类镜之问世年代多处乱世，铸制差劣，当属必然，凡精良者可谓个别（见图14、图15）。《图集》一书显示非纪年之此类镜有三面。此类镜在南朝齐时，亦有少量出现，应为仿制。

二、其他主纹

除了上述常见的十五项主纹外，还有其他偶见的十五种主纹，详见表二。

表二　偶见主纹之纪年镜一览表

序号	公元	年号	主纹	直径（cm）	《纪年》	
					图号	索引
1	6	居摄元年	连弧	2	2	东京五岛美术馆
2	10	始建国二年	神兽简博	3	3	中国国家博物馆
3	64	永平七年	八连弧云雷	6	8	《古镜·图录》图62
4	74	永平十七年	八禽博局	8	10	上海私人
7	189	中平六年	方格铭神兽	48	56	东京五岛美术馆
9	194~195	兴平年间	单龙	49	58	《金懋2011春拍》图1139
10	240	景初四年	三角缘神兽	97	137	《前汉至元时代的纪年镜》图70
11	271	泰始七年	方格式神兽	125	190	东京国立博物馆
12	274	泰始十年	神兽	/	198	《汉三国西晋纪年镜铭集释》第252页
13	280	太康元年	云气	/	209	《鄂州铜镜》图258
14	307	永嘉元年	四叶对凤	145	222	《尊古斋古镜集景》图17
15	518~520	神龟年间	八乳神兽	150	227	《汉铭斋藏镜》特4

三、文献断代

文物与文献之间的互为印证，对铜镜断代问题同样重要。除了纪年镜作为标准外，还可依据文献对铜镜做出问世年代的判断。文中表二序14之四叶对凤镜，因其年代（永嘉元年）已在西晋末，应系仿用。而早在其一个世纪前的东汉末三国初，就有了大量的四叶对凤镜问世，其主纹在错金铁镜与佛像镜中，有重点展现。

四叶对凤纹错金铁镜

东汉末，曹操身为丞相，其《上杂物疏》载："御物有尺二寸（今27.7公分）金错铁镜一枚，皇后杂物用纯银错七寸（今16.2公分）铁镜四枚，贵人至公主九寸（今20.8公分）

铁镜四十枚"。清华大学艺术博物馆《必忠必信》第154页正是"四叶对凤纹错金铁镜"。笔者认为，此类镜存世时间很短，可将四叶对凤纹错金铁镜的年代定在"东汉末至三国初"（即公元220年前后）。

四叶对凤纹佛像镜

存世所见四叶对凤纹佛像镜多在三国吴时期，尤以前期为多。王仲殊《论吴晋时期的佛像夔凤镜》："（佛像夔凤镜）无疑是佛教在吴地流行的结果"。本书067篇《三国吴佛字铭佛像镜研究》："东汉末年，会稽、鄂州已经成为中国铜镜的制作中心……佛像镜应运而生。"笔者认为，可将四叶对凤纹佛像镜的年代定在"三国吴至西晋初"。篇幅有限，免于赘述。

（原载《大观》2018年9月总108期）

两汉儒家思想铭文镜

　　论世之风始于先秦，诸子百家众声喧哗，其中儒、道、墨、法等学说的影响尤为深远，特别是后来在封建社会长期处于主导地位的儒家思想，已成为两千多年来中国文化的精神支柱。

　　从汉初到武帝刘彻即位前，西汉统治者皆奉行"无为而治"的黄老之学，这一统治策略对解除秦代苛政、促进休养生息、恢复并发展生产、安定社会秩序，无疑起了重要作用。然而，反映在对内对外的统治政策上，不免有其姑息、妥协的一面，由此而造成了农民脱离户籍、地方势力膨胀、匈奴野心扩大等不良后果。显然，主张"无为而治"的黄老之学已不能适应加强中央集权的需要。同时，经过"文景之治"的经济恢复，西汉王朝已积累起足够的财富，具备了一定的实力，为加强中央集权奠定了经济基础。巩固政权需要有统一持久的理论思想，西汉统治者从信奉"黄老"到独尊"儒学"的这种变化，从汉景帝时期就已逐渐开始，但最终完成则是在汉武帝即位之后。《汉书·武帝纪》载：建元元年（前140）冬十月，汉武帝"诏丞相、御史、列侯、中二千石、二千石、诸侯相举贤良方正直言极谏之士"。而此时身为丞相的卫绾上奏"所举贤良，或治申、商、韩非、苏秦、张仪之言，乱国政，请皆罢"。这就是后来被称为"罢黜百家"的动议，卫绾的上奏一提出，立即得到汉武帝的批准。汉武帝、卫绾等力主"罢黜百家"，根本目的就是以儒家思想代替黄老之学。

　　儒学被用来作为统治思想，一方面是由于其本身包含着有利于加强中央集权所需要的思想因素，如"天道观"及"大一统"等，更重要的是汉代大儒董仲舒等对先秦儒学的补充完善，使其成为维护封建统治的完整理论。经过窦太后等反复阻挠的几度曲折，儒学逐渐被立于高出其他学说的地位。这种地位不仅反映在统治者的思想上，而且表现在具体行动上。汉武帝时期为提倡儒学，先后不断提出各种具体措施，如置《五经》博士、兴办太学、行封禅礼、太初改制（修订礼制和历法）、建立年号等。这些措施皆是出现在系统的思想理论指导之下，更重要的则在于通过这些措施，将儒家思想渗透到礼制、教育、法律等各个领域之中。经汉武帝即位后几十年的努力，儒家思想终于被提升到统治地位，成为代替"黄老"学说的统治思想。

本文列举从西汉经新莽至东汉之间七个不同历史时期的 7 面铜镜，由其铭文内容可以知道，儒家思想已经深入到两汉的社会生活之中。

一、西汉早中期——忠信以为商铭文镜

图 1 镜，直径 13.5 厘米，重量 413 克。主题词：忠，信。

资料来源：张铁山先生。

此镜为西汉早中期的花瓣花叶镜制式，在凹面方框与双线方格之间，环列一周逆时针向 24 字篆书铭文："有君子之方，视父如帝，视母如王，爱其弟，敬其兄，忠信以为商。"图 1A 是图一铭文拓片的书法稿（文字经勾摹）。

图 1

自秦始皇准备统一天下，到汉武帝时期卫青、霍去病大胜匈奴的百余年间，华夏大地上出现了太多的兵役和劳役，在成千上万的家庭中，丈夫或儿子外出服役，妻子或父母在家苦守。为此，西汉早中期镜铭上多见"相思"内容，如"长相思，毋相忘""君行卒，予志悲""久毋见忘"等；又，长期的战争和繁重的差役使广大百姓企求太平、安定，同时期镜铭上亦见"期盼"愿望，如"天下大明""天下益昌"等；再追根溯源，汉起于楚，在西汉时期的镜铭上还保留了一些楚辞遗韵，如"君忘忘而先志兮""悲秋华之不实兮"等内容。一般认为，镜铭反映儒家思想是从新莽镜开始，事实上早在西汉早中期就已出现。

图 1 所示铭文镜，应是最早反映儒家思想的汉镜之一。

此镜铭文中之"君子"应泛指有才德之人。《易·乾》："九三，君子终日乾乾。"《论语·泰伯》："君子人与，君子人也。"《文中子·天地》："子曰：'过而不立，犯而不校，有功而不伐，君子人哉！'"汉班固《白虎通·号》："或称君子何？道德之称也。君之为言群也，子者丈夫之通称也。"

"忠"字通常有三解。其一，忠诚无私，尽心竭力。《左传·成公九年》："无私，忠也。"《国语·周语下》："言忠必及意，言信必及身。"韦昭注："出自心意为忠。"三国魏嵇康《释私论》："谗言似信，不可谓有诚；激盗似忠，不可谓无私，此类是而非是也。"其二，特指事上忠诚。《书·伊训》："居上克明，为下克忠。"孔传："事上竭诚也。"《荀子·大略》："虞舜、孝己，孝而亲不爱；比干、子胥，忠而君不用。"其三，忠厚。《楚辞·九歌·湘君》："交不忠兮怨长，其不信兮告余以不闲。"王逸注："忠，厚也。"《史记·高祖本纪论》："夏之政以忠。忠之敝，小人以野，故殷人承之以敬。"裴骃集解引郑玄曰："忠，质厚也。"

"信"字主要有两解。其一，诚实不欺。《论语·学而》："为人谋而不忠乎？与朋友交而不信乎？"其二，守信用，实践诺言。《左传·宣公二年》："贼民之主，不忠；弃君之命，不信。"《国语·晋语二》："吾闻之，申生甚好信而彊，又失言于众矣，虽欲有退，众将责焉。"韦昭注："信，言必行之。"

此镜年代应在西汉武帝早期"独尊儒术"的初期，距今已有约 2150 多年的历史。铭文末尾"商"字通"常"字，意为纲常、伦常。《汉镜文化研究（下册）》图 64 有释考。

二、西汉中晚期——居必忠必信铭文镜

图 2 镜，直径 13.2 厘米，重量 310 克。主题词：忠、信。

资料来源：《三槐堂藏镜》图 58，《清华铭文镜》图 41。

图 2

图 2A

此镜为西汉中晚期重圈铭文镜制式，外圈"铜华"铭常见。内圈逆时针向18字汉隶铭文："居必忠必信，久而益亲，而不信不忠，久而自穷。"《左传·僖公九年》杜预注曰："往，死者；居，生者。"在这里对"居"字的理解应是"为人"。"忠""信"两字在图1镜已有释读。此镜铭文内容至今看来仍有重要的现实意义：为人相处，要做到忠诚无私，言而有信，可使亲情和友谊日益俱增；反之，就会自食其果，逐渐走上穷途末路。清华大学艺术博物馆另藏西汉中期草叶铭文镜，其内容仅比图1少了"居"字。

三、西汉末至新莽——贤者戒己仁为右铭文镜

图3镜，直径16.3厘米，重量770克。主题词：礼，仁，孝。

资料来源：《三槐堂藏镜》图78，《清华铭文镜》图65。

此镜的铭文内容与形制纹饰皆与新莽有关。一周逆时针向23字简隶书体铭文："贤者戒己仁为右，怠忘（荒）毋以象君子，二亲有疢身常在，时时（侍侍）。"

西汉元始元年（公元元年），早已是大司马的王莽再次被"拜为太傅，赐号安汉公"。次年王莽将女儿嫁给汉平帝为皇后，有司奏请赐其新野田二万五千六百顷，王莽辞谢不受，整件事情引起朝野轰动。《汉书·王莽传》载：始建国五年（13）正月，"是时，吏民以莽不受新野田而上书者前后四十八万七千五百七十二人，及诸侯王、公、列侯、宗室见者皆叩头言，宜亟加赏于安汉公"。西周初，周公（姬旦）摄政辅佐成王的故事流传千古。在当时，王莽被视为像周公那样的"贤者""圣人"。北宋王安石在《众人》诗中，借评古人而抒发自己的情感："颂声交作莽其贤，四海流言旦犹圣。"图3铭文开头"贤者"两字，应与王莽辞纳新野田的这段历史有关。此镜的单位面积重量偏高，文字又多减笔，常规理解其问世年代可能处于新莽后期至东汉早期。然据"贤者"一说的文字记载，笔者认为，此铭文镜的问世年代似应在人们还信任并崇拜王莽的西汉末年至新莽初期。

图3

图3A

"戒己"即"克己复礼"，这是儒家的核心思想之一。"右"在这里可作"座右铭"之解。"仁"是古代一种含义很广的道德观念，其核心指人与人相互亲爱。孔子以此作为最高的道德标准。"仁"字的涉及面很宽，主要理解有四种。其一，仁爱、相亲。《礼记·中庸》："仁者人也，亲亲为人。"《论语·颜渊》："樊迟问仁。子曰：'爱人。'"《墨子·经说下》："仁，仁爱也。"《庄子·天地》："爱人利物之谓仁。"唐韩愈《原道》："博爱之谓仁，行而宜之之谓义。"其二，仁慈、厚道。《论语·泰伯》："君子笃于亲，则民兴于仁；故旧不遗，则民不偷。"何晏集解："君能厚于亲属，不遗忘其故旧，行之美者，则民皆化之，起为仁厚之行，不偷薄。"《孟子·告子上》："恻隐之心，仁也。"汉王充《论衡·本性》："恻隐，不忍。不忍，仁之气也。"唐韩愈《欧阳生哀辞》："詹（欧阳詹）事父母尽孝道，仁于妻子，于朋友义以诚。"其三，行惠施利，以恩德济助。《尹文子·大道下》："故仁者所以博施于物。"《韩非子·诡使》："少欲宽惠行德谓之仁。"汉贾谊《新书·道德说》："安利物者，仁行也。仁行出于德，故曰：'仁者，德之出也。'"其四，泛指仁德。《孟子·梁惠王下》："邠人曰：'仁人也，不可失也。'从之者如归市。"汉扬雄《长杨赋》："仁霑而恩洽。"

此镜铭文中的"儒家思想"较为突出。第一句明确了主题"戒己"（即"克己复礼"）与"仁"；经李学勤老师指点，第二句中的"怠忘"通假"怠荒"，意即懒惰放荡，全句明示了做一个正人君子的准则；第三句着重"孝"道，告诫人们当父母生病的时候，必须经常在床边侍奉。概括而言，此镜铭文内容包含了儒家思想的精华：礼、仁、德、孝。

四、新莽——幸逢时年获嘉德铭文镜

图 4 镜，直径 21.1 厘米，重量 1055 克。主题词：嘉德。

资料来源：《三槐堂藏镜》图 66，《清华铭文镜》图 52。

此镜为新莽时期典型的四灵博局镜，纹饰形制工整华美，文字书体俊逸潇洒。一周顺时针向 42 字悬针篆铭文："凤凰翼翼在镜则（侧），致贺君家受大福，官位尊显蒙禄祠，幸逢时年获嘉德，长保二亲得天力，传之后世乐毋己。"《三槐堂藏镜》另有一面具"嘉德"铭文的"新朝治竟子孙息"镜，一周顺时针向 37 字变体悬针篆铭文："新朝治竟（镜）子孙息，多贺君家受大福，位至公卿蒙禄食，幸得时年获嘉德，传之后世乐无呕，大吉。"这两面"嘉德"镜的内容基本相近，可以认为它们是一个时代的器物。这里"德"是名词，"嘉"是形容词，作"善"或"美好"之解。《诗·豳风·东山》："其新孔嘉，其旧如之何？"郑玄笺："嘉，善也。"

"德"字用义甚广，主要有三解：其一，道德、品德。《易·乾》："君子进德修业。"《周礼·地官·师氏》："以三德教国子。"郑玄注："德行，内外之称，在心为德，施之为行。"《论语·述而》："德之不修，学之不讲，闻义不能徙，不善不能改，是吾忧也。"三国魏曹植《箜篌引》："谦谦君子德，磬折欲何求。"宋秦观《以德分人谓之圣

图4

图4 A

论》："故古之人，当其德未成，则修之于己。既成，则分之于人。"亦谓有道德。《国语·周语下》："吾闻之，国德而邻于不修，必受其福。"韦昭注："国德，己国有德也。"亦指有德行的人。《周礼·夏官·司士》："以德诏爵。"郑玄注："德谓贤者。"《孟子·离娄上》："天下有道，小德役大德。"其二，行为、操守。《左传·成公十六年》："民生厚而德正。"《论语·子张》："子夏曰：'大德不踰闲，小德出入可也。'"其三，善行、仁爱、仁政。《书·盘庚上》："汝克黜乃心，施实德于民，至于婚友，丕乃敢大言，汝有积德。"《论语·为政》："为政以德，譬如北辰，居其所而众星共之。"《史记·刘敬叔孙通列传》："礼乐所由起，积德百年而后可兴也。"

　　此镜罕见。辛冠洁《陈介祺藏镜》图27（下称"陈镜"）亦系同类镜，两者直径一致、铭文相同、纹饰接近。主要差别在于：其一，书体有异，此镜系大气秀美的悬针篆，堪称书法楷模，"陈镜"为工整的汉隶；其二，此镜七言六句42字全部可读，"陈镜"有9字不能辨识；其三，此镜铭文的"二"字用双鱼表示，体现了新莽镜的一种特色，"陈镜"则用原字。

　　简而言之，"嘉德"就是"美德"。《左传·桓公六年》："奉酒醴以告曰'嘉栗旨酒'，谓其上下皆有嘉德而无违心也。""嘉德"两字问世虽距今已两千年，然在今天仍得到人们的认可与使用，中国传统文化的传承有序可见一斑。

五、新莽至东汉早期——岁考五德商羽声铭文镜

图5镜，直径18.8厘米。主题词：五德、商羽。

资料来源：浙江止水斋。

此镜形制规范，书体精美，问世年代应在新莽至东汉早期。一周顺时针向35字悬针

图5

图5A

篆铭文："雕刻治镜日月精，岁考五德商羽声，天地和合子孙显，寿主男极从以宁，长相保有富贵荣。"此镜铭文所反映的"儒家思想"主要集中在第二句"岁考五德商羽声"。图5A是图5铭文拓片的局部放大。

"五德"是指人的五种品德。即：温、良、恭、俭、让。《论语·学而》："夫子温良恭俭让以得之。"何晏集解引汉郑玄曰："言夫子行此五德而得之。"

我国古代五声音阶中的五个音级，即宫、商、角、徵、羽。唐以后又名合、四、乙、尺、工，相当于简谱中的1、2、3、5、6。《孟子·离娄上》："不以六律，不能正五音。"赵岐注："五音，宫、商、角、徵、羽。""商羽"是指五音中的商声和羽声，亦泛指曲调。晋成公绥《啸赋》："协黄宫于清角，杂商羽于流徵。"

这里的"岁考"两字可作"每年考查"之解，对于儒生而言，每年不仅要考查"五德"之品行，还要考查"商羽"之音律。古代对于书生的文化要求，真是不低啊！

六、东汉中期——汆言之纪孝为右铭文镜

图6镜，直径16.3厘米，重量728克。主题词：孝。

资料来源：上海博局山房，《清华铭文镜》图62。

此镜正面较凸，反面虽有博局纹，然四灵位置皆被瑞兽代替。尽管还是浅浮雕，但明显离新莽镜的制式已远，目前权且将其问世年代定在东汉中期，日后待有可靠出土资料时再作考评。一周逆时针向32字多隶少篆铭文："汆言之纪孝为右，古有便父又利母，鲜人王侨赤诵（松）子，乘云日露越江海，徘徊名山。"

此镜铭文中的"孝"字专指孝顺，善事父母。《左传·隐公三年》："君义、臣行、父慈、子孝、兄爱、弟敬，所谓六顺也。"汉贾谊《新书·道术》："子爱利亲谓之孝，

图6

图6A

反孝为孽。"《旧唐书·列女传·李德武妻裴氏》："性婉顺有容德，事父母以孝闻。"亦谓孝道。《书·文侯之命》："汝肇刑文武，用会绍乃辟，追孝于前文人。"孔颖达疏："追行孝道于前世文德之人。"《孝经·庶人》："自天子至于庶人，孝无终始，而患不及者，未之有也。"唐玄宗注："始自天子，终于庶人，尊卑虽殊，孝道同致。"晋李密《陈情表》："伏望圣朝以孝治天下，凡在故老，犹蒙矜育，况臣孤苦，特为尤甚。"

此镜第二句内容"便父又利母"是对第一句"孝"字的注释。以后几句内容却完全是道家思想，"鲜（即仙）人王侨（即王子乔）赤诵（松）子"句所言内容多见于东汉晚期。再从其纹饰为浅浮雕来看，与同时期其他镜的高浮雕风格迥异。可以推测，此镜年代距东汉晚期不远。铭文内容同时容纳了儒家思想和道家思想，管中窥豹，亦可说此镜是反映中国传统文化"有容乃大"与中华民族精神"和谐共处"的一个实物例证。

七、东汉晚期——敬奉贤良铭文镜

图7镜，直径9.7厘米，重量228克。主题词：贤良。

资料来源：《清华铭文镜》图70。

此镜问世年代约在东汉晚期，亦有可能迟至三国魏晋。一周逆时针向27字汉隶铭文："吾作明竟，幽涑三刚，调刻无极，众王主阳，敬奉贤良，士至三公，六吉兮。"

此镜铭"贤良"有两解。其一，是指有德行才能。《汉书·孔光传》："退去贪残之徒，进用贤良之吏。"其二，是指有德行才能的人。《周礼·地官·师氏》："教三行：一曰孝行，以亲父母；二曰友行，以尊贤良；三曰顺行，以事师长。"贾公彦疏："二曰友行以尊贤良者，此行施于外人，故尊事贤人良人，有德之士也。"《后汉书·伏隆传》：

图 7

图 7 A

"任用贼臣，杀戮贤良。"

　　本文七镜铭文皆集中地反映了两汉四百余年的儒家思想。还有一部分两汉镜的铭文，主要是赞美儒家思想创始人孔子的内容。清代冯云鹏、冯云鹓合撰《金索》书中，载有一面半圆方枚的东汉神人神兽镜，43字铭文："许氏作竟自有纪，青龙白虎居左右，圣人周公鲁孔子，作史高迁车生耳，郡举孝廉州博士，少不努力老大悔，吉。"二十世纪七十年代，洛阳地区出土了一面铜镜，在一周铭文中，首句为"大哉孔子志也"。笔者在藏家处还曾见到有"江出大鱼，鲁有孔子"内容的东汉铭文镜。这些铭文内容表明，作为儒家宗师的孔子，在汉代早就有了崇高的地位。

　　综上七镜铭文所述，从西汉武帝始，儒家逐渐成为我国封建社会占统治地位的学派。儒家思想崇尚"礼乐"和"仁义"，提倡"忠恕"和"中庸"，主张"仁政"和"德治"，重视"伦常"和"道德"。《汉书·艺文志》曰："儒家者流，盖出于司徒之官……游文于六经之中，留意于仁义之际，祖述尧舜，宪章文武，宗师仲尼，以重其言，于道最为高。"

　　两汉是儒家思想开始贯穿于整个社会生活的关键时期，除了史书之外，儒家思想还在当时铜镜铭文中留下了珍贵的历史痕迹，这正是铜镜文化的最大价值所在。

　　在诸多参考资料中，尤以林剑鸣先生的《秦汉史》受益匪浅，本文开头又有部分摘录，特此说明并致谢忱。

（原载《收藏家》2007年第7期）

两汉镜铭中的酒文化

王纲怀　张炳生

在中国传统文化中，酒文化始终占着特殊的地位，华夏五千年文明史交响乐的每一个乐章、音节、音符，都飘散着美酒的醇香。自古以来，无酒不成礼，无酒不成宴。有人曾一语中的地说道："中国的文学史一开始，就被酒缠住了。"我国不仅流传着许多以酒催发诗文的佳话，而且与酒有关的赋、诗、词、小说、散文等文学作品，亦多为世人所津津乐道。酒在中国古代文化艺术史上也扮演着极其重要的角色，无论在书法、绘画、雕塑、戏曲、音乐、舞蹈、建筑、园林等各个方面，都闪烁着饮酒创作的身影。两汉镜铭亦毫不逊色地记载着酒文化的历史，其主要内容是"日有憙，宜酒食"，详见表一。

在西汉铜镜最早出现的铭文上，就有了"酒"字出现。经过秦汉之际的连年征战，人们终于享受到了和平与安定，对于天下太平以后的人生追求是什么？这就是铭文内容的"大乐贵富、千秋万岁、宜酒食"（图1）。这种铭文镜的存世量不小，国内外的公私收藏有数十面之多，说明在2200年前，此类器物的生产量相当可观。大乐贵富四叶蟠螭镜纹饰的铭文框有圆形和方形两种，人们总是成对地收藏，圆形框铭文见图1镜，方形框铭文多为："大乐贵富得所喜，千秋万岁，延年益寿。"两者铭文大致相同，主要差别在于圆框为"宜酒食"，方框是"延年益寿"。"宜酒食"的铭文内容，从西汉初开始，经历西汉早、早中、中晚，直至新莽与东汉早期，在200多年的各类镜铭中都有出现。由表一可知，更多的镜例表明，多以"日有憙，宜酒食"的组合句形式出现。《说文解字》：憙即喜悦，"说也"。注："说即悦字。"《荀子·尧问》："楚庄王以忧，而君以憙！"《史记·高祖本纪》："诸所过毋得掠卤，秦人憙，秦军解，因大破之。"憙系古字，今日已很少见用，笔者认为憙字从心，可理解为发自内心之喜悦。"日有憙"的时候，理所当然地"宜酒食"。

表一　"宜酒食"铭两汉新莽镜一览表

序	图	时期	镜类	镜铭内容	直径（厘米）	资料来源
1	1	西汉初	大乐贵富铭四叶蟠螭镜	大乐贵富，千秋万岁，宜酒食。	18.2	《清华铭文镜》图5
2	2	西汉早	日有憙铭四花瓣四花叶镜	日有憙，宜酒食，常贵富，乐毋事。	22.3	张铁山
3	3	西汉早中	日有憙铭对称连叠草叶镜	长贵富，乐毋事，日有憙，常得所喜，宜酒食。	20.7	1968年河北满城中山靖王刘胜墓出土
4	4	西汉早中	日有憙铭对称连叠草叶镜	日有憙，宜酒食，长贵富，愿相思，久毋见忘。	18.2	《三槐堂藏镜》图26《清华铭文镜》图20
5	5	西汉早中	日有事铭对称连叠草叶镜	日有事，宜酒食，长贵富，美人侍。	13.8	《清华铭文镜》图21
6	/	西汉中晚	日有憙铭对称连叠草叶镜	长贵富，乐毋事，日有憙，长得所喜，宜酒食。	18.2	《长安汉镜》图版15
7	/	西汉晚	宽素缘日有憙铭四灵博局镜	日有憙，月内富，乐毋事，宜酒食，居而必安毋忧患，竽瑟侍，心中欢，乐以茂兮固常然。（三言改七言）	/	《清华铭文镜》图34
8	6	新莽至东汉早	日有憙铭四灵博局镜	日有憙，月内富，乐毋事，宜酒食，居必安，勿忧患，竽瑟侍，心中欢，□兮固。	15.0	日本京都泉屋博古馆藏樋口隆康《古镜》图录84
9	7	新莽至东汉早	神兽缘日有憙铭四灵博局镜	日有憙，乐毋事，宜酒食，居必安，毋忧患，竽瑟侍，心志欢，乐以哉，故常然，月内。	16.6	《三槐堂藏镜》图79《清华铭文镜》图64

　　图1至图7是西汉各个不同时期、不同型制、不同等级的"宜酒食"铭铜镜。河北满城中山国靖王刘胜墓亦出土此类器物，表明西汉时期上至王公贵族，下至平民百姓都已在享受"日有憙，宜酒食"的人生追求。经过二千余年后的华夏子孙，将其继承并发扬，已成为今日之一种普遍习俗。下面重点介绍三面有趣的"酒文化"汉镜。

　　图8投博铭对称连叠草叶镜，西汉早期，直径13.8厘米，《清华铭文镜》封面。铭文内容："投博[1]至明，置酒高堂。""至明"即谓从晚上到天明，"高堂"系指高大的厅堂。《楚辞·招魂》："高堂邃宇，槛层轩些。"王逸注："言所造之室，其堂高显。"《后汉书·马

---

[1]博，古作簿。《说文解字》："簿，局戏也。六箸十二棋也。古者乌曹作簿。"博戏从先秦至隋唐流传了约有千年，因其投机性大于竞技性，而在唐代逐渐被围棋等项目取而代之。今天，博戏的过程已失传，虽有在长沙马王堆等多处有出土器物，然皆"知其然而不知其所以然"。"投博"的"投"是动词，表明博戏时的一种投掷状态。

图 1

图 2

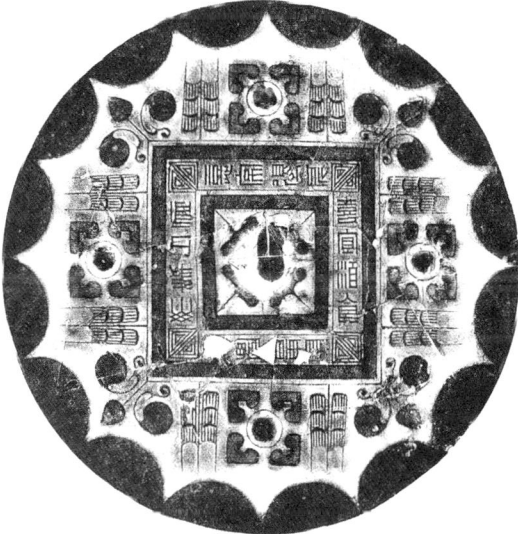

图 3

图 4

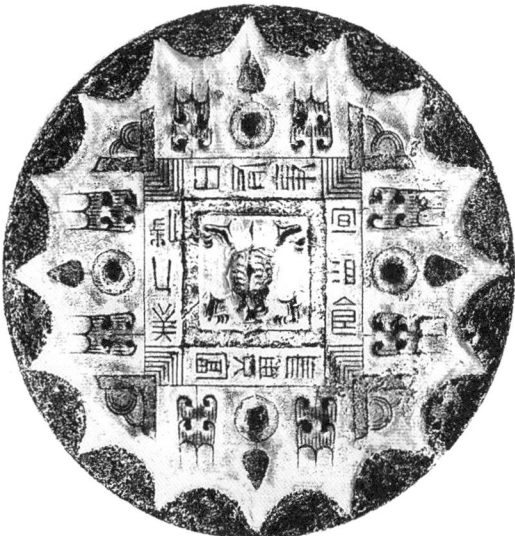

图 5

图 6

图 7

图 8

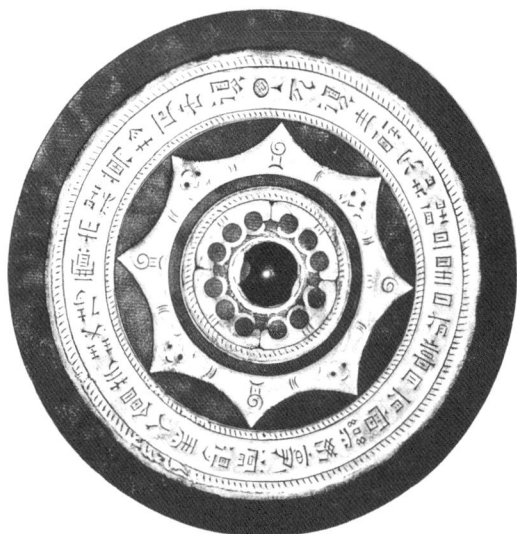

图 9

图 10

融传》：“常坐高堂，施绛纱帐，前授生徒，后列女乐。”此镜铭文展现了汉人的生活场景：在高大宽敞的厅堂里，通宵达旦在博戏与喝酒，以此为乐。

　　图 9 日有喜圈带铭文镜，西汉中晚期，直径 15.6 厘米，中日两国各藏一面同模之镜。中国是传世镜，见《汉铭斋藏镜》图 97；日本为出土镜，见樋口隆康《古镜》图录 60，现藏于日本福冈立岩资料馆。35 字铭文内容：“日有喜，月有富，乐毋事，常得（意），美人会，竽瑟侍，贾市程，万物正，老复丁，死复生，醉不知，醒旦醒。”一共有十二句“三言”，仅第四句缺“意”字。前八句容易理解，无需重复。“老复丁，死复生。”既是人生追求，亦可将其当作豪言壮语来对待。用今天的表述可理解为“老当益壮”“凤凰涅槃”。关键在这最后两句“醉不知，醒旦醒”。文中虽未出现“酒”字，却将饮酒的过程与状态描绘得栩栩如生。“醒”字起源很早，意为酒醉后神志不清的状态。《诗·小雅·节南山》：“忧心如醒，谁秉

国成。""醉不知，醒旦醒"可释读为：醉酒以后竟浑然不知，这种神志恍惚的情况（醒），一直到第二天早上（旦）才恢复过来（醒）。今天人们都认为过量饮酒将有碍健康，而在古代，人们却认为大量饮酒是一种享受，一股豪气。李白《将进酒》诗"五花马，千金裘，呼儿将出换美酒，与尔同销万古愁"，是对古代镜文化的一种典型注释。

图10简化博局铭文镜，东汉早期，直径11.2厘米，江苏镜友藏。18字铭文内容："日大利，泉自至，米冉多，酒而河，闲毋事，时相过。"第二句首字"泉"当指钱币，[2]第三句第二字"冉"应释渐进，屈原《离骚》："老冉冉其将至今，恐修名之不立。"吕向注："冉冉，渐渐也。"此镜六句三言铭文内容是一种更为现实的人生追求：今日大吉大利，钱财送上门来，米仓越堆越高，美酒多若小河，悠闲没有烦恼，时日很快过去。

本文所展示的十面两汉铜镜，其铭文内容将两千余年前汉民族的酒文化，清晰地展现在我们面前。丰衣足食，饮酒赋诗，这是人类对美好生活的追求。世界上各个国家的各民族都有自己的酒文化，而华夏民族在两千余年前，就有如此多彩的酒文化，值得我们自豪与骄傲。

（原载《汉镜文化研究》之"7.3"）

---

〔2〕《周礼·地官·司徒》："泉府上士四人。"郑玄注引汉郑司农曰："故书泉或作钱。"贾公彦疏："泉与钱，今古异名。"

汉镜铭文中的地理概念

在汉镜铭文中，有诸多的地理概念，本文挑选了四个问世年代清楚的镜例，进行简要探讨。其经典内容为："新有善铜出丹阳""单于举土列侯王""广汉西蜀""扬州会稽山阴安本里"等。

一、新莽，"新有善铜出丹阳"（见图1、图1A）

全铭内容：新有善铜出丹阳，和以银锡清且明，左龙右虎掌四彭（旁），朱爵玄武顺阴阳，八子九孙治中央，刻娄博局去不羊（祥），家常大富宜君王，千秋万岁乐未央。

资料来源：《汉镜文化研究》下册图153，直径18.7厘米，重量830克。

《神异志》载："丹阳铜似金，可锻以作器。"《汉书·食货志》载："从建元（前140—前135年）以来……有司言曰……金有三等……赤金为下。"注曰："孟康：赤金丹阳铜也。"镜铭中铜镜原料出自"丹阳"之说，经查考可知，此"丹阳"既非春秋时"丹水之阳"的丹阳或湖北秭归东南的丹阳，亦非今日江苏镇江东南的丹阳，而是安徽境内长江南侧的古丹阳（郡）。《汉书·地理志》载：汉武帝元封二年（109），"改故鄣为丹阳郡，郡治苑陵（今安徽宣城市宣州区）"。其地理位置相当于今天安徽长江以南，江苏大茅山及浙江天目山以西，浙江新安江支流武强溪以北区域。其行政范围包括皖南全部并延伸至江苏南京、句容和浙江吴兴一带。《安徽通志》称："铜陵县，汉丹阳郡春谷县（今繁昌），陵阳县（今青阳）"。从二十世纪八十年代开始，大量的考古发现证实：汉丹阳郡正是古"丹阳铜"的主要产地，具体的地理位置应是今日安徽之铜陵。

在镜铭中，另有"南山""南乡""堂琅""咸阳""南阳"等产地情况。其一，"新有善铜出南山"（浙江私人藏）之"南山"，据《越绝书》载："越国都城（大城）以南为山区，统称南山。"《水经注》曰："练塘，句践炼治锡铜之处，采炭南山。"其二，

图 1

图 1A

"新有善铜出南乡"（《止水集》表二 B-4）之南乡，本意应作"南方"之解，《诗·商颂·殷武》："维女荆楚，居国南乡。"汉时唯丹阳一地设铜官，故"南乡"亦可认为是"丹阳"。另一种解释应是"南山之乡"，即同其一的"南山"之解。其三，"汉有善铜出堂浪"（《镜涵春秋》图 060）之"堂浪"，查《古今地名大辞典》通假"堂琅"，书载："汉置后汉省，晋复置改曰堂琅，南齐后荒废，在今云南会泽县境。"《辞海》载："1954 年由会泽县析置东川矿区……铜矿开采历史悠久，所产之铜，称为'云铜'"。《汉书·地理志上》："犍为郡有堂琅县，出铜。"当时有"堂琅铜，朱提银"的说法。其四，"秦中作竟居咸阳"（本书下册图 142）之秦中，公元前 221 年，秦王政统一中原，建都咸阳。这里的秦中应指咸阳的周边地区。其五，"子孙千人出南阳"（《南阳出土铜镜》图 28），战国秦昭王三十五年（前 272）置南阳郡，"南阳"自古至今，皆为今河南南阳。

"新有善铜出丹阳"镜的铭文格式可说是"传承有序"，既上承西汉又下传东汉，这两个时间区段与新莽的重大区别是铭文国号皆用"汉"字。"下传东汉"的时间不长，主要在东汉初期，亦易辨识（特别是书体有悬针篆韵味时），"上承西汉"因为缺乏资料，长期不能定论。直到 1993 年春，在江苏省连云港市所辖东海县温泉镇尹湾村西南 2 公里处，发现了汉墓群落。1996 年《文物》第 8 期尹湾汉墓群发掘简报载："尹湾汉墓群的时代可定在西汉中晚期到王莽时期。"尹湾 4 号墓出土一面"八乳神兽规矩镜"（本书 042《莽式铭文镜》表八 E-3），86 字铭文有"汉有善铜出丹阳"句，此镜首字是"汉"，故年代肯定不到新莽，再比较西汉中晚期铜华镜书体的方折汉隶，两者又甚相似。因此，既可认为此镜是西汉镜演变到新莽镜的过渡器物，亦可将此镜看成是"新有善铜出丹阳"镜形制的源头器物。总而言之，"汉有善铜出丹阳"与"新有善铜出丹阳"一脉相承。

二、新莽，"单于举土列侯王"（见图 2、图 2A）

全铭内容：新兴辟雍建明堂，单于举土列侯王，将军大尹民户行，八子九孙治中央，常服此镜寿命长。

资料来源：《汉镜文化研究》下册图 160，直径 14.4 厘米，重量 476 克。

鉴于长期的战争，人民渴望和平。从大的概念看，新莽镜铭中"举土"一词意通"臣服"，就是对这段"和平"历史的肯定。作为和平史主角之一的呼韩邪单于，在汉史中亦屡屡得到肯定。经过二十年的和平相处后，竟宁元年（前 33）三月，"呼韩邪单于来朝……诏曰：'愿保塞传之无穷，边垂长无兵革之事。其改元为竟宁，赐单于侍诏掖庭王嫱（即名载史册的王昭君）为阏氏。'"

从小的范围讲，当时汉王朝对匈奴确实还有一段索求土地的历史。绥和元年（前 8），匈奴乌珠留单于新立。《汉书·匈奴传》载：

> 汉遣中郎将夏侯藩、副校尉韩言使匈奴。时帝舅大司马骠骑将军王根领尚书事，或说根曰："匈奴有斗入汉地，直张掖郡，生奇材木，箭竿就羽，如得之，于边甚饶，国家有广地之实，将军显功，垂于无穷。"根为上言其利，上直欲从单于求之，为有不得，伤命损威。根即但以上指晓藩，令从藩所说而求之。藩至匈奴，以语次说匈奴曰："窃见匈奴斗入汉地，直张掖郡。汉三都尉居塞上，士卒数百人寒苦，候望久劳。单于宜上书献此地，直断阏之，省两都尉士卒数百人，以复天之厚恩，其报必大。"……单于曰："父兄传五世，汉不求此地，至知（乌珠留单于名囊知牙斯）独求，何也？……匈奴两边诸侯作穹庐及车，皆仰此山材木，且先父地，不敢失也。"

从西汉和东汉的历史地图看，此入汉地之"斗"始终没有划归汉王朝。匈奴单于回答中的"此山"即今张掖市东北方的龙首山，位于甘肃西部和内蒙古西部的交界处。龙首山沿西北至东南的走向，与合黎山合称为走廊北山。想不到在两千年前的冷兵器时代，这个

图 2

图 2A

荒僻之地竟是一块战略要地！同年，"根因乞骸骨，荐莽自代，上遂擢为大司马"（《汉书·王莽传》）。当时，王莽即将上任大司马，对此事必定了然于胸。虽然《汉书》对这块土地的以后发展再也没有记录，但当时的汉王朝和随后的新莽王朝决不会置之不理。这件政治、外交、军事、领土交织在一起的大事，亦必然会反映到文化上来。可以这样猜测，"举土"一词还具有特殊的地理概念，即是一种期盼：希望这块战略要地能通过和平的方式，从匈奴那里转归新莽王朝版图。

三、东汉，"广汉西蜀"（见图3、图3A）

全铭内容：延熹三年五月丙午日造作。尚方明竟，广汉西蜀，幽湅三商，天王日月，位至三公兮，山人。

资料来源：《汉镜文化研究》下册图177，直径16.9厘米，重量479克。

东汉之广汉在今广汉市北，古称雒县，曾为益州刺史部与所属广汉郡治所之所在地。中国新石器时代至商周时期的早期蜀文化遗存——三星堆遗址，其地理位置即在今广汉市

图 3

图 3A

的南兴镇三星村。毋庸置疑，这个地区从人文之初直至东汉魏晋，始终是华夏青铜器（包括铜镜）的一个铸造重镇。

从本书054《东汉变形四叶兽首镜研究》之表一可知，记地"广汉"多见于变形四叶兽首镜中。然从《汉镜文化研究》下册图182可知，记地"广汉"亦见于环状乳神兽镜中。由此可见，当时的西蜀广汉生产了至少两个品种的铜镜。统计可知，纪地"广汉西蜀"之存世铜镜有十余面之多。

图 4　　　　　　　　　　　　　　　　　　图 4A

四、三国吴，"扬州会稽山阴安本里"（见图 4、图 4A）

全铭内容：黄武五年二月午未朔六日庚巳，扬州会稽山阴安本里，思子兮服者吉，富贵寿春长久。

资料来源：东京五岛美术馆《前汉至元时代的纪年镜》图 20，直径 10.3 厘米，重量 167 克。

三国时期，魏、吴各置扬州，魏治寿春，吴治建业（今南京市）。事实上，三国吴分别在建业（今南京市）与武昌（今鄂州市）两地来回定都。此镜铭文记地"扬州"有"东都"之意，会稽郡当在"东都"管辖之下，其记地由高及低分成四个层次：扬州—会稽—山阴—安本里，这种有行政管辖区分的详细记地方式，可谓罕见。

自秦始皇二十五年（前 222）始定郡名以来，会稽、山阴的地理概念多有变化，时至今日，皆在绍兴地区。"安本里"应系东汉时属山阴管辖的一个镇或乡，也许哪一天有了确切的出土资料，方可为"安本里"作出准确的地理定位。

在汉镜中，我们还可以找到许多涉及地理概念的铭文，如"盛如长安南"（详见本书《一面图文并茂的东汉画像镜——镜铭"盛如长安南，贤如鲁孔子"传递的文化信息》）、"吴向阳周是"（《浙江出土铜镜》修订本彩版 12）、"吴向里柏氏（上海博物馆藏）、"铜出徐州"（日本奈良县黑冢古坟出土之 20 号镜）等。结合铜镜铸造地问题的研究，汉镜铭文中的地理概念有着很大的探索空间，尚待深入研讨。

（原载《汉镜文化研究》之"4.7"）

东汉变形四叶兽首镜研究

作为一个在东汉中晚期盛行的独立镜种，变形四叶兽首镜有着镜面高凸、书体精美等诸多与众不同之处，依据它们边缘的不同，大致可分为窄素缘与三角缘两个大类。这个镜种的最大特色，还在于其相对集中的纪年铭文与几何等分的连弧数字。

一、铭文——突出纪年，标注产地

中国最早的纪年镜有四面：西汉永始二年[1]（前15），新莽居摄元年[2]（6），新莽始建国二年[3]（11），新莽始建国天凤二年[4]（15）。其后虽有"永平二年（59）"（《中原古镜聚英》图135）、"永元三年（91）"（《古镜今照》图141）等纪年镜，然皆为零星个例，不成系列，缺乏代表性。迄今所知，在新莽以后，持续时间最长的、注明铜镜产地的纪年镜种，即为东汉变形四叶兽首镜，详见表一。日本东京五岛美术馆《前汉至元时代的纪年镜》刊载了九面，约占全书两汉三国纪年镜（共61面）之15%。

1. 问世——持续百年，多在桓灵

表一的第一面镜为东汉和帝元兴元年（即永元十七年，105），上距始建国天凤二年，已相距了整九十年。表一最后一面镜为西晋甘露五年（269），表明了此类镜的持续时间至少有154年。其间的20个数据中，桓灵年间42年（147～189）共有十六面，占总数

---

[1] 直径18.5厘米。1996年出土于洛阳五女冢（编号：96HM267），现藏洛阳博物馆。
[2] 直径13.6厘米。1924年出土于朝鲜大同江汉乐浪郡遗址，现藏东京五岛美术馆。
[3] 直径15.6厘米。传世百余年，经颠沛流离，现藏中国国家博物馆。
[4] 直径16.6厘米。现藏上海博物馆。

的 80%。数据表明，此类镜最为流行的时间是在东汉桓灵年间，亦正是汉代教育最为发达[5]的时代。桓灵之前 42 年只有两面，占总数的 10%；桓灵之后七十年亦仅两面，占总数的 10%。这说明此类镜从东汉中期问世，直至西晋早期结束，持续了一个半世纪之多，然其主要流行时间却是在桓灵年间。

2. 产地——多出广汉，罕见南阳

在表一的二十面此类镜中，共有六面（A1，A6，A7，A15，A16，A17）带"广汉西蜀"铭，仅有一面（A3）带"广汉造作"铭。东汉之广汉在今四川省广汉市北，古称雒县，曾为益州刺史部与所属广汉郡的治所之地。中国新石器时代至商周时期的早期蜀文化遗存——三星堆遗址，即在今广汉市的南兴镇三星村。东汉的此类镜与三星堆文化究竟有什么关联，还需深入研究。毋庸置疑，这个地区从人文之初直至东汉魏晋，始终是华夏青铜器（包括铜镜）的一个铸造重镇。

表一　变形四叶兽首纪年铭（A 类）镜一览表（以年代为序）

序号	公元	铭文时间	直径厘米	几何等分	资料来源	现藏
A1	105	元兴元年正月丙午日	15.8	24	《中国铜镜图典》图 375	南阳市博物馆
A2	139	五月五日丙午日中时	12.1	24	《清华铭文镜》图 67	清华大学
A3	156	永寿二年正月丙午	15.8	28	《汉三国六朝纪年镜图说》图版 8-1	
A4	156	永寿二年正月	18.1	24	《前汉至元时代的纪年镜》图 2	五岛美术馆
A5	159	延熹二年正月	13.9	22	《尊古斋古镜集景》图 2	／
A6	160	延熹三年五月丙午日	15.4	20	《汉镜文化研究》下册图 177	上海止水阁
A7	163	延熹六年五月丙午日	15.8	23	《南阳出土铜镜》图 211	南阳市博物馆
A8	164	延熹七年五月十五日	12.5	31	《前汉至元时代的纪年镜》图 4	辰马考古馆
A9	164	延熹七年正月壬午	15.1	22	《前汉至元时代的纪年镜》图 3	东京国立博物
A10	166	延熹九年正月丙午日	14.6	24	《前汉至元时代的纪年镜》图 5	五岛美术馆
A11	167	永康元年正月丙午日	13.0	24	《前汉至元时代的纪年镜》图 6	东京书道博物
A12	167	永康元年六月八日庚申	14.7	21	《中国铜镜图典》图 376	／
A13	168	建宁元年九月九日丙午	21.5	28	《中国铜镜图典》图 377	南阳市博物馆
A14	169	建宁二年正月廿七丙午	19.8	28	《前汉至元时代的纪年镜》图 7	五岛美术馆
A15	174	熹平三年正月丙午	13.4	23	《嘉德 2009 春拍》图 4791	／
A16	174	熹平三年正月丙午	18.2	23	*ARJIBUS ASIAE* 第 76 页	美国
A17	175	熹平四年正月丙午	17.8	23	《中国青铜器全集·16》图 63	重庆市博物馆
A18	178	光和元年五月作	14.2	18	《汉三国六朝纪年镜图说》图版 12-2	
A19	259	甘露四年五月十日	13.2	19	樋口隆康《古镜·图录》图 136	五岛美术馆
A20	260	甘露五年四月十六日	16.6	19	《汉镜文化研究》下册图 196	上海止水阁

---

〔5〕汉武帝时太学学生约 500 人，桓灵之际已有约 5 万人（仅洛阳一地 3 万余人），扩大了 100 倍。

《南阳出土铜镜》图版 116（因其残缺而未列入表一），其铭："延熹十年□□□午，吾作明镜兮，幽涷三商兮，天王日月，位至三公，长乐未央，子孙千人出南阳兮。"众所周知，河南南阳是东汉时期的又一个重要铸镜地。此镜虽残缺，却注明了"广汉西蜀"以外的产地"南阳"。

表二　变形四叶兽首无纪年铭（B 类）镜一览表（以连弧数为序）

序号	直径厘米	连弧	资料来源	说明
B1	9.8	14	樋口隆康《古镜·图录》图 141	有 4 字铭文
B2	11.6	16	《陕西省出土铜镜》图 65	有 4 字铭文
B3	10.8	16	《陕西省出土铜镜》图 67	有 4 字铭文
B4	11.3	17	《中国嘉德·2007 秋拍》图 4742　《金懋国际 2010 秋拍》图 1220	两镜似为同一器物
B5	9.8	18	《中国古代铜镜》（陕西）图 140	有 4 字铭文
B6	12.3	18	《止水阁藏镜》图 64	/
B7	15.9	18	《止水阁藏镜》图 114	有 40+4 = 44 字铭文
B8	10.8	19	《止水阁藏镜》图 118	/
B9	12.2	20	《故宫藏镜》图 40	有 36+4=40 字铭文
B10	10.7	20	《长安汉镜》图 45-2	有 4 字铭文
B11	10.8	20	《中国铜镜图典》图 379	广东连县东晋墓葬
B12	15.0	22	《尊古斋古镜集景》图 67　樋口隆康《古镜·图录》图 138	两镜似为同一器物
B13	17.4	22	《止水阁藏镜》图 113	有 53+4=57 字铭文
B14	16.9	22	《汉镜文化研究》下册图 184	有 48+4=52 字铭文
B15	16.0	23	《广西铜镜》图 76	/
B16	12.7	25	《止水阁藏镜》图 117	有 35+4=39 字铭文
B17	17.8	26	《镜涵春秋》图 133	有 50 字铭文
B18	10.4	27	《中国古代铜镜》（陕西）图 139	有 4 字铭文
B19	17.0	29	《中国嘉德 2004 专拍》图 4120　《东方博物 2006 夏拍》图 340	两镜似为同一器物
B20	13.3	30	《止水阁藏镜》图 116	有 25+4=29 字铭文
B21	12.8	32	《汉镜文化研究》下册图 186	有 47+12=59 字铭文
B22	19.3	38	《泓盛 2011 秋拍》图 1258	有 57+8=65 字铭文
B23	11.9	48	《中国历史博物馆馆刊》馆藏铜镜选辑（三）图 94	有 30+4=34 字铭文
B24	13.6	62	樋口隆康《古镜·图录》图 138	有 37+4=41 字铭文

3. 内容——多为吉语，大同小异

试举七例，列举四图。

A1 镜："元兴元年五月丙午日□□，广汉西蜀造作尚方明镜，幽涷三商，长乐未，宜侯王，富且昌，位至三公，位师命长。"

A3 镜："永寿二年正月丙午，广汉造作尚方明镜，□□□，富且昌，宜侯王，师命长。"

A6（图 1，20 连弧）镜："延熹三年五月丙午日造作，尚方明镜，广汉西蜀，幽涷三商，天王日月，位至三公分，山人。"

A9（图 2，22 连弧）镜："延熹七年正月壬午，吾造作尚方明竟，幽涷三冈，买人大富师命长。"

图 1

图 2

图 3

图 4

A16、A17镜（铭文类同）："熹平三年正月丙午，吾造作尚方明镜，广汉西蜀，合涷白黄，周刻无极，世得光明，买人大富长子孙，延年益受（寿），长乐未央分。"

B14（图3，22连弧）："吾作明竟，幽涷三冈，巧工刻之成文章，上有守辟不，富禄氏从大富昌，宜牛羊，为吏高升至侯王，乐未央，夫妻相宜师命长。"（兽首图案取龙形）

B20（图4，32连弧）：吾作明竟（镜），幽涷三商，调（雕）刻无极，配像万疆，白牙陈乐，众神见容，天禽四首，衔持维刚（纲），百精并存，福禄是从，子孙番（蕃）昌，师命长。大吉羊（祥）、乐未央、宜疾王、□□□。

4. 书法——汉碑鼎盛，同时流芳

值得一提的是，B20等少许边缘较薄的此类镜，其行文规范，句式完整，书体精美（与东汉碑文接近），属东汉铭文镜中的佳品。桓灵42年间的东汉碑刻乃为国人顶礼膜拜之重器，而与其同时之镜铭书法亦毫不逊色，《清华铭文镜》图69尤为经典之例。

二、连弧——数字缤纷，展现素数

东汉变形四叶兽首镜主要是两个大类：有纪年铭与无纪年铭。本文分别将其列成表一（A类）为有纪年铭类、表二（B类）为无纪年铭类。表一二十面铜镜以铭文标注之年代为序，表二二十四面铜镜以连弧数字为序。

笔者曾在《中国收藏》2011年第4期《汉代铜镜巧解数学难题》一文中，对铜镜连弧数几何等分的素数问题有过探讨。现从本文表一可知，20个连弧数中包括18、19、20、21、22、23、24、27、28、31等10个自然数，其中19、23、31为素数，再从本文表二可知，24个连弧数中包括了14、16、17、18、19、20、22、23、25、26、27、29、30、32、38、48、62等17个自然数，其中17、19、23、29等4个为素数。

再将表一的20个数据与表二的24数据，汇总成表三的44个数据。从中可知，变形四叶兽首镜中的几何等分连弧数从14至62，大致有21种连弧数字。其中，"直接素数"17（B4），19（A19、B8），23（A15、A16、A17、B15），29（B19），31（A8），共有5种（9面）；"间接素数"14（B1），21（A12、A20），22（A3、A9、B9、B10、B11），26（B17），28（A4、A13），62（B21），共有6种（12面）。"直接素数"11、13仅见于战国镜与西汉镜。汉人是用什么方法解决素数等分的几何制图？真是令人叹服，需要我们进一步探讨，详见表三。

表三 镜缘连弧数字一览表

序号	连弧数字	镜号 A 在表一，B 在表二	数字分解
1	14	B1	$14 = 2 \times 7$
2	16	B2、B3	
3	17	B4	
4	18	A18、B5、B6、B7	
5	19	A19、B8	
6	20	A6、A7、B9、B10、B11	
7	21	A12、A20	$21 = 3 \times 7$
8	22	A3、A9、B12、B13、B14	$22 = 2 \times 11$
9	23	A15、A16、A17、B15	
10	24	A1、A2、A5、A10、A11	
11	25	B16	
12	26	B17	$26 = 2 \times 13$
13	27	A14、B18	
14	28	A4、A13	$28 = 4 \times 7$
15	29	B19	
16	30	B20	
17	31	A8	
18	32	B21	
19	38	B22	$38 = 2 \times 19$
20	48	B23	
21	62	B24	$62 = 2 \times 31$

三、品种——西蜀中原，并驾齐驱

从存世器物的比较研究可知，依据边缘纹饰之不同，东汉变形四叶兽首镜大致分为两类（其他类存世很少）：甲类为窄素缘（如图1所示），乙类为三角缘（如图3所示）。它们有着诸多共性。

（1）问世年代皆主要在东汉桓灵之际。

（2）皆有连弧数字并呈现多样化。

（3）铭文内容出现纪年铭文（甲类多于乙类）。[6]

（4）铭文起始多见"吾作明竟，幽涷三商，巧工刻之成文章"。然而，仔细比较可知，它们还存在诸多差异，详见表四。

表四　两类变形四叶兽首镜差异一览表

序号	比较项目	甲类（窄素缘）	乙类（三角缘）
1	纹饰面向上时的底面缘口角度[7]	＜ 90°（约 80°）	＜ 45°（约 40°）
2	镜铭记地	小半数为"广汉"[8]	不见记地，有出土资料[9]
3	照容面凸度[10]	较大	最大（曲率半径多在汉尺 3 尺）
4	兽首区分	多见虎首	多见龙首
5	连弧外侧纹	多见镂空菱形纹	多见双重涡状纹

综上所述，甲类镜多产自西蜀广汉，偶见于河南南阳；乙类镜有可能产自中原的西安、洛阳等地区。可以认为，在东汉中晚期（主要在桓灵年间），这两类镜同时出现于华夏大地。它们的镜面凸度皆大（乙类更大），说明当时人们在照容时，曾出现要求照容面积尽可能放大（即影像缩小）的愿望。

（原载《汉镜文化研究》之"8.5"）

---

〔6〕本文表一资料多为甲类，仅序 A8 为乙类。

〔7〕有个别介于甲乙两类之间的过渡器物，暂时还不能列入比较。

〔8〕本文表一总数 20 面，有记地者 7 面，约占三分之一。

〔9〕乙类镜的实物记地未见镜例。《长安汉镜》图 45-2 系典型的乙类镜，出土地点西安市。《洛阳出土铜镜》图 47 有 2 个信息：其一，乙类镜有可能产自洛阳地区；其二，此镜出土于永康元年（167 年），正处桓灵之际。

〔10〕本书 063《东汉三国高凸镜面曲率半径研究》。

东汉桓灵时期兽首纹纪年镜研究

纪年镜既是存世稀罕的珍贵文物，又是中国铜镜的特殊种类，在历史学、考古学、类型学、民俗学以及比较研究等方面有着重要的文化价值。从西汉成帝永始二年（前15）第一面纪年镜面世，至清代光绪末年后纪年镜绝迹，在近两千年的漫长岁月中，纪年镜没有出现大的间断，在世界文化史上，这是值得骄傲的一个实例。由于年代久远加之存世数量稀少，世人对两汉三国的纪年镜表现出特别的兴趣与关注：各地的博物馆、美术馆乃至收藏家，都以收藏有中国纪年镜为荣。其中东汉桓灵时期的纪年镜尤显珍贵，它们有着纪年罕见、形制有趣、铭文新颖、书体突出、纪地明显诸多特点。本文特精选出12面（图3、图8、图10拓片精美，一并附上），以飨读者。详见表一：

表一 东汉桓灵之际兽首纹纪年镜一览表

图号	年号	公元	直径（厘米）	重量（克）	m值（克/平方厘米）	连弧（个数）	镜钮	资料来源
1	元嘉三年	153	14.0	578	3.76	24	圆形	《嘉德2009秋拍》图5709
2	永寿二年	156	18.1	963	3.75	24	圆形	《尊古斋古镜集景》图2
3	延熹三年	160	15.7	479	2.57	20	圆形	《汉铭斋藏镜》图116
4	延熹七年	164	15.1	575	3.21	22	双龙	日本东京国立博物馆藏
5	延熹九年	166	14.6	/	/	24	圆钮	日本东京五岛美术馆藏
6	永康元年	167	13.0	/	/	24	圆钮	日本东京书道美术馆藏
7	建宁二年	169	19.8	813	2.64	28	圆钮	日本东京五岛美术馆藏
8	熹平元年	172	13.8	470	3.14	24	双龙	《止水阁藏镜》图95
9	熹平二年	173	14.7	/	/	20	双龙	《鄂州铜镜》图36
10	熹平三年	174	18.1	/	/	23	双龙	ARTIBUS ASIAE 第76页
11	熹平四年	175	17.8	/	/	23	圆形	重庆市博物馆藏
12	熹平七年	178	13.2	335	2.45	25	圆形	《泓盛2012秋拍》图1192

一、纪年罕见

　　"光武中兴"使汉光武帝刘秀当政的中、后期乃至明帝时期，社会安定、经济恢复、人口增长，出现了一个稳定和谐的社会局面，古籍有载"马放牧，邑门不闭""四夷宾服，家给人足，政教清明"。到了百年以后的桓灵期间，朝政腐败、经济衰落，致使铜镜制作数量减少，但其制造技术仍散发着东汉早中期的余晖，展现着延迟效应。加上一个有可能的特殊原因，即桓帝爱好艺术。《后汉书》卷七："论曰：前史称桓帝好音乐，善琴笙。饰芳林而考濯龙之宫，设华盖以祠浮屠、老子。"存世实物表明，这个时期的兽首纹纪年镜，形制精美，制作精良，达到了前所未有的水平。

图 1

图 2

　　迄今所知，从桓帝建和元年（147）至灵帝中平六年（189）的 43 年间，见诸著录的纪年镜共有三十余面。这些纪年镜大多主纹以变形四叶兽首为主，然也见各类其他主纹的纪年镜存在。如：

　　延熹二年（159），《尊古斋古镜集景》图 5，为环状乳神兽；

　　永康元年（167），上海博物馆藏，为环状乳神兽；

　　熹平二年（173），《小校经阁金文拓本》图 2985，为环状乳神兽；

　　熹平七年（178），《鄂州铜镜》图 102，为环状乳神兽；

图 3

光和五年（182），《止水阁藏镜》图96，为环状乳神兽；

中平二年（185），台北一雅堂藏，为六乳神兽；

中平四年（187），上海博物馆藏，为环状乳神兽（铭文在方枚）；

中平六年（189），日本东京五岛美术馆藏，为方格铭神兽。

在变形四叶兽首镜类的主纹中，元嘉三年（图1）、延熹三年（图3）、熹平元年（图8）、熹平三年（图10）、熹平四年（图11）、光和元年、中平四年等器皆似仅见，约占总数之半。

二、形制有趣

通过表一，我们可以寻觅到桓灵时期变形四叶兽首纹纪年镜形制的一些有趣情况。

1.直径：此类镜直径多在汉尺6寸（13.86厘米）至汉尺8寸（18.48厘米）之间，少见太小、太大者。对于人体尺度而言，这个直径范围在使用时较为合适。

2. m值：此类镜m值多在2.5至3.5克/平方厘米之间，少有偏轻薄与偏厚重者。这个m值范围较为合理，既不易损坏器物，又符合使用要求。

图4　　　　　　　　　　　　　　　　　图5

3.铜质：从存世器物的实际情况来看，此类镜皆铜质精良，其合金配比恰当，精"涑"程度较高。若干实物（如图3、图8、图10）至今仍是镜面光亮，可以照容。

4.连弧：此类镜连弧数多在20与30之间，从图形观察有一种协调美。其间之图10、图11镜的连弧数为23。在200年前，德国大数学家高斯曾解决了正十七边形（即圆周等分）的尺规作图问题。除此之外，迄今所知，其他两位数以上的素数正边形皆不可能用尺规来完成。汉代工匠挑战这些数学难题，制作出准确的正二十三边形，可谓难解之谜。

5.兽首：统计可知，此类镜之兽首多为"正面虎首"而非"侧面虎首"或"侧面龙首"，

图 6

图 7

图 8

图 8-1

有着地区与镜种的鲜明个性。

　　6. 镜钮：在众多圆形镜钮中，可见若干双龙高钮。比较而言，这是汉镜中最为精致、美妙的一种镜钮，详见图 8-1。偶见梅花瓣钮，如图 6。

　　7. 钮座：多见四个大字铭文"君宜高官""君宜官位"等。

　　8. 照容：用此类镜照容，皆有脸部缩小的特性。原来，其镜面都明显地呈现高凸状。实测凸起高度，再经过计算，可知曲率半径之数值（详见本书 063《东汉三国高凸镜面曲率半径研究》）。有趣的是，通过多个资料统计，可以发现，此类镜的曲率半径皆在汉尺 3 尺（今 69.3 厘米）左右，故而推测，当时在制作此类镜时，有一个"约定俗成"：用汉尺 6 寸（今 13.86 厘米）的铜镜，在 20 厘米的距离照容时，可将整个脸部与上半身纳入镜中。众所周知，球面的铸制与研磨皆有难度，稍有差错就会出现"哈哈镜"似的变形状况。

我们祖先在铜镜铸制中，曾综合运用过数学、物理、冶炼、铸造等诸多科技知识，这不能不令人佩服。

三、镜铭新颖

这里记录表一十二面铜镜的镜铭内容。详见表二：

表二　东汉桓灵之际兽首纹纪年镜铭文一览表

图号	年号	周铭
1	元嘉三年	元嘉三年正月丙午造作兮，尚方明竟兮□□□，广汉西蜀兮幽涷三商，周刻曲道兮，出有光明兮，命师寿长兮。
2	永寿二年	永寿二年正月□□□□□□□作尚方明□竟，□□□□长王□□□□□□□。
3	延熹三年	延熹三年五月丙午日造作。尚方明竟，广汉西蜀，幽涷三商，天王日月，位至三公兮。山人。
4	延熹七年	延熹七年正月壬午，吾造作尚方明竟，幽涷三冈，买人大富，师命长。
5	延熹九年	延熹九年正月壬午日作镜自有□（方），□（青）龙白虎侍左右，□（买）者长命宜孙子，传□□□□兮。
6	永康元年	永康元年，正月午日，幽涷黄白，早作明镜，买者大富，延寿命长，上如王父，西王母兮，君宜高位，位至公侯，长生大吉，太师命长。
7	建宁二年	建宁二年正月廿七丙午，三羊作明镜自有方，白同（铜）清明復多光，买者大利家富昌，十男五女为侯王，父姁相守寿命长，居一世间乐未央，宜侯王，乐未央。
8	熹平元年	熹平元年正月丙午日，幽涷白同，早（造）作尚方明竟，买者大富且昌，延寿万年，上如东王父西王母，长生，大乐未央兮。
9	熹平二年	熹平二年正月丙午日，吾作明竟，长乐未央，君宜高官，其师命长，□□古市，□□，富贵延年。
10	熹平三年	熹平三年正月丙午，吾造作尚方明镜，广汉西蜀，合涷白黄，舟（周）刻无亟，世得光明。买人大富长子孙，延年益受（寿），长乐未央兮。
11	熹平四年	熹平四年正月丙午，吾造作尚方明镜，广汉西蜀，合涷白黄，舟（周）刻无亟，世得光明。买人大富长子孙，延年益受（寿），长乐未央兮。
12	熹平七年	熹平七年正月丙午，吾造作尚方明竟，合涷白黄，周刻无极，世得光明，买人大富，长宜子孙，□□。

由表二可知：

1. 此类镜虽纪年有所不同，然纪月几乎皆在正月，且多用"丙午"之日。这与后来的隋唐镜铭文喜用"五月五日"不同，有待另考。

2. 多个铭文皆有"尚方"与"广汉西蜀"之称谓，说明"广汉西蜀"在当时有着代表"尚方"，或是被尚方委托的身份。

图9

图10

3. 铭文中的"早"通假"造"，"早作尚方明竟"即是说：受到"尚方"的指派或委托，制作了"尚方明镜"。

4. 铭文除了常用的"幽湅三商"外，还见"幽湅白同""幽湅白黄"等内容。"白"为锡，"黄"是铜，这正是古代青铜镜的主体成分。先秦《考工记》："金有六齐……金锡半谓之鉴燧之齐。"其意是说："金"即铜，约占三分之二，"锡"即锡（实际上还包括铅），约占三分之一。

5. 铭文中多见"买者大利家富昌""买

图10A

图11

图12

者大富且昌""买人大富长子孙"等广告文化用词，久而成为当时的商家口头语。这种情况在东汉晚期铜镜铭文上时常出现。

6. 铭文中间多有祈祥文化与道家文化，通俗易懂。

7. 若干用词（"周刻曲道""世得光明"等）有着丰富的文化内涵，当另作话题。

四、书体突出

在拙著《汉铭斋藏镜》附图30中，曾对一东汉镜残片铭文书体的11个文字与诸多汉碑文字进行比对。今由图3A、图8A集字而成的图3B、图8B，可知铭文书体之风采。比对《平山君碑》《三老讳字忌日记》《华山庙碑》《张迁碑》《白石神君碑》《许安国祠堂题记》

图 3A

图 3B

图 8A

图 8B

等汉碑书体，镜铭与汉碑的两者字形结构甚是相近。如果一定要找出差别的话，只是镜铭书体上少了"波磔"。其实，在汉镜铭文书体中，还是可以找到汉隶"波磔"的踪影，如《汉铭斋藏镜》图 81（西汉中晚期）中的"至"字以及同书附图 29（新莽东汉之际）中的诸多文字。

五、纪地可寻

在表二的 12 面镜铭中，可以知道图 1、3、10、11 等四镜的铭文含有"广汉西蜀"的内容。此外，延熹二年铭、光和五年铭等环状乳神兽镜之铭文，亦有"广汉西蜀"的纪地内容。比较可知，表二中 12 镜的直径虽有差别，然其总体形制、兽首展现，铭句结构，书体特征等皆大同小异。可以认为，除了写明纪地的镜铭以外，其余镜铭同样也应该是隐含着"广汉西蜀"的纪地内涵。在 12 个镜铭中，多有"造作尚方明竟"之说，故又可认为，桓灵时期的"广汉西蜀"为"尚方"制作了大量的铜镜。换言之，如同元、明、清历朝历代都在景德镇制作官窑瓷器一样，"广汉西蜀"有着代表"尚方"（宫廷）的明确身份。

中国新石器时代至商周时期的早期蜀文化遗存——三星堆遗址，即在今广汉市的南兴镇三星村。东汉之广汉在今四川省广汉市北，古称雒县，曾为益州刺史部与所属广汉郡的治所之地。东汉的此类镜与三星堆文化究竟有什么关联，还需深入研究。毋庸置疑，西蜀广汉地区从人文之初直至东汉魏晋，始终是华夏青铜器（包括铜镜在内）的一个铸造重镇。

（原载《大观》2014 年 7 月总 58 期）

东汉桓灵时期纪地广汉之纪年镜

东汉桓帝刘志自建和元年（147）登基，至永康元年（167）驾崩，在位 21 年；灵帝刘宏自建宁元年（168）登基，至中平六年（189）驾崩，在位 22 年。东汉桓灵时期，从建和元年至中平六年，历 11 个年号，计 43 年。时值东汉文化繁荣期，加上桓帝爱好艺术，仅洛阳太学生就有 3 万人。《后汉书》卷七："论曰：前史称桓帝好音乐，善琴笙。饰芳林而考濯龙之宫，设华盖以祠浮屠、老子。"由于文化与科技展现的延迟效应，存世实物表明，东汉桓灵时期的变形四叶兽首纹与环状乳神兽纹的纪年镜，形制精美，制作精良，达到了前所未有的水平。

仅就两汉三国西晋纪年铜镜的存世量而言，20 世纪 40 年代时，梁上椿先生统计数字不足 50 面，70 年过去了，迄今所知的存世数量应在 300 面以内（2012 年冈村秀典《汉三国西晋纪年镜铭集释》刊录 157 面〔缺图片资料〕，2015 年拙著《中国纪年铜镜》"两汉至六朝纪年镜索引"刊录 228 面）。

据最新的不完全统计，东汉桓灵时期的纪年镜约为 33 面。应该承认，这个数字实在是不大，而在其中再有署"广汉"之纪地铭文者仅 11 面，占总数之三分之一。纪地称谓虽稍有区别，事实上皆可归纳在"广汉西蜀"的统一称谓之中。对此有两种观点：其一，"广汉西蜀"的理解应是"西蜀之广汉"；其二，"广汉"系地名，"西蜀"乃作坊名。笔者观点倾向前者。

东汉之广汉在今四川省广汉市北，古称雒县，曾为益州刺史部与所属广汉郡的治所之地。中国新石器时代至商周时期的早期蜀文化遗存——三星堆遗址，即在今广汉市的南兴镇三星村。东汉的此类镜与三星堆文化究竟有什么关联，还需深入研究。毋庸置疑，西蜀广汉地区从人文之初直至东汉魏晋，始终是华夏青铜器（包括铜镜在内）的一个铸造重镇。

　　存世最早的纪地广汉西蜀之纪年镜，当数南阳市博物馆所藏"元兴元年（105）"铭变形四叶兽首镜（窄素缘），比桓灵之初要早半个世纪。存世最迟的纪地广汉西蜀之纪年镜，当数《岩窟藏镜·汉式镜》第10页之"永嘉元年（307）"铭对凤镜，比桓灵之末要晚一个多世纪。由此可知，纪地"广汉西蜀"之问世，长达203年。

　　现将存世所见桓灵时期的11面署"广汉"地名之纪年镜，归纳成表，详见表一。

表一　11面纪地广汉之纪年镜一览表

序	纪年	公元	主纹	直径重量	铭文内容	资料来源
1	元嘉三年	153	窄素缘兽首	14.0 578	元嘉三年正月丙午造作兮，尚方明竟兮□□□，广汉西蜀兮幽涑三商兮，周刻曲道兮，出有光明兮，命师寿长兮。（叶铭：长宜高官）	《嘉德2009秋拍》图5709，ｍ值：3.14
2	永寿二年	156	窄素缘兽首	15.8 /	永寿二年，正月丙午，广汉造作，尚方明竟。买竟者，富且昌，宜侯王，师命长。（叶铭：长宜高官）	美国哈佛大学福格博物馆，《汉三国六朝纪年镜图说》汉10
3	永寿三年	157	/	21.0 /	永寿三年□月丙午造作，尚方兮明镜，广汉西蜀，幽涑三商兮，周刻无极，世得光明，贾人大富兮师命长，……长乐未央，宜侯王，富且昌兮。	湖南湘阴博物馆
4	延熹二年	159	环状乳神兽	11.6 /	延熹二年五月丙午日天大赦，广汉西蜀，造作明竟，幽涑三商，天王日月，位至三公兮，长乐未英（央），吉且羊（祥）。（方枚：吾作明竟，幽涑三商，位至三公）	《尊古斋古镜集景》图5
5	延熹三年	160	窄素缘兽首	15.4 479	延熹三年五月丙午日造作。尚方明竟，广汉西蜀，幽涑三商，天王日月，位至三公兮。山（仙）人。（叶铭：长宜高官）	《汉铭斋藏镜》图116，ｍ值：2.58
6	延熹三年	160	三角缘兽首	17.1 373	延熹三年十二月廿九日，广汉西蜀造作，尚方明竟，幽涑三冈，巧工刻之成文章，上有四守（兽）辟不羊（祥），作吏升高，福录自从，夫妻相宜。（叶铭：长宜子孙）	《止水阁藏镜》图94，ｍ值：1.62
7	延熹六年	163	窄素缘兽首	15.8 /	延熹六年五月丙午日作竟，广汉西蜀，……立（位）至三公兮。（叶铭：长宜高官）	南阳市博物馆
8	熹平三年	174	窄素缘兽首	18.1 /	熹平三年正月丙午，吾造作尚方明竟，广汉西蜀，合涑白黄，舟（周）刻无亟（极），世得光明。买人大富长子孙，延年益受（寿），长乐未央兮。	罗振玉《古镜图录》上册图1、AR TIBUS ASIAE 第76页、CHINESE BRONZES 第72页
9	熹平四年	175	窄素缘兽首	17.8 /	熹平四年正月丙午，吾造作尚方明竟，广汉西蜀，合涑白黄，舟（周）刻无亟，世得光明。买人大富长子孙，延年益受（寿），长乐未央兮。	重庆市博物馆

序	纪年	公元	主纹	直径 重量	铭文内容	资料来源
10	光和 四年	181	/	/ /	光和四年正月十三日丙午，广汉西蜀造作 尚方明竟，幽涷三商，周刻无亟，世得光明， 天王日月，位至三公，长乐未央，富且昌， 君宜侯王，生如金石，大吉。	湖北省十堰市博物馆
11	光和 五年	182	环状乳 神兽	15.9 566	光和五年正月十三日午丙，广汉西蜀造作。 尚方明竟，世得光明。天王日月，位至三公。 宜侯王，乐未央。生如山石富且昌，□□ 富贵受命长。受如东王公西王母，仙人王 乔赤□。	《止水阁藏镜》 图96，m值：2.85

注：直径：厘米；重量：克；m值：克／平方厘米

图1（序5）

图2（序6）

由表一数据，再结合实物观察，可以知道以下概念，并比较出图1与图2之差异：

1. 历时区间：从元嘉三年（153）至光和五年（182），东汉桓灵时期，纪地广汉之纪年镜历时30年。

2. 尺寸范围：11面镜之直径，最小在汉尺5寸（即今11.55厘米）；最大在汉尺8寸（即今18.48厘米）。

3. 镜面锐角：这是一个寻找两类镜差异的重要指标，图2镜可称小锐角，图1镜可谓大锐角。小锐角多在35°～45°，且边缘较宽，其断面呈半三角形状，可称"三角缘"（如图2）。大锐角多在60°～80°，且边缘较窄，其断面呈半梯形状，可谓"窄素缘"（如图1）。统计可知，在非记年铭的变形四叶兽首镜中，存世器物似以"三角缘"为多；在记年铭的变形四叶兽首镜中，存世器物似以"窄素缘"为多。图2镜乃是一"个例"，署有"广汉"地名，虽是记年镜，却为"三角缘"。

4. m值（用铜量）：数字告诉我们，"三角缘"兽首镜（图2）之用铜量比"窄素缘"

兽首镜（图 1）之用铜量要小。换言之，图 2 镜比图 1 镜偏薄。

5.曲率半径：表示照容效果的缩小倍率。无论是图 1 镜的"窄素缘"，还是图 2 镜的"三角缘"，这两类变形四叶兽首镜皆有较凸的照容面，统计数据表明，它们的曲率半径多在汉尺 3 尺（即今 69.3 厘米）左右。即可说是当时的成俗约定，也可算是当时的"惯例"：人们都希望或要求，在用汉尺 7 寸（即今 16.17 厘米）的铜镜进行照容与整装时，将整个上半身都纳入镜中。

6.兽首特征："窄素缘"镜多为正面虎首，"三角缘"镜则是侧面龙首。

7.叶铭书体：叶铭主要出现在桓帝时期，"窄素缘"镜多为粗线美术体，"三角缘"镜常是细线悬针篆，灵帝时期有将叶铭改成兽首的情况出现。

8.连弧数：似无规律可循，应是工匠各取所需。多见 22、24 连弧，少见 23 连弧。

（原载《中国收藏》2015 年第 3 期）

证据二重　补察时政

——东汉两类镜铭证史考

汉代铜镜种类丰富，铸制精良，纹饰繁缛，在中国铜镜发展史上占有十分重要的地位。而汉代的铜镜铭文更是多姿多彩，真实地反映了当时的社会政治经济、思想文化、社会生活及时代风尚。它为我们研究和分析当时社会的形态，提供了可靠的实物资料。汉镜铭文的史料价值和证史作用，日益受到收藏界和学术界的重视。

在编著《汉镜铭文图集》时，笔者有幸发现两类（三面）东汉镜，其铭文内容再次让我们真切地领略到镜铭的证史、补史作用。详见下表：

镜铭证史一览表

图号	直径厘米	重量克	镜铭全文	关键语句	资料来源	图集图号
1	14.3	590	龙氏作竟四夷服，多贺国家人民息，胡羌殄灭天下复，风雨时节五，官位尊显蒙禄食，长保二亲乐无已。	胡羌殄灭天下复	《开明堂英华》图38	375
2	/	/	尚方作竟有纪冈，左龙右虎辟非羊，长保买者宜□王，□□□□，□□□堂，寿如金石，□寿未央，多贺国家人民息，羌胡尽退四夷服，天下大昌兮。	羌胡尽退四夷服	*AR TIBUS ASIAE* 图62	402
3	19.2	/	中平二年正月十二壬午日，造作此尚方明竟，士至公侯车生耳，五男四女长相守，黄贼波（破）尽海众昌，长保二亲龙（隆）日进，受（寿）考，贾（价）千钱兮。	黄贼破尽海众昌	台北一雅堂	482

一、东汉早期龙虎镜（图1）和东汉中晚期四叶兽首镜（图2）

图1　　　　　　　　　　　　　　　　　图2

　　此两面镜铭内容多为人们熟知的"套句"，而独特之处在"胡羌殄灭天下复""羌胡尽退四夷服"——两镜铭文都记录了一个共同的史实：羌族之乱。铭文内容并非信口臆说，它的确印证了东汉时期今陕、甘境内羌人，因不堪忍受地方官吏豪强压迫，而进行了三次大规模起义的历史事实。

　　第一次，安帝永初元年（107），政府强征羌人出征西域，行至酒泉，羌人举行起义，年内先后击败五万官军，直至元初五年（118）才宣告失败。"自羌叛十余年间，兵连师老，不暂宁息。军旅之费，转运委输，用二百四十余亿，府帑空竭，延及内郡，边民死者不可胜数。并、凉二州遂至虚耗。"《后汉书·西羌传》这段话可以说是对这十余年羌战的小结。

　　第二次，永和元年（136）至永嘉元年（145），羌人为地方苛政所苦，再次掀起大规模起义，先后围攻金城、三辅（今陕西中部）、武都、陇西等地，震动京师。《后汉书·西羌传》说："自永和羌叛，至乎是岁（永嘉元年），十余年间，费用八十余亿。诸将多断盗牢禀，私自润入，皆以珍宝货赂左右，上下放纵，不恤军事，士卒不得其死者，白骨相望于野。"

　　第三次，延熹二年（159）起，羌人掀起的大规模起义。护羌校尉段颎经过多年征战，于建宁二年（160）才平定了西羌、东羌的起义。"（建宁）三年（170）春，征还京师。"（《后汉书·皇甫张段列传》）

　　此两铭之关键语句，反映了百姓期盼国家长治久安的迫切心情，表现出对"边民死者，不可胜数"和"上下放纵，不恤军事"的愤怒；"天下大昌"是对"府帑空竭，遂至虚耗"的抗议。长期战乱，民不聊生，发出这种呼声是当时民意的集中表达。

二、东汉晚期六乳神兽纪年镜（图3）

这是一面"藏在深闺未人识"的纪年镜。铭文除了传统的祝愿语：用镜者仕途坦荡、子嗣兴旺、老人长寿之外，"黄贼波（破）尽海众昌"记录了东汉末年的一件政治大事件——黄巾起义。镜铭中熟稔的词语无需多加解释，本文只对相对偏僻的词语稍加释读：

车生耳：车耳，车的屏障，用以遮蔽车厢。车生耳谓仕途顺畅。汉应劭《汉官仪》："里语云：'仕宦不止车生耳。'"清陈维崧《满江红·江村夏咏》词："老我田园河射角，笑他宦仕车生耳。"

寿考：年高，长寿。《诗·大雅·棫朴》："周王寿考，遐不作人。"郑玄笺："文王是时九十余矣，故云寿考。"

中平（184年12月~189年3月）是东汉灵帝刘宏的第四个年号。灵帝（168

图3

年~189年在位）光和七年（184）年初，也就是他登基的第十六年爆发了张角领导的黄巾起义。十个月后，张角病死于军中，其弟张宝、张梁先后战败被杀，起义失败。对这段历史，《后汉书·孝灵帝纪》有文："（光和七年）冬十月，皇甫嵩与黄巾贼战于广宗，获张角弟梁。角先死，乃戮其尸。以皇甫嵩为左车骑将军。十一月，皇甫嵩又破黄巾于下曲阳，斩张角弟宝。十二月己巳，大赦天下，改元中平。"

镜铭内容标明，这面铜镜铸造于黄巾起义失败次年的中平二年（185），而且具体到"正月十二壬午日"。应当是黄巾起义高潮刚过，余波未平，余悸犹在，慨叹"黄贼破尽"符合官方口径，期盼"海众昌"贴近百姓心理，这是民间匠人对这段历史有意无意之真实客观的记录。曾经强大辉煌的东汉帝国已经到了垂垂老矣的暮年，它正在走向一个王朝谢幕的尾声。工匠的感叹、呼喊与期盼只是无奈的微弱的空谷回响，改变不了汉朝分崩离析、大厦将倾的必然命运。

存世文物与传世文献如此契合，这在镜铭中比较少见。它为我们提供了补察汉末时政的绝好素材。此类镜铭再次说明，铜镜铭文作为文物考古资料，具有很高的史学研究价值，不仅信息真实可靠，其内容也较典籍更贴近生活，是研究两汉社会思想、风俗礼仪的重要资料，不容忽视。

本文得到李学勤老师、张炳生先生的帮助，谨致谢意。

（原载《中国文物报》2014年7月1日，《大观》2014年8月总59期）

东汉三段式神仙镜铭文释考

——从绵阳何家山 1 号崖墓出土镜说起

一、背景

何家山位于四川绵阳市西郊约 1 公里处。1989 年底考古发掘了 1 号东汉崖墓，出土了一面有 44 字铭文的三段式神仙镜（图 1）。当时考古报告之"结语"说："何家山 1 号墓未见纪年资料，但其年代特征比较明显……属于东汉中晚期四川崖墓的形制特征。"

何治国《四川绵阳东汉铭文神兽镜内涵探析》："汉代的绵阳叫涪县，隶属广汉郡，东汉时曾一度作为广汉郡治，因此绵阳出土的铭文神兽镜，也可能铸于本地。"

东汉、三国、西晋铜镜的一大特色是铭文中有大量的纪年纪地信息，从存世的实物资料可知：早处元兴元年（105）、后有元嘉三年（153）、永寿二年（156）、延熹二年（159）、延熹三年（160）、延熹六年（163）、熹平三年（174）、熹平四年（175）、光和四年（181）、光和五年（182）……直至永嘉三年（307），在共计 202 年的时间里，以上这些纪年铜镜铭文皆标注着铸制地点——广汉西蜀。

图 1

广汉由汉高祖刘邦置，东汉时移治今广汉市北益州治所之雒县，中平年间（184~189）移治今德阳市东北之绵竹，正是今绵阳市境内。广汉亦曾为益州刺史部与所属广汉郡的治所之地。中国新石器时代至商周时期的早期蜀文化遗存——三星堆遗址，即在今广汉市的南兴镇三星村。东汉时期的各类镜种与三星堆文化究竟有什么关联，还需深入研究。毋庸置疑，西蜀广汉地区从人文之初直至东汉魏晋，始终是华夏青铜器（包括铜镜在内）的一个铸造重镇。

二、释读

二十余年来，国内外许多专家对图1镜之铭文进行研究，因为对比资料缺乏而不够理想。近些年来，作为关注者之一，笔者有幸发现了一面与图1似为同模之镜（图2），以及一面铭文关键句类同之镜（图3，西安地区有同模之出土镜），特此汇集成下表，详见表一。经过对照比较，反复探讨，终于释读清楚并大致理解了这些铭文的内容。

表一　存世同类铭三段式神仙镜一览表

图号	直径（厘米）	重量（克）	铭文内容	资料来源
1	18.3	/	余作明竟，九子作容，翠羽秘盖，灵鹅（鳌）台杠，调刻神圣，西母东王，尧帝赐舜二女，天下泰平，风雨时节，五谷孰成，其师命长。	绵阳何家山1号崖墓出土
2	18.3	768	余作明竟，九子作容，翠羽秘盖，灵鹅（鳌）台杠，调刻神圣，西母东王，尧帝赐舜二女，天下泰平，风雨时节，五谷孰成，其师命长。	郑州藏家
3	16.7	660	余造明竟，三王作容，翠羽秘盖，灵鹅（鳌）台杠，仓颉作书，以教后生，燧人造火，五味。	台北藏家

图2　　　　　　　　　　　　　　　　　　图3

东汉顺帝（126~144）时期，张道陵在四川鹤鸣山（今四川大邑）创立五斗米道。东汉末，张鲁雄距汉中，五斗米道盛行，建立宗教政权近三十年，后归顺曹操。

三段式神仙镜的流行年代，集中在东汉中晚期，其图像与铭文的主题内容皆与中国道教之前身——五斗米道有关。近年来，随着新资料的不断出现，不仅中国学界，而且以日本学者为主的国外学界，都对三段式神仙镜，表示出了浓厚的兴趣。问世的相关论文、专著有数十篇之多（恕不一一列举），这不能不引起重视。根据学界共识，在存世的二十余面此类镜中，绵阳何家山出土之镜的铭文尤为重要，并已有诸多研究成果，然其铭文内容始终释读困难。

通过对图像的研究，国内外学者普遍认为，三段式神仙镜和五斗米道，有着深层次的关联，其流行年代大致在东汉中晚期之际。日本京都森下章司教授提出："如果存在五斗米道的话，作为与后来的道教相关之要素，此类镜也将成为有宗教史地位的重要资料。"对于三段式神仙的研究，必将显示其重要的历史、文化价值。为此，在释读正确的前提下，有必要将此类镜的铭文难点，作一些必要的考证。

三、考证

1. 九子作容

九子：《尸子》卷下："舜一徙成邑，再徙成都，三徙成国，尧闻其贤……妻之以媓媵以娥，九子事之而託天下焉。"《楚辞·天问》："女岐无合，夫焉取九子？"王逸注："女岐，神女；无夫而生九子。"

"九子母"系女神名，传说能佑人生子。《汉书·成帝纪》"元帝在太子宫生甲观画堂。"颜师古注引汉应劭曰："画堂画九子母。"南朝梁宗懔《荆楚岁时记》："四月八日，长沙寺阁下有九子母神。是日，市肆之无子者，供养薄饼以乞子，往往有验。"《北斗本生经》："在昔龙汉，有一国王其名周御，圣德无边，时人禀受八万四千大劫。王有玉妃，明哲慈慧，号曰紫光夫人。誓尘劫中，已发至愿，愿生圣子，辅佐乾坤，以神造化。后三千劫，于此王出世。因上春日，百花荣茂之时，游戏后苑，至金莲花温玉池边，脱服澡盥，忽有所感。莲花九包（苞）应时开发，化生九子。其二长子是为天皇大帝、紫微大帝，其七幼子是为贪狼、巨门、禄存、文曲、廉贞、武曲、破军之星。或善或恶，化导群情，于玉池中经于七日七夜，结为光明，飞居中极，去地九千万里，化为九大宝宫。二长帝君居紫微垣太虚宫中勾陈之位，掌握符图，纪纲元化，为众星之主领也。"

容：形象。《淮南子·说山训》，高诱注："容，形也。"作容即绘制图像。

2. 翠羽秘盖

"翠羽"乃指翠鸟的羽毛。古代多用作饰物。《逸周书·王会解》："正南：瓯邓、桂国、损子、产里、百濮、九菌，请令以珠玑、玳瑁、象齿、文犀、翠羽、菌鹤、短狗为献。"《文选·曹植〈七启〉》："戴金摇之熠熠，扬翠羽之双翘。"刘良注："金摇，钗也；熠烁，光色也；又饰以翡翠之羽于上也。"唐卢照邻《刘生》诗："翠羽装剑鞘，黄金镂马缨。"

"秘"意希奇、新奇。《文选·张衡〈西京赋〉》："秘舞更奏，妙材骋伎。"薛综注："秘，希见为奇也。"

"盖"即华盖，系帝王或贵官车上的伞盖。《汉书·王莽传下》："莽乃造华盖九重，高八丈一尺，金瑵羽葆。"晋崔豹《古今注·舆服》："华盖，黄帝所作也，与蚩尤战于涿鹿之野，常有五色云气，金枝玉叶，止于帝上，有花葩之象，故因而作华盖也。"

3.灵鹅台杠

从图像看，在汉代的神兽镜中，常见的仙禽有朱雀、凤鸟、三足鸟及仙鹤，而从未见鹅的形象。常见的神兽形象，鳌、龙、虎、蛇、熊、羊、鹿、猿、麒麟及天马却是屡见不鲜。从音韵考察，似可认为上古（某个地域）音韵之"鳌"与"鹅"相通，这尚需进一步研探。无论如何，"灵鹅"与仙界风马牛不相及，或为工匠臆造。按镜面图像，灵鳌背上顶着支撑华盖的"杠"，"杠"顶即是华盖。再结合道家文化的实质来看，"灵鹅"当指"灵鳌"，此意当与中国传统文化所指、以及东渡扶桑后成为日本文化精髓的"巨鳌背负蓬莱山"相通。

"灵鳌"是神话传说中的巨龟。语出《楚辞·天问》："鳌戴山抃，何以安之？"王逸注引《列仙传》："有巨云之鳌，背负蓬莱之山而抃舞。"三国魏曹植《远游篇》："灵鳌戴方丈，神岳俨嵯峨！"唐李商隐《韩碑》诗："碑高三丈字如斗，负以灵鳌蟠以螭。"宋太宗《逍遥游》诗："我独闲吟谁解意，悠哉丽日压灵鳌。"元周权《九日偕友登东岩定香寺》诗："当时补天余，偶堕灵鳌背。"

在道家文化中，将仙山、大海、仙鹤、巨鳌、神兽、禽鸟等内容组合在一起，即为蓬莱仙境。《山海经·海内东经》："蓬莱山在海中。"《列子·汤问》："渤海之东，不知几亿万里，有大壑焉。实惟无底之谷，其下无底，名曰归墟。八纮九野之水，天汉之流，莫不注入，而无增无减焉。其中五山焉：一曰岱舆、二曰员峤、三曰方壶、四曰瀛洲、五曰蓬莱。其山高下周旋三万里，其顶平处九千里。山之中间相去七万里，以为邻居焉。其上台观皆金玉，其上禽兽皆纯缟。珠玕之树皆丛生，华实皆有滋味，食之皆不老不死。所居之人皆仙圣之种，一日一夕飞相往来者，不可数焉。而五山之根无所连著，常随潮波上下往还，不得暂峙焉。仙圣毒之，诉之于帝。帝恐流于西极，失群圣之居，乃命禺彊（《山海经》曰为人面鸟身，《大荒经》曰为灵龟之使）使巨鳌十五举首而戴之。迭为三番，六万岁一交焉，五山始峙……于是岱舆、员峤二山，流于北极，沉于大海。"

4.其师命长

师：谓制镜师可通。何家山三段式神仙镜或为当地五斗米道特制的宗教用镜，此镜之师似乎是指四川地区五斗米道的教职人员。

四、结语

综上所述，对图1镜铭文内容，我们可作出一个白话文的释读：

我今天精心制作明镜，先镌刻九子大仙尊容。

又铸造黄帝秀美华盖，由翠羽装饰灵鳌支撑。

再雕刻西王母东王公，帝尧二女娥皇与女英。

盼神灵保佑天下太平，风调雨顺且五谷丰登。

五斗米道师运用此镜，定吉祥如意好运长命。

东汉顺帝以后，五斗米道迅速流播，道家在整合、改造传统的神仙形象的同时，推出了具有本教特色的仙人，且将"九子"既放在铭文之首，又置于镜图之上，可以看出五斗米道对九子母的崇拜之甚。可以说，此镜是五斗米道崇拜九子母与九子的重要物证。而且九子母崇拜并不排斥他神，黄帝、西王母、东王公、娥皇、女英，加上造字的仓颉，发明火的燧人氏等，都是共同崇拜的对象，形成一个五彩缤纷的"多神世界"。兼容并蓄，多多益善，这是五斗米道针对当时社会动荡不安、人民灾难深重现实的一种布道方略。从西汉晚期以来，神仙说的"世俗化""民间化"，在此时更加渗透到社会生活的各个层面，它能给予苦难中的芸芸众生，提供一个更为广泛的精神庇佑和现实希望："诸位神灵佑天下太平，风调雨顺且五谷丰登。"形成愈加符合民意，贴近大众、人仙互动的升仙之术。

在以三段式神仙镜为代表的东汉神兽镜、画像镜等镜种的图像上，充满了幻想、神话和传说，展现出一幅幅多彩的神仙世界。这段镜铭反映了汉人渴望长生不死以及对羽化登仙的向往。

本文得到张炳生先生、何治国先生的支持，致以谢意。

（原载《大观》2014 年 12 月总 63 期）

东汉神兽镜太一出行图与铭刍议

一、概述

在以桓灵时期为主的东汉中晚期之神兽镜中，无论是环状乳式还是同向式、对置式的镜类，其边缘纹饰皆流行一类表现"太一出行"恢宏场面的图式。此类图式流播广泛，在会稽、长沙、南阳等地区的神兽镜镜缘图像中，成为无处不在的题材。大致在相距不远的时期，镜缘处又出现了"边则太一"的铭文内容。

"太一"亦作"泰壹""泰弌""泰乙""泰一""大一"，此乃道家文化中的天神名。《鹖冠子·泰鸿》："泰一者，执大同之制，调泰鸿之气，正神明之位者也。"陆佃解："泰一，天皇大帝也。"《史记·孝武本纪》："皇帝敬拜泰一。"《汉书·郊祀志上》："画天地泰一诸鬼神，而置祭具以致天神。"《文选·扬雄〈甘泉赋〉》："配帝居之悬圃兮，象泰壹之威神。"张铣注："太一，天神也，居于紫微宫。""太一神"在神仙天界具有至高无上的尊显地位，包括上古帝王在内的群神均归其从属，"太一出行"的场面自然非同凡响。文献中"太一出行"的描述见于《楚辞·九歌·东君》："驾龙舟兮乘雷，载云旗兮委蛇。"由本文所列之图可知，东汉神兽镜如此繁缛细腻的铺陈画面，意在突出"太一神"的尊显地位。

二、太一出行图

从此类镜的边缘纹饰可知，"太一神"所乘的龙车（舟），有"三龙驾车（舟）""五龙驾车（舟）""六龙驾车（舟）"等多种形式，龙车（舟）前后所配置的物象组图，甚是繁缛复杂。"太一神"所乘的巨大龙舟（舟）前方有多龙牵拉，龙舟上共置诸多神人，其中太一神仰首侧身、踞坐在椭圆形的羽毛状围垫上，长发后飘，双手拢袖于胸前，背后有庞大羽翼。"太一神"前后通常会并列配置两持节跪立的仙人侍者，皆作躯体前倾状。龙舟（车）后方依次有选择地配置："伏羲御日""仙人驾凤""仙人驾鹤""仙人驾龟""仙人驾鸟头兽""仙人驾兽头鸟""仙人驾虎""蚩尤""辟邪""狮子""女娲捧月"等，这些组图皆朝着太一神龙舟（车）出行的同一方向飞奔。组图间穿插着舒卷流动、缠绵纠结的流云纹，尽显一种前呼后拥、腾云驾雾、热闹纷繁、气势磅礴的壮观场面。

上海博物馆藏有皆属一级文物的"永康元年（167）对置式神兽镜""中平四年（187）对置式神兽镜"，由于此两镜问世年代在东汉桓灵时期，且皆具"太一出行"图，故而可以大致判断，凡有"太一出行"图之镜类，应主要问世在东汉桓灵时期，这个年代正是东汉技术发达、铸制精致的鼎盛时期。由《2012保利春拍》图A53可知，此类镜还有鎏金品种存世（直径14.5厘米，重量539克）。

若论铸制精致程度，在东汉镜各种制式中，尤以环状乳（包括少许同向式）神兽镜为最，此类镜之边缘又以"太一出行"图为最，这是中国铜镜铸造史上值得自豪的一颗璀璨明珠。本文挑选两面经典的"太一出行"图神兽镜（图A、图B）以作比较，详见表一。

表一 "太一出行图"展示并比较一览表

比较项目		图A	图B
资料来源		*BRONZE MIRRORS* 封面（第169页）	《止水阁藏镜》图125
直径（厘米）		12.8	12.7
重量（克）		355	346
m值（克/平方厘米）		2.76	2.73
包浆称谓		水银沁	黑漆古
主纹称谓		同向式神兽	环状乳神兽
主神称谓		东王公、西王母、伯牙弹琴、蚩尤	东王公、西王母、伯牙弹琴、黄帝
镜缘图案	第一段	五龙（图A1）	六龙（图B1）
	第二段	龙舟、太一神、侍者（图A2）	龙舟、太一神、侍者（图B2）
	第三段	伏羲御日、瑞兽（图A3）	伏羲御日、前飞凤（图B3）
	第四段	两组仙人驾虎（图A4）	两组仙人驾兽头鸟（图B4）
	第五段	回首鹤、仙人驾凤（图A5）	狮子、女娲捧月（图B5）
	第六段	女娲捧月、瑞兽（图A6）	两组仙人驾虎（图B6）

三、"边则太一"铭

或许是铸制难度太大，或许是工艺人才缺乏，或许是社会动荡等原因，"太一出行"图神兽镜的流行时间并不太长。从社会需要来看，这种"太一"文化又不能突然中断。可以推测，当时有人率先作了尝试，并得到一致认可：以标注"边则太一"的铭文，来代替"太

图 A

图 B

图 A1

图 B1

图 A2

图 B2

图 A3

图 B3

图 A4

图 B4

图 A5

图 B5

图 A6

图 B6

一出行"图。可谓是一个时代造就一种文化，一种文化反映一个时代。从时间顺序上讲，应该是"太一出行"图镜类在前，"边则太一"铭镜类在后。经过收集与归纳，本文列出八面"边则太一"铭神兽镜。其中，图1镜作为一种特例，既具"太一出行"图，又有"边则太一"铭，而且尺寸硕大，内容丰富。然其图案过于复杂，难以仔细辨识，本文不作展开，值得专题研究，详见表二。

表二 东汉镜铭"边则太一"一览表

图号	直径（厘米）	重量（克）	主纹	镜铭内容	字数	关键词	资料来源文字说明
1	23.5	1694	四乳同向	雒家作竟，好洁少双。更造众倚，悉伦万疆。元气之像，正在中央。贤圣神仙，燕处云明。天禽来降，威伏四方。边则太一，还缓而行。乘云悦乎？参驾神龙。选从群仁，上古三皇。庶乎除道，痴尤辟邪。百精并存，何耶敢当？能常服之，为者命长。富贵安乐，喜诉未央。永得所欢，士宦公卿。子孙番昌。	108	边则太一好洁少双威伏四方痴尤辟邪喜诉未央永得所欢	《中原古镜聚英》图132
2	15.1	666	龙虎	遗杜氏作镜兮四夷服，官位尊显蒙禄盒（食），幸逢时年兮五谷熟，多贺名工刻画兮，边则太一，参驾神龙，辟邪配天禄，奇守（兽）并来出兮，三鸟□□，寿金石兮，汉羽习兮。	62	四夷服蒙禄食寿金石	《莹质神工光耀阳羡》图159
3	13.8	330	九连弧	吾作明竟，幽涑三商，雕刻无祉，配像万疆，白牙举乐，众神见容，天禽四首，系涛玉配，边则泰一，福禄是从，赏景宗周，子孙番昌，曾年益寿，其师命长。	56	系涛玉配边则泰一赏景宗周	《岩窟藏镜》第二集上图84

（续表）

图号	直径（厘米）	重量（克）	主纹	镜铭内容	字数	关键词	资料来源文字说明
4	13.3	345	神兽龙虎	吾作明镜，幽涷三商。雕刻无祉，配像万疆。白牙举乐，众神见。天禽四首，衔持维刚。边则太一，乘云驾龙。选从群神，五帝三皇。诛讨鬼凶，常服者富贵。师命长。	59	幽涷三商 乘云驾龙 服者富贵	西村俊苑《开明堂英华》图50第6句缺"容"第15句缺"其"
5	11.8	251	龙虎	吾作明竟，幽涷三商。雕刻无祉，配像万疆。白牙举乐，众神见容。天禽四首，衔持维刚。边则泰一，乘云驾龙。选从群神，五帝三皇。福禄是从，富贵安宁。子孙番昌，曾年益寿。其师命长。	68	配像万疆 衔持维刚 富贵安宁	《古镜今照》图130
6	11.4	241	方格对置	吾作明镜，幽涷三商，雕刻无祉，配像万疆，白牙鼓琴，众神见容，天禽四首，衔维刚，边则太一，乘云驾龙，选从群，五帝三皇，诛讨鬼凶，大吉羊兮。	54	白牙鼓琴 五帝三皇 诛讨鬼凶	《保利2013秋拍》图11454第8句缺"持"第11句缺"神"
7	10.5	118	龙虎	雏家作竟，海内凤双。更造众倚，边则太一。雕刻无祉，配像万疆。天禽四首，衔持维刚。富贵安乐，子孙番昌。益寿延年，其师命长。	48	海内凤双 更造众倚 雕刻无祉	《保利2012春拍》图A17《中博2013春拍》图2041
8	10.0	181	神兽对置	吾作明竟，幽涷三商。雕刻无祉，配像万疆。天禽四首，□□维刚。边则太一，乘云驾龙。选从群神，五帝三皇。师焉命长。	43	天禽四首 选从群神 师焉命长	《止水阁藏镜》图126第6句缺"衔持"

图1

图2

图3

图4

图5

图6

图7

图8

四、结语

1. 具"太一出行"图与有"边则太一"铭的两类神兽镜，皆问世在以桓灵时期为中心的东汉中晚期，具体而言，应该是"图"在前、"铭"在后。

2. 这两类镜（尤其是前者）的铸制精细程度与文字数量，已成为中国铜镜之最。

3. 这两类镜是中国道家文化的精华，内涵丰富。从哲学或宗教的角度看，它们又问世在中国道教的诞生之初，对于研究道教起源有着重要的推动作用。

4. 这两类镜的每个图案含义，每句铭文的内容，尤其是表二中的"关键词"，需要认真研讨。进一步对"太一"文化怎么认识、怎么理解，更要花费时间。本文目的在于资料收集与重点展示，只可说是一种刍议，希望能为日后的深入研究作出有益铺垫。

（原载《中国收藏》2015 年第 4 期）

从东汉伯牙镜看汉代礼乐文化

王纲怀　张炳生

一

关于伯牙的传说，始见于《荀子·劝学》篇："昔者瓠巴鼓瑟而沉鱼出听，伯牙鼓琴而六马仰秣。"《古乐苑》卷三〇《水仙操》也有关于伯牙学琴的翔实记载：

《琴苑要录》曰：《水仙操》伯牙之所作也。伯牙学琴于成连，三年而成。至于精神寂寞，情之专一，未能得也。成连曰："吾之学不能移人之情，吾师有方子春，在东海中。"乃赍粮从之。至蓬莱山，留伯牙曰："吾将迎吾师。"刺船而去，旬时不返。伯牙心悲，延颈四望，但闻海水汩没，山林宵冥，群鸟悲号。仰天叹曰："先生将移我情。"乃援琴而作此歌。

而在《列子》与《吕氏春秋》中，便有了伯牙弹琴、钟子期心领神会高山流水之音的历史故事。后钟子期亡故，伯牙痛失知音，从此不复操琴。这一感人的历史故事流传千古，除典籍记载外，铜镜也是其传颂不衰的另一重要载体。东汉中晚期的桓、灵之际，在铜镜图像与铭文上，皆出现了关于伯牙弹琴的内容，详见表一。

表一　东汉镜伯牙文化一览表

图号	展现	内容	大致年代	镜径	主纹称谓	资料来源
1、1A	图像	伯牙弹琴子期聆听	桓灵之际（或稍后）	16.1	三段式神仙镜	《汉铭斋藏镜》图122
2、2-1	图像			12.7	对置式神兽镜	《止水阁藏镜》图121
3、3-1	图、铭			14.1		《止水阁藏镜》图120
4	镜铭	伯牙弹琴	建安十年	13.2	重列式神人神兽镜	《上海博物馆藏青铜镜》图56
5	镜铭	伯牙陈乐	桓灵之际（或稍后）	15.2	变形四叶兽首镜（残片）	《清华铭文镜》图69《汉铭斋藏镜》附图30

图 1

图 1-1

图 1A

图 1A-1

　　东汉铜镜造型生动，浮雕高突，雕模细致，铸制精良，铭文内容道儒兼容，人文突出，趋吉祈祥，包罗万象。其中，伯牙弹琴的图像及铭文当属汉镜文化的亮点之一。

　　在东汉铜镜的图像中，伯牙弹琴的位置在九子母之下，却与东王公、西王母、尧舜等人物比肩；在镜铭中，"伯牙弹琴""伯牙陈乐""伯牙作乐""伯牙举乐"等有关"伯牙"的词句，总是与"三皇五帝""黄帝除凶"等内容并行同列，由此可见汉时伯牙地位非同一般，也可见汉人对伯牙人格和琴技推崇的程度。

二

　　汉人为何如此重视并崇尚伯牙？笔者认为，可从以下几方面作简要释考，借以体察伯牙弹琴故事透露出的文化信息。

图2

图2-1

一、琴艺高超，诗情画意的人生境界

众所周知，春秋时期的伯牙，为古代所公认的琴艺"妙绝天下"的第一高手。

《荀子·劝学》篇载："昔者瓠巴鼓瑟而沉鱼出听，伯牙鼓琴而六马仰秣。"《淮南子·说山训》曰："瓠巴鼓瑟而沉鱼出听，伯牙鼓琴而驷马仰秣。"两说语皆夸张，极言其演奏琴而音之美妙动听。

《全唐诗》卷六四四载唐代诗人李咸用《水仙操》更不乏溢美之词：

大波相拍流水鸣，蓬山鸟兽多奇形。琴心不喜亦不惊，安弦缓爪何泠泠？

《水仙》缥缈来相迎，伯牙从此留嘉名。峄阳散木虚且轻，重华斧下知其声。

縻丝相纠成凄清，调和引得薰风生。指底先王长养情，曲终天下称太平。

后人好事传其曲，有时声足意不足。始峨峨兮复洋洋，但见山青兼水绿。

成连入海移人情，岂是本来无嗜欲！琴兮琴兮在自然，不在徽金将轸玉。

东汉铜镜造型生动，浮雕高突，雕模细致，铸制精良，铭文内容道儒兼容，人文突出，趋吉祈祥，包罗万象。其中，伯牙弹琴的图像及铭文当属汉镜文化的亮点之一。

在东汉铜镜的图像中，伯牙弹琴的位置在九子母之下，却与东王公、西王母、尧舜等人物比肩；在镜铭中，"伯牙弹琴""伯牙陈乐""伯牙作乐""伯牙举乐"等有关"伯牙"的词句，总是与"三皇五帝""黄帝除凶"等内容并行同列，由此可见汉时伯牙地位非同一般，也可见汉人对伯牙人格和琴技推崇的程度。

古人将伯牙的高超琴艺形容为"六马仰秣""驷马仰秣""鳣鱼出听"。仰秣，谓马听见美妙的音乐时，会反常地昂起头吃饲料。《荀子·劝学》杨倞注："仰首而秣，听其声也。"仰秣，谓马仰头喷气。《淮南子·说山训》高诱注："仰秣，仰头吹吐，谓马笑也。"鳣鱼即鲟鱼，大者有千斤之重。晋左思《吴都赋》："其奏乐也……军马弭髦而仰秣，渊鱼竦鳞而上升。"江淹《别赋》："惊驷马而仰秣，耸渊鱼之赤鳞。"李善注："言乐之盛也。"

伯牙的琴技达到了炉火纯青的地步，他把感情融进乐曲中去，用琴声表达了他像高山一样巍然屹立于天地之间的情操，以及像大海一样奔腾于宇宙之间的智慧。他在诗情画意的境界中徜徉，陶醉在音乐的世界里，享受着快意自在的人生。

二、以琴会友，非同凡响的音乐知音

《列子·汤问》载：

伯牙善鼓琴，钟子期善听。伯牙鼓琴，志在高山，钟子期曰："善哉！峨峨兮若泰山！"志在流水，钟子期曰："善哉！洋洋兮若江河！"伯牙所念，钟子期必得之。

《吕氏春秋·本味》载：

伯牙鼓琴，钟子期听之。方鼓琴而志在太山，钟子期曰："善哉乎鼓琴！巍巍乎若太山"；少时，而志在流水，钟子期曰："汤汤乎若流水！"钟子期死，伯牙摔琴绝弦，终身不复鼓琴，以为世无足复为鼓琴者。

人生苦短，知音难觅；惺惺相惜，佳话千载。高尚的情操彼此滋润，闪光的智慧产生共鸣。"士为知己者死。"伯牙绝弦，所喻示的正是一种高义知己的境界，这也正是它千百年来广为流传的魅力所在。

三、重情尚义，恪守信诺的高风亮节

《淮南子·修务训》："夫无规矩，虽奚仲不能以定方圆。无准绳，虽鲁般不能以定曲直。是故锺子期死，而伯牙绝弦破琴。知世莫赏也。"注曰："钟，官氏子通称；期，名也。达于音律。伯牙，楚人，观世无有知音若子期者，故绝弦破其琴也。"钟子期是春秋时楚人。伯牙鼓琴，意在高山流水，钟子期听而赏之。子期死，伯牙谓世无知音，乃破琴绝弦，终身不复鼓琴。东方朔《七谏·谬谏》："伯牙之绝弦兮，无钟子期而听之。"

在制作器物时，定方圆者称规矩，定曲直者谓准绳；在人际关系上，高义就是规矩与准绳。伯牙故事，千古流传，其依据应即在此。春秋时的伯牙，三国时的关羽，南宋时的岳飞等，都是中国人引以为自豪的人格楷模。他们的故事已成为中国传统文化的精髓所在。

图3

图 3-1

图 3-2

图 4

图 5

四、儒道并存，任情适性的人生追求

首先，观察图像，图1镜上段为九子母与众子，中段左为"伯牙弹琴，子期聆听"，中段右为东王公、西王母。《汉镜文化研究》"3.4"《东汉三段式神仙镜与五斗米道》对图1镜有解读，可参。其次，我们再试举七例东汉镜铭来观察伯牙词组相邻的有关内容，详见表二。

由表二内容可知，与伯牙衔接的词组多为：众神见容、五帝三皇、黄帝除凶、众华主阳、敬奉贤良……图像解读与铭文内容告诉我们，伯牙的地位明显相类神仙、圣贤，这就必然地引起人们的敬仰、崇拜。

汉初尊崇黄老，武帝独尊儒术，但这是经过改造包括了道法诸家的新儒家思想，很长一段时期，仍是儒道并存。尤其到东汉时，依托黄老思想的隐逸文化渐成时尚，士人普遍追求的清高的人格理想、淡泊宁静的生活方式和典雅的文化品位，构成了当时审美文化中

表二   伯牙镜铭一览表

序号	资料	镜铭
1	《汉镜文化研究》下册图 186	……伯牙陈乐，众神见言，天禽四首（兽），衔持维刚（纲）……
2	《汉镜文化研究》下册图 187	……刻镂万疆，伯牙举乐，众神见容，百精并存……
3	《止水阁藏镜》图 120	……五帝三皇，伯牙弹琴，黄竟（帝）除凶，朱鸟玄武……
4	《浙江出土铜镜》（修订本）彩版 40	……伯牙乐举，众神容见，百福存并，福禄从是……
5	日本东方学报第 86 册《后汉镜铭集释》740	……周刻无祉，百牙举乐，众华主阳，世得光明……
6	日本东方学报第 86 册《后汉镜铭集释》742	……敬奉贤良，白牙陈乐，幽涑金商，百精并存……
7	日本梅原末治《欧米搜藏支那古铜精华》（1933）图版 99	……伯牙鼓鸣琴兮，子期伤□子。动弦合商时，泣下不可止……

的重要内容。将伯牙与诸神并列，即道家文化价值选择和人生价值追求的反映。通过伯牙与诸神的怡然自得的画面，古人为自己创造了一个诗情画意的境界，在空灵、超脱、悠然、飘逸的格调中，去追求超越精神的生活境界和人生理想。

三

对于伯牙的重视和崇尚，究其社会文化内涵，应当说是汉朝崇尚礼乐文化的反映。礼乐文化孕育于远古，形成于夏、商两朝，到周朝时，周公的"制礼作乐"标志着礼乐文化定型并成熟。从秦朝开始，中国进入长达两千多年的大一统帝国时代。在这两千多年间，礼乐文化始终是中国历朝历代治理与发展的理论基础和指导思想。

秦汉之际是中国大一统帝国时代礼乐文化发展的第一阶段。秦朝以前的春秋战国和秦朝初期更信奉法家，实行"霸道"。汉朝吸取秦朝灭亡的教训，逐步实行礼乐之"王道"之术。汉朝初年主要遵循老子道家的礼乐学说，到汉武帝时期又实行"罢黜百家，独尊儒术"之策，将孔孟儒家的礼乐文化思想确立为其治国理政的统治思想，由此推动礼乐文化成为大一统帝国时代发展的第一个高峰。从此以后，经过春秋战国"百家争鸣"洗礼的礼乐文化就正式成为大一统帝国时代的主流思想。

礼乐文化，一为礼化，二为乐化。所谓"礼化"，就是人的外在行为规范的建立；所谓"乐化"，就是人的内在精神秩序的培育。

"礼"是儒家政治思想和社会伦理思想的出发点和归宿点，其目的和功用是从外部对社会各阶层的人们在行为和思想方面进行教化、约束和规范，"非礼勿视，非礼勿听，非礼勿言，非礼勿动"，"礼"作为一种行为规范，维护了社会的秩序和正义。同时，它也是一种道德规范，可以引导人们向善和自律，"道之以德，齐之以礼，有耻且格"（《论语》）。通过礼教，使社会规则内化为人的内心尺度，从而知礼、守礼。

而"乐"是协调世间万物的纲纪，它的作用是使人们各安其位，和谐相处。首先，它可调和论理。"宫为君，商为臣，角为民，征为事，羽为物"（《礼记·乐记》）。五音象征五行，五行乃物质基础万物之宗，万物应当各司其职，缺一不可，否则"五者皆乱，迭相陵，谓之慢。如此则国之灭亡无日矣！"（《礼记·乐记》）既然音乐能关系到国家的存亡，那么就要非常重视音乐的教化作用。提倡礼乐治国，用礼来区分等级，用乐来调和人与人之间的关系，以达到君臣和敬、长幼和顺、父子兄弟和亲的整个社会完全谐和的目的。其次，"乐"也有陶冶情操、移风易俗的功用。乐教可以陶冶心性，使人快乐安宁，保持生命长久。

而"乐"则与"礼"相辅相成，从内心感化、诱导人们对"礼"（亦即各种社会规范和约束）的衷心认同。礼乐配合，以礼修身，规范人们思想行为；以乐治心，感化人们自觉地按照"礼"的规范来行事，保持人们内心的平衡，从而达到"治国""平天下"的目的，保持整个社会秩序的稳定。这就是儒家"礼乐文化"的精髓，这也是儒家"礼乐文化"的普世价值所在。

汉承秦制，亦避秦弊。"坑灰未冷山东乱，刘项原来不读书。"唐人明白的道理，汉人自然也明白。让世人读书学儒，在礼乐文化中浸淫，这应当是最根本的"治国之策"。这样的书读得越多，越不可能有那种目空一切、睥睨天下的气概。但这样的读书人越多，对君主却越有利。所以从帝王的角度来说，既然知道"马上得天下，不能马上治之"，那么儒家学说、礼乐文化自然就成为帮助其治理天下的最好工具。由此，就不难理解伯牙为什么在汉代受到如此的推崇了。

伯牙弹琴图像大量出现在东汉神像镜图式中，亦与汉人崇尚歌舞娱神的社会风气有关。就汉镜神仙思想而言，汉人认为神仙喜好音乐，因而在招神、祠祀时，多张设歌舞、"陈乐"，以期神仙降临。从目前见到的汉画材料看，弹琴奏乐当是神仙生活的一种常见方式。伯牙是传说中的操琴高手，能奏世人所不能的雅乐，将其配置于镜图神像系统中，寄寓了汉人以伯牙奏乐娱神的思想，进而伯牙亦被神化并纳入群神之列。

（原载《汉镜文化研究》之"8.7"）

东汉镜上的"五铢"纹

——兼说东汉"永平七年"镜的价格水平

一、背景

《汉书·武帝纪》："（元狩五年）罢半两钱，行五铢钱。"《汉书·食货志》："自孝武元狩五年三官初铸五铢钱，至平帝元始中，成钱二百八十亿万余云。"

彭信威《中国货币史》："五铢钱是中国历史上用得最久最成功的钱币。史家说他轻重适宜，一点也不错。中国自进入货币经济后，使用过的钱币非常多，大小不等。重的如齐刀在四十公分以上，轻的如汉的荚钱，还不到一公分。所以元狩五年以前的几百年间，对于钱币的重量，是一个摸索时代。自从元狩五年采用五铢钱以后，不但这五铢钱本身，在七百多年间是中国主要的货币，就是在唐武德四年废止五铢以后，新钱的大小轻重，仍是以五铢钱为标准，离开这标准就失败。这种标准，不但适用于中国，而且适用于外国。希腊古代货币德拉克马虽然各地微有不同，但是通行的是四公分许。罗马的银币单位德纳留斯重约四公分，中国的标准五铢正是四公分重。五铢钱不但大小轻重适中，而且是一种先进的形制，特别是外郭的采用。外郭同文字一样高低，这就可以保护钱文，使得不容易磨损。"

高汉铭《简明古钱辞典》："西汉武帝元狩五年（前118）废半两钱始造五铢；因于元狩五年诏令各郡国铸行，故通称'郡国五铢'或'元狩五铢'。钱面篆书'五铢'二字，重如其文。'五铢钱系'由此确立，自汉而下历经魏晋六朝直至唐武德四年更行'开元通宝'，五铢钱流通达739年，系我国钱币史上铸行最久、最为成功的长寿钱。"

二、实例

汉五铢钱有着举世共认的知名度，因其流行时间长达七个半世纪，故其存世量较大。在许多的东汉镜中，都能见到五铢钱的踪影。经过收集，本文统计了九面反映"五铢"钱币的铜镜实例，详见表一。

表一　"五铢"钱币纹铜镜一览表

图号	直径（厘米）	重量（克）	纹饰要点	资料来源
1	9.6	125	龙虎单五铢	《嘉德2007秋拍》图4738
2	9.3	121		《止水阁藏镜》图113
3	9.2	176		《止水阁藏镜》图112
4	10.8	219	单虎单五铢	《止水阁藏镜》图105
5	10.4	160	瑞兽单五铢	《千镜堂》图160
6	10.5	162	简博单五铢	《泓盛2011春拍》图2084
7	6.3	53	一堆汉五铢	《嘉德2011秋拍》图93
8	16.2	705	四乳边缘双五铢	《莹质神工光耀阳羡》图101
9	18.2	700	七乳边缘单五铢	《莹质神工光耀阳羡》图124

三、讨论

1. 年代特点

由表可知，九面铜镜的问世年代皆在东汉，而且分为七类主纹。通过《汉铭斋藏镜》《汉代文化研究》《汉镜铭文图集》《汉镜铭文书法》等书，说明汉代文化既连续又不同：西汉镜多"形而上"（偏精神层面），东汉镜多"形而下"（多物质层面）。东汉镜铭常有"家有五马千头羊"等关于财富的内容，亦说明在东汉镜上常见钱纹的不足为奇。

2. 钱纹位置

图1至图7的"五铢"纹皆出现在主纹位置，其镜体尺寸亦小，常在汉尺4寸以下。图8与图9的"五铢"纹皆布局在边缘位置，其镜体尺寸亦大，多见汉尺7寸、8寸。

3. 铭文内容

图4镜系罕见的有铭单虎单五铢纹镜，其铭："延寿万年，明如日月，大吉。""明如日月"铭既说镜亦喻人是为福，主纹"单虎戏五铢"是为禄，"延寿万年"铭是为寿。此镜可谓"福、禄、寿"齐全的东汉版本。

4. 文化传承

汉镜上饰五铢纹的这种财富文化，在中国历史上多有传承，到了唐代就成为唐镜上的

图 1

图 2

图 3

图 4

图 5

图 6

图 7

图 8

图 9

图 10

"开元通宝"（参见《千镜堂》图 267 的一镜 4 钱），到了金代就成为金镜上的"大定通宝"（参见《尊古斋古镜集景》图 39 的一镜 5 钱）。

四、兼说

1937 年 7 月《考古杂志》第 27 卷第 11 号，介绍了一面直径为 13.3 厘米的东汉纪年镜（现藏美国纽约），梅原末治《汉三国六朝纪年镜图说》图版第四即为该器。此镜（见图 10）之云雷纹间有铭："永平七年正月作，公孙家作竟。"格外重要的是在钮座处另饰"竟直三百"之文，其意应是：此镜价值三百个五铢钱。

永平七年（64）是东汉明帝刘庄在位的第七年。永平年间，国家太平、社会安定、物价平稳，其总体的经济形势堪比西汉文景之治。《后汉书·明帝纪》："（永平十二年）是岁，天下安平，人无傜役，岁比登稔，百姓殷富，粟斛三十，牛羊被野。"彭信威《中国货币史》第177页载："（永平）五年（公元62年）粟[1]价每石只要二十钱。"《汉书·货殖传》颜师古引孟康曰："百二十斤为石。"查《中国科学技术史·度量衡卷》第447页可知，东汉1斤约合今天之220克。今天的粟价约为每公斤5元人民币，我们可以通过永平五年时"粟"的费用，来计算此镜在今天的价格水平。

1. 此镜折成汉粟：（300÷20）×120=1800汉斤

2. 此镜折成今粟：1800×0.22=396千克

3. 此镜折成今价：396×5=1980元人民币

由此可知，此镜价格不菲，相当于今天的最低月工资，在当时应非常人所能使用！

（原载《中国收藏》2014年第5期）

---

[1]粟在中国北方通称"谷子"，去壳后叫"小米"。

简体字形自古有之

——东汉三国镜铭使用简体字刍议

王纲怀　邱龙昇

　　二十世纪初，陆费逵、钱玄同、陆基、黎锦熙、杨树达、胡怀琛等人开创了提倡书写简体字的先河。1930 年，中研院史语所出版了刘复、李家瑞合编的《宋元以来俗字谱》。1932 年，国民政府教育部出版了国语筹备委员会编订的《国音常用字汇》："现在应该把它（简体字）推行，使书写处于约易。"此后多年，各种不同的著作也都纷纷推出了简体字表、简体字典。新中国成立后，国家成立了"汉字改革委员会"，经反复讨论、决策，终于形成了今天所使用的简化字。[1]1964 年公布的《简化字总表》，共收录简化字 2236 个。《简化字溯源》[2]（下称《溯源》）第 6 页："始见于秦汉的（简化字）共 62 字，占 15.98%。"早在西汉晚期的圈带铭文镜中，多见"寿"字繁体皆已简化成"壽"字。该问题的专业性较强，为免赘述，本文仅从东汉三国镜铭之视角，选出七个不同的简体字实例，详见表一与附图。

---

〔1〕《溯源》第 5 页："简体字是指流行于群众之中、未经整理和改进的形体较简易的俗字，它不具有法定性，其写法可以是一种，也可以有多种。而简化字则指在简体字的基础上，经过专家的整理和改进，并由政府主管部门公布的法定简体字，其写法只能有一种。"
〔2〕张书岩、王铁昆等：《简化字溯源》，语文出版社，1997 年。

表一　东汉三国镜铭简体字一览表

图号	简体字	相关铭文	大致年代	直径（厘米）	重量（克）	资料来源
1	孙	长宜子孙	东汉早期	12.6	371	上海止水阁
2	为	寿敝金石为国葆	东汉早期	16.3	672	《图集》图 330
3	盖	青盖为志何巨央	东汉早期	16.3	672	《图集》图 349
4	万	葆长命，寿万年	东汉早期	18.6	672	《图集》图 350
5	后	传告后世乐无亟	东汉中期	13.4	506	《图集》图 381
6	无	与天相保无穷之	东汉三国	13.8	300	《图集》图 433
7	亲	长保二亲得天力	吴国早期	14.9	461	《图集》图 511

说明：《图集》即《汉镜铭文图集》。[3]

依据这些实例，我们试作以下刍议：

图 1 "孙"字。《溯源》第 79 页："'孙'来源于草书。西汉史游的《急就章》中'孙'写作'孙'，敦煌汉简'孙'写作'孙'，与今天的简化字'孙'基本相同。"本书图例之年代稍晚之，可作补充。

图 2 "为"字。《溯源》第 81 页："'为'来源于草书。汉代的居延简、敦煌简中已大量使用'为'字。"本书图例之年代亦稍晚之，可作补充。

图 1

图 2

---

〔3〕王纲怀：《汉镜铭文图集》，中西书局，2016 年 4 月。

图3"盖"字。《溯源》第56页："'盖'来源于隶书。成熟的'盖'字最早出现在东汉汉安二年（143）的碑刻北海相景君铭上。汉魏碑刻中，'盖'比'蓋'使用得更普遍。"依据《东汉龙虎铜镜》[4]一书可知，十余例东汉龙虎镜铭文之"青盖"皆为"盖"，而非繁体之"蓋"。本书图例之年代比《溯源》所言时间稍早，可作订正。

图4"万"字。《溯源》第81页："'万'的字形最早见于西周早期的'俛万簋'，意义不明，战国时期的古印中有'万'字，用作'萬'。在汉印、汉碑、魏碑中，'萬'也经常写作'万'。"镜铭文字表明，"千秋万岁"之内容在西汉时没有简体，东汉时才开始出现，以后历朝历代比比皆是，五代十国时的四字吉语"千秋万岁"皆用简体"万"字，可谓传承有序。

图5"后"字。《溯源》第59页："'后'与'後'原为两个不同的字，'后'是君主的意思，如'皇天后土'，又用于'皇后'；'後'是前后的'後'。但先秦古籍中'後'常假借'后'字。如《礼记·大学》'知止而后有定'，此处'后'即'後'。从西汉前期墓葬出土的文字资料中，可看出战国末至西汉前期以'后'代'後'的用法非常普遍。"先秦至两汉，此字多被简化使用，本文内容可作补充。此字在汉《马王堆帛书》《开母石阙》等文献中，皆有使用。清代王澍、吴熙载、杨沂孙、吴大澂等人亦多有应用。

图3

图4

图5

---

〔4〕王纲怀：《东汉龙虎铜镜》，上海古籍出版社，2016年4月。

图 6   图 7

图 6 "无"字（原文反书）。《溯源》第 81 页："'无'最早出现在战国时期，《说文》中的奇字（战国文字）'无'和睡虎地秦简中的'无'字与今天的简化字极其接近。汉碑中'无'字大量使用。"此镜主纹是东汉献帝时期流行的重列式神兽镜，对简体字自古有之可作重要补充。"无"字简体，在清代得到了钱坫、吴熙载、杨沂孙等人的广泛使用。

图 7 "亲"字。《溯源》第 74 页："'亲'最早见于金代韩道昭的《改并四声篇海》。元抄本《京本通俗小说》中也有'亲'字。"此镜是三国吴大帝孙权之太元二年（252）铭纪年镜。湖南出土的东汉张氏铭神兽纹镜亦见"亲"字。故而简体"亲"的出现时间，比《溯源》所言之金代要早了八个多世纪，可作订正。

（原载《中国文物报》2016 年 3 月 8 日第 7 版、《中国收藏》2016 年第 6 期）

东汉三国高凸镜面曲率半径研究

北宋沈括（1031~1095）《梦溪笔谈》卷十九："古人铸鉴，鉴大则平，鉴小则凸；凡鉴洼则照人面大，凸则照人面小。小鉴不能全观人面，故令微凸，收人面令小，则鉴虽小而能纳人面。仍复量鉴之小大、增减、高下，常令人面与鉴大小相若。此工之巧智，后人不能造。比得古鉴，皆刮磨令平，此师旷所以伤知音也。"

图 1（即图 12A）

寻遍有四千年历史的中国铜镜可知，尽管年代不同，镜种有别，然其绝大多数的照容镜面，皆为平面或稍有凸出的"微凸平面"。从两千年前的西汉晚期开始，明显地感觉到，镜面有了变凸的趋势。自东汉桓灵之际直至三国时代的百余年间，出现了变形四叶兽首与四叶对凤为主纹的两个镜种，比较而言，它们的镜面凸起程度可谓最大，暂将其称作"高凸镜面"。一面直径仅 10 厘米的高凸镜面，即可将一个成人的面容全部收纳其中，详见图 1（即图 12A）。

古代的总体经济水平较低，铜材又是钱币的主要原料，人们只能是根据个人经济状况的高低，来购买尺寸大小不同的铜镜。怎样才能使尺寸较小的铜镜，起到映照脸部全貌的效果？古人早就知道：凸面镜可以有收缩人脸的作用，并应用于生产实践以满足生活所需。时至今日，为我们后人保存了这些诸多充分利用物理知识的宝贵实物。

镜面越凸，表示其曲率半径越小。如果镜面过凸，曲率半径太小，也会失去照容之目的。究竟怎样一个尺度才是合适？有没有一个大致的约定俗成？为此，笔者试从手上已有的 10 件实物，进行汇总、测量、计算、探究。

一、汇总

1. 观察

首先，选择的样本要有代表性，可以明显感觉是高凸镜面。有幸的是，本文还找到了东汉延熹三年（160）与三国魏甘露五年（260）的两个纪年镜实例，两者之间正好相差一百年，为此类镜的大致断代，提供了可靠依据。

2. 测量

铜镜的直径与重量容易知道，而测量其弧度却非易事。笔者从日本购买到了一种名为"真弧"的专用工具，即方便地解决了测量镜面凸出高度（H）的问题。应该承认，人工测量一定会产生误差，只能做到力所能及地接近实际情况。

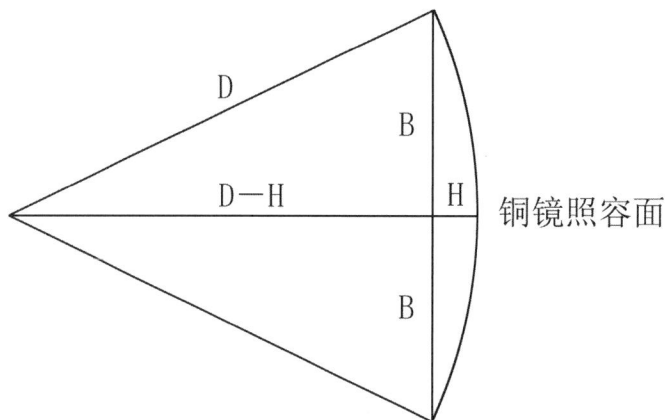

图 2　铜镜曲率半径符号关系示意图

3. 计算

已知：根据铜镜曲率半径符号关系示意图可知，镜面半径 B，镜面凸度 H。

求证：曲率半径 D。

证明：由图一设定斜边为 D，长直边为 D−H，短直边为 B。依据勾股弦定律可知。

因为：$D^2 = (D-H)^2 + B^2$

$\qquad\quad = D^2 - 2DH + H^2 + B^2$

所以：$D = (H^2 + B^2) / 2H$

依据上述过程，汇总 10 件实物，经测量与计算，可得到曲率半径（D）的 10 个数据。详见表一。

表一　东汉三国高凸镜面曲率半径一览表

图号	镜类	连弧数	重量（克）	面径 2B	半径 B	弧高 H	曲率半径 D	铸制误差%	资料来源
				（厘米）					
3		18	284	15.9	7.95	0.42	75.5	＋9.1	《止水阁藏镜》图118
4		19	467	16.6	8.30	0.50	69.2	－0.015	《汉铭斋藏镜》图124 纪年镜：甘露五年
5	变形四叶兽首	20	479	15.4	7.70	0.41	72.6	＋4.6	《汉铭斋藏镜》图116 纪年铭：延熹三年
6		22	404	16.9	8.45	0.52	68.9	－0.06	《汉铭斋藏镜》图117
7		25	208	12.7	6.35	0.34	69.4	＋0.015	《止水阁藏镜》图121
8		30	235	13.3	6.65	0.22	100.9	大于标准	《止水阁藏镜》图120
9		32	211	12.8	6.40	0.20	102.8	大于标准	《汉铭斋藏镜》图118
10	四叶对凤	16	668	18.0	9.00	0.59	68.9	－0.06	上海止水阁藏
11		16	285	14.4	7.40	0.31	88.6	大于标准	
12	特例	／	195	10.6	5.30	0.27	62.2	－11.4	

说明：为简化表格内容，表中曲率半径的铸制误差，暂以汉尺标准（1尺为23.1厘米）进行研讨，即汉尺3尺为69.3厘米。又，本文暂时忽略丈量误差。

二、研讨

分析由表中的10个曲率半径可知：

1. 除了图6、图7、图9这3个小直径铜镜的曲率半径偏大以外，70%的数据皆围绕在70厘米左右。汉代的度量标准告诉我们：汉代1尺即今之23.1厘米，汉代3尺即今69.3厘米；三国1尺即今之24.2厘米，三国3尺即今72.6厘米。

2. 依据实物可知，东汉三国高凸面镜的直径范围多在汉尺5寸（今11.6厘米）至汉尺8寸（今18.5厘米）。一般而言，汉尺6寸（今13.9厘米）及其以上者之大尺寸者，其曲径半径皆在约定成俗的汉尺3尺（69.3厘米）。

3. 若以汉尺3尺（今69.3厘米）作为假设之曲率半径的标准尺度，我们就可以推算出不同标准直径镜面凸度的弧高值，或许这就是当时铸制的"约定俗成"。

4. 因为作坊、工匠的不同，一定会产生铸制误差。统计表明，曲率半径的误差一般会控制在±10%以内。其中图2、图4、图5、图8等4镜的误差皆在±0.1%以内，似可认为，它们是一批高凸镜面的代表性器物。

5. 图10镜是特例，虽说主纹与众不同，然因照容面特别光亮而仍可照容。比较而言，其镜面最凸，即曲率半径最小（仍可认定为是汉尺3尺，只是误差大了一些）。为此，图10A反映了图10镜照容时的实际情况。

6. 根据图10实际照容可知，在20厘米的正常照容距离，用直径10厘米的铜镜，恰好将一个成人的面容纳入镜中。随着照容距离的增加，镜面中的影像还会随之变小。虽计算理论有些复杂，然实际测量容易明白。

7. 应该承认，铜镜表面被铸造并打磨成精确的球面，有着较大的技术含量，因为稍有变形，就会出现"哈哈镜"的照容变形现象。东汉桓灵之际文化发达，推动了高凸镜面这一"高技术"的发展。而延续百余年后，在天下大乱的三国后期，高凸镜面虽还是维系着中国铜镜铸造史上的这一"奇观"，然终于逐渐消失。

（原载《汉镜文化研究》之"4.3"、《中国收藏》2013 年第 10 期）

图 3

图 4

图 5

图 6

图7

图8

图9

图10

图11

图12

一面图文并茂的东汉画像镜

——镜铭"盛如长安南，贤如鲁孔子"传递的文化信息

癸巳仲春，看到一面东汉具铭画像镜（图1），直径22.1厘米，重量1388克。此镜纹饰由四乳钉分隔成四区。第一区，主神东王公（有榜题东王公）与二侍者八羽人；第二区，十个羽人分成两组，各骑五匹马，另有四个跪姿羽人；第三区，主神西王母（有榜题西王母）与二侍女八羽人；第四区，十二个羽人分成二组，各骑六匹马，另有一个跪姿羽人与重叠山峦。此外，在东王公区侍者下方还有一身形硕大的匍匐羽人，在西王母区侍女下方还有一小兽。此镜的主要特点是人多马多，共有神人羽人50个，奔马22匹。其神人羽人之分布情况，详见表一。

表一 全镜神人、羽人分布一览表

分区人数	东王公区 12 人			西王母区 11 人			十二马区 16 人		十马区 11 人		总计
身份区别	主神	侍者	羽人	主神	侍女	羽人	骑者	跪者	骑者	跪者	神人羽人
数量	1	2	9	1	2	8	12	4	10	1	50

在主纹外侧有一周52字的汉隶铭文："周仲作竟四夷服，多贺国家人民息，胡虏殄灭天下复，风雨时节五谷孰，长保二亲得天力，传告后世乐无极。盛如长安南[1]，贤如鲁孔子。"此镜硕大厚重，图文并茂，可谓"养在深闺人未识"，其纹饰与铭文反映了诸多文化信息。

---

[1] 复旦大学陈剑教授认为，此句应是"盛如长安市"，有待日后研讨。

图1　　　　　　　　　　　图1-1

一、"盛如长安南"映照的梦想与现实（见图1A）

在新莽时期的"新兴辟雍建明堂"镜类之铭文中，几乎都有"将军令尹民户行，诸生万舍在北方"的内容，这是新莽王朝在长安城南的一段规划设想。

2003年，文物出版社出版了一本《西汉礼制建筑》，系统地介绍了1958至1960年在

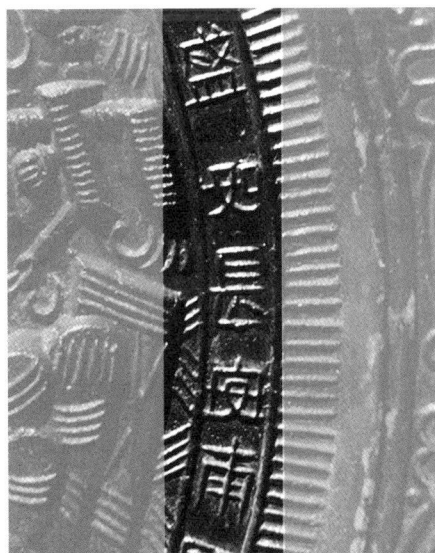

图1A

西安西北郊（汉长安城南郊），发掘出以"王莽九庙"为主的一大批西汉礼制建筑的考古成果。通过此书第210页图168的"见于史籍的汉长安城南郊礼制建筑位置示意图"可知，汉长安城南面有三个城门，从左起依次为西安门、安门与覆盎门，如果我们画一个倒置的等边三角形，以西安门与安门为上边的两个角，那么等边三角形下方的尖点，就是王莽九庙的中心位置。通过此书第223页图171的"顾颉刚先生手绘'王莽九庙'庙号位序"可知，在汉长安城安门的正南方、王莽九庙的东侧，有顾先生手书的"为学者筑舍万区当在此"。《汉书·王莽传》载："是岁（元始四年，即公元4年——引

者注），莽奏起明堂、辟雍、灵台，为学者筑舍万区，作市、常满仓，制度甚盛。""群臣奏言：'……夫明堂、辟雍，坠废千载莫能兴，今安汉公起于第家，辅翼陛下，四年于兹，功能烂然……诸生、庶民大和会，十万众并集，平作二旬，大功毕成。'"

史料写得十分明白，如果全部建成文武百官与京城百姓的住宅以及为广大学者（诸生）建造大批的宿舍（万舍）以后，汉长安城南郊就能出现一个容纳十余万人数的居住区，这在两千年前的中国，将是何等壮观的规模！笔者认为，这项浩大的工程建设并没有全部按规划完成，因为已是兵荒马乱的地皇元年（20）还在建设，而到地皇四年（23）"众兵发

掘（王莽）妻子父祖冢，烧其棺椁及九庙、明堂、辟雍，火照城中。"在乱世兵燹中，王莽的一切梦想与期盼都走进了历史。

《汉旧仪》："长安城方（周长）六十三里，经纬各长十五里，十二城门，九百七十三顷。"《后汉书·郡国一》："京兆尹（长安）十城，（建武十五年，即 39）户五万三千二百九十九，口二十八万五千五百七十四。"此镜应问世于桓灵之间，此时距新莽已是一个半世纪。在这段时间中，没有发生过大的战争与动乱，人口增长应该很快，按半个世纪翻一番的正常推测，东汉桓灵之际时，长安人口当在百万以上（当时的全国人口近六千万），可谓繁荣也。

长安南郊规划在新莽时期虽没成为现实，然在一百五十年后的东汉桓灵之际，却是出现了盛况，此铭"盛如长安南"当可证史。

二、"贤如鲁孔子"折射的名声与内涵（见图 1B）

1916 年，罗振玉《古镜图录》中 15 就记录了一面环状乳神兽镜，其铭："许氏作竟自有纪，青龙白虎居左右，圣人周公鲁孔子，作史高迁车生耳，郡举孝廉州博士，少不努力老乃悔，吉。"1997 年，安徽省全椒县又出土了一面环状乳神兽镜，其铭："吾作明竟自有用，辟去不羊利孙子，圣人周公鲁孔子，君宜福，大吉利。"

此镜与以上两镜的形制、铭文皆不同，其间的"鲁孔子"三字却是一样。自汉武帝"罢黜百家，独尊儒术"以来，汉王朝始终将儒家推到至高无上的地位，"尊儒"就是"尊孔"，"尊孔"亦即"尊儒"。西汉末，王莽也曾被视为像周公那样的"贤者""圣人"（详见本书 051《两汉儒家思想铭文镜》）。由此可知，在汉代"贤者"即"圣人"，两者可通用。"贤如鲁孔子"与"圣人鲁孔子"的内涵相同，从中可管窥汉人的尊孔尊儒世俗风气。北宋王安石在《众人》一诗中曾说："颂声交作莽岂贤，四国流言旦犹圣。"意思是说，在人们未曾看清王莽真面目的情况下，交口称赞他，但他骨子里哪里是什么贤者呢！而周公旦辅佐周成王时，流言蜚语在各诸侯国沸沸扬扬，但历史终于证明他是个圣人。这两句诗也许可以看作"贤如鲁孔子"铭文的一种注解。

图 1B

三、儒道同器呈现的差异与共荣

此镜周铭"贤如鲁孔子"体现儒家思想，此镜榜题"东王公、西王母"表示道家思想，两者处于同一器物之中，可谓儒道合一也！儒家思想的代表人物是孔子，道家思想的代表人物是老子。儒家和道家思想是中国传统文化的两大支柱，是中国传统文化的基础。林语堂先生曾经说过："道家及儒家是中国人灵魂的两面。"儒道两家思想存在重大的差异，但这种差异正好决定了两者的互补性，而这种互补性也为儒道合一打下了基础。西汉前期，

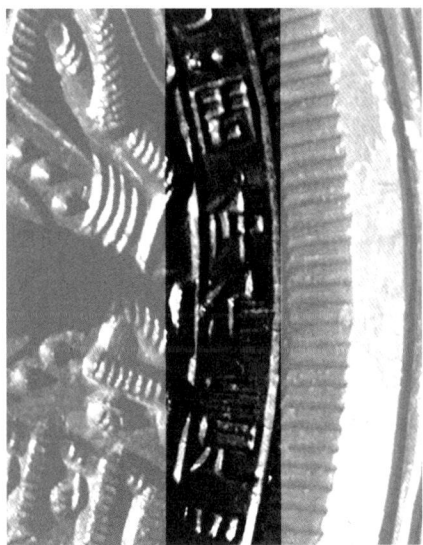

图1C

为了让大乱之后的社会得到休养生息的机会，汉代统治者以老庄思想为治国之道。至汉武帝时，社会有了一定的繁荣，便独尊儒术而罢黜百家。此镜以儒道思想合于同一器中，这充分体现了华夏民族对不同思想文化兼容并蓄的优良传统。五千年的中华文明史，多有战争与和平，常见分裂与统一，然上规模的宗教战争却从未发生。应该承认，这是中华民族立于世界民族之林的一个突出优点。

汉代，佛教开始传入中国，《后汉书·孝桓帝纪》："（桓帝）设华盖以祠浮图、老子。"说明那时已佛道共奉。东汉末三国初佛教流播江南，由此，"儒、释、道"三家在华夏大地上共生共荣，成为光彩照人的中国特色之一（详见本书067《三国吴佛字铭佛像镜研究》）。

四、名匠佳镜镌刻的前世与今生（见图1C、图1D、图1E）

周仲（周氏、周是）应为东汉桓灵年代的著名工匠（图1C），其产品有器形硕大、手感厚重、版模精湛、文化突出等特点。本文列举五镜。详见表二。

表二　周氏铭画像镜比较一览表

图号	姓氏铭文	存世状况	直径厘米	重量克	铭文第6句	第7、8句	镜钮边小乳钉	资料来源
1	周仲	传世品	22.1	1388	传告后世乐无极	盛如长安南，贤如鲁孔子。	39	上海止水阁
2	周仲	传世品	24.6	2105	传告后世乐无极兮	/	27	《古镜今照》图151
3	周氏	传世品	22.2	1223	（缺）	/	39	《汉镜文化研究》下册图190
4	周是	出土品	22.1	/	传告天下乐无极兮	/	37	《浙江出土铜镜》（修订版）彩版11
5	吴向阳周是	出土品	24.0	/	传告后世乐无极	/	/	《浙江出土铜镜》（修订版）彩版12

图 1D

图 1E

图 2

图 3

通过归纳与比较可知：

（1）此类镜皆为大型镜、厚重镜。

（2）版模皆精；浮雕高差约 3.5 毫米，可谓汉镜之最。

（3）图案风格、铭文书体接近；镜缘（尤其是图 1、2、4 三镜）相似。

（4）此类镜皆有东王公、西王母的主神像（图 1D）。

（5）铭文内容前五句几乎一致（仅是姓氏铭文有称呼差异）。

若将表二五镜视为同一地区或同一作坊所制，则可认为：

（1）周姓工匠名为"仲""氏"乃代称，"是"系"氏"之同音通假字。《仪礼·士昏礼》："太史是右。"郑注："古文是为氏。"《白虎通·宗族》：引是作氏。《李云传》引作"五氏来备"。李注云："氏与是，古字通。"

（2）作坊地应在会稽郡吴地之"向阳"镇或乡。会稽郡系秦始皇二十五年（前 222）

图 4　　　　　　　　　　　　　　　　图 5

于原吴、越地置。治吴县（今苏州市）。辖今江苏长江以南，浙江仙霞岭、牛头山、天台山以北和安徽水阳江流域以东及新安江、率水流域地。西汉时扩大，相当今江苏长江以南，茅山以东，浙江大部（仅天目山、淳安以西小部地区除外）及福建全省。东汉顺帝（126～144）时移治山阴（今绍兴市）。

（3）周氏与同时代的杜氏、张氏、柏氏等著名工匠为东汉的铸镜工艺作出了重大贡献。若是进行概括比较的话：周氏镜大气华美、蔚为壮观，杜氏镜、张氏镜细巧精致、赏心悦目。

此镜的图案设计，不仅气势磅礴、蔚为壮观，而且惟妙惟肖，独具匠心。仅举一例：在十二奔马区，后排第一骑马人的右前脚因构图所限而不得已插入铭文区中，若是处理不当，势必影响到文字布局，而设计者却将铭文中"人"字的第一笔用来代替多余的插足（图1E），这神来之笔令人拍案叫绝。由此，称此镜为"大师之作"并不为过。

五、羽人骑马寄托的理想与象征（见图 1F）

此镜共有22匹"羽人骑马"展现给世人，似有万马奔腾之感（图1F）。除了美观外，还应该有若干象征意义。

1. 象征地位

古代西域出日行千里之汗血宝马，后多指骏马，在汉代象征着地位，是帝王与权贵追求的宝物。《史记·大宛列传》："得乌孙马好，名曰'天马'。及得大宛汗血马，益壮，更名乌孙马曰'西极'，名大宛马曰'天马'云。"《汉书·孝武帝纪》："四年春，贰师将军广利斩大宛王首，获汗血马来。"颜师古注引应劭曰："大宛有天马种，蹋石汗血，汗从前肩髆出，如血。号一日千里。"

2. 象征力量（武事、骑兵等）

《周礼·夏官·序官》："夏官司马。"贾公彦疏："郑云：'象夏所立之官。'马者，武也，言为武者也。"《北齐书·神武帝纪上》："时（神武军）马不满二千，步兵不至三万，众寡不敌。"从汉初抗击匈奴开始，马匹始终关系着国家的长治久安，到了汉武帝时，养马几乎成为汉王朝的头等大事。有了足够的马匹，才能建立一支强大的骑兵队伍，这对"漠北无王庭"以至打通西域之路，可谓功不可没。

3. 象征财富

汉镜铭文经常将拥有马匹的数量，来表示其财富之巨大，如：

（1）《浙江出土铜镜》（修订本）图版74："建安二十四年六月辛巳廿日□子造，吾作明竟宜公卿，家有马千头羊万。"

（2）东京五岛美术馆《前汉至元时代的纪年镜》图61："凤皇元年九月十三日，吾作明竟幽三商，大吉利，宜子孙，寿万年，家有五马千头羊。"

由铭文可知，"五马千头羊"就已是汉人理想中的财富目标。

图 1F

（原载《汉镜文化研究》之"8.6"、《大观》2014 年 1 月总 52 期）

东汉三国晋神兽镜中的印章纹

秦统一六国前，印信用金、玉、银、铜等材料制成，尊卑通用。秦统一六国后，以玺专指皇帝的印，用玉制成。臣民所用只能称印，材料不能用玉。汉蔡邕《独断》："玺者印也，印者信也……卫宏曰：秦以前，民皆以金玉为印，龙虎纽，惟其所好。然则秦以来，天子独以印称玺，又独以玉，群臣莫敢用也。"秦代地方官用印称为"官印"，一般私人用印都称为"私印"。汉魏高官之印一般又被称为"章"。

汉印如同汉碑，在中国传统文化中享有盛誉，后世习字之人皆顶礼膜拜并取法之。汉代印章的成就与特点同样地辐射到铜镜铭文。在东汉中晚期至三国晋的各类神兽镜中，出现了具有三种不同的印章（方枚）纹镜类。第一类，俗称方格神兽镜，其印章数较少，通常在1~5个；第二类，俗称半圆方枚神兽镜，其印章数较多，通常在6~16个；第三类，俗称三段式神兽镜，其印章数通常在10个左右。现将这两类神兽镜的印章数字组合起来，以构成一个大体完整的数字系列，详见表一。

表一　东汉神兽镜印章纹数字系列一览表

图号	镜类	印章个数	直径（厘米）	重量（克）	镜名	资料来源
1	一	1	10.6	136	位至三公铭方格神兽镜	台北一雅堂藏
2		2			（暂缺）	
3		3	10.3	110	三瑞兽方格铭神兽镜	台北一雅堂藏
4		4	12.0	296	青盖铭方格神兽镜	《止水阁藏镜》图116
5		5	/	/	五瑞兽方格铭神兽镜	台北一雅堂藏
6	二	6	16.7	557	太康三年铭对置式神兽镜	《汉铭斋藏镜》特3
7		7	9.9	132	泰始九年铭对置式神兽镜	《止水阁藏镜》图102

图号	镜类	印章个数	直径（厘米）	重量（克）	镜名	资料来源
8	二	8	12.0	198	宝鼎二年铭对置式神兽镜	《止水阁藏镜》图 101
9		9	9.4	144	吾作铭环状乳神兽镜	台北一雅堂藏
10	三	10	16.7	370	九子明竟铭三段式神兽镜	上海博物馆藏
11		11	11.2	224	吾作铭对置式神兽镜	台北一雅堂藏
12		12	11.9	267	张氏元公铭环状乳神兽镜	《汉铭斋藏镜》图 119
13		13	19.2	1360	中平四年铭环状乳神兽镜	上海博物馆藏
14	二	14	13.5	/	吾作铭对置式神兽镜	CHINESE BRONZES 第 78 页上
15		15	14.0	494	天纪三年铭对置式神兽镜	《汉铭斋藏镜》图 128
16		16	17.7	960	吾作铭同向式神兽镜	上海博物馆藏
17		17	15.3	560	天王明铭对置式神兽镜	《镜映乾坤》（上博）图 33

　　由表一之各图可知，在这些镜类中，每个印章的字数仅有 1 字、2 字、4 字等三种。一字镜与四字镜是为多见，各个镜种都有；二字镜（如图 10）较为少见，主要出现在三段式神仙镜中。通过图 4A 之图例，我们可以大致了解铜镜印章（方枚）纹的概貌。

图 1

图 3

图 4

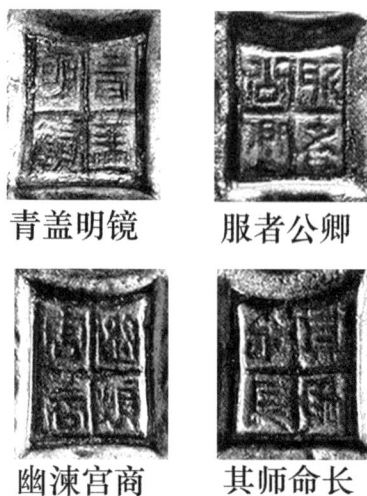

青盖明镜　　服者公卿

幽涑宫商　　其师命长

图 4A

图 5

图 6

图 7

图 8

图 9

图 10

图 11

图 12

图 13

图 14

图 15

图 16

铜镜印章纹上的文字就是铭文，结合存世器物及其问世年代，铭文内容首句多为"吾作明竟"。由此可知，印章纹镜的文体主要是四言，少见例外。由于印章纹较小，再一分为四后，致使文字布局困难，其书体只能是用横平竖直的汉隶。又因为空间局促，造成印章纹镜的文字多有减笔、省偏旁、通假乃至错别等文字缺陷。不熟悉文字结构的情况，通常不易正确认读。经常是参照已有镜例，再反复比较、对照后，才能确定文字释读的正确与否。释读铜镜"印章"铭文，可说是一件艰难而有趣的事情。

图 17

在《汉镜文化研究·汉镜中的数学问题》与本书 071《数字的趣味与收藏》、055《东汉桓灵时期兽首纹纪年镜研究》等文中，都对东汉变形四叶兽首镜的连弧数系列有过探讨，并提出问题：为什么汉镜工匠要挑战如此多的数学难题？这个问题对于东汉神兽镜同样存在，对于印章（方枚）数为 7、11、13、17 等素数，在只用尺规的时代，如何解决？两千年前汉代工匠竟有如此杰出的数学知识，我们深为感叹，对他们挑战数学难题的勇气表示钦佩！

本文得到陈灿堂先生的支持，谨致谢意。

（原载《大观》2015 年 8 月总 71 期）

三国吴太元二年铭纪年镜释考

壬辰仲冬，笔者应邀赴台参加一项学术活动，其间见到一面"养在深闺人未识"的纪年镜（见图1、图1A、图1A-1）。如图年号，一眼可读"八六"两字。历来古文有上下重叠仍读原字的习惯，上下两个"八"仍读"八"当在情理之中。然"八六"为卦号而非年号，此释显然有误且无从查考。

一、镜铭释读

经李学勤老师指点，此纪年铭为三国吴大帝孙权驾崩当年之年号"太元"，并嘱笔者应予重视。查世界图书出版公司2001年9月版《中国篆刻大字典》，"大"字有164种书写字例，可知唯"秦权量"一例采用了两个"人"上下重叠之形；查上海书店出版社1998年11月版《实用隶书字典》，"大"字有120个书写字例，亦仅见"秦简牍"一例采用了两个"人"上下重叠之形。此字两个"八"上下重叠，可谓"出谱"之例。"大"系"太"之古字，《墨子·非攻中》："北而攻齐，舍于汶上，战于艾陵，大败齐人，而葆之大山。"苏时学云："大山即泰（太）山，篇中太多作大。"

图1

这面直径14.9厘米，重量461克的铜镜，可称为太元二年铭对置式神兽镜。其镜缘有

图 1A   图 1A-1

工匠手书 28 字铭文："太元二年二月□，风雨时节五谷孰，三上公□□多寿，长保二亲得天力。"因其版模精湛、铭文清晰，为我们的研究工作带来诸多方便。

二、年代界定

迄今所知，此镜年号为目前之仅见者。历史上有三个"太元"年号，依据形制规格、版模特征、构图类型，铭文书体，采用排除法可知，此铭年号绝非十六国前凉文王张骏或东晋孝武帝司马曜之"太元"，而应为三国吴大帝孙权在位之"太元"。《三国志·吴书》载："（赤乌十四年）太元元年夏五月，立皇后潘氏，大赦，改年。""（太元二年）二月，大赦，改元为神凤。""太元元年夏……明年四月，权薨，太子即尊号，大赦，改元。是岁，于魏嘉平四年也。"将此三段史料连贯起来，即赤乌十四年（251）五月改元太元元年（经九个月）至太元二年（252）二月，同月改元神凤（经两个月）孙权驾崩，会稽王孙亮即位，改元建兴。

三、文化价值

这些史料明确告诉我们以下三件事：

1. 纪年频繁之最

三国吴存世 59 年，历四帝，共 18 个年号。三国吴大帝孙权在位 31 年，经历了黄武、黄龙、嘉禾、赤乌、太元、神凤等六个年号，前四个年号有存世器物，差不多皆是连年或隔年就有，这是中国纪年镜存世最多的时期，据已有资料，这 25 年（四个年号）的纪年镜存世总量在 40 面以上。而在其第五个年号"赤乌"的最后 11 个月中，就占据了赤乌、太元、神凤三个年号。从赤乌十四年五月算起，经历了太元元年（存世 7 个月）、太元二年（存世两个月）、神凤元年（存世两个月），直至会稽王孙亮改元建兴元年。当可列入中国历史纪年变动频繁之最也！

2. 纪月短暂之最

在"太元二年二月"问世的同月，年号就被更改成"神凤"，换言之，"太元二年二月"这六个字的存世时间不可能超过 30 天，当是纪月短暂之最。一个制镜作坊在不到一个月的时间，可以铸制几面铜镜呢？可想而知，在 1700 多年前，这件短寿的匆匆过客，能完好地保存至今天，实在有太多的偶然性，或许是一种缘分。

3. 或为"纪念"镜

《三国志·吴书》载："（太元元年）冬十月，大赦。权祭南郊还，寝疾。十二月，驿征大将军恪，拜为太子太傅。诏省徭役，减征赋，除民所患苦。二年春正月，立故太子和为南阳王，居长沙；子奋为齐王，居武昌；子休为琅邪王。二月，大赦，改元神凤。皇后潘氏薨。"

四、小结

从赤乌十年（247）至孙权驾崩的六年中，过去从未见有存世器物。这面太元二年铭纪年镜的出现，为孙权在位年号的纪年镜填补了四项空白：其一，孙权在位最后六年的空白；其二，"太元"年号的空白；其三，三国吴年号变动最频繁（11 个月中 5 个不同的年号）时期的空白；其四，虽纪月不足 30 天，然保存了这段既短暂又宝贵的历史记录。

三国时期给炎黄子孙留下了许多宝贵的文化信息，三国纪年镜是其中耀眼的一个重要部分。就纪年镜的存世数量而言，三国吴约有上百面，三国魏约有上十面，三国蜀仅有数面。无论这些纪年镜在哪里，它们都是中国传统文化的物质遗产。此镜在人文和自然两个领域，都将会不断显现出它的历史、文化价值。

（原载《汉镜文化研究》之"8.9"）

三国吴佛字铭佛像镜研究

王纲怀　业露华

　　作为中国传统文化两大主干的儒家文化与道家文化，系植根于中国的本土文化。而佛家文化原本是外来文化，后与中土文化不断融合，终成为中国传统文化的有机组成部分。经过不断发展，到了十九世纪中叶前，中国文化一直延续着"儒、释、道"三家共存并行的格局。它们给中国文化思想史打上了深深的烙印，不仅予历代文学作品留下鸿篇巨制，而且在工艺制品中亦留下传世之宝。本文所述三国吴佛像镜，就是其引人注目的烙印之一。

　　王仲殊先生《论吴晋时期的佛像夔凤镜》一文说："佛像夔凤镜等饰有佛像的器物在

图 1

图 2

图 3

长江中下游地区出现，无疑是佛教在吴地流行的结果。"[1]此论甚确。佛像镜作为一种饰有佛像内容的宗教器物，一定是受了佛教影响才会出现并流行。从目前国内外所藏的约二十面佛像镜来看，其出现地多为江南，也就是说主要在长江中下游地区。这些佛像镜的出现，必然与这一地区的佛教传播和发展有着密切关联。

以新发现的三面不同类型之三国吴佛像镜（图1、图2、图3）作素材，并以其中一面具"佛"字铭的佛像镜（图3A）为要点，本文将着重探讨：佛教传入中国，江南佛教的传播，三国吴佛像镜的问世，三国吴佛像镜分类、纹饰及镜铭"佛"字等问题。

一、佛教传入中国

迄今所知，中国汉地佛教的输入，大致在公元纪元前后。相传，公元前2年，即汉哀帝元寿元年，大月氏王曾派一个叫伊存的使者来到洛阳，并向人们口授佛教经典。三国时曹魏有个郎中鱼豢，曾经写过一本书，名曰《魏略》，其中的《西戎传》即记载了上述这件事。然而《魏略》早已亡佚，我们已无法看到。好在晋代史学家裴松之所注《三国志》，大量引用过《魏略》中的一些内容，这就使此书得以保存了其中的一些珍贵史料。关于汉哀帝元寿元年佛教输入汉地之事，《三国志·东夷传》评注有载："天竺又有神人，名沙律。昔汉哀帝元寿元年，博士弟子景庐（《魏书·释老志》作秦景宪）受大月氏王使伊存口授《浮图经》曰复立[2]者其人也。《浮图》所载临蒲塞、桑门、伯闻、疏问、白疏闲、比丘、晨门，皆弟子号也。"

这一材料在各种文章中曾被广泛引用，基本上得到了学术界的认同。1998年，中国佛教界曾举行一系列活动来纪念佛教传入中国2000年，说明中国佛教界也普遍认可这一说法。一种宗教的传入，虽非一时一事即可确定，但作为一种重大的历史性事件，这一说法亦已被大众接受。大月氏人原来居住在我国甘肃以西，河西走廊一带，以游牧为生，后来因遭匈奴攻击，被迫向西迁徙，大约在公元前130年前后，迁到位于今阿姆河[3]上游与兴都库

---

〔1〕见《考古》1985年第7期。

〔2〕汤用彤《汉魏两晋南北朝佛教史》第四章载："《世说注》等均作'复豆'。《酉阳杂俎》卷二，汉所获大月氏复立经。"

什山[4]之间的地方，并征服了当地的原大夏国。汉代张骞出使西域时，曾到过这里。[5]大约在公元前三世纪，印度孔雀王朝的阿育王派遣使者到印度各地及周边诸国传播佛教，就曾将佛教带到西域大夏等地，故而这里很早就有佛教流传。[6]张骞出使西域时，看到这里有产自中国的邛竹杖和蜀布，感到奇怪，问了当地人后，才知这些东西都是由当地商人在与印度贸易时从印度得来。张骞由此推断，印度与四川较为接近，并建议今后出使大夏等西域国家时，可从四川一路出发，这样既便捷又安全。[7]

月氏人征服大夏后，迅速融入了当地社会，其经济形态和社会生活都有了很大的变化，原是"随畜移徙"的游牧民族，由此逐渐转变为以农耕为主的民族，经济迅速发展，商业开始繁荣。公元一世纪时，大月氏已成为佛教重地。在早期来中国传播佛教的西域僧人中，有许多就来自大月氏。

佛教开始传入汉地时，人们对它的理解还很粗浅，基本上只是把它当作一种祭祀，或是当作社会上流行的一种方术。在相当长的一段时期内，佛教作为外来宗教，只是传播在西域来华从事商贸活动的商人以及定居于汉地的西域移民之间，其时并未引起人们的普遍关注。所以，从西汉哀帝元寿元年至东汉明帝永平年间，也就是公元纪年初期的几十年间，佛教活动很少见于史籍记载。即使偶有记载，也只是把它当作神仙方术或是祭祀祖先的一种行为方式，往往与黄老思想并提。[8]但到了汉桓帝（146～167年在位）时，也就是公元一世纪中期，佛教已经传入宫中。据《后汉书·桓帝纪》："（桓帝）饰芳林而考濯龙之宫，设华盖以祠浮图、老子。"《后汉书·襄楷传》又载，桓帝延熹九年（166），襄楷上书云："又闻宫中立黄老、浮屠之祠。此道清虚，贵尚无为，好生恶杀，省欲去奢。"这是将浮屠与作为神仙的黄老同时并列祭祀，说明当时佛教仍是依附于黄老，并作为神仙方术的一种而得到统治阶级的侍奉。《后汉书·西域传》中，在叙述桓帝奉佛之事后说："百姓稍有奉佛者，后遂转盛。"说明至汉桓帝以后，也就是到了东汉末年，佛教才慢慢流传于民间。

关于佛教由天竺东渐来华的传播时间与路线，在唐代以后的佛学典籍中，历来有"海上说"与"陆路说"两种。近世论者多认为，佛教沿水路传入中土说之证据薄弱，而佛教文化之西域来华说有着更为充分的文献材料实证。东汉晚期以来，佛教文化除由西域经河西走廊传入中原地区流播外，蜀地也是一个重要的传播分布区。目前，虽缺乏足够的文献

---

〔3〕中国古代史籍如《史记》《汉书》中称妫水，唐代称乌浒河。源头瓦赫基尔河位于阿富汗境内，自东向西，依次流经阿富汗与乌兹别克斯坦、土库曼斯坦的边境后，注入咸海。全长2540千米，是中亚最长的河流。

〔4〕亚洲中部南部的高山，大部分位于阿富汗境内，是印度河流域与阿姆河流域的分水岭。

〔5〕《史记·大宛列传》记："大夏在大宛西南二千余里妫水南。其俗土著，与大宛同俗……及大月氏西徙，攻败之，皆臣畜大夏。大夏民多，可百余万。其都曰蓝市城，有市贩贾诸物。其东南有身毒国。"

〔6〕有关阿育王的事迹，可查阅西晋安法钦所译的《阿育王传》和梁僧伽婆罗所译的《阿育王3.6 三国吴佛字铭佛像镜研究经》（两经为同本异译）。

〔7〕见《史记·大宛列传》。

〔8〕《后汉书·楚王英传》："英少时好游侠，交通宾客，晚节更喜黄老学，喜为浮屠斋戒祭祀。"

记载，然从多年来考古发掘出土的陶质、铜质摇钱树等材料中，却可看到大量的佛教造像题材，表明东汉三国之际，蜀地佛教文化的传播亦见踪迹，只是在同时期的铜镜构图中，还没有见到实例。

二、江南佛教的传播

东汉末年，战乱不断，中原地方的许多人因躲避战祸而来到长江以南地区，佛教信仰亦随之传入江南。相传，东汉末年来洛阳译经的安息国僧人安世高，就因避乱来到江南，曾留下许多神异事迹。[9]当时地处南方并已属三国吴管辖的交州[10]，就曾是那时学人的避乱之地。《牟子理惑论》中说："灵帝崩后，天下扰乱，独交州差安，北方异人咸来在焉。"交州一带，因远离中原，因此关洛一带的战乱，对这里影响不大。相对安宁的社会环境，吸引了一大批中原人士。当时驻守在交州一带的太守士燮[11]，年轻时曾在洛阳随名儒刘陶[12]受学，因此对北方来的文人学士表示欢迎和优待，[13]于是避乱南下的人们纷纷定居于此。这些移民对交州一带社会经济文化的发展，亦起到了促进作用。这些人中，部分是受了佛教影响的人，他们的南迁，必然会把佛教带到南方，如《理惑论》的作者牟子即是[14]。由此，传播于中原地区的佛教，也随之在南方得到流传。

长江中下游地区佛像镜的多次出现，当与三国时吴地佛教的流行有很大关系，而吴地佛教的流行，又与当时在江南从事译经、传教活动的佛教徒有很大关系。在这些佛教徒中，最重要的人士是支谦和康僧会。这两人一为居士，一是僧人，都因避汉末战乱来到江南，都对江南佛教的传播和发展起了很大作用。

支谦又名支越，字恭明。他是居士，祖籍月氏，其祖父在汉灵帝时归附东汉，来居汉地。支谦从小就受到佛教的熏陶，后来他又受业于支亮，"博览经籍，莫不精究，世间伎艺，多所综习，遍学异书，通六国语"。[15]支亮是汉代著名译经僧支娄迦谶（简称支谶）

---

〔9〕 据《高僧传》卷一"安清传"载：安清字世高。本是安息国太子。在汉桓帝之时，来到中原。不久即通习华语，先后译出《安般守意》《阴持入》、大小《十二门经》等。"值灵帝之末，关洛扰乱年，乃振锡江南"。

〔10〕交州为古代地名。西汉称交趾，为汉代十三州之一。东汉初改为交州，范围包括现在中国的两广部分地区以及越南的北部和中部。

〔11〕士燮（137～226），字威彦，今广西梧州人。汉末三国时占据交州一带，后归附东吴孙权，封为左将军。

〔12〕据《后汉书》卷五十七载：刘陶字子奇，一名伟。颍川颍阴人。汉桓帝时曾官至侍御史、尚书令等。灵帝时因宦官谮言，下狱死。

〔13〕《三国志·吴书·士燮传》载："士燮字威彦，苍梧广信人也。其先本鲁国汶阳人，至王莽之乱，避地交州。六世至燮父赐，桓帝时为日南太守。燮少游学京师，事颍川刘子奇，治《左氏春秋》。察孝廉，补尚书郎，公事免官。父赐丧阕后，举茂才，除巫令，迁交阯太守。"又："燮体器宽厚，谦虚下士，中国士人往依避难者以百数。耽玩《春秋》，为之注解。"

〔14〕《理惑论》记："是时灵帝崩后，天下扰乱，独交州差安。北方异人咸来在焉……方世扰攘，非显己之秋也……于是锐志于佛道，兼研《老子五千文》。"见僧佑《弘明集》卷一。

的弟子。因此，他实际上是支谶的再传弟子。支谶、支亮和支谦三人被后人称为"三支"，而"天下博知，不出三支"，[16]成为一时美谈。支谦于献帝末避乱来到吴地后，因博学多才而受吴主孙权赏识，先拜为博士，后又委以"辅导东宫"之任。支谦认为，当时吴地佛法刚刚开始流行，可经文翻译却不多，而自己既通梵文，又精汉语，可以在这方面有所成就，于是收集各种梵文经典，译成汉文。[17]

支谦精通汉文，长于文辞，因此其译文"曲得圣义，辞旨文雅"，遂大行于世，得以流播普及。[18]但也有人反对这种翻译风格，特别是一些在佛经翻译上主张"质朴"的人。如东晋时的道安法师在总结和阐述翻译理论时，就认为支谦的译文"巧则巧矣，惧窍成而混沌终矣"。[19]可谓"仁者见仁，智者见智"。但不管怎么说，支谦开创的译风，对佛教在中国的传播，对印度佛教逐步中国化，以及帮助当时人们对佛教的理解，都起了很大的作用。

三国吴时期，对于江南佛教的传播和发展起过重要作用的另外一位大师，就是僧人康僧会。康僧会的祖先为康居人，"世居天竺"（《开元录》作"印度"）。父亲是商人，因从事商业，又迁居于交趾。康僧会十来岁时父母双亡，他服丧完毕后即行出家。据佛教史料记载，他"为人弘雅有识量，笃志好学，明解三藏，博览六经，天文图纬，多所综涉，辩于枢机，颇属文翰"。[20]赤乌十年（247），康僧会"杖锡东游"，来到建业（今南京），感到吴地佛教初行，"风化未全"，他想促使"道振江左，兴立图寺"，于是"营立茅茨，设像行道"。[21]据载，吴主孙权初不信佛，认为其说荒诞。后康僧会"洁斋静室，以铜瓶加几，烧香礼请"，求得佛祖舍利，经孙权打试而显神异，于是信服，并建立寺院。因是江南始有佛寺，故称"建初寺"。

当时，佛教的理论教义还未被人们理解。在这种情况下，康僧会着重宣扬佛教的因果报应等与中国传统伦理观念接近的教义。据《高僧传》记载，吴国末帝孙皓性情凶狠暴躁，于是康僧会以善恶报应等事来开导他。[22]应该说，康僧会的传教手段，取得了一定的成功，以致后来孙皓"宣示宗室，莫不必奉"。[23]因此，江南佛教的兴盛与发展，与康僧会这一时期在江南的传教活动有很大关系。

---

〔15〕见《高僧传》卷一《魏吴建业建初寺康僧会传》附《支谦传》。

〔16〕见《北山录》卷四。

〔17〕据支愍度《合首楞严记》载：自黄武（222～228）至建兴（253～254）年间，支谦译经，共出经数十部。据《出三藏记集》则有三十六部（四十八卷）。其中重要的是《阿弥陀经》《维摩诘经》《太子瑞应本起经》等。

〔18〕同注〔15〕。

〔19〕见僧佑《出三藏记集》卷八《摩诃钵罗若波罗蜜经抄序第一》。

〔20〕见《高僧传》卷一《魏吴建业建初寺康僧会传》。

〔21〕同注〔20〕。

〔22〕《高僧传》卷一《魏吴建业建初寺康僧会传》中说："会在吴朝，亟说正法。以皓性凶粗，不及妙义，唯叙报应近事，以开其心。"

〔23〕同注〔20〕。

三、三国吴佛像镜的问世

三国时期，吴地佛像镜的出现，与当时江南佛教的传播有密切关系。如前所述，吴国佛教的传播，则又与支谦、康僧会等在江南的佛教传译活动密切相连。特别是他们的传教活动，不仅是翻译佛经和宣传佛教教义，还通过大量其他活动在民间扩大佛教的影响。如支谦除了"明解三藏，博览六经"之外，还对"天文图纬，多所综涉。辩于枢机，颇属文翰"。[24] 支谦不仅文才出众，且还精通音律。据有关史料记载，他曾根据《无量寿经》《中本起经》（即《瑞应本起经》）制"赞菩萨连句梵呗"[25] 三契。支谦所作梵呗早已失传，但他制作偈颂的行为方式，对于佛教音乐的发展，产生了重大影响。这种以歌咏赞颂的形式宣扬佛教，对于佛教教义的传播和普及，起了重要的推动作用。除了翻译佛经之外，康僧会还以神秘灵验之事、善恶罪福之事等，向宫廷和社会宣扬佛法。他翻译的《六度集经》，按大乘佛经所说"六度"分为六章，辑录各种佛经共91篇。整部经典以所谓"菩萨本行"即释迦牟尼前生的种种神话故事，来说明佛教的教义教理。《六度集经》译出后，对佛教普及起过很大作用。其中有些神话、寓言故事流传甚广，对中国文学的发展也产生过了一定影响。

佛教并从宫廷走向民间，不仅在统治者之间，就是在一般民众中，也有了信奉者，佛教在江南的影响逐步扩大。据《魏书·释老志》记载，三国时期佛教寺庙在各地都有兴建。《三国志·孙琳传》有曰："琳意弥溢，侮慢民神，遂烧大桥头伍子胥庙，又毁浮图寺，斩道人。"这种把佛寺看作"民神"的行为，说明民间亦出现了建寺者。佛教的流行，促使以佛教为题材的器物不断出现。故三国吴佛像镜的出土现世，当在情理之中。

由国内出土资料可知，三国吴佛像镜主要为三国吴时期的会稽与鄂州两地所铸制，这又与三国吴来回变迁的都城位置有关。建安十六年（211），孙权自京口（今镇江）徙治秣陵（今南京），第二年改名建业。魏黄初二年（221），孙权自公安迁都于鄂州，改名武昌。黄武三年（224），著名的佛教学者支谦和印度来的僧人维只难、竺律炎等在武昌（今鄂州）译出《法句经》《太子瑞应本起经》等。这两部经都是佛教的入门经典，其译出和流传无疑为江南佛教的推广起了很大作用。黄龙元年（229），孙权称帝，改元黄龙，再次迁都于建业。以陆逊辅太子孙登留守武昌（鄂州），以为陪都，同时将建业富户千户迁至武昌。此举有力地促进了该地区经济的发展。鄂州地区本有冶铜业，成为吴的都城期间，铜镜铸造业便有了更大的发展，成为三国时期的铸镜中心之一。由此，鄂州地区遂出现了大量铜镜，而且其中又有一些为佛像镜。《鄂州铜镜》（2002年鄂州市博物馆编撰）一书中，即记录了该地区出土的三面三国吴佛像镜。

有关资料显示，三国时期中国佛教的重镇，一为洛阳，二即为建业。汤用彤先生《汉魏两晋南北朝佛教史》中，对此有深入分析。王仲殊先生《论吴晋时期的佛像夔凤镜》一

---

〔24〕同注〔15〕。

〔25〕所谓梵呗，是依据佛经中歌颂佛的事迹（文句）所作之偈颂，这种偈颂注有音韵，可配以乐器进行歌咏。

文曾重点介绍了六面长江以南地区的出土佛像镜。江南佛教除建业外，吴越地区流传也很早，据近年来考古发现：1982 年，浙江上虞吴墓中发掘出土的瓷谷仓瓶上饰有贴塑佛像，绍兴亦出土青瓷双系佛像罐等。这些情况表明了三国吴时期，江南地区的佛教传播已具有一定规模。地处浙东的会稽，铸镜历史更是悠久，早在春秋时期，这里的冶铸制造业就十分发达，其兵器的铸造尤为著名。东汉三国时期,这里已经是闻名遐迩的铜镜铸造中心之一，在铜镜铸造过程中融合佛教题材理所当然。佛像镜的问世，当在佛教流行以后。而吴地佛教流行，则是在康僧会来此之后。因此，江南的佛像镜上限年代当不会早于三国吴孙权统治的时期，具体时间很可能是在公元 211 年至 221 年这 10 年间。从孙权的黄武元年（222）至孙皓的天纪四年（280），名义上的三国吴存在 58 年。换言之，三国吴佛像镜的问世时间就在这一个甲子之间。

四、三国吴佛像镜分类

1985 年《考古》第 7 期，载有王仲殊先生《论吴晋时期的佛像夔凤镜》一文，此文

表一　存世佛像镜汇总一览表

分类	编号	资料来源		直径（厘米）	重量（克）	说明
		出土年代	出土地点			
A. 出土器物（年代为序）	A1	三国吴	湖北鄂城五里墩	16.3	/	现藏中国国家博物馆
	A2	三国吴	浙江武义桐琴	15.4	/	主纹内二组飞天，有蟹纹
	A3	三国吴	江苏南京西善桥	14.5	/	主纹无佛像，有蟹纹
	A4	三国吴	浙江省博物馆藏	11.7	250	传为杭州出土，小镜孤例
	A5	三国吴	至西晋湖南长沙左家塘	16.0	/	总体形制与 A1 镜类同
	A6	西晋	浙江金华古方	16.1	/	四佛皆立，形制奇特
	A7	东晋	江西南昌东湖	12.0	/	边缘形制奇特
	A8	三国吴	鄂州市重机厂	18.5	/	现藏鄂州市博物馆
B. 传世器物（直径为序）	B1	《汉镜文化研究》下册图 199		18.8	残 431	连弧外花边。有"佛"字
	B2	《古镜今照》图 155		18.8	531	连弧外花边
	B3	德国柏林国立博物馆藏		17.8	/	主纹无佛像，十二连弧
	B4	《止水阁藏镜》图 131		17.5	526	总体形制与 A1 镜类同
	B5	《江苏实成 2012 春拍》图 650		17.0	607	总体形制与 A1 镜类同
	B6	美国哈佛大学福格博物馆藏		14.6	/	总体形制与 B9 镜类同
	B7	日本东京国立博物馆藏		14.3	/	佛像组与 A1 镜相同
	B8	美国波士顿美术馆藏		14.2	/	与 B9 镜似为同模
	B9	《汉镜文化研究》下册图 198		14.2	360	有飞天纹、双头三足乌纹
	B10	《故宫藏镜》图 71（三国魏？）		22.1	1457	环状乳半圆方枚形制
	B11	《古镜今照》图 157（三国魏？）		23.5	1817	半圆方枚形制

记录了四面（表一 B3、B6、B7、B8）国外大博物馆或美术馆收藏的传世品与七面（表一 A1 ~ A7）在我国长江中下游地区考古发掘的出土品。盛世多祥瑞。近年来，又接连有精彩的器物与资料问世。迄今所知，可供查考者又得八面（表一 A8、B1、B2、B4、B5、B9、B10、B11），现笔者将其汇总成表，详见表一。

表一中三国吴镜共十五面(出土器六、国外藏四、国内藏五)，两晋镜共四面(出土器二、国内藏二)。因六面出土器物的考古年代皆在三国吴，占出土总数之四分之三，故在表一中传世器物的形制、风格与之相近者，有理由认为其问世年代一致。两晋镜是中国早期佛像镜的尾声，主纹不同，形制有别。更有学者认为，B10、B11 两镜形制与经典的三国吴佛像镜明显不同，且其水银沁包浆（俗称"干坑"）显示了出土地点似在中原（洛阳？）地区，应是三国魏之器物。为方便归纳与分析，本文姑免对这些佛像镜进行讨论。事实上，还有一些直径太小（如《鄂州铜镜》图 174）或是破碎太过的存世器物，虽属三国吴地区，却因缺乏可比性，亦未予列入。

依据总体形制、主纹数量与佛像布局的不同，表一中的十五面三国吴佛像镜可分为三类，详见表二。

表二 三国吴佛像镜分类表

类别	边缘	直径范围	编号	直径（厘米）	本文图号	主纹内 1像	主纹内 2像	主纹内 3像	连弧内 飞天	说明
甲	十六连弧	小于15	B6	14.6	/	0	0	1	2	有"宜王公卿"铭文（3镜似为同模）
			B8	14.2	/	0	0	1	2	
			B9	14.2	图1	0	0	1	2	
乙	十六连弧外宽素缘	14 ~ 18	A1	16.3	/	3	0	1	0	三组一佛之座有龙首
			A2	15.4	/	3	0	1	1	有缺损
			A3	14.5	/	0	0	0	2	边缘有飞天
			A4	11.6	/	0	1	0	3	边缘有飞天
			A5	16.0	/	0	0	4	0	缺损四分之一
			B3	17.8	/	0	0	0	3	边缘十二连弧
			B4	17.5	图2	2	0	2	0	二组一佛之座有龙首
			B5	17.0	/	1	1	0	0	版模稍差
			B7	14.3	/	3	0	1	0	三组一佛之座有龙首
丙	十六连弧外龙凤缘	大于18	A8	18.5	/	2	0	2	0	破碎残缺
			B1	18.8	图3	0	0	4	0	有"三□佛王"铭文
			B2	18.8	/	0	0	4	0	有一组模糊

由表二可知：

（1）甲类镜。B6、B8、B9 三镜的佛像主纹与连弧中的飞天布局等皆相同，且三镜皆有"宜王公卿"之铭文。就总体形制而言，推测此类镜在佛像镜中问世时间较早，唯此类镜中才有飞天纹饰。

飞天是佛教石窟、壁画中经常出现的艺术题材。"天"，梵文音译"提婆"，是古印度宗教对一种神的称呼，如婆罗门教的至高神曰"梵天"。在佛教中，"天"是三界（欲界、色界、无色界）众生中的一类，其中的"欲界"有六天，统称为"六欲天"；"色界"有四禅十八天；"无色界"有四天。其他还有各种各样的"天"，如日天、月天、韦陀天等。这些"天"统称为"诸天"。这些被称为"天"的众生，虽然其所受果报较凡人殊胜，但也未能摆脱轮回的缠缚。他们也是"六道众生"（天、人、修罗、地狱、畜生、饿鬼）之一。当他们享受完果报，将再次进入这六道中轮回，因此佛教有"六道轮回"之说。由此而言，他们的果位，在佛教中很低。

"天"的形象往往是佛教艺术创作的重要题材。一般佛教寺院中都有"四大天王""韦陀天""十二诸天"等各类形象。除此以外，在佛教石窟、壁画中，诸天形象往往随侍佛陀而出现，以烘托场景气氛。在诸天中，有一类统称之为"飞天"，这更为人们所熟悉。他们本是印度古代宗教神话中能歌善舞的天神乾闼婆和紧那罗，佛教将之列为"八部众"（天龙八部）。在佛教石窟、壁画等艺术作品中，她们和众多伎乐诸天一起，或飘逸于空中，或献花于佛前，或奏乐于众中。她们大多体态轻盈，婀娜多姿，给人一种美的视觉享受。

飞天形象在中国出现得很早。大约在东汉末年开始开凿的新疆克孜尔千佛洞中，就有各种飞天形象出现。稍后的敦煌莫高窟壁画，更是以各种多彩多姿的飞天形象著称于世。敦煌飞天也就成了莫高窟的一张艺术名片。三国佛像镜中飞天形象的出现，对于我们研究佛教艺术的产生、发展以及传播，应该说很有意义，值得引起研究者的注意。

（2）乙类镜。这是三国吴佛像镜的大类。表二中列有九面，约占总数十五面的 3/5。此类镜之佛像布局与设置呈现出多样性与特殊性，其外缘通常为十六连弧（唯 B3 镜系十二连弧），直径多为 14 ~ 18 厘米（唯 A4 镜直径仅 11.6 厘米）。但 A1、B4、B7 三镜是三国吴佛像镜中的特殊类型，即四组皆有佛像，其中一像组的佛座两侧皆饰龙头，三像组的莲花佛座与常规相同。不过就总体形制言，乙类镜只是在甲类镜的基础上增加了宽素缘。

（3）丙类镜。迄今为止，唯见得 A8、B1、B2 等三面直径为汉尺 8 寸的实物。尽管 A8 镜破损残缺，然其出土年代[26]大致可定三国吴时期，故对于本研究有着重要的"物证"价值。尽管 B1 镜两组残缺、B2 镜一组模糊，然而因其尺寸较大，纹饰清晰，尤其是 B1 镜中出现的"佛"字，使此类镜的文化价值得以大幅提升。就总体形制而言，丙类镜只是在甲类镜的基础上增加了花边缘。

在现今存世器物中，还发现有不见佛像的丙类镜，如《上海博物馆藏铜镜精品》图 67 即为一例。此镜直径 18.8 厘米，重量 810 克，其问世年代应与 A8 镜相近。

---

〔26〕《鄂州铜镜》图 175："1986 年 4 月鄂州重型机械厂第 1 号西晋早期墓出土。"

图 1A

图 1A-1

图 1A-2

五、三国吴佛像镜纹饰

此类镜历来之称谓有对鸟镜、对凤镜、八凤镜、夔凤镜等不同名目，其源头器物乃是东汉中晚期桓灵之际问世的变形四叶镜。[27] 查考可知，就在变形四叶镜中，有一类粗体字的铭文镜，[28] 其第四句铭文多为"八爵相向法古始"，点出题纹之铭。从多件存世器物看，"爵"字被略去上半部，可谓镜铭铸制中之"省偏旁"者。早在新莽时期，铭文中就多见"朱爵玄武顺阴阳"之铭文。"朱爵"，通假"朱雀"，为四灵之一的"南朱雀"，亦即"朱鸟"。《史记·天官书》："南宫朱鸟。"《礼记·曲礼上》："行，前朱鸟而后玄武，左青龙而右白虎。"孔颖达疏："军前宜捷，故用鸟。"朱鸟又可作"凤"释。《后汉书·张衡传》："前祝融使举麾兮，纚朱鸟以承旗。"李贤注："朱鸟，凤也。"笔者认为，此类镜之镜名称谓，似以"对凤镜"为宜，既通俗易读，又合乎镜铭之原义。

本文表二中除图 1、图 2、图 3 三镜外，其余诸镜皆已有介绍（详见 1985 年《考古》第 7 期所载王仲殊文），这里不复赘述。本文仅就此三面佛像镜进行阐述。

图 1A-3

图 1A-4

---

〔27〕可查知最早器物为：日本东京五岛美术馆藏永寿二年（156 年）铭纪年镜，《汉铭斋藏镜》图 116 为延熹三年（160）铭纪年镜。

〔28〕可知器物为：《尊古斋古镜集景》图 59，《泉屋博古·镜鉴篇》图 56，《汉铭斋藏镜》图 116。其铭内容多见："吴氏作镜自有纪，青虎白虎居左右，神鱼仙人赤松子，八爵相向法古始，今以长命宜孙子，作吏高迁，车生二耳。"孙小龙先生藏直径 21.1 厘米之同类镜，铭文多达 49 字。

（1）图1镜（表一B9），直径14.2厘米，重量360克。

此镜铭文为"宜王公卿"，字体为汉隶。镜外沿为十六连弧纹。除此镜外，此类十六连弧纹佛像镜，在美国哈佛大学福格博物馆与美国波士顿美术馆亦各藏一面，经仔细比较，B6、B8、B9三镜似为同模。

此镜边缘一周十六连弧纹组成的纹缘带中，有两个弧形内各有一像，其头上皆有项光，从姿态来看，应为飞天（文前已有释读）。以下方正中为界，左侧第一弧内之飞天（详见图1A-2），其头顶向边缘；双手向两边扬起，手中持有器物，似为器乐之类。身体横侧成浅U形，由裙下伸出赤裸双足，向身体后上方横向伸展，体态飘逸。左侧第五弧之飞天（详见图1A-3），其头顶向镜心，双手向外伸展张开，身上飘带环绕，身体上下方似有流动的云彩；两飞天呈一正一反之布局。其余十四连弧内有形态各异的龙、凤、禽、兽等，特别是左侧第一弧内为双头三足乌[29]，应是象征太阳的"金乌"（详见图1A-4）。

十六连弧纹向内是由四组对凤分为四区，每组对凤皆作相对状，凤头间分别有"宜王公卿"四字。四个区的主纹中仅有一组为三尊佛像（详见图1A-1），其间，中间一尊坐于覆瓣莲座上，双足结跏趺坐，头有项光。主尊像体态较两侧两尊为大，且为坐佛像。两侧的两尊站于坐佛两边，头上亦有项光。这两尊像的双手都向身体两侧平举向上，身上有天衣飘展。佛之身体并非直立，而是顺着叶纹，以佛像为中心向中间作左右弯曲伸展。此两尊立像造型与十六连弧纹的飞天形象相似，由此看来，若非胁侍菩萨（或谓弟子），即是飞天。

在存世约二十面的三类三国吴佛像镜中，只发现这一类镜有"宜王公卿"的铭文，四个字分别置于四组对凤之上。"公卿"，亦称三公九卿，或泛称高官。《论语·子罕》："出则事公卿，入则事父兄。"《后汉书·陈宠传》："及大将军窦宪征匈奴，公卿以下及郡国无不遣吏子弟奉献遗者。"汉荀悦《汉纪·昭帝纪》："始元元年，春二月，黄鹄下建章宫太液池中，公卿上寿。"对此镜铭，学界还有不同的辨识与释读，如应作"公卿宜王""王谊（宜）公卿"等，有待再考。

这类佛像镜的铭文在汉代多用作吉祥语，如近年浙江宁波、余姚一带出土不少镌有类似吉祥语的瓦当、砖石，其上即分别有"富贵祥，宜公卿""富贵祥，宜王侯"等字样。这些镌有吉祥语的瓦当、砖石，表达了人们一种祈求幸福吉祥的心愿。将这样的吉祥语铸于佛像镜上，一方面表达了人们的心愿，另一方面也可说明，这些佛像镜除具有日常的实用价值之外，也可作为一种祈求吉祥如愿的饰物和礼品。

（2）图2镜（表一B4），直径17.5厘米，重量525克。

在表二十五面三国吴佛像镜中，图2镜是唯一一面主纹呈对称布局的器物。此镜纹饰精细清晰，有较高的欣赏价值。镜内四个心形叶瓣内，佛像布局两两对称。四组佛像以及

---

［29］三足乌是古代传说中的神鸟、瑞鸟。《东观汉记·章帝纪》："三足乌集沛国，白鹿、白兔、九尾狐见。"
汉王充《论衡·说日》："儒者曰：日中有三足乌，月中有兔、蟾蜍。"

表三　B4（图2）镜与A1镜主纹比较一览表

表一镜名	直径（厘米）	一像组	三像组	三像组之项光	主佛脸向	佛龛与华盖	华盖上禽鸟	1像组两侧龙首	双凤头顶饰物
B4（图2）	17.5	2	2	三像皆有项光	右	对称较好	有	大、细	长、曲
A1	16.3	3	1	仅一像有项光	左	对称较差	无	小、粗	短、直

总体形制与鄂城镜（A1）大致相仿，主纹大同小异，详见表三。

A1镜是1975年由湖北省博物馆在鄂城钢厂五里墩工地发掘出土。详见王仲殊《论吴晋时期的佛像夔凤镜》图5、陈佩芬《中国青铜器全集·铜镜》图98，在此不复赘述。比较可知，在一组三像中，有两种不同的主纹：其一，三像皆有项光者（如B4镜），可称"一佛两菩萨"或是"一佛两弟子"；其二，三像中仅中间主像有项光者（如A1镜），主像两侧二像无项光者，可称"两供奉""两随侍"或是"一供奉一随侍"。

湖北鄂城出土的佛像镜（A1镜）现保存在中国国家博物馆。据王仲殊先生记述，此镜保存良好，图纹精致、清晰，是佛像夔凤镜中难得的珍品。[30]然而此镜已碎裂，整面铜镜有四条裂纹由镜钮向边缘呈放射状，且在一条裂纹的边缘还呈现破损缺残。虽然不影响作为佛像镜之珍品价值，但不免让人略感遗憾。从表二可知，图2镜整体形式与主纹与鄂城镜相似，但比鄂城镜

图2A

图2A-1

更值得关注。首先，此镜直径比鄂城镜略大1厘米，为17.5厘米。其次，鄂城镜四组佛像中，仅一组为三像，其余三个主纹区佛像均为一像。而此镜则为二组一像，二组三像，呈两两相对的均衡排列。其余诸多区别（见表三）。更难能可贵的是，此镜与鄂城镜一样，图纹

〔30〕同注〔1〕。

图2A-2

图2A-3

清晰、精致、可见当时的铜镜铸造工艺已经达到相当高的水平。两镜相比较，此镜保存更加完好。

此镜纹饰由外至内，在素缘内是十六连弧纹，连弧纹中分别有龙虎、凤鸟等各种纹饰。龙虎等均作奔跑状，而凤鸟则似飞翔状。所有动物纹饰造型都显得动态十足，栩栩如生。由连弧纹往里则有四组相对的双凤组成四个主区。柿蒂形钮座的四个瓣内，则对称分布四组佛像。其中两组为单像，佛像结跏趺坐于覆瓣莲座上（详见图2A-1），头上皆双重项光，瓣内都有佛龛，龛顶饰有华盖，上有略作展翅状的玄鸟。莲花座的两边，附有侧面朝外之龙首，状似为佛护法。另两组均为三尊像（详见图2A-1、图2A-2），其纹饰、形制与鄂城镜中三尊像的一组较为相似，中间一尊主佛，坐于莲花座上，作半跏思维状，佛像头有项光。两边一立一跪两尊像，右边一尊跪像，作跪拜状，似为弟子或侍者（表一A1镜跪拜者无项光，应为供养人），左边一尊站立像，手持曲柄华盖，华盖顶上饰有玄鸟，其身上未见有天衣类饰物，亦应为弟子或侍者。

（3）图3镜（表一B1），直径18.8厘米，残重432克。

按照表二的分类，此镜为丙类镜。丙类镜存世仅见三面，其形制以及主纹大同小异，A8镜因破碎残缺太多，无法进行比较，故不列表中，详见表四。

表四　B1（图3）镜与B2镜主纹比较一览表

表一镜名	三像组	镜铭	十六连弧内纹及镜缘周纹	主佛右侧侍佛	双凤相对处分隔物	双凤上部
B1（图3）	4	三□佛王	内纹向心周纹离心	右手举物	直杆状	饰物
B2	4	六国六□太平□命	同为向心	两手下垂	连球状	铭文

此镜也有四字铭文，然其铭文与甲类镜在内容和布局上都不同。甲类镜四字铭文为"宜王公卿"，此镜四字铭文则为"三口佛王"；甲类镜四字铭文分别置于四组对凤之上，而此镜四字铭文却分别置于每组佛像之上。据考查，迄今未见乙类镜中带有铭文。

此镜残剩一半稍多，其铭文中有"佛"字。从目前所见到的佛像镜来看，可谓罕见。原器主纹应为四组三像，现在残存完整的二组，这二组中间佛的项光之上分别为"佛""王"两字。"佛"字一组图像中（详见图3A-1），中间一尊像结跏趺坐于莲座上，头上有项光，当为佛像。佛像两侧，分别站立两尊立像，头上亦有项光，衣裾飘拂。佛之手中分别持有似为莲枝的细长饰物。此两尊佛像当为胁侍菩萨或是弟子像。另一组"王"字铭的组像中，中间的佛像与前相似，形式和风格并无大异，唯左右两胁侍菩萨略有差别。佛像右边之像直立无持物，而左边一尊则手持细长莲花，与前组中胁侍菩萨像相似。这两组像都成一佛两菩萨构图，像外则无佛龛。其柿蒂形钮座的四瓣外为两两相对的双凤，双凤中间有一类似于幡柱状饰物。主纹区外为十六连弧纹，连弧纹内有龙虎、凤鸟等动物，连弧纹外则围绕一圈由十几个动物图像组成的镜缘。这些动物的图像造型，皆优美潇洒、飘逸流动，显现了高超的铸造技术和精湛的艺术水准。

图3A

图3A-1

六、镜铭"佛"字研究

从汉文字义来说，"佛"本来是"仿佛"的意思。《说文》："佛，仿佛也。从人，弗声。"此外，用作动词时，则通"拂"，是违背的意思。《礼记·学记》："其求之也佛。"唐孔颖达疏："佛，戾也。教者佛戾也，教者既背违其理，其学者求之则又违戾。"[31]这个"佛"字与佛教之佛没有关系。佛教中的"佛"，乃"佛陀"简称，是梵文 Buddha 的音译，其意为"觉者"，指已经达到大彻大悟的人。佛教界认为，觉有三意：自觉、觉他、觉行圆满。觉行圆满是佛教修行的最高境界。"佛"，乃是佛教对创始者释迦牟尼的尊称。小乘佛教尊释迦牟尼为佛；大乘佛教则认为除释迦牟尼外，一切觉行圆满者皆可称为佛。因此，十方世界同时有许多的佛，一如《华严经》所描绘的内容。

佛教传入中国的初期，佛陀一词也往往译作"浮图""浮屠"等。汤用彤《汉魏两晋南北朝佛教史》有云："查《史记·大宛传》张博望虽言及身毒，然于浮图，则《史》《汉》均未记其有所称述。"《魏书·释老志》则曰："及开西域，遣张骞使大夏还，传其旁有身毒国，一名天竺，始闻浮屠之教。"这是说在汉武帝经略西域时，佛教的消息开始传来汉地。《魏书·释老志》又说："浮屠正号曰佛陀。佛陀与浮图（屠）声相近，皆西方言，其来转为二音，华言译之，则谓净觉，言灭秽成明，道为圣悟。"这里明确解释了浮图、浮屠和佛陀几个词之间的关系。《魏书》的作者魏收（507～572）是北朝的文史学家，其时佛教传入汉地已有 500 多年，佛陀一词早已流行，并替代了早期的"浮图""浮屠"等用法。在魏收之前东晋文史学家袁宏的《后汉纪》中，亦已明确提出"浮屠"即佛之说。《后汉纪·明帝纪上》称："浮屠者，佛也。西域天竺有佛道焉。佛者，汉言觉。将悟群生也。"袁宏生活于约公元 328 至约 376 年间，这时对浮屠与佛的关系已经很明确。其实，早在东汉晚期来华译经的安世高、支娄迦谶等人，已经在他们的翻译中使用了"佛"这个字。安世高在汉桓帝（147～167 年在位）时来华；支娄迦谶则比安世高略晚，他于汉灵帝光和、中平年间（178～189）在洛阳从事译经活动。这就说明，在公元二世纪时，"佛"字已经开始用于佛教。汉灵帝中平元年（184），爆发黄巾起义，中原陷入战乱。其后魏、蜀、吴三国鼎立。从安世高来华译经算起至三国时期，其间不过数十年时间。而"佛"之一字，从开始用于专指佛教及佛陀，到出现于佛镜铭文之中，可谓传播迅速。

由于图 3 镜的镜体残缺，现在能看到的镜铭，唯存"佛、三、王"三字。佛教中有"三身佛""三世佛"之说。三身佛指的是法身佛毗卢遮那，报身佛卢舍那，应身佛释迦牟尼。但这样的三身佛思想产生较晚。三世佛又有横三世和竖三世之说：横三世指东方药师佛，西方阿弥陀佛，中间释迦牟尼佛；竖三世则为过去燃灯佛，现在释迦牟尼佛，未来弥勒佛。大乘佛教中三世佛思想流行很普通，现在佛教寺院中大雄宝殿一般都供三世佛。此镜铭文所缺究为何字，似有一种可能，即"三宝佛王"。佛教中"三宝"指"佛""法""僧"。

---

〔31〕见《礼记正义》卷三十六《学记第十八》。

"三宝佛"是"三世佛"或"三身佛"的统称。笔者对此佛像镜铭的推测正确与否，还有待深入考证。

七、结语

第一，据史料记载，西汉哀帝元寿元年（前 2）佛教开始传入中国。《后汉书》卷 269 三十下襄楷上书："又闻宫中立黄老、浮屠之祠。"东汉桓灵之际，中原地区开始大量翻译佛经。东汉末年，中原战乱，随着人口大量迁移，佛教开始传入江南的三国吴地区。

第二，东汉末年，会稽、鄂州已经成了中国铜镜的制作中心。此时，佛教也先后传入这些地区，于是佛教艺术和铜镜制作相结合，佛像镜应运而生。

第三，随着三国吴都城的往复变迁，三国吴佛像镜有可能最早问世于公元 211 至 221 年都城在建业时的会稽郡地区，接着出现于公元 221 至 229 年都城在鄂州时的江夏郡地区，黄龙元年（229）都城迁回建业以后，这两个地区还会继续铸制。依据器物主纹之图案，此类镜的命名，似称对凤佛像镜为宜。

第四，三国吴佛像镜的形制有三类。甲类，十六连弧本身即为镜缘，其直径多在 15 厘米以下；乙类，十六连弧外有宽素缘，直径多为 15 ～ 18 厘米；丙类，十六连弧外有龙、凤、禽、兽缘，直径多在 18 厘米以上（即汉尺 8 寸）。

第五，三国吴佛像镜的佛像主纹在四个分区中，有一组、二组、四组之分，在每一组中有一像、二像、三像之分。在三像组中，中间有项光者定佛无疑；两侧之像包括有项光与无项光两类，有项光者可称"胁侍菩萨"或"弟子"；无项光者可谓"侍者"或"供养人"。

第六，东汉桓灵以前的各类文献上，唯见"浮屠"或"浮图"字样，而不见"佛"字出现。直至东汉桓灵之际出现的译经中，始见"佛"字。在三国吴佛字铭佛像镜中这个"佛"字的问世年代，应与文献时间相差不远。有可能这是在器物上最早见到的"佛"字之一。

第七，佛像镜的问世，丰富了中国铜镜文化的内涵，同时也为中国佛教传播历史及佛教艺术发展等方面的研究，提供了宝贵的素材。

第八，"佛"字在三国吴佛像镜上出现，足以证实佛像镜中头上项光、身下莲花、结跏趺坐之人形图案，当属佛像无疑。

（原载《汉镜文化研究》之"3.6"、《大观》2013 年 12 月总 51 期，
《中国文物报》2013 年 3 月 27 日起连载）

汉唐铜镜寄相思

一、时代背景

"雄汉"与"盛唐"是中华民族五千年文明史长卷上最值得自豪的两部辉煌巨著。在这辉煌的背后,我们民族曾为此作出过巨大的牺牲与奉献,可说是这个辉煌来之不易。雄汉与盛唐虽相差有数百年之久,然其诞生的时代背景却是十分类同,历史出现了惊人的相似! 王仲荦《隋唐五代史》的序言中说到:"秦非常强大,但二世而亡;隋也非常强盛,亦二世而亡(笔者按:实有三世)。这两个王朝,都在农民大起义烈火中,结束了他们的统治。汉鉴于秦,一反秦政,休养生息,汉代初年便出现了稳定的政治局面;唐以隋为鉴,顺民所欲,唐代初年也出现了稳定的政治局面。这不是历史的重演,而是一种带有规律性的终结。"

汉脱胎于秦,唐脱胎于隋。对于汉、唐而言,秦、隋这两个母体有不少的相似之处:因为专制独裁暴政,致使兵役劳役太多。我们在这里进行概括的归纳与比较,见表一。

每次战争的前方兵役以及后方劳役,皆有数十万之众。再加上修筑宫殿、皇陵、道路等浩大工程的劳役,致使成千上万个家庭,出现了"耶娘妻子走相送"的离别情景,无数个壮丁抛妻别子,外出服役。所以,汉初与唐初的时代背景,造就了这种特定历史条件下所出现的相思文化。

从齐家文化算起,中国铜镜有着长达4000年的悠久历史,由西汉初年开始,在铜镜上能看到铭文亦已有2200年的漫长时间。有趣的是,带有相思文化的镜铭都比较集中地出现在汉初与唐初这两段相似的时代背景之中。汉初以后的中国走向"雄汉",唐初以后的华夏迈入"盛唐",当是一种历史的必然。镜铭可以征史,社会大动荡以后所产生的相思文化,客观上反映了人心思定的普遍民意,从民意延伸至政局,人心思定又吹响了国家富强的进军号角。

表一　秦汉与隋唐的兵役劳役一览表

兵役劳役时期	秦汉之际	隋唐之际
统一华夏之前的军事行动	诸多重大战役——秦灭六国：灭韩（前230）、灭魏（前225）、灭楚（前223）、灭赵（前222）、灭燕（前222）、灭齐（前221）。	百万雄师过大江——隋最终消灭陈国（588~589）
建立帝国以后的重大工程	秦只有二个皇帝共在位15年（前221~前207） 1.万里长城；2.阿房宫；3.皇帝陵墓；4.都城建设；5.大型道路等。	隋主要二个皇帝共在位38年（581~618） 1.京杭运河；2.仁寿宫；3.皇帝陵墓；4.都城建设；5.大型道路等。
暴政引发的大规模动乱	1.陈胜、吴广起义（前209）； 2.项梁、项羽起义（前209）； 3.楚汉之争（前206~前202）。	有记载的隋末农民起义前后约有五十路兵马。著名者为瓦岗寨（612）、高鸡泊（614）等。
雄汉盛唐之初的平定外患	西汉立国（前206）至汉武帝元狩四年（前119）的86年间，为解决匈奴之外患，战争不息，用兵无数。	大唐立国（618）至唐高宗显庆二年（657）的40年间，为解决突厥等外患，同样地战争不息，用兵无数。

二、汉初镜铭

　　铜镜铭文出现于秦汉之际这个烽火遍地、差役繁重的时代，百姓们离乡背井，妻离子散。出现亲人的离别，才有彼此的相思。汉初百年的镜铭内容充分反映了这个时代背景，大量出现相思文化。秦末汉初，当文字还只是纹饰的一个组成部分（文字所占面积较小）时，在一批带有云雷状地纹的蟠螭镜中，铭文内容就已初现相思文化，如"修相思，毋相忘""相思愿毋绝"等。到了西汉早中期，当铭文成为纹饰主体时，在一批方格蟠虺镜、花瓣镜、花卉镜与草叶镜中，铭文内容就更多地反映了相思文化，如"长相思，毋相忘""久不相见，长毋相忘"等。所有这些铭文，字里行间都流露出人们伤别离，愁难见，盼安定，望团聚的真情实感。本文将具有典型相思文化的汉初镜铭进行归纳，详见表二。

　　表二中图1~2的年代当在文景之治前期，图3~7的年代早在文景之治后期，晚在武帝前期，图8为昭宣时期。细读表二铭文内容可知，中华民族自古以来就是一个重感情的民族。在同时代的文学作品中亦有所反映。相传，司马相如（前179~前118）与卓文君之间有千古爱情名句："长相知，不相疑。不相疑，长相思。"用以比照镜铭相思文化，在词义上和年代上都十分吻合与贴切。事实上，西汉中晚期时的草叶铭文镜与圈带铭文镜中，又出现不少自然延续汉初的相思文化，如"君有行，妾有尤（忧），行有日，反（返）毋期，愿君强饭多勉之，印（仰）天大息长相思""道路辽远……修毋相忘""君有远行""君行有日返毋时"等，两汉之际还有"心相思，长毋绝"等，免赘述。

表二　汉初镜铭中的相思文化

图号	直径	重量	铭文内容	资料来源
1	13.8	186	修相思，毋相忘，常乐未央。	《清华铭文镜》图 3
2	11.6	152	感思甚，悲愿见，毋说相思愿毋绝。	《清华铭文镜》图 4
3	20.9	/	结心相思，幸毋见忘，千秋万岁，长乐未央。	日本五岛美术馆藏
4	18.4	630	伏念所欢旖（兮）无穷时，长毋相忘旖（兮）久相思。	《青铜器入门》248 页
5	18.2	430	日有熹，宜酒食，长富贵，愿相思，久毋见忘。	《清华铭文镜》图 20
6	13.7	223	久不相见，长毋相忘。	上海止水阁
7	10.2	106	君行卒，予志悲，久不见，侍见俙。	《止水阁藏镜》图 82
8	7.3	81	久不相见，长毋相忘。	《清华铭文镜》图 26

图 1

图 2

图 3

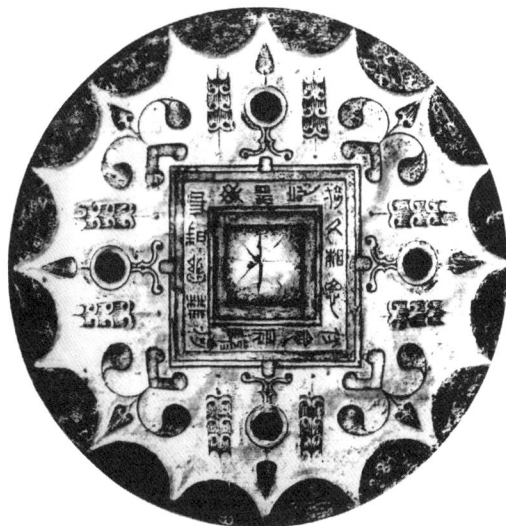

图 4

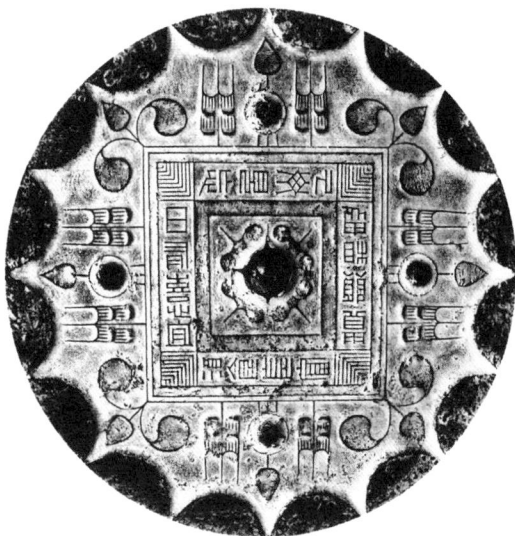

图 5

图 6

图 7

图 8

三、唐初镜铭

　　经历了数百年的斗转星移，在公元六世纪初的隋唐之际，再一次出现战乱纷争的局面。于是，类似汉初百年的相思文化，在唐初的铜镜铭文中又有了新的发展。从存世器物来看，唐初带有相思文化的铜镜多为妇女专用的小手镜，是否可以认为，相思文化应该属于或主要属于女性文化？值得另行探讨。隋唐之际重演秦汉之际的乱局，同样出现了太多的兵役或劳役，使得男人外出常年不归，父母和妻子在家苦守。比较而言，唐初的时代背景虽与汉初相仿，却较少有相思文化的镜铭出现，因受六朝与隋的文化影响，唐镜铭文体裁多骈

表三　唐初镜铭中的相思文化

图号	直径（厘米）	重量（克）	铭文内容	资料来源
9	14.6	/	既知愁里日，不见别时要，惟有相思苦，不共体俱消。	《小校经阁金文拓本》
10	12.1	308	临水池中月出，照日壁上菱生，山鸡看而独舞，海鸟见而孤鸣。	上海止水阁
11	6.0	82	乍别情难忍，久离悲恨生，故留明竟子，持照自贞心。	孙小龙
12	14.0	175	道忆何曾忆，期来会不来，未得人为粬，且持书作灰。	田国强

文回文，呈艳丽色彩。本文列举四面具有相思文化的铜镜，其铭文内容感人至深，见表三。

相思文化有一个离别——孤独——相思的感情发展过程。表三中的四面唐镜的铭文显意不同，各有特色。图9镜铭直接点名主题"惟有相思苦"；图10镜铭间接以"孤独"的禽鸟来比喻自己；图11镜铭的文学色彩尤为浓厚，短短20字，却表达了"乍别""久离""睹物""思人"的感情全过程。图12镜铭将女性"由爱生恨"的心态与情绪，表现得一览无遗。

中国传统文化中独领风骚的唐诗，在相思文化方面亦屡有佳作，这里列举三首，以飨

图9

图10

读者。对照唐镜铭文与唐诗，可谓是相映成趣，相得益彰。

郎大家宋氏《杂曲歌辞·长相思》（《全唐诗》卷25-41，下引并同）：

长相思，久离别。关山阻，风烟绝。台上镜文销，袖中书字灭。不见君形影，何曾有欢悦。

图 11　　　　　　　　　　　　　　　　图 12

李白《杂曲歌辞·长相思三首》（卷 25-43）：

长相思，在长安。络纬秋啼金井栏，微霜凄凄簟色寒。孤灯不明思欲绝，卷帷望月空长叹。美人如花隔云端。上有青冥之长天，下有绿水之波澜。天长路远魂飞苦，梦魂不到关山难。长相思，摧心肝。

白居易《杂曲歌辞·长相思》（卷 25-46）：

九月西风兴，月冷霜华凝。思君秋夜长，一夜魂九升。二月东风来，草坼花心开。思君春日迟，一日肠九回。妾住洛桥北，君住洛桥南。十五即相识，今年二十三。有如女萝草，生在松之侧。蔓短枝苦高，萦回上不得。人言人有愿，愿至天必成。愿作远方兽，步步比肩行。愿作深山木，枝枝连理生。

（原载《中国收藏》2008 年第 2 期）

汉镜十二地支与唐镜十二生肖

一、概述

古代以十二种动物配以十二地支，作为人的生年相属，亦称十二生肖。《睡虎地秦墓竹简》是在国内最早记载地支与生肖相对应的一本书，其 219 页有载："子，鼠也……丑，牛也……寅，虎也……卯，兔也……辰，盗者男子，青赤色……巳，虫也……午，鹿也……未，马也……申，环也……酉，水也……戌，老羊也……亥，豕也。"最晚至秦的十二地支中，只有五项相应之生肖与今所知相吻合，而另七项却相去甚远，尤以文中之"午"恰好"以鹿代马"？唐镜实例表明，唐代的十二生肖与十二地支已基本上固定相配，并一直延续至今。

1975 年 12 月在湖北云梦睡虎地 11 号秦墓中，出土了 1100 余支竹简，记录了从秦昭王元年（前 306）至秦始皇三十年（前 217）共计 90 年间的《编年记》《秦律》《为吏之道》《日书》等十种文献。1990 年 9 月由北京文物出版社出版了《睡虎地秦墓竹简》（亦称《睡虎地秦简》《云梦秦简》或《秦简》，以下皆简称《秦简》）一书，其中"日书"将一日分为十二时，以与十二地支完全吻合的十二时辰来记时，充分说明十二时辰的记时方法，在秦代已经流行。《秦简》"日书"还用十二地支来记日，第 235 页有载："五谷龙日……木良日……马良日……牛良日……羊良日……猪良日……犬良日……鸡良日……"本文对上述内容作一些综合整理，见表一。

表一　十二生肖与十二地支对照一览表

十二地支	子	丑	寅	卯	辰	巳	午	未	申	酉	戌	亥
北朝至今的十二生肖	鼠	牛	虎	兔	龙	蛇	马	羊	猴	鸡	狗	猪
《秦简》第219页	√	√	√	√	盗男	虫	鹿	马	环	水	老羊	√
《秦简》第235页		√		√		√				√	√	√
西汉初铜镜十二地支	√	√	√			√	√		√	√	√	
综合完全相配者		○										

由表一可知，在先秦至汉初仅"丑"一项具备了十二生肖与十二地支相配的"吻合"程度。说明在公元前二世纪以前，虽然早就有了如同隋唐的十二地支，但是生肖与其相配与隋唐时期相比还有较大的随意性。经过多年的关注与追寻，笔者找到了八份汉镜资料和十六份唐（含北朝与隋）镜资料，试图作出进一步的探索。

二、汉镜十二地支

《尔雅·释天》[1]云："岁阳者，甲、乙、丙、丁、戊、己、庚、辛、壬、癸十干是也。岁阴者，子、丑、寅、卯、辰、巳、午、未、申、酉、戌、亥十二支是也。"为此，可以认定，最晚自西汉始，华夏民族对天干与地支的认识，基本成型。本文列举八面十二地支的汉镜，以进行力所能及的探讨，见表二。

表二　汉代十二地支镜由来与演变一览表

图号	名称	年代	直径	重量	说明	资料来源
1-1	不完全十二地支圈带叠压镜	西汉早期	19.9	/	圈带内 8 地支，圈带外 16 字铭文	日本东京国立博物馆藏
1-2	铸成错刀铭四灵博局镜	西汉末	21.0	1042	可查考纪年的四灵博局镜	北京赏心斋
1-3	十二地支铭圈带镜	两汉之际	11.8	257	内区主纹饰即一周，十二地支铭文	张宏林
1-4	十二地支铭博局镜	两汉之际	/	/	铭文方框与 V 纹互为贯通	镜友供稿
1-5	十二地支铭四灵博局镜	两汉之际	14.1	490	铭文十二地支为四灵博局镜异类	北京赏心斋
1-6	尚方御竟铭四灵博局镜	西汉末至新莽	23.2	1219	详见本书《莽式铭文镜》	张宏林
1-7	王氏昭竟铭四灵博局镜	新莽	18.5	866	详见本书《莽式铭文镜》	上海博物馆
1-8	凤凰翼翼铭四灵博局镜	新莽	21.0	1055	详见本书《莽式铭文镜》	《三槐堂藏镜》图 66

---

〔1〕《尔雅》是我国最早解释词义的典籍，由秦汉之际的学者缀辑周汉诸文，递相增益而成，为考证词义和古代名物的重要资料。

图1—1，笔者在樋口隆康《古镜（图录）》图43（现藏东京国立博物馆）中，发现此面西汉早期铭文镜，其纹饰中已有了十二地支的身影。这是一面带有内向十六连弧纹缘的"圈带叠压铭文镜"，在《中国铜镜图典》等国内的专著中找不到此类器物的踪迹，其纹饰特征看图便知，免赘述。此镜圈带外交错排列一周16字篆体铭文，可顺时针向连读为"长相思，毋相忘，长贵富，乐未央，□宜酒食。"其圈带内的八个空间，均布十二地支中的八个地支，可顺时针向连读为："子、丑、寅、辰、巳、未、申、戌。"明显缺了四个地支——卯、午、酉、亥。此镜告诉我们一个重要信息，西汉早期在镜背上就已出现了尚不完善的地支纹饰。

在图1—1镜后，再也没有在西汉中晚期的铜镜纹饰中发现有过十二地支的身影。历史发展到西汉末期，王莽独揽大权，推行复古改制，在大量西汉末年的铜镜上出现了十二地支的踪迹。1993年，在江苏省东海县尹湾村出土了一面西汉末期的大尺寸（直径27.5厘米）四灵博局镜，此镜还未出现十二地支。图1—2镜35字汉隶铭文可顺时针向连读为："令名之纪七言止，炼治铜华去恶（不良）宰（杂质），铸成错刀天下喜，安汉[2]保真世毋有，长乐日进宜孙子。"居摄二年（7）5月，西汉实行第一次货币改革时，铸行"金错刀"。铭文第三句明确此镜在公元7年5月以后，铭文第四句表明王莽尚未废汉，故此镜问世年代应在始建国元年（9）元月以前。鉴于国内仅藏始建国纪年镜，而再早的居摄纪年镜已流落国外。所以，此镜虽无纪年铭，但应是有史可查并可以断年的国内最早"纪年镜"之一。其问世年代当在公元7年6月至8年11月的18个月之中。看图即知，图1—2镜是

图1-1

图1-2

---

[2]"安汉"即指王莽，西汉王朝在元始元年（公元元年）给已是大司马的王莽再次加官晋爵，"拜为太傅，赐号安汉公"。此镜年代理应划在西汉末年，但其文化却与以后的新莽时期"一脉相传"。此类镜叫西汉镜却不是西汉文化，称新莽镜又不到新莽年代，笔者认为，这是打上了王莽思想印记的西汉末年镜，姑且称之为"莽式镜"较为恰当。

图 1–3

图 1–4

图 1–5

图 1–6

图 1–7

图 1–8

一面西汉末期带有十二地支的四灵博局镜。

图1—3、图1—4和图1—5三镜，应是属于打有王莽思想印记的莽式镜，其问世年代在西汉末至新莽之际。三镜纹饰完全不同，却有着皆具十二地支的共同特点。如果只从铭文书体来看，三镜都是悬针篆，这种书体主要是在西汉晚期才开始出现。此类镜与四灵博局镜结合，才在西汉末开创了莽式镜的形制。

图1—6、图1—7和图1—8三镜为比较典型的新莽镜。图1—6镜之铭文书体系汉隶，其问世年代在西汉末至新莽初的可能性更大。三镜制式皆是当时最流行的四灵博局，镜形采取"天圆地方"的理念，十二地支铭文方框又象征着西汉礼制建筑中的"明堂"，镜缘处水波纹即为"辟雍"（参见本书042《莽式铭文镜》）。需要强调一点，莽式铭文镜纹饰的玄武在下（即北方），这样的位置才对得上"青龙在左（东），白虎在右（西）"。汉代对此类器物之方位有一个严格的规范要求，即是：子在下（北）、午在上（南），子午线穿钮孔而过。这种不可变更的定位方法，正是中国传统文化中的一个重要特征。

除了东汉早期（主要是初期），还有一些自然传承新莽的十二地支镜文化外，东汉中晚期直至魏晋南北朝，在镜面纹饰上，几乎都找不到十二地支的身影，这是一个众说纷纭的谜。

三、唐镜十二生肖

四灵博局莽式镜的十二地支在东汉初年消失于中国传统文化的历史舞台后，又经过了约500年的漫长岁月，才在北朝后期"重现江湖"。十二生肖纹饰的铜镜贯穿了公元六世纪中叶至公元十世纪中叶的约400年间。[3]宋朝以后，十二生肖镜虽屡有出现，除了少量的御用器物外，却多为与八卦纹在一起的中小镜。本文将以唐朝为主的部分十二生肖镜汇集如下，见表三。

图2—1、图2-2两镜是典型的北朝器物。《中国铜镜图典》第498页与《中国青铜器全集·16铜镜》图100，介绍了同一种器物（河南洛阳庞家沟出土，直径16.8厘米），比较可知，三者的纹饰布局较为相似，仅是直径数字不同而已。因为有出土资料为证，十二生肖镜最早出现于北朝已是毋庸置疑。

图2—3、图2—4两镜是典型的隋朝器物。图2-3镜的32字铭文可顺时针向连读为："美哉圆鉴，览物称奇。雕镌合矩，镕铣应规。仙人累莹，玉女时窥。恒娥是埒，服御敦宜。"图2—4镜的32字铭文可顺时针向连读为："仙山并照，智水齐名。花朝艳采，月夜流明。龙盘五端，鸾舞双情。传闻仁寿，始验销兵。"《唐代铜镜与唐诗》图版2有释读。此类镜铭文都取楷书字体，内容皆用四言骈体，纹饰多有四灵图案，这些都是隋代十二生

---

〔3〕整个唐代有289年，加上唐朝以前的北朝与隋朝约50年，及其唐朝以后的五代十国约50年，可谓近400年。

表三　唐代十二生肖镜由来与演变一览表

图号	名称	年代	直径	重量	说明	资料来源
2—1	十二生肖四灵镜	北朝	23.4	1425	存世有限，多见 16.8 厘米	张铁山
2—2	十二生肖四灵镜	北朝	21.0	928	存世有限，多见 16.8 厘米	上海止水阁藏
2—3	美哉图鉴铭十二生肖四灵镜	隋	24.6	/	此类铭文比较少见	陕西西安初唐墓出土
2—4	仙山并照铭十二生肖四灵镜	隋	22.0	/	在此类镜中属大型器物	1995 年湖南长沙出土
2—5	十二生肖回文瑞兽镜	隋唐	24.8	/	圆钮，内区八分	日本五岛美术馆
2—6	绝照览心铭回文瑞兽镜	隋唐	22.2	1403	圆钮，内区四分（有天狗传书纹）	张铁山
2—7	阿房照胆铭十二生肖神兽镜	隋唐	20.9	/	圆钮，内区四分（有天狗传书纹）	日本出光美术馆
2—8	十二生肖瑞兽葡萄镜	初唐	24.4	/	圆钮，内区八分	梅原末治《唐镜大观》图 25
2—9	十二生肖瑞兽镜	初唐	12.2	542	圆钮，赏心斋有同模，重量 468 克	北京赏心斋
2—10	十二生肖瑞兽镜	初唐	12.1	470	圆钮，纹饰与上镜大同小异	孙小龙
2—11	十二生肖海兽葡萄镜	盛唐中唐	12.4	/	伏兽钮，4 海兽	日本京都国立博物馆
2—12	十二生肖祥禽八卦镜	盛唐中唐	27.0	1852	八葵形，圆钮	张铁山
2—13	十二生肖飞天镜	盛唐中唐	16.0	/	龟钮，纹饰分为 4 区	日本出光美术馆
2—14	十二生肖仙岳瑞图镜	中唐	21.6	/	八葵形，纹饰层次丰富	日本京都国立博物馆
2—15	十二生肖仙岳瑞图镜	中唐	14.6	673	龟钮，纹饰分为 3 区	张铁山
2—16	武德军铭十二生肖镜	五代前蜀	21.5	/	铭文"武德军作院罗真造"	1983 年四川巴中出土

肖铭文镜的重要特征。《息斋藏镜》图 92 介绍了一面当时可用于避邪亦即深具道家文化的十二生肖镜，且有一个与古今传说相似的动人故事。[4]

　　图 2—5、图 2—6 和图 2—7 是三面皆具十二生肖纹饰的高档次铭文镜，其问世年代多被认定为隋唐之际。在公元七世纪之初，华夏大地有四十八路人马掀起了推翻隋王朝的狂涛，直至唐王朝建立 10 年之后（628）才又完成了中国的统一；境外又有突厥、高昌、百济等外患，直到唐王朝立国约 50 年（662）才得以安定。隋唐之际是一段乱世，出现高品位、大规格的工艺精品似有很大的困难。贞观二年（628）唐太宗李世民削平群雄，完成统一，社会稳定，百业兴旺。这类精品器物出现在贞观中后期的太平盛世，才是顺理成章。三张图片一目了然，可见初唐铜镜的恢宏气势与精湛工艺。

　　图 2—5 有 8 字回文楷书："菱花发镜，水华月净。"图 2—6 有一周顺时针向 48 字

图 2-1

图 2-2

图 2-3

图 2-4

〔4〕自古以来，就有铜镜可以辟邪的传说。隋朝高士王度在其编撰的《古镜记》中提到照妖宝镜的故事：汾阴奇士侯生临终时，赠给王度一面奇镜，该镜横经八寸，纹饰古朴，镜鼻作麒麟蹲伏状，在内区按方位排列为龟龙凤虎，以八卦纹饰区隔内外区，另在外区为十二生肖，镜边铸有二十四星宿的隶书古体字，整体观之有股莫名的神秘感油然而生，王度得之瑰宝秘而不现。某日，王度寄寓友人程雄家中，取古镜整肃衣冠时，镜面突现的光芒宛如明月当空，湛然寒光如同道家剑气，射向角落全身战栗跪伏在地的女眷身上，王度一见急忙收起古镜，此时，该名女眷见王度心怀慈悲，气度轩宇，遂以哀伤语调诉说她的身世：妾身名鹦鹉，原是华山府君庙前长松下的一只狐狸，经千年修炼成精，变幻人形愚弄山民，府君耳闻欲将妾收化座下以求得正果，妾身因贪恋人世，遂幻为一女子逃离华山，到处藏匿辗转沦落人间。经由此事，王度知晓宝镜的灵异，尔后王度及其弟王勣，携带宝镜遍游名山大泽，镇服邪魔妖兽无数并驱除历疫。隋末天下大乱，大业十三年的中元节，宝镜在匣中发出清越的悲鸣，逐渐变得若龙吟虎啸，等到一切沉寂下来后，宝镜已失去踪影。

楷书铭文："绝照览心，圆辉属面。藏宝匣而光掩，挂玉台而影见。鉴罗绮于后庭，写衣簪乎前殿。透光宝镜，仙传炼成。八卦阳生，欺邪主正。"图2—7有一周顺时针向40字楷书铭文："阿房照胆，仁寿悬宫。菱藏影内，月挂壶中。看形必写，望里如空。山魑敢出，冰质埏土。聊书玉篆，永镂青铜。"此三镜边缘的十二生肖纹饰大同小异，并皆以兽头纹或叶瓣纹组成之图框作为分隔，成为一个主要特点。此类十二生肖铭文镜版模精湛，品相上佳，尺寸硕大，文化特点突出，已成为博物馆与收藏界的宠儿。

　　图2—8至图2—11是同一类型的典型唐代十二生肖镜。四镜全系圆镜圆钮，内区皆为瑞兽(不是海兽！其问世年代应在唐高宗李治期间)，外区都为排列有序的十二生肖纹饰。内区不同点在于，图2—8有8兽，图2—9与图2—10皆4兽，图2—11为5兽。外区不同点在于，十二生肖的头部方向与形态有异，图2—8、图2—10、图2—11三镜之十二生肖按逆时针向旋转，唯图2—9镜之十二生肖按顺时针向旋转。此类镜的纹饰即具象又清晰。

图2-5

图2-6

图2-7

图2-8

图 2-9

图 2-10

图 2-11

图 2-12

本文在图 2—9 中取了两个局部（猪与鸡），在文后另作探讨。

图 2—12 镜是盛唐至中唐少见的八葵形十二生肖祥禽八卦镜，圆钮，莲花钮座。按十二生肖与八卦的正位来看，框外上下系鸾凤，框外左右是鸳鸯。在同类器物中，此镜属硕大、厚重之佼佼者。

图 2—13 镜的纹饰层次特别丰富。第一层镜钮与第二层钮座有"巨鳌背负蓬莱山"之喻意；第三层是吉祥用语的八字篆书回文"郎质混真，象物徵神"；第四层系顺时针向旋转的十二生肖（其纹饰亦既具象又清晰）；第五层为四组仙人骑神兽，因为锈蚀原因，唯上方仙人骑龙较为清晰，龙头前方有喻意太阳的"金乌"。

图 2—14 是一面纹饰特殊、文化突出的唐镜。全镜以珠点纹为界，分成内外两区。内

图2-13

图2-14

区有蓬莱仙境[5]的喻意；外区有十二组配以文字的吉祥图案，其内容分别为：连理竹、比翼（鸟）、合欢莲、嘉禾、□凤凰、合璧、连理树、比目鱼、嘉谷、嘉麦、同心鸟、金胜；边缘是罕见之成双结对的十二生肖纹饰。猜测此镜原为婚礼器物。

　　图2—15的镜钮与钮座组成一幅与图2—13相似的"巨鳌背负蓬莱山"。拙著《日本蓬莱纹铜镜研究》对此有详尽的叙述，本文免赘述。边缘处四个空间内，分布四组由祥云衬托的飞天。[6]

　　图2—16系1983年在四川巴中出土的一面五代前蜀（903~925）十二生肖纹镜。从五代始，群雄割据，天下纷争，而致使铜料紧缺（参见本书《铜禁时期钱铸镜》）。加之社

---

〔5〕《列子·汤问》："渤海之东，不知几亿万里，有大壑焉。实惟无底之谷，其下无底，名曰归墟。八纮九野之水，天汉之流，莫不注之而无增无减焉。其中有五山焉：一曰岱舆、二曰员峤、三曰方壶、四曰瀛洲、五曰蓬莱。其山高下周旋三万里，其顶平处九千里。山之中间相去七万里，以为邻居焉。其上台观皆金玉，其上禽兽皆纯缟。珠玕之树皆丛生，华实皆有滋味，食之皆不老不死。所居之人皆仙圣之种，一日一夕飞相往来者，不可数焉。而五山之根，无所连著，常随潮波上下往还，不得蹔峙焉。仙圣毒之，诉之于帝。帝恐流于西极，失群圣之居，乃命禺彊使巨鳌十五举首而戴之。迭为三番，六万岁一交焉，五山始峙。"

〔6〕佛教在公元前六世纪产生于古印度，传在东汉明帝时（58~75）佛教开始在我国传布。"飞天"随佛教传入中国，东汉末年的新疆克孜尔千佛洞壁画中，就有了飞天。北魏时（386~534）的敦煌壁画中出现了更多的飞天。早期的敦煌飞天有一些是男身，唐诗有称"飞天汉"，后来就变成娇美的女性。唐代是我国佛教艺术发展的鼎盛期，飞天形象又吸收了伊朗萨珊王朝的表现手法和印度笈多时期的特征，从而形成了丰满绚丽的唐代美人风格，体现出一种盛唐气象。飞天，梵文名"乾达婆"，汉译名"香音神"，是佛教崇信的诸神之一。在一些佛教著作中，把飞天描绘成：居住在风光明媚的天宫十宝山，能奏乐，善飞舞，不饮酒，不食肉，专采百花香露，散天雨花，放百花香。佛教《法华经·譬喻品》载："诸天伎乐，百千万神，于虚空中一时俱作，雨众天华。"这正是飞天们凌空奏乐、散花的情景。敦煌172窟盛唐壁画《西方净土变》的描绘极其动人：当释迦牟尼说法达到高潮时，飞天们自天而降。她们身绕飘带，上下回旋，手托花盘，散布香花。前中国佛教协会主席赵朴初先生《七绝·敦煌飞天赞》诗："诸天喜跃拥空王，擎盖持华绕上方。万古不停飞动意，人间至宝礼敦煌。"

图2-15

图2-16

会动荡，民生不安，铜镜制造水平低下成为一种必然，此镜一眼可知其粗糙，与唐镜相比，不可同日而语。就铜质、工艺、版模、品相而言，中国铜镜业自此日趋衰落。

四、唐镜生肖主纹研讨

（一）猪纹

《中国美术全集·工艺美术编（四）·青铜器（上）》图113，记录了1981年在湖南湘潭船形山出土的一件商代晚期器物，其外观完全是更接近野猪形象的猪尊（高42厘米，长72厘米）。考古资料表明，中国养猪已有上万年的历史，3000年前之商代晚期，采用猪的形象时，为什么取"野猪"而舍"家猪"呢？在表二的十六面唐代十二生肖镜中，猪的形象同样是无一例外地与现代家猪形象相去较远，图2—17十分清晰地反映出主要特征：嘴形显前突（俗称外拱），犬齿甚发达（俗称獠牙），耳尾皆短小，项背竖鬃毛。

（二）鸡纹

在表二的十六面唐代十二生肖镜中，鸡的形象无一例外地为尾羽曲长而蓬松的褐马鸡（或蓝马鸡、白马鸡）。为什么不是公鸡呢？从图2—18可清晰地看到鸡的头部明显偏小，而且头上不见鸡冠、喙下没有垂囊。请教有关专家以后，基本确认此图案应是褐马鸡或其同类。褐马鸡的体羽大部分黑褐色，腰羽和尾上覆羽呈银白色，雄鸟体长约有1米。现仅见于中国山西省北部的宁武、岢岚一带以及河北省北部与西北部山地，终年留居，系中国特产稀有珍禽，为国家一级保护动物。

（三）问题

本文至此，留下了"只知其然而不知其所以然"的一些问题：十二地支与十二生肖的完全相配，估计在东汉至南北朝，不知具体在什么年代。为什么唐以前的华夏祖先将生肖

图 2-17　　　　　　　　　　　　　　　　图 2-18

猪定为野猪，将生肖鸡定为褐马鸡？可以想像，唐代以前的生态环境一定比今天好，褐马鸡亦一定比今天多，对其有什么特殊的爱好或崇拜吗？在今天的十二生肖中，猪是家猪，鸡是家鸡，距唐末有 1100 年的历史，不知从何时开始演变？

（原载《收藏》2009 年第 5 期）

错金铁镜刍议

——兼说清华大学艺术博物馆展览中的错金铁镜

王纲怀　倪葭

一、概述

考古大家王仲殊在《论吴晋时期的佛像夔凤镜——为纪念夏鼐先生考古五十年而作》一文中谈到："东汉后期至魏和西晋时期（二世纪后期至三世纪末），流行于中原和北方地区的铁镜，就其图纹而言，也多属夔凤镜。"检索四五千年的中国铜镜史可知，铁镜问世仅在东汉末至魏晋的约一百年间，尽管是"昙花一现"，然而却极其辉煌。台北故宫博物院在其不多的铜镜展品中，也放置了一面直径为21厘米（汉尺9寸）的素铁镜（日本梅原末治赠送）。素铁镜之身份尚且如此，若说到错金、贴金、错银等特种工艺的铁镜品种，当属凤毛麟角之稀世珍品。

二、称谓

此类镜历来之称谓有对凤镜、对鸟镜、八凤镜、四叶八凤镜、夔凤镜等不同称谓，其源头器物应是东汉中晚期桓、灵之际问世的变形四叶镜。在三国佛像镜中，亦可找到诸多对凤主纹之实例（详见《汉镜铭文图集》图452、图453）。查考可知，就在变形四叶镜中，有一类粗体字的铭文镜（详见《汉镜铭文图集》图433、图434），其第四句铭文多为"八爵相向法古始"，点出题纹之铭。从多件存世器物看，"爵"字被略去上半部，可谓镜铭铸制中之"省偏旁"者。早在新莽时期，铭文中就多见"朱爵玄武顺阴阳"之铭文。"朱爵"，通假"朱雀"，为四灵之一的"南朱雀"，亦即"朱鸟"。《史记·天官书》："南宫朱鸟。"《礼记·曲礼上》："行，前朱鸟而后玄武，左青龙而右白虎。"孔颖达疏："军前宜捷，故用鸟。"朱鸟又可作"凤"释。《后汉书·张衡传》："前祝融使举麾兮，纚朱鸟以承旗。"李贤注："朱鸟，凤也。"笔者认为，此类镜之镜名称谓，似以"对凤镜"为宜，既通俗易读，又合乎镜铭之原义。

三、镜例

经多年寻觅，本文列入此类镜六面，详见表一。

表一　存世特种工艺铁镜一览表

图号	镜名	直径	重量	资料来源
1	错金对凤纹铁镜	32.3	/	《必忠必信——王纲怀捐赠铜镜展》第 154 页
2	错金五兽纹铁镜	16.5	/	《华夏之路》第二册第 147 页
3	错金对凤纹铁镜	16.8	550	《中都 2013 春拍》图 1232
4	错金对凤纹铁镜	12.3	275	《金懋 2011 春拍》图 1117
5	错金对凤纹铁镜	19.8	668	《嘉德 2008 秋拍》图 4255
6	贴金铁镜	7.2	27	《后沟古镜》图 62

说明：表中直径以厘米计，重量以克计。

东汉末，曹操身为丞相，其《上杂物疏》载："御物有尺二寸（今 27.7 厘米）金错铁镜一枚，皇后杂物用纯银错七寸（今 16.2 厘米）铁镜四枚，贵人至公主九寸（20.8 厘米）铁镜四十枚。"据此文献，表明当时铁镜绝非寻常之物。图 1 镜尺寸硕大，且超出《上杂物疏》中之数字，可以想象当初使用者身份的高贵。此器虽遭锈蚀、损毁严重，然经修复

图 1

图 1A

图 1-1 （线描图）

图 1-1A （线描图）

图 2

图 3

图 4

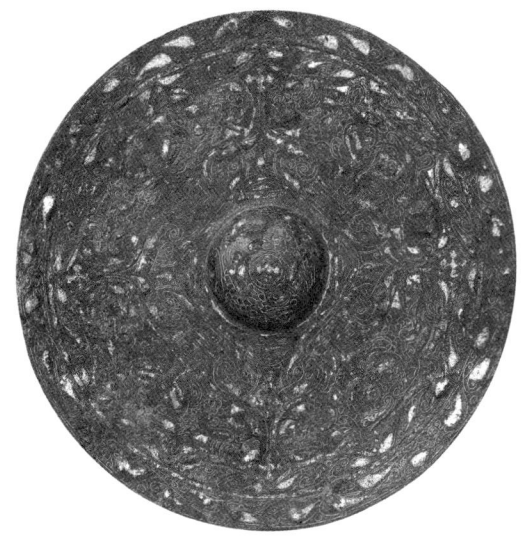

图 5

图6

后，还是保留了当时工艺的大致风貌，可以观察到东汉历史的重要遗存。

四、题材

凤凰是美丽吉祥的鸟，由古代鸟图腾崇拜演化而来。"'图腾'一词源出印第安语'totem'，意思为'它的亲属'，'它的标记'。在原始人信仰中，认为本氏族人都源于某种特定的物种，大多数情况下，被认为与某种动物具有亲缘关系。于是，图腾信仰便与祖先崇拜发生了关系，在许多图腾神话中，认为自己的祖先就来源于某种动物或植物，或是与某种动物或植物发生过亲缘关系，于是某种动、植物便成了这个民族最古老的祖先。"[1]凤纹何时起源？目前没有确切定论。但是可肯定凤凰形象的产生与远古神化有着密切的关系，主要有几种源头：

1. 玄鸟说

玄鸟崇拜，自古有之。《史记·殷本纪》："殷契，母曰简狄，有娀氏之女，为帝喾次妃。三人行浴，见玄鸟堕其卵，简狄取吞之，因孕生契。"《诗经·商颂·玄鸟》："天命玄鸟，降而生商。"《九章·思美人》："高辛之灵盛兮，遭玄鸟而致诒。"《离骚》："凤皇既受诒兮，恐高辛之先我。"闻一多曾考证："皆称玄鸟致诒，其余诸书所载，亦莫不皆然。独此则曰'凤皇既受诒兮，恐高辛之先我。'以玄鸟为凤皇，岂屈子偶误，抑传闻异词乎？尝试考之，盖玄鸟即凤皇，非屈子之误，亦非传说有异也。"明确提出玄鸟即凤凰，并举出了三点证据。

2. 五彩鸟说

《山海经·南次三经》："丹穴之山，其上多金玉，丹水出焉，而南流注于渤海。有鸟焉，其状如鸡，五彩而文，名曰凤皇，首文曰德，翼文曰礼，背文曰义，膺文曰仁，腹文曰信。是鸟也，饮食自然，自歌自舞，见则天下安宁。"《山海经》中的凤鸟五彩而同

---

〔1〕河姆渡遗址出土的双鸟朝阳象牙雕刻"在正面部位用阴线雕刻出一组图案，中心为一组大小不等的同心圆，外圆边雕刻有似烈焰光芒，两侧雕有昂首相望的双鸟，形态逼真。同时还钻有六个小圆孔。背面制作较粗糙。长16.6、残宽55.9、厚1.2厘米。"详见河姆渡遗址考古队：《浙江河姆渡遗址第二期发掘的主要收获》，《文物》1980年第5期，7页。另有专文《河姆渡遗址双鸟纹象牙蝶形器》研究此件文物的纹饰，有观点认为此件文物上的圈纹是太阳纹，如发掘者称之为"烈焰光芒"，并论述此说的论据"第一，太阳和鸟一起出现是中国古代艺术上一个非常流行的图式，无论史前期还是后世都有大量发现。第二，太阳鸟以及十日传说是中国古代神话十分流行的内容，而且在这些神话中鸟能与太阳相互置换。第三，'双鸟朝阳'纹象牙蝶形器为例，中间的圈纹上方刻有象征太阳光芒的火焰纹。"详见裘琤：《河姆渡遗址双鸟纹象牙蝶形器》，《东方博物》2009年第3期，80页。

时具有仁义礼智信五种美德。此五彩鸟的出现象征着天下太平。

3. 朱雀说

《史记·封禅书》："周得火德，有赤乌之符。"这里的"赤乌"即是朱雀，使周人崇祀的对象。古代天文学将二十八宿想象为四种动物：苍龙、白虎、朱雀、玄武。《梦溪笔谈·朱雀》："四方取象苍龙、白虎、朱雀、玄武。唯'朱雀'莫知何物，但谓鸟而朱者，羽族赤而翔上，集必附木，此火之象也。或谓'长离'，盖云离方之长耳。或云，'鸟即凤也，故谓之凤鸟。'"朱雀是南方的神鸟，也可以说是凤鸟。

无论是玄鸟说、五彩鸟说、朱雀说，都体现了不同地区、不同时期的先民的理想追求和愿望，并且不断丰富，另经朝代更迭，形象被不断丰富完善。

五、图释

图1 镜主纹饰为四叶，八凤两两相对，侧面单足，身形矫健，昂首挺胸，身形线条延伸变形，连绵不断。连弧与镜钮纹饰统一，似为草叶纹。

《韩诗外传》："夫凤之象，鸿前而麟后，蛇颈而鱼尾，龙文而龟身，燕颔而鸡啄，戴德负仁，抱中挟义。小音金，大音鼓。延颈奋翼，五彩备明。举动八凤，气应时雨。食有质，饮有仪。往即文始，来即嘉成。惟凤为能通天祉，应地灵，律五音，览九德。"由此可见凤是从自然界中的真实动物形象演化而来，并综合了多种动物的典型特征，具有美德的祥瑞之征。

凤是能通天祉的神鸟。而结合此镜钮外围的三角形锯齿纹，又引出另一个问题，即凤纹与三角锯齿纹的关联性。《鹖冠子·度万》："凤凰者，鹑火之禽，阳之精也。"《梦溪笔谈·象数》："天文家朱鸟，乃取象七鹑。故南方朱鸟七宿，曰鹑首、鹑火、鹑尾是也。"所以以凤凰为鹑火之禽。此镜三角形锯齿纹可以理解为光芒纹，光芒纹与凤鸟的结合，契合凤为火禽、阳鸟的属性。对照1977年河姆渡遗址二期发掘出土的双鸟朝阳象牙雕刻（现收藏于浙江省博物馆，定名为"双鸟纹象牙蝶形器"），可以了解凤鸟与光芒纹的联系由来已久。

草叶纹与凤纹并存于此镜中。在象征能通天祉的神鸟——凤鸟的四周安排草叶纹。草叶纹代表大地丰沛的植被，暗含了对勃勃生机的祈望。再多的乞福，也会要落到实处，也就是先民通过对沟通天地的神鸟祈祷，希冀自身实际生活得到保障，希望大地永远生机勃勃，百姓安居乐业。

图2 镜主纹为五兽，侧面形象，奔腾跳跃，连弧与镜钮纹饰似为卷草纹和三角锯齿纹。从目前存世的铁镜来看，其特种工艺有错金、错金银、错银、贴金等手段，详见图3至图6，免赘述。

（原载《清华大学艺术博物馆馆刊》2017 第 2 期）

071

数字的趣味与收藏

——两千年前中国铜镜圆周等分的数字系列

一、引言

高斯(1777~1855)是德国著名的大数学家、物理学家、天文学家,近代数学奠基者之一,在历史上影响之大可以和阿基米德、牛顿、欧拉并列。他在少年时代就对欧几里得作图理论产生了浓厚的兴趣,1796年3月30日,终于发现了正十七边形[1]的尺规作图[2]法。他曾要求在他去世以后,能将正十七边形刻在他的墓碑上。虽然这个要求未被满足,但是在高斯出生地布伦瑞克为他建立的纪念碑底座上有一个正十七边形,应该说正十七边形的尺规作图是高斯一生成就的奠基石。1855年2月23日,高斯在哥廷根天文台逝世之后,汉诺威王命令为高斯制作一个纪念章,上面镌刻有"献给数学王子"的字样,从那以后,高斯就以"数学王子"著称于世。

殊不知,早在1700至2300前的中国铜镜纹饰面上,就已经出现了包括素数17在内的以圆周等分表象的数字系列。由此,我们会惊奇地发现,华夏祖先在数学领域上的伟大创造力。

---

[1]西汉元寿二年(前1)六月,西汉元寿二年(前1)六月,西汉元寿二年(前1)六月,西汉元寿二年(前1)六月,西汉元寿二年(前1)六月,

[2]西汉元寿二年(前1)六月,西汉元寿二年(前1)六月,西汉元寿二年(前1)六月,西汉元寿二年(前1)六月,西汉元寿二年(前1)六月,

二、数字一览

在二十余年的收藏经历中，笔者时有发现：从战国至三国的七百年间，中国古代铜镜有着诸多不同的圆周等分序列。经过多年的寻觅查找，癸巳之春，终于找全了从 3 到 33 这些数字的连续系列，为此，列表如下，详见表一。

表一　战国至三国铜镜圆周等分数字一览表

图号	圆周等分	问世年代				直径厘米	重量克	数字特性	资料来源	说明
		战国	西汉	东汉	三国					
1	3		○			11.5	184	素数	《西汉龙纹镜》图 26	
2	4		○			15.0	190	2×2	《西汉龙纹镜》图 3	
3	5	○				16.0	373	素数	《清华铭文镜》图 2	东汉早期多见五乳镜
4	6				○	14.5	419	2×3	《嘉德 2006 秋拍》图 3045	战国秦亦见六连弧
5	7	○				14.3	197	素数	《长安汉镜》图版 8	东汉早期多见七乳镜
6	8	○				19.7	402	2×2×2	《三槐堂藏镜》图 9	东汉早期多见八乳镜
7	9			○		13.8	330	3×3	《止水阁藏镜》图 56	
8	10			○		8.3	60	2×5	《止水阁藏镜》图 57	
9	11	○				16.3	241	素数	《止水阁藏镜》图 58	
10	12		○			10.3	123	2×2×3	《止水阁藏镜》图 59	东汉亦见对凤镜
11	13		○			11.9	121	素数	《止水阁藏镜》图 60	东汉亦见半圆方枚镜
12	14		○			12.0	155	2×7	《止水阁藏镜》图 61	
13	15	○				13.3	203	3×5	《止水阁藏镜》图 29	东汉亦见半圆方枚镜
14	16		○			12.4	187	2×2×2×2	《止水阁藏镜》图 62	西汉草叶镜最是多见
15	17		A			14.3	206	素数	《止水阁藏镜》图 63	
16	17				B	11.3	127	素数	《嘉德 2007 秋拍》图 4742	
17	18		A			12.3	165	2×3×3	《止水阁藏镜》图 64	
18	18				B	15.9	284	2×3×3	《止水阁藏镜》图 118	吾作目竟 40 字
19	19			○		16.6	467	素数	《汉铭斋藏镜》图 123	纪年铭"甘露五年"
20	20		A			19.2	544	2×2×5	《汉铭斋藏镜》图 61	
21	20				B	15.4	479	2×2×5	《汉铭斋藏镜》图 116	纪年铭"延熹三年"

（续表）

图号	圆周等分	问世年代			直径厘米	重量克	数字特性	资料来源	说明
22	21	A			16.5	452	3×7	《莹质神工光耀阳羡》图19	"大乐贵富"11字
23	21		B		16.6	350	3×7	东京书道博物馆藏	纪年铭"甘露五年"
24	22			○	16.9	404	2×11	《汉铭斋藏镜》图117	"吾作目竟"40字
25	23			○	17.3	/	素数	重庆博物馆藏	纪年铭"熹平三年"
26	24			○	13.0	428	2×2×3×3	东京书道博物馆藏	纪年铭"永康元年"
27	25			○	12.7	208	5×5	《止水阁藏镜》图121	"吾作明竟"35字
28	26			○	17.8	478	2×13	《镜涵春秋》图133	
29	27			○	10.4	/	3×3×3	《莹质神工光耀阳羡》图162	
30	28			○	21.5	/	2×2×7	南阳市博物馆藏	纪年铭"建宁元年"
31	29			○	17.0	/	素数	《嘉德2004专拍》图4120	"吾作明竟"49字
32	30			○	13.3	235	2×3×5	《止水阁藏镜》图120	"三羊作竟"25字
33	31			○	12.5	163	素数	兵库辰马考古资料馆藏	纪年铭"延熹七年"
34	32			○	12.8	211	2×2×2×2×2	《汉铭斋藏镜》图118	"吾作明竟"59字
35	33			○	12.8	490	3×11	《丹阳铜镜博物馆》图186	
36	38			○	19.3	555	2×19	《泓盛2011秋拍》图1258	"吾作明竟"57字

三、系列等分

1. 据表一可知，数字18（含18）以下者共有18个，按年代与主纹分，有以下多种：

（1）战国——三龙连弧镜（如：图13为15连弧）；

（2）战国——五山镜（如：图3为5等分）；

（3）战国——素地连弧镜（如：图9为11连弧）；

（4）战国秦至西汉——蟠螭纹连弧镜（如：图5、6为7、8连弧）；

（5）西汉早中期——龙纹镜（如：图1、2为3、4等分）；

（6）西汉早中期——连弧镜（如：图10、11、12、14、15、17）；

（7）西汉早中期——草叶镜、圈带镜（连弧多见16，少见18、20）；

（8）东汉早中期——多乳神兽镜（乳钉可见5、6、7、8，数字9仅现钮区）；

（9）东汉晚期——连弧镜（如：图7为9连弧）。

2. 据表一可知，连弧19（含19）以上者共18个，多见于东汉三国，少见于西汉。

（1）连弧19、20、21重复见于西汉、东汉、三国魏；

（2）迄今所知，数字22（含22）以上者，多在东汉变形四叶兽首镜之中；

（3）存世还见大于33的连弧数，如：38（图36）、48、62等。

3. 据表一可知，数字17至21为过渡区，不同的年代皆有出现。

4. 新莽时期几乎皆为四灵博局镜，似不见有圆周等分的情况。

按表一顺序，本文将36例不同之连弧镜，一一展示如下：

图1（3等分）西汉三乳三龙镜

图2（4等分）西汉四乳双龙镜

图3（5等分）战国五山镜

图4（6等分）东汉六乳禽鸟镜

图 5（7 等分）战国七连弧蟠虺镜

图 6（8 等分）战国八连弧蟠虺镜

图 7（9 等分）西汉九连弧镜

图 8（10 等分）西汉十连弧镜

图 9（11 等分）西汉十一连弧镜

图 10（12 等分）西汉十二连弧镜

图 11（13 等分）西汉十三连弧蟠虺镜

图 12（14 等分）西汉十四连弧蟠虺镜

图 13（15 等分）战国十五连弧三龙镜

图 14（16 等分）西汉十六连弧云雷镜

图 15（17 等分）西汉十七连弧蟠虺镜

图 16（17 等分）东汉十七连弧变形四叶神兽镜

图 17（18 等分）西汉十八连弧蟠虺镜

图 18（18 等分）东汉十八连弧变形四叶兽首镜

图 19（19 等分）三国魏十九连弧变形四叶兽首镜

图 20（20 等分）西汉十二连弧花瓣镜

图 21（20 等分）东汉二十连弧变形四叶兽首镜

图 22（21 等分）西汉二十一连弧四乳螭龙镜

图23（21等分）三国魏二十一连弧变形四叶兽首

图24（22等分）东汉二十二连弧变形四叶兽首镜

图25（23等分）东汉二十三连弧变形四叶兽首

图26（24等分）东汉二十四连弧变形四叶兽首镜

图27（25等分）东汉二十五连弧变形四叶兽首

图28（26等分）东汉二十六连弧变形四叶兽首镜

图 29（27 等分）东汉二十七连弧具铭瑞兽

图 30（28 等分）东汉二十八连弧变形四叶兽首镜

图 31（29 等分）东汉二十九连弧变形四叶兽首

图 32（30 等分）东汉三十连弧变形四叶兽首镜

图 33（31 等分）东汉三十一连弧变形四叶兽首

图 34（32 等分）东汉三十二连弧变形四叶兽首镜

图 35（33 等分）东汉三十三连弧四乳神兽镜　　图 36（38 等分）东汉二十八连弧变形四叶兽首镜

四、素数展现

在表一的 36 个数字系列中，共有 3、5、7、11、13、17、19、23、29、31 等 10 个素数。其间，数字 3、5 可以用尺规解决，数字 17 已被德国大数学家高斯破解，还剩 7、11、13、19、23、29、31 等 7 个素数，不知古人如何解决？目前，只能是"知其然而不知其所以然"。我们猜想，即使古人可以用"近似法"这样既简易又繁琐的原始方法，然亦保存了古人面对不同素数这诸多数学难题的历史记录。

五、结语

战国早中期至三国魏约七百年。在铜镜这个特殊的文物载体上，华夏祖先首先创造了世界数学史上的"奇迹"表象。通过本文，我们可以穿越时空去寻觅：两千年前为等分圆周的国人，在用尺规作图时，对数字（特别是素数）的情怀、喜爱、探索、挑战。

（原载《中国收藏》2013 年第 7 期）

汉镜铭书赋

　　跨越时空四百余载的两汉镜铭文字，内涵丰实，意趣横生、书体精美、仪态万方，实为中华文字领域中不可多得之精品。甲午、乙未间，拙著《汉铭斋藏镜》《汉镜文化研究》（课题组长）《汉镜铭文图集》《汉镜铭文书法》（附《汉镜铭文字形表》）《止水阁藏镜》等业已问世或行将付梓。夜阑人静，轻翻书卷（稿），倘徉于汉镜铭文书体之开合有度、疏密有间、刚柔相济、形神兼备的艺术世界，回味无穷，意犹未尽。遂不揣浅陋，试撰《汉镜铭书赋》一篇，同时附上六个不同历史时期的二十四幅实物拓片及其放大文字，以期对读者诸君深入了解时聊有所补，详见表一。

神州有字，肇自炎黄。仓颉造形，诀别蛮荒。

爰至有夏，曰典曰章。华夏祖先，导扬起航。

有殷甲骨，惊世之创。卜辞契文，时代风尚。

商周钟鼎，大气端庄。印证历史，巍峨堂皇。

战国简帛，传布弥广。秦篆问世，圆转修长。

功在李斯，一统始皇。奠基之举，子孙颂扬。

西汉伊始，镜铭流芳。文帝初现，秦篆闪光。[1]

景帝承启，汉篆明亮。[2]武帝展图，多体绽放。[3]

昭宣乃后，隶变登堂。[4]汉隶悬针，联袂出场。[5]

东汉碑文，普天崇尚。乱世同存，铭书华章。[6]

汉字演化，古圆今方。数典两汉，功德无量。

镜铭书法，郁拔昂藏。千载流韵，灿烂辉煌。

表一 《汉镜铭书赋》附图一览表

图号	大致年代	铭文书体	铭文内容	直径（厘米）	重量（克）	资料
101	文帝时期	秦篆	修相思，毋相忘，常乐未央。	13.8	186	1
102		秦篆	与天地相翼，大乐贵富毋极。	11.2	132	4
103		秦篆	感思甚，悲欲见，毋说，相思愿毋绝。	11.6	152	8
104		秦篆	大乐贵富，千秋万岁，宜酒食。	18.2	474	9
201	景帝时期	秦篆过渡	内请质以昭明，光辉象夫日月，心忽穆而愿忠，然壅塞而不徹。	16.5	／	11
202		汉篆	大乐富贵得所好，千秋万岁，延年益寿。	16.5	350	21
203		汉篆	居毋宗出游，欲见君毋由，襦私思憔忧。	18.4	667	50
204		汉篆	与天无极，与地相长，欢乐如言，长毋相忘。	13.7	222	58
301	武帝时期	秦篆	有君子之方，视父如帝，视母如王，爱其弟，敬其兄，忠信以为商。	13.5	413	67
302		汉篆	见日之光，天下大阳，服者君王，千秋万岁，长毋相忘。	23.1	1197	70
303		汉篆	见日之光，服者君卿，千秋万岁，愿毋相忘。	20.2	730	79
304		汉篆	秋风起，使心悲，道路远，侍前希。	18.5	723	113
401	西汉晚期	汉篆	过渡□博至明，从酒高堂。	13.6	212	131
402		篆隶	湅治铜华清而明，以之为镜宜文章，延年益寿辟不羊，与天无极如日光，千秋万岁，长乐未央，长毋相忘。	18.7	910	134
403		篆隶（扁体）	姚皎光而蕴美兮，挟佳都而承閒。怀驩察而惠予兮，爱存神而不迁。得并执而不衰兮，精昭藉而侍君。	18.0	701	137
404		篆隶	日有喜，月有富。乐毋事，常得。美人会，竽瑟侍。贾市程，万物正。老复丁，死复生。醉不知，醒旦星。	15.6	443	140
501	西汉末期	悬针篆	内而光，明而精。湅石华，下之菁。见躬己，知人请。心意得，乐长生。	18.7	752	151
502	新莽时期	悬针篆	日有憙，月有富，乐毋事，宜酒食，居而必安勿忧患，于瑟侍，心中驩，乐己。	18.5	／	164
503		悬针篆	凤皇翼翼在镜则，到贺君家受大福，官位尊显蒙禄飤，幸逢时年获嘉德，长保二亲得天力，传之后世乐毋已。	21.1	1055	165

图号	大致年代	铭文书体	铭文内容	直径（厘米）	重量（克）	资料
504	东汉初期	八分	作佳镜哉真大好，上有仙人不知老，渴饮礼泉饥食枣，浮游天下放四海，佰人王乔自有道，寿如金石为国葆。	18.8	917	175
601	东汉桓灵	汉隶	延熹二年五月丙午日天大赦，广汉西蜀，造作明竟，幽湅三商，天王日月，位至三公兮，长乐未英，吉且羊。	11.6	/	196
602		汉隶	延熹三年五月丙午日造作。尚方明竟，广汉西蜀，幽湅三商，天王日月，位至三公兮。山人。	15.4	479	197
603		汉隶	延熹三年十二月廿九日，广汉西蜀造作，尚方明竟，幽湅三冈，巧工刻之成文章，上有四守辟不羊，作史升高，福录自从，夫妻相宜。	17.1	373	198
604		汉隶	熹平元年正月丙午日，幽湅白同，早作尚方明竟，买者大富且昌，延寿万年，上如东王父西王母，长生，大乐未央兮。	13.8	470	199

说明：本文资料源自拙著《汉镜铭文书法》，其间"汉镜铭文字形表"有 568 个文字，约 3800 个字形。

（原载《水木清华》2015 年第 5 期、《大观》2016 年 1 月总 76 期）

---

〔1〕详见表一 101~104。战国镜罕见文字，乃属"偶然出现"（李学勤语），最早面世之镜铭当为汉文帝刘恒时期的秦篆。秦始皇统一中国，由李斯制秦篆（即小篆），"秦篆从诞生的那一天起，就决定了它灭亡的命运"。（《汉字五千年》语）

〔2〕详见表一 201~204。汉景帝刘启时期，除少量出现的秦篆外，方折汉篆明显增多，若干文字也保留了秦篆风韵。此时之汉篆为启动后来的汉字隶变，打下了坚实基础。

〔3〕详见表一 301~304。汉武帝雄才大略，开创了大汉雄风，镜铭文字呈现出百花齐放之景象，可见汉篆、缪篆、鸟篆、篆隶、汉隶等。美化后的汉篆称作缪篆，在半个多世纪中可谓精美绝伦（马国权《缪篆研究》分为 9 类）。限于篇幅，本文不能展开。

〔4〕详见表一 401~404。古文字秦篆圆转偏长，今文字汉隶方折趋方。在经历西汉早中期的百年之后，镜铭书法之变迁虽滞后于简帛，但亦紧接着华丽转身，完成了从古文字秦篆演变成今文字汉隶的重要过渡，学界称为"隶变"。

〔5〕详见表一 501~504。在"隶变初现"的西汉晚期，汉隶与悬针篆，并至新莽时期，悬针篆达到高峰，东汉初年很快消失。悬针篆俊秀飘逸、妩媚动人，传说深受汉章帝（刘炟）的喜爱。

〔6〕详见表一 601~604。桓灵时期乃至汉末已是乱世，然由于文化传承惯性使然，为炎黄子孙习书时所顶礼膜拜的汉碑，多出自此时。这个时期的镜铭书法亦与汉碑同样受宠。

图 101

图 101A

图 102

图 102A

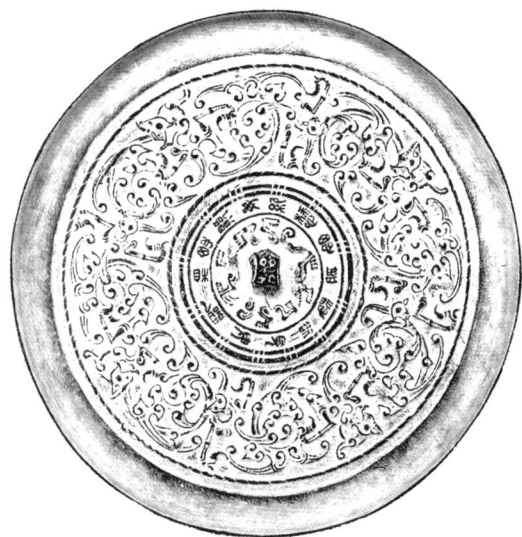

图 103

图 103A

图 104

图 104A

图 201

图 201A

图 202A

图 202

图 203

禩	欲	居
彩	見	交
寀	君	宗
懲	交	出
夏	出	游

图 203A

图 204

長	種	駃	駃
貴	樂	寍	不
相	映	湘	兼
步	喜	長	亞

图 204A

图 301

忠	乘	長	視	視	夆
俟	其	其	來	之	君
以	兄	羑	細	細	乃
象			王	帝	生
高					方

图 301A

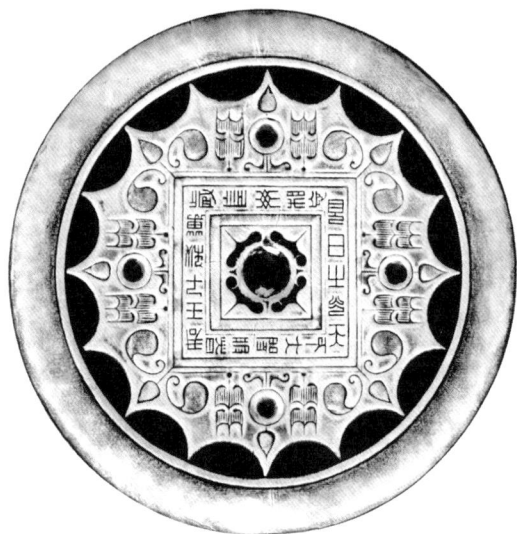

图 302

隹	午	明	昆
泰	秋	智	日
相	萬	君	止
安	歲	王	爸

图 302A

图 303

顯	午	朋	昆
史	秋	威	日
相	萬	為	止
安	歲	卿	爸

图 303A

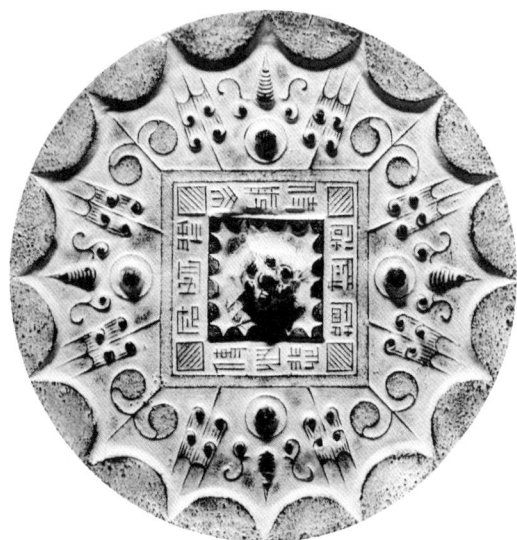

图 304

信	道	傳	華
告	時	世	富
各	道	非	起

图 304A

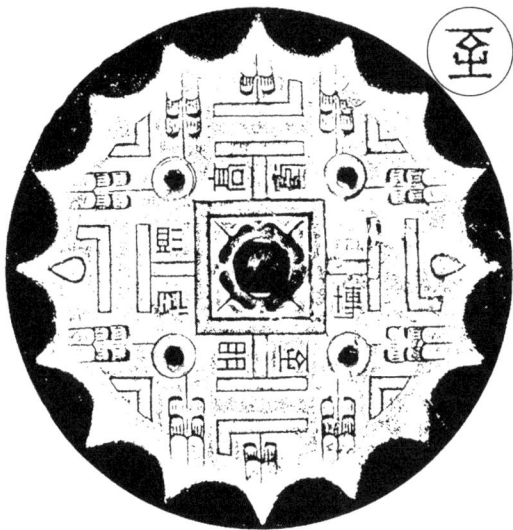

图 401

	尚
酒	博
高	盍
宧	明

图 401A

图 402

長	長	存	罘	延	⺊	湅
宜	樂	秋	天	犀	出	泊
相	未	嘗	宜	為	為	鋁
忘	央	歲	棗	壽	頌	華
			如	辟	宜	清
			日	石	文	而
			光	羊	而	明

图 402A

图 403

精	得	褭	憶	挾	姚
悍	血	存	驪	佳	瞳
晰	慰	神	察	諮	先
而	而	而	而	而	而
侍	不	不	姓	奉	瞼
者	食	禮	多	聞	蕭
三			三		三

图 403A

图 404

				日
				有
				喜
				日
				有
				富

图 404A

图 501

图 501A

图 502

				日

图 502A

图 503

傳	辰	辛	官	動	寶
世	保	辭	位	貴	壅
後	國	時	尊	君	翼
世	絕	有	顯	家	翼
樂	得	鑄	蒙	富	在
央	而	嘉	神	而	鑄
兮	力	德	創	福	助

图 503A

图 504

壽	佰	浮	渴	上	從
如	人	游	飲	有	任
金	王	天	禮	仙	頡
石	俟	下	泉	人	我
為	自	敖	創	不	草
國	有	三	創	知	大
葆	道	漢	秉	老	幼

图 504A

图 601

吉	芋	天	造	日	延
且		王	作	天	喜
羊	長	周	朋	太	二
	樂	日	貴	遠	手
	禾	位	西	廣	五
	央	至	康	東	月
		三	三	西	丙
		公	虜	蜀	午

图 601A

图 602

三	夫	西	尚	丙	迎
公	王	昜	方	午	憙
亏	日	出	朋	日	三
	月	凍	竟	治	羊
山	位	三	廣	作	五
八	至	君	漢		月

图 602A

图 603

夫	作	已	玓	尚	六	陛
妻	吏	宿	工	方	日	憙
伯	升	四	刻	不	剄	三
宜	高	守	之	亮	攀	羊
富	己	戌	此	巵	十
泉	尔	文	凍	刿	二
自	半	重	三	心	月
芝				作	口

图 603A

图 604

丰	東	武	圆	早	干	憙
主	王	書	音	曰	主
大	父	萬	大	此	六
楽	西	丰	富	方	東	羊
未	王		且	明	白	日
乗	史	上	昌	竟	同	月
子	如				丙

图 604A

浅处无妨有卧龙

——研讨深具文化价值的两面唐代纪年镜

《中国纪年铜镜·两汉至六朝》前言："中国纪年铜镜既是存世稀罕的珍贵文物，又是中国铜镜的特殊种类，在历史学、考古学、类型学、民俗学以及比较研究等方面，有着重要的文化价值。"同书附表"两汉至六朝纪年镜索引"告诉我们，存世两汉至六朝的纪年铜镜数量，超过了两百面。

与汉镜比较，隋唐纪年镜的存世量只能说是凤毛麟角。迄今所知，如不算同一品种的几面"永徽元年铭简博四灵镜"，则隋唐纪年镜的存世量应不超过六面。本人有幸得到了其中的两面数据，更可喜的是，这两件小文物竟然深具文化价值。正如窦庠《醉中赠符载》所言："时人莫小池中水，浅处无妨有卧龙。"为此，本文作出如下研讨。

一、年唯贞观铭五瑞兽镜（图1）

直径：14.9 厘米，重量：326 克，数据源：日本药照寺《中国古镜》图 35。

铭文：年唯贞观，世号隆唐。求金仙岭，镂质江阳。冯夷惭照，恒娥谢光。

1. 贞观：即唐太宗李世民的"贞观之治"（627～649），共23年。从铭文内容、主纹特点分析，此镜与图2镜比较接近，故其问世年代应在贞观中后期，更有可能是在贞观后期。

2. 隆唐：今天我们提起唐代时，多称"大唐""盛唐"，此铭却实实在在地告诉我们，在贞观年间时，唐人还曾自称"隆唐"。

3. 求金："求"即寻找之意。"金"在古时多用为金属之代称。《汉书·食货志》

图 1

颜师古注："金谓五色之金也，黄者为金，白者为银，赤者为铜，青者为铅，黑者为铁。"这里的铭文"金"字当是铜矿之释。

4. 仙岭：铜矿多出自山区，"岭"即山区之意。"仙"有超越凡品之意，杜甫《饮中八仙歌》："天子呼来不上船，自称臣是酒中仙。"这里的"仙岭"，可理解为今日所谓之"富矿"。凡金属冶炼，首先要寻找好的矿石，古代铸造铜镜当不例外。

5. 镂质："质"即品质。"镂"有反复操作、苦心钻研之意。在铜镜铸造上，自古多有"百炼"之用词，唐诗中常见。

6. 江阳：《旧唐书·卷十二》："（大历十四年）己未，扬州每年贡端午日江心所铸镜，幽州贡麝香，皆罢之。"白居易《百炼镜·辨皇王鉴也》："百炼镜，镕范非常规，日辰处所灵且祇。江心波上舟中铸，五月五日日午时。琼粉金膏磨莹已，化为一片秋潭水。镜成将献蓬莱宫，扬州长吏手自封。人间臣妾不合照，背有九五飞天龙。人人呼为天子镜，我有一言闻太宗。太宗常以人为镜，鉴古鉴今不鉴容。四海安危居掌内，百王治乱悬心中。乃知天子别有镜，不是扬州百炼铜。"笔者认为，镜铭之"江"应为江心之"江"，存世有见铭文"午日江心"之唐镜（《金懋 2010 秋拍》图 5406，直径 16.4 厘米，重量 1310 克）。此铭之"阳"应为五月五日午时端午之"阳"，此时的"阳"气最足，炼铸铜镜最佳。

7. 冯夷：铭文之"夷"乃为异体字，可在《六朝别字记新编·邑主造石像碑》之碑文中，找到对应实例。"冯夷"是传说中的黄河之神，即河伯，泛指水神。《庄子·大宗师》："冯夷得之，以游大川。"成玄英疏："姓冯名夷，弘农华阴潼乡堤首里人也。服八石，

图2

得水仙。大川，黄河也。天帝赐冯夷为河伯，故游处盟津大川之中也。"

8.惭照：铭文之"惭"乃为异体字，原字下方之"心"，改成左偏旁后，即是"惭"字。笔者认为，水神照容时，当用自己"统治"下的"止水"，"止水"若遇风吹晃动，照容就会变得模糊，比较铜镜照容效果，自叹不如，故而感到惭愧。"冯夷惭照"之词当是"文化素养"较高的广告用语。

9.恒娥：又称"嫦娥""常娥"。月神名，后羿之妻。相传曾盗食不死之药而奔月，遂为月神。《淮南子·览冥训》："譬若羿请不死药于西王母，恒娥窃以奔月。"

用今日白话，对此铭可作以下之解读：

贞观年间，盛世大唐。仙岭之地，寻得宝矿。

正午时分，江之中央。百炼铸制，镜面煌煌。

河神自惭，止水有晃。嫦娥感叹，胜似月光。

二、永徽五年铭四瑞兽镜（图2）

直径：12.3厘米，重量：426克，资料：镜友供稿。

铭文：永徽五年二月一日，为大郎造。流晖千载，含光万年。

此镜铭文显示，这是一面罕见的纪年纪事镜。依据《旧唐书》《新唐书》等历史文献，本文对镜铭主人公"大郎"，可写出一个简略的大事记。

贞观十七年（643），1岁。大郎出生。"帝（李治）始为太子，而忠（大郎）生，封燕王"。

永徽元年（650），8岁。拜永州牧，"固请忠为储后，高宗许之"。

永徽三年（652），10岁。"立忠为皇太子，大赦天下"。

永徽五年（654），12岁。唐王朝为"大郎"造镜（即此镜），留下了千古传承的"为大郎造"铭文。

永徽六年（655），13岁。"加元服……大酺三日"。是年，武则天所生皇子李弘三岁，礼部尚书许敬宗提议更换皇太子之事，"高宗许之"。

显庆元年（656），14岁。"废忠为梁王，授梁州都督，赐实封二千户，物二万段，甲第一区，其年转房州刺史"。

显庆五年（660），18岁。"废为庶人，徙居黔州，因于承干之故宅"。

麟德元年（664），22岁。大郎被杀。"诬忠与西台侍郎上官仪（曾为宰相）、宦者王伏胜谋权，赐死于流所，卒年二十二，无子，仪等伏诛"。《资治通鉴》第二百一卷："十二月戊子，赐忠死于流所……自是上每视事，则后垂帘于后，政无大小，皆与闻之。天下大权，悉归于中宫，黜陟、杀生，决于其口，天子拱手而已，中外谓之二圣。"

麟德二年（665），"皇太子弘表请收葬，许之"。

神龙元年（705），"追封燕王，赠太尉、扬州大都督"。

三、结语

1. 大唐尺度，1尺为今之30.6厘米。本文图1镜直径14.9厘米（唐尺5寸）、图2镜直径12.3厘米（唐尺整4寸），说明其时之皇家（至少是官制）器物，对执行度量衡标准的严格程度。

2. 本文两镜主纹皆瑞兽，说明在初唐后期的贞观、永徽之际，瑞兽纹是唐镜图案中的主流纹饰。

3. 唐镜与汉镜相比，诸多方面有较大差异（免赘述）。然仅就镜铭的文化价值而言，唐镜毫不逊色，可谓：汉唐皆有佳镜出，各领风骚数百年。

（原载《中国收藏》2017年2月）

诗辉镜耀

——从樋口隆康先生来信看唐镜回文诗

　　壬辰仲秋，接年逾九十的日本京都泉屋博古馆名誉馆长樋口隆康先生来函，文中有言："所附铜镜照片（见图 1），是奈良东大寺法华寺所收藏的物品。在其方格四周的文字，除了'质'字以外，都看不清楚，图案也是只能看出有天干地支，在这些之外的图案也希望能一并指教。"

　　长者有求，怎可怠慢？对于来信所提及镜铭二句四言的八字内容，遍寻唐镜铭文，找到了一些与"质"字相关的四言词句：襄台想质、随形动质、圆形览质、圆形象质、莹质良工，质禀玄精、质圆等天、质烂而清……然而用其比对东大寺法华堂之镜，却无一相配。思考再三，只能如实相告，但此事却一直牵挂于心。

　　是年岁末，在阅读一本出版物时，突然眼前一亮，这不就是"牵挂于心"的那面唐镜吗？真可谓"踏破铁鞋无觅处，得来全不费工夫"。经仔细比对后发现，两镜似为同模。出版物之镜（见图 2）直径14.5厘米，重量550克，依据其形制与纹饰，似可称为"飞天生肖回文镜"，其问世年代应在中晚唐。此类镜存世量甚少，国人都难得一见，日本朋友找不到可以比对的器物，当在情理之中。

图 1

图 2

有了清晰的图片[1]，此类镜八字铭文的释读问题，自然就迎刃而解。因是属于修辞手法之一的回文，回环往复读之皆能成诵。对于此类唐飞天生肖回文镜的铭文，读法一之正读"徵物为真，澄质朝神"；反读"神朝质澄，真为物徵"。读法二之正读"为真澄质，朝神徵物"；反读"物徵神朝，质澄真为"。依此类推，从不同的文字开始，就会有不同的正读与反读。对此铭文，曾有书籍将"为"字误读成"象"字，将"朝"字误读成"朗"字，于是铭文内容成了无可考证的"象物徵神，朗□澄真"。

回文诗属杂体诗名，可顺读，也可倒读，还可反复回旋着读，算是一种文字游戏，相传始于晋代傅咸、温峤，今传有苏蕙《璇玑图》诗。据《晋书·窦滔妻苏氏传》载："窦滔妻苏氏，始平人也，名蕙，字若兰。善属文。滔，苻坚时为秦州刺史，被徙流沙。苏氏思之，织锦为回文旋图诗以赠滔，宛转循环以读之，词甚凄婉，凡八百四十字。"另据南朝梁刘勰撰《文心雕龙·明诗篇》："回文所兴，则道原为始。"按明人梅庆生《文心雕龙》注所云："苻秦窦滔妻苏蕙织锦为回文，五采相宣，纵横八寸，题诗二百余句，计八百余言，纵横反复，皆为文章，名曰璇玑图。宋贺道庆作四言回文诗一首，计十二句四十八言，从尾至首，读亦成韵。"清翁元圻引《艺文类聚》所载曹植《镜铭》，认为是铭"回环读之，无不成文，实在苏蕙以前"。傅咸、温峤为晋人，晋在魏后，故而回文之"发明权"似应属三国魏之曹植。

隋唐之际最经典的回文诗出现在三重回文诗镜铭上，唐人称为《盘鉴图》。乾隆五十六年（1791），钱坫《浣花拜石轩镜铭》中出现此图（见图3）。今逢盛世，笔者喜获京城镜友之赠拓（见图4）。

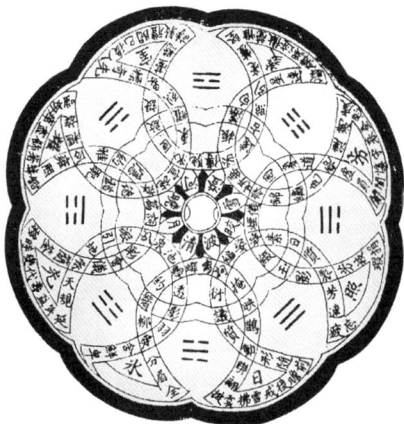

图 3

图 4

---

[1]据查，日本出光美术馆亦藏直径 16.0 厘米的同类镜。

比较可知，图3与图4两镜的形制与铭文完全相同。此两镜皆为八出葵花形。全镜布满三层铭文，共208字。由内而外：第一层，钮座八个莲花瓣内有八字回文："河澄雪皎，波清月晓。"第二层，八个双线回转环状带，带中饰有八卦，每带六句四言24字，计192字："驰光匣启，设象台悬。诗敦礼阆，己后人先。奇标象烈，耀秉光宣。施章德懿，配合枢旋。嗤妍瘁尽，饰着华铅。熙雍合雅，约隐章篇。词分彩会，仪等简筌。移时变代，寿益年延。规天等地，引派分泉。池轻透影，羽翠含鲜。卑尊尔敬，志节斯全。眉分翠柳，鬌约轻蝉。搞词掩映，鹊动联翩。披云拂雪，戒后瞻前。随形动质，议衍词编。资凝素日，质表芳莲。疲忘怨释，怪涤瑕捐。枝芳表影，玉缀凝烟。仪齐罔象，道配虚员。闺闱慎守，暮蚕思虑。漪涟配色，绣锦齐妍。垂芳振藻，句引星连。淄磷异迹，彻莹惟坚。厘毫引照，古远芳传。"第三层，在环状带与边缘的空隙处有八字回文："菱芳照日，冰光耀室。"此图三层文字皆为回文。第二层回文语句极为经典，如"己后人先""移时变代""寿益年延""规天等地"等，若反读时则为"地等天规""延年益寿""代变时移""先人后己"等，似述更加流畅。

初唐著名诗人王勃在《盘鉴图序》中云："上元二年（675）岁次乙亥，十有一月庚午朔七日丙子，予将之交趾，旅次南海，有好事者以转轮钩枝八花鉴铭示予，云今之妇人作也。观其藻丽反复，文字萦回，句读曲屈，韵谐高雅。有陈规起讽之意，可以作鉴前烈，辉映将来者也。"王勃所言之"八花鉴铭"，很有可能就是与图3、图4相同或相似之器物。

在《全唐诗》中，对回文诗一事亦多有描绘。李白《代赠远》（卷184-32）："啼流玉箸尽，坐恨金闺切。织锦作短书，肠随回文结。相思欲有寄，恐君不见察。焚之扬其灰，手迹自此灭。"元稹《春别》（卷422-14）："河汉秋期远，关山世路难。云屏留粉絮，风幌引香兰。肠断回文锦，春深独自看。"五代前蜀词人李珣在《定风波》一词中，有佳句曰："纵有回文重叠意，谁寄解鬟临镜泣。"

回文诗是唐代铭文镜的一大亮点，在《唐代铜镜与唐诗》图版10中，可见16句四言64字者："镌金镂范，铸铣图珍，

图5

图6

骈华莹玉。孕彩雕银，圆菱泛影，湛桂开轮，蠲邾屏嬖，涤秽疏神，悬光风跱，环影鸾驯，钿花写曙，鬓叶会春，传晖照胆，鉴回浮邻，襄台想质，启画思人。"亦见四句四言16字者，如："发花流采，波澄影正，月素斋明，鉴秦逾净。"而回文诗主要是二句四言8字的展现方式，包括文前所述之三首在内，迄今可知，主要有以下九首。

1. 微物为真，澄质朝神。
2. 河澄雪皎，波清月晓。
3. 菱芳照日，冰光耀室。
4. 绝照揽心，圆辉属面。
5. 珍写妙雪，真假照传。
6. 光正隋人，长命宜新。
7. 别春驰忧，结恋离愁。
8. 洁凝净明，漱澄莹清。（图5）
9. 镜发菱花，净月澄华。（图6）

唐镜是中国铜镜史上的第三座高峰，比较前两座高峰的战国镜与汉镜而言，唐镜的特点是更加绚丽辉煌。唐镜回文诗是中国传统文化的非物质文化遗产，在唐镜上能读到如此难能可贵的回文诗，真可谓诗辉镜耀也！

（原载《中国收藏》2013年第3期）

从中日出土同模唐镜说起

——为日本奈良高松塚古坟发掘 35 周年而作

1992 年 7 月，日本青木丰《和镜文化史》曰："有这样的感受，历史上从中国向我国输入了大量的工艺品，与其同类器物相比，都属于高档水准。正仓院传世的（55 面）铜镜是这样，奈良县高松塚古坟出土的海兽葡萄镜（下称 A 镜）亦是如此，即使在中国本土也没有发现过这样顶级的铸造品。"[1] 35 年前，高松塚古坟发掘之时（1972 年 3 月），恰逢中日邦交正常化（同年 9 月 29 日）。A 镜的出土可说是融天时、地利、人和于一体，意义非同寻常。笔者认为，有必要将至今已发现的四面与 A 镜同模或似同模镜公诸于众，并对存世概况，镜种特征、定名刍议等方面，进行初步探讨，以作为对高松塚古坟发掘 35 周年的纪念。

一、存世概况

1982 年，王仲殊先生在《关于日本高松塚古坟的年代和被葬者——为高松塚古坟发掘十周年而作》[2] 一文中，详细介绍了 1958 年在我国西安东郊铜人原唐代独孤思贞墓出土的一面海兽葡萄镜（下称 B 镜）。通过比对，认定 A、B 两镜为同模。继而，又考证了两

---

〔1〕（日）青木丰：《和镜文化史》，刀水书房，1992 年，第 25 页。

〔2〕《考古》1982 年第 4 期。文中，王仲殊先生认为："庆云元年（704）七月，以粟田真人为首的遣唐使团从中国带到日本这面新式铜镜，很快落入刑部亲王（忍壁皇子）的手中，而且在翌年（705）五月以后，又成为他死后的随葬品。"

镜的确切年代和 A 镜的墓主身份。A 镜墓主死于日本文武天皇的庆云二年（705）；[3] B 镜墓主死于武周万岁通天二年（697），而于圣历元年（698）迁葬铜人原。两镜墓主的入葬时间仅相差 7~8 年。A 镜墓主为日本忍壁皇子，其墓葬位置在奈良县高市郡明日香村，是日本"飞鸟时代"（593~710）的政治中心和文化中心，南距文武天皇（697~707）陵约 200 米，北距天武天皇（672~686）、持统天皇（687~696）陵约 400 米，墓主的皇室身份毋庸置疑。B 镜依据《墓志》[4] 知墓主名为独孤思贞，其墓葬位置与东北方向的汉文帝霸陵隔河相望，查世系表可知墓主的四世祖独孤永业为"周大司寇临川郡王"，其五世从孙独孤桢为唐昭宗时的宰相，墓主的显赫家世明明白白。A、B 两镜不仅同模，而且有着同样有据可查的高贵身份。两镜堪称"一母所生"，其出土地点相隔千山万水，却又几乎是"同死（入土）同生（见天）"，机缘巧合，殊属罕见。其历史、文化、艺术价值之突出，不言而喻。

事实上，A、B 两镜还有几个"同胞兄弟"。其一，2004 年拙作《三槐堂藏镜》图版 134（详见图 1，下称 C 镜），其中说："此镜与陕西西安和日本奈良出土的两面唐镜直径相同，构图一致，后两镜同模"。关键的不同点在于伏兽钮，C 镜作仰头状（详见图 1a），A、B 两镜为低头状；其二，2003 年 11 月，英国伦敦觉是轩艺术品公司在伦敦亚洲艺术节，举办"铜镜的背面——中国明代以前铜镜艺术展"，展示了被海外收藏的中国精美铜镜。有一面直径 17 厘米的唐盘龙海兽葡萄镜[5]（图 2 下称 D 镜）；其三，2006 年 3 月，日本京都泉屋博古馆出版了《唐镜》一书，其图版 17 为和泉市久保物纪念美术馆所藏的直径 17.1 厘米之海兽葡萄镜[6]（图 3，下称 E 镜）。将 D、E 两镜与 A、B 两镜细加对照，可知属于同模或似同模镜。其实际尺寸亦应该是 16.8 厘米（A 镜出土时的原始数据曾同样被认作 17 厘米），估计丈量尺度时稍有偏差，或是因铜镜边缘锈斑凸起所致。D 镜之展览主办单位的说明中有这样一段文字："龙纹也存在风格上的变化，龙纹继续作为唐代铜镜的流行纹饰，但它变得充满了活力，并且更加华丽。龙不再是东方的守护神，而是被赋予了生命力和威严，象征皇权。展览中有一件很稀少的盘龙海兽葡萄镜（即 D 镜），铜镜背面密布着紧密盘踞的龙和通常像狮子一样的神兽。"

丁亥初春，笔者在藏家手中，还分别发现了另外的两面同类镜，直观的印象是尺寸一致，构图相同，兽钮低头。惜因时间匆忙而未留下相关数据。

这里将 A、B、C、D、E 诸镜的相关信息汇总在一起，详见表一。观察实物可知，A、B 两镜完全同模，C、D、E 三镜可暂且说似同模，而 C 镜伏兽钮更有姿态上的不同。

王仲殊先生对 A、B 两镜的直径进行了详尽分析，并确认为 16.8 厘米。笔者认为，这一点至关重要。为什么呢？《中国科学技术史·度量衡卷》在长达半个世纪的编写后认定，

〔3〕王仲殊《关于日本高松塚古坟的年代问题》，《考古》1981 年第 3 期。
〔4〕中国科学院考古研究所《唐长安城郊隋唐墓》29 页，文物出版社 1980 年。
〔5〕于力凡（译）《铜镜的背面——中国明代以前的铜镜艺术》，《收藏家》2006 年第 2 期。
〔6〕日本京都泉屋博古馆《唐镜》，便利堂株式会社 2006 年 3 月。

图 1

图 1a

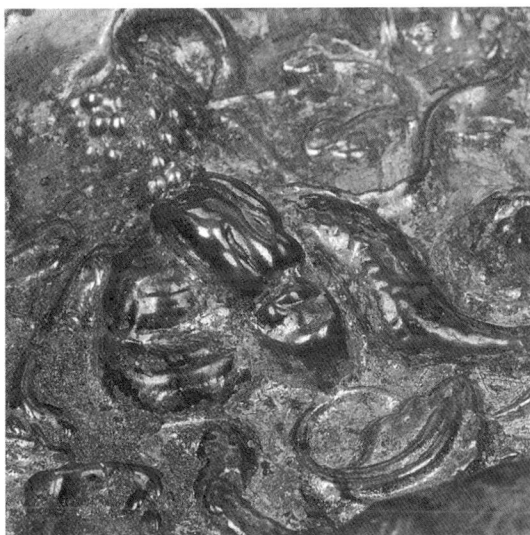

图 1b

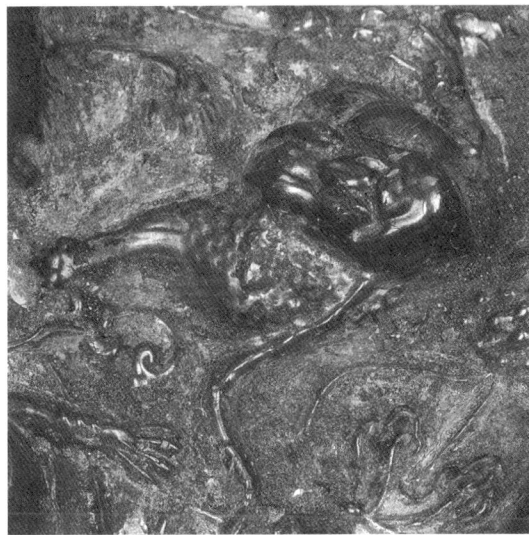

图 1c

唐代的标准尺即现代公制的 30.6 厘米，16.8 厘米当为整五寸五分，这是一个唐人所喜爱的
吉祥数字。

二、镜种特征

此类镜存世已见者七面，其中有据可查者五面（包括出土的 A、B 镜），皆应出自盛
唐之初。若有机会让这些 1300 岁高龄的"同胞兄弟"，从天南地北聚会一起，[7] 该是多
么有趣的一件事！考证与研究古代器物，最重要的是有出土资料并可考纪年。此类镜因 A、

---

[7] 唐镜存世数量大，镜体强度好，出现较多的同模情况有其必然性。笔者对中高档品种的初步统计，已在
20 以上。"多胞胎"的同模数字 2、3、4、5 各有不同。

图2

图3

表一 五面同模唐镜信息汇总一览表

代号	镜名简称	直径（厘米）	重量（克）	厚重系数 m 值（克/平方厘米）	伏兽钮	品相
A	奈良出土镜	16.8	1220	5.51	低头	中
B	西安出土镜	16.8	1210	5.46	低头	上
C，图1	三槐堂藏镜	16.8	1239	5.66	仰头	上中
D，图2	英国展览镜	17.0（？）	/	/	低头	上
E，图3	和泉市藏镜	17.1（？）	/	/	低头	上

B 两镜的客观存在，而具备了这些优越条件，若干具体问题的探讨亦就比较容易进行。唐代海兽葡萄镜是国际上铜镜学术界所最为关注的一个重要镜种。目前已形成了共识，这是受摩尼教影响而产生的一个新品种（详见拙著《唐镜与唐诗》图版 38 至图版 42 "背景资料"）。任何镜种都有一个产生、发展、消亡的演变过程。海兽葡萄镜产生于武则天改周之初，直至会昌年间唐武宗灭佛毁寺时，因摩尼教被禁而消亡，经历了盛唐至中唐的约150 年时间，"镜"与"教"亦可说是同生同死、休戚与共。

A、B 两镜同模已是一致公认，其问世年代亦应相同地被认定在武则天圣历元年（698）之前。宋僧志磐《佛祖统记》载："延载元年（694），波斯国人拂多诞（原注：西海大秦国人）持二宗经伪教来朝。"众所周知，摩尼教进入中国后，才产生了海兽葡萄镜，A、B 两镜（特别是 B 镜）的问世年代，应该在武则天改周以后的最初五年（694~698）。换言之，A、B 两镜产生在海兽葡萄镜的始创期。为此，我们从镜面纹饰来逐一探讨其镜种特征。

1. 盘龙纹

此类镜内区六分，主纹饰分别为三海兽、三盘龙。三海兽均仰头侧卧，前肢外伸，两兽头向外，一兽头向里与钮兽头相对；三盘龙均身披鳞甲，一平卧抬头，一盘曲抬头，一盘曲平视，盘曲的程度皆绕龙身一圈。熟悉唐镜的人都知道，海兽葡萄镜从始创之日起，直至会昌年间消亡的 150 年间，作为外来文化元素的主纹饰海兽几乎没有什么变化。盘龙纹（详见图 1b、图 1c）则完全属于中国文化元素，我们不得不佩服当时设计者的独具匠心：在狭小的空间，用盘曲来显示龙身的长度。海兽葡萄镜的立体感可说是中国铜镜之最，我们在鉴赏唐镜时，不能仅停留于平视，而是要从各个角度去观察，才可探知全貌。

镜史变迁告诉我们，在盛唐之初，这种中西合璧的盘龙海兽葡萄镜形式很快就消失了。取而代之的是，主纹饰海兽之间麒麟、孔雀等带有中国文化元素的吉祥动物。有一部分纹饰，特别是在较小直径（通常在 16 厘米以下）的情况下，除了海兽与葡萄以及各式的飞禽、走兽、蛱蝶、蜻蜓等动物外，经常还会有一些不明含义的图案（即国外所谓"多谜之镜"）。海兽葡萄镜中带盘龙纹的年代应该不长，至于消失于什么年代，还不能妄下结论。然而从现已掌握的有关资料来看，不论是国内还是国外，不论是博物馆还是收藏家，在其他制式的海兽葡萄镜中，盘龙纹饰甚少，存世还有盘龙纹与孔雀纹同在内区的海兽葡萄镜，以及盘龙纹钮的海兽葡萄镜，当另文再议。

2. 蛱蝶纹

此类镜外区一周纹饰中，以海兽、葡萄和禽鸟为主，其间多饰以蛱蝶与蜻蜓，这两种小昆虫与中国传统文化甚为密切。唐代大诗人杜甫《曲江》诗曰："穿花蛱蝶深深见，点水蜻蜓款款飞。"用唐诗对照唐镜，真可谓"诗辉镜耀"！在以后的海兽葡萄中，亦能再偶尔见到蛱蝶纹或蜻蜓纹。此外，无论是八瓣菱花形还是八出葵花形的唐代禽鸟镜，在其边缘空隙处，可常见多与祥云纹相间的蛱蝶纹。

3. 葡萄纹

内区 10（边 9 里 1）串葡萄，外区 20（边 16 里 4）串葡萄，葡萄叶纹呈五瓣状。加之外区的 5 海兽 5 禽鸟。全镜以葡萄为主，已为一个由数字"五"组成的概念空间。唐镜铸制以五月五日为吉日，直径 16.8 厘米是五寸五分。所有数字又都与"五"相关，应系唐代的吉祥数字或民间习俗所致。至今，日本民间在数字上喜爱用"五"，当与承继唐风有关。

4. 镜钮纹

已知此类镜出土两面、可查三面（事实上民间还有）。仔细观察后，虽然直径相同、纹饰一致。然在总体上，以称谓"似同模镜"或"类同模镜"为宜。它们在镜钮伏兽上的共同点是高背、光背、小头、小眼，其不同点在于伏兽头部：多见低头状且前肢略为分开（A、B、D、E 四镜），少见仰头状且前肢略为合拢（C 镜）。曾经引起过一些讨论，或说"男女之别"[8]，或称"文武之差"，因为 A、B 两镜墓主的身份都是男性文官，所以现有的可能性猜测是：当时这类中西合璧的盘龙海兽葡萄镜，皆由官炉铸造。同一规格应有两种钮制，较多的兽钮低头镜赐给了文官，[9] 较少的兽钮仰头镜赐给了武将。期盼今后能见到盛唐武将的墓葬资料，以求证实。

在日本泉屋博古馆《唐镜》一书中，还刊有其他三面直径为唐尺五寸五分的镜例，[10]可知这个规格的年代，主要在隋唐之际至盛唐，中晚期唐镜几乎不见 16.8 厘米的尺寸。说明当时这个镜类在形制管理上的特殊性。此外，厚重型海兽葡萄镜的厚重系数一般高达 5.5~6 克／平方厘米。从表一可知，这个始创期镜类的厚重系数 m 值就已经达到了 5.5 左右。海兽葡萄镜在始创之初，就一举作出了特别厚重的定位。换言之，在同样尺寸的情况下，海兽葡萄镜的用铜量特别大。此类厚重镜的使用对象，无论是男性的文官还是武将，应该都没有太重了的问题。若是女性所用，则还有讨论之处。唐代妇女以"胖"为美、以"肥"为贵，这个镜种符合盛唐气象的时代要求。对于这类厚重镜，若用现代妇女的眼光看，近两斤半（1239 克）的份量，显然太重了，而在盛唐之初却是举重若轻，给我们留下了唐代妇女体格强健的话题。

三、定名刍议

近百年来，中日两国以及欧洲的许多学者对唐代海兽葡萄镜有过大量的关注与研究。在半个世纪之前，有罗振玉、梁上椿、刘体智、梅原末治、后藤守一等前辈；近半个世纪以来，有王仲殊、李学勤、孔祥星、樋口隆康、川村宗嗣等大家。他们对唐代海兽葡萄镜的分类与定位都有过贡献。一个现实的问题摆在面前：本文所涉及的五面同模或似同模镜怎么定名？怎么称呼？

首先，从广义上看，这个大镜种历来有瑞兽葡萄镜、狻猊葡萄镜、海兽葡萄镜等多种称谓，众说纷纭，各有千秋。笔者认为，这个大镜种的问世主要是与摩尼教进入中国有关，夹带着诸多至今还不明白的外来文化。中国传统文化对外来文化历来有一种说法，即所谓"海外"文化。在中国称海兽葡萄镜，可以理解成"铜镜纹饰有从海外进入中国的异兽和葡萄"。所以，若用较为精炼的文字来表示较为复杂的概念，总体上还是以称谓海兽葡萄镜为好。另外，确实有个别海兽葡萄镜的海兽钮与海兽纹底部都有海水纹，亦为命名提供了佐证。

其次，唐代海兽葡萄镜在中国属最重要的大镜种之列，只用单一的或是粗分的称谓，似已不能解决问题，并给讨论、叙述带来了诸多困难。习惯性的办法是，若在内区主纹饰中出现孔雀，可称孔雀纹海兽葡萄镜或简称孔雀海兽葡萄镜；出现麒麟，可称麒麟纹海兽葡萄镜或简称麒麟海兽葡萄镜。而对于本文所讨论的带盘龙纹海兽葡萄镜（D 镜），在英

---

〔8〕有种猜测，武则天身为女皇而推崇女权：女性上司可以昂首抬头，男性下属必须唯唯诺诺。

〔9〕原文注 2 载，A 镜墓主恕璧皇子被封刑部亲王，大宝三年（703）任太政官事；原文注 4 载，B 镜墓主独孤思贞《墓志》："八岁授诗礼，十五学击剑，二十博览群籍……稍迁同州司士，无何授雍州司户……虽张京兆，曷以尚兹……特赐龟加一阶，除乾陵署令。"

〔10〕三面直径唐尺 5 寸 5 分的其他唐镜：其一，和泉市久保物纪念美术馆藏"四神十二支纹镜"；其二，泉屋博古馆藏"双凤双禽八棱镜"；其三，泉屋博古馆藏"游禽瑞花八棱镜"。

国展览时，译文中就已被称作"盘龙海兽葡萄镜"。

再者，仔细研究表一诸镜，其内区三条龙纹中有两条龙在自身上绕了一圈，用"盘"字来描绘应该正确。《后汉书·安帝纪》："帝自在邸第，数有神光照室，又有赤蛇盘于床第之间。"笔者认为，虽称"盘龙"无误，然而对具有皇室身份的古代器物而言，称作"蟠龙"似添华贵之气。自古称南京的山川地理，谓之"虎踞龙蟠"，亦有华贵之意。汉扬雄《法言·问神》：'龙蟠于泥，蚖其肆矣。'"若对镜内的"绕""结"纹饰而言，称以"蟠龙"更为贴切。

综上所述，建议对这类镜的称谓，以"蟠龙纹海兽葡萄镜"为好，简称"蟠龙海兽葡萄镜"亦可。

（原载《收藏家》2007 年第 10 期）

蟠龙纹海兽葡萄镜的由来与演变

自 1984 年起，《中国古代铜镜》《中国铜镜图典》两书相继出版，对学习和研究中国铜镜文化起到了推动作用，在涉及到铜镜分类与年代的有关问题时，一般皆以此作为依据。1990 年 10 月，台北学者颜娟英发表了《唐代铜镜纹饰之内容与风格》一文。1994 年 3 月，中国社会科学院考古研究所徐殿魁《唐镜分期的考古学探讨》一文，在《考古学报》发表，对唐镜分类问题作了详尽的说明，尤其重要的是其附表三，刊载了"纪年唐墓出土百面铜镜登记表"，让每个人都能系统地了解各类唐镜的问世年代。唐镜的分类、分型与分式有了系统研究，本文结合传世器物的收藏，围绕"蟠龙纹海兽葡萄镜"这样一个专题，探讨其由来与演变。

一、由来

拙文《从中日出土同模唐镜说起》（以下简称《中日出土唐镜》）提出，海兽葡萄镜始于武则天改周（690~704）之初，即由波斯摩尼教入唐时算起，蟠龙纹海兽葡萄镜是其始创期的器物。这种在盛唐之初就已标新立异的特殊器物，还是有着它自己鲜明的发展轨迹。

二十世纪七十年代初，在陕西礼泉县马寨村的郑仁泰纪年墓中，出土了唐高宗麟德元年（664）的瑞兽葡萄镜。《文物》1972 年第 7 期《唐郑仁泰墓发掘简报》说："按墓志此时（玄武门之变）仁泰任秦王帐内旅帅，为李世民的亲兵头目。"《唐会要》卷九六载："铁勒道行军大总管右武卫大将军郑仁泰、左武卫大将军薛仁贵破铁勒之众于天山。"足见郑仁泰在初唐亦是一位大人物，就在其墓葬中发现了迄今所知最早的瑞兽葡萄镜。这个贞观之治与永徽之治相衔接的年代，正是唐镜制式与纹饰剧变的时代。曾著名于隋唐之际的四神十二生肖镜逐渐消失，瑞兽镜与瑞兽葡萄镜正在兴起，《中国铜镜图典》从图 502 开始，把这种变化与发展，表述得清清楚楚。如果将青龙、白虎、玄武、朱雀等四灵亦算在瑞兽范围的话，瑞兽镜及其随后不久（似应从初唐算起）的瑞兽葡萄镜，可说是贯穿于整个唐代，约存世 300 年。作为瑞兽葡萄镜之一的糅合了摩尼教文化的海兽葡萄镜则只是产生于武则天改周（690~704）之初，消失于唐武宗会昌年间（841~846），换言之，随摩尼教而生，随摩尼教而亡的海兽葡萄镜，独领风骚地占据了有唐一代最为辉煌的盛唐与中唐这 150 年。

在拙文《中日出土唐镜》发表以后，得到了许多宝贵的反馈信息。

第一，中国国家博物馆藏直径 19.8 厘米（唐尺 6.5 寸）的蟠龙纹海兽葡萄镜（图 1），这个镜种这样大的尺寸，至今还未发现有相同者，仔细与两面出土的中日同模唐镜进行比

图 1

图 2

较，亦几乎找不出什么显著差别。

第二，在日本杉山洋《古代的镜》（《日本的美术》NO.393 第 7 页）表 1 "高松塚的同类镜"中，还列举了拙文《中日出土唐镜》以外的六面同型镜，其中两面陕西出土，一面博物馆藏，三面个人收藏。

第三，北京镜友藏直径 16.8 厘米，重量 1186 克的同类镜（图 2），这是一面与《中日出土唐镜》文中 A、B 两镜的又一同模镜，真是令人振奋。

第四，有好心人为笔者提供了一面同类镜的残器（图 3），此器外圈俱在，可知其直径仍为 16.8 厘米，内圈缺失甚多，只剩下一蟠龙（图 3A）一海兽（图 3B）。

根据以上资料可知，出自武则天改周之初的蟠龙纹海兽葡萄镜至少有十四面存世，其中出土品四面（西安独孤思贞墓、奈良高松塚古坟、西安十里铺 237 号墓、陕西安康岚河墓），博物馆藏四面（中国国家博物馆、辽宁省博物馆、英国觉是轩艺术公司展览品、日本和泉市久保物纪念美术馆），私人收藏六面（《三槐堂藏镜》、北京镜友、上海止水阁、日本私人藏三面）。在这十四面同类镜中，只有一面直径是 19.8 厘米（唐尺 6.5 寸），其

图3

图3a

图3b

余十三面直径皆为 16.8 厘米（唐尺 5.5 寸）。十四面同类镜中，除了常见的镜钮伏兽呈低头状外，极个别镜钮伏兽（如《三槐堂藏镜》）呈抬头状。

二、剖析

瑞兽葡萄镜中的瑞兽可以找到很多种式样，而海兽葡萄镜中海兽的总体形态独此一种，即使有所变化，也仅反映在大小与方向上的不同。海兽是随摩尼教进入中国的一种外来文化，在中国传统文化（各种瑞兽）的基础上吸收了外来文化，才创造出蟠龙纹海兽葡萄镜。应该说，完全是海兽纹的"纯"海兽葡萄镜，其问世年代应比蟠龙纹海兽葡萄镜要晚。

值此盛世，众多出土器物以及国家与民间的公私藏品，为我们打开了海兽葡萄镜这扇 150 年时光隧道的探索之门。今天能摸索寻找海兽葡萄镜早期演变的若干线索，以为未来的系统研究作些铺垫，可说是一件幸事。本文首先从细部尺寸与金属成份着手，试图对蟠龙纹海兽葡萄镜有进一步的认识，正因为有残破的图 3 镜出现，为我们提供了深入了解蟠龙纹海兽葡萄镜的方便条件。利用实际测量与仪器分析，我们可以对蟠龙纹海兽葡萄镜可以进行一定的剖析。

（一）尺寸

蟠龙纹海兽葡萄镜尺寸，详见表一。

表一　蟠龙纹海兽葡萄镜的细部尺寸（毫米）

外径	内圈直径	外缘高度	细部最大高度				镜面最小厚度
			凸棱	镜钮	海兽	蟠龙	
168	104	15.3	8.5	14.0	10.6	12.7	约 1.0

（二）成份

取蟠龙纹海兽葡萄镜残件（图3）局部碎块，用S-570扫描电子显微镜和PHOENIX能谱仪作能谱分析，详见表二。

表二 蟠龙纹海兽葡萄镜的金属成份（%）

金属成份	铜（Cu）	锡（Sn）	铅（Pb）
重量百分比	63.80	22.61	13.58
原子百分比	79.68	15.12	5.20

三、演变

比较海兽葡萄镜问世之初的蟠龙纹形态，可大致分为三类六型。

（一）始创类——蟠龙纹问世（甲型）

拙文《中日出土唐镜》对始创型（甲型）的蟠龙纹海兽葡萄镜已有初步探讨，认为在海兽葡萄镜中，蟠龙纹是最早出现的纹饰组成，此类镜是从瑞兽葡萄镜向海兽葡萄镜演变的最早器物，问世在武则天改周之初。

（二）过渡类——蟠龙纹与孔雀纹共存（乙、丙、丁三型）

经过贞观之治和永徽之治打下的坚实基础，到了武则天执政时期，大唐王朝出现了国力强大、经济繁荣、文化昌盛的盛唐气象。由此而始的海兽葡萄镜或许只是其中的沧海一粟，而每一滴海水又都反映着大海的各种信息，海兽葡萄镜正是代表着盛唐气象的一种典型器物。拙文《中日出土唐镜》曾言及，在中国西安铜人原出土的独孤思贞墓与日本奈良高松塚古坟出土的忍壁太子墓，不仅属于同时代的同模蟠龙纹海兽葡萄镜（甲型），而且两个墓主的身份都有着皇亲国戚或是达官贵人的背景，蟠龙纹饰的使用亦符合他们的身份。随着高档次唐镜使用面的不断扩大，也许仅用蟠龙纹已与一些人的身份不能或是不完全相称，这就需要改变或是增加一些纹饰的内容。此外，在盛唐气象中，工艺美术的繁荣亦促进了铜镜艺术的发展。从存世器物的现实情况来看，这种发展时期的过渡型器物主要有以下三种情况。

1. 伏兽钮蟠龙孔雀海兽纹（乙型）

首先，应该是镜钮仍为伏兽的过渡型，其特征是在甲型的蟠龙纹海兽葡萄镜内区中，加入了孔雀纹，其他纹饰组成皆变化不大。根据尺寸大小不同，纹饰组成的数量有所差异。黄洪彬先生所藏之镜（图4），直径24.4厘米（即唐尺8寸），重量2994克。内区六分，分别为两蟠龙、两孔雀、两海兽；外区除了禽鸟与海兽外，仍有蛱蝶与蜻蜓。

2. 蟠龙钮蟠龙孔雀海兽纹（丙型）

此类镜与甲、乙两型的重要差别，是将伏兽钮改成了蟠龙钮。其典型镜例为日本奈良

图4

图5

县春日大社（又名春日金龙社）所藏之镜（图5），直径29.5厘米，重量6101克。内区八分，分别为两蟠龙、两孔雀与四海兽。外区纹饰丰富，包括有七狻猊、两天马、两鸾凤、一仙鹤、两鸳鸯、两飞禽以及蛱蝶、蜻蜓等。此类镜在国内亦有所藏，只是直径较小，上海烟云阁所藏之镜（图6），直径17.3厘米，重量1304克。内区六分，分别为两蟠龙、两孔雀与两海兽；外区稍为简单，主要是十禽鸟以及三蛱蝶与一蜻蜓。

3. 蟠龙钮孔雀海兽纹（丁型）

此类镜内区的蟠龙纹已经消失，只是镜钮保留了蟠龙形态（蟠龙钮）。上海金鉴堂所藏之镜（图7），直径14厘米，重量706克，内区六分，两孔雀、四海兽。还另见直径14.2厘米的同类镜。概略而言，丁型镜的存世量比甲、乙、丙三型要多一些，在国内的拍卖活动中，亦可常见丁型镜的身影。

（三）后续类

1. 孔雀、海兽葡萄纹（戊型）

从存世器物的实际情况来看，蟠龙纹与孔雀纹同处一镜的情况，很快又有了变化。同属于中国传统文化的蟠龙纹与蟠龙钮全部消失，独存孔雀纹，成为存世较为多见的孔雀纹海兽葡萄镜。蟠龙纹为何消失？目前还没有定论，只能说在海兽葡萄镜中，单独的蟠龙纹比单独的孔雀纹要少得多，蟠龙纹与孔雀纹共存的情况比单独的孔雀纹亦要少。一种推测，蟠龙纹与蟠龙钮只出现于武则天改周时期，或是自然延续至稍后。北京镜友藏此类镜，直径16.8厘米（又一个唐尺5寸5分，应是沿用旧制），重量1194克。内区六分，两孔雀与四海兽。还另见直径17.7厘米的同类镜。这个镜型的重点器物，可数日本爱媛县大山祇神社所藏大型的鸾凤孔雀纹海兽葡萄镜。

2. 麒麟海兽葡萄纹（己型）

唐镜中出现麒麟纹的时间，应有两种情况：其一，麒麟与瑞兽同处一镜，难说其年代在武周之前还是武周以后；其二，麒麟与海兽同处一镜，可以说是在武周以后。与孔雀纹

图 6　　　　　　　　　　　　　　　　　图 7

海兽葡萄镜的情况基本相似，此类镜只是将麒麟纹替代成孔雀纹，仍然保留了中国传统文化。存世器物表明，麒麟纹海兽葡萄镜（如《唐代铜镜与唐诗》图版 38）比孔雀纹海兽葡萄镜的数量要大，式样要多。可以清楚地看到，海兽的头部很简单，而麒麟的头部却是复杂多变，通常以有卷曲鬃毛为特征。麒麟纹在不同的唐镜中，有大有小，姿态各异，举不胜举。《唐代铜镜与唐诗》图 35（日本千石唯司所藏）是一种典型情况，内区六神兽中的麒麟纹，正是大家比较了解的图形，器形硕大，刻划精细，惟妙惟肖。这个镜型的典型器物当是日本的一对似同模麒麟纹海兽葡萄镜：其一，由正仓院所藏（南仓 9 号），直径 29.7 厘米，重量 5050 克；其二，由千叶县香取神宫所藏，直径 29.7 厘米，重量 4575 克。此外，日本鹿儿岛山宫神社另藏大型的麒麟天马纹海兽葡萄镜。迄今为止，还没有发现蟠龙纹与麒麟纹同存的海兽葡萄镜。

综上所述，蟠龙纹海兽葡萄镜的由来与演变可归纳成下表，详见表三。

表三　蟠龙纹海兽葡萄镜的由来与演变一览表

类	型	图号	镜钮	直径	内区纹饰组成	资料来源
始创	甲	1	伏兽	19.8	三蟠龙三海兽	中国国家博物馆（存世共约十余面）
		2		16.8		
过渡	乙	4	伏兽	24.3	两蟠龙两孔雀两海兽	黄洪彬
	丙	5	蟠龙	29.5	两蟠龙两孔雀四海兽	日本春日大社
		6		17.3	两蟠龙两孔雀两海兽	上海止水阁
	丁	7	蟠龙	14.0	两孔雀四海兽	上海金鉴堂
后续	戊	/	伏兽	17.3	三孔雀三海兽	张铁山先生
		/		21.0	两孔雀四海兽	中国国家博物馆
	己	/	伏兽	26.4	六麒麟	日本千石唯司藏

四、结语

1. 完全属于中国传统文化之瑞兽葡萄镜，已知最早的出土墓葬（郑仁泰墓）年代是在唐高宗麟德元年（664），足证早在海兽葡萄镜问世前的 30 年就有了瑞兽葡萄镜。充分说明一点，海兽是外来文化，而葡萄在唐初已属于中国传统文化的范畴。

2. 具有外来文化特征的海兽葡萄镜问世于武则天废唐改周（690~704）之初，消亡于唐武宗会昌年间（841~846），经历了一个半世纪。可以这样认为，海兽葡萄镜只是瑞兽葡萄镜的一个重要分支。换言之，有海兽出现的瑞兽葡萄镜才可称为海兽葡萄镜。

3. 海兽葡萄镜的始创型是蟠龙纹海兽葡萄镜，其出土器物的典型代表为西安铜人原独孤思贞墓出土镜与日本奈良高松塚古坟忍壁皇子墓出土镜。此类镜至今发现有十四面之多，其中出土品四面，博物馆藏四面，私人藏六面。

4. 应该还是在武则天时期，只有蟠龙纹的海兽葡萄镜，逐渐发展成为蟠龙纹与孔雀纹共处的海兽葡萄镜，其镜钮有两种情况，或伏兽钮或蟠龙钮。

5. 镜型继续演变，蟠龙纹与蟠龙钮全部消失。其顺序应该是，先有孔雀纹海兽葡萄镜，后有麒麟纹海兽葡萄镜。

6. 在内区纹饰中只有海兽的圆形或方形海兽葡萄镜，其问世年代当在武则天时期以后。

7. 开元盛世，海兽葡萄镜连同龙纹镜、禽鸟镜、千秋镜以及各式特种工艺镜，迎来了铜镜百花齐放的颠峰时期。

8. 存世的各种蟠龙纹海兽葡萄镜主要有四种规格。日本春日大社藏镜 29.5 厘米（日本奈良古尺 1 尺为 29.7 厘米），黄洪彬先生藏镜 24.4 厘米（唐尺八寸），中国国家博物馆藏镜 19.8 厘米（唐尺六寸五分），十余面甲型镜 16.8 厘米（唐尺五寸五分）。应该承认，这种尺寸整数倍的情况不是偶然现象，当为盛唐气象中，工艺美术器物执行度量衡标准的一种必然结果。

（原载《收藏家》2011 年第 6 期）

唐镜中的鹦鹉

唐代文化博大精深、万千气象，作为其物质载体之一的唐镜，即以高浮雕艺术形象表现了"大唐盛世"的灿烂辉煌、流光溢彩。由唐镜图案可知，包括瑞兽祥禽在内的花鸟纹饰蔚为大观，各种图案都寓意着人们美好的愿望，且"爱鸟心理"十分突出，在绝大部分的铜镜中，都能看到鸟类。尤以具深厚文化内涵的鹦鹉，值得一说。

鹦鹉作为能简单仿说人言的宠物，与人类相伴已有很长的历史，河南省淮阳县冯塘村曾出土过一个商代的玉鹦鹉，说明早在3000年前，华夏大地的先民们就与鹦鹉结下了不解之缘。在佛教中鹦鹉被认为是神鸟，从北魏时期（386~557）的敦煌壁画可知，在莫高窟第217窟北壁的经变图中，就绘有鹦鹉和仙鹤、孔雀。

唐王朝从贞观五年（631）开始不断接受林邑（约当今越南中部）等国进贡的飞禽，主要是白鹦鹉和五色鹦鹉。唐初史学家李百药（565~648）遵太宗之命，为林邑五色鹦鹉作赋，称"能言之擅美，冠同类以称奇"，对林邑鹦鹉称许倍极。

《汉书·武帝纪》："南越献驯象、能言鸟。"师古曰："（能言鸟）即鹦鹉也，今陇西及南海并有之。万震《南州异物志》云：有三种，一种白，一种青，一种五色。交州以南诸国尽有之。白及五色者，其性尤慧解，盖谓此也。"古籍多有记载"陇山"产鹦鹉。"陇山"即今甘肃与陕西交界的六盘山南段，古称"陇坂"，又名"陇坻"，海拔两千米左右，南北绵延约100公里，为渭河平原与陇西高原的分界。东汉末文学家弥衡（173~198）作有《鹦鹉赋》，借以抒写才志之士生于乱世的不幸遭遇，赋中称鹦鹉为"西域之灵鸟"，李善注曰："西域，谓陇坻出此鸟也。"李白在《初出金门寻王侍御不遇咏壁上鹦鹉》中，借鹦鹉来表述自己的不满心情："落羽辞金殿，孤鸣托绣衣。能言终见弃，还向陇山飞。"杜甫《陇俗轻鹦鹉》诗注曰："《鹦鹉赋》：命虞人于陇坻，闭以雕笼，剪其羽翅。"唐皮日休在《哀陇民》诗中，刻画了陇山百姓为进贡朝廷而捕捉鹦鹉的艰难与危险，诗云："陇山千万仞，鹦鹉巢其巅。穷危又极险，其山犹不全。蚩蚩陇之民，悬度如登天。空中觇其巢，堕者争纷然。百禽不得一，十人九死焉。陇山有戍卒，戍卒亦不闲。将命提雕笼，直到金台前。"可知在唐代不仅将鹦鹉与其产地陇山联系在一起，而且陇山鹦鹉还被地方作为进贡之物，唐代对鹦鹉的需求量很大，"洋贡"主要来自"林邑"，"土贡"大都源于"陇山"。

唐明皇李隆基卒于天宝十五年（756），百年以后的宣武节度使郑处诲撰《明皇杂录》书载：

开元中，岭南献白鹦鹉，养之宫中。岁久，颇聪慧，洞晓言词。上及贵妃皆呼为雪衣娘。性既驯扰，常纵其饮啄飞鸣，然亦不离屏帏间。上令以近代词臣诗篇授之，数遍便可咏诵。上每与嫔妃及诸王博戏，上稍不胜，左右呼雪衣娘，必飞入局中鼓舞，以乱其行列，或啄嫔妃及诸王手，使不能争道。忽一日，飞上贵妃镜台，语曰："雪衣娘昨日梦为鸷鸟所搏杀，将尽于此乎？"上使贵妃授以《多心经》，记诵颇精熟，日夜不息，若惧祸难，有所禳者。上与贵妃出于别殿，贵妃置雪衣娘于步辇竿上，与之同去。既至，上命从官校猎于殿下，鹦鹉方戏于殿上，忽有鹰搏之而毙。上与贵妃叹息久之，遂命瘗于苑中，为立冢，呼为鹦鹉冢。

另刘弘《唐明皇》云，安禄山在叛乱前，为邀宠于唐玄宗和杨贵妃，特地培养了一只聪明异常的白鹦鹉，在唐玄宗李隆基"飞龙"之地的兴庆宫里，背诵了前任宰相张说作的《踏歌词》："花萼楼前雨霞新，长安城里太平人。龙街火树千灯艳，鸡踏莲花万岁春。"玄宗听了大笑："真神鸟也，世上罕见。"此鹦鹉深得唐玄宗和杨贵妃的喜爱。

《明皇杂录》中的"雪衣娘"和小说《唐明皇》中的白鹦鹉，已经深深地影响了唐明皇以后的唐代文化。李斌城《唐代文化》第四章载："这个美丽凄楚的传说，在唐代以文字和图画两种形式流传，玄宗朝廷画师张萱所作《写太真教鹦鹉图》，反映的就是这个故事。稍后，周昉也创作了《妃子教鹦鹉图》和《白鹦鹉跋双陆图》。近年的内蒙古赤峰市发现的辽代贵族墓壁画中，也发现了以唐代此类绘画为蓝本的《杨贵妃教鹦鹉图》，可知直到辽代，这些绘画仍然是画师喜爱的题材。"

鹦鹉俗称"鹦哥"，主要特点是头圆，短颈，嘴强大，上喙呈钩形，很容易与其他禽鸟区别。一些品种（金刚鹦鹉、凤头鹦鹉等）的记忆力极好，能巧妙地使用其肉质舌头，模仿人语，惟妙惟肖。唐段成式《酉阳杂俎·羽篇》："鹦鹉，能飞，众鸟趾前三后一，唯鹦鹉四趾齐分。凡鸟下睑眨上，独此鸟两睑俱动，如人目。"鹦鹉受到人类的喜欢和尊重，除了"会说话"外，还有两个原因：其一，雌雄成对，终身不变，象征着爱情的忠贞；其二，寿命较长，可以超过百年。近代，英国首相丘吉尔曾喂养过一只名叫"查理"的鹦鹉，出生于1899年，1937年走进了丘吉尔的生活，1965年丘吉尔逝世后，一家宠物店老板收养了查理，据报道，至2002年查理已经105岁，还健康地活着。

鹦鹉的能言、忠贞和长寿成为人们特别喜欢的动物之一，鹦鹉在佛教题材中出现，应该也是这些原因。盛唐乃至中唐时期，有关鹦鹉故事的唐代文化，极大地影响了唐镜的图案。在不同时期各种形制的唐镜中，尤多见姿态各异的鹦鹉，在瑞兽葡萄镜中也偶见有鹦鹉出现。这里介绍若干鹦鹉镜，以飨读者。

图 1 镜：圆形，伏兽钮，直径 11.9 厘米，重量 645 克。单线高圈将镜背纹饰分为内外两区。内区四瑞兽同向奔驰开葡萄蔓枝间，外区满饰回旋相连的葡萄串和葡萄枝蔓，其间分布同向禽鸟六只，其中两鹦鹉和两雀鸟展翅飞翔，两雀鸟栖立高枝。禽鸟之间饰四串葡萄和五片叶瓣及三个"不明图纹"（一说南瓜纹）。众图案两两搭配，错落有致。镜缘满布形状各异的两叠云纹。在放大图（图 1A）中，可见一个完全写实且栩栩如生的鹦鹉，其长尾被巧妙地安置在镜缘边上，两翅振起，头部呈啄食状。

图 1

图 1A

图 2 镜：圆形，圆钮，花瓣钮座，直径 27.8 厘米，重量 1554 克。镜钮两边各一鹦鹉首尾相对，一正视一侧视，鹦鹉双翅扇起，拖着细长的尾羽，各衔一结满花叶的构图相似的长绶带，唯两侧绶带方枚里的纹饰明显不同，两端丝穗飘逸。凸边素缘。有趣的是在同一品种的唐镜中，浙江省博物馆馆藏一面，日本鸟取县三朝町三佛寺也供奉了一面，两镜是直径 27.8 厘米的同模镜。癸未夏秋之际，浙江省博物馆特地举办了一个铜镜展览，会上中日两国的同模镜成为一段佳话，由此也可追忆唐代文化对日本的深厚影响。图 2 镜应

图 2

图 3

图 4

图 5

图 6

图 7

图 8

图 9

该也是"同模"，品相却比上述两镜更为出色。

　　唐镜中的鹦鹉形象屡屡出现，却在许多铜镜著作中，只称为"鸾"，而不见有称"鹦鹉"。图3镜的直径18.9厘米，重量862克，作为主纹饰的两只禽鸟显然是鹦鹉，然而，基本上作为同范镜的《岩窟藏镜》第三集第71图（直径19.0厘米，重量895克），却被称为"双鸾花雀衔绶镜"。在《唐镜大观》等专著中，亦同样地称"鹦鹉"为"双鸾"。

　　为进一步提供依据，再将各种纹饰的鹦鹉镜，挑选部分列表如下，见表一。

表一　鹦鹉镜纹饰一览表

镜序	直径	重量	主　纹　饰	说明
图4	15.5	609	双鹦鹉	实实在在的鹦鹉，其纹饰铺满镜面，不多见
图5	13.7	324	双鹦鹉（或衔绶）	这类镜较多，《岩窟藏镜》《唐镜大观》《故宫藏镜》《图典》等专著皆可见
图6	21.0	1277	双鸾对立鹦鹉衔绶	象征吉祥的"衔绶"由非主纹的鹦鹉来完成
图7	22.4	1732	双鹦鹉、双鸳鸯	鹦鹉鸳鸯皆"从一而终"的禽鸟。寓意明确：爱情忠贞
图8	25	1368	双鹦鹉衔花枝	在同类镜中属于大型
图9	24.1	2120	双鹦鹉、双鸳鸯	与图7同

　　通过诸多实例，可以清楚地看到，唐以前铜镜上的禽鸟图案以抽象化居多，在禽类物种角度上，往往不可辨认。及至唐代，尤以盛唐起始之唐镜，除了鸾凤因寓吉祥之意外，其他各种禽鸟，如鹦鹉、仙鹤、孔雀、鸳鸯、鹊鸦、凫雁以及大型水禽如鹅类等均系写实，唐镜虽是由青铜材料铸就，浮雕图案亦不复杂，然禽鸟品种一望便知。唐镜中有许多禽鸟衔绶的纹饰，有的明明是"双鸾"，而有的却偏偏是"鹦鹉"或"喜鹊"，如一概将其称为"双鸾"就有"指称不明"之嫌。

（原载《收藏家》2004年第7期）

唐代双鹦鹉镜

在日本《东大寺献物帐》中所记载的宝物，曾发生过了一个真实的故事。公元 1230 年（即南宋绍定三年），日本镰仓前期后堀河天皇宽喜二年十月二十七日夜，在奈良东大寺，发生了一件震惊日本朝野的弥天大案：有窃贼进东大寺的藏宝库房——正仓院，偷走了八面稀世珍宝的唐镜。因为无人敢收下这批太过贵重的赃物，窃贼竟然将其全部敲碎。事后，唐镜虽被全部追回，却已只是一堆残破的碎片，最终有四面修复完成，还有四面再也不能还原。其中一面大尺寸双鹦鹉镜（图1，现为正仓院北仓 14 号）即在此劫难之中，全镜碎成 45 片后，虽在明治年间已经修复，却留下了满目疮痍的疤痕。

图 1 镜（直径 33.6 厘米，重量 3855 克），是迄今所知存世最大最重的唐代双鹦鹉镜，见证着中日两国文化交流的一段宝贵历史。无独有偶，在国内亦发现了尺寸与图1 镜完全

图1

图2

相同的大镜（图2），只是重量偏轻（约轻了16%）。经查证，国内外存有许多各不相同的双鹦鹉镜，现列表如下。详见表一。

表一　唐代双鹦鹉镜总体一览表

序号	图号	直径	唐寸	重量	外形	鹦鹉布局	纹饰说明	资料来源
1	1	33.6	11	3855	八葵	顺时针向旋转双头向内	有项圈衔绶，有葡萄	日本正仓院北仓14
2	2	33.6	11	3208	八葵	逆时针向旋转一头向内一头向外	衔圈带绶，无葡萄	原：上海止水阁 现：上海博物馆
3	3	28.8	/	/	八葵	与序1镜大致类同		日本嘉纳治兵卫氏旧藏
4	4	28.3	/	2476	圆	顺时针向旋转双头向内	衔有方胜绶带	上海正德拍卖图录图331
5	5	27.8	9	2600	八葵	顺时针向旋转一头向内一头向外	衔绶带	庄静芬
6	6	27.8	9	1554	圆	顺时针向旋转双头向内	衔有方胜绶带	李经谋
7	/	27.8	9	/	圆	与序6镜似为同模（碎成两半有旧补）		日本鸟取县三朝町三佛寺
8		27.8	9	/	圆	与序6镜似为同模（碎成五块）		浙江省博物馆
9	/	24.8	8	1368	圆	同序6	衔花枝	《三槐堂藏镜》图54
10	7	19.6	6.5	/	八葵	左右相对	衔圈带绶	纽约私人
11	8	15.5	5	609	圆	顺时针向旋转双头向外	无辅助纹饰	李经谋

根据表一所列双鹦鹉镜，可知镜形、尺寸、衔绶、布局等皆有不同。可大致归纳成四点：其一，镜形多为八出葵花形（图1、2、3、5、7），少为圆形（图4、6）；其二，尺寸虽有多种规格，然皆具唐代标准尺度（1尺为30.6厘米）的整数倍规律。由表一可知最大为11寸，最小系5寸，最多见者是9寸；其三，衔绶分为4种情况，有项圈衔绶（图1、3），衔项圈带绶（图2、7），无项圈衔绶（图4、5、6），无项圈无绶（图8）；其四，鹦鹉头部朝向分为四种情况，详见表二。

表二　唐代双鹦鹉镜布局分类表

鹦鹉布局	顺时针向旋转			逆时针向旋转	
	双头向内	一头向内一头向外	双头向外	一头向内一头向外	左右相对
图号	1、3、4、6	5	8	2	7

从武则天废唐改周起，至唐武宗毁寺灭佛的会昌年间，延续了150余年的海兽葡萄镜，一方面象征着对外开放的多元文化（外来海兽与中国瑞兽同处一镜），另一方面喻意了家

图 3

图 4

图 5

图 6

图 7

图 8

庭亲情（母子兽）与多子多孙（葡萄）。双鹦鹉镜的出现，亦说明了一段史实：从天宝年间开始，直至唐末的150余年间，唐人比较喜爱双鹦鹉镜。拙文《唐镜中的鹦鹉》曾概略介绍了唐代的十一面鹦鹉镜，介绍了感人至深的"雪衣娘"故事。其实，还有赞美鹦鹉品格的故事，《太平广记》卷四六〇有鹦鹉救火的记载："有鹦鹉飞集他山，山中禽兽辄重。鹦鹉自念相爱虽乐，不可久也，便去。后数月，山中大火，鹦鹉遥见，便入水濡羽，飞而洒之。天神言：'汝虽有志意，何足云也！'对曰：'虽知不能，然尝侨是山，禽兽行善，皆为兄弟，不忍见耳。'天神嘉感，即为灭火。"唐人喜欢鹦鹉可见一斑。为什么唐人又喜爱双鹦鹉镜呢？

首先，双鹦鹉镜是"比翼双飞"与"连枝并头"的一种典型象征，其问世之初，应是纪念唐明皇李隆基与杨贵妃爱情生活的真实写照——白居易《长恨歌》："在天愿为比翼鸟，在地愿作连理枝。"（详见拙著《唐代铜镜与唐诗》）随后，被唐代社会的各个阶层所延伸，用作美好姻缘的爱情象征。有唐诗相配：张碧《美人梳头》："鹦鹉偷来话心曲，屏风半倚遥山缘。"李廊《长安少年行》："小妇教鹦鹉，头边唤醉醒。"崔珏《美人尝茶行》："闲教鹦鹉啄窗响，和娇扶起浓睡人。"

其次，从表一看，唐尺9寸镜最多，事实上在坊间还发现藏有多面9寸的同类镜。国人在汉字通假上有着悠久的历史，"九"同音通假"久"，似可认为，喻示着"天长地久"。如唐元稹《决绝词三首》："但感久相思，何暇暂相悦。"高适《秋胡行》："妾家夫婿经离久，寸心誓与长相守。"白居易《长恨歌》："天长地久有时尽，此恨绵绵无绝期。"

第三，唐人将爱鸟心理展现在镜文化中，以鸟喻人。如唐窦巩《少妇词》："昨天谁是伴，鹦鹉在帘栊。"白居易《双鹦鹉》："若称白家鹦鹉鸟，笼中兼合解吟诗。"吴英秀《鹦鹉》："莫把金笼闭鹦鹉，个个聪明解人语。"

从存世唐镜来看，各类鹦鹉镜的数量不算稀少。笔者认为，双鹦鹉镜是唐代鹦鹉镜的早期器物，主要在中唐时期。随着时间的推移，双鹦鹉成为一种吉祥美满的图案被组合到各种相关的唐镜中去。自古以来，中国传统文化一直将凤凰、鸳鸯看作是"琴瑟谐和"的象征，而较多出现的鹦鹉则是唐镜之一大特点，有其明显的特殊意义。

一件值得关注的事情：在116首带有鹦鹉的唐诗中，几乎皆是以大诗人李白（701~762）为界，李白以前咏鹦鹉唐诗少之又少。为此，可以旁证这样一个事实：唐人重视鹦鹉主要是在中晚唐，且以白居易的诗篇最多（共16首，约占总数的14%）。唐诗与唐镜在对待"鹦鹉"的时间表上出现如此之吻合，这也就是白居易在元和元年（806）写成的《长恨歌》，追忆李杨悲剧，讴歌人间爱情，唐人喜好养鸟，这三者不能绝然分割。一面双鹦鹉唐镜在手，任由读者去理解、想像与发挥。

（原载《中国收藏》2009年第12期）

唐镜与唐诗中的鸳鸯

一、概说

唐代的物质文化绚丽多姿，流光溢彩。唐镜的材质、工艺、造型、题材跳窠出臼，焕然一新，其新镜种、新风格、新纹饰层出不穷，异彩纷呈，在镜背纹饰上，出现了各种可以辨认的禽鸟。计有：鸾凤（神鸟）、仙鹤、鹭鸶、孔雀、鹦鹉、鸳鸯、凫雁、鹊鸦、松鸡、戴胜、褐马鸡（有明显的扇形尾羽，中国特产稀有珍禽，今国家一级保护动物）等，约十余种之多，其图案绘真写实，造型千姿百态，形象栩栩如生。

鸳鸯作为一种祥瑞福祉的禽鸟，一向受到人们珍爱，在社会生活中历来被视为"琴瑟谐和""忠贞不渝""白头偕老"的象征。历史进入盛唐时代，社会风气空前开放，妇女地位日渐提高，一改以往的封闭含蓄，对爱情与婚姻自由的追求和渴望与日俱增。《古今图书集成·闺媛典藻》讲了一个故事：代宗大历（766~779）中，才女晁采与邻生文茂以诗通情，乘间欢合，晁母得知后叹曰："才子佳人，自应有此。"遂成全了他们的婚姻。纵观有唐一代，称颂男女相恋及夫妻恩爱的诗歌、故事大量涌现，正是在这样的时代背景与文化氛围中，以鸳鸯为题材的唐镜与唐诗亦应运而生，可谓交相辉映、盛极一时，体现了人类对美好生活的向往以及对人与自然和谐共处的赞赏。

我们的祖先很早就认识了鸳鸯。《诗经·小雅》即有以鸳鸯作篇名的诗作："鸳鸯于飞，毕之罗之。君子万年，福禄宜之。鸳鸯在梁，戢其左翼。君子万年，宜其遐福。"据诗序云："《鸳鸯》，刺幽王也，思古明王交于万物有道，自奉养有节焉。"因为幽王"残害万物，奉养过度"，用今天的话说，只顾一时享乐，而全然不顾人与自然万物（包括鸳鸯等动物在内）的和谐共处。诗人对此非常忧虑不安，联想到历史上的有道明君，遂作此诗讽谏劝止。可见，早在西周末年，人们已将"匹鸟"鸳鸯视为人类的朋友，反对"暴戾""残害"

这些小动物，主张"取之以时"。晋郑丰《答陆士龙诗四首·鸳鸯》曰："鸳鸯于飞，在江之涘。和音交畅，拊翼双飞。朝游兰池，夕宿兰沚。清风翁习，扇彼兰茝。凌云高厉，载翔载止。"由诗可知，晋人早已熟悉了鸳鸯的生活习性。隋唐镜铭文中可见四言诗："窥庄益态，韵舞鸳鸯。万龄永保，千代长存。能明能鉴，宜子宜孙。"中国的传统绘画，亦常有把这类禽鸟作为象征"五伦"的题材，虽内容组合时有变化，然鸳鸯必在其中。

鸳鸯，属鸟纲，雁鸭目，雁鸭科，水鸟类，多栖息于内陆湖泊沼泽地和溪流之中，雄鸟羽色尤为美丽，体长约43厘米。鸳鸯的最内侧两枚三级飞羽皆扩大成扇形而竖立。这正是在唐镜中辨认鸳鸯的重要依据，对于站立式的图案格外明显，而识别呈飞翔状鸳鸯的要领是大头、短颈以及鸟头后部的披羽。

鸳鸯雌雄偶居不离，因称"匹鸟"，后多用以比喻相偕终老的恩爱夫妻。民间传有"鸳死鸯殉"的轶闻。清代《古今图书集成·博物汇编·禽鸟典》卷四十七《鸳鸯部·纪事》曰："成化六年十月间，盐城大踪湖渔父，弋一雄鸳，刳割置釜中煮之，其雌者随棹飞鸣不去，渔父方启釜，即投沸汤中死。"鸳鸯在佛家文献中亦多有记载，《翻译名义集》卷二有云："斫迦逻婆，此云鸳鸯，匹鸟也。止则相偶，飞则相双。"《涅槃经·鸟喻品》又载："鸟有二种，一名迦邻提，二名鸳鸯。游止共俱，不相舍离。"可见，鸳鸯在佛教文化中也给予了充分的肯定。

唐代非物质文化的杰出代表就是唐诗。唐代文化造就了唐诗，唐诗亦统领了唐代文化。本文检索了近5万首的《全唐诗》，涉及到"鸳鸯"的诗约有350首。统计可知：李白18首，李商隐12首，白居易10首，李贺9首，齐己9首，杜牧8首，孟郊7首，温庭筠7首，杜甫6首，刘禹锡6首，毛文锡6首，陆龟蒙5首，贯休5首，顾敻5首，欧阳炯4首，王勃4首，皮日休4首，元稹4首……唐代诗人以鸳鸯作为诗文主题竟有如此之多，在历代诗作中少见。

唐宋两代皆有鸳鸯镜，而以盛唐及其随后的中唐为多。本文根据可查考的资料，精挑了十面唐鸳鸯镜，对每一面铜镜遴选四首与纹饰相呼应的唐诗。企盼借用唐诗来试释唐镜纹饰的主题。

二、赏镜

1. 琴瑟谐和鸳鸯镜（图1）

华夏民族历来将鸳鸯比作恩爱夫妻，此图上方一对鸳鸯站立莲花之上。两两相对，同心衔结，喻意着"琴瑟谐和"。李郢《为妻做生日寄意》诗曰："鸳鸯交颈期千岁，琴瑟谐和愿百年。"这里"琴瑟谐和"比喻夫妻相爱，古诗云："窈窕淑女，琴瑟友之。"此诗表现了作者愿与爱妻不离不弃、白头到老的忠贞情愫。李郢，字楚望，长安（今西安市）人，大中十年（856）进士，官终侍御史。据《唐才子传》卷八载："郢工诗，理密辞闲，个个珠玉。其清丽极能写景状怀，每使人竟日不能释卷。"李郢虽"与清塞、贾岛最相善"，

图 1

图 1A

但并未色相俱空，从这首诗与有关哀悼贾岛的诗作来看，李郢为人有情有义。人品入诗品，诗品见人品，李郢的这首诗为此镜作了最佳注释。此诗在唐诗中可数上乘，该镜在唐镜中堪称一流，两者相配乃天作之合，真可谓诗辉镜耀！卢照邻《长安古意》有云："得成比目何辞死，愿作鸳鸯不羡仙。"卢照邻为幽州范阳（今北京市）人，号幽忧子。他一生不得意，又患风疾，成为残疾人，命运多舛，令人同情。所作《长安古意》一诗绮彩丽藻，反映了唐代统治者的奢华生活。但其中这句诗却以比目、鸳鸯，表达了唐人对忠贞爱情的无比歆羡与向往之情。唐镜纹饰中屡屡出现这类纹饰，正是那个时代文化生活与精神面貌的折射。

此镜直径 29.3 厘米，相当于唐尺九寸五分（详见本书《唐镜尺度考》）。一个令人叹服的事实——存世具"九五之尊"的唐镜皆有"皇家风范"。根据已发表的资料，初步统计还有五面：其一，陕西历史博物馆藏千秋万岁铭龙纹镜（应为白居易诗中"天子镜"）；其二，河南省博物院藏狩猎纹菱花镜；其三，日本黑川古文化研究所藏胡人骑狮花枝镜；其四，日本五岛美术馆藏迦陵频伽飞天镜；其五，日本千石唯司藏童子执花金银平脱镜。

2. 双去双来鸳鸯镜（图 2）

此镜主体纹饰分为相同的两组，每组皆有三对不同形态的鸳鸯，或同衔绶带，或互依互恋，或共踏莲花。卢照邻《长安古意》诗曰："比目鸳鸯真可羡，双去双来君不见。"全镜六对鸳鸯的共同主题可称"双去双来"。以此命镜最是贴切。本文特地撷取其三个局部放大图纹，如图 2A 中一对鸳鸯，齐衔莲花结同心，长飘绶带牵依情。与诗人牛峤《应天长》词所咏"鸳鸯对含罗结，两情深月夜"十分吻合。牛峤"博学有文"，为宰相牛僧孺之孙，五

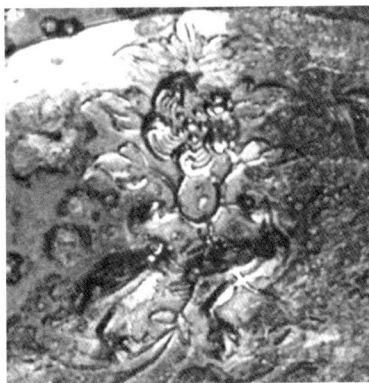

图 2A   图 2B   图 2C

代前蜀时，曾在王建处任给事中。据其自己所说的诗作祈向："窃慕李长吉所为歌诗，辄效之。"可见他非常崇拜李贺。对其《应天长》词，著名戏曲家汤显祖评价甚高，以为："峭壁孤松，寒潭秋月，庶足比二词之高洁。"（见汤评《花间集》）以此镜用此词相配而言，确实令人可充分领略牛峤的高才深情。图 2B 中乃一对鸳鸯共衔多籽宝相花（喻意多子多孙），作比翼飞天之状。此图配以李商隐《代赠》诗意："鸳鸯可羡头俱白，飞来飞去烟雨秋。"可谓神态毕现，确切精到。图 2C 中一对鸳鸯双双栖息于莲花宝座，相倚并身在佛家胜境。可举李商隐的《石城》诗，云："共笑鸳鸯倚，鸳鸯两白头。"李商隐是爱情朦胧诗作的圣手，他的诗千百年来不知令多少痴情男女迷恋倾倒，但这两句诗一点也不朦胧，遣辞造句平易明白。"相倚白头"不正是人们对婚姻美满的执着追求吗？

3. 交颈合欢鸳鸯镜（图 3）

"交颈"一词，顾名思义为两颈相依，亲密无间。《庄子·马蹄》曰："夫马，陆居则食草饮水，喜则交颈相靡，怒则分背而踢。"在一些水鸟中，特别是鸳鸯的生活习性中，人们常见其交颈之状。对此，唐镜纹饰亦时有表现。元稹有《会真诗三十韵》咏其状曰："鸳鸯交颈舞，翡翠合欢笼。"顾夐《河传》诗载："小窗屏暖，鸳鸯交颈。"又，和凝《江城子》词云："帐里鸳鸯交颈情，恨鸡声，天已明。"这些诗词都写了鸳鸯交颈的同

图 3   图 3A

舞共宿之状，字面写鸟，实质写人，写男女欢爱交合之情。元稹的这首诗虽以鸳鸯用作比喻，然写诗之人并没有"匹鸟"的品行。元稹官同中书门下平章事，却"举动浮薄，朝野杂笑"，"不矜细行，终累大德"，一向"望轻不为公议所右"（见《唐才子传》卷六）。因为他对女性往往始乱终弃，故以他的人格应不配题咏鸳鸯。然著名的《西厢记》，却是以他这首《会真诗三十韵》作为蓝本。而和凝的《江城子》词，写尽了男女欢爱之情，报晓的金鸡，成了他们欢爱的障碍。在词里主人公的心目中，只有爱情，全然没有其他万事万物，只盼长夜漫漫，没有尽头。词人可称是心理学家，"恨鸡声"短短的三个字做足了"鸳鸯交颈"的文章。其实，以李郢的诗"鸳鸯交颈期千岁，琴瑟谐和愿百年。"来契合"交颈合欢"这个主题，会更加贴切到位。

4. 比翼双飞鸳鸯镜（图4）

镜边一对鸳鸯比翼双飞，雄鸟在前，雌鸟随后；雄鸟回首，雌鸟呼应。既有抚爱之意，又见留恋之心，柔情绵绵，溢于镜上。杜牧《入茶山下题水口草市绝句》诗曰："惊起鸳鸯岂无恨，一双飞去却回头"。想不到诗与镜竟有如此绝妙的配合！真不知当时是铸镜人读了这首诗才做的镜，还是诗人看了这面镜才作的诗。另，王勃《临高台》题为："鸳鸯池上两两飞，凤凰楼下双双度"。崔国辅《湖南曲》称谓："湖里鸳鸯鸟，双双他自飞"。李嘉佑《春日淇上作》说到："淇上春风涨，鸳鸯逐浪飞"。这里的每首诗与此镜图案相配，都相得益彰，恰到好处。

图4

图4A

5. 相向栖息鸳鸯镜（图5）

镜面上雌雄两鸟遥遥相对，卿卿我我，凸显了互吐情愫，难舍难分的爱怜情景。配上张说的"别起芙蓉织成帐，金缕鸳鸯两相向"（《安乐郡主花烛行》）等诗，更觉得镜上的两鸳鸯犹如人间的一对情侣。唐镜中的许多精品（尤其是大尺寸的花鸟镜）会使人过眼难忘，永铭心版。此镜一旦寓目，一种和谐欢爱、情深意笃的温情会在你心中荡漾。

　　作为镜和诗主角的鸳鸯形神相依，情真意切；镜和诗的描述相映成趣，相辅相成。镜缘诗以增色，诗由镜而传神；镜得诗因显意，诗附镜遂动人。镜与诗、诗与镜的融合，顿使唐镜唐诗倍增风采。如此赏镜品诗，顿觉醉人心扉，兴味无穷。赏唐镜、观鸳鸯、品唐诗，既可尽情享受唐代灿烂文化的阳光雨露；亦能增添乐趣，增长见识，陶冶情操，有益身心。

　　除了上述五面唐镜之外，所余五面唐镜（图 6 至图 10）及其相配的五组唐诗，留待同好自行赏镜、观鸟、品诗，本文不复赘述。

图 5

图 5A

图 6

图 6A

图 7

图 8

图 9

图 10

三、品诗

本文将十面唐代鸳鸯镜之直径、重量及其相关的四十首唐诗分别列表如下。

图序	1	鸳鸯主题	琴瑟谐和
直径	29.3 厘米	镜形	八瓣菱花形，局部 A
重量	3860 克	资料来源	《上海博物馆藏青铜镜》图 72
唐诗			
1. 李郢《为妻做生日寄意》			鸳鸯交颈期千岁，琴瑟谐和愿百年。
2. 卢照邻《长安古意》			得成比目何辞死，愿作鸳鸯不羡仙。
3. 齐己《还人卷》			吴姬越女羞上机，鸳鸯浴烟鸾凤飞。
4. 杜牧《齐安郡后池绝句》			尽日无人看微雨，鸳鸯相对浴红衣。

图序	2	鸳鸯主题	双去双来
直径	22.8 厘米	镜形	八瓣菱花形，局部 A、B、C
重量	2026 克	资料来源	张铁山
唐诗			
1. 卢照邻《长安古意》			比目鸳鸯真可羡，双去双来君不见。
2. 牛峤《应天长》			鸳鸯对衔罗结，两情深月夜。
3. 李商隐《代赠》			鸳鸯可羡头俱白，飞来飞去烟雨秋。
4. 李商隐《石城》			共笑鸳鸯倚，鸳鸯两白头。

图序	3	鸳鸯主题	交颈合欢
直径	21.8 厘米	镜形	八出葵花形，局部 A
重量	3860 克	资料来源	日本梅原末治《唐镜大观》图 60，泉屋博古馆《唐镜》图 42，黑川古文化研究所。
唐诗			
1. 元稹《全真诗三十韵》			鸳鸯交颈舞，翡翠合欢笼。
2. 顾敻《河传》			小窗屏暖，鸳鸯交颈。
3. 和凝《江城子》			帐里鸳鸯交颈情，恨鸡声，天已明。
4. 徐昌图《河传》			鹭起暮天，几双交颈鸳鸯，入芦花深处宿。

图序	4	鸳鸯主题	比翼双飞
直径	26.4 厘米	镜形	圆形，局部 A
重量	3145 克	资料来源	日本千石唯司
唐诗			
1. 杜牧《入茶山下题水口草市绝句》			惊起鸳鸯岂无恨，一双飞去却回头。
2. 王勃《临高台》			鸳鸯池上两两飞，凤凰楼下双双度。
3. 崔国辅《湖南曲》			湖里鸳鸯鸟，双双他自飞。
4. 李嘉佑《春日淇上作》			淇上春风涨，鸳鸯逐浪飞。

图序	5	鸳鸯主题	相向栖息
直径	25.6 厘米	镜形	八出葵花形，局部 A
重量	2212 克	资料来源	《唐代铜镜与唐诗》（修订版）图 57
唐诗			
1. 张说《安乐郡主花烛行》			别起芙蓉织成帐，金缕鸳鸯两相向。
2. 刘希夷《公子行》			花际裴回双蛱蝶，池边顾步两鸳鸯。
3. 鲍溶《南塘二首》			莲花受露重如睡，斜月起动鸳鸯声。
4. 王绩《古意六首》			去来双鸿鹄，栖息两鸳鸯。

图序	6	鸳鸯主题	飞去青云
直径	14.3 厘米	镜形	八瓣菱花形，局部 A
重量	606 克	资料来源	北京思鉴斋
唐诗			
1. 李白《白纻辞三首》			愿作天池双鸳鸯，一朝飞去青云上。
2. 白居易《正月三日闲行》			鸳鸯荡漾双双翅，杨柳交加万万条。
3. 吴融《鸳鸯》			翠翅红颈覆金衣，滩上双双去又归。 长短死生无两处，可怜黄鹄爱分飞。
4. 张籍《湖南曲》			鸳鸯东南飞，飞上青山头。

图序	7	鸳鸯主题	展翅蹁跹
直径	13.5 厘米	镜形	八瓣菱花形
重量	677 克	资料来源	上海藏鉴阁
唐诗			
1. 王建《赠离曲》			合欢树堕梧桐秋，鸳鸯背飞水分流。
2. 王仙仙《答孙玄照》			鸳鸯相见不相随，笼里笼前整羽衣。
3. 杜牧《寄沈褒秀才》			雄如宝剑冲牛斗，丽似鸳鸯养羽毛。
4. 司空图《花下二首》			村南寂寞时回望，一只鸳鸯下渡船。

图序	8	鸳鸯主题	衔绶齐飞
直径	14.5 厘米	镜形	八瓣菱花形
重量		资料来源	《中国青铜器全集·16》图150
唐诗			
1. 李商隐《鸳鸯》			雌去雄飞万里天，云罗满眼泪潜然。 不须长结风波愿，锁向金笼始两全。
2. 李德裕《鸳鸯篇》			夜夜学织连枝锦，织作鸳鸯人共怜。
3. 徐夤《览柳浑汀洲采白苹之什,因成一章》			采尽汀苹恨别离，鸳鸯鸂鶒总双飞。
4. 李晔《巫山一段云》			青鸟不来愁绝，忍看鸳鸯双结。

图序	9	鸳鸯主题	衔绶栖息
直径	15.8 厘米	镜形	八出葵花形
重量	665 克	资料来源	上海博局山房
唐诗			
1. 毛文锡《虞美人》			鸳鸯对浴银塘暖，水面蒲梢短。 宝檀金缕鸳鸯枕，绶带盘宫锦。
2. 唐彦谦《无题十首》			几时重会鸳鸯侣，月下吹笙和彩鸾。
3.《联句》(光、威、哀,姐妹三人,失其姓)			鸳鸯有伴谁能羡，鹦鹉无言我自惭。
4. 李商隐《石城》			共笑鸳鸯倚，鸳鸯两白头。

图序	10	鸳鸯主题	双双绕游
直径	15.3 厘米	镜形	八瓣菱花形
重量	635 克	资料来源	上海博局山房
唐诗			
1. 徐夤《蒲》			鸳鸯鸂鶒多情甚，日日双双绕傍游。
2. 李远《咏鸳鸯》			鸳鸯离别伤，人意似鸳鸯。
3. 李商隐《赴职梓潼留别畏之员外同年》			乌鹊失栖长不定，鸳鸯何事自相将。
4. 刘禹锡《和乐天诮失婢榜者》			鸳鸯拂瓦去，鹦鹉透笼飞。

（原载《中国收藏》2009 年第 2 期）

唐镜与唐诗中的舞马

1970 年 10 月，在西安南郊何家村（唐长安城兴化坊邠王府）遗址，出土了两瓮以金银器物为主的 1000 余件窖藏文物，有金银器物 270 件。其中"舞马衔杯纹仿皮囊银壶"[1]（图 1）等珍贵文物的发现，堪称国宝！唐开元年间，宰相张说在《舞马乐府》中写道："更有衔杯终宴曲，垂头掉尾醉如泥。"杜甫在《千秋节有感》诗中记述"舞阶衔寿酒，走索背秋毫。"都是对千秋节舞马活动的生动描述。看来，千秋节舞马庆典之高潮的标志，便是舞马口衔酒杯，按照音乐节拍而舞蹈，以表示为皇帝祝寿之场面。这些文献记载对这件舞马银壶作了最适当的解释。因为发现有银饼刻铭"洊安县开元十九年庸调银拾两"，可知这批文物的时代下限应在盛唐晚期。学界认为，何家村窖藏是在天宝十五载（756）六月上中旬之际入土[2]，如是果真如此，距今已有 1253 年。

舞马在中国有着悠久的历史。据《魏志》，陈思王曹植（192~232）上文帝表曰："臣于武皇世得大宛紫骝马一匹，教令习拜，今已能拜又能行，与鼓节相应。"《宋书·谢庄传》载：南朝宋孝武帝大明二年至四年（458~460），"河南献舞马"，谢庄有《舞

[1] 岳洪彬、杜金鹏《唇边的微笑——酒具》第 192 页有载："此银壶为扁圆腹，莲瓣纹壶盖，弓形提梁，一条细链连接着壶盖与提梁。壶底与圈足相接处有'同心结'图案一周，系模仿皮囊上的皮条结。圈足内墨书'十三两半'，是壶的重量。壶腹两侧用模具冲压舞马图，马肥臀体健，长鬃披垂，颈系花结，绶带飘逸。只见它口衔酒杯，前腿斜撑，后腿蹲曲，马尾上摆，好像正合着音乐节拍，以优美的舞蹈为饮酒者伴饮助兴。马身和提梁、壶盖及'同心结'纹带均鎏金，使得银壶富丽堂皇，明快悦目。该壶构思巧妙，工艺精细，匠心独运，古今未见同类者。"
[2] 天宝十四载（755）十一月九日安禄山在范阳举兵，发动"安史之乱"。天宝十五载（756）六月十日，宰相兼剑南节度使杨国忠建议出奔成都，得到了玄宗的同意，十三日黎明，玄宗率皇亲国戚自长安西行。猜测当时邠王府主人在准备逃亡的匆忙之中，将两瓮文物深埋在自家地下，安史之乱以后，因为没有一个知情人能再回到原地，于是这批宝贝得以深埋千年而传至今。

图1

马赋》《舞马词》传世。《宋书·吐谷浑传》载：大名五年（461），吐谷浑"遣使献善舞马、四角羊。皇太子、王公以下上舞马歌者二十七首"。唐代，舞马更是开元盛世歌舞升平的标志之一。舞马镜（图2）如同宝钿镜、金银平脱镜的命运一样，这些大唐盛世的奢侈极品，自中唐后已成绝响。迄今为止，在国内外发现了皆为同模或似同模的舞马镜共有六面，详见表一。

表一　唐代舞马镜一览表

序号	资料来源	直径（厘米）	重量（克）	说明
1	《上海博物馆藏铜镜精品》图78	23.6	1830	
2	《唐代铜镜与唐诗》图69	24.0	1877	曾作该书封面（陕西宏鸣斋）
3	《故宫藏镜》图91	23.9	2017	
4	《中博国际2008春季拍卖会》图0787	24.0	2122	镜钮处有漆封（海外回流）
5	《岩窟藏镜·补遗》图44	24.0	2000	原文"惜非初范，铸亦未精"
6	《泉屋博古·镜鉴编》图145	23.9	1980	日本京都泉屋博古馆

开元十七年（729），时任尚书左丞相集贤院学士的张说上表《请八月五日（唐玄宗生日）为千秋节表并勒名》，在得到皇帝的恩准后，千秋节的欢庆活动在当年就风行全国。《旧唐书·玄宗本纪》中有两则记载：其一，"开元十七年……八月癸亥，上以降诞日，宴百僚于花萼楼下。百僚表请以每年八月五日为千秋节，王公已上献镜及承露囊，天下诸州咸令宴乐，休假三日，仍编为令，从之"；其二，开元十八年"八月丁亥，上御花萼楼，以千秋节百官献贺，赐四品以上金镜、珠囊、缣丝、赐五品以下束帛有差"。以后，每年八月初五日唐玄宗李隆基生日的千秋节时，必于兴庆宫勤政殿楼下举行舞马宴会庆典。届时，皇亲国戚、文武大臣海外使节云集，一百匹训练有素的舞马排列成行，身披绣锦，络饰金银珠玉，连鬃毛也修饰得十分漂亮。当一群身穿淡黄衣衫、扎雕花玉带、姿貌美秀的少年乐手奏起《倾盃乐》时，群马闻声起舞，奋首鼓尾，纵横应节，虽有一百匹马同时起舞，却是整齐划一，应节合拍，一丝不乱，蔚为壮观。

《明皇杂录》载：

玄宗尝命教舞马四百蹄各为左右，分为部目，为某家宠、某家骄。时塞外亦有善马来

图2（序2）　　　　　　　　　　　　　　　图2A

贡者，上俾之教习，无不曲尽其妙。因命衣以文绣，络以金银，饰其鬃鬣，间杂珠玉。其曲谓之《倾盃乐》者数十回，奋首鼓尾，纵横应节。又施三层板床，乘马而上，旋转如飞。或命壮士举一榻，马舞于榻上，乐工数人立左右前后，皆衣淡黄衫、文玉带，必求少年而姿貌美秀者。每千秋节，命舞于勤政楼下。其后上既幸蜀，舞马亦散在人间。禄山常观其舞而心爱之，自是因以数匹置于范阳。其后转为田承嗣所得，不之知也，杂之战马，置之外栈。忽一日，军中享士，乐作，马舞不能已。厮养皆谓其为妖，拥彗以击之。马谓其舞不中节，抑扬顿挫，犹存故态。吏遽以马怪白承嗣，命箠之甚酷，马舞甚整，而鞭挞愈加，竟毙于枥下。时人亦有知其舞马者，惧暴而终不敢言。

　　除了舞马杯、舞马镜与舞马故事之外，从盛唐经中唐至晚唐，许多大诗人对千秋节时的舞马活动及场面皆进行了淋漓尽致的描绘，仔细品味这些脍炙人口的诗句以后，我们似可穿越1300余年的时光隧道，回到了大唐盛会的欢庆之中：看见那百匹骏马的舞动身影，听见那四百个马蹄的踢踏声响……本文挑选关于舞马内容的精彩诗句如下：

　　张说《杂曲歌辞·舞马词》（《全唐诗》卷28-70，下引同）

　　　　天禄遥征卫叔，日龙上借义和。将共两骖争舞，来随八骏齐歌。

　　　　彩旄八佾成行，时龙五色因方。屈膝衔杯赴节，倾心献寿无疆。

　　张说《杂曲歌辞·舞马千秋万岁乐府词》（卷28-71）

　　　　圣王至德与天齐，天马来仪自海西。腕足齐行拜两膝，繁骄不进蹴千蹄。

　　　　髐奋鬣时蹲踏，鼓怒骧身忽上跻。更有衔杯终宴曲，垂头掉尾醉如泥。

　　薛曜《舞马篇》（卷80-19）

　　　　星精龙种竞腾骧，双眼黄金紫艳光。一朝逢遇升平代，伏皂衔图事帝王。

　　　　我皇盛德苞六宇，俗泰时和虞石拊。昔闻九代有馀名，今日百兽先来舞。

　　　　钩陈周卫俨旌旄，钟镈陶匏声殷地。承云嘈囋骇日灵，调露铿□动天驷。

奔尘飞箭若麟蜡，蹑景追风忽见知。嘴衔拉铁并权奇，被服雕章何陆离。

紫玉鸣珂临宝镫，青丝彩络带金羁。随歌鼓而电惊，逐丸剑而飙驰。

态聚还急，骄凝骤不移。光敌白日下，气拥绿烟垂。

婉转盘跚殊未已，悬空步骤红尘起。惊兔翔鹭不堪俦，矫凤回鸾那足拟。

蘅垂桂香氛氲，长鸣汗血尽浮云。不辞辛苦来东道，只为箫韶朝夕闻。

杜甫《斗鸡》（卷230–16）

斗鸡初赐锦，舞马既登床。帘下宫人出，楼前御柳长。

仙游终一阕，女乐久无香。寂寞骊山道，清秋草木黄。

杜甫《千秋节有感二首（八月五日为明皇千秋节）》之二（卷233–23）

御气云楼敞，含风彩仗高。仙人张内乐，王母献宫桃。

罗袜红蕖艳，金羁白雪毛。舞阶衔寿酒，走索背秋毫。

圣主他年贵，边心此日劳。桂江流向北，满眼送波涛。

郑嵎《津阳门诗》（卷567–1）

千秋御节在八月，会同万国朝华夷。花萼楼南大合乐，八音九奏鸾来仪。

都卢寻橦诚龌龊，公孙剑伎方神奇。马知舞彻下床榻，人惜曲终更羽衣。

陆龟蒙《开元杂题七首·舞马》（卷629–72）

月窟龙孙四百蹄，骄骧轻步应金鞞。曲终似要君王宠，回望红楼不敢嘶。

本文结尾借用拙著《唐代铜镜与唐诗》中的一段："笔者既热爱唐诗又喜欢唐镜，将唐诗和唐镜这两种精品文化，加以综合考察与研究，力求从'边缘学科'这样一个互为交叉的新视角，对探索并弘扬中华传统文化作一次大胆的尝试。在求索、归纳，表述的过程中，顿悟'诗辉镜耀'为唐代文化交响乐中的一个华彩乐章。诗与镜的融合，形神相依，情真意切；诗与镜的描述，相映成趣，倍增风采。诗由镜而传神，镜缘诗以增色；诗附镜遂动人，镜得诗因显意。如此赏镜吟诗，顿觉醉人心扉，其乐无穷！"

（原载《收藏》2009 年第 6 期）

唐代迦陵频伽镜及其文化传承

久闻李经谋先生爱好佛像和铜镜，专注佛学题材的铜镜收藏，为此特意登门拜访。看了藏品以后，才知道何谓缘分！有多种带佛学题材的铜镜相聚李府，其中一件版模品相俱佳的唐代迦陵频伽镜尤为夺目，引人入胜。饰有迦陵频伽图案的唐镜存世甚少，在博物馆或私人藏家处难得一见。笔者力所能及地收寻并汇集了这些资料，今有机会得以与大家共同鉴赏。

一、存世器物

图 1 为李经谋先生藏。直径 12.3 厘米，重量 424 克。圆形，圆钮，圆座，座外一圈珠点纹。内区环列双兽双禽，两两相对，以云纹补空。双兽中一回首一低头，均翘尾作行走状。双禽均作展翅飞翔状，其中一兽头鸟身为"蜚廉"[1]，一人头鸟身为"迦陵频伽"。外区一周顺时针向 24 字楷书铭文："明齐满月，光类圆珠。铭镌几杖，字刻盘盂。并存箴塍，匪为欢娱。"缠枝纹缘。

图 2 是中国嘉德国际拍卖有限公司 2004 年 8 月 21 日专场拍卖会图录之 4123 号拍品，直径 12.3 厘米。仔细比对图 1，几乎找不出差异，似可认为两镜同模，这种情况甚为难得。

图 3 由上海陈学斌先生供稿。直径 11.4 厘米，重量 340 克。圆形，圆钮，圆座。内区环列四神禽，一禽锈蚀严重、模糊不辨，余三"禽"分别为人头鸟身、马头鸟身、龙头鸟身。外区一周顺时针向 24 字楷书铭文："光流素月，质禀玄精。澄空监水，照回凝清。终古永固，

---

[1] "蜚廉"即古代传说中的风神、风伯，也作"飞廉"。《汉书·武帝纪》："作甘泉通天台、长安飞廉馆。"应劭曰："飞廉，神禽能至风气者也。"

图1

图1A

莹此心灵。"缠枝纹缘。

图4系日本梅原末治《唐镜大观》图22（金泽东马三郎氏旧藏），直径19厘米。这是一面隋唐之际的瑞兽铭文镜，内区六分，其下方有明显的迦陵频伽纹饰。外区一周顺时针向32字楷书铭文："灵山孕宝，神使观炉。形圆晓月，光清夜珠。玉台希世，红妆应图。千娇集影，百福来扶。"

图5乃张铁山先生所藏，直径23.5厘米，重量1222克，此镜可说是目前国内所见最大的同类器物。主纹鸟右伴着一片彩云，迦陵频伽在吹奏似竽[2]之乐器，充满

图2

了人性化的气息。《楚辞·九歌》："鸣篪兮吹竽。"《史记·苏秦列传》："临菑甚富而实，其民无不吹竽鼓瑟，弹琴击筑。"唐韩愈《答陈商书》："齐王好竽，有求仕于齐者，操琴而往，立王之门，三年不得入。"

图6（图6A为其局部放大）由日本五岛美术馆藏，直径29.6厘米。八出葵花形，八出葵花钮。八瓣带花莲叶钮座。主纹饰四分，相同两组互为相间。一组系祥云之间的两个飞天共扶万字方胜，一组为莲花莲枝上的一对迦陵频伽手持神果仙草。全镜纹饰洋溢着浓重的禅意。

---

〔2〕竽是一种古代华夏即有之乐器。《通卦验》："竽长四尺二寸。"注云："竽，管类。用竹为之。形参差，象鸟翼。"《周礼·春官·笙师》："笙师掌教吹竽、笙。"郑玄注引郑司农曰："竽，三十六簧。笙，十三簧。"

图 3

图 3A

图 4

图 4A

图 5

图 5A

图6

图6A

二、名称由来

　　迦陵频伽系梵语译音（梵名 Ksalavinka），意谓迦陵者好，频伽者声，又作歌罗频伽鸟、羯逻频迦鸟、迦兰频伽鸟、迦陵毗伽鸟，今称迦陵频伽鸟。意译作好声鸟、美音鸟、妙声鸟、妙音鸟。唐代慧琳《一切经音义》云，此鸟本来出自雪山，山谷旷野亦多，其颜色黑似雀，羽毛非常美丽，喙部呈赤色，在卵壳中即能鸣叫，音声清婉和雅，为天、人、紧那罗、一切鸟声所不能及。在经典中，经常以其鸣声来譬喻佛菩萨的妙音。《正法念经》："山谷旷野，其中多有迦陵频伽，出妙音声。如是美音，若天若人，紧那罗等无所及音，唯除如来言声。"《妙法莲华经》卷六："山川岩谷中，迦陵频伽声，命命等诸鸟，悉闻其音声。"《长阿含经·大本经》："菩萨生时，其声清彻，柔软和雅，如迦陵频伽。"《楞严经一》："迦陵仙音，偏十方界。"注曰："迦陵，仙禽。在卵壳中，鸣音已压众鸟，佛法者似之。"也有说迦陵频伽是极乐净土之鸟，在净土曼荼罗中，作人头鸟身形（注意比较图1A与图3A人头发髻之不同，前者单，后者双）。

　　在《佛说阿弥陀经》中说："复彼国常有种种奇妙杂色之鸟：白鹤、孔雀、鹦鹉、舍利、迦陵频伽、共命鸟[3]。是诸众鸟昼夜六时出和杂音，其音演畅，五根五力，七菩提分八圣道分，如是等法。其土众生闻是音已，皆悉念佛、念法、念僧。舍利弗！汝勿谓此鸟实是罪极所生，所以者何？彼佛国土无三恶趣。舍利弗！其佛国土尚无三恶道之名，何况有实！是诸众鸟，皆是阿弥陀佛欲令法音宣流变化所作。"这是说阿弥陀佛的极乐世界中，有如来变化所成的迦陵频伽、共命鸟等，其微妙悦耳之声，能使众生念佛、念法、念僧之心。这些都是阿弥陀佛为教化众生，令法音宣流变化所出生。中唐诗人元稹《长庆集·度门寺》诗云："佛

---

〔3〕"共命鸟"在佛经中说其是一身两头之禽鸟，又称命命鸟、生生鸟。此鸟鸣声优美、迅翔轻飞、能善解
　　　天下人所有的语言并可宣说。

语迦陵说，僧行猛虎从。"

佛陀释迦牟尼有三十二相（形），八十种好（貌），其中一相就是梵音深远相。佛陀的清净之梵音，声洪圆满，如鸣天鼓，微妙最胜，如同迦陵频伽之音，听闻者都会爱乐，得无量利益。这是因为佛陀往昔于无量世中的不恶口，而且宣说真实美好之语、教人善语、不毁谤正法，因此所感得微妙相好。众生听闻佛陀说法，皆生善心无杂乱，断除迷惑，而且恒常欲闻。据佛经记载，在西方极乐世界中，这种名叫"迦陵频伽"的神鸟能以天籁梵音演说无上妙法，芸芸众生听到它的声音即可出离苦难、焦躁、烦忧、热恼，得到自在、清凉、从容、安祥……但它一闪即逝，从来没有人能够让它在手中得到半刻停留。

三、时代背景

佛教从古印度（天竺）传入中国内地的时间，一说是西汉哀帝元寿元年（前2），另一说是东汉明帝永平十年（67）。经过汉魏两晋，到南北朝时，佛教已在中国广为流传。佛教经典被大量译出，各种佛教学派方兴未艾。其中北魏（386~557）皇室对佛教尤为重视，大量建造寺院、翻译研究佛经，著名的云冈、龙门石窟就是在这一时期开始凿建。相比于北朝，南朝的佛教发展也毫不逊色。中唐诗人杜牧的名句"南朝四百八十寺，多少楼台烟雨中"。真实地反映了当时江南佛教的兴盛。据史料记载，梁武帝时，建康（今南京）的佛教寺院已超过五百座。至隋唐时，汉传佛教达到鼎盛，中国佛教各宗派的出现，表明佛教已经实现了本土化。由此，佛教也已成为中国传统文化的一个重要组成部分。

事实证明，佛教本土化是在初唐完成。其一，唐代僧人玄奘法师（602~664）为求得佛学上难以定论的"众说纷纭"，从贞观三年（629，另说贞观元年）杖策西行，经凉州出玉门关赴西天（天竺）取经，至贞观十九年（648）回到长安。玄奘及其弟子共计翻译出天竺的经、论75部，凡1335卷。其二，唐高宗永徽三年（652）为贮藏玄奘从西天取回的佛经、佛像，在长安建成大雁塔（今西安市南慈恩寺内）。其三，观音菩萨的梵名原译作"观世音"，因避讳唐太宗李世民的"世"字，而简称"观音"，玄奘在翻译《心经》时，改译为"观自在"。其四，武则天（624~705）在14岁时，被太宗选入宫中为才人，太宗死后，虽被削发为尼，然旋即又被高宗召为昭仪，永徽六年（655）立为皇后。载初元年（690）废睿宗，自称圣神皇帝，改国号为周，改元为天授，史称武周。一个出自佛门的初唐皇后，而后又成为女皇帝的武则天，一定会大力推崇佛教。在这样的社会背景下，佛教的本土化以及在唐镜上出现洋溢禅意的佛教题材，完全符合初唐的时代背景。

由《中国铜镜图典》图507、508、511、515、517可知，瑞兽铭带镜的问世年代多在隋唐之际。如果我们将带有迦陵频伽图案等佛教内容的这一类瑞兽铭带镜（图1、图2与图3）定在"隋唐之际"的后期，即唐太宗晚期至唐高宗早中期的初唐末，应该说与上述历史事实比较吻合，图1、图2与图3应该是问世年代最早的迦陵频伽镜。

四、文化传承

玄奘至西天取经回到长安（648），距今已 1360 年，因为佛教的本土化和中国传统文化的持续性，迦陵频伽在佛教文化以及社会生活的其他领域都有所反映，举例如下：

1.《中国青铜器全集·16 铜镜》图 187，1956 年辽宁建平张家营子出土（详见图 7）。直径 22.8 厘米。圆形，圆钮。镜背为线雕迦陵频伽纹，两个人首鸟舒展双翅，头戴莲冠相对而立。辽太祖耶律亿在公元 916 年建辽，上距唐亡才 9 年，辽代接受唐代文化可以说是"近水楼台先得月"，此镜反映了唐代佛教文化对辽的直接影响。

2.2000 年 5 月，河南登封法王寺二号塔地宫出土了一批唐代珍贵文物，其中一件玉雕迦陵频伽舍利盒（详见图 8）十分珍贵。盒盖为人面鸟身，宽额尖颔，头梳高髻，呈吹箫状。整器雕刻精细，造型逼真，极富想像。

3.2005 年 5 月由国家文物局组织，以著名考古学家宿白教授为首的专家组与宁夏文物考古工作者，共同对"东方金字塔"的西夏王陵三号陵地面建筑遗址，进行首次挖掘，出土了 7 类红陶质的建筑装饰构件，其器形分别为迦陵频伽（见图 9 与其侧视图 9A）、摩羯（龙头鱼身）、海狮、套兽、鸱吻、莲花座和塔刹。图 7 被称为"红陶五角花冠迦陵频伽"，长度 27.5 厘米，宽度 30.5 厘米，高度 38.8 厘米。

4.孙海芳《中国越窑青瓷》图 273，原名"唐迦陵频伽图腾"[4]，其用途实为建筑装饰配件（图 10）。

5.甘肃天水麦积山石窟馆现藏迦陵频伽鸟纹的宋代画像砖，长 33 厘米，宽 17 厘米，厚 5 厘米，是灰色陶制长方体实心砖。砖体表面有些许红砂堆积与剥蚀的痕迹，剥蚀部露

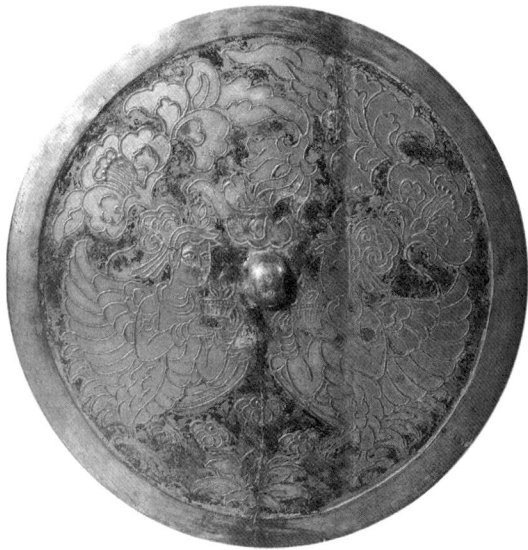

图 7

图 8

---

〔4〕此图为该书的封面，2007 年 10 月在新成立的绍兴越国文化博物馆中已有展出。

图 9

图 9a

图 10

图 11

出灰色砖体，保存完整。正面四分之三位置呈现迦陵频伽鸟凸起图案，呈椭圆状。人头、鸟翅，高发髻。上身袒胸露臂、肌体饱满；下系长裙，披帛自双肩绕臂向后飞扬；左手持裙裾，右手拿花束。

6. 福建泉州开元寺大雄宝殿，在其两排石柱和桁梁的结合处，有 24 个明代的樟木雕刻迦陵频伽（图 11），皆为人首鸟身，其下半身嵌在柱椎里，作为斗拱，两胁露出鸟爪，上身挺胸向前伸出。其中 12 个体形较大者头戴花冠，上承莲花钵盂形升斗，以顶托粗大的桁梁。12 个体形较小者以背上橹斗短柱顶托桁梁。这些迦陵频伽身著短衣，有翅，项带璎珞，双臂向前平伸，腕带宝钏，手持琵琶、洞箫、三弦、唢呐、笙、琴、拍板等乐器，或捧文房四宝、花果等供物。迦陵频伽的体态婀娜多姿，构思精巧，既是开元寺大雄宝殿建筑的艺术装饰，又是建筑结构的重要组成部件，体现了明代匠师们的超凡智慧和丰富想象力。

　　尽管带有迦陵频伽图案的唐镜传世甚少，我们不得不承认这类唐镜对传承中国文化所作出的贡献。其一，为佛教在中国本土化作出了独特的贡献；其二，迦陵频伽的梵文原意是好听的声音，唐镜中有这样的纹饰，喻示着人们对美好生活（包括声音在内）的向往；其三，"教化众生、弃恶从善"，既为佛学真谛，更是人类的共同愿望。

（原载《中国收藏》2009 年第 8 期）

唐镜与唐诗中的蓬莱仙境

一、概述

大唐开元至天宝的 44 年间，唐王朝将盛唐气象推向了顶峰。这个时期道家文化的地位相当突出，被尊称为"司马炼师"的著名道人司马承祯，曾两次被玄宗召入宫中，开元十五年（727）被赐封为内侍，在庆贺皇帝生日的千秋节时，他敬献了《上清含象剑鉴图》。为此，唐玄宗李隆基作应答诗《答司马承祯上剑镜》[1]，除赋诗之外还有御批[2]。从开元中期始，道家思想对大唐王朝的影响显而易见，在唐镜文化中反映出道家思想亦符合其历史、文化的时代背景。

日本正仓院所藏珍宝多为开元、天宝年间的盛唐顶峰之作，这是目前研讨唐代镜文化等问题的重要依据。大唐珍宝东传日本的主要渠道应系遣唐使带回，木宫泰彦《日中文化交流史》说："遣唐使表面上始终是为了敦睦邻谊，但实际上输入唐朝文化产品却是主要目的。"

让我们先从历史资料寻找盛唐顶峰时（日本圣武天皇时期）中日交往的一些重大事件，见表一。

日本《东大寺献物帐》载，天平胜宝八年（756）六月二十日，光明皇太后将其丈夫生前所爱之遗物约 620 余件，"献纳"给东大寺收藏保存（即今日正仓院所藏）。另外还有一部分包括铜镜在内的珍宝，已先期"献纳"给法隆寺（即今日东京国立博物馆所藏）。

---

[1] 诗曰："宝照含天地，神剑合阴阳。日月丽光景，星斗裁文章。写鉴表容质，佩服为身防。从兹一赏玩，永德保龄长。"
[2] 批曰："得所进明照宝剑等。含两耀之晖，禀八卦之象。足使光延仁寿，影灭丰城。佩服多情，惭式四韵。"

表一　日本圣武天皇时期的中日交往大事记

公元	盛唐年代	日本年代	大事内容
717	开元五年	养老元年	阿倍仲麻吕和吉备真备随第 9 次遣唐使来华
724	开元十二年	神龟元年	圣武天皇即位
733	开元二十一年	天平五年	第 10 次遣唐使来华
736	开元二十四年	天平八年	吉备真备在赴唐 19 年后返国（4 条船 594 人）
745	天宝七年	天平二十年	圣武天皇卸位后任太上皇
752	天宝十一年	天平胜宝四年	再遣正使藤原清河、副使吉备真备赴唐
754	天宝十三年	天平胜宝六年	遣唐使团在赴唐 2 年后返国
756	天宝十五年	天平胜宝八年	五月二日圣武太上皇驾崩

在这些珍宝中，有多面以蓬莱仙境为题材的唐镜，对日本之长寿文化产生了深远影响。

二、镜例

《东大寺献物帐》与《法隆寺献物帐》中的唐镜珍品皆为圣武天皇生前的喜爱之物，从表一可知，主要应由开元二十四年（736）与天宝十三年（754）两次大规模的遣唐使返国时带回。在安史之乱以后的中晚唐，再难以铸造出盛唐的辉煌之器。然而，文化的延续性使得中晚唐时仍有不少的蓬莱仙境纹唐镜问世，并保留至今。经过挑选与归纳，列成表二。

表二　唐代蓬莱仙境镜一览表

图号	资料来源	直径（厘米）	重量（克）	说明
1	日本正仓院（南仓 1 号）	40.7	7650	存世唯一的贴银镀金大镜，内区蓬莱仙境纹
2	日本正仓院（南仓 4 号）	31.0	4800	北仓 18 号亦为同类镜，直径 27.4 厘米，皆《东大寺献物帐》之器物
3	日本东京国立博物馆	46.7	/	另一同类镜直径 45.9 厘米，原皆法隆寺所藏
4	日本藤井有邻馆	24.2	/	山间 4 组成双走兽，与北仓 18 号镜相近
5	张铁山	21.2	984	山间 4 组成双走兽，与北仓 18 号镜相近
6	日本京都国立博物馆	14.6	/	锈蚀严重（山间有龙鱼）
7	千石唯司《中国王朝的粹》图 83	17.7	975	镜形八角（有童子骑龙鱼）
8	千石唯司《中国王朝的粹》图 84	边长 12.5	699	镜形正方（山间有禽鸟、莲花与神兽）
9	上海止水阁	10.9	322	水银沁（内区蓬莱仙境，外区花鸟）
10	日本五岛美术馆	10.9	/	黑漆古，与图 9 镜似为同模
11	张铁山	21.1	1161	山水远眺，突出双鹤，钮取巨鳌

图1、图2、图3三镜皆系圣武天皇的珍爱之物，其问世年代在开元、天宝年间的盛唐完全毋庸置疑。图1镜在拙文《正仓院藏镜》中已有介绍，免赘述。图2与图3两镜皆为圆镜，纹饰内容大同小异。其主题纹饰是：周边四山加上钮座一山共为五山，山间大海，海上有小船、龙鱼、山上有飞禽、走兽，每镜所取略有不同。《法隆寺献物帐》中的两镜的直径分别为46.7厘米（图3）与45.9厘米。图3镜直径46.7厘米，在同类镜尺寸中排名第

图1

一。仔细观察可知，在茫茫大海之中，有求仙帆船，童子龙鱼，结对游禽等；在周边四山之中，一山走兽似双熊，一山走兽似双鹿，另两山有结对飞禽。总体而言，山上植物茂盛，海面波涛汹涌，其间生机盎然，一派仙境风光。《东大寺献物帐》中的两镜直径分别为31.0厘米（图2）与27.4厘米，这些唐镜蔚为壮观，真可谓是盛唐气象！

图4至图11的8镜主要为中晚唐问世的器物。其中图4至图8五镜形制与纹饰，基本上是仿照盛唐器物；图9至图11三镜则有了自己的取向与个性：图9镜取八角形，图10镜取正方形，图11镜纹饰有了新意，山水远眺，突山双鹤，钮取巨鳌。

图2

图3

图 4

图 5

图 6

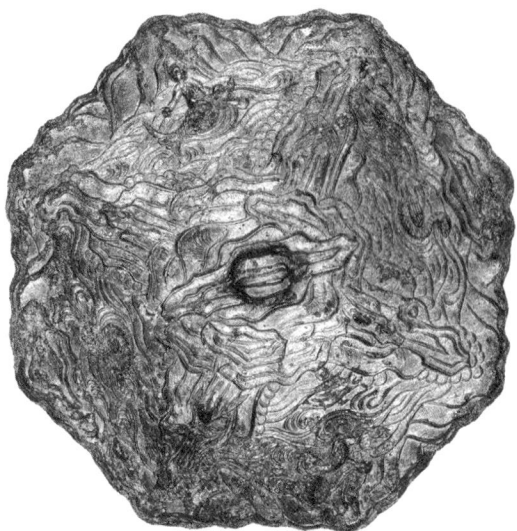

图 7

图 8

图 9

图 10

图 11

三、源考

道家文化仙山、大海、仙鹤、巨鳌、神兽、禽鸟等内容组合在一起，即为蓬莱仙境，具有深厚的历史、文化背景。《山海经·海内东经》："蓬莱山在海中。"《列子·汤问》："渤海之东，不知几亿万里，有大壑焉。实惟无底之谷，其下无底，名曰归墟。八纮九野之水，天汉之流，莫不注入，而无增无减焉。其中五山焉：一曰岱舆、二曰员峤、三曰方壶、四曰瀛洲、五曰蓬莱。其山高下周旋三万里，其顶平处九千里。山之中间相去七万里，以为邻居焉。其上台观皆金玉，其上禽兽皆纯缟。珠玕之树皆丛生，华实皆有滋味，食之皆不老不死。所居之人皆仙圣之种，一日一夕飞相往来者，不可数焉。而五山之根，无所连著，常随潮波上下往还，不得蹔峙焉。仙圣毒之，诉之于帝。帝恐流于西极，失群圣之居，乃命禺彊使巨鳌十五举首而戴之。迭为三番，六万岁一交焉，五山始峙……于是岱舆、员峤二山，流于北极，沉于大海。"

以上还只是神话与传说，再看史料怎么说。《史记·秦始皇本纪》载：秦始皇二十八年（前219），"齐人徐市等上书，言海中有三神山，名曰蓬莱、方丈、瀛洲，仙人居之。请得斋戒，与童男女求之。于是遣徐市发童男女数千人，入海求仙人"。同书又载：秦始皇三十二年（前215），"因使韩终、侯公、石生求仙人不死之药"。《史记·武帝本纪》载：汉武帝元光二年（前133），"天子始亲祠灶，而遣方士入海求蓬莱、安期之属。"同书又载：汉武帝晚年时"于是作建章宫……其北治大池，渐台高二十余丈，名曰泰液池，中有蓬莱、方丈、瀛洲、壶梁，象海中神山龟鱼之属"。自西汉早期开始的数百年间，在铜镜铭文上屡有"延年益寿""千秋万岁""与天相寿"等长寿理念的铭文。这种理念世代传承，一直延续至盛唐，在唐镜中出现蓬莱仙境的纹饰顺乎自然。中唐大诗人白居易在《海漫漫——戒求仙也》的诗中，告诫世人："海漫漫，直下无底傍无边。云涛烟浪最深处，人传中有三神山。山上多生不死药，服之羽化为天仙。秦皇汉武信此语，方士年年采药去。蓬莱今古但闻名，烟水茫茫无觅处。海漫漫，风浩浩，眼穿不见蓬莱岛。不见蓬莱不敢归，童男卯女舟中老。徐福文成多诳诞，上元太一虚祈祷。君看骊山顶上茂陵头，毕竟悲风吹蔓草。何况玄元圣祖五千言，不言药，不言仙，不言白日升青天。"此诗亦足证当时人们对蓬莱仙境之期盼已到了痴迷的程度，要不大诗人何以进行如此的告诫呢？

四、命名

对于这种由仙山、大海、仙鹤、巨鳌、神兽、禽鸟等组合而成的蓬莱仙境纹饰，在中日两国近百年来的各种镜文化著作中，有着完全不同的称谓。试看表三。

表三　对蓬莱仙境唐镜的各种称谓

序号	年代	著作名称	页	称谓
1	1929	《正仓院御物图录》（昭和四年）	第33图	山水人物鸟兽背
2	1992	《中国铜镜图典》	645	山水禽兽
3	1996	《故宫藏镜》	116	五岳
4	1998	《中国青铜器全集·16 铜镜》	175	山海神人
5	1999	杉山洋《日本的美术》No.393	41	海矶
6	2000	小林行雄《古镜》	142	海矶文
7	2004	千石唯司《中国王朝的粹》	157、159	山水图
8	2005	《上海博物馆藏铜镜精品》	238	五岳真形
9	2006	泉屋博古馆《唐镜》	54	山水文

可以相信，表三中的各种称谓必定有其依据和道理，然就总体而言，还是以涵盖道家文化的"蓬莱仙境"为主，将其纹饰简称"蓬莱纹"或"蓬莱"似更切题，拙著《唐代铜镜与唐诗》第207页已将其称谓"蓬莱仙境故事镜"。

五、唐诗

大唐盛世既铸制了流光溢彩的物质文化——唐镜，更创造出无以伦比的非物质文化——唐诗，真可谓"诗辉镜耀"！笔者再从《全唐诗》中挑选有关蓬莱仙境内容的十八首千古绝句，以飨读者。

宗楚客《奉和人日清晖阁宴群臣遇雪应制》（卷46-41）

窈窕神仙阁，参差云汉间。九重中叶启，七日早春还。

太液天为水，蓬莱雪作山。今朝上林树，无处不堪攀。

杨炯《和刘侍郎入隆唐观》（卷50-30）

> 福地阴阳合，仙都日月开。山川临四险，城树隐三台。
>
> 伏槛排云出，飞轩绕涧回。参差凌倒影，潇洒轶浮埃。
>
> 百果珠为实，群峰锦作苔。悬萝暗疑雾，瀑布响成雷。
>
> 方士烧丹液，真人泛玉杯。还如问桃水，更似得蓬莱。
>
> 汉帝求仙日，相如作赋才。自然金石奏，何必上天台。

王翰《古蛾眉怨》（卷156-6）

> 欲向人间种桃实，先从海底觅蓬莱。
>
> 蓬莱可求不可上，孤舟缥缈知何往。

李白《古风》（卷161-1）

> 鬐鬣蔽青天，何由睹蓬莱。
>
> 徐市载秦女，楼船几时回。
>
> 但见三泉下，金棺葬寒灰。

李白《送纪秀才游越》（卷176-29）

> 海水不满眼，观涛难称心。即知蓬莱石，却是巨鳌簪。
>
> 送尔游华顶，令余发爲吟。仙人居射的，道士住山阴。
>
> 禹穴寻溪入，云门隔岭深。绿萝秋月夜，相忆在鸣琴。

李白《杂诗》（卷184-27）

> 白日与明月，昼夜尚不闲。况尔悠悠人，安得久世间。
>
> 传闻海水上，乃有蓬莱山。玉树生绿叶，灵仙每登攀。
>
> 一食驻玄发，再食留红颜。吾欲从此去，去之无时还。

杜甫《秋兴八首》（卷230-2）

> 蓬莱宫阙对南山，承露金茎霄汉间。西望瑶池降王母，东来紫气满函关。
>
> 云移雉尾开宫扇，日绕龙鳞识圣颜。一卧沧江惊岁晚，几回青琐照朝班。

窦庠《金山行（润州金山寺，寺在江心）》（卷271-81）

> 信知灵境长有灵，住者不得无仙骨。三神山上蓬莱宫，徒有丹青人未逢。
>
> 何如此处灵山宅，清凉不与嚣尘隔。曾到金山处处行，梦魂长美金山客。

张籍《求仙行》（卷382-13）

> 汉皇欲作飞仙子，年年采药东海里。蓬莱无路海无边，方士舟中相枕死。
>
> 招摇在天回白日，甘泉玉树无仙实。

白居易《西湖晚归，回望孤山寺，赠诸客》（卷443-54）

> 柳湖松岛莲花寺，晚动归桡出道场。卢橘子低山雨重，棕榈叶战水风凉。
>
> 烟波澹荡摇空碧，楼殿参差倚夕阳。到岸请君回首望，蓬莱宫在海中央。

李涉《春山三朅来》（卷477-10）

> 山上朅来采新茗，新花乱发前山顶。琼英动摇钟乳碧，丛丛高下随崖岭。

未必蓬莱有仙药，能向鼎中云漠漠。越瓯遥见裂鼻香，欲觉身轻骑白鹤。

杜牧《偶题》（卷 524-84）

道在人间或可传，小还轻变已多年。

今来海上升高望，不到蓬莱不是仙。

陈陶《续古二十九首》（卷 746-28）

秦作东海桥，中州鬼辛苦。纵得跨蓬莱，群仙亦飞去。

隋炀弃中国，龙舟巡海涯。春风广陵苑，不见秦宫花。

僧鸾《赠李粲秀才（字辉用）》（卷 823-34）

仙鹤闲从净碧飞，巨鳌头戴蓬莱出。

前辈歌诗惟翰林，神仙老格何高深。

贯休《了仙谣》（卷 826-39）

海中紫雾蓬莱岛，安期子乔去何早。游戏多骑白骐，须发如银未曾老。

亦留仙诀在人间，啮镞终言药非道。始皇不得此深旨，远遣徐福生忧恼。

紫术黄精心上苗，大还小还行中宝。若师方术弃心师，浪似雪山何处讨。

吴筠《览古十四首》（卷 853-2）

天鉴谅难诬，神理不可谖。

安期返蓬莱，王母还昆仑。

异术终莫告，悲哉竟何言。

吴筠《登北固山望海》（卷 853-4）

此山镇京口，迥出沧海湄。跻览何所见，茫注潮汐驰。

云生蓬莱岛，日出扶桑枝。万里混一色，焉能分两仪。

愿言策烟驾，缥缈寻安期。挥手谢人境，吾将从此辞。

徐钓者《自吟》（卷 861-44）

曾见秦皇架石桥，海神忙迫涨惊潮。

蓬莱隔海虽难到，直上三清却不遥。

六、传承

1. 中晚唐时期。一些五行八卦镜、真子飞霜镜等器物的镜钮及钮座纹饰皆取巨鳌于大海之中，寓意着整个镜面纹饰都由巨鳌背负，其镜背纹饰内容又都与蓬莱仙境有关。还有若干器物省略钮座之"大海"，独留龟钮之"巨鳌"，或许可以认为，此即中日两国铜镜之龟钮的原始由来。

2. 两宋之际。多有如同《中国铜镜图典》图 740 至图 743 的"神仙人物故事镜"。笔者认为，尤其是有鹤纹、龟纹的器物，其纹饰内容，多系由蓬莱仙境的长寿理念延伸而来。此类镜纹饰有侍童双手托盘，盘中装仙桃，其实仙桃就是"不死之药"或"长寿之药"。

3. 东渡扶桑。拙著《日本蓬莱纹铜镜研究》"和镜蓬莱纹"中有言："在中国蓬莱纹形成 300 余年后的北宋晚期，日本蓬莱纹和镜才逐渐兴起。"事实上，从平安后期（即北宋晚期）开始的日本镜文化，始终是以蓬莱仙境的长寿理念作为其主流文化。和镜中的蓬莱纹一直传承了约 800 年的历史，基本上可分成两大类，多数类是以鹤、龟、松、竹、梅作为主要元素进行排列组合，少数类是以巨鳌背负蓬莱山为主题。

4. 回流华夏。明代晚期，中日海上贸易日趋频繁，日本和镜开始大量输入中国，蓬莱纹和镜是其中最多的品种。

蓬莱仙境故事及其长寿长生理念演绎着中日文化交流的一条主航道，将两国人民的友谊大船，一波又一波地推向彼岸。

（原载《中国收藏》2009 年第 1 期）

曲江风度　藻耀千秋

——《千秋金鉴录》青史流芳考

一、引言

20世纪80年代末，王士伦《浙江出土铜镜》一书问世，受到广大读者的欢迎，书中尤以"历代镜铭辑录"使其成为使用频率较高的一本工具书，然对镜铭249内容"落耀千秋，曲江风度"中的"落"字不解其意。事有凑巧，孙克让先生在发表了《千秋节和千秋镜》[1]一文后不久，即从京城来电话，说请协助查找这块当时还释读有误的铜镜，受托后寻觅多年，却始终不见踪影。

丙戌春夏之交，京沪两地连续举办了四场铜镜的专场拍卖会，在铜镜的流通领域，顿现一片繁荣景象，市场随之兴旺起来。一个偶然机遇，笔者有幸邂逅这面还带着原配红木支架的传世铜镜（见图1）。真是"踏破铁鞋无觅处，得来全不费功夫"。对着镜面，仔细一看，原来是"藻耀千秋"而非"落耀千秋"。这里的"藻"[2]字应释作"文采"，并可引申为"美好"之意。现在，人们经常见到千古不朽、千古不变、流芳百世、万古流芳等成语，比较而言，似都不如"藻耀千秋"这四个字用得贴切。

---

[1] 表在《中国历史博物馆馆刊》1998年第2期，详细介绍了有关千秋节和千秋镜的内容。

[2] 战国楚宋玉《神女赋》："被华藻之可好兮，若翡翠之奋飞。"南朝宋鲍照《吴兴黄浦亭庾中郎别》诗曰："温念终不渝，藻志远存追。"

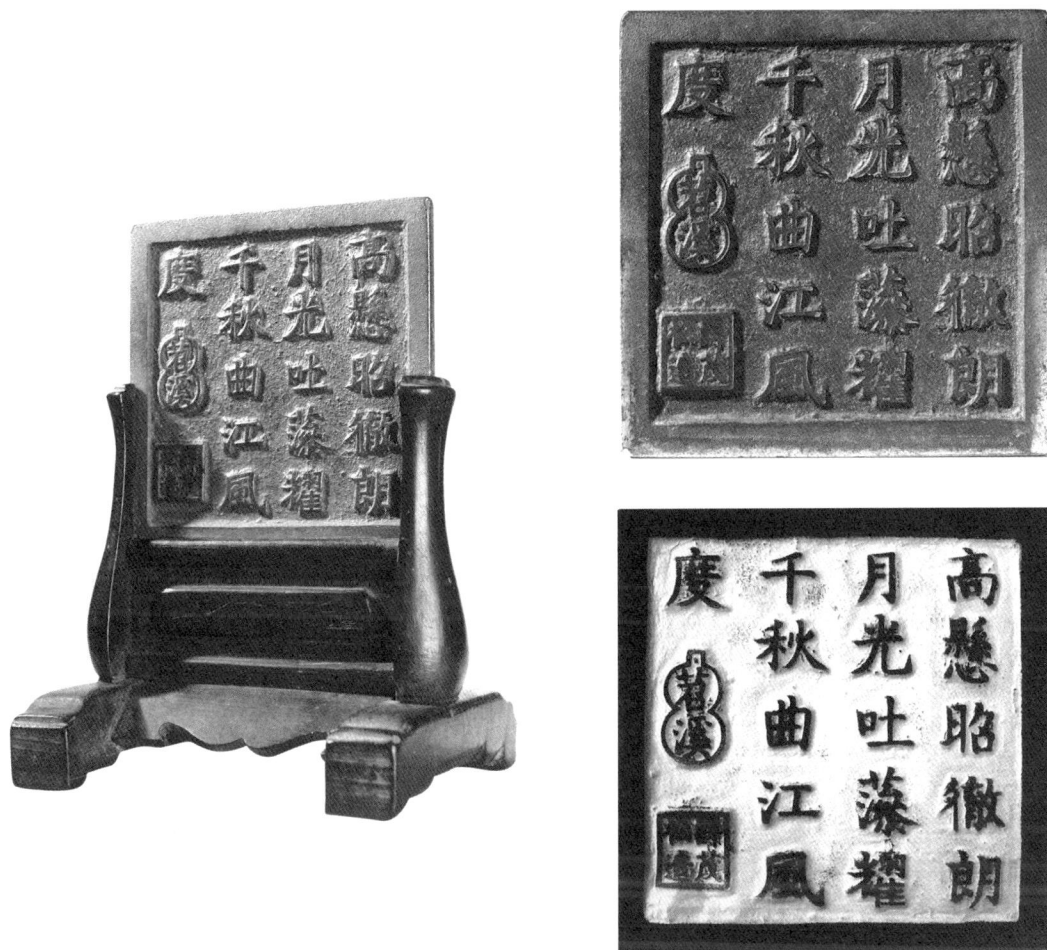

图 1

二、镜考

此镜为正方形，边长 8.5 厘米，重量 202 克，从康熙年间铸制始，传世至今已有三百余年的历史。全镜正背皆为黑漆古包浆，布满镜面的 16 字楷书铭文："高悬昭彻，朗月光吐，藻耀千秋，曲江风度。"落款处两枚印记，上为葫芦形，书"苕溪"[3]铭；下为方形，书"薛茂松造"铭。

明清两代，薛氏家族是湖州地区的铸镜世家。明代有薛仰峰、薛近河、薛奇亭、薛思溪、薛仲溪、薛岐山、薛怀泉等。《故宫藏镜》图 171 系 26 字圆形铭文镜，其文末句为"万历辛卯开化县置"，另有印记"薛怀泉造"。万历辛卯即万历十九年（1591），开化县今属浙江衢州。

明末清初有薛茂松，清代有薛赞王、薛晋侯、薛载道等。其中薛晋侯（即薛惠公）较

---

［3］苕溪在浙江省北部，分为东西两源，流域的水量丰富，既是上海市黄浦江的主要水源地，亦是太湖的补给水源。苕溪地处湖州市境内，故为湖州的别称。

为著名，存世清代诗文方镜的数量最大，目前所见有薛晋侯铭的最早器物[4]为"雍正癸卯（1723）"之"方正"铭诗文方镜。

薛茂松是铸镜名匠，存世器物不少，却难考纪年。有缘在绍兴越国文化博物馆看到一面明代印钮镜，右方框八字铭文："崇祯元年吴昆明制"，印钮七字铭文："湖州薛茂松自造。"一些高质量的大镜亦出自其手，中国国家博物馆藏署名"薛茂松造"的"福寿双全、五子登科"铭大镜，直径 32.8 厘米（明清一整尺），重量 6250 克。钮上有"丁亥定铸"四字（以下简称"丁亥"镜）。经分析，明末清初时涉及"丁亥"的年号有三个：万历十五年（1587）的"丁亥"距清初时间太长，似无可能；康熙四十六年（1707）的"丁亥"离明末时间太长，亦无可能；唯顺治四年（1647）"丁亥"的可能较大。

康熙十七年（1678）穷途末路的吴三桂在衡阳称帝后不久即病死，平定"三藩之乱"的胜利指日可待。史学界有一种观点，从这一年开始，作为大规模有组织的"反清复明"活动就基本上结束，清王朝统治中国可说从这一年步入"安定"。史料证明，历代对《千秋金鉴录》的重视以清代为最，清代对《千秋金鉴录》的重视又以前清的顺、康、雍、乾为最。康熙十七年（1678）正是张九龄的 1000 年诞辰，张九龄的"曲江风度"在这千年的历朝历代中，得到过普遍的赞歌和颂扬，"藻耀千秋，曲江风度"正是历史的真实写照。在这样的背景之下，笔者猜想，图 1 镜的问世年代应在康熙十七年（1678）。如果这个猜想能被证实的话，根据《中国美术家人名辞典》，薛茂松是明代湖州人。经过反复推算，笔者假设薛茂松在万历三十四年（1606）出生，那么，他在崇祯元年（1628）铸制印钮镜时是 22 岁；在顺治四年（1647）铸制丁亥镜时是 41 岁；在康熙十七年（1678）铸制图 1 镜时是 72 岁，这种推算应该有存在的可能性。此外，亦不能排除指导铸制与儿孙沿袭用名的可能性。期盼着有一天能见到薛氏家谱，在得知薛茂松的生卒纪年后，就可再作核实与修正。

历代铸镜世家常有子孙借用长辈大名的情况。笔者认为，图 1 镜的综合"气质"，明显地高于清代中晚期的同类镜，应非后人仿制。若将图 1 镜与署名薛晋侯的乾隆方镜相比，前者比后者显得厚重与规整。如同清代制钱一般，顺治小平钱与康熙小平钱明显地比乾隆小平钱要厚重与规整。可以认为，薛晋侯的乾隆方镜源于薛茂松的康熙方镜，再往前寻觅，似就难以找到清代诗文方镜的踪迹了。综上所述，对图 1 镜似可归纳为以下三点：

1. 此镜似为张九龄千年诞辰（678~1678）的纪念镜[5]；

2. 器物问世在康熙早期，开创了清代诗文方镜的先河；

3. 传世 300 余年，始终没有"开光"，说明当时铜镜功能已延伸为一种特殊的文化载体，此镜原来应有的实用功能已让位于教育功能。

---

[4]《中国美术家人名辞典》载，薛晋侯系乾隆元年（1736）生，乾隆六十年（1795）卒，显然有误。

[5] 中国文化对重大历史事件，历来有在整数时间进行纪念的习俗。如：唐代由安史之乱而赐贵妃自尽的马嵬驿事件，发生在天宝十五年（756），在其整 50 年后的元和元年（806），白居易留下了纪念性的千古绝唱《长恨歌》；1644 年明亡，300 年后的 1944 年，郭沫若写下了纪念性的重要文章《甲申三百年祭》。

三、铭释

何谓"曲江风度"？要从大唐开元盛世的千秋节和千秋镜说起。开元十七年（729），时任尚书左丞相集贤院学士的张说上表《请八月五日（唐玄宗生日）为千秋节表并勒名》，在得到皇帝的恩准后，千秋节的欢庆活动在当年就风行全国。《旧唐书》卷八载："（开元十七年）八月癸亥，上以降诞日，宴百僚于花萼楼下。百僚表请以每年八月五日为千秋节，王公以下献镜及承露囊，天下诸州咸令宴乐，休暇三日，仍编为令，从之……（开元十八年）八月丁亥，上御花萼楼，以千秋节百官献贺，赐四品以下金镜、珠囊、缣彩，赐五品以下束帛有差。上赋八韵诗，又制秋景诗。"

千秋镜（《旧唐书》谓之金镜）即在千秋节时，从扬州上贡，由皇帝颁赐给大臣的"百炼镜"，其铸制的时间和地点皆有规定，应是五月五日午时（即火月火日火时）在扬子江江心船上完成的"神圣"之物，通常镜缘都铸有"千秋"两字。按颁赐对象的级别，尺寸有序，纹饰不同（主要是龙纹、鸾纹和雁纹）。在众多唐诗中，白居易《百炼镜——辨皇上鉴也》对此说得最为清晰。诗曰："百炼镜，镕范非常规，日辰处所灵且祇。江心波上舟中铸，五月五日日午时。琼粉金膏磨莹已，化为一片秋潭水。镜成将献蓬莱宫，扬州长吏手自封。人间臣妾不合照，背有九五飞天龙。人人呼为天子镜，我有一言闻太宗。太宗常以人为镜，鉴古鉴今不鉴容。四海安危居掌内，百王治乱悬心中。乃知天子别有镜，不是扬州百炼铜。"

图2

千秋节期间，举国上下轰轰烈烈、热闹非凡。宫里的舞马献酒、象犀朝拜、百戏表演、音乐舞蹈等活动，将大唐盛世的繁华推上了顶峰。在千秋节极度繁华的背后，奢靡与浪费日趋严重，上赐下献铜镜等礼物的过程，更是滋长了腐败之风。开元二十二年（734），即第六个千秋节时，"群臣献宝祝寿，独张九龄书前代兴废事上之，帝嘉纳，悬之殿壁，号《千秋金鉴录》"（摘自北宋镜铭，见图2）。《千秋金鉴录》有五卷十章。其全部内容表面是讲修身、齐家、治国、安邦、平天下的道理，而其实质是以古论今，暗讲时弊所在，并指出如何改进。这里摘录其中最为精彩的亦即"藻耀千秋"的一段，以供鉴赏："惟今日者，隆逢皇上千秋瑞日，群臣皆献金玉宝镜。臣蒙洪恩，超擢备位，殿垣宁无金玉宝镜耶？惟臣今有'金玉宝镜'，有胜于寻常万万者。夫币玉之金宝，止足以悦耳目；而蕴美之金宝，则足以益心思；器具之宝镜，止足以取玩一日；而神明之宝镜，则足以普照千年。此金宝，不啻长生之至宝丹；此金录，无殊万岁之金符录。诚怜愚昧，俯赐弘观。明照在前，仿佛黄帝之金鉴。妍媸在目，依稀文皇之镜铭。"

当时，尽管唐玄宗李隆基的心里并不高兴，然而经尚书右丞相张九龄"苦口婆心"的规劝，还是对朝野产生了一定的影响。《唐会要》卷八十二载：是年（734）下令"诸州千秋节，多有聚会，颇成糜费，自今日已后，宜听五日一会，尽其欢宴，余二日休假而已，任用当处公廨，不得别有科率"。在中国铜镜史中，千秋节与千秋镜是一个重要篇章，拙著《唐代铜镜与唐诗》对此亦有所侧重。如能适当了解，就可比较清楚地知道这段历史情节。

对于由千秋节和千秋镜而引起的奢靡之风，朝野皆表示了深切的关注。至德二年（751），唐肃宗李亨曾下令"禁珠玉、宝钿（主要指宝钿镜）、平脱（主要指金银平脱镜）、金泥、刺绣"（《新唐书》卷六）；大历七年（772），唐代宗李豫又下令"诏诫薄葬，不得造假花果及平脱、宝钿等物"（《旧唐书》卷十一）；大历十四年（779），唐德宗李适再下令"扬州每年贡端午日江心所铸镜、幽州贡麝香，皆罢之"（《旧唐书》卷十二）。在帝王们三令五申的同时，唐代一些大诗人在自己的诗作中，亦表示了对千秋节奢靡的感叹与不满：

杜甫（712~770）《千秋节有感二首（八月五日为明皇千秋节）》

　　自罢千秋节，频伤八月来。先朝常宴会，壮观已尘埃。

　　凤纪编生日，龙池堑劫灰。湘川新涕泪，秦树远楼台。

　　宝镜群臣得，金吾万国回。衢尊不重饮，白首独馀哀。

　　御气云楼敞，含风彩仗高。仙人张内乐，王母献宫桃。

　　罗袜红蕖艳，金羁白雪毛。舞阶衔寿酒，走索背秋毫。

　　圣主他年贵，边心此日劳。桂江流向北，满眼送波涛。

戎昱（天宝刺史）《八月十五日》

　　忆昔千秋节，欢娱万国同。今来六亲远，此日一悲风。

　　年少逢胡乱，时平似梦中。梨园几人在，应是涕无穷。

舒元舆（元和进士）《八月五日中部官舍读唐历天宝已来追怆故事》

　　花萼笑繁华，温泉树容碧。霓裳烟云尽，梨园风雨隔。

　　露囊与金镜，东逝惊波溺。昔闻欢娱事，今日成惨戚。

所谓"曲江风度"，始于唐玄宗对张九龄的赞誉："后宰执每荐引公卿，上必问：'风度得如九龄否？'"（《旧唐书》卷九十九）。当时应指张九龄的才华与气质，后人遂将此称谓延伸为颂扬张九龄人品与操守的一个专用名词。"藻耀千秋，曲江风度"的用词恰如其分。

张九龄（678~740），字子寿，又名博物，岭南韶州曲江（今属广东）人。幼聪敏，七岁知属文，年十三上书广州刺史王方庆，王方庆赞赏曰："此子必能致远。"会张说谪岭南，一见厚遇。景龙元年（707）擢进士第二人，授校书郎，迁右拾遗，再迁左补阙。开元十年（722）三迁司勋员外郎，张说为相尤亲重之，称为"后来词人称首也。"擢中书舍人内供奉。开元十九年（731）召为秘书少监、集贤院学士。开元二十年转工部侍郎，二十一年（733）起复拜相，加中书令、集贤院知事、同中书门下平章事，主张不循资格用人，建议设十道采访使，又教河南数州水种稻，以广屯田。二十二年（734）为中书令时，进《金鉴录》五卷十章。二十三年充右丞相制，二十四年为李林甫所谮，罢相，二十五年赴荆州大都督府长史。二十八年（740）乞归，五月病逝，赠荆州大都督，谥曰文献。

四、流芳

开元二十二年（734），《千秋金鉴录》问世后，得到了历代后人的反复赞歌与颂扬，"曲江风度"已经成为一种反腐倡廉的正气，经久地回荡在华夏大地。在帝王给予褒赠与加谥的同时，唐、宋、明、清历代文人亦深受感动。在唐诗宋词的接连诵咏后，还有宋代与清代都留下了纪念性的铭文镜。本文将赞颂张九龄"曲江风度"的褒赠、诗词、镜铭、刻本等，按年代顺序大致汇总如下：

1.《旧唐书·列传第四十九》载：开元二十二年（734），"九龄为中书令时，天长节百僚上寿，多献珍异，唯九龄进《金镜录》五卷，言前古兴废之道，上赏异之"。

《新唐书·列传第五十一》载："初千秋节，王公并献宝鉴，九龄上事鉴十章，号'千秋金鉴录'，以伸讽谕。"

2.《旧唐书·列传第四十九》载："二十四年（736），迁尚书右丞相，罢知政事。后宰执每荐引公卿，上必问：'风度得如九龄否？'"

3. 宋之问[6]《初发荆府赠长史》："三载相孤立，千秋鉴独存。仍随五马谪，载与两禽奔。明主无由见，群公莫与言。幸君逢圣日，何惜理虞翻。"

4. 王维（701~761）《献始兴公（时拜右拾遗）》："宁栖野树林，宁饮涧水流。不用坐梁肉，崎岖见王侯。鄙哉匹夫节，布褐将白头。任智诚则短，守任固其优。侧闻大君子，安问党与雠。所不卖公器，动为苍生谋。贱子跪自陈，可为帐下不。感激有公议，曲私非所求。"

5. 王维《寄荆州张丞相》："所思竟何在，怅望深荆门。举世无相识，终身思旧恩。方将与农圃，艺植老丘园。目尽南飞雁，何由寄一言。"

6.《旧唐书·列传第四十九》载："至德（756~758）初，上皇在蜀，思九龄之先觉，下诏褒赠，曰：'正大厦者，柱石之力；昌帝业者，辅相之臣。生则保其荣名，殁乃称其盛德。节终未允于人望，加赠实存乎国章。故中书令张九龄，维岳降神，济川作相，开元之际，寅亮成功。谠言定其社稷，先觉合于蓍策，永怀贤弼，可谓大臣……可赠司徒，仍遣使就韶州致祭。'"

7.《旧唐书·本记第十二》载：德宗建中元年（780）十一月乙丑，"又赠张九龄司徒"。

---

〔6〕《全唐诗》所载作者宋之问似有误，宋之问在"先天中（713）赐死"（《辞海》），而张九龄在开元二十四年（736）为李林甫所谮，罢相，后任荆州府长史。从年代上看是不可能的事，疑此诗非宋之问所作，待考。

8. 皎然（唐代宗、德宗时诗人）《读张曲江集》："相公乃天盖，人文佐生成。立程正颓靡，绎思何纵横。春杼弄细绮，阳林敷玉英。飘然飞动姿，邈矣高简情。后辈惊失步，前修敢争衡。始欣耳目远，再使机虑清。体正力已全，理精识何妙。昔年歌阳春，徒推郢中调。今朝听鸾凤，岂独美门啸。帝命镇雄州，待济寄上流。才兼荆衡秀，气助潇湘秋。逸荡子山匹，经奇文畅俦。沈吟未终卷，变态纷难数。曜耳代明珰，袭衣同芳杜。愔愔闻玉磬，窈寐在灵府。"

9. 权德舆（唐德宗、宪宗时诗人）《和李大夫西山祈雨，因感张曲江故事十韵》："亚相冠貂蝉，分忧统十联。火星当永日，云汉倬炎天。斋祷期灵贶，精诚契昔贤。中宵出驺驭，清夜旅牲牷。触日看初起，随车应物先。雷音生绝巘，雨足晦平阡。潇洒四冥合，空濛万顷连。歌谣喧泽国，稼穑遍原田。故事三台盛，新文七义全。作霖应自此，天下待丰年。"

10. 刘禹锡（772~784）《读张曲江集作》："圣言贵忠恕，至道重观身。法在何所恨，色相斯为仁。良时难久恃，阴谪岂无因。寂寞韶阳庙，魂归不见人。"

11. 郑处诲（唐文宗进士）《明皇杂录》卷下："张九龄在相位有謇谔匪躬之诚，玄宗既在位年深，稍怠庶政，每见帝无不极言得失。"

12. 齐己（唐末诗人）《题玉泉寺》："高韵双悬张曲江，联题兼是孟襄阳。后人才地谁称短，前辈经天尽负长。胜景饱于闲采拾，灵踪销得正思量。时移两板成尘迹，犹挂吾师旧影堂。"

13. 北宋（960~1127），在朝野相继赞颂张九龄的"曲江风度"的同时，创制了纪念铭文的铜镜。《小校经阁金文拓本》载有原镜拓片（详见图2），这里将铭文抄录如下："唐元（玄）宗千秋节，群臣献宝祝寿，独张九龄书前代兴废事上之。帝嘉纳，悬之殿壁，号《千秋金鉴录》。"

另外，笔者在藏家处曾见到南宋桃形镜（详见图3，高度12.8厘米，重量543克），铭文为："千秋金鉴，勋业频看。"喻意清晰，无需赘述。

14. 苏轼（1037~1101）《读张文献公金鉴录有感》："远溯渊源曲水东，犹存文献旧家风。江南作相何人始，岭表孤忠独我公。岂特魏房姚宋上，直追天保卷阿中。幸将箴鉴当前照，半百痴迷顿破蒙。"

15. 王偁（1370~1415）《谒张文献公祠得读金鉴录》："停舟曲江浒，吊古谒遗祠。岩岩始兴公，遗泽芬在斯。堂倾风雨萃，碑断苔藓滋。芳春奠行旅，落日归文狸。唐宫替无事，衡鉴方独持。弼谐展

图3

嘉献，说论非诡随。雍雍朝阳凤，粲粲补衮丝。侧闻卧病后，九朝烟尘飞。渔阳突骑来，中华混群尼。信哉砥柱力，用舍同安危。昭陵铁马空，仙李祚九嶷。维余兰菊存，千秋恒若兹。我来荐微诚，再拜当前墀。顾瞻庙貌间，风度犹可希。武溪何茫茫，笔峰亦巍巍。只今相业隆，孰与前修期。临风一长叹，山雨来霏霏。"

16. 江璞（明成化进士）《咏金鉴录》："翠华西出鹤南飞，仕国犹安去国危。诛递若从先事见，磨崖何那颂功碑。君臣过合原非异，前代兴亡可尽知。惟有旧时《金鉴》在，至今留作哲人规。"

17. 清顺治十三年（1735），广东按察司副使所写《张文献公集序》有云："若夫《金鉴》一书，千古传为盛事。"

18. 王士禛（1634~1711）《皇华记闻》载，江苏周厚埙家藏本有隆庆年间（1567—1572）曲江刻张文献《千秋金鉴录》一卷。

19. 清康熙三年（1664），曲江令凌作圣重刻王士禛所摘。

20. 清康熙十七年（1678），张九龄诞辰1000年，本文图1镜疑为纪念镜。清代重视张九龄的"曲江风度"似应从此开始。

21. 清雍正十三年（1735），御刻《千秋金鉴录》五卷。文前有《重刻〈千秋金鉴录〉序》，序曰："圣智之言，重如金石。贤良之论，照若明犀……有《金鉴》一书，能烛照千古，颇同尧典，堪拟圣经……五卷中，嘉谋忠告，言人所不敢言者，风度俨然。十章内，致治均平，论人所不能论者，文献所在。诚所谓：以镜自照见形容，以人自照见吉凶也。噫！精金照耀，日月双莹。"

22. 清乾隆三十八年（1773），始编《四库全书》，"集部"有《曲江集》6卷。

23. 清嘉庆二十一年（1817），广东顺德温汝适编著《张曲江年谱》。[7]

24. 1998年12月在广东韶关召开了"纪念张九龄诞辰1320周年学术研讨会"。

25. 2004年10月广东省始兴县政协文史委员会编纂出版了《盛唐贤相张九龄》一书。

五、结语

开元盛世接连出了两位同为张姓的著名丞相，他们对千秋节的态度却大相径庭，先是张说倡导及推波助澜，后则张九龄抵制并直谏其非。《千秋金鉴录》作为一股千古流芳的凛然正气，被唐、宋、明、清等历代所传诵、敬仰。大唐由盛转衰，表面看是由安史之乱所为，而究其根本原因在于奢靡腐败。正因如此，后人对张九龄在当时抵制奢腐的"曲江风度"，才给予了高度评价。笔者谨以此文纪念唐代名相张九龄诞辰1330年。赞曰：恨明皇之奢腐兮，悲衰败之惨戚。[8]赞曲江之流芳兮，扬华夏之正气。

---

〔7〕此年谱载：开元二十四年（736）"上《千秋金鉴》"，比《旧唐书》所载晚了两年，当有误。

〔8〕中晚唐的诗人们为大唐之衰败与惨戚（舒元舆诗语），留下了许多不朽诗篇，白居易《长恨歌》对此作了最佳注释。

生民何计乐樵苏

——隋唐镜铭中的治乱文化

王纲怀　张炳生

　　战争与和平既是历史发展的两种基本状态，又是封建王朝交替碾轧的两副强大车轮。然而，规避战争，寻求和平，一直是几千年来，人民的期盼目标和努力方向。对于这种美好的愿望，隋唐时代大量的诗歌作品已有充分表现，而数量相对较少"治乱文化"的铜镜铭文，亦对此有所涉及。

　　本文图1，即《隋唐镜铭文图集》（以下简称《图集》）图104铭文："淮南起照，仁寿传名。琢玉斯表，镕金勒成。时雍炎晋，节茂朱明。爰模鉴彻，用微流清。光无亏满，叶不枯荣。图形览质，千载为贞。"这是隋朝多种四灵神兽镜的一段铭文。暂且不论"琢玉斯表"之后对铜镜质量自夸自赞的大段文字，起首"淮南起照，仁寿传名"八字，便是这段天下一统，安定和平历史的真实记录。

　　开皇八年（588）三月，隋文帝杨坚在淮南发布诏书(起照)，昭告天下。诏曰："昔有苗不宾，唐尧薄伐。孙皓僭虐，晋武行诛。有陈窃据江表，逆天暴物……宝衣玉食，

图1

穷奢极侈。淫声乐饮，俾昼作夜。斩直言之客，灭无罪之家……自古昏乱，罕莫能比……抄掠人畜，断绝樵苏。市井不立，农事废寝……岂能对而不诛，忍而不救！"（见《隋书》）又致国书于陈，列陈后主二十项罪状，并命人抄写诏书三十万张，遍告江南。（见《资治通鉴》）开皇八年十月，隋文帝发兵于淮南，次年正月灭陈。

北朝后期突厥汗国崛起，其可汗利用北周和北齐对峙之际，多次入侵华夏，"西北沿边，受害最烈""六畜咸尽"。隋文帝时，战火又持续了二十余年。《隋书》卷二载：仁寿元年（601）春正月"乙酉，突厥寇恒安，遣柱国韩洪击之，官军败绩"。再遣杨素领军出战，最终打败突厥。故而铭曰："仁寿传名"。

隋文帝完成了大一统，结束了古代中国东晋十六国以来270多年分裂割据、战乱不止的局面，使中华大地重新统一于中央政权之下，这是隋王朝对中国历史发展做出的重大贡献。

本文图2，即《图集》图107铭文："延祥集祉，弭疠销兵，安家保国，传于万龄。"隋朝四灵十二生肖镜的这段镜铭，是人们在饱经战乱苦难之后深情祈愿：吉祥延续，福祉汇集，消灾罢兵，国泰民安。然而这美好的祈盼与深切的祝愿，只在瞬间便烟消云散。隋朝连年大兴土木，对外不断用兵，繁重的徭役、兵役，使得田地荒芜，民不聊生，各地人民纷纷举兵反抗，这个短命的王朝，不到四十年便土崩瓦解。人们从王朝迅速式微的轨迹中窥测到，强大的军事力量可以完成统一大业，但崇尚武力、忽视民生并不能带来国家的长治久安和人民的安居乐业。

图2

本文图3，即《图集》图114铭文："心意将魂魄，俱并逐书来。德时莫付火，人命即成灰。"隋末四灵简博镜的这后两句铭文可谓一语成谶，淮南诏书犹存，仁寿传名不复。意愿与现实的巨大落差，给了人们深刻的反思："兵者，国之大事，死生之地，存亡之道，不可不察也。"（《孙子兵法》）历史的脚步踏入公元七世纪，一个空前强大的帝国——李唐王国兀然崛起。这个政治稳定、经济繁荣、文化昌盛的朝代，诗中之镜可谓繁花似锦加浓墨重

图3

彩，而镜中之铭却是屈指可数且惜墨如金。然而在为数不多的唐镜铭文中，有几则却延续了隋镜祈盼和平的意愿。

隋唐之际有诸多内容相同却主纹不同之镜铭。本文图4，即《图集》图201铭文：："仙山并照，智水齐名。花朝艳采，月夜流明。龙盘五瑞，鸾舞双情。传闻仁寿，始验销兵。""传闻仁寿，始验销兵"系直接从隋镜铭中葜来的词语，表达了同样的祈望。隋唐交接时期，从隋炀帝大业七年（611年）的王薄领导的长白山起义开始，到唐高祖武德七年（624年）辅公祐的反唐失败结束，动乱历时十四年，重大战役达到半百之数。毕竟，烽火硝烟、冰河铁马并不是人们期待的归属，男耕女织、安居乐业才是理想的桃源。

图4

本文图5，即《图集》图303铭文："洞心照胆，知幽察微。珠渐朗润，月谢光晖。妖兵即弭，福庆斯归。"初唐的团花镜铭文当是这种追求的写照。"妖兵既弭，福庆斯归"，"妖"作邪恶、怪异解，那么，对新王朝的希冀，对新生活的憧憬显而易见：兵灾解除，战乱消散，福到运归，安居乐业。而愿望与现实的距离却出乎意表。

图5

唐朝处于我国封建社会的鼎盛时期。但这并不意味着它与其它民族就相安无事，边防无患。相反，"边庭流血成海水，武皇开边意未已"（杜甫《兵车行》）。

在唐朝近三百年的统治中，可谓狼烟四起、无年不战。

对外：与吐谷浑的战争十余年未停；在朝鲜半岛的战争交战二十余年；而对突厥之战从初唐武德三年（620）到盛唐天宝元年（742），前后竟延续一个多世纪；对吐蕃六次用兵，从贞观十二年（638）直到咸通七年（866）和对契丹（两藩）的战争，从显庆五年（660）到天复三年（903），断断续续竟超过了两个世纪。

对内：唐初统一战争、李敬业反武之战、安史之乱、德宗削藩、宪宗削藩、武宗削藩、庞勋起义、王（仙芝）黄（巢）起义、唐末藩镇战争。这九场内战经历了初、盛、中、晚唐，贯穿了整个王朝的始终。

尤其是唐玄宗天宝十四年（755）爆发的安史之乱，历时七年又两个月，使唐朝遭到了一次空前浩劫，给社会、经济带来无法估量的损失。据《旧唐书·郭子仪传》，对浩劫之后整个黄河中下游的萧条景象，作了一个真实描述："宫室焚烧，十不存一，百曹荒废，曾无尺椽。中间畿内，不满千户，井邑榛荆，豺狼所号……东至郑、汴，达于徐方，北自覃、怀经于相土，为人烟断绝，千里萧条"。杜甫在著名的《无家别》一诗中亦有句云："寂寞天宝后，园庐但蒿藜，我里百余家，世乱各东西"；"生我不得力，终身两酸嘶。人生无家别，何以为蒸黎。"把战乱中人们无家可归的状态，作了淋漓尽致的描述。

本文图6，即《图集》图505铭文："规逾鉴水，彩艳蓝釭。销兵汉殿，照胆秦宫。

图6

龙生匣里，凤起台中。桂舒全白，莲开半红。临妆并笑，对月分空。式固贞吉，君子攸同。"盛唐的神兽葡萄镜的这段铭文未见文献有载，但它刻画的镜映气象，龙凤起舞，莲桂飘香，女儿梳妆，君了祈福的情景，充分体现了盛唐时代天下安定、繁荣昌盛的社会现状和唐人大气雍容、安谧和谐的风度。然而，安史之乱这个历史的转折点打破了美妙的梦幻，鼎盛步入衰落。在以后的一百五十多年里，社会一直处于动荡之中：藩镇割据、宦官专权、朋党之争，直至晚唐社会，"官乱人贫，盗贼并起，土崩之势，忧在旦危"，大唐已气数殆尽，无力回天。这帧镜铭也只是一段空谷回响罢了。

"宁为盛世狗，不为乱世人"，是中国俗语对于战争厌恶的总结。隋唐两朝绵延三百余年，基于对战争苦难有深刻的认识，维持整个国家的大一统秩序，不愿让国家分裂，成了国人的共识。唐末诗人曹松《己亥岁》有句曰："泽国江山入战图，生民何计乐樵苏。"他同盛唐诸多诗人一样，从反战的角度进入诗人的审美世界，直面殷红的鲜血，直面惨烈的死伤，触动军人的边愁，触动百姓的心结，以艺术的手段控诉战争的罪恶，抒发苍生黎民心声。毕竟，老百姓要过日子，日升月落，春种秋收，晨钟暮鼓，家长里短，柴米油盐，安居乐业，这才是他们亘古不变的追求。

（原载《中国收藏·钱币》总55期）

阴精辟邪护长生

——隋唐镜铭中的辟邪文化

王纲怀　张炳生

　　辟邪文化是人们通过忌避、祭祀、祈祷、祝颂等特异的行为方式，以达到消灾避祸、驱魔逐邪、求吉祈福的一种独特的生存智慧和生存模式。立神敬奉、辟邪求吉，是人们的愿望，由此派生出各式各样的辟邪规制、辟邪器物、辟邪习俗、辟邪仪式和辟邪求吉术。而铜镜便是辟邪的重要器物之一。铜镜的辟邪作用古来有之。古人认为镜子的光芒来自日月光辉，光洁的镜面既可以照容，又可以把阴毒邪恶之气反射出去，使妖魔鬼怪原形毕露。

　　铜镜不仅在阳间镇魔降妖，而且也在阴间驱鬼辟邪。由考古发掘可知，在随葬物中，有大量铜镜就是明证。随葬铜镜的镜背往往装饰有蟠螭、蟠虺、龙凤、八卦、万字、日月、天地、星辰等驱邪纹饰，镜铭也多现"上有辟邪交里通，长宜子孙寿无穷""洞心照胆，屏除妖孽""左龙右虎辟不羊，朱鸟玄武顺阴阳"等文字，或覆盖于面部，或握于手中，以驱除黑暗，镇服妖孽，辟邪祈福。

　　隋唐是我国封建社会的繁荣时期，经济、文化水平处于世界领先地位，这与其对前朝汉晋各个方面的继承不可分割，铜镜的辟邪文化，亦必然地列入其中。

　　隋人王度的传奇小说《古镜记》即是典型一例。主人公王度自述大业七年从汾阴侯生处得到一面古镜，能辟邪镇妖，携之外出，先后照出老狐与大蛇所化之精怪，并消除了疫病，出现了一系列奇迹。后其弟王绩出外游历山水，借此古镜随身携带，一路上又消除了许多妖怪。最后王绩回到长安，把古镜还给王度。大业十三年古镜在匣中发出悲鸣之后，突然失踪。篇中以几则小故事相连缀，侈陈灵异，辞旨诙诡，尚存六朝志怪遗风。看来，

图1

图2

图3

这是在东汉方士郭宪《洞冥记》基础上的扩充。《洞冥记》原文曰："望蟾阁十二丈，上有金镜，广四尺。元封中，祇国献此镜，照见魑魅，不能隐形。"《古镜记》在此基础上加长篇幅，增添细节描写和人物对话，并饰以文采，演进为传奇小说，而古镜辟邪镇妖的核心则未有更改。作者把古镜作为一个人化的物仙来描述，从外形、来历、作用等不同方面详细描述了古镜不同凡响的神奇功能，并在古镜的隐没中寓有国运将尽的历史喻意。

本文图1，即《隋唐镜铭文图集》（以下简称《图集》）图107铭文："金神之灵，铜山之精。□寿制法，负局□明。□禽□□，含花若生。澄光月丽，净影渊清。临鸡口舞，□□损情。□无隐□，魅罕藏形。延祥集祉，弭疠销兵。安家保国，传于万龄。"镜铭前部分文字夸赞铜镜的原料不俗和制作工艺之精，而接下来"魅罕藏形，延祥集祉"，则直接表达铜镜辟邪祈福的功能：魑魅魍魉难藏形影，吉祥绵延福祉汇集，消灾祛魔和谐安宁。道家著作《抱朴子》言，世上万物久炼成精者，都有本事假托人形以迷惑人，"惟不能易镜中真形"，它们只要被铜镜洞照，则立刻原形毕露，只得溜之乎也。东晋距隋并不遥远，想来葛洪之宏论对隋人之影响，人们深信铜镜"观照妖魁原形"的神明妙用，自当在情理之中。

本文图2，即《图集》图108铭文："山魈敢出，冰质埏土"，本文图3，即《图集》图113铭文："非唯照佳丽，复用压山精"。这也是两段隋朝的辟邪镜铭。枭阳山精，山魈木魅，就本质上而言，其实是人们无力抗拒而又渴望能够抗拒的自然灾害或人为祸患的化身。人类生活的这个世界，自然界有风和日丽，但又常常风狂雨暴；人世间有温情脉脉，但又往往充斥着争斗杀戮。频仍相加的天灾人祸，使得人们无不深感生存之艰辛。为此，祈盼消解各种灾祸，减轻人间痛苦的辟邪活动，实际上是人们企图躲避灾祸、改变厄运、祈福获吉的一种特殊文化心理和行为。对于结束了二百七十多年东晋十六国以来分裂割据、战乱不止之局面的隋人而言，这种祈盼自然是顺理成章。

唐朝经济文化的发展繁荣，铜镜飞入寻常百姓家，成为日常生活工具，这为吉祥通灵的铜镜更加广泛用作辟邪之物提供了条件。本文图4，即《图集》图402铭文："洞照心胆，屏除妖孽。"镜铭出现在盛唐，当是隋朝习俗的延续：辟邪文化一大特征，推崇吉祥通灵之物，吉祥与凶兆、邪恶、晦气正好相反；通灵是妖魔鬼怪的克星，因为通灵之物与法力无边的神灵相互沟通，可借助于后者的力量降魔除怪。这在铜镜较为普及而镜铭较为稀少的盛唐时期，这一镜铭颇显珍贵。

图 4

本文图5，即《图集》图801铭文："水银阴精，辟邪卫灵。形神日照，保护长生。"这段出自晚唐的镜铭，将"卫灵"与"护生"并提，不能不说是当时社会现实的集中反映。强盛的帝国至晚唐已经滑向极度衰弱的末世：战乱频频，饥荒连连，瘟疫滋生，人们的生存遭到极大威胁。懿宗咸通年间关东连年大旱，导致自潼关至海滨夏麦只收五成，秋粮则几乎绝收，百姓以蓬实槐叶为食，但官府仍天天催逼粮税，农民拆屋、卖妻、鬻子而不能给。翰林学士刘允章在《直谏书》中对天下苍生的生存状态，总结了"八苦"：官吏苛刻；私债征夺；赋税繁多；

图 5

所由乞敛；替逃人差科；冤不得理，屈不得伸；冻无衣，饥无食；病不得医，死不得葬。对于兵燹、饥饿、疾病，古人认为具有驱鬼辟邪功能的铜镜也被当成了"驱魔"的工具，这类铜镜当时被称为"照妖镜""八卦镜""辟孽镜"，即是民意所向，民生所愿。

唐代诗人咏唱铜镜的作品琳琅满目，从初唐到晚唐俯拾皆是。其中晚唐诗人李群玉的《古镜》和贯休的《古镜词上刘侍郎》颇引人注目。《古镜》诗曰："云天入掌握，爽朗神魂净。不必负局仙，金沙发光炯。阴沉蓄灵怪，可与天地永。恐为悲龙吟，飞去在俄顷。"《古镜词上刘侍郎》诗云："仙人手胼胝，寥泬秋沈沈……六合悬清光，万里无尘侵。"李诗咏叹铜镜集乾坤精华，与天地同在，有祛邪净魂之功效，可说是铜镜辟邪功能的诗化。而贯休是位僧人，他的诗对铜镜的描写颇具佛家色彩。与道家所谓铜镜辟邪照妖的功用不同，佛教将用作法器的铜镜视为"业镜"，可照射出天上、人间、地狱中众生善恶，显示出生死轮回的种种"业相"。故贯休的诗规劝人们弃恶扬善，心中无尘，这可谓铜镜辟邪功能的教化之作了。

辟邪文化说到底，是人们无法改变和抗拒灾祸时精神转换。人们对许多灾祸邪祟束手无策，便创生出多种辟邪的仪式、符咒、器物，试图影响或左右这些非人间力量所能控制的东西，以求生活的平安顺畅、得福免凶。而作为辟邪器物之一的铜镜和它的铭文均蕴藏着中华文化的丰富信息，诸如民风民俗、伦理道德观念、传统思维方式、宗教信仰、处世哲学、社会心态、行为规范、地域文化特征等。然而，辟邪现象这种十分丰富的文化载体，不应被简单地斥为迷信而遭到忽视，它在古代中国人的日常生活里，曾有着纷繁的艺术形式和顽强的生命力，对它们进行系统的整理和科学的研究，是摆在我们面前的课题。

辟邪现象广泛而深刻地渗透进中国民众的日常生活之中，积淀成中国人一些独特的思维方式、价值观念和心理状态，构成中国的辟邪文化。所以，透过铜镜及其铭文探讨中华民族的辟邪文化，有助于科学地掌握汉民族的生存方式，同时也有益于认识现代中国人行为的趋避模式，这对现代文明的建构有着重要意义。

（原载《中国收藏·钱币》总53期）

心如止水鉴常明

——隋唐镜铭中的修身文化

王纲怀　张炳生

　　在存世不多的隋唐镜铭中，关于"秦镜"内容的却占有相当的比例。"秦镜"也称"秦王镜""秦时镜""秦台镜""照胆镜"。最初文字记载见于晋葛洪《西京杂记》卷三："高祖初入咸阳宫，周行库府……有方镜，广四尺，高五尺九寸。表里有明，人直来照之，影则倒见；以手扪心而来，则见肠胃五脏，历然无硋；人有疾病在内，掩心而照之，则知病之所在。又女子有邪心，则胆张心动。秦始皇常以照宫人，胆张心动者则杀之。"这里所述的方镜，就是一面约高 136 厘米、宽 83 厘米的长方形铜镜，它当然无法用来照人的肝胆，秦始皇利用人们对铜镜的敬畏心理和神秘感，妄称他的宝镜能照人肝胆，说谎者以为在铜镜面前无法掩饰，自然会神色慌张，于是后人认为，人如有邪心在秦镜前就会暴露无遗，将遭杀身之祸。

　　此说，在汉代社会已广泛流行，以后的很长时间里，人们对"秦镜"的崇信有增无减。北周庾信《镜赋》曰："镜乃照胆照心，难逢难值。"可见直到南北朝末期，人们对于"照胆镜"的神秘性仍深信不疑。

　　本文图 1，即《隋唐镜铭文图集》（以下简称《图集》）图 108 铭文："阿房照

图 1

图 2

图 3

胆，仁寿悬宫。"以及本文图 2，即《图集》图 601 铭文："传晖照胆，鉴迥浮邻。"便可看出，这种崇敬心理和文化现象，直至隋唐仍延续不衰。隋人王度的传奇小说《古镜记》，记述主人公王度得到一面古镜，能辟邪镇妖，携之外出，先后照出老狐与大蛇所化之精怪，并消除了疫病，出现了一系列奇迹。这其实是"秦镜"故事的衍变。

本文图 3，即《图集》502 是开元盛世的一段镜铭，更可作为"秦镜"在当时人们心目中地位甚高的明证："杨府吕氏者，其先出于吕公望，封于齐八百年，与周衰兴，后为权臣田儿所篡，子孙流迸，家于淮扬焉，君气高志精，代罕知者，心如明镜，曰：得其精焉。常云：秦王之镜，照胆照心，此盖有神，非良工所得。吾每见古镜极佳者，吾今所制，但恨不得停之多年，若停之一二百年，亦可毛发无隐矣。蕲州刺史杜元志，好奇赏鉴之士，吾为之造镜，亦吾子之一生极思。开元十年五月五日铸成。东平邵吕神贤之词。"此段镜铭其实是篇微型记叙文，内容集历史、文化、纪年、家史、铸造、故事于一镜：开始叙述家史和人品，继而描写爱镜心理以及自己铸制

与古镜的差距；接着表示为镜友造镜所耗费"一生极思"之努力；最后记录铸镜的年代和时间。这是罕见的镜例，不愧为存世佳作。一篇精彩短文，让后人得益匪浅。镜铭作者系吕公望之后人，为隋唐时期铸镜世家，当时著名的扬州贡镜多由吕氏铸造，"秦王之镜，照胆照心，此盖有神，非良工所得"。这几句话说明，在他心目中，"秦镜"颇具神化色彩，并非技艺高超的镜师所能够完成。

通观隋唐时期有关"秦镜"的铭文，大体有三层含义：辟邪祈福，安定康泰，修身励志。铜镜还是辟邪祈福与表明心迹的重要器物，"秦镜"只是其中突出的代表。本文图 4，即《图集》图 402 铭文："洞照心胆，屏除妖孽。"本文图 5，即《图集》404 铭文："赏得秦王镜，判不惜千金。非开欲照胆，特是自明心。"这些内容皆明白无误地阐述了此类秦镜辟邪祈福、安定康泰的功能。

图4　　　　　　　　　　　　　　　　图5

　　初唐时期，百业待兴，治国理政亟需大批良臣能吏，唐太宗李世民是将镜鉴引喻政事、修身之道的第一人。他有一段世人共知的名言："夫以铜为镜，可以正衣冠；以古为镜，可以知兴替；以人为镜，可以明得失。"要求大臣成为魏征式的人物，忠心清廉、知而必谏。这一良苦用心，被一百多年后的白居易看得真真切切："太宗常以人为镜，鉴古鉴今不鉴容。四海安危居掌内，百王治乱悬心中。"（《百炼镜》）大诗人真是洞若观火，太宗语重心长地借镜说事、鉴古鉴今，是为了掌控安危、化解乱象。

　　大唐统治者深谙祖宗圣训，秉承先人遗志，对臣子提出了同样的要求。据《旧唐书·玄宗本纪》记载，开元十七年（729）八月，唐玄宗应百官表请，将自己的生日（八月五日）设定为"千秋节"，向四品以上官员颁赐由扬州制作坊所制铜镜——"千秋镜"，并赋诗《千秋节赐群臣镜》，其中有句云："铸得千秋镜，光生百炼金。分将赐群臣，遇象见清心。""遇象见清心"明确告谕臣子要忠于皇上，为政清廉，不徇私枉法。时任尚书右丞相的张说对君主的用意不言自明，他在《奉和圣制赐王公千秋镜应制》中，用"不承悬象意，谁辨照心明"诗句回禀圣意，表明忠心。可见，李唐王朝利用人们对铜镜的敬畏心理和神秘感，调节君臣关系，寄托圣意祖训，侦测善恶忠奸，颇有功效。唐镜铭中的"洞心照胆，知幽察微""非关欲照胆，特是自明心"，与《千秋节赐群臣镜》诗中的"遇象见清心"何其相似，而"照心照胆保千春"又与"千秋节""千秋镜"不谋而合，不能不说，这是政治与生活关联的一种自然反映。

　　其实，这种以秦镜励志的现象，在唐代官吏、文人的作品中，多有表述。中唐诗人李益曾写道："石黛曾留殿，朱光适在宫。应祥知道泰，鉴物觉神通。肝胆诚难隐，妍媸信易穷。幸居君子室，长愿免尘蒙。"（《在府试古镜》）。此诗以镜喻人，表达对君子的崇尚之情。古镜珍贵高洁，在它面前肝胆难隐，君子对事物的反映要实事求是，不隐瞒，不欺骗，君子道长，小人道消，美丑立显，则政通世治。晚唐诗人杜牧《昔事文皇帝三十二韵》云："照胆常悬镜，窥天自戴盆。"以此喻官吏理事公正，明察奸邪。而中唐诗人仲子陵则直接以《秦镜》为题，表明自励自强、坚明劲削的思想品格："万古秦时镜，从来抱至精。依台月自吐，在匣水常清。烂烂金光发，澄澄物象生。云天皆洞鉴，表里尽虚明。但见人窥胆，全胜响应声。妍媸定可识，何处更逃情。"诗的中心要义在于，做人为官要一尘不染，表里一致，光明磊落，肝胆照人。用"秦镜"一照，美耶丑耶立刻显现，谁也逃不了自己的真容展露。仲子陵以明镜自期，匡扶天子，正躬直词，临事不挠，以兼济天下为己任，这种重视心理健康的美德，尤为世人称道。仲子陵为人耿直，为官清廉，一生好学，不治家财。辞官归隐时，拒绝了皇帝的封赏。回到四川峨眉故里后，同家人一道躬耕自食，清贫简朴。五十九岁去世时，留下的遗产仅书籍满屋，白酒数斛，幽兰几盆，如此而已。这正如他在《幽兰赋》中写的"兰为国香，生彼幽荒，贞正内积，芳华外扬"。这是唐人借"秦镜"修身励志的又一个典型，也是当时社会时尚的一种缩影。

何处相思明月楼

——隋唐镜铭中的相思文化

王纲怀　张炳生

继战国与两汉之后，隋唐迎来了中国铜镜制作的第三个高峰时期。唐代扬州的铜镜铸制极负盛名，历来有关记载颇多，如《国史补》卷下云："扬州旧贡江心镜，五月五日扬子江中所铸也。或言无有百炼者，或至六七十炼则已，易破难成。"盛唐时期定八月初五玄宗生日为"千秋节"。据《唐书·礼乐志》记载，这一天群臣献甘露寿酒，并以制作的铜镜作为礼物，故"千秋节"又称为"千秋金鉴节"，唐玄宗本人还撰有《千秋节赠群臣镜》诗："铸得千秋镜，光生百炼金，分将赐群臣，遇象见清心……"

唐镜的铸制工艺精湛，纹饰绚丽多彩，然其铭文镜种类却比汉镜要少得多，大约在十分之一左右。《隋唐镜铭文图集》（以下简称《图集》）一书，集铭81种（共322面铜镜）。北周大诗人庾信的一首《咏镜》诗，构思工巧，优美动人："玉匣聊开镜，轻灰暂拭尘。光如一片水，影照两边人。月生无有桂，花开不逐春。试挂淮南竹，堪能见四邻。"此诗的前两句已经成为隋、唐时期铜镜上常见的标志性"相思文化"铭文。本文图1，即《图集》图305铭文，恰是此诗之前四句。

"影照两边人"即为照镜人与画眉人，"画眉人"详见文后图2之说明。

铜镜相思铭文产生有着特定的社会经济文化背景。"人生自古伤别离"，古代交通不便，信息闭塞，天各一方，一别经年，相思相念是自然之事。汉朝铜镜的相思铭文比比皆是，隋唐镜这类铭文数量较少，目前已知，应不超过十面。

隋唐亲人离散，主要有以下几种情况：

图1

第一，对外用兵，征战戍边。隋朝，短短几十年几乎未曾完全安定过。唐朝，外部对吐谷浑、突厥、吐蕃和契丹用兵，断断续续竟长达两个世纪；对内的唐初统一战争、李敬业反武之战、安史之乱、德宗、宪宗、武宗削藩、庞勋起义、王（仙芝）黄（巢）起义、藩镇战争，又贯穿了整个王朝的始终。如此大规模的用兵，关系千家万户：躲灾避难，流落他乡，兵燹战乱，天灾人祸，迫使许多人背井离乡，远走边陲。

第二，经济发展，人口流动。初唐盛唐大约经历了一个半世纪，国力逐渐强大。农业经济发达，工商业的发展，使自由流动的农民、手工业者和商人遍布东南西北。

第三、士子为求功名，离家赶考。隋唐实施科举制，打破豪门大族凭借血缘门第对参政的垄断，使社会底层民众通过科举考试获得参政的权利。士科每年应举者少则八九百人，多则一二千人。由于应举者多，录取名额少，50岁能考中进士的人，还算年轻，仍被看作"少进士"，终身不第的居大多数。唐朝诗人赵嘏云："太宗皇帝真长策，赚得英雄尽白头。"为参加京城"春闱"以及各地"秋闱"，考进士、举人，诸多博取功名的年轻学子也是常年在外人群中不可忽视的一个组成部分。

家是游子的归宿，亲人是旅者的牵挂。可以想见，身不由己的宦游人，科举制度下驱使的士子，追逐利益的商家，常年戍边的征卒，远赴劳役的差夫，漂泊在外的流浪者……如此庞大的流动群体会做着同一个相思梦。这些人群便为相思文化扎根提供了肥沃的土壤，这种氛围便为相思文化传播开辟了广阔的空间。而铜镜，在隋唐代逐渐由富家大户走向普通人家。作为日常生活用品，映照之时，把玩之中，常常会使人产生"花好月圆"的联想，寄托着团圆、吉祥之意愿；同时，作为一种工艺品，其纹饰、铭文亦往往凝结着古代工匠的审美意趣。睹镜念亲人，铭文寄相思——借助一件恰当的媒介传递这种的情愫，是社会共同的需求；把握一句摄取眼球的广告词推销商品，是商家聪明的抉择。此时此情，铜镜担当起相思文化传递者的角色，可谓是顺理成章、水到渠成。

汉镜相思铭文除抒发恋情之苦、亲情

图2

之痛外，还抒发家国情之殇。而隋唐镜此类内容较为单纯。"镜知愁里貌，衣宽别后腰。唯有相思苦，不共体俱消。"（本文图2，即《图集》图308铭文）"乍别情难忍，久离悲恨深。故留明竟子，持照守贞心。"（本文图3，即《图集》图706铭文），皆为抒发男女思念之情。

爱情是人类永恒的话题。不论何种原因，爱侣仳离，劳燕分飞，天长日久，愁痕恨缕总会油然而生。尤其在夜阑人静之时，孤女思妇把镜照影，触景伤情，怨聚哀思，郁结愁肠，满腔话语便脱口而出。

这些铭文，缠绵相思，极写相思怀人之苦，表达了渴求有爱情、家庭的温馨，以慰藉孤独心灵的心声，唱出了一首首动人心弦的悲喜之歌。

人自降生的那一刻起，亲情就不可抗拒地成为其生活的一部分。长期客居在外，滞留他乡，或漂泊异地，或谋求仕途，或被贬赴任途中，或游历名山大川，都不免饱尝羁旅行役之苦。游子们身在他乡、心系故里，最放不下的还是养育自己的亲人，眷眷亲情自然深埋心底。这类镜铭抒发客居他乡的艰难，漂泊无定的辛苦，对家乡亲人的思念，以及对安定幸福生活的期盼与向往。这些同胞骨肉感情是人类亘古相通的内容。

图3

观察相思铭文，我们自然会联想到唐诗。

唐人以镜入诗十分普遍。从初唐至盛唐、中唐、晚唐可谓比比皆是，琳琅满目。在浩瀚的《全唐诗》五万余首诗中，涉及"镜""鉴"的诗篇竟达两千余首，从皇帝到平民，从各类官员到文人寒士，从儒家诗人到佛道诗人，均对铜镜文化有着浓厚的兴趣。许多大诗人更是借镜之题抒发出对人世间的种种感悟。例如：白居易竟有咏镜诗89篇之多，李白有咏镜诗80余篇，朴甫29篇，元稹42篇，孟郊44篇，刘禹锡35篇，杜牧26篇，李商隐21篇，贾岛12篇……咏镜内容包含了政治、哲学、宗教、文化艺术等，涉及人类生活的各个方面。当然其中不乏以朴素的语言、深沉的感情，真切地展示了人们的生离死别、颠沛流离、苦苦思念的情感诗句。

图4

　　唐诗与相思铭文为同一时代文学作品，粗略考察，就不难发现，无论从思想内容还是艺术手法上，唐诗对于铜镜相思铭文的确有着深刻的濡染和熏陶。

　　将唐诗与相思镜铭对照，可以发现有如下许多相似点。

　　主题多为抒发恋人、亲人相思之苦。李白《代美人愁镜》是其中的代表："明明金鹊镜，了了玉台前。拂拭交冰月，光辉何清圆。红颜老昨日，白发多去年。铅粉坐相误，照来空凄然。"美人照镜，思念情人，惜时光流逝，青春不再。而镜铭"只影嗟为客，孤鸣复几春。初成照胆镜，遥忆画眉人。舞凤归林近，盘龙渡海新。缄封待还日，披拂鉴情亲。"（本文图4，即《图集》图501铭文），本文图2，即《图集》图308）。铭文内容回忆当初情郎在闺房画眉的幸福，叹如今只单影孤，寂寞难耐。二者对时光荏苒、美人迟暮之感高度吻合。这说明，在相思文化的传播上，作为诗词的辅助者，铜镜铭文无疑是合格的。

　　"画眉"一事语出《汉书·卷七十六》"张敞"："又为妇画眉，长安中传张京兆眉怃。有司以奏敞。上问之，对曰：'臣闻闺房之内，夫妇之私，有过于画眉者。'上爱其能，弗责备也。""画眉人"即指夫婿。隋薛道衡《豫章行》："空忆常时角枕处，无复前日画眉人。"唐王昌龄《朝来曲》："盘龙玉台镜，唯待画眉人。"宋张元干《清平乐》词之一："凭仗东风说与，画眉人共春回。"明高明《琵琶记·临妆感叹》："朱颜非故，绿云懒去梳，奈画眉人远，傅粉郎去。"

　　在艺术表现上，唐镜铭文诗对赋、比、兴各种手法运用得比较全面，有些铭文形象鲜明，感情强烈，清新自然，富有生活气息，完全可与唐诗媲美。看镜铭"镜知愁里貌，衣宽别后腰。唯有相思苦，不共体俱消。"与著名诗人刘希夷《览镜》"青楼挂明镜，临照不胜悲。白发今如此，人生能几时。秋风下山路，明月上春期。叹息君恩尽，容颜不可思。"有异曲同工之妙。再如镜铭"乍别情难忍，久离悲恨深。故留明竟子，持照守贞心。"视为晚唐大诗人杜牧《破镜》诗"佳人失手镜初分，何日团圆再会君？今朝万里秋风起，山北山南一片云"的姊妹篇，当毫无愧色。

（原载《中国收藏》2020 年 02 期）

南唐建州团龙团凤镜考

——兼说南唐镜文化与茶文化的结合点

从齐家文化起，中国铜镜有着4000年的漫长历史。各个不同时期的铸镜中心在哪里？始终是人们关注的一个重要课题。两汉及其稍后，较为著名的是南阳镜与会稽（绍兴）镜，紧接着还有鄂州镜，隋唐名扬天下的是扬州镜，五代十国金陵铸造都省铜坊镜，南宋明星是湖州镜、饶州镜……对于北宋这个外患不断却很重要的历史时期，铜镜的实物不多，镜文化资料更少，本文试图从官铸建州镜来探讨北宋镜文化的发展。

一、龙凤团镜

《三槐堂藏镜》图167是一面团龙团凤镜（图1，下称A镜），直径35.2厘米[1]，重量3136克，单位面积重量m值3.22克/平方厘米。A镜经过了"初辨晚唐，后认五代，终断北宋"的一段有趣历程。此镜厚重大气，唇边宽缘，乍看似有唐镜遗风，细辨虽形制熟悉却纹饰新颖，曾疑为晚唐，再由包浆看其铜质，又明显不同于晚唐的常见镜种，故而"初辨晚唐"的立论有错。会不会在五代十国？可是查遍各种文献专著，皆不见踪迹。2005年5月11日《中国文物报》曾发表笔者的《闰七月铭南唐镜纪年考》一文，详尽介绍了南唐元宗李璟保大五年（947）闰七月铸造的都省铜坊镜。五代十国是一段乱世，当时各个镜种的形制、纹饰、m值、包浆都与此镜相去甚远，为此"后认五代"的依据缺乏。

---

[1] 国内最大唐镜是现存中国国家博物馆的"羽人花鸟纹金银平脱镜"，直径36.6厘米。

图1

有一次在切磋镜文化时，镜友陈先生说有一面大尺寸铜镜（下称B镜）的断代问题要考我，并约定不可先看纹饰。我双手捧盒，打开盒盖，只见光亮的照容面（正面）在上，感觉其直径约在30厘米，掂量其m值与A镜相差不多，观察其包浆是一种既非水银古亦非黑漆古的、色泽较亮的、黑灰相间的、通常少见的包浆（以后才知道这是建州镜所特有）。因系新事物，采用否定法，综合判断其形制、纹饰、m值、包浆等，很快就否定了所有常见种的可能性，唯独剩下北宋这个"空白点"。当时，陈先生哈哈大笑，打开纹饰面看，乃知是一面带有北宋纪年铭文的四凤花枝镜，靠近边缘处25字阴刻铭文赫然在目："建州光福坊叶有照□大中祥符贰年捌月日通判莫（押）知州周（押）。"B镜直径31.5厘米，重量1750克，m值2.25。就总体风格而言，A、B两镜相当接近。再看《三槐堂藏镜》图165是一面黑灰色包浆的高边重轮纹镜，查其边款亦为25字阴刻铭文："建州处士坊东延福□大中祥符贰年捌月日通判莫（押）知州周（押）。"比较字数、内容和字形，除坊名不同外，与上述四凤花枝镜的铭文如同一辙。大中祥符是北宋真宗赵恒的第三个年号（1008~1016），A镜的大致年代，显然早于大中祥符，这时的建州镜应由北宋初年的永丰监（后改丰国监）铸制，"终断北宋"有了可靠的依据。可以这样猜测，A镜的具体年代，疑是北宋初年。此时，南唐小朝廷仍偏安江南一隅。

然而，这样一个非同凡响的镜种，为什么史籍上不见有载？铜质成分是怎样，来龙去脉如何，团龙团凤的喻意，建州镜如何定位？带着这些问题，我与陈先生专程前往福建北部山区的建瓯（古建州）市和南平市，拜访并请教了两地博物馆的馆长张家先生和黄华生先生，还在建瓯市博物馆取样了建州镜标准器（有"大中祥符贰年"铭文的出土镜）残片碎粒（1毫米）带回上海代为分析。

二、历史沿革

建州即今闽中建瓯，现归属南平，简称芝城。当地县志载："周属七闽地……秦属闽中郡……汉高祖属闽越。"东汉建安元年（196）设立建安县；三国吴景帝永安三年（260）以会稽郡南部为建安郡，郡治设在建安；唐武德四年（621），置建州领六县，天宝元年（742）改为建安郡，乾元元年（758）复为建州（"福建"就是从福州、建州两地各取首字而得名）；南宋绍兴三十二年（1162）升建州为建宁府，又成为"八闽首府"。建州历来是闽中的政治、经济、文化中心，亦是闽中最古老的历史名城。

闽中地区远在商代就能铸造铜器，1978 年在建瓯小桥阳泽出土了西周大甬钟，其规格为全国出土同类钟之冠。战国著名兵器"湛庐剑"即出自于距建瓯城东 75 公里的松溪湛庐山。建州的铸钱史可上溯至唐会昌年间，《旧五代史·食货志》载，后周广顺元年（951）闽王延政循唐旧制，在建州设"永丰监"。南唐灭闽后，永丰监归南唐管辖，北宋太祖开宝八年（975）冬，南唐被灭，永丰监在存世 24 年以后也被废弃。北宋咸平三年（1000）朝廷在建州设立了作为当时四大官方铸钱中心之一的"丰国监"，继续铸钱铸镜。《宋史·食货志下二》载："时铜钱有四监：饶州曰永平，池州曰永丰，江州曰广宁，建州曰丰国。"丰国监历宋真宗、仁宗、英宗、神宗、哲宗、徽宗、钦宗、高宗等八个皇帝的 29 个年号，凡 156 年。所铸之"建州钱"，品类繁多，铸制精美。丰国监每年铸钱十余万缗（一缗即一千文），其含铜量比当时的其他各监为高，据《宋史·食货志下二》载："凡铸钱用铜三斤十两，铅一斤八两，锡八两，得钱千，重五斤。唯建州增铜五两，减铅如其数"。《宋史》明确告诉我们，两宋铸钱质量数建州钱最好。计算可知，建州钱原料的铜、锡、铅重量百分比分别为 69.98%、8.88%、21.14%（大致为 0.70:0.09:0.21）。

认定一个社会安定与否，系对该时期政治、经济、文化、民生等诸因素综合评价的结果。对于五代十国乱世到北宋再次统一的这段历史，《宋史》中有一句恰到好处的评论："天旋地转，闽中安在其间。"从南唐的永丰监到北宋的丰国监，建州正处在闽中这个"世外桃源"。社会安定、民生丰阜、经济繁荣、文化昌盛，造就了建州镜所处的时代背景，使中国铜镜在江河日下之中涌起一个小高潮。五代宋之际名镜佳作虽寥若晨星，然苍穹之中终有闪烁。

三、镜种刍议

建州铸镜之事，长期鲜为人知。若要可靠证明是建州镜，必须见到有铭文的出土实物才行。查 1994 年第 7 期《考古》杂志，在《福建建瓯水南宋元墓葬》一文中，刊有两面带铭文的建州镜出土资料。初步统计署地名带官押的铭文镜有六面：建瓯博物馆馆藏三面带铭文的铜镜，《三槐堂藏镜》有一面（仅此镜铭文不在镜背而在镜缘外侧），镜友处看到两面。这些铭文镜的共同点是：

1. 铭文起头"建州"两字笔迹相近，皆为阴刻，这是宋、金时期实施"铜禁"政策的一种典型标志。

2. 阴刻铭文内容俱有"大中祥符贰年捌月日"，一个确切的判断是，铸镜的实际时间肯定要早于铭文阴刻的时间。此类镜问世在大中祥符之前的北宋初年，当毋庸置疑。

3. 查《建瓯县志》可知：通判姓莫名絃，知州姓周名绛。周绛乃当地名人，《县志》载"绛以陆羽《茶经》不载建安茶，作《补茶经》"。

4. 官名后都有花押，宋、金两个同时存在又互相对立的王朝，在"铜禁"政策上有相似之处。

5. 每镜刻有"处士坊""光禄坊""光福坊""安乐坊""江君坊"等不同坊名。

《三槐堂藏镜》中还有两面署有建州地名和工匠姓名的典型器物：其一，双凤镜的铭文"建州黄小七青铜铸"，主纹饰特征为两凤同向环绕、长尾展翅、头向外；其二，凤凰镜的铭文"建州黄小八青铜铸"，主纹饰特征为凤纹类同，凰纹之头顶有双羽、头向内。详见表一。

表一　两面署工匠名建州镜

镜名	工匠名	镜形	尺寸（厘米）	重量（克）	m 值	车削弦线
双凤	黄小七	六出葵花形	直径 18.7	678	2.67	4 组 6 群
凤凰	黄小八	方形	边长 16.2	640	3.11	3 组 3 群

在存世的大量建州镜中，尺寸大的在 35 厘米以上，小的在 10 厘米以下，虽大部分的器物不见铭文，但其共同点还是不少：

1. 因为铜质特殊，故看其带光泽的灰黑色包浆很容易辨识，在建州镜中，至今未见典型的水银沁包浆或黑漆古包浆，亦不见已脱胎失重的绿漆古包浆，更没有湖州镜低劣铜质的灰粉色包浆。

2. 主纹饰多以较粗糙的线刻凤纹为主（且多长尾展翅、凤头向外）。

3. 内外区分隔之弦纹多为其他镜种少见的车削纹，留下了距今千年之久的机械加工痕迹。

4. 除六面"大中祥符贰年"的带官押建州镜铭文是阴刻外，余者建州镜铭文皆为阳文。铭文书体均系工匠手书之行楷。

5. 镜边多为较宽的唇缘或斜缘。

6. 镜体的单位面积重量 m 值多在"3"左右，说明轻重与薄厚都比较适中。[2]

考古界与收藏界皆知，会稽（绍兴）镜的正面多数被锈蚀；建州镜却相反，正面基本完好。在请教博物馆专家以后才明白，原来与墓葬习俗有关。会稽镜在当地入土时，背面朝上正面向下，直接放在墓主人的身上；建州镜在当地入土时，多挂在墓室后墙的高处，背面向里，正面朝外，以致建州镜背面时见沾留石灰的痕迹，穿孔处亦多有曾穿铁丝的残留物。

至此，再来认识 A 镜，似更加明朗。此镜不仅厚重大气、铸制考究，而且纹饰优美、线条简洁，似应是在南唐崇尚文化艺术氛围下，由著名工匠所铸制器物的精品。既使年代稍晚于南唐，文化传承还是有一定的连贯性。[3]一种猜测，《韩熙载夜宴图》所描绘南唐权贵生活的铺张与奢华，应有存世实物与之相应。其实，南唐晚期正处北宋初年，将 A 镜

---

[2] 唐海兽葡萄镜 m 值多在 5 左右，在历代铜镜中最为厚重；五代都省铜坊镜与战国镜相似，其 m 值一般皆小于 1，在历代铜镜中最是轻薄。

[3] 个别商周之际的青铜器或元明之际的青花瓷，有难于断代的情况。经仔细考证，原来是商末工匠在周初铸制青铜器或是元末工匠在明初生产青花瓷，造成了器物跨代的兼容现象。所以，南唐工匠在北宋初年制作铜镜亦很有可能。

定位在北宋初年的南唐毋庸置疑。比较而言，上述六面有阴刻铭文"大中祥符贰年"建州镜的总体水平，已明显不如 A 镜。说明了两个可能性：其一是 A 镜的问世年代要早些；其二是大中祥符贰年时的"铜禁"政策甚严，曾经"管制"（加刻铭文）过一大批铜镜。期盼今后能找到署名南唐永丰监的所铸器物，以便进一步对照与考证。

四、钱监铸镜

以上这些资料还不足以说明建州镜的来龙去脉，更不知道与北宋四大铸钱中心之一的丰国监有什么渊源，以致于还是停留在猜测与探讨的阶段。一次笔者赴京时，在镜友梁鉴先生家见到了一面此前并不让人重视的方形建州镜，其边长 14.3 厘米，重量 438 克，m 值 2.73，包浆黑灰相间。因为字迹欠佳，先是被误认为"置国监"，其铭文分布在镜缘四角，实系 11 字书书阳文："匠人林八铸，丰（丰）国监造官（押）。"我们虽不知丰国监铸造了多少铜镜，然可确定建州之丰国监的确铸造过铜镜。

历史告诉我们，铜资源是古代封建社会重要的经济命脉，从唐末开始的严重缺乏，造成了当时所特有的社会现象——铜禁。《旧五代史·志八·食货志》载："晋天福二年（937）三月，诏：'禁一切铜器，其铜镜今后官铸造。'""周广顺元年（951）三月，敕：'铜法，……如有犯者，有人纠告捉获，所犯人不计多少斤两，并处死。'"《宋史·食货下二》载："太祖初铸钱，文曰宋通元宝。凡诸州轻小恶钱及铁鑞钱悉禁之，诏到限一月送官，限满不送官者罪有差，其私铸者皆弃市。"《宋会要辑稿·食货·三十四》载：太平兴国二年（977）明令规定，"民间所营铜器，悉送官给钱偿之，敢有匿而不闻者，论如律。"《宋史·食货志下二》又载："是时（太宗初），以福建铜钱数少，令建州铸大铁钱。""雍熙初……京城居民蓄铜器者，限两月悉送官。""咸平初……旧犯铜禁，七斤以上处死。"在铜镜上多次出现大中祥符贰年的"铜禁"铭文，亦可以说是一种管理趋严的历史必然。

五代、宋、金时期的铜禁政策，使官府明令严禁私铸铜镜。官府在铸造或管理铜镜时，为强化管理责任，又加铸或加刻有关铭文，这就使我们在今天可以通过当时的实物来明白以下一些事情：

1. 剧烈的社会动荡必定会造成资源紧张，这是铜禁政策的根源。
2. 历代铜镜官铸私铸皆有，在铜禁时期明令不能私铸。
3. 在特定的历史（铜禁）时期，铜镜与铜钱皆由官府统一铸造。
4. 官铸镜在宋代是由政府专职铸造钱币的钱监（院）一并生产，在金代则还有专设机构"镜子局"进行督造。

五、镜史拾零

本文开始曾提及，笔者代建瓯博物馆对建州镜典型器物取样作了分析，详见表二。

表二　建州镜标准样品测试报告

样品	出土"大中祥符贰年"铭建州镜之残片碎粒
地点	福建省建瓯市博物馆
测试	用 S−570 扫描电镜和 PHOENIX 能谱仪作能谱分析
结果	重量百分比为铜 62.51%，锡 18.42%，铅 16.39%

对建州镜的合金成分，借用古语说法可谓是："金六分，铜四锡一铅一"，查历代铜镜皆无这样的"案例"。所以，看到建州镜标准器的特殊包浆后，就会过目不忘，铭记心中。在众多不同年代的镜类中，即使不看镜背纹饰，根据包浆色泽亦很容易把建州镜区别出来。建州镜以后，宋镜的铜质多成高铅青铜，即将建州镜铜锡铅的大致比例从 4:1:1 改为 4:0.5:1.5，[4] 这个改变后的数字比例已与建州钱（0.70:0.09:0.21 即 4.2:0.54:1.26）相当接近。北宋真宗大中祥符年间（1008~1021）到徽宗建中靖国元年（1101）将近百年，地处闽中的建州应该说没有受到过大的外部冲击。建州镜"来龙有踪，去脉无迹"，在历史上怎样消失？目前找不到依据，只能先从市场竞争上来探讨。

湖州镜同时代的地名作坊镜有几十处之多，然而建州镜的问世年代却比它们都要早一二百年的历史。为寻觅建州镜消失踪迹，笔者有幸找到一面纹饰布局与湖州镜基本类同的建州镜（现存湖州博物馆），其钮左侧有两行直书八字铭文："建州黄湖男黄道照"。[5] 此镜风格，既为建州镜的尾音，也是湖州镜之先声。从建州镜故乡建瓯博物馆的藏镜数量来看，建州镜总数不及湖州镜的十分之一。问题很明显，在当年湖州镜的生产中，采用了偷工减料的所谓"新技术"（如胆水炼铜、砷白铜、炉甘石配制黄铜[6]等），以其低成本、大批量（湖州镜），在流通领域里，很快就挤垮了相对高质量、高成本、小批量的建州镜。虽然在少数早期的湖州镜以及饶州镜等作坊境中，也可以看到类似建州镜铜质的上好包浆。对于铜镜的青铜成份而言，铅的含量过高可以降低成本，但导致铜质变差（断口呈现有粉状感觉的灰白色），给世人留下了看不起宋镜的"凭据"。

综上所述，可以判断，从永丰监到丰国监，建州镜起始于北宋初年行将灭亡的南唐小朝廷，终止于北宋徽宗年间（或是在其前后并不长的时间区段里），建州镜铸制时间约有 150 年，在铜镜史上占据了不可缺少的一席之地。实践证明，包括南唐建州团龙团凤镜在内的官铸建州镜，是唐代扬州镜与宋代湖州镜[7]之间的重要过渡。

---

〔4〕何堂坤《中国古代铜镜的技术研究》一书中，有大量宋镜的检测数据。

〔5〕镜铭中称"镜"为"照"是北宋以及南宋初年对"敬"字的避讳，以后两种称谓都有，详见《浙江省出土铜镜》。

〔6〕详见何堂坤《中国古代金属冶炼和加工工程技术史》，山西教育出版社，2009 年 5 月。

〔7〕1973 年浙江衢州清水公社，在北宋徽宗建中靖国元年（1101）的判官蔡汉模墓中，出土"湖州真石家念二叔照子"铭文镜，这是湖州镜最早的出土资料。

六、龙凤团茶

半个世纪前，闻一多先生在《龙凤》刊物上，有《龙凤》一文言及："把龙凤当作我们民族发祥和文化肇端的象征，可说是再恰当没有了，若有人愿意专就这点着眼，而想借'龙凤'二字来提高民族意识和情绪，那倒无可厚非。"王维堤《龙凤文化》说到："龙凤成对的观念开始局部地成熟于战国时期；汉代是龙凤观念融合完成的时期；南北朝时龙凤成对是宫廷和上层贵族生活用品的常用纹饰；唐代宫中食品也有龙凤的造型。这些宫中穿的、坐的、睡的、用的、吃的一概用龙凤纹饰，是以龙凤纹为高贵、显赫、吉祥的象征。"

自从唐末名扬中外的扬州铸镜业消失后，直至湖州镜取而代之的近 200 年间，少见镜背纹饰中有龙凤纹出现。图 1 镜可说是宋（南唐）镜的一个特例，镜文化中难找团龙团凤的踪迹，茶文化中却有极为清晰的脉络。详见表三。

表三 南唐、北宋龙凤茶一览表

公元	年代	龙凤茶史摘要	资料来源
961~975	李煜在位 15 年建隆二年至开宝八年	南唐后主李煜在建州设江南禁苑——北苑，"时置北苑使，善制茶，人竞贵之，谓之北苑茶"。	宋沈括《梦溪笔谈补》
961	北宋建隆二年	宋太祖赵匡胤下诏，要求地方贡茶，而且贡茶式样必须是"取象于龙凤，以别庶饮"。	徐晓春《中国茶文化》83 页
977	太平兴国二年	特制龙凤模，遣使就北苑造团茶，以别庶饮，龙凤茶盖始于此（特置龙焙，号曰京铤，初贡50 片）。	《宣和北苑贡茶录》
995~997	至道年间	丁谓任福建路转运使，奉太宗皇帝诏，造石乳茶。	同上
998~1003	咸平年间	丁谓在建州监造御茶，始作"龙凤团茶"。	
1041~1048	庆历年间	蔡襄（君谟）任福建路转运使，改龙凤团为小龙凤团，28 片才一斤，价值黄金二两。	
1078~1085	元丰年间	有旨造密云龙，其品又加于小龙凤团之上。	
1094~1097	绍圣年间	改密云龙为瑞云翔龙。	
1110	大观四年	造细色三芽（万寿龙茶、御园玉芽、无比寿茶）。	
1112	政和二年	试造新三芽（长寿玉圭、新收拣芽、大平嘉端）。	
1113	政和三年	白茶。	
1120	宣和二年	计有龙团胜雪、无疆寿龙、龙凤英华等三十余品贡茶，全年 47100 斤。	
1121	宣和三年	雪英、云叶、蜀葵、金钱、玉华、寸金。	
1122	宣和四年	玉叶长春、龙苑报春、南山应瑞。	

《宋史》卷四百七十八："（南唐后主）煜闻大兵将举，甚惶惧……贡绢二十万匹，茶二十万斤及金银器用、乘舆服物等。"《宋史·食货志》载："茶有二类，曰片茶，曰散茶。片茶蒸造，实棬模中串之，唯建、剑则既蒸而研，编竹为格，置焙室中，最为精洁，他处不能造。有龙、凤、石乳之类十二等，以充岁贡及邦国之用。"宋欧阳修《归田录》："茶

之品莫贵于龙凤，谓之团茶，凡八饼为一斤。庆历中，蔡君谟为福建路转运使，制造小团，凡二十饼重一斤。"宋赵佶《大观茶论》："岁修建溪之贡，龙团凤饼，名冠天下。"

徐晓村《中国茶文化》载："建安（即建州）的龙团凤饼是宋代第一名茶，皇家珍品，至高无上，甚至有王权的象征。饼茶上模压出龙凤图案，完成了'以别庶饮'的要求。龙凤团茶非但百姓难见，就是权贵亦未尝轻易得赐。受赐之臣无不如获至宝，备感恩渥荣宠。"王玲《中国茶文化》说："龙凤团饼与一般茶叶制品不同，它

图2

把茶本身艺术化。制造这种茶有专门模型，刻有龙凤图案。压入模型称'制銙'，銙有各种形状。制造这种茶叶的程序极为复杂，采摘茶叶需在谷雨前，且要在清晨不见朝日，然后精心拣取，再经蒸、榨，又碾成茶末，最后制成茶饼，过黄焙乾，使色光莹，制好的茶叶分为十纲，精心包装，然后入贡。"

宋代制作龙团凤饼的圈模图案很多，且冠以美好吉祥的名称，诸如：大龙（图2）、小龙、小凤、兴国岩小龙、兴国岩小凤、龙团胜雪、上林第一、无疆寿龙、龙凤英华、长寿玉圭、无比寿芽、瑞云翔龙、太平嘉瑞、宜年宝玉、龙苑报春等。王维堤《龙凤文化》继载："宋代贡茶中，有一品叫龙凤茶最是著名，产于建州（今福建建瓯）。五代末，建州属于南唐，即产佳茶，以研膏腊面制成团。宋平南唐以后有了很大的发展，《宣和北苑茶录》载：'太平兴国初，特制龙凤模。'《石林燕语》说：'建州岁贡大龙凤团茶。仁宗时，蔡君谟择茶之精者为小龙凤团十斤以献。'《大观茶论》说：'本朝之兴，岁修建溪之贡，龙团凤饼，名冠天下。'这些进贡到宫里的龙团凤饼，宫里人是喝不完的，皇帝就用来赏赐近臣。王禹偁有一首《龙凤茶》诗说：'样标龙凤号题新，赐得还因作近臣。'字里行间，是很透露出一点受宠的得意的。但后来刘诜《竹枝歌》诗说：'官船自有龙凤茗，试写松风斑鹧鸪。'则一般官船都备有龙凤茶，已不是十分稀罕的东西了。"

团龙团凤纹饰在宋、元、明、清的皇室用品中屡见不鲜，究竟起源于何时还有待进一步查考。先从镜文化看，团龙团凤镜现存最早为十国末或北宋初偏安江南一隅的南唐小朝廷，亦不排除此为团龙团凤纹饰"源头"的可能；再从茶文化看，北宋盛行的龙凤团茶源于南唐之北苑贡茶，团龙团凤纹饰与茶文化可谓是休戚与共。我们感到可喜可贺的是，同为中国民族传统文化精萃的茶文化与镜文化，在北宋早期的团龙团凤纹饰里，找到了两者的结合点。

（原载《中国收藏》2008年第7期）

南唐都省铜坊镜研究

司马光《资治通鉴》卷二五七至二五九："五代中原屡经丧乱，民生凋敝，典章残阙，经济、文物荟蔚于南唐……吴由极端残弊一变而为极盛，以行密能招抚流散，轻徭薄赋，与民休息……行密初至，赐予将吏，帛不过数尺，钱不过数百，而能以勤俭足用，非公宴未尝举乐，招抚流散，轻徭薄敛，未及数年，公私富庶，几复承平之旧。"

五代都省（或都城）铜坊镜正是问世于这个既恢复民生又执行"铜禁"（详见本书091《铜禁时期钱监铸镜》一文）的时代，并形成了鲜明的时代特色：因为"节俭"，既不能太厚太重（与唐镜相比既薄又轻），又省却镜背的工艺美术，而注重实际使用。因为严格执行统一官铸（镜背铸有"官"字），所有器物还一律标注工匠姓名。此类镜后期还加铸月份或铸造地"州"之内容。本文列举十二面此类镜（见表一）以及有关出土资料（见表二），并试对有关问题进行逐一研讨。

统计可知，此十二面镜 m 值（单位面积重量）的算术平均数为 1.05 克／平方厘米，与盛唐海兽葡萄镜的 5.5~7.5 克／平方厘米相比，有 5 倍到 7 倍差距。可知严格执行"铜禁"的"节俭"程度。

此类镜完全没有任何的图案纹饰与多余铭文，因仍使用高锡青铜而使照容效果还算良好，保证了百姓生活之需。此类镜的存世量不算稀少，可知当时有一定的普及性。

表一　五代都省铜坊镜一览表

图号	直径（厘米）	重量（克）	m 值（克／平方厘米）	铭文内容	备注
1	27.1	580	1.01	官　都城铜坊　匠人倪让	少见都城
2	24.9	618	1.26	官　都省铜坊　匠人汪训	
3	24.8	558	1.26	官　都省铜坊　匠人王晖	

图号	直径 （厘米）	重量 （克）	m 值（克/ 平方厘米）	铭文内容	备注
4	24.5	541	1.15	官　都省铜坊　匠人孙规	
5	18.8	327	1.18	官　都省铜坊　匠人张彦	
6	18.4	289	1.09	官　都省铜坊　匠人汪训	与图2镜同名
7	18.3	289	1.10	官　都省铜坊　匠人蒯	
8	16.1	249	1.08	官　都省铜坊　匠人韩威	外形亚字
9	15.7	174	0.90	官　都省铜坊　匠人李德　闰七月	有"纪年考"专文
10	20.1	293	0.92	官　都省铜坊　匠人谢昭　闰十二月	
11	17.0	213	0.94	官　都省铜坊　匠人王典　六月	
12	15.9	160	0.80	官　都省铜坊　匠人房　十月	

说明：本表资料除图9来自《清华铭文镜》图74外，余者皆系上海止水阁所藏。

表二　出土都省铜坊镜的匠人资料

序号	直径（厘米）	出土地点	墓葬时间	匠人姓名
1	24.5	安徽合肥	南唐保大四年（946年）	李成
2	/	安徽合肥	南唐保大十一年（953年）	房宗
3	/	江苏扬州	/	王典
4	17.2	江苏连云港	南唐墓葬	倪成
5	18.9	湖南长沙硕家岭	/	谢昭
6	18.0	湖南长沙硕家岭	/	李成

图 1

图 2

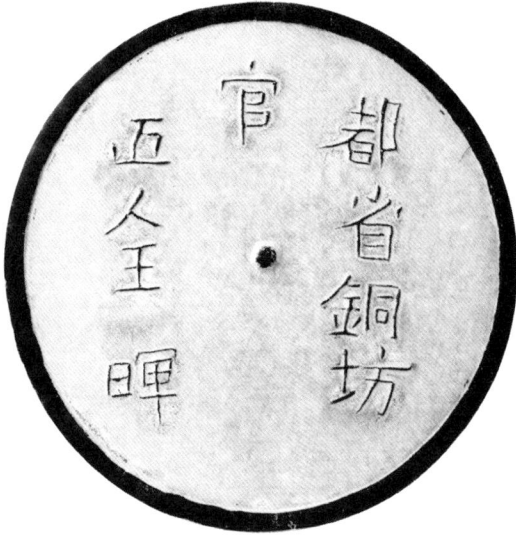

图 3

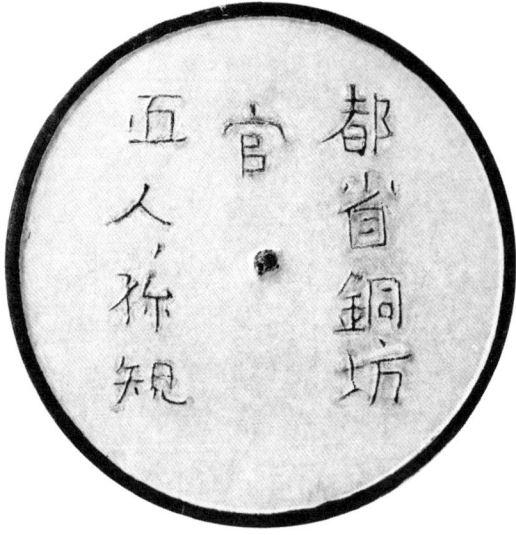

图 4

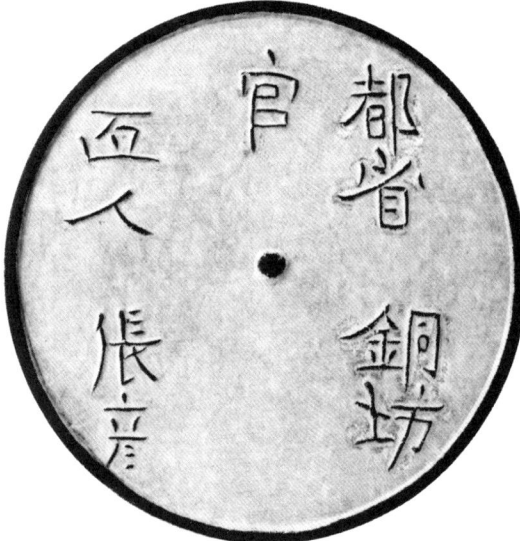

图 5

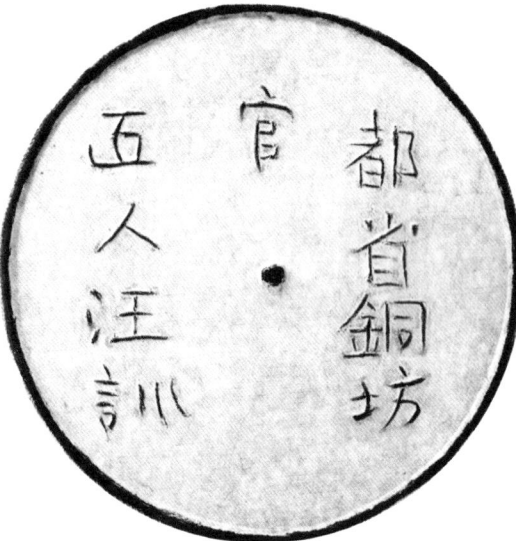

图 6

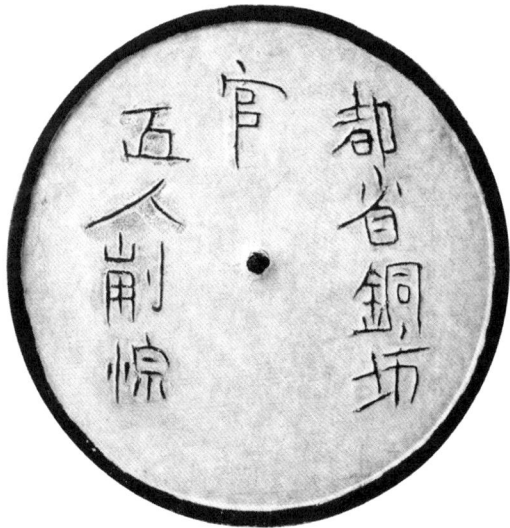

图 7

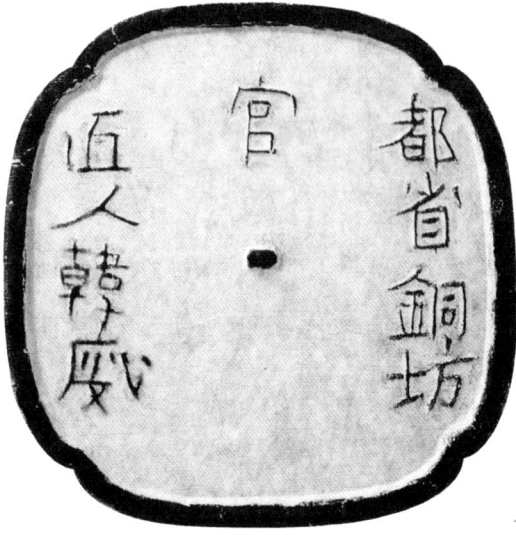

图 8

图 9　　　　　　　　　　　　　　　图 10

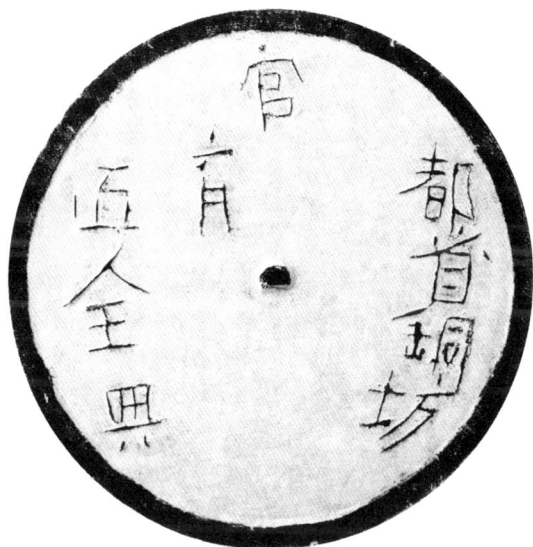
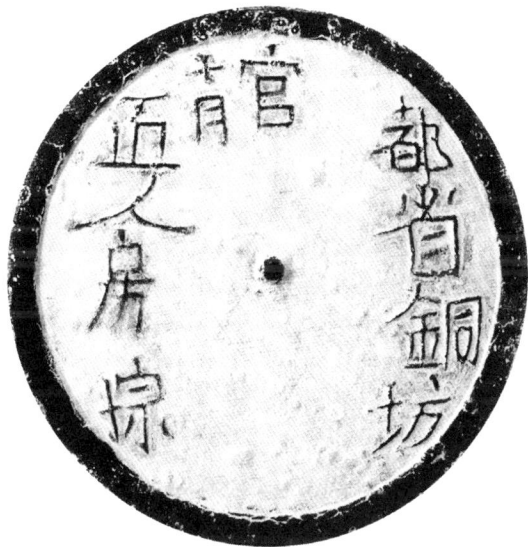

图 11　　　　　　　　　　　　　　　图 12

　　凡都省（都城）铜坊镜，皆铸有其铭文中最大的一个"官"字，强调了此类镜皆系官铸的身份与地位。《三槐堂藏镜》图 158（直径 21.8 厘米，重量 815 克）仅铸单独一个"官"字。根据存世实物可知，五代十国镜的形制基本相似，多为圆形，唇缘。其铭文内容多如表一，少见仅铸"官"字或仅铸"千秋万岁"（《三槐堂藏镜》图 159）者，罕见加铸地名"州"者。金懋国际 2010 秋拍图 1101（直径 15.2 厘米，重量 290 克）铭文："省，昇州钱监，匠人蒯受。"可以认为，北宋初之"州钱监"即为五代十国之"都省铜坊"。州即今之南京，其历史变迁由来：战国楚置金陵邑，秦称秣陵，三国吴称建业，晋称建康，唐称江宁。唐亡（907），杨行密占据江宁府（即今南京）称吴王，以江宁府为都省（都城），南唐昇元元年（937）改为金陵府，治上元、江宁，北宋开宝八年（975）改为州，天禧二年（1018）复称江宁府。可知署"州"者，当为北宋初年之器物。

综上所述，五代都省铜坊镜之问世时间，持续了百年之久。在此类铭文的存世器物中，多见"都省"少见"都城"。"都省"有两种含义的释读：一是汉代以来仆射、总理、六尚书，谓之"都省"，后亦以指尚书省长官或尚书省政事堂；二是监察部门。上述两种无论哪个含义皆是表示了一种"权威"，以现代用词似可理解成"中央直属企业"。铜坊的最重要功能，就是铸造钱币（其次铸造铜镜），涉及到国家的经济命脉。古今中外，造币厂皆归国家所有就是这个道理。

随着社会生活的安定，"铜禁"政策逐步放开，民间作坊多有问世。北宋大中祥符二年（1009），在铜镜背面出现一批署有作坊名称的阴刻铭文，如江君坊、院前坊、光禄坊、光福坊、处士坊、安乐坊等，其主要功能应是服务于"中央直属造币厂"的建州"丰国监"，代为加工，代为管理。

唐末至五代初是一段乱世，各行各业的管理制度还不健全，作为权威铸造机构的"都城铜坊"，在严格执行"铜禁"政策的前提下，为防粗制滥造并确保铜镜的照容功能，推行了"实名制"的管理办法，每一个工匠铸造每一面铜镜，都必须加铸自己的姓名，以方便检查与监督。在安徽、江苏、湖南等地陆续发现"都省铜坊镜"的出土器物，大致归纳如下，详见表二。除了表一、表二所列之十五个工匠姓名外，还可知道，另有吴、谢修、孙福、陆颢、李元、李志、李遇、袁珀等人。有趣的是，这二十余名工匠皆为单名，这对中国（汉族）姓氏研究提供了有益的参考。值得一提的是，安徽舒省文物管理所收藏一面吴越国的年号镜（《六安出土铜镜》图183，直径13.2厘米），铭文"天宝五年（912），匠人李志"，说明了一个重要的问题：唐亡（907）后仅6年的五代初，在江南地区就有了在铜镜上加署匠人姓名的做法。

唐末，杨行密等诸路军马，为夺江淮一带，"六七年间，兵戈竞起，八州之内，鞠为荒榛，环幅数百里，人烟断绝"。（《旧五代史》）从此，闻名中外数百年的唐代扬州镜完全消失。在扬州镜绝唱以后，吴国、南唐直至北宋初的都省铜坊镜随即问世，虽其总体质量远不如唐镜，然终究还是及时地填补了百姓生活所需之空缺。保存至今的这些出土与传世文物，为我们提供了确凿资料。经初步探究，可大致归纳如下：

一、乱世时的交通阻断造成了铜资源紧张，这是"铜禁"政策的根源。

二、"铜禁"必然致使"节俭"，铜镜只能是又轻又薄。

三、当局必然加大了管理资源的力度与手段。

四、当局必然强化管理铸镜的规定与方法。

五、在中国铜镜史上，都省铜坊镜开启了每镜必署工匠姓名的先河。

（原载《中国收藏》2012年第2期）

闰七月铭南唐镜纪年考释

中国最早的纪年镜有四面，第一面"永始二年（前15）四灵博局镜"在1996年由洛阳出土，第二面"居摄元年（6）连弧纹镜"，原出土于朝鲜汉乐浪郡遗址，后由日本守屋孝藏氏收藏；第三面"始建国二年（10）新家镜"，现藏中国国家博物馆；第四面"始建国天凤二年（15）四灵博局镜"，现藏上海博物馆。其后，纪年镜才开始在东汉大量出现。唐代铜镜的文化艺术灿烂辉煌，而纪年镜却是凤毛麟角，在北京赏心斋曾看到署永徽元年（650）的"光流素月"铭瑞兽镜。陈佩芬《上海博物馆藏青铜镜》图89是一面署156个文字的月宫葵花镜，其末尾有"开元十年（722）五月五日铸成"的内容。宋代有阴刻建州地名和大中祥符二年（1009）的纪年镜近10面。在辽、金、元三代中，金代纪年镜较多。明代的纪年镜就更多。

五代十国的纪年镜较少，江苏省曾出土一面墓志铭为十国吴大和五年（933）的千秋万岁镜；《故宫藏镜》图124为十国前蜀天汉元年（917）之镜，图125为十国后蜀广政元年（938）之镜。然而，对于有过短暂繁荣文化的南唐，目前虽有墓葬出土年代，但还找不到器物和资料来证明南唐确实铸造过铜镜。本文介绍一面署"闰七月"铭的南唐镜（图1），对其纪年试考如下。

此镜圆形，圆钮（略残）。直径15.8厘米，重量174克，单位面积重量（m值）0.89/平方厘米。宽边唇缘。全镜共有十二字手书行楷体铭文：钮右四字"都省铜坊"，钮左四字"匠人李德"，钮上仅一字"官"，其左下侧三字"闰七月"。观镜形制、包浆、书体及m值，断为五代十国镜毋庸置疑。都省铜坊镜用料极省（既轻又薄），致使m值小于1，《故宫藏镜》图126都省铜坊镜之m值是0.70，为同类镜之最。这种素地无纹并直接铸以作坊铭和工匠铭的形制，开创了宋代建州镜、湖州镜等私家作坊镜的先河。

五代十国深受战乱之苦，铜资源十分紧张，每个当政者都实行了严厉的"铜禁"，《旧·食

图 1

图 1 A

货志》载："晋天福二年（938，亦即南唐烈祖李昪昇元元年），诏：'禁一切铜器，其铜镜今后官铸造'。"又载："周广顺元年（951，亦即南唐元宗李璟保大九年）三月，敕：'铜法……如有犯者，有人纠告捉获，所犯人不计多少斤两，并处死'。"在这种高压政策下，工匠署名既表示了工匠的责任制，亦强化了官府铸镜的权威性，很明显这些署名工匠一定是登记在册的"官差"。当时吴国乃至以后南唐的社会相对稳定，北方大批能工巧匠因避战乱被迫移居江南。孔祥星、刘一曼《中国铜镜图典》，介绍了各地南唐墓出土的都省铜坊镜，加上民间收藏的器物，可知镜铭上的工匠姓名甚多，有王典、谢昭、房宗、李成、倪成、吴回、李元、蒯琼、谢修、张彦、孙福、陆颢等 20 余人，本文"匠人李德"还是初见。这类镜铭文除了用"都省"外，还有"都城"，笔者认为，两者之间没有概念上的差异，只是用词不同而已，皆具"首都""京城"之意。统计同类镜铭文可知，不带月份的居多，带月份的甚少，署"闰七月"为仅见，这恰好成为该镜的历史价值所在。镜铭上带月份，应该是配合"铜禁"政策的一项管理措施，亦许是为了以后查找一个当时"事件"而作的月份记录。

在都省铜坊镜中，曾见署有"昇州"字样的同类器物。昇州为唐代州名，乾元元年（758）改江宁郡署，上元二年（761）废，光启三年（887）复置，五代时吴国武义二年（920）改为金陵府，南唐代吴后昇元元年（937）又称江宁府，北宋开宝年间（968~975）再复为昇州。无论称昇州或金陵或江宁，说明一个事实：今天的南京市在一千年前，曾经有过一段虽有铸造铜镜却未找见记载的历史，期盼着有一天能发掘出这个作坊遗址。

此镜铭文出现"闰"字在铜镜上是首次，从"闰七月"可查考纪年。五代十国从公元907 至 960 年一共是 53 年。为调查数据更加充分，笔者根据《中国史历日和中西历日对照表》，查找了公元 901 至 977 年的资料。在这 76 年中，统计出 28 个闰月，仅有 4 个闰七月，分别为公元 939 年、947 年、958 年和 977 年。公元 977 年首先排除。该年是北宋太平兴国二年，南唐李后主李煜已在北宋当"俘虏"被软禁，江宁（即昇州）虽为南唐都城，而北宋立国后的都城却在开封，这个年份显然不对，可先行删去。北宋于公元960年建国，开宝年间（968~975）改江宁为昇州，虽有地名却无"闰七月"，故这个年代区间当在排除之列。余三个年份皆在南唐时期，问题在于具体是哪一个年份？

公元958年亦应排除，这要从另一个铸钱铸镜地建州说起。建州县志告诉我们，建州产铜，远在商代就能铸铜器，西周时曾铸大甬钟，战国署名兵器"湛庐剑"即出自城东150里的松溪湛庐山。《旧五代史·食货志》载：后周广顺元年（951），"江南因唐旧制，饶州置永平监，岁铸钱；池州永宁监、建州永丰监，并岁铸钱；杭州置保兴监铸钱"。永丰监先由闽王延政所立，时铸"天德通宝""天德重宝"等钱。后晋天福十一年（946）南唐灭闽后归南唐管辖。彭信威《中国货币史》载："十国中以南唐钱种类最多，而且领土也广，物产丰富，文化水平高。"

时铸"开元通宝"（即南唐开元）、"唐国通宝"等钱，南唐开元形制精美，铭文有篆、隶二体，系我国最早出现的书法"对钱"。建州永丰监在南唐时大量铸钱、铸镜已是不争的事实。《资治通鉴》曰：南唐"承吴昌盛之基，以慈俭治民，故江南民生日益丰阜"。说明十国吴在后期的经济状况还算不差。南唐代吴属"和平演变"，直接沿用了吴国的"昌盛之基"和都城金陵（旧名昇州改称江宁）。但是，这个都城并不产铜，异地运输矿料又费时费力。南唐管辖建州后，为了铸钱铸镜用建州来取代江宁（昇州）是一件顺理成章的事情。为此，作为闰七月的公元958年也可以删去，剩余二个年份仅相差8年，如何取舍，仍需进一步探讨。

公元939年最后排除。《旧五代史》载：唐末，军阀为夺扬州、广陵等地，"六七年间兵戈竞起，八州之内鞠为荒榛，环幅数百里，人烟断绝"。唐代名扬中外的扬州镜从此消失。十国吴建朝30余年，既使因"铜禁"而不准民间铸镜，亦还要满足王侯公卿、达官贵人的需求。都省铜坊镜是在吴国首都金陵（昇州）铸造的第一批镜种，同时还有署单个"官"字和署"千秋万岁"四字的类似铜镜，应在相同或稍早的年代。再来比较公元939和947两个闰七月的南唐年份，前者刚代吴（937），传承吴国文化比较自然；后者已灭闽（946），用建州代替昇州作铸镜地亦有可能。表面上看公元939年的闰七月与"昇州"似更有缘。

"武王克商"断年参考了当时"天再旦"的古天文现象，借鉴这个思路，再从两个闰七月的天文、五行来分析。《旧五代史·五行志》载：晋天福四年（939）"七月西京大水，伊、洛、瀍、涧皆溢，坏天津桥。八月河决博平，甘陵大水"。洪水泛滥虽为不祥之兆，然灾害地在北方，与江南的关系不大，可以说公元939年的闰七月与南唐没什么牵连。《旧五代史》卷一百载：天福十二年（947）闰七月"丁丑（二十五日），有彗出于张，旬日而灭"。"张"为古天文二十八宿中属南方的一个位置，"旬"即10天。中国有着哈雷彗星最早和最完整的记录，《春秋》记有："鲁文公十有四年（前613），秋七月，有星孛入于北斗。"迄今为止已发现并署名的重要彗星有一百余颗，重现周期皆不同。不同的彗星在不同的年代，一次出现的天数亦不相同，少则一天多则数月。公元 947 年闰七月丁丑出现的这颗彗星虽不是哈雷彗星，然其一次出现的时间却连续了 10 天，对当时社会的影响肯定不小。古人将彗星称为"妖星"（俗称"扫帚星"），历来被看成是不祥之兆。一个有可能的猜想：从天福十二年闰七月二十五日（即 947 年 9 月 12 日）开始，后汉史官经过连续 10 天的夜观天象后，在史书上留下了"有彗出于张，旬日而灭"的记载，这个难得出现的不祥天象亦一定震动了南唐朝野。众所周知，铜镜可以"辟不祥"，官铸的都省铜坊镜更是"重任在肩"。把镜铭上出现"闰七月"与当时的"旬日"彗星联系起来，或许是一个巧合；但更可能的是，以铜镜为载体，历史性地留下了这个特殊天象的时间记录。因此，将本文谜底揭为公元 947 年，应符合常理。

都省铜坊镜及其同类镜曾在十国吴铸造并由南唐墓出土，现在知道，南唐亦一直有铸造。换句话说，南唐代吴后，在江宁（即昇州或金陵）的"都省铜坊"仍在继续使用，至于何时结束，有待再考。

综上所述，归纳三点：其一，这是第一面记录闰月的铜镜；其二，都省铜坊镜问世于五代时十国的吴及南唐，其产地在今日之南京（旧称昇州、金陵、江宁）；其三，本文这一面加署"闰七月"的都省铜坊镜，可认为是铸造于后汉天福十二年即南唐元宗李璟保大五年（947）闰七月，这是一面可考纪年的南唐镜。

（原载《中国文物报》2005 年 5 月 11 日）

铜禁时期钱监铸镜

一、铜禁概况

唐末，藩镇割据，战火连绵。公元907年，朱温废唐自立，建后梁，纷乱动荡的五代十国由此而始。据《旧五代史》载：为夺扬州、广陵等地，"六七年间，兵戈竞起，八州之内，鞠为荒榛，环幅数百里，人烟断绝"，唐代名扬中外的扬州镜从此消失。

铜资源从唐末开始严重缺乏，造成了铜禁。《旧五代史·食货志》载："晋天福二年（937）三月，诏：'禁一切铜器，其铜镜今后官铸造。'"《宋会要辑稿·食货三十四》载：太平兴国二年（977）明令规定，"民间所营铜器，悉送官给钱偿之，敢有匿而不闻者，论如律"。

铜禁的史实在铜镜的形制、铭文中多有反映。五代初，既薄又轻的都省铜坊镜皆系官铸，在其纹饰面不仅加铸"官"字铭文，而且必须署上工匠姓名，以示其"责任"。查考北宋真宗年间（998~1022）存世的近十面署有铭文铜镜，在其镜背或高缘侧面上，刻有内容大同小异的字样："建州□□坊□□□□大中祥符贰年捌月日通判莫（押）知州周（押）。"仅是坊名和地名不同，如直径为13.8厘米的高缘重轮纹镜（图1），其边款的26字铭文是："建州处士坊东延福□大中祥符贰年捌月日通判莫（押）知州周（押）。"

到了金代，实施铜禁更是有过之而无不及。《金史·食货三·钱币》载：金世宗大定十一年（1171）二月，"禁私铸铜镜，旧有铜器悉送官，给其直之半"。官府通过管理最具体的县级衙门来严格执行其铜禁政策，并在铜镜铸造后加上阴刻铭文。如图2所示"平凉县[1]官（押）"，图3所示"密云县[2]官（押）"。更有甚者，政府成立专门的机构——

---

[1] 金（1125~1234）鼎盛时，疆域辽阔，西以河套，陕西横山、甘肃东部与西夏交界。平凉地处甘肃东部，正是金朝管辖。

[2] 北魏（396~534）置密云县，元入檀州，明复设密云县。此镜纹饰有辽镜风格，确切年代有待详考。

图1   图2   图3

镜子局来执行其监督责职，在铜镜的纹饰面上，直接加铸"镜子局官（押）"的范铸铭文（图4、图5）。

图4   图5

二、钱监铸镜

    钱币乃"国之重典"，历朝历代皆严禁私铸。北宋统治中原后，长期处于与辽及金之间的对峙状态。铜资源是当时社会经济的发展的必需品，但遇战争，又必须让位于"战略物资"的需求，这正是铜禁政策的必然性。宋代铜镜作为寻常百姓的日常生活用品，铜禁政策致使铜镜铸造只能由官府来掌控。所以要问：官府怎样铸镜？铸钱的钱监亦铸镜吗？先从两面存世的铜镜实物说起。

    北京藏家有一面北宋方镜（图6），边长14.3厘米，重量438克，四边角处分布十一字手书范铸铭文，连读为："匠人林八铸，丰国监造官（押）。"丰国监地处北宋时的建州，即今闽中建瓯，现归属南平，简称芝城。县志载："周属七闽地……秦属闽中郡……汉高祖属闽越……"东汉建安元年（196）设立建安县；三国吴景帝永安三年（260）以会稽郡南部为建安郡，郡治设在建安；唐武德四年（621），即在颁行"开元通宝"之同年，

图6

改建安郡为建州。南宋绍兴三十二年（1162）升建州为建宁府，成为"八闽首府"。所铸之"建州钱"，品类繁多，工艺精美。丰国监每年铸钱十余万缗，其含铜量比当时的其他各监为高，据《宋史·食货志下二》载："凡铸钱用铜三斤十两，铅一斤八两，锡八两，得钱千，重五斤。唯建州增铜五两，减铅如其数。"可知铸钱质量数建州钱最好。钱币史上重要的"丰国监"三字能在镜铭中出现，十分重要。

上海藏家有一面北宋末年的圆镜，直径为18.5厘米，镜钮右侧四排直行手书四十字范铸铭文，连读为："赣州铸钱院铸造到，匠人刘三、刘小四、王念七等，作头陈七，秤典朱仅、刘章，保义郎差监铸钱院刘元（押）。"赣州历为州、路、府名，宋绍兴二十三年（1153）改虔州为赣州。辖境相当今江西省赣州市、石城、兴国以南地区。地处大庾岭路交通要冲，历来是铜、盐等商贩出入要地，为中国历史文化名城之一。宋代币政管理机构大致采取三级管理模式：中央一级的币政，开始归号称"计省"的三司管理，元丰改制后，三司被撤，恢复了户部、工部的地位，之后实权为宰相掌握。地方上一级的币政管理机构称"铸钱司"，其职务是具体管理各地"钱监"或"铸钱院"。监、院既是地方上二级的币政管理机构，又是铸造钱币的生产单位。元丰年间，诸路铸钱共26监。宋徽宗崇宁年间（1102~1106），"蔡京当政，将以利惑人主，托假绍述，肆为纷更"。宋代铸钱院是在蔡京当政时推出所谓"新修钱法"的一项重要内容。铸钱院的工役是利用组织起来的大量私铸者，将非法变为合法。蔡京为推行新法，采取托古改制的方法，号称"盖昔人招天下亡命即山铸钱之意"。其目的是为了推行折十大钱。在客观上，既暂时满足了朝廷因战争而引起的日益膨胀的财政需要，亦缓解了长期困扰朝廷的各地盗铸问题。该镜铭为我们提供了有关铸钱院的重要实证史料，使我们更加深了对铸钱院的组织及管理形式的了解，铸造铜镜也是铸钱院工役的任务之一。有宋一代，多数时间采取严厉的铜禁政策，镜铭所反映的是一个以刘姓为主的家庭生产单位及完整生产工序。工作岗位分工明确，主要有保义郎（武臣阶官名，属小使臣）差监一位，秤典（掌握铜镜份量者）二位，作头（相当老师傅）一位，匠人三位，共七人，其中刘姓四人，他姓三人。总负责为刘元，其名下面还有一个花押，作为防伪标记。靖康元年（1126）宋钦宗罢免蔡京，赣州铸钱院在存世仅20余年后即告消失，能够留传到今天的署名铜镜只能是凤毛麟角，江西曾发现一面品相稍差的相似镜，是至今所见第二件有关赣州铸钱院的实物资料。

（原载《嘉德通讯》2004年第3期）

兰生幽谷无人识

——宋代纪地铜镜探讨

有四千年漫长历史的中国铜镜,在经历了战国、两汉、隋唐的三大高峰后,终于走向了"低谷"。对于金属冶炼、铸造精细、版模效果、图案美学、文化艺术等常规要求,宋代铜镜(以下简称宋镜)的确是衰落了,这是众所周知的事实。然而,"低谷"并非一无是处。正如苏东坡《种兰》诗曰:"兰生幽谷无人识,客种东轩遗我香。"通常而言,宋镜铜质皆差,唯饶州镜和建州镜以及少量之湖州镜,有较高含锡量的青铜。这些器物在总体上虽不及汉唐之镜,然还是优于同时期之各地镜类。

宋代商品经济发达,宋镜还有着自身的诸多特点,如:镜形各异、尺度适中、价格标注、家族传承、书体精美等。尤其是标注了地名(即"纪地")的宋镜,无论官铸还是民铸,如同雨后春笋般地在全国兴起,开创了一个"百花齐放,百家争鸣"的竞争格局。本文有幸收集到标注有 33 处地名的 100 面铜镜资料(详见表一至表四),并在其中挑选出有代表性的 42 张图片(图 1 至图 42)。与此同时,本文之纪地宋镜还按《宋史·地理志》的地理排序,进行了对照、比较,以了解每面宋镜铸造地的地理区划与行政所属。

宋时习俗,因避宋太祖赵匡胤之祖赵敬的"敬"字讳,故宋镜中皆见"照子"(偶见"监子")之称。按《宋史》,绍兴三十二年(1162)规定可以不再避讳,其后出现了"镜"或"照子"混用的现象。

一、诸多特点

(一)镜形各异

中国铜镜之圆形,象征着天圆地方的道家理念。唐代以前的铜镜基本上是圆形一统天下。有唐一代，虽有少量菱形、葵形、方形等异形出现，然在总数上仍是圆形为主体。由唐至宋，进入商品社会，镜形亦随之发生了多姿多彩的变化。

了解宋镜的人都知道，宋镜的形状有数十种之多。除了多见的圆形、方形（正方、长方）外，还有菱花形（主要有对称的六菱、八菱之分）、葵花形（主要有对称的六葵、八葵之分）、棱边形（主要有对称的六棱、八棱之分）、亚字形（亦称委角方形，依委角大小与线条弧度有至少六种以上）、有柄形（镜体本身也包括着圆形在内的各种形状）、六边形、八边形、八角形、桃形（亦称盾形，依线条弧度的不同有多种）、钟形（至少六种）、鼎形（至少六种）、菊瓣形、菱花方形、云纹形、云板形、瓶形（有多种）、甗形、带座形（有多种）、带环形（以钟形为主）。

（二）尺度适中

四千年的中国铜镜史表明：早期镜（齐家文化至春秋）的尺寸多在10厘米以卜；战国、两汉、隋唐三个高峰期铜镜的尺寸，基本上都没有什么限制，小到4.6厘米（汉尺2寸，唐尺1寸半）左右的手镜，大至30厘米（战国尺、汉尺皆系1尺3寸，唐尺正是1尺）乃至以上。

细观宋镜尺寸（1尺即今31.4厘米），都在今10厘米（宋尺3寸）至20厘米（宋尺6寸）之间，少见例外，可谓尺度适中也！分析其原因：宋代是商品流通、货物贸易相当发达的商业社会，符合"实用主义"的现实。就铜镜而言：满足普及，作坊众多；

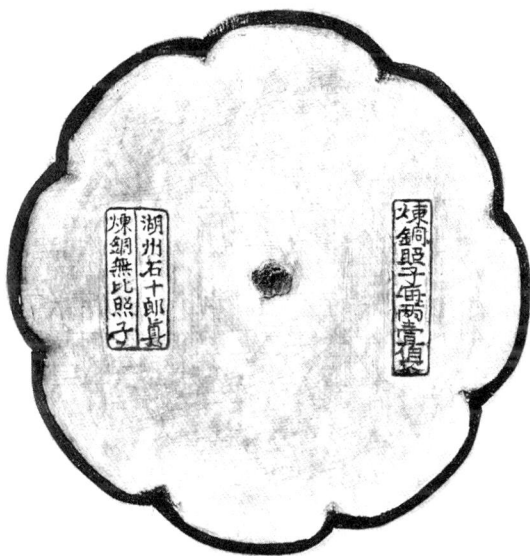

图 A1

竞争剧烈，价格低廉。从存世量看，不仅在中国自身，而且在高丽、日本等"近邻"，都可以见到宋镜的诸多遗存。

（三）价格标注

在宋镜铭文中标注价格者，尤以湖州镜为多。经常是在纹饰面有左右两个铭文方框：一侧框多有纪年、纪地、纪匠、纪押纹、还多具"自夸之词"（如：真正、无比、百炼等）；另一侧则常见"每两□□文"（见图A1）。偶有例外（见图A2）。

1.图A1——《清华铭文镜》图85。直径：15.6厘米；重量：364克。

铭文：（右框）炼铜照子每两壹佰文。（左框）湖州石十郎真炼铜无比照子。

2.图A2——陈学斌藏。直径：15.5厘米。

铭文：东阳刘九道无比照每两百二十文（押）。

由存世器物可知，宋镜铭文标注的"每两"价格有："三十文""四十文""五十文""六十文""八十文""一百文""百廿文""二百文""二百五十文"等。《中国科技史·度

图 A2

《量衡篇》告诉我们，当时的一两约是今天的 41.3 克（宋斤 661 克，1 斤 16 两）。

彭信威《中国货币史》第 441 页："赵宋一朝，三百年间，清平的日子不多。由于当局重文艺，轻武备，所以在军事上是一个衰弱的时期，不断受到西、北各族的压迫：先有西夏和契丹的威胁，继有女真的袭扰，最后为蒙古人所灭亡。虽然总有一些文人学士在咏花歌月，表现出一种太平盛世的景况，特别是在北宋，但那只是一种虚假的景象，实质上社会并不稳定。"

价格标注不仅可以了解当时的铜镜价格的变化，而且还可以从不同的价格数字来推算其大致的相应年代。本文只是提出这个问题，有待专题研究。

（四）家族传承

宋代商品经济发达，铜镜铸造十分普及，除了官铸以外，民间作坊亦得到蓬勃发展。若干作坊还是家族传承，其著名者有：湖州石氏、饶州周氏、建州黄氏等。

本文以湖州石家镜为例。根据已有资料，我们可以概略地列出这个"铸镜世家"若干信息。

1. 本文表中序 41 镜铭"湖州南庙前街西石家念二叔真青铜照子记"，此镜出土于北宋徽宗建中靖国元年（1101），可知"石念二叔"的铸镜年代应是在徽宗前的哲宗（1086~1100）或神宗（1068~1085）时期，甚至有可能是更早的英宗（1064~1067）或仁宗（1023~1063）时期。当时，石氏某个祖先（如石念二叔）新立家谱，并在数代之内实行大排行。约在北宋中晚之际，确立了湖州铸镜世家之排行顺序。

2. 以"叔"作称谓者问世较早，应可理解为湖州石家的第一代。如：石二叔、石三叔、石六叔、石念二叔等。

3. 以"郎"作称谓者，应在"叔"辈之后。有若干资料表明，第二代、第三代、第四代皆可称"郎"。依据铭文内容，可知两代（父子）人或三代（祖孙）人的传承关系，如本文表二序 39 "十八郎"（念二叔之子）、图 17 "念七郎"（念二叔之子）、图 19 "六十郎"（十五郎之孙）、图 20 "七十郎"（十五郎之孙）。

4. 迄今可知，在湖州石家镜中，"郎"之称谓有十余种之多。如石十郎、石十三郎、石十五郎、石十六郎、石十八郎、石念四郎、石念五郎、石念七郎、石三十郎、石四十郎、石六十郎、石七十郎等。

5. 随着南宋灭亡，湖州镜逐渐消失（石氏不再出现）。直到明代中晚之际，以薛氏为主体的铸镜世家"重出江湖"，直至清代中晚期。这是后话。

（五）书体精美

宋镜铭文之书体多姿多彩，繁花似锦，不胜枚举。本文精选"篆、隶、楷、行"四例，以供读者鉴赏。

1. 篆书（图 B1）——《清华铭文镜》图 77。直径 17.9 厘米，重量 735 克。

铭文：饶州上巷周小三家炼铜照子。

2. 隶书（图 B2）——《清华铭文镜》图 80。高度 17.2 厘米，重量 896 克。

铭文：河澄皎月，波清晓雪。

3. 楷书（图 B3）——《清华铭文镜》图 83。直径 15.8 厘米，重量 543 克。

铭文：青玉案。晓妆特地须来照，宿粉残红半含笑。绿发堆云梳得峭。眉儿重画，鬓儿重补，澹注樱桃小。冠儿戴上端正好，斜插江梅斗春早。待学青铜坚心了。朝朝日日，

图 B1（局部）

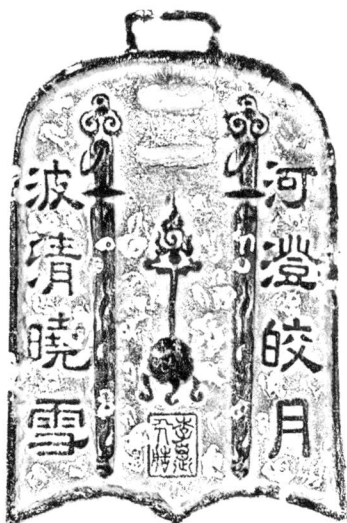

图 B2

图 B3

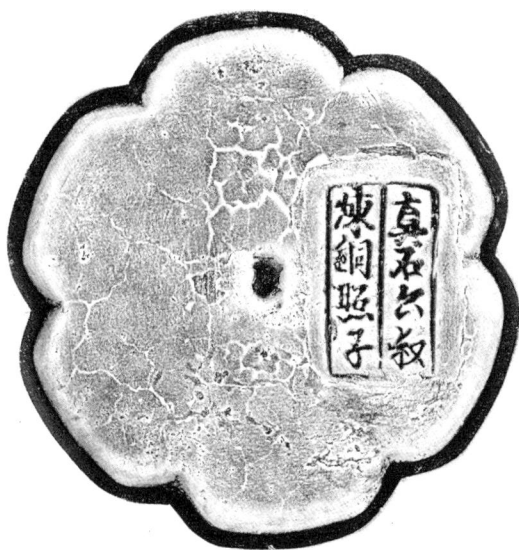

图 B4

面儿相看，那得相思恼？

4. 行书（图 B4）——《清华铭文镜》图 78。直径 13.8 厘米，重量 356 克。

铭文：真石六叔炼铜照子。

二、纪地突出

（一）概说

经过积累与汇总，本文列举了 100 面有代表性的"纪地宋镜"资料（即表一）。由下表可知，宋镜纪地时间，从咸平三年（1000）开始，一直延续至南宋末年，历时近三个世纪。

宋镜纪地一览表

序号	分类号	图号	镜形	尺寸厘米	铭文内容	资料来源
京城—东京、西京						
1	101	1	亚字形	22.0	咸平三年（1000）庚子东京铸钱监铸造	《中国铜镜图典》图 667
2	102	2	圆形	16.4	咸平三年庚子壬东京铸钱监铸造。王兴	《止水阁藏镜》图 133
3	103	3	六葵形	17.6	西京赵家一色炼铜照子	《止水阁藏镜》图 139
京东东路—青州（益都县）						
4	104	/	钟形	/	政和元年（1111）正月十一日益都官工郝元造	《金石索》
河北西路—相州（邺郡）						
5	105	/	八葵形	/	相州张家功夫照子	河南南阳出土
河东路—隆德府（上党郡）						
6	106	/	方形	14.0	隆德府程家青铜监	《中国文物报》2003.12.3
陕西路—京兆府（长安）						
7	107	/	圆形	12.5	长安王家清铜照子	1987.3 出土，《文物》1992.1 新疆博尔塔拉州博物馆
陕西路—永兴军路—河中府（河东郡）						
8	108	4	六葵形	14.2	河中府张家真炼铜照子	陈学斌先生
两浙路—临安府（本杭州）						
9	109	/	八棱形	16.3	临安府小作院监造官王宝（押）重口两	《浙江出土铜镜》（修订本）图 167，天台文管会
10	110	5	六葵形	13.2	临安府小作院监造官罗昌（押）重八丙	陈学斌先生
11	111	6	盾形	H12.4	临安府承父陆家真炼铜照子	陈学斌先生
12	112	/	八葵形	14.5	行人张口文思院置场造到崇宁乙酉岁官口	《中国文物报》03.11.26
13	113	/	八葵形	18.3	杭州钟家清铜照子今在越州清道桥下岸向西开张	《浙江出土铜镜》（修订本）图 146，新昌县出土

序号	分类号	图号	镜形	尺寸厘米	铭文内容	资料来源
14	114	/	方形	10.0	杭州真正高家青铜照子	《浙江出土铜镜》（修订本）图147，绍兴出土
15	115	7	方形	13.3	杭州住悟空巷真正王家一色清铜照子	《三槐堂藏镜》图164
两浙路—绍兴府（本越州）						
16	116	/	方形	/	越州徐家青铜照子记（押）（14.0×13.7）	陈学斌先生
17	117	/	/	/	越州戴家青铜照子	浙江私人
两浙路—平江府（吴郡、本苏州）						
18	118	/	六葵形	14.9	平江府章家青铜照子（押）	1995年藤县出土《广西铜镜》216页
19	119	8	六葵形	12.5	平江府章家青铜照子（押）	《止水阁藏镜》图140
20	120	/	/	/	苏州鸟鹊桥南缪家真青铜镜	《中国古代铜镜》
21	121	/	圆形	20.4	苏州官出卖铜输器物官（押）	2012.3《中国铜镜》第56页
两浙路—镇江府（丹阳郡、本润州）						
22	201	9	六葵形	16.3	镇江府徐家外生王家镜	《止水阁藏镜》图141
23	202	/	八葵形	16.0	镇江府徐家外生王家镜	陈学斌先生
两浙路—湖州（吴兴郡）						
24	203	10	六菱形	14.5	湖州铸鉴局乾道四年（1168）炼铜照子官（押）	中国国家博物馆（6—29）
25	204	11	八棱形	14.9	湖州铸鉴局，炼铜	《中国青铜器全集·铜镜》图166，湖州市博物馆
26	205	/	八棱形	20.0	湖州真石家炼铜照子（押）	《浙江出土铜镜》（修订本）图150，诸暨市博物馆
27	206	/	八葵形	17.0	湖州仪凤桥相对阻石家	《浙江出土铜镜》（修订本）图148，绍兴市文管局
28	207	12	六棱形	21.0	湖州石家真炼铜照子（押）	《止水阁藏镜》图142
29	208	13	六棱形	15.1	有名湖州石家炼铜无比照子	《止水阁藏镜》图143
30	209	/	八菱形	12.4	湖州真石家二叔店照子	《浙江出土铜镜》（修订本）图151，新昌文管会
31	210	14	亚字形	/	湖州真石二叔炼铜照子	陈学斌先生
32	211	/	亚字形	15.3	湖州仪凤桥南石三郎青铜镜门前银牌为号	《浙江出土铜镜》（修订本）图154，诸暨市博物馆
33	212	15	八葵形	17.8	湖州仪凤桥南酒楼相对石三青铜照子（押）	《浙江出土铜镜》（修订本）图155，浙江省博物馆
34	213	16	六葵形	13.8	真石六叔炼铜照子	《三槐堂藏镜》图172
35	214	/	八棱形	19.0	湖州石十郎真炼铜无比照子	《浙江出土铜镜》（修订本）图156，上虞博物馆
36	215	/	有柄圆	14.0	湖州石十三郎真炼铜照子	《浙江出土铜镜》（修订本）图157，衢州市博物馆
37	216	/	六棱形	11.8	湖州石十五郎炼铜照子	《浙江出土铜镜》（修订本）图158，余姚文物保护所

序号	分类号	图号	镜形	尺寸厘米	铭文内容	资料来源
38	217	/	圆形	15.0	湖州石十六郎真炼青铜照子	《浙江出土铜镜》（修订本）图159，绍兴市文物局
39	218	/	六棱形	16.5	湖州石念二叔男十八郎照子	《浙江出土铜镜》（修订本）图160，金华出土
40	219	/	六葵形	11.5	湖州真石家念二叔照子《浙江出土铜镜》（修订本）图161	1973年衢州清水公社建中靖国元年（1101）判官蔡汉模墓
41	220	/	方形	12.4	湖州南庙前街西石家念二叔真青铜照子记	《浙江出土铜镜》（修订本）图162，长兴县夹浦公社出土
42	221	/	有柄圆	20.0	湖州石念四郎真炼白铜照子	四川成都出土
43	222	17	八葵形	15.6	湖州石念二叔男念七郎镜	陈学斌先生
44	223	18	六葵形	11.3	湖州真石三十郎家照子无比炼铜每两一百文	中国国家博物馆（6-27）
45	224	19	六葵形	17.4	湖州石十五郎真炼铜照子承祖六十郎铺	中国国家博物馆
46	225	20	六棱形	13.3	湖州真正石十五郎孙石七十郎炼白铜照子	中国国家博物馆
47	226	21	有柄圆	10.48	吴兴宝鉴（全长18.8）	陈学斌先生
两浙路—婺州（东阳郡）						
48	301	/	方形	/	婺州官铸造监□工	日本神奈川《7-14世纪中日文化交流的考古学研究》
49	302	/	委角方	16.0	婺州官□监（押）	金华文管会
50	303	/	六菱形	17.0	婺州承父季□二郎炼铜照子	武义县出土
51	304	22	八菱形	13.7	婺水真正朱家清铜镜照	陈学斌先生
52	305	/	六葵形	15.5	东阳刘九道无比照每两百二十文足	湖州博物馆
两浙路—庆元府（本明州）						
53	306	/	圆形	/	明州夏家青铜照子	石川郡吉野谷《中国古代铜镜》
54	307	/	/	/	四明沈纲□郎炼铜照子	日本长崎仁田小学校出土
两浙路—常州（毗陵郡）						
55	308	/	方形	11.0	常州果子行蒋家工夫照子	苏州博物馆
56	309	23	方形	10.0	常州果子行西供使蒋家工夫青铜镜子请记	陈学斌先生
57	310	/	六葵形	11.7	常州杨三青铜照子	《六安出土铜镜》图217
两浙路—衢州（信安郡）						
58	311	/	八菱形	13.0	衢州郑家	1978年江山县出土
59	312	/	/	/	衢州徐五叔青铜照子	浙江私人
60	313	24	六出菱	11.5	衢州郑十一郎真炼铜照子	陈学斌先生
两浙路—嘉兴府（本秀州）						
61	314	/	/	/	秀州鱼行桥真正黄二叔照子	《中国古代铜镜》
淮南东路—扬州（广陵郡）						

序号	分类号	图号	镜形	尺寸厘米	铭文内容	资料来源
62	315	/	/	/	崇宁三年（1104）□□□□□□ □□□翟拱之□登仕郎□□参军 臣周元直通判仕郎录事参军臣夏 陶□扬州	吉林博物馆
63	316	25	圆形	34.0	宣和五年（1123）分进贡铜，鉴 造贰拾面。鉴铸官承直郎扬州司 仪曹事臣莱景押，管向宁知官盛 奇、匠人臣郭成铸，扬州铸造。	中国国家博物馆《馆藏铜镜选辑》（六）图33
淮南东路—真州（上州、建安、仪真、六合）						
64	317	/	六葵形	13.6	真州元本孙家青铜照子	《九江出土铜镜》
淮南西路—苏州（苏春郡）						
65	318	/	/	/	苏州真石家宣和照子	湖北私人
江南东路—江宁府（昇州、建康）						
66	319	/	六葵形	15.4	江宁府苑家炼清铜照子	《九江出土铜镜》
67	320	26	六葵形	12.8	建康府苑家炼铜照子记	《止水阁藏镜》图144
68	321	27	圆形	12.6	建康府苑家炼铜照子	陈学斌先生
69	322	/	六棱形	15.8	建康府苑八叔炼铜照	陈学斌先生
70	323	/	六棱形	13.5	建康府石家念二叔	陈学斌先生
71	324	/	/	/	建康张家炼铜照子	《考古与文物》1985.4,
江南东路—池州（池阳郡）						
72	325	/	六葵形	12.3	池州赵家青铜镜每两四十文	《中国文物报》2000.9.3
江南东路—饶州（鄱阳郡）						
73	401	28	六葵形	17.0	饶州打火作郑家青铜照子记	《止水阁藏镜》图146
74	402	29	六葵形	16.3	饶州上巷周小三家炼铜照子（篆书）	《止水阁藏镜》图145
75	403	30	六葵形	16.9	饶州叶家久炼青铜照子	《止水阁藏镜》图147
76	404	/	八葵形	15.0	饶州上巷周家小一哥炼铜照子记	陈学斌先生
77	405	31	六菱形	15.0	饶州朝天门里周二家炼铜照	陈学斌先生
78	406	/	六菱形	16.0	饶州萧家巷周小三家炼铜照子	陈学斌先生
79	407	32	八菱形	14.4	饶州新桥许家青铜照子	《止水阁藏镜》图148
80	408	/	六葵形	16.3	饶家棚下叶三家炼青铜照子	《文物》1993.10 江西省博物馆
江南东路—信州（上饶郡）						
81	409	33	八出葵	18.5	信州祖代叶家清铜照	陈学斌先生
江南西路—隆兴府（本洪州、今南昌）						
82	410	34	六葵形	15.4	隆兴府井步厅熊六炼铜照子	《止水阁藏镜》图149
83	411	35	六葵形	13.7	隆兴府熊念六青铜照子	陈学斌先生
江南西路—赣州（本虔州、南康郡、昭信）						
84	412	36	六棱形	18.6	赣州铸钱院铸造到匠人刘三刘小 四王念匕等作头陈匕秤典朱懂刘 章保义郎差监铸钱院刘三（押）	陈学斌先生
江南西路—吉州（庐陵郡）						
85	413	37	六葵形	16.2	吉州张道人造炼铜照子	陈学斌先生

序号	分类号	图号	镜形	尺寸厘米	铭文内容	资料来源
江南西路—袁州（宜春郡）						
86	414	/	六葵形	17.5	袁州江北祖代，杨家青铜照子	李缙云《古镜鉴赏》
江南西路—抚州（临川郡）						
87	415	38	八棱形	17.3	抚州宝应寺岭上曾家青铜镜	陈学斌先生
88	416	39	六棱形	17.1	抚州西街宋六炼铜照子	《止水阁藏镜》图150
江南西路—建昌军（旧建武军）						
89	417	/	直边葵	18.5	建昌吕家造	陈学斌先生
荆湖南路—潭州（长沙郡）						
90	418	/	钟形	/	潭州官场造（高15.0，宽10.4）	周世荣《中国铜镜图案集》
91	419	/	六菱形	11.0	荆南□家一色工夫照子	常德博物馆
福建路—建宁府（本建州、建安郡）						
92	420	40	方形	11.8	丰国监造官（押）匠人蓝七	陈学斌先生
93	421	41	六葵形	18.5	建州黄小七青铜铸	《三槐堂藏镜》图161
94	422	/	方形	16.2	建州黄小八青铜铸	《三槐堂藏镜》图162
95	423	/	方形	14.0	建州黄胡男黄道照	陈学斌先生
96	424	/	六葵形	18.3	建州黄小七青铜镜	陈学斌先生
福建路—邵武军						
97	425	/	长方形	/	邵武姚十四造（长15.0，宽9.0）	《中国文物报》2003.11.5
成都府路—成都府（本益州）						
98	426	/	六菱形	16.6	成都龚家青铜照子	《四川省出土铜镜》图46
99	427	42	八葵形	15.2	成都刘家百炼清铜无比照子	《止水阁藏镜》图151
潼川府路—遂宁府（本遂州）						
100	428	/	莲瓣形	/	东遂何家清铜照子	四川三台县出土、《考古》1984.7

宋镜有官铸与民铸两类。

1. 官铸：东京铸钱监（图1、2），隆德府青铜监（序6），临安府小作院监造（图5），湖州铸监局（图10、11），婺州官铸造监（序48），扬州监铸官（图25），赣州铸钱院（图36），潭州官场造（序90），丰国监造（图40）。

2. 民铸：几乎是各地都有，然以"两浙路"铭文为多，"两浙路"铭文又以湖州居多。在存世器物中，半数以上当属湖州镜。在湖州镜中，更数石氏为盛，这个铸镜世家可谓是创造了中国铜镜的数量之最。

（二）史料

"宋镜纪地"为《宋史·地理志》作了最好的物证，《宋史·地理志》又为"宋镜纪地"作了最好的注释，对铭文中每个地点的地理区划、行政隶属，乃至前后顺序都有系统说明。为免赘述，本文重点摘录这些史料（文中皆取楷体），作为对"宋镜纪地"的阐述。

唐室既衰，五季迭兴，五十余年，更易八姓，寓县分裂，莫之能一。宋太祖受周禅，初有州百一十一，县六百三十八，户九十六万七千三百五十三。……大抵宋有天下三百余年，縣建隆初讫治平末，一百四年，州郡沿革无大增损。……高宗苍黄渡江，驻跸吴会，中原、陕右尽入于金，东划长淮，西割商、秦之半，以散关为界，其所存者两浙、两淮、江东西、湖南北、西蜀、福建、广东、广西十五路而已，有户一千二百六十六万九千六百八十四。……今据元丰所定，并京为二十四路，首之以京师，重帝都也，终之以燕、云，以其既得而旋失，故附见于后。

图1、图2：东京，汴之开封也。梁为东都，后唐罢，晋复为东京，宋因周之旧为都。

图3：西京。唐显庆间为东都（即今洛阳），开元改河南府，宋为西京，山陵在焉。

序4：京东东路。府一，济南。州七：青，密，沂，登，莱，潍，淄。军一，淮阳。县三十八。青州，望，北海郡，镇海军节度。建隆三年以北海县置军。淳化五改军名。县六：益都，寿光，临朐，博兴，千乘，临淄。

序5：河北西路。府四：真定，中山，信德，庆源。州九：相，濬，怀，卫，洺，深，磁，祁，保。军六：天威，北平，安肃，永宁，广信，顺安。县六十五。相州，望，邺郡，彰德军节度。

序6：河东路。府三：太原，隆德，平阳。州十四：绛，泽，代，忻，汾，辽，宪，岚，石，隰，慈，麟，府，丰。军八：庆祚，威胜，平定，岢岚，宁化，火山，保德，晋宁。县八十一。隆德府，大都督府，上党郡，昭义军节度。

图4：陕西路。庆元元年，分陕西沿边为秦凤、泾原、环庆、鄜延四路。河中府，次府，河东郡，护国军节度。

序9至序61，图5至图24：两浙路。熙宁七年，分为两路，寻合为一；九年，复分；十年，复合。府二：平江，镇江。州十二：杭，越，湖，婺，明，常，温，台，处，衢，严，秀。县七十九。南渡后，复分临安平江镇江嘉兴四府、安吉常严三州、江阴一军，为两路；绍兴庆元瑞安三府、婺台衢处四州，为东路。

图5、图6、图7：临安府，大都督府，本杭州，余杭郡。淳化五年，改宁海军节度。大观元年，升为帅府。旧领两浙西路兵马钤辖。建炎元年，带本路安抚使，领杭、湖、严、秀四州。三年，升为府，带兵马钤辖。绍兴五年，兼浙西安抚使。县九：钱塘，仁和，余杭，临安，富阳，于潜，新城，盐官，昌化。

序16、序17：绍兴府。本越州，大都督府，会稽郡，镇东军节度。大观元年，升为帅府。旧领两浙东路兵马钤辖。绍兴元年，升为府。县八：会稽，山阴，嵊，诸暨，馀姚，上虞，萧山，新昌。

图8：平江府，望（按：唐宋时行政区划县的等级之一，旧制三千户以上者为望，下皆同。），吴郡。太平兴国三年，改平江军节度。本苏州，政和三年，升为府。绍兴初，节制许浦军。县六：吴，长洲，昆山，常熟，吴江，嘉定。

图9：镇江府，望，丹阳郡，镇江军节度，开宝八年政。本润州，政和三年，升为府。建炎三年，置帅。四年，加大使兼沿江安抚，以浙西安抚复还临安。县三：丹徒，丹阳，金坛。

图11至图21：湖州，上，吴兴郡，景祐元年，升昭庆军节度。宝庆元年，改安吉州。县六：乌程，归安，安吉，长兴，德清，武康。

图22：婺州，上，东阳郡，淳化元年，改保宁军节度。县七：金华，义乌，永康，武义，浦江，兰溪，东阳。

序53、序54：庆元府，本明州，奉化郡，建隆元年，升奉国军节度。本上州，大观元年，升为望。绍兴初，置沿海制置使。八年，以浙东安抚使兼制司；十一年，罢；隆兴元年，复置。淳熙元年，魏惠宪王自宣州移镇，置长史、司马。绍熙五年，以宁宗潜邸，升为府。县六：鄞，奉化，慈溪，定海，象山，昌国。

图23：常州，望，毗陵郡，军事。县四：晋陵，武进，宜兴，无锡。

图24：衢州，上，信安郡，军事。县五：西安，礼贤，龙游，信安，开化。

序61：嘉兴府，本秀州，军事。政和七年，赐郡名曰嘉禾。庆元元年，以孝宗所生之地，升府。嘉定元年，升嘉兴军节度。县四：嘉兴，华亭，海盐，崇德。

序62至序65：淮南路。旧为一路，熙宁五年，分为东西两路。

序62至序64：淮南东路。州十：扬，亳，宿，楚，海，泰，泗，滁，真，通。军二：高邮，涟水。县三十八。南渡后，州九：扬、楚、海、泰、泗、滁、淮安、真、通，军四：高邮、招信、淮安、清河、为淮东路，宿、亳不与焉。

图25：扬州，大都督府，广陵郡，淮南节度。熙宁五年，废高邮军，并以县隶州。元祐元年，复高邮军。旧领淮南东路兵马钤辖。建炎元年，升帅府。二年，高宗驻跸。四年，为真、扬镇抚使，寻罢。嘉定中，淮东制置开幕府于楚州，仍兼安抚。县一：江都。南渡后，增县二：广陵，泰兴。

序64：真州，望，军事。本上州。乾德三年，升为建安军。至道二年，以扬州之六合来属。大中祥符六年，为真州。大观元年，升为望。政和七年，赐郡名曰仪真。建炎三年，入于金，寻复。县二：扬子，六合。

序66至序81，图26至图33：江南东路。府一：江宁。州七：宣，徽，江，池，饶，信，太平。军二：南康，广德。县四十三。南渡后，府二：建康，宁国。州五：徽，池，饶，信，太平。军二：南康，广德，为东路。

图26、图27：江宁府，上，开宝八年，平江南，复为昇州节度。天禧二年，升为建康军节度。旧领江南东路兵马钤辖。建炎元年，为帅府。三年，复为建康府，统太平宣徽广德。五月，高宗即府治建行宫。绍兴八年，置主管行宫留守司公事；三十一年，为行宫留守。乾道三年，兼沿江军，寻省。县五：上元，江宁，句容，溧水，溧阳。

序72：池州，上，池阳郡，军事。建炎四年，分江东、西置安抚使，领建康、太平宣徽饶、广德。后以建康路安抚使兼知池州。县六：贵池，青阳，铜陵，建德，石，东流。监一：永丰。

图28至图32：饶州，上，鄱阳郡，军事。县六：鄱阳，余干，浮梁，乐平，德兴，安仁。监一：永平。

图33：信州，上，上饶郡，军事。县六：上饶，玉山，弋阳，贵溪，铅山，永丰。

序82至序89，图34至图39：江南西路。州六：洪，虔，吉，袁，抚，筠。军四：兴国，南安，临江，建昌。县四十九。南渡后，府一：隆兴。州六：江，赣，吉，袁，抚，筠。军四：兴国，建昌，临江，南安，为西路。

图34、图35：隆兴府，本洪州，都督府，豫章郡，镇南军节度。旧领江南西路兵马钤辖。绍兴三年，以淮西屯兵听江西节制，兼宣抚舒、蕲、光、黄、安、复州，寻罢。四年，止称安抚、制置使。八年，复兼安抚、制置大使。隆兴三年，以孝宗潜藩，升为府。县八：南昌，新建，奉新，丰城，分宁，武宁，靖安，进贤。

图36：赣州，上。本虔州，南康郡，昭信军节度。大观元年，升为望郡。建炎间，置管内安抚使；绍兴十五年罢，复置江西兵马钤辖，兼提兴南安军、南雄州兵甲司公事。二十三年，改今名。县十：赣，虔化，兴国，信丰，雩都，会昌，瑞金，石城，安远，龙南。

图37：吉州，上，庐陵郡，军事。县八：庐陵，吉水，安福，太和，龙泉，永新，永丰，万安。

序86：袁州，上，宜春郡，军事。县四：宜春，分宜，萍乡，万载。

图38、图39：抚州，上，临川郡，军事。建炎四年，隶江南东路。绍兴四年，复来隶。县五：临川，崇仁，宜黄，金溪，乐安。

序89：建昌军，同下州。旧建武军，太平兴国四年改。县二：南城，南丰。南渡后，增县二：新城，广昌。

序90、序91：荆湖南路。州七：潭，衡，道，永，邵，郴，全。军一：武冈。监一：桂阳。县三十九。南渡后，增茶陵军。

序90：潭州，上，长沙郡，武安军节度。乾德元年，平湖南，降为防御。端拱元年，复为军。旧领荆湖南路安抚使。大观元年，升为帅府。建炎元年，复为总管安抚司。绍兴元年，兼东路兵马钤辖；二年，复为安抚司。县十二：长沙，衡山，安化，醴陵，攸，湘乡，湘潭，益阳，浏阳，湘阴，宁乡，善化。

图40、图41：福建路。州六：福，建，泉，南剑，漳，汀。军二：邵武，兴化。县四十七。南渡后，升建州为府。建宁府，上，本建州，建安郡。旧军事，端拱元年，升为建宁军节度；绍兴三十二年，以孝宗旧邸，升府。县七：建安，浦城，嘉禾，松溪，崇安，瓯宁。监一：丰国。

序97：邵武军，同下州。太平兴国五年，以建州郡武县建为军，仍以归化、建宁二县来属。县四：邵武，光泽，泰宁，建宁。

图42：成都府路。府一：成都。州十二：眉，蜀，彭，绵，汉，嘉，邛，简，黎，雅，茂，威。军二：永康，石泉。监一，仙井。县五十八。南渡后，府三：成都，崇庆，嘉定。州十一：眉，彭，绵，汉，邛，黎，雅，茂，简，威，隆。军二：永康，石泉。

图42：成都府，次府，本益州，蜀郡，剑南西川节度。太平兴国六年，降为州。端拱元年，复为剑南西川成都府。淳化五年，降为益州，罢节度。嘉祐五年，复为府。六年，复节度。旧领成都府路兵马钤辖。建炎三年，罢兼利州路。绍兴元年，领成都路安抚使。五年，

兼西路安抚、制置大使。十年置宣抚，罢制置司，知府带本路安抚使。十八年，罢宣抚，复制置司；乾道六年，又罢，并归安抚司，知府仍带本路安抚使。淳熙二年，复制置司，罢宣抚司。开禧元年，置宣抚，罢制置司。未几，两司并置；后罢宣抚，仍置制置大使。嘉定七年，去"大"字。县九：成都，华阳，新都，郫，双流，温江，新繁，广都，灵泉。

序100：潼川府路。府二：潼川，遂宁。州九：果，资，普，昌，叙，泸，合，荣，渠。军三：长宁，怀安，广安。监一：富顺。遂宁府，都督府，遂宁郡，武信军节度。本遂州。政和五年，升为府。宣和五年，升大藩。端平三年，兵乱，权治蓬溪砦。县五：小溪，蓬溪，长江，青石，遂宁。

在本文表一至表四的100个镜例中，两浙路有53例（序9至序61），占总数之53%；江南东、西路有24例（序66至89），占总数之24%。这两路的重要性不言而喻。再查《宋史·地理志》，对这两路的风土人情亦是赞誉有加，真可谓"镜铭证史"也！本文再摘录两段《宋史》的"评论"文字以飨读者。

两浙路，盖《禹贡》扬州之域，当南斗、须女之分。东南际海，西控震泽，北又滨于海。有鱼盐、布帛、秔稻之产。人性柔慧，尚浮屠之教。俗奢靡而无积聚，厚于滋味。善进取，急图利，而奇技之巧出焉。余杭、四明，通蕃互市，珠贝外国之物，颇充于中藏云。

江南东、西路，盖《禹贡》扬州之域，当牵牛、须女之分。东限七闽，西略夏口，南抵大庾，北际大江。川泽沃衍，有水物之饶。永嘉东迁，衣冠多所萃止，其后文物颇盛。而茗荈、冶铸、金帛、秔稻之利，岁给县官用度，盖半天下之入焉。其俗性悍而急，丧葬或不中礼，尤好争讼，其气尚使然也。

图1

图2

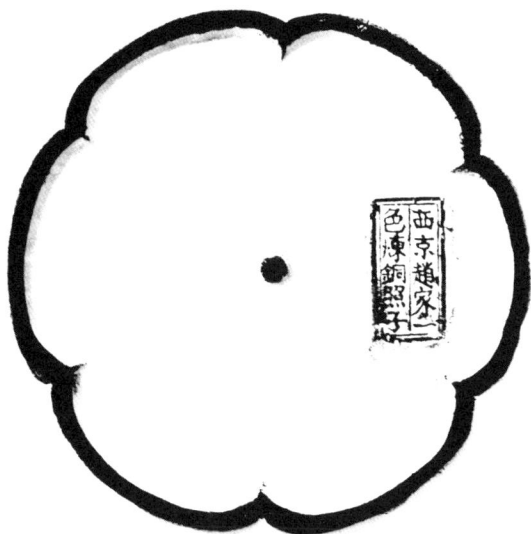

图 3

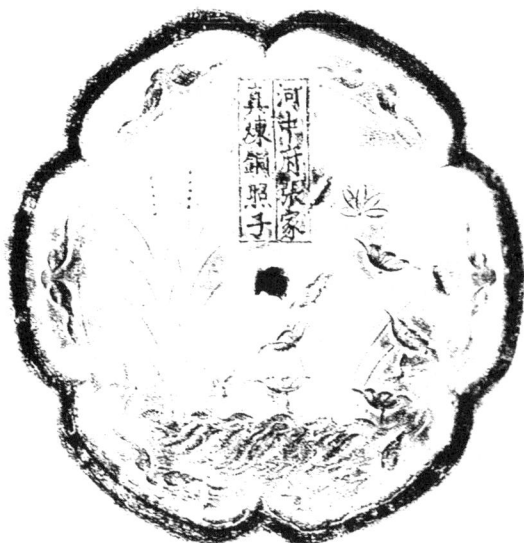

图 4

图 5

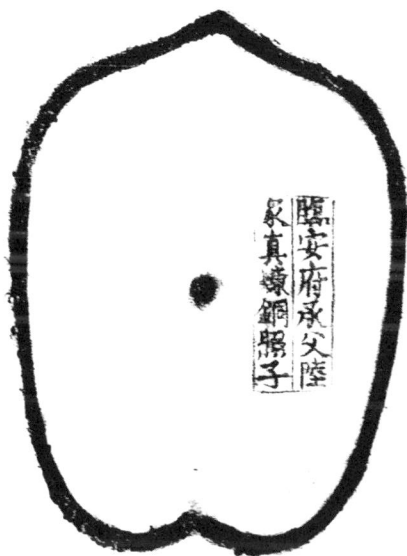

图 6

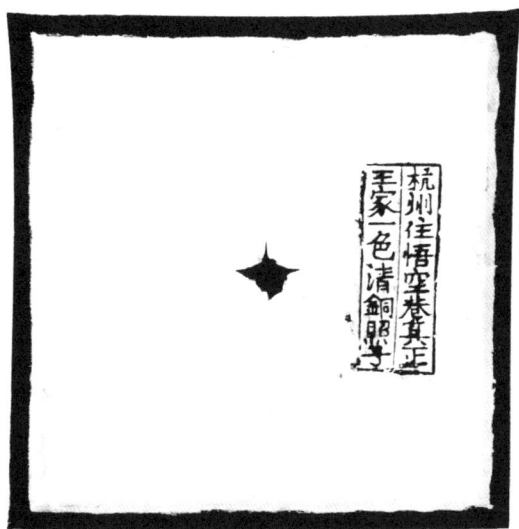

图 7

图 8

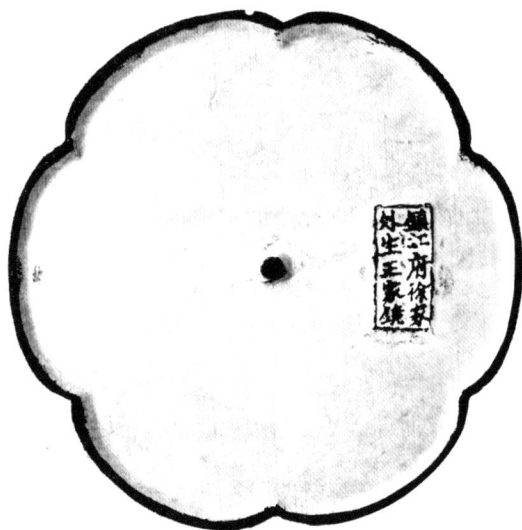

图 9

图 10

图 11

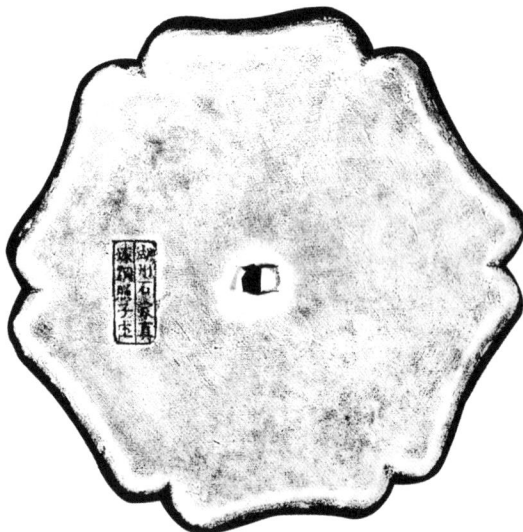

图 12

图 13

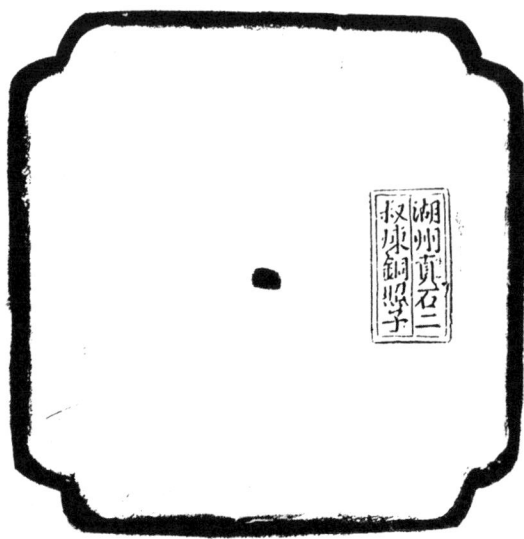

图 14

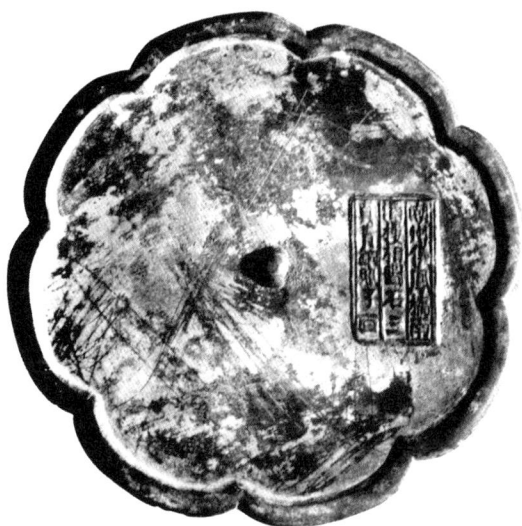

图 15

图 16

图 17

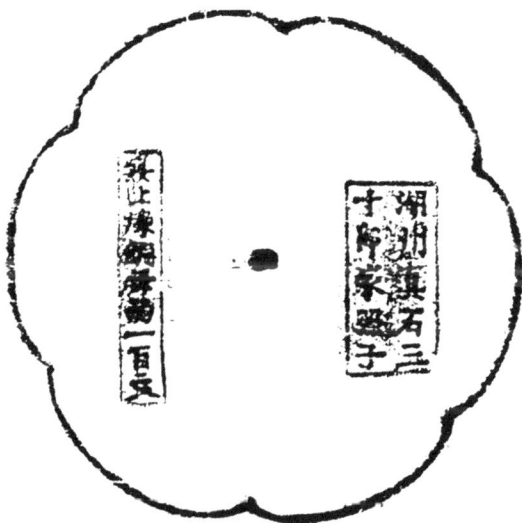

图 18

图 19

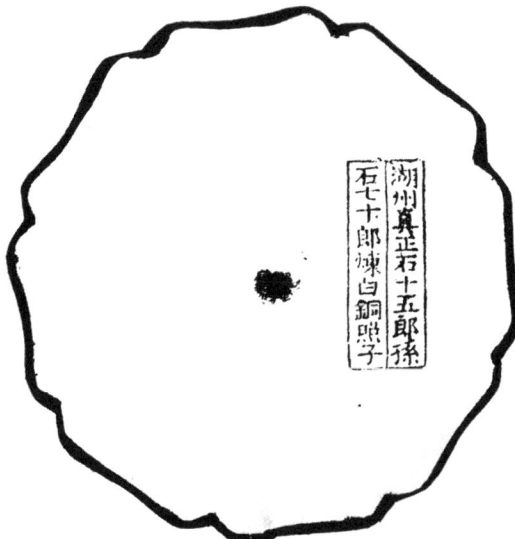

图 20

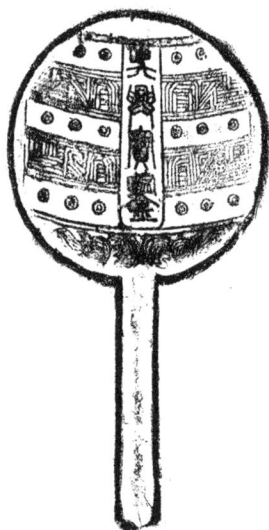

图 21

图 22

图 23

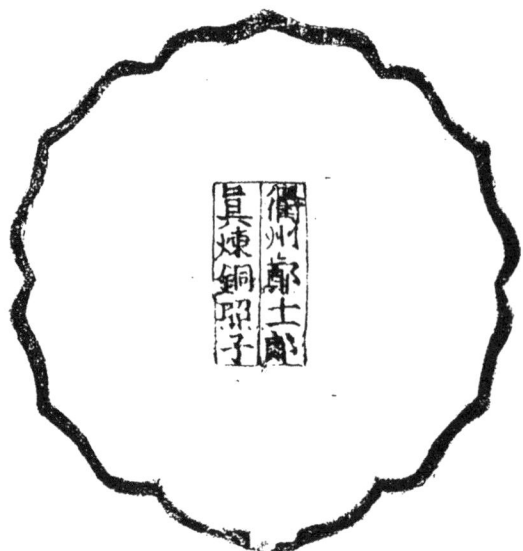

图 24

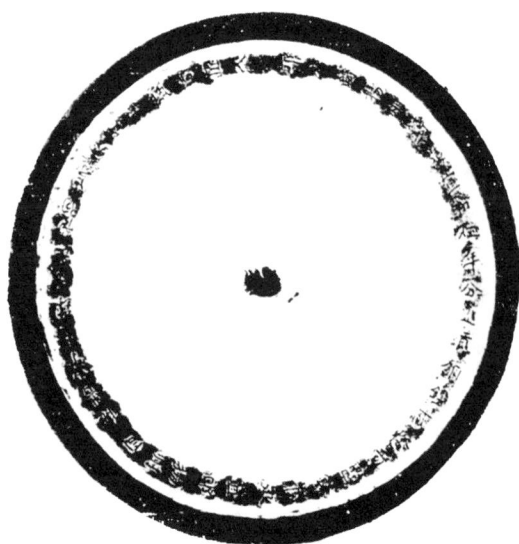

图 25

图 26

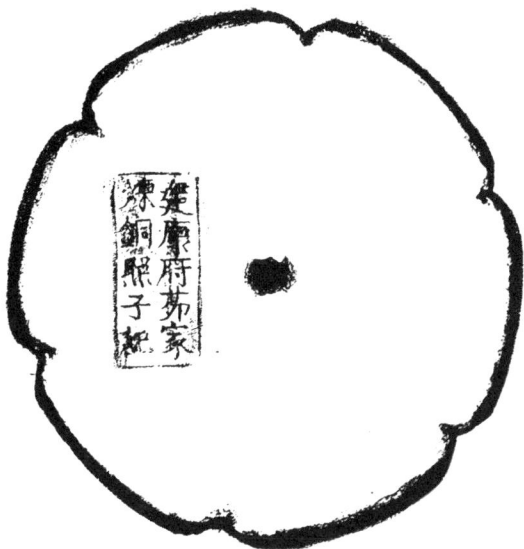

图 27

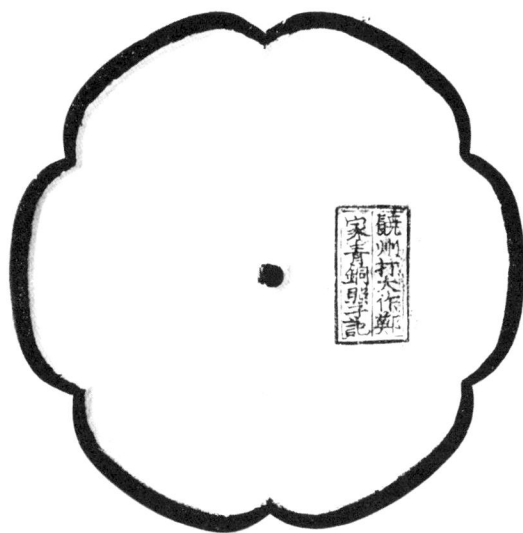

图 28

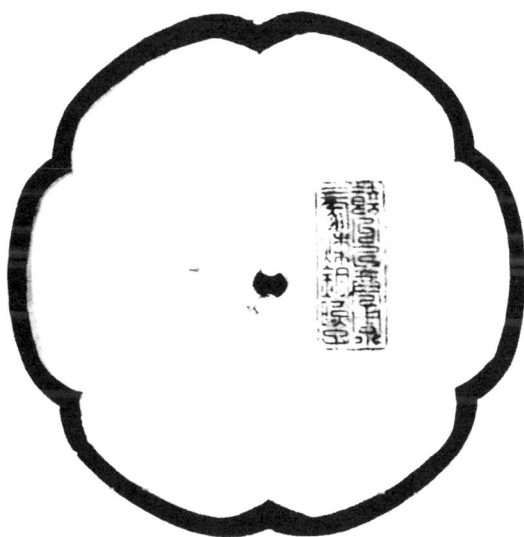

图 29

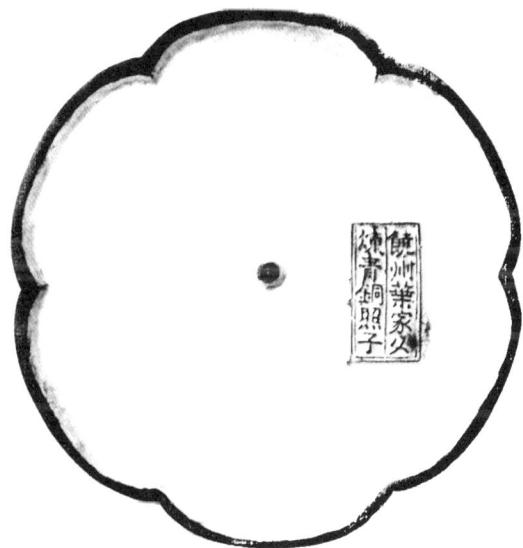

图 30

图 31

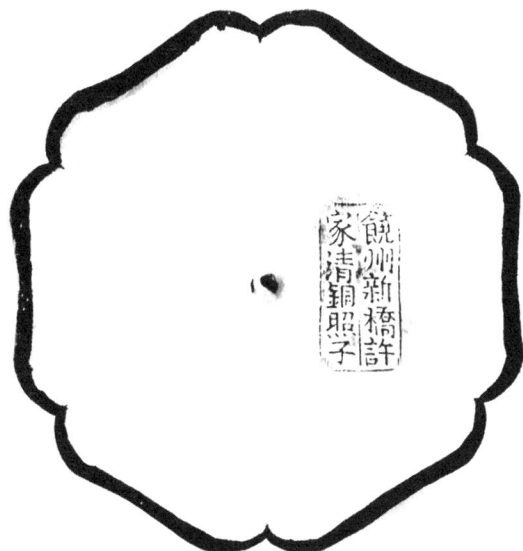

图 32

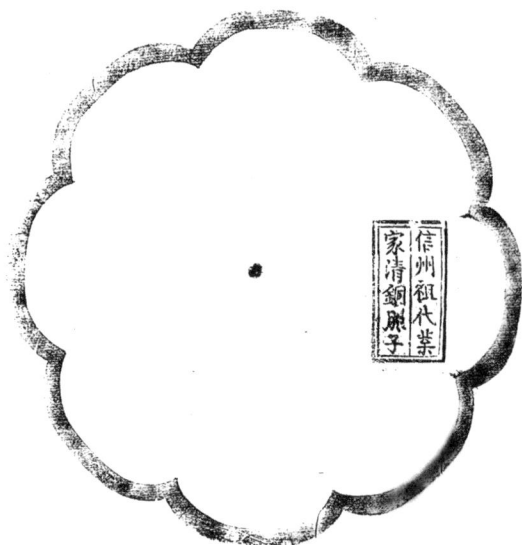

图 33

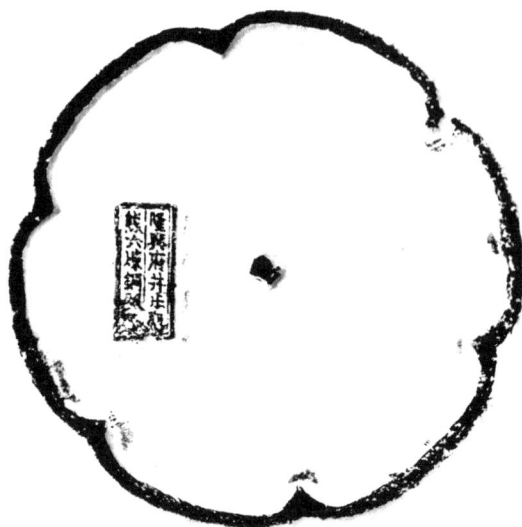

图 34

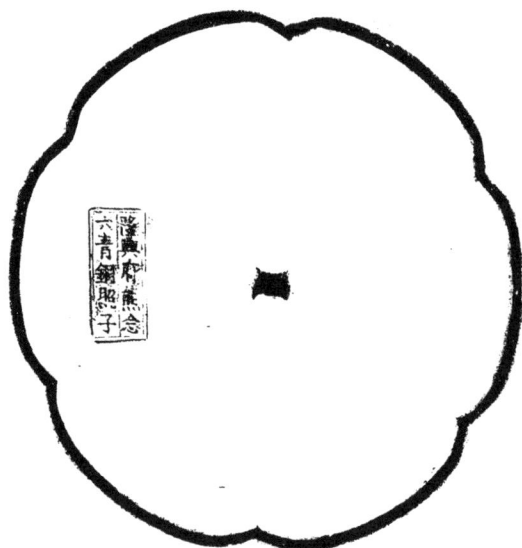

图 35

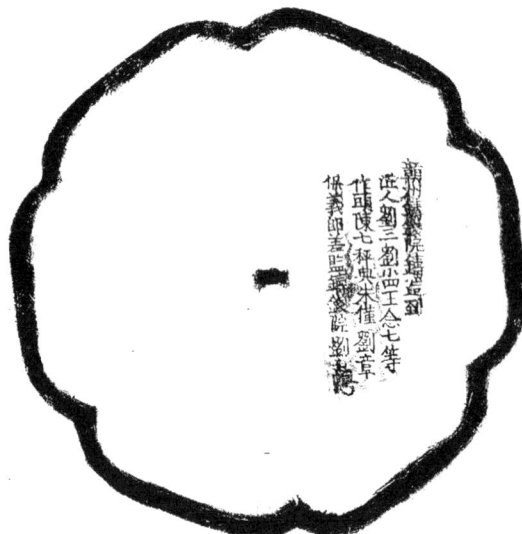

图 36

图 37

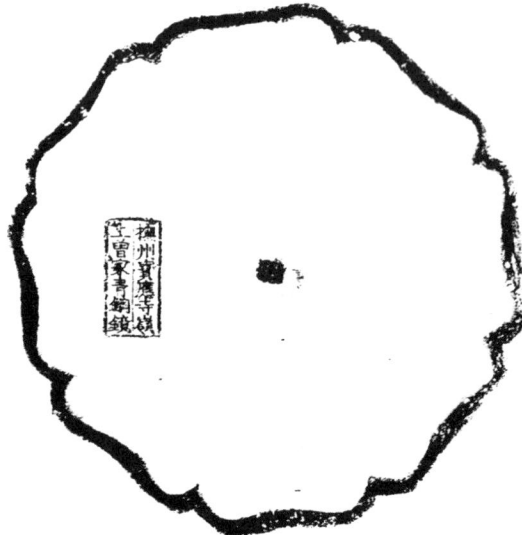

图 38

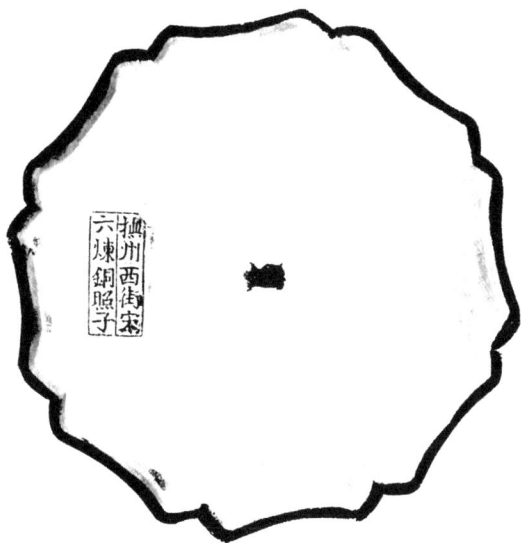

图 39

图 40

图 41

图 42

本文得到陈学斌先生支持，谨致谢意。

（原载《中国收藏》2015 年第 7 期，第 10 期）

南宋诗词镜

新文体纪实小说《白帝城》的作者王以培在书中说："文物在文，不在物。物是文的载体，文是物的灵魂。"说这句话应该是有前提的，但用来评价南宋镜的文化价值，真是确切。南宋处在一个特定的社会历史环境：徽钦二帝被俘、锦绣山河"沦丧"、故土家园破碎。南宋文化艺术虽有其鲜明的时代特征，但在总体上与雄汉盛唐比较，都相去甚远。就铜镜而言，在"物"的方面，无论是铸造技术，还是工艺美术，都逊于汉唐；然而，唯独在"文"的方面，却可说是"引领风骚"。南宋镜形制多样，铭文突出，铭文中不仅注意书法艺术和商业意识，而且将作为文化艺术精粹的诗词以主纹饰的形式纳入了铜镜这个载体。应该说，南宋诗词镜及其此类镜的形制源于唐代，如隋唐之际的神兽铭文镜，都应该属于诗文镜。《唐代铜镜与唐诗》图版 10 为张铁山藏镜，有八个回转环状带的盛唐诗词铭文镜，直径 26.9 厘米，重量 2690 克，全文 184 字。其中镜心（钮边）处八字回文诗："照传珍写，妙雪真假。"主纹饰 8 个回转环状带内皆为两句七言诗，计 112（8×2×7）字。镜缘一周对偶排比着八组都是两句一组的四言骈体，计 64（8×2×4）字。这面唐镜厚重大气，叹为观止。进一步探寻，《文物》1980 年第 6 期 80 页载：1978 年罗福颐先生在武汉见到一面东汉灵帝时的鲁诗镜，直径 14.6 厘米，"审其文字乃是《诗经·卫风·硕人》章"，镜缘一周铭文"凡八十余字"，灵帝熹平年间比盛唐早了 500 年，比南宋早了 1000 年。西汉草叶铭文镜和圈带铭文镜的内容多以楚辞或汉赋的文体出现，亦可说是古代诗文镜，比南宋又早了 1200 余年。中国铜镜铭文中的诗词文化可说是源远流长、一脉相承，本文重点介绍南宋诗词镜的四个实例。

一、《青玉案》词有柄葵花镜　上海止水阁藏

有柄八出葵花形（断柄），直径 15.8 厘米，残重 543 克，镜背铸《青玉案》词一首（图 1）。《青玉案》词牌名取义于东汉张衡的《四愁诗》"何以报之青玉案"，亦依贺铸"凌波不过横塘路"而得名《横塘路》。此词常规为双片 67 字，仄韵。有时，词的字数和句法会稍有参差。全镜 68 字楷书极为精美，铭文连读为："晓妆特地须来照，宿粉残红半含笑。绿发堆云梳得峭。眉儿重画，鬓儿重补，澹注樱桃小。冠儿戴上端正好，斜插江梅斗春早。待学青铜坚心了。朝朝日日，面儿相看，那得相思恼。"此镜铭词意易解，令人注意的是词中"眉""鬓""冠""面"等字的后面都带"儿"字？

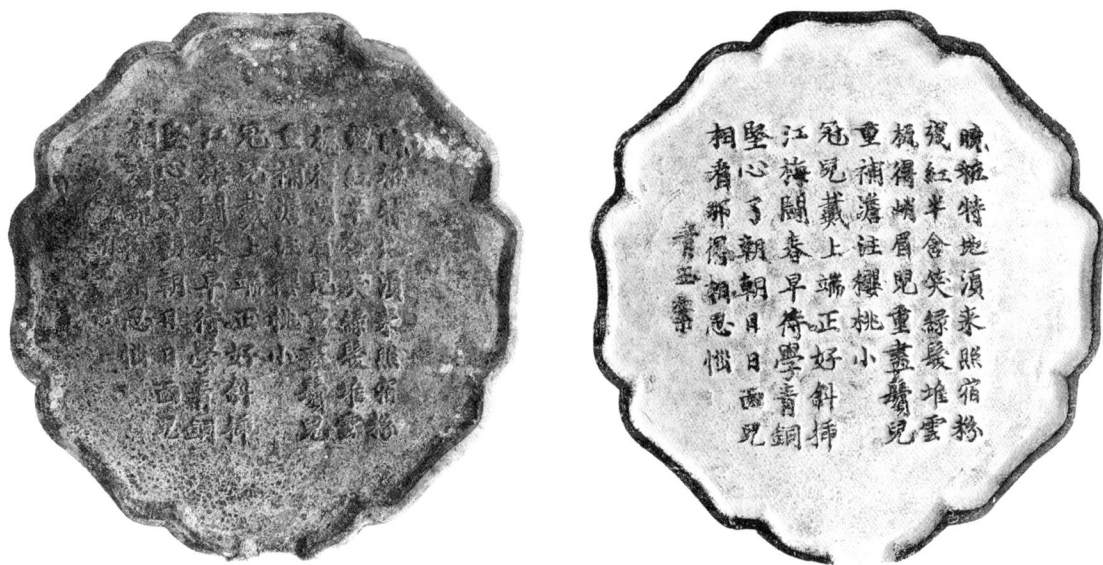

图 1

众所周知，南宋建都临安（今杭州）共 152 年（1127~1279），当初"靖康之变"时，为避金兵虏掠，北宋京城汴梁（今开封）的官吏百姓，包括一些能工巧匠都逃到了临安，亦一并带来了汴梁的方言。据李心传《建炎以来系年要录》载，从建炎元年（1127）到绍兴二十六年（1156）这 30 年间，临安外籍居民数已超过了土著居民。当时南渡士民带来汴梁语为主的北宋京城"官话"，给原来的南方本地话带来了不小的冲击。终于使杭州话的语音、词汇、语法等方面产生了明显的变化，染上了浓厚的北方话色彩。今天的杭州话虽仍属"吴语方言区"，但已超脱于整个浙江省，成为一种独特的"杭州官话"。据统计，杭州话使用以市区为主，其范围大致如下：东至余杭下沙，南到钱塘江边，西自五云山、转塘至留下附近，北经拱宸桥至余杭三墩，东北经笕桥至余杭乔司之间。在这个约二百平方公里的范围之内，有百余万人说杭州话。"杭州官话"虽是浙江吴语中最小的方言点之一，却能传承千年，可见，一种语言影响的深远以及不被周边同化的强烈个性。

杭州方言的"儿"尾词数量非常多，因这个"儿"是自成音节的词尾，故称之为"儿

尾"。南宋末吴自牧所撰笔记《梦粱录》二十卷，内载杭州方言里的话语多有儿尾词。如："虾儿""果儿""衫儿""裙儿""笼儿""鼓儿""香袋儿""八哥儿""油酥饼儿""千层儿""扇面儿""石榴子儿""豆儿黄糖""猫儿桥""狗儿山巷"等。南宋著名女词人李清照（1084~ 约1151）的作品善用口语，故多见有儿尾的方言用词。如《声声慢》："守着窗儿，独自怎生得黑？"《永遇乐》："铺翠冠儿，捻金雪柳，簇带争济楚。如今憔悴，风鬟雾鬓，怕见夜间出去。不如向帘儿底下，听人笑话。"《行香子》："星桥鹊驾，经年才见，想离情、别恨难穷。牵牛织女，莫是离中。甚霎儿晴，霎儿雨，霎儿风。"

　　一些北宋大文豪亦常用具儿尾词的词语。如欧阳修《鼓笛慢》："缕金裙窣轻纱，透红莹玉真堪爱。多情更把，眼儿斜盼，眉儿敛黛。"苏轼《荷花媚》："每怅望、明月清风夜，甚低迷不语，娇邪无力。终须放、船儿去，清香深处住，看伊颜色。"秦观《行香子》："远远围墙。隐隐茅堂。扬青旗、流水桥傍。偶然乘兴，步过东冈。正莺儿啼，燕儿舞，蝶儿忙。"

　　若干南宋词作者更是将儿尾词用到了如同文字游戏般的极限程度。如：刘仙伦《系裙腰》："山儿矗矗水儿清。船儿似叶儿轻。风儿更没人情。月儿明。厮合造、送人行，眼儿薮薮泪儿倾。灯儿更冷清清。遭逢着雁儿，又没前程。一声声。怎生得、梦儿成。"无名氏《阮郎归》："门儿高挂艾人儿。鹅儿粉扑儿。结儿缀着小符儿。蛇儿百索儿。纱帕子，玉环儿。孩儿画扇儿。奴儿自是豆娘儿。今朝正及时。"

　　今天杭州的民间用语有着大量的儿尾词，如"小孩"称"小伢儿"、"篮"称"篮儿"、"盘"称"盘儿"、"袜"称"袜儿"、"帽"称"帽儿"等。将近千年前和今天如同一辙的儿尾词联系起来看，让人倍感亲切，使我们为中华文化的传承有序而感到自豪。了解并研究带儿尾词的铭文，我们可以知道，此镜铸造地[1]应是北宋时仍称杭州的南宋首都临安。

二、《满江红》词菱花镜　北京顺义县出土，北京文物研究所藏（《中国青铜器全集·铜镜》图175）

　　八瓣菱花形，圆粒钮。直径21.7厘米。钮外环饰铭文13字，其外有二根平行线组成八个回转环状带，带内有铭文80字，带边空隙处饰以八卦纹。镜铭总共93字，组成《满江红》咏雪梅词一首（图2），自坤卦左侧第一字"雪"开始，按逆时针方向转圈连读，至第八十字"成"时填满环带，其上方有一短线将词句引向钮外铭文，改依顺时针方向一圈为止。全文为："雪共梅花，念动是、经年离拆。重会面、玉肌贞态，一般标格。谁道无情应也妒，暗香埋没教难识。却随风、偷入傍妆台，萦帘额。惊醉眼，朱成碧。随冷暖，

---

〔1〕铸造地杭州、临安及其作坊主的铭文，有若干镜例可参考：《中国铜镜图典》图782为"杭州钟家清铜照子今在越州清道桥下岸向西开张"镜、图783为"杭州真正高家青铜照子"镜、图730为"临安王家"；《三槐堂藏镜》图164为"杭州住悟空巷真正王家一色清铜照子"镜；诸暨县文管会藏"杭州真石大叔青铜照子"镜；天台县文管会藏"临安府小作院监造官王宝"镜。

图2

分青白。叹朱弦冻折，高山音息。怅关望河无驿使，剡溪兴尽成陈迹。见似枝、而喜对杨花，须相忆。"近日有幸发现此镜的类似镜（中心铭文部分应为同模），文字更加清晰，为方便读者，本文的局部放大借用该同模部分，特此说明。

《满江红》词双调93字，押仄韵，一般用入声韵。相传由岳飞所作的"怒发冲冠"一首，最为有名。宋词题材多咏雪赞梅，著名者当数陆游的《卜算子·咏梅》。此镜铭宋词，字字皆从冷艳侵人的雪、梅落笔，写形态，写香味，写颜色。"怅关望河无驿使""剡溪兴尽成陈迹"两句，借用南朝宋时陆凯赠史学家范晔"一枝春"[2]及"剡溪访戴"[3]之典故，大大增加了词意的容量，发人暇想，别具情韵。另见《金石索·鉴镜十二》著录《满江红·咏雪梅》菱花镜一件，其形制、纹饰、铭文皆与此镜大同小异。南宋镜作坊地名常见湖州、饶州、临安、东阳、越州、衢州等处，这里的"剡溪"在今嵊州市，此镜产地当属浙江。

三、回文诗钟形镜 《三槐堂藏镜》图177

钟形，环形钮。镜高17.2厘米，带环重量896克。纹饰面中部双剑并列，两剑之间置三足炼丹炉，炉下有一长方形印章篆书："李道人造。"两剑外侧为八字魏碑体铭文："河澄皎月，波清晓雪。"（图3）这是一首回文诗中的两句，可以有多种读法，如"月晓河澄，雪皎波清""晓河澄雪，皎波清月""河澄雪皎，波清月晓""澄雪皎波，清月晓河""清波皎雪，澄河晓月""波皎雪澄，河晓月清""皎雪澄河，晓月清波""雪澄河晓，月清波皎"。

---

〔2〕《赠范晔》诗曰："折梅逢驿使，寄与陇头人。江南无所有，聊赠一枝春。"

〔3〕南朝宋刘义庆撰《世说新语·任诞》载："王子猷居山阴，夜大雪……忽忆戴安道。时戴在剡，即便夜乘小船就之。"后因称访友为"访戴"。

回文诗属杂体诗名，可以顺读，也能倒读，还可反复回旋着读，亦是一种文字游戏。相传始于晋代傅咸、温峤，今传有苏蕙《璇玑图》诗。清翁元圻引《艺文类聚》所载曹植《镜铭》，认为是铭"回环读之，无不成文，实在苏蕙以前"，傅、温亦晋人，故而"回文"发明权应属曹植。据《晋书·窦滔妻苏氏传》载："窦滔妻苏氏，始平人也，名蕙，字若兰。

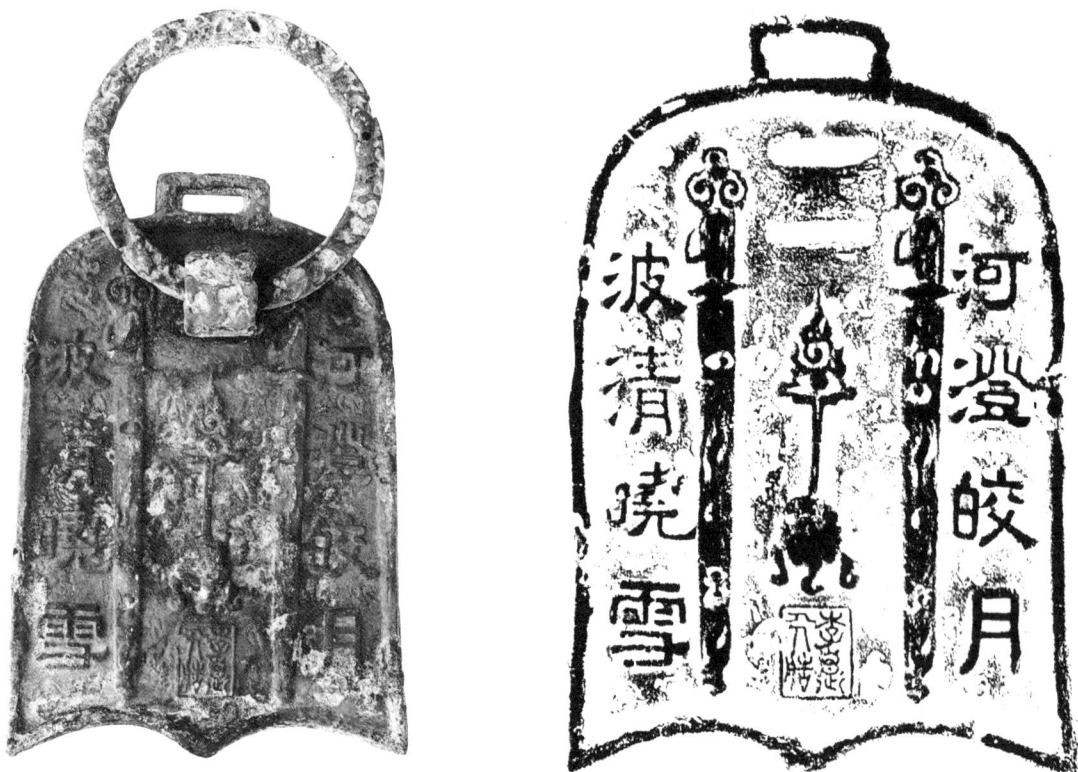

图 3

善属文。滔，苻坚时为秦州刺史，被徙流沙。苏氏思之，织锦为回文旋图诗以赠滔，宛转循环以读之，词甚凄惋，凡八百四十字。"另据南朝梁刘勰撰《文心雕龙·明诗篇》："回文所兴，则道原为始。"按明人梅庆生《文心雕龙》注所云："苻秦窦滔妻苏蕙织锦为回文，五采相宣，纵横八寸，题诗二百余句，计八百余言，纵横反覆，皆为文章，名曰璇玑图。宋贺道庆作四言回文诗一首，计十二句四十八言，从尾至首，读亦成韵。而道原无可考。"五代前蜀词人李珣在《定风波》一词中，有佳句曰："纵有回文重叠意，谁寄解鬟临镜泣。"

四、五言诗有柄圆形镜　上海博局山房藏

有柄圆形，无钮。直径 11.7 厘米，柄长 8.6 厘米，重量 286 克。中间细弦纹内直排四行五言诗一首（图4），其八句四十字楷书铭文为："团团青鸾镜，莫将明月比。明月有时缺，此镜常如此。将镜比佳人，佳人隔千里。谁知团圆心，却与月相似。"双细弦纹外环均饰四飞禽，其间有花卉和枝叶。

五言诗始于汉代，魏、晋以后，历南北朝、隋、唐，盛极一时，成为古典诗歌的主要

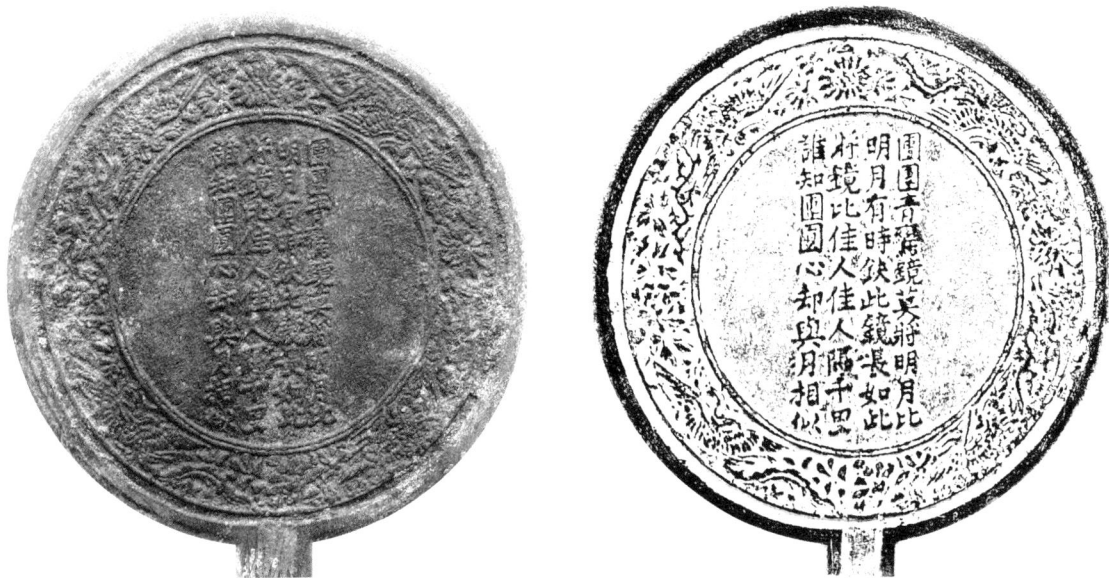

图 4

形式之一，有五言古诗、五言律诗、五言绝句。此诗由镜及月，以镜喻人，譬体互借，意隐其中。诗文旨在于突出明镜的团圆光亮，常随其身，反衬人世沧桑，好景难永。唐代大诗人白居易晚年的《以镜赠别》诗曰："人言似明月，我道胜明月。明月非不明，一年十二缺。岂如玉匣里，如水常澄澈。月破天暗时，圆明独不歇。我惭貌丑老，绕鬓斑斑雪。不如赠少年，回照青丝发。因君千里去，持此将为别。"

综观中国历代铜镜铭文内容的共性，大多是禳灾祈祥、纳福求吉，然就不同朝代的个性而言，一般来说，汉镜时见引用《楚辞》，唐镜常具骈体内容。雄汉盛唐的诗文镜较为少见。南宋镜可说是另辟蹊径，除了多样化的镜形外，以主纹饰形式出现的诗词铭文镜，突破了传统概念，将人们对铜镜的使用和把玩寓于诗情画意之中，升华到了具有高度文学色彩的境界，还有书法艺术可以欣赏。因此，南宋诗词镜在中华铜镜史上占有其特定的地位，亦是一朵灿烂的文化奇葩。

（原载《收藏家》2007 年第 4 期）

明清镜吉语铭小考

　　明清时期是中国封建社会的晚期。政治上，中央集权进一步加强，建立起了一整套从中央到地方的政权机构及绅权和族权体系；经济上，社会生产有了长足的发展，农业、手工业、商业分工细致而又环环相连，互相促进，以至在某些部门出现了资本主义生产关系的最初萌芽。铜镜铸造业在明清获得了很大发展。铸镜工匠在继承传统的同时，对纹饰等方面进行创新，形成了独特的时代风格。这时，铜镜已不仅是一种生活必备品，同时还兼具教育、馈赠、祈福、辟邪等功用，因此铸造量很大。

　　镜铭始于汉初，吉语内容贯串始终，其中尤以四言与七言为多。明清铭文种类繁多，远超前代。既有纪年、记事类，也有吉语、诗文类；既有作坊、人名类，也有修道、供养类等。再从书体上看，有楷书、草书、篆书、魏碑、行书等。这些铭文成为研究明清社会习俗和手工业发展的重要实物资料。

　　明清镜吉祥铭文的使用比历代都突出，更鲜明，尤其四言吉语镜如同雨后春笋般地问世。这些铭文字体较大，书法颇工。明清祈求福禄寿的铭辞比汉镜更接近现实，呈现出明显的世俗化倾向，不像汉镜那样，充满了强烈的升仙理念和避邪思想。据不完全统计，这些四字吉语铭有数十个品种，按原字（繁体）的首字笔划排列，大致顺序如下：

　　一品当朝，人齐月圆，九世同居，三元及第，大吉利富，天下太平，五子登科，百子千孙，百年偕老，百寿团圆，巧画娥眉，吉祥如意，早生贵子，君瑞富贵，长命富贵，形表端正，金玉满堂，冰清玉洁，年年太平，彦中永保，连中三元，连进三元，连科及第，连生贵子，喜生贵子，喜报三元，喜喜喜喜，为善最乐，厚德荣归，睢麟衍庆，福自天来，福贵双全，福寿荣祥，福寿康宁，福寿双全，琴瑟偕老，熊罴叶梦，寿山福海，寿比南山，兰桂呈芳，龙凤呈祥，龙飞凤舞，麟凤呈祥，麟趾螽斯，鸾凤和鸣……

　　纵观以上 45 个吉语铭，大体可分为科举高中、福寿喜庆和子孙兴旺等大类，其内容多通俗易懂、毋需赘述。本文挑选出其中值得玩味或较为艰涩的 12 句（附 12 图）作一简要释考。详见表一：

表一　明清镜吉语十二考一览表

图号	直径（厘米）	重量（克）	吉语内容	图号	直径（厘米）	重量（克）	吉语内容
1	33.4	1744	一品当朝	7	17.2	/	睢麟衍庆
2	14.0	327	九世同居	8	21.7	/	琴瑟偕老
3	12.3	/	三元及第	9	33.0	/	熊罴叶梦
4	16.4	/	巧画娥眉	10	20.3	682	兰桂呈芳
5	13.7	/	彦中永保	11	18.0	368	麟趾螽斯
6	6.0	19	厚德荣贵	12	13.8	/	鸾凤和鸣

说明：以上资料主要来自上海止水阁、台北一雅堂。

图 1　一品当朝

一品乃封建社会中官品的最高一级。自三国魏以后，官分九品，最高者为一品。《晋书·惠帝纪》："乃发王公奴婢手春给兵廪，一品以下不从征者，男子十三以上皆从役。"唐贾岛《上杜驸马》诗："妻是九重天子女，身为一品令公孙。"清龚自珍《珍良论三》："而凡满洲、汉人之仕宦者，大抵由其始宦之日，凡三十五年而至一品，极速者亦三十年。"详参《隋书·百官志》中："三元及第才千顷，一品当朝禄万钟"，功名利禄乃世俗的追求，在明清时期，人们将"一品当朝"铸造在镜铭中，反映了那个时代的普世价值。

图 2　九世同居

九世即九代，《左传·襄公二十五年》："九世之卿族，一举而灭之，可哀也哉！"南朝宋谢灵运《撰征赋》："皇晋受命河汾，来迁吴楚，数历九世，年踰十纪。"《归唐书·卷一百八十八》："张公艺，九代同居。"《新唐书·孝友传序》："张公艺九世同居。"

张公艺，郓州寿张人，生于公元 578 年（北齐承光二年），卒于公元 676 年（唐仪凤元年），历北齐、北周、隋、唐四代，寿九十九岁。"公艺幼年，有威德之望，正德修身，礼让齐家。立义和广堂，制典则，设条教，以诫子孙，是以父慈子孝，兄友弟恭，夫正妇顺，姑婉媳听，九代同居。合家九百人，每日鸣鼓会食；养犬百只，亦孝家风，缺一不食。"张公艺之故事是我国历史上治家有方的典范，千年以来，倍受历代人民尊敬，传为美谈。

图 3　三元及第（连中三元、状元及第等）

科举时代称解试（后称乡试）、省试（后称会试）、殿试（后称廷试）第一为解元、会元、状元，合称三元。宋赵升《朝野类要·举业》："解试、省试并为指魁者，谓之双元；若又为殿魁者，谓之三元。"《初刻拍案惊奇》卷二八："（冯京）不上二十岁，连中了三元。"《明史·选举二》："三试第一，士人艳称为三元。"

科举应试中选。因榜上题名有甲乙次第，故名。隋唐只用于考中进士，明清殿试之一甲三名称赐进士及第，亦省称及第。唐韩愈《与祠部陆员外书》："其后一二年，所与及第者，皆赫然有声。"宋高承《事物纪原·学校贡举·及第》："汉之取士，其射策中者，谓之高第，隋唐以来，进士诸科，遂有及第之目。"

自隋唐以科举取士，一千多年来，真实的"连中三元"只有 13 人，清代两百多年中仅是 2 人，当可谓凤毛麟角。

图 4　巧画娥眉

娥眉即女子的秀眉。《楚辞·大招》："嫮目宜笑，娥眉曼只。"南朝宋鲍照《玩月城西门廨中》诗："始见西南楼，线线如玉钩，未映车北墀，娟娟似娥眉。"《敦煌变文集·丑女缘起》："于是娥眉不扫，云鬓罢梳，遥□灵山便告世尊。"

以黛描饰眉毛。《汉书·张敞传》："敞无威仪……又为妇画眉，长安中传张京兆眉忤。有司以奏敞。上问之，对曰：'臣闻闺房之内，夫妇之私，有过于画眉者。'"唐朱庆余《近试上张水部》诗："妆罢低声问夫婿，画眉深浅入时无？"后以"画眉"喻夫妻感情融洽。南朝梁刘孝威《都县遇见人织率尔寄妇》诗："新妆莫点黛，余还自画眉。"唐岑参《韩员外夫人清河县君崔氏挽歌》："仙郎看陇月，犹忆画眉时。"在唐镜铭文中，多有"画眉人"之词。

古时"画眉人"系指夫婿，巧画娥眉喻意着闺房之乐。隋薛道衡《豫章行》："空忆常时角枕处，无复前日画眉人。"唐王昌龄《朝来曲》："月昃鸣珂动，花连绣户春。盘龙玉台镜，唯待画眉人。"宋张元干《清平乐》词之一："凭仗东风说兴，画眉人共春回。"明高明《琵琶记·临妆感叹》："朱颜非故，绿云懒去梳。奈画眉人远，传粉郎去。"

图 5　彦中永保

"彦"是"颜"的省偏旁或简写，即指容颜。铜镜主要功能系照容之用，铭文意思是把美好的容颜永远保存在铜镜之中，暗喻"永葆青春"之意。明唐寅《妒花》："昨夜海棠初着雨，数点轻盈娇欲语。佳人晓起出兰房，折来对镜化红妆。问郎花好奴颜好？郎道不如花窈窕。佳人闻语发娇嗔，不信死花胜活人。将花揉碎掷郎前：请郎今日伴花眠！"

《红楼梦·葬花词》："一朝春尽红颜老，花落人亡两不知。"

图 6　厚德荣贵（同义：厚德载物，厚德载福）

《国语·晋语六》："吾闻之，唯厚德者能受多福，无德而服者众，必自伤也。"后谓有德者能多受福为"厚德载福"，犹大德。《易·坤》："地势坤，君子以厚德载物。"《淮南子·泛论训》："故人有厚德，无问其小节。"明何良俊《四友斋丛说·史四》："余益德君，君真厚德人也。"清王士贞《池北偶谈·谈献五·成相国二世厚德》："人称其两世厚德云。"

晋潘岳《西征赋》："乾坤以有亲可久，君子以厚德载物。观夫汉高之兴也，非徒聪明神武，豁达大度而已也。乃实慎终追旧，笃诚款爱，泽靡不渐，恩无不逮，率土且弗遗，而况于邻里乎，况于卿士乎？"清陈梦雷《周易浅述》卷一："地势之顺，以地德之厚也。厚，故万物皆载焉。君子以之法地德之厚，而民物皆在所载矣。"坤，象征大地。地具广厚之德，故能载生万物。借指人事，犹谓以厚德育人。

图 7　睢麟衍庆

睢，仰目，睢麟取自"关睢麟趾"；衍，延续；庆，喜庆。衍庆取自"螽蜇衍"。"睢麟衍庆"是祝颂子孙众多、门丁兴旺、多子多福的意思。北京故宫后三宫之一的交泰殿有对联："恒久咸和，迓天休而滋至。关睢麟趾，主王化之始基。"交泰殿，殿名取"天地交泰"之意，也是帝后大婚中最重要的场所。他们一个象天，一个象地，意思是这一对新夫妇的结合就是天地交泰也。迓，迎接。休，福禄。迓天休：接受天赐之福。滋至：滋润之至。关睢麟趾：指淑女和王子。立王化之始基。《诗经·周南·关睢序》："正始之道，王化之基。"此指帝王事业的新开端，比喻帝王事业后继有人。

图 8　琴瑟谐和

比喻夫妇间感情和谐。亦借指夫妇、匹配。《诗·周南·关睢》："窈窕淑女，琴瑟友之。"宋苏轼《答求亲启》："许敦兄弟之好，永结琴瑟之欢。"明王錂《春芜记·感叹》："我年已逼桑榆，尔尚未谐琴瑟。"清蒲松龄《聊斋志异·竹青》："且卿兴仆，名为琴瑟，而不认一家，奈何！"此铭之反意谓琴瑟不调，比喻夫妻不和。唐赵璘《因话录》卷一："郭暧尝兴升平公主琴瑟不调。"

图 9　熊罴叶梦

熊罴喻指生男之兆。语本《诗·小雅·斯干》："大人占之，维熊维罴，男子之祥。"

《三国志·魏志·高柔传》："而顷皇子连多夭逝，熊罴之祥，又未感应群下之心，莫不悒戚。"唐李群玉《哭小女痴儿》诗："平生未省梦熊罴，稚女如花坠晓枝。"明谢谠《四喜记·大宋毕姻》："更须夸兰玉祥开，何必虑熊罴古缓。"

"叶"，协之古字，表协和、和恰之意。《论衡·儒增》："故难叶于上下，以承天休。""熊罴叶梦"，寓意所生与梦境相符，即所生为男。

图10 兰桂呈芳

"兰桂"指代子孙一辈，"芳"比喻美德。旧指儿孙同时显贵发达。明胡文焕《群音类选·百顺记·王曾祝寿》："与阶前兰桂齐芳，应堂上椿萱同茂。"《红楼梦》第一二〇回："现今荣宁两府，善者修缘，恶者悔祸，将来兰桂齐芳，家道复初，也是自然的道理。"

兰桂齐芳也是清代流行纹饰，图绘兰花与桂花，寓子孙昌盛，也有集高贵、典雅于一身之喻意。

图11 麟趾螽斯

此语喻意子孙昌盛，人才辈出。南朝齐王融《三月三日曲水诗序》："族茂麟趾，宗固盘石。"宋苏轼《赐彰化军节度使开府仪同三司判大宗正事宗晟上表乞还职事不允诏》："朕方庆瓜瓞之茂，而欲观麟趾之应。"元无名氏《抱妆盒》第三折："天祐宋室，螽斯麟趾之庆，当必有期。"

《诗·周南·螽斯序》："螽斯，后妃子孙众多也，言若螽斯不妒忌，则子孙众多也。"后用为多子之典实。《后汉书·皇后纪下顺烈梁皇后》："夫阳以博施为德，阴以不专为义，螽斯则百，福之所由兴也。"明陈汝元《金莲记·慈训》："追昔缘成孔雀，期今庆衍螽斯。"

图12 鸾凤和鸣

鸾是中国古代传说中凤凰一类的神鸟，凤凰是能给天下太平的吉祥鸟。又传，鸾与凤的组合常以一雄一雌为象征"鸾凤和鸣"比喻夫妻和美。鸾鸟与凤凰相应鸣叫，声音和悦。

《左传·庄公二十二年》："初，懿氏卜妻敬仲。其妻占之，曰：'吉。是谓凤凰于飞，和鸣锵锵。'"杨伯峻注："此两语盖言其夫妻必能和好。"三国魏嵇康《琴赋》："远而听之，若鸾凤和鸣戏云中。"宋无名氏《张协状元》戏文第十六出："似鸾凤和鸣，相应青云际。效鹣鹣比翼，鸳鸯双双戏。"

本文得到陈灿堂先生帮助，谨致谢意。

（原载《中国收藏》2015年第1期）

图 1

图 2

图 3

图 4

图 5

图 6

图 7

图 8

图 9

图 10

图 11

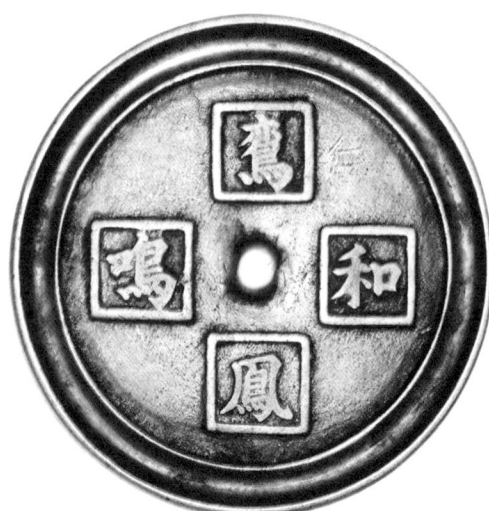

图 12

日本正仓院藏镜

一、概述

专事收藏珍贵文物与佛家经典的正仓院（图 A），位于日本奈良市东大寺^[1]大佛殿正北方向约 300 米处（图 B），这是一座用桧木建造的木结构古建筑，经过历代的精心翻建（重建、再建）与维修，存世至今已有 1300 余年的历史。古代日本征税以稻谷为主，存放稻谷的仓库称为正仓，此外，百姓纳税的内容还包括钱财、绢制品、铁制品等。以正仓为中心与其他仓库一起形成的院落被称为正仓院。原先这是一个全国都有的普遍称呼，从奈良时代起，分别属于日本的国家财政以及各级地方财政。东大寺正仓院功能除了存放纳税人交纳的钱粮外，还存放着许多珍宝，在明治八年（1875），对其实行了专门的国有化管理，这个称谓就成为一个专有名词被保存至今。

正仓院原先的库房由北、南两仓组成，中有"板仓"连接，后来将其连接处亦改建成库房，名谓中仓。东大寺正仓院主要包括北、中、南三仓，其正仓的南北向长度为 32.7 米，东西向宽度为 9.3 米，地上高度有 14.0 米，另加地下高度 2.4 米，总高为 16.4 米。正仓院共存宝物九千余件，主要分为三个部分：其一，圣武天皇（724~749，即盛唐开元天宝之际）时期的珍贵文物；其二，东大寺的镇寺之宝（主要是佛家经典）；其三，公元七世纪至八世纪（相当于盛唐与中唐）的皇家档案。

---

〔1〕东大寺位于奈良市的"华严宗总本山"，别名"金光明四天王护国寺"，又称"大华严寺"、"城大寺"、"总国分寺"，为日本的南都七大寺之一。日本天平十七年（745）由圣武天皇创建，天平胜宝三年（751）完成大佛殿（金堂）。作为"奈良之大佛"，亦即日本民众皆知的"卢舍那佛"，从公元 752 年"开眼"始，供养至今。754 年鉴真所设戒坛为日本三大戒坛之一。东大寺在镰仓时代（1185~1333）曾再建。现存的大佛殿为江户（1615~1868）中期所建，是世界上现存的最大木结构建筑之一。

图 A

图 B

自隋大业三年（607）日本圣德太子派遣以小野妹子为遣隋使起，有唐一代的遣唐使共计16次[2]之多，使团成员包括正使、副使、留学生、学问僧以及随员、水手等。日本遣唐使赴唐的规模宏大，以第九次为例，正使大伴山守，副使藤原马养，共557人分乘四船；以第十次为例，正使多治比广，副使中臣名代，共594人分乘四船。遣使目的在于引进唐朝的典章制度和各种文物，遣唐使返国时，总有许多唐朝典籍和文物带回。[3]圣武天皇时期正处大唐顶峰的开元盛世，才使得若干最高档次的盛唐器物能被带往日本珍藏。木宫泰彦在《日中文化交流史》书中，一语中的地说到："遣唐使表面上始终是为了敦睦邻谊，但实际上输入唐朝文化产品却是主要目的。"冥冥之中似有天意，先是盛唐精心制造出这些绝世宝物，再由日本仔细保存[4]了1300年的岁月。正仓院收藏的这些珍贵唐镜，得以流传至今，可说是来之不易、功不可没！正仓院现藏各类珍稀唐镜共有五十五面，笔者择其精品，在本文中列出十五面，以飨读者（为节约篇幅，本文对纹饰的描述将尽可能地减少），见表一。

---

〔2〕王勇《日本文化》："根据目前掌握的史料，自公元630年至公元894年的约260年间，日本共任命过20次遣唐使，其中4次因故停止，实际成行16次。"

〔3〕据木宫泰彦《日中文化交流史》所载资料的统计可知，有唐一代，日本派遣中国的留学生、学问僧共有一百五十次之多。以天平六年（734）吉备真备返国为例，带回《唐礼》一百三十卷、《太衍历经》一卷、《太衍历立成》十二卷、《乐书要录》十卷以及测影铁尺、铜律管、铁如、方响、弓箭等。同书又载：空海（弘法大师）于大同元年（806）返国，"入唐到长安，从青龙寺惠果学密教，带回新译经等一百四十二部、二百四十卷，梵字真言赞等四十二部、四十四卷，论疏章三十二部、一百七十卷及佛像、祖师影、真言道具等物"。

〔4〕文物在千年保存中的情况十分复杂。其一，正常情况：铜镜存世分出土品与传世品两类。出土品因受地下条件的影响，会或多或少地造成锈蚀，对于特种工艺镜而言，虽金银受影响不大，然粘贴金银的生漆，不可能在地下被保存千年，故出土品的特种工艺镜皆无法保存原状。传世品唐镜要保存千年，可说是难上加难，首先古镜本身易碎，加之无数次的战乱、动荡，在国内已不可能找到一般的唐代特种工艺镜传世品，更遑说是大尺寸的高档唐镜。其二，特殊事件：日本镰仓前期后堀河天皇宽喜二年（1230）十月二十七日夜，在奈良东大寺发生了一件惊天大案，有窃贼进入其藏宝库房——正仓院，偷走了8面珍稀唐镜，因为没有人敢收下这批太过贵重的赃物，窃贼竟然将这些唐镜全部敲碎。事后，被追回的赃物只是一堆碎片，最终只有4面修复如旧，余者惨不能睹。仅此一案已足够说明保护文物的艰辛。其三，幸免于难：1985年3月29日，《朝日新闻》（夕刊）登载"古都的恩人是中国学者"一文记述了梁思成保护京都、奈良的功绩。2007年4月6日，中央电视台记者水均益在日本东京的首相府独家专访安倍晋三首相后说到："京都是日本有名的古都，它当初是仿造唐朝的长安建造起来的。在第二次世界大战的后期，京都之所以能够在炮火当中完整地保存下来，这首先要感谢一个中国人，也就是著名的建筑学家梁思成。梁思成当时做了大量的工作，说服了进攻日本的美军，调整了他们轰炸日本本土的计划。于是像京都、奈良这样一些日本的古城才得以保存下来，时至今日仍然能够展示它们的古城风韵。"2008年4月17日，日中友好协会会长平山郁夫提出建议，在奈良为"古都的恩人"梁思成先生建立纪念铜像。目前，被普遍认可的说法是，梁思成的建议促进了美军轰炸计划之调整，因为二战结束前，盟军的"（日本）战区文物保护委员会"主任是美国人莱顿·华纳，所以其真相细节，还有待二战档案的解密与披露。

表一　正仓院藏镜汇总表

镜名	镜形	北仓	南仓	合计	本文图号
七宝琉璃镜	十二菱花形		1	1	1
银贴镀金镜	八瓣菱花形		1	1	2
金银平脱镜	八出葵花形	1		1	3
	圆形	1		1	
螺钿镜	八出葵花形	3		3	7
	圆形	4	2	6	4.5、6
海兽葡萄镜	圆形		4	4	8
	方形		1	1	9
瑞兽花鸟镜	圆形	4	4	8	11.14、15
	八出葵花形	4	1	5	10.12、13
	六出葵花形		1	1	
	八瓣菱花形		4	4	
素镜	圆形		17	17	
	八出葵花形	1		1	
铁镜	圆形		1	1	
总计		18	37	55	

二、献物帐考

正仓院所藏之珍稀唐镜，主要源自《东大寺献物帐》，即日本"国家种种珍宝帐"。其中有关"御镜贰拾面"的部分（详见图 C），被明确地载为圣武天皇之"御遗爱品"。

圣武天皇从神龟元年（724）登大位起，至天平二十年（748）一共做了 25 年的皇帝；紧接着从天平胜宝元年（748）起，又做了 8 年太上皇。这个时期处在开元十二年（724）至天宝十五年（756），正是大唐盛世之颠的唐玄宗李隆基时期，其间有两次遣唐使返回日本：第一次，开元二十四年（736）吉备真备在赴唐 19 年后返国，有 4 条船共 594 人；第二次，天宝十三年（754）遣唐正使藤原清河与遣唐副使吉备真备在赴唐两年后返国。《东大寺献物帐》所载之大部分内容，应主要是这两次遣唐使带回日本的大唐极品。

圣武太上皇驾崩于天平胜宝八年（756）的五月二日，经过七七[5]四十九天"丧事"后的六月二十一日，光明皇太后将其丈夫生前所爱之遗物 620 余件，全数"献纳"给东大寺收藏保存。当时，日本佛教有着至高无上的地位，作为"信徒"之一的天皇家族亦不例

---

[5] 旧俗以人死后每隔七日祭奠一次，到七七四十九日止，共为七七。清钱泳《履园丛话·考索·七七》"丧家七七之期……惟《临淮新语》谓始死七日，冀其一阳来复也。祭于来复之期，即古者招魂之义，以生者之精神，召死者之灵魂。至七七四十九日不复矣，生者亦无可如何也。此说最通。"

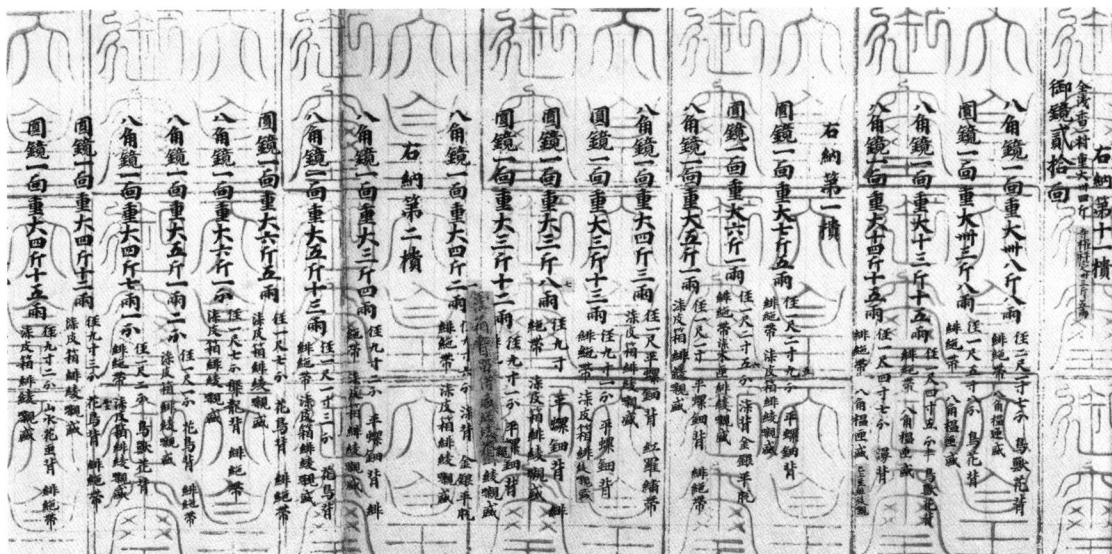

图 C

外地称为"献纳"。这本光明皇太后的献纳目录即传世至今的《东大寺献物帐》，其卷首还有光明皇太后御制的"愿文"。

《东大寺献物帐》及其帐目中的许多大唐珍宝都被流传下来，由正仓院保存至今已有1353年的漫长历史，真是让人肃然起敬、叹为观止。

三、镜例

图 1 黄金琉璃背十二菱镜——南仓 6 号镜（直径 18.5 厘米，重量 2180 克）。

这是存世器物中唯一可见的琉璃镜传世品。此镜材质并非寻常的铜锡合金，而是用银锡合金制成，纹饰面以金丝分隔，组成了有 31 个空间的花卉图案，分别以中黄、浅棕、淡绿与深绿等四种颜色的琉璃填充烧制，故在日本又被称作"七宝琉璃镜"。1955 年西安小土门村 47 号唐墓出土了一面直径 3.9 厘米的弦纹琉璃镜，经专家鉴定，这是一件冥器，仪器测定属高铅硅琉璃。出土器物可以证明一个事实，唐人已多使用琉璃镜。韦应物《咏琉璃》诗曰："有色同寒冰，无物隔纤尘。象筵看不见，堪将对玉人。"白居易《答尉迟少监水阁重宴》诗曰："水轩平写琉璃镜，草岸斜铺翡翠茵。"北宋李昉《太平御览》卷 880《珍宝部七·颇

图 1

黎》引《梁四公子记》："扶南大舶从西天竺国来，卖碧颇黎镜，面广一尺五寸，重四十斤。"一言以蔽之，唐宋时代人们皆已熟悉琉璃镜。

图2 贴银镀金背八菱镜——南仓1号镜（直径40.7厘米，重量7650克）。

此镜既是唐代存世特种工艺镜中最大最重的器物，亦是存世最大的唐代铭文镜。镜背纹饰极为丰富，分内、中、外三圈，内圈有山岳、大海、飞鹤、舞鹤、仙人抚琴等内容，组成了蓬莱仙岛的旖旎风光（参见拙著《日本蓬莱纹铜镜研究》中《蓬莱源流考》）；中圈是一周连理花枝纹；外圈为（下有相应的八卦称谓的八卦符号），其间分布八句五言楷书铭文，可顺时针向连读为："只影嗟为客，孤鸣复几春。初成照胆镜，遥忆画眉人。舞凤归林近，盘龙渡海新。缄封待还日，披拂鉴情亲。"隋唐之际乃至整个初唐，镜铭文体以"四言"居多，"五言"甚少，此镜问世为盛唐"五言"交响乐，增添了一段"华彩"乐章。

图3 金银平脱花鸟背八葵镜——北仓4号镜（直径28.5厘米，重量2935克）。

宽喜二年（1230），在日本奈良的东大寺发生惊天大案，有盗贼偷走了正仓院的8面珍稀唐镜。此镜即为其中的"受害者"之一，当年找回赃物时，已是14块碎片。664年以后的明治27年（1894）被重新修复成现貌。

天宝末年的安史之乱致使唐代由盛转衰，其内因之一是朝廷上下的奢侈挥霍与铺张浪费。安史之乱以后，肃宗、代宗、德宗等三代帝王，接连下诏禁止奢华之器。《新唐书》卷六载，唐肃宗李亨在安史之乱后的即位之初就下诏："禁珠玉、宝钿、平脱、金泥、刺绣"。由此可知，唐代特种工艺镜的问世年代主要是在盛唐末至中唐初的几十年之间。唐代金银平脱镜出土品的存世量很小，此镜作为传世品更是稀世珍宝。

图4 螺钿花卉禽鸟背圆镜——南仓70-2号（直径39.3厘米，重量5480克）。

孔祥星《中国铜镜图典》图663认为，螺钿镜的花卉主纹皆是莲花。此镜红色居

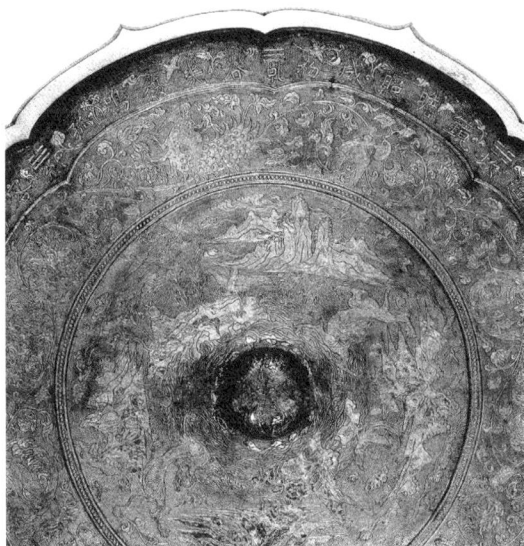

图2

图3

多，一派喜庆之气。图案突出莲花，佛门禅意浓重。纹饰两圈六分，大小莲花重重叠叠，内圈 6 组莲花的内侧有 12 只禽鸟，外圈三层每层皆 6 组莲花。

如此美艳唐镜，应加唐诗为其增彩。李贺《恼公》（《全唐诗》卷 391-23，下引并同）"注口樱桃小，添眉桂叶浓。晓奁妆秀靥，夜帐减香筒。钿镜飞孤鹊，江图画水葓。陂陀梳碧凤，腰袅带金虫。"

图 5 螺钿花卉禽兽背圆镜——南仓 70-5 号镜（直径 39.5 厘米，重量 5550 克）。

此镜在螺钿镜中属最大最重，纹饰内容比图 4 镜要丰富，在花卉丛中，由上至下有四排动物，第一排与第三排皆为两组比翼双飞之禽鸟（似鸳鸯）；第二排是迎面的一对卧狮；第四排是迎面的一对立犀。由于白色偏重，多了一份雅致。一个时代造就一种文化，镜面上出现的鸳鸯、卧狮和立犀，加重了此镜所处大唐盛世的文化气息。

如此绝伦唐镜，该有唐诗与其同辉。白居易《江南喜逢萧九彻，因话长安旧游，戏赠五十韵》（卷 462-6）："绿窗笼水影，红壁背灯光。索镜收花钿，邀人解袷裆。暗娇妆靥笑，私语口脂香。"

图 6 螺钿花卉禽鸟背圆镜——北仓 11 号镜（直径 33.6 厘米，重量 3855 克）。

此镜是唐尺整数的 1 尺 1 寸，有一种绚丽夺目的"红颜"之感，在宽喜二年（1230）亦遭遇了被盗后遭破碎的"薄命"，在明治年间修复如现貌（应该钦佩当时工匠的高超技艺）。此镜纹饰满饰花卉红（琥珀）白（贝壳）相间，在近边缘处的四组较大的莲花之上，皆有相对而立之成双禽鸟。为方便了解螺钿镜的细部特征，本文仅取

图 4

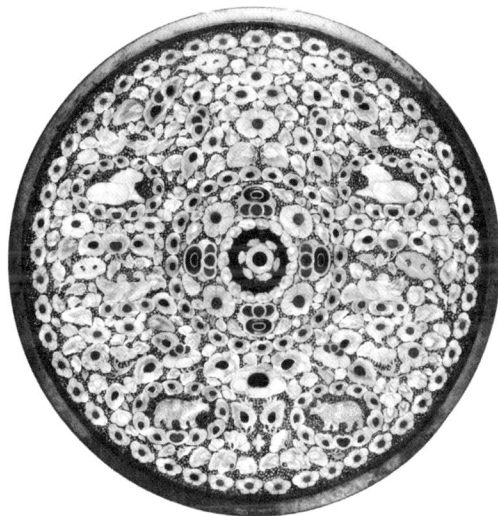

图 5

图 6

图 7a

图 7b

其镜之局部。

如此绚丽唐镜，当添唐诗与其相配。司空图《南北史感遇十首》（卷 633-34）："景阳楼下花钿镜，玄武湖边锦绣旗。昔日繁华今日恨，雉媒声晚草芳时。"

图 7 螺钿花卉禽鸟背八葵镜——北仓 5 号（直径 32.8 厘米，重量 3514）。

抽著《唐代铜镜与唐诗》图版 25 正为此镜，其纹饰色彩斑斓，美仑美奂。此镜在宽喜二年（1230）遭遇了与图 3、图 6 镜相同的命运，被破碎成 11 块，后亦在明治年间修复如现貌。

此镜纹饰与图 6 镜相比，大同小异，主要差异在于近缘处的禽鸟为绶带鸟（详见图 7a）。绶带鸟，又称"练鹊""长尾鹟""寿带鸟""一枝花"。鸟纲，鹟科，鹟亚科。雄鸟体长约 30 厘米。成年雄鸟的头、颈和羽冠均具深蓝辉光，身体其余部分白色，而具黑色羽干纹。中央两根尾羽长达体躯的四五倍，形似绶带。此类鸟在全世界仅有四种，见于中国的有两种。绶带图案在唐镜中有"长命百岁"和"加官进爵"的双重含义，故绶带鸟在唐代被赋于特别吉祥的喻意。此镜还有原配的黑漆镜盒（详见图 7b），在 1996 年 10 月的《正仓院展》时，与图 7 镜同时相偕展出。

正仓院北仓共有六面螺钿镜，另有一面与图 7 最为类似且有绶带鸟，其直径 27.4 厘米，重量 2160 克。《中国青铜器全集·16 卷铜镜》图 115 与《中国铜镜图典》图 663，都曾转载此类"令人眼花缭乱"的精美之器。

图 8 海兽葡萄背圆镜——南仓 9 号镜（直径 29.7 厘米，重量 5050 克）。

此镜在海兽葡萄镜中属最大最重之列，香取神宫藏大型麒麟纹海兽葡萄镜（直径 29.7 厘米，重量 4575 克），与图 8 相比，两镜似为同模。日本昭和三十四年（1899），

图 8

东京举办"正仓院展"时，此两镜曾相偕展出。此外，春日大社（即春日金龙社）另藏大型蟠龙纹海兽葡萄镜（直径 29.5 厘米，重量 6101 克）。大山祇神社与山宫神社亦都分别藏有类似的大型海兽葡萄镜，前者内区是鸾凤孔雀海兽纹，后者内区为麒麟天马海兽纹。

日本今尺为 30.3 厘米，而奈良时代的古尺是 29.7 厘米。以上这些大型海兽葡萄镜的尺寸，正好是当时的整一尺。器物是中国唐代铸造，而其规格恰是日本奈良时代的度量衡标准。怎么来解释这个现象？有一种猜想：这些直径等于或略等于 29.7 厘米的日本大型海兽葡萄镜，可能是由唐代的"出口加工"部门专为日本定制，经由遣唐使或留学生、学问僧等人带回日本。

图 9 海兽葡萄背方镜——南仓 10 号镜（边长 17.1 厘米，重量 1945 克）。

首先，海兽葡萄镜的外形只见圆形与方形，两者在存世数量上的差距很大，圆形多方形少。其次，在方形葡萄镜中，边长在 12 厘米以下者的小规模居多。此镜是在海兽葡萄镜中罕见的大型方镜，版模与品相俱佳，当属珍稀之品。包括此镜在内

图 9

图 10

的所有方形海兽葡萄镜，其内区纹饰皆为单一海兽，而从未见蟠龙、孔雀、麒麟等中国传统文化中的吉祥动物出现。笔者认为，方形海兽葡萄镜的问世年代应在武则天时期以后（参见本书《蟠龙纹海兽葡萄镜的由来与演变》）。

图 10 禽兽花枝背八葵镜——北仓 1 号镜（直径 64.5 厘米，重量 33600 克）。

这是日本天平胜宝八年（756）《东大寺献物帐》中 20 面"国家珍宝"的"天字第 1 号"。从其尺寸知道，无论是出土品还是传世品，此镜为存世唐镜中最大的器物。内区主题纹饰是站立在连枝莲花上的一对挂绶双鸾，如同图 7 镜，喻意清晰，表明了"长命百岁"与"加官进爵"的双重理念。为观察仔细而取图案局部。计算可知，鸾鸟的纹饰高度就有 8.4 厘米，可见此镜大气磅礴、蔚为壮观。如此豪华唐镜，需咏唐诗为其助兴，温庭筠《春日》（卷577-23）："柳岸杏花稀，梅梁乳燕飞。美人鸾镜笑，嘶马雁门归。楚宫云影薄，台城心赏违。从来千里恨，边色满戎衣。"

图 11

图 12

图 11 禽兽花枝背圆镜——北仓 2 号镜（直径 47.2 厘米，重量 28600 克）。

此镜在同类器物中亦居最大之列（《东大寺献物帐》中排名第二）。内区主纹饰系孔雀与鸳鸯，外区主纹饰为鸾凤与雄狮，这些都是唐镜中的常见图案。如此贵重唐镜，要取唐诗与其作伴，张夫人《拜新月》（卷 799-12）："拜新月，拜月妆楼上。鸾镜始安台，蛾眉已相向。"

图 12 双鹦鹉背八葵镜——北仓 14 号镜（直径 33.6 厘米，重量 3855 克）。

此镜与图 3、图 6、图 7 镜同样命运，在宽喜二年（1230）遭遇劫难，破碎成 45 块，亦是在明治年间被修复，只是留下了满目疮痍的疤痕。

此镜直径是唐尺 11 寸，而存世所见之此类镜多为直径 27.8 厘米（即唐尺 9 寸）。拙著《唐代铜镜与唐诗》与拙文《唐代双鹦鹉镜》对此皆有一定篇幅的探讨，"追忆李（隆基）杨（贵妃）悲剧，讴歌人间爱情，唐人喜好养鸟，这三者不能绝然分割。一面双鹦鹉唐镜在手，任由读者去理解、想像与发挥。"白居易《长恨歌》有佳句曰："在天愿作比翼鸟，在地愿为连理枝"应是对双鹦鹉唐镜最精彩的释读。换言之，唐代双鹦鹉镜亦是对《长恨歌》此佳句最靓丽的映照。不知诗先镜后？还是镜先诗后？只知诗辉镜耀！

图 13 双龙交颈背八葵镜——北仓 6 号镜（直径 31.7 厘米，重量 4170 克）。

图 13

在唐镜纹饰中，双龙交颈极为稀罕。曾在隋唐之际的个别小镜边缘偶见此图案，唐镜的禽鸟交颈亦十分少见。"交颈"，顾名思义为两颈相依，多为雌雄动物之间的一种亲昵表示。《庄子·马蹄》曰："夫马，陆居则食草饮水，喜则交颈相靡，怒则分背而踶。"三国魏曹植《种葛篇》诗曰："下有交颈兽，仰见双栖禽。"李郢《为妻做生日寄意》："鸳鸯交颈期千岁，琴瑟谐合愿百年。"鉴于这面精湛、大型双龙交颈纹镜的客观存在，有人大胆猜测，这是专为大唐皇室准备的婚礼用品，还待专题研讨。

图 14

图 14 四灵八卦十二生肖圆镜——南仓13号镜（直径59.4厘米，重量52800克）。

按常例，此类镜面纹饰多见于中晚唐，而此镜出现在公元756年的《东大寺献物帐》上，可以认定此镜是盛唐器物。此镜尺寸仅次于图10镜的64.5厘米，然其重量却是存世唐镜中的最重器物，52.8千克差不多就是一个成年人的体重。今日得以饱赏这些盛唐珍品，既赞叹大唐王朝"尽其所有"的待客之道；亦要钦佩遣唐使团"尽力而为"的完美追求。

图 15

图 15 蓬莱仙岛背圆镜——南仓4号镜（直径31.0厘米，重量4800克）。

拙著《日本蓬莱纹铜镜研究》"总述"部分，有"蓬莱源流考"的内容，对此类镜作出分析。明确提出，此类镜是华夏传统文化之蓬莱纹长寿理念在铜镜纹饰中的直接体现。本文图2镜当是盛唐器物，内圈亦为蓬莱纹且多具"仙境"意识。而此镜多有"现实"追求，纹饰中有人乘着带帆的小船从海上抵达蓬莱仙岛，是不是要采摘山上早就让秦皇、汉武所企盼的"不死之药"？一个有限的镜面图案，给人留下了诸多美好的遐想！

四、古尺考订

（一）尺度 29.7 厘米

《东大寺献物帐》出自于日本奈良时代（710~784）圣武天皇天平胜宝八年（756），

是时正是大唐发生安史之乱的天宝末年。这本帐目上的 20 面珍贵唐镜的问世年代，基本上可以断在盛唐的开元、天宝之际。帐目中所记录器物之长度是奈良时代的古尺标准，今天又得到了完全是现代的公制标准。为此，我们选择六个有代表性的镜例，以查考奈良时代与现代公制的换算关系，见表二。

表二　奈良古尺与现代公制对照表

《东大寺献物帐》之序号	正仓院编号	本文图号	奈良古尺（尺）	现代公制（厘米）	$n = \dfrac{公制}{古尺}$
1　鸟兽花背镜	北仓 1 号	10	2 尺 1 寸 7 分	64.5	29.72
2　鸟花背镜	北仓 2 号	11	1 尺 5 寸 8 分	47.0	29.75
3　鸟兽花背镜	北仓 3 号	/	1 尺 4 寸 5 分	43.0	29.66
7　螺钿禽鸟背镜	北仓 5 号	7	1 尺 1 寸	32.8	29.82
12　金银平脱背镜	北仓 4 号	3	9 寸 6 分	28.5	29.68
16　蟠龙背镜	北仓 6 号	13	1 尺 7 分	31.7	29.63

通过简单计算，可知道尺度系数 n 的平均值为 29.71，即奈良时代的日本古尺为今日公制之 29.7 厘米。在日本存世的一批大型海兽葡萄镜皆为这样一个 29.7 厘米的数据（参见本文图 8 说明），绝非是偶然的巧合。此外，日本五岛美术馆藏"迦陵频伽背八葵镜"（直径 29.6 厘米）等高档次唐镜，亦属于这个探讨范围。

（二）尺度 30.6 厘米

《中国科学技术史·度量衡卷》第 331 页，关于"唐尺考订"最终结果，给出了一个 30.6 厘米的数据。笔者认为，这个结论用于唐镜符合客观存在。同书又载：近代各家王国维、马衡、吴承洛、傅企伦、杨宽、万国鼎、陈梦家、曾武秀、胡戟、丘光明、郭正忠、邱隆、杨平等人，都对"唐尺考订"做了很多研究，众说纷纭，其结果在 29.5 至 31 厘米之间。本文用正仓院所藏的高规格唐镜来考订唐尺，可知在客观上的确存在 29.7 厘米与 30.6 厘米的两种情况。为此，我们选择六个有代表性的镜例，见表三。

表三　正仓院藏镜之大唐尺度（30.6 厘米）汇总表

本文图号	正仓院编号	镜名简称	直径	唐尺之整数倍率		误差范围
				尺寸	（厘米）	
1	南仓 6	七宝琉璃镜	18.5	六寸	18.36	+0.7%
4	南仓 70-2	螺钿禽鸟镜	39.3	一尺三寸	39.78	— 1.2%
5	南仓 70-5	螺钿禽兽镜	39.5	一尺三寸	39.78	— 0.7%
6	北仓 11	螺钿禽鸟镜	33.6	一尺一寸	33.66	— 0.2%
12	北仓 14	双鹦鹉镜	33.6	一尺一寸	33.66	— 0.2%
15	南仓 4	蓬莱仙岛镜	31.0	一尺	30.60	+1.3%

　　实际情况表明，唐镜中带有半寸（即五分）的情况亦屡有出现。仅以武则天改周初期的蟠龙纹海兽葡萄镜为例：中国国家博物馆藏直径 19.8 厘米，即为唐尺之六寸五分（公制 19.89 厘米）；西安铜人原独孤思贞墓出土与日本奈良高松塚古坟忍壁皇子墓出土的同模镜，直径 16.8 厘米，即为唐尺之五寸五分（公制 16.83 厘米）。此外，日本黑川古文化研究所藏"胡人骑狮莲花背八菱镜"（直径 28.8 厘米）等高档次唐镜，直径皆在 29.0 厘米左右，即为唐尺之九寸五分（公制 29.07 厘米，有"九五之尊"之说）。

　　日本正仓院藏镜有两种尺度制式（29.7 厘米与 30.6 厘米）的客观存在，不由得产生一种猜想，大唐尺度本身就有两个标准，分别在不同的范围里进行使用：唐尺为 29.7 厘米的使用范围具一定的针对性（参见本文图 8 说明）；唐尺为 30.6 厘米的使用范围有时代的普遍性。此外，日本今尺 30.3 厘米的数值范围，取在唐尺的 29.7 厘米与 30.6 厘米之间，充分说明唐代文化对日本的深远影响。

（原载《收藏家》2009 年第 12 期）

至宝韬藏亦英华

——在日本兵库参观千石唯司捐赠之"古代镜展示馆"有感

今年6月30日，在日本大手前大学森下章司教授（图B左起第三人）的牵线与陪同下，笔者有幸参观了"兵库县立考古博物馆加西分馆——古代镜展示馆"（图A），并得到了该馆负责人种定淳介先生（图B左起第二人）的热情接待。这个展馆的展品内容堪称一流（图1至图20），多为国内外少见之精品，让人赞叹不已、留连忘返。尤其是展览的开幕时间与清华大学艺术博物馆铜镜专馆开幕同在一个月内，且皆是原为私人收藏的"独乐"变成了人人可以鉴赏的"众乐"，当成一段双喜临门之佳话。然而，这个高档次的展览馆却与京都、大阪等大城市有着较远的距离。这次长途跋涉的探宝之旅，似若寻觅巷子深处的好酒，更如北宋诗人丁谓《玉珮》所言："至宝不自献，韬藏亦英华。余香被草木，秀擢幽岩花。"

前不久，千石唯司先生曾说："我特别喜爱青铜镜，共收藏315面。还收藏了一些殷周春秋时代的其它青铜器。为了将这些收藏品完整保留，三年前（2014年）我将其中的305面铜镜捐给了日本兵库县政府。"当年，兵库县政府在与千石先生协商后，立即决定在千石公司附近的县立公园（花圃中心）之西南方位，新建了"古铜镜展示馆"，并于今年四月正式开展。

图A

图 B

依据"千石收藏研究调查委员会"委员长难波洋三《千石收藏与研究》一文可知："2014 年 2 月，寓居兵库县加西市的千石公司董事长兼总经理千石唯司先生做出决定，向兵库县捐赠 293 面中国古铜镜，这一举动立即引发诸多日本媒体进行专题报道。在此以前，一般民众几乎不知道这些世界级古铜镜瑰宝的存在，甚至日本学界了解此收藏全貌的人也寥寥无几。实际上在中国专业人士间，千石先生的藏品早已获得较高评价……1998 年，中国文物出版社出版的《中国青铜器全集·铜镜》中，该书精选了十一面千石藏品。"

难波先生又说："调查研究会共计召开了九次会议，捐赠铜镜按照不同年代分别归类后，实施了缜密细致的工作：X 射线透摄技术的率先使用（反转后详见图 C，其效果不仅可与拓片媲美，还能找出镜体的原有伤痕。）、荧光 X 射线的定性分析、放射性碳元素的年代测定、3D 立体绘图等多项高科技手段。这些结果实现了全面综合的甄别。专家组针对展品的真赝鉴别、学术价值、铜镜名称、制作时期等内容，彼此交换了许多意见，最终判定千石藏品具有卓越的美术水准与学术价值，并为今后推进铜镜研究，取得了不可多得的宝贵资料。这些展品，无论是数量还是质量，可谓是世界最高级别的铜镜藏品。"

难波先生还认为："杰出古美术藏品系列的成形，需要数个必要条件的完美结合：收藏家一定要拥有一颗热衷于古美术器物的爱心、辨别器物价值的眼光、敢于出手的胆识、足够充分的财力、还要有恰逢生活在有利收藏时期的幸运。上述条件欠缺任何一条，皆无法完成优秀的藏品系列。幸运的是，千石先生恰巧符合全部条件。此外，美枝子夫人对先生的理解和支持也是重要原因。"笔者感同身受。

比较而言，在展品的早期、战国、两汉、隋唐这四大系列中，虽两汉铭文镜稍显薄弱，然亦不乏罕见之精品。如图 C（西汉，直径 18.2 厘米，重量 719 克）之铭："秋风起，心甚悲。时念君，立辈（徘）徊，常客居思不可为。游中国，侍（时）来归。清覬铜华以为镜乎，炤察衣服观容貌乎，丝组杂。"又如图 D（西汉，直径 8.4 厘米，重量 140 克）之铭："结纽连思以为信，书至不报愁杀（通煞）人。心与心，亦成亲，

图 C

图 D

终不弃子就（别铭用从）他人。"

考察藏品之度量衡标准：图 4（直径 23.1 厘米）为西汉之整一尺，图 16 与图 18 直径皆 30.5 厘米，当是唐代之整一尺，图 17 直径 29.7 厘米，系唐代之九寸五分（或意指"九五之尊"，与白居易诗中之"天子镜"同尺寸）。为此，可推测这些完全符合标准的高档器物，有可能在皇家作坊制作。再考察铜镜的单位面积重量（m 值）：中国古代铜镜以盛唐海兽葡萄镜为最大，其幅度通常在 4.5 ~ 7.5 克 / 平方厘米。此馆藏镜图 205（即本文图 12）之 m 值为 6.96，接近最高值。此馆藏镜图 207（直径 24.0 厘米，重量 3411 克）之 m 值为 7.55，竟超过了最高值！

值得夸奖的是这次展览为观众着想：其一，展厅中准备了近十把放大镜，观众可以任意取用。其二，安放了一台大尺寸的触摸式电视屏幕，观众可以查看任何一面铜镜的任何一个细部，并可随意移动或旋转，其放大倍数最多可至近五倍以上，而且清晰度很高。

有感于此展捐赠之动人情节以及内容之绚丽夺目，笔者挑选出二十面精品图片并汇总成表（详见表一），以飨读者。

感谢森下章司先生与种定淳介先生的诚挚情谊，感谢张之栩先生的日文翻译，感谢伍少青先生的图片制作。

表一　馆藏二十面精品铜镜一览表

本文图号	原书图号	镜名	时代	世纪	直径（厘米）	重量（克）	笔者简评
1	1	绿松石镶嵌锯齿缘镜	二里头	公元前17–16	21.8	769	存世甚罕，国内似未见。
2	23	透雕蟠螭复合镜	战国	公元前5	11.8	227	工艺繁复，战国精品。
3	24	孔雀石镶嵌透雕复合镜	战国	公元前4	10.7	169	工艺繁复，战国精品。
4	76	人物车马彩绘镜	西汉早	公元前2	23.1	774	在存世二十余面彩绘镜中，清晰度属上乘者。
5	124	描金四灵博局镜	西汉晚	公元前1	16.4	607	纹饰完整度高、在同类器物中属精品。
6	132	王氏铭四灵博局镜	新莽	公元1	20.4	962	品相上乘、镜形硕大，59字铭文属多者。
7	148	驺氏铭车马画像镜	东汉中	公元2	22.5	1450	"驺氏"为当时著名工匠，多见于龙虎镜。
8	156	鎏金同向式神兽镜	东汉晚	公元2	14.5	560	亮点：伯牙纹在上，九子母、苍颉纹在下。
9	155	鎏金对置式神兽镜	东汉晚	公元2	14.9	526	亮点：钮上有错金丝之神兽纹。
10	178	彩色琉璃镶嵌凤纹镜	北朝隋	公元6–7	4.6	40	西安市考古所藏同类有铭镜，尺寸太小，当为手镜。
11	196	练形神冶铭八瑞兽镜	隋唐	公元6–7	26.7	3900	同类镜存世甚多，唯此镜硕大厚重。
12	205	瑞兽葡萄镜	初盛唐	公元7	26.3	3145	镜形硕大、内容丰富、镜主之宝、人见人爱。
13	221	三龙海兽葡萄镜	盛唐早	公元7–8	16.6	1162	与西安独孤思贞墓（纪年664）、奈良忍壁皇子墓，两出土镜同模。
14	239	贴银鎏金海兽葡萄八菱镜	盛唐	公元8	22.3	2334	同类镜有一定存世量、镜形硕大、尤显贵重。
15	245	贴银鎏金双鸾八菱镜	盛唐	公元8	24.0	2080	同类镜有一定存世量、镜形硕大、尤显贵重。
16	291	金银平脱童子骑兽八菱镜	盛唐	公元8	30.5	2560	如此大尺寸盛唐金银平脱镜,且品相上乘,国内罕见。
17	292	金银平脱童子持花八菱镜	盛唐	公元8	29.7	2780	如此大尺寸盛唐金银平脱镜，国内罕见。
18	295	螺钿瑞花纹八菱镜	盛唐	公元8	30.5	2560	螺钿镜存世稀少，唯正仓院所藏既多又好。
19	296	螺钿双鹦鹉纹八菱镜	盛唐	公元8	16.5	725	双鹦鹉纹流行于盛唐与中唐，唯螺钿工艺罕见。
20	299	金珠地宝石镶嵌瑞花六菱镜	盛唐	公元8	8.8	201	此镜曾在其馆刊资料上多作封面图。

图 1

图 2

图 3

图 4

图 5

图 6

图 7

图 8

图 9

图 10

图 11

图 12

图 13

图 14

图 15

图 16

图 17

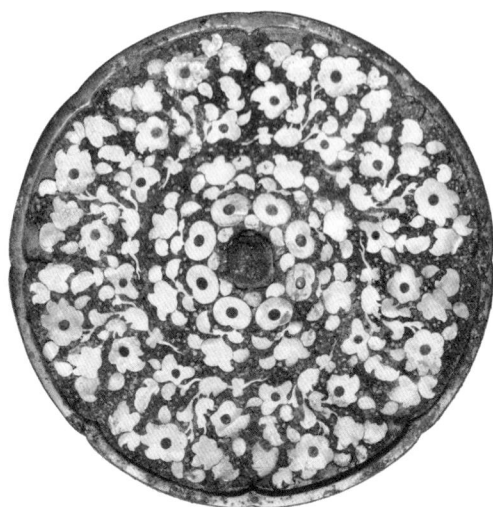

图 18

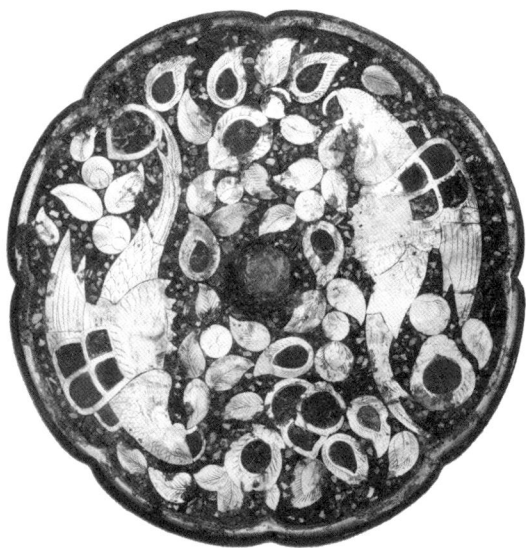

图 19

图 20

（原载《中国收藏》2017 年第 9 期、《大观》2017 年 10 月总 97 期）

中日铜镜蓬莱纹研究补遗

拙著《日本蓬莱纹铜镜研究》于 2008 年 10 月由上海古籍出版社出版，《清华大学藏日本和镜》于 2011 年 4 月由清华大学出版社出版，拙文《唐镜与唐诗中的蓬莱仙镜》（下称前文）于《中国收藏》的 2009 年第 1 期刊载。几年过去，在新资料与新发现的"催促"下，笔者深感有必要作出若干补遗。

一、唐镜蓬莱仙境纹

前文图 1（即本文图 1）问世于盛唐（现为日本正仓院南仓 1 号镜），这是盛唐至今，唯一一面作为传世器物的贴银镀金大镜（直径 40.7 厘米，重量 7650 克），存世已近一千三百年。此图左上方有蓬莱山下大海边的"伯牙弹琴"纹饰，依据古文献和全唐诗，皆可从中找到这种纹饰来源的直接依据。

《古乐苑·水仙操》（卷 30）：

《琴苑要录》曰："《水仙操》伯牙之所作也。"伯牙学琴于成连，三年不成。至于精神寂寞，情之专一，未能得也。成连曰："吾之学不能移人之情，吾师有方子春，在东海中。"乃赍粮从之，至蓬莱山，留伯牙曰："吾将迎吾师。"刺船而去，旬时不返。伯牙心悲，延颈四望，但闻海水汩没，山林窅冥，群鸟悲号。仰天叹曰："先生将移我情。"乃援琴而作此歌。

《通志·水仙操》（卷 49）：

世言伯牙所作。伯牙学鼓琴于成连先生，三年不成。至于精神寂寞，情之专一，尚未能也。成连云："吾师子春在海中，能移人情。"乃与伯牙延望，无人。至蓬莱山，留伯牙曰："吾将迎吾师。"刺船而去，旬时不返。但闻海上水汩汲瀰澌之声，山林窅冥，

图1

群鸟悲号。怆然叹曰："先生将移我情。"乃援琴而歌之。曲终，成连刺船而还。伯牙遂绝天下。

《全唐诗·水仙操》（卷644-1）：

大波相拍流水鸣，蓬山鸟兽多奇形。琴心不喜亦不惊，安弦缓爪何泠泠。

水仙缥缈来相迎，伯牙从此留嘉名。峰阳散木虚且轻，重华斧下知其声。

麋丝相纠成凄清，调和引得熏风生。指底先王长养情，曲终天下称太平。

后人好事传其曲，有时声足意不足。始峨峨兮复洋洋，但见山青兼水绿。

成连入海移人情，岂是本来无嗜欲。琴兮琴兮在自然，不在徽金将轸玉。

在众所周知的故事中，龙的活动空间当是天空和大海。从图1伯牙弹琴两侧的龙纹判断，龙在水边，此"水"属大海无疑。在图1镜纹饰中，还有鸾凤、仙鹤等诸多仙界动物的展现……为此，可以确认，图1镜的纹饰并非一般概念之山水，而是有根有据的蓬莱仙境。

在一些存世器物中，可以看到明显有水（海）纹的蓬莱仙境镜，如《翰海 2011 秋拍》图 2654 镜（本书图 2），直径 15.2 厘米，重量 754 克。在前文中还列举了十一个镜例。此外，还可以看到明显没有水（海）纹的五岳镜，如《嘉德 2005 秋拍》图 5544（本书图 3），边长 11.9 厘米，重量 454 克。如果此类镜周边另有铭文："天地成，日月明。五岳灵，四渎清。十二肖，八卦贞。富贵显，子孙宁。皆贤英，福禄并。"那么称五岳镜，应该认为正确，详见拙著《唐代铜镜与唐诗》图 88、图 94。从存世量看，有海的蓬莱仙镜纹居多，无海的五岳纹偏少。若是将蓬莱仙境镜称为山水镜即会概念模糊；若是认作五岳镜则成概念错误。

图 2   图 3

图 1 镜既贴银镀金又直径硕大，当属中国盛唐时期顶级的皇家工艺品。若称山水镜尽管不错，但文化内涵丢失；如谓蓬莱镜当属准确，且文化内涵丰富。中晚唐时期，蓬莱仙境的概念被普及到了其他各类民间用镜，有不少的存世器物：在没有"伯牙弹琴"的情况下，主要是体现高山与大海，偶见海上有船只、鱼龙等；在有"伯牙弹琴的情况下，简化了高山与大海，且将巨鳌移作镜钮。如仔细观察，若干唐镜之镜钮的确是龟（鳌）形，而非兽形。详见前文，免赘述。

二、和镜巨鳌背山纹

在盛唐（七八世纪之间）千年以后的明清之际（十七世纪中），蓬莱仙境概念才被完整地东渡扶桑，这就是一批高档的"巨鳌背负蓬莱山"具钮镜，详见《日本蓬莱纹铜镜研究》图 1 与《清华大学藏日本和镜》图 5 之文字说明。在巨鳌背负蓬莱山镜的存世器物中，除了个别小镜外，主要分为二类，第一类是高档的巨鳌背山具钮镜，第二类是普通的巨鳌背山有柄镜。

（一）巨鳌背山具钮镜

为何谓其"高档"，因为此类镜曾被作为德川幕府第三代将军、德川家光长女千代姬与养女辉姬的嫁妆。此类镜的特点是多数含银，色泽光亮，音质上佳，纹饰清晰，尺寸规范（日尺 4 寸），特别厚重（其单位面积重量超过唐镜）。

现将此类镜信息整理如下，详见表一。

表一　巨鳌背负蓬莱山纹具钮镜一览表

序号	图号	直径（厘米）	重量（克）	资料来源（作坊称谓）	说明
1	4	12.1	/	《日本的美术》394 图 26（天下一中岛和泉守）	原为千代姬嫁妆现藏德川美术馆
2	5	12.1	/	《日本的美术》394 图 27（天下一中岛和泉守）	原为辉姬嫁妆现藏林原美术馆
3	6	12.1	1103	《清华大学藏日本和镜》图 5（天下一因幡守）	原藏上海止水阁现藏清华大学
4	7	12.4	1211	上海止水阁藏（天下一中岛和泉守）	镜缘内侧有海浪菊花纹
5	8	12.1	732	上海止水阁藏（天下一中川出云守）	黄铜质

由表一与其相关图纹可知：

1. 材质。此类镜多见以银白铜（详见《日本蓬莱纹铜镜研究》第 12 页）为主，偶见黄铜质。

2. 作坊。图 4、图 5、图 7 三镜为同一作坊的"天下一中岛和泉守"。在十七世纪中叶，此名有较高的声誉，主要为宫廷与达官贵人制镜。

3. 族徽。在日本称作"家纹"，日本《家纹大图鉴》第 59 页表明，图 4、图 5 为德川幕府第一代家康、第二代秀忠、第三代家光的"三叶葵"族徽。同书第 501 页表明，图 7 系德川时代武田、小笠原、秋山等家族的"三阶菱"族徽。

4. 侧纹。在高档次的和镜中，偶见镜缘内侧饰纹。《清华大学藏日本和镜》图 9 缘内侧有海浪菊花纹与海浪蚌螺纹，本文图 7 缘内侧有海浪菊花纹（本书图 7A、7B）。

5. m 值。图 6 之 m 值（单位面积重量）为 9.52 克 / 平方厘米，图 7 之 m 值高达 10.00 克 / 平方厘米，这个数值几乎高出厚

图 4

图 5

图 6

图 7

图 8

图 7A

图 7B

重型唐镜（多为海兽葡萄镜）的一倍。

（二）巨鳌背山有柄镜

相对而言，此类镜与上类巨鳌背山具钮镜的存世数量，比较一般的蓬莱纹镜，都要少很多。在问世年代上，此类镜比巨鳌背山具钮镜要晚一个多世纪。笔者尽量寻找资料，在此归纳如下，详见表二。

表二　巨鳌背负蓬莱山纹有柄镜一览表（尺寸为序）

序号	图号	直径（厘米）	柄长（厘米）	重量（克）	资料来源（工匠姓氏）	说明
1	9	20.9	9.4	494	上海止水阁藏（藤原光长）	在同类镜中属最大
2	10	18.1	9.9	740	鸣神义夫《柄镜百选》图54(田中伊豫守藤原吉重)	此镜纹饰与众不同
3	/	16.8	8.3	/	神户市立博物馆藏（藤原光长）	另有一镜似为同模
4	11	16.8	8.3	307	《清华大学藏日本和镜》图7（藤原光长）	另有一镜似为同模
5	/	16.6	8.1	295	《清华大学藏日本和镜》图8（藤原光长）	年代较晚工艺较差

由表二与其相关图纹可知：

1.材质。皆为黄铜质，器型大致相仿。

图9

图 10   图 11

2. 工匠。"藤原光长"作为同名世袭的著名工匠，在江户晚期乃至明治早期，生产了大量包括此类镜在内的有柄和镜。

3. 年代。巨鳌背山具钮镜的问世年代集中在十七世纪中叶，此类镜主要问世在十八世纪中叶至十九世纪。两者相差一百年之多。

4. 主纹。大同小异。主要差别在天空中的双鹤：图9、图10没有双鹤；存世最多的（已知四面）图10、图11镜有双鹤。

（原载《中国收藏》2012 年第 12 期）

唐镜尺度考

——兼考日本奈良古尺

一、概述

中国出现度量衡概念的时间，可以追溯到公元前两千年左右。《史记·夏本纪》中记禹"身为度，称以出"。《大戴礼记·主言》云："布手[1]知尺。"从殷墟出土的商代骨尺上有"分""寸"的十进位刻度，说明我国的长度单位很早就已采用了十进位制。《中国科学技术史·度量衡卷》告诉我们，在战国（前 475~前 221）先秦时，就已经有了长度的统一标准，即一尺等于今天的公制23.1厘米。这个标准又历经西汉、新莽、东汉，一直延续了五百余年的历史。秦始皇统一中国后，用政令对计量器具、文字、货币、道路、兵器等进行了全国规模的统一，同时颁布各种律令，如《工律》中规定："与器同物者，其大小短长广必等。"大量统计可知，在长期使用此项标准的岁月中，一部分战国镜、一部分西汉早期镜、大部分西汉草叶纹镜、大部分莽式四灵博局镜等四个部分，都比较严格地遵循着 1 尺等于今天公制23.1厘米的标准制度。

从古至今，度量衡标准都允许误差的存在。笔者认为，产生误差的实际情况比较复杂。对于历代铜镜而言，误差 ±0.5% 可认为是制作精准；误差 ±1% 是属于一个合理范围；某些"宽松"情况会允许到 ±2%。原因多种：其一，铸制作坊的身份差异（官炉严格、民炉宽松）；其二，器物的重要性差异（重要严格、次要宽松）；其三，执行度量衡标准后，同一时代的时间差异（开始严格、后来宽松）；其四，同一时代的地点差异（京城严格、

---

[1] 即让拇指与食指尽量分开后，用以丈量。

地方宽松）；其五，对铸件精加工时，刮削打磨的数量差异（师傅严格、徒弟宽松）；其六，度量衡器（特别是竹木材质时）本身的磨损误差；其七，温度、湿度变化的误差；其八，铜镜盛行期以后的当代仿制品。这些情况说明，长度标准有一个绝对性，还有一个相对性，亦就是产生误差的必然性。战国镜和两汉镜中的标准尺度以上述四部分为主（也不排斥其他时期的偶然情况），以河北满城中山靖王刘胜墓出土的草叶铭文镜为例，直径20.7厘米（即为汉尺9寸镜），与标准20.79厘米相比较，其误差仅为－0.4%，应属制作精准之器物。大量镜例表明，这四部分镜类的标准尺度存在着明显的有序规律（可参见本书《西汉铭文镜》《莽式铭文镜》），见表一：

表一　战国镜与两汉镜标准尺度一览表*

铜镜直径（汉寸）			3	4	5	6	7	8	9	10	11	12
换算公制（厘米）			6.93	9.20	11.55	13.86	16.17	18.48	20.79	23.10	25.41	27.72
误差	精准	－0.5%	6.89	9.15	11.50	13.79	16.09	18.39	20.68	22.99	25.28	27.58
		＋0.5%	6.96	9.24	11.61	13.97	16.25	18.57	20.90	23.22	25.54	27.86
	合理	－1%	6.86	9.11	11.44	13.72	16.01	18.30	20.58	22.87	25.16	27.44
		＋1%	6.99	9.29	11.67	14.00	16.33	18.67	21.00	23.33	25.66	28.00
	允许	－2%	6.79	9.02	11.32	13.58	15.85	18.11	20.37	22.64	24.90	27.17
		＋2%	7.07	9.38	11.78	14.14	16.49	18.85	21.20	23.56	25.92	28.27

＊在实际使用时，小数点后只取一位即可满足要求，其后一位可四舍五入。

二、唐镜尺度

历史进入盛唐，政治统一，疆域辽阔，国势强盛，文化灿烂。从初唐到中唐的200余年间，各行各业都执行了较为严格的度量衡制度。《中国科学技术史·度量衡卷》认为唐代一尺等于今天公制的30.6厘米。从唐镜的大量实例，证明了这个数据正确无误。

迄今为止，可知存世40厘米以上的至尊唐镜皆在日本，早在1300年以前的《东大寺献物帐》就告诉我们，这些40厘米级、50厘米级，乃至60厘米级的高档次器物主要由"正仓院"珍藏。另外，《法隆寺献物帐》的部分文物已转由东京国立博物馆收藏。这么多的贵重器物，为皇室档次的器物，一般不会在市场流通，应该主要是由大唐皇帝或达官贵人所赐予遣唐使之国礼或礼品的一部分。此外，还应该有"目光敏锐"的采购者与收藏者，日本圣武天皇就是一个高档次唐镜的爱好者，为此，每个人都感叹不已：唐王朝有着"尽其所有"的待客之道，正仓院有着"千古珍藏"的保存之功。本书《正仓院藏镜》列举了十五面现藏正仓院的稀世珍宝，可大致领略到独领风骚的盛唐气象。

唐镜的形制不同以往，有着相对直立的外缘沿口，铸造后因精加工所产生的误差比较小，丈量偏差亦较小。大量统计数据（表二、表三、表四）表明，高档次铜镜符合度量衡标准制度的情况比比皆是。这些唐镜的铜质上佳，强度保证，以致器物尺寸可以做得很大。

盛唐的国力强盛，制作了许多空前绝后的特种工艺镜或特大铜镜，虽有后人批评为奢靡浪费之说，然这毕竟是只有在盛唐才能出现的稀世珍宝。

唐镜存世数量较大，实例不胜枚举。本文挑选部分直径在唐尺 10 寸（即 30.6 厘米）以上的特大唐镜，汇集成表，见表二。

表二　唐尺十寸以上特大唐镜一览表

序	直径（厘米）	盛行时期	镜名	资料来源	备注
1	64.5	盛唐	麒麟双鸾花鸟镜	《正仓院御物图录》北仓 1 号	存世尺寸最大，重量 33600 克。葵花形
2	59.4	盛唐中唐	十二地支八卦四灵镜	《正仓院御物图录》南仓 13 号	存世重量最重，52800 克。圆形
3	47.2	盛唐中唐	孔雀镶鸳鸯双鸾双狮镜	《正仓院御物图录》北仓 2 号	剖面高低相差大。圆形
4	46.7	中唐晚唐	蓬莱仙境故事镜	东京国立博物馆藏（日本法隆寺献物）	圆形
5	45.9	中唐晚唐	蓬莱仙境故事镜	东京国立博物馆藏（日本法隆寺献物）	圆形
6	40.7	盛唐	银贴镀金山水花鸟镜	《正仓院御物图录》南仓 1 号	八瓣菱花形
7	39.5	盛唐	鸟兽花枝纹嵌宝螺钿镜	《正仓院御物图录》南仓 70-5 号	圆形
8	36.6	盛唐	羽人花鸟纹金银平脱镜	中国国家博物馆（河南郑州出土）	国内现存最大。葵花形
9	33.6	盛唐	螺钿花鸟背圆镜	《正仓院御物图录》北仓 11 号	曾被盗敲碎，再修复。
10	33.6	盛唐	双鹦鹉镜	上海止水阁	同类镜多见 27.8 厘米
11	33.6	盛唐	双鹦鹉镜	《正仓院御物图录》北仓 14 号	与北仓 11 号镜相同，碎成 45 片后拼合
12	33.0	隋唐之际	淮南起照铭神兽镜	洛阳市博物馆藏（河南洛阳出土）	为纪念隋文帝灭陈而作
13	31.7	中唐晚唐	交颈双龙云纹镜	《正仓院御物图录》北仓 6 号	边缘有八卦纹，葵花形
14	31.0	中唐晚唐	蓬莱仙境故事镜	《正仓院御物图录》南仓 4 号	与 4 号镜类同、圆形
15	30.6	盛唐	鸾凤花枝纹金银平脱镜	洛阳市博物馆（河南洛阳出土）	八瓣葵花形

在中国铜镜史上，数唐镜尺寸的标准系列最为完整，从 1 寸到 13 寸，每个规格都有，其间还有若干带"半寸"的规格。唐尺 13 寸以上（即超过 40 厘米）器物的尺寸实在太大，超出了正常的使用范围，而成为一种象征性（皇家气派与高超工艺）大于实用性的顶级艺术品。铜镜实例证明，唐尺 13 寸以上的若干稀世珍宝少有唐代尺度标准化的问题。事实上不符合唐尺标准的器物，却符合日本奈良古尺的标准！为此，本文在统计"唐镜标准尺

度统计一览表"时，按照 30.6 厘米的标准尺度，列出了唐尺 1~13 寸的镜例，详见表三。

表三 唐镜标准尺度（30.6 厘米）统计一览表

序	唐尺（寸）	公制（厘米）	典型镜例
1	13	39.78	《正仓院御物图录》南仓 70-5 号鸟兽花枝纹嵌宝螺钿镜
2	12	36.72	中国国家博物馆藏羽人花鸟纹金银平脱镜
3	11	33.66	上海止水阁藏双鹦鹉镜、日本正仓院藏双鹦鹉镜（两镜纹饰有异）
4	10	30.60	洛阳市博物馆藏鸾凤花枝纹金银平脱镜
5	9.5	29.07	《唐代铜镜与唐诗》图版 14（陕西历史博物馆藏"天子镜"）、日本黑川古文化研究所藏胡人骑狮花枝镜
6	9	27.54	诸多双鹦鹉镜（浙江省博、日本鸟趣县三佛寺、郑州未来艺术馆等）
7	8	24.48	中国国家博物馆藏双鸾葵花镜，四川博物馆藏明逾满月铭神兽镜
8	7	21.42	中国国家博物馆藏海兽葡萄镜，陕西历史博物馆藏鸟兽花枝纹银背镜
9	6.5	19.89	中国国家博物馆藏蟠龙纹海兽葡萄镜
10	6	18.36	陕西省考古所藏鸟兽纹镜，扬州市博物馆藏四骑马菱花镜
11	5.5	16.83	蟠龙海兽葡萄镜（奈良高松塚忍壁王子墓出土镜、西安铜人原独孤思贞墓出土镜，《三槐堂藏镜》图 134、英国展览镜、和泉市藏镜等）
12	5	15.30	陕西历史博物馆藏双鸾衔绶葵花镜、四川省博物馆双鹊衔绶葵花镜
13	4.5	13.77	镜发菱花铭回文镜（后藤守一《古镜聚英》下册图版 3—3）、日本黑川古文化研究所藏四狻猊镜
14	4	12.24	京都国立博物馆藏两面海兽葡萄镜，《三槐堂藏镜》图 155 云龙纹镜
15	3.5	10.71	上海止水阁、日本五岛美术馆同藏蓬莱仙境花鸟镜（似为同模）
16	3	9.18	《中国铜镜图典》图 535，《唐代铜镜与唐诗》图版 13
17	2	6.12	诸多银背镜（洛阳博物馆等），《唐代铜镜与唐诗》图版 9
18	1	3.06	诸多掌心镜（有鎏金者存世）

表三中，有 5 个"带半寸"的唐尺标准，即 9.5 寸、6.5 寸、5.5 寸、4.5 寸，3.5 寸，本文对唐镜存在这些特殊规格的可行性与必要性，试作以下探索：

1. 唐尺 9.5 寸。拙作《唐代铜镜与唐诗》图版 14 对此已有研讨。中唐大诗人白居易《百炼镜——辨皇上鉴也》有诗句曰："人间臣妾不合照，背有九五飞天龙。人人呼为天子镜，我有一言闻太宗。"陕西历史博物馆所藏直径 29 厘米（唐尺 9.5 寸）的千秋万岁云龙纹镜，当是白居易诗中的"天子镜"。《周易》六十四复卦的六爻中，由下向上数第五位阳爻称九五，即君位，后人多用"九五之尊"代称帝位，《晋书·东海王越传》有"窥九五之尊"的语句。千秋镜始于开元十八年（730），上赐下献，蔚然成风，其存世量不算太少，然所有千秋镜都不能"越雷池一步"，尺寸都小于九寸五分的 29 厘米。天宝年间在改"年"为"载"的同时，改"千秋万岁"为"春秋万千"，最大尺寸才是相当于唐尺 8 寸的 24 厘米。

2. 唐尺 6.5 寸与 3.5 寸。这两种尺寸比较少见，留待日后再作探讨。这种客观存在说明了唐镜规格的多样性以及唐人对数字"五"的偏爱。

3.唐尺 5.5 寸。这个尺寸多为武则天改周时期的蟠龙纹海兽葡萄镜（详见表三）。唐镜铸制以五月五日为吉日。唐镜直径 5 寸 5 分是两个五，此类镜的内区葡萄十串也是两个五，外区五禽五兽还是两个五，外区二十串葡萄又是两组五五等。所用数字都与五五有关，应为唐代的吉祥数字或民间习俗所致。至今，日本民间在数字上也爱用"五"和"五五"，疑是与承继唐风有关。唐代度量衡制度与民间习俗相协调，可见传统文化的根深蒂固。

4.唐尺 4.5 寸。相当于 13.77 厘米，与汉尺 6 寸（13.87 厘米）仅有－0.7% 的误差。在西汉草叶纹镜中，汉尺 6 寸的标准规格出现最多，以后历代（特别是宋、明两代）屡有出现。在精美的唐镜中，这个规格亦有一定的出现频率。笔者认为，可能是两个原因：其一，这个规格正好能满足照容要求，大了浪费钱财，小了不够使用；其二，汉尺 6 寸是"祖制"，遵循祖制顺理成章。

日本平成十八年（2006）三月，京都泉屋博古馆出版了由樋口隆康馆长主编的《唐镜》一书。为检验本文的合理与否，本人暂且借用这本精品众多的新书来做考查依据，并给予误差范围的评价，详见表四。

表四　唐镜标准尺度（30.6 厘米）考查一览表

图号	《唐镜》书中的镜名	所藏机构	直径（厘米）	唐尺（寸）	误差（%）	评价
1	永徽元年方格四神镜	黑川古文化研究所	18.5	6	+0.76	合理
2	唐草十二支纹镜	天理大学天理参考馆	15.3	5	0	精准
3	四神十二支纹镜	和泉市久保物纪念美术馆	16.8	5.5	0	精准
7	十二支纹带八狻猊镜	五岛美术馆	24.8	8	+1.3	允许
8	八狻猊镜	泉屋博古馆	21.0	7	+2.0	允许
12	四狻猊镜	黑川古文化研究所	13.8	4.5	+0.2	精准
13	海兽葡萄镜	泉屋博古馆	24.2	8	−1.2	允许
16	海兽葡萄镜	京都国立博物馆	12.4	4	+1.3	允许
17	海兽葡萄镜	和泉市久保物纪念美术馆	17.1	5.5	+1.8	允许
18	海兽葡萄镜	京都国立博物馆	12.4	4	−1.3	允许
26	舞凤狮子八棱镜	泉屋博古馆	24.1	8	−1.6	允许
29	胡人骑狮瑞花八棱镜	黑川古文化研究所	28.8	9.5	−0.9	合理
30	双凤双禽八棱镜	泉屋博古馆	16.5	5.5	−1.8	允许
32	游禽瑞花八棱镜	泉屋博古馆	16.8	5.5	0	精准
35	飞禽连枝纹镜	天理大学天理参考馆	21.0	7	+2.0	允许
38	孔雀瑞花八花镜	京都国立博物馆	24.7	8	+0.9	合理
39	双鸾骆驼八花镜	京都国立博物馆	15.6	5	+2.0	允许
40	双鸾仙岳八花镜	泉屋博古馆	18.6	6	−1.3	允许
42	双鹤鸳鸯八花镜	黑川古文化研究所	21.8	7	+1.7	允许
43	团华纹镜	和泉市久保物纪念美术馆	21.7	7	+1.4	允许
44	团华纹镜	泉屋博古馆	18.2	6	−0.9	合理
48	团华纹八花镜	泉屋博古馆	21.4	7	−0.1	精准

（续表）

图号	《唐镜》书中的镜名	所藏机构	直径	唐尺	误差（%）	评价
49	瑞花纹八花镜	泉屋博古馆	18.7	6	+1.8	允许
53	云山瑞花八花镜	泉屋博古馆	31.1	10	+1.6	允许
54	瑞花纹八花镜	京都国立博物馆	27.5	9	−0.1	精准
70	云龙八花镜	泉屋博古馆	21.6	7	+0.8	合理
74	瑞图仙岳八花镜	京都国立博物馆	21.6	7	+0.8	合理

唐镜尺度评价标准与汉镜类同，亦可分为三级："精准"表示误差在 ±0.5% 以内；"合理"表示误差在 ±1.0% 以内；"允许"表示误差在 ±2.0% 以内。在表四的 27 面唐镜中，"精准"者 6 面，占 22%；"合理"者 6 面，占 22%；"允许"者 15 面，占 66%。对于古代手工制作铜镜而言，误差在 2.0% 以内应属允许范围。事实上，正常情况大多在 ±2.0% 的允许误差之内。另外，实际丈量时，误差 1 毫米亦是常有的事。一些误差确实偏大的数据，可知以中晚唐器物居多。

我们在探讨其他各种金属类的唐代器物时，可以找到同样的规律，以西安何家村出土的窖藏金银器为例："金花鸳鸯银羽觞"高度 3.0 厘米，即唐尺 1 寸（标准 3.0 厘米），误差 −0.2%；"双狮金铛"口径 9.2 厘米，即唐尺 3 寸（标准 9.18 厘米），误差 +0.2%；"鸳鸯莲瓣金碗"口径 13.7 厘米，即唐尺 4.5 寸（标准 13.77 厘米），误差 −0.5%；"舞马银壶"高度 18.5 厘米，即唐尺 6 寸（标准 18.36 厘米），误差 −0.7%。为方便起见，我们将唐镜标准尺度列成下表，详见表五。

表五　唐镜标准尺度一览表

铜镜直径（唐寸）		1	2	3	3.5	4	4.5	5	5.5	6
换算公制（厘米）		3.06	6.12	9.18	10.71	12.24	13.77	15.30	16.83	18.36
误差	精准 −0.5%	3.045	6.09	9.13	10.66	12.18	13.70	15.22	16.75	18.27
	精准 +0.5%	3.075	6.15	9.23	10.76	12.30	13.84	15.38	16.91	18.45
	合理 −1	3.03	6.06	9.09	10.60	12.12	13.63	15.15	16.66	18.18
	合理 +1	3.09	6.18	9.27	10.82	12.36	13.91	15.45	17.00	18.54
	允许 −2%	3.00	6.00	9.00	10.50	12.00	13.50	15.00	16.49	18.00
	允许 +2%	3.12	6.24	9.36	10.92	12.48	14.05	15.60	17.17	18.72

铜镜直径（唐寸）		6.5	7	8	9	9.5	10	11	12	13
换算公制（厘米）		19.89	21.42	24.48	27.54	29.07	30.60	33.66	36.72	39.78
误差	精准 −0.5%	19.79	21.31	24.36	27.40	28.93	30.45	33.49	36.54	39.50
	精准 +0.5%	19.99	21.53	24.60	27.68	29.22	30.75	33.83	36.90	39.98
	合理 −1%	19.69	21.10	24.24	27.26	28.78	30.30	33.32	36.35	39.38
	合理 +1%	20.09	21.63	24.72	27.82	29.36	30.90	34.00	37.09	40.18
	允许 −2%	19.49	21.00	24.00	27.00	28.48	30.00	33.00	36.00	39.00
	允许 +2%	20.29	21.84	24.96	28.09	29.65	31.21	34.33	37.45	40.58

三、奈良古尺

（一）尺度 29.7 厘米

《东大寺献物帐》出自于日本奈良时代（710~784）圣武天皇驾崩的天平胜宝八年（756），其时正是大唐发生安史之乱的天宝末年。这本帐目上二十面珍贵唐镜的问世年代，基本上可以断在盛唐的开元、天宝之际。帐目中所记录器物之直径完全是日本奈良时代的古尺，今天又得到了现代的公制标准。为此，我们在《东大寺献物帐》中，选择六个有代表性的镜例，以查考奈良尺度与现代公制的换算关系，详见表六。

表六　奈良古尺（29.7 厘米）与现代公制对照表 *

正仓院编号	《东大寺献物帐》之序号与镜名简称	奈良古尺（尺）	现代公制（厘米）	n = 公制／奈良古尺
北仓 1 号	1（鸟兽花背）	2 尺 1 寸 7 分	64.5	29.72
北仓 2 号	2（鸟花背）	1 尺 5 寸 8 分	47.0	29.75
北仓 3 号	3（鸟兽花背）	1 尺 4 寸 5 分	43.0	29.66
北仓 5 号	7（螺钿禽鸟背）	1 尺 1 寸	32.8	29.82
北仓 4 号	12（金银平脱背）	9 寸 6 分	28.5	29.68
北仓 6 号	16（蟠龙背）	1 尺 7 分	31.7	29.63

＊《东大寺献物帐》中的唐镜有 20 面，表六内容皆在其中。

通过简单计算，可知道 n 的平均值为 29.71，即奈良时代的日本古尺为今日公制之 29.7 厘米。日本正仓院（南仓 9 号）、香取神宫等处存世的一批大型唐代海兽葡萄镜，直径皆是 29.7 厘米，足以证明奈良古尺标准的客观存在（绝非偶然巧合！）。此外，日本五岛美术馆藏"迦陵频伽背八葵镜"（直径 29.6 厘米）等高档次唐镜，亦应属于这个探讨范围。

（二）尺度 30.6 厘米

《中国科学技术史·度量衡卷》第 331 页，关于"唐尺考订"最终结果，给出一个 30.6 厘米的数据。笔者认为，这个结论用于唐镜符合客观存在。同书又载：近代各家王国维、马衡、吴承洛、傅企伦、杨宽、万国鼎、陈梦家、曾武秀、胡戟、郭正忠、丘光明、邱隆、杨平等人，都对"唐尺考订"做了很多研究，虽众说纷纭，然其结果皆在 29.5~31.0 厘米之间，最后 3 人系《中国科学技术史·度量衡卷》之作者，其结论明确为 30.6 厘米。本文用正仓院所藏的高规格唐镜来考订唐尺，可知在客观上的确存在 29.7 厘米与 30.6 厘米的两种情况，详见表七。

表七　正仓院藏镜之大唐尺度（30.6 厘米）汇总表 *

正仓院编号	《东大寺献物帐》之序号与镜名简称	直径（厘米）	唐尺之整数倍率		误差范围
			唐寸	（厘米）	
南仓 6	七宝琉璃镜	18.5	6	18.36	+0.7%
南仓 70-2	5（螺钿禽鸟镜）	39.3	13	39.78	− 1.2%
南仓 70-5	螺钿禽兽镜	39.5	13	39.78	− 0.7%

（续表）

正仓院编号	《东大寺献物帐》之序号与镜名简称	直径（厘米）	唐尺之整数倍率		误差范围
			唐寸	（厘米）	
北仓 14	双鹦鹉镜	33.6	11	33.66	— 0.2%
南仓 4	蓬莱仙境镜	31.0	10	30.60	+1.3%

＊正仓院藏镜有 55 面，表七内容多在《东大寺献物帐》之外。

（三）推测

综上所述，鉴于日本正仓院藏镜有两种尺度标准（29.7 厘米、30.6 厘米）的客观存在，不由得产生一种推测，大唐尺度本身就有两个标准，分别在不同的范围里进行使用：唐尺为 29.7 厘米的使用范围具一定的针对性，有可能为若干特殊客户（如日本遣唐使）而定制；唐尺为 30.6 厘米的使用范围有时代的普遍性，完全是当时实行的度量衡标准。另需说明一种情况：这两个数据本身比较接近（仅相差 3%），如果执行标准不严而致使误差太大时（如接近 3%），就没有可能来区分这两种标准的差别。此外，日本今尺 30.3 厘米的数值范围，取在唐尺的 29.7 厘米与 30.6 厘米之间，亦说明了唐代文化对日本的深远影响。

笔者希望能对"唐尺考订"出些菲薄之力，期盼为其深入研讨作出少许铺垫。

（原载《中国收藏》2009 年第 6 期）

有柄和镜尺度考

一、概述

《中国科学技术史·度量衡卷》载："秦始皇创秦制，为汉以后各朝所沿袭，隋文帝创隋制，为唐以后历代所遵循。"这个说法在日本资料中亦得到印证。[1]大业三年（607）日本遣使多利斯比孤（小野妹子）朝贡于隋，从此开始，中国的度量衡制度逐渐东渡扶桑，日本大宝元年（701，即武则天大足元年）制订了"大宝律令"，正式导入唐朝的尺度（详见本书《唐镜尺度考》）。日本史料载："唐朝大尺为现今曲尺（即30.3厘米）之9.78寸（即29.63厘米）。"陈梦家《亩制与里制》说到，日本明治十一年（1878），"制定曲尺长为30.3厘米，即今日本尺长"。事实上，无柄和镜[2]与有柄和镜在制作中，早就采用了30.3厘米的这个尺度标准。

在日本和镜中，最具扶桑民族特色的当属有柄镜。十六世纪中叶，处在室町后期的战国时代与安土桃山之际，日本"禁里御用"的皇家镜师木濑净阿弥、青家次等相继问世，他们为日本和镜开创了一个新局面，其重要成果就是制造了一批著名的有柄和镜，其中若干器物存世至今。日本京都国立博物馆收藏了诸多此类器物，最为著名者当数署"天下一净阿弥"[3]铭文的两面（编号140、144）带尾孔有柄镜[4]。有柄镜自此成为日本和镜的主流形制，一直传承到明治时期，经历时间约有三个半世纪。

---

[1] 讨论度量衡问题时，皆从隋代的"大尺、小尺"说起。

[2] 试举三例：其一，大户神社藏有一面"奉纳"镜（原载广濑都巽《扶桑纪年铭镜图说》图47，见拙著《日本蓬莱纹铜镜研究》图版5），直径19.5厘米，即日本今尺（30.3厘米）之6.5寸，供奉年代为公元1325年；其二，和泉市久保惣纪念美术馆藏一面"日本重要文化财"长方镜（拙著《日本蓬莱纹铜镜研究》图版17），外形16.7×15.1厘米，即日本今尺之5.5×5.0寸，问世年代室町时期（1393~1572）；其三，德川美术馆藏德川幕府第三代（德川家康孙）将军德川家光长女千代姬的嫁妆镜（拙著《日本蓬莱纹铜镜研究》图版1a），直径12.1厘米，即日本今尺之4寸，年代明确为宽永十六年（1649）。

二、直径

《和镜文化史》作者青木丰认为，"从江户中期开始，镜形开始变大，而镜柄越来越粗短。后期开始镜形更加大型化，直径多超过 20 厘米，相反的是，镜柄更加粗短。之所以出现这种变化，主要是由元禄（1688~1703，约康熙中期）至宝历（1751~1763，约乾隆早中期），日本女性发型出现大型化的趋势。换言之，小型镜已不再受到欢迎。"

笔者收集了二十四面有柄镜典型的资料，汇集成表，详见表一。

表一　有柄和镜总体形制一览表

序	柄宽	柄长	直径	n 值	参考时代	纹饰主题	铭文内容	资料来源
	（厘米）			3÷4				
1	1.4	12.7	8.6	1.48	安士桃山	柳枝流水	/	京都国立博物馆《和镜》图 145
2	1.5	12.2	8.8	1.39	室町－桃山	蓬莱纹	/	鸣神义夫《柄镜百选》图 72
3	1.6	11.9	9.2	1.29	室町－桃山	蓬莱纹	/	《日本蓬莱纹铜镜研究》图版 42
4	1.7	10.9	8.5	1.28	室町－桃山	蓬莱纹	/	京都国立博物馆《和镜》图 142
5	1.8	11.8	8.5	1.39	室町－桃山	蓬莱纹	天下一净阿弥	京都国立博物馆《和镜》图 140
6	2.0	9.5	12.0	0.79	江户前期	松树	天下一	鸣神义夫《柄镜百选》图 38
7	2.1	8.3	16.9	0.49	江户后期	巨鳌背负蓬莱山	藤原光长	《日本蓬莱纹铜镜研究》图版 4
8	2.2	8.0	11.5	0.70	宽永年间	菊花	天下一佐渡	鸣神义夫《柄镜百选》图 40
9	2.3	9.6	12.3	0.78	宽永年间	军鸡	天下一佐渡	鸣神义夫《柄镜百选》图 7
10	2.5	10.3	13.5	0.76	江户前期	耕牛	天下一但马守	鸣神义夫《柄镜百选》图 13
11	2.8	9.0	15.0	0.60	宽文年间	彩绘尾长鸟	天下一因幡守	鸣神义夫《柄镜百选》图 1
12	29	9.3	15.3	0.61	江户前期	飞蝶	天下一菊田美作守	鸣神义夫《柄镜百选》图 9
13	3.0	10.2	15.2	0.67	宽文－延宝	菊花扇面	天下一松村因幡守	鸣神义夫《柄镜百选》图 33
14	3.1	10.2	15.0	0.68	江户前中	对蟹	天下一但马守	鸣神义夫《柄镜百选》图 11
15	3.4	9.9	18.1	0.55	宽文－享保	巨鳌背蓬莱山	田中伊予守藤原吉重	鸣神义夫《柄镜百选》图 54
16	3.7	9.8	21.0	0.47	江户中后	蓬莱纹	天下一藤原政重	上海止水阁

〔3〕拙著《日本蓬莱纹铜镜研究》有载："工匠们以署名为荣，有的甚至世代相传，如净阿弥传了 7 代（在日本有家谱）。"此镜所署应为第一代，这是一位非常著名的"禁里御用"镜师。

〔4〕拙著《日本蓬莱纹铜镜研究》图版 42 之镜（直径为日本尺整 3 寸），现藏日本东京国立博物馆，应该是这些著名镜师留存之同类器物。

（续表）

序	柄宽	柄长	直径	n值	参考时代	纹饰主题	铭文内容	资料来源
	（厘米）			3÷4				
17	4.1	9.6	23.8	0.40	江户中后	蓬莱纹	河上山城守藤原重次	上海止水阁
18	4.3	9.7	23.6	0.41	江户中后	蓬莱铭蓬莱纹	天下一金田河内守政次	《日本蓬莱纹铜镜研究》图版47
19	4.4	9.8	24.0	0.41	江户中后	千岁铭蓬莱纹	山岸加贺守《藤原真义	日本蓬莱纹铜镜研究》图版49a
20	4.8	10.5	24.4	0.43	江户中后	蓬莱纹	稻村备后椽吉长	上海止水阁
21	5.0	10.5	26.9	0.39	江户中后	蓬莱纹	西村丰后椽《藤原政重	日本蓬莱纹铜镜研究》图版41
22	5.4	10.5	30.0	0.35	江户中后	寿铭蓬莱纹	天下一津田《藤原家重	日木蓬莱纹铜镜研究》图版48
23	5.5	11.9	36.5	0.33	元禄七年	水车流水	上冈因幡守重长	鸣神义夫《柄镜百选》图4
24	7.1	12.6	36.3	0.35	江户中后	蓬莱纹	田中伊贺守《藤原吉次	日本蓬莱纹铜镜研究》图版28

说明：表头处 n 值即第3项"柄长"除以第4项"直径"。

分析表一，可以证实《和镜文化史》一书的观点，并能得出明确的结论：室町——桃山时期，可视为小镜期，直径多在 8.5~10 厘米之间；江户前期可视为中镜期，直径多10~20 厘米之间（偶有大镜）；江户中后期，可视为大镜期，直径多在 20~36 厘米之间。比较其最小者序 1 镜与最大者序 24 镜，可知两者直径之差在四倍以上。

有柄和镜的直径多有 30.3 厘米尺度标准的整数倍现象，详见表二。

表二　有柄和镜直径标准一览表

序	标准尺度		实际尺度		资料来源	年代、说明
	日寸	厘米	厘米	误差		
1	3	9.09	9.2	+1.2%	《日本蓬莱纹铜镜研究》图42	室町－桃山
2	4	12.12	12.0	−1.0%	《柄镜百选》图38	宽文年间多圆形镜
3	5	15.15	15.2	+0.3%	《柄镜百选》图33	宽文－延宝
4	6	18.18	18.1	−0.5%	《柄镜百选》图54	宽文－延宝
5	7	21.21	21.0	−1.0%	上海止水阁（天下一藤原政重铭）	江户中后
6	8	24.24	24.4	+0.7%	《日本蓬莱纹铜镜研究》图49a	江户中后
7	9	27.27	26.9	−1.4%	《日本蓬莱纹铜镜研究》图41	江户中后
8	10	30.30	30.0	−1.0%	《日本蓬莱纹铜镜研究》图48	江户中后
9	12	36.36	36.3	−0.2%	《日本蓬莱纹铜镜研究》图28	江户中后
10	12.5	37.88	37.8	−0.2%	拔矛大神奉纳镜	宽永十一年（1634）铸铭

三、柄长

这是一个值得引起探讨的问题，日本学者关于"镜柄越来越粗短"或是"镜柄更加粗短"的说法，笔者认为不够准确，拙著《日本蓬莱纹铜镜研究》对此有所说明。

延续了三个半世纪的日本有柄镜随着时间发展，其直径与柄宽的确是越来越大，但柄长却是始终保持在一个符合人体尺度[5]的使用要求之内，即在 8~12 厘米之间。概略而言，有柄和镜的柄长始终在 10 厘米左右摆动，其幅度约在 ±2 厘米之间。在表一中还发现一个有趣的现象，直径最小之序 1 镜的柄长（12.7 厘米）比直径最大之序 24 的柄长（12.6 厘米）相比，多出了可以忽略的 0.1 厘米。笔者认为，如果一定要说出个长柄与短柄的差别，亦完全是一个感觉问题。

本文取柄长与直径的比例数 n 值作为柄长系数，由表一可根据 n 值的大小，从感觉上可概略分为长柄、中柄、短柄三个时期，详见表三。

表三　有柄和镜柄长分期一览表

名称	所处年代	n 值	直径（厘米）	柄宽（厘米）
长柄期	室町－桃山	1.25~1.50	8.5~10	1.4~2
中柄期	江户前期	0.50~0.80	10~20	2~4
短柄期	江户中后期	0.34~0.45	20~36	4~7

四、柄宽

柄宽[6]是通常不被人们注意的数据，事实上却是一个反映着有柄和镜尺度变化的指标。从表一可知，有柄和镜的柄宽变化极为有序，我们在有限的 24 个数据中，可以看到逐一增加的规律，同样可以得到明确的结论：室町－桃山时期，可视为窄柄期，柄宽多在 1.4~2 厘米之间；江户前期，可视为中柄期，柄宽多在 2~4 厘米之间（偶有宽柄）；江户中后期，可视为宽柄期，柄宽多在 4~7 厘米之间。比较其最小者序 1 镜与最大者序 24 镜，可知其柄宽之差在五倍以上。

---

〔5〕对于日本的生活用品而言，方便舒适是一个重要因素。柄长太小会因握持困难而不满足使用要求，柄长太大不仅多余而且不便存放。成年人的手宽在 7~9 厘米，亦有一定的范围，采用柄长 10 厘米应为最佳数据。此外，根据镜形大小的不同，加长或减短 2 厘米当在合理之中，故有柄镜的柄长 8~12 厘米，可说是有人体尺度的依据。

〔6〕许多国内外的资料皆不标注柄宽的数据。本文数据来源有二，其一，对于实物可直接测量；其二，对于图片则按图实际比例推算。

五、m 值

在铜镜尺度研究中，厚度更是一个不被人们重视的数据。厚度不易被测量，事实上标注出的尺寸多是缘高，缘高与厚度之间几乎没有规律可言，只能粗略地说直径越大缘高越大。厚度直接反映着铜镜的重量，在直接比较厚度或重量的绝对值时，因为铜镜直径的大小不同而说明不了什么问题，如果只是用感性的话来说这面"厚重"或那面"轻薄"，又缺乏量化的指标，更没有可比性。

笔者指出一个单位面积重量（克／平方厘米）m 值[7]的指标。应该说用 m 值来考查铜镜就方便于比较，虽然欠精确，但有可比性。先看一下中国铜镜的概况，大量统计数据表明，西汉、新莽与唐代三个历史时期的标准器（应严格控制在盛行期内）存在着相对统一的规律，详见表四。

表四　中国铜镜 m 值参考表

年代	镜种	m 值	说明
西汉	草叶纹镜	1.5~2.5	直径大时偏高，直径小时偏低
新莽	四灵博局铭文镜	约 3.0	官制镜标准值在 3.0 克／平方厘米
唐代	初唐瑞兽葡萄镜	2.5~4.5	直径多在 15 厘米以下，大镜超重
	盛唐海兽葡萄镜	4.5~6.5	直径多在 12~18 厘米
	特大型海兽葡萄镜	7.3	正仓院南仓 9 号镜，直径 29.7 厘米，重量 5050 克

和镜厚度千差万别，但其个别镜种的 m 值却要超过中国唐代的海兽葡萄镜，特别是在直径相近的情况下，m 值可超过约一倍，见表五：

表五　厚重型和镜技术数据一览表

年代	镜种	直径	缘高	m 值	资料来源
		厘米		克／平方厘米	
江户前期	巨鳌背负蓬莱山镜	12.1	2.00	9.52	《日本蓬莱纹铜镜研究》图版 1
江户中期	一般蓬莱纹镜	12.2	1.65	7.05	《日本蓬莱纹铜镜研究》图版 38

对于有柄和镜而言，在相同直径时，彼此间的厚度与重量差异不大，从拙著《日本蓬莱纹铜镜研究》之图版 26、27、39、40 四镜来看，同为 8 寸镜的重量（克）分别是 1201、1473、1409、1207，其最大差异不超过 25%。还有一个似为明显的规律，江户前中

---

[7] 事实上，m 值就是古代铸镜时原料用量的一个标准，表示着铸造多大尺寸的铜镜，规定使用多少份量的原料，得到多少重量的成品。以《故宫藏镜》图 32 "王氏昭竟"为例，这是一件新莽官制镜的标准器。直径 20.9 厘米是汉尺 9 寸，成品重量 1021 克（原料重量肯定大于这个数据），计算可知，其 m 值为 2.98 克／平方厘米。宏观而言，不同历史时期有不同的 m 值标准，其中西汉早期、新莽与盛唐三个时期比较突出，并以新莽官制四灵博局镜（"尚方御镜"与"王氏昭竟"等）最为规范，详见本书《莽式铭文镜》。

期名家铸镜（如同书图版 27）通常较为厚重。

计算有柄和镜的 m 值时会多一些麻烦，即在计算面积时需分别计算镜面面积与手柄面积，两者相加后才是总面积。

六、结语

有柄和镜自十六世纪中叶至十九世纪末，持续了三个半世纪。在其主要尺度上有四个特点：

1. 直径。概略而言，由小至大，其常用器物最小者约 8.5 厘米，最大者[8]约 36 厘米，两者相差四倍之多。

2. 柄长。概略而言，大致不变，其常用器物最小者约 8 厘米，最大者约 12 厘米，两者相差仅 30%。事实上因为人体尺度以及手握舒适度的缘由，工匠们始终将有柄镜的柄长控制在一个合理的范围（10±2 厘米）。所谓长柄与短柄之说只是一个感觉问题，可用柄长与直径的比例来加以区分。

3. 柄宽。概略而言，由小至大，其常用器物最窄者约 1.4 厘米，最宽者约 7.1 厘米，两者相差五倍之多。

4. 厚度直接反映了重量，用单位面积重量（克/平方厘米）m 值来比较，日本江户前期蓬莱纹镜的最大值达到 9.5 左右，远远高出中国盛唐的海兽葡萄镜（通常在 4.5~6.5）。

（原载《中国收藏》2009 年第 10 期）

---

[8] 在日本资料中发现直径达 37.8 厘米的有柄镜，此器为"拔鋅大神奉纳镜"，并有宽永十一年（1634）铸铭。存世圆形镜有更大者，中国国家博物馆所藏之镜（应主要用于供奉），直径 78 厘米，重量 48 千克，详见拙著《日本蓬莱纹铜镜研究》图 32。

100

《三槐堂藏镜》前言

笔者承继家风，喜爱古铜镜，收藏玩赏数十年。五代之际，晋国公王祐于庭前植三槐，后为王氏家族之堂名，沿袭至今。今辑录此书，特作篇名，以示缅怀。

中国古代铜镜的历史悠久，工艺水平高超，纹饰精美，铭文书体多样，文化底蕴深厚，令人叹为观止。本书收录家传和笔者多年集藏的铜镜一百四十九面，按年代顺序，分作九个部分编排，其中先秦镜八面、西汉镜三十五面、新莽镜十四面、东汉镜十九面、魏晋南北朝镜四面、隋唐镜二十七面、五代宋镜十九面、辽金元镜九面、明清民国十四面、并逐一加以说明。

文字乃人类文明的重要标志，汉字演变史是五千年华夏文明史的重要篇章。在秦始皇统一文字后的秦汉之际，铜镜上就出现了铭文。由标准的小篆起，依次是西汉的缪篆、简隶，新莽复古行悬针篆，东汉中晚期的标准隶书。桓灵之际开始流行楷书、行书、草书，魏晋南北朝则盛行各种书体。在隋唐以前，汉字就已经完成了由古文字向今文字的演变。两宋以降，铜镜趋向实用，在铸造技艺和工艺美术两个方面的总体质量有所下降，但镜形与书体呈现多样化趋势。不仅镜形多达二十余种，铭文书体更是变化丰富。

一部铜镜铭文史，近似一部中国书法史。镜铭文字中，篆、隶、楷、行、草、五体齐全，与石碑、简牍、帛书的书法艺术相比，镜铭文字毫不逊色。铜器和铜镜上都有铭文（即金文），铜器铭文主要雕刻了当时的祭祀、征伐、赏赐等重大事件，铜镜上的铭文则从一个侧面反映了当时的社会生活、思想文化、风土人情和宗教习俗，而且更为贴近平民百姓的生活。西汉镜铭文与楚文化的一脉相承，新莽镜铭文记载的"托古改制"，东汉镜铭文传播的神仙思想、隋唐、两宋镜铭文反映的现实生活，明清镜铭文体现的禳灾祈祥等，都具有鲜明的时代特征。为此，本书突出展示了藏品中的铭文镜。重点之一是西汉草叶铭文镜。此类镜铭文内容丰富，文字书体则从圆转的小篆演变到方折的缪篆。重点之二是清白镜、君忘忘镜、铜华镜、日有喜镜等大直径的西汉中晚期铭文镜，前期铭文内容多与楚文化有关，后期铭文则比较贴近现实生活，文字书体多为简化隶书。重点之三是新莽四灵博局镜。新莽镜铭文书体多系俊逸潇洒的悬针篆，尤其是两面不同铭文内容的"刻娄（镂）博局去不羊（祥）"镜，世不多见，为此类镜定名提供了重要的实物资料。

笔者曾从事环保工作，与鸟类结下不解之缘，故在本书的隋唐镜中，收录数面禽鸟镜，包括禽兽葡萄镜、鹦鹉镜、飞天仙鹤镜等。对东汉画像镜及深受南唐文华熏陶的建州镜，也在书中做了相应的介绍。

在研究和鉴别古代铜镜中，笔者对其"度"和"量"方面的内容也进行了一些探索。一是对照当时标准尺的检验。唐及唐以前的铜镜较为规整，尤其是一些直径较大的盛行期标准镜，代表了官方制作的水平。部分铜镜直径还按当时度量衡标准的整数倍率来制作，只是在制模和铸造时难免会出现一些误差。其资料的可靠性高，规律性强，可比性好。这在西汉草叶铭文镜和新莽四灵博局镜中尤为明显，部分战国镜和盛唐镜也能适用。如西汉草叶铭文镜直径多为汉标准寸（今 2.31 厘米）的整数倍，本书即介绍了汉尺五寸、六寸、七寸、八寸及附录中的九寸，共五个有系列的标准规格。二是计算铜镜单位面积的平均重量 m 值（克／平方厘米）。为能比较准确地表述一面铜镜的厚薄，本书提出了 m 值的概念。虽然存在一定的局限性和相对性，如未包括密度换算、金属成份、镜钮大小及脱胎失重等因素，但还是为同类镜或不同类镜之间的分析比较提供了一个定量依据，有时甚至可以作为断代的参考。对于盛行期标准镜（特别是官制镜），在不同时期均有相应的不同数值。数据统计表明，西汉草叶纹镜 m 值应为 1.5 ～ 2.0，西汉清白镜、铜华镜等当为 2.5 ～ 3.5，新莽博局镜常为 2.95，唐禽兽葡萄镜多为 4.5 ～ 7.5.

此外，笔者在本书附录中，还精选出镜友赠送的二十一张拓片。其中的西汉草叶铭文镜是罕见的汉尺九寸镜，其铭文内容和主题纹饰均较特殊；汉新莽铜华（错刀）四灵博局镜铭文则具有证史价值。辑录于此，与大家共赏。

笔者所学并非考古专业，然对古铜镜则可谓情有独钟。退休后，将原有家藏和多年之藏品，加以玩赏琢磨，再与同好切磋探讨，略有所悟，渐成心得，日见积聚而成此书。值此盛世，国运昌隆，地方有修志之举，民间与家谱之续，传承文化，蔚然成风。笔者感同深受，不惮粗陋，付梓问世。然才疏学浅，谬误在所难免，祈方家指正，以冀对古铜镜收藏、稽考或有裨益，并有助于推动中国铜镜文化之研究。

2003 年 7 月于上海寓所

101

《唐代铜镜与唐诗》前言

一个时代造就了一个时代的文化。唐代文化可谓是中国文化史上一座光辉闪耀的里程碑，远绍秦汉，近承魏晋。

唐诗是唐代非物质文化的一个瑰宝，而唐镜亦是唐代物质文化的一个奇珍。

唐诗与唐镜堪称唐代文化的双璧。在本书中，我们尝试着从中国铜镜文化的角度，探索唐诗与唐镜的互动韵律以及唐诗在唐镜中的应用与延伸。

唐代器物流光溢彩，唐镜具有集历史承载、年代连贯、文化内涵、时代特征、艺术构思、工艺技巧于一体的综合特质，这是其他器物无法比拟的。唐镜的材质、造型、题材、工艺都较汉魏以降之铜镜有很大的不同，在品种、风格、纹饰等方面的创新层出不穷，异彩纷呈。特别是宝石镶嵌镜、金壳镜、银壳镜、螺钿镜、金银平脱镜等特种工艺镜，独树一帜，引领风骚，在中国铜镜史上空前绝后、叹为观止。

铜镜有正面和背面两个部分，光亮的正面以照容为主，饰纹的背面以观赏为主。直至今天，人们所看到千年前的唐镜正面，多数依然光亮耀目，照容功能卓越，可见当时高超的工艺水平，唐代诗人对此的赞美和诵咏也顺理成章地成为唐诗的一个主题。唐镜背面纹饰题材众多，绘真写实，千姿百态，栩栩如生。唐镜中的龙、凤、麒麟、八卦、神仙故事等纹饰，是古人信仰和习俗的反映，然更多的纹饰却与现实生活相关，其中大量使用禽鸟纹饰，体现了人类对美好生活的向往和追求，以及对人与自然和谐共处的赞赏。因此，唐诗和唐镜至今受到人们喜爱的一个重要缘由，就是在于其贴近现实，融入生活。

本书正文展现八类主题纹饰的101面唐镜，多用四首唐诗配一面唐镜的形式来加以诠释。在"赏镜读诗"中，由于我们对唐诗和唐镜这两个不同的文化类别，进行了交叉释读和互相印证，从而对唐镜有了一些新的认识。如对图版1和图版3的探求，知道了隋末唐初镜铭"淮南起照"，系指南北朝分裂三百年后，隋文帝杨坚在淮南发布准备讨伐陈后主的征战檄文，此镜铭文是后来隋朝完成统一大业的物质佐证；明白了镜铭"仁寿传名"和"传闻仁寿"，乃是对仁寿年间（601～604）隋朝平息突厥，边陲由此和平安宁之历史功绩的称颂。又如中唐伊始，不少人物故事镜和花鸟镜中，出现海上山峦、云中楼阁、双飞禽鸟、连理花枝等纹饰，似乎毫不相干。然而，通过寻觅和探索，在唐诗中找到了答案。吟读白居易《长恨歌》"忽闻海上有仙山""楼阁玲珑五云起""在天愿作比翼鸟，在地愿为连理枝"等诗句，就由衷地感到这些唐诗与上述唐镜纹饰竟是如此的丝丝入扣，令人赞叹。唐诗和唐镜正是从不同视角，反映出在天宝十五载六月的马嵬驿事件以后，唐明皇对杨贵妃的魂牵梦萦。以图版47为例，三组比翼禽鸟和满饰连理花枝的镜纹，对照《长恨歌》主题，真可谓"天作之合"。以图版60为例，上下两对交颈鸳鸯的镜纹，对照李郢《为妻做生日寄意》"鸳鸯交颈期千岁，琴瑟谐和愿百年"，可说是"千古绝配"。还有图版70、71、81等，完全想不到唐诗与唐镜纹饰竟会有如此绝妙的默契配合！真不知在当时，是铸镜人读了这些诗才做的镜，还是诗人看了这些镜才作的诗。再比如鹤、雁、鸳鸯也是唐镜纹饰的重要内容，《全唐诗》涉及的"鹤"诗约有2400首，"雁"诗约有1800首，"鸳鸯"诗约有400首，笔者仔细浏览全部有关唐诗，把其中认为最贴切最精彩的篇章随精美唐镜一起呈献给读者。

　　一种文化反映一个时代。唐代文化贴近现实生活，反映了人与自然的和谐共处。以唐诗为代表的非物质文化和以唐镜为代表的物质文化完全是唐代生活的真实写照。本书挑选了八个题材的101面唐镜，对于每一面唐镜，基本上配以四首唐诗。为促进叠加效应，个别唐镜又增加了相配唐诗的数量，如禽鸟镜部分，最多有八首。

　　笔者既热爱唐诗又喜欢唐镜，将唐诗和唐镜这两种精品文化加以综合比较与研究，力求从"边缘学科"这样一个互为交叉的新视角，对探索并弘扬中华传统文化作一次大胆的尝试。在求索、归纳，表述的过程中，顿悟"诗辉镜耀"为唐代文化交响乐中的一个华彩乐章。诗与镜的融合，形神相依，情真意切；诗与镜的描述，相映成趣，倍增风采。诗由镜而传神，镜缘诗以增色；诗附镜遂动人，镜得诗因显意。如此赏镜吟诗，顿觉醉人心扉，其乐无穷！赏唐镜，吟唐诗，既可尽情沐浴唐代灿烂文化的阳光雨露；又能增添乐趣，增长见识，陶冶情操，有益身心。期盼通过唐镜来释读唐诗，又试图借取唐诗来认识唐镜。诚邀热爱唐诗和喜欢唐镜的朋友们与笔者一起，沉醉于中国传统文化的愉悦之中。

2006 年 6 月 6 日

102

《清华铭文镜》前言

一

华夏五千年，汉字五千年。今人难以认读的甲骨文、金文、大篆、秦篆（小篆）等古文字都发生在秦始皇之前；今人容易认读的隶书、楷书、行书、草书等文字皆出现在汉武帝以后。在这两者之间的百余年中，有一个从古文字向今文字演变的过程（含秦篆、汉篆、缪篆、篆隶互用、汉隶等），这就是隶变。本书仅从铜镜上的铸造金文为研究对象，以初步了解两千年来中国镜铭汉字的发展趋势与演变轨迹。李学勤《隶变研究·序》："（二十世纪）七十年代以来，秦到汉初这一时期的文字材料大量发现。特别是当时的竹简帛书，属于手工墨迹，今天竟能目睹，是前人所梦想不到的。"笔者感同身受，近三十年来，包括铭文镜在内的铜镜大量问世，诸多实物与资料使研究工作得益匪浅。若用心寻觅并努力探索，就能出现"前人所梦想不到的"结果。

二

罗振玉《古镜图录·序》："予年逾冠即嗜吉金文字……颇搜集古铜鉴，然不能多得也……以为刻划之精巧，文字之瑰奇，辞旨之温雅，一器而三善备焉者莫若镜也。"铜镜作为青铜器的一个特殊门类，有着诸多特点。其一，历史悠久，考古证明四千年前的齐家文化就有铜镜，如果认定黄帝铸镜之文献记载，就亦有与华夏文明同步的五千年铜镜历史，更重要的是具有从西汉初开始的两千年铜镜铭文史；其二，断代方便，一个墓葬只要出土铜镜，就可大致断定这个墓葬的下限年代，仅此而言，或许再难找到其他类文物可与铜镜媲美；其三，镜铭证史，西汉之初在铜镜上始见文字，镜铭内容明显地反映了当时的历史、文化、风土、人情，个别镜（如图54）还能考释一些重大历史事件；其四，文化包容，凡儒家（如图41、62、65、70）、道家（如诸多新莽镜铭中的"神人"、"仙人"以及图68）、佛教（如唐镜中的飞天与迦陵频伽、宋镜中的达摩渡海）等思想文化，皆可在镜铭或纹饰中，找到其印记乃至痕迹；其五，书体映照，每一时代之镜铭文字必然地表现出当时的书体特征，每一面铜镜之铭文都会让汉字在历史长河中的每一个脚印，持续地映照在人们眼前。

三

林素清《两汉镜铭初探》："庞大的镜铭文字材料，确能补两汉（金、石、竹木简、帛）文字不足，对于秦隶的、汉隶的演变痕迹，以及隶变规律等问题之研究，有极大助益。"包括隶变在内的汉字演变研究，乃是一项浩大的系统工程，镜铭汉字理应是一个重要分支，长期以来却存在资料不足与重视不够等问题。期盼本书这些按年代区分的铭文镜，能为汉字演变的整体研究提供若干依据。

本书百面铭文镜之重点放在汉字隶变剧烈的西汉早中期，诸多镜铭实例告诉我们，大局已定的隶变应该是首先出现在始于汉武帝后期的铜华铭文镜（图31、32）、日有喜铭文镜（图34）、君忘忘铭文镜（图35）等单圈铭文镜中，这是一批略带篆意的方正汉隶。占有本书总数之半的西汉铭文镜，将为汉字隶变研究提供一个有序的参考平台。王莽"篡"汉，复古改制，使用了两种特殊的镜铭书体（莽式汉隶和悬针篆），在本书可谓一大亮点。东汉中期以后，树道家文化，铭文内容多宗教色彩；兴浮雕艺术，铸镜工艺呈精细趋势；镜铭书法少有出彩之处，这与当时盛行的并为后人顶礼膜拜的东汉碑文，形成了不相匹配的对照。魏晋南北朝，书体大发展，在镜铭中却难以找到有价值的实例。隋唐的镜铭文字只有篆、楷两种书体，一方面唐楷登峰造极，另一方面唐篆与秦汉时相比，其差距很大，中晚唐镜铭文字的篆书更差，由存世量可知篆书镜比楷书镜要少。宋代镜铭书体大放异彩，可见篆、隶、楷、行各体。元明之际，除多了梵文外，还能见到草书、魏碑等镜铭实例。清代康乾盛世的镜铭如同盛唐一般，主要是篆、楷两种书体。

四

清华文科载辉煌传统,惜中断已久。今欲重建"学堂"再续前缘,费力费时可谓甚矣!《清华甲骨》《清华楚简》当可成新"学堂"之栋梁材。殷商甲骨与战国楚简俱处汉字五千年之前三千年,本书百面镜铭涵盖汉、唐、宋、元、明、清,皆属汉字五千年的后二千年,两者相合应无重大缺失之忧矣!

为庆祝母校百岁华诞并推动发展人文学科,愿《清华铭文镜》添作新"学堂"之砖瓦料,以报答哺育之恩、奉献赤子之心!

作于母校 100 周年校庆前

103

《清华大学藏日本和镜》概述

　　人类照容需要铜镜，其起源时间大致接近。中国铜镜与黄帝同步，距今约 5000 年。从出土文物看，最早是美索不达米亚平原古代伊拉姆王国的铜镜，距今在 4500 年至 4000 年。中国齐家文化出土多面铜镜，距今约 4000 年。埃及有柄手镜最早出土于中王国第十七王朝，距今约 3600 年。古希腊迈锡尼时代的青铜镜距今约 3300 年。距今 3100 年前的殷商，开启了华夏文明的完整铜镜史。

　　作为青铜器的一个特殊门类，中国历代铜镜蕴涵诸多特色；铸制历史连贯，考古断代便捷，文化内涵博大，审美情趣彰显，证史直观翔实，书体映照生辉。其中尤以汉、唐两代铜镜，对东邻日本影响重大。

　　大体而言，日本和镜分为仿汉式、仿唐式、纯和式三种，本书内容主要集中在纯和式。日本和镜在吸收与消化中国的汉文化、唐文化后，有了自己的长足发展，经过长时间的过渡，在江户时期已完全形成了日本自己的民族特色：改圆钮为有柄，标注工匠姓名，铸制渐趋精良，纹饰琳琅满目，构图犹如绘画，镜铭大字精美。

　　蓬莱纹直接反映了中国传统文化精华之一的长寿文化。在本书 100 面日本和镜中，有蓬莱纹内容者 52 面（B 类 4 面、C 类 8 面、D 类 7 面、E 类 30 面、F 类 3 面），其中带鲜红果实"南天"（即中国之"南天竺"）纹饰的有 4 面（C1、E2、E8、E27）。华夏文化中有"不死药"的记载，秦始皇、汉武帝都曾派员至蓬莱仙境的三神山区寻觅"不死药"；明李时珍《本草纲目·南天》中有"久服轻身不老"（见本书 J3 文字）。华夏文化中的"不死药"系为抽象的主观意识，扶桑文化中的"南天果"乃是具象的客观存在，两者怎么会在上述四镜中有所结合呢？难道和镜纹饰中的"南天"，就是蓬莱仙境中的"不死药"吗？本书揭示了这一神秘现象，期盼读者能饶有兴趣的读完这本小书。

　　汉字在东亚文化圈中享有崇高的地位。在本书 100 面和镜中，直接点明纹饰主题之大字镜铭者为 19 面，其中尤以草书（如 D1、G3、J6、L4、L7）、行草（如 D2、D3、D4）、行楷（如 H7、L3）10 面和镜之书体出类拔萃，情驰神纵，俊逸潇洒。从中可看到扶桑民族在江户时代热爱汉字、钟情汉文化的特点。

中国了解日本的程度远不如日本了解中国。日本较多地了解中国，必然有益于日本认识并发展自己；中国若亦能了解日本，同样有助于中国认识并发展自己。日本和镜虽是日本文化中的"沧海一粟"，却能折射日本文化乃至社会的各个方面。笔者希望通过对日本和镜的介绍与研究，对了解文本文化做些粗浅的探索。中国铜镜兴盛于战国，繁荣于两汉，辉煌于隋唐，宋代以后再总体上却是一种江河日下的状态。相比之下，日本和镜在近几百年中却是争奇斗艳、推陈出新，颇有"你方唱罢我登场"之感，这在东亚文化之兴衰上是一个意味深长的变化。"他山之石，可以攻玉"，我们应当对日本文化有所了解，主动了解。

本书百面和镜原系笔者悉心收藏，为贺清华大学百岁华诞并支持人文学科发展，继捐赠百面铭文镜之后，再奉献书中这些实物，供母校永久留存。

作于母校百岁华诞前夕

104

《汉镜斋藏镜》前言

二十多年前，一个偶然的机遇，笔者与一块汉碑书体镜残片（即《清华铭文镜》图六九）邂逅，于是后半生与铜镜结下了不解之缘。在研究铜镜的同时，亦为镜铭书法艺术的魅力所深深吸引。汉碑书法经过在秦篆、秦隶的基础上完成了隶书的变革并渐臻成熟，形成了百花齐放的风格，达到了炉火纯青的地步，创造了书法艺术的辉煌，出现了中国书法史上的第一个高峰，对后世书法艺术产生极大影响。这块汉碑书体镜残片，版模精湛且温润如玉，虽仅残存十字，且浓缩于方寸之间，但丝毫不减汉碑隶书的厚重、大气、古朴、率真的艺术特色（详见本书附图30）。把玩之际，经常浮想联翩，会不会找到同样水准的完整器物呢？有没有可能新的发现？二十余年来的寻寻觅觅，所见之镜成千上万，仅就汉碑书体而言，似都只能让位于这高高在上的小残片。

戊子仲春，笔者到京城芳草地，给畅安先生送上由他题签"诗辉镜耀"之拙著《唐代铜镜与唐诗》。届时曾言及镜铭书法一事，畅安先生对此兴致盎然，谈锋颇健。他嘱咐笔者要多关注镜铭书法，并花气力深入探讨，并当场为笔者写下了"镜铭书法"的题签。年逾九旬的辛冠洁老师也是一位对镜铭书法关注有加的前辈，他在《陈介祺藏镜》书中指出："研究铜镜的朋友，在研究铜镜纹饰的时候，也应该注意到汉镜铭文的书法。"在与笔者（多次赴京）晤面时，亦曾殷殷嘱托，寄以厚望。

由于种种原因，此事一直酿于心底而未付诸案头。辛卯季春，笔者为母校百岁华诞尽献微薄之力、了却多年心愿后，遂将精力倾注于镜铭书法的文化研讨。前辈的嘱托、母校的鼓励，无时不铭记于胸，催我不敢懈怠；家人的支持、朋友的帮助，无刻不感受于心，促我不能驻足。费时三载，流连其间，痴迷不舍。今日此书付梓，一可告慰前辈，二来答谢亲朋，三也算了却自己多年的心愿。

本书所列全部为铭文镜，按问世年代排序，共分为九个大类：子类，西汉蟠螭；丑类，西汉蟠虺；寅类，西汉综合；卯类，西汉四乳；辰类，西汉花瓣；巳类，西汉草叶；午类，西汉圈带；未类，新莽博局；申类，东汉三国。此外，早在春秋战国时期，铜镜上就出现了文字，因其不成系列而不能成为一个镜种或镜类，为协助读者探查镜铭之源。本书亦列入两面汉前的早期镜（特一、特二）。三国归晋以后，虽铜镜形制、铭文会发生变化，然由于文化的延续与传承，早晚还会保留一些传统，为方便读者了解汉镜遗韵，本书再补充两面汉后的纪年镜（特三、特四）。

铜镜铭文问世于西汉早期，修相思铭、愁思悲铭、大乐贵富铭等蟠螭纹镜类的书体是秦篆（小篆）。西汉早中期，多见日光铭、常贵富铭、与天无极铭等四乳、花瓣纹镜类，书体除秦篆（小篆）外，还发展到汉篆、篆隶过渡、缪篆等书体。以汉武帝为主的西汉中期，铜镜纹饰以草叶纹与连弧纹为主，铭文内容琳琅满目，镜铭书法呈现多样化的趋势；在总体上多见汉篆与缪篆的情况下，一方面缪篆出现了美化、遵古等情况，另一方面由圆转古文字秦篆变为方折今文字汉隶的隶变，在逐渐演化之中。西汉晚期，出现了日光铭、昭明铭、清白铭、铜华铭、皎光铭、日有熹铭、君忘忘铭等单圈纹或重圈纹镜类，镜铭书体在保持多样化的同时，隶变大局已定。以铜华镜为例，全铭主体已演变成为方折的今文字。

东汉桓灵之际，教育普及，文化昌盛。在汉碑书体繁荣的同时，镜铭书法亦很是出彩。本书有不少镜例会让读者产生兴趣，如：图117与图118的变形四叶兽首镜，图122的三段式神兽镜。在这些镜铭中，可看到很有价值的书法作品。图127"佛字铭对凤佛像镜"（残片）会让读者眼睛一亮，此器不仅在佛学研究上具有重大的文化价值，而且在镜铭书法上可谓独具"慧根"。

本书除了刊有"汉铭斋"的132件藏品图片（以拓片为主）外，还附有笔者精挑细拣的其他公私收藏之30幅拓片。这些图片虽内容单薄却亦成系列。由此，不仅可以鉴赏镜铭书法的美学，而且还能从铜镜铭文的角度，大致了解汉字由古文字秦篆演变至今文字汉隶的隶变过程。希望读者从中寻觅趣味，获得快乐。

中华民族是一个伟大的民族，包括汉文字在内的汉文化，有着巨大的创造力和影响力。今文字大局已定的西汉中晚期，距今已两千多年，笔者衷心希望把汉字隶变的大致过程，尽可能系统有序地展现在读者面前。对于本书，读者若能满意，应是汉文化的吸引力和感染力；如有不当，定是笔者的努力不够，能力不足。书中的疏漏与缺憾之处，幸祈方家指正。

癸巳端午　上海寓所

《汉镜文化研究》综述

一个时代造就一种文化，一种文化折射一个时代。

汉王朝是中国第一个封建盛世。在"大一统"盛世中，政治统一，经济发展，并初步完成了文化整合，形成了博大精深的文化体系："无为而治"奠定了汉王朝的立国之本；"独尊儒术"造就了汉王朝的长治久安；"龙凤文化"成为中华民族的精神象征。汉朝文化体现了中华民族文化的心理，是融合和汲取了各种类型文化精髓的"大一统"文化，显示出巨大的广泛性和适用性。它既具有各民族文化的基本共性，又具有自己独特的文化个性和鲜明性，是使民族统一、国家统一、多元文化走向一元文化的光辉典范，在中华民族的文化发展史上，乃至世界文化发展史上，都具有十分重要的地位，无论对中国、对世界都曾产生过并将继续产生着广泛而深远的影响。两汉文化的影响力，已渗透到了中华民族发展的各个方面。

古代铜镜是国家与民族的名片，其方寸之间，涵盖了自然国学与人文国学的诸多信息。在中国铜镜的四千年历史长河中，曾突显战国、两汉、隋唐三座高峰，两汉肩负着承前启后，继往开来的重任。从西汉初开始，铜镜上出现了铭文，这就可以更多地了解汉人的思想、感情、文化、信仰等只有文字才能表达的内容。

汉族、汉语、汉字、汉文化的"汉"，皆起源于汉代的"汉"。两千年后的今天，虽然遗存的汉简、汉帛、汉印、汉瓦等文物能留给我们一些信息，但是远远不够，致使今天的人们对汉代文化的了解比较有限。汉镜是一种承载着大量文化信息的特殊文物：铸制历史连贯，考古断代便捷，文化内涵博大，审美情趣彰显，证史直观翔实，书体映照生辉。研究汉镜文化，有着重要的历史文化价值。

本课题是一个两岸携手、中日合作的综合研究项目。上册，研究部分，内容计有7个篇目48个题目，纯文字量约45万字及其数百幅插图；下册，图录部分，内容为204幅铭文镜的图片及其 8 万余字的文字说明。

这里，我们将 48 个题目的研究摘要综述如下：

一、综合篇

1. 记《古镜写影》有字秦镜

《古镜写影》系由甲骨文学者王襄先生在其 75 岁时（1950）成书。作者在对其深入了解的基础上，释考了一面有 5 字铭文的篆书体秦镜。汉承秦制，研究汉镜很有必要了解秦镜，惜迄今罕见有关秦镜的资料。确认秦镜和研究秦镜当是中国铜镜史上的一件大事，这是一篇高屋建瓴，深入浅出的大作。（全文 0.24 万字，附 1 张图）

2. 两汉三国纪年镜概说

中国纪年镜是中国铜镜的一个特殊种类，在历史学、考古学、类型学、文字学、民俗学、比较学等方面有着重要的文化价值。中国纪年镜经历了约两千年，没有大的间断，这在世界文化史上值得骄傲。粗略统计，两汉三国纪年镜的存世总量有数十个年号，数百面之多，分藏于世界各地。本文列举了两汉三国时代纪年时间相差 294 年的 24 面纪年镜。其中包括西汉（含新莽）镜 4 面，东汉镜 12 面，三国镜 8 面。（全文 0.87 万字，附 24 张图）

3. 从镜铭看汉代选官制度

此文从东汉镜铭"郡举孝廉州博士，少不努力老大悔"入手，通过对汉代教育制度、举荐制度的了解，较为全面地研究了汉代选官制度。汉代（特别是西汉）镜铭内容与倡导孝道的政治主张完全合拍，充分体现出"百善之首孝为先"的思想。西汉以孝治国，以孝廉为举荐官员的基本条件，建立了从上到下一系列的孝廉官员，推动了西汉的国势隆盛。（全文 0.67 万字，附 8 张图）

4. 论汉镜文化对日本的影响

这篇文章可谓中日友好关系史的起源研究。作者从以下三方面进行了论述：中国古代铜镜和铜镜文化传入日本及产生的巨大影响；历史背景是日本进入以中国为核心的东亚朝贡体系；铜镜以其特殊的"形与意"，进入了以日神信仰为中心的日本古代神道思想体系中，并产生了极其深远的影响。（全文 1.31 万字）

5. 博局与汉代博局纹镜

本文从大量的出土资料着手，详尽阐述了博局的形制、称呼以及汉代博戏盛极一时的历史背景。进而说明，博局实物以及刻有博局图像的画像石、画像砖、木板画、石棺、石椁、占卜、铜镜等各种器物，都是汉代博戏文化的产物。本文重点讨论了：汉镜刻上博局是汉人的理念；博局有避恶去邪的神奇功能。（全文 0.76 万字，附 31 张图）

6. 西汉镜铭喻示的人与自然

西汉镜铭（包括陶文、刻石）的"与天""与地""与人"内容，反映了中国古代人与自然的关系。当时，儒家专题儒家提倡的"天人合一"，道家提倡的"道法自然专题，两者都把人与自然专题自然的"和谐"作为其核心思想。这些理念不仅为汉武帝即位后的"大汉雄风"，打下了坚实的基础，而且在两千多年来的华夏大地上，始终释放着其固有的正能量。（全文0.28万字，附12张图）

二、自然篇

1. 汉镜中的数学问题——汉镜连弧数字与作图研究

汉镜制作中，须用到多种几何作图方法。尤其是连弧纹镜中包括11、13、17、19、23、29、31这些素数连弧的等分设计和制作，在当时的条件下，不啻是天方夜谭。汉人在当时是怎样利用规、矩、尺这些简单的测绘工具，解决这些问题的呢？作者根据有关史料和当时数学发展水平，对汉朝工匠准确等分圆周进行推测，为我们了解和认识这一时期应用数学的水平，提供了重要依据。（全文0.84万字，附32张图）

2. 汉镜中的物理现象——西汉透光镜研究

此文简要介绍了西汉"透光"铜镜的研究历史，并从光学、固体力学、金属材料学和铸造工艺学等学科领域，综合研究了西汉铜镜"透光"的原理和"透光"镜制作工艺。研究认为，镜背有环向布置的凸起图纹的铜镜，在被研磨到足够薄时，镜体铸造凝固当时所产生的残余压应力，即可使镜体薄处出现细微变形，镜面相应部位产生微小的曲率差异，从而产生"透光"效果。（全文0.42万字，附8张图）

3. 汉镜铭文中的地理概念

汉镜有许多品种深具历史文化价值。除纪年镜外，"记地"镜同样十分重要，可以通过"记地"来了解汉代铜料产地与铸镜地点的大致概况。此文举有"新有善铜出丹阳""单于举土列侯王""广汉西蜀"和"扬州会稽山阴安本里"等四段铭文镜例，通过考证以明白当时所代表的地域范围与地理概念。（全文0.33万字，附4张图）

4. 西汉铭文镜度量标准

中国执行度量衡标准有四千年的历史，从东周到东汉的近千年里，尺度标准始终如一（即今23.1厘米），包括新莽在内的西汉铭文镜亦毫不例外地执行着这个标准。汉镜的绝大部分都在汉尺5寸至10寸的6个规格之中。本文对8个镜类进行研讨，并对每个镜类采取8～12个典型镜例，再列成表格加以比对。为方便研讨，还采用了单位面积之重量m值，作为比对标准。（全文0.80万字）

5. 新莽官制镜的标准与制式

以新莽官制镜为主的四灵博局镜，跨越西汉末、新莽、东汉初3个历史时期，主要包括尚方御竟，尚方作竟、新有善铜，新兴辟雍，王氏昭（作）竟等5个镜类。每个镜类采取8个典型镜例，并列成表格加以比对。作为标准体系，本文对尺寸、重量、文字、书体、主纹、伴兽、边缘、边宽、镜钮、镜面等10个方面，进行了扼要阐述。（全文0.72万字，附8张图）

6. 汉镜表面富锡技术研究

中国古代铜器表面有擦渗、膏剂扩散和液态三种富锡技术，用于增强映像效果、表面装饰或表面防腐蚀。汉镜表面应用了前两种技术。至迟在明代铜镜上也应用了液态富锡。二十世纪八九十年代，作者等人已完成前两项研究，挖掘出湮灭已久的铜器表面富锡工艺，解开了白亮铜镜千古不锈之谜。铜镜表面的"水银沁"，主要是用粉状磨镜药擦渗镜面而成。（全文 2.54 万字，附 45 张图）

7. 汉代镜范材料分析及其相关讨论

汉镜铸造历来有石范与陶范两个传统并存在分歧意见。为此，文章通过若干科技手段并收集大量数据，讨论了出土与传世的镜范以及镜范的材料学性能等问题。作者指出：太多的问题会随着新的研究而产生，这些新问题的提出，将为我们全面认识中国古代铸镜技术，提供更大的可能性。（全文 1.04 万字，附 4 张图）

8. 汉镜铭文关于铜质与熔炼的探讨

此文所列的两类汉镜铭文告诉我们：若想得到一面上好的铜镜，必须从铜质（合金）与熔炼这两个方面提出严格要求。铭文内容："三商"系为合金成分（铜锡铅）；"幽湅"可谓巧妙熔炼；"五色"乃指火候（温度）变化；"去恶宰"就是去除杂质。中国古代镜铭多有以镜喻人的情况，此两类汉镜在延伸一种理念——"此镜甚明"，来之不易。（全文 0.46 万字，附 12 张图）

三、人文篇

1. 西汉镜铭相思文化概说

西汉相思铭文是铜镜中出现最早的铭文。此类镜时间跨度大，存世时间长，铸造时期比较集中。铜镜在汉代逐渐由富家大户走向普通人家。作为日常生活用品，寄托着圆满、团圆、吉祥等意愿，凝聚着工匠的审美意趣，顺理成章地担当起了相思文化传递者的角色。相思铭文抒发了恋情之苦、亲情之痛和家国情之殇，同时表达了对国泰民安、福祉绵长的向往和企盼。（全文 0.48 万字，附 30 张图）

2. 西汉日光镜铭文释考与研讨

日光镜是西汉存世数量最大，存世时间最长的一个镜类。日光镜铭从文、景时期出现，迅速发展成势，武帝中期渐衰，宣帝又见中兴，直至西汉晚期再次昙花一现，而后终于消失。文章从 7 种 10 类镜面的主纹着手，提供了 24 个镜例，并逐一释考。认为"日"不只是指自然界的太阳，而是将帝王比作太阳。（全文 0.55 万字，附 24 张图）

3. 西汉昭明镜铭文释考与研讨

作者对于昭明铭文解读有四点思考：从诗经、楚辞等中国古典文学来看，传统以香草美人比喻忠君之意；西汉镜铭内容的涉及面甚广，各类文化都不必隐晦。只有站在对立面的角度讽喻时政时，才需要隐晦；昭明镜存世时间之长（约一个半世纪）和存世数量之多

（数以千计）说明，这个历史重担完全不是敬夫说所能担当；"壅塞"一词应作"君臣不和"难以沟通之意。由此，对昭明镜铭文，从新的视角给予了诠释。（全文0.42万字，附2张图）

4. 西汉清白镜铭文释考与研讨

清白镜几乎是伴随着昭明镜一起同时问世，不论是单圈或是重圈的何种铭文组合，总是以昭明——清白的组合最多，其经典的标准组合方式是24+48=72字，其存世时间与昭明镜相同。清白镜铭文亦非敬夫说，同样沿着昭明镜铭文释考的思路给予了解读。（全文0.35万字，附2张图）

5. 西汉铜华镜铭文释义

西汉中晚期的铜华镜，根据其首句、主纹、制式的不同，可大致分为12类。由大量存世实物可知，以"涑治铜华以为镜"为首句的铜华镜是这一镜种的主流器物，此文列举了至少有5种不同铭文内容的此类镜，其中有若干罕见之器。铜华镜铭文字略带篆意的方正汉隶，似可认为是今文字的开始，这是铜华镜对中国传统文化的一个重大贡献。（全文0.44万字，附6张图）

6. 从西汉镜铭谈汉人的祝愿语

镜铭始于汉初，西汉初期镜铭简短，字体皆小篆，内容多为男女或朋友间的馈赠之词。借着互赠铜镜，表达彼此思慕之情；叮咛之余，又附加些颂祷吉语。作者引用108条（另附8条）铭文，并加以137条注释，对西汉镜铭的汉人祝愿语，作出了释读、考证与探讨，为汉镜铭文研究，提供了详尽的基础资料。（全文1.04万字）

7. 新莽镜"单于举土"铭研究

鉴于长期的战争，人民渴望和平。从大的概念看，新莽镜铭中"举土"一词意通"臣服"，就是对这段"和平"历史的肯定。从具体的范围讲，当时汉王朝对匈奴确实还有索求一块战略要地的历史。莽式镜铭文中出现"单于举土列侯王"内容，既是一个实实在在的历史过程，亦是一段汉王朝与匈奴间和平历史的回顾。（全文0.84万字，附1张图）

8. 新莽镜"井田平贫"铭研究

汉代谣谚的大量出现与广泛流播，是我国古代史上一种独特的文化景观，这种现象对社会生活产生的重大影响为后世所罕见。汉初除暴秦"禁言"之弊，继而形成了宽松的政治环境，统治者以"举谣言""观采风谣"来考察官吏，并检讨自己为政之好恶得失，以及天人感应、谶纬神学等原因，为谣谚参政议政、褒贬吏治、反映民众疾苦、素描社会百态等创造了条件。"井田平贫"铭博局镜即系其中精彩一例，记载了王莽"复古改制"的梦想。（全文0.75万字，附1张图）

9. 从东汉伯牙镜看汉代礼乐文化

东汉中晚期的桓、灵之际，在铜镜图像与铭文上皆出现了有关伯牙的内容。汉人为何如此重视并崇尚伯牙？作者认为，究其文化内涵之根本是汉朝崇尚礼乐文化的反映。礼乐配合，以礼修身，规范人们思想行为；以乐治心，感化人们自觉地按照"礼"的规范来行事，保持人们内心的平衡，从而达到"治国""平天下"的目的，这是儒家"礼乐文化"

的精髓，也是儒家"礼乐文化"的普世价值所在。（全文 0.41 万字，附 5 张图）

四、文字篇

1. 西汉镜铭内容与书体研究

作者依照铜镜的时代、类型、字体特征，将汉镜铭文从汉景帝以前的西汉早期到东汉中晚期，分成七个时期进行讨论。

作者认为，利用庞大的镜铭资料，能弥补两汉金、石、竹木简、帛书等文字的不足，对于从秦隶到汉隶的字体演变，草书的兴起，以及隶变规律等问题之研究，都有极大帮助。（全文 1.61 万字）

2. 汉代镜铭与简帛隶书比较研究

本文试图通过最新出土的简帛与铜镜铭文相比较，以管窥西汉隶书的发展。作者经过比较研究，发现隶书的发展程度在不同介质上有不平衡的现象：即简帛比较激进，西汉中期已经出现成熟今隶（分书）；铜镜较为保守，西汉早中期以篆书为主，并兼杂篆隶，西汉晚期出现少量古隶，至东汉早期才出现有波磔的分书。（全文 1.01 万字，附 15 张图）

3. 从西汉镜铭书体看汉字隶变

《清华铭文镜》与《汉铭斋藏镜》两书有 200 余面汉镜铭文的素材，为汉字隶变提供了大量的书体信息，这是一个逐渐演变的完整过程。本文从中寻找了九组有代表性的典型案例，特别是若干同一镜类或同一时代的突变现象，有助于进一步了解汉字隶变的关键节点。（全文 0.32 万字）

4. 西汉草叶纹镜铭文的音韵探讨

西汉草叶纹镜是西汉铜镜的一个重要组成部份，其流行时代较为明确，图案组合多样，铭文突出且文字装饰性强烈。铭文用韵也值得探讨，本文结合几类草叶纹镜的铭文，谈及铭文音韵的应用。文中涉及音韵多是韵母部分，而声母和沈约的四声问题谈得较少，这需要更多的镜铭内容，与同时代的韵文一起去比较分析。镜铭音韵，丰富新颖，趣味难尽。（全文 0.63 万字，附 19 张图）

5. 西汉镜铭"君"字释

西汉镜铭充满着多姿多彩的生活气息和深刻细微的文化内涵，为后人研究汉代社会提供了翔实的资料。其"相思""长寿""祈祥""忠君"等主题内容，深深地影响着中国的传统文化。在种类数以百计的存世镜铭中，"君"字多有出现，这种现象值得重视和研究。作者从"君"字所包涵的君主、大夫、君子和夫君等四个不同的概念，考证了其不同的内涵。（全文 0.33 万字，附 10 张图）

五、文学、美学篇

1. 汉镜铭文与汉乐府

汉乐府和汉镜铭文是汉文化土壤中破土而出的两朵奇葩，有着天然相通的血脉之源。同声相应，同气相求，心心相印，脉脉相通，在生活同一底色上，产生出艺术创作的类似题材。在内容上，许多汉镜铭文应是直接从乐府诗歌脱胎而来。同时二者呈现出各自的艺术特质，其在反映社会生活面的阔与狭、揭示本质的深与浅、表现手法的繁与约上有着明显差异。（全文 0.71 万字，附 12 张图）

2. 说汉镜铭文中的女性赋体诗——第三篇"姚皎光"镜

在存世器物中，此类镜有单圈与重圈两种表现方法，铭文内容多不完整。长期以来，对此类镜铭的释读众说纷纭。作者认为，这是一首西汉时期叙说男女相爱的赏月诗，并对"完整"的全铭内容作出了"释文"与"注释"。此篇虽系短文，然言简意赅，可谓佳作。（全文 0.12 万字，附 2 张图）

3. 从博局镜看汉镜之美

此文综合博局镜的结构、纹样和铭文，从法象天地、此岸仙界和文字力量三个方面深入分析后认为，镜子上有"与天无极，与美相长"的铭文，主旨是希望镜主能与上天同寿，与美人相伴。然而，这八个字形容汉镜本身也很贴切，镜子制作法天，故能有美，故能久长。（全文 0.57 万字，附 5 张图）

4. 西汉镜抽象龙纹研讨

在中国铜镜史上，不同的历史阶段，都曾出现为数众多的龙纹镜，其间尤以西汉时期的龙纹镜最具特色，最为耐人寻味。更为难得的是，还出现了若干抽象形式的龙纹镜，以及从具象到意象再到抽象，这样一条相对清晰完整的形态发展脉络。西汉镜抽象龙纹有一个酝酿、发展、成熟的演变过程，本文选取了 10 个镜例作为展示。抽象龙纹在西汉时期的铜镜上出现，有着时代、审美、心理等多方面的深层根源。（全文 0.43 万字，附 10 张图）

5. 居摄、新莽镜花边纹研讨

以植物与龙纹为主的汉代花边镜，虽然其表现手法是先秦艺术风格的继承和延续，但一扫之前神秘的宗教含义，主题纹饰素朴，构造丰满，寓动于静，图案结构简单，改变了战国时期严谨细密的风格。不求工细形似，只求以精练之笔来勾勒景物的神态，达到形简却意丰的审美效果。这从一个侧面，反映出汉代造型语言单纯、洗练、硬朗、挺拔、大气、华美之特色。以本文列图为例，一眼望去，琳琅满目、风姿绰约，本来是"具象"的羽人与动物，都采用了尽情写意的创作手法。（全文 0.28 万字，附 16 张图）

六、宗教、民俗篇

1. 汉镜神仙思想研究

汉镜神仙思想的物象构成宏富庞杂、自成体系，它是汉人在神仙信仰与升仙不死说支配下，营造的一个令观者无限向往的神秘世界。本文按"仙人""仙禽""神兽""神物"等分类，对镜图承载神仙思想的物象，尝试进行系统的释名释义；对神仙思想题材的汉镜铭文，进行系统的整理考释；并借此分析不同历史阶段中，汉镜神仙思想的演变特征及社会背景、时代动因；对与神仙思想相关的若干汉镜物象认读问题进行考证。（全文7.25万字）

2. 汉镜中的西王母神话

汉镜中的西王母神话题材十分丰富，本文集中诸多材料，分析比较禽兽镜、画像镜、神兽镜图式中的西王母图像与铭文，并梳理这三类镜中西王母神话题材。由西汉早期初现，到西汉中晚期至东汉时期逐渐发展、流播的演变轨迹，进一步探讨汉镜西王母神话题材兴衰衍变的时代背景与社会动因。笔者认为，镜图中西王母神话题材的流播与演变，主要与汉代社会生活背景及神仙信仰与不死说有关。东汉原始道教兴起，道家"造神运动"推波助澜，也是促成汉镜西王母神话内容题材变化的动因。（全文1.36万字，附26张图）

3. 西汉早期道家文化概说

汉镜中的道家文化始于西汉早期；经过逐渐发展，在西汉末期的王莽掌权、摄政之时，由道家文化一统天下；到了东汉桓、灵之际的铜镜上，道家文化如同雨后春笋，几乎是每面铜镜都包涵着道家文化。汉镜道家文化的重点是在西汉晚期至东汉晚期，而其初创时的西汉早期则因资料缺乏而少有关注，本文从镜铭与镜图两个角度挑选了十个镜例，尝试着作一粗浅的罗列与探讨。（全文0.23万字，附10张图）

4. 东汉三段式神仙镜与五斗米道

根据考古学的讨论以及与道教经典的对比，从图像释考来推想三段式神仙镜和五斗米道的关连。作为假说提出来，斗母神格的出现时期是否可追溯至东汉末？考古学的分析结果显示，在东汉末的四川、陕西等地，三段式神仙镜是与包括五斗米道在内的地域信仰、社会动向有很深关系的一个镜群。利用此类镜信息及数据，对于有很多五斗米道信仰的实际情况，能够打开探索之路。（全文1.05万字，附14张图）

5. 西汉中期镜铭之儒家思想

铜镜作为一种文化载体，在西汉中期之花瓣镜和草叶镜的铭文上，出现了儒家思想内容。西汉武帝即位之初，改信奉黄老而尊重儒学，为中央集权并继而成为大帝国，奠定了思想基础。本文列举3面花瓣镜与草叶镜，由镜铭的"与人""忠""信"等关键字的释读，印证了"罢黜百家，独尊儒术"的历史背景。（全文0.30万字，附3张图）

6. 三国吴佛学铭佛像镜研究

西汉哀帝元寿元年（前2）佛教开始传入中国。东汉末年，会稽、鄂州成为中国铜镜的制作重镇。与此同时，佛教也先后传入这些地区，佛像镜应运而生。佛像镜的问世，丰富了中国铜镜文化的内涵，同时也为中国佛教传播历史及佛教艺术发展等方面的研究，提供了宝贵的素材。"佛"字在三国吴佛像镜上出现，足以证实佛像镜中头上项光、身下莲花、结跏趺座之人形图案，当属佛像无疑。（全文1.48万字，附3张图）

7. 西汉镜铭长寿文化

自古以来，长寿是每个人追求的目标。在佛教传入中国之前，中国人还不关注来世来生，而是执着地关心着今生今世。在关注着肉体生命的同时，亦关注着精神层面的生命质量。中国人自古就强调孝道与敬老，这是中华民族的传统美德。本文列举了西汉至新莽间的18个镜例，并结合《清华铭文镜·镜铭辑录》，对长寿文化逐一进行了剖析、比对，反映了汉人对长寿的殷切期盼。（全文1.15万字，附18张图）

8. 西汉镜铭酒文化

在西汉铜镜最早出现的铭文上，就有了"酒"字出现。经过秦汉之际的连年征战，人们终于享受到了和平与安定，铭文"大乐贵富、千秋万岁、宜酒食。"就反映了人们当时的心态。此文列举了12面西汉铜镜，其铭文内容将两千年前汉民族的酒文化，清晰地展现在我们面前。世界上每个国家的不同民族都有自己的酒文化，而华夏民族在两千余年前，就有如此灿烂的酒文化，值得我们自豪与骄傲。（全文0.47万字，附12张图）

9. 西汉镜铭广告文化

在汉代，无论官方或私营铜镜铸造业都获得了重大发展，出现了新的高潮，铜镜已发展成一般商品。镜铭大大拓展了其涵盖的空间，祈天祝地、颂神羡仙、说人论事，无所不包。其中，以推销自己为主要内容的广告铭文惹人瞩目。此文列举了16个广告词的镜例，从这些广告词语中，我们可以管窥封建社会萌芽中的早期商品意识、汉人高超的商业智慧和巧妙的促销技巧，这是汉代镜铭广告留给后人的一笔非物质文化遗产。（全文0.33万字，附16张图）

七、专题篇

1. 汉镜分期研究

笔者对汉镜的图像纹样和铭文进行综合分析，在明确各镜种的分期的同时，建立整个汉镜系统的编年体系，并对汉镜图像纹样和铭文的变迁进行了讨论。作者将西汉镜分为四期，东汉镜分成三期。继汉镜七期以后是三国魏镜和吴镜，再往后是西晋镜。这些镜种大部分承自汉镜七期，可谓汉镜之余音。此外，还附有"华西系"镜类与纪年镜类。（全文5.0万字，附136张图）

2. 西汉早期蟠螭纹铭文镜研究

西汉蟠螭纹铭文镜问世在西汉早期，承担着战国镜向汉式镜过度的重任，开创了中国铭文镜的先河。本文汇集了八类主纹40面铜镜的相关信息，进行粗浅研究。此类镜的有限存世量映照出诸多历史文化信息：文字避讳、文字隶变。铭文内容折射出西汉早期社会

的风土、人情。（全文0.82万字，附40张图）

附：西汉72字铭三叶三龙蟠螭镜纪事研究

作者从22个时间区段，记录了近百年来关于此类镜所发生的一系列事情，并指出了此类镜的历史文化价值。在西汉早中期之际，带"徹"字的昭明镜与昭明清白重圈镜类可分为24字、72字、78字三种。镜铭可以证史。镜铭可以断代。（全文0.30万字，附8张图）

3. 瑞典藏西汉蟠螭纹铭文镜研究

西汉早期的镜铭文字有过两次重大避讳，第一次是以"修"字避淮南王刘长之"长"字讳，第二次是以"泄"字避汉武刘彻之"彻"字讳。在高本汉《早期中国铜镜》一书中，两次避讳一览无遗。本文按其大致的问世年代进行排序。（全文0.52万字，附9张图）

4. 西汉铭文镜问世年代探讨

此文列举五个西汉铭文镜类的12个镜例，并说明其问世年代上的若干特点。问世年代最短者为"修相思"铭镜类，主要问世在汉惠帝至汉文帝初之间。问世年代最长者为"见日之光"铭镜类，从汉文帝之初直至西汉末期。西汉"大乐贵富得所好"铭文镜的两个特例，展现出铭文与主纹不在一个时代的鲜明个性。"日有熹月有富"铭镜类与"涑治铜华清而明"铭镜类，主要问世在西汉晚期，这两个镜例可谓是一种承前（西汉）启后（新莽）的经典器物。（全文0.20万字，附12张图）

5. 东汉变形四叶兽首镜研究

东汉晚期兴起了变形四叶兽首镜这种独立镜种，此文列举了20面有纪年、24面无纪年的镜例，作者对此镜种与众不同、标新立异的特色作了论述：铭文——突出纪年，标注产地；连弧——数字缤纷，展现素数；品种——西蜀中原，并驾齐驱。同时，对于此类镜的17、19、23、29、31等5个素数连弧，汉人在当时条件下是如何加以解决的，表示了叹服与不解，希望进一步研究。（全文0.51万字，附4张图）

6. 一面图文并茂的东汉画像镜

作者从多个角度介绍了"盛如长安南，贤如鲁孔子"铭东汉画像镜的文化信息。"盛如长安南"铭曾是新莽王朝在长安城南的规划设想；"贤如鲁孔子"铭及其同类镜，反映着东汉时期的"尊孔"与"尊儒"；结合榜题"东王公、西王母"，全镜铭文儒道合一；对5面同类镜的比较研究，以了解东汉的"名匠佳镜"；全镜22匹奔马有三个象征意义：地位、力量、财富。（全文0.41万字，附5张图）

7. 东汉镜铭"仓颉作书"传递的文化信息

一部汉字字体、书体的演变史，生动地表现了中华民族的文明发展史。中国的汉字如明亮的火炬，把我国的历史照亮。仓颉造字所体现的实践、联想、创新的精神，铸就了源远流长、博大精深、影响深远的中华汉字文明，这是中华民族统一和繁荣发展的主要原动力之一。追溯仓颉功德，传承仓颉精神，弘扬仓颉文化，让民族文化绵延赓续，这就是"仓颉作书，以教后人"镜给我们的最大启示。（全文0.39万字，附1张图）

8. 三国吴嘉兴元年铭纪年镜产地研究

迄今所知，此铭器物存世 4 面。对于铭文释读与纪年产地的考证，经过了一段曲折而有趣的过程。"嘉兴元年镜"有五个巧合，其一，中日两国各自都有两面，且分藏于国立博物馆及民间藏家；其二，两国各自的藏镜都是同模镜；其三，吴国有祥瑞之词并置嘉兴县，而西凉又有嘉兴年号；其四，同时期的东晋和西凉都有会稽郡；其五，孙皓追改"嘉禾六年"为"嘉兴元年"，与西凉"嘉兴元年"的干支都为丁巳。（全文 0.39 万字，附 2 张图）

9. 三国吴太元二年铭纪年镜释考

纪年镜在是中国传统文化的珍贵物质遗产。此镜的重要性在于，对人文国学和自然国学两个领域，都将会不断地体现它的历史价值与文化价值。这面太元二年铭纪年镜的出现，为孙权在位年号的纪年镜填补了四项空白：其一，孙权在位最后 6 年的空白；其二，"太元"年号的空白；其三，三国吴年号变动最频繁（11 个月中 4 个年号）时期的空白；其四，虽纪月不足 30 天，然保存了这段既短暂又宝贵的历史记录。（全文 0.17 万字，附 1 张图）

《中国早期铜镜》前言

在距今七八千年的土耳其恰塔尔休于遗址、中国云南丽江地区的古文化遗地都曾出土过石镜。1973 年，上海亭林地区的良渚文化遗址出土了一面直径 20 厘米的黑曜石镜。这些石镜至今都仍可光亮照亮，它们的年代皆早于齐家文化，应属于新石器时代晚期。

青铜文明是人类文明的重要标志之一，其起源除了中华文明外，还包括美索不达来亚、埃及、印度、美洲、希腊和罗马等六个部分。埃及早在中王国、新王国时期就出现了有柄镜类。仅就收藏而言，英国大英博物馆藏有诸多的古埃及镜、古希腊镜。

近数十年的考古发现表明：在华夏中原进入青铜文明之时，中国北方地区（从内蒙至青海）因互相影响也产生了有别于中原地区的青铜文化[1]，亦称"鄂尔多斯式"青铜器。本书中若干实例的时代主要在商周、春秋。

属于青铜文明的中国早期铜镜，本书对其时间区段定义为，由距今约 4000 年的齐家文化至距今约 2500 年的春秋晚期，其时值约占整个中国铜镜历史的 38%。李学勤《清华铭文镜·序》："铜镜是我国古代历时最久、传播最广的文物种类之一。从考古发现来说，铜镜可追溯到铜石并用时代的齐家文化，也就是说比夏朝还要更早。自殷商至春秋，是铜镜的滥觞期，所获标本不多。其后，铜镜制作工艺讯速发展，出现了三个高峰期。"换言之，我们将中国早期铜镜的时期区段定义在中国铜镜高峰期来到之前的时期。

中国铜镜的主体形制为具钮圆形，从齐家文化就开始了，经历了十五个世纪的中国早期铜镜有以下几个鲜明特点：其一、圆度不够标准；其二、等分不够规则；其三、直径多在今 10 厘米以下；其四、镜体多轻薄，其单位面积重量（m 值）多在 1.5 克 / 平方厘米以下；其五、铸制比较粗糙；其六、春秋战国之际出现了"偶然形成"的文字。

---

［1］《中国早期铜镜》之《中国早期铜镜的发现与研究》。

本书将"中国早期铜镜"分成七个历史时段：

甲：齐家文化（5 面）；

乙：夏商（7 面）；

丙：商代（11 面）；

丁：商周（14 面）；

戊：周代（7 面）；

己：春秋（29 面）；

庚：春秋战国之际（29 面）；

辛：附，阳燧（14 面）。

中国早期铜镜之文化内涵。概括而言，从齐家文化至商代的千年之间，主要是太阳崇拜[2]，主要是表现手法有具象（日纹）与抽象（星纹、芒纹、弦纹）两种，由商周开始渐逐过渡到图腾崇拜（蛇、龟、龙、虎、鹿等），偶而还见货贝纹[3]、几何纹、蟠螭纹、蟠虺纹等。

作为中国早期铜镜之孪生兄弟的阳燧[4]也问世在同一时期，通过对 15 件实物的实测与计算，我们可以知道，阳燧焦距（即向日取火之凹面曲率半径的一半）多在今 3～5 厘米之间。北宋沈括《梦溪笔谈》："离镜（燧）一二寸，光聚一点。"北宋"一二寸"即今 3.14～6.28 厘米，正是我们计算的这个范围。

在完成本书之时，我们深感：因为中国早期铜镜的历史距今遥远，且可供查阅的文献资料甚少。尽管在主观上作了最大的努力，然而还是无法令人满意，只能作抛砖引玉之想。可以肯定，此书一定会存在诸多的不是甚至错误，期盼读者与专家给予批评指正。

本书承蒙辛冠洁老师题签、傅举有老师题序，还得到孙克让、程林泉、邱龙昇、鹏宇等先生的支持与帮助，在此一并致以谢意！

---

〔2〕本书 001《镜文化寻根——探讨中国早期铜镜纹饰中的太阳崇拜》。

〔3〕本书 003《中国早期铜镜上的"货贝"纹》。

〔4〕本书 002《中国阳燧技术研究》。

《中国纪年铜镜》前言

　　中国纪年铜镜既是存世稀罕的珍贵文物，又是中国铜镜的特殊种类，在历史学、考古学、类型学、民俗学以及比较研究等方面有着重要的文化价值。民国铜镜收藏家梁上椿 1942 年在其《岩窟藏镜·汉式镜·概说》中称："汉式镜中足供研究之重大资料，厥为纪年镜。"此书代表了当时在金石学框架内铜镜研究的最高水准，此言当谓不虚。

　　从西汉成帝永始二年（前 15）第一面纪年镜面世，至清代光绪末年后纪年镜绝迹，在近两千年的漫长岁月中，纪年镜没有出现大的间断，在世界文化史上，这是值得中国人引以骄傲的。

　　由于年代久远加之存世数量稀少，世人对两汉三国的纪年镜表现出特别的兴趣与关注：海内外的博物馆、美术馆乃至收藏家，都以收藏有中国纪年镜为荣。值得一提的是，东邻扶桑对这个专题，曾进行过探索与研究，如：梅原末治《汉三国六朝纪年镜图说》（1943）、樋口隆康《古镜》（1979）、东京五岛美术馆《前汉至元时代的纪年镜》（1992）等专著即是代表。

　　中国纪年铜镜（尤其是两汉部分）有着丰富的文化内涵，我在收藏与研究两汉铜镜时，特别关注两汉纪年镜及其相关资料。2011 年 4 月，在清华大学百年校庆时的一个学术研讨会期间，我与上海博物馆研究员陈佩芬老师谈起中国纪年铜镜研究问题时，对其重要性和紧迫性认识有颇多契合。回沪后，我们又作过几次深入探讨，最终商定合作撰写《中国纪年铜镜》一书，两汉三国魏晋六朝部分由我执笔，隋唐辽金宋元明清部分由她执笔。她同时力邀上海古籍出版社吴旭民老师担任责编。2013 年初春，在一次晤面时陈老师称，近来身体多感不适，且忙于《中国青铜器辞典》的出版事宜，憾无精力顾及纪年镜一书。时隔不久，她将自己收集了几十年的纪年镜资料卡片，连同一些报刊杂志上的纪年镜图片复印件，一并交付与我。

遵陈佩芬老师所嘱，我花费了约半年的时间，在海内外收集相关资料，终于在癸巳重阳做好了有 65 幅图片的样稿，2013 年 10 月中将此样稿及原始素材全部交给了陈老师。天有不测风云，时隔一周，陈老师上班时突然病倒，并于十天后驾鹤西去。在此期间，不仅未能得到她的片言只语，而且所有的书籍资料与素材在她身后皆不知所踪，这使我陷入了深深的悲痛和迷茫之中。此后半年，凡了解此事的同仁、好友及上海古籍出版社诸位编辑，都不断关切地询问此事并给与诸多鼓励，重新写好这本专著已是"箭在弦上，不得不发"。笔者遂不揣才疏学浅，尽力为之。

在前人大量工作（主要是已有著作）的基础上，本书总共收集了"两汉三国魏晋六朝"时期的 150 面纪年镜资料，其中的出土器物图片当为本书之核心。此外，除了《汉铭斋藏镜》与《止水阁藏镜》两书中近年收藏的 18 面实物图片外，还从各大博物馆与收藏家处收集了数十幅资料图片。博物馆处主要来自中国国家博物馆、故宫博物院、上海博物馆、广西壮族自治区博物馆、洛阳博物馆、南阳博物馆、日本东京国立博物馆、日本东京五岛美术馆、日本东京书道博物馆、日本京都泉屋博古馆和日本和泉市久保惣纪念美术馆等，收藏家处主要来自孙克让、陈学斌、黄洪彬、陶慧、陈灿堂诸先生及庄静芬女士等。还有，国内一些著名拍卖公司的拍卖图录，也是本书的资料来源之一，书中皆已注明。

岁岁重阳，今又重阳。今日此书付梓，回首往事，不胜唏嘘。特在此对本书作出贡献的上述单位与个人，表示衷心的感谢！同时，亦借以告慰陈佩芬老师的在天之灵！

甲午重阳

《东汉龙虎铜镜》综述

　　《西汉龙纹镜·序言》："龙是华夏图腾。中国龙文化源远流长，自河南濮阳新石器晚期仰韶文化的蚌塑龙算起，距今已有七千年的历史。在中国铜镜史上，有战国、两汉、隋唐三个高峰期。概括而言，战国镜龙纹抽象神秘，隋唐镜龙纹具象辉煌。而处于战国与隋唐之间的两汉，其龙纹以简洁写意为特色，展示出一种明快粗犷的表现手法……两汉镜在战国镜与隋唐镜之间，肩负着承前启后、继往开来的重任。"

　　从中国铜镜史可知，龙纹与龙凤纹是历朝历代无处不在的图腾纹饰，且充斥着道家文化。由龙纹与虎纹形成的一对组合图案，却是主要出现在东汉时期。在继承西汉龙纹镜的基础上，东汉龙虎镜有了本质上的变化，这是一个文化内涵丰富的镜类，其显著特色是主纹上的龙虎交合与铭文上的工匠署名。对于有铭文的镜类，根据其内容，可以作出大致的年代断定：沿袭新莽文化者，应主要问世在东汉早期；脱离新莽文化者，应主要问世在东汉中晚期。

　　二十世纪四十年代初，梁上椿前辈在《岩窟藏镜》中，表明了东汉龙虎镜应起源于东汉早期。不知为什么？现在的许多专著、图录却都将其放置于东汉镜的末尾。笔者认为，有必要对东汉龙虎镜的问世年代进行再认识，这是编写本书的初衷。

　　经过酝酿与寻觅，本书集聚了8面有纪年铭文的东汉龙虎镜，其中4面在东汉早期（图2至图5）。更为可喜的是：找到了带新字铭文的新莽龙虎镜（图1），以及14面传承新莽文化的器物（图9至图22）。为此，可以将龙虎镜形制的问世年代，明确地提前到东汉早期，甚至更早的新莽东汉之际，这是编写本书的动力。

一、镜种分期

　　本书对东汉龙虎镜的问世年代，按常规划分为三个时期。东汉早期（共64年），即汉光武帝刘秀建武元年（25）至汉章帝刘炟章和二年（88）；东汉中期（共58年），即汉和帝刘肇永元元年（89）至汉质帝刘缵本初元年（146）；东汉晚期（共74年），即汉桓帝刘志建和元年（147）至汉献帝刘协延康元年（220）。

由《中国纪年铜镜》《汉镜铭文图集》等书可知，依据纪年时间与铭文内容，对东汉镜大类之问世年代的排序应该是：四灵博局镜（传承新莽），禽兽博局（博局尾声），龙虎镜，多乳镜，画像镜，变形四叶兽首镜，变形四叶对凤镜，环状乳神兽镜，同向式神兽镜，印章（方格）式神兽镜，重列式神兽镜，对置式神兽镜。从大趋势观察东汉龙虎镜：起源东汉早期，盛行于东汉中晚期，淡化于三国两晋时期；直至南北朝时期，还有若干尺寸较小，铸制粗糙、边缘三角、不见铭文的龙虎镜出现。

二、龙虎理念

西汉时期的龙纹镜或是龙虎镜，其龙或虎都是呈现个体独立存在的表现形式。而东汉龙虎镜则明显不同，本书暂且从直观上，提出一个"交合"（即镜面内区镜钮下方之交合龙虎）的说法，其哲学理念是：一面铜镜主纹有着龙虎两个图案，亦即龙虎两个图案组成一面铜镜主纹。龙虎交合镜既是东汉龙虎镜的核心组成部分，亦是东汉龙虎镜的一大特色，为此学界多有关注。迄今所知，在宗教、文化、风俗、习惯等方面，对于龙虎理念及其龙虎铜镜文化，有多种说法与依据。

（一）帝王气派说

《史记·项羽纪》："范增说项羽曰：'（沛公）今入关，财物无所取，妇女无所幸，此其志不在小。吾令人望其气，皆为龙虎，成五采，此天子气也。急击勿失。'"

（二）英雄豪杰说

《易·乾》："云从龙，风从虎。"《后汉书（二十一）·耿纯传》："大王以龙虎之姿，遭风云之时，奋迅拔起，期月之间兄弟称王。"中国传统文化一脉相承，在东汉以后亦有诸多类同的依据，仍可作为参考。唐李白《李太白诗二·古风》之一："龙虎相啖食，兵戈逮狂秦。"宋苏轼《九日黄楼作》诗："诗人猛士杂龙虎，楚舞吴歌乱鹅鸭。"自注："坐客三十余人，多知名之士。"王十朋注："崔班《灼灼歌》：坐中之客皆龙虎。"

（三）鼎中炼丹说

在道家文化中，龙虎指水火。中国传统文化一脉相承，在东汉以后亦有诸多类同的依据，仍可作为参考。唐李咸用《送李尊师归临川》诗："尘外烟霞吟不尽，鼎中龙虎伏初驯。"宋苏轼《和章七出守湖州》之二："鼎中龙虎黄金贱，松下龟蛇绿骨轻。"宋朱熹《〈周易参同契〉考异》："坎离水火龙虎铅汞之属，只是互换其名，其实只是精气二者而已。精，水也，坎也，龙也，汞也；气，火也，离也，虎也，铅也。"

（四）龙虎对峙说

长期以来，对于龙虎镜而言，学界多见此说。在古汉语中，"对峙"有两释，其一，释"对抗、抗衡"时，似有主观强加之嫌，其二，释"相对而立"时，虽是客观反映，然有孤立片面之意，且失去了文化内涵。本书图 54、118 内容从根本上否定了这一说法。

（五）龙虎匹配说

因为东汉龙虎（含辟邪天禄）交合镜铭文有"白虎辟邪匹""辟邪配天禄"等语句，加上若干镜例中显现雄性的特征（本书简称"显雄"），所以也有个别观点过分强调"龙虎交媾"之表象，而忽略作为道家修炼内丹之本质。本书图 6、7 以及图 38 至 45 等 10 面皆为单龙镜，也具"显雄"特征，这就给此种命名提出了很大的质疑。

（六）采精长生说

东汉时期道家追求长生长寿，在诸多文字与图案中皆有体现。龙虎镜（尤以显雄的龙虎交合镜与单龙镜为多）主纹下方多见乌龟或禽鸟，口对龙体雄性器官，显有吸食（采精）之意。另见羽人捣药、吹箫、杂耍、戏羊、导龙、投博等纹饰，表示了"采精长生"还是道家文化中的一种仪式。本书多有实例。

（七）祈祥禳灾说

依据《汉镜铭文图集》图 315、316、323、329、331 等铭文可知，新莽、东汉镜铭多见"上有龙虎四时宜"之说。"上有龙虎"可使一年四季风调雨顺，完全是祈祥之意。东汉龙虎镜的纹饰主体是龙虎，然而亦偶见少数镜例乃以辟邪天禄来替代龙虎。辟邪天禄是禳灾镇妖的瑞兽，既然可以替代，那么龙虎图案应该可以起到同样的作用。本书图 54、118 龙虎头部之间的"吉羊（祥）""宜孙子"等文字内容是此说之经典实例。在道家文化中，"祈祥禳灾"内容占有重要的份量，不能不引起重视。

（八）其他

1. 阴阳风水说

自古以来，凡重大"风水宝地"处必有龙虎之兆，即该地由东（左）青龙、西（右）白虎拱卫，如道教祖廷—江西龙虎山，又如明十三陵前方左右之龙山与虎山，皆是很好的例证。

2. 生殖崇拜说

全世界有不少民族，为了"子孙蕃昌"，而多有生殖崇拜的习俗。有观点认为，华夏民族因含蓄之故，借托龙虎镜中龙纹的显现雄性，以表生殖崇拜之意。

3. 崇尚财富说

在若干小尺寸（多为汉尺 4 寸至 5 寸）的东汉交合龙虎镜中，可见在龙首与虎首之间有一钱币纹，其纹或为王莽居摄年间发行的"大泉五十"，或为两汉盛行之"五铢"。在东汉三国镜铭中，常见"家有五马千头羊""家常贵富""富贵安乐"等内容。故而，多有学者认为，这是当时社会崇尚财富的一种体现。亦有观点认为，"钱"即富，"龙"喻贵，两者合一，当具"富贵"喻意。

三、主体文化

（一）修炼法象

东汉魏伯阳《周易参同契》一书，借用乾、坤、坎、离、水、火、龙、虎、铅、汞等法象以明炼丹修仙之术。中国传统文化一脉相承，在东汉以后，南宋王十朋："道家以烹炼金石为外丹，龙虎胎息、吐故纳新为内丹。""胎息"是道家的一种修炼方法，晋葛洪《抱朴子·释滞》："得胎息者，能不以鼻口嘘吸，如坐胎胞之中，则道成矣。""龙虎胎息"即谓：以龙虎为法象，修胎息之功夫。

通观文献资料，可以认为，作为"法象"的东汉龙虎镜，表现方式为龙虎交合（匹配、交媾），喻意本质是天地交泰、乾坤相契、阴阳调和，这是道家修炼内丹的一种"启示""导引"手段。中国传统文化一脉相承，在东汉以后，清尤侗撰《性命圭旨》："夫龙虎交媾者乃三元合一之法也，所以会乾坤、交坎离、簇阴阳、合性命，使二者复变而为一。以至九宫、八卦、七政、六位、五行，四象、三才之生于二者，莫不皆归于二矣。一者，有物混成、先天地生是也。"随着时间的推移，虽然眼睛里看到的"法象"有所不同（如单龙、单虎、双龙虎、二龙一虎、三龙、四虎等），龙虎交合的图案有了变异、拆解、分化、重组，然而意念里想到的仍然是修炼内丹时所追求的"龙虎胎息"与"吐故纳新"。这种变化亦可以理解成道家文化向民俗文化的变迁与转移。

笔者认为，东汉龙虎交合镜是在新莽以后，在东汉初创的一个新品种，其核心文化内涵当是作为道家修炼内丹的法象，同时兼有长生长寿、富贵吉祥、祈祥禳灾等其他作用。目前的现状，可谓是"仁者见仁，智者见智"。欣逢盛世，因有诸多的实物与资料出现，让我们感觉到有必要多做一些具体的资料收集工作，以为进一步的深入研究作出铺垫。

东汉龙虎镜问世数百年而连绵不绝，亦说明了一个事实：作为中国传统文化之一，东汉兴盛的道家文化乃至道教，有着一段漫长的历史进程。[1]

（二）主纹变化

在本书（连同附录）之236个镜例中，除了经典的"龙虎交合"与"工匠署名"外，还有各种变化多端的主纹。

1. 不同形制

宽素缘龙虎镜（图195至198等4面），印章纹龙虎镜（图199、200），这些"法象"虽保持交合不变，然在形制上有所不同。

2. 龙虎追逐

本书有4面（图59、157、158、F11）龙虎追逐镜。这些"法象"变化应该还不会影响到修炼心法的变化。

---

[1] 由《中国纪年铜镜》可知，东汉龙虎铜镜从永平十六年（73）始至兴平年（194），至少有120年以上的历史。其间诞生道教：永和六年（141）张道陵天师创立道派，名"正一盟威之道"，为道教定型化之始。入道者皆须出五斗米，故又称五斗米道。

3. 其他图像

本书还多见其他各种主纹图像。如：双龙双虎（图 128），钱币纹龙虎镜（图 187 至 193 以及 F9、F10 等 9 面），蟾蜍纹龙虎镜（图 176），双蛇纹龙虎镜（图 185），乳钉纹龙虎镜（图 186），龙凤镜（图 201 至 204 等 4 面）……这些"法象"似是完全脱离了道教修炼内丹的文化内涵。

（三）辅助图象

在东汉龙虎交合镜的主纹下方，常有羽人捣药、吹箫、杂耍、戏羊、导龙、投博等各类神秘奇妙的辅助图像，喻意着诸多长生长寿、欢愉享乐的理念，当引起学界的关注与研讨。

1. 羽人捣药

本书有 6 面（图 5、32、34、105、149、150）羽人捣药图象之镜。道家以自身的精气炼成的丹为"内丹"，以烧炼金石成丹为"外丹"，羽人捣药是烧炼外丹的第一道工序。此类镜的法象意味着在修炼内丹时，当辅以外丹。

2. 羽人吹箫

本书有 8 面（图 46、47、85、86、87、113、148、153、154、155）羽人吹箫图象之镜。修炼内丹既是一个过程，也是一种仪式，音乐可谓是有益的辅助手段。

3. 羽人杂耍

本书有 7 面（图 48、64、73、85、89、126、151）羽人杂耍图象之镜。可以理解此为仪式之一。

4. 羽人戏羊

本书有 2 面（图 121、141）羽人戏羊图象之镜，同样可以理解此为仪式之一。

5. 羽人导龙

本书有 4 面（图 9、13、138、139、152）羽人皆在龙头之前，手持灵芝，作导龙状。查《清华铭文镜》图 55"新有（刻娄）铭四灵博局镜"之边缘，有清晰的羽人导龙图象，可知，羽人导龙图象源自新莽。

6. 羽人投博

本书图 116 为羽人投博图象之龙虎交合镜。新莽镜铭文告诉我们，"博局"有去不祥的功能，这里似应理解为多种含义。

（四）图式多元

除了标准图式之交合龙虎以及二龙一虎与双龙虎外，龙虎个数还涉及图式变化的多元现象。

1. 单龙

单龙镜分为两类：第一类"显雄"，如图 6、7 以及图 38 至 44 共计 9 面；第二类不见"显雄"，如图 152、169、170、194、F12、F13、F14 等 7 面。

2. 单虎

本书有 3 面（图 173、174、184）单虎镜。

3. 一龙二虎

本书有 2 面（图 F5、F6）一龙二虎镜。

4. 双虎

本书有 5 面（图 17 至 21 等）双虎镜，还有 3 面（图 33、90、F22）二虎追逐镜。

5. 三龙

本书仅 1 面（图 136）三龙镜。

6. 三虎

本书有 6 面（图 145、F17、F18、F19、F20、F21）三虎镜。

7. 四虎

本书有 3 面（图 107、132、175）四虎镜。

四、工匠署名

工匠将自己的姓氏标注在铭文之首，不仅有着明确的广告意义，还有着突出的责任感与荣誉感。迄今所知，在西汉铭文镜中，还不见工匠署名。历史进入新莽，其时之官制镜主要是"尚方"与"王氏"两类（详见《止水集·莽式铭文镜》），除此以外，还可以偶而见到"张氏""朱氏"等少数镜师之署名镜。

作为一种规矩或是习俗，在东汉龙虎交合镜中，除署名"尚方"外，还出现了大量的镜师（工匠）署名镜。本书所列者有侯氏、朱师、青盖、青胜、龙氏、驺氏、李氏、王氏、陈氏、张氏、青羊、石氏、黄羊、胡氏、宋氏、三羊、田氏、刘氏、吴向里佰氏、胡阳里朱师、朱氏、袁氏、青龙、孟氏、徐氏、蔡氏、夏氏、周仲、原夫、遗杜氏等三十余个。包括因图片不清而未列入本书者，存世龙虎镜之工匠署名总数共有四十个之多。

五、分类设定

作为一个大镜种，东汉龙虎镜的问世年代，几乎涵盖了整个东汉，其形制、铭文多姿多彩、包罗万象。依据236件实物，本书将其大致划分为以下8类，并在书中设置了分类页，以便作出统一说明。

甲类：纪年铭文类	图 1 ~ 8	（计 8）
乙类：传承新莽类（以东汉早期为主）	图 9 ~ 21	（计 13）
丙类：多乳龙虎类（以东汉早期为主）	图 22 ~ 37	（计 16）
丁类：显雄单龙类（以东汉中期为主）	图 38 ~ 45	（计 8）
戊类：显雄龙虎类（以东汉中期为主）	图 46 ~ 52	（计 7）
己类：工匠署名类（以东汉中期为主）	图 53 ~ 148	（计 96）
庚类：其他类（以东汉中晚期为主）	图 149 ~ 204	（计 56）

辛类：附录（东汉晚期至南北朝）　　　　　图 F1 ～ F32（计 32）

六、结语

1. 东汉龙虎镜形制脱胎于新莽，很快自成一格（主纹浮雕、边缘倾斜、镜面外凸等）。

2. 以龙虎交合为核心的东汉龙虎镜是一个大镜种，历经三个多世纪：问世于东汉早期乃至于新莽东汉之际，盛行于东汉中晚期，淡化于三国两晋，消失于南北朝。

3. 东汉龙虎交合镜表现形式为龙虎匹配，喻示着天地交泰、乾坤相契、阴阳调和，其文化本质是道家修炼内丹时，用以启示、导引至"龙虎胎息"的一种法象。

4. 鉴于各种（尤其是显雄单龙类）图像的出现，东汉龙虎镜兼具长生长寿、富贵如意等喻意。

5. 在丁、戊两类中，显雄特征镜一共是 8+7 = 15 面。东汉早中期之著名工匠青盖、青胜、驺氏等，虽多有署名之虎龙镜问世，然皆不铸制显雄特征之图案，或许有着民族特点等若干原因。

6. 由于龙虎镜中的图案，既有"四时宜"的吉祥征兆，又有以辟邪天禄替换之现象，故而东汉龙虎镜亦有祈祥禳灾之功能。

109

《清华镜文化研究》前言

斗转星移，母校百岁华诞已过去了五年。2011 年 4 月 18 日，笔者在向母校两次捐赠了共 200 面铜镜以后，曾多次接触到这样的一个话题："大学博物馆应该怎样为教育服务？"反复思考后，认识到多年前呈献母校的铜镜以及《清华铭文镜》一书，还有诸多不足，其中文化研究尤感欠缺。

2014 年 4 月 25 日，在清华大学人文社科图书馆，召开清华大学《汉镜文化研究》课题结题会暨新书发布会时，幸遇了同专业校友杜鹏飞教授，他将从环境学院调清华大学艺术博物馆任常务副馆长，几次会面后，不仅倍感言谈亲切，而且自觉责任在肩。为此，我们两人共同提出了一个"清华梦"："要努力让母校在一流博物馆的硬件基础上，至少有一些项目具备重大文化功能的一流展品。"并尝试着从铜镜着手，这是编著本书的初衷。

实现梦想，并非易事。近两年来，在陈旭、陈吉宁等校领导以及李学勤、吴良镛、陈来等老师的大力支持下，笔者从《清华铭文镜》一书中摘选 50 份图片资料，并再次捐赠72 面铜镜（其中 1 面日本和镜另用），组成有 11 个文化专题（详见本书"分类页"）121面铜镜的《清华镜文化研究》。

王国维《最近二三十年中中国新发现之学问》："古来新学问起，大都由于新发现。"李学勤《清华铭文镜·序言》："铜镜研究有本身的特点，已经有条件成为一个特定的分支。"李学勤《汉镜铭文图集·序言》："近些年我曾几次呼吁，应该把古代铜镜的研究，从一般的青铜器研究中分离出来，作为一个相对独立的学科分支来看待。"导师们的观点为本书奠定了理念基础：铜镜应该是一门独立学科，铜镜包含着深厚文化内容，铜镜可以为提高教育服务。

今日终于功德圆满，在本书出版之际，恭祝母校 105 岁生日快乐！敬贺"清华大学艺术博物馆"隆重开馆！因可"看图识字""赏镜释义"，希望本书在面对广大读者并有助于学弟学妹的同时，还能对青少年学生起到文化教育之推动作用，期盼他们在钟情传统文化的基础上，更加热爱我们伟大的祖国。

乙未重阳

110

《汉镜铭文图集》前言

在四千年的中国铜镜史中，汉镜承担着承前（战国）启后（隋唐）、继往开来的历史重任。比较而言，汉镜的历时最长、存量最大、内容最多。本书对汉镜所处的年代，系泛指西汉、新莽、东汉、三国等四个历史时期（简称两汉三国）。

中国铭文镜起源于西汉初年，汉镜铭文内容涵盖了整个两汉三国，有着与汉文化密切相关的近五百年历史。其多姿多彩的铭辞，蕴含着丰富的历史信息，它是研究古代政治、经济、哲学、文学、美学、民俗等方面的一种实证；汉字从圆转的古文字秦篆演变成方折的今文字汉隶之汉字隶变，发生在西汉中晚期，故而汉镜铭文还是书体演变的一个史证；汉镜及其铭文始终受到历史文化、考古博物、语言文字、数学物理、冶金铸造、工艺美术等学科的重视，故而又是研究中国文明进程的重要领域。

汉镜铭文在以后的历朝历代备受关注。尤其在近百余年来，海内外诸多专家学者，因注重汉镜铭文的文化内涵与精美书体，曾进行过大量的收集和整理，遗憾的是数量有限，且不见图片、未知纹饰、难晓年代。经过十余年的寻觅与搜索，笔者尽可能地蒐集海内外文献资料、各大藏馆以及收藏家手中的珍品图片，总共积聚了有铭汉镜的 542 幅图片（主要是拓片），并用图文并茂的方式将其聚于本书，以奉献读者。

李学勤老师再三呼吁对汉镜进行分期分域的研究，笔者感同身受。一个多世纪以来虽面临诸多困难，然还是有中外学者进行了若干有益的探索。汉镜分期分域的最大困难在于资料不足，尤其是出土资料的欠缺，在局限的出土资料中可供断代的资料更是难得。笔者认为，就目前的条件来看，做得太粗没有意义，做得太细又力不从心，只能是作些适可而止的尝试。为此，本书对已有的 542 面铭文镜，进行了 9 个项目的分类，并在每个分类前加上了分类专页。前 8 个分类，按大致年代顺序来安排，其中包括：甲类，西汉早期（前段计 27 年 15 面，后段计 39 年 94 面）；乙类，西汉中期（计 92 年 88 面）；丙类，西汉晚期（计57年83面）；丁类，新莽（计17年57面）；戊类；东汉早期（计52年25面）；己类，东汉中期（计52年25面）；庚类，东汉晚期（计74年60面）；辛类，三国至六朝（计369年10面）。最后一个分类单独列出，即壬类，两汉至六朝纪年镜（计546年88面）。在分类专页中，本书对图号、公元、年代、风格、钮式、主纹、地域、经典、指要等9个方面，作了简单说明，期盼得到读者的欢迎。

为传承汉代文明并进一步了解与熟悉汉镜铭文，本书还加入了16页（共23幅）彩版，书后又列入了4个附表：附表一"两汉三国纪年镜索引"（共216条），附表二"本书以外之汉镜铭文辑录"（共104条），附表三"汉镜圆周等分（连弧）一览表"（共37条），附表四"主要参考书目"（共61册）。

汉尺一尺即今公制23.1厘米，这是中国的第一个尺度标准，由东周早期到东汉末年，其使用时间长达六个多世纪。由本书可知，从汉尺3寸（6.93厘米）至12寸（27.72厘米，本书图140）的10个整数规格全部包括。为了解汉镜的用铜量标准并方便比较，本书引入了单位面积重量（m值：克／平方厘米）的数据。对于若干东汉晚期的高凸镜面（可扩大照容范围），本书还纳入了凸面曲率半径的概念，而且可以发现，其数字多在汉尺3尺（69.3厘米）附近。

在客观记载历史文物的同时，书内版式关于"年代"与"鉴评"两项内容，主要是笔者个人学习心得的记录，在本书中不揣冒昧地展现于众，期许能给读者提供一些参考。作为尝试，本书一定会有许多不足乃至错误之处，诚盼得到读者与方家的批评指正。

本书的资料收集，除了引用海内外诸多博物馆美术馆的相关专著之外，还得到了辛冠洁先生、李学勤先生、傅举有先生、岳洪彬先生、程林泉先生、孙克让先生、梁鉴先生、陈学斌先生、邱龙昇先生、鹏宇先生、孙小龙先生、孔震先生、叶德舜先生、王趁意先生、徐也力先生、海鸣先生、朱军强先生、赵亚弟先生、桑国民先生、毛军亮先生、黄洪彬先生、陶慧先生、陈亮先生、魏秀英小姐，以及林素清女士、陈灿堂先生、庄静芬女士、樋口隆康先生、冈村秀典先生、千石唯司先生、岸本泰绪子小姐等海内外专家、学者、同好、友人的大力支持，在此一并致以衷心感谢。

甲午重阳

111

《汉镜铭文书法》前言

罗振玉《古镜图录》："乃颇搜集古镜鉴，然也不能多得也！居恒摩挲赏玩，以为：刻画之精巧、文字之环奇、辞旨之温雅，一器而三善备焉者，莫镜若也。"王国维《最近二三十年中中国新发现之学问》："古来新学问起，大都由于新发现。"李学勤《清华铭文镜·序言》："铜镜研究有本身的特点，已经有条件成为一个特定的分支。"李学勤《汉镜铭文图集·序言》："近些年我曾几次呼吁，应该把古代铜镜的研究，从一般的青铜器研究中分离出来，作为一个相对独立的学科分支来看待。辛冠洁《陈介祺藏镜》："我们呼吁书法界的朋友在研究与师法金文的时候，不要只注意大器的铭文，也要注意汉镜铭文；而研究铜镜的朋友在研究铜镜纹饰的时候，也应该注意到汉镜铭文的书法。"汉镜铭文书法多姿多彩，映照历史，延绵不断。仅就"汉字隶变"及其连贯性与多样性（书后《汉镜文字编》中即有88个隶变中的"毋"字）而言，可说是没有其他文物能与其媲美。

本书重点是实录汉字隶变的系列演绎。秦始皇统一中国后，首先统一文字为秦篆（即小篆），而在西汉中晚期出现了隶书。前者作为古文字，字形圆转且难于书写；后者算是今文字，字形方折又便于书写，这是历史的进步。

一百余年来的汉字隶变是一个渐变过程，从本书展示的文字特征，笔者期盼读者能直接了解到汉字隶变的来龙去脉。本书共列200面的汉镜实例，其中大半涉及汉字隶变，书内图131属西汉中期后半的草叶（稷纹）镜，在其铭文末字的第一横笔上出现了成熟隶书所特有的"波磔"；图175系新莽东汉之际的瑞兽博局镜，其全铭42字之"八分"明显，"波磔"多见，当引起特别关注。

传说，东汉章帝刘炟常将悬针篆书法挂于帐内，鉴赏不已。本书图163、164、165、169、170等镜的书法俊逸潇洒、妩媚动人、优雅华贵、超凡脱俗，莫非就是这些"神来之笔"引起了刘炟的特别关注。

　　中国纪年镜是一个具有高文化价值的特殊品种，为方便检索与研讨，本书对其采取了集中编目的办法，即将图 196～200 与附图 1～5，归纳在一个连续系列之中。

　　作为附图，本书集中展现了 20 面包括三国、两晋、六朝、唐、宋、元、明、清等历代镜铭书法的精华，篆、隶、楷、行、草等各体皆有展现，以供读者了解与鉴赏。作为附件，本书按汉语拼音为序，整理了 74 页的"汉镜文字编"，其中有不同书体的文字 580 个，以供读者了解与使用。有关本书文字的体例、字例等相关问题，皆在书后《汉镜文字编》的总说中，有详细阐述。

　　本书得到李学勤、李新城、鹏宇、邱龙昇、孙晖等专家、学者的帮助与支持，在此一并表示衷心的谢意。

　　十年前，为本书王世襄前辈早早地留下了"镜铭书法"的题签，而编著过程却历尽艰辛，拖延弥久，今日终于付梓出版，正可借以告慰畅安老的在天之灵！

《隋唐镜铭文图集》总说

一个时代造就一种文化，一种文化映照一个时代。

铜镜是涉及历史、考古、铸造、工艺、美学、文学、文字、数理等学科的重要器物，依据每一面不同铜镜的特征，可以判断其流行的大致年代。然对每个时代稍作细分时，仍会感到断代困惑。为此，对中国铜镜铭文进行较为详细的分期研究，就显得十分重要。

对于汉镜而言，尤其是东汉三国时期的纪年铭文较多，使得汉镜分期问题甚是明朗，比较其各种研究成果之差异亦不大。2016 年 4 月，中西书局出版了集图 542 幅的《汉镜铭文图集》，为汉镜分期研究提供了方便。

对于隋唐镜而言，镜铭纪年少（存世仅个位数），出土的纪年墓也不多（存世在中等的两位数）。长期以来，对隋唐镜分期进行研究一直感到困难。作为抛砖引玉，本书尝试选择隋唐铭文镜来作为研究的第一步。在收集到了 81 种铭文计 324 面铭文镜的资料后，本书拟从 9 个方面进行探讨：1. 镜铭纪年；2. 出土纪年；3. 文献佐证；4. 钮区图案；5. 参考特征（文体特征、书体特征、m 值变化、表面亮度）；6. 主纹分期；7. 铭文分期；8. 文化系列；9. 结语。

为方便探讨，首先对本书中出现的一些重要名词，明确如下：

主纹：本书之主纹限定在有铭文的镜类。

铭文：本书重在选择有文化内涵的内容，凡 1 字、2 字、3 字的单独名词多不列入。

四灵：即四神，代表青龙、白虎、朱雀、玄武。

神兽：包括四灵与四兽，有时也包括东王公、西王母、迦陵频伽（妙音鸟）等，这些主纹之侧布有云气纹，为此亦可认为，神兽即天上的瑞兽。

瑞兽：相对神兽在天上而言，瑞兽应在地面，有时也包括没有翅膀的骏马等。

海兽：专指"海外之兽"，多有仰头朝天状，历来解读不一（日本旧称"多谜之镜"）。

近期，有观点认为，这是来自海外波斯等地的猎豹、猎狗等狩猎动物。

量词：本书直径均以厘米注，重量均以克注，书中不再一一标注。

一、镜铭纪年

镜铭纪年是对铜镜进行分期的第一手资料，惜于来源太少，收集困难，致使研究进展缓慢。今找到八份珍贵的且年代相差不远的初唐纪年镜资料，详见表一。

表一　唐代纪年镜一览表

序号	直径	重量	纪年	主纹	铭文内容	资料来源
1	/	/	武德五年（618）	简博四灵	武德五年岁次壬午，八月十五日甲子。扬州总管府造青铜镜一面，充癸未年元正朝贡。	《钦定四库全书·重修宣和博古图》卷二十九（本书图30101）
2	14.9	326	年唯贞观（627~649）	五瑞兽	年唯贞观，世号隆唐。求金仙岭，镂质江阳。冯夷惭照，恒娥谢光。	日本药照寺《中国古镜》图35（本书图31101）《嘉德2009春拍》图4804（本书图31701）
3	18.5	769	永徽元年（650）	简博四灵	光流素月，质禀玄精。澄空鉴水，照回凝清。终古永固，莹此心灵。	镜友供稿（本书图31801）镜友供稿（本书图31901）
4	12.3	498	年惟永徽（650~655）	双瑞兽	曜花无彩，雕禽岂飞。出明仙客，疑照灵妃。圆如瑞璧，年惟永徽。	霍宏伟《洛镜铜华》图197 上海博物馆（本书图50201）
5	12.3	426	永徽五年（654）	四瑞兽	永徽五年二月一日，为大郎造。流晖千载，含光万年。	梅丛笑《中国古代铜镜艺术》第193页
6	15.7	940	长寿二年（693）	八瓣菱花	长寿二年腊月头七日造初样。	霍宏伟《洛镜铜华》图197
7	16.1	560	开元十年（722）	3周铭156字	开元十年五月五日铸成，东平郡吕神贤之词。	上海博物馆（本书图50201）
8	/	/	乾元元年（758）	四灵八卦	唐乾元元年戊戌十一月二十九日于扬州扬子江心百炼造成。	梅丛笑《中国古代铜镜艺术》第193页

依据表一，可以得到以下四个观点：

1. 始于隋代的简博四灵主纹在初唐仍然流行，盛唐及盛唐以后消失。

2. 瑞兽镜的盛行年代主要在贞观、永徽之际，即西元650年前后的七世纪中叶。

3. 瑞兽葡萄镜要晚于瑞兽镜，其问世年代主要在显庆二年（657）以后的盛唐时期。

4. 表中序6镜同具镜铭纪年（长寿二年）与出土纪年（天宝八载），堪称经典。

二、出土纪年

以《唐镜与唐诗》（上海人民出版社，2016年8月）附录（卯部）之"综合年表"为基础，再从《洛镜铜华》等文献中，增添若干资料。现将纪年墓葬的隋唐镜出土资料汇总如下，详见表二。

表二　隋唐镜出土纪年资料一览表

序	西元	墓葬纪年	镜铭	主纹	出土资料
1	608	大业四年	光正随人	缠枝十二生肖	西安城郊李静训墓
2	611	大业七年	窥妆益态	简博四神兽	西安郭家滩隋墓
3	617	大业十三年		四灵八卦十二生肖	唐《古镜记》记载
4	630	贞观四年		四灵十二生肖	西安李寿墓
5	640	贞观十四年		人物（螺钿）	西安郭家滩唐墓
6	341	贞观十五年	淮南起照	简博四灵、钮压神兽	西安"周故襄威将军
7	647	贞观二十一年	魏宫知本性	四灵十二生肖	邓通夫人任氏"墓
8	648	贞观二十二年	盘龙丽匣	八界格神兽	偃师商城博物馆藏
9	664	麟德元年		瑞兽葡萄	西安大唐赵王内人张氏墓
10	665	麟德二年		瑞兽葡萄	西安郑仁泰墓
11	670	咸亨元年		宝相花	西安刘宝墓
12	672	咸亨三年		瑞兽	西安韩森寨唐墓
13	675	上元二年	上元二年	素面（方形）	西安牛弘墓
14	676	仪凤元年	淮南起照	六界格神兽十二生肖	西安高楼村唐墓
15	685	垂拱元年		海兽葡萄	洛阳龙门唐墓
16	691	天授二年		瑞兽葡萄	洛阳关林唐墓
17	692	长寿元年		海兽葡萄	长治冯廓墓
18	694	长寿三年		瑞兽葡萄	温县杨氏墓
19	695	证圣元年		瑞兽葡萄	偃师李守一墓
20	697	神功元年		瑞兽葡萄	西安宋思真墓
21	698	圣历元年		蟠龙海兽葡萄	洛阳涧西唐墓
22	701	大足元年		瑞兽葡萄	西安孤独思贞墓
23	702	长安二年		瑞兽葡萄	河南偃师墓
24	703	长安三年		瑞兽葡萄	长治唐墓
25	707	神龙三年		双鸾麒麟	偃师张思忠墓
26	711	景云二年		海兽葡萄	西安郭家滩唐墓
27	714	开元二年		雀绕花枝	洛阳温县唐墓
28	718	开元六年		瑞兽葡萄	西安郭家滩唐墓
29	722	开元十年	杨府吕氏	（全部铭文）	偃师李珣墓
30	727	开元十五年		瑞兽	上海博物馆藏
31	738	开元二十六年		龙纹	宝鸡姜城堡唐墓
32	745	天宝四载		四雁衔绶	偃师杏园李景由墓
33	745	天宝四载		双鹦鹉衔绶	偃师杏园崔悦墓

（续表）

序	西元	年代		主纹	西安路家湾唐墓
34	745	天宝四载		飞仙	西安韩森寨唐墓
35	749	天宝八载	长寿二年	素面	洛阳关林唐墓
36	750	天宝九载		瑞兽花枝、鸿雁花枝	偃师杏园唐墓
37	755	天宝十四载		鸾鸟衔绶	西安米氏夫人墓
38	756	至德元载		双鸾瑞兽	偃师窦承家墓
39	758	乾元元年		双鹊月宫盘龙	洛阳涧西唐墓
40	766	大历元年		双鸾衔绶	西安唐墓

依据表二，可以得到以下三个观点：

1. 由于铭文镜出土资料稀缺，表二亦列入了若干没有铭文的资料，以作参考之用。

2. 隋唐墓出土之镜多出现在六世纪末至七世纪（武则天中期），八世纪以降，随著海兽葡萄镜的出现与兴起，多具铭文之瑞兽镜与瑞兽葡萄镜逐渐消失。表二资料的上下范围约在一个半世纪。

3. 综合表一之"小结"，由表二可知，瑞兽镜与瑞兽葡萄镜的存世量，明显多于同时期其他各类铭文镜的总数。

三、文献佐证

在隋唐铭文镜中，有些尺寸大、铭文多的重要镜类，其若干文字可以借助有关文献来佐证其问世的相应年代。本书挑选 3 例镜铭，考证如下。

1. "淮南起照"铭（本书正文 104 部分）

铭文："淮南起照，仁寿传名。琢玉斯表，镕金勒成。时雍炎晋，节茂朱明。爰模鉴彻，用微流清。光无亏满，叶不枯荣。图形览质，千载为贞。"

开皇八年（588）三月，隋文帝杨坚在淮南发布诏书（起照），昭告天下。诏曰："昔有苗不宾，唐尧薄伐。孙皓僭虐，晋武行诛。有陈窃据江表，逆天暴物……宝衣玉食，穷奢极侈。淫声乐饮，俾昼作夜。斩直言之客，灭无罪之家……自古昏乱，罕莫能比……抄掠人畜，断截樵苏。市井不立，农事废寝……岂能对而不诛，忍而不救！"（见《隋书》）又致国书于陈，列陈后主二十项罪状，并命人抄写诏书三十万张，遍告江南。（见《资治通鉴》）开皇八年十月，隋文帝发兵于淮南，次年正月灭陈。

北朝后期突厥汗国崛起，其可汗利用北周和北齐对峙之际，多次入侵华夏，"西北沿边，受害最烈"，"六畜咸尽。"隋文帝时，战火又持续了二十余年。《隋书》卷二载：仁寿元年（601）春正月"乙酉，突厥寇恒安，遣柱国韩洪击之，官军败绩"。再遣杨素领军出战，最终打败突厥。

《隋书》卷四八载："仁寿初，以（杨）素为行军元帅，出云州击突厥，连破之……候其顿舍未定，趣后骑掩击，大破之。自是突厥远遁，碛南无复虏庭。"《隋书》卷二记载：仁寿元年五月"己丑，突厥男女九万口来降"。由仁寿年始，不仅天下统一，而且边境安宁。"仁寿传名"，并非虚言！既谓"传名"，应在仁寿年间乃至其后。

2．"仙山并照"铭（本书正文 201 部分）

铭文："仙山并照，智水齐名。花朝艳采，月夜流明。龙盘五瑞，鸾舞双情。传闻仁寿，始验销兵。"

"销兵"有三种释读：其一，"缩减兵员"，《新唐书·萧俛传》："乃密诏天下镇兵，十之，岁限一为逃，死，不补，谓之销兵。"其二，"消弭战争"，唐李山甫《兵后寻边》诗之三："胸中纵有销兵书，欲向何门说是非？"其三，"销毁兵器"，唐杜甫《奉酬薛十二丈判官见赠》："销兵铸农器，古今岁方宁。"北魏开始均田制，西魏开始府兵制。到隋代和唐初，这两种制度已成为王朝强盛的支柱。府兵主要是均田上的农民，战时可扩大兵员（即全民皆兵），平时却能缩减兵员（销兵）。

历代藏家、学者对隋唐镜铭"仁寿"两字的释读不一。《金石索》作者冯云鹏、冯云鹓认为是隋文帝之仁寿纪年镜；《岩窟藏镜》作者梁上椿认为"仁寿二字非指隋文帝仁寿年号"。笔者认为，应区别三种不同情况：其一，实为晋都洛阳仁寿殿之镜，晋陆机《与弟云书》："仁寿殿前，有大方铜镜，高五尺余，广三尺二寸。"其二，当指隋代开皇十三年所建之仁寿宫，亦可能指晋代仁寿殿。其三，应是纪年之说。有关"仁寿"铭，如指"殿"或"宫"等场所时，语意不通。天下太平是历代朝野和百姓所期盼的大事。唐诗"常忧刀斧劫，窃慕仁寿乡"，所说正是此事（厌恶战争）此时（仁寿年间）。再从词意分析，"传"和"始"连接使用，有时间概念；唐诗"仁寿信未远"和"仁寿元和二百年"（601—806）中的"仁寿"，皆应指纪年。

3．"盘龙丽匣"铭（本书正文图 20601）

铭文："盘龙丽匣，舞凤新台。鸾惊影见，日曜花开。团疑壁转，月似轮回。端形鉴远，胆照光来。""石、金、土、丝、木、竹、匏、革。"

《隋书》卷二载：（开皇八年）十二月甲子，诏曰："朕祇承天命，清荡万方。百王衰敝之后，兆庶浇浮之日，圣人遗训，扫地俱尽，制礼作乐，今也其时。朕情存古乐，深思雅道。郑、卫淫声，鱼龙杂戏。乐府之内，尽以除之。今欲更调律吕，改张琴瑟。且妙术精微，非因教习，工人代掌，止传糟粕，不足达神明之德，论天地之和。区域之间，奇才异艺，天知神授，何代无哉！盖晦迹于非时，俟昌言于所好，宜可搜访，速以奏闻，庶睹一艺之能，共就九成之业。仍诏太常牛弘、通直散骑常侍许善心、秘书丞姚察、通直郎虞世基等议定作乐。"此外，《资治通鉴》对于上述内容，有更为详尽的记载，不再赘述。

4．小结

分析上述三个镜铭内容，多与隋文帝开皇九年（589）统一中国以及仁寿元年（601）突厥来降有关，俱记载了隋文帝杨坚的丰功伟业，其流行年代主要在隋代后期与隋唐之际（六世纪末期至七世纪前叶）。

四、钮区不同

隋唐铭文镜钮式多为传统圆钮，在镜钮形制上可说没有什么差别。然其钮座纹饰却有较大不同，如"钮压神兽纹""柿蒂纹""莲瓣纹""珠点纹"等。前两种可说是独立存在，后两种基本上与内区主纹结合。

1. 钮压神兽纹钮座

查阅《中国纪年铜镜》（上海古籍出版社，2015年11月）图148、149、150，这3面北魏"神龟"年号（518~520）纪年镜皆有"钮压神兽纹"的钮座（另有观点认为，此纹或为"巨鳌背山"纹）。再看隋代铜镜的若干钮座，亦多有类似的"钮压神兽纹"图案，应非偶然巧合，当是文化传承。从年号来看，"神龟"至"开皇"两者间隔相差仅一个甲子。因此，可以明白，凡钮座有"钮压神兽纹"图案之铜镜，其问世年代主要应在隋代前期，个别铜镜年代或稍有延长，然也不会进入唐代多久。

2. 柿蒂纹钮座

这类纹饰完全是汉镜的标志，隋镜上出现并不奇怪，这是文化复古的一种现象。历史在推进，与汉末相距约三个半世纪后的隋代，再次出现柿蒂纹，应是这个图案的复古与"告别"。笔者认为，隋镜中的柿蒂纹年代，应以隋代为主，进入初唐，逐渐消失。

3. 莲瓣纹钮座

这类纹饰在初唐大量出现，更可以说是钮座缩小或消失的一个趋势。此类主纹之内区均较大，包括简博四灵、八界格神兽、六界格神兽等。

4. 珠点纹钮座

这类纹饰可谓莲瓣纹的进一步简化，又可以说是钮座消失的前夜，其内区主纹种类较多（参见表三）。从此以后，中国铜镜走上了一条钮座缩减或消失的道路。应该指出，若干镜钮下方多见一周小台阶的图案。笔者认为，这应是在镜钮与镜体连接处，为增加强度的一种技术手段，并非美学上的刻意设计，故而不一定称为钮座。

五、参考特征

本文拟从文化（文体，书体）特征与物理（m值，亮度）特征两大部分作初步探讨。

1. 文体特征

隋唐镜铭的文体按存世之多少为序，大致分为二个阶段。

第一个阶段（隋代至盛唐），以四言为主（最早、最多），五言为辅，六言少见，杂言偶见。

第二个阶段（盛唐至晚唐），以四言、五言居多，偶见六言、七言，罕见杂言、三言。

2. 书体特征

从开皇七年（587）始，中国的选官制度发生了根本变化，由贵族举荐改为科举考试，作为官场公文唯一使用的楷书，开始登上历史舞台。除了偶见寥寥数面永徽年前后的篆书外，余皆为楷书，隋唐镜铭完全可以印证这段历史。楷书称"正楷""正书""真书"，为纠正草书的率性自由、减省汉隶的波磔而形成，形体方正，笔画严直，可作楷模，故名。

镜铭中的楷书，早期虽方正却呆板，随着美学观念的发展，笔锋开始出现，楷书除了方正规整外，逐渐有了秀美灵动之感。中晚唐铭文之书体，明显粗糙、随意。这些只能是一种直觉，不可作为断代的主要依据。

3.m 值（单位面积重量）变化

不同的年代，铜镜大小与厚薄皆有不同。在文化传承的同时，亦包含着创新的因素。相对而言，凡贫困、节俭的时代，m 值偏小（即相同尺寸的用铜量少）；而富裕、豪放的时代，m 值较大（即相同尺寸的用铜量多）。两汉镜大致如此，隋唐镜亦不例外。依据实测统计可知，隋代镜 m 值多在 2.5~4.0 克／平方厘米，初唐镜 m 值多为 3.0~4.5 克／平方厘米，盛唐镜 m 值多是 3.5~7.5 克／平方厘米。同样。m 值的统计数据只是一种统计概念，在大范围研讨断代问题时才可作为参考。

4. 表面亮度

中国铜镜有三大高峰：战国、两汉、隋唐。从出土器物来看，两汉镜（少见）与隋唐镜（多见）之表面时有银白色的光泽，俗称"水银沁"。经上海博物馆谭德睿研究员的研究，这些水银沁的形成，乃是在铜镜正反两面涂覆了一层含锡量较高的"富锡"层，锡与空气氧化，生成了透明的二氧化锡薄膜，这种氧化物耐腐蚀性好，在空气中"永不变色"。自贞观、永徽以后，大唐走上了辉煌之路，铜镜的"水银沁"更趋明显。除了主纹特征外，这也成为唐代铜镜的一大标志。相对而言，之前的隋代铜镜或是其后的中晚唐铜镜皆显逊色。同样，这也是在大范围研讨断代问题时才可作为参考。

六、主纹分期

隋唐铜镜是中国铜镜三大高峰的最后一座，亦是最辉煌的一座。以盛唐为重点，其主纹的总体特色是，厚重大气、立体明显、文化丰富、崇尚自然、绚丽多姿、华美动人。分析可知，隋唐镜图案从开始的繁杂、紧促、虚无，逐步走向简洁、舒展、务实。隋唐镜铭文亦从开始的字小、字多、拥挤，逐渐走向字大、字少、宽松。

对包括铭文镜在内的隋唐镜，进行分期、分类研究，一定会涉及到其时的政治、军事、经济、文化等各个方面。总体而言，隋唐镜可分为 5 期，即：隋代、初唐、盛唐、中唐、晚唐。其区分的主要依据是，隋代与唐代之分（即一、二期之分），当系隋亡唐兴的武德元年（618），应毋庸置疑。初唐与盛唐之分（即二、三期之分），定在灭西突厥，打通西域，推动中西交流的显庆二年（657），有足够依据。盛唐与中唐之分（即三、四期之分），取为罢免扬州作为皇家铸镜中心的建中元年（780），其理由充分（其前的安史之乱未曾波及江淮地区）。中唐与晚唐之分（即四、五期之分），定于天下大乱，内外交困的咸通元年（860），在情理之中。

再结合镜铭纪年，出土断代，文献佐证，钮区不同，其他特征等依据，本文按大致的前后次序，对以铭文镜为主的隋唐镜主纹作出以下分期，详见表三。

表三　隋唐铭文镜主纹分期一览表

分期	西元	年号	重大历史	说明	经典主纹
一、隋代38年	581	隋文帝杨坚开皇元年	灭周建隋	北魏神龟年间（518-520）有3面纪年镜（《中国纪年铜镜》图148~150），其镜钮皆作"钮压神兽"（巨鳌背山）状。隋唐镜有同类钮区者，皆可认为与北朝一脉相承。其他，柿蒂纹钮座，四灵、简博等纹饰，亦皆系传承汉制。	缠枝十二生肖　四灵十二生肖　八神兽十二生肖　四界格神兽，五界格神兽　六界格神兽，八界格神兽　四灵十二生肖八卦
	618	隋炀帝杨广大业十四年	诛杀炀帝隋朝灭亡		双兽追逐（咬尾）　简博四灵，简博四灵八卦　简博四神兽，六界格神兽
二、初唐39年	618	唐高祖李渊武德元年	建立大唐贞观之治	初唐是传承与创新并存的时代。瑞兽葡萄镜以及海兽葡萄镜乃是大唐的标志、辉煌的象征。数据表明，隋唐铭文镜的绝大部分都问世在隋代与初唐。	六团兽（三鸾三兽）　六团兽（二龙二鸾二兽）　六团兽（三鸾三花）　六团花、四瑞兽、五瑞兽、六瑞兽、八瑞兽
	656	唐高宗李治显庆元年	贞观之治延享永徽		
三、盛唐123年	657	唐高宗李治显庆二年	灭西突厥打通西域建立东都开元盛世	天宝十四载（755）安史之乱，因为睢阳（今商丘）、南阳居民的奋力抵抗，叛军未能进入江淮地区，致使铸镜中心扬州得以保全，大唐铜镜生产得以维系。直到大历十四年（779）代宗下诏禁止朝贡，扬州镜受到影响。	龙、鸾、麒麟、孔雀组合　瑞兽葡萄（兽数多变）
					瑞兽葡萄（兽数多变）　海兽葡萄（兽数多变）　蓬莱仙境，玉兔捣药　日月星辰五岳八卦　双鸾花枝、飞龙　真子飞霜故事　荣启奇故事　侯瑾之故事
	779	唐代宗李豫大历十四年	罢"扬州每年端午日江心所铸镜"		四灵八卦　天地双凤八卦　十二生肖八卦　隐逸故事　符录八卦　纯文八卦　龟钮四鹤　仿汉
四、中唐80年	780	唐德宗李适建中元年	皇家铸造中心逐渐衰落	会昌年间，唐武宗毁寺灭佛，朝廷禁断摩尼教，海兽葡萄镜日趋消亡。海兽葡萄镜没有铭文，故不在本文研讨之列。	
	859	唐宣宗李忱大中十三年	元和中兴小太宗之治		
五、晚唐48年	860	唐懿宗李漼咸通元年	内外交困扬州被毁	军阀混战，天下大乱，唐朝灭亡，历史必然。	
	907	唐哀宗李柷天祐三年	唐朝灭亡		

依据表四，可以得到以下 2 个观点：

1. 从隋初至唐末，共 327 年（隋末与唐初的西元 618 年重复计算，当扣除）。本文将隋唐铭文镜分为 5 期：第一期，隋代（计 38 年）；第二期，初唐（计 39 年）；第三期，盛唐（计 123 年）；第四期，中唐（计 80 年）；第五期，晚唐（计 48 年）。分期的具体年号与西元详见表三内容。

2. 由存世实物可知，隋唐铭文镜之绝大部分源自不足百年的第一期与第二期，自盛唐开始，铭文镜的数量大幅减少。到中晚唐时，铭文镜又有少量恢复。

七、铭文分期

（一）综述

在四千年中国铜镜史中，其三大高峰的战国、两汉、隋唐，都有文字出现。

战国镜中的文字罕见，可谓是一种偶然现象。李学勤《清华铭文镜·序言》："现在新发现多了，战国时期确有个别较早的镜背面有字，但可能是范铸时偶然形成，不合于镜铭的标准。"

两汉长达四个多世纪（前 206~220），其镜铭种数应在上千种之多，仅《汉镜铭文图集》正文 542，加之附表一 228，附表二 224。汉镜铭文有诸多特点：内容贴近生活，文化内涵厚实，书体变化多端，铭文组合丰富。

隋唐长达三个多世纪（589~907），其镜铭种数仅在百种上下（本书 80 种），还不及汉镜的一成。比较汉镜可知大有不同：文体多为骈体，内容绚丽多彩，书体以楷书为主，一铭反复使用。

一个重要的客观事实：在大唐最为绚丽、辉煌的海兽葡萄镜中，几乎没有铭文出现。笔者认为，此应似与外来文化有关。海兽葡萄镜诞生在武则天执政后期、消亡于唐武宗会昌年间，这段近两个世纪的岁月，正是摩尼教产生、发展、消亡的时期。笔者猜测，外来文化之原设计根本就没有放入（汉字）铭文的动机；此外，高浮雕的满饰图案也使铜镜失去了放入铭文的条件。

除了同模现象外，汉镜的一镜一铭现象，在隋唐镜中有了较大改变。为了让隋唐镜铭文分期能尽量贴近事实，依据纪年镜以及出土镜等大量资讯，我们收集了 80 种铭文，共 321 面资料。本书的统计数字表明，同类镜铭可在不同的历史时期、不同类的主纹图案中被反复引用，我们选择 5 种常见的经典铭文汇总成表，详见表四。

表四　五种隋唐镜铭文一览表

序号	铭文首句	统计	主纹类别	主纹分期	最多之主纹或钮座		说明
					镜数	主纹	
1	仙山并照	24	14	隋代—初唐	钮压神兽钮座	16	来自北朝魏，多现隋代早。
2	练形神冶	16	8	隋代—盛唐	五瑞兽葡萄	5	延续时间长，跨越一世纪。
3	灵山孕宝	24	7	隋代—初唐	六团兽 六团花	6 8	有迦陵频伽，系佛教文化。
4	盘龙丽匣	22	4	隋代—初唐	六界格瑞兽	17	有双龙双凤，似婚礼用镜。
5	光流素月	27	9	初唐—盛唐	五瑞兽葡萄	8	存世量较大，铭文见篆书。

统计数字还告诉我们，虽然表四铭文的五个镜种数量只占总数（80 种）的 6.3%，但其存世量（113 面）却要占到总数（321 面）的三成之多。说明这 5 类隋唐镜铭文，对讨论分期问题有着举足轻重的作用。

（二）分期

本书对隋唐镜铭文进行八个部分的分期研究，其年代名称分别为：隋代、隋唐之际、初唐、初唐至盛唐、盛唐、盛唐至中唐、中唐、中晚唐。

1. 隋代（正文 101–114）

（1）概述

钮座以钮压神兽纹居多、柿蒂纹为少，可以认为，凡有前者钮座者之铜镜年代主要在隋代。隋代前期铭文排列多在内外区之间，字体较小，字数较多，四言多见，五言少见；隋代后期铭文出现靠近边缘处，字体较大，字数较少，四言为主，五言为辅。

（2）主纹

除了"光正随人"铭镜多传承北朝遗风外，余者皆具隋代自身特色。前期主要是缠枝十二生肖、四灵十二生肖、八神兽十二生肖、四界格神兽、五界格神兽、六界格神兽、八界格神兽（含四灵）、四灵十二生肖八卦。后期主要是：双兽追逐（咬尾）、简博四灵（迟至武德五年、永徽元年之纪年镜）、简博四灵八卦、简博四神兽等。

（3）铭文

隋代盛行的铭文镜，本文收集有以下 14 种，共 37 面。

光正随人（3 面），凤从台里出（1 面），窥妆益态（1 面，有大业七年出土资料），淮南起照（6 面），秦王辟恶（1 面），绝照月采（1 面），金神之灵（1 面），阿房照胆（3 面），昭仁晌德（6 面），美哉圆鉴（1 面），绝照览心（10 面），映花逾面（1 面），魏宫知本性（1 面），心意将魂魄（1 面）。

2. 隋唐之际（正文 201–215）

（1）概述

在比较主纹特征、m 值变化、钮座形制、字体大小等因素后，有若干存世器物，既具隋代风格，又有唐代特征，难以作出准确判断。另一方面，亦的确存在一种情况，隋代后期之器到了初唐前期再次生产，故而出现了兼具两个时代的风格特征，例如，表四中的 5 类多见铭文就是跨越了多个年代。尤以 16 份资料的"练形神冶"铭为例，竟然跨越了 4 个时期，详见表五。

表五 练形神冶铭镜分期一览表

序号	年代	钮座	主纹	铭文位置	字体	说明
1	隋代	方框四花	八神兽十二生肖	内外区间	小	钮座多在隋代后期
2～3	隋唐之际	莲花瓣	八神兽（两两相对）	内外区间	小	边缘有褐马鸡
4	隋唐之际	珠点纹	六团兽（三鸾三兽）	内外区间	小	二鸾中有迦陵频伽
5	隋唐之际	珠点纹	六团兽（二鸾二兽二化）	内外区间	小	相对少见
6～9	初唐	莲花瓣	六团花	边缘	大	六团花主纹不入隋
10	初唐	莲花瓣	六瑞兽（两两相对）	边缘	大	相对少见
11	初唐	无钮座	八瑞兽（两两相对）	边缘	大	直径 17.7 厘米
12～16	盛唐	小钮座	五瑞兽葡萄	边缘	大	五镜直径相近

（2）主纹

这个时期的主纹，兼具隋代与唐代的不同风格。形制处于变化之中：m 值变大（即趋厚重），字体变大（铭文圈由内外区之间过渡至边缘处），钮座简化（钮压神兽纹与柿蒂纹逐渐消失），神纹淡化（东王公，西王母逐渐消失）。其主纹类别主要是：双兽追逐（咬尾）、简博四灵、简博四灵八卦、简博四神兽、六界格神兽、六团兽（不同组合）、六团花（几无变化）、四瑞兽、五瑞兽、六瑞兽、八瑞兽等。特别强调一点：本文收集到 3 件有简博四兽（或四灵）主纹的出土器物，是可提供断代依据的重要镜例。其一，大业七年（611）的窥妆益态铭四神兽镜；其二，武德五年（618）铭纪年镜；其三，永徽元年（650）铭纪年镜。

（3）铭文

这个时期盛行的铭文镜，本文收集有以下 15 种 120 面。

仙山并照（24 面），灵山孕宝（24 面），镜发菱花（9 面），莲月照来（1 面），练形神冶（16 面），盘龙丽匣（22 面），镠金琢玉（2 面），清晖湛素（2 面），宝镜临窗（1 面），有玉辞夏（1 面），玉匣聊看镜（8 面），玉匣聊开镜（3 面），玉匣聊开盖（2 面），照心宝镜（1 面），兰闺腕腕（4 面）。

在隋唐铭文镜中，有 4 个大类（仙山并照、灵山孕宝、练形神冶、盘龙丽匣）86 面镜皆在这个时期，说明这 4 个大类的铭文内容，在当时受到普遍欢迎。特别指出一点："照心宝镜"铭主纹六团花应问世于初唐前期，然其铭文位置却如同隋代前期，被排在内外区之间，字体"被迫"挤得较小。因此，这种铭文排列的形制，至迟应延至初唐前期。另一种有待证明的主纹是六团花主纹，亦有可能早在隋代晚期就已出现。

3. 初唐（正文 301–319）

（1）概述

在隋唐铜镜史中，初唐是一个重要时期。迄今所知，仅有 5 面有主纹的纪年镜资料（详见本文表一），以及 8 面有纪年墓葬的出土镜资料（详见本文表二），皆处于初唐时期，这就为该时期的分期研究打下了一定的基础。

从初唐开始，有几个明显变化：其一，比较而言，形制简化，尺寸变小，字体放大；其二，铭文排序在内外区之间的"小字"形制几乎不见（除武德五年铭镜外）；其三，直径在唐尺 6 寸（今 18.36 厘米）以上的大镜减少，唐尺 5 寸（今 15.30 厘米）与唐尺 4 寸（今 12.24 厘米）逐渐增多；其四，从初唐至盛唐，开始出现唐尺 3 寸与 2 寸的小镜，甚至出现了唐尺 1 寸的掌心镜；其五，厚重系数 m 值多在 3.0 ~ 4.5 克 / 平方厘米（隋代在 2.5 ~ 4.0，盛唐在 3.5 ~ 7.5）；其六，初唐的五言句式明显增多，仅从本书可知，其时的五言与四言句式不相上下；其七，在永徽元年铭镜中，出现了篆书书体。

（2）主纹

除了个别的简博四灵纹与花卉纹外，初唐镜主纹比较单一，变化不大，主要是：六团兽（多种组合）、六团花（几无变化）、四瑞兽、五瑞兽、六瑞兽、八瑞兽等。

（3）铭文

初唐时期盛行的铭文镜，本文收集有以下 19 种 57 面。

武德五年（1面），桂台月满（1面），洞心照胆（3面），团团宝镜（11面），玉匣聊开镜（2面），汉宫知本性（1面），花发无冬夏（5面），镜知愁里貌（1面），简镜那应卖（1面），照日菱花出（12面），年唯贞观（1面），写月非夜（3面，皆初唐仿隋），素质内辉（1面），明齐满月（8面，其中3面有迦陵频伽），明齐秋月（1面），五月五日（2面），永徽元年（1面），年惟永徽（1面），永徽五年（1面）。

4. 初唐至盛唐（正文 401–406）

（1）概述

这个时期的资料不多，然其光流素月铭镜的资料数系本文之最，高达 27 面（主纹分为 10 类），详见表六。

表六 光流素月铭镜（正文401部分）分期一览表

序号	图号	年代分期	钮座	主纹	说明
1	1	初唐末	方框莲瓣	四瑞兽	钮座与序号2镜类相同，一方一园
2	2	初唐末	圆线莲瓣	六团花	铭文头尾间多"大吉利"3字，篆书
3	3～5	初、盛	莲瓣、珠点	四瑞兽	有双兽双禽主纹
4	6～12	初、盛	莲瓣、珠点	五瑞兽	篆书镜5面（占有率72%）
5	13	初、盛	珠点	六瑞兽	有四兽双禽主纹
6	14	初、盛	莲瓣	六瑞兽	/
7	15	初、盛	珠点	六瑞兽	/
8	16～17	盛唐	小钮座	四瑞禽	有佛教题材之迦陵频伽图案
9	18～19	盛唐	小钮座	四瑞兽葡萄	瑞兽葡萄纹是进入盛唐之象征
10	20～27	盛唐	小钮座	五瑞兽葡萄	有麟德元年（664）郑仁泰纪年墓出土镜

（2）主纹

除了表六所出现的主纹外，这个时期的湛若止水、赏得秦王镜等镜类以及双兽追逐（咬尾）主纹，主要问世在隋代后期至初唐前期。有观点认为，双兽追逐（咬尾）主纹不到初唐，有待日后出现新的考古资料，再作进一步考证。

（3）铭文

这个时期盛行的铭文镜，本文收集有以下6种48面。

光流素月（27面），湛若止水（6面），鉴若止水（1面），赏得秦王镜（9面），模星放日（3面），明逾满月（2面）。

5. 盛唐（正文501–510）

（1）概述

盛唐铭文镜有几个特点。其一，存世量少；其二，受道家文化影响大；其三，可供研讨的文化内涵多，如"只影嗟为客"铭贴银鎏金八菱镜，系日本正仓院藏镜，在安史之乱前已东渡扶桑，当可断为盛唐器物。又如"天地含象"铭日月星辰五岳生肖八卦镜，由道士司马承祯专为唐玄宗李隆基设计并铸制，亦绝对是盛唐器物。

（2）主纹

瑞兽葡萄，蓬莱仙境，玉兔捣药，四瑞兽四花，日月星辰五岳生肖八卦，八瑞兽（含蟠龙、鸾凤、麒麟、孔雀等），双鸾花枝，飞龙，真子飞霜故事，荣启奇故事，侯瑾之故事。

（3）铭文

盛唐时期流行的铭文镜不多，本文收集有10种34面。

只影嗟为客（1面），杨府吕氏（1面），杨府可则（1面），天地含象（9面），销兵汉殿（1面），清莹澄澈（2面），春秋万千（2面），凤凰双镜（11面），荣启奇（4面），侯瑾之（2面）。

6. 盛唐至中唐（正文 601-607）

（1）概述

前文已述，安史之乱未曾波及铸镜中心扬州，故而，对盛唐与中唐之间究竟有多大的差别难以定论。直到大历十四年（779），代宗下诏："罢扬州每年端午日江心所铸镜"。其时，扬州铸镜业才受到了较大影响。在缺少出土资料的情况下，对其分期虽有勉强，然为抛砖引玉，本文仍作出若干"猜测性"的排序。

（2）主纹

纯文多字八卦，8 字回文生肖飞仙，天地双凤八卦，十二生肖八卦，隐逸故事。

（3）铭文

盛唐至中唐时期多纯文镜、故事镜，本文收集有 7 种 12 面。

镌金镂范（1 面，骈文回文），驰光匣启（2 面，骈文回文），征物为真（2 面，回文），独有幽栖地（1 面），上圆下方（1 面），天地成（4 面），乾元元年（1 面）。

7. 中唐（正文 701-706）

（1）概述

比较盛唐而言，中唐在政治与经济层面上，有很大衰落。因为全国铸镜中心的扬州受安史之乱影响不大，故而铜镜的衰落稍缓一些。因此，中唐铜镜仍基本保留了盛唐的形制与风格，然其大型的、厚重的、精致的器物明显减少。细察可知，总体粗俗，书体始差。

（2）主纹

符录星象灵八卦，多重莲花瓣，纯文八卦，莲花瓣，几何连弧。

（3）铭文

中唐时期流行的铭文镜不多，本文收集有 6 种 7 面。

元长父舍（2 面），素心居澄（1 面），冥随魄满（1 面），伏龟飞鹤（1 面），乍别情难忍（1 面），铸铜为镜（1 面）。

8. 中晚唐（正文 801-804）

（1）概述

晚唐天下大乱，扬州被毁，晚唐难有铜镜问世。本文一共收集到 3 类铭文镜，皆属粗制滥造，或在中唐后期，或在晚唐前期，没有必要再作细分，故而一并称之为中晚唐。

（2）主纹

纯文八卦，龟钮四鹤，仿汉。

（3）铭文

这个时期出现的铭文镜较少，本文收集了 4 种 8 面。

水银阴精（3 面），精金百炼（1 面），朝问秦王镜（1 面），长相思（3 面）。

八、文化系列

本书之 81 种铭文及其有关图案，可以归纳成 20 种不同的文化系列。其中最多者"赞美铜镜"有 29 种，最少者"训诫文化""音乐主题"各有一种。其中"佛教文化"主要为伽陵频伽图案，共有 8 个，详见表七。

表七 隋唐镜铭文文化系列一览表

序号	文化系列	铭文、类别主纹图号
1	回文	101， 203， 204， 405， 506， 601， 602， 603， 702
2	龙凤呈祥	102， 113， 201， 206， 207， 306， 403， 501
3	双龙图案	11001， 20602～20605
4	祈祥文化	103， 105， 107， 202， 210， 606， 801， 802
5	歌功颂德	104， 105， 201， 302
6	期盼和平	104， 107， 114， 201， 303， 505
7	赞美铜镜	107， 109， 110， 111， 112， 113， 202， 205， 206， 207， 209， 214， 215， 302， 303， 304， 307， 310， 311， 312， 313， 314， 315， 317， 401， 402， 406， 505， 703
8	辟邪文化	107， 108， 113， 210， 402， 801
9	照胆故事	108， 206， 303， 402， 501， 502， 508， 601， 803
10	道教文化	111， 504， 510， 605， 606， 701。
11	佛教文化	20212， 20213， 20504， 31406， 31407， 31408， 40116， 40117
12	训诫文化	114
13	江心百炼	607
14	音乐主题	20601
15	闺房之乐	209， 211， 212， 213， 305
16	纪年铭文	301， 311， 317， 318， 319， 502，607；表一序号 6
17	相思文化	308， 501， 508， 705， 804
18	生活一隅	309， 310， 604
19	铸镜文化	311， 316， 502， 503， 706， 802
20	历史记载	319， 502， 504， 507， 509

九、结语

1.依据收集的81种计324面资料,本书将隋唐铭文镜所处年代,意向性地分为8个部分:隋代、隋唐之际、初唐、初唐至盛唐、盛唐、盛唐至中唐、中唐、中晚唐。

2.除了盛唐时期的少量高端镜、晚唐时期的大量粗劣镜外,隋唐铭文镜前两部分占了总数的大半以上。总体变化趋势为:其一,从盛唐以后,铭文镜的存世数量大幅下降;其二,厚重系数 m 值逐渐上升,隋代镜在 2.5~4.0、初唐镜在 3.0~4.5、盛唐镜在 3.5~7.5。其三,直径大小走势呈起伏状,隋代镜以唐尺 6~8 寸(约今 18~24 厘米)居多,初唐镜以唐尺 4~6 寸(约今 12~18 厘米)居多,盛唐镜是各种直径都有,小到唐尺 1~2 寸(约今 3~6 厘米)的手镜,大至唐尺 2 尺(约今 60 厘米)左右的大镜(日本正仓院有实物),中唐以后,尺寸不一。

3.与汉镜相比,两汉属于"一铭一镜"(不考虑同模情况),隋唐则是"一铭多镜"。如本文之统计数据:仙山并照铭有 14 类主纹 24 面铜镜,灵山孕宝铭有 7 类主纹 24 面铜镜,光流素月铭有 10 类主纹 27 面铜镜。

4.迄今所知,隋唐纪年镜存世甚少且多集中在初唐,共计 8 面(详见表一)。

5.初唐时佛教盛行,在灵山孕宝、练形神冶、明齐满月、光流素月这 4 种铭文镜种中,共有 8 面迦陵频伽图案出现(分别为 2 面、1 面、3 面、2 面)。

6.隋唐铭文镜文字书体几乎皆为楷书,只是在初唐后期(相对集中在光流素月铭类,共有 6 面)、中晚唐时期的铭文中又出现少量篆书。

7.隋唐铭文镜文体形式存世量多少之排序:四言、五言、六言、七言、杂言、三言。隋唐铭文镜文体多见骈文(详见本书附二之内容),少见回文(详见本书图 101 之说明)。

8.与汉镜铭文不同,隋唐铭文镜文学内容多为对物(镜)的夸奖与讚美,少见对人的叙事与言情(如相思文化)。

9.文中表七展示了一系列隋唐镜铭文的文化类别,共为 20 种,对今后的深入研究将是一个重要的铺垫。

《秦镜龙纹图集》总说

龙是中华民族的古老图腾，是兆示丰年与象征尊贵的祥瑞。对龙的崇拜与敬仰，首先体现了上古先民们对神秘自然力的崇拜（太阳、云雷、闪电、雨水、节气、四时变化等）；其次在中华文明的发展史上，龙的形象发挥着一个民族精神载体的作用，兼具包容性与创新性，通过一种独立的符号使中华民族的向心力得以凝聚，同时我们也通过对龙形象的演化、研究与发掘，厘清先民们的哲学思辨过程。本书对秦镜作断代研究，力图将秦镜中龙纹形象的发展、演变、过渡等，通过具体纹样类型的分析，予命名与释读。本书 108 幅龙纹镜图片，皆取自于《秦镜文化研究》（上海书画出版社，2018 年出版）之《图录篇》（216 幅图片）。为使读者一目了然并充分展现每幅图片的精彩之处，本书对全部龙纹皆作局部放大处理。

《西汉龙纹镜》（陈灿堂编著，上海古籍出版社，2012 年 12 月出版）序言中说："龙是华夏图腾。中国龙文化源远流长，自河南濮阳新石器晚期仰韶文化的蚌塑龙算起，距今已有七千年的历史。在中国铜镜史上，有战国、两汉、隋唐三座高峰，概括而言，战国镜龙纹抽象神秘，隋唐镜龙纹具象辉煌。而处于战国与隋唐之间的两汉，其龙纹以简洁写意为特色，展示出一种明快粗犷的表现手法。"可知龙纹是铜镜上乐于表现并普遍存在的一个题材，而龙更是秦人重要的图腾，本书将使这个概念得到充分的证实。汉承秦制，汉镜龙纹的形制与文化，毫无疑问地源自秦镜，"经过细致的梳理、分类、归纳、综合，才得以聚沙成塔"。

秦镜即由秦国工匠在秦地铸造的铜镜。本书将逐步推进地打开秦镜龙纹的这扇"大门"。通过大量的出土实物可知，春秋乃至更早的秦镜，其主纹主要是细弦纹、宽弦纹、连弧纹等，并没有龙纹出现。自战国早中期开始，才在秦镜中见到龙纹，并有着直至西汉的自然传承。本书基本遵循年代序列的原则，对秦镜龙纹的命名、分类、形态、地纹、特殊纹样等作出释读并研究其文化价值，以及对后世的影响。以下就本书的几个重要方面，逐一进行分析。

一、龙纹命名

由于崇龙、敬龙，自古人们对于龙的记述和描写便不胜枚举，《说文解字》中有云："螭，若龙而黄……或云无角曰螭。"《广雅》中有这样的记载："有鳞曰蛟龙，有翼曰应龙，有角曰虬龙，无角曰螭龙。"可见，龙这种神物从来没有单一称谓，且有着不同的形象，并且随着时代的不同，其文化语境会发生变化。仅就秦代出现的龙纹为例，就有各不相同的描绘。

为方便表述与理解，本书对秦镜龙纹的命名，作出如下统一之界定。

龙纹：有明显的龙头、龙肢、龙爪。另有三种罕见特殊的情况。其一，有翅膀（如图001、038）；其二，龙头、龙身隐没于雷区之中而只见龙肢与龙爪（如图004）；其三，龙纹在穿越雷区时被工匠"定格"（如图039），可暂称作"龙雷合体"。

螭龙："螭"即古代传说中一种没有角的龙。其龙头明显呈现，而龙肢与龙爪却被图案化。

蟠螭：龙头不见，龙肢与龙爪被图案化。

蟠虺："虺"即古书上说的一种毒蛇，龙头、龙肢、龙爪完全不见。

二、分类编排

秦镜龙纹是一个大系统，在《秦镜文化研究》收录的216面秦镜中，包括螭龙在内，共有140面龙纹镜，占全书之64.8%，可谓占了大半，秦人喜龙，可见一斑。依据每镜之色泽、钮式、缘式、m值、主纹、地纹等要素的不同，对本书挑选出其中的108面龙纹秦镜作出以下有序的分类编排。在每个类别中，因无法再判别年代的前后顺序，只能按直径大小排序。

1. 第一段，秦国中晚期（战国秦）共有49面。

001 ～ 020 计20面为龙纹镜

021 ～ 028 计8面为螭龙纹镜

029 ～ 030 计2面为四叶龙纹镜

031 ～ 036 计6面为四叶龙凤镜

037 ～ 049 计13面为连弧龙纹镜

2. 第二段，秦国晚期至秦代（统一秦）共有51面。

050 ～ 090 计41面为龙纹镜

091 ～ 095 计5面为龙凤镜

096 ～ 100 计5面，为含燕纹、月纹、兽纹等其他纹饰之龙纹镜

3. 第三段，秦末汉初（统一秦至西汉初）共有8面。

101 ～ 106 计6面为龙纹镜

107 ～ 108 计 2 面为螭龙纹镜

三、龙头视角

龙在传统文化中是一种灵兽，而龙纹则是一种神异性的符号。《管子·水地》云："龙生于水，被五色而游，故神。欲小则化如蚕蠋，欲大则藏于天下，欲上则凌于云气，欲下则入于深泉。变化无日，上下无时，谓之神。"俗语言"神龙见首不见尾"，是一句对龙之神秘性最直白的描述。于是，先民对于这种具有多变性的灵物采取了多样化的表现手法。按视角作区分，对本书 108 面秦镜龙纹进行分析研究，有以下五种情况。

1. 侧视

本书图片中的绝大部分龙头皆取侧视方向，明显可见上颌、下颌，甚至是龙齿、龙舌，故而侧视是一种表现龙纹头部的最佳手段。

2. 上视（图 003、006、103、106、107）

这种视角有些奇特，显示出一种似同蜥蜴的爬行动物。其中，尤以图 003 为妙，两条龙的头部视角一上视一侧视，栩栩如生，趣味盎然。

图 006 的龙爪硕大，更似蜥蜴。从本书看，龙头上视的表现手法不足全书的 5%，而且只发生在整个秦镜龙纹的起始阶段与末尾阶段。

3. 正前视（图 108）

在本书收录的 108 面龙纹镜图片中，似为仅见。其头部完全是前视，展现出一种兽头的感觉。

4. 前侧视（图 002、008、009、020、056、060、062、083、096、097、098）

此类镜龙头的表现最为全面，龙角、龙眼、龙齿等皆一览无遗。归纳可知有 3 个共同点：其一，龙头位置所占比例较大；其二，问世年代似应在秦统一中国前后的秦地，其国力最强盛时期；其三，较多铜镜尺寸执行度量标准，皆为东周尺（即战国尺）的整一尺（即今 23.1 厘米）。

5. 后侧视（图 098）

此例仅见，别有风趣。通常而言，这种表现手法因难于处理，故属稀罕。

四、地纹展现

在古代传说中，龙这种神异动物总是与雨有着密不可分的关联。《说文解字》云："龙，鳞虫之长。能幽能明，能细能巨，能短能长。春分而登天，秋分而潜渊。"三国时期的文人刘劭在其《龙瑞赋》中有云："岁在析木，时惟仲春。灵威统方，句芒司辰。阳升九四，或跃于渊。有蜎之龙，来游郊甸。"不难看出，这里面谈到的"春分而登天，秋分而潜渊"，以及"岁在析木，时惟仲春"等，都是以龙为雨神，与能兴云施雨的传说息息相关。那么，在秦镜纹样中，龙之形象必然地与云、雨等自然现象发生联系。从古至今，我国都是一个农业国家，所谓的"天时"（即"农时"）是整个氏族、部落、国家最高"机密"与顶尖"科学"。古代即有"龙星纪时"之说。简言之，就是将六个星宿（角、亢、氐、房、心、尾）组成一组龙星。《左传》桓公五年中有"龙见而雩"，杜预注曰："龙见建巳之月（按：即夏历四月），苍龙宿之体昏见东方，万物始盛，待雨而大，故祭天，远为百谷祈膏雨。"可知，农历四月是"龙星"升天可以进行"雩祭祈雨"的日子。之后，便有"夫辰角见而雨毕，天根见而水涸，本见而草木节解，驷见而陨霜，火见而清风戒寒"（《国语·周语》）。此时的"龙星潜藏"便是标志着雨季的结束。在秦镜的龙纹之上有如此多的涡云纹样，应与先民们赋予龙求雨之功能息息相关。依据《秦镜文化研究》可知，涡云纹是秦镜的一种烙印。换言之，在战国铜镜上，凡能看到涡云纹的铜镜，当属秦镜。而云雷纹则在战国秦、楚、晋等许多地区的实物上都能看到。

本书108幅图片，属涡云地纹者共有21面，占总数的19.4%，而云雷纹却占着大多数。故而可知，凡主纹为龙纹之秦镜，其地纹多为云雷纹。为什么有这种情况？笔者分析，商鞅变法后的秦国，取开放政策，对外交流频繁，秦、楚、晋三国毗邻，文化互相影响是一种自然形成的现象。

五、奇异龙纹

龙，这一形象在中华大地上无疑是最具特色的人文符号之一，对于它的描绘永远充满无尽的想象，无论是在文学创作中还是在艺术形象里，人们总是用各种各样的手段试图烘托这一奇幻符号的神秘色彩与氛围。《淮南子》中有云："羽嘉生飞龙，飞龙生凤凰，凤凰生鸾鸟，鸾鸟生庶鸟，凡羽者生于庶鸟；毛犊生应龙，应龙生建（健）马，建马生麒麟，麒麟生庶兽，凡毛者生于庶兽；介鳞生蛟龙，蛟龙生鲲鲠，鲲鲠生建邪，建邪生庶鱼，凡鳞者生于庶鱼；介潭生先龙，先龙生玄鼋，玄鼋生灵龟，灵龟生庶龟，凡介潭者生于庶龟。"不难看出，在中国传统文化的万物生成理论中，不仅展现出了先民的哲学思辨，同时亦将龙的重要性名之一二。在先民的哲学思想中，将宇宙万物的生成进行推演的过程中，龙，这一角色首当其冲，"羽嘉生飞龙，飞龙生凤凰"，"飞天"之龙是先民们首先对龙的想象。《张果星宗》云"又有辅翼，则为真龙"，这里的"真龙"被认为是有翼者，在先秦的一些青铜器物的纹饰中我们常会看到绘有羽翼的龙的形象。故而，在秦镜中将龙绘有两翼能飞天潜渊者，实属合理。常言道："龙生九子，各有不同。"其语出明代徐应秋《玉芝堂谈荟·龙生九子》中："龙生九子不成龙，各有所好。"人们以"九"喻"多"，将龙的多样性特征概括出来，既直观又生动。

秦人有崇龙的传统，《史记·封禅书》云："秦始皇既并天下为帝。或曰：'黄帝得土德，黄龙地蟥见。'夏得木德，青龙止于郊，草木畅茂。殷得金德，银白山溢。周得火德，有赤乌之符。今秦变周，水德之时。昔秦文公出猎，获黑龙，此水德之瑞。"长沙马王堆帛书《二三子问》又云："曰：龙大矣。龙既能云变，又能蛇变，又能鱼变，飞鸟昆虫，唯所欲化而不失本形，神能之至也。"贾谊《新书》云："龙之神也，其惟飞龙乎？能与细细，能与巨巨，能与高高，能与下下。吾故曰：龙变无常，能幽能章。"如此这般，用以喻指龙之变幻的文献数不胜数，充分将龙的神秘性与多变性阐释出来。由此而知，秦镜毫不吝惜用各种形态表现龙的变化，能印证文献之述。

上古神话中，龙为雨神，对于早期农耕社会的华夏民族来说，"龙"无疑是至关重要的神物。神龙在腾云致雨的过程中常常会伴有雷电，先民们通过观察自然，同时赋予龙纹另一个具象的组成部分，那便是"云雷纹"或"菱雷纹"（菱纹边有闪电图像）。《山海经·海内东经》："雷泽中有雷神，龙身而人头，鼓起腹则雷。"我们认为，所谓的"雷神"只是赋予了某种神性的形象，但是龙与雷的关系就此变得紧密不分。汉代王充《论衡·龙虚篇》云："盛夏之时，雷电击折破树木，发坏屋室，俗谓天取龙……雷电击折树木，发坏屋室，则龙见（现）于外，龙见（现），雷取以升天。"由此可知，秦镜中有相当一部分龙纹与雷纹共处，有的是穿雷而过，有的是将穿未穿，有的龙雷共形，有的龙雷连体等，将龙与雷的关系具象化，使之能够通过画面得到最清晰的感知。

西晋傅玄《龙铭》有云："丽哉神龙，诞应阳精。潜景九渊，飞曜天庭。屈伸从时，变化无形。偃伏污泥，上凌太清。"东晋堪舆学家郭璞《烛龙赞》："天缺西土，龙衔火精。气为寒暑，眼作昏明。身长千里，可谓至灵。"神龙之变在乎人之灵，先民思想的变化无际，在方寸之间的秦镜中悉数得以体现。为此，笔者精挑细选了8面更具有特色的题材，以飨读者。详见下表以及图1至图8：

秦镜奇异龙纹一览表

序号	本书图号	镜名	奇异称谓	直径（厘米）	重量（克）
1	001	涡云地四龙镜	手绘有翼	15.2	178
2	003	素地八龙镜	绝代双蛟	22.3	356
3	004	涡云地三雷三龙镜	身首隐没	20.2	349
4	006	涡云地宽弦八龙镜	巨爪似蜥	17.8	247
5	039	勾连地连弧三龙镜	龙雷合体	15.9	/
6	062	云雷地三雷三龙镜	穿越雷区	23.2	793
7	106	涡云地圈带四龙镜	怒目腾飞	10.2	残69
8	107	涡云地四乳螭龙镜	云中娇客	13.8	175

序1（图001），手绘有翼

"手绘有翼"之龙纹仅见于此镜，其图案有远古岩画之风，四个龙纹风采各异，因徒手绘之，而呈现随意、自由、活泼的形态，与众不同的是在龙纹身上加上了一对翅膀，尽管具象的有翼龙在本书仅见两面（另为图090）。然可说明，作为图腾崇拜的龙纹，秦人最早之镜绘制应有翅膀，这样会利于龙的飞、跃、翻、腾。从自然科学的角度看，有翅膀才能飞。这也与前文提到的"羽嘉生飞龙"暗合，体现了早期秦镜龙形象的表现思路。此镜纹饰虽与后期纹样化、模块化的龙纹相比，略显稚拙，但却难掩一种率性与天真。

在出土的秦镜中，似乎只有在早期出现了手绘的有翼龙纹，后世大量的龙纹没有了翅膀，而是更多地赋予了"神化"的概念。这似乎是一种创作思想上的"进化"，犹如《庄子·逍遥游》中所云："夫列子御风而行，泠然善也……此虽免乎行，犹有所待者也。若夫乘天地之正，而御六气之辩，以游无穷者，彼且恶乎待哉？故曰：至人无己，神人无功，圣人无名。"这其中所指出的列子虽然可以"御风而行"，但是依旧"犹有所待者"，就如同初期之龙带有双翼，而后期免去龙翼，反而更添几分神力。

序 2（图 003），绝代双蛟

此镜主纹饰为四组，每组两龙。左龙头部侧视，张口做长吟状，豁然可见龙牙尖锐，较之右龙，左龙造型虽稍简洁却更加舒展。比较可知：右者如寻觅同伴，左者若回首召唤。右者（似蜥蜴）虬曲匍匐取其态，左者简洁舒朗取其势，两龙交相辉映。可见秦镜纹样之美轮美奂，皆在乎于毫厘之间的匠心运作。

将具象演化成抽象的龙形象，无疑是纹样造型法上的突破与贡献，如此精美的龙纹，堪称"绝世之姿"。有观点认为，龙分雌雄，此镜或有此意，当可称"绝代双蛟"也。

序 3（图 004），身首隐没

在仅有的此图中，只见龙纹的后肢与爪尖，而其龙身与龙头皆隐没于雷区之中。这种情况恰好说明，菱形状的雷区正是龙纹穿越隐没的地所，"菱雷纹"的命名可谓引证有据。查阅中国铜镜史，西汉、东汉、隋唐、辽金等历朝历代的铜镜龙纹，皆没有这种龙头龙身隐没的图案出现，我们不得不钦佩秦国工匠所具备的创新思维：当龙纹与雷纹组合时，龙纹在雷纹中，既能穿越，还可隐身。

此图可谓最与俗语"神龙见首不见尾"相合，在前文中有云，龙为上古神物，被奉为"雨神"或者"雷神"，在"雷取龙升天"的传说中，观掌中镜，龙雷合于一处，龙身不见首尾，增添了无穷遐想。

序 4（图 006），巨爪似蜥

此组龙纹线条遒劲粗壮，龙头、龙身均上视，龙肢之上的龙爪线条刚健、分明，与蜷曲的龙身之间的"涡纹"的处理方式相呼应，既有装饰效果又起到了调和画面气氛的作用。在本书中，上视角度之龙纹镜有多面。有趣的是，这类上视纹饰只是出现在秦镜问世的初始时期或末尾的秦汉之际。

《淮南子》中将龙能衍生万物一一道来。龙邪，蛇邪，蜥邪，统统为秦人所用，所创造出的便是似龙似蜥的形象，用巧妙的造型手法，呈现一种抽象的"不似"之美。

序 5（图 039），龙雷合体

"龙雷合体"之龙纹在本书仅见。粗看这种图案有些怪异，但在了解本书总体后，即可理解。诸多龙纹在雷区中穿入穿出，若干龙纹还保持着作为菱形状雷区的"直线段"，表示了龙纹与雷区的密切关联。"龙雷合体"可以理解成一种龙在穿越雷区时的"定格"。

在古代有"龙星纪时"之说。简言之，就是将六个星宿（角、亢、氐、房、心、尾）组成一组龙星，从春到夏，由黄昏的地平线依次升起，在天空中仿佛一条闪耀的巨螣一般。《左传》中有：桓公五年"龙见而雩"，杜预注曰："龙见建巳之月（按：即夏历四月），苍龙宿之体昏见东方，万物始盛，待雨而大，故祭天，远为百谷祈膏雨。"可知，农历四月是"龙星"升天可以进行"雩祭祈雨"的日子。将龙纹与雷纹相结合，无疑是先民们赋予了龙的求雨功能，这在生产力低下的农耕时代显得尤为珍贵。

序6（图062），穿越雷区

此类镜本书收有35面。图062镜即为本书封面之镜，图面表达最为典型：一条巨龙从右侧雷区中穿出，呈8字状飞行，继而穿越左侧雷区，又呈8字状飞回，最终亮相定格。

此类穿越雷区之龙纹，在图案的交叉点上有一个细节：对于雷区而言，龙纹在穿入时，龙在上、雷在下；龙纹在穿出时，龙在下、雷在上。这就让一个平面图案产生出立体的动态效果。

序7（图106），怒目腾飞

尽管这是一个残镜，却因其龙纹图案的"上视角度"而显得珍贵。镜中龙头上视，总体呈现"怒目腾飞"之状。龙身简洁，图中只显示了右前肢与右前爪。在问世年代上，四乳与叠压圈带为西汉早期镜特征，而涡云地纹与金字塔三弦钮却又是秦镜遗风。

序8（图107），云中娇客

此镜形制特征皆与图7大致相近，仅主纹龙头形态采用了与图1、图4、图7相似的"上视角度"。原应威猛的龙纹，这里竟出现了娇柔之态，当可谓"云中娇客"也。

东汉刘琬《神龙赋》："大哉龙之为德，变化屈伸，隐则黄泉，出则升云，圣贤其似之乎！"赋中所言尽是龙之德行，将其屈伸变化、下隐黄泉、上升青云的动势与姿态与圣贤相比，赋予了龙圣德之性。可见，古人崇龙，既崇威严，又崇德性。而龙之性也，确有灵动、美好的一面，此镜可见一斑。

六、文化传承

为进一步了解秦汉时期龙纹演变及其传承的过程，本书特将陈灿堂《西汉龙纹镜》（上海古籍出版社，2012年12月）中的81张图作为附录附在书后，希望能与读者一同感受龙纹镜的造型之优美、变化之多端、文化之深远。另外，本书通过这81幅图的西汉镜龙纹，更可以推断出，除了若干西汉早期的过渡器物还较多地保留着秦镜的涡云地纹外，以后的绝大多数龙纹镜，就逐渐不见地纹了。此外，西汉龙纹镜不同于秦镜的特点还在于：钮式改变、m值变大、乳钉出现等变化，详见《秦镜文化研究》。正可谓是一个时代造就一种文化，一种文化映射一个时代。

传说秦人是黄帝之孙颛顼的一个旁系，其族尚水德，亦有崇龙的传统。秦镜之美在乎深邃、博大，用涡云、菱雷、谷穗等地纹与主纹，将苍穹、雷电、星辰、山河、农耕的世界营造出来，同时用大量的龙纹象征风调雨顺、五谷丰登、天佑吾辈以及帝王之圣德等。在方寸之间，映射出了秦人的宇宙观、世界观及无穷的想象力。秦镜的研究没有止尽，其意义和价值就在于将前人不够重视的美学高度、文化内涵、工艺进步等作更深一步的挖掘、呈现。

《秦镜文化研究》总说

一、问题由来

在西汉刘歆撰著、东晋葛洪辑抄的《西京杂记》里，有一个流传了约两千年的故事：秦代宫中有一面可以照人五脏的大方镜，秦末被项羽从府库中掠走，后不知所踪。这就是自汉以来历代文学作品中常见"秦王镜""照胆镜"典故的源头。"秦镜"在唐诗中被塑造为象征着王朝兴衰和世事变迁且具有历史维度意义的器物，李白"秦人失金镜，汉祖升紫极"（《商山四皓》）的诗句，无疑就是书写"秦镜"历史地位的典型代表。中国历代文学作品中有关"秦镜""秦台镜"及"照胆镜"的诗词，逐渐深入育化为具有"洞察""明鉴"等文学内涵的"秦镜"意象群。

《西京杂记》中"秦王镜"（"照胆镜"）的故事当然完全没有科学依据，那么，由秦国工匠在秦地制作且具备秦地特色的秦镜实物在哪里？特征是什么？每个人都会提出这样的问题，而撰写本书之目的就是为了尽量完善地来回答这些问题。

二、研究过程

（一）概述

目前流行的中国铜镜研究分期，多以中国历史进程中的朝代为标准，例如早期铜镜、春秋战国铜镜、汉代铜镜、唐代铜镜、宋代铜镜等。这种分期方法中，早期铜镜是一种年代模糊的区分，汉代铜镜、唐代铜镜等所对应的朝代，基本都是大一统的朝代，均拥有共同的总体文化特征、疆域范围，内部人口流动相对较少，铜镜的研究也基本都能够建立起一个传世文献和考古发掘相互印证的研究模式。但是，春秋战国铜镜这一概念则有进一步讨论的空间。

（二）历史背景

首先，从时代特征来看，春秋战国所对应的时间为从公元前770年到公元前221年的550年间（附表一），这正是中国历史、文化变动最剧烈的时代，曾经大一统的周朝东迁洛邑而为东周，周朝建立的整套礼乐制度从此也逐渐崩解，也就是常说的"礼崩乐坏"。随着旧有周朝礼制约束力的衰弱，社会生产力的发展，各诸侯国逐渐获得了许多的自由发展空间，各诸侯国之间的战争和兼并，以及伴随战争所产生的社会人口流动也成为寻常之事，到了战国时期，这种现象更是愈演愈烈。

其次，春秋战国文化的发展呈现出两个特点。其一，地域文化凸显，随着诸侯国的兼并战争，逐渐形成了特色鲜明的地域文化，例如三晋文化、齐鲁文化、楚文化、秦文化等。其二，人口流动剧烈，文化交流频繁，各诸侯国在大规模的兼并战争中采取了如下措施：一是广泛延揽各地的精英知识阶层，变法图强，治国强兵；二是广泛招徕人口开垦土地进行农业生产，增强自己实力；三是频繁地迁徙人口，用于维护和巩固新征服地区的统治秩序。这些大规模的人口流动，促成了整个社会的文化大交流和大融合。秦国实力的不断发展，直到最终秦始皇统一天下、建立了中国历史上第一个大一统的封建王朝——秦朝，更是这个时代特点的集中体现。

铜镜作为春秋战国时期文化的一种呈现方式，必然具备当时文化发展的特点。这一时期社会、文化变动如此之巨，仅以一个笼统的时代概念——春秋战国铜镜，无法很好地体现这一时期铜镜的全貌。

（三）早期研究

从既有的研究来看，中国古代铜镜的研究范式和概念体系，开始是由西方学者所建立。二十世纪二十年代，欧美学者使用了"秦式镜"这一概念，笼统地指称所有汉代以前，尤其是春秋战国时期中国所有地区的铜镜。之后不久，随着楚国地区有更为精美的铜器和铜镜的大量发现，至三十年代，学界逐渐抛弃了"秦式镜"，转而使用了"淮式镜""楚式镜"等概念。由于"秦式镜""淮式镜"等概念，都存在着以偏概全、外延过小等原因，无法很好地解释春秋战国时期的铜镜状况，因此也逐渐被弃用。随着春秋战国时期的考古发展和中国铜镜研究的不断深入，目前，学界在采用"春秋战国时期铜镜"概念的同时，以李学勤先生为代表的一大批学者不断呼吁，要重视对春秋战国时期铜镜的地域研究。

（四）现状研究

秦镜研究学者杨瑾曾提出："秦镜属单独的镜类，特征鲜明，时间序列清楚，自成体系，影响了后世的铜镜，上承商周，下启汉唐，是铜镜体系中不可或缺的中间链条，在中国铜镜发展史上具有重要的地位。"[1] 杨瑾关于秦镜历史地位的观点，具有一定的前瞻性。

杜廼松也曾提出："战国时代主要诸侯国由齐、楚、燕、韩、赵、魏、秦国组成，他

---

[1] 杨瑾：《秦镜与秦人信仰初探》，《秦文化论丛》第十二辑，三秦出版社，2005年。

们割据一方。按照战国时代考古文化分区……楚国生产的主要有素镜、弦纹镜、山字纹镜、四叶纹镜、菱形纹镜、连弧纹镜、连弧龙纹镜、云纹镜、兽纹镜、羽状纹镜等；秦国主要有素镜、弧纹镜；秦统一后又有龙凤纹镜和狩猎纹镜。"[2]杜廼松的文章从战国考古文化分区角度，也注意到了秦镜与其他地域不同的特点，惜其所依据的资料不足。

目前，关于秦镜的研究，由于科学考古发掘的实物资料实在太少，加之从秦国到秦朝的发展过程中，自身文化特点和统治区域的变动剧烈，既有的研究多将秦国、秦代混为一谈，致使秦镜研究的基础性工作比较薄弱。因此，秦镜研究需要引起学界更多的关注。

三、研究概要

对秦镜概念的界定，首先要考虑的是对"秦"的界定。根据《史记·秦本纪》的记载，秦人的历史可上溯至传说中的五帝时期，随后经历夏、商两代，再徙居陇西的犬丘。后来，秦人经历了附庸（周孝王时，封非子为附庸）、大夫、西垂大大（周宣王时，封秦仲为大大，封秦庄公为西垂大夫）、诸侯（周平王时，封襄公为诸侯），最终统一天下建立秦朝的过程。关于秦的界定，学界在讨论"秦文化"概念时也遇到这样的问题。[3]因此，我们对秦镜进行界定时，必须考虑这种复杂的情况。我们认为，秦镜的定义应该是，由秦国工匠在秦地制作且具备秦地特色的铜镜。

目前，学界对科学考古发掘所得的秦镜实物进行整理和研究的学者主要有马利清、杨瑾、高至喜等。根据马利清《西安尤家庄秦墓出土铜镜的初步研究》一文的数据，全国范围内出土的秦镜大约201面，其中陕西地区出土的秦镜为151面，占所有出土秦镜的近80%。[4]马利清在《秦镜的分布、特征与文化交流》一文中认为："秦镜出土地域主要集中在陕西、河南、湖北、湖南、甘肃、四川等地，基本上可以秦岭为界，分为南北两大区域类型。北方以传统秦式镜为主，楚文化因素居次要地位，并发生变异；南方表现出多源混合的复杂特征，既有秦式镜，典型楚式镜仍占据重要地位。"[5]

根据诸多学者的研究，秦镜存在着出土数量稀少、地域比较集中、破碎现象普遍、重复镜种偏多、偶有交流镜类等问题。然而，与秦镜出土情况形成对比的是，文博机构和民间收藏的秦镜数量具备一定规模，且品相完整和外观美好的较多，这是在其他时期铜镜研

---

[2]杜廼松：《战国铜镜初探》，《古文字与青铜文明论集》，故宫出版社，2015年。

[3]例如葛剑雄在《移民与秦文化》（《秦文化论丛》第三辑，西北大学出版社，1994年）一文中，对惯常所用的秦文化细分为四种：（1）秦人文化，即以文化载体为划分标准，秦人所拥有的文化；（2）秦国文化，以文化地域为划分标准，秦国的疆域内存在过的文化；（3）秦朝文化，在秦朝的疆域内存在过的文化，由于秦朝疆域广大，因此可以看做华夏各族和居于秦长城以南的戎、狄、羌、氐、蛮、夷、越等各族文化的总和；（4）秦地文化，在秦地存在的文化。狭义的秦地包括三辅、天水、陇西、安定、北地、上郡与西河等郡，相当于现在的甘肃东部和山西关中区域。

[4]马利清：《西安尤家庄秦墓出土铜镜的初步研究》，《考古与文物》，2010年第2期。

[5]马利清：《秦镜的分布、特征与文化交流》，《内蒙古大学学报》，2003年第1期。

究中较少遇到的情况。本书的研究对象，不仅包括了有限的考古发掘品，而且包括了更多的传世收藏品，可谓是本书的一大特点。

经由十余年努力，我们在公开发表的出土资料基础上，借助了博物馆、个人收藏、拍卖图录等途径，集聚了216份秦镜资料，并汇成本书"图版"部分。

四、秦镜分期

通过反复研讨，我们对这216份秦镜资料进行实测、拍摄、观察，综合分析其色泽、钮式、缘式、m值（单位面积重量）、主纹、地纹、后加工手段、图案背景思想等，构建出秦代铜镜的五期分类体系，并归纳出各期的主要特征。

第一期：秦镜出现期

秦国早期——春秋秦，10面。

考古资料证明，这个时期的实物遗存主要是细弦纹镜。本期秦镜主要具备以下特点：

1. 制作原始，规整度差，表面多见因泥模裂隙所造成的冰裂纹。

2. 外形粗糙，地纹以素地为主，偶见因涂覆富锡材料而呈现的银白色。

3. 尺寸较小，直径常见 6.0~14.0 厘米之间。

4. 镜体较薄，m 值多在 0.7~1.2 克/平方厘米（图 009 之 m 值为本书最低者）。

5. 钮式以粗二弦、粗三弦为主，偶见中国早期铜镜的弓形钮。

6. 镜缘有纯平与微凹两种形制。

第二期：秦镜成长期

秦国早中期——春秋秦至战国前期秦（即变法前秦），19面。

本书将第二期下限切在公元前 356 年即商鞅变法的前一年。本期秦镜具备以下特点。

1. 铜镜制作脱离原始状态，有了打磨、涂覆、后加工等手段。

2. 作为秦镜烙印的涡云地纹开始出现，并延续至西汉早期。

3. 尺寸开始变大，直径常见 7.0~18.5 厘米，即东周尺 3 寸至 8 寸。

4. 镜形依然较薄，m 值较多地稳定在 0.8~1.3 克/平方厘米。

5. 钮式少见粗二弦、细三弦，多见粗三弦。

6. 缘式微凹，边端高起且锐利。

7. 连弧主纹与连弧边缘开始出现。

8. 偶见涡云纹作为主纹出现。

第三期：秦镜繁荣期

秦国早中期——战国前期秦至战国后期秦（即变法后秦），83面。

本期秦镜包括了变法前和变法后的整个战国时期，代表着秦镜主流，具备以下特点。

1. 铸造逐渐精良，普遍采用了后加工技术，2 面手绘镜较为特殊。

2. 铜镜纹饰面的金黄色泽源自于第二期，多见于第三期。

3. 主纹以龙纹为主，龙凤纹为辅，菱雷纹与谷穗纹开始出现。

4. 尺寸多见大型，直径常见 11.5~23.0 厘米，即东周尺的 5 寸至 10 寸。

5. 镜形开始变厚，m 值多在 0.9~1.3 克 / 平方厘米。

6. 缘式多为凹形突起，缘口锐利成为秦镜特色之一。

7. 涡云地纹（23 面）与云雷地纹（42 面）是本期地纹的主流。

8. 钮式有 7 种情况，以粗三弦为主流，细三弦初起。

第四期：秦镜高峰期

秦国晚期至秦代——战国后期至秦代（即统一秦），82 面。

本期秦镜主要具备以下特点。

1. 铸制精良，厚重大气、构图华美、绚丽多姿。

2. 主纹仍以龙纹为主，云雷地纹比较普遍。

3. 尺寸最大，直径常见 14.0~28.0 厘米，即东周尺 6 寸至 12 寸。

4. 镜形最厚，m 值多在 1.1~2.3 克 / 平方厘米（图 190 之 m 值为全书最高值）。

5. 这一时期钮式品种繁多，达 10 种之多，其中以细三弦钮式为主体。依据钮式可对秦镜进行粗线条的分类。第三期及以前以粗三弦为主流；第四期及以后，皆以细三弦为主流。其分水岭应在秦国晚期的某个时间区段，由此开始，镜钮开始变得精致美观。

6. 缘式仍保持缘口锐利的特色，然个别大镜的边缘可见曾被后天打磨（并非先天铸制）的痕迹，缘口开始呈现内斜趋势，皆可使边缘不易破碎且比较安全。

第五期：秦镜衰落期、传承期

秦代至西汉初，即秦汉之际，22 面。

本期秦镜主要具备以下特点。

1. 总体形制：西汉早期镜源自秦镜，却又不同于秦镜，虽然还保留着三弦钮式和涡云地纹，但是总体尺寸明显变小，直径常见 7.0~18.5 厘米，即东周尺 3 寸至 8 寸。

2. 钮式改变：西汉早期仍多沿用秦镜制式的半圆三弦钮、金字塔三弦钮等。进入西汉中期的武帝时期，钮式全部改为圆钮，并一直传承两千年，其间虽稍有变化亦仅是镜钮断面比例上的不同而已。

3. m 值变化：秦镜5 个历史时期之m 值分别为0.7~1.2（出现期）、0.8~1.3（发展期）、0.9~1.3（繁荣期）、1.1~2.3（高峰期）、0.8~1.6（衰落期）。西汉早期镜与秦镜衔接通常在1.0~2.0，西汉中期镜主要在1.5~2.5，西汉晚期镜大致在2.0~3.0。新莽官制镜被控制在2.95。

4. 地纹取消：作为秦镜烙印的涡云地纹，一直传承到西汉早期。从武帝时期，除了极个别的复古现象外，铜镜上再也不出现地纹。

5. 乳钉出现：这是汉镜区别于秦镜的重大标志，秦镜中几乎没有乳钉出现。

为了便于读者尽快了解秦代铜镜的整体面貌，在文后附以《秦镜年代分期、主要特征汇总表》，详见表一。

表一　秦镜年代分期、主要特征汇总表

历史年代	历史时期	年代区间	存世年限	秦镜时期	秦镜年代	主纹	地纹	直径（厘米）	m值/平方厘米	钮式	非连弧秦镜缘式	周侧状态地面色泽	主要特点
秦国早期	春秋秦	秦非子（前891）至春秋末（前476）	416	第一期出现期（10面）	秦国早期	细弦 多冰裂	素地为主	6.0~14.0	0.7~1.2（个别较高）	弓形×2 粗三弦×5 粗三弦×3	面纯平微凹（未见连弧）	粗糙 偶见银白	1. 制作原始，规整度差。2. 镜形小，m值小。3. 粗糙，后加工无。4. 边缘多平少凹。
秦国中期	战国前期 秦即变法前秦	战国初（前475）至孝公6年（前356）	120	第二期发展期（19面）	秦国早中期	细弦 宽弦 连弧 筒形龙 蟠龙 菱雷 菱云 涡云	素地为主 辅多涡云地	7.0~18.5	0.8~1.3（比较稳定）	粗二弦×1 粗三弦×17 细三弦×1	微凹（10面连弧）	稍粗糙 光滑 多见银白 偶见泛金	1. 后加工出现。2. 镜形渐大，m值仍小。3. 涡云地展现（秦镜之格印）。4. 边缘多微凹。5. 连弧边缘尺寸开始出现。6. 执行标准尺寸纹始出现。
秦国晚期	战国后期 秦即变法后秦	孝公7年（前355）至嬴政25年（前222）	134	第三期繁荣期（83面）	秦国中晚期	连弧 菱雷 穗纹 玄鸟 龙纹	涡云地 云雷地 斜钩地 勾连地 鱼籽地	11.5~23.0	0.9~1.3（少有超值）	粗二弦×1 粗三弦×60 细三弦×11 细四弦×3 叶座弦纹×1 兽纹×1 其他×6	较凹上斜 缘口锋利（32面连弧）	光滑 多数银白 偶见泛金	1. 铸造始精良，后加工面。2. 镜形较大，m值仍小。3. 主纹、地纹皆多样化。4. 统一秦前后三弦钮逐渐精细。5. 缘口锐利乃秦镜之重要特征。6. 出现涡云初纹。7. 合穗纹作为主纹才开始出现。
秦代	统一秦	嬴政26年（前221）至秦亡（前208）	14	第四期高峰期（82面）	秦国晚代 至秦代	同上 龙凤	同上	14.0~28.0	1.1~2.3（达到最大）	粗三弦×1 细三弦×1 细三弦×69 细四弦×1 细五弦×1 兽纹×3 兽形×1 龙头×1 圆粒×2 镂空×2	圆润上斜倒角 偶见连弧（19面连弧）	光滑有斜缘 几乎银白	1. 后加工完善，镜钮最大。2. 镜形最大，m值最大。3. 龙凤主纹突出，兼多个品种。4. 高拱三弦、细三弦钮成标志。5. 大缘口现非铸造形成倒角（注意与晋式镜平缘之差别）。6. 菱雷纹成主体，合穗纹渐少。
西汉初年	文化延续	西汉高祖即位（前207）至汉文景帝即位（前157）	40	第五期衰落期（22面）	秦代至汉初	同上 花纹 乳钉 圈带 其他	同上	7.0~18.5	0.8~1.6（逐渐变小）	细三弦×1 半圆三弦×7 金字塔三弦×12 龙形×1 兽纹×1	圆润上斜 缘口锋利（2面连弧）	光滑全有缘 几乎银白	1. 后加工更为精致，镜钮更美。2. 镜形渐小，m值趋小。3. 地纹以涡云纹与云雷纹为主。4. 主纹更加多样化。5. 涡云地自始至终。6. 金字塔、半圆三弦钮式为主。7. 缘口再现锋利，周侧作内斜。8. 合穗纹降格为辅助纹饰。

说明：本书共计收录216面秦镜，其中边缘纯平之连弧秦镜有63面，占总数之29.2%；非连弧秦镜153面，占总数之70.8%。

五、结语

包括 10 篇专题研究在内，本书的研究成果可以归纳为以下 16 项内容。

1. 基于本书图版部分 216 面秦镜的资料与数据，分门别类地作出了专题研究。本书诸多名词，有着确切的概念，现界定如下。

（1）秦镜：由秦地工匠在秦地制作且具备秦地特色的铜镜。

（2）龙纹：凡龙头、龙身、龙肢、龙爪齐全者。

（3）螭龙纹：只见龙头、龙身，龙肢、龙爪被图案化。

（4）蟠螭纹：不见龙头，龙肢、龙爪被图案化。

（5）蟠虺纹：龙头、龙肢、龙爪全部不见，龙身为蛇形。

（6）涡云纹：外形呈开放式涡状、表示云区之纹，简称云纹。

（7）菱雷纹：外形呈开放式菱状、菱边有寓意闪电之折线、表示雷区之纹，简称雷纹。

（8）谷穗纹：外形谷状、表示粮食之纹，简称穗纹。

2. 本书列 10 篇专题研究论文，涉及色泽、钮式、缘式、涡云纹、菱雷纹、谷穗纹、奇异龙纹、凤纹、数学问题、文学内涵等，皆有详尽论述。

3. 龙是华夏图腾，秦镜主纹即以龙纹为主，本书 216 面秦镜中的龙纹镜有 140 面，占总数的 64.8%。秦人喜龙，可见一斑。为此，本书还有一个"姐妹篇"《秦镜龙纹图集》（上海书画出版社，2018 年 5 月），已稍早出版。

4. 秦镜中的凤纹数量仅为龙纹的十分之一左右，就其图案而言，不乏精品（如图 171 等），主要出现于第四期（秦国晚期至秦代）。

5. 由本书实例可知，秦镜可谓是严格执行标准东周尺度（今 23.1 厘米）的一种文物。在误差 ±2% 的前提下，半数以上秦镜有着一个完整的尺度系列：12 寸（图 166），11 寸（图 162），10 寸（图 032、033、104、116、167、189、190 等），9 寸（图 034、035、058、119、120、168 等），8 寸（图 012、013、024、037、072、083、084、085、107、172、192 等），7 寸（16.17 厘米 ±2%），6 寸（13.86 厘米 ±2%），5 寸（11.50 厘米 ±2%），4 寸（9.24 厘米 ±2%），3 寸（6.93 厘米 ±2%）。

6. 秦镜连弧纹始于第二期（秦国早中期之际，如图 023），全书连弧纹镜有 63 面，占总数的 29.2%。西汉中期开始盛行连弧纹，直至东汉，成为汉镜的主流纹饰。汉承秦制，毋庸置疑。

7. 秦汉两代连弧纹镜的连弧数字是一个大系列，从 6 至 33 的 27 个自然数均有，其中包括 7、11、13、17、19、23、29、31 等 8 个素数。在秦镜中，就已包括 20 以内的 7、11、13、17、19 等 5 个素数（见本书"图录"图 24 表格）。秦国工匠对数学的挑战能力，令人钦佩。秦汉两代铜镜 m 值之变化，参见文前"分类"第五期的内容。

8. 本书 216 面秦镜中，有 5 面铸有文字，分别是"隼"（图 002）、"贲"（图 004）、"龙"（图 030）、"朱"（图 060）、"方华蔓长，名此曰昌"（图 165）。可以说，这些凤毛麟角的文字是中国铜镜史上最早出现的文字。

9. 除了本书文字部分外，若干秦镜细节的表述与判别，皆已录入本文第 8 页的"秦镜年代分期、主要特征汇总表"中，两者可互为补充、印证。

10. 在战国镜中，凡见镜边缘口有先天铸制（非后天打磨）的"平素缘"者，应是晋镜。纹饰出现饕餮纹（或称兽面纹）者，当为晋镜。

11. 以往专家学者有言"战国镜中的博局纹"，本书认为，战国镜中的"博局纹"，不出现在秦地，而主要在楚地。主纹为蜼（长尾猴）纹者，必是楚镜。

12. 在考古出土的秦墓资料中，有少量的晋镜或楚镜，应予区分。由于当时的人口流通与文化交往，秦墓出土除秦镜以外的晋镜或楚镜，符合自然规律。

13. 战国时期大量流行的山字（三山、四山、五山、六山）纹，皆不见于秦镜，且其形制亦与秦镜不符。可以认为，山字镜主要出现于晋地或楚地，归属于三晋文化或楚文化。

14. 秦镜图案出现的"十字纹"（图 075）、秦镜色泽出现的"金黄色"（图 018、019、038、061、062、079、118）等罕见现象，本文仅稍作探讨，而未更多展开，期待学界予以重视。

15. 本书附录列有 5 个附表，为秦镜文化研究提供了重要素材。

16. 概括而言，如果一面铜镜符合以下 5 个要素的话，可将其判定为秦镜。

（1）镜面银白色（少数金黄色）兼有红铜、绿锈、"孔雀蓝"的色泽。

（2）钮式是粗三弦（较前）或细三弦（较后）或金字塔三弦（秦末汉初）。

（3）除连弧纹缘外，镜缘皆稍凹且向外弧状突起，缘口锐利（个别大镜打磨）。

（4）地纹为涡云纹（秦国晚期至统一秦多见云雷纹）。

（5）主纹为龙纹、凤纹、菱雷纹、涡云纹、谷穗纹等各种组合。

由于缺乏考古出土资料和前人研究成果的现状，作为一种大胆尝试，本书一定会存在诸多缺点甚至错误，祈请专家学者给予批评指正。我们期盼本书得到读者的欢迎，更希望本书权作一块铺路砖石，为今后的深入研究提供方便。

《华夏龙鉴》总说

王纲怀　安夙

龙者何？

《山海经·大荒北经》："西北海之外，赤水之北，有章尾山。有神，人面蛇身、而赤，直目正乘，其瞑乃晦，其视乃明，不食不寝不息，风雨是谒。是烛九阴，是谓烛龙。"《二三子问》曰："龙大矣。龙既能云变，又能蛇变，又能鱼变，飞鸟昆虫，唯所欲化而不失本形，神能之至也。"《管子·水地》："龙生于水，被五色而游，故神。欲小则化如蚕，欲大则藏于天下，欲上则凌于云气，欲下则入于深泉。变化无日，上下无时。"

龙，是中华民族的古老的图腾之一，它如同一个特殊符号印刻在中国人的血液中。我们称自己为华夏子孙，龙之传人；我们崇龙为祥瑞，是"帝德"的象征。从距今 7000 年前的河南濮阳西水坡发现的已然成形的蚌塑龙开始，到遍布清王朝铺陈、服用、器物之上的龙纹……可以说，龙纹史是中华民族历史中浓墨重彩的一部分。仅就文化器物而言，能准确反映数千年的龙文化者，当非铜镜莫属，这也是笔者撰写本书的初衷。

鉴者何？

最早记载于文献的镜、鉴有："帝既与西王母会于王屋，乃铸大镜十二面，随月用之。"（《黄帝内传》）《庄子·德充符》："仲尼曰：人莫鉴于流水而鉴于止水"，成玄英疏注："鉴，照也。夫止水所以留鉴者，为其澄清故也。"可知上古之时，人们用于照容之物是"鉴"或"监"，即盛水的大盆。《说文》："监可取水于明月，因见其可以照行，故用以为镜。"《考工记》："鉴亦镜也。"故而，止水便成了铜镜的别称，同样铜镜也被称为铜鉴。

早在商周时期，虽然已经有了铜鉴，但是陶鉴仍然行使相同的作用。春秋时，青铜鉴逐渐被青铜镜所取代，王公贵胄们率先使用了一批高档的透雕镜；春秋向战国的过渡时期，民间也开始有了纹饰朴素、质地相对粗糙的铜镜；秦代前后，由于铜镜本身的种种优势，促使铜镜大量铸造，纹饰也较前朝大为丰富起来；由秦入汉，汉人在秦人的基础上更加发展和丰富了铜镜文化，其铸造工艺日益繁复、纹饰及文化内涵也逐渐丰满；隋唐时期，铜镜的制作更为精良，无论铸造工艺、艺术水准等均为铜镜发展的高峰期；宋、元、明、清制镜工艺和水平逐渐式微，直至被近代玻璃镜所取代。宋式有柄镜的兴起，影响了东瀛和式镜的样貌发展，可谓独树一帜。

铜镜的形状各异，主纹也兼具不同的时代特征。早期铜镜多用放射纹、叶脉纹、弦纹、连弧纹等；春秋至战国时期多用山字纹、蛙纹、蟠螭纹、凤鸟纹；战国入秦之后多以龙纹为主纹，辅以涡云纹、云雷纹为地纹，兼有山字纹、菱雷纹、龙凤纹、谷穗纹等主纹；汉承秦制，除多见龙纹之外，更有花瓣纹、草叶纹、四灵纹、博局纹、多乳纹、龙虎纹、神人神兽纹、对凤纹等主纹；隋唐时期多用十二生肖纹、四灵纹、团花纹、瑞兽纹、海兽葡萄纹、龙纹、凤纹、花卉纹、禽鸟纹等主纹；宋元明清各朝制镜工艺有下降之势，主纹也并无突破。单就龙纹而言，战国至秦、秦汉之际、隋唐是三段重要的时期；辽金元时期受外来少数民族文化的影响，龙纹的样貌略有变异；明清时期的龙纹受舆服制度的影响已基本定型，却略显呆板无趣不及前期变化丰富，多姿多彩。

一、崇龙传统

龙是中华民族传统文化中最具有代表性的文化符号之一，在几千年漫长的农耕社会中，俨然成为了祥瑞的代名词，同时扮演了非常重要的神祇角色。闻一多先生曾说："龙是中华民族发祥和肇端的象征。"英国学者杰西卡·罗森《莲与龙——中国纹饰》对龙定位："在所有的动物中，唯独龙代表了中国。"

龙，在中华大地上被奉若神明，虔诚信仰。从原始的图腾崇拜到封建帝王的"天威"意识——龙，作为一个特殊的载体贯通，"游弋"于历史的漫漫长河之中，人们对于龙这一虚构的神物何以投诸如此大的热忱去歌颂、信仰甚至敬畏，这一切的一切都是和龙特有的神祇属性息息相关。

（一）图腾（祖先神）崇拜说

《淮南子》："羽嘉生飞龙，飞龙生凤凰，凤凰生鸾鸟，鸾鸟生庶鸟，凡羽者生于庶鸟；毛犊生应龙，应龙生建（健）马，建马生麒麟，麒麟生庶兽，凡毛者生于庶兽；介鳞生蛟龙，蛟龙生鲲鲠，鲲鲠生建邪，建邪生庶鱼，凡鳞者生于庶鱼；介潭生先龙，先龙玄鼋，玄鼋生灵龟，灵龟生庶龟，凡介潭者生于庶龟。"在中华传统文化的生成理论中，将羽、毛、麟、介此四类虫的来源皆归于龙。羽虫即鸟类源于飞龙，毛虫即走兽源于应龙，鳞虫属爬行类源于蛟龙，介虫属甲壳类源于先龙。在世间生物繁复的生成、演化的系统中，龙以一当十，充当着祖先神的意义。所以，帝王自称为真龙天子，出行乘龙辇，入眠睡龙榻，身着龙衮，征战挂龙旗。《诗经·周颂》："载见辟王，曰求厥章。龙旂阳阳，和铃央央。"《诗经·商颂·玄鸟》："天命玄鸟，降而生商……龙旂十乘，大糦是承。"《礼记·乐记》："龙旗九旒，天子之旌也。"在文献中，龙纹作为图腾崇拜的象征已经演变为皇权的代表。

遥想上古之人，观天察地以求风调雨顺、五谷丰登，《易·系辞上传》："天生神物，圣人则之。天地变化，圣人效之。天垂象，见吉凶。圣人象之。"《易·文言传》："夫大人者，与天地合其德，与日月合其明，与四时合其序，与鬼神合其吉凶。先天下而天弗违，后天而奉天时。天且弗违，而况于人乎？况于鬼神乎？"对于早期刚刚进入农耕社会的华夏民族来说，天时（农时）显得犹为重要，古人发现春华秋实、四季交替，万物皆于变化之中，且地气生发尚有规律，而天象的规律正好与地气（节气）形成对应的关系，故而，掌握了天时就等于掌握了皇权，这就不难理解，皇帝为何自称为天子一说了。但是龙崇拜与天时崇拜有着怎样的关联呢？

（二）雨神、雷神说

在神话传说中，龙为雨神或雷神。《易·说卦传》："震为雷，为龙"，《山海经》："雷泽有雷神，龙身人头，鼓其腹则雷也。"《淮南子》："雷泽有神，龙身人头，鼓其腹而熙。"在古人的思想体系中，将电闪雷鸣想象为"雷神鼓腹"，继而施降甘霖。云、雨、雷皆是自然之物，但在上古生产力及自然科学并不发达的年代，先民们则认为云霓、雷电皆是神物，是上苍（神）用于表达"意愿"的媒介。于是，将自然之物神化的第一步，就是为他们找到了一个超自然的载体——龙。

东汉许慎的《说文解字》中有："雷，阴阳薄动，雷雨生万物也。从雨畾声。象回转形……间有回，回，雷声也。"《天官书》："轩辕十七星，在七星北，黄龙之体，主雷雨之神。"《易·说卦传》："震为雷，为龙，为玄黄"，这其中之玄黄即为雷电闪烁之意。《奚囊橘抽·说郛》："轩辕游于阴浦，有物焉。龙身而人头，鼓腹而遨游。问于常伯，伯曰：此雷神也。有道则见，见必大雷雨而拔木，君亟归乎！须臾雨大至，雷电交作，阴浦之木尽拔。"神龙在腾云致雨的过程中常常会伴有雷电，我们认为，所谓的"雷神"只是赋予了某种神性的形象，但是龙与雷的关系就此变得紧密不分。

汉代王充《论衡·龙虚》："盛夏之时，雷电击折破树木，发坏屋室，俗谓天取龙，雷电击折树木。发坏屋室，则龙见（现）于外，龙见（现），雷取以升天。"在秦镜中有相当一部分龙纹与雷共处，有的是穿雷而过，有的是将穿未穿，有的龙雷共形（体）等，将龙与雷的关系具象化，使之能够通过纹样本身得到最清晰的感知。日本学者海野弘所写的《装饰空间论》："雷纹与龙纹都能简化分解为 C 或 S 型，这正说明龙纹与雷纹具有共同的基本纹或称基调。"《帝王世纪集校》中记载，黄帝的母亲附宝"见大光电绕北斗"从而诞下黄帝的传说，不难看出这其中的"大光电"就是自然中的电闪雷鸣。又，《论衡·龙虚》云："见雷电发时，龙随而起……雷电去，龙随而上。"龙与雷在古人的观念中变得如此的紧密不分可见一斑。

（三）云神、虹神说

《论语》："吾乃今于是乎见龙。龙合而成体，散而成章，乘云气而养乎阴阳。"这种将龙喻为聚散随意的云气，也与汉墓中出土的《人物驭龙》帛画相契合。又有雷雨过后，天架虹桥，《山海经》："虹有两首，能饮涧水，山行者或见之。"这其中的"虹"也被称为龙的化身，山东嘉祥的画像石《雷公雨师图》上赫然有着呈拱形的双龙首兽，其上附身一位雨师，虹形之下有一雷神，虹形之外亦有足蹬彩云的仙人随形。这一组画面，成功地将云、雨、雷、虹、龙相糅合。

《诗经·大雅·灵台》："鼍鼓逢逢，矇瞍奏公。"这其中的"鼍鼓"指的是扬子鳄的皮蒙的鼓，而"逢逢"则是拟声词，取其与"隆隆"之雷声相似，且"隆"与"龙"为同音。又有，《本草纲目》引《器藏》："鼍，形如龙，声甚畏，长一丈者，能吐气成云致雨。"而以鼍皮制成的鼍鼓，击之便能成云致雨。《荀子》有"螭龙为蝘蜓"之说，《古今注》："蝘蜓，一曰守宫，二曰龙子。"蝘蜓即是蝾螈。古人认为蝾螈（守宫）即龙子，可做祈雨之用，故龙也被称为雨神。龙的神祇身份多变且复杂，但尽管如此，万变不离其宗的功能便是祈雨。

（四）龙星纪时说

《说文解字》："龙，春分而登天，秋分而潜渊。"这里的"龙"另有"龙星"的诠释。中国古人有"龙星纪时"的传统，简言之，就是将六个星宿（角、亢、氐、房、心、尾）组成一组龙星，从春天开始，由黄昏的地平线依次升起，到了春夏之交，尾宿也升起来了，在天空中仿佛一条闪耀的巨螣一般。在农历四月的夏季，正是雨季的开始，《左传·桓公五年》言"龙见而雩"，杜预注曰："龙见建巳之月（按：即夏历四月），苍龙宿之体昏见东方，万物始盛，待雨而大，故祭天，远为百谷祈膏雨。"始知，农历四月是"龙星"升天可以进行"雩祭祈雨"的日子。之后，便有"夫辰角见而雨毕，天根见而水涸，本见而草木节解，驷见而陨霜，火见而清风戒寒。"（《国语·周语》），此时的"龙星潜藏"便是标志着雨季的结束。龙星从春到秋的运行轨迹恰好是农耕的需要，并且与水息息相关。《管子·水地篇》："龙生于水，被五色而游，故神。欲小则化如蚕蠋，欲大则藏于天下，遇上则凌于云气，欲下则入于深泉；变化无日，上下无时，谓之神。"这些都说明了龙与水的关系。依文献可知，从"正月启蛰"的地气萌发之时，到"雩祭祈雨"，再到"龙星潜藏"，龙、雨、雷便形成了三位一体的完美结合，共同在农耕社会的体系中担当着"风调雨顺"的重要神祇角色。

（五）东方之神说

在文献中，我们不仅可以发现以龙的形象单独"幻化"而成，也有"成组"出现的神物。汉代已降，在黄老思想的影响下，"五行""四灵"之说大行其道，人们赋予了龙特定的属性，即代表东方的方位之神。《三辅黄图》："苍龙、白虎、朱雀、玄武，天之四灵，以正四方。"其中代表东方的青龙有七宿，分别是：角、亢、氐、房、心、尾、箕。恰好与"龙星"的天时理论相一致。再套用五行理论，东方龙五行属木，其色青；而与之相对应的西白虎五行属金，其色白；南朱雀五行属火，其色赤；北玄武五行属水，其色黑；中央为黄龙，五行属土，其色黄。《山海经·大荒北经》："黄帝得苍龙而辨于东方。"《论衡》："黄为土色，位在中央，故轩辕德优，以黄为号。东方曰仁，青龙，东方之兽也，皇帝圣仁，故仁瑞见。皇帝宽惠，德侔黄帝，故龙色黄，示德不异。"《中兴天文志》："石氏云，中宫黄帝，其精黄龙，为轩辕。"可见，龙在历史文化逐渐细化的过程中，派生出了属于东方的青龙及代表中央的黄龙来坐镇方位，担任方位之神。在朝代的更迭过程中起到了十分重要的作用。典籍中有"秦人崇龙"之说，《史记·封禅书》："秦始皇既并天下为帝。或曰：'黄帝得土德，黄龙地螾见。'夏得木德，青龙止于郊。草木畅茂。殷得金德，银自山溢。周得火德，有赤乌之符。今秦变周，水德之时。昔秦文公出猎，获黑龙，此水德之瑞。"综上所述，云、雨、雷、虹、星、东方等，在中华文化的传统体系中，代表着不同神祇属性的龙形象，成为一系列特殊的符号，共同构架了农耕文明中对"天时"的祈求与渴望，对超自然力的顶礼膜拜，自然而然地体现在纹样的表现形式上。

二、历代特征

（一）先秦

铜镜多美，其一美者，是为纹样。早在商周时期，虽然已是青铜器的"滥觞"期，但是彼时的青铜器多作为祭祀的"礼器"，而非黎民百姓可用。殷商时期"贡金九牧，铸鼎象物，百物而为之备，使民知神奸"（《左传·宣公三年》）的"狞厉之美"奠定了一个时代的审美取向，大量的饕餮纹、兽面纹，虎食人纹装饰着那个巫觋之风盛行，"如火烈烈"（《诗经·商颂》）。其被大量用于祭祀，以期起到沟通天地的作用。东周至战国，在"礼崩乐坏"的社会文化大背景下，"狞厉之美"逐渐被"如翼斯飞"的灵动之美所取代；先秦以降，一改之前"天命观"的束缚，转而为一种舒朗、飞扬、流畅的纹样表现形式。而早先大部分的青铜器物被作为"礼器"供奉，至战国时期，就出现了日常所用的青铜镜。这些走下"神坛"的青铜镜，屡屡见于先秦文献中，《韩非子·观行篇》："古之人自短于自见，故以镜观面。"《战国策·齐策》："朝服、衣冠窥镜。"生者，日常照面，整理衣冠之用，古人"事死如生"亦要取铜镜入殓。可见，在当时铜镜与人的生活密切相关。

如前文所述，先秦时期，因农耕社会的需求，诞生了华夏大地的祈雨文化，其表现突出：在楚地，应是"蜼崇拜"，在秦地则为"龙崇拜"。因为年代久远，存世的铜镜器物不多，至于铸造精良、品相完好、尺寸较大者就更为少见。本书列入四面，当属难得。如图001是透雕龙纹镜，其主纹纠缠、蟠绕成组，虽龙的头、身、爪并不分明，然其问世时代较早（疑在战国之前），犹为值得珍惜。此种镂空蟠龙纹镜有着非常的特殊制作工艺，故而存世量较小，应是权贵的象征。图002传系洛阳金村出土之物，绚丽华贵，特作本书封面（见图002说明）；图003有清晰的晋地韵味（见图003说明）；图004具地区特征，似处战国时代。秦国秦代的铜镜主纹尤以龙纹为突出，故而专文成篇，列在其后。

（二）秦国秦代

关于秦镜有过这样一则神异典故，晋人葛洪《西京杂记·卷三》载："高祖初入咸阳宫，周行库府，金玉珍宝，不可称言。其尤惊异者……有方镜，广四尺，高五尺九寸，表里有明。人直来照之，影则倒见；以手扪心而来，则见肠胃五脏，历然无碍；有人疾病在内，则掩心而照之，则知病之所在；又女子有邪心，则胆张心动。秦始皇常以照宫人，胆张心动者则杀之。"这段颇有奇幻色彩的描述，为我们铺陈了秦镜能照见人心、震慑灵魂的氛围。虽为虚化之事，然值得回味之处在于，秦镜所拥有的那种庄重、朴实、冷峻之感跃然纸上。

秦人源于甘陇，为周天子牧马而有功，天生持重不事华纹彩章。出土资料表明，早期秦镜主纹多见素地的细弦纹、宽弦纹、连弧纹等。自战国早中期之际，才开始出现带涡云地的有翼龙纹（见图005）。《阿房宫赋》："妃嫔媵嫱，王子皇孙，辞楼下殿，辇来于秦，朝歌夜弦，为秦宫人。明星荧荧，开妆镜也；绿云扰扰，梳晓鬟也；渭流涨腻，弃脂水也；烟斜雾横，焚椒兰也。雷霆乍惊，宫车过也；辘辘远听，杳不知其所之也。"诗中描绘了两千多年前的某一个清晨，在这片宫殿楼宇之中，对镜梳妆的那些宫娥妃嫔。唐人无疑"酸"了秦人，但如果秦人的胸中没有天下而只有眼下的享乐，就不会开创出如此伟大的帝国，规划出那么多高明的构想。秦人的崛起之梦，如同"龙跃九霄，腾云致雨"，也如"偃伏汗泥，上凌太清"。传说秦人是黄帝之孙颛顼的后代，其族尚水德，有崇龙传统，那么在铜镜之上铸刻龙纹以象征风调雨顺、五谷丰登，进而喻意天佑吾辈、帝王圣德则显得情理相通。

本书列入秦国秦代龙纹镜（图005至035）共计三十一面，这些镜的龙纹多有涡云地衬托（这是秦镜的关键特征之一），少见云雷地等其他地纹。在作为主纹的龙纹周侧，还有菱雷纹、谷穗纹等伴随（这是秦镜的关键特征之二）。

在较早出现的秦镜龙纹中，出现过一种"极简主义"的表现手法，如图010至014等五镜，仅廖廖数笔即勾画出龙纹的形象，笔意传神，令人叹服。本书图025、026、034、035等四镜直径都在秦尺（标准23.10厘米）10寸左右，单位面积重量（m值）约为2.0克/平方厘米。细观四镜可知，它们皆铜质精良、铸制上乘、规范标准、厚重大器、龙头威武、身形飘逸，当属秦国晚期秦朝的经典器物。

仅就秦镜上的"龙纹"为例，可看出秦人独有的审美风度，既上承商周的庄严、典丽，又下启楚汉的浪漫、华美，俨然自成一派。龙纹秦镜的存世量较大，笔者将在每个图版中分别加以阐述。拙著《秦镜龙纹图集》已先出版，可提供更为详尽的资料。

（三）两汉

概括而言，战国镜抽象神秘，隋唐镜具象辉煌，两汉镜处于战国镜与隋唐镜之间，其龙纹以简洁写意为特色，展现出一种粗犷明快的特色。在中国铜镜史上，两汉镜肩负着承前启后、继往开来的重任，详见拙文《西汉龙纹镜·序言》。

汉镜龙纹较之前朝更为变化多样、造型归纳，且更富有装饰意味。同时，秦代出现的线条组合而成或者细长的蛇形的龙纹逐渐减少，而"龙作兽形"之身躯逐渐增多，状如龙行虎步。除有翼之应龙、螭龙之外，状如云气的云龙、飞龙开始出现。楚汉的浪漫主义已渗透到铜镜的造型与纹样之中。在出土的随葬品中，不难看出汉人不遗余力地表达了自己对于天国的幻想，而承载它的，引领它的，最直接的表达方式就是龙的形象。长沙马王堆一号西汉墓出土的"T"形彩绘帛画，分天上、人间、地府三段。天国正中便有人面蛇身之神，似与上古神话中的伏羲、女娲相类；其下，左右各有展翅的一对飞龙，喻指上凌太清；在人间、地府世界的描绘中均有各种龙的形象出现。此帛画不仅反映了楚汉的浪漫，亦有对龙之形象的深化，使其更为灵动、雄健、优美。

本书列入两汉龙纹镜（图036至071）三十六面。观其外形，弯曲、环绕、勾连、纠结，可称千姿百态；见其动作，舒展、摇摆、匍匐、腾飞，可谓争奇斗妍；观其表述，整体、局部、夸张、省略，可言琳琅满目；察其手法，具象、抽象、稚态、童趣，可说是异彩纷呈。在具象的图案中，可见小狗脸（如图053）、牛头形（如图048）等各类动物的借鉴。此外，图057与图061的稚态、童趣给人们带来了愉悦享受。书中图058、059的抽象龙头"跃"出纸面，具有强烈的动感，让人赏心悦目、回味无穷。现代抽象主义在国外的发展才百余年，殊不知，在两千余年前的西汉中晚期，就有了这种古老的抽象美，中国铜镜艺术"美的范式"必将屹立于世界艺术之林。

（四）隋唐

继秦汉之后，隋唐也是龙纹的滥觞期、辉煌期。随着社会经济的大发展、多民族多元文化的交融等出现了丰富多彩的装饰纹样。其中，龙纹因其具有代表祥瑞的神祇身份，以及威武灵动的造型颇为人们所喜，继而成为了一个时代纹样的强音符号。

本书隋唐龙纹镜共计二十九面，就其表现形式而言，主要是单龙与双龙两类。

1. 单龙。统计可知，单龙镜主要问世在盛唐，继而传承至中唐。它们的特点有：

（1）尺寸硕大。直径最大者为唐尺（1尺为今30.6厘米）10寸（图087、088），余9寸、8寸、7寸、6寸、5寸、4寸皆有所见。纵观唐代龙镜，一方面反映了唐人的审美取向，另一方面也折射出国力的强盛。

（2）形态多样。作为中华祥瑞的象征，龙自然是与其能行云布雨的"职能"属性息息相关，故而，龙纹外侧多有祥云纹衬托。此外，龙纹本身的表现形式亦有多种，如关于龙舌的造型者有：长舌穿钮（图074、即封面），长舌外伸（图076、077、089、090等）；龙头造型有：对钮（图075、078、079、081、086、087、088、091、092、094、095、096、097等），龙头背钮（图080、082、099、100、101、102、108、110、111、112、113、114、115、118、120等）；龙口与所系的宝珠的关系有：龙口吞钮（图085、107、109），龙口吞珠（图083）；另有龙身绕钮（图093）。这其中将镜钮设计为宝珠被神龙所戏衔者，或将一龙珠与蟠绕、威严、曲身升腾的龙设计为一组固定的形象则显得颇具匠心。关于"龙珠"，在较早的文献中就有记载，《庄子·列御寇》："千金之珠，必在九重之渊而骊龙颔下。"在唐镜之中那些宝孕光含、焰火腾腾的龙珠被神龙所衔、所戏、所吞成为了颇有时代审美特征的纹样形式。

（3）龙纹威武。比较其他各朝各代而言，盛唐的单龙镜最是威武且张力十足，龙身扭转升腾、姿态奔趋有势、体形舒展灵动，具有强烈的表现力。细观本书每幅图片，无不为之叹服。

（4）蔚为壮观。盛唐至中唐的社会各个方面，都反映着大唐盛世的灿烂辉煌，流传至今的单龙镜数量应接近平面。这个庞大的文物群体，其造型风格，上承秦汉风骨，又攀魏晋遗风，可以让人们深切地感受到盛唐气象。

2. 双龙。隋唐时期的双龙镜与单龙镜一样，同样具有较强的时代特征，其动势或有顾盼、或有俯仰、或相对而戏、或首尾交缠。对于双龙镜而言，表现手法多样。本书列有六面，比较存世各类唐镜可知，图072应问世在隋代，图073、119应问世在初唐。图084、116、117主要问世在晚唐。

综上所述，可以找到一个不是特别准确的年代分布规律：

（1）隋代、初唐，少许双龙纹图案主要出现在钮区或内区。

（2）盛唐、中唐，大量单龙图案应全部表现在主纹。

（3）晚唐的若干双龙纹图案（或面对或交颈或勾尾）皆以主纹展示。

（五）五代宋

总体而言，在历经战国、西汉、隋唐三大铜镜高峰期以后，铜镜逐步走向衰落。就以五代宋镜与三大高峰相比，其光芒不可同日而语。但自宋统一之后，社会开始逐步稳定，经济进入复苏阶段，而铜镜也步入了缓慢发展阶段。与唐镜相比，宋镜的整体铜质不太好，含锡比例较低，且比唐镜轻薄。本书列入五代宋镜共计六面，其中，南唐镜虽仅一面（如图121），却为重器。五代十国是乱世，作为大唐铸镜中心的扬州在唐末被毁。《资治通鉴》："五代中原屡经丧乱，民生凋敝，典章残阙，经济、文物荟蔚于南唐。"南唐建都升州（旧称金陵，今为南京），铸制了许多既大又薄的"都省铜坊镜"，由于"铜禁"的缘故，这个镜类的单位面积重量（m值）仅约在1.0克／平方厘米。鲜为人知的是，与此同时在建州（今福建建瓯）还生产了不少m值较高的建州镜，本书图121即为经典之例，其主纹的龙凤皆呈团状，这与同期的"团龙茶""团凤茶"有着历史的契合，详见《止水文集》中《南唐建州团龙团凤镜考——兼说南唐镜文化与茶文化的结合点》一文。此镜钮左右两侧各饰一龙，上下各饰一凤，均呈团状，作腾飞之姿，细看两龙姿态威猛，雄踞蜿蜒，似在对啸，整体呈现出秀丽脱俗之美。

宋代是中国龙纹的定型期，从先秦的似龙似蛇，经历了两汉时期的走兽形龙，又经过了隋唐威严扭转的有鳞之龙，时至宋代，龙颈与龙腹逐渐变得粗壮，龙角、龙鳞、龙爪变得更加具象。北宋郭若虚在其著名画论《图画见闻志》中曾对龙的形象做出了具体描述："画龙者，折出三停（自首至膊，膊至腰，腰至尾也），分成九似（角似鹿，头似驼，眼似鬼，项似蛇，腹似屋，鳞似鱼，爪似鹰，掌似虎，耳似牛也），穷游泳蜿蜒之妙，得回蟠升降之宜。仍要鬃鬣肘毛，笔画壮快，直自肉中生出为佳也。凡画龙，开口者易，为巧；合口者难，为功。画家称开口猫儿合口龙。言其两难也。"南宋时期多见有柄镜，它的出现开创了有柄镜的先河，影响了日本有柄镜的发展。此类镜的出现，也说明宋人更注重铜镜的实用性。

常言道"宋辽金，分不清"，其实，仔细观察还是可以作出区分。粗略而言，在可以否定不是唐镜（m值差异）的前提下，首先，从外部形制看，凡八棱形、正方形、倭角正方形等非圆异形（南宋时更多，且以六葵形、有柄形为多）者，多为宋镜。其次，从加工工艺看，凡有平雕纹、车削纹、珠点纹者，多为宋镜。最后，综合观察其m值、风格、包浆等，这需要一定的经验积累。

（六）辽金

宋辽金元时期，各自在边境设立互市贸易的市场，称为榷场。北宋初年，在汉阳、郸口等地设榷署，与南唐通市。太平兴国二年（977），宋太宗赵光义在镇、义、雄、霸四州设榷务，与辽国贸易；辽国亦在其南部边境与北宋进行榷场贸易。南宋与金时期以及元灭南宋前，榷场贸易都比较繁荣。榷场贸易有力地推动了不同政体、民族之间的文化交流乃至文化融合。铜镜是百姓生活的必需品之一，通过榷场贸易的广泛交流，在一定程度上也造成了"宋辽金，分不清"的客观原因。

辽代早中期之际，镜体偏大稍薄，镜形皆为圆形而几乎不见异形，到了金代镜体稍小且厚，外形有多样化的趋势。本书列入图 127 至 149 等二十三面辽金时期的龙纹镜，宏观而言，辽镜的龙纹极具特色，比较肥硕、粗犷、笨拙，加之镜边多为"唇缘"，一看即可认定无误。辽代后期，因榷场贸易形成的文化交融，宋辽金镜便难以区分。金镜的代表器物是双鱼镜和人物故事镜，而其龙纹镜存世较少。

（七）元明清

龙纹在元明清时出现了再次繁荣，清末，随着封建王朝的没落，龙纹逐渐进入了式微期。元龙在宋龙的基础上发展而来，在铜镜的尺度之上，元龙较前朝更加清秀，背鳍密集。明代兴起了正视的龙头于铜镜中央的龙纹镜，其特点是龙鼻多被设计成"如意形"，龙身、龙头无论如何扭转变换角度，龙鼻依然保持不动，如图 167、168、171、172、178 等，明以前少见这种完整的正视龙头的造型方式。清代的龙纹镜基本上承袭了明代的形制，且以彩绘、雕镂、刻画方面取胜，如图 178，虽精巧有余，然韵味未足矣！

元代龙纹镜多为具纪年铭之龙纹镜，本书列入图 150—155 六面，其中前五面皆为至元四年（1267）铭双龙镜，后一面是至元十五年（1278）铭单龙镜。无独有偶，明初同样盛行纪年铭者，本书列入十面，除图 159 为洪武六年（1373）铭外，图 160 至 168 等八面皆是洪武二十二年（1389）铭单龙镜。或许是封建王朝的严格控制、龙纹只可用在皇家之缘故，清代大尺寸的龙凤镜资料都源于故宫博物院。宫廷倾向的龙纹反映出皇家的审美趣味，与清代的宫廷建筑、服饰、器物等相同的特征，即以繁缛的雕琢为装饰手段，用以体现皇家气派。

三、历史空白

魏晋南北朝期间何以罕见龙纹镜？

魏晋南北朝时期并非没有龙的形象出现，在六朝墓室出土的画像砖和石刻当中，均有见到龙的形象。但是，作为与百姓生活密切相关的刻绘龙纹的铜镜几乎不见，推测原因或有以下几点：

（一）历史背景

东汉末年，天下大乱，华夏大地战火四起，动乱、饥荒几乎贯穿整个的魏晋南北朝。诗歌中既有"白骨避于野，千里无鸡鸣"的凋敝，也说"步登北邙阪，遥望洛阳山。洛阳何寂寞，宫室尽烧焚。垣墙皆顿擗，荆棘上参天"的满目苍凉，更为"路有饥妇人，抱子弃草间。顾闻号泣声，挥涕独不还"的悲怆。民生的凋敝、人口的锐减、政权的频繁更迭，导致代表皇权的形象——龙的概念出现弱化。与此相应，寓意着夫妻和顺，绵延后嗣的"对凤镜"却大量出现（见《华夏凤鉴·附录》），这是体现时代背景、顺应百姓心理诉求的一种趋势。

（二）佛教兴起

自三国始，除"对凤镜"之外，还多有佛像镜出现。这也与当时佛教盛行相关。"南朝四百八十寺，多少楼台烟雨中"之诗，将佛教兴盛之状描绘得一清二楚。据史料可知，魏晋南北朝之时，人们对于宗教几乎进入痴迷，各地的兰若、精舍、石窟、佛像比比皆是；比丘、比丘尼人数众多；善男信女顶礼膜拜。彼时，不仅是平民百姓朝不保夕，就连王公贵族也要时常饱受杀伐征战、颠沛流离之苦。佛教无疑是乱世之中一服抚慰心灵的良剂，其教义中的"彼岸"思想，救赎了流离失所的人心。在虔诚祈祷的香火缭绕中，天潢贵胄、平民黎首都将一颗悲痛破碎的心寄托于遥远的"天国"，将现实中的苦难化为"来世"的安稳。佛像镜将佛陀、菩提树等形象作为铜镜纹样进行大量铸造，则是顺理成章的事情。同时，佛教的兴起、信众的追捧、王权统治更迭，或许正是彼时龙纹镜制作大幅度减少，以致后世流转几乎不见的缘由。

（三）玄学风行

魏晋南北朝期间的清谈和玄学兴起，多出隐逸之士。当社会现实的苦痛无法解除且入仕无门之后，士人大多归隐山林。隐士们的雅集、吟诗、抚琴、饮酒、服药、纵情山水、清谈之风盛行一时，"手挥麈尾，吟啸谈玄""托杯玄胜，远咏庄老"。竹林七贤为魏晋玄学的代表"团体"，他们所崇尚的生活方式就是清净无为、不拘礼法、不畏权贵，自成风流的态度。龙纹镜作为带有特殊文化内涵的存在，必然会受到当时整体"魏晋风度"的排斥，故而笔者猜测，当时未见龙纹镜也为其原因之一。

（四）外来文化

魏晋南北朝是征战杀伐最为频繁的三百年。除中原汉人形成的政权之外，外来少数民族也在历史中有着浓重的一笔。西晋没落之后，"五胡乱华"，北方地区进入了五胡十六国的统治期。南北朝时期，北魏的政权由鲜卑族统治，同时，在更北方的草原上又受制于柔然和南突厥。这些骁勇的北方游牧民族有着自己的文化传统，并不以龙的形象作为其崇拜对象。所以，魏晋南北朝少见或不见龙纹镜应属必然。

四、龙分雌雄

龙是上古的祈雨神兽，寓意千秋祥瑞，代表帝王之权。在两千多年的封建社会中，一直是集权的象征。在漫长的中国历史中，担任统治者的几乎都是男性，故龙的性别当与帝王相同。在人们的一般观念里，似乎不会对龙属雄性加以怀疑。然而，在历史演变的进程中，龙分雌雄的性别说一直存在。

（一）龙有阴阳说

三国徐整《三五历纪》："天地混沌如鸡子，盘古生其中。万八千岁，天地开辟，阳清为天，阴浊为地。"可知，《山海经》中的盘古开天辟地，始有万物之时，便分阴阳。天有日月，地有男女，兽鸟虫鱼、花果草木皆分雌雄。

《山海经·大荒经》："西北海之外，赤水之北，有章尾山。有神，人面蛇身而赤，直目正乘，其瞑乃晦，其视乃明。不食不寝不息，风雨是谒。是烛九阴，是谓烛龙。"《山海经·大荒东经》："应龙处南极，杀蚩尤夸父，不得复上。故下数旱，旱而为应龙之状，乃得大雨。"《管子·水地》："龙生于水，被五色而游，故神。"《奚囊橘抽·说郛》："龙身而人头，鼓腹而遨游……有道则见，见必大雷雨而拔木，君呕归乎！"古文献表明，龙最初有着雷神、雨神等与水相关的神祇身份。春秋战国时期，形成了阴阳五行学说"山为阳，水为阴"。龙属水，是为阴兽；雄为阳，雌为阴，故而龙为雌性。《淮南子》中的万灵生成理论，将羽、毛、麟、介此四类虫的来源皆归于龙。此时，龙又有着孕化万物的雌性特征，这与红山文化中的"玉猪龙"象征着生命繁衍的意味有所暗合。

在农耕社会中，风调雨顺、五谷丰登是关乎国本的大事，龙作为雨神自然被尊奉为祥瑞，而帝王若能得到其"加持"就能得天下之人心，同时也是"帝德"的象征。《史记·封禅书》有秦人崇龙之说："秦始皇既并天下为帝。或曰：'黄帝得土德，黄龙地螾见。'夏得木德，青龙止于郊。草木畅茂。殷得金德，银自山溢。周得火德，有赤乌之符。今秦变周，水德之时。昔秦文公出猎，获黑龙，此水德之瑞。"这或许延续着颛顼以水德为帝的说法，将龙与水德相结合。西晋傅玄《龙铭》："丽哉神龙，诞应阳精。潜景九渊，飞曜天庭。"此时，龙从原始的母性崇拜逐渐地过渡到代表封建帝德的男性信仰。随之，龙的属性也由阴转阳。人们称皇帝为"真龙天子"，帝王发飙称"龙颜大怒"，天子驾崩叫"龙驭宾天"。人皇即为天龙，在整个封建社会里，龙扮演着绝无仅有的权威和尊崇，也是"阳、雄"之象征。

（二）龙凤呈祥说

在龙凤组合中，龙指代阳性，凤指代阴性。《道德经·第四十二章》："万物负阴抱阳，冲气以为和。"更有"一阴一阳之谓道也"。古人的理论认为，万物皆有阴阳，唯有阴阳二气相合相交，才能孕生万物。龙为阳，凤为阴，阴阳相调，和谐自生。古人以龙凤相配寓吉祥如意。《孔丛子·记问》："天子布德，将致太平，则麟凤龟龙先为之呈祥。"另有春秋时期，秦穆公之女弄玉能吹箫引凤，遇仙人萧史与其山中合奏，金龙飞腾、彩凤起舞。后有弄玉乘彩凤，萧史跨金龙，一双伉俪乘风而去，好一幅龙凤齐飞、吉祥喜庆之景！

以龙凤呈祥比作男女恩爱与阴阳相合的观念早在春秋战国时期便已萌芽，《华夏凤鉴》图021即为典型镜例（直径16.3厘米，重量276克），然以成语"龙凤呈祥"之说，则是迟至明代的事情了，见《清华镜文化研究》图 22 "龙凤呈祥铭吉语镜"（直径 21.2 厘米，重量 1558 克）。上述两镜相差了两千年以上，可知中国传统文化的源远流长。

（三）龙虎交合说

在商周的青铜器纹饰中，龙虎纹是较为常见的纹样。东汉的龙虎纹镜亦是铜镜"家族"中的佼佼者。大量的龙虎纹饰出现，既体现了传统的祥瑞思想，又体现了古人对于生命繁衍的认识和推崇。《风俗通》："虎者，阳物，百兽之长也。能噬食鬼魅。"在先人的认识当中龙、虎皆为神物，四灵体系中，龙（东）、虎（西）皆为方位之神。早在七千年前的河南濮阳西水坡就发现了蚌塑龙、虎形象，说明龙虎相伴的祥瑞身份由来已久。

在道家思想体系中，龙虎相伴出现是体现阴阳相辅的象征。龙喻水，虎喻火，又有"神者为龙，气者为虎"之说，更有虎喻元神，龙喻元精之说。依八卦理论元神生于心液，属火；元精生于肾气，属水。阴阳相济，天地交泰，雌雄交合，化生万物。两汉期间，黄老思想盛行，道家遍求各种修仙法门以求延年益寿。东汉时期，出土了大量的龙虎纹镜就是这样的一种思想体系。详见拙著《东汉龙虎铜镜》。

五、结语

龙，这种纯粹虚构的神物，被农耕社会的华夏民族赋予了司理水脉、施云布雨的职能，同时也象征着九五之尊、皇权神授。在民间，人们供奉、拜祭龙神，衍生出了一系列与龙相关的节日和庆典。它存在于历史文化的诸多方面，同时也成为中国传统文化所崇拜的图腾，更是一种凝结于民族血脉中的灵魂属性。

中国铜镜承载着几千年的文化积累，在历史长河中，以它的荧荧之光照亮了时空角落。遑论古今，良禽自知整翎理羽，世人必要揽镜修容。作为实用器的铜镜，由于其自身特性，被赋予了丰富的精神内涵。东晋顾恺之《女史箴图·对镜理妆》："人咸知修其容，莫知饰其性。性之弗饰或愆礼正，斧之藻之，克念作圣。"可见，人们对铜镜有着深刻的精神感受。

当龙纹纳入铜镜，两者之结合便构成了铜镜史上一段光辉灿烂的篇章。作为上古的神兽——龙，穿越了几千年，持续不断地浓缩在铜镜中，满足了人们对生存的渴望、生活的向往、神灵的敬畏、自然的信仰。上仰天际可见龙星闪耀，俯察大地可见龙脉绵延。在广袤的天地之间，龙又化身为云、雨、雷、虹，为人们带来丰收和富足。龙既有着"身长千里，可谓至灵"的灵动；还有着"匪蛟匪龙，鳞采晖焕"的斑斓；更有着"带火移星陆，升云出鼎湖"的升腾。同时，龙亦喻指华夏文明的源起和中华民族的精神象征。回望华夏龙纹镜史，那些曾经带给古人的美好、希冀、愿景、感动并不会随着岁月的流逝而变得陌生。它们用"莹质良工"的铸造，"龙跃九霄"的纹样和寓意美好的铭文，为后人再现了历史与文化等各个方面的结合。让我们一起聆听来自历史的声音，共同感受龙纹铜镜带给我们的震撼！

《华夏凤鉴》总说

王纲怀　高文静

　　"华夏"一词最早见于《尚书·周书·武成》："华夏蛮貊，罔不率俾。""华"意为荣，"夏"意为中国人，即中原之人。但随着历史和文化的发展，凡是接受华夏文化的各族都融入了华夏族的范畴内，因此"华夏"逐渐成为中华民族的统称。

　　"凤"据《说文解字》："凤，神鸟也。天老曰：凤之象也，鸿前，麟后，蛇颈，鱼尾，鹳颡，鸳腮，龙文，虎背，燕颔，鸡喙，五色备举。出于东方君子之国，翱翔四海之外，过昆仑，饮砥柱，濯羽弱水，暮宿风穴，见则天下安宁。从鸟，凡声。凤飞群鸟从以万数，故以为'朋'字。"凤乃是中华民族最具特色的文化标志之一。先秦以来，在历史传承的进程中，凤始终受到华夏百姓的喜爱、信仰、崇拜。凤文化亦是中国传统文化的核心内容，仅就凤的成语就有凤骨龙姿、凤毛麟角、凤吟鸾吹、凤子龙孙等约四十种。

　　《考工记》："鉴亦镜也。"在中国的文化器物上，能准确反映数千年的凤形象演变及文化内涵者，当非铜镜莫属，这是笔者撰写本书的初衷，故本书将围绕中华民族历史上的凤鸟纹铜镜展开探讨，精心筛选出 106 面从先秦战国、秦国秦代、汉三国六朝、隋唐、五代、辽金、元明清的凤鸟纹铜镜实物，结合当时的历史发展、社会现状与文化传承等因素，对这些凤纹镜实物进行分析类比与研究探讨，为深入研究中华传统文化铺上一段红地毯。

一、崇凤传统

　　古人认为三足乌乃是太阳神的化身，它居于日中，乃日之精。而凤鸟也是原始部落的祖先神，如东夷部落的帝喾、帝俊、帝舜，他们均被视作鸟形。古人还认为鸟可致风，风有声，故而凤鸟也演变为风与乐之神。后在阴阳五行观念兴起时，人们又认为南方之神乃是朱雀（凤鸟）……可见我国的崇凤传统由来已久，并且早已融入民族文化的骨血之中。

（一）太阳神说

在原始时期，凤鸟常与太阳的形象结合在一起，它的产生与神鸟崇拜、太阳崇拜、自然崇拜、图腾崇拜息息相关。《山海经·大荒东经》："汤谷上有扶木，一日方至，一日方出。皆载于乌。"《淮南子·精神训》："日中有踆乌。"高诱注云："踆犹蹲也，谓三足乌。"三足乌也称金乌，是我国神话中的神鸟，它居于日中，乃日之精，为太阳神的化身。在仰韶文化庙底沟类型的遗址中，有一鸟三足的形象，[1]可作为"日中有踆乌"的实证。汉代之后，无论是文献还是实物，都极大地丰富和验证了"三足乌"与"日"的关系，如长沙马王堆1号汉墓所出土的帛画，画的左上部便绘有一内立金乌的太阳；西汉司马相如《大人赋》："吾乃今日睹西王母？皓然白首，戴胜而穴处兮，亦幸有三足乌为之使。"

除三足乌外，与太阳有关联的鸟类还有鸡，因传说之凤"其状如鸡"，有"鸡喙""鸡头"，《孝子传》："舜父夜卧，梦见一凤皇，自名为鸡。"故有学者认为，"丹凤朝阳"中的丹凤，很可能就是鸡。[2]这种说法也有一定道理，但从资料分析看来，日中有金鸡的说法要远晚于金乌之说，宋陆佃《埤雅六》："日中有鸡，月中有兔。"日与鸟的联合是图腾崇拜与自然崇拜融合的结果，图腾崇拜产生于旧石器中期，自然崇拜产生于新时代石器，在新旧文化交替之时，便产生了一种兼容两种文化的新型文化形式，将日与鸟两者合二为一或将鸟视作太阳的象征。[3]

仔细分析来看，此种联合的形式并非毫无道理。认真观察自然便可发现太阳东升之时，鸟儿亦离巢觅食，张开双翅翱翔于天，太阳西落之时，鸟儿亦归巢栖息。所以当古人昂头仰望天空之时，发现鸟儿似可飞入太阳身边去，便自然而然地将两者联系在了一起。像河姆渡一期出土的"双凤朝阳"象牙雕刻，便印证了这一形象的联合。

（二）祖先神说

凤鸟崇拜也是原始氏族图腾崇拜的一种，这种图腾崇拜制让拥有血缘关系的氏族或部落成员认为他们都是同一个祖先的后裔，以此种观念来维系着社会组织的运行。从文献可知，东夷部落的祖先神即为凤鸟，帝喾、帝俊、帝舜均被视作鸟形。《左传·昭公十七年》有载："我高祖少皞氏挚之立也，凤鸟适至。"《诗经·商颂·玄鸟》："天命玄鸟，降而生商。"《史记·殷本记》："殷契母曰简狄，有娀氏之女，为帝喾次妃。三人行浴，见玄鸟堕其卵，简狄取吞之，因孕生契。"契乃殷商始祖少皞。由此可见，殷商传说中的祖先乃是玄鸟。少皞族以凤鸟作为族徽。《史记·秦本纪》载："玄鸟陨卵，女修吞之，生子大业。"可见秦人祖先大业亦为玄鸟所生。"郭沫若《青铜时代》："玄鸟就是凤凰。"[4]

（三）风、乐之神说

古人认为鸟可致风，"甲骨卜辞证实,商族观念中,凤和风是一回事,卜辞记录风的地方,

---

〔1〕西安半坡博物馆编：《羊坡博物馆三十年学术论文编辑》。

〔2〕李一白：《凤鸟图案的起源与神化过程（上）》，《河北旅游职业学院学报》，2014年。

〔3〕何星亮：《中国自然崇拜》，江苏人民出版社，2008年。

〔4〕郭沫若：《青铜时代·先秦天道观之进展》，科学出版社，1962年。

一律都写成"凤",别无"凤"字出现"。[5]《淮南子·本经篇》："尧时有大风为民害，乃缴大风于青丘之泽。"高诱注："大风，风伯也，能坏人屋舍(一曰鸷鸟)。"《禽经》："凤禽，鸢类。越人谓之风伯。飞翔，则天大风。"《说文解字》："凤暮宿风穴。"飞廉也是传闻中的风神，它鹿身，雀头，有角，蛇尾豹纹。它乃"神禽，能致风气"。孙作云先生认为早期的飞廉就是凤，"凤"之古语与"风"一字，"凤"字古音"孛缱"，飞廉为"孛缱"的音转。故古人认为，凤鸟振翅翱翔于天，其飞行的行为带来了风，因此凤亦为风神。

有风必有音，自然中的风声可谓是音乐的始祖。《吕览·古乐》："惟天之合，正风乃行。其音若熙熙，凄凄，锵锵。帝颛顼好其音，乃令飞龙作效八风之音，命之曰《承云》，以祭上帝。"可见古人仿造风声发明了音乐，音乐起源于风声。虽然风乃无形之物，而作为风神的凤鸟确是先民所能看到和感受到的，所以他们认为当凤鸟在振翅生风之时发出风鸣之声，故而凤鸟也就成了音乐之神。

（四）方位之神说

古人将二十八星宿与四神融合在一起，创造了"四方四灵"的概念。汉代"四灵"观念大行其道，从出土的铜镜、画像砖、壁画等各类实物上，均可证实这一点。《礼记·礼运》："麟、凤、龟、龙，谓之四灵。"《三辅黄图》："苍龙、白虎、朱雀、玄武，天之四灵，以正四方。"《论衡·物势篇》载："东方木也，其星苍龙也。西方金也，其星白虎也。南方火也，其星朱鸟也。北方水也，其星玄武也。"因东为木，木为春，绿为春，故青龙乃东方之神，西方属金，金乃秋，秋云淡，故白虎为西方之神，南属火，火为夏，夏炎炎，故朱雀为南方之神，北为水，水为冬，冬夜黑，故而玄武为北方之神。《鲁灵光殿赋》有"朱鸟舒翼"，唐代李周翰注："朱鸟、朱雀，南方神也。"《文选·头陀寺碑文》李善注引《春秋元命苞》说"火离为凤"。《天中记》卷五十八："凤，火精也……在天为朱雀。"沈括《梦溪笔谈》："四方取象，苍龙、白虎、朱雀、蛇龟。唯朱雀莫知何物，但谓鸟而朱者，羽族赤而翔上，集必附木，皆火之象也。或谓之长离……或云，鸟即凤也。"由此可见，南方之神朱雀即为凤鸟。

英国学者杰西卡·罗森《莲与龙》对凤描述，英语的"凤凰"这个词指的是两种鸟：南方的"朱雀"和神话中的"凤凰"。后者羽毛华美，后来与龙成对出现。只在四方神兽都出现时，才能确定鸟的形象是指"朱雀"还是"凤凰"。工匠似乎没有任何区分二者的图绘惯例：它们的造型相似。可能二者之间的确不存在固定的区分标准，而是可以互换的。

二、历代特征

（一）先秦

1. 夏商西周

古人最早以水为鉴，《广韵》："鉴，照也。"《庄子·德充符》："仲尼曰：'人

---

[5] 王维堤：《龙凤文化》，上海古籍出版社，2000年，第60页。

莫鉴于流水，而鉴于止水。'"　"古人以水为鉴，即以盆盛水而照容，此种水盆即为监，以铜为之则作鉴。"[6]可见古人经过以止水监容后，逐步发展为以铜镜鉴容。《黄帝内传》："帝既与西王母会与王屋，乃铸大镜十二面，随月用之。"《玄中记》："尹寿作镜，尧臣也。"由此可知，我国铜镜历史悠久，而就出土的实物看来，也证实了这一观点。1975年，甘肃广河齐家坪出土了一面素镜，圆形，背面有拱形钮，直径6厘米，厚约0.3厘米。1976年，青海贵南县尕马台村25号墓中出土了一面"七角星纹镜"，圆形，直径8.9厘米，厚约0.3厘米，重109克。这两面出土铜镜的墓葬均属于齐家文化类型，属于新石器时代晚期文化，那时人们已经进入铜石并用阶段，距今已有四千多年。殷商时期的铜镜出土主要是叶脉纹镜、重弦辐射纹镜和平行线镜，装饰多为比较简单的几何纹样，且镜身较小。"西周铜镜共发现16面，均为圆形，镜面平直或微凸，镜身也较薄，可分三类。"[7]第一类为素镜，第二类为重环纹镜，第三类为鸟兽纹镜。就目前的出土资料看来，1957年出土于河南三门峡市上岭村虢国墓地1612号墓出土的鸟兽纹镜，或为最早的鸟兽纹镜实物。此镜圆形，直径6.7厘米，厚0.35厘米，钮长2.1厘米，镜上方绘有一鹿，下方饰有一张开双翅的鸟，左右两侧有张牙舞爪的老虎，其造型稚拙简练，原始有趣。此镜出自西周晚期铜镜，现藏于中国国家博物馆。《竹书·纪年》："文王梦日月著其身，又鸑鷟鸣于岐山。"《说文解字》："鸑鷟，凤属，神鸟也。"《国语·周语》有云："周之兴业，鸑鷟鸣于岐山。"传言称有凤凰鸣于岐山，是周朝兴起之吉兆；周人也认为"凤鸣岐山"是上天对文王德政的嘉许，也是天命王权的征兆。《墨子·非攻》："赤鸟衔珪降周之岐社，曰：天命周文王伐殷有国。"《太平御览》卷一百八十一引《尚书大传》："武王伐纣，观兵于孟津，有火流于王屋，化为赤鸟，三足。"这里的赤鸟与三足赤乌均可被视作早期凤凰的化身，乃神话中的鸟兽。在西周，凤鸟纹也受到特别的推崇，被大量运用在玉器及青铜器上，如美国哈佛大学博物馆藏西周凤鸟纹玉饰，陕西宝鸡竹园沟9号墓出土的西周玉凤鸟佩等。

2. 春秋战国

春秋战国时期是我国铜镜技术的勃兴期，这一时期的出土铜镜约在千枚以上，其中春秋时期出土的铜镜较少，而战国出土的铜镜则以楚地为主。关于春秋战国镜的分类研究，很多学者在二十世纪三十年代都已经做过此项工作，而管维良在《中国铜镜史》一书中，依前人成果将春秋战国的铜镜划分为十六类，分别是：素镜、素地镜、纯地纹镜、花叶纹镜、山字镜、菱纹镜、禽兽纹镜、饕餮纹镜、蟠螭纹镜、涡云纹镜、连弧纹镜、彩画镜、透雕镜、金银错镜、几何纹镜、多钮镜。[8]此时期最早流行的铜镜还是以素镜、花叶纹镜、纯地纹镜、山字纹镜为主，中期逐步盛行菱纹镜、彩绘纹镜、禽兽纹镜等，到了战国晚期，兴起蟠螭纹镜、连弧纹镜等。春秋战国的铜镜大多采用主纹和地纹相结合的样式，这也是

〔6〕郭沫若：《三门峡出土铜器二三事》，《文物》，1959年1期。

〔7〕管维良：《中国铜镜史》，群言出版社，2013年，第17页。

〔8〕管维良：《中国铜镜史》，群言出版社，2013年，第22～55页。

它的时代特征之一，且此时铜镜纹样繁密细致，工艺难度大大增加，出现了彩绘、透雕及错金银等技法。

本书图 001、002、003 均为透雕镜，图 001 为玉料透雕双凤镜，图 002 和 003 为透雕凤纹铜镜。由于铁制工具的改进，推动了春秋战国时期的制玉工具的完善，促进了玉器的发展。儒家学派通过分析玉的自然属性，总结出"仁、知、义、礼、乐、忠、信、天、地、德、道"，这十一德奠定了儒家用玉的理论基础，形成了君子为人处世、洁身自爱的标准，标志着玉器人格化的确立。[9] 战国时期，这种理论被广为接纳，无论是王公贵族还是平民百姓均以玉为贵，玉器被应用于人们生活的各个领域。本书图 001 便为经典之例，镜背为透雕材料，由和田白玉制作而成。

由于春秋战国时期诸子蜂起，百家争鸣，人们的意识形态更为多元化，这些都为凤鸟纹的形式和内涵的发展提供了沃土。凤鸟纹进入飞速发展时期。这时期的凤鸟大多自然流畅、柔美动人，与商周时期庄严肃穆的形象大为不同，充满人性之美，且多与云纹、卷草纹相结合，尤为灵动，成为新的纹样。这个时期，人们受阴阳五行学说影响，认为"万物负阴而抱阳""一阴一阳之谓道"。故而也出现了龙凤配的图案形式，因凤属火，龙属水，水火交融，阴阳相配形成平衡之道。1982 年，湖北江陵马山一号楚墓出土了一批丝织品，绣着大量的龙凤纹，有"蟠龙飞凤纹""舞凤舞龙纹""飞凤逐龙纹"等。

本书图 004 双龙双凤镜亦为一例，此镜龙纹姿态威猛，凤纹柔美流畅，两者作回首相望状，似有交流，耐人寻味。铜镜作为生活所用之器，最能反映出时人的精神面貌与审美情趣，故从此镜双龙双凤纹可中可以看出，当时阴阳交合与龙凤相配的观念，已渗透到人们的日常生活之中。

从本书图 001 至图 006 来看，春秋战国的凤鸟镜其凤头皆为圆形，多带羽冠，尾翼长且呈花形，而透雕之凤镜多以组合的形式出现，呈环绕之姿。

（二）秦国秦代

《史记·秦本纪》："秦之先，帝颛顼之苗裔孙曰女修。女修织、玄鸟孕卵，女修吞之，生子大业。"秦族源于玄鸟，女修乃秦之始祖，故而秦人以凤鸟为崇。秦代的凤纹，从出土实物看来，主要有陕西西安出土的战国秦夔凤纹瓦当，[10] 咸阳出土的凤纹空心砖，山东临淄出土的鎏金龙凤纹银盘，湖北云梦睡虎地秦墓出土的黑漆朱绘单凤双鱼纹盂、彩漆凤鸟妆奁及彩漆变形凤鸟纹长盒等。咸阳出土的凤纹空心砖名为"水神骑凤纹空心砖残块"，此砖在咸阳渭城区窑店六队出土，泥制灰陶，从残存的纹样可见一凤鸟圆头、圆目、弯喙、长曲颈、有羽尾，此凤鸟以双阴线刻画而成，姿态挺拔秀美，有亭亭玉立之姿。秦代黑漆朱绘单凤双鱼纹盂于 1975 年在云梦睡虎地 11 号墓出土，其内底绘制一只昂首阔步之凤，圆头、圆目、张翅、长羽，姿态颇为神气，其两侧还绘有两条游鱼围绕。虽然此时期凤鸟纹的出土资料不多，但也可看出此时的凤纹形象多有楚韵，其美学特色承春秋、战

---

〔9〕肖东发主编，谢涤非编著：《玉石之国——玉器文化与艺术特色》，现代出版社，2015 年。

〔10〕郑军，张东明编：《中国传统凤凰艺术》，北京工艺美术出版社，2013 年。

国之风，启两汉之范。

本书列入秦国秦代之凤纹镜（图007—021）共计十五面。其中，龙凤纹镜七面，占总数之近半，就存世量而言，凤纹镜也不足同时期龙纹的十分之一。图007为涡云地四叶四凤镜，涡云纹是云纹的一种，就其造型而言，它以圆涡作为基本形态，呈旋转之姿，给人一种动态之美。图008至图013为6面连弧四叶龙凤镜，以连弧作为装饰的铜镜流行于战国及秦汉时期，通常弧数有六、七、八、九、十、十一、十二，此六面铜镜为十二连弧纹镜，其钮座处均饰有"方华纹"，以涡云纹为地，内区饰有双龙双凤，龙凤身躯呈S形，造型舒展流畅，凸显动态之美；细看龙纹似穿破云霄，腾飞天际，口张齿露，似作长啸，想必其声可响彻九州，震慑四海，具王者之威仪，而凤鸟则圆目、弯喙，作俯瞰之姿，其凤冠上扬，凤羽漫卷，造型柔美纤细，神态悠然自得，仿若穿梭云畔、绽放彩羽，好一副五光十色，华美动人的场景。在大多数情况下，凤纹镜以双数或单凤的形式出现为主，而本书中图015为秦国秦代罕见的一面三凤镜，值得注意的是，此镜的连弧数亦为素数十三，工匠仅用圆规与直尺，不可能完成此数字之圆周等分。图016、017为方华纹凤鸟镜，图018为云雷地八连弧四凤镜，图019为涡云鱼籽地八连弧四凤镜，其线条流畅，气势如虹。图020为云雷地三雷六凤镜，此镜凤纹造型独特，肢强爪利，犹如猛兽，步履稳健，气势恢宏，有帝王之态。图021是一面龙凤呈祥镜，龙凤合体之造型自然生动，各具特色，龙显霸气，凤显柔美，观之令人赏心悦目。

（三）汉三国六朝

1. 汉凤仙韵

汉代的凤凰除了具有先秦时代的神性之外，还具有道家的仙气。"仙"的概念约在春秋战国时期形成，《左传·昭公二十年》记载了齐侯（景公）与晏子的一段对话，"公曰：'古而无死，其乐若何？'晏子对曰：'古而无死，则古之乐也，君得何焉？'"从中可看出当时人对不死的朦胧表述。"仙"古作"僊"，僊者，"长生仙去，从人"，有升高之意。"仙"又作"仚"，指人在山上貌，从人、山。汉刘熙所撰《释名》卷三《释长幼》亦云："老而不死曰仙。"[11]由此可见，仙乃由人转化而成，长生不死，不朽之身谓之仙。汉代凤鸟与流行的神仙思想联系紧密，成为道教神仙系统中重要的构成元素，故而具有了神仙之气。

汉代"四灵"思想大行其道，四灵即是指"青龙、白虎、朱雀、玄武"，在道教文化中，四灵是守卫天庭的天神。古人将二十八星宿分为东、西、南、北各七宿，创造了"四方四灵"之说，又依据五行五方配五色的说法，东方属青，故东方七宿为"青龙"；北方属黑，故北方七宿为"玄武"；西方属白色，故西方七宿为"白虎"；南方属朱色，故南方七宿为"朱雀"；此四灵合称为"四象"，也叫四方四神。"朱雀"作为南方之神，属火德。而帝俊作为太阳之神，日中踆乌（三足乌）作为太阳之子亦属阳，此火阳之象亦相吻合。

---

〔11〕吴艳荣：《中国凤凰——从神坛到人间》，浙江大学出版社，2014年，第51页。

除此之外，朱雀也是二十八星宿中南方七宿的总称。在汉代出土的文物中，朱雀的装饰是最为常见的一种艺术题材，无论是相关资料的记载还是朱雀的造型，亦或者是出土的实物，朱雀的文化特征都难以与凤鸟划分开来，故朱雀乃凤鸟之属。

若是朱雀的形象出现在墓葬之中，其代表的含义依所出现的位置不同而有所变化，如果将其装饰在墓顶，便代表天象，装饰在墓壁之上时，则表示方位。在时人看来，作为四灵之一的朱雀可以抵御魑魅魍魉的侵害，具有守护神的特点。朱雀图案这是为了保护墓主，而"保护尸体的最终目的是让死者升入仙镜。因此，升仙才是石棺画像所具有的最重要的象征意义。"[12]由此可见，当凤鸟以朱雀的形象出现时，其很重要的一个功能便是护宅去凶，引人升仙。

2. 经典镜例

两汉时期是铜镜的繁荣时期，在西汉早期，铜镜的图案还具有春秋战国的遗风，如蟠螭纹镜，而到了西汉中晚期，铜镜开始以四乳钉作为纹样的基本方式，且繁复细密的地纹逐渐消失，主休纹饰更为突出，并开始流行铭文镜，更具文化特色。西汉末年到东汉前期流行四灵镜，而东汉中、晚期则流行神兽纹镜及有故事情节的铜镜，纪氏、纪地、纪年镜也大为盛行，就单纯的凤纹镜而言，在两汉之际几为凤毛麟角，直至四灵博局镜的出现，凤鸟才以四灵中朱雀的形象广泛呈现，而在整个东汉期间，几乎未见凤鸟纹镜的出现。

在东汉晚期三国六朝之际，还流行着一类"八爵一对凤"镜，其存世量较大，当引起注意，本书精选了六十一面（图 107—图 167）汉三国六朝"八爵一对凤"镜，作为一个专题附在书后，以供对此类镜感兴趣的学者阅览取材。

本书共列举六面汉三国六朝凤鸟镜，图 022 与 023 为西汉时期的四乳四凤镜，乳钉纹乃西汉常见的铜镜装饰元素，多为四乳、八乳、十二乳等。此种装饰元素在汉代的瓦当中也很常见，《秦汉瓦当图论》："月相四时乳、八节乳又是汉瓦的一个显著特征。"[13]月相四时即代表初吉、既生霸、既望、既死霸，月相乃天文学术语，指的是地球上所看到月被太阳照亮部分的称谓，其形态不断的变化，为月亮位相变化，故称月相。可见汉代铜镜中的四乳装饰与天象等学说息息相关。图 022 为十二连弧四穗四乳四凤镜，四乳钉纹外饰有四谷穗纹，谷穗纹饰于铜镜之上，表现出人们对丰收的期盼与追求，此镜中的谷穗纹作为辅助纹样出现，而四凤形象与战国、秦代有所不同，其凤头与喙呈现纤细微弯之态，身躯延展，双翅与尾羽相比较为短小，尾翼极其细长，在终端逐渐变厚呈弯曲上扬之姿，双足细长，有亭亭玉立之感，似孔雀之貌。图 023 为十六连弧四乳四凤镜，虽凤之身躯与羽翅处与图 022 有相似之处，但此凤羽冠与羽足处皆壮硕，其双足尤甚，看着结实厚重，如猛兽之足，与其纤细的身躯形成鲜明对比，饶有趣味。图 024 为一面四灵博局描金镜，极其精美；此镜主纹由四乳、四灵及 TLV 构成，因描金工艺的添加，使得此镜金碧辉煌，绚烂夺目。图 025 至图 027 均为三国六朝的单凤镜，图 025 为四乳单凤镜，凤鸟圆目尖喙，

〔12〕李晟：《汉代墓葬画像仙镜的象征符号研究》，《西南民族大学学报》，2008 年第 4 期。

〔13〕王培良：《秦汉瓦当图论》，西安三秦出版社，2004 年，第 53 页。

身躯庞大，穿越钮座，其双翅短小呈展开之姿，其足壮硕其爪锋利。图 026 与图 027 主纹皆绘单凤一只，其身躯被叠压在大圆钮座之下，且造型粗犷硕大，全然不见凤鸟柔美之态，颇具时代特色。

（四）隋唐

在经历三国魏晋南北朝后，公元 581 年，隋文帝杨坚建立隋朝，结束了近 300 年的乱世。隋朝存世仅 37 年，公元 618 年，唐朝建立，统一时长近 300 年。史学家常把"隋唐"并称，在这样空前统一的局面下，中国的社会、经济和文化都得到了很大的发展，进入了鼎盛时期，造就了一个繁荣昌盛的历史时代。作为日常之用的青铜铸造业也在这个阶段迎来了新的发展，自此中国铜镜步入"黄金时期"。此时铜镜无论是造型、题材还是铸造技术都极具风格，创造出许多新的形式，如"菱花镜、葵花镜、亚形方镜"等，题材有"十二生肖四灵、团花、瑞兽、瑞兽葡萄、海兽葡萄、龙纹、凤纹、禽鸟、花鸟、花卉、异兽、卍字"等唐镜的构图形式以环绕式和对称式为主，整体布局舒朗得当，生动活泼。

1. 入世之凤

隋朝因为历史相对短暂，故凤凰形象和魏晋南北朝时期相近。唐代凤鸟形象如同大唐般雍容富贵，绚丽多姿。由于受到外来文化的影响，唐代是一个思想开放的时代，儒、释、道三教并存，促进了凤文化的丰富和转变。凤鸟逐步从神坛上走了下来，步入凡尘。和前朝相比，唐代凤鸟形象婀娜多姿，丰满健硕；受佛教影响，此时出现了凤衔莲花、凤衔绶带、凤衔璎珞，人面凤身等纹饰，且凤眼的造型也呈三角状的丹凤眼，这些特点都与秦汉时期的凤鸟姿态截然不同。

在《全唐诗》中，"凤"字出现了 2978 次，"凰"字 282 次，"鸾"字 1080 次，这三种最有代表性的称谓出现的总数，竟占《全唐诗》总目数的十分之一，可知平均约十首唐诗就有一个"凤""凰""鸾"字。[14] 由此可见，唐以前的凤鸟神性仙气十足，而唐代开始，凤凰开始出现在大众的生活中，活跃于唐人的思想之中。唐人喜欢以凤入诗，用作赞美或自喻，因凤与唐人有着相似的气韵，所以唐人爱凤，咏凤，以凤装饰生活。在前朝，能以凤喻人的对象只有神人、圣贤或皇帝，而唐人则会以凤喻常人、以凤喻物，如"白鸥毛羽弱，青凤文章异"，此喻元稹；"科斗拳身薤倒披，鸾飘凤泊拏虎蟠"，此喻书法；"寒辞杨柳陌，春满凤凰城"，此喻长安城；"凤凰楼下交天仗，乌鹊桥头敞御筵"，此喻公主邸；"世间盛事君知否，朝下鸾台夕凤楼"，此喻侍郎宅；"殷勤凤楼上，还袂及春晖"，此喻民妇之居；"艳质已随云雨三，凤楼空锁月明天"，此喻妓女之所。从这些唐诗中可以看到，唐人对于凤的感受是完全不受拘束、自由开放的。凤作为住所时，它不仅可以喻王公贵族之邸，亦可喻官员、百姓之居，甚至可以喻妓女的绣楼。以凤喻婚姻，歌情爱，这也可以从唐诗中看出，如"青鸾飞如合欢宫，紫凤衔花出禁中""比翼和鸣双凤凰，欲栖金帐满城香"，此喻新人和美恩爱；"鸾凤分飞海树秋，忍听钟鼓越王楼"，

---

〔14〕吴艳荣：《中国凤凰——从神坛到人间》浙江大学出版社，2014 年，第 68 页。

此喻离偶伤感；"为君挑鸾作腰绶，愿君处处宜春酒"，此喻相思情深。由此可见，唐代凤凰的文化含义得到了大幅度的扩展。

2. 经典镜例

如果说唐诗是大唐文化的一个重要"软件"，那么唐镜应该是大唐文化的一个重要"硬件"。在唐镜之前，大部分隋镜的风格还是基本延续了魏晋南北朝的模式，多为圆镜，布局严谨，方华纹（柿蒂纹）和连珠纹钮座较普遍、规范；还有少部分隋镜已经萌发出创新的种子，形式由拘谨的模式转变为写实自由的模式。初唐的时候盛行瑞兽镜，瑞兽多以动态出现，还大量采用葡萄、蔓草、忍冬等纹样，这都与多样且开放的文化环境有关。唐朝高宗、德宗时期，是唐镜最具创新、最有风格的时期，此时唐镜的形式不再局限于传统的圆、方之形，出现了菱花、葵花等样式，流行瑞兽葡萄、海兽葡萄、龙纹、凤纹、鸾凤花卉、人物故事、吉祥飞天、禽鸟瑞花等纹样，铜镜的圈带铭文几乎消失，这样可以使镜面得到更大程度的利用，纹样的表现不受局限，更为突出。到了晚唐五代，隋唐铜镜进入了急速衰落时期，风格与前期差距很大，主纹变得造型粗糙，除了花卉植物外，还有八卦、星象等纹样，佛教的卐字纹标志也被广泛地应用，圈带铭文再次流行，表现手法多样，然此时之制作水平已完全无法与盛唐时期的璀璨相比。铜镜艺术日趋衰落，纹饰、造型、技法都呈现出另一种艺术风格和时代特点。[15]

纵观本书图 028-080 的五十三面隋唐凤纹镜，特别是看了图 028-041 的十四面特种工艺凤纹镜以后，我们似乎触摸到了大唐盛世的富丽、繁华、灿烂、辉煌。再联系到传承千古的国之瑰宝——唐诗，不由得感慨万千，拙著《唐镜与唐诗》有言："诗由镜而传神，镜缘诗以增色；诗附镜遂动人，镜得诗因显意。""真不知当时，是铸镜人读了这些诗才做的镜，还是诗人看了这些镜才作的诗。"比较存世的隋唐镜与器物可知，虽龙纹镜的数量多，然凤纹镜的档次高。盛唐时期流行的金银平脱、贴银鎏金等特种工艺镜，因美轮美奂至过于奢华，到中唐时期，经执政者的三令五申，终于消失在历史中。

特种工艺镜指的是制作精细，采用特殊手法装饰镜背的铜镜，有"螺钿、金银平脱[16]、鎏金、嵌宝等做法"。金银平脱漆器的源头早被博雅的王世襄先生上溯到西汉，但入八世纪，方始大盛。但由于漆器通常以木为胎，难以长久保存，故而今见的平脱器物却以材料易于保存的铜镜为主。[17]

本书多列举的隋唐镜中有十四面特种工艺镜，其中有三面采用金银平脱的方法制作而成（图 028、029、030），还有两面采用银平脱的方式制作而成（图 037、040）。以图 028（本书封面）为例，钮上以银平脱方式线绘宝相花，底部为银平脱缠枝花，其上点缀金平脱花朵，两者呈双方形错位叠加样式；其主纹为四只衔枝凤鸟及四小只衔枝飞禽，其间饰四株

---

〔15〕管维良：《中国铜镜史》，群言出版社，2013 年，第 172 页。

〔16〕金银平脱是用不超过半毫米的金银箔片粘粘在物体上，再用鬃漆涂抹固定，多次反复，镜金银图形遮盖后，再打磨表明至金银图案显示出来，尤为华美。金银平脱的工序要比普通的贴金、贴银负责，所使用的材料也较为厚，所以还可在金银上再雕刻纹样，形成更为精美富丽的效果。

〔17〕尚刚：《古物新知》，生活·读书·新知三联书店，2012 年，第 63 页。

花枝，均为银平脱工艺，再以金平脱工艺点缀各式小花草及蝴蝶，整体观之，凤鸟造型精
美细致，仪态万千，花卉造型有异，各自开放，营造出一种百花齐放、鸟语花香的美景，
而金银平脱工艺的使用也使此镜绚烂夺目，令人赞叹不已。图029与图030均为方形，主
体纹饰都为四凤花枝，四凤造型相近，均双足立地，昂首挺胸，眼部呈三角状，颈毛较长
且微弯似草叶，冠似雄鸡，喙似鹰，双羽作展翅上扬状，仿若随时可腾空起飞，其尾羽由
一束上扬再分卷而成，似卷草般柔软。此纹样造型生动活泼，富有生机，再施以特种工艺，
更显美轮美奂。

贴金银镜[18]，此类镜的出土或传世较少，因捶贴的金银片容易脱落，故难以留
存。本书所列之特种工艺镜，共有六面为贴银鎏金工艺（图031、033、034、038、039、
041），有一面贴银镜（图032）。而图041便为贴银鎏金工艺所制，有双凤双兽，一兽为
羊，一兽为鹿，均呈奔腾状，充满活力。双凤展翅翘尾，双足立地，气定神闲。此镜背为
银地，纹样施鎏金。

螺钿镜[19]可以说是唐人的创举，其装饰韵味独特，令人耳目一新。本书所列图035
即为螺钿四凤镜，其钮处先以白色的贝壳雕刻花瓣，再以红色琉璃装饰花蕊，形成八瓣花
钮座。主体纹饰由四只鸾凤和四枝花卉组合而成，鸾凤通体雪白，口衔绶带，作回首状，
身姿优雅，仪态万千；四枝花卉以白色贝壳雕花瓣与枝叶，以红色琉璃嵌花蕊，四周镶嵌
细密的绿松石，极其独特，尽显奢华。

据《唐代铜镜与唐诗》一书辑录[20]，唐代铭文镜的主要句式为四言和五言。这些铭
文多少都受到了唐诗的影响，其句式工整，文藻清丽，韵味十足。本书所列之铭文镜共计
九面（图049、052、055、064、065、068、078、079），其中图049、052、055、064、
068均受到道教文化影响，图049为上圆铭双凤八卦镜，图055为仙山并照铭四灵凤纹镜，
整体造型有博局镜的味道，凤鸟在此便是以南方之神朱雀的形式呈现，镜外区铭文带饰有
四言铭文："仙山并照，智水齐名。花朝艳采，月夜流明。龙盘五端，鸾舞双情。传闻仁
寿，始验销兵。"铭文主题当是歌颂和平，赞扬仁寿年间隋王朝与突厥间的战争结束。图
052、064与068均为凤凰铭凤纹镜，三镜均为八葵花形，卧龟作钮，其四肢紧抓荷叶，形
成钮座。荷之叶茎出自山水之中，钮上方祥云缭绕，明月皎洁。钮左边饰一扶琴之人，他
席地而坐，长袍宽袖，姿态端正，身后有竹林，前置长方几，几上呈文房四宝，书香气浓郁。
右侧为一凤鸟，曲颈展翅，尾羽上扬，双足立于石上，动态十足，似刚被乐曲吸引而至。
外区铭文带杂言铭文："凤凰双镜南金装，阴阳各为配，日月恒相会，白玉芙蓉匣，翠羽
琼瑶带，同心人，心相亲，照心照胆保千春。"镜铭寓意夫妻和美，心心相印。"此镜虽
无"真子飞霜"四字，但其造型与"真子飞霜"镜类似，镜中振翅的凤凰、飘荡的祥云与
长寿的神龟都反映出了道教长生求仙的思想。图052与068纹样完全相同，图064有所不同，

---

[18] 贴金银镜需先在金银板上刻画出各种纹样，然后再将金、银板装饰在镜背之上；还有一种做法是将银
片锤脱后在施鎏金而成，称为贴银鎏金镜。

[19] 螺钿工艺则是指在物体的装饰面上，先涂抹鬃漆，再在漆地上嵌贴蚌片形成纹样，最后打磨光滑。

[20] 王纲怀、孙克让：《唐代铜镜与唐诗》镜铭辑录，上海古籍出版社，2007年，第282～284页。

其凤作单足立石状，凤头回首望向尾羽，羽尾似卷草般上扬，凤首上方的两珠树作团装，内绘群叶，其远山之间日似冉冉升起，抚琴之人并非席地而坐，并望着凤凰之处，身后竹叶弯曲，可知有风徐徐。但也许是因铸造作坊不同，所以出现细节差异，这便不得而知了。图 065 为光含铭龙凤镜，有四字铭文"五月五日"，当为铸镜之日。图 078、079，为千秋铭双凤镜，其主体纹饰为双鸾，位于钮两侧，造型相近。唐玄宗李隆基将自己的生日定为千秋节，常在八月初五赏赐百官铜镜，所以，此日也被称为"千秋金鉴节"，其诗《千秋节赐群臣镜》中"铸得千秋镜，光生百炼金，分将赐群臣，遇象见清心"可为实证。

除特种工艺镜及铭文镜外，本书列举的其他凤镜以双凤为多（图 042 至 048、051、053、054、056、057、058、060、063、066、067、070、073、074、076），四凤（图 069）与单凤为少（图 050、059、061、062、071、075），其镜型多以八菱花、八葵花、圆形为主，双凤纹多与缠枝花、仙山、神兽、雀鸟等相结合，纹样内容丰富，花卉造型繁多。如图 051 便为花枝双凤镜，图 069 为花卉四凤镜，图 050 为单凤镜，与圆钮结合有"丹凤朝阳"之意，寓前途光明。本书图 074 海兽葡萄凤纹镜的纹样特别值得注意，主纹双龙、双凤、双海兽，均呈动势，刻画细致，动物毛发清晰，外区饰葡萄藤蔓与雀鸟纹饰，极富立体感，可谓难得一见的精品。海兽葡萄镜主要流行于唐高宗、武则天时期，其名称出自清代梁诗正的《西清古鉴》，是备受瞩目的唐镜纹样。海兽葡萄镜不仅是初唐瑞兽镜向盛唐花鸟镜过渡的重要镜型，还是魏晋以来传统铜镜艺术与欧洲及中亚、西亚的融合，它不单纯受某一种外来文化影响，而是体现了文化的多元交融。[21]

（五）五代宋

经战国、西汉、隋唐三大铜镜高峰期以后，铜镜逐步走向衰落。若以五代宋镜与三大高峰相比，其光芒不可同日而语。但自宋始，社会开始逐步稳定，经济进入复苏阶段。而铜镜也步入了缓慢发展阶段，与唐镜相比，宋镜的整体铜质较差，含锡比例甚低，比唐镜轻薄。宋镜的发展经历了三个阶段，第一个阶段是仿制唐镜阶段，约在五代至宋英宗时期。第二阶段为自我寻找期，约从宋神宗时期至南宋初年，此段时间不仅铜镜的质量有所提升，其形制也开始发生改变，如将大钮改为小钮，将八菱改为六菱等。第三个阶段是形制及内容多样期，约从南宋初至南宋末，这段时间，铜镜的形制多种多样，有别于前期，出现了钟形、长条形、鼎形、扇形、瓶形及带柄形（图 088 至图 090）等。宋代的采矿业较为发达，铜矿大部分都集中在南方。故有"产铜之地，莫盛于东南"[22]的说法，所以宋代湖州、临安、建康、建州等地出产的铜镜较为出名。（图 081 即为建州镜）宋镜虽远不及唐镜，但是经过了短暂的寻找与发展期，最终还是形成了自己的特点。譬如宋镜题材集中，喜以缠枝花草、宗教故事和诗文内容为主题，其镜形制丰富多样，还惯将商铺名、地名、州名及所制年代铭刻其中，而这些都成为研究宋镜断代、产地的重要依据，对分析宋代商业发展与社会发展提供了重要信息。同时，因五代宋时期实行铜禁政策，故官府命令严禁私铸

---

[21] 河南博物院编：《品鉴卷 2·中原藏珍》，中州古籍出版社，2014 年。
[22] 《文献通考》卷十八。

铜镜，官府在铸造或管理铜镜时，为强化管理责任，又加铸或加刻有关铭文[23]，所以这也成为宋代纪名、纪年镜流行的重要因素之一。

随之，宋代凤鸟的文化内涵也发生了改变，不再受到原有的神性、仙韵与佛教的支配，显得更为人性与生活化。"（宋代）文艺中韵味、意境、情趣的讲究，成了美学的中心。"[24]故在这种新审美的思潮下，人们所爱的装饰纹样也呈现出了新风貌，其所绘之景皆自然写实，含蓄柔和，呈现出一番诗情画意之景。而"凤鸟纹历经历史的淬炼至宋变得更为生动写实，多数凤鸟展现出清新秀丽之姿，为鹦鹉的嘴、锦鸡的头、鸳鸯的身、仙鹤的足、大鹏的翅膀和孔雀的羽毛等，显得绚丽多彩。"[25]此时的凤鸟已出现明显的性别划分，多与凰或鸾相配，呈现出成双起舞，鸾凤和鸣之态。另有学者认为，此时的凤鸟开始在形象上分出雌雄，凤为雄，头上有朵云形的冠状物，凰为雌，头上没有冠状物，尾羽出现了卷草与花状。（参见图085、图090）还有的认为，凤纹已定型为朵云状的头冠，修长的尾羽作飘带状，鸾的尾羽作卷草状。但是也不绝对，鸾凤有时也是没有差别。[26]

本书所列之五代宋镜共计十二面，其中龙凤镜两面，纪年镜一面，单凤镜一面，双凤镜八面。图081所列之团龙团凤镜，应为南唐李煜时期的一面大镜，其主纹的龙凤皆呈团状，可知团龙团凤纹样始于南唐，这与同期的"团龙茶""团凤茶"有着历史的契合，详见《止水文集》中《南唐建州团龙团凤镜考——兼说南唐镜文化与茶文化的结合点》。图082为大中祥符二年铭双凤镜，是一面纪年镜，通常纪年镜意为携有铸造年代文字的铜镜，在考古断代中其具有重要的作用及意义，而此镜纪年铭却为"铜禁"时期，是官府管制的一个印记。图083、086、087为三面双凤镜，图086与图083所绘之凤鸟相比，显得更为女性化，其凤首上扬，身躯娇小，卷尾飘逸，具有阴柔之美。图087所绘之凤鸟更加纤细脱俗，身躯若游龙，羽尾漫长摇曳似风中细叶，镜外区域饰有四朵繁华，颇有"凤穿牡丹"之状，其与091所绘之景几乎相同，均呈现出春意盎然之景。图088、089、090为三面有柄双凤镜，南宋时期多见有柄镜，它的出现开创了有柄镜的先河，影响了日本有柄镜的发展。此类镜的出现，也说明了宋人更注重铜镜的实用性。因没有镜钮，故而纹样的表现也变得更加完整，值得注意的是，图090所列之双凤镜明显区分了凤鸟的性别，一凤尾羽似飘带飞扬，一凰尾羽似蔓草翻卷，呈现出比翼双飞、鸾凤和鸣之美。（图085之双凤羽尾亦相同，有雌雄之分。）图092为一面方形单凤镜，整体给人一种池塘小景之感，充满生活气息。

（六）辽金

辽代崛起于晚唐五代，是契丹族所建立的政权，北宋建国后，其长期与北宋对峙，多有战争。因辽代铜镜制造的工匠多是汉族俘虏，故其制镜风格多数与五代、宋相似。有言道"宋辽金，分不清"，其实，仔细观察还是可以作出区分的。首先，从外部形制看，凡八棱形、正方形、倭角正方形等非圆异形（南宋时更多）者，多为宋镜。其次，从加工工艺看，

〔23〕王纲怀：《止水集》，上海古籍出版社，2016年。

〔24〕李泽厚：《美的历程》，见《美学三书》，安徽文艺出版社，1999年，第157页。

〔25〕徐华铛：《中国凤凰》，中国轻工业出版社，1988年，第15页。

〔26〕吴艳荣：《中国凤——从神坛到人间》，浙江大学出版社，2014年。

凡有平雕纹、车削纹、珠点纹者，多为宋镜。还有一少部分的铜镜具有辽国自己的特点，在铸造上不仅继承了唐代的浮雕技艺，也有宋代的线雕，更有独特的线刻工艺，其方法是用尖锐的金属物在镜背上刻划出精细瑰丽的图像纹饰，难度极大。[27] 与南宋对峙的金代，虽出了很多仿唐之作，但其纹饰内容也有创新，如双鱼镜、双龙镜、双凤镜、菊花镜、童戏镜、人物故事镜等。另外，金代铜镜还有一个特征便是铜镜上有官府检验的刻记，有的刻在镜子边缘，有的刻在纹饰上，有的在镜背设铭文带或方框，内铸官府铸镜机构名称，在文字背后有一花押，有的为两个花押。[28] 辽金时期的铜镜，吸纳了不同民族的风格，具有自身的特点。从分析看来，此期铜镜满地水波纹者多为金镜，刻画有铭文、地域名称者多见金镜，而遇唐镜风格却呈明显粗犷之态者，应为辽金时期的仿唐之作。

本书所列之辽金凤纹镜共六面，除了图 093 是纪年镜铭的四凤镜外，图 094 至 098 等五镜皆为大尺寸的双凤纹。图 093 是一面乾统七年（1107）铭凤纹镜，此镜铸有"乾统七年"字样，钮上方刻有"都右院官押"题款，证明此镜乃辽官府督造之物。虽图 094 至图 098 皆为双凤镜，但凤鸟造型有所不同。图 094 与 098 所绘主纹之凤凰有雌雄之分，从其羽尾处便可轻易察觉。图 094 钮为莲花钮，纹样主题为"凤穿牡丹"，图 098 所绘之双凤镜亦有明显的雌雄之分，凤尾呈飘带状，凰尾作卷草状；只见双凤绕中心圆钮起舞，其羽尾饱满而漫长，极具特色，几乎布满整面铜镜，犹如漫卷之云海，又似翻滚之涛浪，充满动态的节奏之美。图 096 与图 097 其纹样皆采用线条造型，颇具特色。

（七）元明清

元明清时期乃是铜镜的衰落期。元朝是由蒙古族统治建立，立国时间较短，虽金银细工的制作有较高的水平，但铜镜的制造却较粗，发现的实物也不多。元代铜镜继承了宋代的浅浮雕手法，纹样的制作也有所传承，但元代铜镜不注重商标铭记，所刻铭文均极为简单。明代算是铜镜的"回光返照"期，玻璃镜的出现和发展对铜镜产生了冲击，但因明朝立国时间长且地大物博，所以还是有不少的铜镜实物流传。明代铜镜主要是受汉唐影响，缺乏创新，多为仿制镜。明代铜镜铭文多吉祥用语，如"龙凤呈祥""福寿双全""五子登科""状元及第"等，约有五十多种，呈现出"图必有意、意必吉祥"的特点，反映了人们对幸福生活的追求。清代，玻璃镜开始广泛使用，铜镜的发展受到极大限制，慢慢退出了历史舞台。并且清代铜镜作为照容之用的功能逐步消失，人们开始将它变成新婚嫁妆，借此来祝福新人的婚姻圆满，幸福长久。也有人将铜镜悬挂于门楣上，作镇宅之用。所以，此时凤纹镜的传世量就更为少见，通过图 112 清代彩绘双凤镜，我们可以清晰地感受到本书的最后定格。虽明清时期的凤纹镜很少，然其他各种器物上的凤鸟纹却较为流行，如清代官窑的瓷器上，织绣、首饰、雕刻上时而可见，民间也极为喜爱凤鸟纹的造型，剪纸、印花布、石刻上也时常会见到凤鸟的身影。此段时间的凤鸟纹越发精美细致，且形象越来越具象。"首如锦鸡，冠似如意，喙似鹦鹉，身似鸳鸯，翅似大鹏，足似仙鹤，羽似

---

〔27〕刘淑娟：《辽代铜镜研究〈前言〉》，文物出版社 1997 年，第 1 页。

〔28〕狄秀斌、李郅强：《犀照群伦 光含万象》，文物出版社，2013 年，第 16 页。

孔雀，体呈五色"及"凤有三长：眼长、腿长、尾长"。[29]其次塑造的凤鸟姿态也愈加多样，不仅有飞姿，坐姿，立姿，卧姿还有团凤状等。其羽尾造型丰富多样，充满变化，有"莲花式、水草式、草叶式……"[30]明清的凤鸟塑造更具有拟人化的特征，如"凤目向人眼看齐，凤喙尽量画小，凤头、凤颈、凤身多加以装饰性很强的冠华、羽条和绶带。"[31]

本书所列之元明清镜共计八面，其中元代凤镜两面，明代凤镜四面，清代凤镜两面。图099与图100是两面元代四凤镜，图101为明代具铭"金陵铸造"双凤镜，图102为双字铭凤纹镜，常言道"好事成双"，"双"字用于此处，当取吉利之意。图103为单凤朝阳镜，凤鸟整体造型如孔雀般，姿态傲然，其首面向太阳，取其吉祥、前途光明之意。图104为鎏金龙凤镜，钮上方有"万历年造"字样，为纪年镜。图105为清代彩绘龙凤镜，钮上方饰红色"囍"字，应为婚礼所用之物。图106为清代双凤镜，外区饰九朵如意云纹，寓意长久如意。从这八面凤鸟镜中可以看到，凤鸟形象在元明清时期逐步定型完善，其眼部多见细长，似更拟人化。明清两代，凤鸟常与如意云纹联合使用，表达出人们对吉祥如意的期盼。

三、凤分雌雄

众所周知，在"龙凤呈祥"中，龙指代阳性，凤指代阴性，那么凤在历史发展的过程中，一直是作为阴性或者雌性存在的吗？其实最早的凤，是没有性别划分的；然经凤文化意义的不断扩充，凤开始有了雌雄之分；后因社会的发展和人们意识形态的转变，凤开始有了专门指代女性之义。鸾作为凤的一种，也常与凤鸟相配出现在文献之中，《山海经·海外西经》载："鸾鸟自歌，凤鸟自舞。"《说文》曰："鸾，赤神灵之精也，赤色五采，鸡形，鸣中五音颂声作则至。"《埤雅》："一曰青凤为鸾，雌曰和，雄曰鸾。"鸾凤和鸣、凤歌鸾舞比喻夫妻同心，和谐美满，只鸾单凤、孤鸾照镜比喻孤单的失偶或无偶之人。

在先秦文献《山海经》中可见对凤凰之描绘，但其所描绘的凤凰有时是统称，有时却是两种不同的鸟，然而没有特别指出凤凰的雌雄。如《山海经·南山经》："有鸟焉，其状如鸡，五采而文，名曰凤皇。"又如："有五彩鸟三名，一曰皇鸟，一曰鸾鸟，一曰凤鸟。"此时的凤鸟充满神性，它是传达神意的使者，是天降祥瑞的征兆，并无明显的性别划分。如《山海经·南次三经》："丹穴之山，其上多金玉，丹水出焉，而南流注于渤海。有鸟焉，其状如鸡，五彩而文，名曰凤皇，首文曰德，翼文曰礼，背文曰义，膺文曰仁，腹文曰信。是鸟也，饮食自然，自歌自舞，见则天下安宁。"[32]但是从本书所列之先秦凤纹镜可知，在春秋战国时期已出现双凤镜，再加之当时的阴阳观念较为流行，所以，可推测当时的凤

〔29〕徐华铛：《中国凤凰》，中国轻工业出版社，1988年，第17～19页。
〔30〕徐华铛：《中国龙凤》，天津人民出版社，2000年，第76页。
〔31〕庞进：《中国凤文化》，重庆出版社，2007年，第90页。
〔32〕墨香斋译评：《典藏文化经典·山海经》，中国纺织出版社，2015年，第15页。

凰已出现雌雄分化，但并未载于文献。

西汉，司马相如在《琴歌二首》中，以"凤求凰"表达自己对卓文君的爱慕："凤兮凤兮归故乡，游遨四海求其凰"。这便证实在西汉时期，人们认为凤凰有明显的性别划分了，此时的凤为雄，凰为雌。然在历史发展的过程中，有时人们会将凤凰简称为"凤"，此时的"凰"便失去了意义。

三国六朝时期，凤会被喻作貌美的女性，如"凤腐蛾眉粧玉面，朱帘绣户映新粧。"[33]唐代凤凰的雌雄划分并不严苛，但以凤喻人的对象跨度却极大，展现出开放和包容的姿态；无论是王公贵族或青年才俊，平民百姓或歌舞乐姬，均可成为被比喻的对象。检阅唐诗中以凤凰喻人的例子，总体来说，凤凰喻指男性与喻指女性的数量大致旗鼓相当。[34]宋代，凤凰纹会用作皇帝用品的装饰，《宋史·舆服志一》："鸾旗车：汉制，为前驱。赤质，曲璧，一辕。上载赤旗，绣鸾鸟。驾四马，驾士十八人。"[35]但更偏重于后妃用品的装饰。至明代，可以说是凤凰女性化的定型期，皇帝冕服以龙为装饰，全然不见凤的踪迹，此时的凤被大量用作女性的装饰，且"凤"与"凰"不作区分。清代则继承了明代对于凤凰角色的设定，故而常以凤凰专喻女性。

从本书所列之多面双凤镜可知，凤尾主要分为飘带状和卷草状两类。五代宋、辽金时期，多见凤尾不同者（经典镜例图 071、085、090、094、098），我们推测，飘带状者似为雄性，卷草纹者似为雌性。唐代、元代，双凤或四凤镜尾部皆呈飘带状，细看其头部略有差异，我们认为，有羽冠者似为雄性、无羽冠者似为雌性。（经典镜例图 051、100）

四、龙凤呈祥

在涉及凤分雌雄后，便不得不提到与凤所搭配的伴侣——龙。在龙凤组合中，龙指代阳性，凤指代阴性。古人以龙凤相配寓吉祥如意。《孔丛子·记问》："天子布德，将致太平，则麟凤龟龙先为之呈祥。"另有龙凤呈祥故事相传，在春秋时期，秦穆公之女弄玉喜品笛弄笙，穆公爱女，便将西域进贡之玉制成笙赐予她，弄玉得此玉笙后技艺大涨。转眼到了婚龄，穆公欲为爱女择良婿，想选邻国王子与之相配，弄玉认为不懂音律者非自己良配，故而不从，穆公执拗不过，只得顺从爱女。某夜，弄玉走至庭院，见花好月圆，不免怀春伤感，便月下吹笙，借曲抒情，谁知此时远方忽然响起袅袅箫声与之附和，且接连几日皆是如此，笙如龙啸，箫若凤鸣，美妙不已。得遇知己，弄玉惊喜，穆公得之便派人寻找，辗转在华山之中寻得此人，他名为萧史，穆公见其箫亦为美玉所制之甚喜，便请公主与其一起合奏，未料曲未奏完，殿中的金龙、彩凤似翩然起舞，众人如痴如醉，叹若仙音，而弄玉与萧史两人也一见钟情，结秦晋之好。此后萧史便教弄玉以箫仿凤鸣，而弄玉

〔33〕逯钦立辑校：《先秦汉魏晋南北朝诗·晋》卷一，中华书局，1983年。

〔34〕吴艳荣：《中国凤凰——从神坛到人间》，浙江大学出版社，2014年，第98页。

〔35〕许嘉璐主编、倪其心分史主编：《二十四史全译·宋史·第5册》，汉语大词典出版社，2004年。

教萧史以笙仿龙啸，就这样日复一日，年复一年，某天他们合奏真的把天上的龙凤吸引而来。后来二人回归华山，在山中合奏，只见金龙飞腾，彩凤起舞，于是弄玉便乘着彩凤，萧史跨着金龙，就这样乘风而去，好一幅龙凤齐飞、吉祥喜庆之景。可见以龙凤呈祥、比翼双飞比作男女恩爱与阴阳相合的观念，早在春秋战国时期便已萌芽。

本书共列入龙凤纹镜十二面（图004、008、009、010、011、012、013、021、081、084、104、105）。查询可知，华夏龙凤镜多出自汉前，两汉及隋唐几乎不见。五代、宋、明、清皆仅见一面。其中，图021为经典镜例（直径16.3厘米，重量276克），然以成语"龙凤呈祥"之说，则是迟至明代的事情了，《清华镜文化研究》图22"龙凤呈祥铭吉语镜"（直径21.2厘米，重量1558克）。上述两镜相差了两千年以上，可知中国传统文化的源远流长。

五、结语

凤纹镜随着朝代更迭，历史沉浮，不断地发展演变，几乎贯穿了中国铜镜的发展史，成为铜镜纹样史中不容忽视的华彩乐章。春秋战国时期，凤鸟富有神性，圆目钩喙，生动自由，翱翔九州。秦国秦代时期，凤纹造型精美，姿态优雅，其形态基本定型：上喙微钩，颈羽后飘，尾羽长伸，呈漫卷舒展状。西汉时期凤鸟以四灵之一（朱雀）的形象出现在铜镜上，充满了道教的仙韵。东汉期间，几乎未见凤纹镜出现，而偏偏在罕见龙纹镜的东汉晚至三国六朝时期（见《华夏龙鉴》"历史空白"），竟有大量的对凤镜存世（见本书附录），此时凤纹镜受佛教文化影响明显。隋唐是凤纹镜的鼎盛时期，凤鸟造型丰富、刻画精细、纹样题材多样，常与缠枝花、神兽等纹饰结合，呈现出生机盎然之态；尤其是特种工艺凤纹镜，尤为精美动人，借此类镜我们似乎可以触摸到那个繁华富丽、辉煌灿烂的大唐盛世。五代宋以后，铜镜进入衰落期，而凤鸟纹则经大唐开放包容的文化后，从神坛走下，此时大多凤纹镜含蓄柔美，亲和恬静，充满生活气息。辽金时期的凤镜呈粗犷之态，喜将凤与牡丹结合在一起，有的双凤镜则可通过尾羽辨别凤之雌雄。元明清时期，虽铜镜已犹现晚霞般的落幕之态，但凤鸟造型更为具象细致，其纹饰组合充满吉祥寓意，呈现出"图必有意、意必吉祥"的特点，反映了人们对幸福生活的追求。清代铜镜实用功能减弱，变成了嫁妆或作镇宅之用，此时凤纹多与龙纹结合，表达出龙凤呈祥、夫妻和美之意。由此可知，每个时代的凤纹镜都有自己的鲜明特色，与社会文化发展息息相关，且凤鸟造型也与之多有联系、传承、发展。

作为中国铜镜纹饰的重要类别，凤纹镜所呈现的文化、艺术光芒，在华夏文明的长河里永生不灭，熠熠生辉！

汉三国六朝 "八爵—对凤" 镜

（《华夏凤鉴》附录）

王纲怀 高文静

汉代铜镜工艺精湛、纹饰华美、铭文丰富，是中国铜镜发展的黄金时期，这从大量的出土及传世铜镜实物中可以得到印证。西汉时期盛行蟠螭镜、蟠螭博局镜、蟠虺镜、花瓣镜、草叶镜、星云镜、圈带镜、重圈镜、四乳镜、四灵博局镜等；东汉时期盛行四灵博局镜、云气博局镜、八连弧云雷纹镜、龙虎镜、多乳镜、画像镜、变形四叶兽首镜、环状乳神兽镜、同向式神兽镜、对置式神兽镜、重列式神兽镜等。除了上述这些品类繁多的铜镜外，在东汉末年开始直至六朝的三个多世纪中，还流行着一类由凤鸟两两相对作为装饰的"八鸟镜""八凤镜"，又称"八爵镜""对凤镜"。这类铜镜在不同时期，流行着不同的装饰图案。西汉末年、东汉前期，其图案多为四乳八禽、八鸟博局镜。东汉末年、三国六朝，则多以四叶对凤、对凤佛像镜的形式出现。这类"八爵—对凤"镜不仅图案优美，而且内涵丰富、喻意深刻，现就其涉及到的问题讨论如下。

一、朱雀与"爵"

"□□□□□□□，青龙白虎居左右，神鱼仙人赤松子，八爵（雀）相向法古始，令以长命宜孙子，作吏高迁车生耳，□。"这一段铭文来自《汉镜铭文图集》图 434（图 1）[1]，是一面

图 1

---

[1] 王纲怀：《汉镜铭文图集》（下册），中西书局，2016 年。

东汉三国的四叶对凤镜，其铭"八爵（雀）相向法古始"描绘的便是镜子主纹的四组对凤。"爵"通"雀"，《汉书·郑当时传》："下邽翟公为廷尉，宾客亦填门，及废，门外可设爵罗。"此文中的"爵"便是指"雀"。《扬雄·羽猎赋》有"玄鸾孔雀"之语，《礼记·曲礼》亦称"朱雀"。朱雀乃是四灵之一，四灵即是指"青龙、白虎、朱雀、玄武"，《礼记·礼运》有记载："麟、凤、龟、龙，谓之四灵。"四灵在道教文化中是守卫天庭的天神。古人将二十八星宿分为东、西、南、北各七宿，创造了"四方四灵"之说，又依据五行五方配五色的说法，东方属青，故东方七宿为"青龙"；北方属黑，故北方七宿为"玄武"；西方属白色，故西方七宿为"白虎"；南方属朱色，故南方七宿为"朱雀"；此四灵合称为"四象"，也叫四方四神。

二、朱雀与凤

在上古时代，朱鸟（雀）被称作"离朱"。据《山海经·海外南经》载："（狄山）爰有熊、罴、文虎、蜼、豹、离朱、久、视肉、虖交。"据《山海经》校注者袁珂考证，"离朱"指的是日中踆乌（三足乌），而日中踆乌为天帝帝俊妻子羲和所生的十子之一。一般史学家认为，帝俊就是传说中生了殷始祖契及周始祖后稷的帝喾。《山海经·大荒东经》有言："有五彩之鸟，相乡弃沙，惟帝俊下友。帝下两坛，彩鸟是司。"译为："羽毛五彩斑斓之鸟，喜欢成双对地起舞，天帝帝俊喜欢与其交友。帝俊在下方的两座祠坛，便是由此种五彩鸟所掌管。"可见帝俊在天则为太阳神，在地便成了五彩鸟的同类。《山海经·南次三经》亦有云："丹穴之山，其上多金玉，丹水出焉，而南流注于渤海。有鸟焉，其状如鸡，五彩而文，名曰凤皇，首文曰德，翼文曰义，背文曰礼，膺文曰仁，腹文曰信。是鸟也，饮食自然，自歌自舞，见则天下安宁。"这里描绘兼具"仁、义、礼、智、信"五德的五彩鸟便是凤鸟。可见"五彩鸟"为凤鸟、鸾鸟、皇鸟、离朱的总称，凤凰的代称。《文选·头陀寺碑文》李善注引《春秋元命苞》说"火离为凤"。可见朱鸟（雀）即是指凤凰。"朱雀"作为南方之神，属火德。而帝俊作为太阳之神，日中踆乌（三足乌）作为太阳之子亦属阳，此火阳之象亦相吻合。

旧时，帝王不仅被称作"龙"也称作"凤"，古长安不仅被称为"帝都"亦被称作"凤城"，杜甫《夜》诗："步蟾倚杖看牛斗，银汉遥应接凤城。"仇兆鳌注引赵次公曰："秦穆公女吹箫，凤降其城，因号曰丹凤城。"可见"丹凤"亦为"朱雀"，那么凤城亦可称为"朱（雀）城"。[2]

---

〔2〕骆长禄：《凤鸣长安》，陕西师范大学出版总社有限公司，2013年，第10页。

图2

图3

三、八爵九华

　　"八爵九华"是汉代皇后谒庙时头上所饰的步摇。《后汉书·舆服制》："皇后谒（拜见）庙……假髻、步摇、簪环。步摇以黄金为山题，贯百朱为桂枝相缪，一爵九华，熊、虎、赤罴、天鹿、辟邪、南山丰大特六兽。"《北堂书钞》中则作"八爵九华"，"爵"即"雀"，"华"即"花"。孙机先生认为："东汉成套的步摇似受到大月氏的影响，因为只有席巴尔甘之冠，才可真正称得上是步摇冠的原型。"此处所提的步摇[3]，于1979年在阿富汗北部席巴尔甘金丘6号大月氏墓中出土（图2）。其冠装有五簇树木形步摇，除中间一簇外，其余四簇在枝梢各对栖二鸟，并在每簇上装饰有六枚六瓣形花朵，满缀椭圆形可摇动之叶，金光灿灿，华美无双。"这顶金冠不仅以步摇作为装饰的主体，而且清楚地表现出八只鸟和许多花朵，与《续汉书》所称步摇上有"八爵（雀）九华"之制相当接近。"[4]据专家考证，此冠的年代是在公元前一世纪左右，也就是说约在西汉后期，这与东汉三国四叶对凤镜中铭文"八爵（雀）相向法古始"的说法相吻合，也就是说至少在西汉末，人们以"八爵（雀）相向"作为装饰的手法已不罕见。虽然从史料记载上推断我国以"八爵"作为装饰的步摇出现在东汉时期，但从搜集到的铜镜资料看来，"八爵相向"的图案装饰在我国西汉时期便已有，如"四乳八鸟镜"（图3）。这些资料可用来说明两汉时期，域内外装饰文化的相互交融情况。

〔3〕步摇金冠（25-50年），周长45厘米，高13厘米。此步摇冠全部使用金片组成，金冠可拆卸为6部分：一根横带上钉有5个树形步摇，其中4个款式相同，位于两侧，高约12.5厘米。两侧四个树形步摇上端各栖小鸟，两两相对。树枝、树干、树叶俱全，其中还点缀着6枚6瓣之花朵，花芯部分镶一圈小的绿松石作为点缀。横带和树形步摇上缀满圆形小金片，每个小金片都薄如纸片，在气流轻轻通过时，步摇冠便会来回摇曳。若有戴此冠者，必定步步生辉，引人注目。

〔4〕孙机《步摇、步摇冠与摇叶饰片》，《文物》，1991(11)，第55～64页。

四、八爵博局

博局镜是汉代最重要的铜镜装饰题材之一，博局镜起初被称为"方格规矩镜"，因其通常由一个正方形和四个 V 字形、四个 T 形和四个 L 形组合而成，西方学者柯朴依符号称之为"TLV"镜；后因镜铭中多有"刻娄（镂）博局去不羊（祥）"之句，且"TLV"纹实则是汉六博棋盘上的行棋路线图，故学界将"规矩镜"改为"博局镜"。博局镜流行于西汉末年、新莽、东汉早期，当时阴阳五行、鬼神之说盛行，人们相信"六博"可以帮助人们得上天指点，躲避灾祸，得享安康。

诸多学者通过对图形及符号的分析，认为博局镜乃"宇宙图式"，镜为圆，圆为天，心为方，方为地，符合古人"天圆地方"的宇宙观。如西方学者伽马认为 T 象征四方之间，四隅的 V 象征四海，中间的八个乳钉表示撑天的天柱。[5]

"乳"有哺乳之意，《说文》有云："人及鸟生子曰乳，兽曰产。从孚从乙。"在商周青铜器上也大量出现此种纹饰，有哺乳滋养、衍嗣延绵、生生不息之意。而"天柱"也称铜柱。《神异经·中荒经》："昆仑之山有铜柱焉，其高入天，所谓天柱也，围三千里周围如削。"八柱分别立于地的八方，即：东、西、南、北、东南、东北、西南、西北。《楚辞·天问》："八柱何当？"王逸注："言天有八山为柱。"故八柱亦为八山，八山立八方稳四面，固天定地。也就是说八乳钉除了有生生不息的寓意，也象征着顶天立地的八山，与四角的四海对应。虽伽马还认为，博局镜中弯曲的符号是为了防止恶魔进入，但仔细分析看来，此符号应为简化的谷穗纹，谷穗纹早在春秋战国时期便已经出现，到了战国晚期已作为主要的装饰纹饰，其中一种表达谷纹的模式与此纹样相符。博局镜于正方形四角内出现此纹，应取四方丰收之意。李学勤先生有言："博局镜中，T 为二绳，L 为四仲，V 为四钩。"[6]二绳即子午和卯酉分别连接而成的经纬相互垂直之线，可将方位划为东西南北。四仲即仲

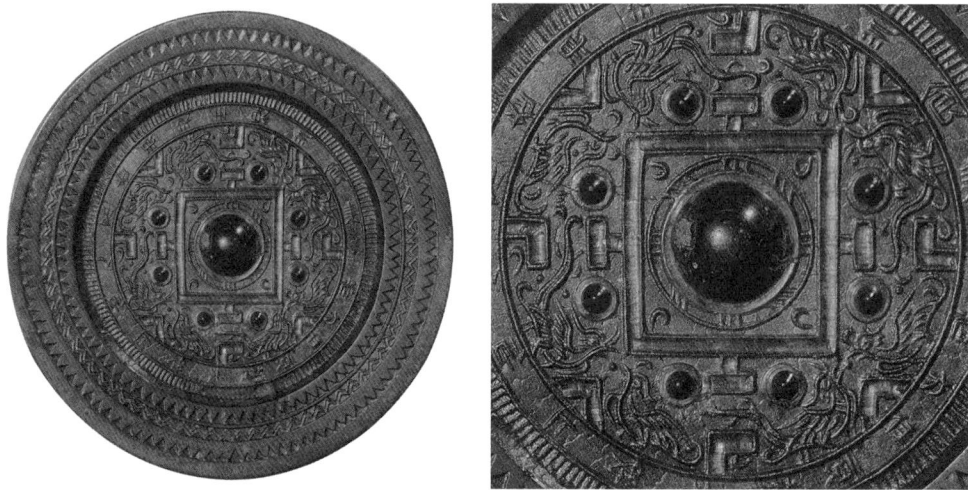

图 4

〔5〕韩丛耀主编：《中华图像文华史：秦汉卷》下，北京中国摄影出版社，2016 年。
〔6〕李学勤：《〈博局占〉与规矩纹》，《文物》，1997（1），第 49 ～ 51 页。

春、仲夏、仲秋、仲冬，而四钩则是指丑寅、辰巳、未申、戌亥，它们分别组成东北、东南、西南、西北四个角，东北位于由阴复阳之地，故为阳气恢复之角，西南位于由阳复阴之地，故为阳气背离之角，东南阳气不盛不衰，故为阳气徜徉之角，西北之地纯阴，阳气将萌，需号使通之，故而为呼号疏通之角。在有的博局镜中（图4）四L形内也有此种符号出现，四L形若为四仲（仲春、仲夏、仲秋、仲冬），那么此处使用谷纹符号也不难解释了，当是取春华秋实之意。1956年，在湖南零陵汉墓出土了一面博局镜，其铭文为："汉有善铜出丹阳，左龙右虎避不祥，昭爵玄武利阴阳，八字十二孙治中央，法象天地，如日之光，千秋万岁，长乐未央兮。"此便说明了博局确是效仿天地、宇宙而成，其中蕴藏了天圆地方、春夏秋冬、阴阳消长、生生不息、周而复始的宇宙循环之道，同时也与筮法、术数、玄学等关系密切，显示出法象天地、千秋万岁之意。

双鸟纹饰的器物，早在河姆渡文化中已有发现，如双头连体鸟骨匕。骨匕所绘图案以中心出发，左右各生一鸟首、鸟身，向上有共生的鸟尾，向下为共生的鸟足，构图平列对称。那么这种不存在于自然界中的怪鸟为何会被描绘于此呢？或是因为原始人对于生命的孕育怀有强烈的崇拜及未知的神秘之感，而雌雄相交是孕育生命的必要过程，此种连体双鸟的出现也许就是原始人对于生命本源的思考，也是神巫观念的体现之一，连体双鸟便是主宰生命繁衍的灵物。春秋战国时期出土的双鸟纹饰器物也不鲜见，如漆器双凤盘。此盘所绘两只凤鸟呈S形穿插划分盘心，纹饰生动活泼，律动感十足，具有鲜明的时代特色。此种形影不离，成双入对的双凤纹饰也寓意幸福美满，被称为"喜相逢"（图5）。西汉时期，凤凰的性别划分已日趋明确，在《凤求凰·琴歌》中便有"凤兮凤兮归故乡，遨游四海求其皇（凰）"之句。可见凤鸟在西汉时已分雌雄，四对凤鸟

图5

即八凤的装饰，当与四时八节、四方八卦、阴阳雌雄有所关联。

在西汉末期、新莽及东汉早期的八鸟镜中，常常出现与乳钉纹相混合的装饰手法，多见得有四乳、八乳、十二乳等。而在汉代的瓦当中，也常出现乳钉纹饰，除了表现生生不息、生命繁衍的意思之外，其出现的数量也值得推敲。有二、四、八、五、十二等。《秦汉瓦当图论》："月相四时乳、八节乳又是汉瓦的一个显著特征。"[7]月相四时即代表初吉、既生霸、既望、既死霸，月相乃天文学术语，是对地球上所看到月被太阳照亮部分的

---

[7] 王培良：《秦汉瓦当图论》，三秦出版社，2004年，第53页。

称呼。其形态不断的变化，为月亮位相变化，故称月相。八乳则可代表八节，即：立春、春分、立夏、夏至、立秋、秋分、立冬、冬至。可见四乳、八乳等装饰又与天象、观星、占卜术密不可分。四乳除了可表示为四相（阴、晴、圆、缺）外，还可表示四时（春、夏、秋、冬），四方（子、午、卯、酉），四灵（朱雀、玄武、青龙、白虎）……八乳除了可表示为天柱、八节外，还可以表示八方（东、南、西、北、东北、东南、西北、西南），八音（金、石、土、革、丝、木、匏、竹），八风（东方明庶风、东南清明风、南方景风、西南凉风、西方阊阖风、西北不周风、北方广莫风、东北条风），八卦（乾、坤、震、巽、离、坎、艮、兑）等。而五乳、十二乳纹自当与五行、十二地支有所关联，可见汉代青铜镜中的四乳、八乳装饰不仅与天象、玄学、阴阳等学说息息相关，也与道教思潮的萌发有所关联。道教创始人张道陵于东汉末年创立了五斗米道，而在东汉早期的八鸟博局镜中便可觅其踪迹，除了大量运用四时八节、四面八方、四灵八风外，还充斥着阴阳消长、四相八卦之思。四对凤鸟，雌雄相对的立于天地宇宙之间，或也取四方八面、阴阳调和、此消彼长、平衡和谐、生生不息之意，印证了当时人们对谶纬之学的崇尚、对天地宇宙的思考、对和谐平衡和生生不息的向往。

五、四叶对凤

在东汉末年、三国之际，还流行着一种变形四叶对凤镜，它以四叶和八凤作为主要装饰，有时也常与佛教元素糅杂出现，形成四叶八凤佛像镜。此类镜多采用平面剔地工艺制作而成，制成拓片后，其视觉效果与剪纸相似，形成了独特的装饰风格。四叶纹也被称为"柿蒂纹"，自古在彩陶、瓦当、铜镜上便已出现此纹，它的出现或与原始社会人们的生活方式有所关联。在仰韶文化中，人类以从事采集花果和原始农业填腹。花与先民的生活息息相关，当花开花落之后，其根部又出现鼓鼓的花蒂，再开花结果，人们以果实饱腹，果实又包含了种籽，种籽又可繁衍万千花蒂……这种自然的神奇造就，使得人们可有果肉食之，子孙相传，繁衍生息。故而花蒂成为了人们心目中所信仰的图腾，是人们对大自然植物崇拜的产物之一。"帝"与"蒂"同音，王国维曰："帝者，蒂也。"随着文字的出现，人们将帝与蒂联系起来，瓦当中有独饰花蒂纹的，寓意"蒂"统御天地四方。而汉代的蒂纹则与四时五行、四象八卦有关，把蒂中的"生"之寓意表现透彻。[8]亦有学者称其为天穹之花，因它是古人用来表达天穹、天象，四象生八卦的抽象化手法。此花还有别名曰"方花"，来源于两面带着铭文的四叶战国镜，镜钮四周有一圈八字铭文："方华蔓长，名此曰昌。"[9]四叶八凤镜也常与四字铭文配合出现，多为"君宜高官""长宜高官""长宜子孙"之句，展现出当时人们除了用图案表达对生生不息、阴阳调和、平衡和谐的向往

---

〔8〕王培良：《秦汉瓦当图论》，三秦出版社，2004年，第110页。

〔9〕李零：《万变：李零考古艺术史文集》，三联书店，2016年。

外，也以铭文直接传达对美好事物的渴望与追求。

佛教传入中国，始于汉哀帝元寿元年（前2）。《魏略》："博士弟子景卢受大月氏王使伊存口授《浮屠经》。"汉明帝夜梦金人飞行庭殿之间，翌日问群臣，太史傅毅对以"西方有神，其名曰佛，陛下所梦，得无是乎"，故遣十余人至西域，得沙门若干人及佛像经卷，载以白马，共还洛阳。帝为此造白马寺。可见佛教传入中国是在西汉末年，当时儒学与道术绝对是主流思潮，而佛教也在此种环境下与汉地的老黄学说、神异道术相交融，获得了新的发展。在东汉早期，已有楚王刘英奉佛记载，《后汉书·光武十王列传》："英少时好游侠，交通宾客，晚节更喜黄老，学为浮屠斋戒祭祀。（永平）八年，诏令天下死罪皆入缣赎。英遣郎中令奉黄缣白纨三十四诣国相曰：'托在蕃辅，过恶累积，欢喜大恩，奉送缣帛，以赎愆罪。'国相以闻，诏报曰：'楚王诵黄老之微言，尚浮屠之仁祠，洁斋三月，与神为誓，何嫌何疑，当有悔吝？其还赎，以助伊蒲塞桑门之盛馔。'"可见东汉明帝对楚王奉佛的行为给予了赞赏与支持。而至东汉末年，佛教崇拜不仅流传于上层社会，也慢慢地传播至民间，据《三国志·吴书·刘繇传》记载："每浴佛，多设酒饭，布席十路，经数十里，民人来观及就食且万人，费以巨亿计。"由此可见佛教由东汉早期在上层贵族间流传后，于末期慢慢传播至民间，在三国及两晋期间盛行。东汉末年、三国两晋所流传的四叶八鸟佛像镜（图6）便是研究佛教传播、佛教艺术的重要实物资料。

金翅鸟作为佛教的护法神，常随佛祖左右，听闻护法。随着佛教在中国的传播，古人便把金翅鸟的形象与中国原始的鸟崇拜融合在一起，金翅鸟便被汉化为金色美丽的大鸟。故而四叶八鸟佛像镜中的八鸟或也与佛教护法金翅鸟有

图6

所关联。汉末三国早期流行的四叶八鸟镜，通常钮呈扁平状，甚至占据镜面的三分之一，四叶纹饰同样宽扁，四方内饰两两相对的凤鸟，周围饰十六内向连弧纹。三国后至两晋时期，镜钮变小，四叶纹内饰瑞兽或祥龙，也有飞天等佛像图案装饰其中，呈现出浓郁的宗教色彩。四叶八凤佛像镜中的四叶也与荷花的形象有所联系。荷花与佛教关系密切，荷花出淤泥而不染，濯清涟而不妖，除了能给人们带来清凉与美的感受外，也延伸出神圣、纯粹、美好、高洁等寓意；此种不被淤泥所染、超凡脱俗的品性与佛教力图拯救苍生于苦海之中，超凡脱世的思想有所吻合，故荷花也成为佛教的一种象征和表现元素，释迦摩尼正是端坐于莲花宝座之上，菩萨会手持或脚踏莲花出现……故而此类镜中的四叶纹样多是叶肚肥肥、叶头尖尖的形状，其态颇似莲花瓣。四叶八凤佛像铜镜多出土于鄂州、会稽之地。

三国时期，鄂州属吴，古称"武昌"，为吴国的首都；而会稽在三国时亦为吴之属地，可见吴国是当时佛教文化流传最早和最为繁盛的地方之一。

六、结语

三国六朝时期，由于社会动荡不安，战争连绵，导致了人口锐减，对于每个执政者而言，发展人口、增加劳力便成为了第一要务。此时，铜镜上开始盛行"八爵—对凤"纹，想来多少也与"生命繁衍"有所关联。我们都知道，对凤纹在发展过程中有阴阳相配之意，至少西汉时期，人们已然形成凤凰分雌雄的观念，如司马相如《琴歌二首》中的"凤求凰"，便可为实证。所以当凤鸟以对凤形式出现的时候，多是取"鸾凤和鸣、夫妻和谐"之意；而"八爵—对凤"纹在圆形铜镜上装饰时，均是绕圆一周，而圆象征天，有"源源不断，生生不息"之意。故此纹应有"阴阳相配、夫妻和美、繁衍生息、绵绵不断"之意，体现出时人对生命繁衍的期盼。

铜镜作为重要的文化载体之一，它不断地为我们揭示着古人的世界观、哲学观、宗教观……而流行于汉代的"八爵—对凤"镜不仅为我们呈现了两汉、三国、两晋时期人们从崇尚星象、六博、占卜、阴阳、道教到佛教的思想转变，也呈现出域内外文明不断交融的过程。作为此种思想转变的媒介，"八爵—对凤"镜生动地为我们描绘了那个年代的风土人情，诉说着时人的精神风貌。

《龙照光华——复旦大学藏镜》前言

在本人收藏、研究铜镜的近三十年时间里，曾得到谢辰生、俞慧钧(1948 年毕业于复旦附中)、李学勤、王世襄、马承源、陈佩芬、辛冠洁等诸位前辈的支持与教诲，得益匪浅。由于均寓居申城，与上海博物馆研究员陈佩芬老师的交往更为频繁。2008 年，为修订拙著《唐代铜镜与唐诗》，曾多次求教。在相熟相知后，陈老师有感于复旦大学博物馆铜镜收藏尚显薄弱，曾语重心长地嘱咐我，如能在这方面给予一定的支持，善莫大焉。

2009 年，为筹备母校清华大学百年校庆，清华校友总会寄来筹建校艺术博物馆的方案及图纸，李学勤老师又力邀我返校，参加"清华简"正式入藏后的第一次专家研讨会。当时，回哺母校之念即萌动于胸！ 2011 年 4 月底母校百岁华诞前，我首次捐赠了中国铜镜与日本和镜各 100 面，之后八年间，又陆续地捐赠了 76 面铜镜。

整整十年过去，陈佩芬老师的嘱托犹在耳边。经清华大学艺术博物馆常务副馆长杜鹏飞教授牵线，我结识了时任复旦大学博物馆执行馆长的刘朝晖教授。通过愉快交流后，2019 年 11 月，我向复旦大学博物馆捐赠了 118 面中国历代铜镜。陈佩芬老师已仙逝六年，现完成此事，也算对先生在天之灵的一个告慰。

书名冠以《龙照光华》，具历史文化内涵。"龙照"一词寓意铜镜，唐代诗人薛逢《灵台家兄古镜歌》有"玉匣曾经龙照来"之句。在本书所列 118 面铜镜中，有十余面历代龙镜（包括封底拓片图），为书名之"龙"作出铺垫。且复旦校名取自《尚书·大传·虞夏传》："卿云烂兮，纠缦缦兮；日月光华，旦复旦兮"。"光华"两字，既蕴含复旦校名，又寓意复兴中华！诸多龙镜入藏复旦，乃天意契合。

李学勤老师在《汉镜铭文图集·序言》中说："近些年我曾几次呼吁，应该把古代铜镜的研究，从一般的青铜器研究中分离出来，作为一个相对独立的学科分支来看待。其所以提出这样的主张，是鉴于我国的铜镜自创生以来，就与其他的青铜器有不同的传统，不仅由工艺或美术等角度看是如此，即使谈到铜镜上的铭文，也和其他青铜器品类的铭文迥然有别……这已经为铜镜的专门集中研究准备了充分的条件。"老师的这段呼吁，让我深觉自己对于铜镜文化的传承乃至铜镜专学的建立，有了无可推卸之责任。

在对清华、复旦两所大学的铜镜捐赠上，本人考虑了系统性、专题性等问题。这次捐赠，一方面做到体系化，在历史年代上，覆盖了铜镜之产生、发展、繁荣、延续、衰落等各个时期；在铜镜品种上，包含了各时期的典型镜类，以满足文物学、博物馆学等领域人才培养的需求。另一方面，还突出了秦镜和隋镜的两个专题，既成为复旦大学收藏与研究的特色，又可为今后的展览交流作出铺垫。

吾之铜镜收藏、研究生涯将成过往，今已至耄耋，此时能为丰富复旦大学博物馆馆藏奉献菲薄之力，甚感欣慰！清华捐赠在前，复旦捐赠在后，力不从心之处，在所难免，想来家乡父老定能谅宥！

庚子孟春

图书在版编目(CIP)数据

止水文集：二册／王纲怀编著. —上海：上海书画出版社，2020.4
ISBN 978-7-5479-2299-6

Ⅰ.①止… Ⅱ.①王… Ⅲ.①古镜—铜器（考古）—中国—文集 Ⅳ.①K875.24-53

中国版本图书馆CIP数据核字(2020)第056869号

止水文集（二册）

王纲怀　编著

责任编辑	王　剑　张雨婷
特邀审读	麻赛萍
美术设计	王纲怀　周　岳
技术编辑	顾　杰

出版发行	上 海 世 纪 出 版 集 团 上海书画出版社
地址	上海市延安西路593号　200050
网址	www.ewen.co www.shshuhua.com
E-mail	shcpph@163.com
制版	上海文高文化发展有限公司
印刷	上海盛隆印务有限公司
经销	各地新华书店
开本	890×1240　1/16
印张	55.25
版次	2020年5月第1版　2020年5月第1次印刷

书号	**ISBN 978-7-5479-2299-6**
定价	**560.00元（全二册）**

若有印刷、装订质量问题，请与承印厂联系